KB168880

SIDAEGOSI
오디오북

들으면서 공부하자!
오디오북 시대

본서에서는 간단하게 훑어보는 핵심요약집을 오디오북으로 제공합니다.

핵심요약집 오디오북 ▲

잠깐! 오디오북 어떻게 들을 수 있나요?

무역영어 1급 한권으로 끝내기 핵심요약집 오디오북 수강 안내

1. QR코드 접속 ▶ 회원가입 또는 로그인
2. 오디오북 신청 후 마이페이지에서 수강

상담 및 문의전화 1600-3600

SD에듀
(주)시대고시기획

코로나19 바이러스
"친환경 99.9% 항균잉크 인쇄"
전격 도입

언제 끝날지 모를 코로나19 바이러스

99.9% 항균잉크(V-CLEAN99)를 도입하여 「**안심도서**」로

독자분들의 건강과 안전을 위해 노력하겠습니다.

TEST REPORT

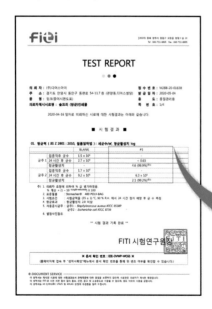

항균잉크(V-CLEAN99)의 특징

- ◉ 바이러스, 박테리아, 곰팡이 등에 항균효과가 있는 산화아연을 적용

- ◉ 산화아연은 한국의 식약처와 미국의 FDA에서 식품첨가물로 인증받아 **강력한 항균력**을 구현하는 소재

- ◉ 황색포도상구균과 대장균에 대한 테스트를 완료하여 **99.9%의 강력한 항균효과** 확인

- ◉ 잉크 내 중금속, 잔류성 오염물질 등 **유해 물질 저감**

#1
-
< 0.63
4.6 (99.9%)[주1]
-
6.3 × 10³
2.1 (99.2%)[주1]

Clean Zone

합격에
자신 있는
무역시리즈
합격자!

무역영어

1급 한권으로 끝내기

SD에듀
㈜시대고시기획

편저자의 말

21세기, 국경 없는 무한경쟁의 시대에 대외교역을 보다 확대하기 위해서는 무역에 관한 전문지식이 필수적이며, 무역 관련 영문서류의 작성·번역 등 영어구사 능력은 물론 무역실무 지식과 함께 전문적인 실력이 요구됩니다. 이러한 시대의 요구에 발맞추어 대한상공회의소와 정부는 무역영어에 대한 국가공인시험제도를 마련하여 인재를 양성해 국가경제의 발전을 이어가기 위해 노력하고 있습니다.

무역영어 시험은 무역관련 영문서류의 작성·번역 등 영어능력뿐만 아니라 무역실무 전반에 걸친 지식을 평가하는 시험 입니다. 따라서 원하는 결과를 얻기 위해서는 정형화된 무역용어와 서신, 무역서류에 쓰이는 문구 및 무역실무 전반을 이해해야 하며 무역에서 자주 쓰이는 영어표현도 익혀야 합니다.

무역영어 시험을 준비하는 많은 수험생이 수험에 대한 부담감 때문인지 효율적이지 않은 공부 방법으로 오히려 수험기간만 늘리고, 결국 기대한 결과를 얻지 못하는 경우를 종종 보아왔습니다. 출제경향에 따라 핵심이론을 학습하고, 기출문제와 예상문제 등 가능한 한 많은 양의 문제를 풀어보는 것이 가장 기본적인 학습방법임을 다시 한 번 말하고 싶습니다.

이에 본서를 여러분 앞에 내놓게 되었습니다. 이 책의 특징은 다음과 같습니다.

> **첫 째** 출제기준과 기출문제를 정밀하게 분석하여 핵심이론을 엄선하였습니다.
>
> **둘 째** 다양한 유형의 도표와 서식, 무역서한문의 실제 사례 등을 제시함으로써 보다 빠르고 깊은 이해가 가능하도록 하였습니다.
>
> **셋 째** 기출문제와 유사한 예상문제를 구성함으로써 유사한 유형의 문제를 쉽게 파악할 수 있도록 하였 습니다.
>
> **넷 째** 자세한 해설을 달아 변형문제나 새로운 유형의 문제에도 적극적으로 대비할 수 있게 하였습니다.
>
> **다섯째** 기출문제와 상세한 해설을 수록하여 실제 시험 유형을 직접 파악하고 이론반영에 대한 이해를 돕도록 구성하였습니다.

끝으로 세계를 무대로 대한민국 무역 일선에서 활약하게 될 예비무역인 여러분의 건승을 빕니다.

편저자 올림

영문해석 / 영작문

영문해석/영작문 과목의 경우에는 무역서신이 지문으로 제시되기 때문에, 전반적인 무역용어와 실무에 대한 이해가 선행되어야 문제를 잘 풀 수 있습니다. 무역용어의 한글ㆍ영문표현 모두 숙지해 두도록 하며, 독해 능력을 꾸준히 키우도록 합니다.

빈출 유형

- 밑줄 친 부분이 가리키는 것 추론하기
- 서신의 앞뒤에 올 내용 혹은 이전 서신 내용 추론하기
- 빈 칸 채우기
- 적절한 것/적절하지 않은 것 찾기
- 문장 삽입하기
- 주제 찾기
- 흐름에 맞지 않는 문장 찾기

무역실무

무역실무에서는 무역계약, 운송, 결제, 보험 부분이 높은 비율로 출제됩니다. 서비스무역, 기술무역, 해외투자, 전자무역 부분은 출제빈도가 낮습니다. 무역실무 내용은 영문해석, 영작문 과목에서 영어로 출제되기 때문에, 무역실무에서 자주 출제되는 부분에 대한 공부를 가장 중점적으로 하는 전략이 필요합니다.

빈출 유형

- 무역계약 : 인코텀즈, 신용조회, 청약, 품질/수량조건
- 운송, 선적 : 선하증권, 선적서류(원산지증명서), 송장, 해상운임
- 무역결제 : 결제방식, 신용장, 포페이팅, 환어음, 무역금융
- 무역보험 : 해상손해(물적손해/공동해손), 협회적하약관, 피보험이익
- 무역규범 : UCP 600, URC 522, CISG

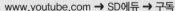

PART 01

한 눈에 보는 기출 Check!

기출연도 및 회차 표시로 출제 경향을 한 눈에 파악하고, 이론을 익힌 후 이해도를 바로 체크하세요!

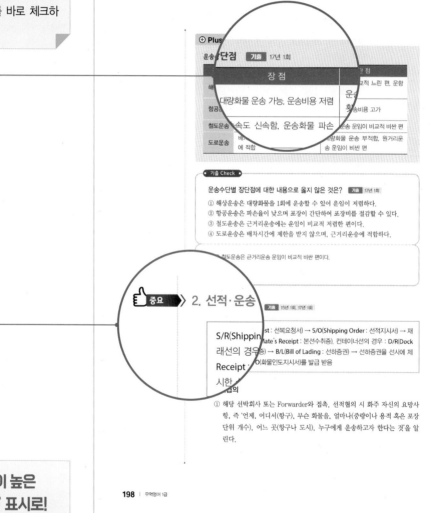

⊕ Plus

운송별 단점 [기출] 17년 1회

	장 점	단점
해상	대량화물 운송 가능, 운송비용 저렴	비교적 느린 편, 운항
항공		운송비용 고가
철도운송	속도 신속함, 운송화물 파손	운송 운임이 비교적 비싼 편
도로운송	배차에 적합	대량화물 운송 부적합, 원거리운송 운임이 비싼 편

⊙ 기출 Check

운송수단별 장단점에 대한 내용으로 옳지 않은 것은? [기출] 17년 1회

① 해상운송은 대량화물을 1회에 운송할 수 있어 운임이 저렴하다.
② 항공운송은 파손율이 낮으며 포장이 간단하여 포장비를 절감할 수 있다.
③ 철도운송은 근거리운송에는 운임이 비교적 저렴한 편이다.
④ 도로운송은 배차시간에 제한을 받지 않으며, 근거리운송에 적합하다.

철도운송은 근거리운송 운임이 비교적 비싼 편이다.

[중요] ▶ 2. 선적 · 운송 [기출] 15년 1회, 17년 1회

S/R(Shipping Request : 선복요청서) → S/O(Shipping Order : 선적지시서) → 재래선의 경우 M/R(Mate's Receipt : 본선수취증), 컨테이너선의 경우 : D/R(Dock Receipt : 부두수취증) → B/L(Bill of Lading : 선하증권) → 선하증권을 선사에 제시한 후 D/O(화물인도지시서)를 발급 받음

① 해당 선박회사 또는 Forwarder와 접촉, 선적혐의 시 화주 자신의 요망사항, 즉 '언제, 어디서(항구), 무슨 화물을, 얼마나(중량이나 용적 혹은 포장단위 개수), 어느 곳(항구나 도시), 누구에게 운송하고자 한다는 것'을 알린다.

출제 가능성이 높은 내용은 '중요' 표시로!

시험에 자주 출제되는 중요한 내용은 '중요' 표시로 파악하여 학습의 강약을 조절하세요!

한 걸음 더 개념 익히기 Plus One!

향후 출제 가능성이 높은 내용으로 구성하여 복잡한 개념도 확실하게 내 것으로 만들어보세요!

② 선사는 구체적으로 선적가능시기, 운임 등 화주의 요구사항에 대한 절의에 응하고 상호 요건이 충족되면 구두로 선적예약을 한다.
③ 곡물, 광석류, 원유 등과 같은 대량의 단일화물을 운송할 때에는 화주와 운송회사가 운송계약을 체결한다.
④ 일반 정기선 화물의 경우 개별 운송계약이 별도로 존재하지 않으며 선적에 ~~~ 자체가 운송계약의 일부이다(B/L 자체가 운송계약은

⊕ Plus one

톤 수 기출 17년 2회, 18년 1회

- **총톤수(Gross Tonnage)**
  - 선박 밀폐된 내부의 총 용~~ 든 밀폐된 장소의 적량을 합한 것
  - 상갑판 이하 모든 공간~ 장소는 제외
  - 선박의 안전과 위생~ 선체가 수면에 잠긴 부분의 용적에 상당하는
- **배수톤수(Displace~~ ~ 수 있는 화물의 최대중량을 톤으로 환산한 것
~~~ 조각~~ ~판실, 선원실, 해도실 등 선박 운항 관련 장소 용적을 제외한 것

◆ 기출 Check

선박의 밀폐된 내부의 총 용적으로 선박의 안전과 위생을 위하여 사용되는 장소를 제외한 톤수에 해당하는 것은? 기출 17년 2회
① 배수톤수   ② 만재중량톤수
③ 총톤수   ④ 순톤수

해설 총톤수는 선박 밀폐된 내부의 총 용적으로 상갑판 이하의 모든 공간과 상갑판 위의 모든 밀폐된 장소의 적량을 합한 것으로 선박의 안전과 위생을 위하여 사용되는 장소는 제외된다.

합격자 Tip ◎
컨테이너화물은 화물 인수지(Place of Receipt)와 인도지(Place of Delivery)를 추가로 기재해야 한다.

청서 제출
기본합의가 끝나면 화주는 송하인(Shipper, 수출상), 수하인 ~~(수입상), 선적항(Port of Loading), 양하항(Port of Discharge), ~~Description of Cargo) 등 B/L에 표기해야 할 주요 운송정보를 ~~당화물의 Invoice 및 Packing List와 함께 선사에 정식으로 선적 ~~ipping Request ; S/R)를 제출한다.

합격자 Tip!

합격자 Tip에는 이해를 돕기 위한 보충 설명이나 기출문제를 반영한 OX문제가 포함되어 있어 학습의 포인트를 짚어볼 수 있어요!

FEATURE
이 책의 구성과 특징

PART 02

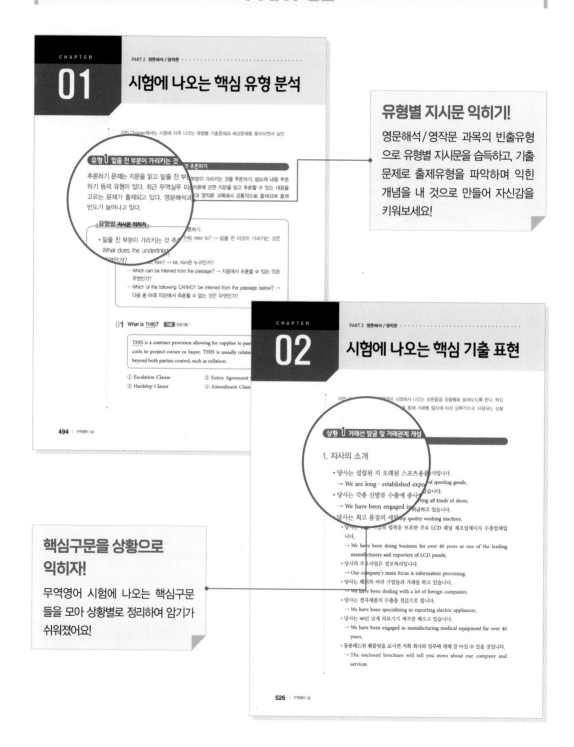

유형별 지시문 익히기!

영문해석 / 영작문 과목의 빈출유형으로 유형별 지시문을 습득하고, 기출문제로 출제유형을 파악하며 익힌 개념을 내 것으로 만들어 자신감을 키워보세요!

핵심구문을 상황으로 익히자!

무역영어 시험에 나오는 핵심구문들을 모아 상황별로 정리하여 암기가 쉬워졌어요!

관련기출

01 The followings are some parts of quality terms from various contracts. Choose one which is different from others. 기출 1년 2회

① The quality of the goods to be shipped should be fully equal to the sample.
② The seller guarantees the fully equal quality of the goods to the sample at the time of shipment.
③ The seller guarantees the quality of the goods to be shipped to be fully equal to the sample.
④ Goods shall be guaranteed by the seller to be fully equal to the sample upon arrival at destination.

02 Which is the LEAST appropriate English–Korean sentence? 기출 16년 2회

① What we're looking for is a year–long contract for the supply of three key components.
 → 오늘 당사가 이루고자 하는 것은 세 가지 주요 부품의 공급에 관한 1년간의 계약을 체결하는 것입니다.
② When do you think we'll get the results of the market analysis? When could we see a return on our investment?
 → 시장 분석결과는 언제쯤 받을 수 있다고 생각합니까? 언제쯤 당사가 돌아와서 다시 투자할 수 있을까요?
③ Most other agencies don't have the expertise to handle our request.
 → 대부분의 다른 대리점은 당사의 요구를 들어줄만한 전문기술이 없습니다.
④ If the contract is carried out successfully, it will be renewed annually.
 → 계약이 성공적으로 이행되면 1년마다 연장이 될 겁니다.

정답 01 ④ 02 ②

해설
01 다음은 다양한 계약의 품질 조건의 일부이다. 이들 중 조건이 다른 하나를 고르시오.
 ① 선적되는 물품의 품질은 샘플과 완전히 동일해야 한다.
 ② 매도인은 선적 시 물품의 품질이 샘플과 완전히 동일함을 보증해야 한다.
 ③ 매도인은 선적되는 물품의 품질이 샘플과 완전히 동일함을 보증해야 한다.
 ④ 물품은 목적지에 도착할 때 매도인에 의해 보증될 것이다.

해설
01 ①~③ 모두 선적 시 품질조건을 ... 있다.
02 ② see a return on our inves... 투자하다가 아니라 '투자 수익을... 체결 당사의 투자 수익을 볼 수 ...

542 무역영어 1급

적중예제 풀이!

중요 표현을 읽고, 제시된 유형과 관련된 적중예제를 풀어보며 해당 표현이 나오는 구문을 익혀보세요!

확인학습

※ 다음 빈칸에 알맞은 단어를 쓰시오.

01 계약의 이행 : contract _____

02 계약의 종료 : contract _____

03 매매계약을 체결하다 : _____ a sales contract

04 아래의 계약조건에 따라 : on the following _____

05 귀사가 제시한 계약조건에 합의하기로 했습니다.
 → We have decided to _____ the terms and conditions you offered.

06 기타 조건 및 조항들은 전과 동일합니다.
 → Other terms and conditions are _____ .

07 본 계약의 조건은 변경될 수 있습니다.
 → The terms of contract are _____ change.

08 계약은 이번 달 말에 만료됩니다.
 → The contract will _____ at the end of this month.

09 제품 품질은 샘플 품질과 정확히 동일해야만 합니다.
 → The quality of the goods should be _____ that of the samples.
 → The quality of the goods should be _____ that of the samples.

10 본 계약은 1월 1일자로 작성 및 체결되었으며 6월 말까지 유효합니다.
 → This agreement has been _____ on the 1st of January and shall be _____ till the end of June.

01 performance 02 termination 03 conclude 04 terms and conditions 05 accept 06 the same as before
07 subject to 08 expire 09 equal to, the same as 10 made and entered into, available

한 번 더 확인학습!

빈 칸에 핵심구문을 채워 넣는 확인학습으로 한 번 더 머릿속에 쏙쏙 넣어 쉽고 빠르게 암기하세요!

PART 03

1급 | 2020년 제1회 기출문제

과목 영문해석

[01~02] Read the following and answer the questions.

Dear Sirs,

We received your letter on April 5, in which you asked us to issue immediately a letter of credit (ⓐ) your order No.146,
We have asked today the Korean Exchange Bank in Seoul to issue an irrevocable and confirmed letter of credit in your favor for USD250,000 only, and this credit will be valid until May 20.
This credit will be advised and confirmed by Ⓐ the New York City Bank, N.Y. They will accept your (ⓑ) drawn at 60 days after (ⓒ) under the irrevocable and confirmed L/C.
Please inform us by telex or fax immediately of the (ⓓ) as soon as the goods have been shipped.

Faithfully yours,

01
Choose the wrong role which the underlined Ⓐ does not play.

① confirming bank
② advising bank
③ issuing bank
④ accepting bank

02
Select the wrong word in the blanks ⓐ ~ ⓓ.

① ⓐ covering
② ⓑ draft
③ ⓒ sight
④ ⓓ maturity

03
Which of the following has a different purpose of replying from the others?

We would appreciate it if you would inform us of their financial standing and reputation.
Any information provided by treated as strictly confidential, will be paid by us upon receipt Your prompt reply will be much

① The company is respected thro
② Their accounts were not always
③ As far as our information punctually meeting their comm
④ They always meet their obl satisfaction and their latest fin show a healthy condition.

570 | 무역영어 1급

1급 2020년 제3회

1	2	3	4	5	6	7	8	9	10	11	12	13	14	15
④	①	②	①	①	④	①	③	①	①	②	④	③	①	②
16	17	18	19	20	21	22	23	24	25	26	27	28	29	30
①	②	④	④	①	③	④	②	③	③	②	③	①	④	④
31	32	33	34	35	36	37	38	39	40	41	42	43	44	45
②	③	④	③	④	④	④	②	③	③	④	①	③	④	④
46	47	48	49	50	51	52	53	54	55	56	57	58	59	60
①	④	②	④	②	③	②	③	④	③	②	③	④	②	④
61	62	63	64	65	66	67	68	69	70	71	72	73	74	75
④	②	④	③	②	④	②	④	④	③	②	③	③	④	④

01

무역금융은 일반적으로 자기회수적인 수출금융을 말한다.

① 모든 수출금액을 지불한 다음, 대출금 연장에 적용한다. 나머지는 수입업자의 계좌로 입금된다.
② 선적 전 금융은 일반적인 근로자본대출로 상환된다.
③ 수출금융은 일반적인 근로자본대출보다 사용하기 조금 어렵다.
④ 모든 수출금액을 수금한 다음, 대출금 상환에 적용한다. 나머지는 수출업자의 계좌로 입금된다.

일반적으로 무역금융은 개인의 거래 혹은 일련의 거래의 회전을 일컫는다. 무역금융의 대출은 자기회수[변제]적인 경우가 많다. 즉, 자금을 빌려준 은행이 모든 판매 수익금을 징수하도록 명시하고 있어서 그 다음에 대출금을 지불하도록 적용된다는 뜻이다.

*Trade finance : 무역금융
*refer to : 언급[지칭]하다, ~와 관련 있다
*export financing : 수출금융
*self-liquidating : 자기회수적인
*extend the loan : 대출을 연장하다
*remainder : 나머지(= the rest)
*credit B to A : A에 B를 입금하다
*Pre-shipment finance : 선적 전 금융
*pay off : (돈을) 갚다
*collect : (빚·세금 등을) 수금하다[징수하다]
*apply to : ~에 적용되다

02

(A) 팩터에 의한 계약은, 그가 (지급보증수수료라고 불리는) 활동수수료[→ 수수료]를 위한 위탁판매 시, (B) 구매자의 지불능력과 계약서를 보증한다. 이러한 팩터를 지급보증대리인이라고 한다. (C) 그는 단지 보증인에 불과한데, 구매자의 채무불이행의 경우에만 원금을 변상한다. (D) 대리인이 제3자에게 신용거래를 연장한 결과 원금이 손실된 경우, 원금을 배상해야 할 의무가 있는 대리인을 말한다.

① (A) '... for an additional commission → commission(called a del credere commission)'이 되어야 한다.
지급보증대리인(del credere agent)은 지급보증수수료(del credere commission)를 받고 대리점의 거래선인 고객이 채무불이행으로 대금을 지급하지 않는 경우에도 본인(매도인)이 입은 손해를 배상할 책임이 있는 대리인을 말한다.

소책자 – 핵심요약집

※ 시간과 장소에 구애받지 않고 학습하실 수 있도록 소책자와 함께 오디오북을 무료로 제공합니다.

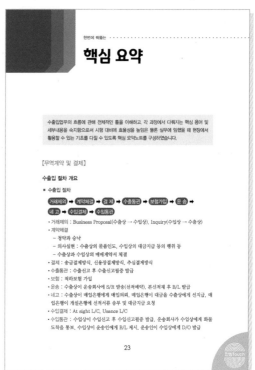

시험에 나오는 무역 용어!

기출문제에 나오는 무역 용어를 알 파벳순으로 정리한 소책자를 가볍게 들고 다니면서 틈틈이 빈출 용어를 암기해 보세요!

한 번에 꿰뚫는 핵심 요약!

핵심 요약으로 최종점검 및 필수개념들을 익혀볼 수 있도록 가장 기본적이고 중요한 무역이론들을 따로 정리했어요!

시행처 : 대한상공회의소

응시자격 : 제한 없음

응시료 : 29,000원

2022 무역영어 시험일정

원서접수	개설일로부터 시험일 4일전까지
시험일자	연 52회 시행 – 매주 화요일, 일요일(4~6월, 9~11월)
발표일자	시험일 다음날 오전 10시

※ 해당 시험일정은 변경될 수 있으니, 반드시 해당 시행처 홈페이지(http://license.korcham.net/)를 확인해주시기 바랍니다.

시험과목 및 시험시간

등 급	시험방법	시험과목	제한시간	문제수	출제방법
1 · 2 · 3	필기시험	• 영문해석 • 영작문 • 무역실무	90분	75문항	객관식 4지선다형

출제기준

1 · 2급	3급
❶ 무역실무 전반에 걸친 무역통신문 ❷ 해외시장조사, 신용조사방법, 수출입 개요 등 ❸ 무역관계법(실무에 적용되는 것에 한함) ❹ 무역계약 ❺ 대금결제 ❻ 운송, 용선계약, 적화보험 ❼ 무역클레임과 상사중재 ❽ EDI에 의한 수출입 통관	❶ 무역통신문의 구성 및 형식 ❷ 거래관계의 개설(신용조회 및 보고, 거래제의) ❸ 거래관계의 성립(청약, 주문, 계약) ❹ 신용장(발행신청, 통지 및 수정) ❺ 선적과 운송서류(선적보험, 운송서류, 보험) ❻ 기본 무역용어 ❼ 상용회화

※ 1 · 2급의 문제는 상기 범위 내에서 난이도로 조정하여 출제됩니다.

합격기준 : 매 과목 100점 만점에 전 과목 평균 60점 이상 합격(단, 1급은 과목당 40점 미만인 경우 불합격)

CONTENTS
목차

CONTENTS
목차

오디오북

PART 01

무역실무

무역영어 1급 한권으로 끝내기

무역계약

이 단원에서는 수출입 규제, 시장조사, 신용조회 및 계약의 교섭, 계약의 성립과 조건 등 해외거래를 성공시키고 위험을 회피하는 데 필요한 국제무역의 기본적인 지식을 익혀본다. 특히 개정된 「Incoterms(무역거래조건) 2020」에 주목하자.

01 무역거래의 개요

1. 무역(Trade)의 개념

(1) 일반적인 개념

① 경제활동 중심이 서로 다른 지역 사이에서 재화·상품을 사고파는 상거래 행위이다.

② 국가 간 국제 재화(International Goods)·용역(Service)의 수출입을 총칭한다.

③ 분류

㉠ 국내무역(Domestic Trade) : 상거래 행위가 특정 국가 내에서 이루어지는 것

㉡ 국제무역(International Trade) : 상거래 행위가 국가 간에 이루어지는 것

④ 범위

㉠ 상품 교환과 같은 유형무역(Visible Trade)

㉡ 기술·용역과 같은 무형무역(Invisible Trade)

㉢ 자본의 이동

(2) 확장된 개념

① 통신기술 발달은 기업 활동의 글로벌화를 가속화하고 무역거래 방식과 관행을 변화시킴으로써 국제거래(무역)에 많은 변화를 초래한다.

㉠ 인터넷을 통한 무역거래가 가능하다.

㉡ 거래 절차 : 전자문서, 전자금융 등의 방식으로 처리 가능하다.

② 전자무역
  ○ 무역(일부/전부)을 전자무역문서로 처리하는 거래(전자무역 촉진에 관한 법률 제2조)
  ○ 인터넷 등 정보통신망을 통한 무역거래(무역거래기반조성에 관한 법률 제4조)
③ **전자문서** : 정보처리시스템에 의하여 전자적 형태로 작성·변환되거나, 송·수신 또는 저장된 정보(전자문서 및 전자거래 기본법 제2조).
④ **무역의 필요성** : 한 국가가 지리·환경요인 등으로 인해 필요한 모든 재화를 생산·공급하기 어렵고, 원료를 수입해 자국에서 제품을 생산하는 것도 타국 생산단가보다 비싼 경우가 많은 현실에서 무역의 필요성을 찾을 수 있다. 무역으로 파생되는 주요한 효과로는 국제 분업화, 고용 창출효과, 국부 창출효과, 무역 의존형 기업의 탄생 등이 있다.

2. 국제무역(International Trade)의 특징

국제경제의 순환구조상 일국의 국민경제를 기반으로 한 기업 경영적 성격, 국민경제적 성격, 세계 경제적 성격 등의 복합적 성격을 띠고 있는 국제무역은 국내거래와 달리 '정치·행정의 장벽', '언어 및 관습의 장벽', '화폐의 장벽', '관세의 장벽' 등의 특성을 갖는다.

(1) 정치·행정의 장벽

교역 당사국 간의 정치체제 또는 행정정책의 차이로 어떤 국가와는 이루어질 수 있는 거래가 다른 국가와는 이루어지지 않을 수도 있다.

(2) 언어 및 관습의 장벽

① 일본과 미국이 한국의 가장 큰 교역 상대국이 된 주된 이유는 이들 국가가 경제대국이기 때문이기도 하지만, 오랜 접촉을 통해 서로의 관습과 언어를 알게 되어 의사소통을 쉽게 할 수 있기 때문이기도 하다.
② 종교적인 이유로 힌두교 국가에 육류를 수출할 수 없고, 전통 가톨릭 국가에 산아제한 용구를 거래할 수는 없는 것 등이 관습의 장벽과 관련 있다.

(3) 화폐의 장벽

① 나라마다 고유통화를 사용, 이들이 자유롭게 태환(Exchange)되지 않는 경우가 많다.
② 나라마다 이자율이 달라 이자가 높은 곳으로 자본이 옮겨가고자 해도 이자평형세 및 각종 법으로 자본의 자유로운 이동이 어렵다.

(4) 관세의 장벽

① 국제거래를 국내거래와 차별화하는 가장 중요한 요소는 세계의 거의 모든 국가가 각종 명목ㆍ형태로 수입품에 부과하는 관세라 할 수 있다.

② 관세장벽 외에도 각 국에서는 각종 쿼터, 외환배정, 차별운임, 국산품 구매조장 등 여러 비관세장벽(Non-tariff Barrier) 수단을 동원하여 외국물품이 자국시장에 침투하는 것을 막는다.

3. 무역의 종류ㆍ형태

(1) 상품 이동방향 기준

① **수출무역** : 유상으로 자국에서 외국으로 상품이동

② **수입무역** : 유상으로 외국에서 자국으로 상품이동

③ **통과무역** : 수출국에서 제3국으로 수출되는 물품이 자국을 경유하는 형태

④ **중계무역** : 수입한 상품을 제3국으로 재수출하는 형태

(2) 상품매매 방식 기준   기출 16년 2회, 17년 1회, 17년 2회

① **직접무역(Direct Trade)** : 수출업자와 수입업자가 직접 계약을 체결하고 거래 당사자 간 직접 물품을 매매하는 방식

② **간접무역(Indirect Trade)** : 제3자 또는 제3국 업자를 거쳐 거래가 성립되는 방식

　　㉠ 통과무역(Transit Trade) : 수출 무역상품이 수입국에 직송되지 않고, 제3국을 통과ㆍ경유하여 수입국에 송부되는 무역으로 제3국 관점에서 본 무역의 형태

　　㉡ 중개무역(Merchandising Trade)
　　　• 수출국과 수입국 간에 직접 매매계약이 체결되지 않고 제3국의 제3자(중개업자)가 개입하여 계약이 체결되는 거래형태
　　　• 제3국의 입장에서 본 무역형태

　　㉢ 중계무역(Intermediary Trade)
　　　• 수출 목적으로 외국에서 물품을 수입하여 원형 그대로 다시 제3국에 수출하는 무역형태
　　　• 보세구역 및 보세구역 외 장치의 허가를 받은 장소 또는 자유무역지역 이외의 국내에 반입하지 아니하고 수출하는 수출입
　　　• 중계무역 물품의 경우 수출입승인 대상물품으로 지정된 경우에도 해당 물품의 수출입승인에서 제외된다.
　　　• 중계무역의 수출실적 인정금액은 수출금액(FOB 가격)에서 수입금액(CIF 가격)을 공제한 가득액

합격자 Tip

• 중개무역 : 상품 소유권이 중개업자로 이전되지 않음

• 중계무역 : 상품 소유권이 이전됨

ⓔ 스위치무역(Switch Trade)
- 수출·수입국 간에 매매계약이 체결되고, 물품도 양자 간에 직송되지만 대금 결제만 제3국 업자를 개입시켜 간접적으로 행해지는 무역
- 관련 3개국 사이에 각각 편무역(무역수지 불균형 상태)이 존재할 때 행해진다.

기출 Check

대외무역법 및 관련 법규상 중계무역에 관한 내용으로 옳은 것을 모두 고르면? **기출** 17년 1회

> ㉠ 수출할 것을 목적으로 물품 등을 수입하여 보세구역 및 보세구역 외 장치의 허가를 받은 장소 또는 자유무역지역 이외의 국내에 반입하지 아니하고 수출하는 수출입을 말한다.
> ㉡ 중계무역 물품의 경우 수출입승인 대상물품으로 지정된 경우에도 해당 물품의 수출입승인에서 제외된다.
> ㉢ 중계무역의 경우 대금의 영수 및 지급, 또는 선적서류의 인수 및 송부는 같은 외국환은행을 통하여 행하여야 한다.
> ㉣ 중계무역의 수출실적 인정금액은 수출금액(FOB 가격)에서 수입금액(CIF 가격)을 공제한 가득액이다.
> ㉤ 중계무역의 수출입실적 인정시점은 선적서류의 발급일이다.

① ㉠, ㉡, ㉢   ② ㉠, ㉡, ㉣
③ ㉠, ㉢, ㉣   ④ ㉠, ㉢, ㉤

해설 ㉢ 대외무역관리규정에서 특정 거래 중 일부는 지식경제부장관의 인정을 얻어야 수출할 수 있다. 그 대상은 중계무역으로서 대금의 영수 및 지급을 하나의 외국환은행을 통하여 행하지 않는 송금방식의 거래와 선적서류를 하나의 외국환은행을 통하여 인수 및 송부하지 않는 거래, 신고가격 기준 미화 5만 불 상당액 초과물품 등을 수출승인서 면제에 해당하지 않는 사유로 무환수출하는 거래이다.
㉤ 중계무역의 수출입실적 인정시점은 입금일 기준이다(대외무역관리규정 제27조).

정답 ②

• 기출 Check •

중계무역에 관한 내용으로 옳지 않은 것은? 기출 17년 2회

① 화물이 제3국에 양륙한 후 원형 그대로 (또는 약간의 가공만을 거쳐) 수입국에 재수출함으로써 소유권을 이전시키는 방식의 수출이다.

② 통상 무역물품은 수출국이 아닌 원수출국에서 선적되어 최종 수입국으로 직접 운송되는데, 이때 선하증권의 선적인이 원수출국의 업체 명의로 발행된 선하증권을 Surrendered B/L이라 한다.

③ 선적인을 최종 수출국의 업체 명의로 바꾸어 다시 발행한 선하증권을 최종 수입업체에게 제시할 수 있는데, 이러한 선하증권을 Switched B/L이라 한다.

④ 송장도 원수출국의 업체 명의에서 최종 수출국의 업체 명의로 다시 발행하게 되는데 이를 송장대체라 한다.

해설 ② Surrendered B/L은 화물이 선하증권(B/L)보다 먼저 도착할 경우에 화주의 요청에 따라 선하증권에 'Surrendered'라고 표시하여 발행한 선하증권을 말한다. B/L상에 Surrender 란 문구의 도장을 찍어 유통 가능한 유가증권으로서의 기능을 포기한다는 의미가 있다.

정답 ②

(3) 기타 무역형태

① 유형무역(Visible Trade)

   ㉠ 유형 상품을 수출입하는 것이다.

   ㉡ 반드시 수출입통관을 거쳐야 하므로 무역통계에 표시된다.

   ㉢ 한 나라의 국제수지에서 가장 중요한 위치를 차지하는 무역수지(Trade Balance) 구성 항목이다.

② 무형무역(Invisible Trade)

   ㉠ 자본 · 노동 등의 생산요소나 용역과 같은 무형상품의 거래를 통해 이자 · 수수료 · 운임 · 보험료 · 여행경비 · 기술사용료 등을 지급하거나 받는 형태의 무역이다.

   ㉡ 수출입통관을 거치지 않기 때문에 무역통계에 나타나지 않지만 국제수지표상에는 무역외수지 항목을 구성한다.

③ 플랜트 수출(Plant Export) : 생산설비 · 기술 · 노하우(Know how) 등을 결합, 종합적으로 수출하는 형태의 무역이다.

④ 녹다운 수출(Knockdown Export) : 상대국에 현지 공장을 건설하고 자국의 부품을 수출하여 현지에서 직접 조립 판매하는 형태의 무역이다.

⑤ 위탁판매 수출(Consignment Export Trade)

   ㉠ 위탁물품을 무환으로 수출하여 당해 물품이 판매된 범위 내에서 대금을 결제받는 계약에 의한 수출방식이다.

ⓛ 물품 소유권은 위탁자에게 있고 미판매 물품도 위탁자에게 반송된다.

ⓒ 위탁자가 최저가격 지정 시 수탁자는 지정가격 이하로 판매할 수 없으나 지정가격 이상으로 판매할 때 차액은 수탁자의 이윤이 된다.

⑥ **수탁판매 수입** : 물품을 무환으로 수입하여 당해 물품이 판매된 범위 안에서 대금을 결제하는 계약에 의한 수입으로서 위탁판매 수출을 수탁자의 관점에서 본 거래이다.

⑦ **제품판매 무역(Product Buy-back Deal)** : 한 나라에 생산설비를 수출하고 그 설비로 생산된 제품을 재수입하는 형태의 무역이다.

⑧ **사이버무역**

ⓐ B2B(Business to Business) : 기업 간의 전자상거래이다. 보통 대량의 도매 거래가 주를 이룬다. MRO(기업 소모성 자재)가 인기를 끌고 있기도 하다.

ⓑ B2C(Business to Customer) : 일반쇼핑몰처럼 기업이 개인고객을 대상으로 하는 전자상거래다.

⑨ **OEM(Original Equipment Manufacturing) 방식**

ⓐ 주문자 상표부착 수출방식으로 국제 간 주문·하청 생산에 의한 무역을 의미한다.

ⓑ 생산력 우수기업과 판매력 우수기업의 협력관계에 입각한 방식이다.

⑩ **바터무역(Barter Trade)**

ⓐ 두 나라가 특정상품을 상호 교환하는 방식의 무역으로 양국 간 수출입 균형을 통해 외국환수불이 발생되지 않도록 통제하기 위한 무역형태다.

ⓑ 바터무역에는 수출입 상품 간 관련성이 있는 물물교환인 '바이백(Buy-back)'과 수출입 상품 간 관련이 없는 거래인 '구상무역(Compensation trade)' 방식이 있다.

ⓒ 구상무역에는 동시개설신용장(Back-to-back L/C)이나 에스크로 신용장(Escrow L/C)이 사용되기도 한다.

ⓓ 바터무역의 실질은 물건과 물건의 직접 교환이 아니라 매매계약에 의한 물품매매다.

ⓔ 매매결과로서의 대금지급을 회계적으로 조작·상쇄하는 환결제 방식이다.

⊕ **Plus one**

제품환매무역(Buy-Back Trade) 기출 17년 3회

• 무역당사자 간에 상품으로 결제되는 특수한 구상무역의 형태

• 수출업자가 플랜트, 기계, 설비, 기술 등을 수출하고 그 대가로 이 설비나 기술로 생산되는 제품을 구매 또는 수입하는 형태

합격자 Tip ●

제품환매 : 기술을 수출한 국가가 그 기술로 생산된 제품을 다시 수입하는 것

4. 무역의존도와 신보호무역주의

합격자 Tip ●──────○◎

무역의존도의 종류 : 수입
의존도, 수출의존도

(1) 무역의존도

① 한 나라의 국민경제에서 무역이 차지하는 비중을 표시하는 지표로서 국민소득 또는 국민총생산에 대한 수출입액의 비율로써 나타낸다.

② 무역의존도가 커지면 국가경제는 외국의 영향을 강하게 받게 되는데, 내수비중을 키워야 무역의존도를 낮출 수 있다.

(2) 신보호무역주의

① 선진국이 신흥공업국을 대상으로 보호무역주의를 강화하는 경향을 '신보호무역주의'라고 한다.

② 주로 선진국이 주도한다는 점에서 개발도상국의 보호무역을 의미하는 전통적인 보호무역주의와 구별된다.

02 무역거래의 관리체계

1. 무역관리제도의 의의

거의 모든 나라가 국가 간 물품의 유상이동을 말하는 무역과 관련하여 수출입 관리란 이름으로 최소한의 규제와 지원을 하고 있는데 이를 무역관리라 한다.

2. 대외무역법의 관리체계

대외무역법		
• 우리나라의 무역관리를 위한 기본법 • 무역관리제도(승인)와 무역진흥제도(외화획득용 원료 등의 수입) 포함		
무역관리제도	주체관리	무역업과 무역대리업
	객체관리	수출입공고 등에 의한 품목관리
	행위관리	수출승인(EL)과 수입승인(IL)
무역진흥제도	외화획득용 원료 등의 수입 및 국내조달 우대조치	

외화획득의 범위는 다음 각 호의 어느 하나에 해당하는 방법에 따라 외화를 획득하는 것으로 한다(대외무역법 시행령 제26조). **기출** 15년 1회

- 수 출
- 주한 국제연합군이나 그 밖의 외국군 기관에 대한 물품 등의 매도
- 관 광
- 용역 및 건설의 해외진출
- 국내에서 물품 등을 매도하는 것으로서 산업통상자원부장관이 정하여 고시하는 기준에 해당하는 것

기출 Check

대외무역법상 외화획득용 원료 · 기재의 수입승인을 받을 수 있는 외화획득의 범위에 속하지 않는 것은? **기출** 15년 1회

① 외국의 수입업자로부터 수수료를 받고 행한 수출알선
② 국내에서 물품 등을 구매하는 것으로서 산업통상자원부장관이 정하여 고시하는 기준에 해당하는 것
③ 주한 국제연합군이나 그 밖의 외국군 기관에 대한 물품 등의 매도
④ 용역 및 건설의 해외 진출

해설 외화획득의 범위는 '수출, 주한 국제연합군이나 그 밖의 외국군 기관에 대한 물품 등의 매도, 관광, 용역 및 건설의 해외진출, 국내에서 물품 등을 매도하는 것으로서 산업통상자원부장관이 정하여 고시하는 기준에 해당하는 것' 중 어느 하나에 해당하는 방법에 따라 외화를 획득하는 것으로 한다.

정답 ②

3. 수출입 관리제도(무역관리제도)

(1) 무역업과 무역대리업

① 무역업

㉠ 개 념

합격자 Tip ──◉
국가기관, 지자체 등에서 자기수요를 위하여 수출입 행위를 하는 것은 무역업이라 볼 수 없다.

- 대외무역법에서 무역이란 물품의 수출입을 말하며, 무역업이란 무역을 업으로 영위하는 것을 말한다.
- 무역업을 업으로 한다는 것은 자기명의로 자기 책임하에 소유권이전을 전제로 한 물품의 수출입 행위에 대해 이익을 취한다는 것이다.

ⓛ 무역업 자유화
- 과거에는 자격 있는 사람만이 무역업을 할 수 있었고, 허가제, 등록 제(1993. 7. 1), 신고제(1997. 3. 1) 형태로 관리했다.
- 2000. 1. 1부터 완전히 자유화되어 누구나 별도의 행정절차 없이 무역업을 할 수 있게 되었다.
- 다만 대외무역법 시행령 제21조 제1항, 대외무역관리규정 제24조에 따라 한국무역협회에 무역업고유번호를 신청하여 부여받을 수 있다.

ⓒ 개별법에 의한 무역업 허가 등
- 대외무역법에 의한 무역업은 자유화되었지만 약사법 등 개별법(57개)의 소관품목에 대하여 무역업을 영위하려면 별도의 자격요건을 갖추어야 하는 경우가 있다.
- 의약품, 마약, 향정신성 의약품, 대마, 동물약품, 농약, 종묘, 담배, 석유제품 및 독극물 등은 무역업자와 위탁자(실수요자) 모두 해당 요건을 갖추어야 수출입을 할 수 있다.
- 외국영화, 식품 및 주류 등의 품목은 위탁자만 요건을 갖추면 된다.

② 무역대리업
ⓐ 개 념
무역대리업자는 외국의 수출업자 또는 수입업자로부터 위임을 받은 자가 대리인의 자격으로 국내에서 외국 무역업자의 이름으로 판매계약(OFFER) 또는 구매계약(ORDER)을 체결하고 이에 부대되는 행위를 업으로 영위하는 자를 말한다.
- 갑류 무역대리업 : 외국 수출업자의 물품을 국내에 판매하는 영업대리인으로, 국내 수입업자에게 오퍼를 발행하는 수입대리업자이며 이들을 통상 오퍼상(OFFER AGENT)이라 한다.
- 을류 무역대리업 : 외국 수입업자가 국내에서 구매하고자 하는 물품을 구매하는 구매대리인이며, 국내 수출업자가 물품을 외국에 수출하도록 하는 수출대리업자로서 이들은 통상 외국기업의 국내지사로서 BUYING OFFICE라 한다.

ⓑ 무역대리업 자유화
- 무역대리업 또한 무역업과 마찬가지로 완전 자유화되어 별도의 행정절차가 필요 없다.
- 관련단체로 한국무역대리점협회와 한국외국기업협회가 존재한다.

(2) 수출입품목관리(수출입승인) `기출` 16년 3회, 20년 3회

① 개 요

　㉠ 수출입품목에 대한 관리제도는 수출입에 대한 규제 방식으로서 개별품목의 수출입제한 여부에 대한 종합관리체계이다.

　㉡ 수출입업자는 수출입 시 해당 품목의 수출입규제품목(수출입승인 품목·요건확인 품목) 해당 여부를 사전 점검한 후 이에 해당되면 수출입승인이나 요건확인을 받아야 수출입할 수 있다.

　㉢ 규제여부는 '수출입공고', '수출입공고 별도공고' 그리고 '개별법에 의해 공고되는 통합 공고(산자부장관이 공고)'를 통해 알 수 있다.

　㉣ 수출입승인 대상품목이란 '수출입공고상의 수출입제한 품목'과 '수출입공고 별도공고상의 수출입제한 품목'을 말한다. 따라서 수출입 물품의 수출입승인 대상품목 해당 여부를 확인하기 위해서는 'HS Code'를 검토해야 한다.

　㉤ 대외무역법 이외의 50개 개별법에 의한 수출입제한 내용을 통합·고시하는 '통합공고'에 의거 요건 확인 등을 받아야 하는 물품은 수출입승인 대상에 포함되지 않으므로 해당 개별법의 규정에 따라 요건 확인 등을 받은 후 세관에 수출입신고를 해야 수출입을 이행할 수 있다.

　㉥ 수출승인의 권한은 산업통상자원부장관이 지정·고시한 행정기관이나 단체의 장에게 있다.

　㉦ 수출승인의 유효기간은 1년이지만 필요하다고 인정되는 경우 수출승인 기관은 승인의 효력인정 기간을 별도로 지정할 수 있다.

합격자 Tip

우리나라의 대외무역의 기본법규는 대외무역법이다.

⊕ Plus one

규제여부기준 수출입품목 분류[한국무역협회 HS Code(품목분류번호)]
- 수출입승인 대상품목 : 수출입공고상의 제한품목 및 수출입공고 별도공고상의 제한품목(단, 중계무역, 외국인수 수입, 외국인도 수출물품과 선박용품은 제외)
  ※ 수출승인(EL) : Export Licence, 수입승인(IL) : Import Licence
- 수출입요건 확인품목 : 통합공고상의 개별법에 요건이 제한된 품목
- 수출입자유품목 : 수출입공고나 별도공고 그리고 통합공고상 제한이 없는 품목

---

② 수출입품목관리 법체계

수출입규제품목(수출입승인품목·요건확인품목)은 수출입공고, 수출입공고 별도공고(대외무역법상 수출입승인) 및 개별법에 의해서 공고되는 통합공고(개별법상 수출허가/산업통상자원부장관이 공고)를 통해 관리되고 있다.

③ 수출입공고
- 우리나라의 수출입품목을 관리하기 위한 기본공고로서 수출입 품목 관리를 위한 기본원칙을 정하고 있다.
- 수출입공고상 수출입자유품목이라 할지라도 통합공고에서 수출입을 제한하는 경우에는 그 조건을 충족시켜야 한다.
- 품목관리원칙 : 공고방식은 "Negative List System", 대상품목은 "신품 · 중고품", 품목분류는 "신국제통일상품분류체계(HS Code)"를 따른다.

⊕ Plus one

Negative List System(수출입규제 대상물품 공고·관리체계)
- 품목공고 시 대외무역법상의 수출입공고, 별도공고, 통합공고상에서 수출입제한 품목이나 요건을 갖추어야만 수출입이 가능한 품목만 공고하는 방식
- 공고되지 않은 물품은 자유롭게 수출입이 가능

HS Code(Harmonized Commodity Description and Coding System)
- 신국제통일상품분류로서 국제적인 상품분류방식
- 우리나라는 1988년부터 적용
- 현재 HS 6단위로는 약 5,000개 품목, HSK(HS Korea) 10단위로는 약 10,000개 품목이 거래되고 있음
- 품목별 거래실적 등을 감안하여 수시로 조정함

⑥ 수출입공고 별도공고
- 개별품목에 대한 수출입제한 여부를 정한 수출입공고와 달리, 수출입공고의 보완적 성격을 갖는다.
- 무역균형 유지 및 수출증대를 위해 필요한 경우, 용도 · 지역 · 절차의 규제 및 완화에 대해 특정사안별로 별도공고하는 것이다(특정사안별로 수출입 요령을 정하고 있다).
- 별도공고 대상
  - 수출자유지역업체의 수출입승인절차
  - 항공기 및 동 부분품의 수입(한국항공우주산업진흥회의 추천)
  - 산업피해조사품목의 한시적 수입제한
  - 통상정책상 필요한 물품 등의 수출입제한

ⓒ 통합공고(별도공고는 특정사업의 보호·육성을 위한 공고이며 통합공고와는 구별됨)

- 대외무역법상 수출입공고 이외에 약 50개 개별법에 의한 각종 수출입제한 내용을 산업통상자원부장관이 통합하여 공고하는데, 이를 '통합공고'라 한다.
- 통합공고상의 수출제한품목을 수출할 경우 주무부장관이나 주무부장관이 지정하는 기관의 사전수출허가 등을 받아야 한다.
- 경제 외적 목적을 달성하기 위한 공고체계(예 국민의 공공질서 및 공중 보건 등)이다.
- 각 주무부처의 개별법상 제한요건을 충족시켜야만 수출입이 가능하므로 수출입공고상 제한품목이 아닐지라도 통합공고상에 제한이 되면 별도로 요건을 충족시켜야 한다(대부분 수입 쪽에 규제가 되고 있음).

※ 해당 법 : 약사법, 화학물질관리법, 전기용품 및 생활용품 안전관리법, 산업안전보건법, 원자력진흥법, 총포·도검·화약류 등의 안전관리에 관한 법률, 식품위생법 등 50여 개의 개별법

• 기출 Check •

수출입을 총괄하는 대외무역법의 성격에 대한 설명으로 옳지 않은 것은?

기출 20년 3회

① 수출입공고상 상품분류방식은 HS방식을 따르고 있다.
② 통합공고는 대외무역법에 물품의 수출입요령을 정하고 있는 경우 이들 수출입요령을 통합한 공고이다.
③ 수출입공고는 우리나라 수출입품목을 관리하기 위한 기본공고체계이다.
④ 수출입공고, 통합공고, 전략물자수출입공고 등의 품목 관리는 대외무역법에서 규정하고 있다.

해설 통합공고는 산업통상자원부 장관이 대외무역법 이외의 다른 법령(약사법, 식품위생법, 검역법 등 개별법)에 물품의 수출입요령을 정하고 있는 경우, 이들 법령에서 정한 수출입요령을 통합한 공고를 말한다.

정답 ②

다음 공란에 들어갈 용어를 올바르게 나열한 것은? 기출 16년 3회

> 우리나라 무역관리를 위한 3대 법규 중 (Ⓐ)은 무역에 대한 기본법으로 무역 및 통상에 관한 진흥법이자 무역에 관한 통합법이다. 동법상 (Ⓑ)는 우리나라 수출입품목을 관리하기 위한 기본공고체계로 국가경제 목표의 달성을 위한 규제인데 반하여, 개별법에 의한 (ⒸⒸ)는 국민보건, 환경보호, 사회질서유지, 규격 및 안정성 확보 등 경제외적 목적을 달성하기 위한 규제이기 때문에 해당 품목수도 비교적 많다.

① Ⓐ 대외무역법,　　　　Ⓑ 수출입공고,　　　　Ⓒ 통합공고
② Ⓐ 무역거래법,　　　　Ⓑ 대외무역관리공고,　　Ⓒ 별도공고
③ Ⓐ 대외무역법,　　　　Ⓑ 대외무역관리공고,　　Ⓒ 통합공고
④ Ⓐ 무역거래법,　　　　Ⓑ 수출입공고,　　　　Ⓒ 별도공고

해설 우리나라의 대외무역의 기본법규는 대외무역법이며, 여기에 관세법과 외국환거래법을 포함하여 3대 무역 기본법이라고 한다. 이 3대 무역 기본법은 우리나라 무역 관리의 근간이다.
- 수출입공고 : 우리나라 수출입품목을 관리하기 위한 기본공고체계로써 어떤 품목의 물품을 어느 제도에 의하여 수출입할 수 있는지를 공고하는 제도(외화 획득용 원료 및 제품의 수입에는 수입제한품목일지라도 별도의 제한 없이 수입승인 가능)
- 수출입별도공고 : 수출입공고가 개별품목에 대한 수출입제한여부를 규정하고 있는데 반하여 수출입별도공고는 특정사안별로 수출입 요령을 정하고 있음
- 통합공고 : 대외무역법 이외의 각종 특별법(예를 들어 약사법, 마약법 등)에 의해 수출·수입이 제한된 품목에 대하여 산업통상자원부장관이 관계 행정기관의 장으로부터 제출받아 이를 통합하여 공고하는 것으로, 국민보건, 환경보호, 사회질서유지, 규격 및 안정성 확보 등 경제외적 목적을 달성하기 위한 규제

정답 ①

③ 수출입승인 요건 및 구비서류
　㉠ 수출입승인의 요건
　　• 수출입자가 승인을 얻을 수 있는 자격이 있어야 한다.
　　• 수출입물품이 수출입공고 및 이 규정에 의한 승인 요건을 충족시켜야 한다.
　　• 수출입물품이 품목분류번호(HS)의 적용이 가능해야 한다.
　　• 수출입승인의 유효기간은 1년 이내이나 승인기관의 장이 인정하는 경우는 20년 이내이다.
　㉡ 수출입승인 시 구비서류
　　• 수출입신청서 : 업체용, 세관용, 승인기관용 및 사본(신청자가 신청한 경우에 한함)
　　• 신용장 또는 수출계약서(수출의 경우)

- 수입계약서 또는 물품매도확약서(수입의 경우)
- 수출입대행계약서(대행수출입인 경우)
- 수출입공고 등에서 정하고 있는 요건 충족서류
- 수출입승인서의 변경 시 구비서류
- 수출입승인사항변경승인신청서(대외무역관리규정 제3~5호 서식)
- 신용장, 계약서, 합의서 등 변경사실 증명서류

ⓒ 수출입승인사항의 변경승인 대상 　기출　 15년 2회
- 물품 등의 수량, 가격
- 승인의 유효기간
- 수출 또는 수입의 당사자에 관한 사항

합격자 Tip

수출입승인사항의 변경신고 대상
- 원산지
- 도착항(수출의 경우에 한함)
- 규 격
- 용 도
- 승인조건

> **기출 Check**
>
> 대외무역법상 수출입승인을 받은 자가 승인받은 사항을 변경하고자 하는 경우, 변경승인을 받아야 하는 사항으로 옳지 않은 것은? 　기출　 15년 2회
>
> ① 물품의 규격　　　　　　② 물품의 수량
> ③ 물품의 가격　　　　　　④ 수출당사자에 관한 사항

해설 '규격'은 수출입승인사항의 변경신고 대상이다.

정답 ①

④ **특정거래형태의 수출입 인정** 　기출　 19년 2회
　ⓐ 대외무역법상 거래형태
- 정형화된 수출거래형태 : L/C 방식·추심결제방식처럼 물품이동과 대금결제가 반대 방향으로 이루어지는 형태
- 특정거래형태
  - 수출제한을 회피하거나 국내산업보호를 방해할 우려가 있는 경우, 물품이동은 외국에서만 이루어지고 그 대금 지급이나 영수는 국내에서 이루어지는 거래로서 대금결제상황의 확인이 곤란한 경우 및 대금결제 없이 물품이동만 이루어지는 경우를 말한다.
  - 특정거래형태 중 산업통상자원부장관의 인정대상에 속하는 것은 산업통상자원부장관의 별도 인정절차를 거쳐야 한다. 정형화된 수출거래형태와 특정거래형태 중 산업통상자원부장관의 인정대상·범위에 속하지 않는 것은 현행 대외무역법상 특별한 규제를 하지 않는 것이다.

합격자 Tip

특정거래형태 중 산업통상자원부장관의 인정대상을 제외하고는 자유로운 거래가 가능하다.

ⓒ 특정수출거래형태의 종류 및 인정대상
  • 특정거래의 전부 또는 일부가 아래 표의 인정사항에 해당할 경우 인정서류를 구비하여 산업통상자원부장관의 별도 인정절차를 거쳐야 한다.
  • 산업통상자원부장관은 신청일로부터 7일 이내에 결과를 통보해야 한다.

특정 수출거래형태	개 념	인정(산업통상자원부장관)
위탁판매수출	물품을 무환수출(대가 없이)하여 당해 물품이 판매된 범위 내에서 대금을 결제하고 판매잔량을 수출국으로 재송부하는 방식 (예 잡지)	판매 계약기간 종료 후 판매 잔량을 6개월 초과하여 재수입하는 경우
위탁가공무역	우리나라에서 외국에 원료 제공, 현지에서 가공 후 가공품을 역수입하는 방식	가공기간 종료 후 6개월 초과하여 역수입하는 경우 등
중계무역	수출 목적으로 물품을 수입하여 원상태로 제3국에 재수출하는 방식	대금 영수 · 지급을 하나의 은행을 통하지 않는 송금방식과 선적서류를 하나의 은행을 통하여 인수 · 송부하지 않는 거래
연계무역 (보상무역)	수출 물량과 수입 물량이 동액을 원칙으로 하며 수출과 수입이 하나의 계약서에 작성(수출액과 동일한 가치의 물품 수입)되는 방식	수출과 수입이 하나의 계약서로 작성되지 않는 경우 등
임대방식수출	임대차 계약에 의거 물품 수출 후 해당 물품을 재수입하거나 기간 만료 전에 소유권을 이전하는 수출 (임대료를 받는 것을 의미)	임대 계약기간 만료 후 3개월 초과하여 재수입하는 경우
외국인수수입	해당 선적서류를 제3국으로 송부하여 제3국에서 물품을 인수하고 수입대금은 국내에서 지급하는 방식의 수입(해외건설사업)	플랜트 수출 승인 미취득자가 외국에서 구매하는 시설 및 기자재 등

ⓒ 특정거래형태 인정절차의 구비서류
  • 거래요약서
  • 계약서 등 거래사실 입증 서류

- 승인대상품목인 경우 승인 요건 충족사실 입증 서류
- 타법령의 허가 · 승인 대상인 경우 해당 입증 서류
- 기타 산업통상자원부장관이 필요하다고 인정하는 서류

합격자 Tip

위탁판매 · 위탁가공무역 · 임대수출을 한 자는 수출통관일부터 60일 이내에 위탁판매 · 위탁가공 또는 임대 계약기간이 표시된 서류를 산업통상자원부장관에게 제출해야 한다.

기출 Check

대외무역법상의 특정거래형태에 관한 설명으로 옳지 않은 것은? 기출 19년 2회

① 위탁판매거래는 수출자가 물품의 소유권을 수입자에게 이전하지 않고 수출한 후 판매된 범위 내에서만 대금을 영수한다.

② 외국인수수입은 물품을 외국에서 조달하여 외국의 사업현장에서 인수하고 그 대금을 국내에서 지급하는 거래방식이다.

③ 중계무역의 경우 수수료를 대가로 물품과 선적서류가 최초 수출자에게서 최종수입자에게 직접 인도된다.

④ 위탁가공무역은 가공임을 지급하는 조건으로 가공 후 국내에 재수입하거나 제3국에 판매하는 수출입거래이다.

해설 무역거래는 거래를 자유롭게 할 수 있는 일반수출입거래와 특정거래형태의 수출입거래로 분류된다. 일반수출입거래가 아닌 거래는 모두 특정거래형태로 분류되며, 특정거래형태는 특정거래형태로 인정신고를 해야 하는 거래와 인정신고를 하지 않아도 되는 거래로 분류된다. 특정거래형태의 수출입 중에서 일부 중계무역과 일부 무환수출에 대해서만 인정신고대상으로 규정하고 있으며, 그 외에는 신고가 불필요하다.

중계무역 중 특정거래형태 인정신고대상
- 대금의 영수 및 지급을 같은 외국환은행을 통하여 행하지 아니하는 송금방식의 거래
  예 수입대금지급(국민은행), 수출대금입금(외환은행)
- 선적서류를 같은 외국환은행을 통하여 인수 및 송부하지 아니하는 거래
  예 수입거래에 대한 선적서류 인수(국민은행), 수출거래에 대한 선적서류 송부(외환은행)

정답 ③

⊕ Plus one

수출입실적의 인정금액(대외무역관리규정 제26조) 기출 16년 2회
- 중계무역에 의한 수출의 경우에는 수출금액(FOB 가격)에서 수입금액(CIF 가격)을 공제한 가득액
- 외국인도수출의 경우에는 외국환은행의 입금액(다만, 위탁가공된 물품을 외국에 판매하는 경우에는 판매액에서 원자재 수출금액 및 가공임을 공제한 가득액)
- 제25조 제1항 제2호 가목의 수출은 외국환은행의 입금액
- 원양어로에 의한 수출 중 현지 경비사용분은 외국환은행의 확인분
- 용역 수출의 경우 용역의 수출 · 수입실적의 확인 및 증명 발급기관의 장이 외국환은행을 통해 입금확인한 금액
- 전자적 형태의 무체물의 수출의 경우에는 한국무역협회장 또는 한국소프트웨어산업협회장이 외국환은행을 통해 입금확인한 금액

4. 수출용 원자재 및 완제품 조달(무역진흥 제도 - 외화 획득용 원료 등의 수입 및 국내조달 우대조치)

(1) 국내조달 [기출] 20년 1회, 20년 3회

'내국신용장에 의한 조달'과 '구매승인서에 의한 조달' 두 가지는 국내에서 외국환은행을 통하여 수출실적 인정을 받는 제도로서 가장 많이 이용된다.

① 내국신용장에 의한 조달

내국신용장에 의한 물품조달은 수출상이 해외 수입상으로부터 받은 신용장을 근거로, 수출상 거래은행이 국내 수출용 원자재나 완제품 공급업체 앞으로 내국신용장 수혜자격 조건 충족 시 대금을 지급하기로 약정하는 증서를 발행함으로써 이루어진다.

㉠ 원자재 구매(자체적으로 생산하기 위한 원재료)

㉡ 완제품 구매(타사가 생산한 완제품)

② 구매승인서에 의한 조달

구매승인서에 의한 물품조달은 국내 생산물품을 수출용 원자재 또는 완제품으로 구매하는 경우 외국환은행의 장이 내국신용장에 준하여 구매승인서를 발급함으로써 이루어진다.

〈내국신용장과 구매확인서의 비교〉

구 분	내국신용장	구매확인서
관련법규	무역금융관련규정	대외무역법
개설기관	외국환은행	외국환은행, 전자무역기반사업자
거래대상물품	수출용 원자재 및 수출용 완제품	외화획득용 물품
개설조건	원자재 금융한도	제한 없이 발급
수출실적	공급업체의 수출실적 인정	공급업체의 수출실적 인정
관세환급	환급 가능	환급 가능
부가가치세	영세율 적용	영세율 적용
지급보증	개설은행이 지급보증	지급보증 없음

(2) 해외조달(외화획득용 원료 수입에 의한 조달) 기출 16년 2회

① 해외에서 외화획득용 원료(수출용 원자재)를 수입할 경우, 해외 원자재 수출상(공급상)에게 신용장을 발행해 줌으로써 원자재를 매입하는 데 이용하는 제도이다.

② 내수용(일반재) 수입과는 차이를 두고 있다.

③ 일반적으로 수입승인상의 제한을 허용하고, 수입통관 시의 신속한 통관제도 및 국내 금융·세제상의 혜택을 부여한다.

④ 이러한 원자재 조달방식을 통해 매입이 이루어질 경우, 수출업자의 자금부담 완화 및 수출 증대를 위해 내국신용장이나 외화획득용 원료 수입에 대하여는 정책금융인 무역금융 혜택을 받을 수 있다.

⑤ 무역금융 수혜가 어려울 경우에는 수출상이 수출신용장(또는 내국신용장)을 근거로 무역어음을 발행하여 필요 자금을 조달할 수 있다.

· 기출 Check ·

수출자 또는 수출 물품 등의 제조업자에 대한 외화획득용 원료 또는 물품 등의 공급 중 수출에 공하여 지는 것으로 수출실적의 인정범위에 해당하지 않는 것은?

기출 16년 2회

① 내국신용장(Local L/C)에 의한 공급
② 내국신용장(Local L/C)의 양도에 의한 공급
③ 구매확인서에 의한 공급
④ 산업통상자원부장관이 지정하는 생산자의 수출물품 포장용 골판지상자의 공급

해설 수출실적의 인정범위는 수출자 또는 수출물품 등의 제조업자에 대한 외화획득용 원료 또는 물품 등의 공급 중 수출에 공하여 지는 것으로 다음의 어느 하나에 해당하는 경우(대외무역관리규정 제25조)이다.
• 내국신용장(Local L/C)에 의한 공급
• 구매확인서에 의한 공급
• 산업통상자원부장관이 지정하는 생산자의 수출물품 포장용 골판지상자의 공급

정답 ②

03 해외시장조사와 거래선 발굴

1. 개 요

무역을 하기 위해서는 다음과 같은 단계를 거쳐야 한다.

① 1차적으로 해외시장조사나 저명한 무역관계 상공인명부(Directory)를 이용하여 거래선 명단을 확보한다.

② 확보한 명단에서 적합한 거래 대상 후보들을 선별한다. 또는 기존 거래처나 무역알선기관으로부터 후보 업체를 소개받는다.

③ 선별했거나 소개받은 업체에 자신을 알리는 편지(Circular Letter)를 발송하여 후보 거래선을 발굴 · 선정한다.

④ 발굴 · 선정한 후보 거래선 중 계약으로 연결될 가능성이 있다고 판단되는 거래선의 신용을 신용조사 전문기관에 의뢰하여 조회한다.

⑤ 신용조회 결과, 거래 가능 업체로 판단되는 상대방에게 구체적인 사항을 제시하며 거래를 제의한다.

합격자 Tip

해외시장조사와 거래선 발굴 단계는 전반적 수출입 무역절차에서 무역거래의 교두보 구축을 위한 첫 단계로 실제 무역실행에 매우 중요한 역할을 한다.

2. 수출입무역 절차 세부개요(무역계약의 체결 절차)

수출입무역 절차란 거래선 발굴 및 확정을 통한 수출입계약의 체결, 수출입물품 확보 · 조달, 수출입물품 선적 및 운송, 수출입대금 회수 및 지급 등 수출입 거래가 종료될 때까지 거쳐야 하는 일련의 행정적 · 법률적 절차를 의미한다.

수출입 무역 절차
시장조사(Market Research) → 거래선 발굴 → 신용조회(Credit Inquiry) → 거래제의(Circular Letter / Business Proposal) → 거래조회(Trade Inquiry) → 청약(Offer) · 주문(Order) → 승낙(Acceptance) · 주문확인(Acknowledgement) → 매매계약서(Sales Contract) → 수출승인 및 수출물품 확보 · 조달 → 수출통관 및 선적 · 운송 → 선적 · 운송서류 구비 → 수출대금 회수 및 관세 환급

절 차	내 용
해외시장조사 (Market Research)	• 수출의 경우 사전조사를 통하여 자사제품이 팔릴 수 있는 기후, 문화, 시장 여건 등을 파악하여 판매지역 선정 • 수입의 경우 국내수입동향, 시장수요, 상대국의 산업구조, 기후, 문화 등을 감안하여 수입대상국 선정 • 관련기관 : KOTRA, 무역협회(자료실/상담실) • 참고문헌 : 국별 보고서, 우리나라의 국별 품목별 수출입 실적 통계, 관심 있는 국가의 품목별 수출입 통계 등

거래선 발굴	• 무역유관기관에 비치된 거래선 명부/외국기업명부(Directory)를 조사하여 신뢰가 되는 거래선의 명단 및 주소 입수 • 수입의 경우는 상대국에서 발행한 카탈로그집, 광고잡지 참고 또는 인터넷 거래 알선사이트에서 수입 희망자(판매 희망자) 명단 입수 • 관련기관 : 무역협회, 상공회의소, KOTRA • 주요거래 알선 사이트 : www.kita.net, www.ec21.com, www.silkroad21.com, www.kotra.or.kr, www.ecplaza.net
신용조회 (Credit Inquiry)	• 계약연결 가능성이 있다고 판단되는 거래선 신용을 신용조사 전문기관에 의뢰하여 조사 • 관련기관 : 수출보험공사, 무역투자진흥공사, 한국신용정보, Dun & Bradstreet Korea, SPC, 신용보증기금, ABC Korea
거래제의 (Business Proposal)	• 신용조사 결과 거래가능업체로 판정된 상대방에게 구체적인 사항을 제시하여 거래제의 • 자기소개서 발송(Circular Letter)
거래조회 (Trade Inquiry)	• 품목에 관한 보다 구체적인 문의·답신 • 자기소개서를 받고 답장을 보낸 거래선을 상대로 거래하고자 하는 품목에 관한 상세한 정보를 전달하여 구매의욕 고취 • 수입의 경우 상대방 제품 카탈로그, 가격표 등을 요청
청약 및 주문 (Offer and Order)	• 수출상이 수입상에게 판매조건을 서면으로 작성하여 제시 (Selling Offer) • 수입상이 수출상에게 구매조건을 서면으로 작성하여 제시 (Buying Offer)
반대청약을 통한 합의 (Counter Offer)	• 청약을 받은 자가 청약 제의자에게 청약사항을 일부 수정하여 다시 제의하는 것으로, 청약과 반대청약이 여러번 반복되면서 거래조건에 대한 최종합의에 이르게 됨
계약체결 (Contract)	• 거래조건에 대한 최종합의가 이루어지면 당사자 일방이 이를 서면으로 작성하여 양 당사자가 서명함 • Offer Sheet나 Proforma Invoice에도 양 당사자가 서명하면 계약서로서 효력 발생
수출의 허가 및 승인	• 수출제한품목은 산업통상자원부장관의 수출 추천을 받아야 함 • 특별법의 규제대상품목은 산업통상자원부장관의 사전 허가를 받아야 함 • 수출자동승인품목은 수출입면허제에서 수출입신고제로 전환됨에 따라 1997년에 수출입승인 절차 폐지
수출물품 확보·조달	• 수출상은 물품을 공장에서 생산·확보하거나 타 제조업체로부터 구입·확보하고 수출승인(신고) 사항과 수출물품의 일치 여부의 확인을 위해 세관 검사 받아야 함 • 이를 위해 당해 물품을 제조공장이나 수출상의 창고 또는 보세창고 등에 장치해야 함 • 이같이 장치 후 수출신고 가능

안심Touch

(해상)운송 및 보험계약 체결	• 물품의 종류와 수량에 따라 개품운송 또는 용선운송으로 할 것 인지 등을 판단하여 적합한 운송계약을 체결 • 운송 도중 위험에 대비하고 무역 거래의 원활화를 위해 해상보 험 계약을 체결
(수출) 통관	• 수출물품의 품명, 규격, 수량 및 기타 사항 등을 세관장에게 신고 • 수출신고를 받은 세관은 수출물품이 수출허가조건과 일치하는 지 검사하여 수출신고필증을 교부 • 수출신고는 관세사에게 대행시키는 경우가 대부분이지만 화주 가 직접 신고 가능
(수출) 선적	• 수출신고필증을 교부받음으로써 수출물품은 관세법상 외국 물 품이 됨 • 선적 신청서 제출, 선적 지시서에 수출신고필증을 첨부하여 본 선에 상품을 선적 • 이때 수출상은 일등 항해사로부터 본선 수취증(Mate's Receipt ; M/R)을 받아 선박회사에 제시하여 유가증권인 선하증권(Bill of Lading ; B/L)을 교부받게 됨
운송서류 정비 및 수출대금 회수	• 수출상이 선적을 마치면 수입상을 지급인으로 하여 발행한 환 어음에 선하증권, 보험증권, 상업송장(Commercial Invoice) 등 의 주요 운송서류를 첨부한 화물 환어음을 발행하여 은행으로 부터 수출대금을 회수
수출 절차의 종료와 관세의 환급	• 일련의 수출 절차가 끝나면, 수출용 원재료를 수입할 때 납부한 관세를 전액 또는 개별 환급의 방법에 의해 세관 또는 외국환 은행으로부터 환급받음

(1) 거래처 소개의뢰 및 소개

① 거래처 소개의뢰서 내용 구성

㉠ 당사의 소개 또는 상대방을 알게 된 경위

㉡ 당사의 취급 품목 및 소개 의뢰

㉢ 신용조회처 제공

㉣ 맺음말 : 협조를 부탁하는 말 등

② 거래처 소개

㉠ 거래처 소개 시 다음 내용을 제시, 거래가 신속히 이루어질 수 있도록
하는 것이 바람직하다.

• 회사명과 주소를 정확히 제시

• 홈페이지 주소, 전화, 팩스, 텔렉스 번호 등 각종 통신수단 명시

㉡ 거래처 소개서 내용을 구성하는 사항은 다음과 같다.

• 소개하는 말

• 회사명, 주소, 각종 통신수단

• 당해 회사에 대한 특기 사항

- 신용상태에 대한 책임 여부
- 맺음말

(2) 신용조회(Credit Inquiry)

① 신용조회의 의의

㉠ 계약으로 연결될 가능성이 있다고 판단되는 거래선의 신용에 대해 신용조사 전문기관에 의뢰하여 조사하는 것이다.

㉡ 무역거래에서 거래대상 업체의 신용 상태를 확인하는 것은 향후 거래 가능성을 진단하고 위험요소를 사전에 예방한다는 면에서 매우 중요하다.

② 신용조회 내용

신용조회에서 필수적으로 조사해야 할 내용으로 3C's(Character, Capital, Capacity)가 있다.

㉠ Character(성격 또는 상도덕)

- 상대방의 정직성(Honesty), 성실성(Integrity) 등에 대한 내용으로, 특히 대금결제 이행여부에 대한 판단은 회사의 규모나 재정 상태보다는 이와 같은 그 회사의 성격요인에 의해 결정된다고 보는 것이 일반적이다.
- 회사의 연혁, 사업목적, 경영자의 태도, 영업태도(Attitude toward Business), 계약이행에 대한 열의(Willingness to Meet Obligations), 계약 이행 상태, 업계 평판(Reputation), 품질 등에 대한 항목들이 포함된다.

㉡ Capital(재정상태)

- 지급능력을 판단하기 위한 상대방의 재정상태(Financial Status)와 관련된 내용으로 재무제표 등을 근거로 자산내용 등을 조사해야 한다.
- 자본금의 규모, 채권, 채무, 수권자본(Authorized Capital)과 납입자본(Paid-up Capital), 자기자본과 타인자본의 비율 등이 포함된다.

㉢ Capacity(기업운용 능력)

- 해당기업의 전반적인 경영 상태 및 영업능력(Business Ability)에 관한 내용이다.
- 영업방법 및 형태, 거래방법, 거래량, 거래실적, 경력·경험, 경영진의 생산주문 이행능력, 연간 매출액 및 생산능력, 연혁 등이 포함된다.

⊕ **Plus one**

5C's

3C's에 거래조건(**Condition**), 담보능력(**Collateral**), 거래통화(**Currency**), 소속국가(**Country**) 중 두 가지를 추가하여 5C's라고도 한다.

③ 신용조회 의뢰

신용조회처에 상대방 회사의 신용상태(Credit Standing)를 조사하여 그 결과를 알려 달라고 요청하는 것을 말한다.

㉠ 신용조회처

- 주로 사용되는 신용조회처는 상대방 거래은행에 요청하는 은행 신용조회처(Bank Reference), 같은 업종에 종사하는 사람에게 요청하는 동업자 신용조회처(Trade Reference) 등으로 그 외에 흥신소 등을 활용할 수 있음
- 상업흥신소(Commercial Credit Agencies) : **예** 미국 Dun and Bradstreet Incorporated
- 외환은행(Exchange Bank)
- 수출업자의 해외지사, 출장소, 판매 대리점 등
- 동업자조회(Trade Reference)

※ 거래의 중요성이 인정되거나 향후 D/A 거래까지도 예상될 경우에는 세계 유수의 상업흥신소와 제휴관계를 가지고 있는 수출보험공사나 신용보증기금을 통한 신용조사가 바람직하다. 기타 대한무역투자진흥공사(KOTRA)가 제공하는 수탁신용조사방법을 통하여 해외 거래처에 대한 신용조사를 할 수 있다.

㉡ 신용조회 의뢰 서한 작성 내용 및 순서

> 신용조회 이유 → 신용조회 대상 회사명과 주소 → 조회 의뢰 내용 → 비밀 유지, 비용 부담 약속 → 협조 부탁 문언

④ 신용조회 회신

㉠ 신용조회를 의뢰하는 것이 아니라 신용조회를 의뢰받는 입장일 때는 해당 회사의 재정상태, 기업운영능력, 평판 등에 관해 객관적으로 보고해야 한다.

㉡ 신용정보를 보고하기 위한 신용조사 회신서한 작성 순서는 다음과 같다.

- 신용보고를 하게 된 경위
- 상대방이 요구한 신용정보 및 기타 참조사항
- 제공하는 정보에 대한 책임 여부
- 극비로 취급해 달라는 요청 등

Gentlemen :

JINMIN Co., Inc.

We are glad to report favorably on the firm above referred to in your letter of May 14.

They were established in 1982 and have settled their accounts on the net dates.

It is said that they are enjoying a good reputation here. We believe that they owe their reputable position among the local wholesalers in the district to their sincere way of doing business.

Please note that this information should be treated in strict confidence.

Yours very truly

JINMIN 주식회사에 관한 건

(첫인사)

5월 14일자 귀 서한에 언급하신 회사에 대하여 호의적으로 보고를 하게 되어 기쁩니다.

동 상사는 1982년에 설립되었으며 정해진 날짜에 결제해 왔습니다.

동 상사는 이곳에서 좋은 평판을 얻고 있다고 합니다. 당사는 동 상사가 성실한 사업방식으로 인하여 당 지역에 있는 도매업자들 사이에 평이 좋은 것으로 믿습니다.

이 정보는 극비로 취급되어야 함에 유의해 주십시오.

(끝인사)

(3) 거래제안(Business Proposal)

① 거래제안서 작성

㉠ 신용조회 결과 거래가능업체로 판단되는 상대방에게 거래 권유장(Circular Letter)이나 거래 제안서(Business Proposal)를 보내 거래를 제의한다.

㉡ 거래 권유나 제안은 전혀 모르는 상대에게 자신을 소개하는 서신이기 때문에 가능한 한 호감을 줄 수 있도록 작성하여야 한다.

㉢ Business Proposal

• Circular Letter는 일반적으로 가볍게 돌리는 거래 의향서이며, Business Proposal은 의미는 비슷하나 보다 무게가 실린 서신이라고 보면 되는데 보통 이것을 사용한다.

• 작성 내용은 일반적으로 다음과 같다.

– 상대방을 알게 된 배경이나 경로
– 거래제의 상사의 업종, 취급상품, 거래국가 등
– 거래제의 상사의 자국 내에서의 지위, 경험, 생산규모 등
– 거래조건(특히 결제 및 가격조건 등)
– 신용조회처(주로 거래은행명 및 주소)
– 정중한 결문

예문

Dear Mr. David :

From the international trade fair held in Paris last month, we learned that you are a manufacturer of computer parts, and your products that we saw there were fascinating. Through the thorough market researches done by the marketing team in our company, we finally drew the conclusion that your products can be successful in our market.

As the computer is an indispensible machine in every industrial sector in Korea, a steady demand for computer parts, especially high quality products, is estimated. There shouldn't be any problem to place continuing substantial orders with you through our well-organized sales networks if you could empower us to be your selling agent for your company in Korea.

The Bank of Seoul in Paris will give you information on our company if you refer to that bank concerning our credit standing. We really hope that you are interested in doing business with us, and we look forward to your reply.

Very truly yours,

DK International

Enclosed are catalogue

해석

Mr. David :

지난 달 파리에서 있었던 국제무역박람회에서, 저희들은 귀사가 컴퓨터 부품을 제작하는 회사라는 것을 알았고, 거기에서 저희들이 본 귀사의 제품은 아주 매력적이었습니다. 저희 회사 마케팅 팀의 철저한 시장조사에 의하면, 귀사의 제품이 저희들 시장에서 성공적일 것이라는 결론을 내렸습니다.

컴퓨터가 한국의 모든 사업영역에서 없어서는 안 될 필수기계가 됨에 따라서 컴퓨터 부품에 대한 지속적인, 특별히 질이 좋은 제품에 대한, 수요가 예측됩니다. 한국에서 귀사의 제품을 영업할 수 있는 권한을 주신다면 저희들의 잘 조직된 영업망을 통해서 상당한 분량을 지속적으로 주문하는 데는 어려움이 없을 것입니다.

저희 회사의 신용평가를 원하신다면 파리에 있는 서울은행에서 저희 회사에 대한 정보를 줄 것입니다. 귀사가 저희들과 거래하기 원하기를 간절히 바라면서 귀사의 회신을 기다리고 있겠습니다.

DK 인터내셔널

카탈로그를 동봉합니다.

② 송부방법

일반적으로 서신으로 하지만, E-mail, Fax, Telex 등을 이용할 수 있다. 거래제의 시 한 지역에 시차를 두고 2~3개 회사로 국한하여 보내는 것이 좋다.

⊕ Plus one

판매 권유장(Sales Letter)

- 거래제의의 성격을 띠고 있다.
- 상대방의 구매행동을 유발시키는 것이 중요하므로, 다음과 같은 점에 유의해야 한다.
  - 구매자의 주의(Attention)나 관심(Interest)을 끌 것
  - 제품이나 서비스가 사고 싶은 욕망(Desire)을 가지게 할 것
  - 제품이나 서비스가 최고라는 신념(Conviction) 또는 기억(Memory)을 가지게 할 것
  - 구매 행위(Action)를 유도할 것
  → 위와 같은 원리를 흔히 AIDCA(아이드카) 또는 AIDMA(아이드마)라고 한다. 이것은 특정고객이나 해외 동업자들의 구매를 유도, 권유 또는 설득하기 위한 일종의 광고문 형식을 취하고 있다.

(4) 거래조회 및 회신

① 거래조회(Trade Inquiry, Inquire Trade Terms)

㉠ 개 념

- 조회(Inquiry)
  - 수입업자가 수출업자에게 거래에 관련된 조건, 즉 품질 · 가격 · 거래조건 등의 매매조건을 문의하면서 필요 시 가격, 카탈로그 및 견본을 의뢰하는 것
  - 수출업자가 거래제의를 받고 답장을 보낸 거래선을 상대로 거래희망 품목에 관한 상세한 정보를 전달하여 구매의욕을 고취시키는 것
- 조회에는 매도인이 하는 Selling Inquiry(판매 조회)와 매수인이 하는 Buying Inquiry(구매 조회)가 있다.

- 일반적으로 Inquiry는 상품매입을 위해 문의하는 단계인 Buying Inquiry를 말한다.
- 반면에 Selling Inquiry는 Sales Letter의 성격을 띤 것으로 보면 된다.

ⓒ (거래)조회서신 구성내용(문의사항)
- 제품명
- 상품 매입에 필요한 정보
- 상품 목록(Catalog)
- 품질 및 예상주문수량
- 가격표(Price List)와 대금결제방법
- 견적서
- 제품인도시기
- 선적조건
- 보험조건 등

ⓒ 조회서신 작성 순서
- 관심 있는 품목과 품질, 인도여부, 견적가능 여부를 의문문 형식으로 시작하여 주의를 끈다.
- 귀하의 요구사항, 즉 가격, 수량, 할인, 견품, 보험, 결제 등에 관한 문의를 한다.
- 가능한 한 명료한 표현으로 요점을 밝히고 끝을 맺는다.

② 회신
ⓐ 조회에 대한 회답(Reply to Inquiry)
- 수출업자는 수입업자의 조회요청에 대해 올바른 정보를 신속하게 제공해야 한다.
- 수입업자가 충분히 이해할 수 있도록 가능한 한 구체적으로 회신하는 것이 바람직하다.

ⓒ 작성 순서
- 상대방의 Inquiry에 대한 내용을 다시 한 번 확인한다.
- 상대방이 요구한 상품 목록, 가격표, 견품 등을 보낼 때는 참고 내용을 추가한다.
- 조속한 주문을 권유하는 내용으로 끝맺는다.

합격자 Tip

매도인은 청약(Offer)을 하기 위해서 조회에 대한 회답 대신에 Offer Sheet(물품매도확약서)를 보내기도 한다.

04 무역계약의 본질

무역계약은 수출입무역 프로세스상에서 가장 핵심적인 부분으로 이전까지 진행된 무역절차의 결과물인 동시에 실질적으로 무역이 시작되는 부분으로 향후 무역절차 전개의 근거가 된다.

1. 무역계약의 개념 및 특성

(1) 개 념

① 무역계약(Trade Contract)은 국가 간의 물품매매계약(Contract of Sales of Goods)으로 수출상인 매도인(Seller)과 수입상인 매수인(Buyer) 간의 권리의무를 약정하는 것이다.

② 매도인(Seller)이 매수인(Buyer)에게 물품의 소유권(Property in Goods) 양도 및 물품 인도를 약속하고, 매수인은 수령 및 대금 지급을 약정하는 것이 주 내용이다.

> ⊕ **Plus one**
>
> **물품매매계약의 정의**
>
> "A contract of sale of goods is a contract by which the seller transfers or agrees to transfer the property in goods to the buyer for a money consideration, called the price."(Sale of goods Acts, 2조)

(2) 국제매매계약의 특(수)성

① 국내거래와는 다른 특수성

㉠ 사적 자치 원칙에 따라 주로 임의법규인 국제무역법규를 적용하므로 그 준거 법규를 계약서상에 명시해야 한다.

㉡ 대부분 불특정물인 선물의 거래를 행하므로 매도인에게는 충당의 의무가 있다.

② 구체적인 특수성

㉠ 종속계약 수반 : 운송계약, 보험계약, 환계약

㉡ 준거법 문제

- 서로 다른 법역 때문에 발생하는 문제이다.
- 당사자 자치 원칙이 우선, 그 다음 이행지법, 체결지법, 계약 형태나 중재지법이 적용된다.

ⓒ 상관습 중시
- 당사자들은 자신의 상관습을 중시하는 경향이 있다.
- 이러한 상관습은 정형화되어 있다.
ⓔ 상징적 인도 : 격지 간 거래이기 때문에 서류에 의한 상징적 인도가 많다.

⊕ Plus one

정부 간 수출계약 `기출` 16년 3회

- 정부는 정부 간 수출계약과 관련하여 어떠한 경우에도 경제적 이익을 갖지 아니하고, 보증채무 등 경제적 책임 및 손실을 부담하지 아니한다.
- 정부 간 수출계약 전담기관은 대한무역투자진흥공사이다(대한무역투자진흥공사법).
- 전담기관은 정부 간 수출계약과 관련하여 정부 간 수출계약에서 당사자 지위 수행, 외국 정부의 구매 요구 사항을 이행할 국내 기업의 추천, 그 밖에 정부 간 수출계약 업무의 수행을 위하여 산업통상자원부장관이 필요하다고 인정하는 업무를 수행한다.

• 기출 Check •

정부 간 수출계약에 관한 설명으로 옳은 것은? `기출` 16년 3회

① 정부는 정부 간 수출계약과 관련하여 경제적 이익은 물론 손실도 부담하여야 한다.
② 정부 간 수출계약의 전담기관은 한국무역협회이다.
③ 전담기관은 정부 간 수출계약에서 당사자 지위를 수행한다.
④ 전담기관은 외국 정부의 구매 요구 사항을 이행할 국내 기업을 선정한다.

`해설` ① 정부는 경제적 이익을 갖지 않고, 경제적 책임 및 손실을 부담하지 않는다.
② 정부 간 수출계약 전담기관이란 대한무역투자진흥공사를 말한다.
④ 전담기관은 외국정부의 구매 요구 사항을 이행할 국내 기업을 추천한다.

`정답` ③

(3) 계약의 구성 · 분류 : 주계약과 종속계약

① 주계약
  ㉠ 거래당사자 간(매도인과 매수인)에 체결되는 국제물품매매계약(Contracts for International Sale of Goods)으로, 국제적인 물품의 수출입거래에 가장 기본 · 중심계약이다.
  ㉡ 매도인 관점에서는 수출계약(Export Contract), 매수인 관점에서는 수입계약(Import Contract)이다.

② 종속계약

　㉠ 법역과 통화가 다른 격지자 간 거래인 국제물품매매계약 이행에 필요하다.

　㉡ 운송계약(Contract of Carriage)

　　• 전문 운송인(Common Carrier)과 맺는 것으로, 매도인으로부터 매수인에게 계약 물품을 전달하기 위해 반드시 필요한 계약이다.

　　• 매매당사자 간 별도 합의가 없는 한 운송방법, 운송계약 체결 당사자, 운임부담자 등 운송계약 내용은 매매계약서에 명기된 정형거래조건(INCOTERMS)에 의거하여 결정한다.

　㉢ 보험계약(Contract of Insurance)

　　• 물품운송 중 발생할 수 있는 여러 위험을 담보하기 위해 체결하는 계약이다.

　　• 별도 약정이 없는 한 위험부담 주체, 보험계약 체결 주체 및 보험료(Insurance Premium) 부담자 등에 관한 내용은 주계약인 매매계약상 정형거래조건(INCOTERMS)에 의거한다.

　㉣ 금융계약(Contract of Payment) : 대금결제와 관련하여 수출상 또는 수입상이 각각의 거래은행에 금융과 관련하여 체결하는 환계약이다.

　　• 수입상 : 신용장방식 거래 또는 추심결제방식 거래 등을 할 때 해당 거래은행과 수입거래 약정서를 작성하여 이에 대한 지급 방법과 범위 등에 대해 약정을 체결한다.

　　• 수출상 : 수출대금 회수를 위하여 거래 외국환은행과 수출거래 약정을 체결한다.

⊕ **Plus one**

환계약
• 일반적으로 신용장 개설계약은 매수인과 개설은행 간 계약인데 반해, 환계약은 환어음 매입 및 매도인에 대한 대금지급을 약정하는 매도인과 매입은행 간의 환거래체결 계약이다. 환계약에는 신용장 베이스가 아닌 D/A나 D/P 계약이 있다.
• 신용장 거래의 경우 매도인은 물품대금 회수를 위해 신용장과 함께 화환어음을 가지고 은행에 화환취결하는데, 화환어음이란 환어음에 선적서류가 첨부된 것이다.

2. 무역계약의 법적 성질과 준거법규

(1) 무역계약의 법적 성질 기출 17년 3회, 19년 1회(2급)

① 낙성(합의)계약(Consensual Contract)

　㉠ 무역 매매계약은 '매도인의 청약(Offer)에 대한 매수인의 승낙(Acceptance)' 또는 '매수인의 주문에 대한 매도인의 주문승낙'에 의해 성립하는데 이를 낙성계약이라 한다.

　㉡ 매매계약은 낙성계약으로서 요물계약과는 구별된다(낙성계약과 반대로 요물계약은 당사자의 의사표시 이외에도 법이 정한 일정한 행위가 있을 때만 계약이 성립하는 것을 의미).

② 유상계약(Remunerative Contract)

　㉠ 무역 매매계약은 계약당사자가 상호 대가의 관계에 있고 화폐적 급부를 할 것을 목적으로 하는 유상계약으로서의 법적 특성이 있다.

　㉡ 무역계약은 약정물품의 인도에 대한 대가로 대금을 수령하기 때문에 이를 유상계약이라 한다(유상계약과 반대로 무상계약은 대가적인 급부의 제공이 없는 무상공여, 증여 등의 이행과 관련된 계약을 의미).

③ 쌍무계약(Bilateral Contract)

　㉠ 무역 매매계약은 당사자 간 상호 채무를 부담하는 쌍무계약적 특성이 있다(매도인의 물품인도의무에 대해 매수인은 대금지급의무를 지는 특성).

　㉡ 결국 매도인은 대금청구의 권리, 매수인은 물품인도청구의 권리가 있다[쌍무계약과 반대로 편무계약은 일방 당사자만이 타방 당사자에게 의무를 부담하는 경우(증여 등)].

④ 불요식계약(Informal Contract)

　㉠ 무역 매매계약은 문서(Writing)와 구두(Oral)에 의한 명시계약(Express Contract)뿐 아니라 묵시계약(Implied Contract)에 의해서도 성립될 수 있다.

　㉡ 무역계약은 특정한 형식적 요건에 의해 이루어지는 것이 아니다.

　㉢ 계약 내용이나 형식에 자유로운 특성이 있어서 계약서 작성이 계약 성립의 필수 불가결한 요소는 아니다.

　㉣ 특히 CISG는 다음의 사항을 명시한다.

　　• 청약과 승낙은 서면으로 입증될 필요가 없다.

　　• 형식에 관한 기타 요구 조건에 따르지 않는다.

　　• 증인에 의해서도 입증될 수 있다.

합격자 Tip

불요식계약과 반대로 요식계약은 어떤 정형화된 서면 등으로 요식성을 갖추었을 때 비로소 계약이 유효하게 성립하는 것을 말한다.

◦ 기출 Check ◦

무역계약의 법적 성질에 대한 설명으로 옳지 않은 것은? **기출** 17년 3회

① 유상계약은 무상계약의 반대 개념이며, 이는 계약상 금전적 대가를 부담한다는 것으로 채무 자체의 상호의존성에 중점을 둔 개념이다.

② 쌍무계약은 매매계약이 성립되면 양 당사자가 동시에 채무를 부담한다는 것이다.

③ 불요식계약은 특별한 형식 없이 구두나 행위 또는 서명에 의하여도 의사의 합치만 확인되면 계약이 성립된다는 것이다.

④ 무역계약은 낙성계약이며 그 반대는 요물계약(要物契約)으로 당사자의 합의 이외에 일방의 물품인도나 기타의 행위를 필요로 하는 계약을 말한다.

해설 무역 매매계약은 계약당사자가 상호 대가의 관계에 있고 화폐적 급부를 할 것을 목적으로 하는 유상계약으로서의 법적 특성을 갖는다. 무역계약은 약정물품의 인도에 대한 대가로 대금을 수령하기 때문에 이를 유상계약이라 한다(유상계약과 반대로 무상계약은 대가적인 급부의 제공이 없는 무상공여, 증여 등의 이행과 관련된 계약을 의미한다).

정답 ①

(2) 무역계약의 준거법규

① 무역계약서 작성 시 많은 국제무역법규가 준거법규로 인용·삽입된다.
  ㉠ 계약의 효력과 해석에 관한 준거법규
  ㉡ 정형거래조건 관련 규칙
  ㉢ 신용장결제에 관한 규칙
  ㉣ 운송책임 관련 법규
  ㉤ 보험조건 관련 약관 및 중재방식 관련 규칙 등

② 당사자 자치 원칙(무역계약 자유의 원칙)에 따라 당사자 합의사항이 우선하지만, 수많은 복잡한 조항을 합의하기 어려워서 준거규칙을 인용·삽입하는 것이 보통이다.

③ 과거 대부분 국제거래 시 '계약의 효력과 해석에 관한 준거법'은 각국 국내법(Governing Law : Korean Law, English Law etc.)을 준거로 하였다.

④ 1980년, '국제물품매매계약에 관한 UN협약(CISG)' 제정 후 동 협약 가입 및 준거법 활용 국가가 확산되었다.

⑤ 준거로 주로 사용되는 것
  ㉠ 정형거래조건 : INCOTERMS(2020)
  ㉡ 신용장결제 : UCP 600
  ㉢ 운송인 책임 : Hague Rules
  ㉣ 해상보험조건 : 협회적하약관(ICC)
  ㉤ 중재방식과 절차 : ICC 또는 UN 중재규칙

(3) 국제물품매매계약에 관한 UN협약과 인코텀즈 기출 17년 3회, 20년 2회

① 국제물품매매계약에 관한 UN협약(CISG, 유엔 통일 매매법)(United Nations Convention on Contract for the International Sales of Goods)

ㄱ) 개 요

- 유엔 국제무역법위원회(United Nations Commission on International Trade Law)가 성안하였다.
- 1988년 1월 1일부로 발효된 국제물품매매계약 통일을 위한 국제협약이다.
- 계약의 효력과 해석에 관한 준거법으로 사용되고 있다.

ㄴ) 특 징

- 포괄적 법체계
  - 몇몇 주요 국가의 매매 규정을 취사·선택한 것이 아니다.
  - 국제 상거래 현실을 반영하는 포괄적인 법체계로 구성되어 있다.
- 국제매매 특화 적용 : 많은 국가의 가입을 유도하고자 국내매매는 각국 국내매매법에 맡기고 통일법의 적용 대상을 국제매매로 한정한다.
- 사적 자치의 원칙 : 매매계약 당사자의 합의로 통일법 전부/일부 적용 배제가 가능하다.
- 당사자 : 매매계약이 상사계약인지, 매매계약 당사자가 상인인지 묻지 않는다.
- 소유권이전 미규정 : 매매목적물의 소유권이전은 각국 법률이 다양하게 규정하므로 각국 법률에 맡기고 본 협약에서는 규정하지 않는다.
- 위험부담의 별개 문제 규정 : 위험부담 문제도 영미보통법(Common Law)이 취하는 소유권이전과 동시에 이전하는 방식에서 탈피, 별개 문제로 규정한다.
- 계약 유지의 원칙 : 성립된 계약의 소멸 방지 및 계속 이행을 위해 매도인의 하자 보완권 인정 및 계약 해제의 곤란성 등 여러 가지 법적 장치 마련한다.
- 고의·과실 무관 : 국제물품매매의 특성을 반영하여 손해배상문제 관련 계약불이행 당사자의 고의·과실 여부를 묻지 않는다(매우 진보적 입법태도).
- 계약의 자동적 해제 제한 : 계약의 자동적 해제를 인정하지 않으며 그것이 계약의 근본적인 위반(Fundamental Breach)에 해당하는 경우에 한하도록 규정한다.
- 신의성실의 원칙 : 협약 해석에서 국제적인 성격과 적용상의 통일성을 증진시킬 필요성뿐만 아니라 국제무역상의 신의성실(Good Faith) 준수에 대한 고려도 포함한다.

합격자 Tip

UN 국제물품매매에 관한 협약(CISG)의 적용대상 제외

- 개인용·가족용 또는 가정용으로 구입된 물품의 매매(다만, 매도인이 계약체결 전이나 그 체결 시에 물품이 그와 같은 용도로 구입된 사실을 알지 못하였고, 알았어야 했던 것도 아닌 경우에는 그러하지 아니하다.)
- 경매에 의한 매매
- 강제집행 그 밖의 법령에 의한 매매
- 주식, 지분, 투자증권, 유통증권 또는 통화의 매매
- 선박, 소선(小船), 부선(浮船) 또는 항공기의 매매
- 전기의 매매

② **인코텀즈(INCOTERMS ; International Commercial Terms)**

㉠ 1936년 국제상업회의소(International Chamber of Commerce ; ICC) 중심으로 제정한 '정형거래조건의 해석에 관한 국제규칙(International Rules for the Interpretation of Trade Terms)'이다.

㉡ 당사자(수출상과 수입상)가 거래할 때마다 매매계약 세부내용을 특정하는 것이 불편하여 국제상업회의소에서 무역계약 패턴을 크게 11가지로 정형화하였다.

㉢ 무역계약 시 당사자가 세부내용과 해석을 인코텀즈에 의거하여(즉, 인코텀즈는 당사자 간 합의로 계약 내용이 됨), 당사자의 편의를 제고하고 원활한 국제무역을 촉진한다.

㉣ 무역거래에서 당사자 간 물품인도에 관한 책임, 비용 및 위험부담에 관한 책임, 인도에 따른 대금결제 및 필요한 서류제공 등 복잡한 문제가 인코텀즈를 통해 단순화되었다.

㉤ 제정 이후 수차례 개정, 2020년부터는 또 다시 개정된 INCOTERMS 2020을 적용하고 있다.

㉥ 인코텀즈 이외 정형거래조건에 관한 규칙
- CIF 계약에 관한 와루소 · 옥스포드 규칙(Warsaw-Oxford Rules for C.I.F Contract, 1932)
- 개정미국무역정의(Revised American Foreign Trade Definition, 1941)

㉦ 1980년부터 개정미국무역정의 대신 인코텀즈가 세계적으로 보편화된 정형거래조건으로 사용되고 있다.

③ CISG vs INCOTERMS

㉠ CISG : 일반적인 계약 성립, 하자 물품인도, 매수인의 검사의무, 매수인의 하자통지의무, 채무불이행 시 효과 등을 규율한다.

㉡ INCOTERMS : 매매계약 용어, 계약조건에 관한 통일 규칙으로 국제물품매매의 일부 구체적인 문제(가격조건, 비용부담, 위험의 이전, 운송, 보험, 통관의무 등)를 규율한다.

05 무역계약의 기본조건

1. 거래조건에 관한 협정

(1) 무역계약에 따른 계약서의 종류

수출입 본계약 체결 방식에는 개별계약(Case By Case Contract)방식과 포괄계약(Master Contract)방식이 있다.

계약의 종류	개념 및 특징	무역 계약서
개별계약(Case By Case Contract)	거래가 성립될 때마다 체결하는 계약	Sales Confirmation Note(매매계약서)/Purchase Order Note(주문서)
포괄 또는 장기계약(Master Contract)	연간 또는 장기간 기준으로 계약을 체결하고 필요 시마다 수정을 가하는 계약	Agreement on General Terms and Conditions of Business(일반거래조건협정서 + 물품매도확약서/매입확약서)
독점계약(Exclusive Contract)	수출입 전문상사 간에 매매를 국한시키는 계약	Exclusive Sales Contract(독점판매계약서)

① 개별계약(Case By Case Contract)

㉠ 개별계약은 매매 당사자가 거래 시마다 거래조건에 상호 합의하여 계약서를 작성한다.

㉡ 계약 당사자 간 초기거래에 주로 이용된다.

㉢ 거래건별로 매번 오퍼나 오더를 확정한 후 수출입 본계약을 체결하는 방식이다.

㉣ 매도확약서(Sales Note)나 매입확약서(Purchase Note)가 이 범주에 속한다.

② 포괄계약(Master Contract)

㉠ 포괄계약은 동일한 상대방과의 장기 거래 시 주로 이용되는 방식이다.

ⓛ 장기 거래 시 모든 거래에 공통 적용되는 일반거래조건을 포괄적으로 합의한 포괄계약서(Master Contract)/일반거래조건협정서(Agreement on General Terms and Condition of Business)와 매 거래건별로 오퍼나 오더를 확정한 후 작성하는 물품매도확약서(Sales Note/Offer Sheet)나 매입확약서(Purchase Order Sheet)에 의해 체결된다.

ⓒ 포괄계약에서는 포괄계약서/일반거래조건협정서와 물품매도확약서/매입확약서(물품구매주문서)가 하나의 계약서를 구성한다.

ⓔ ⓒ의 두 계약서는 동일 계약서로도 작성될 수 있는데, 이때 일반협정사항은 이면 인쇄되는 경우가 많다.

⊕ Plus one

작성주체에 따른 무역계약서
- 매도인 측 작성 : Sales Contract, Sales Note, Confirmation of Order
- 매수인 측 작성 : Purchase Contract, Purchase Note, Order Sheet

(2) 무역계약서 작성 지침

① Offer가 승낙되면 원활한 거래를 위해 제 거래조건에 대해서 상호협정을 맺는다.

② 협정사항에 의거, 계약서를 정 · 부 2통 작성 · 서명하여 교환함으로써 계약을 체결한다.

③ 청약서(Offer Sheet)에 수입상의 서명을 받아 계약서를 대신할 수도 있으나 미비사항에 의하여 분쟁을 초래할 수 있으므로 주의를 요한다.

④ 무역계약은 불요식이므로 구두로 행하더라도 유효하다.

⑤ 계약서 내용에 대한 해석의 우선순위는 인쇄(Printed) → 타자(Typewritten) → 수기(Handwriting)가 되고 숫자보다는 단어가 우선된다.

⑥ 계약서 내용에 대해 두 지역(국가)의 법이 상충할 때는 계약서 작성지법, Offer의 경우 Offer 발행지법이 그 준거법이 된다.

(3) 무역계약서의 조항 · 내용 구성 `기출` 20년 2회

① 일반적 무역(매매)계약서 기재 사항

ⓐ 기본사항

계약 당사자(Principal), 계약 성립의 확인, 계약 성립 일자(Effective Date)와 유효기간(Validity/Duration/Time Period), 용어 정의 등

ⓑ 개별거래조항(표면/타이핑 조항)

"상품명 · 품질조건 · 수량조건 · 가격조건 · 선적조건 · 보험조건 · 결제조건 · 포장조건" 등 거래 시마다 결정해야 할 사항이다.

• 무역계약의 6대 거래조
  건 : 계약상품의 품질
  (quality), 수량(quantity),
  가격(price), 포장(pack-
  ing), 선적(shipment), 보
  험(insurance), 결제
  (payment)
• 계약의 불이행에 따른
  분쟁구제조건 : 계약의
  불이행에 따른 불가항
  력 조항, 클레임 조항,
  중재 조항, 준거법 조
  항, 재판관할 조항 등

ⓒ 일반거래조항(이면/인쇄 조항)

"불가항력, 무역조건, 권리침해, 클레임조항, 중재, 준거법" 등 모든 거래에 공통되는 사항이다. 특히 이 중 "품질조건, 수량조건, 가격조건, 선적조건, 보험조건, 결제조건, 포장조건(Terms of Packing), 무역 분쟁/클레임 조건(Terms of Trade Dispute/Claim)"을 무역계약의 8대 기본조건이라 한다.

② 무역(매매)계약서 조항의 우선순위

ⓐ 표면약관(특약조항) 및 이면약관이 모순될 때에는 표면약관이 우선한다. 즉, 특수조항이 일반조항에 우선한다.

ⓑ 조항이 수서(직접 쓴 것) · 타이프 · 인쇄의 3가지 종류가 있는 경우 수서(직접 쓴 것)가 최우선이고, 타이프, 인쇄 순으로 우선순위가 높다.

예문

Agreement on General Terms and Conditions of Business

This Agreement entered into between JinMin Int'l Co.,Ltd., San Francisco(hereinafter called the Buyer), and DK Int'l Co.,Ltd., Seoul,

(1) Business : Both Seller and Buyer act as Principals and not as Agents.

(2) Samples and Quality : The Seller is to supply the buyer with samples free of charge, and the quality of the goods to be shipped should be about equal to the sample on which an order is given.

(3) Quantity : Weight and Quantity determined by the seller, as set forth in shipping documents, shall be final.

(4) Prices : Unless otherwise specified, prices are to be quoted in U.S. Dollars on C.I.F. San Francisco basis.

(5) Firm Offers : All firm offers are to remain effective for three days including the day cabled. Sundays and National Holidays shall not be counted as days.

(6) Orders : Except in cases where firm offers are accepted all orders are to be subject to the Seller's final confirmation.

(7) Packing : Proper export standard packing is to be carried out, each set bearing the mark OOO with port mark, running numbers, and the country of origin.

(8) Payment : Draft is to be drawn at 30d/s for the full Invoice amount under Irrevocable Letter of Credit which should be issued/opened in favor of seller immediately documents attached, namely, Bill of Lading, Insurance Policy, Commercial Invoice and other documents which each contract requires. The others shall be governed and interpreted under the UCP 600.

(9) Shipment : Shipment is to be made within the time stipulated in each contract. The date of Bill of Lading shall be taken as conclusive proof of the day of shipment. Unless expressly agreed upon, the port of shipment shall be at the port of Busan, Korea/at the Seller's option.

(10) Marine Insurance : All shipments shall be covered on All Risks including War Risks and S.R.C.C. for the invoice amount plus 10(ten) percent. All policies shall be made out in U.S. Dollar and claims payable in San Francisco.

(11) Force Majeure : The Sellers shall not be responsible for the delay in shipment due to force majeure, including mobilization, war, strikes, riots, civil commotion, hostilities, blockade, requisition of vessels, prohibition of export, fires, floods, earthquakes, tempest and any other contingencies, which prevent shipment within the stipulated period, in the event of any of the aforesaid causes arising, documents proving its occurrence or existence shall be sent by the Sellers to the Buyers without delay.

(12) Delayed Shipment : In all cases of force majeure provided in the Article No. 11, the period of shipment stipulated shall be extended for a period of twenty one (21) days. In case shipment within the extended period should still be prevented by a continuance of the causes mentioned in the Article No. 11 or the consequences of any of them, it shall be at the Buyer's option either to allow the shipment of late goods or to cancel the order by giving the Sellers the notice of cancellation by cable.

(13) Claims : Claims, if any, shall be submitted by cable within fourteen

(14) Arbitration : All claims which cannot be amicably settled between Seller and Buyer shall be finally settled by arbitration in Seoul, Korea in accordance with the Commercial Arbitration Rules of the Korea Commercial Arbitration Board and under the Laws of Korea. The award rendered by the arbitrator shall be final and binding upon both parties concerned(Jurisdiction).

(15) Trade Terms : Unless specially stated, the trade terms under this contract shall be governed and interpreted by the latest INCOTERMS.

(16) Governing Law : This Agreement shall be governed as to all matters including validity, construction and performance under and by United Nations Convention on Contracts for the International Sale of Goods(1980).

This Agreement shall be valid on and after May 1, 2020.

(Buyers) JinMin Co.,Ltd   (Seller) DK Int'l Co.,Ltd.

해석

일반거래조건협정서

본 협정서는 미국 샌프란시스코 소재의 **JinMin** 인터내셔널 사(이하 매수인이라 칭함)와 한국 서울 소재의 **DK** 인터내셔널 사(이하 매도인이라 칭함)와의 사이에 체결된 것으로서 다음과 같이 협정한다.

(1) 거래형태 : 거래는 매매당사자 모두 본인 대 본인으로 하며 대리인으로 하는 것이 아니다.

(2) 견본 및 품질 : 매도인은 매수인에게 무료로 견본을 제공함과 동시에 선적상품의 품질은 주문의 기초가 된 견본과 대체로 일치할 것으로 한다.

(3) 수량 : 중량 및 수량은 운송서류에 기재된 것으로 한다.

(4) 가격 : 가격은 별도로 정한 경우를 제외하고는 C.I.F. San Francisco 조건으로 미달러로 견적한다.

(5) 확정청약 : 모든 확정청약은 타전일을 포함하여 **3일간** 유효한 것으로 한다. 다만 일요일과 국경일은 제외된다.

(6) 주문 : 확정 **Offer**를 인수한 경우 이외의 모든 주문은 매도인의 최종확인을 필요로 한다.

(7) 포장 : 적절한 수출표준포장으로 포장하고 각 차량에는 하인으로서 **OOO** 표시에 도착항 표시, 일련번호 및 원산지를 기입한다.

(8) 결제 : 환어음은 매매계약체결 직후에 매도인을 수익자로하여 개설되는 취소불능신용장에 의거하여 송장금액에 대하여 일람 후 **30일불**로 발행한다. 또한 운송서류 일체, 즉 선하증권, 보험증권, 상업송장 및 매매계약에서 요구하는 기타 서류를 첨부한다. 기타 사항은 제**6차** 신용장 통일규칙에 의거 규율되고 해석된다.

(9) 선적 : 선적은 각 계약에서 정해진 기일 이내에 한다. 선하증권의 발행일을 선적일로 간주하고 별도 합의가 없는 한 선적항은 한국의 부산항으로 한다.

(10) 해상보험 : 모든 선적품은 송장금액의 **110%**를 보험금액으로 하여 전쟁위험과 파업위험을 특약한 전위험담보조건으로 부보한다. 모든 보험증권은 미국 달러화로 표시하고 샌프란시스코 지급으로 작성한다.

(11) 불가항력 : 매도인은 불가항력으로 인한 선적지연에 대하여 책임을 지지 않는다. 불가항력에는 동원, 전쟁, 파업, 폭동, 적대행위, 봉쇄, 선박의 징발, 수출금지, 화재, 홍수, 지진, 폭풍우 및 그밖에 지정기일까지 선적을 불가능하게 하는 우발적인 사고를 포함한다. 이상과 같은 사유가 발생한 경우에는 매도인은 그와 같은 사유의 발생이나 존재를 증명하는 서류를 지체 없이 매수인에게 송부한다.

(12) 선적지연 : 제11조에 열거한 모든 불가항력인 경우에는 선적기일이 **21일간** 연장된다. 연장된 선적기일까지도 제11조의 사유가 계속되거나 또는 그 결과로서 선적이 불가능할 경우에 매수인은 선적지연을 허락하거나 또는 전보로 매도인에게 취소통지를 함으로써 주문을 취소할 수 있는 선택권을 가진다.

(13) 손해배상 청구 : 손해배상 청구는 상품이 목적지에 도착한 후 **14일** 이내에 타전한다. 그리고 지체 없이 신용 있는 감정인의 증명서를 우송한다.

(14) 중재 : 매매당사자간에 원만한 해결이 되지 않는 모든 클레임은 대한민국 서울시에서 대한상사중재원의 상사중재규칙 및 대한민국 법에 따른 중재에 의하여 최종적으로 해결한다. 중재인의 판정은 최종적인 것으로 당사자 쌍방에 대하여 구속력을 가진다(재판 관할권).

(15) 거래조건 : 별도로 정한 경우를 제외하고는 이 계약의 거래조건은 최근 **INCOTERMS**에 준거한다.

(16) 준거법 : 본 계약의 유효성, 성립 및 이행에 관한 준거법은 국제물품매매계약에 관한 **UN협약(CISG)**에 준거한다.

본 협정서는 2020년 5월 1일부터 유효하다.

(매수인) **JinMin** 인터내셔널(주) (서명)   (매도인) **DK** 인터내셔널(주) (서명)

2. 무역계약의 8대 기본조건

(1) 품질조건(Quality Terms) [기출] 15년 1회, 16년 3회, 17년 1회, 18년 2회

무역거래 시 품질의 차이(불일치)에 의해 분쟁이 야기되는 경우가 가장 많으므로 특히 품질의 결정방법, 결정시기, 증명방법 등을 명확히 하여야 한다.

① 품질의 결정방법(매매방식)

국제거래에서 대부분의 품질결정은 견본에 의해 이루어진다(품질약정조건).

㉠ 견본매매(Sales by Samples)

· 거래 목적물의 견본을 거래상품의 대표격으로 하여 품질기준으로 삼는 방법이다. 즉, 거래 목적물의 품질을 제시된 견본에 의해 약정하는 방법이다.

- 견본용어(Sample Terms)
  - 관습적으로 "same as sample ~, up to sample ~, fully equal to sample" 등의 문언을 사용하면 물품 견본과 조금만 달라도 인수거절 또는 무역 클레임이 제기될 수 있다.
  - 따라서 수출자 입장에서는 정밀제품 또는 규격품이 아닌 한 "similar to sample ~, as per sample ~, about equal to sample ~" 등의 용어를 사용하는 것이 바람직하다.
- 오늘날 가장 널리 사용되는 품질 결정방법이다.
- 볼펜 · 노트 등의 공산품 거래 시 주로 사용하는 조건이다.

ⓛ 상표매매(Sales by Trade Mark)
- 국제적으로 널리 알려져 있는 유명상표의 경우 견본제공 없이 상표만으로 품질의 기준을 삼고 가격을 정하여 계약한다.
- 일명 품명매매(Sales by Brand)라고도 한다.
- 세계일류 유명상표의 경우에 주로 사용된다.

ⓒ 규격/명세서매매(Sales by Specification) [기출] 19년 3회(2급)
- 견본제시가 불가능한 선박 · 기계 · 의료기기 · 공작기계 · 철도 · 차량 등의 거래 시 설계도 · 청사진 등 규격서 또는 설명서로 물품의 품질을 약정하는 방법이다.
- 해당 물품의 모델명, 소재, 구조 또는 규격, 성능, 기타 물품의 명세를 기재하고 그 설계도, 청사진, 카탈로그 등을 통해 계약한다.
- 물품의 규격이 국제적으로 혹은 수출국 공식규정으로 특정되어 있는 경우에 사용한다.
- 시멘트의 BSS-12, KS, JIS 등의 경우 이를 기준으로 한다.

ⓔ 표준품매매(Sales by Standard/Type)
- 표준으로 인정하는 것을 기초로 가격을 결정하고, 실제 상품의 품질이 표준품과 다른 경우 가격 증감으로 조정하는 거래다.
- 표준품보다 품질이 좋으면 값을 더 받고 나쁘면 값을 깎아준다.
- 농수산물 · 임산물 · 광물 등의 1차 상품과 같이 자연 조건에 따라 품질의 변화가 많은 상품에 주로 사용되는 방법이다.
- 세 가지 표시 방법
  - 평균중등품질(FAQ ; Fair Average Quality)
  - 적격품질(GMQ ; Good Merchantable Quality)
  - 보통품질(USQ ; Usual Standard Quality)

> **⊕ Plus one**
>
> **FAQ vs GMQ vs USQ**
> - **FAQ**(Fair Average Quality, 선적 시 기준 품질조건) : "평균중등 품질조건"으로 당해 연도 당해 지역에서 생산되는 동종물품 가운데 중급수준 품질의 것을 인도하기로 약정하는 방법으로 주로 곡물거래 시 이용한다.
> - **GMQ**(Good Merchantable Quality, 도착지기준 품질조건)
>   - "판매적격 품질조건"으로서 물품을 인도할 당시의 품질이 당해 물품의 성질이나 상관습상 판매하기에 적합한 수준이기만 하면 된다.
>   - 주로 원목, 냉동어류, 광석류 거래 시 이용한다.
>   - 당초의 숨은 하자(잠재하자 : **Hidden Defects**)가 인도 후에 나타난 경우에도 수입자는 수출자에게 클레임을 제기할 수 있다.
> - **USQ**(Usual Standard Quality) : "보통품질조건"으로 원면 등의 거래 시 주로 이용한다.

합격자 Tip

점검매매는 보세창고인도 (BWT ; Bonded Warehouse Transaction)조건의 거래나 현품인도지급(COD ; Cash on Delivery) 거래 등에서 사용한다.

ⓛ 점검매매(Sales by Inspection)

구매자가 현품을 직접 확인 후 계약한다.

ⓗ 설명매매(Sales by Description)

- 거대화물이나 고가품, 즉시 생산이 안 되거나 표준 품질을 단순하게 정할 수 없는 1차 상품의 경우 견본을 보내는 것이 어렵다.
- 따라서 견본을 보내지 않고 상품목록, 청사진, 명세서 등으로 품질기준을 정한다.
- 표준품매매, 상표매매, 규격(등급)매매, 명세서매매가 있다.

② **품질결정시기** 기출 19년 1회, 20년 1회

품질결정(검사)시기에 따라 선적시점이면 선적품질조건(Shipped Quality Terms/Final), 양륙시점이면 양륙품질조건(Landed Quality Terms/Final)이라 한다.

㉠ 선적품질조건[Shipped Quality Terms/Final = TQ(Tale Quale)]

- 품질결정(검사)시기가 선적 시점인 조건이다.
- 주로 변색·변질 위험이 적은 공산품인 경우 활용되는 조건으로 인도된 물품의 품질이 선적 시에 (공인 검사기관의 품질확인을 받고) 약정된 품질과 일치하기만 하면 그 후 (운송도중) 변질되어 도착지에서 하자가 발견됐다 해도 수출상은 이에 대한 책임을 지지 않는 조건이다.
- 품질결정시기에 관해 당사자 간 합의가 없는 경우 정형거래조건의 E·F·C Group은 선적지 품질을 기준으로 한다.
- FOB, CFR, CIF 조건 등의 선적지 무역조건에서는 품질결정 시점에 대한 특별한 약정이 없는 경우 품질에 대한 수출상의 책임은 선적시점에서 종료된다.

SD(Sea Damage : 조건부선적품질조건)

해상운송 중 생긴 유손(Damaged by Wet), 즉 해수유(Wet by Sea Water), 우유(Wet by Ram), 담수유(Wet by Fresh Water), 증기유(Wet by Vapor) 등으로 야기되는 품질손해에 대하여는 매도인이 도착 시까지 책임을 지는 조건

• 기출 Check •

승인조건부 청약방식이나 보세창고도 거래 등에서 품질을 결정하는데 가장 바람직한 방법은? **기출** 16년 3회, 18년 2회

① 표준품매매   ② 상표매매
③ 명세서매매   ④ 점검매매

해설   바이어가 상품을 직접 점검하고 행하는 거래방식을 말한다. 매수인이 상품을 시험해보고 매입 여부를 결정하는 시험 또는 시미(試味) 매매와 성격이 유사하다. 매수인에 의한 직접 점검방식을 취하므로 국내거래에서는 사용될 수 있으나 무역거래의 경우 거의 사용되지 않고, 보세창고인도(BWT ; Bonded Warehouse Transaction)조건의 거래나 현품인도지급(COD ; Cash on Delivery) 거래 등에서 사용한다.

정답   ④

ⓒ 양륙품질조건[Landed Quality Terms/Final = RT(Rye Terms)]
- 품질결정(검사)시기가 양륙시점이면 양륙품질조건(Landed Quality Terms/Final)이라 한다.
- 주로 운송도중에 품질이 변질될 수 있는 곡물·피혁·어류 등과 같은 농산물·광물(1차 상품)의 경우 활용되는 조건이다.
- 양륙 시에 (공인검사기관의 품질확인을 받고) 약정된 품질과 일치하면 수출상이 면책되고, 변질 시에는 수출상이 책임을 부담하는 조건이다.
- 품질결정시기가 별도로 명시되지 않은 경우 정형거래조건이 'D'그룹이면 양륙지가 품질기준 시점이 된다.

ⓒ 곡물류 매매 시 품질결정시기 조건
- T.Q.(Tale Quale) : 곡물류 거래에서 이용되는 선적품질조건을 말한다. 이 경우 수출업자가 품질의 물품을 선적한 후에는 품질에 관한 면책된다.
- R.T.(Rye Terms) : 양륙품질조건에 해당하므로 국제운송 중 곡물류의 변질에 대해서는 매도인이 모든 책임을 져야 한다.

• S.D.(Sea Damaged Terms) : 곡물류 거래에서 이용되는 특약부 선적품질조건으로 해상운송 중 발생한 품질손상에 대해서만 수출업자가 특약에 의해 책임을 부담하는 조건이므로 선적품질조건과 양륙품질조건을 절충한 조건으로 볼 수 있다.

⦿ 기출 Check ⦿

수출자 X가 취할 조건으로 아래 공란을 올바르게 나열한 것은? `기출` 15년 1회

수출자 X는 최근 수출품목을 다변화하여 농산물, 임산물 또는 광산물과 같은 1차 산품으로 확대하고자 한다. 그러나 문제는 이러한 1차 산품이 주로 일정한 규격이 없어 품질을 약정하기가 곤란하다는 점을 알게 되었고, 이 경우 일정한 표준품을 추상적으로 제시하여 대체로 이와 유사한 수준의 품질을 인도하면 되는 것으로 알려졌다. 이에 최근 수입자 Y는 원목이나 냉동 수산물 등을 수입하고자 하나 이러한 물품의 대부분은 외관상으로는 좋게 보이지만 그 내부가 부식되는 등 잠재하자 가능성이 높은 물품에 해당하여 수출자 X가 도착지에서 판매 적경성을 보증해주길 원하고 있다. 이에 수출자 X는 수입자 Y에게 품질결정방법으로 (a) 조건을 제시하고자 한다. 한편 또 다른 수입자 Z는 농산물 가운데 곡물류나 과일류 물품을 전년도 수확물의 평균중등품을 품질기준으로 선물거래에 의해 수입을 원하고 있어 그에게는 품질결정방법으로 (b) 조건을 제시하려고 한다. 그런데 수입자 Z는 특히 호밀의 수입을 원하며 품질검사의 기준시기를 양륙 시를 선호하고 있어 품질결정 시기로 (c) 조건을 제시하려고 한다.

	a	b	c
①	GMQ	FAQ	RT
②	FAQ	USQ	TQ
③	FAQ	GMQ	RT
④	GMQ	USQ	TQ

`해설` a : 판매적격품질조건(Good Merchantable Quality ; GMQ). 목재나 냉동 수산물과 같이 정확한 견본을 이용할 수 없는 경우 매도인에 의해 상품이 시장에서 통용되는 품질임을 보증하는 품질조건이다.

b : 평균중등품질조건(Fair Average Quality ; FAQ). 동종상품의 평균적인 중등품을 품질인도조건으로 하는 것이다. 계약 시에는 전년도 수확물의 중등품을, 인도 시에는 당해 연도의 신품 수확물의 중등품을 기준으로 한다.

c : RT(Rye Terms). 곡물류의 거래에 있어 물품 도착 시 상품이 손상되어 있을 경우 매도인이 부담하는 데에서 생긴 조건으로 양륙품질조건(Landed Quality Terms)에 해당한다.

`정답` ①

③ 품질증명방법

　　㉠ 품질증명방법은 품질결정시기와 매우 밀접한 연관성이 있는데, 선적품질조건에서 품질의 증명책임, 즉 거증책임은 매도인에게 있으며 반대로 양륙품질조건에서는 매수인에게 거증책임이 있다.

　　㉡ 품질증명방법에는 수출상 자신의 수출품질 검사(Seller's Inspection to Be Final), 국제적으로 공신력 있는 검사기관의 품질 검사 등이 있다.

　　㉢ 품질의 증명방법에는 견본 및 규격품 제시, 원산지증명서 제시 등이 있다.

　　㉣ 국제적 권위의 전문 감정인으로는 Lloyd's Surveyor, Lloyd's Agent Del-corporation 등이 있다.

(2) 수량조건(Quantity Terms) 기출 15년 2회, 16년 2회, 17년 3회, 18년 2회, 20년 1회

수량조건과 관련해서는 물품 수량표시 방법인 수량단위, 수량결정시기뿐만 아니라 산(재)화물(Bulk Cargo)인 경우 과부족용인 약관 등에 대해서도 계약서상에 명시해야 한다.

① 수량의 단위

　수량표시 단위에는 중량(Weight), 용적(Measurement), 개수(Piece), 길이(Length), 포장(Package) 등이 있다.

　㉠ 중량의 경우 ton을 가장 많이 사용하며, ton과 관련해서는 long ton, short ton, metric ton(킬로톤)의 구별을 분명히 해야 한다.

　　• Long(English/Gross) ton = 2,240Lbs(pounds) = 1,016.05kgs = 270,946관

　　• Short(American/Net) ton = 2,000Lbs = 907.18kgs = 241,916관

　　• Metric(France/Kilo) ton = 2,204.62Lbs = 1,000kgs = 266,667관

　㉡ 용적/부피(Measurement)의 경우 주로 목재나 액체류의 거래에 사용된다.

　　• 목재 등은 Cubic Meter(CBM ： m³), Cubic Feet(cft), 용적톤(Measurement Ton ; M/T)을 주로 사용한다.

　　• 액체류 등은 drum, gallon, barrel 등을 주로 사용한다.

　　　－ 1 drum = 200liters

　　　－ 1 gallon = (미국)3.785liters/(영국)4.546liters

　　　－ 1 barrel = 158.984liters

　㉢ 개수의 경우 1개(piece), 1대(set), 1다스(dozen = 12pcs), 1 Gross = 12다스(12×12 = 144pcs), 1 Great Gross = 12 Gross(1,728pcs)

　㉣ 포장(Package)의 경우

　　• 일정수량을 내용으로 한 포장을 거래 단위로 하며 상자(Case), 곤포(Bale), 포대(Bag), 통(Barrel), 묶음(Bundle) 등

합격자 Tip ●━━━○
정미순중량(Net Net Weight) : 순수한 내용물의 중량(치약의 경우 튜브까지 제외한 실제 치약 내용물의 중량)만을 의미

- 포장상품매매 시에는 포장재료의 중량을 포함한(외장·내장·내용물의 중량 모두 포함한) 총중량(Gross Weight)인가, 포장재료의 중량을 제외한(총중량에서 외장중량을 제외한) 순중량(Net Weight)인가를 명기해야 한다.
ⓜ 길이의 경우 미터(meter)와 야드(yard)를 주로 사용하며, 직물, 전선 등의 거래에 많이 쓰인다.
ⓑ 컨테이너의 경우 TEU(Twenty Feet Equivalent Unit)나 FEU(Forty Feet Equivalent Unit)를 사용한다.
ⓢ 면적(Square)의 경우 Square Foot(SFT)를 주로 사용하며, 타일, 합판 등의 거래에 쓰인다.

● 기출 Check ●

대금이 물품의 중량에 의하여 지정되는 경우, 의혹이 있을 때 대금은 무엇에 의해 결정되는가? **기출** 20년 1회

① 총중량　　　　　　　　　② 순중량
③ 순순중량　　　　　　　　④ 정미중량

해설 대금이 물품의 중량에 따라 지정되는 경우에 이에 의혹이 있을 때에는, 그 대금은 순중량에 의하여 결정되어야 한다(CISG 제56조).

정답 ②

---

② 수량결정시기

무게나 부피를 거래단위로 사용하는 대량의 덩어리 화물(Bulk Cargo)의 경우 해상운송 중이나 싣고 내리는 하역 작업 중의 사정에 따라 물품의 무게나 부피가 줄거나 늘어날 수 있다. 따라서 실제 물품의 수량을 확인하는 시점이 중요하다.

ⓐ 선적수량조건(Shipped Quantity Terms/Final) : 선적시점에서 수량을 확인하는 경우로 선적 시 수량을 최종적인 것으로 하는 조건이다.
ⓑ 양륙수량조건(Landed Quantity Terms/Final) : 양륙시점에서 수량을 확인하는 경우로 양륙 시 수량을 최종적인 것으로 하는 조건이다.

합격자 Tip ●━━━○
품질의 경우처럼 수량도 FOB, CIF 등의 선적지 조건으로 매매 시에는 선적지수량조건(Shipped Quantity Terms)이 원칙이나, 특약에 의해 양륙지수량조건(Landed Quantity Terms)으로 할 수도 있다.

③ 과부족용인약관(M/L Clause = More or Less Clause = Tolerance) : 산화물(Bulk Cargo)의 수량약정

　㉠ 광산물 · 곡물과 같이 장기 수송도중 감량이 예상되는 경우는 물론 상품의 성질 또는 생산이나 선복의 사정상 계약대로 정확하게 수량을 인도하기 곤란한 물품에 관해서는 약간의 과부족을 용인하는 조항(More or Less Clause)을 두어야 한다.

　㉡ M/L Clause(과부족용인조항/약관) : "3% More or less at sellers option" 또는 "Seller has the option of 3% more or less on contract quantity" 등으로 표현한다.

　㉢ M/L Clause가 없는 경우의 해석은 다음과 같다.

　　• 신용장 방식 거래에서는 과부족을 인정하지 않는다는 금지조항이 없는 한 5%의 과부족(Tolerance)이 허용되는 것으로 본다.

　　• 무신용장 방식 거래(D/P, D/A 등)에서는 M/L Clause가 없는 경우 5%의 과부족이 허용되지 않으므로 계약상에 M/L Clause를 포함시키는 것이 바람직하다.

　　• Approximate Quantity Terms(개산수량조건)의 해석

　　　– 신용장 방식 거래 시 신용장 금액, 수량, 단가 앞에 About, Approximately, Circa, Around 등의 용어가 사용된 경우 상하 10% 이내의 과부족(Difference)을 허용하며, 이런 표현이 없을 때에도 수량에 대해서만은 어음발행 금액이 신용장 금액을 초과하지 않는다는 것을 전제로 상하 5% 범위 내에서 과부족을 허용한다.

　　　– 무신용장 방식 거래 시 계약상 구체적인 약정이 없는 경우 해석상의 문제로 분쟁의 소지가 있다.

④ 수량의 제한

　㉠. 생산과 운용 사정에 따라 단위 주문당 수량의 제한을 둘 수 있다.

　㉡ 최소주문수량(Minimum Order Quantity)과 최대주문수량(Maximum Order Quantity)으로 구분한다.

신용장 방식의 경우 곡물, 광산물과 같은 bulk cargo의 선적수량에 대한 설명으로 옳은 것은? [기출] 18년 1회

① 일반적으로 3%의 과부족을 용인한다.
② 일반적으로 5%의 과부족을 용인한다.
③ 일반적으로 10%의 과부족을 용인한다.
④ 일체의 과부족을 용인하지 않는다.

해설 신용장통일규칙(UCP 600) 제30조에서는 산화물의 과부족 용인에 관한 거래관습을 반영하여 신용장 금액을 초과하지 않는 범위 내에서 5%의 과부족을 허용하도록 규정하고 있다. 다만, 신용장 방식 거래 시 신용장 금액, 수량, 단가 앞에 About, Approximately, Circa, Around 등의 용어가 사용된 경우 상하 10% 이내의 과부족(Difference)을 허용하며, 이런 표현이 없을 때에도 수량에 대해서만 어음발행 금액이 신용장 금액을 초과하지 않는다는 것을 전제로 상하 5% 범위 내에서 과부족을 허용한다.

정답 ②

(3) 가격조건(Price Terms)

① 개 요

　㉠ 매매가격은 매도인과 매수인이 부담해야 할 여러 가지 원가요소와 물품 인도장소 등을 고려하여 정한다.

　㉡ 관습상 형성된 정형거래조건(INCOTERMS)에 의해 산출되는 것이 일반적이다.

　㉢ 가격과 관련하여 계약서상에는 단위수량당 단가(Unit Price)와 계약수량에 대한 합계금액(Total Amount)을 기재한다.

② 가격산출

　㉠ 무역에서 가격은 물품의 제조(생산)원가 및 이윤(희망 이익)뿐만 아니라 여러 가지 부대비용과 물품의 인도장소에 따라 정한다.

　㉡ 가격조건에는 수출에 따른 부대비용 및 인도장소에 따른 위험부담과 책임한계라는 개념들이 반영되어야 한다.

　㉢ 제품 출고가 이외에 매수인의 요구에 따라 물품 인도 시 추가되는 여러 조건에 따른 추가비용들이 있는데 이 모두가 가격에 반영되어야 한다.

　㉣ 추가비용뿐 아니라 물품 인도 시 물품 상태는 언제 어디까지 이상 없이 유지되어야 하는지, 수출입통관은 누가 해야 하는지 등에 대해서도 규정해야 한다.

③ 매매가격의 산출근거

　㉠ 수출상과 수입상이 거래마다 계약서상에 이러한 가격요소를 일일이 정하여 산출하는 것은 너무 번잡한 일이다.

　㉡ 위의 번잡함을 피하기 위해 현재 가격조건은 인코텀즈(INCOTERMS)가 규정한 11가지 가격조건 중 하나를 선택하여 제시하는 것이 일반적이다.

　㉢ 인코텀즈(INCOTERMS)

　　• ICC가 제정한 국제규칙으로, "국내 및 국제거래조건의 사용에 관한 ICC 규칙[정형 무역거래조건(가격조건의 정형)]"이라 불린다.

　　• 거래조건에 따라 다양한 형태의 가격이 산출될 수 있는데, 복잡한 가격 산출방법을 11가지로 단순화하여 정형화했다.

　　• 물품의 판매가격을 결정할 때 사용하는 정형화된 국제규칙이기는 하지만, 단순히 가격조건만을 의미하는 것이 아니다.

　　• 인코텀즈는 운송 · 보험 · 통관 업무의 당사자 및 비용과 위험의 분기점을 구분하는 포괄적인 계약 조건이다.

> 예 공장 출고 시 A 제품의 대당 가격이 US$10이라면 이 가격에는 인건비, 홍보비, 자재비, 금융비용, 마진 등이 모두 포함되어 있는 것이다. 그런데 LA에 거주하는 수입자가 인천에 사업장이 있는 수출자(매도인)에게 LA의 자기 회사까지 물품을 운반해 달라고 할 경우에는 US$10이라는 가격은 재수정되어야 한다. 즉, LA까지의 운송비용과 보험료, 기타 경비까지 부담해야 하므로 US$10이라는 가격에 LA까지의 운반에 필요한 제반비용을 모두 합한 금액으로 가격을 다시 산정해야 한다. 이와 달리 수출자(매도인)가 인천항에서 물품만 선적하고 이후의 비용은 매수인 부담조건으로 가격조건을 정하게 되면 매도인은 인천항 선적비용까지만 부담하면 된다. 이 경우의 가격 역시 US$10에 공장에서 인천항까지의 내륙운송비를 더해야 하므로 약간 상향조정될 것이다.
>
> 예 가격조건이 US$10 FOB Incheon(계약서에 Unit Price(단가) : "US$10 FOB Incheon"으로 표기)이라면 이는 수출자가 인천항에서 아무런 이상 없는 물품을 본선에 선적해주고(선적비용 매도인 부담), 선적이후의 운임, 보험료 등의 경비일체는 매수인 부담 조건으로 가격이 US$10이라는 뜻이다.

④ 매매가격의 구성요소 = 물품의 제조(생산)원가 + 이윤(희망이익) + 요소비용(부대비용)

요소비용 항목
포장비 / 검사비 / 수출국 내에서의 내륙운송비 / 선적지에서의 부두비용 / 행정비용 / 선적비용(Loading Charges) / 운임(Freight) / 보험료(Insurance Premium) / 목적항에서의 양하비 / 목적항에서의 부두비용 / 수입관세 / 수입통관비용 / 수입국 내에서의 내륙운송비와 보험료 / 각종 수수료와 이자 / 외환비용
※ 일반개품에 의한 컨테이너운송 이외 선박을 용선(Chartering)할 경우 적양비 부담 조건

선내하역비용 부담조건	내 용
Liner Term(Berth term)	선적비 및 양륙비 선사부담조건으로 사실상 운임에 포함되어 FOB 조건은 수입자, CIF 조건은 수출자가 부담
FIO(Free In and Out)	선적비 및 양륙비는 선사의 부담 아님(화주가 부담)
FI(Free In)	선사가 양륙비용만 운임에 부가
FO(Free Out)	선적비용만 운임에 부가

(4) 대금결제조건(Payment Terms)

① 개 요

㉠ 매도인의 물품인도에 대한 매수인의 제1의무인 대금결제를 위해서는 매매계약 체결 시 매매당사자, 특히 매도인은 '대금을 어떤 방법으로, 언제, 어디에서 지급받느냐 하는 것', 즉 대금결제조건을 약정해야 한다.

㉡ 즉, 거래하는 물품의 결제수단을 신용장 조건으로 할지, 무신용장 조건으로 할지, 무신용장이라면 현금으로 할지, 전신환송금으로 할지 등을 결정하는 것이다.

㉢ 대금결제방식은 크게 신용장 방식과 무신용장 방식으로 구분되며, 무신용장 방식은 다시 다양한 방식으로 세분화된다. 이에 준하여 무역대금 결제방식을 다음 네 가지로 구분하는 것이 가장 일반적이다.
- 송금방식(송금수표, 우편송금환, 우편전신환, T/T)
- 추심방식(D/A, D/P)
- 신용장 방식(L/C)
- 기타 결제방식(국제팩터링 결제, 포페이팅 결제, 오픈 어카운트 방식 등)

㉣ 추심방식(On Collection Basis : D/P, D/A)과 신용장 방식(On L/C Basis)은 환어음을 이용하는 방식이다.

㉤ 송금방식(송금수표, 우편송금환, 우편전신환, T/T)은 은행 중개를 통한 결제수단인 환(Exchange)을 이용한 방식이다.

㉥ 그 외에 전자결제 방식인 Trade Card System 및 Bolero Project 등이 있다.

② 화환신용장 방식 vs 화환어음 추심방식

　㉠ 화환신용장 방식

　　신용장이 개설되고 신용장에 의거하여 신용장부 화환어음이 발행되면
　　신용장 개설은행이 대금을 지급하는 방식이다.

　㉡ 화환어음 추심방식

　　• 매도인이 선적 후 외국의 매수인 앞으로 발행한 환어음에 선하증권
　　　등의 선적서류를 첨부해서 수출지 외국환은행에 추심을 의뢰한다.

　　• 추심을 의뢰받은 은행은 환어음과 선적서류를 수입지 자행 지점이나
　　　거래은행에 송부한다.

　　• 수입지 은행은 환어음을 매수인에게 제시하여 어음대금을 지급받아
　　　서 그 대금을 수출지 은행에 송금한다.

　　• 수출지 은행은 이를 매도인에게 지급한다.

③ 결제시기 기준 결제방법 분류

　㉠ 선지급(Advance : 선적 전 지급) : 매도인이 물품의 선적 전에 대금을
　　수령하는 방식으로 매수인의 신용이 불확실한 경우나 소액 또는 견본
　　구매에서 사용한다[단순송금방식, 주문 시 지급방식, 일부 선지급, 선
　　대(선지급)신용장 방식]. 수출상의 입장에서는 선지급이 가장 안전한
　　조건이다.

　㉡ 동시지급(Concurrent : 선적 시 지급) : 현물이나 서류와 상환으로 대
　　금을 지급한다[신용장거래의 경우 일람출급방식, 계약서거래의 경우
　　지급도 방식, 현금/물품 상환지급방식(COD) 또는 서류상환지급방식
　　(CAD)].

　㉢ 후지급(Deferred) : 물품의 선적이나 인도 또는 서류의 인수 후 일정기
　　간 뒤에 결제가 이루어지는 방식이다[신용장 베이스인 경우 기한부신
　　용장, 계약서 베이스인 경우 인수도방식, 위탁판매조건, 상호계산방식
　　(거래 쌍방 간에 수출입거래를 상쇄하고 매 일정 기간마다 그 차액만을
　　결제)].

④ 결제수단

　㉠ 현금결제 : COD, CAD 및 CWO

　㉡ 수표 : 개인수표(Personal Check), 은행수표(Banker's Check)

　㉢ 환 : 우편환(Mail Transfer ; M/T)과 전신환(Telegraphic Transfer ;
　　T/T)

　㉣ 어음결제 : 무역거래에는 주로 어음결제를 이용(화환어음과 무담보어음)

⑤ 결제통화 : 결제통화는 지정통화제도(Designated Currency)를 이용하는
　것이 일반적이다.

(5) 보험조건(Insurance) - 해상(적하)보험

① 해상보험의 개념

ㄱ 무역에서 적용되는 보험은 일반적으로 해상보험 중 적하보험을 의미한다.

ㄴ 해상(적하)보험(계약)

- 선박의 침몰(Sinking) · 좌초(Stranding) · 충돌(Collision) · 화재(Fire) · 투하(Jettison) · 갑판유실(Washing Overboard), 전쟁위험(War Perils), 해적 · 강도 등과 같은 해상위험(Maritime Perils)에 의해 발생하는 해상손해(Marine Losses)에 대한 보상을 보험자(보험회사)가 피보험자(화주 · 선주 등)에게 약속하고 그 대가로 보험료(Insurance Premium)를 징수하는 보험계약이다.
- 여기서 해상보험과 해상보험계약은 그 제도와 운영 측면에서 동일한 것으로 보아도 무방하다.
- 해상적하보험은 INCOTERMS 중 어느 조건으로 거래를 하느냐에 따라 의무일 수도 있고 아닐 수도 있다.

합격자 Tip

CIF, CIP 등의 조건에서는 의무가 된다.

② 해상적하보험약관[Institute Cargo Clause(ICC) : 협회적하약관]

ㄱ 해상보험에 일률적으로 적용되는 국제규약으로 운송 중인 적하의 해상위험에 대한 보험조건과 담보범위 등을 규정한 것이다.

ㄴ 우리는 런던보험자협회(ILU)가 제정한 협회적하보험약관(Institute Cargo Clause ; ICC)을 사용하고 있다.

ㄷ 협회적하약관에는 신 약관과 구 약관이 있다.

- 현재 국제적으로 신 · 구 약관 모두 사용한다. 그 이유는 구 약관에서 신 약관으로 개정되었음에도 화주 입장에서는 담보범위가 구 약관이 유리하기 때문이다.
- 구 약관과 신 약관은 약관 내용과 보상범위에 차이가 있으나, 우리나라 보험요율은 구 약관의 ICC(WA)와 신 약관의 ICC(B) 조건을 제외하고는 거의 동일하게 사용하고 있다.

③ 해상보험(계약)의 당사자

ㄱ 보험자(Insurer/Assurer/Underwriter)

보험계약자에게서 보험료를 대가로 보험계약을 인수한 자로서 보험기간 중 보험사고 발생 시 그 담보위험으로 인한 손해를 보상하기 위하여 보험금 지급 의무를 지는 자를 말한다. 실무 보험약관에서는 당(보험)회사(this company)라는 단어를 사용한다.

ㄴ 보험계약자(Policy Holder)

- 보험자와 보험계약을 체결한 보험계약 청약자로서 보험료 지급의무, 중요사항의 고지의무 및 위험변경 증가 등의 통지의무 등을 부담하는 자를 말한다.

- 보험계약자는 통상 피보험자와 동일한 사람이 되나 그렇지 않은 경우도 있다.
  - FOB 계약에서는 매수인이 자신을 위해 보험계약을 체결하고 손해 발생 시 보험금을 수취하므로 보험계약자인 동시에 피보험자가 된다.
  - 타인을 피보험자로 하여 보험을 부보하는 CIF 계약의 경우에는 매도인이 보험계약자가 되며, 매수인은 피보험자 혹은 보험금수취인(Beneficiary)이 된다.

ⓒ 피보험자(Insured/Assured)
  - 피보험 이익의 주체로서 담보위험으로 인하여 손해가 발생한 경우(직접 손해보상을 청구) 보험금을 받는 자를 말한다.
  - 피보험자는 보험계약 체결에 직접 관여하는 계약당사자가 아니므로 보험자에 대해 손해보상청구권 외에는 하등의 권리·의무를 갖지 않는 것이 원칙이다.
  - 피보험자는 보험계약자와 동일인인 것이 보통이나 그렇지 않은 경우도 있다(CIF, CIP). 즉, CIF 매매계약에서 항해 중 화물 손해가 발생한 경우 매도인은 보험계약자가 되고 매수인이 피보험자가 된다.

ⓔ 보험대리인(Insurance Agent/Agent for the Insurer)
  특정 보험자로부터 위촉을 받아 그를 위해서만 지속적으로 보험계약을 대리·중개하는 자이다.

ⓜ 보험중개인(Insurance Broker)
  불특정 보험자를 위하여 보험자와 보험계약자 사이의 보험계약의 체결을 중개하는 것을 업으로 하는 자이다.

합격자 Tip

보험중개인이 (보험)중개대리인과 다른 점은 특정 보험자에 종속되지 않는다는 점이다.

④ 해상보험 관련 기본용어
  ㉠ 피보험 목적물(Subject-matter Insured)
    - 위험발생의 대상, 즉 해상보험의 보험부보대상이 되는 객체로서 해상보험에서는 화물·선박·운임을 의미한다.
    - 이에 따라 해상보험을 적화보험(Cargo Insurance), 선박보험(Hull Insurance), 운임보험으로 분류한다.

  ㉡ 피보험 이익(Insurable Interest)
    - 보험 목적물과 피보험자 사이의 이해관계, 즉 보험 목적물에 보험 사고가 발생함으로써 피보험자가 경제상의 손해를 입을 가능성이 있는 경우, 이 보험 목적물과 피보험자와의 경제적 이해관계를 피보험 이익이라고 하며, 이를 보험계약의 목적이라고도 한다.
    - 따라서 해상보험에서 피보험 목적물에 해상위험이 발생하지 않음으로써 이익을 얻고 또 해상위험이 발생함으로써 손해를 입는 이해관계자가 피보험 목적물에 대해 피보험 이익을 가진다고 말할 수 있다.

- 피보험 이익이 없으면 보험계약을 체결할 수 없고 설령 보험계약이 체결되었다 해도 효력이 없다.

ⓒ 보험가액(Insurable Value) `기출` 19년 2회(2급)
- 피보험 이익의 평가액으로 특정 피보험자에게 발생할 수 있는 경제적 손해의 최고 한도액을 말한다.
- 실무에서 운송화물의 보험가액은 피보험 이익 원가에 선적 관련 운송비용과 보험비용을 가산한 CIF 가액을 말한다.

> **⊕ Plus one**
>
> **보험가액불변의 원칙**
> 보험가액은 물가변동·시간경과·공간이동 등에 따라 계속 변화하므로 위험 개시 시 가액과 사고발생 시 가액이 차이가 난다. 따라서 보험계약 체결 시 당사자가 일정금액으로 확정하고 이를 불변으로 하는 것을 '보험가액불변의 원칙'이라 한다.

ⓔ 보험금액(Insured Amount)
- 보험자가 보험계약상 부담하는 손해보상책임의 최고 한도액으로, 보험가액의 범위 내에서 보험자가 지급하는 손해보상액인 지급보험금의 최고 한도액(당사자 간 사전 책정 금액)을 의미한다.
- 해상적화보험에서 보험금액은 일반적으로 보험가액인 CIF 가액에 희망이익 10%를 더한 금액이다.

ⓤ (지급)보험금(Claim Amount)
- 담보위험으로 피보험자가 입은 재산상의 손해에 대해 보험자가 피보험자에게 실제 지급하는 보상금액이다.
- 보험금은 보험가액과 보험금액과의 관계에 따라 전부(보험금액 = 보험가액) 또는 일부(보험금액<보험가액)가 보상되는데 우리나라의 경우는 보험계약 체결 시에 보험가액을 협정하지 않고 있으므로 CIF 가격을 기초로 하여 보험금액을 정하는 것이 좋다.

> **⊕ Plus one**
>
> **보험가액과 보험금액**
> 보험금액과 보험가액이 동일한 전부보험(Full Insurance), 보험금액이 보험가액보다 적은 일부보험(Partial Insurance), 그리고 보험금액이 보험가액보다 큰 초과보험(Over Insurance)이 있다.

ⓑ 보험료(Insurance Premium)
- 보험자의 위험부담에 대해 보험계약자가 지급하는 대가
- 보험료 = 보험금액(CIF Value×110%)×보험요율(Premium Rate)
  [보험요율은 보험(가입)금액에 대하여 백분율(%)로 표시]

ⓢ 보험증권(Policy) : 보험을 가입하였다는 증거서류로서 계약의 성립과 그 내용을 기재하고 보험자가 기명날인하여 보험계약자에게 교부하는 증서를 말한다.

ⓞ 보험약관(Clauses) : 보험계약의 내용을 구성하는 조항들을 말하는데, 일반적이고 표준적인 것을 보통약관이라 하고, 보통약관의 약정사항을 제한하거나 확대하는 약관을 특별약관이라고 한다.

ⓩ 보험계약기간(Duration of Policy) : 보험계약자가 담보받고자 하는 기간으로서 보험계약 시에 당사자 간의 합의에 의하여 정한다.

ⓩ 보험기간(Duration of Risk) : 보험자의 위험부담책임이 존속하는 기간으로서 보험계약기간과 일치하는 것이 가장 바람직하지만 적하보험의 경우 보험약관에 의하여 보험기간이 보험계약기간보다 짧아지는 경우도 있고 또 길어지는 경우도 있다. 보험자가 보상의 책임을 지기 위해서는 이 기간 중에 보험사고가 발생하여야 한다.

(6) 선적(운송)조건(Shipment Terms) 　기출　17년 3회, 20년 2회

① 개 요

㉠ 언제·어떻게 약정물품을 인도할 것인가를 규정하는 선적조건은 무역계약 이행을 위한 필수 요소이다.

㉡ 여기서 선적이란 본선적재(Loading on Board)뿐만 아니라 모든 운송수단(비행기·철도·도로운송·특송 등)의 적재·인수·발송(Dispatch)·수탁(Taking in Charge)·수령을 포괄하는 광범위한 개념이다.

㉢ 무역거래 시 매도인 입장에서 화물을 지정 일자에 목적지에 도착시킬 것을 약정 하는 것은 많은 부담을 져야 한다는 것을 의미하므로 상품의 목적지 도착을 위한 계약 대신에 선적시기를 약정하는 계약을 체결하는 것이 일반적이다.

㉣ 선적(운송)조건과 관련된 주요 내용은 '선적시기', '분할선적', '환적', '선적지연' 등이다.

㉤ 또한 인도(Delivery)는 점유권 이전의 의미가 있기 때문에 인도조건보다는 선적조건(Shipment Terms)으로 약정하는 것이 혼란을 방지할 수 있다.

② 선적/운송 시기 약정과 표시방법[기간/일자 용어(Date Term) 해석]

 ㉠ 특정일 (이전) 선적조건

  • Not later than July 15, 2021 = Latest (By) July 15, 2021 → 2021. 7. 15일까지

  • Last shipping date : August 19, 2021 → 2021. 8. 19일까지

 ㉡ 특정조건 이행시점 기준 선적조건(특정조건 이행시점 기준 선적기일 선정방법)

  • Within two months after contract → 계약 후 2개월 이내

  • Within 40 days after receipt of (your) L/C → 신용장 입수 후 40일 이내 = 신용장 수령일 익일부터 (기산하여) 40일 이내

  예 Shipment should be made within 3 months after seller's receipt of L/C(매도인의 신용장 입수 후 3개월 이내에 선적이 이루어져야 한다).

 ㉢ 특정일 전후 선적조건

  • On or About[지정일 전후 5일(양쪽 끝날) 포함 11일간]

  • (Shipment) On or About July 15, 2021 → 2021. 7. 10~20일 사이 선적

  예 Shipment shall be effected on or about July 15, 2021 → 2021. 7. 10~20일 사이에 선적이 이루어져야 한다.

 ㉣ 단월조건

  (In) May Shipment = Shipment During September → 9월 선적(매도인은 9월 1일부터 9월 30일 사이에 선적하면 된다)

 ㉤ 연월조건

  June/July Shipment = Shipment in June/July → 6월과 7월 사이 선적(매도인은 6월 1일부터 7월 31일 사이에 선적하면 된다)

 ㉥ 특정 월의 전 · 후반 선적

  First half[전반(1~15일)], Second half[후반(16~말일)]

  • In the first half of July, 2021 → 2021. 7. 1~15일 사이

  • In the second half of July, 2021 → 2021. 7. 16~31일 사이

 ㉦ 특정 월의 초 · 중 · 하순 선적

  Beginning(1~10일), Middle(11~20일), End(21~말일)

  • In the beginning of July, 2021 → 2021. 7. 1~10일 사이

  • In the middle of July, 2021 → 2021. 7. 11~20일 사이

  • In the end of July, 2021 → 2021. 7. 21~31일 사이

 ㉧ 불특정(미지정) 기일 선적

  • Prompt(Prompt Shipment)

  • Immediately(Immediate Shipment)

- As soon as possible
- Without Delay 등 → 즉시 선적이라는 의미로 선적기간에 대한 약정이 없는 것으로 간주하기 때문에 사용을 금하는 것이 원칙(해석 기준 없음).

UCP 600 제3조 해석에 대한 내용으로 옳지 않은 것은?   기출 17년 3회

① "on or about"은 시작일과 끝나는 일자를 포함하여 특정일자 전 5일부터 후 5일까지의 기간 중에 발생해야 하는 것으로 해석한다.
② 선적기간(Period of Shipment)을 결정하기 위해 사용되는 "before"와 "after"는 언급된 일자를 제외한다.
③ 만기(Maturity Date)를 정하기 위하여 "from"과 "after"라는 단어가 사용된 경우에는 명시된 일자를 포함한다.
④ 어느 월의 "beginning", "middle", "end"라는 단어가 사용된 경우에는 각 해당 월의 1일부터 10일, 11일부터 20일, 21일부터 해당 월의 마지막 날까지로 해석하면 된다.

해설   만기(滿期)를 정하기 위하여 "from"과 "after"라는 단어가 사용된 경우에는 명시된 일자 제외(The words "from" and "after" when used to determine a maturity date exclude the date mentioned).

정답   ③

합격자 Tip

선적조건 시기 암기방법
- abshi(에이비쉬) : after, before 선적(shipment)을 위해 사용된 경우 당해 일자 제외
- fama(파마) : from, after 만기(maturity)를 정하기 위해 사용된 경우 당해 일자 제외
- 글자 수 띄어쓰기 포함 11자 : on or about 지정 일자로부터 5일 전후의 일자를 포함하여 총 11일 내 선적

③ 분할선적(Partial Shipment)

㉠ 분할선적이란 상황(거액거래이거나 수입상의 판매계획 및 시황 등)에 따라 매매 목적물(주문 수량)을 전량선적하지 않고 수회로 나누어 선적하는 것을 의미한다.

㉡ 분할선적 여부와 횟수 등은 반드시 신용장이나 계약서상에 명시되어야 한다. UCP에서는 계약이나 신용장상에 명시적 분할 금지약관/조항만 없으면 분할선적을 허용하는 것으로 해석하고 있다.

㉢ 분할선적을 할부선적(Shipment by Instalments/Instalment Shipment)이라고도 하는데 엄밀한 의미에서 할부선적은 분할횟수, 수량, 각 분할분의 선적시기 등을 구체적으로 정한 경우를 의미한다(즉, 할부선적은 분할선적의 일종으로 분할의 기간과 수량이 정해진 것).

㉣ 신용장 거래인 경우 할부의 한 부분이 소정기간 내에 선적되지 않은 경우, 별도 명시가 없는 한 당해 분은 물론 이후 할부 부분에 대해서도 신용장은 효력을 상실하게 된다. 즉, 어느 분할분의 선적이 약정대로 이루어지지 않았다면, 당해분에 대한 Unpaid와 잔여 계약분에 대한 취소권을 개설은행 측이 가지게 된다.

ⓜ 집화 장소가 상이하여 수회에 걸쳐 서로 다른 항구에서 선적되어 발행
　　　일자와 장소가 상이한 여러 장의 B/L이 발행된 경우라도 동일항로 ·
　　　동일운송수단에 선적되고 동일목적지로 향하는 경우는 1회 선적으로
　　　간주한다.
　④ 환적(Transshipment)
　　㉠ 환적이란 선적된 화물을 목적지로 운송 도중 다른 선박이나 운송수단
　　　에 옮겨 싣는 것을 말한다(이적이나 재선적 의미). 환적은 화물 손상우
　　　려가 있기 때문에 바람직하지 않지만 보통 선적항에서 목적항까지 직
　　　항선이 없는 경우 이용된다.
　　㉡ 환적도 분할선적과 마찬가지로 금지의 특약이 없는 한 허용되며, 비록
　　　신용장상에 금지되어 있어도 복합운송(Combined/Multimodal
　　　Transport)을 약정하고 있으면 허용하는 것이 일반적이다.
　　㉢ 단, 직항선적 약정 시(Direct Shipment by Customary Route) 또는
　　　L/C상 어음 분할 발행이 허용되지 않는 경우는 환적을 금지하는 것으
　　　로 해석한다. 그러나 직항선적의 약정이 있어도 해난을 당하여 피난항
　　　(Port of Refuge)에 기항하거나, 선용품 조달을 위한 일시적인 기항은
　　　인정된다.
　　㉣ 환적요건(UCP 규정)
　　　• 일반적 환적요건 : "L/C상 환적금지조항이 없고, 전 운송구간이 단
　　　　일 · 동일 B/L로 부보되는 경우" 환적표시 B/L을 수리가능하다고 규
　　　　정하고 있다.
　　　• 절대적 환적조건 : "Container, Trailer, Lash barge에 적재될 것이
　　　　라는 내용이 B/L상 표시되어 있거나, 운송인의 환적권리 유보조항
　　　　이 있는 B/L의 경우" L/C상 금지하고 있어도 환적 가능한 것으로 규
　　　　정하고 있다.
　⑤ 지연선적과 선적일 증명
　　㉠ 지연선적
　　　• 약정된 기한 내에 선적을 이행하지 않는 것을 의미한다.
　　　• 지연선적이 매도인의 고의 · 과실 · 태만 등 매도인의 귀책사유로 발
　　　　생되면 계약위반이 되어 매수인은 계약을 해제할 수 있고 매도인은
　　　　손해배상 의무를 져야 한다.
　　　• 단, 불가항력(Force Majeure)으로 인한 경우 매도인은 면책된다(3
　　　　주 또는 1개월 동안 선적기일이 자동 연장되는 것이 관례).
　　　• 자동연장 시 매도인에게 불가항력의 사실을 입증할 책임(상공회의소
　　　　나 공인기관으로부터 문서로 확인받아 이를 매수인에게 통지)이 있다.

Force Majeure(불가항력)

- Orders, Regulation, and/or Ordinance(법령) by the Government, Act of God(천재지변), War, Blockade(봉쇄), Mobilization(동원), Insurrection(반란), Civil Commotion(소요), Tempest(폭풍우) 등
- 계약서상에 이러한 불가항력 면책조항을 삽입해 두는 것이 바람직함
- 신용장 거래에서 은행은 불가항력에 의한 의무불이행 시 면책될 수 있음

     ⓛ 선적일 증명
- 결정적 증거 : 선하증권 발행일(B/L Date)

> The date of Bill of Lading shall be taken as the conclusive proof of the date of shipment and the date of issuance of transport document determined in acceptance with UCP 600 shall be taken to be the date of shipment.

- 선적일의 증명은 선하증권의 발행일을 기준으로 한다.
- 선적선하증권(Shipped Bill of Lading)의 경우 그 발행일이 선적일이며, B/L 발급일이 신용장상의 선적일보다 늦을 수는 있으나 빠른 경우는 B/L의 선발행이 되므로 은행에서 매입을 거절당할 수 있다.
- 수취선하증권(Received Bill of Lading)/(Received for Shipment B/L)의 경우 선하증권상의 본선적재일 표시(on Board Notation)가 선적일이며, B/L상의 본선적재일(On Board Notation)이 신용장의 선적일보다 빨라야 한다.

     ⓒ 추정적 증거 : 선적완료 부기일(On Board Notation)
     ⓔ 기타 운송서류(Transport Document) : 운송서류 발행일(Date of Issuance)

신용장의 유효기간(Expiry Date)과 선적기일(Shipping Date)

- L/C상 유효기간은 정해져 있으나 선적기일이 정해져 있지 않으면 E/D를 Latest Shipping Date(S/D)로 본다.
- E/D가 국경일, 일요일, 은행의 휴무일일 때 E/D는 다음 영업일까지 자동 연장되나, Latest Shipping Date(S/D)는 연장되지 않는다. 따라서 수출상은 S/D가 공휴일인 경우 당일 또는 전일까지 선적을 완료해야 한다.

기출 Check

다음 내용은 일반거래조건협정서의 어느 조건에 해당하는가? **기출** 20년 2회

> All the goods sold shall be shipped within the time stipulated in each contract. The date of bills of lading shall be taken as a conclusive proof of the date of shipment. Unless specially arranged, the port of shipment shall be at Seller's option.

① 품질조건
② 선적조건
③ 정형거래조건
④ 수량조건

해설 **선적조건(Shipment Terms)**
• 판매된 모든 물품은 각 계약에 명시된 기간 내에 선적되어야 한다.
• 선하증권의 날짜는 선적일의 결정적인 증거로 간주되어야 한다.
• 특별히 조정되지 않는 한, 선적항은 판매인의 선택에 따른다.

정답 ②

(7) 분쟁 및 중재에 관한 조건(Terms of Claim and Arbitration)

① 개 념

㉠ 무역 클레임
- 무역거래 당사자 중 일방의 계약불이행 및 위반 등으로 손해를 입었을 경우 그 손해를 야기한 당사자에게 손해배상을 청구함으로써 발생하는 분쟁
- 무역거래 당사자 중 일방(주로 수입상)이 상대방(주로 수출상)의 계약불이행 및 위반으로 인해 손해를 입었을 경우 그 손해를 야기한 상대방에게 손해배상을 청구하는 일련의 절차
- 클레임과 관련하여 과다한 클레임 청구 방지를 위해 무역계약서상에 클레임 제기 가능기간(화물 최종분 도착 후 7일 이내 등)과 클레임 제기 시 사실관계 입증서류[공인검정기관 보고서(Certified Surveyor's Report) 등]를 지정하는 동시에 손해를 야기한 당사자가 면책되는 불가항력(Force Majeure) 조항의 내용을 명확히 특정해야 한다.

㉡ 중재 : 분쟁을 법원의 소송에 의하지 않고 제3자인 중재인을 통해 해결하는 자주적 분쟁 해결방안

② 무역클레임의 원인 및 내용

  ㉠ 주요 원인

- 계약불이행
- 계약위반
- 품질불량
- 대금미지급
- 선적지연
- 도착지연 등

  ㉡ 주요 내용

- 금전청구를 내용으로 하는 클레임
  - 손해배상청구
  - 대금지급거절
  - 대금감액요청(가격인하)
- 금전 이외의 청구를 내용으로 하는 무역클레임
  - 화물의 인수거절(반송 · 교체)
  - 계약이행청구
  - 잔여계약분의 해제요청

③ 무역 클레임 제기 요건

  ㉠ 물품 검사와 통지의무

매수인은 물품을 인도받은 후 그 물품이 계약목적에 합치되는지 외견상으로 검사하여 하자가 발견되거나 수량이 부족하면 매도인에게 통지해야 한다. 이러한 검사와 통지는 매수인의 필수적인 권리이자 의무이며, 이를 해태하면 법률적 청구권을 상실한다.

  ㉡ 무역 클레임의 제기기간

클레임의 제기기간에 관한 약정은 클레임의 포기조항을 수반하는 일종의 면책조항이라고 할 수 있으므로 그 기간을 설정하는 데 주의해야 한다.

- 당사자 간에 제기기간에 대해 약정이 있으면 그 기간 내에 제기하면 된다.
- 약정이 없는 경우는 국가마다 그 기간을 달리 보고 있다.
  - 한국 : 즉시 통지, 즉시 발견할 수 없는 하자에 대해서는 6개월의 기간을 인정한다.
  - 일본 : 즉시 검사하고 곧 통지한다.
  - 미국 : 합리적인 기간(Within Reasonable Time)
  - Warsaw Oxford Rules for CIF Contract(1932) : 합리적인 검사, 검사완료 후 3일 이내에 통보한다.
  - 국제물품매매계약에 관한 UN협약 : 단기간 내 검사, 합리적 기간 내 통지, 어떤 경우도 제척 기간은 2년이다(CISG 제38조, 제39조).

ⓒ 클레임 제기 시 구비서류
- 클레임 사실진술서
- 청구액에 대한 손해명세서 : 손해액과 제비용(운송료, 관세, 창고료, 은행이자, 검사료 등)
- 검사보고서(Survey Report) : 품질 불량·색상 상이·성능 미달·수량 부족일 때 반드시 첨부한다(국제공인검정기관의 보고서).
- 기타 : 거래사실을 입증할 수 있는 계약서(B/L, L/C 등)

④ 무역클레임 해결방안
ⓐ 당사자 간 해결방법
- 청구권 포기(Waiver of Claim)
- 화해(Amicable Settlement)
ⓑ 제3자 개입에 의한 해결방법
- 알선(Intercession/Recommendation)
- 조정(Conciliation/Mediation)
- 중재(Arbitration)
- 소송(Litigation)

(8) 포장조건(Packing Terms) 기출 16년 3회

① 개요
ⓐ 산화물(Bulk Cargo)의 경우를 제외하고 수출물품의 하역·수송·보관 및 매매에서 그 상품의 질적·양적 보호를 위하여 상품의 포장방법을 약정해야 한다.
ⓑ 포장조건은 내용물 보호를 위한 견고성, 포장비용 자체의 절감 및 운임 절감 등의 경제성을 감안하여 결정해야 한다.
ⓒ 수출화물에 적합한 포장(Proper Packing for Export)의 의무는 수출상이 부담해야 한다.
ⓓ 사고 발생 시 그 사고 원인이 포장불량 때문인 것으로 판명되면 이에 대한 책임은 전적으로 수출상에게 있으므로 보험회사나 선박회사에 책임을 물을 수 없는 경우가 발생한다.
ⓔ 물품의 외관상 구별 및 통관에 필요한 선적표식(Shipping Mark, 화인)도 결정해야 한다.

② 포장의 종류
ⓐ 개장(Unitary Packing)
소매의 단위가 되는 개품 또는 최소의 묶음을 개별적으로 하는 소포장

      ⓛ 내장(Interior Packing/Inner Protection)
- 개장물품을 운송 또는 취급하기 편하도록 몇 개의 개장을 합하여 1개의 용기에 넣을 때 내부결속, 충진, 칸막이 등을 한 것을 말한다.
- 수용물 포장(Interior Packing) : 소포장한 물품 몇 개를 1개의 용기에 넣을 때의 포장을 말한다.
- 보호적 내장(Inner Protection) : 물품을 용기에 넣을 때의 수분, 광열, 충격을 고려하여 그 예방적 처치로써 채택되는 내부결속 등을 말한다.

      ⓒ 외장(Outer Packing)
- 포장물의 외부용기에 관한 포장으로서 포장작업 중 주요한 부분이다.
- 물품 성질, 운송수단 및 거리, 환적여부, 포장비와 운임, 기후조건, 당사국의 포장 규정이나 상관습 등을 고려하여 골판지, 송판, 철강재, 방수재, 충격 방지재 등 적합한 포장재와 포장단위를 계약 시에 약정하되, 과대포장(Over Packing)이 되지 않도록 유의하여야 한다.

      ⓔ 추상적 포장(Abstract Packing)

        포장을 하지 않는 화물에 대하여 채택되는 장비적 처치로서 Bulk Cargo의 경우와 혼합보관의 경우에서 볼 수 있는 것이다.

③ 포장재료 및 용기

      ㉠ 화물 포장에 사용되는 재료와 용기는 그 내용물, 포장방법, 포장종류에 따라 여러 가지가 있다.

      ㉡ 통상의 포장방식(Style of Packing)은 나무상자(Wooden Case), 투명상자(Skelton Case), 종이상자(Carton Box), 부대(Bag), 마대(Gunny Bag), 면대(Sack), 가마니(Bale) 및 특수용기(Drum), 광주리(Hamper) 등과 같은 용기에 넣는 포장화물이다.

      ㉢ 용기를 사용하지 않고 일정수를 묶든가(철봉 등의 경우) 말아서 통상포장이 안 된(Unprotected Cargo) 상태로 취급되는 무용기 포장화물도 있다.

      ㉣ 포장을 하지 않고 석탄처럼 산화물(Bulk Cargo)로서 운송되는 것도 있다.

<그림: 가장 많이 이용되는 재료와 용기>

포장 재료와 용기	내용물	구성재료	약 어
Case · Box(상자)	잡화, 식료품	나무, 알미늄	c/s · bx(s)
Crate · Skelton(판자)	자동차, 냉장고	나무, 철재	ct(s)
Bale(가마니)	원면, 종이	마 포	bl(s)
Bag(자루)	설탕, 소금, 곡식	마, 면, 종이	bs(s)
Barrel · Cask(통)	주류, 기름, 화공약품	나무, 철재, 플라스틱	br(s) · ck(s)
Drum · Can(통)	소다, 기름, 화공약품	철재, 플라스틱, 알미늄	d(s)
Bundle(다발)	철근, 목재, 지류	철선, 새끼끈	bdl(s)
Bottle(병)	주류, 액체	유리, 도기, 플라스틱	btl(s)
Cage(장)	조류, 동물류	나무, 철선	cg(s)

④ 하인(화인, Shipping Marks)

ㄱ 개 념

- 수출품 매 포장의 외장에 특정기호, 포장번호, 목적항 등을 표시하여 화물의 분류(구분) · 식별을 용이하게 하고 화물의 운송 및 보관 시 필요한 화물 취급상의 지시 · 주의사항 등을 포장에 표시하는 것이다.
- 매수인이 매도인에게 요구하는 경우가 많다.

ㄴ 하인(화인)의 종류 [기출] 19년 2회(2급)

- 주화인(Main Mark) : 삼각형, 원형, 다이아몬드형, 정방형, 마름모형, 타원형 등의 특정한 기호(Symbol)를 표시하고 그 안에 수입자 상호 등의 약자를 써 넣는다. 주화인은 외장면에 가장 알아보기 쉬운 곳에 표시한다.
- 부화인(Counter Mark) : 주화인만으로는 다른 화물과의 구별이 어려울 때 표시하는 것으로, 부화인은 주로 주화인 아래에 생산자 또는 공급자의 약자를 표시한 것이다.
- 상자번호/화물의 일련번호(Case Number) : 송장(Invoice), 적하목록(MF ; Manifest) 및 기타 운송서류와 대조하여 식별 · 확인하기 위하여 상자 겉면에 표시하는 일련번호이다. 즉, 포장물이 여러 개 있을 때는 포장마다 고유번호를 표시하며 또한 총 개수 중에 몇 번째임을 표시하기도 한다.
- 항구표시(Port Mark) : 여러 나라로 운송되는 화물이 한 선박에 선적되는 경우(정기선), 화물의 선적이나 양하작업을 용이하게 하고 오송을 막기 위해 수출항과 도착항은 물론 경유항도 표시한다. 복수항로의 경우 A via B(예 New York via Seattle) 등으로 표시한다.
- 원산지표시(Origin Mark) : 생산국은 외장의 맨 아래에 표시한다.

- 중량표시(Weight Mark) : 운임계산 · 통관 · 하역작업 등을 용이하게 할 수 있도록 순중량(Net Weight)과 총중량(Gross Weight)을 표시하는 것이다.
- 주의표시(Care/Side/Caution Mark) : 화물취급상 특히 주의해야 할 점(This Side Up, Fragile, Keep Dry 등)을 표시하는 것으로 통상 외장의 측면에 표시하기 때문에 Side Mark라고도 한다.
- 기타 표시 : 주문표시(Order No.), 지시표시(Attention Mark), 물품의 등급(Grade) 또는 품질표시(Quality Mark)

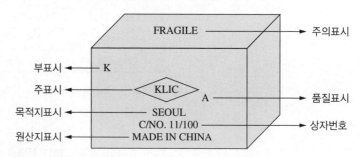

⊕ Plus one

반드시 표시해야 하는 화인

- 위에서 열거한 화인을 모두 표시해야 하는 것은 아니지만, 주화인(네모 · 다이아몬드형 도형 표시), 도착항(양륙항)표시, 화물번호(상자번호)의 필수화인 3요소와 원산지(Country of Origin)표시 등은 필수적으로 표시해야 한다.
- 특히, 도착항 표시와 화물번호(상자번호)가 없는 화물을 무화인화물(NM ; No Mark Cargo)이라 하며, 무화인화물의 경우 Non Delivery 등으로 화주에게 커다란 손해를 줄 수 있다.
- 화인의 내용이나 형태는 통상 Sales Note나 Purchase Note에 표시된다.

● 기출 Check ●

화인(Marking) 가운데 표시되어야 할 필수 사항으로 옳지 않은 것은?

`기출` 16년 3회

① 주화인(Main Mark)　　　　② 화번(Case Number)
③ 항구표시(Port Mark)　　　　④ 주의표시(Attention Mark)

해설　주화인, 도착항(양륙항), 화물번호(상자번호)의 필수화인 3요소와 원산지표시 등은 필수적으로 표시해야 한다.

정답　④

ⓒ 주의사항 표시(Care Mark)

Handle with Care	취급주의
Glass with Care	유리주의
Acid with Care	질산주의
Inflamable	타기 쉬운 물건
Poison	독 약
Explosive	폭약물
Dangerous	위험물
Perishable	부패성 화물
Keep out of the Sun	햇볕에 쬐지 말 것
Keep (in) Cool (Place)	서늘한 곳에 보관
Open in Dark Place	암실 개봉
Keep Dry	건조한 곳에 보관
Do not Drop	낙화 금지
Use No Hook	갈고리 사용 금지
No Upside Down	거꾸로 들지 말 것
This side up	이쪽 면(표시면) 위로
Keep Upright	세워 둘 것
This End up	상단 위로
Open Here	여기를 개봉하시오
Open This End	상단을 개봉하시오

3. 무역계약의 기타 조건/조항 기출 20년 1회, 20년 3회

(1) 검 사

상품이 계약조건에 합치되는가를 확인하기 위해 제3자인 검사기관에 상품을 검사시킨다.

(2) 불가항력(Force Majeure)

① 개념 : 당사자들이 통제할 수 없고, 예견 불가능하며, 회피할 수 없는 사안으로 천재지변(Act of God)이나 화재, 전쟁, 파업, 폭동, 전염병과 기타 자연 재앙과 같은 특정한 사정이나 사건을 의미한다.

② 불가항력에 의해 선적지연 및 계약불이행이 발생할 경우를 대비하여 무역거래 당사자는 무역계약 체결 시 불가항력으로 인정할 수 있는 구체적인 사항들과 선적지연 시 언제까지 지연을 인정할지 여부를 명시하는 것이 좋다.

안심Touch

③ 불가항력으로 인하여 선적이 지연될 경우 통상 3주 또는 1개월 정도 선적기간을 자동으로 연장하도록 하고 있으나, 이 경우 매도인은 불가항력의 존재를 입증하여야 한다.

④ 불가항력이 장기간 지속될 경우 매매계약을 존속시킬지 여부에 대한 선택권은 보통 매수인에게 있다.

⑤ 일반적으로 불가항력에 의한 손해는 면책되지만, 손해를 입은 측에서는 여러 가지 명목으로 클레임을 제기할 가능성이 있다. 특히 수출상의 공급불능의 경우 그 원인이 당사국의 수출규제, 천재지변, 전쟁, 내란 등에 의한 것일 때는 면책된다는 조항을 두는 것이 좋다.

⑥ Frustration Clause(이행불능 조항)은 불가항력 사태가 발생할 경우 양 당사자의 의무를 면책해준다는 점에서 불가항력 조항과 공통점이 있지만 계약이 유지되는 불가항력과는 달리 계약이 자동 해지된다는 측면에서 차이점이 있다.

(3) 권리침해(Infringement)

① 무역거래 시 수입자가 주문한 물품에 특허권 등 지적재산권이 수반되어 거래될 경우에는 무역계약 체결 시 지적재산권 등에 대한 권리침해와 관련하여 수출자의 면책문언을 추가해야 한다. 즉, 매수인의 지시에 따라 매도인이 사용한 특허(Patent), 상표(Brand) 등의 의장등록, 디자인 등에 대한 어떠한 책임도 매도인이 부담하지 않는다는 조건, 즉 면책조항을 삽입해야 한다.

② 최근 주문자상표부착방식(OEM) 거래가 빈번한 상황을 감안하면 면책조항 삽입은 반드시 고려해야 할 사항이며, 특히 미국 등 선진국에 수출할 경우에는 계약서에 다음과 같은 권리침해에 따른 수출자의 면책조항을 삽입하는 것이 좋다.

> • Buyer shall hold seller harmless from liability for any infringement with regard to patent, trade mark, design and/or copyright originated or chosen by Buyer.
> • The buyer shall be liable for the losses and damages incurred, and suits and claims brought by third party due to trademark, patent, copyright of the third party.

(4) 분쟁해결 조항

① 불가항력 조항(Force Majeure Clause)

무역계약 체결 이후 이행 과정에서 매매 당사자들의 통제 범위를 넘어서는 사건으로부터 당사자들의 책임을 면제시키고자 할 때 사용하는 조항이다.

② 준거법 조항(Governing Law Clause/Applicable Law Clause)

　　㉠ 계약을 해석할 때 어느 국가의 법률을 적용하느냐 하는 문제를 약정한 조항이다.

　　㉡ 국제적으로 통일된 물품매매법이 존재하지 않기 때문에 계약의 성립 · 이행 · 해석 등을 할 때 어느 법을 준거법으로 할 것인지를 계약서에 명시해야 한다.

　　㉢ 준거법으로 가장 널리 이용되고 있는 비엔나협약은 원칙적으로 협약에 비준한 체약국의 매매 당사자 간에 적용된다. 비엔나협약에도 물품매매에 관한 매도인과 매수인의 의무가 규정되어있으나 그 내용이 포괄적이어서 일반적 국제관습인 INCOTERMS와 충돌이 생길 경우 INCOTERMS가 우선 적용된다.

　　㉣ 준거법 조항의 예문

> • This contract shall be governed, construed and performed by the laws of the Republic of Korea.
> • This Contract shall be governed in all respects by the laws of Korea.

⊕ Plus one

비엔나협약

• 무역계약 시 계약 당사자는 각각 자국법을 준거법으로 하려 하므로 국제적 입법이 필요하다.

• 1980년 오스트리아 비엔나에서 외교회의를 개최하여 국제물품매매를 규율할 '국제물품매매계약에 관한 UN 협약(United Nations Convention on Contracts for the International Sale of Goods)'을 채택하고 1988년에 발효했다.

• 이 협약은 UN통일매매법, CISG, 국제물품매매에 관한 UN 협약 등 다양하게 불린다.

• 우리나라는 2005년에 발효했고, 2012년 기준으로 이 협약의 체약국은 78개국이다.

③ 이행불능 조항(Frustration Clause)

　　㉠ Frustration이 발생하면 해당 계약의 유효성을 즉시 소멸시키고 쌍방 당사자들의 의무를 면제하기 위한 목적으로 설정하는 조항이다.

　　㉡ 계약 해제

④ 이행곤란 조항(Hardship Clause)

　　㉠ 경제적 · 정치적 이유로 인해 계약사항의 제때 이행이 불가한 경우에 대비하는 조항이다.

　　㉡ 계약 유지

Frustration에 대한 설명으로 옳은 것은? 기출 19년 1회

① Frustration의 성립요건은 계약목적물의 물리적 멸실, 후발적 위법 등이며 계약목적물의 상업적 멸실은 해당되지 않는다.
② Frustration은 신의성실의 원칙에서의 사정변경의 원칙과 관련이 있다.
③ 주요공급원의 예기치 못한 폐쇄는 Frustration에 해당되지만 농작물의 흉작, 불작황은 해당되지 않는다.
④ Frustration의 성립은 즉각 소급하여 계약을 소멸시키고 양당사자의 의무를 면제한다.

해설 'Frustration'은 계약체결 당시 예상할 수 없었던 사정변경으로 인해 계약 목적의 달성이 불가능함을 의미한다. 불가항력 조항과 그 역할이 본질적으로 동일하고 상호 보완적인 관계에 있는 것이 바로 'Frustration Clause'이다.

정답 ②

(5) 기타 계약조항

① 에스컬레이터 조항(Escalation Clause)

계약기간 중 물가상승으로 인해 당해 재화 및 용역가액이 일정률 이상 상승할 경우, 이에 비례하여 재화 및 용역의 가액을 증액할 것을 규정하는 계약 조항이다.

② 부지약관/문언(Unknown Clause) 기출 19년 1회

㉠ 화주가 포장한 컨테이너(Shipper's Pack)의 경우, 운송인은 운송물의 수량, 중량 등의 명세를 확인할 수 없으므로 화주의 요구에 따라 선하증권에 운송물의 명세를 기재할 때 화주의 신고를 신뢰할 수밖에 없다.

㉡ 이로 인해 화주가 포장한 컨테이너에 대해서는 운송물의 수량, 중량 등의 명세를 모른다는 취지의 약관을 선하증권 이면에 기재하게 된다. 이것을 부지약관 또는 부지문언이라 한다.

㉢ 선하증권 표면에 "Shipper's Load and Count"(SLC, 화주의 계산으로 포장한 것이므로 운송인은 모른다는 의미) 또는 "Said to Contain"(STC, 어떤 운송물이 포장되어 있지만 운송인은 모른다는 의미) 등의 문언을 기재하는 경우가 많다.

③ **과부족용인 조건(More or Less Clause)**

ㄱ 화물의 성질상 정확하게 계약수량을 인도하기 어려운 경우는 선적중량 조건, 양륙중량조건의 어느 것을 채용하더라도 약간의 과부족을 인정하지 않으면 거래할 수 없다.

ㄴ 예를 들어 "5% more or less at seller's option(5% 과부족은 매도인의 임의)"처럼 약정하는 경우 5%의 과부족이 발생하여도 매도인은 Claim을 제기당하지 않고 후에 과부족 부분에 대하여 계약가격에 따라 정산한다.

④ **권리침해 조항(Infringement Clause)**

매수인이 요구한 디자인이나 기술 등을 사용함으로써 발생할 수 있는 특허침해 문제(저작권 등)로부터 매도인의 책임을 면제시키고자 할 때 사용할 수 있는 조항이다.

기출 Check

권리침해 조항에 대한 설명으로 옳지 않은 것은? **기출** 20년 3회

① 특허권, 실용신안권, 디자인권, 상표권 등의 지적재산권의 침해와 관련된 조항이다.

② 매도인의 면책내용을 규정하고 있고 매수인의 주문내용에 따른 이행에 한정된다.

③ 매수인은 제3자로부터 지적재산권 침해를 받았다는 이유로 매도인에게 클레임을 제기할 수 있다.

④ 선진국으로 수출되는 물품을 주문받았을 경우 특히 이 조항을 삽입해야 한다.

해설 권리침해 조항은 발생할 수 있는 지적재산권의 침해와 관계 있는 모든 책임으로부터 매도인을 면책으로 하는 면책조항으로, 이 조항이 있는 경우에는 매수인은 제3자로부터 지적재산권 침해를 받았다는 이유로 매도인에게 클레임을 제기할 수 없다.

정답 ③

06 무역계약의 효력

1. 계약의 성립

(1) 계약(성립)의 의의

① 물품매매계약은 매도인과 매수인의 의사표시인 청약(Offer)과 승낙 (Acceptance)에 의하여 성립한다. 즉, 계약은 아무리 복잡한 교섭 과정을 거치더라도 최종적으로 단 하나의 청약과 단 하나의 승낙에 의해서만 성립 된다.

② 청약과 승낙 중 어느 것을 결하여도 계약은 성립하지 않는다. Offer와 Counter Offer 등 일련의 과정을 거쳐 거래 상대방의 Acceptance가 있으 면 분쟁을 방지하고 거래 조건 등을 명확히 하기 위하여 계약서의 작성이 필요하다. 그러나 무역계약은 불요식계약(Informal Contract)이므로 계 약서 작성이 계약 성립의 필수불가결한 요소는 아니다.

(2) 계약성립 방식의 유형

① 판매 확인서(Sales Note) 방식

Selling Offer를 발행한 Seller가 Sales Notes를 두 통 작성·서명하여 Buyer에게 보내면 Buyer는 내용에 이의가 없는 경우 서명하여 한 통은 보관하고 다른 한 통은 돌려보냄으로써 정식계약서가 된다.

② 구매 주문서(Purchase Order Form/Purchase note) 방식

정기적으로 대량 구매하는 Buyer인 경우 필요한 상품의 제 조건을 일방 적으로 기재, 서명하여 두 통을 보내면 Seller는 이를 검토, 이의가 없을 경우 서명하여 한 통은 보관하고 한 통은 돌려보낸다.

③ Memorandum 방식

매매 당사자들이 직접 모여서 Offer를 중심으로 합의된 사항을 계약서로 작성하여 서명, 확인하는 방식으로 가장 일반적으로 이용되며 특히 Plant 수출과 같이 거액이면서 내용이 복잡한 경우 효용성이 크다.

2. 청약(Offer) 및 승낙(Acceptance)

(1) 개 요

① 거래 조회/문의(Inquiry)과정을 통해 상대방에 대한 탐색이 끝난 후 일방 이 상대방에게 법적 구속력을 갖는 계약체결을 위한 제의를 하게 되는데 이를 청약이라 한다.

② 이러한 청약의 일정한 조건에 대해 수용하는 행위가 승낙(Acceptance)이다.

③ 이와 같이 청약자(Offeror)가 제시한 거래조건에 대해서 피청약자(Offeree)가 승낙하면 계약이 성립되므로 Offer와 Acceptance는 계약 성립의 필수 요건이 된다.

합격자 Tip

청약의 요건
• 내용의 확정성
• 의사의 확정성
• 대상의 확정성

중요 ▶

(2) Offer(청약) 기출 15년 1회, 16년 2회, 16년 3회, 17년 2회, 18년 2회, 19년 1회

① 개 념

㉠ 청약자(Offeror)가 피청약자(Offeree)와 일정한 조건으로 계약을 체결하고 싶다는 의사표시로서 피청약자의 무조건적 · 절대적 승낙(Unconditional and Absolute Acceptance)이 있을 경우 계약 체결을 목적으로 하는 청약자의 피청약자에 대한 일방적 · 확정적 의사표시이다.

㉡ 서면뿐만 아니라 구두청약(Oral Offer)도 유효한 청약이 되는데, 서면청약의 경우 보통 Offer Sheet(청약서)를 사용하며 우리나라에서는 이를 물품매도확약서라 칭한다.

㉢ 청약은 청약주체를 기준으로 매도인(수출상)이 매수인(수입상)에게 판매조건을 제시하는 매도오퍼(Selling Offer)와 매수인(수입상)이 매도인(수출상)에게 구매조건을 제시하는 매수오퍼(Buying Offer)로 구분되는데, 일반적으로 매도오퍼를 오퍼(Offer)라 하고 매수오퍼를 주문(Order)이라 한다.

─● 기출 Check ●─

청약의 요건으로 옳지 않은 것은? 기출 18년 2회

① 1인 혹은 그 이상의 특정인에 대한 의사표시일 것
② 물품의 표시, 대금 및 수량에 관하여 충분히 확정적인 의사표시일 것
③ 승낙이 있는 경우 이에 구속된다는 의사표시가 있을 것
④ 상대방의 거래문의에 대한 응답으로 절대적이고 무조건적인 거래개설의 의사표시

해설 ④ 절대적(Absolute)이고 무조건적(Unconditional)으로 동의해야 하는 것은 '승낙(Acceptance)'에 관한 내용이다.

청약의 요건
• 내용의 확정성 : 청약은 계약이 성립할 수 있을 정도로 확정적 내용이어야 한다.
• 의사의 확정성 : 승낙이 있을 시 의사 표현이 있어야 한다. 구속성이 없는 청약은 청약의 유인(Invitation to Offer)에 불과하다.
• 대상의 확정성 : 1인 이상의 특정한 자에게 통지하지 않은 제의는 청약의 유인에 불과하다.

정답 ④

② Offer(청약)의 종류

분류 기준	종 류
청약 주체	• Selling Offer[매도인(수출상)이 발행하는 매도오퍼 : 일반적으로 Offer라 함] • Buying Offer[매수인(수입상)이 발행하는 매수오퍼 : 일반적으로 Order라 함]
청약 발행지	• 국내발행 Offer • 국외발행 Offer
청약 유효기한 확정성 (확정력)	• Firm Offer(확정청약) • Free Offer(불확정청약)
청약의 특수한 조건 (조건부 청약)	• Offer Without Engagement(무확약청약) • Offer Subject to Being Unsold(재고잔류 조건부청약) • Offer Subject to Prior Sale(선착순매매 조건부청약) • Offer On Approval(점검매매 조건부청약) • Offer On Sale or Return(반품허용 조건부청약) • Sub-con Offer(확인조건부청약) : Offer Subject to Final Confirmation 이 명시된 조건부청약
기 타	• Counter Offer(반대청약) • Cross Offer(교차청약)

합격자 Tip

청약은 확정력에 따라 확정청약, 불확정청약, 반대청약, 교차청약 및 조건부청약으로 구분되는데 청약에서 계약에 이르는 과정에서 가장 유효한 청약의 분류이다.

㉠ Firm Offer(확정청약) 기출 20년 3회

• 청약자가 청약할 때 피청약자의 승낙[청약내용에 대한 동의의 의사표시 기한(Validity : (청약의) 유효기간)]을 정하여 그 기간 내 피청약자가 승낙 시 즉각적인 계약 체결을 예정하는 청약을 말한다.

• (유효)기간에는 청약자 자신도 청약의 내용을 변경·취소하지 못한다. 즉, Firm Offer의 유효기간 내에 상대방이 승낙을 하면 당사자 쌍방을 법률적으로 구속하는 매매계약이 성립한다.

• 일반적으로 한국 등 대륙법계에서 청약자는 유효기간 내에는 Firm Offer를 임의로 철회할 수 없다고 해석되는 것이 원칙이나, 확정청약의 경우에도 Force Majeure(불가항력)가 발생한 경우나 상대방이 동의하는 경우 확정청약에 대한 취소나 변경이 가능하며, 영미법계에서는 "Offer가 날인증서(Covenant)에 의해 행해진 경우"와 "Offer의 철회불가능에 대해 대가를 지불한 경우" 이외에는 철회가 가능하다.

• 당사자 간 시차가 있는 경우에는 유효기간의 기준시를 명확히 해야 한다.

합격자 Tip

미국통일상법전(UCC)상 철회가 불가능한 확정청약은 청약의 유효기간이 3개월이 초과하지 않아야 한다고 규정되어 있다.

- Offer 기간의 표시
  - We offer you firm the following goods subject to your reply being received here by noon, April 5, 1998.
  - Validity : Until noon, April 5, 1998
ⓛ Free Offer(불확정/자유청약)
  - 청약자가 원청약 시에 피청약자의 승낙기한을 정하지 않거나(Offer 의 유효기간이 정해져 있지 않은 Offer) 혹은 피청약자의 승낙만으로 계약이 성립할 수 있을 정도로 청약내용이 구체적이지 않은 경우를 말한다.
  - 피청약자가 승낙하기 이전에는 언제라도 당초에 정한 청약내용의 변경 · 취소가 가능하다. 단, 청약자의 청약에 승낙기한이 없더라도 Firm이란 표현이 있으면 확정청약이 되며, 이 경우 승낙의 유효기간은 합리적인 기간 동안(Within Reasonable Time)으로 본다. 피청약자가 승낙해도 청약자의 재확인이 필요하며(최종 계약체결권자는 청약자), 청약자의 자유의사에 따라 언제든 철회 · 취소가 가능하지만 피청약자가 이미 승낙의 의사표시를 한 경우는 취소가 불가능하다.
  - 자유청약과 청약의 유인(Invitation to Offer)은 구분되어야 한다. 즉, 청약의 예비교섭에 불과한 Inquiry, Circular letter, Catalog, Sample, Price-list, Estimate 또는 Quotation 등은 청약의 유인(Invitation to Offer)단계이지 청약은 아니다.

합격자 Tip

단순히 가격만 제시되는 "Quotation Sheet(Note)"는 Offer라고 볼 수 없다.

• 기출 Check •

국제물품매매거래에서 청약이 유효하기 위한 요건 중의 하나로 충분한 확정성 요건이 있다. 당사자 간 달리 합의한 바가 없다면 일방당사자의 의사표시가 충분히 확정적이기 위한 요건으로 옳지 않은 것은? 기출 16년 2회

① 물품을 표시하고 있을 것
② 대금을 정하고 있거나 이를 정하는 규정을 두고 있을 것
③ 수량을 정하고 있거나 이를 정하는 규정을 두고 있는 경우
④ 품질을 정하고 있거나 이를 정하는 규정을 두고 있는 경우

해설 비엔나협약상의 "확정적"이란 단어의 의미

어떠한 제의가 물품을 표시하고 그 수량과 대금을 명시적 또는 묵시적으로 지정하거나 이를 결정할 규정을 둔 경우에는 이 제의는 충분히 확정적인 것으로 한다.

정답 ④

ⓒ Conditional Offer(조건부청약) 기출 20년 2회

청약자가 청약에 일정한 조건을 부가한 것으로, 조건부청약이 모두 불확정청약은 아니며 청약자가 부가한 조건의 성격에 따라 확정청약, 불확정청약, 청약의 유인이 될 수 있다.

• Offer without Engagement(무확약청약)
  - 청약자가 계약조건을 사전 통보 없이 변경할 수 있는 조건부청약
  - 즉, 청약에 제시된 가격이 미확정이어서 시세변동(Market Fluctuation)에 따라 변경될 수 있다는 조건을 붙인 청약(Offer Subject to Market Fluctuation) 등
  예 Escalation Clause : 청약자가 제시한 가격이 물가나 환율의 변동에 따라 사전 통보 없이 변경될 수 있다는 조항
• Offer Subject to Being Unsold(재고잔류 조건부청약)
  - 청약에 대한 승낙 의사가 피청약자로부터 청약자에게 도달했다 해도 바로 계약이 성립하는 것이 아니다.
  - 그 시점에 당해 물품 재고가 남아 있는 경우에 한해 계약이 성립하는 Offer로서 선착순매매 조건부청약(Offer Subject to Prior Sale)이라고도 한다.
• Offer on Approval(점검매매 조건부청약/견본승인청약)
  - 명세서로서는 Offer 승낙이 어려운 경우, 청약 시 견본을 송부, 피청약자가 견본 점검 후 구매의사가 있으면 대금을 지급하고 그렇지 않으면 반품해도 좋다는 조건의 청약
  - 주로 새로운 개발품이나 기계류와 같은 복잡한 상품에 사용된다.

- Offer on Sale or Return(반품허용 조건부청약)
  - 청약 시 물품을 대량으로 송부하여 피청약자가 이를 위탁판매하게
    하고 미판매 잔여 물품은 다시 반납한다는 것을 조건으로 하는 청약
  - 피청약자가 위탁판매를 개시하는 경우 위탁판매계약이 성립하므
    로 확정청약의 일종이다.
- Sub-con Offer(확인조건부청약)
  - 청약자가 청약할 때 단서로서 계약 성립에는 청약자의 확인이 필
    요하다는 내용(Offer Subject to Final Confirmation)을 명시한
    조건부청약
  - 즉, 청약에 대해 피청약자가 승낙해도 청약자의 최종 확인이 있어
    야 계약이 성립한다.
  - 형식적으로는 청약이지만 그 본질은 청약이 아닌 청약의 유인
    (Invitation to Offer)에 지나지 않는다.
  - 따라서 법적 측면에서 보면 Sub-con Offer에 대한 피청약자의 승낙
    이 사실상 오퍼(Offer)이며, 청약자의 최종확인이 승낙이 된다.

ⓔ Counter Offer(반대청약)
- 청약을 받은 피청약자가 원청약의 가격·수량·선적시기 등과 관련
  된 조건을 변경하거나 새로운 조항을 추가한 청약을 원청약자에게
  보내는 것을 말한다.
- 반대청약은 원청약 거절임과 동시에 피청약자가 청약자에게 하는 새
  로운 청약으로서 승낙이 아니기 때문에 계약은 성립되지 않으며, 피
  청약자의 반대청약에 대하여 원청약자가 승낙을 해야만 계약이 성립
  된다.
- 반대청약은 상대방의 최종 승낙이 있기 전까지 계속 진행될 수 있으
  며 대응청약이라고도 한다.

⊕ **Plus one**

반대청약에 관한 비엔나협약의 내용
- 승낙을 의도하고 있으나 원청약에 추가, 제한 조건 또는 기타 변경을 포함하는
  청약에 대한 피청약자의 회답은 청약의 거절이면서 또한 반대청약이 된다.
- 다만, 청약의 조건을 실질적으로 변경하지 아니하는 추가적 조건을 포함하는 청
  약에 대한 회답은 승낙이 된다.
- 특히 대금지급, 물품의 품질 및 수량, 인도 장소 및 시기, 분쟁해결에 관한 상이한
  조건은 청약의 조건을 실질적으로 변경하는 것으로 본다.

반대청약과 조건부청약의 차이점

구 분	반대청약	조건부청약
청약의 주체 (결정적인 차이점)	피청약자가 원청약의 조건을 변경하거나 어떠한 조건을 추가해서 청약자에게 보내는 것이다.	청약자가 청약내용에 일정한 조건을 부가하여 피청약자에게 보내는 (본래의) 원청약이다.
성 격	원청약에 대한 거절이며, 피청약자가 청약자에게 보낸 새로운 청약이다.	청약자가 보낸 원래의 청약이며, 부가된 조건의 성격에 따라 청약이 될 수도 있고, 청약의 유인이 될 수도 있다.

ⓜ 교차청약(Cross Offer)
- 청약자와 피청약자가 동시에 동일한 내용의 청약을 하는 것으로 이때 중요한 쟁점사항은 이를 계약의 성립으로 볼 것인가 여부인데 이에 관한 국제적 통일 법규는 없다.
- 계약을 "양 당사자 간 의사표시의 합치"로 보아 교차청약을 별도의 승낙이 필요 없는 계약 성립으로 보는 국가는 우리나라, 일본, 독일 등의 대륙법계 국가이고, "어느 일방의 승낙이 없으면 계약이 성립되지 않는다"고 보아 교차청약을 계약 성립으로 보지 않는 것은 영미의 판례이다.

③ **청약의 효력 발생시기와 유효기간**
ⓞ 청약이 효력을 발생하기 위해서는 청약의 내용이 상대방에 전달되어야만 한다. 즉, 영미법과 우리 민법은 도달주의 원칙을 따르고 있으므로 청약이 상대방에게 도달됨으로써 그 효력이 발생한다. 따라서 청약 내용이 피청약자에게 도달되기 전에 철회되면 그 청약은 무효가 된다. 동시에 피청약자가 승낙의 의사표시를 발신하기 전에 청약내용의 철회 또는 조건변경 통지가 피청약자에게 도달할 경우에는 철회 또는 조건변경을 인정한다.
ⓛ 청약 조건으로 승낙기간 지정 시 그 기간 내에 승낙이 있어야만 효력이 발생한다. 승낙기간 미지정시에는 적절한 기간(Reasonable Period of Time) 내에 승낙하면 계약을 성립시킬 수 있다.

청약 등에 대한 내용 설명으로 옳지 않은 것은?　**기출** 19년 1회

① 주문서도 청약으로 볼 수 있으나 확인(confirmation)이나 승인(acknowl-edgement)이 있어야 계약이 성립된다.

② 청약조건을 실질적으로 변동시키는 것은 대금지급 변경, 분쟁해결 변경, 인도조건의 조회 등이다.

③ Cross offer는 동일한 조건으로 매도청약과 매수청약이 동시에 이루어지는 것으로 영미법에서는 계약이 성립되지 않는다.

④ 조건부청약은 청약자의 최종확인이 있어야 계약이 성립되며 서브콘 오퍼라고도 한다.

해설　**국제물품매매계약에 관한 UN협약 제19조**
(3) 특히, 가격, 대금지급, 물품의 품질과 수량, 인도의 장소와 시기, 당사자 일방의 상대방에 대한 책임의 범위 또는 분쟁해결에 관한 부가적 또는 상이한 조건은 청약상의 조건을 실질적으로 변경하는 것으로 본다.

정답　②

④ **청약의 효력 상실**　**기출** 18년 1회, 19년 3회, 20년 2회

　㉠ 승낙의 경우 : 청약은 승낙의 의사표시 합의가 성립되기 때문에 청약을 거절하면 그 효력을 상실한다.

　㉡ 청약 거절 또는 반대청약(Rejection of Offer or Counter Offer)
　　• 피청약자가 청약을 거절하면 청약 효력은 소멸하며, 이후에 승낙해도 계약 성립이 불가하다.
　　• 원청약에 조건을 붙여 그 일부만을 승낙하는 부분적 승낙(Partial Acceptance)은 반대청약이 되어 원청약에 대한 거절 효과를 가지므로 최초 청약의 효력은 상실한다.
　　• 피청약자가 청약자에 대해 청약내용 변경을 바라거나 문의하는 수준인 의뢰부 승낙(Acceptance Accompanied by Request)은 반대청약이 아니므로 청약의 효력에 영향을 미치지 않는다.

　㉢ 청약의 철회(Withdrawal of Offer)
　　청약의 효력이 발생하기 전 청약의 효력을 무효화시키는 의사표시이다. 반드시 상대방에게 통지되어야 하며, 그 통지는 상대방에게 청약이 도달하기 전 혹은 도달과 동시에 도달해야 한다.

ⓔ 청약의 취소(Revocation of Offer)

이미 발효된 청약의 효력을 소급적으로 소멸시키는 의사표시이다. 반드시 상대방에게 통지되어야 하며, 그 통지는 상대방이 승낙을 발송하기 전에 도달해야 한다.

ⓜ 당사자의 사망(Death of Parties)

청약자나 피청약자 중 일방이 청약이나 반대청약의 승낙 이전에 사망했을 경우 청약이나 반대청약은 그 효력을 상실한다.

ⓗ 시간의 경과(Lapse of Time)

청약에 승낙기간 지정 시 그 기간이 경과하면 청약의 효력이 소멸하게 되며, 미지정 시에는 적당한 기간(Reasonable Time)이 경과하면 효력이 소멸한다.

● 기출 Check ●

다음은 청약의 취소(revocation)와 철회(withdrawal)에 대한 설명이다. ( ) 안에 들어갈 내용이 옳게 나열된 것은? **기출** 19년 3회

(a)가 청약의 효력발생 후 효력을 소멸시키는 반면, (b)는 청약의 효력이 발생되기 전에 그 효력을 중지시키는 것이다. 비록 청약이 (c)이라도 청약의 의사 표시가 상대방에 도달하기 전에 또는 도달과 동시에 (d)의 의사표시가 피청약자에게 (e)한/된 때에는 (d)가 가능하다.

① (a) 청약의 취소, (b) 청약의 철회, (c) 취소불능, (d) 철회, (e) 도달
② (a) 청약의 철회, (b) 청약의 취소, (c) 철회불능, (d) 취소, (e) 도달
③ (a) 청약의 취소, (b) 청약의 철회, (c) 취소불능, (d) 철회, (e) 발송
④ (a) 청약의 철회, (b) 청약의 취소, (c) 철회불능, (d) 취소, (e) 발송

해설
• 청약의 철회와 취소의 차이점은 청약의 유효성에 있다. 철회는 청약이 유효해지기 전에 청약자의 청약의사를 회수하는 것이다. 반면, 취소는 청약이 유효해지고 나서, 즉 청약이 피청약자에게 도달하고 나서 청약자가 자신의 청약의사를 회수하는 것이다.
• 청약은 취소불가능하더라도 철회의 의사표시가 청약의 도달 전 또는 그와 동시에 피청약자에게 도달하는 경우에는 철회할 수 있다(CISG 제15조 (2)항).
• 피청약자가 승낙을 발송하기 전에 철회의 의사표시가 피청약자에게 도달한다면, 청약은 계약이 성립하기 전까지는 취소될 수 있다(CISG 제16조 (1)항).

정답 ①

(3) 승낙(Acceptance) 기출 16년 2회, 16년 3회, 17년 1회, 17년 2회

① 개념
  ⊙ 청약에 대해 동의를 표시하는 피청약자의 진술 또는 기타의 행위를 의미한다.
  ⓒ 청약 내용과 원칙적으로 일치해야 한다. 즉, 승낙이란 피청약자가 청약자의 청약에 대해 그 청약 내용 또는 조건을 모두 수락하고 계약을 성립시키겠다는 의사표시이다.

② 계약을 유효하게 성립시키기 위한 조건
  ⊙ 승낙은 청약의 유효기간 내에 행해져야 한다.
  ⓒ 청약의 모든 내용에 대해 무조건 승낙(Unconditional Acceptance)하는 완전한 승낙이어야 한다[경상의 법칙(Mirror Image Rule)].
    • 청약 내용의 변경을 요구하거나 일정한 단서를 붙이는 경우는 승낙으로 보지 않고 반대청약(Counter Offer)이라고 한다.
    • 반대청약이 있을 경우에는 계약이 성립되지 않는다.
    • 부분적 승낙(Partial Acceptance), 조건부 승낙(Conditional Acceptance) 등이 반대청약에 해당한다.
  ⓒ 승낙은 청약조건과 일치(Correspond)하여야 한다.

⊕ Plus one

Acceptance vs Acknowledgement

Acceptance(오퍼승낙)	Acknowledgement(주문승낙)
수출업자가 먼저 Offer하여 수입업자가 이를 무조건적으로 승낙하는 것(P/O ; Purchase Order)	수입업자가 먼저 주문(Order)을 하고 수출업자가 이를 승낙하는 것(Sales Note = Sales Contract)

기출 Check

CISG상 유효한 승낙으로 간주되는 것은? 기출 19년 1회

① 침묵에 의한 승낙
② 청약에 대해 동의의 의사를 표시하는 피청약자의 행위
③ 무행위(Inactivity)에 의한 승낙
④ 동일한 거래조건을 담은 교차청약(Cross Offer)

해설 『국제물품매매계약에 관한 UN협약』 제18조
청약에 대한 동의를 표시하는 피청약자의 진술 또는 기타 행위는 승낙으로 한다. 침묵 또는 부작위는 그 자체만으로 승낙이 되지 아니한다.

정답 ②

( ) 안에 들어갈 용어를 순서대로 올바르게 나열한 것은? [기출] 17년 1회

> 계약은 당사자 간 의사표시의 합치로 성립되기 때문에 승낙은 청약에 대한 무조건 · 절대적 동의(Unconditional and Absolute Assent)이어야 한다는 원칙을 ( )이라고 한다. 따라서 비록 승낙의 의도를 갖고 있다고 하여도 청약의 내용을 추가하거나 제한 또는 변경 내용이 담긴 응답은 ( )이(가) 된다.

① 경상의 법칙(Mirror Image Rule) − 반대청약(Counter Offer)
② 통일성 증진의 원칙(Principle to Promote Uniformity) − 반대청약(Counter Offer)
③ 경상의 법칙(Mirror Image Rule) − 조건부 승낙(Conditional Acceptance)
④ 통일성 증진의 원칙(Principle to Promote Uniformity) − 조건부 승낙(Conditional Acceptance)

해설 무역계약은 당사자 간 의사의 합치로 성립되기 때문에 승낙은 청약에 무조건 · 절대적 동의이어야 한다는 원칙을 '경상의 법칙(Mirror Image Rule)' 또는 '완전일치의 법칙(Doctrine of Strict Compliance)'이라고 한다. 따라서 청약 내용을 추가하거나 변경 내용이 담긴 응답은 승낙이 아니며 반대청약(Counter Offer)이 된다.

정답 ①

③ 승낙 방법
  ㉠ 승낙 방법이 지정되어 있는 경우 : 지정된 통신수단을 이용하여 승낙해야 하며, 이때 청약자의 승인 없이 다른 통신수단을 이용하면 그 계약은 무효가 된다.
  ㉡ 승낙 방법이 지정되지 않는 경우 : 지정 통신수단이 없는 경우에는 언어, 서면, 구두 또는 행위 등 합리적 방법으로 승낙하면 된다. 단, 청약자가 청약 시 이용한 방식을 따르는 것이 관행이다.
④ 승낙의 효력발생 시기 [기출] 19년 3회
  ㉠ 승낙의 효력발생 시기에 관한 법률 규정에는 다음의 세 가지가 있는데 이러한 규정은 당사자의 특정이 없을 때 보충하여 적용하는 임의 규정임으로 당사자들이 합의해 정할 수 있다.
    • 발신주의(Post-mail Rule) : 피청약자가 승낙의사 표시를 발신했을 때 계약이 성립한다고 보는 입법주의
    • 도달주의(Receipt Rule) : 피청약자의 승낙의사 표시가 청약자에게 도달한 때 계약이 성립한다고 보는 입법주의
    • 요지주의 : 물리적으로 승낙의사 표시가 도달될 뿐 아니라 청약자가 그 내용을 실질적으로 인지한 때 계약이 성립한다고 보는 입법주의로 의사표시 내용을 상대편이 완전히 알고난 후 그 효력이 발생한다.

해상위험 부담의 원칙

발신주의는 보통 피청약자에게 유리한 반면, 청약자에게는 불리하므로 무역실무상 Offer를 할 때 다음과 같은 문구를 넣어 발신주의를 도달주의로 변경하는 것이 일반적이다.

→ We are pleased to offer you the undermentioned goods, subject to reply received by us not later than September 20, 1996, Seoul time.

ⓛ 적용 현실

- 원칙적으로 승낙의 효력발생 시기는 의사표시에 대한 일반원칙(도달주의)에 따라 어느 나라(한 · 미 · 일 · 영 · 독 · 비엔나협약)나 도달주의를 원칙으로 하고 있다.
- 승낙 의사표시의 경우 대면 · 전화 · 텔렉스 · 팩시밀리 · EDI와 같이 거의 동시상황으로 이루어지는 대화자 간에는 모든 나라가 도달주의를 원칙으로 하고 있다.
- 예외적으로 승낙 의사표시의 경우 우편 · 전보와 같이 시차가 있는 통신수단으로 이루어지는 격지자 간에는 한 · 미 · 일 · 영은 발신주의를 채택하고 있다. 그러나 독일과 비엔나협약[국제물품 매매계약에 관한 UN협약](CISG 제13조, 제15조)에서는 격지자 간인 경우 도달주의를 채택하고 있다.

〈승낙통지의 효력발생시기〉

통신수단 \ 준거법			한국법	일본법	영미법	독일법	비엔나협약
의사표시에 관한 일반법칙			도달주의	도달주의	도달주의	도달주의	도달주의
승낙의 의사표시	대화자간	대 화	도달주의	도달주의	도달주의	도달주의	도달주의
		전 화	도달주의	도달주의	도달주의	도달주의	도달주의
		텔렉스	도달주의	도달주의	도달주의	도달주의	도달주의
	격지자간	우 편	발신주의	발신주의	발신주의	도달주의	도달주의
		전 보	발신주의	발신주의	발신주의	도달주의	도달주의

ⓒ 승낙의 철회

- 발신주의 채택 시 : 도착시간이 달라도 효력발생 시기를 일률적으로 정할 수 있으며 일단 발신 후에는 승낙의 의사표시를 철회할 수 없다.
- 도달주의 채택 시(우편의 경우 가정) : 승낙을 하더라도 상대방에게 도달하기 전까지는 철회 가능하다(우편승낙 후 도달 이전에 전화 · 팩스 등으로 승낙의사 철회 가능).

승낙의 효력발생에 관한 국제물품매매계약에 관한 유엔협약(CISG)의 규정으로 옳지 않은 것은? **기출** 19년 3회

① 서신의 경우 승낙기간의 기산일은 지정된 일자 또는 일자의 지정이 없는 경우에는 봉투에 기재된 일자로부터 기산한다.
② 승낙이 승낙기간 내에 청약자에게 도달하지 아니하면 그 효력이 발생하지 아니한다.
③ 구두청약에 대해서는 특별한 사정이 없는 한, 즉시 승낙이 이루어져야 한다.
④ 지연된 승낙의 경우 청약자가 이를 인정한다는 뜻을 피청약자에게 통지하더라도 그 효력이 발생하지 아니한다.

해설 ④ 지연된 승낙은 청약자가 지체 없이 피청약자에게 유효하다는 취지를 구두로 알리거나 그러한 취지의 통지를 발송하는 경우에는 승낙으로서의 효력을 갖는다(CISG 제21조 (1)항). ①은 CISG 제20조 (1)항의 내용이고, ② · ③은 CISG 제18조 (2)항의 내용이다.

정답 ④

『국제물품매매계약에 관한 UN협약』(CISG)이 적용되는 경우에, 다음 사례에서 계약 성립에 관한 내용으로 옳은 것은? **기출** 17년 1회

〈2017년 4월 1일에 ABC 회사는 XYZ 회사에게 계약체결을 청약하는 이메일(E-mail)을 발송하였다. 그 이메일에는 "This offer is binding and effective until April 15, 2017."라는 문구가 들어 있었다. 이러한 청약을 받은 XYZ 회사는 ABC 회사의 청약에 대하여 승낙할지 여부를 판단하기 위하여 다각도로 시장조사를 하고 있었다. 그러던 동안에 4월 10일에 ABC 회사는 갑자기 마음을 바꾸고는 "We hereby revoke our offer of April 1, 2017."라고 XYZ 회사에게 이메일로 통지하였다. 그럼에도 드디어 시장조사를 끝낸 XYZ 회사는 4월 12일에 ABC 회사의 4월 1일자 청약을 이메일로 승낙하였다.〉

① 계약은 2017년 4월 10일에 체결되었다.
② 계약은 2017년 4월 12일에 체결되었다.
③ 계약은 2017년 4월 15일에 체결되었다.
④ XYZ 회사가 승낙하기 전에 ABC 회사가 청약을 철회하였으므로 계약은 체결되지 않았다.

해설 CISG 제16조 제2항에 청약이 승낙을 위한 기간을 명시한 취소불능을 표시하고 있고, 제18조에 따르면 청약에 대한 동의를 표시하는 상대방의 진술은 승낙이 되고, 청약에 대한 승낙은 동의의 의사표시가 청약자에 도달하는 시점에 효력이 발생한다. 따라서 XYZ 회사가 이메일로 청약을 승낙한 4월 12일에 계약이 성립된 것이다.

정답 ②

● 기출 Check ●

유효한 승낙을 구성하기 위한 요건으로 옳지 않은 것은? **기출** 16년 2회

① 청약에 대한 동의가 취소(Revoke)되어서는 안 된다.
② 청약에 대한 동의는 절대적이고 무조건적이어야 한다.
③ 청약에 대한 동의의 의사표시 효력이 발생하여야 한다.
④ 청약에 대한 동의의 의사표시가 있어야 한다.

해설 **승낙의 요건**

• 승낙은 청약의 내용과 절대적·무조건적으로 일치해야 한다. 즉, 경상의 원칙(Mirror Image Rule)이 적용된다.
• 승낙은 약정된 기간 내 또는 합리적인 기간 내에 해야 한다.
• 승낙의 내용을 전달하여야 한다.
• 피청약자만이 승낙을 할 수 있다.
• 승낙의 침묵과 모호한 승낙으로는 계약을 성립시킬 수 없다.
• 청약에 대한 동의의 의사표시 효력이 발생하여야 한다.
• 청약에 대한 동의의 의사표시가 있어야 한다.

정답 ①

07 무역계약의 정형화

1. 무역계약 정형화(정형거래조건)

(1) 정형거래조건(Trade Terms)의 개념

① 서로 다른 국가 간 무역거래에서는 국가 간 상관습의 다양성으로 인해 혼란과 분쟁이 발생할 소지가 많다.

② 국가와 지역마다 다른 상관습의 정형화를 통해서 이의 해석에 관한 분쟁을 회피하기 위해 국제상관습에 대한 통일화 또는 표준화 노력이 꾸준히 진행되었다.

③ 이에 따라 국제물품매매에 적용되는 무역관습 또는 거래관습(Trade Usage /Custom)을 표준화 내지 통일화 시킨 것이 바로 정형거래조건이다.

(2) 정형거래조건의 정의와 기능

① 정 의

국제무역거래에서 당사자가 부담하는 의무의 내용(인도장소, 인도비용, 위험이전, 수출입통관 등에 대한 내용)을 조건별로 명확히 정형화한 것이다.

② 기 능
- ㉠ 계약 내용의 보완적 기능
- ㉡ 무역거래의 간소화
- ㉢ 법률문제의 해석 기준 : 정형거래조건은 계약조건에 포함된 당사자의 의무사항, 위험의 이전, 비용의 이전 등의 사항에 대하여 명시하고 있으므로 이를 통해 법률적 해석 기준으로 활용되기도 한다.

(3) 정형거래조건의 종류

① ICC의 INCOTERMS : 현재 가장 널리 사용되고 있다.
② ILA(International Law Association)의 CIF에 관한 와르소-옥스포드 규칙
③ 개정미국무역정의(Revised American Foreign Trade Definition)
④ 미국의 통일상법전(UCC ; Uniform Commercial Code)

2. 인코텀즈(INCOTERMS : 무역거래조건의 해석에 관한 국제규칙)

(1) 개 요

① 정의 : International Commercial Terms의 약칭으로서 무역거래에 사용되는 가격조건(Price Terms) 또는 정형거래조건(Trade Terms)의 해석에 관해 통일성을 부여하기 위하여 ICC(International Chamber of Commerce, 국제 상업회의소)가 제정한 국제규칙이다.
② 1936년 제정된 이후 그 시기에 적합한 국제무역관행 및 흐름에 맞추어 나가기 위해 1953년, 1967년, 1976년, 1980년, 1990년, 2000년, 2010년, 그리고 2020년에 개정과 추가가 행해졌다.
③ INCOTERMS의 내용
- ㉠ 물품매매계약이라는 관점에서 계약 당사자 중 수출상(매도인)에 대한 내용을 기술한다.
- ㉡ 물품매매계약 당사자 간 소유권이전 문제(언제 매도인에게서 매수인에게로 소유권이 이전될 것인가에 대한 문제)에 대한 언급은 전혀 없다.
- ㉢ 위험부담 분기점과 비용이전 분기점에 대해서만 기술한다.
  - 위험부담 분기점 : 어느 시점에서 물품의 멸실·손상 위험에 대한 부담주체가 매도인에서 매수인으로 이전되는가 하는 문제
  - 비용이전 분기점 : 매도인이 어느 시점까지 비용을 부담하고 매수인이 어느 시점부터 비용을 부담할 것인가의 문제
- ㉣ INCOTERMS의 의제는 '매도인(매수인이 아니고)이 계약물품인도 위험과 비용부담에서 벗어나는 시점이 언제인가'라고 할 수 있고 시종 매도인의 입장에서 이를 표현한다.

④ 현재 INCOTERMS는 국가 간 상품 운송에 따른 수출가격조건(무역거래조건)을 인도장소에 따라 크게 11가지 형태로 정형화시켜, 수출상이 가격을 제시할 때 이 중 하나의 조건을 자유롭게 채택할 수 있도록 하고 있다.

(2) INCOTERMS의 적용범위

① 매매계약하에서의 매도인과 매수인 간 관계, 즉 매각된 물품(유형재 의미)의 인도에 대한 매매계약 당사자의 권리 · 의무에 관련된 사항에 한정되어 있다.

② 가격조건을 포함하여 운송 · 보험 · 통관 업무의 당사자 및 비용과 위험의 분기점을 구분해 주는 포괄적인 계약 조건일 뿐, 운송 · 보험 등에 대한 계약 자체가 아니다.

③ 수출업자와 수입업자가 국제거래매매를 이행하기 위해서는 다양한 계약(매매계약뿐 아니라 운송 · 보험 · 금융계약)이 필요하다. INCOTERMS는 이러한 계약 중 매매계약에만 관련된다.

⊕ Plus one

INCOTERMS 2020에 규정된 적용범위

- INCOTERMS는 컴퓨터 소프트웨어와 같은 무형재를 취급하지 않고, 유형재만을 그 대상으로 한다.
- 거래물품의 인도에 관하여 계약 당사자의 권리와 의무에 관련된 사항, 즉 물품의 매매계약에 관련한 매도인과 매수인 간의 관계만을 취급한다. 따라서 기타 매매계약과 관련이 있는 운송, 보험 및 금융계약에 관하여는 적용되지 않는다.
- 매도인의 물품인도의무와 대금지급의무 및 계약 당사자 간 위험과 비용의 분담을 규정하고 있다. 나아가 물품의 수출입통관, 상대방에 대한 통지, 물품 검사 등의 의무를 규정하고 있다.
- INCOTERMS는 매매계약에 따른 소유권 및 기타 재산권의 이전, 계약의 위반과 권리구제 등은 다루지 않는다. 이러한 문제는 매매계약의 기타 규정 및 준거법에 의해서 해결되어야 한다.

(3) INCOTERMS의 적용상 특성 및 유의사항

① 인코텀즈 2020이 시행된다고 해서 종전의 인코텀즈 조건이 사용 금지되는 것은 아니다. 심지어 변형된 인코텀즈가 얼마든지 사용될 수 있다.

② 강제법규가 아니라 당사자들의 자유의사에 따른 합의에 의해서만 효력이 있는 임의법규다.

ㄱ 계약 체결 시 계약서상에 명시적으로 "본 계약서의 FOB 조건은 ICC에 의해 INCOTERMS 2020에 따른다(The FOB terms on this contract shall be governed by INCOTERMS 2020 by ICC)"라는 준거문언(Governing Clause)이 있을 경우에만 효력이 있다.

ⓛ 당사자 간 합의에 의해 INCOTERMS 2020이 아닌 2010년이나 2000년판을 계약의 준거 문언으로 채택할 수 있다.

ⓒ INCOTERMS 2020의 CIF 조건을 채택할 경우에도 ICC가 제정한 CIF 조건의 일부를 바꾸는 것도 가능하다.

③ 개별조건에서 가능한 구체적인 인도장소나 항구를 명기하는 것이 분쟁의 소지를 줄인다.

④ 인코텀즈 2020은 복합운송조건의 활용을 권장한다.

⑤ 터미널화물처리비(THC) 부담자를 운송계약 체결자로 한다.

⑥ 인코텀즈는 물품매매계약상 매도인과 매수인의 의무사항에 대한 내용을 담고 있지만, 당사자 간 권리구제에 관한 사항이나, 운송계약, 보험계약에 관련된 내용은 포함돼 있지 않다. 따라서 매도인과 매수인은 추가적인 계약 조건에 대해서는 다른 규정들을 준거법으로 채택하거나, 서로 합의가 이루어져야 할 필요가 있다.

⑦ 모든 거래조건에서 원칙적으로 위험이전 시점은 물품의 인도시점과 일치하나 아래에 해당할 경우 위험은 조기 이전된다.

ⓐ 매수인이 물품의 인도와 관련된 적절한 통지를 하지 않은 경우

ⓑ 매수인이 수입통관 의무를 이행하지 않아 매도인이 물품을 인도하지 못하는 경우

ⓒ 매수인이 물품의 인수를 위한 적절한 조치를 취하지 않는 경우

3. INCOTERMS 2020 기출 15년 1회, 17년 1회, 20년 1회, 20년 3회

(1) 특성

① 인코텀즈는 ICC에 의해 약 10년 단위로 8차례 개정되었다.

② 2020 개정안의 특성

ⓐ 본선적재표기가 있는 선하증권과 Incoterms FCA 규칙

ⓑ 비용 – 어디에 규정할 것인가

ⓒ CIF와 CIP 간 부보수준의 차별화

ⓓ FCA, DAP, DPU 및 DDP에서 매도인 또는 매수인 자신의 운송수단에 의한 운송 허용

ⓔ DAT에서 DPU로의 명칭 변경

ⓕ 운송의무 및 비용 조항에 보안관련 요건 삽입

ⓖ 사용자를 위한 설명문

합격자 Tip

THC(Terminal Handling Charge)
화물이 CY에 입고된 순간부터 본선의 선측까지, 반대로 본선 선측에서 CY의 게이트를 통과하기까지 화물의 이동에 따르는 비용

합격자 Tip

Incoterms 2020은 모든 정형거래규칙의 위험이전 시점을 원칙적으로 물품 인도시점으로 통일하였다.

(2) 주요 개정 내용

① 본선적재표기가 있는 선하증권과 Incoterms FCA 규칙

㉠ 물품이 FCA 규칙으로 매매되고 해상운송 되는 경우에 매도인 또는 매수인(또는 신용장이 개설된 경우에는 그들의 은행이 그럴 가능성이 더 크다)은 본선적재표기가 있는 선하증권을 원할 수 있다.

㉡ 그러나 FCA 규칙에서 인도는 물품의 본선적재 전에 완료된다. 매도인이 운송인으로부터 적재선하증권(on-board bill of lading)을 취득할수 있는지는 확실하지 않다. 운송인은 자신의 운송계약상 물품이 실제로 선적된 후에야 비로소 적재선하증권을 발행할 의무와 권리가 있다.

㉢ 이러한 상황에 대비하여 이제 Incoterms 2020 FCA A6/B6에서는 추가적인 옵션을 규정한다. 매수인과 매도인은 매수인이 선적 전에 적재선하증권을 매도인에게 발행하도록 그의 운송인에게 지시할 것을 합의할 수 있고, 매도인은 전형적으로 은행들을 통하여 매수인에게 적재선하증권을 제공할 의무가 있다. ICC는 이러한 적재선하증권과 FCA 인도 사이의 약간의 불편한 결합에도 불구하고 이러한 규정이 시장의 증명된 필요에 부응한다고 인정한다. 끝으로 이러한 선택적 기제가 채택되더라도 매도인은 운송계약조건에 관하여 매수인에 대하여 어떠한 의무도 없다는 것을 강조한다.

㉣ 매도인이 컨테이너 화물을 선적 전에 운송인에게 교부함으로써 매수인에게 인도하는 경우에 매도인은 FOB 조건 대신에 FCA 조건으로 매매하는 것이 좋다. 다만 Incoterms 2020 규칙에서 달라진 것이 있다면 그러한 매도인이 본선적재표기가 있는 선하증권을 여전히 원하거나 필요로 하는 경우에 위와 같은 FCA 조건 A6/B6상의 새로운 추가적 옵션이 곧 그러한 서류에 관한 규정으로 작용한다는 것이다.

② 비용 – 어디에 규정할 것인가

㉠ Incoterms 2020 규칙들 내의 새로운 조항순서에 따라 이제 비용은 각 Incoterms 규칙의 A9/B9에 나타난다. 그러나 이러한 위치변경 외에도 사용자들이 금방 알 수 있는 다른 변경이 있다. Incoterms 규칙의 여러 조항에 의하여 각 당사자에게 할당되는 다양한 비용은 개별 Incoterms 규칙의 여러 부분에 나뉘어 규정되었다. 예컨대 FOB 2010에서 인도서류의 취득에 관한 비용은 "비용분담(Allocation of Costs)"이라는 제목의 A6이 아니라 "인도서류(Delivery Document)"라는 제목의 A8에서 언급되었다.

㉡ 그러나 이제 Incoterms 2020 규칙에서는 그러한 A6/B6에 상당하는 조항, 즉 A9/B9에서 당해 Incoterms 규칙상의 분담비용을 모두 열거한다. 따라서 Incoterms 2020 규칙의 A9/B9은 Incoterms 2010 규칙의 A6/B6보다 더 길다.

ⓒ 그 목적은 사용자들에게 비용에 관한 일람표(one-stop list)를 제공하는 데 있으며, 그에 따라 이제 매도인과 매수인은 당해 Incoterms 규칙상 자신이 부담하는 모든 비용을 한 곳에서 찾아볼 수 있다. 또한 비용항목은 그 항목의 본래조항(home article)에도 언급되어 있으며, FOB에서 서류를 취득하는 데 드는 비용은 A9/B9뿐만 아니라 A6/B6에도 여전히 나타난다. 특정한 서류에 관한 비용분담을 알고자 하는 사용자는 모든 비용을 열거하는 일반조항보다는 인도서류를 다루는 특별조항을 보는 경향이 더 크기 때문이다.

③ CIF와 CIP 간 부보수준의 차별화

　ⓐ Incoterms 2010 규칙에서는 CIF 및 CIP의 A3에서 매도인에게 "자신의 비용으로 (로이즈시장협회/국제보험업협회) 협회적하약관이나 그와 유사한 약관의 C-약관에서 제공하는 최소담보조건에 따른 적하보험을 취득"할 의무를 부과하였다.

　ⓑ 협회적하약관의 C-약관은 항목별 면책위험의 제한을 받는 다수의 담보위험을 열거한다. 한편 협회적하약관의 A-약관은 항목별 면책위험의 제한 하에 "모든 위험(all risks)"을 담보한다.

　ⓒ Incoterms 2020 규칙의 초안을 위한 의견수렴과정에서 협회적하약관의 C-약관에서 협회적하약관의 A-약관으로 변경함으로써 매도인이 취득하는 부보의 범위를 확대하여 매수인에게 이익이 되도록 하자는 의견이 제기되었다. 당연히 이는 보험료 면에서 비용증가를 수반할 수 있다. 특히 일차산품 해상무역에 종사하는 사람들은 반대의견, 즉 협회적하약관의 C-약관의 원칙을 유지하여야 한다는 의견을 강력히 제기하였다.

　ⓓ 초안그룹 내외에서 상당한 논의를 거친 후 CIF Incoterms 규칙과 CIP Incoterms 규칙에서 최소부보에 관하여 다르게 규정하기로 결정되었다. 전자, 즉 CIF 규칙은 일차산품의 해상무역에서 사용될 가능성이 매우 높으므로 CIF 규칙에서는 현상유지(협회적하약관 C-약관의 원칙을 계속 유지)하되, 당사자들이 보다 높은 수준의 부보를 하기로 달리 합의할 수 있도록 길을 열어 두었다. 후자, 즉 CIP 규칙의 경우 매도인은 협회적하약관의 A-약관에 따른 부보를 취득하여야 한다.

　ⓔ 물론 당사자들은 원한다면 보다 낮은 수준의 부보를 하기로 합의할 수 있다.

④ FCA, DAP, DPU 및 DDP에서 매도인 또는 매수인 자신의 운송수단에 의한 운송 허용

　ⓐ Incoterms 2010 규칙에서는 물품이 매도인으로부터 매수인에게 운송되어야 하는 경우에 사용된 당해 Incoterms 규칙에 따라 매도인 또는 매수인이 운송을 위하여 사용하는 제3자 운송인(third-party carrier)이 물품을 운송하는 것으로 전반적으로 가정되었다.

ⓛ 그러나 Incoterms 2020 초안의 논의과정에서 물품이 매도인으로부터 매수인에게 운송될 때 상황에 따라서는 제3자 운송인의 개입이 전혀 없이 운송될 수도 있는 경우가 있다는 것이 명백해졌다. 예컨대 D 규칙에서 매도인이 운송을 제3자에게 아웃소싱하지 않고, 자신의 운송수단을 사용하여 운송하는 것을 못하도록 하는 그 어떤 것도 없다. 마찬가지로 FCA 매매에서 매수인이 물품을 수취하기 위하여, 나아가 자신의 영업구내까지 운송하기 위하여 자신의 차량을 사용하는 것을 금지하는 그 어떤 것도 없다.

ⓒ Incoterms 2020 규칙에서는 운송계약을 체결하도록 허용하는 것 외에도 단순히 필요한 운송을 마련하는 것을 허용함으로써 그러한 경우를 고려한다.

⑤ DAT에서 DPU로의 명칭 변경

ⓐ Incoterms 2010 규칙에서 DAT와 DAP의 유일한 차이점은, DAT의 경우에 매도인은 물품을 도착운송수단으로부터 양하한 후 "터미널"에 두어 인도하여야 하였고, DAP의 경우에 매도인은 물품을 도착운송수단에 실어둔 채 양하를 위하여 매수인의 처분 하에 두었을 때 인도를 한 것으로 되었다는 것이다. Incoterms 2010의 DAT 사용지침 (Guidance Note)에서는 "터미널"이라는 용어를 넓게 정의하여 "지붕의 유무를 불문하고 모든 장소"가 포함되도록 하였다는 점도 기억해야 할 것이다.

ⓑ ICC는 DAT와 DAP에서 두 가지를 변경하기로 결정하였다. 첫째, 이러한 두 Incoterms 2020 규칙의 등장순서가 서로 바뀌었고, 양하 전에 인도가 일어나는 DAP가 DAT 앞에 온다. 둘째, DAT 규칙의 명칭이 DPU(Delivered at Place Unloaded)로 변경되었다. 이는 "터미널"뿐만 아니라 어떤 장소든지 목적지가 될 수 있다는 것을 강조하기 위한 것이다. 그러나 그러한 목적지가 터미널에 있지 않은 경우에 매도인은 자신이 물품을 인도하고자 하는 장소가 물품의 양하가 가능한 장소인지 꼭 확인하여야 한다.

⑥ 운송의무 및 비용 조항에 보안관련 요건 삽입

Incoterms 2010 규칙에서는 보안관련 요건이 개별 규칙의 A2/B2 내지 A10/B10에 걸쳐 다소 완화되어 들어가 있었다. Incoterms 2010 규칙은 21세기 초반 보안관련 우려가 널리 확산된 후 시행된 Incoterms 규칙의 최초 개정이었다. 초기에 그런 우려 때문에 성립된 선적관행은 이제 상당히 정립되었다. 그러한 우려는 운송요건과 관련되기 때문에 이제 보안관련 의무의 명시적 할당이 개별 Incoterms 규칙의 A4와 A7에 추가되었다. 그러한 요건 때문에 발생하는 비용 또한 이제는 더 현저한 위치, 즉 비용 조항인 A9/B9에 규정된다.

⑦ 사용자를 위한 설명문

Incoterms 2010 버전에서 개별 Incoterms 규칙의 첫머리에 있던 사용지침(Guidance Note)은 "사용자를 위한 설명문(Explanatory Notes for Users)"이 되었다. 이러한 설명문은 각 규칙이 어떤 경우에 사용되어야 하는지, 위험은 언제 이전하는지 그리고 매도인과 매수인 사이에 비용분담은 어떠한지와 같은 개별 Incoterms 2020 규칙의 기초를 설명한다. 설명문의 목적은 (a) 사용자들이 당해 거래에 적합한 Incoterms 규칙을 정확하고 효율적으로 찾도록 돕는 것과 (b) Incoterms 2020이 적용되는 분쟁이나 계약에 관하여 결정을 내리거나 조언하는 사람들에게 해석이 필요한 사항에 관하여 지침을 제공하는 것이다.

(3) INCOTERMS 2020의 11가지 가격(거래) 조건(정형거래조건)

기출 18년 1회, 19년 1회, 19년 3회, 20년 1회

"INCOTERMS 2020"의 무역조건은 'RULES FOR ANY MODE OR MODES OF TRANSPORT(모든 운송모드용 규칙-복합 운송 방식)' 7개 항목과 'RULES FOR SEA AND INLAND WATERWAY TRANSPORT(해상과 내륙수로 운송 모드용 규칙)' 4개 항목을 포함하여 총 11개 조항으로 되어 있다.

〈INCOTERMS 2020 11가지 조건〉

구 분	Group	가격 조건	운송 조건	주요 내용	통관의무		비용 분기점	위험 분기점
					수 출	수 입		
선적지 인도조건 (수출국 인도)	출발지 출하 조건	EXW	복합 운송 조건	공장 인도조건	매수인	매수인	공 장	공 장
	F그룹 (운송비 미지급 인도조건)	FCA	복합 운송 조건	운송인 인도조건 (매수인 지정 운송인에게 인도)	매도인	매수인	운송인 장소	운송인 장소
		FAS	해상 운송 조건	선측 인도조건 (선적항 본선 선측에서 인도)	매도인	매수인	선적항 본선 선측	선적항 본선 선측
		FOB	해상 운송 조건	본선 인도조건 (선적항 본선의 통과)	매도인	매수인	선적항 본선 갑판	선적항 본선 갑판

선적지 인도조건 (수출국 인도)	C그룹 (운송비 지급 인도조건)	CFR	해상 운송 조건	운임포함 인도조건 (FOB + 해상 운임)	매도인	매수인	목적항	선적항, 본선 갑판
		CIF	해상 운송 조건	운임 · 보험료 포함 인도조건 (CFR + 해상 보험료)	매도인	매수인	목적항	선적항 본선 갑판
		CPT	복합 운송 조건	운임지급 인도조건 (CFR의 복합 운송화)	매도인	매수인	목적지	운송인 인도
		CIP	복합 운송 조건	운임 · 보험료 지급 인도조건 [CFR의 복합 운송화 (CFR + 운송 보험료)]	매도인	매수인	목적지	운송인 인도
양륙지 인도조건 (수입국 인도)	D그룹 (도착지 비용포함)	DAP	복합 운송 조건	목적지 /지정장소 인도조건	매도인	매수인	수입 통관 미필 상태의 수입국 지정 장소	수입 통관 미필 상태의 수입국 지정 장소
		DPU	복합 운송 조건	도착지양하 인도조건	매도인	매수인	수입국 터미널	수입국 터미널
		DDP	복합 운송 조건	관세지급 인도조건 (수입국 내 지정 장소에서 관세 납부 후 인도)	매도인	매도인	수입국 지정 장소	수입국 지정 장소

① RULES FOR ANY MODE OR MODES OF TRANSPORT(복합운송 방식 – 모든 운송용 규칙)

EXW, FCA, CPT, CIP, DPU, DAP, DDP로 선택한 운송모드에 구애받지 않는 규칙으로 단일운송과 복합운송 여부를 가리지 않고 사용할 수 있다. 이 7가지 규칙은 해상운송이 전혀 포함되지 않은 경우에도 사용이 가능하며, 운송의 일부에 선박이 이용되는 경우에도 사용할 수 있다.

RULES FOR ANY MODE OR MODES OF TRANSPORT (복합운송 방식 – 모든 운송용 규칙)	
EXW(EX Works)	공장 인도조건
FCA(Free CArrier)	운송인 인도조건
CPT(Carriage Paid To)	운임지급 인도조건
CIP(Carriage & Insurance Paid to)	운임 · 보험료지급 인도조건
DAP(Delivered At Place)	도착장소 인도조건
DPU(Delivery at Place Unloaded)	목적지양하 인도조건
DDP(Delivered Duty Paid)	관세지급 인도조건

㉠ EXW(EX Works, 공장/출하지 인도조건)
- 물품 인도장소가 매도인 작업장 내인 조건(매수인 수출통관)
- 물품의 인도장소 : 매도인(Seller)의 작업장
- 물품에 대한 매매당사자의 위험부담의 분기점(위험이전) : 매도인의 작업장(매도인이 영업장 구내에서 매수인이 임의 처분할 수 있도록 인도)
- 물품에 대한 매매당사자의 비용부담의 분기점(경비이전) : 매도인의 작업장(매도인은 인도할 때까지 모든 비용부담)
- 매도인(Seller)과 매수인(Buyer)의 책임

매도인(Seller)	매수인(Buyer)
• 수출통관을 하지 않은 계약물품을 매수인이 임의로 처분할 수 있는 상태로 두면 됨 • 별도의 합의가 없는 한 매도인에게는 매수인이 제공한 차량에 물품을 적재할 책임은 없음	• 직접적으로 혹은 간접적으로 수출통관

㉡ FCA[Free CArrier, (지정장소)운송인 인도조건] 기출 19년 1회
- 매도인이 매도인의 구내(Seller's Premises) 또는 그 밖의 지정장소에서 약정기간 내에 매수인이 지정한 운송인 또는 그 밖의 당사자에게 수출통관을 필한 계약물품을 인도해야 하는 조건(매도인 수출통관)

합격자 Tip

FCA 조건은 FOB 조건과 상호 보완적이다. 따라서 항공 화물이나 컨테이너 화물 수출 시 FCA로 해야 하며, 벌크 화물 수출 시 FOB를 써야 한다.

- 물품의 인도장소
  - 매도인의 작업장(매도인은 운송수단에 물품을 적재할 의무가 있음)
  - 매수인이 지정한 운송인(물품 양하는 매수인의 책임)
- 물품에 대한 매매당사자의 위험부담의 분기점(위험이전) : 운송인에게 인도한 시점(매도인은 지정된 장소에서 매수인이 지정한 운송인에게 수출통관이 된 물품을 인도하며 이 조건은 항공, 철도, 도로, 컨테이너, 복합운송과 같은 모든 운송형태에 적합하다)
- 물품에 대한 매매당사자의 비용부담의 분기점(경비이전) : 운송인에게 인도한 시점(매도인은 인도할 때까지 모든 비용부담)
- 매도인(Seller)과 매수인(Buyer)의 책임

매도인(Seller)	매수인(Buyer)
• 수출통관 필 • 매도인이 지정장소에서 매수인이 지정한 운송인에게 물품을 인도 • 매도인은 자신의 사업장 내에서 인도하는 경우 매수인의 운송수단에 적재 의무가 있으나 제3자의 장소에서 인도하는 경우 적재 의무가 없음	• 물품이 운송인에게 인도된 이후의 모든 위험과 비용부담

● 기출 Check ●

Incoterms 2020상 FCA 조건에 대한 설명으로 옳지 않은 것은?

기출 16년 2회(변형)

① 매도인은 매수인이 지정한 장소(수출국 내륙의 한 지점)에서 매수인이 지정한 운송인(운송주선인 포함)에게 물품 인도
② 인도장소가 매도인의 구내인 경우에는 매수인의 집화용 차량에 적재하여 인도
③ 인도장소가 매도인의 구내 이외의 모든 장소인 경우에는 물품을 적재한 차량을 매수인이 지정한 장소에 반입함으로써 인도(반입된 차량으로부터 양하할 의무는 없음)
④ 매도인이 지정 운송인에 인도한 물품에 대해 매수인이 수출통관 의무 부담

해설 ④ FCA 조건 하에서 수출통관은 매도인, 수입통관은 매수인의 의무이다.

정답 ④

ⓒ CPT[Carriage Paid To, (지정목적지)운임지급 인도조건]

- FCA 조건에 지정목적지까지의 운송비(Carriage)를 추가한 조건
- CPT 뒤에 지정목적지를 표시한다(매도인 수출통관).
- 물품의 인도장소 : 매도인은 합의된 장소에서 자기가 지명한 운송인 또는 기타 당사자에게 수출통관을 필한 물품을 인도한다.
- 물품에 대한 매매당사자의 위험부담의 분기점(위험이전) : 지정된 운송인에게 인도 시(물품을 지정목적지까지 운송할 운송인의 보관하에 최초 운송인에게 물품 인도 시)
- 물품에 대한 매매당사자의 비용부담의 분기점(경비이전) : 합의된 목적지
- 매도인(Seller)과 매수인(Buyer)의 책임

매도인(Seller)	매수인(Buyer)
• 수출통관 필 • 해상운송계약을 체결 • 운임을 부담 • 통상의 운송서류를 지체 없이 매수인에게 제공	• 물품이 운송인에게 인도된 이후의 모든 위험을 부담하고 지정 목적지까지의 운송비 이외 모든 비용부담

ⓓ CIP[Carriage and Insurance Paid to, (지정목적지)운임·보험료지급 인도조건] **기출** 20년 1회, 20년 2회

- CIP는 CPT 조건에 운송 도중의 위험에 대비한 적하보험계약을 체결하고 보험료를 지급하는 것을 매도인의 의무에 추가한 조건(매도인 수출통관)
- 물품의 인도장소 : 지정된 운송인
- 물품에 대한 매매당사자의 위험부담의 분기점(위험이전) : 지정된 운송인에게 인도 시(물품을 지정목적지까지 운송할 운송인의 보관하에 최초 운송인에게 물품 인도 시)
- 물품에 대한 매매당사자의 비용부담의 분기점(경비이전) : 합의된 목적지(매도인은 물품 인도 시까지 모든 비용과 지정목적지 운임·보험료 부담)
- 매도인(Seller)과 매수인(Buyer)의 책임

매도인(Seller)	매수인(Buyer)
• 수출통관 필 • 자기가 지명한 운송인 또는 기타 당사자에게 물품을 인도 • 운임을 부담, 보험계약 체결 • 통상의 운송서류를 지체 없이 매수인에게 제공	• 물품이 운송인에게 인도된 이후의 모든 위험을 부담하고 지정목적지까지의 운송비 이외 모든 비용부담

CIP 거래에서 신용장상에 다음과 같은 문구가 있다. 이에 대한 설명으로 옳지 않은 것은? **기출** 17년 3회

+ Insurance Policy in duplicate issued to Beneficiary's order and blank endorsed for the invoice value plus 10 pct.

① 보험증명서도 수리가능하다.
② 보험증권상에 수익자의 백지배서가 필요하다.
③ 보험부보금액은 송장금액의 110%이다.
④ 보험증권의 피보험자란에 수익자명이 기재된다.

해설 CIP 거래에서는 매도인에게 최소담보조건을 원칙으로 선적항부터 목적항까지 보험계약을 체결하게 된다. INCOTERMS에서 보험계약을 의무적으로 체결해야 하는 조건은 CIP와 CIF 두 조건밖에 없는데 매도인은 자신의 비용으로 보험에 가입하여야 하고 그 증거인 보험증권을 매수인에게 제공하도록 되어 있다.

정답 ①

    ⓗ DAP[Delivered At Place, 목적지 인도조건/지정장소 국경인도조건/ 지정목적항 착선 인도조건]
- 지정목적지에서 수입통관을 필하지 않은 계약물품을 도착된 운송수단으로부터 양하하지 않은 상태로 매수인의 임의 처분상태로 인도하는 조건
- DAP 뒤에 지정목적지를 표시한다(매도인 수출통관/매수인 수입통관).
- 물품의 인도장소 : 지정목적지
- 물품에 대한 매매당사자의 위험부담의 분기점(위험이전) : 지정 목적지(물품이 국경선 지정장소에서 수입통관하지 않고 운송수단에 적재한 채 매수인의 임의 처분하에 인도 되었을 때)
- 물품에 대한 매매당사자의 비용부담의 분기점(경비이전) : 지정 목적지(매도인이 물품 인도 시까지 모든 비용부담, 하역료 매수인 부담, Delivered At Place로 장소지정이 가능하며, 지정장소에서 물건 양도)
- 매도인(Seller)과 매수인(Buyer)의 책임

매도인(Seller)	매수인(Buyer)
• 매도인은 자기의 비용으로 지정 목적지 또는 합의된 지정목적지까지 물품운송을 위한 운송계약 체결 • 지정지까지 물품을 운송하는 데 따른 모든 위험을 부담	• 지정목적지에서 자기가 임의로 처분할 수 있는 상태가 된 이후의 모든 위험과 비용을 부담 • 수입통관

DAP에 관한 설명으로 옳지 않은 것은? **기출** 17년 2회

① DAP 용어 다음에는 지정목적지를 기입하며, 구체적인 장소를 기입하는 것이 좋다.

② 이 규칙은 운송수단의 종류에 관계없이 사용될 수 있다. 그리고 하나 이상의 운송수단이 사용되느냐의 여부에 관계없이 사용될 수 있다.

③ 만약 운송계약에서 매도인이 합의된 도착장소에서 물품의 양륙과 관련한 비용을 부담하였다면 별도로 당사자들의 합의가 없으면, 매도인은 이러한 비용을 매수인으로부터 회수할 권리가 없다.

④ 이 규칙은 합의된 도착장소에서 물품을 도착된 운송수단으로부터 양륙한 상태로 매수인의 임의 처분상태에 인도하는 것을 의미한다. 매수인은 합의된 인도장소까지 물품을 가져오는 데 수반되는 위험을 부담하여야 한다.

해설 DAP는 지정목적지에서 수입통관을 필하지 않은 계약물품을 도착된 운송수단으로부터 양하하지 않은 상태로 매수인의 임의 처분상태로 인도하는 것이다. 또한 매도인이 지정지까지 물품을 운송하는 데 따른 모든 위험을 부담하며, 매수인은 지정목적지에서 임의 처분할 수 있는 상태가 된 이후의 모든 위험과 비용을 부담한다.

정답 ④

ⓑ DPU[Delivery at Place Unloaded, 목적지양하 인도조건]

기출 20년 3회

- DPU는 지정목적항 또는 지정목적지에서 도착된 운송수단으로부터 일단 양하한 물품을 수입통관을 하지 않고 매수인의 임의 처분상태로 인도하는 조건
- DPU 뒤에 목적항 또는 목적지를 표시한다.
- 물품의 인도장소 : 목적지의 어느 장소이든지 물품 양하가 가능한 곳
- 물품에 대한 매매당사자의 위험부담의 분기점(위험이전) : 지정목적항 또는 지정목적지에서의 특정지점
- 물품에 대한 매매당사자의 비용부담의 분기점(경비이전) : 지정목적지
- 매도인(Seller)과 매수인(Buyer)의 책임

매도인(Seller)	매수인(Buyer)
• 매도인은 자기의 비용으로 합의된 목적항 또는 목적지에 물품을 운송하기 위한 운송계약을 체결 • 지정목적항 또는 지정목적지까지 운송하여 양하하는 데 따른 모든 위험을 부담	• 매수인은 물품이 지정장소에서 인도된 이후의 모든 위험과 비용을 부담

Ⓐ DDP[Delivered Duty Paid, (지정목적지)관세지급 인도조건]
- DDP는 매도인이 지정목적지에서 수입통관을 필한 물품을 도착된 운송수단으로부터 양하하지 않은 상태로 매수인에게 인도하는 조건
- DDP 뒤에 지정목적지를 표시한다(매도인 수출 및 수입통관).
- 물품의 인도장소 : 지정목적지
- 물품에 대한 매매당사자의 위험부담의 분기점(위험이전) : 지정목적지(물품이 수입통관되어 수입국 내 지정목적지에서 양하되지 않고 매수인의 임의 처분하에 인도되었을 때)
- 물품에 대한 매매당사자의 비용부담의 분기점(경비이전) : 지정목적지(매도인은 물품이 인도될 때까지 모든 비용, 수입통관비용, 관세, 조세, 부과금 부담)
- 매도인(Seller)과 매수인(Buyer)의 책임

매도인(Seller)	매수인(Buyer)
• 매도인은 지정목적지에 도착할 때까지 목적지 국가에서 관세를 포함하여 계약물품을 인도할 때까지의 모든 비용과 위험을 부담 • 매도인의 부담이 가장 큰 조건	• 계약물품이 지정목적지에서 자기가 임의 처분할 수 있는 상태로 된 이후의 모든 위험과 비용을 부담

② RULES FOR SEA AND INLAND WATERWAY TRANSPORT(해상 및 내수로 운송방식용 규칙)

FAS, FOB, CFR, CIF는 화물의 인도장소와 도착장소가 모두 항구라는 특성 때문에 해상운송과 내륙수로운송에 사용할 수 있다. FOB, CFR, CIF 규칙에서는 인도지점으로서의 '본선난간(ship's Rail)'이라는 문구가 삭제되고 '물품은 본선에 적재(the goods being delivered they are 'on board' the vessel)'된 시점에 인도된다는 내용으로 바뀌었다.

RULES FOR SEA AND INLAND WATERWAY TRANSPORT (해상과 내륙수로운송용 규칙)	
FAS(Free Alongside Ship)	선측 인도조건
FOB(Free On Board)	본선 인도조건
CFR(Cost & FReight)	운임포함 인도조건
CIF(Cost, Insurance and Freight)	운임 · 보험료포함 인도조건

㉠ FAS(Free Alongside Ship, 지정선적항 선측 인도조건)
- 지정선적항에서 매수인이 지정한 본선의 선측(예 부두 또는 부선상)에 수출통관을 필한 물품을 인도하는 조건(매도인 수출통관)
- 물품의 인도장소 : 매수인이 지정한 선박의 선측

- 물품에 대한 매매당사자의 위험부담의 분기점(위험이전) : 매수인이 지정한 선박의 선측(물품이 지정선적항 부두, 선측에 인도되었을 때)
- 물품에 대한 매매당사자의 비용부담의 분기점(경비이전) : 매수인이 지정한 선박의 선측(매도인은 인도할 때까지 모든 비용부담, 매도인은 반드시 지정된 항구에서 물품을 본선의 선측까지 인도해야 함)
- 매도인(Seller)과 매수인(Buyer)의 책임

매도인(Seller)	매수인(Buyer)
• 수출통관 필	• 선박수배 • 수배된 선박명, 선적장소 및 선적시기를 매도인에게 통지 • 선측에 인도된 때부터 선적비용과 그 물품에 관한 모든 비용과 위험을 부담

ⓛ FOB(Free On Board, 지정선적항 본선 인도조건) 기출 20년 1회, 20년 2회
- 계약물품을 지정선적항의 본선 상에 인도하는 조건
- FOB 다음에 지정선적항을 표시한다(매도인 수출통관).
- 물품의 인도장소 : 선적항에 수배된 선박의 본선을 통과하는 곳
- 물품에 대한 매매당사자의 위험부담의 분기점(위험이전) : 물품이 지정선적항 본선 갑판에 안착됐을 때
- 물품에 대한 매매당사자의 비용부담의 분기점(경비이전) : 물품이 지정선적항 본선의 갑판에 안착되었을 때(매도인은 인도할 때까지 모든 비용부담, 매도인은 매수인이 지명한 본선에 수출통관된 물품을 적재해야 한다)
- 매도인(Seller)과 매수인(Buyer)의 책임

매도인(Seller)	매수인(Buyer)
• 수출통관 필 • 매수인이 지정한 본선상에 물품을 인도	• 선박수배 • 수배된 선박명, 선적장소 및 선적시기를 매도인에게 통지 • 선측에 인도된 때부터 선적비용과 그 물품에 관한 모든 비용과 위험을 부담

Incoterms® 2020의 FOB(Free On Board)에서 위험이전에 관한 내용으로 옳은 것을 모두 나열한 것은? 기출 15년 2회(변형)

> A : 위험은 원칙적으로 물품이 본선의 난간(Ship's Rail)을 통과한 때가 아니라 본선에 적재된 때에 이전한다.
> B : 매수인이 지정한 선박이 정시에 도착하지 않아 매도인이 선적을 할 수 없었다면 물품이 계약물품으로 특정되어 있는 경우에는 위험은 매수인에게 이전하게 된다.
> C : 매수인이 지정한 선박이 물품을 수령하지 않거나 선적을 조기에 마감하여 매도인이 선적을 할 수 없었다면 물품이 계약물품으로 특정되어 있는 경우에는 위험은 매수인에게 이전하게 된다.
> D : 매수인이 매도인에게 선박을 지정하여 통지하지 않아 매도인이 선적을 할 수 없었다면 물품이 계약물품으로 특정되어 있는 경우에는 위험은 매수인에게 이전하게 된다.

① A, C, D   ② A, B, D
③ B, C, D   ④ A, B, C, D

해설 매도인은 매수인이 지정하는 본선에 적재하여 인도할 때까지 물품의 멸실 또는 손상의 모든 위험을 부담하되 아래에 규정된 상황에서 발생하는 멸실 또는 손상은 매수인이 부담한다.
• 매수인이 선박명, 선적지점, 인도시기를 충분히 통지하지 않은 경우
• 매수인이 지정한 선박이 정시에 도착하지 않거나, 물품을 수령하지 않거나, 통지된 시기보다 일찍이 선적을 마감하는 경우
따라서 보기의 내용은 모두 정답이 된다.

정답 ④

합격자 Tip

항공수단으로 CFR 조건으로 수출 시에는 CPT 조건을 써야 한다.

ⓒ CFR[Cost and FReight, (지정목적항)운임포함 인도조건]
• 선적 시까지의 상품의 원가(Cost)에 지정목적항까지 물품을 운송하기 위한 해상운임(Freight)이 가산된 조건
• CFR 뒤에 지정목적항 표시한다(매도인 수출통관).
• 물품의 인도장소 : 선적항의 본선을 통과하는 곳
• 물품에 대한 매매당사자의 위험부담 분기점(위험이전) : 물품이 지정선적항 본선 갑판에 안착됐을 때
• 물품에 대한 매매당사자의 비용부담의 분기점(경비이전) : 목적항(매도인은 적재 시까지 모든 비용과 목적항까지 운임, 양하비 부담)

• 매도인(Seller)과 매수인(Buyer)의 책임

매도인(Seller)	매수인(Buyer)
• 수출통관 필 • 해상운송계약을 체결 • 운임을 부담 • 통상의 운송서류를 지체 없이 매수인에게 제공	• 물품의 본선인도 이후의 모든 위험과 물품의 본선인도 이후의 해상운임을 제외한 모든 추가비용 부담 • 수배된 선박명, 선적장소 및 선적시기를 매도인에게 통지 • 본선에 적재된 때부터 그 물품에 관한 모든 비용과 위험을 부담

㉣ CIF[Cost, Insurance and Freight, (지정목적항) 운임 · 보험료포함 인도조건] 기출 20년 2회
• CFR 조건에 보험조건이 포함된 조건(매도인 수출통관)
• 물품의 인도장소 : 선적항의 본선을 통과하는 곳
• 물품에 대한 매매당사자의 위험부담의 분기점(위험이전) : 물품이 지정선적항 본선 갑판에 안착됐을 때
• 물품에 대한 매매당사자의 비용부담의 분기점(경비이전) : 목적항(매도인은 적재 시까지 모든 비용과 목적항까지 운임, 양하비 부담 + 보험료)
• 매도인(Seller)과 매수인(Buyer)의 책임

매도인(Seller)	매수인(Buyer)
• 수출통관 필 • 해상운송계약 체결 • 운임을 부담 • 보험계약 체결 • 통상의 운송서류를 지체 없이 매수인에게 제공	• 물품이 운송인에게 인도된 이후의 모든 위험을 부담하고 지정목적지까지의 운송비 이외 모든 비용부담

〈FOB vs CFR vs CIF〉

구 분	FOB	CFR	CIF
위험의 이전시점	선박의 본선	선박의 본선	선박의 본선
수출자의 비용부담	선적항에서 갑판에 적재될 때까지	FOB 비용에 합의된 도착항까지의 운임	FOB 비용에 합의된 도착항까지의 운임 및 보험료
물품인도방식	현물인도방식	서류인도방식	서류인도방식
운임지급방법	Freight Collect	Freight Prepaid	Freight Prepaid
보험관계	매수인 부보(자신을 위한 보험가입)	매수인 부보(자신을 위한 보험가입)	매도인 부보(매도인이 매수인을 위해 보험부보)

● 기출 Check ●

인코텀즈(Incoterms) 2020의 CIF 조건에 대한 설명으로 옳지 않은 것은?

기출 20년 2회

① 매도인이 부담하는 물품의 멸실 또는 손상의 위험은 물품이 선박에 적재된 때 이전된다.
② 물품이 컨테이너터미널에서 운송인에게 교부되는 경우에 사용하기 적절한 규칙은 CIF가 아니라 CIP이다.
③ 매도인은 물품이 제3국을 통과할 때에는 수입관세를 납부하거나 수입통관 절차를 수행할 의무가 있다.
④ 매도인은 목적항에 물품이 도착할 때까지 운송 및 보험 비용을 부담하여야 한다.

해설 인코텀즈(Incoterms) 2020의 CIF 조건에서는 수출자는 물품의 수입을 위한 또는 제3국을 통과하기 위한 통관을 하거나 수입관세를 지불하거나 수입통관 절차를 수행할 의무가 없다.

정답 ③

(4) 인코텀즈 운송 · 보험 · 통관비용 및 위험분기점

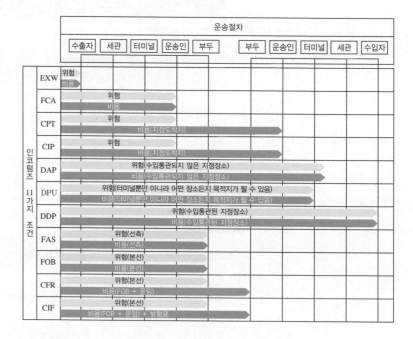

		운송절차										
		수출자	세관	터미널	운송인	부두		부두	운송인	터미널	세관	수입자
인코텀즈 11가지 조건	EXW	위험 / 비용										
	FCA		위험 / 비용									
	CPT		위험 / 비용(지정도착지)									
	CIP		위험 / 비용(지정도착지)									
	DAP			위험(수입통관되지 않은 지정장소) / 비용(수입통관되지 않은 지정장소)								
	DPU			위험(터미널뿐만 아니라 어떤 장소든지 목적지가 될 수 있음) / 비용(터미널뿐만 아니라 어떤 장소든지 목적지가 될 수 있음)								
	DDP				위험(수입통관된 지정장소) / 비용(수입통관된 지정장소)							
	FAS		위험(선측) / 비용(선측)									
	FOB		위험(본선) / 비용(본선)									
	CFR		위험(본선) / 비용(FOB + 운임)									
	CIF		위험(본선) / 비용(FOB + 운임) + 보험료									

기출 Check

다음 내용 중 옳은 것을 모두 고르면? 기출 17년 2회

㉠ FCA 조건에서는 Buyer가 Seller를 위해 보험에 부보한다.

㉡ CPT 조건에서는 Buyer가 자기 자신을 위해 보험에 부보할 수 있다.

㉢ CIP 조건에서는 Seller가 Buyer를 위해 보험에 부보하여야 한다.

㉣ FCA 조건에서 부보되는 경우, 피보험자(Assured)는 매수인(Buyer)이다.

㉤ CPT 조건에서 부보되는 경우, 피보험자(Assured)는 매수인(Buyer)이다.

㉥ CIP 조건에서 피보험자(Assured)는 매도인(Seller)이다.

① ㉠, ㉡, ㉢, ㉣

② ㉡, ㉢, ㉣, ㉤

③ ㉢, ㉣, ㉤, ㉥

④ ㉡, ㉢, ㉣, ㉥

해설
㉠ FCA 조건에서는 매도인이 지정된 장소에서 지정된 운송인에게 물품을 인도할 때까지 모든 위험과 비용을 매도인이 부담. 그 이후에는 매수인이 부담한다.
㉥ CIP 조건에서는 부보의무는 매도인에게 있으나 물품운송의 위험은 매수인이 부담하는 경우 보험계약자는 매도인이 되지만 피보험자는 매수인이 된다.

정답 ②

실전 예상문제

01

무역의존도에 대한 설명으로 옳은 것은?

① 한 나라 경제가 무역에 의존하는 정도를 의미한다.

② 국민소득이 낮을수록 무역의존도는 낮다.

③ 무역의존도가 높다는 것은 경제적 자립도가 높다는 것이다.

④ 국민소득이 높을수록 무역의존도는 높다.

해설

무역의존도란 한 나라의 국민경제에서 무역이 차지하는 비중을 표시하는 지표로서 국민소득 또는 국민 총생산에 대한 수출입액의 비율로 나타낸다. 무역의존도를 둘로 나누어 수입의존도 및 수출의존도라고도 한다. 무역의존도가 커지면 그 나라의 경제는 외국의 영향을 강하게 받게 된다. 내수비중을 키워야 무역의존도를 낮출 수 있다.

정답 ①

02

해외시장조사를 하기 위하여 고려해야 할 사항이 아닌 것은?

① 해당지역의 정책환경 및 정부정책, 거시경제지표, 국내외 경쟁사 파악

② 무역계약조항별 거래당사자의 관행과 계약 불이행 시 대처방안 조사

③ 한국무역보험공사를 통한 무역보험 부보금액 조사

④ 대한무역투자진흥공사 및 대외경제정책연구원의 해당지역 조사자료

해설

해외시장조사는 무역거래에 있어 비용과 위험 최소화를 위한 필수 전제조건이다. 그 방법에 있어 우선 대상 시장의 전반적 개황(정치 · 경제 · 사회 · 풍토 · 기후 · 언어 등)을 조사한 후, 취급상품 등에 대한 세부내용(무역관리제도 · 시장특성 · 수요와 공급 · 유통구조 · 경쟁상대 · 거래처 등)을 조사하는 일련의 단계를 거치게 된다. 한국무역보험공사를 통한 무역보험 부보금액 조사 및 해외시장의 보험관련 현황조사는 핵심조사내용이 아니다.

정답 ③

03

타사 제품을 신용장 건별로 국내에서 구매하여 수출하는 일반 수출 절차의 진행 순서가 맞는 것은?

① 내국신용장 발행 → 수출신용장 내도 → 완제품 국내 구매계약 → 완제품 공급

② 수출신용장 내도 → 내국신용장 발행 → 완제품 국내 구매계약 → 완제품 공급

③ 완제품 국내 구매계약 → 완제품 공급 → 내국신용장 발행 → 수출신용장 내도

④ 수출신용장 내도 → 완제품 국내 구매계약 → 내국신용장 발행 → 완제품 공급

해설

내국신용장은 수출상이 원신용장을 담보로 하여 개설한다.

정답 ④

04

신용조회처로 적합하지 않은 것은?

① 상업흥신소
② 한국수출보험공사
③ 선박회사
④ 은행조회처

✏️ 해설

신용조회처

주로 이용되는 신용조회처는 상대방 거래은행에 요청하는 은행 신용조회처(**Bank Reference**) 및 같은 업종에 종사하는 사람에게 하는 동업자 신용조회처(**Trade Reference**) 등이며 그 외에 흥신소 등을 활용할 수도 있다.

- 상업흥신소(**Commercial Credit Agencies**)(예 미국 Dun and Bradstreet Incorporated)
- 외환은행(**Exchange Bank**)
- 수출업자의 해외지사, 출장소, 판매 대리점 등
- 동업자조회(**Trade Reference**)

정답 ③

05

국제무역 거래당사자는 계약체결 전 그 상대방에 관한 신용조사를 수행하기 마련이다. 당해 기업에 대한 업종, 연혁, 경력 및 영업권에 관한 조사 항목은 다음 중 신용조사의 어느 분류에 해당되는가?

① Capacity
② Condition
③ Character
④ Capital

✏️ 해설

신용조회에 있어 필수적으로 조사해야 할 내용으로 3C's(Character, Capital, Capacity)가 있다.

- **Character** : 회사의 사업목적, 경영자의 태도, 영업태도, 계약이행에 대한 열의, 계약이행 상태, 업계 평판, 품질 등에 대한 항목들이 포함된다.
- **Capital** : 자본금의 규모, 채권, 채무, 수권자본과 납입자본, 자기자본과 타인자본의 비율 등이 여기에 포함된다.
- **Capacity** : 해당기업의 전반적인 경영 상태 및 영업능력에 관한 내용이다. 여기에는 영업방법 및 형태, 거래방법, 거래량, 거래실적, 경력 · 경험, 경영진의 생산주문 이행 능력, 연간 매출액 및 생산능력, 연혁 등이 포함된다.

정답 ①

06

Firm Offer에 관한 다음 설명 중 맞는 것은?

① Firm Offer는 유효기간 내에 조건부승낙 통지를 해도 Counter Offer로 볼 수 없다.
② Firm Offer는 Offeree에게 도달 전이라 해도 Offeror가 그 내용을 변경 · 취소 · 철회할 수 없다.
③ Firm Offer는 유효기간이 경과해도 자동적으로 효력이 상실되지 않는다.
④ Firm Offer는 유효기간 내에 거래 상대방이 승낙을 하면 계약체결로 간주한다.

✏️ 해설

확정청약(Firm Offer)은 유효기간 내에 상대방이 승낙하면 계약이 성립하는 것이다.

정답 ④

07

국제물품매매계약에 있어서 청약의 기준으로 볼 수 없는 것은?

① 1인 또는 그 이상의 특정인에게 제의하여야 한다.
② 승낙이 있는 경우에는 이에 구속된다는 청약자의 의사를 표명하고 있어야 한다.
③ 청약에 대한 회신기일을 명시하여야 한다.
④ 청약의 내용은 충분히 확정적이어야 하고, 명시적 또는 묵시적으로라도 수량과 대금을 정하고 있어야 한다.

🖉 **해설**

청약에 대한 회신기일 명시여부는 청약의 기준이 아니다.

정답 ③

08

청약의 내용은 확정적이어야 한다. 청약이 확정력을 확보하려면 최소한 어떠한 것들이 정해져야 하는가 (Vienna 협약 기준)?

① 물품, 수량
② 물품, 가격
③ 물품, 수량, 가격
④ 물품, 수량, 가격, 인도장소

🖉 **해설**

비엔나협약상의 "확정적"이란 단어의 의미
어떠한 제의가 물품을 표시하고 그 수량과 대금을 명시적 또는 묵시적으로 지정하거나 이를 결정할 규정을 두고 있는 경우에는 이 제의는 충분히 확정적인 것으로 한다.

정답 ③

09

불확정청약(Free Offer)에 관한 다음의 설명 가운데 틀린 것은?

① 승낙기간(유효기간, Validity)이 설정되어 있지 않은 것이 보통이다.
② 상대방(Offeree)의 동의가 없어도 청약자가 임의로 내용을 변경하거나 철회할 수 있고, 피청약자가 승낙의 의사표시를 하기 전 취소까지도 가능하다.
③ 불확정청약도 청약이므로 상대방이 이를 승낙하면 그것만으로 바로 매매계약 성립의 효력이 발생된다.
④ 구두청약(Oral Offer)이라 해서 반드시 불확정청약이라 할 수 없으므로, 문서화의 여부는 확정청약과 불확정청약의 절대적 구분기준이 되지 못한다.

🖉 **해설**

청약자의 최종확인이 있어야 법적인 구속력을 가진다.

정답 ③

10

다음의 규칙 가운데 그 제정기관이 다른 하나는?

① INCOTERMS 2020
② UCP 600
③ Vienna Convention, 1980
④ Uniform Rules for Collection, 1978

🖉 **해설**

①·②·④의 제정기관은 국제상업회의소(International Commercial Terms)이다.
Vienna Convention(1980)은 국제물품매매계약에 관한 UN협약을 말하며 **CISG(1980)**이라 부르기도 한다.

정답 ③

11

국제물품매매계약에 관한 UN협약(CISG)에서는 피청약자가 승낙을 의도하고 있는 경우에는 청약상의 조건을 실질적으로 변경하지 아니하는 조건의 추가, 제한 또는 변경이 있더라도 승낙으로 인정하고 있다. 다음 중 CISG에서 특정하고 있는 실질적인 조건변경의 사유에 해당되지 않는 것은?

① 물품의 품질 및 수량조건
② 화인조건
③ 물품의 인도장소 및 인도시기
④ 분쟁해결에 대한 추가적 대금의 지급방법

✎ 해설

청약조건의 실질적 변경 조건이란 "대금, 대금지급, 물품 품질 및 수량, 인도장소 및 시기, 상대방에 대한 당사자 일방의 책임 범위 또는 분쟁 해결"에 대한 추가적이거나 상이한 조건을 말한다. 따라서 "화인조건"은 실질적인 조건변경의 사유가 아니다.

정답 ②

12

국제물품매매계약에 있어서 매도인의 의무에 관한 설명으로 틀린 것은?

① 제3자의 권리 또는 클레임으로부터 자유로운 물품을 인도하여야 한다.
② 물품에 관련된 서류를 매수인에게 교부하여야 한다.
③ 물품의 소유권을 매수인에게 이전하여야 한다.
④ 어떠한 경우에도 수출통관을 하여야 한다.

✎ 해설

수출통관은 계약 조건에 따라 매도인의 의무일 수도 있고 매수인의 의무일 수도 있다. 예를 들어 Incoterms 2020 EXW 조건으로 거래 시 매수인의 책임과 비용으로 수출 승인을 얻고 수출통관을 하여 물품 운송을 해야 하므로, 이 경우 수출통관은 매도인의 의무가 아니다.

정답 ④

13

국제물품매매계약에 관한 UN협약(CISG)하에서 매도인의 서류교부의무에 관한 설명으로 틀린 것은?

① 매도인은 계약에 따라 물품에 관한 서류를 매수인에게 교부하여야 한다.
② 서류에 부적합이 있는 경우에, 매도인은 그 서류교부 시기까지 그 부적합을 보완할 수 있다.
③ 매수인은 서류의 부적합이 있는 경우에 손해배상을 청구할 수 있다.
④ 매수인은 매도인의 서류교부의무의 위반에 대해서 계약해제권이 없다.

✎ 해설

국제물품매매계약에 관한 UN협약(CISG)은 서류교부의무의 위반이 매수인에게 어떤 법적 구제권을 부여하는지 규명한다. CISG 제30조와 제34조에 서류교부의무에 관한 규정을 두고 있다.

정답 ④

14

국제물품매매계약에 관한 UN협약(CISG)상 매도인의 물품인도의무에 관한 설명으로 옳지 않은 것은?

① 매도인은 인도기일이 계약에 의하여 지정되어 있는 경우에는 그 기일에 물품을 인도하여야 한다.
② 매도인은 인도시기가 계약에 의하여 지정되어 있지 않은 경우에는 계약체결 후 즉시 물품을 인도하여야 한다.
③ 매도인은 인도기간이 계약에 의하여 지정되어 있는 경우에는 그 기간 내의 어느 시기에 물품을 인도하여야 한다.
④ 매도인이 물품의 운송을 주선하여야 하는 경우에, 매도인은 상황에 맞는 적절한 운송수단 및 그 운송에서의 통상의 조건으로 운송계약을 체결하여야 한다.

인도시기가 특정일이나 특정기간으로 정해지지 아니한 경우에는 계약체결 후 상당기간 내에 물품을 인도하여야 한다(CISG 제33조 c항).

정답 ②

15

국제물품매매계약에 관한 UN협약(CISG)에서 매수인의 물품검사 및 보존의무에 관한 설명으로 옳은 것은?

① 매수인은 물품수령 후 최소 2년 이내에 물품을 검사하거나 또는 물품이 검사되도록 해야 한다.
② 계약이 물품의 운송을 포함하는 경우에는, 물품이 목적지에 도달한 이후까지 물품검사는 연기될 수 있다.
③ 매수인이 수령한 물품상의 하자가 본질적 계약위반에 해당되는 경우, 매수인은 물품을 보존할 책임이 없다.
④ 매수인이 물품을 보존하기 위해서 제3자의 창고에 임치하여야 하는 경우에는, 매수인은 물품보존의무를 면제받게 된다.

해설

② CISG 제38조
① 매수인은 상황에 따라 가능한 한 짧은 기간 내에 물품을 검사하거나 검사받도록 해야 한다(CISG 제38조).
③ 매수인이 물품을 인수한 후 계약 또는 본 협약에 의거 그 물품을 거부하기 위해 어떤 권리를 행사하고자 할 때에는, 매수인은 물품을 보존하기 위하여 그 상황에서 합리적인 조치를 취하여야 한다. 매수인은 매도인으로부터 자신의 합당한 비용을 보상받을 때까지 물품을 유치할 권리가 있다(CISG 제86조).
④ 물품 보존을 위한 조치를 취하여야 할 의무가 있는 당사자는, 그 비용이 불합리하게 발생한 것이 아닌 한, 상대방의 비용으로 물품을 제3자의 창고에 기탁할 수 있다(CISG 제87조).

정답 ②

16

국제물품매매계약에 관한 UN협약(CISG)상 계약해지에 관한 설명으로 틀린 것은?

① 계약이 해제되더라도 계약상의 분쟁해결조항은 여전히 효력을 갖는다.
② 매수인이 물품을 수령한 상태와 실질적으로 동일한 상태로 그 물품을 반환할 수 없는 경우, 매수인은 원칙적으로 계약을 해제할 수 없다.
③ 계약의 해제로 매도인이 대금을 반환하여야 하는 경우에, 매도인은 계약 해제일로부터 발생하는 이자를 지급하면 된다.
④ 매수인이 물품을 반환할 수 없음에도 불구하고 계약을 해제하였을 경우에, 매수인은 그 물품으로부터 생긴 모든 이익까지 반환하여야 한다.

해설

매도인이 대금을 반환하여야 할 의무가 있는 경우, 매도인은 계약해제일이 아니라 대금지급일로부터의 이자도 지급하여야 한다(CISG 제84조).
① CISG 제81조, ② CISG 제82조, ④ CISG 제84조

정답 ③

17

국제물품매매계약에 관한 UN협약(CISG)하에서 승낙에 관한 설명으로 옳은 것은?

① 승낙의 의사표시는 서류에 의해서만 인정된다.
② 승낙은 그것이 청약자에게 도달하는 시점에 효력이 발생한다.
③ 승낙기간 중에 법정공휴일이 끼여 있다면 그 공휴일은 승낙기간에 포함되지 않는다.
④ 승낙의 의사표시는 승낙기간 내에 도달하지 않아도 된다.

승낙 방법이 지정되어 있는 경우 지정된 통신수단을 이용하여 승낙해야 하지만 승낙 방법이 지정되어 있지 않는 경우에는 언어, 서면, 구두 또는 행위 등 합리적 방법으로 승낙의 의사표시를 하면 되고, 승낙기간 중간에 있는 법정공휴일도 승낙기간에 포함되며, 승낙의 의사표시는 승낙기간 내에 도달해야 유효하다.
① · ② · ④ CISG 제18조, ③ CISG 제20조

정답 ②

18

매도인과 매수인은 모두 국제물품매매계약에 관한 UN협약(CISG) 체약국의 상인이다. 하지만 그들은 계약체결 시 준거규범으로서 Incoterms도 CISG도 채택하지 않았다. 훗날 위험이전시기를 두고 분쟁이 발생한 경우 다음 중 어느 기준이 적용되는가?

① Incoterms를 채택하지 않았지만 Incoterms가 적용된다.
② CISG를 준거법으로 지정하지 않았지만 CISG가 적용된다.
③ 매도인 국가의 국내규범이 우선적으로 적용된다.
④ 매수인 국가의 국내규범이 우선적으로 적용된다.

계약체결 시 수출상(매도인)과 수입상(매수인) 모두 Incoterms와 CISG 중 아무 것도 채택하지 않은 경우 위험이전시기에 대한 분쟁 발생 시 CISG가 우선 적용된다. 그러나 Incoterms 2020을 계약서상에 해당조건을 적용한다는 문언을 삽입한 경우에는 CISG보다 Incoterms가 우선 적용된다.

정답 ②

19

교차청약(Cross Offer)에 대한 설명 중 맞는 것은?

① 동일한 2개의 Selling Offer가 존재하기 때문에 계약은 성립하지 않는다.
② 교차청약은 어떠한 경우에도 계약을 성립시키는 것으로 해석된다.
③ 실무에서 교차청약이 발생하면 어느 한 당사자가 재확인절차를 거치는 것이 거래상 안전하다.
④ 하나의 Selling Offer와 또 하나의 Buying Offer가 동일한 조건으로 행해지는 경우 모든 국가에서 계약의 유효한 성립으로 인정된다.

교차청약(Cross Offer)
청약자와 피청약자가 동시에 동일한 내용의 청약을 하는 것. 이를 계약의 성립으로 볼 것인가 여부에 관한 국제적 통일 법규는 없다. '계약을 양 당사자 간 의사표시의 합치'로 보아 별도의 승낙이 필요 없는 계약 성립으로 보는 국가는 한국, 일본, 독일 등이고, 교차청약을 계약 성립으로 보지 않는 것은 영미이다.

정답 ③

20

청약의 유인(Invitation to Offer)에 대한 설명 중 바른 것은?

① 확정청약(Firm Offer)의 다른 표현이다.
② 구두청약(Oral Offer)을 말한다.
③ Counter Offer에 대비되는 개념으로 Original Offer를 말한다.
④ 청약의 사전준비단계로 예비교섭단계를 말한다.

청약의 유인(자유/조건부청약)은 피청약자가 승낙하여도 계약이 성립되지 않고 청약자의 확인으로 계약이 성립되는 청약의 사전준비단계로 예비교섭단계라고 할 수 있다. 청약의 대상은 불특정인, 불특정 집단이 된다.

정답 ④

21

다음 중 일반적으로 청약의 효력소멸사유가 아닌 것은?

① 청약자의 청약철회
② 피청약자의 거절이나 반대청약
③ 시간의 경과
④ 피청약자의 승낙

✏ **해설**

① 청약의 소멸은 청약이 이뤄지고 나서 사라지는 것으로서 철회는 청약의 효력이 아직 발생하지 않은 것으로 본다.

정답 ①

22

구두청약자가 승낙은 반드시 서면으로 하여야 한다고 요구했으나 피청약자가 구두로 승낙한 경우 다음 설명 중 옳은 것은?

① 구두승낙은 승낙으로 인정된다.
② 구두승낙은 새로운 청약으로 인정되지 아니한다.
③ 구두승낙은 청약의 거절로 인정되지 아니한다.
④ 구두승낙은 승낙의 거절임과 동시에 새로운 청약으로 인정된다.

✏ **해설**

구두청약의 승낙과 승낙방법
구두청약은 상황이 달리 표시하지 않는 한 즉각적으로 승낙되어야 한다(CISG 제18조).

정답 ④

23

다음 설명 중 그 내용이 틀린 것은?

① 승낙(Acceptance)에 대한 회신방법(서한문이나 전신문)이 청약서상에 지정되었다면 그 방법에 따라야 한다.
② 청약(Offer)은 피청약자에게 도달하였을 경우에 그 효력이 발생한다고 볼 수 있다.
③ 무역계약 체결은 청약과 승낙에 의해 계약이 성립되므로 그 이후에 매매계약서를 따로 작성한다는 것은 불필요한 형식이다.
④ 승낙은 무조건적인 것이어야 한다.

✏ **해설**

매매계약서를 따로 작성하는데 이는 장래에 발생할 분쟁을 예방하기 위해서이다.

정답 ③

24

"국제물품매매에 관한 유엔협약"의 설명 중 틀린 것은?

① 선박이나 항공기의 매매에는 적용하지 않는다.
② 청약과 승낙의 의사표시는 모두 도달주의를 채택하고 있다.
③ 유엔 가입국의 국제물품매매에서는 모두 본 협약이 준거법이 된다.
④ 1998년 1월 1일부터 발효되었다.

✏ **해설**

비엔나협약(Vienna Convention)은 강행규정이 아니고 임의규정이므로 당사자가 합의로 비엔나협약을 준거법으로 따르기로 합의한 경우이거나 무역거래 양 당사자의 국가가 동 협약의 체약국인 경우에 한하여 준거법으로서 효력을 갖게 된다.

정답 ③

25

국제물품매매계약에 관한 UN협약(비엔나협약, Vienna Convention, 1980)에 의하면 청약(Offer)과 승낙(Acceptance)의 효력발생 시기는?

① Offer는 발신주의, Acceptance는 도달주의
② Offer는 도달주의, Acceptance는 발신주의
③ Offer와 Acceptance 모두 도달주의
④ Offer와 Acceptance 모두 발신주의

✎ 해설

비엔나협약상 청약과 승낙의 효력발생 시기는 도달주의를 채택하고 있다(CISG 제15조, 제18조).

정답 ③

26

무역계약에 관한 아래 설명 중 맞지 않는 것은?

① 유효기간이 경과하면 Firm Offer는 자동적으로 효력을 상실한다.
② Firm Offer에 대해 유효기간 내에 조건부승낙통지를 하면 이것은 Counter Offer로 본다.
③ 무역계약은 유상, 쌍무 및 낙성계약이라는 특성을 지니고 있다.
④ Firm Offer가 Offeree에게 도달하기 전에는 Offeror가 그 내용을 변경, 취소, 또는 철회할 수 없다.

✎ 해설

Firm Offer(확정청약)
- 청약자가 청약할 때 피청약자의 승낙(청약내용에 대한 동의의 의사표시)기한(Validity : 청약의 유효기간)을 정하여 그 기간 내 피청약자가 승낙 시 즉각적인 계약 체결을 예정하고 있는 청약이다.
- 유효기간 동안에는 청약자 자신도 청약의 내용을 변경·취소하지 못한다.
- Firm Offer의 유효기간 내에 상대방이 승낙을 하면 당사자 쌍방을 법률적으로 구속하는 매매계약이 성립한다.

- 일반적으로 청약자는 유효기간 내에는 Firm Offer를 임의로 철회할 수 없다고 해석되는 것이 원칙이나, 확정청약의 경우에도 불가항력이 발생한 경우나 상대방이 동의하는 경우 확정청약에 대한 철회가 가능하다.
- 당사자 간 시차가 있는 경우에는 유효기간의 기준시를 명확히 해야 한다.

정답 ④

27

비엔나협약(United Nations Convention on Contracts for the International Sales of Goods 1980) 내용에 대한 설명 중 틀린 것은?

① 매매계약 성립을 위한 청약기준, 효력발생 및 취소 그리고 승낙표시 시기 및 방법 등
② 거래 상대방의 계약위반에 대한 매수인의 구제 및 매도인의 구제
③ 계약당사자 자치의 원칙을 존중하여 계약당사자의 합의에 의해 본 협약의 일부 또는 전부의 적용을 배제
④ 정형무역조건에 따른 계약당사자의 의무 및 권리

✎ 해설

정형무역조건에 따른 계약당사자의 의무 및 권리는 INCOTERMS에서 다룬다.

정답 ④

28

다음 중 무역계약서의 전면에 기재될 내용으로 부적절한 것은?

① 가격조건
② 선적시기
③ 수량조건
④ 중재조항

✏️ 해설

중재조항은 모든 거래에 공통되는 사항인 일반거래조항으로 이면/인쇄 조항이다.

정답 ④

29

다음 무역계약의 형식에 관한 설명으로 옳은 것은?

① 무역계약은 서면으로 작성되어야 한다.
② 무역계약은 증인의 서명이 있는 서면으로 작성되어야 한다.
③ 무역계약은 국가기관의 서면확인이 있는 것이어야 한다.
④ 무역계약은 서면으로 작성 또는 증명될 필요가 없다.

✏️ 해설

무역계약은 불요식계약이므로 반드시 계약서를 작성할 필요는 없으며 통일된 양식이나 형식은 없기 때문에 서면뿐만 아니라 구두계약으로도 가능하다.

정답 ④

30

다음 설명 중 그 내용이 틀린 것은?

① 무역계약은 반드시 정형화된 Sales Contract 양식을 이용해야 한다.
② 무역계약은 상대방의 승낙이 있을 것을 요건으로 한다.
③ 무역계약은 양당사자 모두가 채무를 부담하는 계약이다.
④ 무역계약은 격지자 간의 물품매매계약이다.

✏️ 해설

무역계약 시 반드시 정형화된 Sales Contract를 써야 할 필요는 없다.

정답 ①

31

무역계약서상의 "Whereas Clause"란?

① 통지조항
② 설명조항
③ 대금지급조항
④ 당사자의 주소조항

✏️ 해설

계약서상의 전문에 삽입되는 조항으로 계약체결의 경위 및 목적이 기재되는 조항이다.

정답 ②

32

다음 중 어떤 특정품목의 수출입에 있어서 수출업자는 지정수입업자 이외에는 동일품목을 오퍼하지 않고 수입업자 역시 수출국의 다른 수출업자로부터 동일품목을 취급하지 않는 것을 조건으로 하는 계약은?

① 개별계약　　　　② 포괄계약
③ 독점계약　　　　④ 쌍무계약

✎ 해설

계약서
- 독점계약(Exclusive Contract) : 연간 또는 수출입 전문상사 간에 매매를 국한시키는 계약 / Exclusive Sales Contract(독점판매 계약서)
- 개별계약(Case by Case Contract) : 거래가 성립될 때마다 체결하는 계약 / Sales Confirmation Note(매매계약서), Purchase Order Note(주문서)
- 포괄계약 · 장기계약(Master Contract) : 연간 또는 장기간 기준으로 계약을 체결하고 필요 시마다 수정을 가하는 계약 / Agreement on General Terms and Conditions of Business(일반거래조건협정서) + 물품 매도확약서 · 매입확약서

정답 ③

33

무역계약에서 약인에 대한 설명과 거리가 먼 것은?

① 대가의 상호교환이다.
② 어음행위를 제외하고 일반적으로 과거의 약인은 약인이 될 수 없다.
③ 무역계약 시 약인 이론은 국제적으로 엄격하게 준수되고 있다.
④ 적법한 것이어야 한다.

✎ 해설

약인(Consideration)은 대가의 상호교환을 의미하는 것으로 과거에 영국과 미국에서는 엄격하게 준수되어 온 영 · 미법상의 특유한 개념이나 현재는 상당히 완화되는 추세에 있다.

정답 ③

34

계약위반(Breach of Contract)의 유형 중 쌍무계약에 있어서 당사자의 일방이 계약에 의하여 정해진 이행시기가 도래하여도 자기의 의무를 이행할 의사가 없거나 이행하는 것이 불가능하다는 것을 표명하는 것을 무엇이라 하는가?

① 이행불능　　　　② 이행거절
③ 이행지체　　　　④ 이행연기

✎ 해설

이행의 불능은 이행이 현실적으로 불가능한 것이며, 이행의 거절은 이행이 가능함에도 이를 이행할 의사가 없음을 표명하는 것이고, 이행의 지체는 이행이 가능함에도 그 이행을 지연하고 있는 것을 말한다.

정답 ②

35

영미법에서 계약위반(Breach of Contract)의 유형으로 포함시키지 않는 것은?

① 이행불능(Impossibility of Performance)
② 이행지체(Failure to Perform)
③ 불완전이행(Incomplete Performance)
④ 이행거절(Renunciation)

✎ 해설

- ③ 불완전이행(Incomplete Performance) : 채무를 이행했으나 그 이행 수준이 완전하지 못한 것
- ① 이행불능(Impossibility of Performance) : 무역계약 당사자가 자신의 채무를 이행할 수 없는 것
- ② 이행지체(Delay in Performance = Failure to Perform) : 당사자가 계약 이행기에 이행이 가능함에도 정당한 이행을 하지 않고 지연시키는 것
- ④ 이행거절(Renunciation = Refusal to Performance) : 이행시기 전후를 불문하고 의무를 이행하지 않겠다는 계약 당사자의 명시적 · 묵시적 의사표시를 하는 것

정답 ③

36

다음 중 최종선적일을 의미하는 용어에 해당하지 않는 것은?

① On or Before
② Not later than
③ On or About
④ Until

✏️ 해설

On or About(~경에) : 특정일 전후 선적조건. 지정일 전후 5일 포함(양쪽 끝날 포함)하여 11일간

정답 ③

37

다음 중 수량조건에 사용되는 표현으로 그 성질이 다른 하나는?

① About
② Circa
③ Approximately
④ Above

✏️ 해설

신용장 방식 거래 시 신용장 금액, 수량, 단가 앞에 About, Approximately, Circa, Around 등의 용어가 사용된 경우 상하 10% 이내의 과부족(Difference)을 허용한다.

정답 ④

38

Incoterms 2020의 DAP 규칙에서 매도인의 의무에 관한 다음의 설명 중 올바른 설명만을 묶은 것은?

> A. 물품이 지정목적지에서 도착운송수단으로부터 양하된 상태로 매수인의 처분하에 놓이는 때에 매도인이 인도하는 것을 의미한다.
> B. 매도인은 자신의 비용으로 물품을 지정목적지까지 또는 그 지정목적지에 합의된 지점이 있는 때에는 그 지점까지 운송하는 계약을 체결하고 또한 매수인에 대하여 보험계약을 체결하여야 한다.
> C. 특정한 지점이 합의되지 않거나 관례에 의하여 결정되지 않는 경우에, 매도인은 지정목적지 내에서 자신의 목적에 가장 적합한 지점을 선택할 수 있다.
> D. 매도인은 매수인에게 매수인이 물품의 인도를 수령할 수 있도록 하는 데 통상적으로 필요한 조치를 취할 수 있도록 하기 위하여 필요한 통지를 하여야 한다.

① A, D
② B, C
③ C, D
④ A, B

✏️ 해설

DAP(Delivered at Place : 목적지 인도조건/지정장소 국경 인도조건/지정목적항 착선 인도조건)

• 지정목적지에서 수입통관을 필하지 않은 계약물품을 도착된 운송수단으로부터 양하하지 않은 상태로 매수인의 임의 처분상태로 인도하는 것. 뒤에 지정목적지 표시(매도인 수출통관/매수인 수입통관)
• 매도인(Seller)의 책임/의무
 – 매도인은 자기의 비용으로 지정목적지 또는 합의된 지정목적지까지 물품운송을 위한 운송계약 체결
 – 특정 지점이 합의되지 않거나 관례상 결정되지 않는 경우, 매도인은 지정목적지 내에서 자신의 목적에 가장 적합한 지점 선택 가능
 – 지정지까지 물품을 운송하는데 따른 모든 위험 부담
 – 양하 책임
 – 매도인은 매수인이 물품수령을 위해 통상적으로 필요한 조치를 취할 수 있도록 매수인에게 필요한 통지 이행

정답 ③

39

우리나라의 수출자가 다음과 같은 상황에서 미국의 수입자에게 CIF New York으로 수출계약을 하고자 한다. Incoterms 2020에 준거하여 산출한 CIF New York 가격은?

> ㉮ 물품대금 US$50,000
> ㉯ 서울에서 부산까지의 내륙운송비 US$500
> ㉰ 본선 적재비용 US$1,000
> ㉱ 적부비용 및 정리비용 US$500
> ㉲ 해상운임 US$5,000
> ㉳ ICC(C)약관 기준 해상보험료 US$1,000
> ㉴ 목적항에서의 양하비용 US$1,000이며, 양하비용은 운임에 포함되어 있지 않음

① CIF New York US$56,000
② CIF New York US$57,500
③ CIF New York US$58,000
④ CIF New York US$58,500

✎ 해설

- CIF New York 가격이란 뉴욕까지 운임·보험료 포함 가격이라는 의미이다.
- CIF 조건은 매도인이 목적항까지 물품을 운반하는데 필요한 운임(Freight)과 보험료(Insurance)를 지급하되, 물품에 대한 모든 위험과 추가비용은 물품이 선적항에서 본선의 갑판을 통과한 때 매수인에게 이전하는 거래조건이다.
- 따라서 "적부비용 및 정리비용"은 기본적으로 매수인의 부담이며, "양하비용" 또한 매수인의 의무이다.

정답 ②

40

우리나라의 사료업자가 미국의 공급업자로부터 옥수수를 수입하고자 선주와 용선계약을 체결하여 해상운송을 하고자 한다. Incoterms 2020에서 사용할 수 있는 규칙들만 묶은 것은?

① CFR, CIF
② CPT, CIP
③ FAS, FOB
④ FOB, CPT

✎ 해설

우리나라의 사료업자 즉, 수입자가 배를 빌리려고 할 때 수입자와 수출자 간에 체결할 수 있는 거래조건은 FAS, FOB이다. 수출업자가 아닌 수입업자가 용선계약을 한다는 것에 유의하여 답을 찾아야 한다.

정답 ③

41

매도인이 지정목적지에서 수입통관을 필한 물품을 도착된 운송수단으로부터 양하하지 않은 상태로 매수인에게 인도하고자 할 때 이용할 수 있는 Trade Term은?

① DDP
② FOB
③ EXW
④ FCA

✎ 해설

인코텀즈 조건 중에 매도인이 목적항까지 화물 인도를 책임지는 조건은 오직 도착지 조건인 D 조건밖에 없으며, 이 중 매도인이 지정목적지에서 수입통관을 필해야 하는 조건은 DDP밖에 없다.

정답 ①

42

매매계약에서 별도의 명시가 없는 경우, Incoterms 2020 CIF 규칙에서 매도인이 매수인에게 반드시 제공하여야 할 서류들을 묶은 것은?

> ㉮ 상업송장　　　㉯ 포장명세서
> ㉰ 운송서류　　　㉱ 보험서류
> ㉲ 원산지증명서

① ㉯, ㉰, ㉲
② ㉮, ㉰, ㉱
③ ㉮, ㉯, ㉱
④ ㉯, ㉱, ㉲

✏️ 해설

매매계약에서 별도의 명시가 없는 경우, Incoterms 2020 CIF 규칙에서 매도인이 매수인에게 반드시 제공하여야 할 것은 상업송장, 운송서류, 보험서류이다. CIF가 보험과 해상운송만을 해주는 조건이기 때문이다. 포장명세서와 원산지증명서는 꼭 제공해야 하는 서류가 아니라 요청하면 보내주는 서류이다.

정답 ②

43

Incoterms 2020에서 위험부담의 분기점이 동일한 조건끼리 짝지어진 것이 아닌 것은?

① FOB, CIF
② FOB, CFR
③ CIF, CFR
④ FOB, FCA

✏️ 해설

FOB, CIF, CFR은 물품에 대한 위험의 분기점 물품이 본선 갑판상에서 이전되는 순간이나, FCA는 매도인이 매수인이 지정한 운송인에게 수출통관된 물품을 인도하였을 때이다.

정답 ④

44

다음 중 CFR 조건과 CIF 조건의 차이점은?

① 위험이전 시점
② 물품인도 방식
③ 운임지급 방식
④ 보험부보 주체

✏️ 해설

CFR 조건에서는 매수인이 부보(자신을 위한 보험가입)하고, CIF 조건에서는 매도인이 부보(매도인이 매수인을 위해 보험부보)한다.

정답 ④

45

Incoterms 2020에서 매도인이 매수인을 위하여 보험계약을 체결할 의무가 있는 규칙은?

① CIP, CIF
② CIF, DDP
③ CFR, CPT
④ CIP, DDP

✏️ 해설

Incoterms 조건들 중 매수인을 위한 보험계약 체결 의무를 매도인이 부담하는 조건은 CIP, CIF뿐이다.

정답 ①

안심Touch

무역결제

거래 당사자 사이의 수출대금회수와 수입대금결제는 무역에서 무척 중요한 문제이다. 이 단원에서는 원격지 사이의 거래인 해외무역에서 상품의 인도와 대금의 결제에 따르는 위험을 방지하는 데 널리 쓰이는 신용장방식을 중심으로 원활한 무역결제를 위한 각종 결제방식과 무역금융 그리고 국제조세조약에 대하여 알아본다.

01 무역결제의 방법

1. 개 요

대금결제방식은 크게 신용장방식과 무신용장방식으로 구분되며, 무신용장방식은 다시 다양한 방식으로 세분화된다. 이에 준하여 무역대금결제방식을 다음 네 가지로 구분하는 것이 가장 일반적이다.

① 송금방식(송금수표, 우편송금환, 우편전신환, T/T)
② 추심방식(D/A, D/P)
③ 신용장방식(L/C)
④ 기타 결제방식(국제팩터링 결제, 포페이팅 결제, 오픈 어카운트 방식 등)

합격자 Tip ────○
수출상 입장에서 유리한 결제조건 순서 : 선적 전 지급 결제방식/사전송금 방식 > 신용장거래 결제 방식 > 추심거래 결제방식 > 선적통지 결제방식

이 중 추심방식(On Collection Basis : D/P, D/A)과 (화환)신용장 방식(On Documentary L/C Basis)은 환어음을 이용하는 방식이며, 송금방식(송금수표, 우편송금환, 우편전신환, T/T)은 은행 중개를 통한 결제수단인 환(Exchange)을 이용한 방식이다. 그 외에 전자결제방식인 Trade Card System 및 Bolero Project 등이 있다.

2. 무신용장방식

(1) 송금방식(Remittance Basis) 기출 20년 1회

수입업자가 수출업자에게 물품대금을 송금하여 결제하는 (순환)방식으로 물품인도시기에 따라 단순송금방식, 대금교환도방식(물품인도방식, 서류인도방식), 상호계산방식, 신용카드방식 등으로 분류된다.

① **단순송금방식** : 사전송금방식(Advance Remittance Before Shipment)

수출업자가 물품을 선적(인도)하기 전에 수입업자가 대금 전액을 송금하는 방식이다. 수입업자가 수출업자에게 송금하는 수단에 따라 우편환송금방식(M/T), 전신환송금방식(T/T), 수표송금방식(개인수표 또는 은행수표) 등으로 구분된다.

㉠ 우편환송금방식(Mail Transfer ; M/T)

- 수입자의 요청으로 송금은행(수입지 외국환은행)이 지급은행(수출지 외국환은행) 앞으로 수출자에게 일정 금액을 지급하여 줄 것을 위탁하는 지급지시서(Payment Order)를 우편으로 보내는 방식을 말한다.
- 수출자는 지급은행으로부터 송금도착통지서를 받아 송금대전을 지급받는다.
- 소액 송금 시 주로 사용하나 현재는 거의 이용하지 않는다.

㉡ 전신환송금방식(Telegraphic Transfer ; T/T)

- 수입자의 요청에 따라 송금은행이 지급은행 앞으로 수출자에게 일정 금액을 지급하여 줄 것을 위탁하는 지급지시서(Payment Order)를 전신으로 보내는 방식을 말한다.
- 전신료 비용이 많이 든다는 단점이 있다.

합격자 Tip

송금과정이 신속 · 편리하고 환율변동에 따른 위험도 적어 무역대금결제에 많이 사용하는 송금방식이다.

⊕ **Plus one**

M/T vs T/T

- 둘 모두 수입자가 수입대금을 외국환 은행에 입금시키면서 대금을 수출업자에게 외국환거래은행을 통해 지급해 줄 것을 요청하는 방식인데, 이때 지급지시서를 전신으로 송부할 경우를 **T/T**(전신환), 우편으로 송부할 경우를 **M/T**(우편환)이라 구분한다.
- 따라서 **M/T**와 **T/T**의 차이는 기간의 차이이며, 곧 그로 인한 이자의 차이이다.

㉢ 수표송금방식(Demand Draft ; D/D)

- 수입자가 수입지 외국환은행에 대금 지불 후 발급받은 송금환 수표(Demand Draft : 수표발행은행이 교부)를 직접 수출자에게 보내 수출자가 자국의 외국환은행에서 현금화하는 방법이다.
- 우송 도중 분실 · 도난의 우려가 커 긴급하지 않은 송금이나 소액송금 시 주로 이용한다.
- 수표는 은행수표(Demand Draft ; D/D)뿐 아니라 개인수표(Personal Check)가 사용된다.

CWO(Cash With Order : 주문불 방식)

주문불 방식의 선급조건으로 수입자가 '주문과 동시'에 대금을 M/T, T/T, 송금환수표 등으로 송금하는 방식으로 자회사 간 거래나 소액거래(견본품 등)에 주로 쓰인다. 주문불 방식의 선급조건이라는 점에서 상품, 서류와 상환으로 대금을 지급하는 COD, CAD와 구분된다.

② 대금교환도방식 : 사후송금방식　**기출** 18년 1회, 20년 3회

상품 또는 서류와 상환으로 현금 결제하는 방식으로 수출자가 물품이나 서류를 인도할 때 수입자가 스스로 수출입 대금을 지급·결제하는 방식을 말한다. 여기에는 COD 방식과 CAD 방식이 있으며 둘 다 환어음이 필요하지 않고 일반적으로 은행이 개입되지 않는다.

ⓐ COD(Cash On Delivery : 물품인도 결제방식)
• 상품이 목적지에 도착하면 '상품과 상환'으로 현금 결제하는 방식이다.
• 수출자가 수입국에서 수입통관을 완료하고 수입자에게 물품을 인도할 때 대금(Cash)을 수령하는 결제방식이다.
• 통상 수출자의 지사나 대리인이 수입국에 있는 경우 또는 귀금속과 같은 고가품을 거래할 때 활용한다.

ⓑ CAD(Cash Against Document : 서류인도 상환방식)
• 상품 선적 후 수출국에서 '서류와 상환'으로 현금 결제하는 방식이다.
• 수출자가 선적 후 선적서류(선하증권, 보험서류, 상업송장 등)들을 수출국소재 수입자 대리인 또는 거래은행에 제시하고 서류와 상환으로 대금을 수령하는 결제방식이다.
• 통상 수입자의 지사나 대리인이 수출국에 있는 경우 활용한다.
• CAD 방식을 유럽식 D/P 방식이라고도 한다.

③ 송금방식은 물품·서류 인도를 기준 시점으로 선지급(Payment in Advance), 동시지급(Cash on Shipment) 및 후지급(Deferred Payment)으로 나누어 볼 수 있다.

송금환(Remittance Exchange) vs 추심환(Collecting Exchange)

국제 간의 대차관계를 결제하기 위하여 채무자가 채권자 앞으로 먼저 자금을 송금하는 방법과, 반대로 채권자가 채무자 앞으로 먼저 채무의 변제를 요청하는 서류(환어음)를 보내는 방법이 있는데 전자를 송금환 또는 순환이라고 하고 후자를 추심환 또는 역환이라고 한다.

송금방식의 특징으로 옳지 않은 것은? **기출** 20년 1회

① 은행수수료가 저렴하다.
② 어음법의 적용을 받지 않는다.
③ 결제상의 위험을 은행에 전가할 수 있다.
④ 적용되는 국제 규칙이 없다.

해설 **송금방식의 특징**
• 은행수수료가 저렴하다.
• 환어음을 사용하지 않아 어음법 적용을 받지 않는다.
• 위험의 경우 사전송금방식은 수입자가, 사후송금방식은 수출자가 부담한다.
• 적용되는 국제 규칙이 없다.

정답 ③

 중요

(2) 추심결제방식(On Collection Basis : D/P & D/A)

기출 17년 1회, 18년 3회, 19년 3회, 20년 2회

① 개념과 장점

㉠ 개 념

수출상(의뢰인, Principal/Drawer/Accounter)이 계약 물품을 선적한 후 선적서류(B/L, Insurance Policy, Commercial Invoice)를 첨부한 '화환어음(환어음)'을 수출상 거래은행(Remitting Bank : 추심의뢰은행)을 통해 수입상 거래은행(Collecting Bank, 추심은행)에 제시하고 그 어음대금의 추심(Collection)을 의뢰하면, 추심은행은 수입상 (Drawee : 지급인)에게 그 어음을 제시하여 어음금액을 지급 받고 선적서류를 인도하여 결제하는 방식

㉡ 장 점

비용절감 방안, 구매자 시장에의 적응, 신속성 등

② 종 류

㉠ D/P(Document against Payment : 지급인도조건)

수출상(의뢰인)이 계약물품 선적 후 구비 서류에 '일람출급환어음'을 발행·첨부하여 자기거래은행(추심의뢰은행)을 통해 수입상의 거래은행 (추심은행) 앞으로 그 어음대금의 추심을 의뢰하면, 추심은행은 수입상 (지급인 : Drawee)에게 그 어음을 제시하여 어음금액을 지급받고 (Against Payment : 대금결제와 상환) 서류를 인도하는 거래 방식

ⓛ D/A(Document against Acceptance : 인수인도조건)

수출상(의뢰인)이 물품을 선적한 후 구비 서류에 '기한부환어음'을 발행·첨부하여 자기거래은행(추심의뢰은행)을 통해 수입상 거래은행(추심은행)에 그 어음대금의 추심을 의뢰하면, 추심은행은 이를 수입상(Drawee : 지급인)에게 제시하여 그 제시된 환어음을 일람지급받지 않고 인수만 받음으로써(Against Acceptance : 환어음 인수와 상환) 선적서류를 수입상에게 인도한 후 약정된 만기일에 지급받는 방식

ⓒ D/P와 D/A 방식의 차이점

- D/P 방식은 추심지시서를 통한 일종의 현금결제이며, D/A 방식은 환어음 인수를 통한 외상결제방식이다.
- D/P 방식은 거래수출상이 화물을 선적하고 구비된 운송서류에 일람출급/일람불 화환어음[(Documentary) Sight Bill]을 발행하며, D/A 방식은 기한부 화환어음[(Documentary) Usance Bill]을 발행한다.

ⓔ D/P, D/A 거래와 관련된 ICC 추심통일규칙

- 은행은 물품에 대한 지시가 있더라도 이를 보관하는 등의 의무가 없음(ICC 추심통일규칙 제10조)
- 은행은 자신이 선정한 타 은행의 지시불이행에 대해 책임을 지지 않음(ICC 추심통일규칙 제11조)
- 은행은 동맹파업이나 직장폐쇄로 인한 업무중단에 대해 책임을 지지 않음(ICC 추심통일규칙 제15조)

③ 추심결제방식의 당사자

ⓐ 추심의뢰인(Principal) : 계약물품 선적, 거래 은행에 추심 취급을 의뢰하는 매매계약상의 매도인(Seller)인 수출업자(Exporter)

ⓑ 추심의뢰은행(Remitting Bank) : 추심의뢰인(수출업자)으로부터 금융서류와 상업서류의 추심을 의뢰받은 수출국 은행, 보통 수출자의 거래은행

ⓒ 추심은행(Collection Bank) : 추심의뢰은행 이외에 추심과정에 참여하는 모든 은행, 보통 수입자의 거래은행

ⓓ 제시은행(Presenting Bank) : 수입업자인 지급인에게 추심서류를 제시하는 은행

⊕ **Plus one**

수출어음보험

- D/P, D/A 거래에 따라 발행된 어음을 은행이 매입한 경우 발생할지도 모르는 수출대금 회수불능의 위험을 제거하기 위한 보험
- 한국무역보험공사에서 취급

D/P, D/A 거래에 대한 설명으로 옳지 않은 것은? [기출] 18년 3회

① 수출상 입장에서는 D/P보다 D/A가 위험부담이 크다.
② D/P, D/A 거래가 신용장거래에 비하여 수입상에게 은행에 대한 비용부담이 적다.
③ D/P at Sight뿐만 아니라 D/P Usance도 있다.
④ D/P, D/A는 수출보험공사의 수출보험 대상이 되지 않는다.

해설 ④ 수출어음보험은 D/P, D/A 거래에 따라 발행된 어음을 은행이 매입한 경우 발생할지도 모르는 수출대금 회수불능의 위험을 제거하기 위한 보험으로 한국무역보험공사에서 취급한다.

정답 ④

추심결제방식에 대한 설명으로 옳지 않은 것은? [기출] 19년 3회

① 은행을 통해 환어음을 수입상에게 제시하여 대금을 회수한다.
② D/P(Documents against Payment) 방식과 D/A(Documents against Acceptance) 방식이 있다.
③ URC 522(Uniform Rules for Collection 522)이 적용되며 은행은 이에 따라 서류를 심사할 의무를 부담한다.
④ 신용장 거래에 비해 은행수수료가 낮다.

해설 추심결제는 ICC(국제상업회의소)에서 제정한 '화환어음추심에 관한 통일규칙(URC 522)에 따라서 절차가 진행된다. D/P 방식과 D/A 방식이 있는데, 신용장방식에 의한 지급보증과는 달리 거래 당사자간의 신용에 의거하여 무역거래가 성립되기 때문에 계약 시에는 상대방의 신용도 등을 미리 파악하여 거래에 관련되는 모든 사항을 빠짐없이 계약서상에 명기하여야 한다.

정답 ③

 중요

(3) 기타 대금결제방식 [기출] 16년 1회, 17년 1회, 19년 2회

① 팩터링(Factoring) [기출] 19년 2회, 19년 3회

㉠ 제조업자가 구매자에게 상품 등을 외상으로 판매한 후 발생되는 외상매출채권을 팩터링회사(Factor)에게 일괄 양도함으로써 팩터링회사로부터 구매자에 관한 신용조사 및 지급보증, 매출채권의 관리, 회계업무(Accounting), 대금회수 및 전도금융 제공 등의 혜택을 부여받는 서비스를 말한다. 이는 Del Credere Agent(지급보증 대리인) 방식과 유사하다.

ⓒ 세계의 팩터링회사가 그룹을 결성하여 수출자 및 수입자에 대하여 제공하는 새로운 금융서비스로서 수출국 팩터링회사(수출팩터 : Export Factor)가 수출자와 거래계약을 체결한 후 금융제공을 하며, 수입국 팩터링회사(수입팩터 : Import Factor)는 수입자에 대한 신용조사 및 신용승인(Credit Approval) 등 팩터링 서비스를 제공하는 거래를 말한다.

ⓒ 팩터링 절차
- 수출자 : 팩터링 약정에 따라 외상으로 물품 수출, 송장 및 선적서류를 수출팩터에게 양도하고 전도금융을 받는다.
- 수입자 : 수출팩터의 신용을 바탕으로 물품을 외상수입, 만기일에 수입팩터에게 지급한다.
- 수출팩터 : 수출자로부터 양도받은 수출채권에 양도장을 첨부하여 매출채권을 수입팩터에게 재양도, 송부, 대금회수를 요청한다.

● 기출 Check ●

국제팩토링결제에 관한 설명으로 옳지 않은 것은? [기출] 19년 3회

① 수출팩터가 전도금융을 제공함으로써 효율적으로 운전자금을 조달할 수 있다.
② 수출자는 대금회수에 대한 위험부담 없이 수입업자와 무신용장 거래를 할 수 있다.
③ 국제팩토링결제는 L/C 및 추심방식에 비해 실무절차가 복잡하다.
④ 팩터가 회계업무를 대행함으로써 수출채권과 관련한 회계장부를 정리해 준다.

[해설] **국제팩터링결제의 효용성**
- 해외시장 개척과 시장의 확대
- 부실채권의 방지
- 운영자금 조달의 용이
- 부대비용 절감
- 외상매출채권 관리능력 강화

[정답] ③

② **포페이팅(Forfaiting)** [기출] 19년 1회, 20년 1회

ⓐ 장래에 지급해야 하는 매출채권(외상매출채권)에서 비롯되어, 어음보증이 추가된 어음(환어음 · 약속어음)이나 신용장(화환신용장 · 보증신용장), 독립보증(Independent Guarantee) 등의 금전채권을 상환청구불능조건(Without Recourse)으로 매입하는 것을 말한다.
ⓑ 매입의뢰인(매도인)에 대한 어음의 상환청구불능조건으로 채권을 매입하므로 만기일에 어음지급인이 지급을 하지 못하더라도 매도인은 이러한 신용위험은 물론 환어음, 통화위험 등을 피할 수 있다.

합격자 Tip

포페이팅
• 결제방식 : 신용장
• 대상채권 : 환어음

ⓒ 포페이터는 소구권이 없는 조건으로 채권을 매입하며, 수출자는 수입자(또는 거래은행)가 만기에 대금을 결제하지 않는 경우 대금을 반환할 책임이 없다.

ⓔ 포페이팅 거래에서는 환어음과 약속어음만을 그 할인대상으로 하며 기타의 증권 또는 채권을 취급하지 않는다.

ⓜ 포페이팅 거래의 할인대상은 통상 1~10년의 중장기 어음이며, 고정금리부로 할인이 이루어진다.

ⓗ 포페이팅 거래에서는 어음보증을 추가한 보증은행, 독립보증을 발행한 보증은행, 신용장 발행은행 등의 추상적 지급약속에 의해 매수인의 신용이 대체되어 매도인은 별도의 담보 제공 없이 이용할 수 있다.

③ 팩터링과 포페이팅의 비교

ⓐ 팩터링은 비유통증권인 외상매출채권 등을 대상으로 하며, 포페이팅은 약속어음 · 환어음 등의 유통증권을 대상으로 한다.

ⓑ 팩터링회사(팩터)는 신용보증, 수출채권관리, 추심, 무역금융제공, 회계 등의 업무를 수행하며, 포페이터는 채권의 매입 · 할인에 관련된 업무를 수행한다.

ⓒ 팩터링은 팩터가 수출채권의 매입을 매수인에게 통지하며, 포페이팅은 관련 당사자들에 대한 정보를 비밀로 하므로 거래의 비밀성이 보장된다.

기출 Check

우리나라에서 제공하는 선적 후 무역금융제도에 관한 설명으로 옳지 않은 것은?

기출 17년 1회

구 분	국제팩터링	포페이팅
결제방식	㉠ 사후송금방식	㉡ 신용장
대상채권	㉢ 화환어음	㉣ 환어음

① ㉠   ② ㉡

③ ㉢   ④ ㉣

해설 ③ 국제팩터링의 대상채권은 외상매출채권(Accounts Receivables)이다.

정답 ③

포페이팅에 대한 설명 중 옳지 않은 것은? **기출** 19년 1회

① 환어음 또는 약속어음 등 유통가능한 증서를 상환청구권 없이(without recourse) 매입하는 방식이다.

② 포페이팅은 신용장 또는 보증(aval) 방식으로 이루어지며 어음에 대한 할인은 보통 수출상이 최종적으로 부담한다.

③ 기계, 중장비, 산업설비, 건설장비 등 연불조건 구매가 이루어지는 경우 중요한 결제수단이다.

④ 포페이팅의 가장 큰 장점은 연불조건 구매와 같이 중장기 거래에 따른 신용위험(credit risk) 등을 회피할 수 있다는 것이다.

해설 ② 개설은행의 인수통지를 받은 환어음에 대해서는 수출자에게 비소구방식으로 매입한다. 기한부신용장에 의해 제시된 환어음 외에도 은행의 지급확약(Aval 또는 지급보증서)이 있는 D/A 어음에 대해서도 포페이팅 적용이 가능하다.

정답 ②

④ **청산결제(Open or Current Account)**

ⓐ 매도인, 매수인이 일정기간을 정하고 대금을 몰아서 지급하는 방식이다.

ⓑ 본·지사 간 혹은 고정 거래처 간에 지속해서 수출입거래를 하는 경우 선적 시마다 대금결제를 하는 불편을 해소하기 위한 것이다.

ⓒ 수출자는 계속 상품을 선적하고 일정기간에 한 번씩 누적된 대금을 결제하는 외상거래이자 신용거래를 의미한다.

⊕ **Plus one**

물품·서류 인도시점 기준 무역대금결제방식 유형

- **선지급(Payment in Advance)** : 물품 선적 또는 인도 전에 물품대금을 지급하는 조건
  - CWO(Cash With Order)
  - 단순사전송금방식
    ⓐ 우편송금환(Mail Transfer ; M/T)
    ⓑ 전신송금환(Telegraphic Transfer ; T/T) : 수입업자의 요청에 따라 송금은행이 지급은행에 대하여 일정한 금액을 지급해 줄 것을 위탁하는 지급지시서를 전신으로 발행하므로 신속한 송금 가능
    ⓒ 송금수표(Demand Draft ; D/D)
  - 전대신용장(Red Clause L/C) : 신용장 수익자가 신용장 수령 후 물품선적 이전에 물품대금을 선대

- 연장신용장
- 특혜신용장
- 동시지급(Cash on Shipment) : 물품 선적·인도 또는 해당 운송서류 인도와 동시에 물품대금 지급
  - COD(Cash On Delivery : 현물상환지급) : 수입지에 수출업자의 대리인이 있는 경우 사용하기에 적절
  - CAD(Cash Against Documents : 서류상환지급) : 통상적으로 수출업자가 선적 후 선적서류를 수출지 수입업자 대리인에게 제시하여 서류와 상환으로 대금이 결제되는 방식
  - 일람지급(At Sight) 신용장방식
  - 지급인도방식(Documents against Payment ; D/P)
- 후지급(Deferred Payment) : 물품 선적·인도 또는 해당 운송서류 인도 후 일정 기간 경과 시 대금결제
  - 기한부 신용장(Usance L/C)
  - 인수도조건(Documents against Acceptance ; D/A)
  - 상호계산/청산계정(Open Account) : 은행을 통하지 않는 단순송금방식이므로 수입상의 신용에만 의존

● 기출 Check ●

다음 특징을 가진 결제방식은? 기출 17년 1회

- 대금결제방식 중 은행수수료가 가장 저렴하다.
- 환어음을 사용하지 않으므로 어음법의 적용을 받지 않는다.
- 대금결제의 위험을 수출자가 지게 된다.
- 이 결제방식에 적용되는 국제규칙이 없다.

① O/A   ② D/A
③ L/C   ④ D/P

해설 ① O/A(Open Account Credit Terms)는 수출업자가 물품을 선적한 후 운송관련 서류를 직접 수입자에게 발송하고 수출채권을 은행에 매각하여 현금화하는 방식으로, '외상수출채권방식', '선적통지 결제방식', '무서류매입방식'이라고 불린다.
②·④ 수출업자가 물품을 선적한 후 은행을 통해 추심하는 방법으로 결제가 이루어지는 방식으로, 결제시기에 따라 D/A(Docum ent against Acceptance)와 D/P(Document against Payment)로 구분할 수 있다.
③ L/C(Letter of Credit)는 수입자의 거래은행이 수입업자의 요청에 따라 서류를 제시한 수출자에게 대금 지급을 확약하는 방식이다.

정답 모두 정답

기출 Check

수출입 대금결제방식에 대한 설명으로 옳지 않은 것은? `기출` 16년 1회

① COD(Cash on Delivery) 방식은 수입지에 수출업자의 대리인이 있는 경우 사용하기에 적절하다.

② CAD(Cash against Document) 방식은 통상적으로 수출업자가 선적 후 선적서류를 수출지의 수입업자 대리인에게 제시하여 서류와 상환으로 대금이 결제되는 방식이다.

③ Open Account 방식에서는 선적서류가 은행을 통하여 송부된 후 일정기간 후에 대금 지급이 이루어진다.

④ T/T(Telegraphic Transfer) 방식은 수입업자의 요청에 따라 송금은행이 지급은행에 대하여 일정한 금액을 지급해 줄 것을 위탁하는 지급지시서를 전신으로 발행하므로 신속한 송금이 가능하다.

해설 Open Account 방식은 은행을 통하지 않는 단순송금방식이므로 수입상의 신용에만 의존하게 된다.

정답 ③

3. 신용장방식

(1) 개념 `기출` 17년 3회, 20년 2회

① **신용장** : 신용장 개설은행의 수익자(수출상)에 대한 조건부 대금지급 확약서

② **대금지급확약문언** : Engagement Clause

③ **신용장방식**

㉠ 신용장 발행은행이 수입자(발행의뢰인)를 대신하여 수출자에게 일정기간 내(신용장 유효기간) · 일정조건(신용장 기재조건) 아래 선적서류 등을 담보로 '수입자 · 신용장 개설은행 · 개설은행 지정 환거래 취결은행'을 지급인으로 하는 화환어음을 발행할 권한을 부여(지급신용장 제외)한다.

㉡ 이 선적서류와 어음이 제시될 경우 발행은행이나 발행은행의 지정은행이 일정금액의 어음을 매입(Negotiation), 인수(Acceptance) 또는 지급(Payment)할 것을 어음 발행인(수출상) 및 어음 수취인(어음매입은행)에게 보증한다.

㉢ 무역거래에 사용되는 신용장은 일반적으로 화환신용장(Documentary Credit)이다.

합격자 Tip
화환신용장거래는 본질적으로 서류거래이다.

신용장과 관련된 내용으로 옳은 것을 모두 고르면? **기출** 17년 3회

> ㉠ 신용장은 특정은행의 조건부 지급확약으로 상업신용을 은행신용으로 전환시켜 주는 금융수단이다.
> ㉡ 신용장상에 아무런 언급이 없는 경우 양도가 가능하다.
> ㉢ 무역거래에 사용되는 신용장은 일반적으로 'Documentary Credit'이다.
> ㉣ 신용장에 의해 발행되는 환어음의 만기가 'at 90 Days After Sight'라면 'Sight Credit'이 된다.
> ㉤ 양도가능 신용장이 개설되었다면 반드시 중계무역이 발생하게 된다.

① ㉠, ㉡   ② ㉠, ㉢

③ ㉠, ㉣   ④ ㉠, ㉢, ㉤

해설 ㉠ 신용장이란 신용장 개설은행의 수익자(수출상)에 대한 조건부 대금지급 확약서이다.
㉢ Documentary Credit(화환신용장)은 신용장 개설은행이 수익자가 발행한 환어음(Draft)에 신용장 조건과 일치하는 제반 운송서류 등을 첨부할 것을 조건으로 하여 지급 · 인수 · 매입할 것을 확약하는 신용장을 말한다. 무역거래에서 이용하는 신용장은 대부분이 화환신용장에 의해 이루어진다.

정답 ②

⊕ Plus one

추심방식 vs 신용장방식 **기출** 17년 3회, 19년 1회(2급)

- 개 념
  - 추심방식 : 대금결제 여부가 오직 수입상의 신용으로 결정되고 은행은 단순히 대금수수과정을 중개하기만 한다.
  - 신용장방식 : 수입상의 거래은행인 신용장 개설은행이 수출상에 대해 대금지급을 확약함으로써 대금지급 의무를 지는 당사자로 행동한다.
- 차이점
  - 추심방식 : 수출상에 대응하는 채무자인 환어음 지급인이 수입상이 된다.
  - 신용장방식 : 개설은행이 환어음 지급인이 된다.
- 공통점
  - 환어음을 이용하는 역환 방식이다.
  - 실질적인 결제방식으로 수출상이 발행한 환어음이 사용된다.

(2) 신용장의 종류 **기출** 15년 1회, 15년 3회, 16년 1회, 16년 2회, 16년 3회, 17년 1회, 17년 2회, 17년 3회

① 관계서류 첨부 여부 기준

일반 무역거래에서 사용되는 신용장은 선적서류가 수반되므로 화환신용장인데 반해 본사의 해외지사 지급보증 등에 사용되는 무화환신용장(Non-documentary L/C)은 명칭은 신용장이나 무역거래 신용장이 아니므로 UCP 선적서류 관련 조항이 적용될 여지가 없다.

㉠ 화환신용장(Documentary L/C)

수익자가 발행한 환어음에 선하증권(Bill of Lading ; B/L) 등의 운송서류를 첨부하여, 개설은행이 지급 · 인수 · 매입할 것을 확약하는 신용장이다.

㉡ 무화환/무담보 신용장(Clean/Non-documentary L/C)

- 환어음에 운송서류가 첨부되지 않고 어음 하나만으로 지급 · 인수 · 매입을 확약하는 신용장을 말한다.
- 주로 무역거래에 수반되는 용역(Service) 등 부대비용의 대가지급 수단으로 활용된다.
- 무화환신용장에는 보증신용장(Stand-by L/C)이 있다.

⊕ **Plus one**

비서류적 조건 **기출** 16년 3회

- 신용장 조건상에 수익자가 제시하여야 할 서류를 구체적으로 명시하지 않고 조건만 언급한 내용
- 은행이 서류를 심사할 때 서류가 아닌 사실문제에 대한 조사를 통해 조건의 이행 여부를 확인해야 하는 내용
- 신용장의 추상성에 위배될 뿐만 아니라 은행의 관행을 불건전하게 만들 우려가 있음

② 양도가능 여부 기준   **기출** 20년 2회

신용장은 원칙적으로 원수익자만이 사용가능한, 즉 신용장 권리의 타인 양도가 불가능한 양도불능 신용장을 예정하고 있다.

ㄱ 양도가능 신용장(Transferable L/C)   **기출** 19년 1회, 19년 1회(2급), 19년 2회

- 신용장을 받은 최초의 수익자인 원(제1)수익자가 신용장 금액의 전부 또는 일부를 1회에 한하여 국내외 제3자(제2수익자)에게 양도할 수 있는 권한을 부여한 신용장을 말한다.
- 양도가능 신용장은 1회에 한해 양도가능하므로 제2수익자가 다시 제3자에게 본 신용장을 양도할 수 없다.
- 신용장 개설 시 개설은행이 양도가능하다고 명시적으로 동의한 경우, 즉 신용장에 명시적으로 Transferable 표시가 있어야만 원(제1)수익자 외에 제3자(제2수익자)에게 양도가 가능하다.
- 양도 시 원칙적으로 원신용장 조건하에서만 양도가능하나 "원신용장의 금액 및 단가의 감액, 선적서류 제시기간 및 선적기일 단축, 신용장 유효기일 단축, 보험부보율 증액"의 조건변경은 가능하다.
- 신용장 양도의 예 : 신용장 수익자가 쿼터 품목에서 자신의 수출쿼터가 없거나 이미 소진해서 쿼터 보유자에 이를 양도하는 경우와 수익자가 생산능력이 있어도 타사에 신용장을 양도하고 양도차익을 남기는 것이 유리하다고 판단될 때 이루어진다.

합격자 Tip

신용장에 별도 명시가 없는 한 양도는 1회에 한한다.

신용장 양도 시 확인사항 기출 20년 2회

- 당해 L/C가 양도가능(Transferable) 신용장인지 여부
- 양도은행이 신용장상에 지급, 인수 또는 매입을 하도록 수권받은 은행인지 여부
- 원수익자와 제2수익자 공동연서에 의한 양도신청인지 여부
- 1회에 한한 양도인지 여부
- 분할양도의 경우 원수출신용장상에 분할선적을 허용하고 있으며 분할양도금액이 원수출신용장상의 금액을 초과하지 않는지 여부
- 제시된 원수출신용장에 의하여 제공된 금융이 없으며 기타 국내의 여건에 비추어 행정상 필요에 의하여 양도를 금지하는 기재내용이 없는지 여부

ⓛ 양도불능 신용장(Non-Transferable L/C)

제3자(제2수익자)에게 양도할 수 없는 신용장으로서 지정된 원(제1)수익자만이 해당 신용장을 사용할 권리를 가진다. 신용장에 양도가능(Transferable) 관련 표시가 없으면 양도할 수 없는 것으로 간주한다.

● 기출 Check ●

양도가능 신용장(Transferable Credit)의 조건 중 양도 시 원신용장의 조건으로부터 변경 가능한 것으로 옳지 않은 것은? 기출 17년 3회

① 신용장의 금액 및 단가의 감액 – 유효기일의 단축
② 유효기일의 연장 – 서류제시기일의 연장
③ 선적기일의 단축 – 부보비율의 증액
④ 서류송부은행을 개설은행에서 양도은행으로 변경 – 부보비율의 증액

해설 신용장에 별도 명시가 없는 한 양도는 1회에 한하며 분할선적이 금지되지 않는 한 분할양도가 가능하다. 신용장의 양도조건은 원신용장의 조건과 동일해야 한다. 단, 신용장의 금액 및 단가의 감액, 신용장의 유효기일, 선적기일 및 서류 제시 기간의 단축, 부보비율을 원신용장 또는 신용장통일규칙이 규정하는 부보금액까지 요구하는 것이 가능하다.

정답 ②

Transferable Credit에 대한 설명으로 옳은 것은?　**기출** 17년 1회

① L/C상에 "Transferable" 등 양도가 가능하다는 표현이 없어도 가능하다.

② L/C 금액의 전부를 Transfer하는 전액양도만 허용된다.

③ 2nd Beneficiary가 3rd Beneficiary에게 양도하는 경우 Applicant의 사전 양해를 얻는다면 가능하다.

④ 국내는 물론 국외에 소재하고 있는 2nd Beneficiary에게도 양도가 가능하다.

해설　①·② 양도가능신용장(Transferable Credit)은 신용장 금액의 전액 또는 일부를 제3자에게 양도할 수 있는 권한을 부여한 신용장으로, 반드시 "Transferable" 표시가 있어야 한다.

③ 신용장의 양도란 양도가능신용장 상의 권리를 수익자가 지시하는 제3자에게 양도하는 것을 말한다. 이때 양도인을 제1수익자라 하고, 양수인은 제2수익자라고 한다. 제2수익자가 제3수익자에게 재양도할 수 없다.

정답　④

③ **신용장 대금의 지급방식 기준(신용장 사용방법 기준)**

신용장에 의한 지급대금 취득 방식, 즉 신용장이 사용되는 방식인 "지급(일람지급/연지급)·인수·매입"의 4가지 방식(UCP 제10조 a항)에 따라 4가지 신용장으로 분류되는데, 이 4가지 신용장은 환어음 발행여부가 중요한 의미를 갖는다.

㉠ 일람지급신용장[Sight/Straight (Payment) L/C]

- 환어음이 발행되지 않는다.
- 신용장에 의한 환어음의 매입여부는 언급하지 않고 개설은행, 또는 그의 지정은행(지급은행)에 선적서류와 환어음을 제시하면 이를 일람한 즉시 대금을 지급(Honour)하겠다고 확약하는 신용장이다.
- 일람지급신용장에서 발행은행으로부터 선적서류 인수독촉 통보를 받은 수입상이 신용장대금결제를 할 자금여력이 없을 경우에는 은행에 '수입화물대도(Trust Receipt) 약정 신청서'를 제출해야 한다.

㉡ 연지급신용장(Deferred Payment Credit)　**기출** 19년 2회(2급)

- 환어음이 절대 발행되지 않고 연지급 약정서를 발행한다.
- 수익자가 신용장 조건에 일치하는 선적서류를 신용장에 지정되어 있는 연지급은행에 제시하면 연지급은행은 신용장에 정해져 있는 만기일에 대금을 지급하도록 약정되어 있는 신용장을 말한다.
- 기한부신용장으로만 사용한다.
- 환어음의 제시를 요구하지 않으며 만약 환어음이 필요한 경우 은행은 지급 만기일에 일람출급환어음을 요구하여야 한다.

합격자 Tip

환어음 발행인뿐만 아니라 배서인(Endorser), 선의의 소지인(Bona-fide Holder)에 대해서도 개설은행이 지급을 확약한다.

ⓒ 매입신용장(Negotiation L/C)
- 일반적으로 환어음을 발행하지만 발행하지 않는 경우도 있다.
- 신용장거래 시
  - 일반적으로 수익자가 환어음을 발행하고 자신의 거래은행(매입은행)을 통하여 환어음 및 선적서류를 현금화하는 매입(네고)방식으로 수출입대금을 지급받는 방식을 취한다.
  - 개설은행이 수익자 외에 수익자로부터 매입을 행한 은행에 대해서도 대금지급을 명시적으로 표시하는 신용장이다.
- 매입신용장에는 '자유매입신용장'과 '매입제한신용장'이 있다.
  - 자유매입신용장(Freely Negotiable L/C) : 수익자가 매입은행을 자유롭게 선택, 수출지 어느 은행이라도 매입할 수 있는 신용장이다.
  - 매입제한신용장(Restricted L/C) : 개설은행이 지정한 은행에서만 매입을 할 수 있는 신용장이다.

합격자 Tip

가장 보편적인 형태의 신용장이라는 의미에서 이를 General L/C, Nego 은행이 개방되어 있다는 의미에서 Open L/C라고도 하며, 재매입이 발생하지 않는다.

ⓔ 인수신용장(Acceptance Credit)
- 기한부 환어음을 필히 발행한다.
- 수익자가 신용장 조건에 일치하는 선적서류와 함께 기한부환어음을 신용장에 지정되어 있는 인수은행에 제시하면 인수은행은 개설은행 대신 신용장 금액을 지급하고 신용장에 정해져 있는 만기일에 대금을 개설은행에게서 받는 신용장을 말한다.
- 기한부신용장으로만 사용한다.
- 인수은행은 개설은행에 의해 부도 반환되더라도 수익자에게 소구권(상환청구권)을 행사할 수 없다.

기출 Check

반드시 환어음이 발행되는 경우는? **기출** 17년 1회

① T/T
② Payment L/C 중 Paying Bank가 Issuing Bank인 경우
③ Acceptance L/C 중 Accepting Bank가 Notifying Bank인 경우
④ Deferred Payment Credit인 경우

해설 ③ 수익자가 발행한 환어음의 조건이 기한부환어음(Usance Bill or Time Bill)일 경우 수출지에서 선적서류를 수령하는 지정은행이 지급에 앞서 인수를 하게 되며 어음기간 만료 시 대금지급의 책임을 부담한다. 통지은행(Notifying Bank)이 인수은행(Accepting Bank)으로 지정되는 경우가 많다.

정답 ③

신용장 사용방법에 따른 신용장 문언 `기출` 18년 2회

- 개설은행의 일람지급신용장

  " … which is available with us(Issuing Bank) by sight payment against presentation of the following documents"

- 수출지 일람지급은행에 의한 일람지급신용장

  " … which is available with XXX Bank by sight payment against presentation of the following documents"

- 개설은행의 연지급신용장

  " … which is available with us(Issuing Bank) by deferred payment at 60 days after the date of shipment against the following documents"

- 수출지 연지급은행에 의한 연지급신용장

  " … which is available with XXX Bank by deferred payment at 60 days after the date of shipment against the following documents"

- 개설은행의 인수신용장

  " … which is available with us(Issuing Bank) by Acceptance of Beneficiary's draft at 60 days after sight drawn on us accompanied by the following documents"

- 개설은행이 아닌 수출지 인수은행에 의한 인수신용장

  " … which is available with XXX Bank by Acceptance of Beneficiary's draft at 60 days after sight drawn on XXX Bank accompanied by the following documents"

- 자유매입신용장

  " … which is available with any Bank by Negotiation of Beneficiary's draft at sight drawn on us accompanied by the following documents"

- 매입제한신용장

  " … which is available with XXX Bank by Negotiation of Beneficiary's draft at sight drawn on us accompanied by the following documents"

리네고(재매입)가 발생할 수 있는 신용장으로 올바르게 짝지은 것은?

㉠ available with JAKARTA BANK by SIGHT PAYMENT

㉡ available with JAKARTA BANK by ACCEPTANCE

㉢ available with JAKARTA BANK by DEFERRED PAYMENT

㉣ available with ANY BANK by NEGOTIATION

㉤ available with JAKARTA BANK by NEGOTIATION

① ㉠, ㉢, ㉣   ② ㉡, ㉢, ㉤

③ ㉢, ㉣, ㉤   ④ ㉡, ㉣, ㉤

해설 재매입(Re-Nego)은 신용장에서 요구하는 매입은행으로 수출자가 매입신청을 하지 못하게 되는 경우에 사용되는데, 외국환거래의 관리를 위하여 우리나라는 수출자의 외국환거래은 행을 통하여만 매입/추심이 가능하기에 거래은행을 통하여 매입지정은행으로 재매입이 들어가는 형식을 취하게 된다.

㉠ available with 개설은행(또는 지정은행) by PAYMENT : 지급신용장
선적서류 등의 서류가 개설은행(또는 지정은행)에 도착 후 하자가 없으면 개설은행(또는 지정은행)이 대금을 지급한다. 수입자에게 At Sight 조건이 붙는다.

㉡ available with 개설은행(또는 지정은행) by ACCEPTANCE : 인수신용장
선적서류 등의 서류가 개설은행(또는 지정은행)에 도착 후 Usance 기간 만기일(환어음 만기일, At Maturity)까지 개설은행(또는 지정은행)이 대금을 지급한다. Re-Nego가 발생하지 않으려면 Usance 조건이 있고, Usance에 대한 기간 이자를 부담해야 한다.

㉢ available with 개설은행(또는 지정은행) by DEFERRED PAYMENT : 연지급신용장
선적서류 등의 서류가 개설은행(또는 지정은행)에 도착 후 Usance 기간 이내에 개설은행(또는 지정은행)이 대금을 지급한다. Re-Nego가 발생하지 않으려면 Usance 조건이 있고, Usance에 대한 기간 이자를 부담해야 한다.

㉣ · ㉤ available with 지정은행(또는 ANY BANK) by NEGOTIATION : 매입신용장
By Negotiation 앞에 개설은행이 지정될 수 없으며 지정은행은 수출지 은행이다. By Negotiation 앞에 지정된 지정은행이 Beneficiary의 거래은행이 아니면 Re-Nego가 발생될 수 있으며, Any Bank로 된 경우에 는 자유매입신용장으로서 Beneficiary가 자신의 거래은행으로 매입(추심) 신청 가능하다.

정답 ②

④ 취소가능 여부 기준

　㉠ 취소가능신용장(Revocable L/C)

　　• 신용장 조건을 변경·취소할 수 있는 당사자는 신용장 개설은행과 수익자뿐인데, 개설은행이 수익자에게 사전통지 없이(Without Prior Notice) 언제라도(At Any Moment) 취소(Cancel)하거나 조건변경(Amend)할 수 있는 신용장을 의미한다.

　　• "Revocable" 표시가 있으면 취소가능하나, 취소가능신용장이라도 수익자가 선적서류에 환어음을 갖추어 거래은행의 매입·인수·지급을 통해 현금화한 이후에는 취소·변경할 수 없다.

　㉡ 취소불능신용장(Irrevocable L/C)

　　• 취소불능신용장의 경우 신용장 개설 이후 신용장이 수익자에게 통지된 후 유효기간 내에 관계 당사자 전원(개설은행/확인은행, 수익자)의 합의 없이는 신용장을 취소·변경할 수 없다.

　　• 기존 UCP에서는 신용장에 취소불능이나 취소가능 표시가 없거나 불명확할 때에 취소불능신용장으로 간주하도록 규정하고 있었으나, UCP 600 개정에서는 신용장은 원칙적으로 취소불능을 상정하고 있다.

⊕ Plus one

신용장 조건변경

매매계약에서 개설의뢰인과 수익자가 내용과 불일치한 신용장 조건이 있다고 합의할 경우, 신용장 조건변경이 가능하다. 금액 증감, 기한 연장, 선적·도착항 변경, 품목 및 상품명세 변경 등의 사항을 변경할 수 있다.

⑤ 확인 여부 기준

　㉠ 확인신용장(Confirmed L/C) 　기출 19년 3회

　　• 개설은행의 요청에 따라 개설은행 외의 제3의 은행이 수익자가 발행한 환어음의 지급·인수·매입을 확약한 신용장이다.

　　• 수익자 입장에서 개설은행의 신용이 의심스러운 경우에 요구한다.

　　• 통상 개설은행의 요청으로 통지은행이 확인은행을 겸한다.

　㉡ 미확인신용장(Unconfirmed L/C)

　　개설은행 이외의 제3의 은행에 의한 확약이 없는 신용장, 즉 확인은행의 확인이 없는 신용장을 말한다.

안심Touch

⑥ 상환청구가능 여부 기준

　㉠ 상환청구가능신용장(With Recourse L/C)

　　개설은행으로부터 지급받기 이전에 수익자에게 선적서류 및 환어음의 가액을 선지급하고 매입을 행한 매입은행이나 선의의 소지자가 추후 개설은행으로부터 대급을 지급받지 못했을 때 다시 환어음 발행인(수익자)에게 매입대금의 상환청구를 할 수 있도록 규정한 신용장을 의미한다.

　㉡ 상환청구불능신용장(Without Recourse L/C)

　　• 수익자로부터 매입을 행한 매입은행이나 선의의 소지자가 추후 개설은행으로부터 대급지급을 받지 못해도 환어음 발행인(수익자)에게 선지급한 매입대금을 상환청구할 수 없도록 규정한 신용장을 말한다.

　　• 신용장에 "Without Recourse to Drawer"와 같이 기재한다.

⑦ **지급기일 기준(지급기일에 따른 분류)**

　신용장 조건에 의거 발행되는 환어음 지급기일에 따라 분류된다.

　㉠ 일람출급신용장(At Sight L/C)

　　• 신용장에 의거 발행되는 환어음이 일람출급 어음인 경우를 일람출급신용장이라 한다.

　　• 일람출급신용장에는 '매입신용장'과 '지급신용장'이 있기 때문에 일람출급신용장 개설 시 먼저 어떤 신용장을 사용할지 결정해야 한다.

　　• 통지은행이 본・지점 간 또는 예치환거래은행인 경우 지급신용장을 사용하며, 통지은행이 개설은행의 무예치환거래은행인 경우는 매입신용장을 사용한다.

ⓛ 기한부신용장(Usance L/C)
- 신용장에 의거 발행되는 환어음의 기간(Tenor)이 기한부인 어음의 발행을 요구하는 신용장을 말한다.
- 기한부신용장은 어음이 지급인에게 제시되면 즉시 인수가 이루어지고, 만기일(Date of Maturity/Due Date) 내도 시 지급할 것을 약속한다.
- 기한부신용장에는 '기한부매입신용장, 연지급신용장, 인수신용장'이 있다.
- 기한부(Usance) 어음의 기일
  - 일람 후 정기출급(at ××days after sight)
  - 일부 후 정기출급(at ××days after date)
  - 확정일 후 정기출급(at ××days after B/L date) 등

〈기한부신용장의 분류〉

기한부 신용장 (Usance L/C)	기한부 매입신용장		
	연지급 신용장		
	인수신용장 (신용공여 주체기준 분류)	무역인수신용장 (Trade Acceptance L/C = Shipper's Usance L/C) : 수출자가 신용공여	
		은행인수 /유전스신용장 (Banker's Acceptance /Usance L/C) : 은행이 신용공여	국내은행인수신용장 (Domestic Banker's Acceptance L/C) = 국내수입유전스신용장 (Domestic Import Usance L/C)
			해외은행인수 /유전스신용장 (Overseas Banker's Acceptance /Usance L/C)

※ 은행인수의 경우 신용장에 "We will provide the negotiation bank with the necessary fund as per your instructions to be received at maturity."라는 문구나 후술로 일람출급매입이 가능하다는 표현이 있다.

• 2년 거치 : 2년 동안은
원금지급 없이 이자만
지급하는 것

• 5년 반년부 균등분할상
환 : 5년에 걸쳐 매 반
년마다 원금을 똑같이
분할하여 지급하는 것

⊕ Plus one

할부지급신용장(Instalment Payment Credit)

• 할부지급신용장은 기한부신용장의 일종이나 수입대금을 만기에 일시지급(Bullet Payment)되는 것이 아니고 일정기간 거치 후 일정기간마다 대금이 분할지급(Amortization)되는 신용장을 말한다. 2년 거치 5년 반년부 균등분할상환되는 신용장 등을 말한다.

• 플랜트 등 거액의 수출에 사용되는 방식이다.

● 기출 Check ●

계약 상황이 아래와 같을 때, 수출업자가 취하여야 할 방법으로 가장 옳은 것은?

기출 17년 2회

• 수출업자 거래은행 : DEUTSCHE BANK, BERLIN DE
• 수입업자 거래은행 : Royal Bank of Scotland, LONDON UK
• 신용장상의 문구 : "available with Royal Bank of Scotland, UK by payment of documents complying with the terms of this credit for 100 percent of invoice value."

---

① 환어음을 발행하여 Royal Bank of Scotland에 일람출급 매입을 요청한다.
② 환어음 없이 서류만으로 DEUTSCHE BANK에 일람출급 매입을 요청한다.
③ 환어음 없이 서류만으로 DEUTSCHE BANK를 통하여 Royal Bank of Scotland에 지급을 요청한다.
④ 발행은행이 지급은행이므로 신용장 조건을 DEUTSCHE BANK로 변경하여 줄 것을 요청한다.

해설 ③ 지급신용장이므로 환어음의 발행을 요구하지 않는다. 신용장상 지급하는 은행은 신용장 문구상 Royal Bank of Scotland로 지정되어 있으므로 수출자는 수출자의 거래은행 DEUTSCHE BANK를 통해 Royal Bank of Scotland에 지급을 요청한다.

정답 ③

매입은행인 JAKARTA BANK가 수출업자인 JAVA에게 대금을 즉시 지급하고, 발행은행인 KOOKMIN BANK로부터 만기에 대금을 상환받는 경우를 무엇이라 하는가? 기출 17년 3회

- 수입업자 : HAEYANG CO., LTD. KOREA
- 수출업자 : JAVA CO., LTD. INDONESIA
- 수입업자 거래은행 : KOOKMIN BANK
- 수출업자 거래은행 : JAKARTA BANK
- 신용장상의 문구 : "available with ANY BANK by negotiation of your draft at 180 days after sight for 100 percent of invoice value."

① Shipper's Usance
② Domestic Banker's Usance
③ Overseas Banker's Usance
④ European D/P

해설 수출업자에게 대금을 지급하는 주체가 해외은행이므로 해외은행인수(Overseas Banker's Usance)에 해당하고, 만약 지급 주체가 국내은행이나 국내은행의 해외지점이라면 Domestic Banker's Usance에 해당한다.

정답 ③

⑧ 매입은행 제한여부 기준
　㉠ 보통신용장(General or Open L/C)
　　• 어음매입을 특정은행으로 제한하지 않고 아무 은행에서나 매입할 수 있도록 되어 있는 신용장이다.
　　• 매입은행 지정표시가 없으면 자유매입신용장(Freely Negotiable Credit)으로 본다.
　㉡ 특정신용장(Special or Restricted L/C)
　　수익자가 발행하는 환어음의 매입은행이 특정은행으로 지정되어 있는 신용장이다.
⑨ 수출업자의 자금조달의 편의를 위한 신용장
　㉠ 전대신용장(Packing L/C)/선대신용장(Red Clause L/C)
　　• 수출물품의 생산 · 가공 · 집화 · 선적 등에 필요한 자금을 수출업자에게 융통해 주기 위하여 매입은행으로 하여금 일정한 조건에 따라 신용장금액의 일부 또는 전부를 수출업자에게 선대(선불)해 줄 것을 허용하고 신용장 개설은행이 그 선대금액의 지급을 확약하는 신용장이다.

- 선대자금 수령 시 수출업자는 선적서류 없이 현금으로 선대 받은 부분에 대한 어음만 발행한다. 네고(Nego) 시에는 선수금과 이자를 공제한 잔액에 대해서만 환어음을 발행해서 매입은행에 제시한다.

ⓛ 연장신용장(Extended L/C)

수출업자가 수출상품의 선적 전에 개설은행 앞으로 '무담보 어음'을 발행하면 이것을 통지은행이 매입하고 일정기간 내에 당해 상품에 대한 모든 운송서류를 매입은행에 제공할 것을 조건으로 하는 신용장이다.

⑩ 국가 간 수출입 균형유지를 위해 사용되는 신용장

㉠ 구상무역신용장/견질신용장(Back to Back L/C)

무역균형 유지를 위해 한 나라에서 수입신용장을 개설할 경우, 그 신용장은 수출국에서 동액의 수입신용장 개설 시에만 '유효하다는 조건'이 붙은 조건부 L/C로서 동시개설/상호교환 신용장이라고도 한다.

㉡ 기탁신용장(Escrow L/C) `기출` 19년 3회(2급)

수입신용장 개설 시 환어음 매입대금을 수익자에게 지급하지 않고 수익자 명의의 'Escrow 계정'에 기탁(입금)해 뒀다가 수익자가 원신용장 개설국에서 수입하는 상품의 대금결제에만 사용토록 규정한 신용장이다.

㉢ 토마스신용장(Thomas L/C)

- 양측이 동액의 신용장을 개설하는데 일방이 먼저 개설하면 상대방이 일정기간 이내에 같은 액수의 신용장을 개설하겠다는 보증서로 발행하는 신용장이다.
- 수출국의 수출물품은 확정되었지만 수입할 물품이 확정되지 않은 경우 이용된다.
- 수출업자가 수입업자에게 언제까지 Counter L/C를 개설하겠다는 확약서를 제출하여야만 수출업자가 Nego할 수 있는 신용장을 말한다.

⑪ 기 타

㉠ 회전신용장(Revolving L/C) `기출` 18년 1회

- 수출 · 입자 사이에 동종의 상품거래가 상당기간 계속하여 이루어질 것으로 예상되는 경우 거래 시마다 신용장을 개설하는 불편을 덜기 위하여 일정기간 동안 일정금액의 범위 내에서 신용장 금액이 자동 갱신(Automatically Reinstated/Restored)되어 재사용할 수 있도록 하는 조건으로 개설된 신용장이다.
- 회전신용장은 개설 시 "This credit is cumulative revolving" 또는 "This credit is non-cumulative revolving"이라고 명시해야 한다.
- 갱신 방법에 따라 '누적신용장(Cumulative L/C)'과 '비누적신용장(Non-cumulative L/C)'으로 구분된다.
  - 누적신용장 : 수출업자가 회전기간 중 한 선적분 금액이 신용장 금액에 미치지 못하는 경우 다음 선적분의 이행 시 전회의 부족분까지

포함하여 신용장 금액이 증가하는 신용장을 말한다.

   – 비누적신용장 : 수출업자가 회전기간 중 한 선적분 금액이 신용장 금액에 미치지 못할지라도 다음 선적분은 전회의 부족분과는 상관없이 처음에 지정한 신용장 금액이 그대로인 신용장을 말한다.

ⓛ Baby L/C

외국에서 원·부자재를 수입하여 제조·가공 후 상품을 수출하고자 할 때 원래 받은 신용장(Master L/C)에 대해서 원·부자재 수입용으로 새로이 개설되는 신용장을 말한다. 국내에서 조달될 때는 'Local L/C'가 된다.

ⓒ 내국신용장(Local L/C) **기출** 18년 2회, 20년 1회

수출업자(제1수익자)가 자신 앞으로 내도한 원신용장(Master L/C)을 담보로 자신의 거래은행에 요청하여 "국내 원료공급자, 하청업자 또는 생산업자"를 수익자(제2수익자)로 하여 개설한 신용장을 말한다.

합격자 Tip

수출국의 내국신용장 개설 은행이 지급확약을 한다.

● 기출 Check ●

내국신용장(Local L/C)에 관한 설명으로 옳지 않은 것은? **기출** 17년 2회

① 내국신용장 매입 시에는 물품 수령증명서와 세금계산서가 요구된다.

② 수출업자는 수출용 원자재를 내국신용장에 의해 조달하면 원자재 금융을 지원 받아 결제할 수 있다.

③ 개설은행은 원신용장을 담보로 하여 결제자금 상환에 대한 위험부담을 해소할 수 있다.

④ 국내 공급업자는 신용장 제공의 대가로 협상력을 제고할 수 있다.

해설 내국신용장(Local L/C)이란 수출신용장(Master L/C)을 받은 수출자가 국내 제조업자나 원자재 공급업자로부터 물품을 공급받고자 할 때 국내 공급업자 앞으로 발행하는 신용장을 말한다. 수출업체의 경우 수출용 원자재를 내국신용장에 의해 조달하면 원자재금융을 지원 받아 결제할 수 있고 원수출신용장을 담보로 개설할 수 있다. 내국신용장의 수혜자(공급자)는 내국신용장 조건에 부합하는 물품의 공급을 완료하고 개설의뢰인(구매자)으로부터 물품 수령증명서를 전자문서교환 방식으로 수령 후, 판매대금 추심의뢰서와 세금계산서를 작성하여 수혜자의 거래외국환은행에 물품대금의 회수를 위해 매입 또는 추심을 의뢰한다.

정답 ④

원신용장을 견질로 하여 국내의 공급업자 앞으로 개설하는 내국신용장에 대한 설명으로 옳지 않은 것은? 기출 18년 2회

① 내국신용장상에서 표시통화는 원화, 외화, 원화 및 외화금액 부기 중 하나 이어야 한다.
② 유효기일은 물품의 인도기일에 최장 10일을 가산한 기일 이내이어야 한다.
③ 부가가치세 영세율을 적용한다.
④ 어음 형식은 개설의뢰인을 지급인으로 하고, 개설은행을 지급장소로 하는 기한부환어음이어야 한다.

해설 어음의 형식은 개설의뢰인을 지급인으로 하고, 개설은행을 지급장소로 하는 일람출금환어음이어야 한다.

정답 ④

　　② 보증신용장(Stand-by L/C)
　　　담보력이 부족한 국내 상사의 해외지사의 현지 운영자금 또는 국제입찰 참가에 수반되는 입찰보증(Bid Bond) · 계약이행보증(Performance Bond) 등에 필요한 자금을 해외현지은행에서 대출받고자 할 때, 이들 채무보증을 목적으로 국내 외국환은행이 해외은행 앞으로 발행하는 무담보신용장(Clean L/C)이다.

　　⑪ Transit L/C
　　　화폐가 직접 태환되지 않고 서로 상대국의 환거래은행[Correspondent Bank(Corres)]이 없는 국가 간에 무역을 할 경우 양 국가가 거래하고 있는 제3국의 통화로 표시된 신용장이다.

⊕ **Plus one**

유보조건부(Pay Under Reserve)와 손해담보약속(Pay Against an Indemnity)

• 유보조건부 : 형식적 지급이나 매입 등 일반 신용장베이스로 이루어지지만, 그 매입대금의 현실적 결제는 서류가 발행은행 및 확인은행에 확인된 경우에 한함. 즉, 조건 불충족의 점이 발행은행, 발행 의뢰인에게 용인되는 경우에 한함
• 손해담보약속 : 신용장 조건에서 불일치하는 것이 있음에도 매입 등을 해달라고 요구할 때 손해를 끼쳤을 경우 모든 은행에 상환할 것을 조건으로 함

02 화환신용장

1. 화환신용장 개요

(1) 개 념

① 신용장은 신용장하에서 발행되는 환어음의 결제 시 운송서류의 제시여부에 따라 화환신용장과 무화환신용장으로 구분된다.

    ㉠ 화환신용장 : 운송서류의 제시를 요구하는 신용장

    ㉡ 무화환신용장 : 운송서류의 제시를 요구하지 않는 신용장

② 일반 무역거래에 이용되는 신용장은 대부분 화환신용장이다.

③ 따라서 신용장통일규칙은 주로 화환신용장 거래 시 적용하는 해석 및 운용에 관한 국제적인 통일규칙이지만 무화환신용장에 대하여도 동 통일규칙을 준용한다.

(2) 화환신용장과 무화환신용장

① 화환신용장(Documentary Credit) **기출** 19년 1회(2급)

    ㉠ 일종의 담보 역할을 하는 선하증권, 송장, 보험증권 등의 운송서류가 첨부되어야만 어음대금을 결제 받을 수 있는 신용장이다.

    ㉡ 신용장 발행은행이 수출업자가 발행한 어음을 수송화물의 담보가 되는 선적서류 첨부를 조건으로 하여 인수 또는 지불할 것을 확약하는 신용장이다.

    ㉢ 화환신용장하에서는 선적서류 매입 시 운송서류를 제시하여야 하므로 선적 전 선적서류 매입이 불가능하고 선적을 이행하여야만 선적서류의 매입이 가능하다.

② 무화환신용장(Clean Credit)

    ㉠ 환어음에 운송서류가 첨부되지 않은 무담보어음(Clean Bill)인 경우에도 어음을 지급, 인수 또는 매입할 것을 확약하는 신용장을 말한다.

    ㉡ 신용장에 의해서 발행되는 환어음에 선적서류를 첨부하지 않고, 대신 Simple Receipt나 Certificate 또는 일정한 진술서(Statement)를 첨부하는 것을 조건으로 그 어음의 지급, 인수 또는 매입을 확약하는 신용장을 말한다.

    ㉢ 용역거래나 지급보증 등 본질적으로 담보의 역할을 하는 운송서류가 존재하지 않는 경우에 이용되는 신용장으로, 보증신용장은 상품대금결제가 아닌 금융 또는 채무보증 등을 목적으로 발행되는 특수한 무화환신용장의 일종이다.

합격자 Tip

Q 무화환신용장에 해당하는 것은?
① Negotiable L/C
② Revolving L/C
③ Stand by L/C
④ Payment L/C

A ③

ⓔ 무화환신용장은 선적서류의 제시를 요구하지 않으므로 선적 전 선적서류의 매입이 가능한데, 이는 수입자에게 위험부담이 있다는 것을 의미한다. 왜냐하면 수출자가 선적서류 매입만 하고 선적을 이행하지 않을 우려가 있기 때문이다.

합격자 Tip

신용장거래는 상품거래가 아닌 서류상의 거래라는 추상성을 가지므로 관계 당사자는 서류만을 가지고 매매계약의 이행여부를 결정해야 하며 운송서류가 정당하게 작성되어 있는 한 대금지급 의무를 이행해야 한다.

(3) 신용장거래의 특성 기출 16년 1회, 17년 2회, 19년 2회, 20년 2회

① 독립성의 원칙(The Principle of Independence, UCP 제4조)

신용장은 수출·입자 간 체결된 매매계약 등을 근거로 개설되지만, 신용장 개설 후에는 그 근거가 되었던 매매계약과 완전히 독립되어 그 자체로 별도의 법률관계가 형성됨으로써 신용장 당사자(개설은행과 수익자)가 신용장 조건에 따라서만 행동하는 것(즉, 매매계약으로 부터의 단절)을 신용장의 독립성이라 한다.

② 추상성의 원칙(The Principle of Abstraction, UCP 제5조)

신용장거래는 상품, 용역, 계약이행 등의 거래가 아니라 서류로서 거래가 이루어지는데 이를 신용장의 추상성이라 한다. 즉, 서류만으로 매매계약의 이행여부를 결정하게 되므로 실제 물품·용역·계약의 불일치 또는 불이행에 따른 분쟁은 신용장과 전혀 별개의 문제이다.

③ 한계성의 원칙(The Principle of Limitation)

개설은행은 계약과 다른 상품이 선적됐을지라도 신용장 조건에 맞는 서류가 제시되면 이에 대한 대금지급 의무가 있으므로, 신용장 개설이 국제거래의 상업위험과 신용위험을 완전히 예방하기 어려운 것을 신용장의 한계성이라고 한다.

④ 엄격일치의 원칙(The Principle of Strict Compliance)

수익자가 제시한 서류와 신용장 조건과의 일치성 여부에 관한 심사는 오로지 서류의 문면상으로 판단함으로써 은행은 신용장 조건에 엄밀히 일치하지 않는 서류를 거절할 권리가 있다는 법률원칙이다.

⑤ 상당일치의 원칙(The Principle of Substantial Compliance)

엄밀일치의 원칙의 엄격성을 완화하는 원칙을 말하는데, 서류가 신용장 조건과 상당하게 일치하면 은행은 이를 수리할 수 있다는 원칙이다.

한국의 (주)해양은 인도네시아의 Java Co., Ltd.와 바나나 수입계약을 맺고 거래은행인 농협을 통하여 수입 L/C를 개설하였다. 인도네시아의 Java Co., Ltd.는 바나나 선적 후 Jakarta 은행을 통하여 매입을 완료하고, Jakarta 은행은 선적서류를 농협에게 제시하였다. 이 과정에서 (주)해양은 사업상 어려움으로 폐업조치하게 되는데, 이와 같이 무역계약이 실질적으로 파기된 경우에, Jakarta 은행이 주장할 수 있는 신용장의 원칙은? **기출** 17년 2회

① 독립성의 원칙　　　　　　② 추상성의 원칙
③ 엄격일치의 원칙　　　　　④ 상당일치의 원칙

해설　② 신용장거래는 서류로서 이루어지는데 이를 추상성의 원칙이라 함
　　　③ 은행은 신용장 조건에 엄밀히 일치하지 않는 서류를 거절할 권리가 있다는 원칙
　　　④ 엄밀일치의 원칙이 가진 엄격성을 완화하는 원칙

정답　①

신용장 조건 점검 시 성격이 다른 하나는? **기출** 20년 2회

① 검사증명서에 공식검사기관이 아닌 자의 서명을 요구하는 경우
② 화주의 책임과 계량이 표시된 운송서류는 수리되지 않는다는 조건
③ 개설의뢰인의 수입승인을 신용장 유효조건으로 하는 경우
④ 매매계약의 내용과 불일치한 조건이 있는지의 여부

해설　①·②·③ 은행의 서류심사 시 제시서류와 신용장 조건이 일치하는지의 여부를 판단할 수 있다.
　　　④ 신용장은 수출·입자 간 체결된 매매계약 등을 근거로 개설되지만, 신용장 개설 후에는 그 근거가 되었던 매매계약과 완전히 독립되어 그 자체로 별도의 법률관계가 형성되므로 신용장 당사자(개설은행과 수익자)는 신용장 조건에 따라서만 행동한다(즉, 매매계약으로 부터 단절된다). 그러므로 은행은 신용장 관습상 서류심사 시 매매계약 조건이 아닌 신용장 조건과 서류와의 일치여부를 확인해야 한다.

정답　④

(4) 신용장거래의 이점 기출 20년 2회

① 수출업자 측면
- ㉠ 확실한 대금회수 보장, 거래의 안정성 확보
- ㉡ 거래내용의 확정으로 수출이행 용이
- ㉢ 매입대금 즉시회수에 따른 수출대금 조기회수로 자금운용의 안정성 확보
- ㉣ 신용장을 담보로 용이한 제조대금 융자 가능
- ㉤ 수입국 외환시장 악화에 따른 대외지급중지 등의 환결제 위험 회피 가능

② 수입업자 측면
- ㉠ 은행신용을 이용한 자사 신용 강화로 유리한 조건의 계약체결 가능성 증대(매매가격 협상 등에서 우위 확보)
- ㉡ 수입업자에 대한 수출업자의 확실한 계약조건 이행 보장
- ㉢ 계약물품의 인도시기 예상 가능(신용장상에 최종선적기일과 유효기일 명시)
- ㉣ 발행은행의 수입화물대도(Trust Receipt ; T/R)에 의한 신용공여로 금융상의 혜택확보
- ㉤ 물품 도착 후 대금지급으로 금융상 유리

⊕ Plus one

수입화물대도(T/R)

선적서류의 소유권은 담보물로서 그것을 보유하고 있는 은행에 있다는 것을 인정하고 그 선적서류를 대도받기 위하여 은행 소정의 수입화물대도(T/R)신청서에 필요사항을 기재하고 은행에 제출한다. 은행은 수입화물대도와 상환으로 선적서류를 수입자에게 대도한다. 즉, 수입화물대도는 은행은 담보권을 확보한 채로 수입자에게 담보화물을 대도하고 수입자는 화물매각대금으로 대금결제 또는 차입금을 상환하는 제도이다.

합격자 Tip

Q 수입상이 신용장거래를 선호하는 이유는 수입절차가 간편하기 때문이다. (O, X)

A X - 신용장과 수입절차의 간편성 간에는 직접적인 관련이 없다.

(5) 신용장거래 당사자 기출 17년 1회, 17년 2회, 17년 3회, 19년 1회

신용장 관련 당사자 중 개설은행, 수익자, 확인은행을 기본 당사자라 하며, 그 외 다른 당사자들을 기타 당사자라고 한다.

① 개설의뢰인(Applicant)

ㄱ 수출상(Beneficiary)과의 매매계약에 따라 자기거래은행(Opening Bank)에 신용장을 개설해줄 것을 요청하는 수입상으로 향후 수출 환어음 대금의 결제의무자가 된다.

ㄴ Importer, Accountee, Buyer, Opener(신용장 개설의뢰인), Drawee(환어음 지급인), Consignee(발송물품 수탁자)로도 불린다.

합격자 Tip

Consignee(Drawee) : 추심방식에서는 수입상, L/C 방식에서는 은행

② 개설은행(Issuing Bank)

ㄱ 보통 수입자의 거래은행으로서 개설의뢰인(수입업자)의 요청과 지시에 의하여 신용장을 발행하는 은행이다.

ㄴ 개설은행은 수출업자가 약정된 물품을 선적하고 신용장에서 요구되는 선적서류, 상업송장, 보험서류 등을 갖추어 환어음을 발행하면 이를 직접 또는 수권은행(수출지의 거래은행)을 통하여 신용장 조건에 따라 지급·인수·매입할 것을 확약하는 신용장을 발행하게 되며 환어음 지급에 있어서 최종적인 책임을 부담한다.

ㄷ 수출상이 환어음을 발행할 때 수입상이 아닌 개설은행을 지급인(Drawee)으로 해야만 하며, 개설은행은 수입자가 있는 수입지에 소재하는 경우가 대부분이지만 제3국에 소재하는 경우도 있다.

③ 통지은행(Advising/Notifying Bank)

ㄱ 어떠한 책임이나 약정 없이(Without Engagement) 개설은행으로부터 내도된 신용장을 수익자에게 통지(송부나 교부)해 주는 수출지의 은행으로서 통지은행이 통지요청을 받았다고 해서 반드시 통지해야 하는 것도 아니고, 통지를 했다고 해서 반드시 수권은행의 역할을 할 필요도 없다.

ㄴ 지급·인수·매입 의무는 없으나 신용장의 외관상 진위여부(Apparent Authenticity) 확인을 위해 상당한 주의(Reasonable Care)를 기울일 의무가 있다.

ㄷ 보통 수출국에 위치한 신용장 개설은행의 본·지점이나 환거래은행 [Correspondent Bank(Corres)]이 된다.

④ 수익자(Beneficiary)

ㄱ 신용장 수취인으로서 수혜자라고도 하며 수출자를 말한다.

ㄴ Drawer(환어음 발행인), Consignor(물품 발송자), Exporter, Shipper, Payee(대금영수인), Accreditee(신용수령인), Addressee user(수신사용인)로도 불린다.

ㄷ 신용장에서는 통상 "in favor of (수익자)~"로 수익자를 표시한다.

⑤ 확인은행(Confirming Bank)

   ㉠ 후진국 은행이나 재무상태가 취약한 은행이 발행한 신용장이어서 대금지급의 확약을 믿기 어려운 경우 개설은행이 공신력 있는 은행에 신용장의 확인·보증 및 독립적인 지급확약을 요청하게 되는데 이 때 요청을 수락한 은행으로, 신용장 개설은행의 의뢰에 의해 개설은행의 재력·존폐에 상관없이 신용장 조건에 의거 발행된 환어음을 지급·인수·매입하겠다는 독립적인 확약을 부가해 주는 은행이다.

   ㉡ 수출상에게 개설은행의 지급확약 외에 추가적으로 2중의 대금지급 확약을 행하는 은행으로서 확인신용장의 경우 확인은행도 개설은행 및 수익자와 함께 신용장 기본 당사자가 된다.

⑥ 수권은행(Authorized Bank) = 지정은행(Nominated Bank) = 지급·인수·매입은행

UCP에 따르면 모든 신용장은 일람지급, 연지급, 인수 또는 매입 중 '어느 방식'으로 사용될 것인지 명기해야 하고, 자유매입신용장 이외에는 '어느 은행'에서 사용되어야 할지도 명시해야 한다. 이 때 지급·인수·매입을 수권받은 은행이나 개설은행 자신이 지급·인수·매입은행이 된다.

   ㉠ 일람지급은행(Paying Bank)

     • 대금결제를 위하여 개설은행이 전액을 위탁해 둔 은행으로 통상 개설은행의 지점이 된다.

     • 개설은행 대리인 자격으로 직접 채무를 상환하므로 대금청구권 양도문제 개입여지가 없고, 당연히 어음발행도 필요치 않다.

     • 수출상에 대한 최종지급에 해당하므로 수출상에 대한 소구권 행사가 불가하다.

   ㉡ 연지급은행(Deferred Payment Bank)

     • 통상 개설은행의 지점으로 서류와 상환으로 일정기간 후 전액을 지급할 의무를 진다.

     • 개설은행 대리인 자격으로 연지급하므로 어음발행이 필요치 않고 대신 연지급 약정서가 발행된다.

   ㉢ 인수은행(Accepting Bank)

     • 통상 개설은행의 예치환거래은행으로 신용장에 의거 수익자가 발행한 기한부 환어음을 인수, 만기일에 대금지급의무를 지는 은행이다. 어음인수 후 만기일에 무조건 대금지급의무를 행한다.

     • 보통 대금지급 후 개설은행 구좌에서 자신의 계좌로 계정을 이체하며, 인수은행이 인수 거절 시 개설은행이 책임을 진다.

   ㉣ 매입은행(Negotiating Bank)

     • 매입이란 어음을 할인하여, 즉 이자와 수수료를 받고 사들이는 행위를 의미한다.

- 매입은행은 제3자가 지급인인 어음·수표에 대해 권리를 취득한 은행으로 환어음 매입으로 선의의 소지자(Bona Fide Holder)가 되어 개설은행에 어음대금 청구권을 행사할 수 있다.
- 지급거절 시는 상환청구권(Recourse)을 행사할 수 있어서 수출상에 대한 최종지급이라 볼 수 없다.
- 통상 수익자의 거래은행이 매입은행이 되나, 개설은행이 지정한 은행 또는 어떤 은행(Any Bank)도 매입은행이 될 수 있다.

기출 Check

신용장거래에서 어음의 선의의 소지인(Bona Fide Holder)으로서의 지위를 누리는 자는? **기출** 17년 2회

① 매입은행　　　　　② 통지은행
③ 개설은행　　　　　④ 확인은행

해설　② 어떠한 책임이나 약정 없이(Without Engagement) 개설은행으로부터 내도된 신용장을 수익자에게 통지(송부나 교부)해 주는 수출지의 은행
③ 보통 수입자의 거래은행으로서 개설의뢰인(수입업자)의 요청과 지시에 의하여 신용장을 발행하는 은행
④ 후진국 은행이나 재무상태가 취약한 은행이 발행한 신용장이어서 대금지급의 확약을 믿기 어려운 경우 개설은행이 공신력 있는 은행에 신용장의 확인·보증 및 독립적인 지급 확약을 요청하게 되는데 이때 요청을 수락한 은행

정답　①

기출 Check

매입은행이 Nego 서류 심사 시 하자사항에 대한 모든 책임을 수출업자가 부담한다는 일종의 보상장을 첨부하여 매입하는 방법은? **기출** 17년 3회

① L/G Negotiation
② Negotiation after Amendment
③ Cable Negotiation
④ Collection Basis

해설　L/G Nego 시 수출자는 개설은행이 개설의뢰인(수입자)에게 하자서류에 대한 협상권(개설의뢰인의 클레임 포기, 즉 Waiver 협상)을 행사한다는 전제하에 수입자로부터 선적서류 하자에도 불구하고 대금을 결제한다는 L/G(Letter of Guarantee)를 받고 매입을 의뢰하는 것이다. 이때 수출자가 매입은행에 제시하는 각서(확인서)는 보상장(Letter of Indemnity)이다.

정답　①

매입과 상환청구권

매입은 이윤추구를 위하여 환어음을 할인하여 사들이는 것이고 선적서류 등을 담보로 즉시 대전을 공여한 것이다. 따라서 어음대금을 지급받지 못했을 경우는 당연히 어음을 매입시킨 이전 당사자에게 상환청구권을 행사할 수 있다. 단, 개설은행은 최종지급책임을 부담하므로 상환청구권의 행사와는 무관하다.

⑦ 상환은행(Reimbursing Bank) = 결제은행(Setting Bank)
  ㉠ 개설은행의 상환수권이나 지시에 따라 지급·인수·매입은행의 상환청구를 받아 상환해주는 은행이다(결제 편의 제공).
  ㉡ 제3국 통화로 거래할 때 제3국 소재의 은행을 이용하는 경우 등에 쓰인다.
  ㉢ 개설은행의 입장에서는 결제은행(Setting Bank)이 된다.

신용장거래 당사자

- 개설의뢰인(**Applicant**) = 수입상(**Buyer**) / 환어음지급인(**Drawee**) / 발송물품수탁자(**Consignee / Opener / Accountee**)
- 개설은행(**Issuing Bank**)
- 통지은행(**Advising Bank = Notifying Bank**)
- 수익자(**Beneficiary**) = 수출상(**Seller**) / 환어음발행인(**Drawer**) / 물품발송자(**Consignor**) / **Shipper**
- 확인은행(**Confirming Bank**)
- 수권은행(**Authorized Bank**) = 지정은행(**Nominated Bank**)
  - (연)지급은행(**Paying Bank**)
  - 인수은행(**Accepting Bank**)
  - 매입은행(**Negotiating Bank**)
- 기타 은행(기타 당사자)

〈무역거래 관계에 따른 당사자의 명칭〉

구 분	수출업자(Exporter)	수입업자(Importer)
신용장관계	Beneficiary(수익자)	Applicant(개설의뢰인)
매매계약관계	Seller(매도인)	Buyer(매수인)
화물관계	Shipper/Consignor(송하인)	Consignee(수하인)
환어음관계	Drawer(환어음발행인)	Drawee(환어음지급인)
계정관계	Accounter(대금수령인)	Accountee(대금결제인)

2. 신용장 개설

(1) 신용장 개설 절차

① 수입자는 수입물품에 대한 수입승인을 받은 다음 그 유효기간 내에 신용장 개설 신청

② 신용장 개설은행은 신용장 개설에 관한 심사 및 기타 절차 완료 후 개설의뢰인이 제출한 의뢰서 내용을 점검한 후 타당하다고 인정하면 신용장 개설

(2) 신용장 개설 방법

두 가지 방법이 있으며 선적기일 · 시황 · 자금사정 등을 고려하여 선택 · 사용한다.

① 우편에 의한 개설(Mail Credit)

㉠ 개설신청서의 내용에 따라 소정의 신용장양식 1set를 작성하여 원본 및 사본 1매는 통지은행에 발송한다.

㉡ 결제은행에는 사본 1매를 수입대전 결제요청서(Reimbursement Request)와 함께 발송한다.

② 전신에 의한 개설(Cable Credit)

㉠ 금융비용 절약, 납기단축 등을 위하여 신용장 개설 사실을 신속히 통지할 필요가 있을 경우 전신으로 신용장을 개설한다.

㉡ 방법

• Short Cable에 의한 개설

− 신용장이 개설되었다는 것을 미리 통지하여 수익자로 하여금 수출 준비를 하게 하는 통지이다.

– "Details Follow(세부사항 추후 통지)"란 문언을 삽입, 추후 신용
장 원본(Mail Confirmation)을 우편으로 송부하여 모든 조건은
이에 준하도록 하여야 한다.
- Full Cable에 의한 개설
– 통지은행의 오역이나 신용장거래 당사자 간 문구 해석 차이로 생
기는 마찰을 줄이기 위해 신용장 전문을 그대로 전신으로 보내는
방법이다.
– 국제통신망 발달로 거의 대부분 Full Cable로 신용장 통지한다.

(3) 신용장 개설 신청 시 기재사항 `기출` 16년 1회, 17년 1회, 19년 3회

합격자 Tip

매매계약에 약정된 내용
및 수입승인서(I/L)상 승인
된 내용과 서로 다르면 안
된다.

신용장 개설 신청서에 기재된 내용은 곧 신용장의 조건이 되므로 모든 사항이
간단명료하고 정확하게 기재되어야 한다. 신용장 개설 신청서에 기입해야 할
사항(신용장 내용과 동일)은 다음과 같다.

① 개설은행명(Name of Issuing Bank)
② 개설장소 및 일자(Place and Date of Issue)
③ 신용장 종류(Type of Credit) : 신용장 상단에 "Irrevocable Documentary
Credit"이라고 인쇄되어 있다.
④ 신용장 번호(Credit Number) : 우측상단에 명기한다.
⑤ 수익자의 성명 및 주소(Beneficiary)
⑥ 개설 의뢰인의 성명 및 주소(Applicant)
⑦ 신용장 통지은행 및 참조번호(Advising Bank and Reference No.)
⑧ 사용가능한 은행의 지정(Nominated Bank)
  ㉠ "Credit Available with" 다음에 "Any Bank"라고 되어 있으면 어떤
  은행에서든지 매입이 가능하다.
  ㉡ "Advising Bank" 또는 "Issuing Bank" 등으로 되어 있으면 해당 은
  행에서만 지급·인수·매입이 가능하다.
⑨ 신용장 금액(Amount)

합격자 Tip

숫자와 문자의 일치 여부
에 주의해야 한다. 상호
불일치하면 문자가 우선
한다.

  ㉠ 신용장 한도액(Available Amount of Credit)을 표시하며, 그 금액 이
  상으로 환어음을 발행할 수 없게 되어 있다.
  ㉡ 표시통화는 수입승인서에 기재된 통화와 같아야 한다.
⑩ 유효기일, 선적기일, 제시기일
  ㉠ 유효기일(Expiry Date)
  • 수익자가 매입은행 또는 지급은행에 대하여 어음의 지급·인수 또는
  매입을 요구하기 위하여 서류를 제시하여야 할 최종 유효기일이다.
  • 그러나 "May 31, 2021 at the counters of advising bank" 또는
  "May 31, 2021 at the Counters of Issuing Bank" 등으로 되어 있
  으면 해당일자까지 정해진 지점에 서류가 제시되어야만 한다.

- 유효기일이 은행의 휴업일에 해당하는 경우, 최종일은 해당 은행의 휴업일 다음 첫 영업일까지 연장된다.
  - ㉃ 선적기일(Shipping Date) : 신용장에 의해 거래되는 화물의 최종 유효 선적 기일
  - ㉄ 제시기일(Time Limit for Presentation)
    - 선하증권 및 기타 서류 발급일 이후 지급 · 인수 · 매입을 위한 선적 서류의 제시기일이다.
    - 신용장에 정하여 명시하게 되어 있으나 명시하지 않은 경우, 일률적으로 선적서류 발행일 이후 21일까지를 제시기일로 한다.
    - 위에서 제시한 기일이 경과한 서류는 Stale B/L이 된다.
- ⑪ 환어음(Draft, Bill of Exchange) 관련 사항[어음종류 및 어음지급기일(Tenor of Draft)] : 환어음은 통상 2장 발행
  - ㉠ 어음발행인(Drawer) : Your Draft 또는 Beneficiary's Draft라고 하면 수익자(Beneficiary)가 발행인이 되어 어음의 발행인 란에 기명 후 서명한다.
  - ㉡ 어음지급기일(Tenor)
    - 환어음 지급기일(Tenor) 표시는 I/L[Import Licence : 수입승인(서)]과 일치해야 한다.
    - Usance 어음인 경우 : 'at 90 Days after(from) B/L Date', 'at 90 Days after(from) Negotiating Date', 'at 90 Days after Sight' 등으로 표시되는데 기간산정의 기산일에 따라 만기일이 빨라지거나 늦추어진다.
    - After Sight인 경우 : 해당 환어음이 Drawee(지급인)에게 제시되는 시점부터 기산이 된다.
- ⑫ 환어음의 발행금액
  - ㉠ 보통 상업송장(Invoice) 금액과 일치해야 한다.
  - ㉡ "for 100% of Invoice value or for full invoice value"로 표시하는 것이 원칙이다.
  - ㉢ 특수거래인 경우(광석, 화학약품, 곡물 등)
    - 상업송장 금액의 100% 미만으로 어음을 발행하도록 신용장에 요구하는 경우도 있다.
    - 이러한 경우에는 그 조건을 충족시켜야 하며 신용장 문구는 다음과 같다.

> "available by your draft at sight on us for OO% of invoice value."

합격자 Tip

"OO% of"란에 98% 등과 같이 발행할 수 있는 어음 금액을 표시해야 하며, 그 차액은 수입업자가 상품을 인수하고 품질 · 중량 등을 검사한 후 추가적으로 어음을 발행한다.

⑬ 운송서류에 관한 사항[요구서류(Documents Required)]

　㉠ 운송서류의 종류와 통수 및 요구하는 선적서류의 조건을 명시한다.

　㉡ 기본서류는 상업송장, 선하증권, 보험증권이다.

• 기출 Check •

신용장 개설 시 유의사항에 대한 설명으로 옳지 않은 것은? `기출` 19년 3회

① 수익자, 개설의뢰인의 회사명 등은 약어를 사용하지 않는 것이 좋다.

② 신용장은 명시적으로 'Transferable'이라고 표시된 경우에 한해 양도될 수 있다.

③ 선적기일, 유효기일 및 서류 제시기일 표기 시 해석상 오해의 소지가 없도록 월(month) 표시는 문자로 하지 않는 것이 좋다.

④ 신용장 금액 앞에 'about', 'approximately' 또는 이와 유사한 표현이 있는 경우 10% 이내에서 과부족을 인정한다.

`해설` **신용장 개설 시 유의사항**

• 수익자, 개설의뢰인의 회사명 등은 약어를 사용하지 않는 것이 좋다.

• 신용장 금액은 숫자와 문자를 병기하며 금액 앞에 'about', 'approximately' 또는 이와 유사한 표현이 있는 경우 10% 이내에서 과부족을 인정한다.

• 선적기일, 유효기일 및 서류 제시기일 표기 시 해석상 오해의 소지가 없도록 월(month) 표시는 문자로 하는 것이 좋으며, 날짜 표시 앞에 to, until 등의 표현이 있을 경우 그날 자체도 포함된다. 또한 제시기간을 명시하지 않는 경우 운송서류 발행일 이후 21일까지를 제시기한으로 하여 이 이후에 제시된 서류는 수리 거절된다.

• 신용장은 개설은행에 의해 명시적으로 'Transferable'이라고 표시된 경우에 한해 양도될 수 있다.

`정답`　③

합격자 Tip ••⊙

환어음, 품질 증명서, 선하증권 등은 반드시 발행인의 서명이 있어야 인수가 능한 반면, 상업송장의 경우 발행인의 서명이 없어도 인수가능한 서류이다.

• 상업송장(Commercial Invoice) `기출` 19년 2회

　– 수출입계약조건을 이행했다는 것을 수출자가 수입자에게 증명하는 서류이다.

　– 어음, 선하증권, 보험증권과 달리 그 자체가 청구권을 표시하는 것은 아니다.

　– 계약상의 유용성에 비추어 기본서류로 취급한다.

　– 상업송장에 기재하는 상품명은 꼭 신용장 내용과 일치해야 한다.

　– 분할선적 금지를 명시하지 않았다면 분할 허용으로 간주한다.

　– 분할선적이 금지되었더라도 전량이 선적되고 신용장에 단가가 기재되었다면 단가가 감액되지 않은 경우 신용장 금액의 5%까지의 부족은 허용된다.

• 선하증권(Bill of Lading)

　– 선하증권과 관련해서는 건전한 수입거래를 위하여 그리고 신용장

통일규칙에 따라 특별한 경우를 제외하고 일반적으로 아래와 같은 문언을 사용한다.

> "Full set of clean on board bill(s) of lading, made out to the order of… marked freight… and notify accountee."

- 용어 설명
  - ⓐ Full Set : 발행되는 B/L의 전통(전부)을 의미한다. 보통 3통의 원본이 발급되지만 가끔 2통 또는 4통이 발급되기도 하므로 B/L의 "No. of Original B/L"란을 잘 보아야 한다.
  - ⓑ Clean B/L일 것(Foul/Dirty B/L이 아닌 무사고 B/L을 요구하는 것)
  - ⓒ on board B/L일 것(본선적재의 표시가 있는 B/L)
  - ⓓ to the order of … : 선적서류상의 화주를 나타낸다. 통상 개설은행을 화주로 하므로 개설은행명을 기재한다. Made out to our order일 경우, our는 개설은행을 지칭하므로 B/L의 Consignee란에는 "To order of XYZ Bank(Issuing Bank)"로 표시한다.
  - ⓔ Freight … : CFR, CIF일 경우 "Prepaid", FOB일 경우에는 "Collect"로 표시해야 한다.
  - ⓕ Notify Party(착화통지처) : 목적항에 화물 도착 시 선박회사로부터 화물도착통지서(Arrival Notice)를 받아 신속히 필요한 화물인수절차를 이행할 사람으로 신용장 개설의뢰인 자신이나 그가 지정한 자를 기입한다.

- 보험증권(Insurance Policy)
  - 보통 "Insurance policy or certificate in duplicate, endorsed in blank for 110% of the invoice value covering Institute Cargo Clauses(All Risks), War clauses, SRCC"와 같이 표시한다 [Insurance Policy(보험증권)].
  - 그 외에 Insurance Certificate(보험증명서)도 발행되는데 그 효력에 차이는 없다.
- ⓒ 기타(부속)서류
  - 포장명세서(Packing List)
  - 수량용적증명서(Certificate of Measurement/Weight)
  - 검사증명서(Inspection Certificate)
  - 원산지증명서(Certificate of Origin)
  - 영사송장(Consular Invoice)

은행이 서류심사를 할 때 신용장상의 표현과 엄격일치가 적용되는 서류는?

① 상업송장
② 원산지증명서
③ 선화증권
④ 포장명세서

해설 ① 상업송장에 기재하는 상품명은 반드시 신용장 내용과 일치해야 한다.

정답 ①

⑭ **상품명세(Commodity Description)**
  ㉠ 상품명(Commodity Name), 규격(Specification), 수량(Quantity) 및 단가(Unit Price) 등을 기재해야 한다.
  ㉡ 금액 · 수량 · 단가와 관련하여 "About", "Circa" 또는 이와 유사한 표현이 있으면 10%의 과부족을 허용한다.
  ㉢ 포장단위나 개개 품목단위로 수량 조건이 명시되지 않은 경우, 어음발행총액이 신용장금액을 초과하지 않는 한 5%까지 허용한다.

⑮ **선적 및 도착항**
  ㉠ 수입승인서에 표시된 도착항과 일치해야 한다.
  ㉡ 승인서상의 선적항이 "European Ports" 등으로 표시되어 있을 경우에는 "London Port" 또는 "Hamburg" 등으로 I/L 범위 내에서 지명으로 표시할 수 있다.

⑯ **분할선적(Partial Shipment)과 환적**
  ㉠ 허용의 표시는 "Allowed", "Permitted", 불허의 표시는 "Not Allowed", "Not Permitted", "Prohibited" 등이다.
  ㉡ 분할선적과 환적에 대해 아무런 언급이 없으면 신용장통일규칙에 따라 해당 신용장은 이를 허용하는 것이 된다. 분할선적과 환적은 승인서상에 표시되지 않는 사항이므로 이의 조건변경 시에는 I/L 변경 선행의 필요성이 없다.
  ㉢ 분할선적
    • 동일선박이고 동일항해인 경우 운송일과 운송지가 달라도 분할선적이 아니다.
    • 우편선적인 경우 동일지역에서 동일일자에 이루어졌으면 여러 개로 나누어 실려도 분할운송으로 간주하지 않는다.

합격자 Tip

Q 동일선박이고 동일항해인 경우 운송일과 운송지가 다르면 분할선적이다. (O, X)

A X

- 할부방식(Shipment by Instalment)에 의한 선적을 특별히 요구하는 경우 이전의 할부선적이 약정기간 내 이행되지 않았으면 그 이후의 선적분도 모두 무효가 된다.

⑰ 수수료의 부담 : 개설지 이외에서 발생되는 모든 Banking Charge에 대하여 거래 당사자 간에 분쟁을 없애기 위해 부담자를 명시할 필요가 있다.

⑱ 선박의 지정 : 수입업자가 특별히 선박을 지정할 필요가 있을 때 기재한다.

⑲ 본선적재 · 발송 · 수탁 지점(Place of Loading On Board/Dispatch/Taking in Charge)

신용장에서 별도의 명시가 없으면 최초 또는 최종 선적일자를 명시하는 데 사용된 "선적(Shipment)"이라는 표현은 본선적재(Loading On Board), 발송(Dispatch) 및 수탁(Taking In Charge) 표현이 포함된 것으로 해석한다.

⑳ (신용장) 사용 가능 방법

모든 신용장은 일람출급, 연지급, 인수 또는 매입 중 어느 것에 의하여 사용 가능한지 명시해야 한다.

㉠ 일람출급(Sight Payment)
- 환어음이 첨부되지 않은 서류와 상환으로 일람 후 즉시 대금의 지급이 이루어진다.
- 환어음이 첨부된 경우 Drawee가 개설은행 자신이나 개설은행의 예치환은행 앞으로 발행되는 것도 Sight Payment가 된다.
- 신용장에서 "This credit is available by sight payment against presentation of documents to us" 또는 "This credit is payable at sight against presentation of documents to OOO bank"로 표시된다.
- 환어음의 첨부를 요구하는 경우에는 "This credit is available by sight payment of beneficiary's draft drawn at sight on us" 또는 "This credit is payable at sight against beneficiary's draft drawn on OOO bank" 등으로 표시된다.

㉡ 연지급(Deferred Payment)
- Sight Payment와 거의 동일한데 신용장에서 정해진 미래의 일자에 지급을 이행하겠다고 확약한다.
- 신용장에서 "This credit is available by payment at 90 days after shipment date against presentation of documents to us(or advising bank)" 또는 "This credit is payable at 90 days after shipment date against presentation of documents to us(or advising bank)" 등으로 표시된다.

- 신용장에서 정해지는 미래의 지급일자는 분할지급 조건인 경우 하나 이상이 될 수도 있다.
  - ⓒ 인수(Acceptance)
    - Deferred Payment와 거의 동일한데 반드시 환어음의 요구가 있어 이의 인수를 하게 하여 그 어음의 만기일에 지급을 이행하게 한다.
    - 신용장에서는 "This credit is available by acceptance of beneficiary's draft drawn at 90 days after sight" 등으로 표시된다.
  - ⓐ 매입(Negotiation)
    - 환어음이 개설은행 또는 제3의 은행을 지급인으로 발행된 것을 미리 타 은행이 할인 매입하여 지급한다.
    - 이 경우 매입은행은 어음의 발행인으로부터 상환청구권(Recourse)을 유보하고 매입 행위를 한다.
- ㉑ 신용장통일규칙 준거문언
  - ㉠ 신용장 하단이나 측면에 인쇄되어 있다.
  - ㉡ 반드시 "Subject to the Uniform Customs and Practice for Documentary Credit, 1993 Revision, ICC Publication No. 600" 문언을 사용하도록 규정했다.
- ㉒ 지급확약문언(Engagement Clause)
  신용장이 우편으로 개설된 경우 개설은행은 이 신용장의 조건에 따라 요구되는 서류가 문면상 일치하면 정히 대금지급을 확약한다는 문언이 명기된다.
- ㉓ 상환방법(Reimbursement Method)
  보통 제3국에 있는 개설은행의 예금구좌에서 차기(Debit)하게 한다.
- ㉔ 특별지시사항(Special Instruction)
  - ㉠ This L/C is restricted for negotiation to advising bank only
  - ㉡ Packing Method
  - ㉢ Shipment Advice 등이 명기된다.
- ㉕ 서류발송 지시(Mailing Instruction)
  일반적으로 2sets로 나누어 발송하도록 요청한다.

(4) 신용장거래 약정 시 주요 체결내용

① 수입대금의 지급확약
② 발행 수수료 및 신용장과 관련되어 은행이 부담하는 제비용의 보상의무
③ 수입화물의 담보차입 및 처분권
④ 선적서류상 부정·불명확한 사항에 대한 처리
⑤ 우편 또는 전신상의 사고에 따른 면책

⊕ Plus one

신용장 수수료 `기출` 17년 1회, 18년 1회

- 추심수수료(Collection Charge) : 소지한 어음을 만기 전에 은행이 대신 받아줄 것을 의뢰하는 것을 추심이라고 하는데, 의뢰자가 추심은행에게 지불하는 수수료이다.
- 대체료(Commission in Lieu of Exchange) : 수출업자가 외화계정을 보유하고 있어서 Nego 시 은행은 환가료 및 전신환매입율, 매도율 등을 적용할 여지가 없어지므로, 이때 은행이 수고비 명목으로 받는 수수료다.
- 환가료 : 외국환은행이 수출환어음, 여행자수표 등의 외국환을 매입한 후 완전한 외화자산(Cash)으로 현금화할 때까지 또는 미리 지급한 자금을 추후 상환 받을 때까지 은행 측에서 부담하는 자금에 대한 이자보전 명목으로 징수하는 기간 수수료다.
- 미입금수수료 : 매입 당시에는 예상하지 않은 은행 수수료가 해외은행으로부터 추가로 징수된 경우에 추징하는 수수료를 말한다.
- 지연이자 : 수입상의 경우 개설은행에 서류가 도착한 후 5영업일이 지날 때까지 수입상이 그 대금을 지급하지 못하면, 6일째 되는 날 개설은행이 우선 대납처리하고 그 이후 대금 완납 시까지 기간에 대한 이자를 수입상에게 부과하는 수수료에 해당한다.

합격자 Tip

환가료 산정공식 = 매입금액 × 매매기준율 × 환가료율 × 일자 / 360

● **기출 Check** ●

신용장 관습상 은행이 서류심사 시 반드시 확인할 사항에 해당하는 것은?

`기출` 16년 1회

① 서류의 형식과 효력에 관한 사항
② 서류와 신용장 조건의 일치여부
③ 수출자, 운송인 등의 성실성
④ 물품의 보관상태와 실존여부

`해설` 신용장거래는 수출상이 신용장에 명기된 조건과 일치하는 서류를 제시하면 신용장 개설은행이 수입상을 대신하여 수출상에게 신용장 대금의 지급이나 환어음의 인수 등을 확약하는 조건부 지급확약서다.

`정답` ②

각종 신용장 수수료에 대한 설명이다. (ⓐ), (ⓑ), (ⓒ)에 들어갈 수수료를 올바르게 나열한 것은? 기출 17년 1회

(ⓐ)는 외국환은행이 수출환어음, 여행자수표 등의 외국환을 매입한 후 완전한 외화 자산(cash)으로 현금화할 때까지 또는 미리 지급한 자금을 추후 상환 받을 때까지 은행 측에서 부담하는 자금에 대한 이자보전 명목으로 징수하는 기간 수수료이다.
(ⓑ)는 매입 당시에는 예상하지 않은 은행 수수료가 해외은행으로부터 추가로 징수된 경우에 추징하는 수수료를 말한다.
(ⓒ)는 수입상의 경우 개설은행에 서류가 도착한 후 5영업일이 지날 때까지 수입상이 그 대금을 지급하지 못하면, 6일째 되는 날 개설은행이 우선 대납처리하고 그 이후 대금 완납 시까지 기간에 대한 이자를 수입상에게 부과하는 수수료에 해당한다.

① ⓐ 지연이자(Delay Charge)
　ⓑ 추심수수료(Collection Charge)
　ⓒ 미입금수수료(Less Charge)
② ⓐ 환가료(Exchange Commission)
　ⓑ 미입금수수료(Less Charge)
　ⓒ 지연이자(Delay Charge)
③ ⓐ 환가료(Exchange Commission)
　ⓑ 추심수수료(Collection Charge)
　ⓒ 지연이자(Delay Charge)
④ ⓐ 지연이자(Delay Charge)
　ⓑ 미입금수수료(Less Charge)
　ⓒ 대체료(Commission in Lieu of Exchange)

해설
• 추심수수료 : 의뢰자가 추심은행에 지불하는 수수료
• 대체료 : 은행이 수고비 명목으로 받는 수수료

정답 ②

3. 환어음과 화환신용장

(1) 환어음을 이용한 국제 간 대금결제방식

① 국제 간 대금결제방식에는 송금방식(순환)과 환어음을 이용하는 방식(역환)이 있다.

② 환어음 이용 방식에는 추심방식(D/A, D/P)과 신용장방식이 있다.

③ 환어음 : 발행인(Drawer)이 지급인(Drawee)에게 자신이 지시하는 자(수취인 : Payee)에게 일정금액(환어음 금액)을 일정기일(만기)에 무조건 지급할 것을 위탁하는 요식성 유가증권이다.

(2) 환어음 당사자 – 발행인·지급인·수취인

① 발행인(Drawer)

    ㉠ 환어음을 발행·서명하는 자

    ㉡ 거래은행을 통해 물품대금의 추심(Collection)을 의뢰하는 채권자인 수출업자

    ㉢ 추심방식에서는 추심의뢰인(Principal)

    ㉣ 신용장방식에서는 수익자(Beneficiary)

② 지급인(Drawee)

    ㉠ 환어음 대금을 일정 기일(만기)에 무조건 지급할 것을 위탁받은 자

    ㉡ 추심방식에서는 수입상이 된다.

    ㉢ 신용장방식에서는 원칙적으로 신용장 개설은행(수출상에 대한 주 채무자)이 된다.

③ 수취인(Payee)

    ㉠ 환어음 대금을 지급 받을 자로서 발행인 또는 발행인이 지정하는 제3자도 될 수 있으나, 통상 신용장에 근거를 두고 발행하여 자신의 거래은행에 매입을 의뢰하는 경우의 수취인은 동 서류를 매입하는 거래은행이 된다.

    ㉡ 선적 후 수출상이 "B/L·보험증권·상업송장" 등의 선적서류를 자신의 거래은행을 통해 현금화하는 과정(매입/네고)에서 자신의 거래은행을 환어음상에 수취인으로 표기하게 된다.

    ㉢ 환어음의 발행인과 수취인은 같을 수도, 다를 수도 있다.

합격자 Tip
환어음의 소지인이 문면상 완전하고 정식의 환어음을 소지하면 이를 "선의의 소지인(Bona Fide Holder)"이라고 한다.

(3) 환어음 발행통수

① 국내 어음결제는 1통만을 발행하는 단일어음(Sole/Sola Bill)으로 이루어지지만, 무역결제에서 사용하는 환어음은 같은 것을 2통 작성한다.

② 즉, 제1권(1st Bill of Exchange)과 제2권(2nd Bill of Exchange)의 조어음(Set Bill/a Set of Bills)으로 발행한다.

③ 제1권에는 운송서류의 원본(Original)을, 제2권에는 운송서류의 부본(Duplicate)을 첨부하여 수출지 은행에서 수입지 은행까지 각각 다른 항공편으로 우송한다.

(4) 환어음의 종류　기출 15년 3회

① 첨부서류 유무에 따른 분류

　㉠ 화환어음(Documentary Bill)

　　• 환어음에 선적서류(선하증권/보험증권/상업송장/기타 필요서류)를 첨부하여 상품대금을 회수하는 경우의 환어음이다.

　　• 매도인이 발행인, 매수인이 지급인, 외국환은행이 수취인인 환어음

　　• 수송 도중 화물을 증권화한 운송서류가 환어음의 담보물이 된다.

　　• 신용장부 화환어음(Documentary Bill of Exchange with L/C)

　　　– 신용장에 의거 발행되는 화환어음이다.

　　　– 은행이 지급 · 인수 · 매입을 확약한다.

　　　– 신용장(L/C)은 화환어음에 은행의 조건부지급확약이 더 붙는 것이다.

　　　– 종류 : 일람불어음(Sight/Demand Draft), 기한부어음(Usance Bill · Time Draft · After Sight Draft)

　　• 화환추심어음(Bill of Documentary Collection)

　　　– 수출업자가 선적 후 선적서류와 환어음을 발행하여 거래은행을 통해 수입지 은행에 수출대금의 추심을 의뢰하게 되는데, 이때 발행되는 환어음이다.

　　　– 관계 선적서류의 인도조건에 따라 '지급도환어음(D/P)'과 '인수도환어음(D/A)'으로 구별된다.

　㉡ 무담보어음(Clean Bill)

　　• 환어음의 담보가 되는 선적서류를 첨부하지 않고 환어음 단독(무담보 조건)으로도 결제가 가능한 환어음이다.

　　• 이는 수출상이 수입상에게 운송서류를 직접 송부한 후 환어음만 작성하여 거래은행을 통해 추심 · 결제를 받는 방법으로 연불(Deferred Payment)의 일종이다.

② 지급기일[만기일(Tenor)]에 따른 분류

　㉠ 일람불(일람출급/요구불)어음(Sight/Demand Bill/Draft)

　　• 환어음 지급기일이 일람출급으로 되어 있는 경우다.

　　• 환어음이 지급인에게 제시(Presentation)되었을 때 즉시 지급해야 하는 어음이다.

　　• "AT OOO SIGHT"로 표시한다.

　　• 환어음상에 일람출급 또는 기한부 표시가 없는 경우 일람출급 환어음으로 본다.

　㉡ 기한부어음(Time/Usance Bill/Draft, After Sight Draft)

　　• 환어음 제시 후 일정기간 후 지불되는 어음(제시된 즉시 지급하는 것이 아님)이다.

　　• 당사자 간에 정한 만기에 환어음 금액을 지급하겠다는 의사 표시인 환어음의 인수(Acceptance : 서명 행위)를 환어음의 전면에 행하고 만기 도래 시 지급을 이행하는 조건의 환어음이다.

　　• 일람 후 정기불/정기출급(After Sight)

　　　- 환어음이 수입업자(지급인)에게 제시된 이후(일람 후) 일정기간 후에 지급이 이행된다(지급인에게 환어음 제시 이후 만기 기산).

　　　- 환어음상에는 "AT OOO DAYS AFTER SIGHT"로 표시하며 통상 지급인(인수인)의 인수의사 표시 후 30 · 60 · 90일에 만기[30 · 60 · 90 Days After Sight(30 · 60 · 90 d/s)]가 된다.

　　• 확정일부 환어음 : 기한부 환어음의 만기를 미래 특정일로 정하는 환어음이다. 즉, 만기를 월 · 일 등으로 정하는 것이다.

　　• 일부 후 정기불(After Date)

　　　- 기한부 환어음 만기가 환어음 일람 후 기준이 아니라, 환어음 발행 시 이미 만기 기산시점이 정해지는 것으로 특정일자 후 일정기간 경과 시(예 선하증권 발행 후 30일을 만기로 지정) 지급이 이행된다.

　　　- 보통 "AT OOO DAYS AFTER THE DATE OF…"라고 만기일과 기준일을 표시[30 · 60 Days After Date(30 · 60 d/d)]하는데, Date는 어음발행 일자를 의미한다. 따라서 30일 기한부어음일지라도 After Sight 기준이 After Date 기준보다 우편일 수만큼 늦어진다.

합격자 Tip

만기는 필수기재사항이므로 그 기재가 없는 때에는 어음은 원칙상 무효이나 어음법에는 "만기의 기재가 없는 때는 일람출급 환어음으로 본다."라고 되어 있다.

신용장에서 환어음의 만기에 대하여 "drafts to be drawn at 30 days from the bill of lading date"라고 명시한 경우에, 제시된 환어음 및 선하증권의 발행일이 모두 2015년 4월 1일이라고 할 때, 다음 중 환어음상 만기일의 기재로 수리될 수 없는 것은? **기출** 15년 3회

① "May 1, 2015."
② "30 days from the bill of lading date."
③ "30 days after April 1, 2015."
④ "30 days date."

해설 환어음 작성일이나 B/L 발행일처럼 확정된 기준일로부터 기산하는 '일부 후 정기출급'은 'at ○○ Days after B/L Date'과 같이 기재한다.

정답 ②

③ 수취인(Payee) 지정 방식에 따른 분류
  ㉠ 기명식(Payable to a Specified Person) : 수취인란에 특정인의 이름을 명시적으로 기입하는 방식이다.
  ㉡ 지시식(Payable to the Order of a Specified Person or Payable to Order)
    • 수취인 란에 특정인 명을 기입하지 않고 향후 수취인을 특정할 지시인을 기입하여 이 지시인의 특정에 의해 수취인을 정하는 방식이다.
    • 환어음상 권리의 타인 이전(유통성 증권으로서 성질)은 배서를 통해 이루어진다.
    • 배서란 환어음 이면에 권리 양도인(배서인)이 권리 양수인(피배서인)의 이름을 기록하는 것이다.
  ㉢ 무기명식(Payable to Bearer)

(5) 환어음 기재사항 **기출** 15년 3회, 16년 3회, 17년 3회, 19년 1회

① 환어음은 요식증권이므로 법에 특정된 사항이 반드시 기재되어야 효력이 발생하는 유가증권이다.
② 환어음 기재사항은 '필수기재사항'과 '임의기재사항'으로 나눌 수 있다.
  ㉠ 필수기재사항 : 한 가지만 누락되어도 환어음으로서의 법적 효력을 갖지 못한다.
    • 환어음 표시문구
      – 국문 : 어음
      – 영문 : Bill of Exchange
      – 프랑스어 : ettre de change

- 일정금액(대금)의 무조건 지급위탁문언
  - 일정금액을 지급한다는 뜻의 "Pay to (수취인) ~ the sum of (지급통화와 금액) ~" 문언이 이에 해당한다.
  - "Pay to ~"가 무조건 위탁(지급에 조건이 없다)의 의미이다.
- 지급인 표시
  - 환어음 하단 좌측에 "to …" 다음에 기재되는 자로서 환어음의 지급인을 의미한다.
  - 일반적으로 이 지급인은 신용장상의 "Drawn on …" 다음에 나타난 당사자를 기재한다.
- 지급만기일 표시
  - 만기(Maturity) : 만기일(Date of Maturity/Due Date), 지급기일(Date of Payment)이라고도 한다.
  - 어음상의 "at …"은 만기를 표시하는 문구다.
- 지급지(Place of Payment) 표시
  - 지급지 : 어음 금액이 지급될 일정한 지역을 말한다.
  - 지급지(실제 존재 지역이어야 함)는 지급지 내 지급이행 장소(지점)인 지급장소와 구별되어야 한다.
- 수취인 표시 : 수취인 표시 방법에는 세 가지가 있다.
  - 기명식 : "PAY TO … BANK, LTD."와 같이 특정수취인인 특정 은행명을 명기해야 한다.
  - 지시식 : "PAY TO … BANKS OR ORDER"나 "PAY TO THE ORDER OF … BANK"와 같이 기재한다.
  - 소지인식 : "PAY TO BEARER(지참인)"와 같이 표시하고 환어음의 지참인이 지급청구권을 갖는다.
- 발행일 및 발행지 표시
  - 어음 발행일은 외국환은행이 어음과 함께 제시된 선적서류를 매입한 날짜이며, 이는 신용장 유효기일 이내여야 한다.
  - 환어음의 효력은 행위지 법률에 의해 처리되므로 발행지를 꼭 표시해야 하며 발행지는 도시명까지만 표시하면 된다.
- 발행인의 기명날인 또는 서명
  - 환어음 발행인은 신용장상의 수익자 또는 양도 시 양수인이며 반드시 기명날인까지 해야 된다.
  - 발행인의 서명날인은 화환어음 약정 시 은행에 제출된 서명감과 일치해야 한다.

ⓛ 임의기재사항 기출 19년 3회

- 환어음 번호
- 신용장 또는 계약서 번호
- 환어음 발행 매수

• 기출 Check •

SWIFT 신용장의 조항별 설명으로 옳지 않은 것은? 기출 17년 3회

① Available with ~ by~ : with 다음에는 은행명, by 다음은 신용장 사용
  방법(지급, 연지급, 매입, 인수)을 표시
② Draft at : 환어음의 지급기일을 표시
③ Latest Date of Shipment : 최종선적일자를 표시
④ Drawee Name and Address : 화환어음의 지급인(개설의뢰인)과 주소 표시

해설 Drawee Name and Address는 화환어음의 지급인을 표시한다. 화환어음의 지급인은 개설
은행이 되며 개설은행이 수권을 준 다른 은행이 될 수도 있다. 그러나 개설의뢰인은 Draw-
ee가 될 수 없다.

정답 ④

---

4. UCP 600(제6차 개정 신용장 통일규칙) 주요 개정내용

국제상업회의소(ICC) 은행위원회에서 확정되어 2007년 7월부터 시행된 UCP
600(신용장통일규칙 개정안)의 UCP 500 대비 주요 변동사항은 다음과 같다.

(1) 거시적 변화

① 조문이 기존 49개조에서 39개조로 통폐합되어 대폭 단축되었다.
② UCP의 정의에 대한 기준 제시
　ⓞ 기존의 UCP를 정의한 "Uniform Customs and Practice for
　　Documentary Credits(화환신용장에 관한 통일관습 및 관례)"에서
　　'Practice'는 관례라는 뜻으로 규칙의 의미는 없었다.
　ⓛ 기존 정의는 유지하되 UCP가 (당사자가 준거 문언을 둔 경우에만 적
　　용되는) 임의 규칙이라는 점을 명확히 하기 위해 '규칙'을 의미하는
　　'Rules'라는 표현을 제1조에 명시적으로 추가하였다.
③ 종전의 제2조에서 신용장 사용 방법을 지급, 환어음의 인수, 매입으로 규
　정한 것을 일람지급, 연지급, 환어음의 인수 및 매입으로 구분하고 일람지
　급, 연지급, 환어음 인수를 모두 포함하는 새로운 상위 개념으로 Honour
　(결제)라는 용어를 새로 도입 · 채택했다.

④ 정의(Definitions) 조항(제2조) 신설

UCP 600에서는 정의 조항을 신설하여 다음 개념들을 정의하였다.

> 통지은행(Advising Bank), 개설의뢰인(Applicant), 은행일(Banking Day), 수익자(Beneficiary), 일치하는 제시(Complying Presentation), 확인(Confirmation), 확인은행(Confirming Bank), 신용장(Credit), Honour(결제), 개설은행(Issuing Bank), 매입(Negotiation)

⑤ 매입에 대한 정의 명시

　㉠ 매입의 기존 정의인 "환어음의 가액을 공여"라는 표현을 "환어음 및 선적서류를 사는 것"이라고 명시했다.

　㉡ 이렇게 명시하여 매입은행의 수익자에 대한 매입대전 제공이 신용장의 대금지급이 아닌 일종의 여신 제공임을 명확히 했다.

　㉢ 즉, 매입은행이 개설은행으로부터 신용장의 대금지급을 받기 이전에는 신용장의 거래가 끝난 것이 아님을 더 분명히 했다.

⑥ 내용의 불명확성으로 논란의 여지가 있던 "합리적인 주의를 기울여(Take Reasonable Care), 합리적인 기간 동안(Within Reasonable Time), 지체 없이(Without Delay)" 등의 표현을 삭제했다.

(2) 세부적 변화 기출 15년 3회, 16년 1회, 16년 3회, 17년 2회, 19년 3회

① 기간 계산 표현의 변경

　㉠ 선적기간과 관련해 'to, until, till, from'은 물론 between도 언급된 일자를 기간 계산에 포함시키도록 했다.

　㉡ after와 함께 before의 경우는 언급된 일자를 제외하도록 했다.

　㉢ from은 선적기간의 결정으로 사용될 경우는 해당 일을 포함시키고 환어음의 만기일 결정으로 사용될 경우는 제외(제3조)하게 했다.

② 제2통지은행 개념 신설

　㉠ 통지은행이 신용장을 수익자에게 통지하거나 이미 통지를 행한 신용장의 조건변경 통지를 위해 다른 은행(제2통지은행)을 이용할 수 있도록 허용했다.

　㉡ 이때 제2통지은행도 제1통지은행과 동일한 의무를 갖도록 규정했다.

　㉢ 즉, 제2통지은행은 신용장을 통지할 때 신용장의 외견상 진정성을 확보했다는 점과 그 통지가 송부 받은 신용장 또는 그 조건변경의 조건들을 정확하게 반영한다는 점을 표명해야 한다(제9조).

③ 지정은행의 서류발송의무 신설

"지정은행은 제시(서류)가 신용장 조건과 일치한다고 판단하여 결제[Honour(지급·인수)] 또는 매입하는 경우 선적서류를 개설은행이나 확인은행에 필히 송부해야 한다."는 조항을 신설했다(제15조 일치하는 제시).

합격자 Tip

Q. after, before, between은 언급된 일자를 제외한다. (O, X)

A. X - between도 언급된 일자를 기간 계산에 포함한다.

④ 취소가능신용장 삭제

    ㉠ 국제적인 상관습상 실무적으로 거의 의미가 없는 취소가능신용장과 관련하여 취소가능의 언급과는 상관없이 신용장은 모두 취소불능으로 상정하도록 변경되었다.

    ㉡ 그러나 러시아, 오만, 볼리비아 등 극소수 국가는 "신용장의 취소가능 여부에 대해 아무런 언급이 없으면 취소가능신용장으로 간주한다."고 강행법적으로 규정하므로 이들 국가에서는 여전히 취소가능신용장이 존재할 수 있다는 점을 유념해야 한다.

⑤ 문면상이란 표현의 축소적용

    UCP 500의 여러 조항에 산재하던 "문면상"이라는 표현인 "on its face"나 "on their face"라는 표현을 오직 선적서류 심사기준인 제14조에만 존속시키고 그 외 모든 조항에서 삭제했다.

⑥ 연지급신용장에도 할인 허용규정 신설

    ㉠ 기존에는 연지급신용장의 경우 환어음이 아니라 연지급 확약서가 발행되기 때문에 유가증권이 아니므로 할인이 허용되지 않았다.

    ㉡ 그러나 UCP 600에는 연지급신용장에 의거 수익자가 제시한 서류를 지정은행(Nominated Bank)이 할인해 신용장 대금을 지급할 수 있다는 규정이 신설되었다.

    ㉢ 즉, 연지급 은행도 만기 이전에 선지급이나 구매를 할 수 있도록 허용했다.

⑦ 선적서류 심사기간 단축

    ㉠ 개설은행과 지정은행의 최장 서류심사(검토) 기간이 서류접수 다음 날을 기산일로 기존 7영업일에서 5영업일로 단축되었다.

    ㉡ 개설은행과 확인은행에는 서류검토를 위해 5영업일이 주어지는데(제14조), 개설은행 또는 확인은행은 제시(서류)가 일치한다고 판단했을 때는 대금을 지급해야 한다고 규정한다(제15조).

    ㉢ 화환신용장의 선적서류 검토기간도 단축되는데, 특히 무화환신용장인 Standby L/C는 단순 채무불이행을 심사하는 것에 불과하므로 수 시간이면 검토가 충분한 현실을 반영했다.

⑧ 일치성 기준 명확화

    ㉠ 수익자가 제시한 선적서류의 내용이 이른바 Mirror Image Rule과 같이 일치해야 하는 것은 아니다.

    ㉡ 제시된 선적서류 상호 간에 서로 모순되지만 않으면 신용장에 일치한 서류를 제시한 것으로 간주한다고 제14조 d항은 규정한다.

    ㉢ 이는 ISBP 24항과 62항, 대부분 국가의 국제분쟁관련 소송의 판례 및 중국 최고인민법원 신용장 분쟁을 반영한 규정이다.

⑨ 서류와 무관한 조건 무시

　㉠ 신용장의 조건은 추상성에 따라 오직 서류만을 근거로 지급을 검토하는 것이므로, 서류와의 관련성을 찾을 수 없는 조건은 무시하도록 규정하였다.

　㉡ 모든 신용장의 조건은 오직 서류로만 명시를 해야 하며, 특히 실무적으로는 서류의 발행자를 명시하는 것이 가장 중요하다. 또한 은행은 서류와 무관한 조건이 신용장에 명시된 경우에도 이를 무시한다.

⑩ 수하인과 착화통지처상 개설의뢰인의 주소 일치규정 관련

　㉠ 신용장 이외의 규정된 서류상의 수익자나 개설의뢰인의 주소가 신용장이나 다른 서류와 똑같을 필요는 없으나 반드시 동일 국가 내에 있어야 한다.

　㉡ 개설의뢰인의 주소가 운송 서류상의 수하인(Consignee)이나 착화 통지처(Notify Party) 내용의 일부로 기재될 때는 신용장의 것과 일치해야 한다.

　㉢ 수익자와 개설의뢰인의 연락처와 관련된 사항(전화번호, 텔렉스 번호, 이메일 주소 등)은 무시한다(제14조).

⑪ 제3자 서류의 인정 범위 확대

　UCP 500에서는 운송증권 상의 송하인과 수익자의 이름이 다른, 이른바 제3자 발행 선하증권에서만 허용하던 것을 송하인명이 기재되는 모든 선적서류상의 송하인과 수익자가 다른 것을 허용하는 것으로 그 인정 범위를 확대했다.

⑫ 지급거절 통지횟수 제한 추가 명시

　㉠ 지정은행, 확인은행, 개설은행은 제시된 서류가 조건에 불일치(하자)하다고 판단하면 지급이나 매입을 거절할 수 있다.

　㉡ 이러한 거절통지와 관련하여 UCP 500에서는 거절통지의 대상을 "은행 또는 수익자"로 규정했는데, UCP 600에서는 이를 "제시인"으로 변경했다.

　㉢ 종전에는 지급거절 통지의 횟수에 대한 명시가 없었다.

　㉣ 단지 "은행 또는 수익자에게 통지한다"고만 규정했던 것을 "지정에 따라 행동하는 지정은행, 만약 있다면 확인은행 또는 개설은행은 지급 및 인수(Honour)나 매입을 거절할 경우에는 제시인에게 그러한 취지를 (to the effect) 한 번만 통지(a single notice)해야 한다(must)"고 추가 명시했다.

⑬ 하자서류의 반송권한 조항 신설

㉠ "하자서류를 보관 중이라고 통지한 이후에는 언제라도 선적서류를 반송할 수 있다."는 조항을 신설, 제시된 선적서류가 불일치로 인해 지급이 거절되면 개설은행은 일방적으로 동 선적서류를 매입은행으로 반송할 권리가 있다는 것을 명시한다.

㉡ 주어진 하자 통보기간 내에 지급거절을 못하면 개설은행은 대금 지급을 해야 한다.

㉢ 따라서 첫 번째의 지급거절 통지만 유효한 것으로 인정되고 그 이후의 것은 무시된다.

⑭ 선적지와 목적지 용어의 변경

UCP 500에서 '적재항, 적재공항, 적재장소'에서 '양륙항, 양륙공항, 양륙지'까지로 규정됐던 내용이 UCP 600에서는 '발송, 수탁, 선적지'에서 '최종목적지'까지로 변경되었다.

⑮ 선하증권 관련 변경사항(제20조)

㉠ UCP 500의 Marine/Ocean Bill of Lading(해상/해양 선하증권) 표기가 UCP 600에서는 Marine/Ocean이란 용어가 삭제되고 Bill of Lading(선하증권)으로 변경되었다.

㉡ 선적일자 명문화 : 선적 선하증권에서 선하증권 발행일자가 선적일자로 간주되나, 선하증권 발행일자와 본선적재 부기일자가 다를 때는 본선적재 부기일자를 선적일자로 간주한다.

㉢ 신용장에 명시된 선적항이 선하증권 수탁지란에 기재된 경우 신용장에서 명시한 선적항에서 선적되었다는 본선적재 부기와 적재 선박명이 기재되었다면 수리될 수 있는 것으로 개정되었다.

⑯ 용선계약 선하증권상의 도착항 기재방법 변경

신용장상에 도착항을 특정 지리적 지역, 몇 개의 항구로 정한 경우 용선계약 선하증권상에 도착항을 특정 항구로 기재하지 않고 특정 지리적 지역이나 몇 개의 항구로 기재할 수 있도록 변경되었다.

⑰ 운송서류상 "무고장" 표시문언의 비의무 조항 신설

신용장에서 "무고장(Clean on Board)" 요건을 갖춘 운송서류를 요구할 경우에도 운송서류상에 무고장(Clean)이란 문언이 필수적으로 기재될 필요는 없다는 취지의 조항을 신설했다.

⑱ 운임 선지급 표현 다양화

㉠ "Prepaid"와 "Paid"만이 선지급 허용 표현으로 유효하고, "Freight Prepayable"과 "Freight to be paid" 등 기타 표현은 선지급 허용 표현으로 유효하지 않다"는 것이 기존의 운임 선지급 관련 규정이었다.

㉡ 여기서 "Freight Prepayable"과 "Freight to be paid" 등 기타 표현은 선지급 허용 표현으로 유효하지 않다"는 문언을 삭제, 운임 선지급에 관한 다양한 표현을 허용했다.

⑲ 보험서류 발행자 확대(수임자)

   ㉠ 보험서류 발행자 자격에 대리인과 유사한 수임자(Proxy)를 추가했다.

   ㉡ 특정사항에 대해서만 본인을 대리하는 수임자를 포함했다.

   ㉢ 즉, 종전의 보험자, 보험업자, 또는 이들의 대리인 이외에 수임자도 보험 서류를 발행하고 서명할 수 있는 권한을 갖는 것으로 했다.

⑳ 보험부보금액 명시

   기존에는 "보험서류의 통화는 신용장상의 통화와 동일해야 한다."고만 규정하던 조항에 "보험서류에는 보험부보의 금액을 표시하도록"과 같은 내용을 새로이 추가했다.

㉑ 보험담보구간 추가 규정

   보험 서류에는 보험자의 위험담보구간을 "최소한 보험 서류의 담보구간은 신용장에 명시된 수탁 혹은 선적지에서 양륙 혹은 최종 목적지까지이어야 한다"고 추가적으로 규정했다.

● 기출 Check ●

UCP 600에서 Honour의 의미에 해당되지 않는 것은?　　**기출** 17년 2회

① 신용장이 일람지급으로 이용이 가능하다면 일람출금으로 지급하는 것

② 신용장이 연지급으로 이용이 가능하다면 연지급을 확약하고 만기에 지급하는 것

③ 신용장이 매입으로 이용이 가능하다면 환어음 및 서류를 매수하는 것

④ 신용장이 인수에 의해서 이용이 가능하다면 수익자가 발행한 환어음을 인수하고 만기에 지급하는 것

해설 UCP 600에서 결제(Honour)는 다음과 같은 내용을 의미한다.

  • 신용장이 일람지급에 의하여 이용가능하다면 일람출급으로 지급하는 것

  • 신용장이 연지급에 의하여 이용가능하다면 연지급을 확약하고 만기에 지급하는 것

  • 신용장이 인수에 의하여 이용가능하다면 수익자가 발행한 환어음을 인수하고 만기에 지급하는 것

정답　③

안심Touch

신용장통일규칙(UCP 600)상 '신용장 양도'에 관한 설명으로 옳지 않은 것은?

기출 16년 1회

① 신용장이 양도가능하기 위해서는 신용장에 "양도가능(Transferable)"이라고 기재되어야 한다.
② 양도은행이라 함은 신용장을 양도하는 지정은행을 말하며, 개설은행은 양도은행이 될 수 없다.
③ 양도와 관련하여 발생한 모든 수수료는 제1수익자가 부담하는 것이 원칙이다.
④ 제2수익자에 의한 또는 그를 대리하여 이루어지는 서류의 제시는 양도은행에 이루어져야 한다.

해설 양도은행은 신용장을 양도하는 지정은행 또는 모든 은행에서 사용될 수 있는 신용장에서 개설은행에 의하여 양도하도록 특별히 수권되어 신용장을 양도하는 은행으로 개설은행도 양도은행이 될 수 있다.

정답 ②

UCP 600이 적용되는 경우에, 다음 중 신용장의 조건변경에 관한 내용으로 옳지 않은 것은? **기출** 15년 3회

① 개설은행은 수익자의 동의가 없이는 신용장의 조건변경을 할 수 없다.
② 신용장이 2015년 4월 1일에 개설되고, 그 후 4월 15일에 개설은행이 신용장 조건변경을 하고 수익자가 4월 17일에 이를 수락한 경우에, 개설은행은 4월 15일부터 그 조건변경에 취소불능하게 구속된다.
③ 신용장이 2015년 4월 1일에 개설되고, 그 후 4월 15일에 개설은행이 신용장 조건변경을 하고 수익자가 아직 그에 대하여 동의하지 않고 있는 경우에, 원래의 신용장 조건은 수익자가 그에 대하여 동의할 때까지 수익자에 대하여 계속하여 효력을 갖는다.
④ 개설은행의 조건변경에 대하여 수익자가 일부에 한하여 동의한 경우에, 그 조건변경은 수익자가 그렇게 동의한 부분에 한하여 유효할 뿐이다.

해설 조건변경에 대하여 일부만을 수락하는 것은 허용되지 않으며, 이는 조건변경 내용에 대한 거절의 의사표시로 간주한다(UCP 600 제 10조 e항).

정답 ④

구 분	추심결제방식(D/P, D/A)	신용장결제방식(Letter of Credit)
대금지급기간	추심기간만큼은 대금지급의 지연이 불가피함	동시에 선지급(매입, Negotiation) 가능
은행의 대금지급의무	• 은행은 대금추심업무만. 취급은행이 대금 지급을 보장하지 않음 • 대금 회수 불능의 위험 존재	• 수출상에 대한 지급확약채무 부담(개설은행이 대금지급 확약)
은행의 서류심사의무	• 추심의뢰은행이나 추심은행은 서류심사 의무를 부담하지 아니함 • 은행은 선의의 당사자로서 수출업자의 추심대리인에 불과	• 은행은 신용장 조건에 일치하는 서류를 심사하여야 할 의무가 있음
환어음 지급인	수입상	발행은행 또는 상환은행

합격자 Tip

신용장상에서 수출상이 발행하는 환어음상의 지급인은 반드시 은행(개설은행, 상환은행, 지정은행)으로 표시해야 하지만 D/P, D/A에서는 지급인이 수입상으로 표기된다.

기출 Check

신용장방식과 추심결제방식의 차이점에 대한 설명으로 옳지 않은 것은?

기출 17년 2회

① 신용장에 적용되는 국제규범은 신용장통일규칙(UCP 600)이고, 추심결제방식에 적용되는 국제규범은 화환어음 추심에 관한 통일규칙(URC 522)이다.
② 신용장거래의 경우 수출상, 수입상이 은행에 납부해야 하는 수수료가 금액이나 종류 차원에서 D/P, D/A 거래보다 훨씬 더 많고 다양하다.
③ 신용장의 경우 은행은 수출상이 제출한 서류가 신용장 조건과 일치하는지의 여부를 일일이 확인하여야 하지만, D/P, D/A에서는 은행이 서류의 내용을 심사할 의무가 없다.
④ 신용장상 수출상이 발행하는 환어음상의 지급인은 반드시 은행(개설은행, 상환은행, 지정은행)으로 표기되어야 하지만 D/P, D/A에서는 지급인이 개설은행으로 표기된다.

해설 ④ 신용장상에서 수출상이 발행하는 환어음상의 지급인은 반드시 은행(개설은행, 상환은행, 지정은행)으로 표시해야 하지만 D/P, D/A에서는 지급인이 수입상으로 표기된다.

정답 ④

청구보증통일규칙(Uniform Rules for Demand Guarantees ; URDG 758)

기출 19년 1회

- 청구보증 : 지급청구서 및 기타보증서에서 규정한 서류를 갖추고 유효기간 안에 지급 청구하면 수익자에게 보증금을 지급한다는 지급약속
- 입찰보증, 계약이행보증, 선수금환급보증 등에서 주로 사용
- 청구보증통일규칙
  - 청구보증에서 사용하는 통일규칙
  - 청구보증에의 적용, 용어, 해석 기준과 요건 등을 규정한 규범
- 1992년에 국제상업회의소(ICC)에서 제정, 시행(URDG 458)
- 2009년 12월에 URDG 758로 개정, 2010년 7월 1일부터 시행

• 기출 Check •

URDG 758이 적용되는 경우에 청구보증(Demand Guarantee)상의 비서류적 조건(Non-documentary Condition)에 관한 내용으로 옳지 않은 것은?

기출 16년 3회

① 보증은행은 비서류적 조건을 무시하여야 하며 수익자가 제시한 필요서류에 기재된 내용이 비서류적 조건과 상충되는지 여부를 심사해서는 아니 된다.
② 청구보증의 만료일을 달력상의 특정한 일자로 명시하는 것은 비서류적 조건에 해당하지 않는다.
③ 청구보증에서 당해 조건의 충족여부를 결정하기 위한 서류를 요구하지 않았더라도, 보증은행 자신의 기록으로부터 그 조건의 충족여부를 결정할 수 있다면, 이는 비서류적 조건이 아니다.
④ 청구보증에서 당해 조건의 충족여부를 결정하기 위한 서류를 요구하지 않았더라도, 그 보증상 명시된 지표(指標)로부터 그 조건의 충족여부를 결정할 수 있다면, 이는 비서류적 조건이 아니다.

해설 URDG 758에서 비서류적 조건이 되기 위해서는 "당해 조건의 준수를 표시하는 서류를 명시하지 아니하는 조건(㉠)"이어야 한다는 요건과 당해 "조건의 충족여부를 보증인 자신의 기록이나 보증상 명시된 지표(指標, Index)로부터 결정할 수 없어야 한다(㉡)"는 요건이 모두 갖추어져야 한다. 특히 ㉠의 요건이 갖추어지더라도 ㉡의 요건이 갖추어지지 않은 경우에, 이는 진정한 의미에서 비서류적 조건이 아니다. 아울러 일정한 일자의 도래나 기간의 경과와 같은 조건은 비서류적 조건으로 다루어지지 않는다.

정답 ①

URDG 758이 적용되는 청구보증의 양도에 관한 내용으로 옳지 않은 것은?

기출 15년 3회

① 당해 청구보증에서 "Transferable"이나 "Assignable"이라고 명시된 경우에만 허용된다.
② 청구보증의 양도는 수익자를 변경시키는 결과를 낳는다.
③ 원칙적으로 청구보증은 전양도(Sub-assignment, 轉讓渡)가 허용되지만, 구상보증은 양도가 허용되지 않는다.
④ 원칙적으로 청구보증은 전부양도(全部讓渡)만 허용되고 일부양도(一部讓渡, Partial Transfer)는 금지된다.

해설 URDG 758 제33조 a항은, 보증은 오직 "Transferable(양도가능)"이라고 명시한 때에 양도될 수 있다고 규정하고 있다.

정답 ①

03 무역금융(Foreign Trade Finance) 제도

1. 무역금융의 개념 및 특징

(1) 무역금융의 개념

① 수출증대를 위해 수출물품의 제조 또는 조달과 수출이행에 소요되는 자금을 필요한 시점에 지원받는 단기운전자금이다.
② 선적 전 금융이자 사전금융으로서, 무역금융을 융자 취급한 외국환은행이 융자금의 일정 비율을 중앙은행으로부터 총액한도대출제도에 의하여 다시 융자받을 수 있는 정책금융이다.
③ 일반수출입금융, 건설 · 용역 수출입금융, 농수산물 수출준비자금 대출 등이 있다.
④ 무역금융은 수출계약에서부터 수출대금 회수에 이르기까지 각 단계별로 지급되고 수출대금으로 상환한다.
⑤ 무역금융은 생산된 물품을 외국으로 직접 수출하는 업체뿐만 아니라 국내수출업체로부터 수출용 원자재 또는 수출용 완제품을 공급하는 조건으로 내국신용장을 개설 받은 공급업체, 소위 로컬 업체에도 제공된다.
⑥ 무역금융의 융자대상으로는 수출신용장, 선수출계약서(D/P · D/A), 내국신용장 등에 의한 단순송금방식수출(대금영수 후 30일 내 수출), 대금교환

도(COD · CAD)조건에 의한 수출, 국내 보세판매장을 통한 내국수출 및 Factoring 방식 수출 등이 있다.

⊕ Plus one

파생금융상품 `기출` 18년 3회

- 통화스왑(Currency Swap) : 두 국가가 외환위기 대비나 무역결제를 지원하기 위해 자국 통화를 맡겨놓고 상대국 통화를 빌려오는 외환거래 형태
- 통화선물(Currency Futures) : 일정시점에서 당초의 약정가격으로 매입 또는 매도하기로 하는 계약
- 통화옵션(Currency Options) : 특정 통화 일정액을 미래 일정기간 내 또는 특정일에 특정의 환율에 의해 다른 통화를 그 대가로 매입 또는 매도하는 권리

(2) 무역금융의 특징

① 총액대출방식에 의해 지원(대출한도의 우대)

무역금융은 총액대출방식으로 일정범위 내에서 금융기관별로 한국은행 차입한도를 사전에 포괄적으로 배정하여 지원하고 있다. 따라서 무역금융은 정책금융으로서 지원규모에 제한을 받지 않는다.

② 우대금리 적용

무역금융은 일반 대출자금과 비교하여 금리 면에서 우대금리를 적용한다. 보통 4~9%에서 탄력적으로 적용한다.

③ 선적 전 금융

㉠ 수출물품을 생산하는 데 소요되는 자금을 선적 전에 지원하는 금융이다.

㉡ 수출용 원자재 조달자금으로 융자받은 자금은 반드시 당해 연도에만 사용되어야 하며, 그 융자금은 당해 원자재를 사용하여 생산된 수출물품을 선적하고 수출대금을 회수하는 과정에서 수출환어음 매입(Nego) 대전으로 상환되어야 한다.

④ 자금소요 시기별 지원(자금의 수출단계별 지원)

수출신용장 등의 내도 전 · 후 또는 과거 수출실적과 연계하여 일정시점으로부터 수출대금의 회수 시까지 수출이행의 전 과정을 대상으로 생산자금, 원자재자금 및 완제품구매자금 등으로 구분하여 각 자금의 소요시기에 맞추어 지원함으로써 불필요한 금융지원 및 중복금융을 방지한다.

원자재자금(수입원자재 또는 국산원자재)	생산자금
완제품 구매자금(수출용 완제품구매)	
포괄금융(일괄융자)	

⑤ 대응수출 의무화 및 사후관리제도 운용

    ㉠ 무역금융을 융자받은 업체는 동 융자금을 그에 상응하는 목적으로만 사용하여야 하며, 융자금에 상응하는 당해 물품의 대응수출을 이행해야 한다.

    ㉡ 업체의 신청에 따라 무역금융 융자를 취급한 외국환은행은 업체가 대응되는 수출을 이행하였는지 여부를 사후에 관리하게 되는데, 이를 무역금융 사후관리라 한다.

⑥ 융자취급은행의 제한

    ㉠ 일반금융과 달리 무역금융은 외국환거래법에 의거 산업통상자원부장관에게 외국환업무 등록을 한 외국환은행으로 취급은행이 한정되어 있다.

    ㉡ 원활한 금융의 취급 및 사후관리를 위하여 수출신용장 등과 관련된 무역금융의 취급(수입신용장, 내국신용장 개설 및 무역어음대출) 및 수출대금의 영수는 동일한 외국환은행을 통하여 이루어지도록 되어 있는 등 몇 가지 제한사항이 있다.

⑦ 내국신용장제도 운용(융자대상자의 포괄성)

    ㉠ 대외거래의 직접 당사자로서 수출신용장을 수취하거나 수출계약을 체결한 수출업자뿐만 아니라 대상물품의 수출에 직간접적으로 참여하는 업체, 즉 국내 수출용 원자재 공급자, 수출용 완제품 공급자 등 내국신용장을 받은 국내업체들도 무역금융을 활용할 수 있다.

    ㉡ 수출신용장 등의 수출금액을 가득액과 원자재소요액으로 구분하여 소요원자재금액에 대해서는 당해 원자재 생산업자를 수혜자로 하는 내국신용장을 개설 가능토록 하고, 내국신용장 개설신청인(수출업자)에 대해서는 동 내국신용장에 의한 어음이 지급 제시되는 경우도 결제자금으로서 원자재자금(완제품을 조달하여 수출하는 경우에는 완제품구매자금 지원)을 지원하고 있다.

2. 무역금융의 종류

(1) 일반수출입금융

① 물품 수출과 관련하여 원자재의 확보에서 물품 선적에 이르기까지 소요되는 제반 자금을 지원해주는 제도이다.

② 수출용 원자재의 수입신용장 및 내국신용장의 개설에 대한 지급보증까지 포함한다.

(2) 건설 · 용역 수출금융

① 국내외에서 건설, 해운, 항공 등 서비스를 제공함으로써 외화획득에 기여하는 업체에 지원하는 금융으로 생산자금 및 원자재금융으로 구분된다.

② 융자대상 및 융자한도를 제외하고는 융자금의 구분이나 융자단가 및 융자시기, 사후관리 등이 대체로 무역금융과 같다.

(3) 농수산물 수출준비자금 대출제도

① 수출용 농수산물을 수집하거나 비축하는 데 소요되는 자금을 지원함으로써 외화가득률이 높은 농수산물의 수출 신장을 꾀하고 농수산물의 가격 안정을 기하기 위하여 지원되는 무역금융의 하나이다.

② 농수산물수출업체는 농수산물수출자금을 융자받아 농수산물을 구매, 비축하고 수출신용장 내도 시에 일반수출입금융을 융자받아 비축자금을 상환한다.

합격자 Tip

해외시장 개척기금 융자 (제도)

- 한국무역협회에서 국내 중소무역업체의 해외시장 개척활동에 필요한 자금을 장기 저리로 융자 지원하는 제도
- 주요 대상사업 : 해외전시회 및 해외시장 개척단 파견지원, 해외홍보활동(인쇄, 방송 매체 등) 지원, 해외유통망 및 지사개설사업 지원, 디자인 개발 및 자사브랜드 개발지원, 국제규격 및 자기상표 해외출원 등

〈종류별 지원대상 및 지원자금〉

지원금융	지원대상업체	지원자금
일반 수출입금융	수출물품 제조업체	생산자금, 원자재자금 (수입, 구매)
일반 수출입금융	소액 수출업체(연간 US$5천만불 미만)	포괄금융
일반 수출입금융	수출상사 등 유통업체	완제품 구매자금
건설·용역 수출금융	건설 및 용역업체	생산자금, 원자재금융
건설·용역 수출금융	외항항공·외항해상 운송업체	생산자금
농수산물 수출자금	농수산물 비축 및 수출업체	생산자금

3. 무역금융의 융자방법 및 융자대상

(1) 무역금융의 융자방법

각 자금별 신용장기준 또는 실적기준 방식 중 업체가 편리한 방법으로 선택할 수 있으며, 필요에 따라 융자방식을 변경할 수 있다. 단, 실적기준 방식에서 신용장기준방식으로의 변경은 수출실적확인서의 유효기간 만료 후에, 신용장기준에서 실적기준으로의 변경은 기지급된 융자금상환 시 가능하다.

① 신용장기준금융

㉠ 수출업체가 보유한 수출신용장, 내국신용장, 송금방식수출계약서(사전송금방식 제외), D/A, D/P 계약서 등의 융자대상금액 범위 내에서 건별로 대출금 및 지급보증을 수출입 절차에 맞추어 취급하고 당해 수출대금으로 융자금을 회수하는 방식이다.

㉡ 주로 무역금융을 처음 이용하는 신규업체들이 많이 활용한다.

② 실적기준금융

㉠ 수출용원자재 사전확보의 편의성 제고를 위해 과거 수출실적을 기준으로 산정된 소정의 융자한도 내에서 수출신용장 등과는 관계없이 임의로 융자받는 방식이다.

합격자 Tip

신용장기준금융은 신용장 융자대상 증빙 건별로 일일이 용도별로 융자를 받아야 하므로 절차가 복잡하고 원자재의 사전 비축이 곤란하다는 단점이 있다.

ⓛ 절차가 간편하며 원자재의 사전비축이 용이하여 무역업체들이 많이 이용한다.

ⓒ 무역어음이 인수 취급된 수출신용장 등에 의한 수출실적은 무역어음인수금액을 제외한 나머지 부분만을 수출실적에 포함한다. 그러나 중계무역에 의한 수출실적은 융자대상에서 제외되고 현지 또는 제3국에 수출되는 위탁가공무역의 경우에는 국산원자재 무상 수출만이 수출실적으로 인정된다. 수출실적은 FOB 가격을 기준으로 산정한다.

ⓔ 융자대상 수출실적의 인정시점은 수출신용장 및 내국신용장의 경우 환어음이 매입(추심)의뢰되었을 때이며, 수출계약서 및 외화표시 물품공급 계약서의 경우는 대금이 입금되었을 때이다. 그러나 선수금 영수방식 수출은 그 수출이 이행되었을 때가 수출실적의 인정시점이 된다.

ⓜ 실적기준금융에서 하나의 수출신용장 등과 관련된 무역금융의 취급과 수출대금의 영수는 동일한 외국환은행을 통하여 이루어져야 한다.

합격자 Tip ●————◎

ⓠ 실적기준금융은 당해 융자대상 수출대금 입금 시 융자금을 상환환다. (O, X)

ⓐ X – 융자기간 만료 시 융자금을 상환한다.

〈신용장기준금융과 실적기준금융의 비교〉

구 분	신용장기준금융	실적기준금융
수혜자격	수출신용장 보유업체	과거 수출실적 보유업체
융자한도 심사	수출업체 보유 수출신용장 등 융자대상 증빙금액 범위 내	과거 일정기간 수출실적에 평균 원자재 의존율(원자재금융) 또는 평균가득률(생산자금)을 감안하여 심사
융자기간	당해 수출신용장의 유효기일 및 선적기일을 감안하여 거래 외국환은행이 산정	거래 외국환은행이 산정
융자금 상환	당해 융자대상 수출대금 입금 시	융자기간 만료 시
편의성	수출신용장 건별로 금융관리를 하게 되므로 수출신용장이 없는 경우에는 취급할 수 없음	수출신용장 보유 없이 금융 취급할 수 있어 편리
이용상 특징	신규업체 및 사전 원자재 확보가 필요 없는 업종에 편리	원자재금융은 대부분 실적기준을 이용

합격자 Tip ●————◎

무역금융은 융자기간 만료 전이라도 당해 융자대상 수출대금 입금 시 동 대금 상환대금으로 회수해야 한다.

③ 포괄금융

ⓞ 복잡한 무역금융제도의 활용을 위한 전문 인력이 없는 중소업체를 위하여 생산자금, 원자재금융 등 자금용도의 구분 없이 수출신용장 등의 금액 또는 과거 수출실적에 소정의 융자단가를 곱한 금액(수출신용장 금액의 일정 비율 또는 과거 수출실적의 일정 비율에 해당하는 금액)을 일괄 현금융자 하는 제도이다.

ⓛ 포괄금융 이용업체의 자격 : 전년도 또는 과거 1년간 수출실적 5천만 달러 미만인 제조수출업체이며, 수출실적 보유기간이 1년 미만인 업체

안심Touch

도 수출실적이 5천만 달러 미만인 경우는 포괄금융 수혜업체가 될 수 있다. 주거래 외국환은행은 매년 1월 중 수혜자격 요건을 재심사한다.

ⓒ 포괄금융 수혜업체에 대한 무역금융, 수출환어음 매입 등 모든 외환 및 수출입 업무는 주거래 외국환은행이 취급한다. 그리고 포괄금융 수혜업체 및 실적기준금융 수혜업체가 발행한 수출환어음 또는 내국신용장 어음의 매입과 추심은 동 업체에 대한 융자취급은행을 통하여 이루어져야 한다.

ⓔ 포괄금융은 신용장기준과 실적기준으로 구분되는데, 신용장기준은 수출신용장 등의 금액 내에서 자금용도 구분 없이 업체별로 한도를 산정하여 융자하는 방법이다. 수출신용장 수취 등 융자대상 증빙이 생길 때마다 수시로 이용이 가능하다. 실적기준 포괄금융은 신용장 등 융자대상 증빙과는 관계없이 과거 일정 수출실적에 근거 산정된 소정의 융자한도 및 융자기간 범위 내에서 필요 시마다 수시로 융자하는 방법이다.

(2) 무역금융의 융자대상 `기출` 16년 1회, 18년 1회

① 신용장기준금융

　　㉠ 수출신용장 또는 선수출계약서(D/A · D/P) 및 기타 수출관련계약서에 의하여 물품(대외무역법이 정하는 전자적 형태의 무체물 포함), 건설 및 용역을 수출하거나 국내 공급하고자 하는 자

　　㉡ 내국신용장(Local L/C) 또는 '대외무역법'에 의한 외화획득용 원료물품 등 구매확인서에 의해 수출용 완제품이나 원자재를 국내에서 제조 · 가공해 공급(수탁가공 포함)하고자 하는 자

　　㉢ 다음 중 하나에 해당하는 외화 또는 외화표시 물품공급 계약서에 의해 물품, 건설, 용역을 수출하거나 국내에 공급하고자 하는 자
　　　• 외국정부, 외국 공공기관 또는 국제기구와 체결된 물품, 건설 및 용역공급계약서
　　　• 선박건조공급(개조공급 포함) 및 '대외무역법'이 정한 산업설비의 수출을 위한 계약서
　　　• 정부, 지방자치단체 또는 정부투자기관이 외국으로부터 받은 차관자금에 의한 국제경쟁입찰에 의하여 국내에서 유상으로 물품, 건설 및 용역을 공급하기 위하여 체결된 계약서

⊕ Plus one

기타 수출관련계약서
• 단순송금방식에 의한 수출실적으로서 대응수출이 이행되고 수출대금 전액이 입금된 분
• 대금교환도(COD 및 CAD) 방식에 의한 수출실적으로서 수출대금 전액이 입금된 분
• 팩터링 방식에 의한 수출실적으로서 수출대금 전액이 입금된 분 등

② 실적기준금융

　㉠ 수출신용장, 지급인도(D/P)와 인수인도(D/A) 조건 및 기타 수출관련 계약서, 외화표시 물품공급계약서 또는 내국신용장방식에 의한 과거 수출실적 또는 공급실적이 있는 자로서 동 수출실적을 기준으로 융자를 받고자 하는 자

　㉡ '관세법'의 규정에 의하여 설치된 보세판매장에서 자가생산품을 외국인에게 외화로 판매한 실적이 있거나 외항항공, 외항해상운송 또는 선박수리업체로서 과거 입금실적이 있는 경우 동 외화판매실적 및 외화입금실적을 기준으로 융자를 받고자 하는 자

⊕ Plus one

융자대상 제외 거래

- 해외 수입업자로부터 전액 선수금을 받은 단순 송금방식 수출
- 전액 선수금 조건의 전대신용장(**Red Clause L/C**)에 의한 수출(일부 선수금 조건은 나머지 금액 융자가능)
- 한국수출입은행의 수출자금 대출을 이미 수혜한 신용장
- 한국수출입은행이 개설한 내국신용장
- 융자대상 증빙에 대하여 무역어음이 발행된 경우
- 중장기 연불수출방식에 의한 수출신용장
- 중계무역방식 수출
- 융자한도를 초과하여 개설된 내국신용장(개설의뢰인 및 그 내국신용장의 수혜자도 무역금융 이용 불가)

◦ 기출 Check ◦

무역금융 융자대상이 되지 않는 것은?　**기출** 18년 1회

① D/A, D/P 방식에 의한 물품 수출
② 중계무역방식에 의한 물품 수출
③ CAD, COD 방식에 의한 물품 수출
④ 구매확인서에 의한 수출용 원자재의 국내 공급

해설 **무역금융 융자대상**
- 융자대상증빙 보유 : 수출신용장, 선수출계약서(D/P, D/A), 외화표시물품 공급계약서(산업설비 수출계약서 등), 내국신용장 등
- 수출거래에 의한 과거실적을 보유 : 단순송금방식수출, 대금교환도(COD 및 CAD 조건 수출방식에 의한 수출), 국내 보세판매장을 통한 내국수출, 팩터링 방식에 의한 과거실적 보유

정답 ②

4. 무역금융 융자(자)금의 종류 및 융자시기

(1) 융자(자)금의 종류(용도 기준)

구 분	자금의 용도
생산자금	• 수출용 완제품 또는 원자재를 직접 제조·가공하는 데 소요되는 자금을 융자하는 것 • 신용장 등의 금액(FOB 기준)에서 원자재 수입액(CIF 기준) 또는 국산 원자재 구매액을 차감한 가득액 부분이 융자대상 → 수출금액에서 원자재 수입 및 국산원자재 구매액 제외 부분, 즉 가득액 부분 지원 자금 • 중고품, 농수산물 및 자가생산한 원자재 등과 같이 상거래 관례상 내국신용장에 의해 조달하기 곤란한 수출용 원자재 및 완제품을 구매하는 데 소요되는 자금
원자재금융	• 원자재 수입자금 　– 수출용 원자재를 직접 수입하거나 국내 유통업자로부터 수입 원자재를 원상태로 조달할 때 지원하는 자금 　– 이는 수입자의 수입어음 결제 시 필요한 자금을 융자취급 은행이 융자금액만큼 대신 지불해 주는 것으로 직접 현금으로 지급되는 것이 아니라는 점이 생산자금과 다름 • 원자재 구매자금 　– 국내에서 생산된 수출용 원자재를 내국신용장에 의해 구매하는 데 소요되는 자금 　– 내국신용장에 의해 발행된 어음을 결제할 때 지원하는 자금
완제품 구매자금	• 국내에서 생산된 수출용 완제품을 내국신용장에 의해 구매하거나 수출용 중고품을 현금으로 구매하는 데 소요되는 자금을 융자해 주는 금융 • 내국신용장하에서 발행된 어음의 결제자금으로 융자가 이루어짐
포괄금융	• 전년도 또는 과거 1년간 수출실적이 미화 5,000만 달러 미만인 업체를 위해 자금용도의 구분 없이 수출신용장 등의 금액 또는 과거 수출 실적에 소정 융자 단가를 곱한 금액을 일괄 현금 융자함으로써 중소업체를 지원하는 금융제도

(2) 융자시기 및 기간

자금별	융자시기	융자기산일
생산자금	• 신용장기준의 경우는 수출물품 제조에 소요되는 원자재 확보가 확실시되는 시점에 현금을 융자 • 실적기준의 경우는 수출실적 확인서 발급 후 15일 이내에 융자	융자취급일

원자재금융	• 수입어음 또는 내국신용장어음 결제 시 • 원자재 자금 : 원자재 수입자금은 선적서류나 물품의 인수와 동시에 수입어음을 결제하거나 수입대금을 지급할 때 융자하고 원자재 구매자금은 내국신용장 어음을 결제할 때 융자	• 선적서류나 물품의 인수와 동시에 수입어음을 결제할 때 • 수입대금을 지급할 때 • 판매대금 추심의뢰서를 결제할 때 • 수입화물운임을 따로 지급하는 경우 운임은 지급할 때
완제품 구매자금	내국신용장 어음을 결제할 때	내국신용장 어음을 결제할 때
포괄금융	• 융자금액 범위 내 수시취급 • 신용장기준의 경우 융자한도 범위 내에서 신용장 내도 시마다 수시로 융자하고 실적 기준의 경우 융자한 범위에서 수출실적 확인서 발급 후 15일 이내에 융자	융자취급일

5. 무역금융 융자금액 및 융자한도

(1) 융자금액

① 달러당 융자금액

ㄱ 생산자금은 수출금액 중 가득외화액, 원자재금융은 원자재수입액 또는 국내 구매액에 미화 1달러당 융자금액을 곱한 금액범위 내에서 융자가 가능하다.

ㄴ 융자금액
- 전월 국내외환시장에서 형성된 기준환율의 평균, 즉 평균기준환율의 일정비율을 지원한다.
- 중소기업과 대기업으로 분류, 중소기업은 전월 평균기준환율의 90%, 대기업은 60%를 미화 1달러당 융자단가로 한다.

② 자금별 융자금액

구 분	신용장기준	실적기준
생산자금		융자한도 × 평균매매기준율
원자재금융	해당 업체가 보유한 수출신용장 등의 외화금액 × 평균매매기준율의 범위 내에서 융자	내국신용장에 따라 발행된 판매대금추심의뢰서(다만, 기재금액이 원화로만 표시되어 있는 경우에는 그 금액), 수입어음 및 수입대금(수입화물운임포함)의 외화금액 × 평균매매기준율
포괄금융		융자한도 × 평균매매기준율

※ 매매기준율 : 최근 거래일에 외국환 중개회사를 통해 거래가 이루어지는 외국환시장 평균 환율을 말한다. 평균매매기준율은 매매기준율의 융자취급일 전월의 평균 환율이다.

⊕ **Plus one**

신용장기준의 융자(대상)금액(해당 업체 보유 수출신용장 등, 수출 관련 증빙의 외화금액에 융자 취급일 전월 평균매매 기준율을 곱한 범위 내)

- 수출신용장 등 : 당해 수출신용장 등의 금액 중 본선인도(FOB)가격 기준
- 선수금 영수조건의 수출신용장이나 수출계약서 및 외화표시 물품공급계약서의 경우 : 당해 수출신용장이나 계약서 금액에서 이미 영수한 선수금을 차감한 금액
- 무역어음이 인수취급된 수출신용장 등의 경우 : 당해 인수취급액을 차감한 금액 기준
- 회전신용장의 경우 : 신용장의 액면금액 이내
- 위탁가공 무역방식의 경우 : 국산 원자재를 무상수출하는 금액(단, 가공물품을 현지나 제3국에 수출하는 경우에 한하여 융자. 국산 원자재를 가공하지 않고 수출하는 경우는 생산자금, 포괄금융 융자대상에서 제외)

※ 실적기준금융의 생산자금 및 포괄금융 : 외국환은행이 업체별로 산정한 융자한도에 융자 취급일 전월 평균매매기준율을 곱한 금액 범위 내이다.

---

(2) 융자한도

① 개 념

　㉠ 무역금융의 융자한도란 특정기업이 각 자금별로 융자취급은행에서 융자받을 수 있는 최고한도를 의미한다.

　㉡ 한국은행 총액한도대출 대상 무역금융의 융자한도 산출 방법은 수출업체의 과거 수출실적, 신용장내도액, 기업 신용도 등을 감안하여 외국환은행이 자율적으로 산정하되 용도별 금융은 자금별로 산정, 포괄금융은 업체별로 산정하도록 하고 있다.

② 신용장기준금융의 융자한도

　㉠ 거래 외국환은행이 업체별 수출실적관리 카드상의 실적을 근거로 매년 초에 업체별·자금별로 설정한다.

　㉡ 거래 외국환은행이 2개 이상인 경우에는 1개의 외국환은행으로 수출실적을 이전받아 융자한도를 산정할 수 있다.

③ 실적기준금융의 융자한도

　㉠ 외국환은행이 수출업체의 과거 수출실적과 자금별 예상 소요금액을 감안하여 자율적으로 산정한다.

　㉡ 실적기준금융의 융자한도는 수출실적에 연동하여 결정되기 때문에 편의상 미 달러화 금액으로 표시하고 있으며, 매월 산정되는 융자한도 범위 내에서는 회전 사용할 수 있다.

ⓒ 자금의 종류별 융자한도는 대체로 생산자금은 2~3개월간 수출실적, 원자재자금은 6개월간 수출실적, 완제품 구매자금은 2개월간, 수출실적금융 및 포괄금융은 4~6개월간 수출실적 범위 내에서 정해진다.

⊕ Plus one

수출입은행의 단기무역금융 제도 : 포페이팅 & 수출팩터링　기출 19년 2회

- 포페이팅
  - 포페이팅(Forfaiting)이란, 신용장거래에서 수출자가 발행한 환어음 및 선적서류를 수출입은행(Forfaiter)이 수출자로부터 무소구(Without Recourse) 조건으로 매입하는 수출금융(무소구 조건이란 수입국은행(수입자)이 환어음 만기일에 수출대금을 상환하지 못해도 수출자에게 대금을 청구하지 않는 조건)
  - 수출자는 수출이행 즉시 수출입은행으로부터 수출대금을 지급받고 환어음의 만기일에 수출입은행이 수입국은행으로부터 대금을 회수

〈포페이팅 거래 구조〉

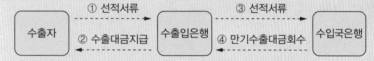

- 수출팩터링
  - 수출팩터링(Factoring)은 사후송금방식(O/A 또는 D/A 방식)거래에서 발생된 외상수출채권을 수출기업으로부터 무소구조건으로 수출입은행이 매입하는 수출금융

〈수출팩터링 거래 구조〉

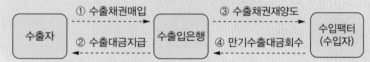

- 포페이팅과 수출팩터링의 장점
  - 수출대금 조기 회수 : 수출품 선적 후 즉시 대금회수가 가능하므로 대금회수 우려가 제거되고, 자금운용의 탄력성 제고
  - 환차손 예방 : 수출대금결제일까지의 환율변동에 따른 손실 커버 가능
  - 전액 신용취급 : 해외은행이나 수입자의 신용도 기준으로 환어음 및 수출채권을 100% 매입하므로 담보를 요구하지 않음
  - 재무구조 개선 효과 : 수출환어음과 매출채권이 현금으로 전환되고, 차입금으로 계상되지 않으므로 수출기업의 재무구조 개선됨(포페이팅 / 수출팩터링으로 제공된 자금은 기업별 여신한도 관리에서 제외)
  - 개도국 등 새로운 수출시장 개척에 기여 : 신용도 낮은 개도국의 신용위험을 당행이 인수하므로 개도국에 대한 수출기업의 과감한 진출 가능

실전 예상문제

01

Open Account 방식에 관한 설명으로 틀린 것은?

① 수입자가 선적서류를 인수하는 시점에서 수출채권(외상채권)이 성립한다.

② 수입자가 물품을 수취한 후에 그 대금을 결제하는 송금방식의 범위에 속한다.

③ 수출자는 선적 후 자금이 필요한 경우에는 거래은행에서 매입을 통해 수출대전을 조기에 회수할 수 있다.

④ 수출자 입장에서는 신용도가 높은 기업 또는 본지사 간 거래에 이용하는 것이 바람직하다.

🖋 해설

Open Account 방식은 후지급 방식으로 물품, 선적, 인도 또는 해당 운송서류 인도 후 일정기간 경과 시 대금을 결제하는 것이다. 따라서 '수입자가 선적서류를 인수하는 시점에서 수출채권(외상채권)이 성립한다'는 ①이 틀린 설명이다.

정답 ①

02

명시된 일정액 또는 최대금액의 지급약속으로서 지급청구서 및 기타 보증장에 명시된 서류가 보증기간 내에 여타 보증조건에 일치하게 보증인에게 제시되는 것을 조건으로 하는 확약을 무엇이라고 하는가?

① 요구불보증(Demand Guarantees)

② 국제팩터링(International Factoring)

③ 포페이팅(Forfaiting)

④ 어음보증(Aval)

🖋 해설

요구불보증이란 채무불이행의 사실 여부 입증과는 관계없이 지급청구서 및 보증장이 정하는 것과 일치되는 서류를 제시하는 것만으로 보증채무의 이행을 요구할 수 있는 것으로, 그 성격은 보증신용장(Standby L/C)과 동일하다고 볼 수 있다.

정답 ①

03

무역계약서의 다음 각 조항 중 신용장 개설의 직접적인 근거가 되는 조항은?

① Terms of Quality

② Terms of Quantity

③ Terms of Price

④ Terms of Payment

🖋 해설

신용장이란 신용장 개설은행의 수익자(수출상)에 대한 조건부 대금지급 확약서이므로 신용장 개설의 직접적인 근거가 되는 조항은 Terms of Payment(결제조건)이다.

정답 ④

04

일반적인 수출가격의 구성항목으로 틀린 것은?
(EXW, DDP 가격 제외)

① 물품제조원가 및 수출포장비
② 무역보험 및 구매확인서 수수료
③ 수출승인 및 수출통관비용
④ 재포장 비용 및 L/G Charge

✎ 해설

> 일반적인 수출가격은 제조원가, 물류비용, 은행비용, 행정비용, 에이전트 커미션(있는 경우), 수출자의 적정마진이 더해진 값이다. 물품제조원가 및 수출포장비는 제조원가에 포함되는 사항이다. 무역보험 및 구매확인서 수수료는 물류비용에 포함되는 사항이다. 수출승인 및 수출통관비용은 행정비용에 들어간다. 그러나 재포장 비용과 L/G Charge는 일반적인 수출가격에 들어가지 않는다.

정답 ④

05

다음 중 국제무역에 가장 많이 이용되는 송금수단은?

① Personal Check
② Demand Draft
③ Mail Transfer
④ Telegraphic Transfer

✎ 해설

> Telegraphic Transfer(T/T : 전신환송금방식)는 송금과정이 신속·편리하고 환율변동에 따른 위험도 적어 무역대금결제에 가장 많이 사용하는 송금방식 중 하나이다.

정답 ④

06

COD와 CAD 결제방식에 관한 설명으로 틀린 것은?

① CAD는 수출자가 수입자의 거래은행으로 서류를 직접 송부하는 경우에는 D/P 방식에 준하여 처리한다.
② COD는 수입자가 도착된 물품을 확인한 후에 구매여부를 결정하기 때문에 수입자에게 유리하다.
③ CAD는 수출국에서 수입자 대리인이 수출자에게 대금을 결제하는 방식으로 European D/P라고도 한다.
④ COD는 수입자가 자신의 거래은행을 통해 물품대금을 송금한 후에 물품을 인수하는 조건이다.

✎ 해설

> COD(Cash On Delivery) 현금-물품 상환 결제방식으로 상품이 목적지에 도착하면 '상품과 상환'으로 현금 결제하는 방식이다. 즉, 수출자가 수입국에서 수입통관을 완료하고 수입자에게 물품을 인도할 때 대금(Cash)을 수령하는 결제방식이다.

정답 ④

07

다음 중 후지급/연지급(Deferred Payment) 방식에 해당되지 않는 것은?

① 장부결제(Open Account)
② 위탁판매(Sale on Consignment)
③ 외상판매(Sale on Credit)
④ 서류상환인도방식(CAD)

✎ 해설

> CAD는 선적서류 인도와 대금 지급이 동시에 이루어지는 동시지급(Concurrent Payment)방식이다.

정답 ④

08

신용장상에 별도의 요구가 없는 한, 각 발행인의 서명이 없어도 인수가능한 서류에 속하는 것은?

① Commercial Invoice
② Bill of Exchange
③ Certificate of Quality
④ Bill of Lading

✎ 해설

환어음, 품질 증명서, 선하증권 등은 반드시 발행인의 서명이 있어야 인수가능한 반면, 송장(**Commercial Invoice**)의 경우 발행인의 서명이 없어도 인수가능한 서류이다.

정답 ①

09

신용장거래의 원본서류(Original Documents)로서 인정되지 않는 것은?

① 서류 발행인의 수기에 의하여 기록, 타자, 천공 또는 타인된 서류
② 보험중개인이 서류 발행인의 인쇄한 용지상에 작성한 서류
③ 서류 발행인의 친필 서명, 표지, 타인 또는 부표가 있는 서류
④ 서류 발행인이 원격지에서 팩스기기를 이용하여 전송한 서류

✎ 해설

원본인정 서류 조건(UCP 600 제17조 원본서류 및 사본)

• 적어도 신용장에 명시된 각 서류당 1통의 원본이 제시되어야 한다.
• 그 서류 자체에 원본이 아니라고 표시되어 있지 않는 한, 서류 발행인의 원본 서명, 표기, 스탬프, 또는 부전을 명확히 기재하고 있는 서류는 원본으로 취급한다.
• 서류에 별도로 표시되어 있지 않는 한, 다음의 경우 은행은 그 서류를 원본으로 수리한다.

- 서류 발행인에 의하여 수기로 기록, 타자, 천공 또는 스탬프된 것으로 보이는 경우
- 서류 발행인의 원본용지상에 기재된 것으로 보이는 경우
- 제시된 서류에 적용되지 아니하는 것으로 보이지 아니하는 한, 원본이라는 명기가 있는 경우

정답 ④

10

신용장 서류심사의 일반적인 원칙에 관한 설명으로 틀린 것은?

① 운송서류의 송화인/수하인을 포함하여 모든 서류상에 수익자/개설의뢰인 주소가 각각 일치할 필요는 없다.
② 요구되지 않은 서류는 제시인에게 반환할 수 있고, 서류의 요구 없이 조건만 있는 것은 무시할 수 있다.
③ 운송서류를 포함하여 모든 서류상에 송화인이나 화주는 신용장 수익자와 반드시 일치할 필요는 없다.
④ 송장 이외의 서류상 물품명세는 신용장 물품명세와 모순되지 않는 한 일반용어로 기재하더라도 무방하다.

✎ 해설

수익자 및 발행의뢰인의 주소가 모든 명시된 서류상에 보이는 경우, 이들 주소는 신용장 또는 기타 모든 명시된 서류에 명기된 것과 동일할 필요는 없으나, 신용장에 언급된 각각의 주소와 동일한 국가 내에 있어야 한다.

정답 ①

11

신용장거래에서의 서류제시기일에 관한 설명 중 틀린 것은?

① 서류는 신용장 유효기일까지 제시되어야 하나, 제시기일을 선적일 이후 21일보다 길게 약정할 수 있다.
② 여러 운송서류 중에 선적일자가 서로 다른 경우 최후의 선적일자를 제시기간 산정에 고려해야 한다.
③ 신용장에서 운송서류의 원본이 요구된 경우 사본은 기일 내에 제시되지 않아도 된다.
④ 신용장에서 서류제시기일이 없는 경우 서류는 상업송장의 발행일 이후 21일 이내에 제시되어야 한다.

✎ 해설

L/C상 서류제시기간에 대한 명시가 없는 경우 선적일자 후 21일 이내에 제시하여야 하는 것으로 해석한다.

정답 ④

12

수출자의 입장에서 볼 때 다음의 신용장 중에서 대금회수시기가 가장 빠른 것은?

① At Sight Credit
② Domestic Usance Credit
③ Shipper's Usance Credit
④ Overseas Banker's Usance Credit

✎ 해설

At Sight Credit과 Usance Credit 중 대금회수가 빠른 것은 At Sight Credit(일람출급신용장)이다. 이는 신용장에 의거하여 발행되는 어음이 일람출급인 경우를 말한다. 그러나 Usance Credit(기한부신용장)은 어음기일을 확정일로 하거나 또는 일람 후 일정기한으로 하기 때문에 대금회수가 At Sight Credit보다 늦다.

정답 ①

13

신용장거래에서 개설은행이 서류심사 시 하자여부의 판단기준으로서 준용할 수 없는 것은?

① 신용장 개설신청서(Application of the Credit)
② 신용장조건(Terms & Conditions of the Credit)
③ UCP 600 및 ISBP 규정(Provisions of UCP 600 & ISBP)
④ 서류상의 기재내용(Data in the Documents itself)

✎ 해설

신용장거래에서 개설은행이 서류심사 시 하자여부의 판단기준으로 삼는 것은 "신용장조건, UCP 600 및 ISBP 규정, 서류상의 기재내용" 등이다.

정답 ①

14

다음 신용장의 기본 당사자에 관한 설명 중 잘못된 것은?

① 수익자와 개설은행은 신용장 기본 당사자가 될 수 있다.
② 기본당사자 전원의 동의가 없이는 Irrevocable Credit은 취소나 조건변경이 불가하다.
③ 상환은행(Reimbursement Bank)은 결제를 담당하게 되더라도 신용장 기본 당사자가 될 수 없다.
④ 확인신용장의 경우에도 확인은행은 기본 당사자가 될 수 없다.

✎ 해설

신용장에서 기본 당사자는 수익자와 개설은행이며 확인신용장의 경우에는 확인은행도 기본 당사자가 된다. 상환은행은 개설은행에서 받은 상환수권서의 내용에 따라 수수료를 받고 대금을 단순히 전달하는 은행에 불과하다.

정답 ④

15

다음 중 "신용장거래가 목적상품의 완벽한 인도를 보장하지 않는다"는 신용장의 특성은?

① 독립성
② 추상성
③ 한계성
④ 취소불능성

16

내도된 신용장의 진위가 의심스러운 경우가 아닌 것은?

① UCP에 의거하여 발행된 준거문언이 없는 경우
② 신용장이 직접 수출상에게 전달된 경우
③ Cypher를 이용하여 Cable로 통지된 경우
④ 취소불능신용장이 내도된 경우

17

신용장의 수익자를 지칭하는 것이 아닌 것은?

① Payee
② Beneficiary
③ Addressee user
④ Accountee

18

은행의 신용장 서류에 대한 일치성을 심사하는 기준은 무엇인가?

① 신용장통일규칙에 반영된 국제은행표준관습에 따라 심사
② 서류심사에 관한 국내 판례에 따라 심사
③ 은행의 상당한 주의에 의해 지정된 서류심사
④ 은행의 서류심사 내부지침에 따라 심사

19

신용장의 양도자의 권리가 아닌 것은?

① 송장 및 환어음의 대체권
② 양도방법의 선택권
③ 양도 지시권
④ 양도문언 추가권

✏️ **해설**

양도가능신용장의 경우 양도자인 신용장 제1수익자는 '송장 및 환어음 대체권', '양도방법 선택권' 등의 권리를 갖는다.

정답 ④

20

신용장의 취소가능에 관한 설명 중 틀린 것은?

① 취소가능신용장에 의하여 변경·취소의 통지수령 이전에 신용장 조건에 부합하여 지급, 인수 또는 매입이 행해졌다면 발행은행은 이에 대한 상환책임을 부담할 필요가 없다.
② 취소불능신용장의 경우, 신용장 개설 이후 신용장이 수익자에게 통지된 후 유효기간 내에 관계 당사자 전원의 합의 없이는 취소·변경할 수 없다.
③ 신용장은 취소가능 또는 취소불능 여부를 명시하여야 하며, 신용장에 취소가능 또는 취소불능 여부에 대한 명시가 없을 경우에는 취소불능으로 간주한다.
④ 취소가능신용장에 의하여 연지급을 행한 것에 대해서도 발행은행은 상환책임을 부담해야 한다.

✏️ **해설**

취소가능신용장이라 해도 신용장 조건의 일치에 의해 지급이 이행됐다면 이 부분에 대해서는 개설은행이 상환책임을 진다.

정답 ①

21

신용장의 유효기일과 장소에 관한 설명으로 옳은 것은?

① 신용장의 기일이 연장되면 선적기일은 자동으로 연장된다.
② 특별한 명시가 없는 한 운송서류는 유효기일 이내에 은행에 제시되어야 한다.
③ 신용장의 유효장소는 일반적으로 개설은행이 된다.
④ 신용장의 유효기일이 지나도 개설은행의 지급확약효력은 지속된다.

✏️ **해설**

신용장 기일 연장은 선적기일의 자동 연장과는 전혀 무관하다. 신용장은 수입지 개설은행에서 이용할 수도 있으나 실질적으로는 개설은행 역할을 대신하는 수출지 지정은행(주로 매입은행)을 이용하는 경우가 일반적이다.

정답 ②

22

매수인(신용장 개설의뢰인)이 개설은행에 대한 대금보상을 부당하게 거절한 경우 그 개설은행이 활용할 수 있는 구제방법이 아닌 것은?

① 매도인에 대한 상환청구권
② 매도인에 대한 손해배상청구권
③ 매수인에 대한 계약해제권
④ 매수인에 대한 손해배상청구권

✏️ **해설**

개설은행이 수익자에게 대금을 지급한 이후 자신이 수입상(매수인/개설의뢰인)으로부터 대금을 받지 못했다고 하여 다시 수익자(매도인)에게 대금의 상환을 청구하는 것은 불가능하다. 이미 수익자와 개설은행과의 거래는 종결된 상태이기 때문이다. 이는 결국 개설은행과 수입상 간 문제이다.

정답 ①

23

수입화물대도(T/R)와 수입화물선취보증서(L/G)에 관한 설명으로 틀린 것은?

① T/R은 신용장 개설은행이 수입화물에 대한 담보권을 가지고 수입자금을 대출할 때 발행하는 증서이다.

② T/R은 수입자가 수입자금이 없어 신용장 개설은행 소유권의 물품을 임대형식으로 인수할 때 발행하는 것이다.

③ L/G는 원본서류가 도착하기 전에 수입자가 물품을 사전 인수할 수 있도록 신용장 개설은행이 발행하는 것이다.

④ L/G는 운송인이 원본서류 없이 물품을 사전 인도할 때 발생하는 손해에 대한 신용장 개설은행의 보증서이다.

✎ 해설

T/R이란 신용장 개설은행이 수입화물 담보권을 가지고 수입자금을 대출할 때 발행하는 증서가 아니라, 수입자금이 없어 수입자가 신용장 개설은행 소유의 물품을 임대형식으로 인수할 때 발행하는 것이다.

정답 ①

24

신용장 개설은행의 서류심사의무에 대해 맞게 설명한 것은?

① 은행은 서류의 위조나 허위 여부를 심사하여야 한다.

② 은행은 서류의 정확성이나 진실성 여부를 심사하여야 한다.

③ 은행은 서류의 효력에 관한 실질적인 심사를 하여야 한다.

④ 은행은 서류의 문면상 일치성 여부를 확인하여야 한다.

✎ 해설

은행 서류심사 시 신용장거래의 추상성 원칙에 의거 서류 상호 간에 모순이 없는지 서류를 문면상으로만 상당한 주의를 기울여 의견상의 진정성을 검토하게 된다.

정답 ④

25

다음 중 무화환신용장에 해당하는 것은?

① Negotiable L/C

② Revolving L/C

③ Stand by L/C

④ Payment L/C

✎ 해설

화환신용장이란 운송서류의 제시를 요구하는 신용장을 말하며 운송서류의 제시를 요구하지 않는 신용장을 무화환신용장이라고 한다. 일반 무역거래에 이용되는 신용장은 대부분 화환신용장이다.

정답 ③

26

화환신용장이 수출자에게 주는 효용성은?

① 물품의 하자나 인도여부에 관한 상업위험을 회피할 수 있다.
② 절대적이고 독립된 지급수단으로만 이용이 가능하다.
③ 현금이 없더라도 T/R 등을 이용하여 물품을 인수할 수 있다.
④ 무역금융 혜택 및 신용위험을 회피할 수 있다.

✎ 해설

신용장거래에서 수출상이 얻을 수 있는 가장 큰 효용은 신용장을 담보로 한 제조대금 융자 등의 무역금융 혜택 및 대금회수 보장, 수입국 외환시장 악화에 따른 대외지급중지 등의 환결제 위험 회피 등의 결제관련 신용위험의 회피이다.

정답 ④

27

다음 중 개설은행이 매입은행 지정권을 수출상에게 위임할 수 있는 신용장은 무엇인가?

① 매입신용장(Negotiable Credit)
② 인수신용장(Acceptance Credit)
③ 제한신용장(Restricted Credit)
④ 지급신용장(Payment Credit)

✎ 해설

매입신용장(Negotiation L/C)
개설은행이 수익자 외에 수익자로부터 매입을 행한 은행에 대해서도 대금지급을 명시적으로 표시하고 있는 신용장이다. 자유매입신용장과 매입제한신용장이 있다.

정답 ①

28

다음 중 UCP를 기준으로 Notice of Discrepancies 와 관련하여 올바른 내용은?

① Notice of Discrepancies는 발행은행이 서류접수 후 제7은행영업일이 마감되는 날 발송하여야 한다.
② Notice of Discrepancies가 발송되면 발행은행은 매입은행에 신용장 대금을 정상입금할 수 없다.
③ 발행은행은 서류심사가 완료된 직후 지체 없이 전신 등 가장 빠른 통신수단으로 매입은행에 통보하도록 하여야 한다.
④ 발행은행은 Notice of Discrepancies를 하려면 반드시 수입상과 협의해야 한다.

✎ 해설

Notice of Discrepancies가 발송되었더라도 발행은행은 매입은행에 신용장 대금을 정상 입금할 수 있으며 발행은행은 수입상과 협의 없이 직권으로 Notice of Discrepancies를 할 수 있다.

정답 ③

29

신용장에 US$400,000를 매달 25일에서 30일 사이 US$80,000씩 5회로 나누어 선적하라는 문언이 있다. 이 신용장의 명칭은?

① Revolving L/C
② Partial Shipment L/C
③ Transshipment L/C
④ Instalment Shipment L/C

✎ 해설

④ Instalment Shipment L/C란 할부선적신용장을 의미한다.

정답 ④

30

양도가능신용장에 관한 다음 설명 중 옳은 것은?

① L/C 금액의 일부만 양도가능하다.

② 다수에게 분할양도는 불가능하다.

③ 양도가능신용장을 양도받은 자가 다시 제3자에게 양도할 수 없다.

④ 신용장상에 양도가능 표시가 없어도 양도가능하다.

🖊 해설

양도가능신용장은 1회에 한해 양도가능하므로 제2수익자가 다시 제3자에게 본신용장을 양도할 수 없다.

정답 ③

31

다음 중 UCP 및 어음법상의 선량한 소지자(Bona-fide-holder)로서의 지위를 갖는 은행은?

① Issuing Bank

② Advising Bank

③ Negotiating Bank

④ Paying Bank

🖊 해설

매입은행(Negotiating Bank)은 제3자가 지급인인 어음 · 수표에 대해 권리를 취득한 은행으로 환어음 매입으로 선의의 소지자(Bona-fide-holder)가 되어 개설은행에 어음대금 청구권을 행사할 수 있다.

정답 ③

32

다음의 거래 중 환어음을 작성할 필요가 없는 결제방법은?

① D/P

② CAD

③ D/A

④ 매입신용장

🖊 해설

CAD(Cash Against Document : 서류 인도/상환 방식)

• 수출자가 상품 선적 후 선적서류(선하증권, 보험서류, 상업송장 등)들을 '수출국소재' 수입자 대리인 또는 거래은행에 제시하고 '서류와 상환'으로 대금을 수령하는 결제방식

• 통상 수입자의 지사나 대리인이 수출국에 있는 경우 활용

• CAD 방식을 '유럽식 D/P 방식'이라고도 함

정답 ②

무역운송

무역거래는 일반적으로 계약, 운송, 결제 단계를 거친다. 이 단원에서는 선복예약을 통한 운송수단의 확보, 선적절차와 수출입통관 등 계약 성사 후의 상품의 운송 과정을 다룬다. 이 과정은 서류 및 정보의 흐름이 복잡하다. 또한 통관업자와 세관 등 많은 관계자가 개입하므로 이들의 역할을 파악하는 것이 중요하다.

01 해상운송

1. 개 요

(1) 정 의

해상운송수단인 선박을 이용하여 국가 간 사람과 물품을 수송하고 그 운임을 받는 경제활동

(2) 장점과 단점

① 장 점
    ㉠ 대량운송 가능
    ㉡ 운송비 저렴
    ㉢ 비교적 자유로운 운송로
    ㉣ 국제성 보유
    ㉤ 원거리 운송

② 단 점
    ㉠ 속도가 느림(항공운송 대비 많은 운송시간 소요)
    ㉡ 운항횟수가 적음
    ㉢ 계획운송이 곤란함
    ㉣ 화물 손상사고 시 책임의 범위가 복잡
    ㉤ 자유경쟁이 아닌 반독점 시장(선진국 선사 중심 카르텔 형성 독점적 운임률 적용)

운송수단별 장단점 [기출] 17년 1회

구 분	장 점	단 점
해상운송	대량화물 운송 가능, 운송비용 저렴	운송속도가 비교적 느린 편, 운항 횟수가 적음
항공운송	운송속도 신속함, 운송화물 파손율 낮음	운송비용 고가
철도운송	대량화물 운송 가능, 사고율 낮음	근거리운송 운임이 비교적 비싼 편
도로운송	배차시간 제한 없음, 근거리운송에 적합	대량화물 운송 부적합, 원거리운송 운임이 비싼 편

◆ 기출 Check ◆

운송수단별 장단점에 대한 내용으로 옳지 않은 것은? [기출] 17년 1회

① 해상운송은 대량화물을 1회에 운송할 수 있어 운임이 저렴하다.
② 항공운송은 파손율이 낮으며 포장이 간단하여 포장비를 절감할 수 있다.
③ 철도운송은 근거리운송에는 운임이 비교적 저렴한 편이다.
④ 도로운송은 배차시간에 제한을 받지 않으며, 근거리운송에 적합하다.

해설 ③ 철도운송은 근거리운송 운임이 비교적 비싼 편이다.

정답 ③

2. 선적·운송 절차 [기출] 15년 1회, 17년 1회

S/R(Shipping Request : 선복요청서) → S/O(Shipping Order : 선적지시서) → 재래선의 경우 : M/R(Mate's Receipt : 본선수취증), 컨테이너선의 경우 : D/R(Dock Receipt : 부두수취증) → B/L(Bill of Lading : 선하증권) → 선하증권을 선사에 제시한 수입상이 D/O(화물인도지시서)를 발급 받음

(1) 선적협의

① 해당 선박회사 또는 Forwarder와 접촉, 선적협의 시 화주 자신의 요망사항, 즉 '언제, 어디서(항구), 무슨 화물을, 얼마나(중량이나 용적 혹은 포장단위 개수), 어느 곳(항구나 도시), 누구에게 운송하고자 한다는 것'을 알린다.

② 선사는 구체적으로 선적가능시기, 운임 등 화주의 요구사항에 대한 질의에 응하고 상호 요건이 충족되면 구두로 선적예약을 한다.

③ 곡물, 광석류, 원유 등과 같은 대량의 단일화물을 운송할 때에는 화주와 운송회사가 운송계약을 체결한다.

④ 일반 정기선 화물의 경우 개별 운송계약이 별도로 존재하지 않으며 선적에 관한 협의와 합의 그 자체가 운송계약의 일부이다(B/L 자체가 운송계약은 아님).

⊕ Plus one

톤 수 `기출` 17년 2회, 18년 1회

- 총톤수(Gross Tonnage)
  - 선박 밀폐된 내부의 총 용적
  - 상갑판 이하 모든 공간과 상갑판 위 모든 밀폐된 장소의 적량을 합한 것
  - 선박의 안전과 위생을 위해 사용하는 장소는 제외
- 배수톤수(Displacement Tonnage) : 선체가 수면에 잠긴 부분의 용적에 상당하는 물의 중량
- 만재중량톤수 : 선박이 적재할 수 있는 화물의 최대중량을 톤으로 환산한 것
- 순톤수 : 총톤수에서 기관실, 선원실, 해도실 등 선박 운항 관련 장소 용적을 제외한 것

● **기출 Check** ●

선박의 밀폐된 내부의 총 용적으로 선박의 안전과 위생을 위하여 사용되는 장소를 제외한 톤수에 해당하는 것은? `기출` 17년 2회

① 배수톤수 ② 만재중량톤수

③ 총톤수 ④ 순톤수

해설 총톤수는 선박 밀폐된 내부의 총 용적으로 상갑판 이하의 모든 공간과 상갑판 위의 모든 밀폐된 장소의 적량을 합한 것으로 선박의 안전과 위생을 위하여 사용되는 장소는 제외된다.

정답 ③

(2) 선적(선복)요청서 제출

합격자 Tip

컨테이너화물은 화물 인수지(Place of Receipt)와 인도지(Place of Delivery)를 추가로 기재해야 한다.

선적에 관한 기본합의가 끝나면 화주는 송하인(Shipper, 수출상), 수하인(Consignee, 수입상), 선적항(Port of Loading), 양하항(Port of Discharge), 화물의 명세(Description of Cargo) 등 B/L에 표기해야 할 주요 운송정보를 기재하여 해당화물의 Invoice 및 Packing List와 함께 선사에 정식으로 선적요청서(Shipping Request ; S/R)를 제출한다.

(3) 화물포장 및 출고 준비

① 화물의 포장상태는 운송에 적합할 정도로 견고해야 한다.

② 포장 시 상용 포장(Commercial Packing)과 운송용 포장(Transportation Packing)을 구분해야 한다.

③ 화물 손상 원인이 포장불량에 있으면 선박회사로부터 보상도 받지 못한다.

⊕ Plus one

컨테이너의 종류 `기출` 17년 2회

• **Dry Container** : 온도조절이 필요 없는 일반 잡화수송에 많이 이용하는 대표적 컨테이너

• **Reefer Container** : 과일, 야채, 육류 등과 같이 보냉 및 보열이 필요한 화물을 수송하기 위한 냉동 컨테이너

• **Flat Rack Container** : 승용차나 기계류 운송을 위해 지붕, 측면 등이 없고 기둥만 있는 컨테이너

• **Open Top Container** : Dry Container의 지붕과 옆면의 윗부분이 열려있어 윗부분에서의 하역이 가능한 컨테이너

● 기출 Check ●

컨테이너 중 승용차나 기계류의 운송을 위해 지붕, 측면 등이 없고 기둥만 있는 컨테이너는? `기출` 17년 2회

① Dry Container　　　　　② Reefer Container

③ Flat Rack Container　　　④ Open Top Container

해설 ① 일반 잡화수송에 많이 이용하는 컨테이너
② 보냉·보열 필요 화물을 수송하기 위한 냉동 컨테이너
④ 지붕과 옆면 윗부분이 열려있어 윗부분에서의 하역이 가능한 컨테이너

정답 ③

---

(4) 출고 및 육상운송

화물의 출고 준비가 끝나면(컨테이너에 화주 자신이 직접 적입했을 때는 세관 검사를 필하고 봉인된 상태) 선사가 지정한(보세구역) 창고까지 운송한다.

(5) 화물입고 및 인도

① 컨테이너 화물인 경우 선사 측에 화물을 인도하는 장소는 컨테이너 선박이 접안하는 부두 인근의 컨테이너 전용 야드(Container Yard)의 정문(Gate)이다.

② 선박회사가 화주 창고에서 직접 화물을 인수해 가는 경우도 있다.

③ 정문을 통과할 시점(Gate in)에서 선사측과 화주 사이에 상호 인수가 이루어지게 되며 컨테이너의 외관과 봉인(Seal)에 이상이 없으면 화주에게 인수증, 즉 부두수취증(Dock Receipt ; D/R)을 발급한다.

④ 부두수취증은 화주가 선사 측에 화물을 인도하였음을 증명하는 중요한 선적관련 서류다.

⑤ 컨테이너에 적입되지 않은 일반화물(재래선 화물)은 선사가 지정한 창고에 입고시키면 입고 확인서가 작성된다.

(6) 선하증권 발행

화물을 선사 측에 인도하고 나면 선사는 화물을 인수하였다는 것, 화주가 요청한대로 운송하여 지정한 자에게 인도할 것을 약속하는 내용의 선하증권(Bill of Lading ; B/L)을 화주에게 발행한다.

(7) 선하증권 수취

① 선박회사가 화물을 인수한 즉시 발급하는 수취증[컨테이너 화물일 때는 D/R, 재래선 화물일 때는 본선수취증(Mate's Receipt ; M/R)]과 상환하여 B/L을 발급하는 것이 원칙이나, 실무에서는 D/R이나 M/R은 선박회사 내부에서 왕래되며, 특별한 요청이 없는 한 화주에게 직접 교부하는 일은 거의 없다.

② 선박회사에서는 화물의 인수·선적 사실을 내부 업무 시스템을 통해 직접 확인할 수 있으므로 화주에게 D/R이나 M/R 제시를 요구하지 않고 화주의 요청에 따라 즉시 B/L을 발급한다.

(8) 운송/선적서류 완비

① B/L을 교부받으면 매매조건, 신용장조건 등에 부합하는지 확인하고, 이상이 있으면 즉시 정정을 요청하여야 한다.

② B/L에 이상이 없으면 상업송장(Commercial Invoice), 보험증권(Insurance Policy), 포장명세(Packing List) 등 필요한 운송/선적서류 일체를 첨부하여 환어음(Bill of Exchange)을 발행하여 외국환은행에 매입을 요청한다.

수출 컨테이너 화물의 선적 시 진행순서를 옳게 나열한 것은? 기출 17년 1회

① Booking Note → S/R → B/L → EIR → Dock's Receipt
② EIR → S/R → B/L → Booking Note → Dock's Receipt
③ S/R → Booking Note → EIR → Dock's Receipt → B/L
④ EIR → S/R → Dock's Receipt → B/L → Booking Note

해설 **수출 컨테이너 화물 운송절차**
선박수배 → 선적의뢰서(S/R ; Shipping Request) 발송 → 선적예약(Booking) → 컨테이너 인수 후 기기인수도증(EIR ; Equipment Interchange Receipt) 발급 → 화물 반입 후 부두수취증(D/R ; Dock's Receipt) 수령 → 선하증권(B/L)

정답 ③

3. 해상운송의 종류 및 운송계약 형태 기출 15년 2회, 18년 2회

(1) 정기선 운송과 개품운송계약

① 정기선(Liner) 운송

㉠ 정기선이란 정기항로에 취항하여 정해진 항구 사이를 정해진 운항일정에 따라 규칙적으로 항행하고 사전에 정해진 운임률(Tariff)을 적용하는 선박을 의미한다.

㉡ 정기선의 경우 운송인을 Common/Public Carrier라 하며 주로 완제품이나 반제품 등 일반화물을 운송한다.

㉢ 특히 정기선 취항 항로에는 대부분 해운동맹이 결성되어 있다.

㉣ 정기선 운송의 특징

• 정기선 운송계약은 불특정 다수 화주의 화물을 운송하는 개품운송계약 방식이며 개품운송계약 체결의 증거서류로 선하증권이 발행된다.

• 항해 일정이 사전 공시되며, 화물 운송비가 부정기선에 비해 비교적 높다.

• 일반화물을 운송하는데 그 단위는 1척이 아니고 소수 컨테이너화물과 소량화물이 대상이다.

• 정기선의 운임은 동맹선사 간 사전에 정한 공동 운임률표(Tariff Rate)를 적용하는 일종의 카르텔 방식(국제적 독점 방식)에 의해 정한다.

• 정기선 하역비 부담조건을 Berth/Liner Term(적양비 모두 선주 부담)이라 한다.

② 개품운송계약 체결

    ⊙ 개품운송계약이란 선사가 불특정 다수의 화주로부터 화물운송의 위탁을 받아 운송하고 송하인은 이에 대해 운임을 지급할 것을 약속하는 운송계약으로 정기선에 주로 이용한다.

    ⓛ 무역업자는 선사의 선적스케줄(Sailing Schedule)에 맞춰 선적/선복요청(Shipping Request)을 한다(운송계약의 청약 의미).

    ⓒ 선사(운송인)는 별도의 운송계약 체결 없이 송하인의 선복요청 내용을 확인한 후 선사의 운송약관이 포함된 선하증권(Check B/L)을 개품운송계약 체결의 증거서류로 발행한다.

중요

(2) 부정기선 운송과 용선계약   기출 16년 3회, 17년 1회, 17년 3회

① 부정기선(Tramper) 운송

합격자 Tip

Q 동맹선사 간 사전에 정해진 공동 운임율표(Tariff Rate)를 적용하는 일종의 카르텔 방식(국제적 독점 방식)에 의해 정해지는 것은 부정기선의 운임이다. (O, X)

A X – 정기선의 운임이다. 부정기선 운임은 화주와 운송인 당사자 간에 결정된다.

    ⊙ 부정기선이란 항로나 운항기일이 지정되지 않고 화물이 있을 때마다 또는 선복 수요가 있을 때, 화주가 요구하는 시기와 항로에 따라 화물을 운송하는 것을 말한다.

    ⓛ 부정기선의 경우 운송인을 Private Carrier라 한다.

    ⓒ 대상화물은 석탄·곡류·목재 등 대량화물이며 운임은 당사자 간에 결정한다.

    ⓔ 부정기선 운송의 특징

      • 불특정 화주의 화물을 선적하고 별도의 운송계약서를 작성하지 않는 정기선과 달리, 부정기선은 특정 화주(용선주)와 선주 간 용선계약을 체결하고 운송계약서인 용선계약서(Charter Party Contract)를 작성하는 방식을 취한다.

      • 항로 및 운항 일정이 미리 정해진 정기선과 달리, 부정기선은 항로와 운항 일정 등을 화주와 선주 간 계약에 의해 정한다.

      • 화물 운송비가 미리 정해져 있는 개품운송계약과 달리, 화주와 선주 간 자유계약에 의해 용선료가 결정되는 방식으로 개품운송계약에 비해 운임요율이 낮고 수시 변동폭이 심하다.

      • 부정기선 하역비 부담조건에는 FI, FO, FIO가 있다.

      • 전용 운반선을 이용하는 방식으로 철광석, 원유, 곡물 등의 대량 무포장 화물(Bulk Cargo : 산물/산화물)운송에 주로 이용한다.

    ⓜ 부정기선의 형태(용선범위 기준)

      • 일부용선(Partial Charter) : 일부 선복(Ship's Space : 선박의 빌리는 공간)만 용선

      • 전부용선(Whole Charter) : 의장을 갖춘 상태(선박 선원 및 장비를 갖춘 상태)로 선박 전체를 용선

      • 나용선(Demise Charter) : 의장을 제외하고 오직 선박만 용선

⊕ Plus one

선적품 운송에 이용하는 선박(Vessel)의 종류 기출 16년 1회

- Liner(정기선) : 일반화물을 운송하고 주로 다수의 소량화물이 운송대상
- Ro/Ro선 : 기중기 없이 화물을 적재한 트레일러가 그대로 선내에 들어가는 구조의 선박
- LASH선 : 화물을 적재한 부선을 본선 기중기로 선상에 올려놓을 수 있는 구조의 선박
- Tanker : 액체화물을 운송하는 구조의 선박으로 LNG선, LPG선 및 석유제품운반선 등
- Tramper(부정기선) : 주로 곡물, 광물 등 산적화물이나 운송수요가 급증하는 화물 운반

• 기출 Check •

선적품의 운송에 이용되는 선박(Vessel)의 종류에 대한 설명으로 옳지 않은 것은? 기출 16년 1회

① Liner는 정기적으로 운항하는 구간에 사용되는 선박으로 주로 산적화물(Bulk Cargo)을 운송한다.
② Ro/Ro선은 기중기를 사용하지 않고 화물을 적재한 트레일러가 그대로 선내에 들어가는 구조의 선박이다.
③ LASH선은 화물을 적재한 부선을 본선에 설치된 기중기로 선상에 올려놓을 수 있는 구조의 선박이다.
④ Tanker는 액체화물을 운송하는 구조의 선박으로 LNG선, LPG선 및 석유제품운반선 등이 있다.

해설 ① 정기선(Liner)은 일반화물을 운송하고 주로 다수의 소량화물이 운송대상이 된다.

정답 ①

② 용선계약(Charter Party Contract) 기출 20년 2회

㉠ 개 념
- 해상운송인이 대량 산화물(Bulk Cargo) 등을 보유한 화주(용선주)에게 선박 일부 또는 전부의 선복을 제공하여 적재된 물품을 운송할 것을 약속하고, 용선자/화주(Charterer)는 이에 대해 보수를 지급할 것을 약속하는 이른바 선복운송계약이다.
- 부정기선에 주로 이용된다.
- 한 척의 선박에 만재할 수 있을 정도로 충분한 양의 대량 산화물을 보유한 화주(용선주)에게 적합하다.

ⓛ 용선계약 방법

- 선주와 용선자 중 일방이 용역계약 체결을 위한 Firm Offer를 하고 이에 대한 승낙의 의미로 선복확약서(Fixture Note)를 작성한다. 이를 근거로 용선계약서(Charter Party Contract)를 작성하고 계약당사자인 선주와 용선주가 각각 한 부씩 보관한다.
- 용선계약의 증거로 용선자는 용선계약부 선하증권을 발행한다. 용선계약부 선하증권(Charter Party B/L ; C/P)이란 용선계약 시 용선계약서 작성 후 선적 시 발행하는 B/L 면에 Charter Party와 관계를 나타내는 문서가 첨가된다.

ⓒ 용선계약의 종류

- 크게 선박전체를 빌리는 전부용선계약(Whole Charter)과 선박의 일부를 빌리는 일부용선계약(Partial Charter)으로 구분된다.
- 전부용선계약은 다시 정기용선계약, 항해용선계약, 나용선계약으로 나누어진다.
- 정기/기간용선계약(Time Charter)
  - '용선 기간'을 기준으로 대가(용선료)를 산정하는 방식으로 선원 및 선박에 필요한 모든 용구를 비치시킨 내항성(Seaworthiness)을 갖춘 선박을 일정기간 용선하는 것을 말한다.
  - 선주는 선용품, 수리비 등 직접비와 보험료, 금리 등 간접비를 부담하고, 용선자는 용선료 외에 연료비, 항구세 등 운항비를 부담한다.
  - 표준서식으로는 Baltime Form과 Produce Form이 있다.
  - 선장에 대한 지휘권은 용선자가 보유한다.
  - 용선기간 동안 선박 사용에 관한 권한은 용선자에게 있다.
- 항해용선계약(Voyage/Trip Charter)
  - 한 항구에서 다른 항구까지 1항차 또는 수개항차의 운송을 기준으로 체결하는 용선계약으로 특정항해구간에 대해서만 운송계약을 체결하는 것이다.
  - 용선료는 실제 적재량(톤당 얼마 등)을 기준으로 책정한다.
  - 출발항에서 목적항까지 1항해(편도)를 약정하는 경우를 Voyage Charter, 왕복 운항을 약정하는 경우를 Trip Charter라고 구분하기도 한다.
  - 표준서식으로 가장 보편적인 것은 GENCON(Uniform General Charter)이다.
  - 항해용선계약의 변형으로 Lump-sum charter(선복용선계약)와 Daily charter(일대용선계약)가 있다.

Lump-sum Charter (선복용선계약)	• 운임 : 실제 적재수량으로 계산하지 않고 A항에서 B항 까지의 계약선복(계약톤수)에 의해 합계 얼마로 정함 • 이 경우 운임을 선복운임(Lump-sum Freight)이라 함
Daily Charter (일대용선계약)	• 선적항에서 화물을 적재한 날부터 기산하여 양륙항 까지 운송 및 화물 인도 완료 시까지의 일시 사이에 1일(24시간)당 얼마로 용선요율을 정해 선복을 일대 하는 계약

⊕ **Plus one**

용선계약 운임의 계산
- 항해용선 운임 : 실제 선적량 × 운임률(선박 일부를 임대)
- 선복용선 운임 : 본선적재능력 × 운임률(선박 전부를 임대)
- 일대용선 운임 : 1일 기준으로 용선료 책정

- 나용선계약(Bareboat Charter) 기출 19년 1회
  - 의장은 제외하고 오직 배만 빌리는 것으로 용선자가 선박을 제외
    한 선장, 선원, 선체보험료, 항해비, 수리비, 장비와 소요품 일체
    를 책임지는 용선계약이다.
  - 표준서식으로 영국의 Bareboat Charter Party(1951년 개정)와
    일본해운집회소의 나용선계약서가 있다.

〈용선계약 유형별 비교〉

구 분		항해용선	정기용선	나용선
운송책임		선 주	선 주	용선자
감항담보책임 (화주에 대해)		선 주	선 주	용선자(임차인)
운임결정방식		화물수량, 선복	용선기간	용선기간 (임차기간)
비용 부담 기준	선 주	선원급료, 유지 · 수선비, 보험료, 감 가상각비, 연료비, 하역비, 수수료	선원급료, 유지 · 수선비, 보험료, 감 가상각비	감가상각비
	용선자	없 음	연료비, 하역비, 운항비	선원급료, 유지 · 수선비, 보험료, 감 가상각비, 연료비, 하역비, 수수료

기출 Check

정기용선계약에 관한 설명으로 옳은 것은? 기출 17년 1회

① 용선자가 선주에게 지불하는 용선료는 예상항해기간 및 화물량에 의해 결정된다.
② 선주는 약정된 운임을 보장받기 위해 만선의무약관을 둔다.
③ 용선기간 중 선장이나 선원은 모두 용선자가 고용한다.
④ 용선기간 동안 선박의 사용에 관한 권한은 용선자에게 있다.

해설 ① 정기용선계약의 경우 용선료는 본선의 재화중량 톤수(DWT)을 기준으로 한다.
② 약정된 운임을 보장받기 위해 만선의무약관을 두는 것은 항해용선계약이다.
③ 나용선계약에 대한 설명이다.

정답 ④

기출 Check

무역운송을 이해하는 데 가장 기초를 이루는 해상운송에 대한 설명으로 옳지 않은 것은? 기출 18년 2회

① 해상운송계약은 정기선에 의한 개품운송계약과 부정기선에 의한 용선운송계약으로 나눈다.
② 개품운송에 사용되는 운송서류로는 선하증권과 해상화물운송장이 있다.
③ 용선자가 제3자의 화물을 운송하는 경우에 화주에게 용선계약부 선하증권을 발급해 줄 수 있다.
④ 신용장이 용선계약부 선하증권과 관련하여 용선계약서 제시를 요구하는 경우에는 은행은 반드시 용선계약서를 심사해야 한다.

해설 신용장이 용선계약부 선하증권과 관련하여 용선계약서의 제시를 요구한 경우에도 은행은 용선계약서를 심사하지 않으며, 은행 측의 아무런 책임 없이 이를 송달하여야 한다(신용장 통일규칙 제22조 제b항).

정답 ④

합격자 Tip

Q FIO 조건은 선적비용과 양륙비용을 모두 선주가 부담한다. (O, X)

A X – 모두 화주가 부담한다.

ⓐ 용선계약의 하역비(Stevedorage) 부담 조건 기출 20년 2회

구 분	하역비 부담 조건	선적(비용)	양륙(비용)
정기선	Berth Terms	선주 부담	선주 부담
부정기선	FI(Free In)	화주 부담	선주 부담
	FO(Free Out)	선주 부담	화주 부담
	FIO(Free In & Out)	화주 부담	화주 부담

ⓔ 용선계약의 정박기간(Laydays) 계산
- 용선계약 시 용선주가 화물하역(선적 또는 양륙)을 위해 항구에 정박할 수 있는 기간인 정박기간을 정한다.
- 주로 기간용선이 아닌 항해용선계약에서 다룬다.
- 이와 관련하여 정박기간 산정뿐만 아니라 조출료 및 체선료 산정 방법도 알아야 한다.
- 정박기간(Laydays) 산정 방법
  정박기간 약정 방법에는 크게 정박기간을 한정하지 않는 CQD 조건과 이를 한정하는 경우인 Running Laydays 및 Weather Working Days가 있다.
  - 관습적 조속 하역(Customary Quick Despatch ; CQD) 조건
    당해 항구의 관습적 하역방법 및 하역능력에 따라 가능한 한 빨리 적양 하역을 하는 조건. 불가항력에 의한 하역 불능은 정박기간에서 공제되지만 일요일, 공휴일 및 야간하역을 약정된 하역일에 포함시키느냐 아니냐는 특약이 없는 한 그 항구의 관습에 따른다.
  - 연속 작업일(Running Laydays) 조건
    실제 하역 수행여부와 상관없이, 즉 우천, 파업 및 기타 불가항력에 의한 하역 불능과 관계없이 하역 개시 이후 종료 시까지의 일수는 모두 정박기간에 포함시키는 방법이다.
  - 청천(호천) 작업일(Weather Working Days ; WWD) 조건
    기상 조건이 실제 하역 가능한 날만 정박 기일에 포함시키는 방법. 현재 가장 많이 활용하는 조건이다.

⊕ Plus one

WWD 조건에서 일요일과 공휴일 처리 방법

- SHEX(Sundays and Holidays Excepted) : 일요일과 공휴일은 정박기간 계산 시 무조건 제외하는 방식
- SHEXUU(Sundays and Holidays Excepted Unless Used) : 일요일과 공휴일에 실제 하역작업을 하지 않은 경우는 정박기간 일수에서 제외, 실제 하역작업 수행 시 정박기간 일수에 포함시키는 방식

※ "Unless Used"에서도 1시간이라도 하역을 하면 하루로 가산할 것인가 하는 문제가 발생하므로 실제 작업시간만 삽입하려면 "unless used, but only time actually used to count"라고 명시해야 한다.

- 체선료(Demurrage) 기출 20년 1회
  - 초과 정박일(계약 정박기간 초과일)에 대해 화주(용선자)가 선주에게 지급하는 위약금(Penalty) 또는 지체상금으로 보통 조출료의 2배이다.
  - 1일 24시간을 기준하여 계산하지만, WWD(Weather Working Day)는 주간하역, 즉 1일 24시간으로 계산하기도 한다.
  - 체선료는 선적 및 양륙을 분리하여 따로 계산(Laydays not Reversible)하는 것을 원칙으로 하나, 용선자의 선택하에 선적 및 양륙기간을 합산하여 계산(Laydays Reversible)하는 경우도 적지 않는다.
- 조출료(Dispatch Money)
  - 용선계약상 허용된 정박기간 종료 전에 하역이 완료되었을 때 그 절약된 기간에 대하여 선주가 용선자에게 지급하는 일종의 격려금(Incentive)이다.
  - 보통 체선료의 1/2이지만 때에 따라서는 1/3로도 한다.
  - 계산 방법 : "All Laytime Saved"와 "All Time Saved"의 두 가지
- 지체료(Detention) : 화주가 허용된 시간(free time) 이내에 반출해 간 컨테이너를 지정된 선사의 CY로 반환하지 않을 경우 운송업체에게 지불하는 비용으로, Free Time은 동맹 또는 선사에 따라 각기 다르다.

합격자 Tip

Q 변동운임인 부정기선에 비해 정기선은 약정운임으로 운영된다. (O, X)

A O

〈개품운송계약과 용선운송계약 비교〉

구 분	개품운송(정기선 운송계약)	용선운송(부정기선 운송계약)
형 태	여러 화주로부터 개별적으로 선적 요청을 받은 개개 화물운송	특정화주의 특정화물을 싣기 위해 선박을 빌려주는 형태로 운송
선 박	정기선	부정기선
화 물	컨테이너 화물 및 Unit 화물 (소량 일반화물)	철광석, 석탄, 곡물 등 대량화물 (대량 나화물)
계약서	선하증권(B/L)	용선계약서(C/P Charter Party)
운 임	약정운임(Tariff Rate)	변동운임(Open Rate)
하역조건	Berth Term(Liner Term)	FIO, FI, FO

해상운송에서 정기선 운송과 부정기선 운송을 비교한 내용으로 옳지 않은 것은? 기출 18년 3회

① 부정기선 운송은 미리 정해진 항로가 없다.
② 정기선 운송은 미리 공시된 운임률표에 따라 운임이 결정된다.
③ 정기선 운송의 화물은 완제품 내지 반제품이 주종을 이루지만, 부정기선의 화물은 원자재나 농·광산물이 주종을 이룬다.
④ 부정기선의 운임은 물동량(수요)과 선복(공급)에 영향을 받지 않는다.

해설 부정기선이란 항로나 운항기일이 지정되지 않고 화물이 있을 때마다 또는 선복 수요가 있을 때, 화주가 요구하는 시기와 항로에 따라 화물을 운송하는 것이므로 물동량(수요)과 선복(공급)에 영향을 받는다.

정답 ④

⊕ **Plus one**

해상운임 기출 16년 2회, 17년 1회

• 지급시기에 따른 분류
– 선불운임(Freight Prepaid/Paid) : 인코텀즈 기준 CIF, CFR 조건에 의한 수출의 경우 수출업자가 선적지에서 운임을 지불하는 것
– 후불(착불)운임(Freight Collect/Freight Prepayable/Freight to be Paid) : 인코텀즈 기준 FOB, FAS에 의한 수출의 경우 수입업자가 화물 도착 후 도착항에서 운임을 지불하는 것
• 기 타
– 부적운임(Dead Freight) : 송하인(화주, Shipper/Consigner)이 선복계약 체결 후 실제 선적을 하지 않았거나, 실제 선적수량이 예약수량보다 부족하여 발생한 빈 공간(부적선복)에 대해서도 선주에게 운임을 지불해야 하는 것으로 일반적으로 톤당 운임으로 계약
– 반송운임(Back Freight) : 운임 도착불(후불) 조건으로 화물운송 시 수하인(수입상, Consignee)에 의하여 화물의 인수가 거부되거나 당초에 화물 식별표시인 화인(Shipping Mark)이 틀리거나 불명확하여 운송인인 선사가 수출상(송하인)에게 반송하는 경우 수출상(송하인)이 지불해야 하는 운임

다양한 기준에 따른 정기선 운임 분류 [기출] 19년 3회, 20년 2회

- 지급시기 : 선불운임, 후불운임
- 선내 하역비 부담 : FIO, FIOST
- 부과방법(산정기준)
  - 종가운임(Ad Valorem Freight)
  - 최저운임(Minimum Rate)
  - 차별운임(Discrimination Rate) 및 무차별운임(FAK ; Freight All Kinds Rate)
  - 중량(Weight)운임
  - 용적(Measurement)운임
  - 운임톤(R/T ; Revenue Ton)
  - Box Rate

할증요금 [기출] 15년 2회, 16년 1회, 20년 1회, 20년 3회

- **Congestion Surcharge**(체화할증료) : 선적항이 소재한 국가의 정세불안 등으로 정박기간이 장시간 소요될 경우 선박회사에 손해가 발생하므로 이를 화주에게 전가하는 정기선 운임의 할증료
- **Port Congestion Surcharge**(체선할증료) : 도착항에 체선(滯船)이 있어 선박 가동률이 저하되는 경우에 발생하는 선사의 손해를 화주에게 전가하기 위하여 부과하는 할증요금
- **Bunker Adjustment Factor**(BAF, 유류할증료) : 선박의 연료인 벙커유의 가격변동에 따른 손실을 보전하기 위해 부과하는 할증요금
- **Peak Season Surcharge**(성수기할증료) : 대부분의 원양항로에서 수출화물이 특정기간에 집중되어 선박용선비용, 기기확보비용 등 성수기에 발생하는 비용 상승을 보전받기 위해 화주들의 선복수요를 충족시키고자 적용하는 할증료
- **Optional Charge**(선택할증료) : 선적 시 목적항을 2개로 정했다가 본선 출항 후 1개항을 도착항으로 선택할 때 부과하는 할증료
- **Transhipment Charge**(환적할증료) : 화주가 환적을 요청하는 경우 선사가 그에 따른 추가비용을 보전하기 위해 부과하는 운임
- **Long Length Surcharge**(장척할증료) : 길이가 특히 긴 경우에 부과되는 비용
- 항만변경료 : 해상 운임 최초로 의도한 목적 항구에서 다른 항구로 화물운송을 변경할 때 발생하는 비용

최저운임으로 한 건의 화물운송에 적용할 수 있는 가장 적은 운임을 의미하는 것은? **기출** 19년 3회

① minimum charge
② normal rate
③ quantity rate
④ chargeable weight

해설 **최저운임(minimum charge)**
해상동맹이 정한 해상운임 중 정기선 운임의 한 형태로써 화물의 중량에 곱해서 산출된 금액이 일정액에 미치지 않을 경우와 같이 극소량 화물에 대해 운임이 일정액 이하로 산출될 때 선사의 원가를 보전하기 위하여 최소한 징수해야 되는 하한선을 정한 운임을 말한다.

정답 ①

화물, 화주, 장소를 불문하고 운송거리를 기준으로 일률적으로 운임을 책정하는 방식은? **기출** 19년 3회

① Ad Valorem Freight
② Minimum Rate
③ Discrimination Rate
④ Freight All Kinds Rate

해설 **무차별운임(Freight All Kinds Rate)**
화물의 종류나 내용에는 관계없이 화차 1대 당, 트럭 1대 당 또는 컨테이너 1대 당 얼마로 정하는 운임을 말한다.

정답 ④

(㉠), (㉡), (㉢) 안에 들어갈 용어로 옳은 것은? 기출 17년 3회

> (㉠)(이)란 화물의 개수, 중량 혹은 용적과 관계없이 일항해(Trip or Voyage) 혹은 선복의 크기(DWT)를 기준으로 하여 일괄 계산하는 운임을 말하며, (㉡)(이)란 항해용선계약에서 계약적재량을 채우지 못함으로써 발생되는 운임을 말하고, (㉢)(이)란 용선계약상 허용된 정박기간이 종료하기 전에 하역이 완료되었을 때 그 절약된 기간에 대하여 선주가 용선자에게 지급하는 보수를 말한다.

	㉠	㉡	㉢
①	선복운임 (Lumpsum Freight)	부적운임 (Dead Freight)	조출료 (Despatch Money)
②	일대용선운임 (Daily Charter Rate)	부적운임 (Dead Freight)	체선료 (Demurrage)
③	선복운임 (Lumpsum Freight)	부가운임 (Bulky Surchage)	체선료 (Demurrage)
④	일대용선운임 (Daily Charter Rate)	부가운임 (Bulky Surchage)	조출료 (Despatch Money)

해설
- 선복운임(Lumpsum Freight) : 운송계약에서 운임은 운송품의 개수(個數), 중량 또는 용적을 기준으로 계산되는 경우와 선복(ship's space) 또는 항해를 단위로 하여 포괄적으로 지급되는 경우가 있다. 후자의 계약은 선복계약이라 하고 이 경우에 지급되는 운임을 뜻한다.
- 부적운임(Dead Freight) : 화물의 실제선적수량이 선복예약수량보다 부족할 때 그 부족분에 대해서도 지급해야 하는 운임으로서 일종의 손해배상금이다. 그러나 화물을 예약수량 대로 전부 선적하지 못한 것이 불가항력에 의한 경우에는 화주측은 면책된다.
- 조출료(Despatch Money) : 정해진 정박기간 보다 빨리 하역이 종료한 경우 그 절약 일수(Dispatch Day)에 대해 선주가 화주에게 지급하는 장려금이다. 항해용선계약(Voyage or Trip Charter)에서는 CQD의 경우를 제외하고는 적하 및 양하에 필요한 정박기간을 미리 정해두는 것이 보통인데 이때 금액은 통상 체선료(Demurrage)의 절반이다.

정답 ①

중요 ▶ 4. 선하증권(Bill of Lading ; B/L) 기출 19년 1회, 20년 3회

(1) 개 념

① 화주(송하인)의 요청으로 화주(송하인)와 운송계약을 체결한 운송인(선사)이 발행한다.
② 정기선 운송계약의 증거이다.
③ 운송인이 화물을 수령·선적하여 해상운송을 통해 선하증권의 정당한 소지인(Bona-fide Holder)에게 (증권과 상환하여) 화물을 인도할 것을 약정하는 유가증권이다.
④ 증권상에 기재된 화물의 권리를 구현하기 때문에 일반적으로 배서에 의하여 유통된다.
⑤ 화환어음의 중심서류이기 때문에 화환취결로써 대금이 회수되는 오늘날에는 상업송장, 보험증권과 더불어 3대 필수서류에 해당한다.

(2) 기 능 기출 15년 2회, 16년 2회, 20년 2회

① 권리증권(Document of Title)
  ㉠ 정당한 방법으로 선하증권을 소지한 자는 화물을 청구할 수 있는 청구권과 이를 처분할 수 있는 처분권을 갖는다.
  ㉡ 운송인은 반드시 정당한 선하증권을 제시하는 자에게만 화물을 인도해야 한다.
  ㉢ 수하인이라 하더라도 선하증권이 기명식으로 발행되지 않는 한 정당하게 배서된 선하증권 없이는 화물을 청구할 권리가 없다.
② 운송계약의 증빙(Evidence of Contract for Carriage)
  ㉠ 선하증권은 그 자체가 계약이 아니라 계약 체결의 증빙서류이나, 현실적으로 선하증권 외에는 운송계약 증빙서류가 발행되지 않기 때문에 선하증권이 유일한 운송계약의 증빙서류이다.
  ㉡ 운송계약 당사자는 송하인과 운송인이나, 선하증권이 정당하게 양도되어 수하인이 선하증권을 취득하면 수하인이 운송계약 당사자가 되어 운송인을 상대로 모든 권리를 행사한다.
  ㉢ 선하증권이 운송계약 체결의 증빙서류이기 때문에 운송계약 내용은 선하증권의 전면과 이면에 나타난 약관이 된다.
  ㉣ 오늘날의 약식선하증권은 이면약관이 없지만 그것이 생략된 것으로 간주한다.

③ 화물영수증(Receipt for the Goods)

　㉠ 선하증권은 그것에 기재된 화물의 수량, 중량 및 상태와 동일한 물품을 운송인이 송하인으로부터 수령하였다는 추정적 증거(Prima Facie Evidence)이다.

　㉡ 단, 컨테이너화물과 같이 송하인의 포장인 경우, 운송인은 송하인이 신고한 그대로 선하증권을 발행하기 때문에 선하증권상에 부지약관(Unknown Clause)을 삽입함으로써 내용물에 대한 책임을 면할 수 있다.

기출 Check

선하증권의 효력에 관한 내용으로 옳지 않은 것은?　기출　15년 2회

① 선하증권을 점유하는 것은 물품 자체를 점유하는 것과 같고, 선하증권의 이전으로 물품의 점유가 이전되는 법적 효력이 발생한다.

② 운송인과 송하인 사이에서, 선하증권은 운송계약의 추정적 증거가 될 뿐이지만 선하증권상 화물의 상태에 관한 기재는 운송인이 그러한 상태대로 화물을 수령하였다는 결정적 증거가 된다.

③ 운송인과 선하증권의 선의의 소지인 사이에서, 선하증권상 화물의 상태에 관한 기재는 운송인이 그러한 상태대로 화물을 수령하였다는 추정적 증거가 된다.

④ 선하증권을 배서에 의하여 양수한 수하인은 운송계약의 당사자는 아니지만 송하인을 통하지 않고서 직접 운송인에 대하여 화물인도청구권을 행사할 수 있다.

해설　③ 추정적 증거가 아니라 결정적 증거가 된다.

정답　③

(3) 법적 성질(특성)　기출　16년 2회, 16년 3회, 19년 3회, 20년 3회

① 유가증권 : 물품의 동일성을 보증하는 권리·의무를 표시하고 물품의 처분권 및 인도청구권이 법적으로 보증되는 유가증권의 성질을 구비하고 있다.

　㉠ 유통증권 : 화물권리를 대표하는 유가증권으로 배서·인도(양도)에 의해 권리가 이전되는 유통성을 지닌다.

　㉡ 요인증권 : 선하증권의 발행은 그 이전에 운송계약에 따라 운송인이 화물을 인수하였다는 원인에 의하여 발행되기 때문에 이를 요인증권이라고 한다.

　㉢ 요식증권 : 선하증권은 상법이나 선하증권의 준거법에 명시된 법적 기재사항이 기재되어야 하는 요식증권으로 그 기재내용은 운송화물의 내용과 일치해야 한다.

⊕ **Plus one**

선하증권

- 유통증권이지만 어음과 같이 배서에 의해 자유로이 유통되는 추상적 불요인증권이 아니고 일정한 조건하에서만 유통되는 요인·유인증권이다.
- "Negotiable"과 같은 문언이 있어야 하고, "Consignee"란이 지시식으로 기재되어야 유통증권으로서의 기능을 갖는다. 그러나 우리 상법(제130조)에는 선하증권상에 배서를 금지하지 않는 한 기명식이라도 유통성을 갖도록 규정한다.
- 정당한 권리자에 의해 양도되고 유통되어야 하며 양도인이 양수인에게 양도한다는 의사가 있어야만 유통증권으로서의 기능을 갖는다.

② **지시증권**
 ㉠ 지시식선하증권은 배서나 인도로 양도할 수 있다.
 ㉡ 선하증권의 지시는 보통 배서를 의미하고, 배서의 방법은 백지배서가 보통이다.
 ㉢ 기명식선하증권이라도 상법은 배서에 의하여 양도할 수 있도록 규정한다.
③ **채권증권** : 선하증권의 정당한 소지인은 이를 발급한 운송인에 대하여 화물의 인도를 요구할 수 있는 채권과 같은 효력을 갖는다.
④ **상환증권**
 ㉠ 화물의 인도는 선하증권과의 상환으로만 청구할 수 있다.
 ㉡ 보통 복수의 선하증권이 발행될 경우 선적지에서는 선하증권 전통에 의해서만 화물청구권을 가지게 되지만, 양륙항에서는 복수의 선하증권 가운데 먼저 제시하는 자가 화물을 인도받게 되고 나머지 선하증권은 화물청구권이 상실된다.
 ㉢ 화물이 선하증권보다 먼저 도착하여 화물선취보증장(L/G)에 의하여 화물을 수령하는 경우 차후 B/L 원본 제출을 조건으로 하는 조건부인도라고 할 수 있다.
⑤ **인도증권** : 선하증권의 정당한 소지자는 화물의 소유권이 있으므로 화물 자체를 소유한 것과 같은 법률적 효력을 갖는다. 이를 담보로 금융상의 혜택을 받을 수 있다.
⑥ **처분증권** : 선하증권을 작성한 경우에는 물품에 대한 처분을 선하증권으로 해야 한다. 즉, 선하증권이 없으면 화물의 처분이 불가능하다.

선하증권의 법적 성질에 대한 설명으로 옳지 않은 것은? `기출` 19년 3회

① 선하증권은 실정법에 규정된 법정기재사항을 갖추어야 유효하므로 요식증권이다.
② 선하증권은 화물수령이라는 원인이 있어야 발행하는 것이기 때문에 요인증권이다.
③ 선하증권은 권리의 내용이 증권상의 문언에 의하여 결정되기 때문에 유가증권이다.
④ 선하증권은 배서나 인도에 의하여 권리가 이전되기 때문에 유통증권이다.

`해설` **선하증권의 법적 성질**

- 요인증권 : 운송계약이라고 하는 그 원인에 의해서 발행
- 문언증권 : 계약당사자의 손을 벗어난 이후부터 제3자에게는 그 문헌 내용대로 그대로 적용
- 요식증권 : 일정한 형식을 갖춰야 함
- 채권증권 : 물건을 운송인에게 청구할 수 있는 청구권
- 상환증권 : 화물을 나중에 받을 때는 반드시 선하증권과 바꾸어서 상환을 해서 받게 됨
- 유통증권 : 물품 대신이 선하증권을 주고받으면서 그 권리를 주고받음

`정답` ③

(4) 발행 및 기재사항 `기출` 15년 3회

① 발행 형식(방식)

ⓐ 일반적으로 B/L은 원본 3통/부(Original, Duplicate, Triplicate)를 1조로 발행하며, 배서에 의한 권리양도가 가능한 성질이 있다.

ⓑ 3통 모두 정식 선하증권으로 독립적 효력이 있어서 이 중 어느 1통(부)만 있어도 선박회사는 화물을 수하인에게 인도하게 되며, 일단 1통이 사용되면 나머지 2통은 무효가 된다.

ⓒ 따라서 수출상이 수출물품의 현금화를 위해 자신의 거래은행에 선적서류를 제시하는 경우('매입' 혹은 '네고'), 신용장 취급은행은 선하증권 전통(3통)을 제시받아야 매입에 응하게 된다(중복사용 방지).

ⓓ 이중사용 방지를 위해 B/L 문면상에 다음과 같은 문구를 표시한다.

> "One of which being accomplished, the others to be void"
> → 어느 한 통이 사용되면 나머지는 무효

ⓔ 선하증권은 권리증권이기 때문에 누구를 화물의 수취인(수하인)으로 발행하는가 하는 것이 중요한 문제이며, 수취인(수하인) 표시 방법에 따라 기명식, 지시식, 소지인식, 기명소지인식 및 무기명식 등이 있다.

발행 방식		수하인(Consignee)란 표기	배서 방식
기명식		–	특정인
지시식	단순지시식	To Order, To Order of Shipper	백지식 배서
	기명지시식	To Order of 개설은행/개인, To our order	지시식 배서
	선택지시식	A or Order	–
소지인식		소지인(Bearer)	–
무기명식(백지식)		수하인란은 Blank로 두는 것	–

합격자 Tip

실무에서는 지시식 백지
배서 방법이 가장 많다.
소지인식의 경우는 증권
의 이전에 배서를 요하지
않고 단순히 증권의 인도
만으로 이전효과가 발생
한다.

② B/L 배서(Endorsement) 형식 : 선하증권을 다른 사람에게 양도하기 위해 배서할 때 피배서인의 표시 방법에는 기명식, 지시식, 백지식 및 선택 무기명식의 네 종류가 있다.

㉠ 기명식 배서(Full Endorsement or Special Endorsement)
• 피배서인(Endorsee)의 성명 또는 상호를 명기하고 배서인(Endorser)이 서명하는 방법이다.
• 기명식으로 발행될 경우 최초의 배서인은 그 증권 면에 수하인으로 기명된 자이며 배서의 연속에 의하여 권리가 이전된다.
　예 피배서인(Endorsee) : Deliver to…Co.
　　　배서인(Endorser) : Korea Trading Co.(Sign)

㉡ 지시식 배서
• 피배서인으로 "Order of A, A or Order" 또는 "Order of…Co."라고 기재하고 배서인이 서명한다.
• 신용장 조건에서 "Order", "Order of Shipper", "Order of ABC Bank"로 표시된 경우는 지시식선하증권을 발행하도록 한 것이다.
• 송하인이 최초배서를 하는 경우(Order, Order of Shipper)와 신용장 개설은행이 최초배서를 하는 경우(Order of ABC Bank)가 있다.
• 특히 백지배서를 의미하는 "Blank Endorsement", "Endorsed in Blank"라는 표현은 Order, Order of Shipper와 같은 지시식 선하증권에서 전형적으로 등장하는 방식이다.
• 수출상이 최초배서를 하되(송하인이 배서인이 됨) 피배서인 란을 비워두는 백지배서를 함으로써 선하증권의 선의의 소지인이 적화에 대한 권리를 갖게 하는 것이 일반적인 배서방식이다.
• Order of ABC Bank 방식의 선하증권은 신용장개설은행인 ABC 은행이 적화에 대한 담보권을 확보하기 위해 신용장상에 요청하는 배서방식으로 송하인인 Order나 Order of Shipper 방식의 선하증권과 달리 수출상은 배서하지 않고 매입은행을 통해 신용장 개설은행에 선하증권을 인도하는 방식이다.

ⓒ 백지식 배서(Blank Endorsement)
- 백지식은 인도문언 및 피배서인에 대하여는 아무것도 기재하지 않고 배서인만이 서명한다.
- 백지식에 의하면 이후 선하증권의 인도에 의하여 물품의 권리가 이전하게 되며, 실질적으로는 무기명식으로 발행되는 것과 차이가 없으나 배서연속의 문제가 생기지 않는다.
ⓒ 선택 무기명식 배서 : 특정의 피배서인 또는 본권지참인이라고 기입하고 배서인이 서명하는 형식이다.
　　예 A.B.C. Co., LTD. or Bona Fide Holder(Bearer)
　　　 Korea Trading Co., LTD.(Signature)
③ 기재사항
ⓐ 법정기재사항
- 선박명(The Name of the Vessel)과 톤수
- 선장의 성명(The Name of Master of the Vessel)
- 최종 목적항(Place of Ultimate Destination of the Goods)
- 물품명세(Description of Commodity), 중량(Weight) 또는 용적(Measurement), 포장종류/개수
- 송하인명(The Name of the Shipper), 수하인명(The Name of the Consignee) 또는 상호
- 선적항(Port of Shipment) 및 양륙항(Port of Discharge)
- 선하증권의 작성지(Place of Issue of B/L), 작성일자(Number of B/L Issued), 발행부수(Date of Issue of B/L) 및 발행자의 날인
- 운송기호(화인) 및 수량(Marks & Number of Goods)
- 운임(Freight Amount) 및 운임률(Freight Rate)
ⓑ 임의기재사항
- 선하증권 번호
- 항해번호(Voyage No.) : 선사가 임의 결정한 항해번호
- 통지처(Notify Party)
- 운임 지불지 및 환율
- 화물 착화통지처(Notify Party)
- 비고(Remark) : 화물의 선적지 손상 및 과부족 상황을 기재한다.
- 면책약관 : 운송인의 면책조항을 말하며, 후일 화주로부터 손해배상 청구를 면하기 위한 사항으로 B/L의 이면약관으로 대신한다.

선하증권은 요식증권으로 반드시 기재해야 하는 법정기재사항과 계약당사자 간의 합의에 의한 임의기재사항으로 이루어진다. 다음 중 법정기재사항으로 옳지 않게 연결된 것은? **기출** 15년 3회

① 선박의 명칭 - 화물의 외관상태 - 운임
② 송하인이 통지한 화물의 종류 - 선적항 및 양륙항 - 선박의 국적
③ 선하증권 작성지 - 선박의 톤수 - 송하인이 통지한 화물의 종류
④ 선하증권의 발행통수 - 운송인의 면책사항 - 수하인

해설

법정기재사항	임의기재사항
• 선박명과 톤수 • 선장의 성명 • 최종 목적항 • 물품명세, 중량 또는 용적. 포장 종류/개수 • 송하인명, 수하인명 또는 상호 • 선적항 및 양륙항 • 선하증권의 작성지, 작성일자, 발행 부수 및 발행자의 날인 • 운송기호(화인) 및 수량 • 운임 및 운임률	• 선하증권 번호 • 항해번호 • 통지처 • 운임 지불지 및 환율 • 착화통지처 • 비고 : 화물의 선적지 손상 및 과부족 상황 기재

정답 ④

 중요

(4) 발 행

① 발행 순서

㉠ 송하인은 운송인에게 Invoice, Packing List, Shipping Request 등을 각각 1부씩 작성하여 제출하고 각 사본을 소지하고 있다가 선하증권 발행 시 대조한다.

㉡ 운송인은 등록 검량회사에 검량한 후 검량회사 측의 증명서를 받는다.

㉢ 운송인은 적하 예약목록을 작성하여 본선과 선적업자에게 통지한다.

㉣ 운송인은 선적업자 또는 송하인에게 선적지시서(Shipping Order)를 교부한다.

㉤ 송하인은 선적 완료 후 재래선의 경우 본선수취증(Mate's Receipt ; M/R)을, 컨테이너선의 경우 부두수취증(Dock Receipt ; D/R)을 본선에서 수취하여 운송인에게 제출한다.

㉥ 운송인은 M/R이나 D/R에 의하여 선하증권을 송하인에게 교부한다.

ⓐ 송하인은 선하증권과 제반서류를 갖추어 거래은행에 제출하고 상품대금을 회수한다.

ⓞ 송하인은 거래은행을 통해 L/C 개설은행에 선하증권 및 선적서류를 송부하고 상품 대금을 회수한다.

ⓩ L/C 개설은행은 수하인에게 선하증권을 교부하고 대금을 회수한다.

ⓩ 수하인은 교부받은 선하증권을 운송인에게 제출하고 화물인도 지시서를 교부받아 화물을 인도받는다.

② **재래선과 컨테이너선 간 선하증권 발행의 차이** : 선하증권의 발행 절차는 재래선이냐 컨테이너선이냐에 따라 약간 다름에 유의해야 한다.

합격자 Tip

컨테이너라도 본선적재 완료 후 Shipped B/L을 발행하는 경우 있다.

재래선	컨테이너선
S/R(Shipping Request : 선복요청서) → S/O(Shipping Order : 선적지시서) → M/R(Mate's Receipt : 본선수취증) → B/L(Shipped B/L : 선적선하증권)	S/R(Shipping Request : 선복요청서) → S/O(Shipping Order : 선적지시서) → D/R(Dock Receipt : 부두수취증) → B/L(Received B/L : 수취선하증권) ※ 컨테이너라도 본선적재 완료 후 Shipped B/L을 발행하는 경우도 있음
• 본선적재 지시 S/O(Shipping Order : 선적지시서) 발급 • 본선적재 완료 M/R(Mate's Receipt : 본선수취증) 발급 • 선하증권 발행 Shipped B/L(선적선하증권)	• 부두에서 물품 인수 D/R(Dock Receipt : 부두수취증) 발급 • 본선적재 완료 On Board B/L 변경[Received B/L에 On Board Notation(본선적재표시)] • 선하증권 발행 Received B/L(수취선하증권)

㉠ 재래선의 M/R이 컨테이너 전용선에서 부두수취증(Dock Receipt ; D/R)으로 대체된다.

㉡ M/R
- 본선에서 화물을 받았다는 뜻으로 발행하는 확인증서이다.
- 선장을 대신하여 1등 항해사(Chief Mate/Chief Officer)가 검수인(Tally-man) 입회하에 선사에서 발급한 선적지시서와 대조하여 화물 불일치 여부, 화물·포장 이상 여부 확인 후 발행한다.

㉢ 적화의 상태에 따른 M/R 형식
- 적화가 양호한 상태로 선적된 경우
  - M/R 비고란(Remarks)을 공란으로 발행한다.
  - 이를 무고장부 본선수취증(Clean Mate's Receipt)이라 한다.
  - 이에 따라 무고장선하증권(Clean B/L)을 발행한다.
- 선적지시서의 내용과 화물이 불일치하거나 화물·포장에 이상이 있는 경우

합격자 Tip

Foul B/L이 발행된 경우 :
수출자는 선사와 협의하
여 파손화물보상장

– M/R 비고란에 고장문언을 기재한다.

– 이를 고장부 본선수취증(Foul Mate's Receipt)이라 한다.

– 이를 그대로 기재하여 발행된 선하증권을 Foul B/L이라 한다.

– L/I(Letter of Indemnity) 및 선박회사에 책임을 전가하지 않는 다는 각서를 제출하고 무고장선하증권(Clean B/L)을 교부받는다.

ⓔ 컨테이너 화물의 경우

• 부두 창고(CY)에 입고된 상태에서 D/R이 발행된다.

• 이 D/R을 근거로 Received B/L(수취선하증권)이 발행된다.

• 수하인(Consignee)은 수입항에서 선사에 B/L 원본(Original)을 제시하고 선사로부터 화물인도지시서(D/O)를 받는다.

합격자 Tip

이 시점에서 외국물품이
내국물품이 되며, 세관당
국의 규제에서 벗어난다.

• D/O를 받은 수하인은 사전에 수입신고(Import Declaration)를 행하고 관세와 내국소비제세를 세관에 납부한 후 수입신고필증/수입면장(Import Permit)을 제시함으로써 적화를 보세구역에서 반출한다.

(5) 종 류   기출 15년 1회, 16년 2회, 17년 1회, 17년 2회, 17년 3회

기 준	분 류
수하인(수령인) 표시 방법	• Straight B/L(기명식선하증권) • Order B/L(지시식선하증권)
발행시점	• Shipped or On Board B/L(선적선하증권) • Received B/L(수취선하증권)
사고유무(Remarks 유무)	• Clean B/L(무고장선하증권) • Foul B/L(고장부선하증권)
양 식	• Short form B/L(약식선하증권) • Long form B/L(정식선하증권)
기 타	• Through B/L(통선하증권) • Stale B/L(제시기일경과 선하증권)

① 기명식선하증권 vs 지시식선하증권

B/L 발행 시 화물 수하인(Consignee)을 누구로 할 것인가에 따라(수하인란 표시 방법에 따라) 기명식선하증권과 지시식선하증권으로 구분한다.

㉠ 기명식선하증권(Straight B/L)

• 선하증권의 Consignee(수하인)란에 특정한 수하인 명이 명기된다.

• 특정 수하인 이외에는 수입항에서 화물의 인수를 선사에 요청할 수 없는 유통불능 선하증권(Non-negotiable B/L)이다.

• 기명식선하증권이 발행되는 경우

– 일반 무역거래가 아닌 이삿짐이나 본 · 지사 간 거래의 경우

– 개설의뢰인(신용장에서 수입상 지칭)이 개설은행의 신용공여가 아닌 자신의 자금으로 신용장을 개설, 도착물품을 위해 전매차익을

매도하는 것이 아니라 자신이 최종 소비자가 되는 경우를 예정하는 경우

※ 개설의뢰인이 자신의 자금으로 신용장을 개설하였다 하더라도 자신이 도착물품을 양도차익을 남기고 전매를 예정하는 경우에는 자신을 수하인으로 특정하는 기명식보다 자신이 수하인(수입상으로부터 도착물품을 구입하게 될 최종 소비자)을 결정할 수 있는 지시식 형태로 선하증권을 발급받을 것이다.

ⓒ 지시식선하증권(Order B/L)

- 선하증권의 Consignee(수하인)란에 특정인을 기재하지 않고 향후 수하인을 특정하게 될 지시인만을 기재한다.
- 배서에 의한 양도에 의해 운송중인 화물의 자유로운 전매가 가능한 유통가능 선하증권(Negotiable B/L)이다.
- Consignee(수하인)란에 단순히 "To Order"/"Order of Shipper" 또는 "Order of OOO Bank"라고 기재한다.
- 위에서 전자의 경우에는 수출업자가, 후자의 경우에는 은행이 증권 이면에 백지배서만 하면 이 증권의 소지인이 화물에 대한 소유권을 갖도록 양도할 수 있는 선하증권이 된다.
- 지시식선하증권은 신용장 방식의 거래에서만 사용된다.
- 실제 무역거래에서는 Order B/L에 송하인의 백지배서(Blank Endorsement)가 통례이다.
- 수출자는 화환취결 시 선하증권 이면에 백지배서하여 은행에 제출한다.
- 지시식선하증권이 발행되는 경우
  - 신용장 개설의뢰인(수입상)이 신용장 개설은행으로부터 무역금융 등 여신을 받아 신용장을 개설하는 경우, 개설은행은 수입화물에 대한 담보권을 확보하기 위해 B/L의 수하인을 수입상이 아닌 개설은행 자신으로 할 수도 있다.
  - 이 경우에도 개설은행을 수하인으로 특정하는 경우보다 개설은행이 장차 수하인을 특정할 수 있는 지시인이 되도록 선하증권을 발행하여 추후 수입상이 결제를 이행하면 수하인을 수입상으로 개설인이 지정하도록 하는 것이 효율적이다.
  - 수입상이 자신의 자금으로 물품대금 전액을 지급했다 하더라도 자신이 물품의 최종 소비자가 아니고 타인에게 전매를 예정하는 경우라면 자신을 지시인(수하인이 아닌)으로 하여 선하증권이 발행되도록 요청한다.

② 선적선하증권 vs 수취선하증권 [기출] 19년 1회

　㉠ 선적선하증권(Shipped or On Board B/L)

　　• B/L은 원래 화물이 특정선박에 선적이 완료된 후 송하인의 요청에 따라 발행되는 (선적사실 증명) 선적선하증권이 원칙이다.

　　• 대개의 신용장도 선적선하증권을 요구한다.

　　• Shipped B/L 증권 면에는 다음과 같은 문언이 있다.

> "Shipped in apparent good order and condition by (shipper) on board the steam or motor vessel–"

　㉡ 수취선하증권(Received B/L)

　　• 화물이 본선에 적재되지 않고 선사가 화물을 수취한 사실만을 나타내는 것이다.

　　• 선사가 지정한 장소에 화물을 반입·통관시켜 선적 준비가 완료되면 본선의 입항 전이라도 송하인의 요구가 있으면 B/L을 발행한다.

　　• Received B/L 증권 면에는 다음과 같은 문언이 있다.

> "Received for shipment in apparent good order and condition on board–"

　　• 우리나라의 경우

　　　– Received B/L은 선적 후에 On Board Date(선적일자)를 Stamp하고 서명한다.

　　　– On Board Notation하면 Shipped B/L과 같은 효력을 갖는다.

　　　– 컨테이너 B/L이나 복합운송증권은 일반적으로 수취선하증권을 발행한다.

③ 무사고(무고장)선하증권 vs 사고(고장부)선하증권

선적 당시 화물의 포장상태 및 수량에 손상 또는 과부족이 있으면 운송인은 그 내용을 증권상 M/R(Mate's Receipt : 본선수취증)의 Remarks(비고)란에 표기/기재한다.

→ Remarks가 기재된 B/L : 사고/고장부선하증권, Remarks가 기재되지 않은 B/L : 무사고/무고장부선하증권

　㉠ 무사고선하증권(Clean B/L)

　　• 화물의 손상 및 과부족이 없이 발행되는 증권과 손상 및 과부족이 있을지라도 그 내용이 M/R(Mate's Receipt : 본선수취증)의 Remarks(비고)란에 기재되지 않은 선하증권이다.

　　• 증권 면에 "Shipped on board in apparent good order and condition"이라고 표시되기도 한다.

ⓛ 사고선하증권(Foul/Dirty B/L)

- 화물의 손상 및 과부족이 있어서 그 내용이 M/R(Mate's Receipt : 본선수취증)의 Remarks(비고) 란에 기재된 선하증권이다.
- 이런 Foul B/L의 경우 은행이 매입을 거절하므로 수출업자는 선박회사에 L/I(Letter of Indemnity : 손상화물보상장)를 제공하고 무고장선하증권(Clean B/L)을 교부받아야 한다.
- 사고 문언은 "3 package short in dispute", "3 cases wet or torn(broken)", "3 cases loose strap" 등으로 표시한다.

⊕ Plus one

파손화물운송장(Letter of Indemnity ; L/I) `기출` 19년 1회(2급)

- 수출업자가 실제로는 고장부선하증권이지만 무고장부선하증권으로 선하증권을 발행받을 때 선박회사에 제출하는 보상장
- 무역 관행상 은행은 고장부선하증권을 수리하지 않기 때문에 화주는 선적화물에 하자가 있으면 선박회사에 L/I를 제출하고 이로 인한 화물 손상은 화주가 부담

④ 정식선하증권 vs 약식선하증권

ⓐ 약식(간이)선하증권(Short Form B/L) : 정식선하증권(Long Form B/L)의 주요 사항만을 기재한 B/L이다.

ⓑ 선하증권의 필요기재사항이 있기는 하지만 보통 정식선하증권의 이면 약관을 생략한다.

ⓒ 약식선하증권에 관해 분쟁이 생기면 정식선하증권 규정에 따르도록 문언화한다.

⑤ 통(과)선하증권 vs 복합운송선하증권

ⓐ 통(과)선하증권(Through B/L) `기출` 19년 1회(2급)

- 목적지까지 복수의 운송수단으로 운송할 경우, 즉 해상과 육상을 교대로 이용하여 운송하거나 둘 이상의 해상운송인과 육상운송인이 결합하여 운송할 경우 최초의 운송인이 전 구간의 운송을 인수하고 발행하는 운송증권이다.
- 통상 통과운송계약에 의해서만 발행된다.

ⓑ 복합운송선하증권[Combined Transport B/L, Multimodal Transport Document(MTD)]

- 목적지까지 복수의 운송수단으로 운송할 경우 복합운송인/최초의 운송인이 전 구간에 대해 책임을 부담한다. 이때 발행되는 운송서류가 복합운송증권이다.
- 주로 컨테이너화물에 사용된다.

통(과)선하증권과 복합운송선하증권의 차이

구 분	통(과)선하증권	복합운송선하증권
운송인의 책임	자신의 운송구간에 대하여만	전 구간
표 시	물품이 선적되었음	물품이 선적 또는 인수 또는 발송되었음
발행인	선박회사	• 제한되어 있지 않음 • FIATA B/A의 경우 운송중개인도 발행 가능

⑥ Groupage B/L vs House B/L

　㉠ Groupage B/L(또는 Master B/L)

　　컨테이너에 적재할 화물분량이 FCL(Full Container Loading)에 미치지 못하여 운송주선업자를 통해 다수 화주의 적화를 하나의 컨테이너에 만재하는 경우, 운송인인 선사가 다수 화물을 집화하여 혼재(Consolidation) 작업을 한 운송주선인(Freight Forwarder)에게 발행한 한 장의 선하증권이다.

　㉡ House B/L

　　• 운송주선인이 선사로부터 받은 Master B/L을 근거로 각각의 LCL(Less Container Loading) 화주에게 개별적으로 발행한 선하증권이다.

　　• UCP에 따르면 House B/L은 운송인인 선사가 발행한 선하증권이 아니기 때문에 은행에서 수리하지 않는다(단, L/C상 특약으로 수리 명시한 경우는 수리 가능).

　　　예 FIATA Combined Transport B/L

• **기출 Check** •

B/L상에 기재된 선적일자와 관련된 사항으로 옳지 않은 것은?　기출 17년 2회

① 원래 On Board B/L로 발행된 경우 B/L 발행일자가 선적일자이다.
② Received B/L의 경우 On Board Notation 일자가 선적일자이다.
③ Bulk Cargo의 경우 B/L 발행일자가 선적일자이다.
④ Container Cargo의 경우 B/L 발행일자가 선적일자이다.

해설　Container Cargo는 House B/L로도 볼 수 있으며, House B/L상의 선적일자는 실제 선적일 수도 있지만, 때로는 물건을 인수받은 일자를 의미하기도 한다.

정답　④

⑦ 해양선하증권 vs 내국선하증권

    ㉠ 해양선하증권(Ocean B/L) : 한 국가의 영해를 벗어나는 해외운송에 대하여 운송인이 발행하는 선하증권이다.

    ㉡ 내국선하증권(Local B/L) : 통운송의 경우 제2운송인이 자신의 운송구간에 대하여 발행하는 선하증권 또는 해외운송에 접속되는 국내운송에서 사용하는 선하증권이다.

⑧ 특수선하증권

    ㉠ 적색선하증권(Red B/L)

- 선하증권과 보험증권을 결합한 것을 말한다.
- 이 증권에 기재한 화물이 항해 중 사고가 발행하면 이 사고에 대하여 선박회사가 보상해주는 선하증권이다.
- 이 경우 선박회사는 보험회사에 모든 Red B/L 발행 화물에 대하여 일괄 부보하므로 손해부담을 보험회사가 진다.
- 보험료를 운임에 추가하는 것이므로 결국 보험료를 화주가 부담한다.

    ㉡ 기간경과선하증권(Stale B/L)

- 선하증권은 선적이 완료되면 선적일자에 발행된다.
- 신용장방식 거래인 경우 신용장통일규칙에서는 신용장상에 선적서류의 제시 기일을 명시하도록 규정한다.
- 제시 기일이 없는 경우 B/L 발행 후 21일 이내에 매입은행에 선하증권을 제시하여야 한다.

- B/L 발행 후 21일 내에 제시하지 않은(21일을 경과한) B/L을 Stale B/L로 규정하여 은행이 수리를 거부하도록 되어 있다.
- 단, 신용장에 "Stale B/L Acceptable"이라고 명시된 경우에는 수리가 가능하다.

© 용선계약선하증권(Charter Party B/L)

합격자 Tip

별도의 명시가 없는 한 은행에서는 용선계약선하증권을 수리하지 않는다(참고 : UCP 제25조).

- 부정기선, 용선계약 시 발행하며 그 계약조건을 따르게 되어 있는 선하증권이다.
- 화주가 대량화물을 수송하기 위해 한 항해 또는 일정 기간 부정기선(Tramper)을 사용하는 경우, 화주와 선사 사이에 선복의 일부를 다른 화주에게 대여할 수 있다. 이때 최초의 화주가 발행하는 B/L이다.
- 용선자가 용선료를 지불하지 못하는 경우, 선주는 적재된 물품을 압류할 수 있는 권한이 있기 때문에 용선계약선하증권을 소지하고 있더라도 물품에 대한 담보를 확보했다고 확신할 수 없다.

② 환적선하증권(Transshipment B/L)

- 화물을 목적지까지 운송할 때 중도(중간항)에서 다른 선박에 환적하여 최종 목적지까지 운송하는 경우 발행되는 선하증권이다.
- 각 구간마다 운송인이 연서하여 공동으로 운송책임을 진다.
- 최초 운송인이 전 운송구간에 대한 책임을 부담하면 정당한 선하증권이 된다.

⑩ 운송주선인발급 선하증권(Forwarder's B/L)

- Forwarder가 취급하는 운송서류는 본선적재 확인이 어렵고 영세하다.
- 사고 발생 시 은행이나 수입업자의 구상권 행사에 지장이 있으므로 은행은 Forwarder's B/L의 수리를 거절한다.
- UCP 600에서는 Forwarder's B/L이라 할지라도 그 운송주선인이 자신의 이름으로 운송업을 하는 운송인, 복합운송 운영자, 이들 운송인이나 복합운송 Operator의 대리인(as for agent) 자격으로 운송서류를 발급하면 모두 유효한 것으로 인정하여 은행이 수리하도록 한다.

⑭ 부서부선하증권(Counter-sign B/L)

- 운임이 도착지지급(Freight Collect)인 경우 또는 다른 채무가 있는 경우 도착항에서 수하인이 운임과 채무액을 선박회사에 지급하고 화물을 인수하면 선박회사는 채무결제가 되었음을 증명하기 위해 선하증권에 서명한다.
- 이러한 서명이 된 선하증권을 Counter-sign B/L이라고 한다.

⊗ 컨테이너선하증권(Container B/L)

- 문전운송(door to door transportation)을 위해서 육상운송기관에 연결할 필요가 있는 화물의 경우 Container 전용선을 이용한다. 이때 발

행하는 것이 복합운송증권(Combined Transport B/L)인데 이것을 편의상 Container B/L이라 부른다.

- Container B/L은 D/R을 근거로 발급받은 경우 Shipped B/L이지만 Container 운송은 화물의 인도가 대부분 Container Terminal에서 이루어지기 때문에 수취선하증권(Received B/L)이 발행된다.
- 송하인의 요구가 있으면 "on Board Notation(본선적재 표시)"을 넣어 선적선하증권(Shipped B/L)을 발행할 수도 있다.

◎ 권리포기선하증권(Surrendered B/L) 기출 19년 2회

- 현금거래이며 원본이 양도된 B/L이다.
- 화물에 대한 주인의 권리를 포기한다는 의미로, B/L상에 Surrender 또는 Surrendered라는 문구를 찍어준다.
- 수출자는 수입상에게 Surrender B/L 사본을 팩스로 넣어주면 Surrender B/L의 사본만을 가지고도 화물을 수취할 수 있다.
- 통상 가까운 국가 간의 거래 시나 확실하게 믿을 수 있는 거래 시에 발행한다.
- 유통 가능한 유가증권으로서의 기능을 포기하는 선하증권으로 신속한 화물의 인도를 목적으로 한다.
- 화물의 도착지에서 선하증권 원본의 제시 없이 전송(Fax)받은 사본으로 화물을 인수받을 수 있다.

● 기출 Check ●

권리포기선하증권(Surrendered B/L)에 대한 내용으로 옳지 않은 것을 모두 나열한 것은? 기출 17년 1회

> ㉠ OBL이라고도 한다.
> ㉡ Non-Negotiable이다.
> ㉢ 실제로 선하증권 원본이 발행되어 유통되는 것은 아니다.
> ㉣ 신속한 화물의 유통을 목적으로 한다.
> ㉤ Fax나 e-mail로 보내도 수입상이 화물을 인수할 수 있다.
> ㉥ 사본(Copy)이 아니다.

① ㉠, ㉢   ② ㉠, ㉥
③ ㉡, ㉢   ④ ㉢, ㉥

해설 ㉠ OBL(Original Bill of lading)은 선하증권 원본이다. Surrender B/L은 선적서류 인도 시간이 오래 걸릴 때 물품의 신속한 인수를 위해 OBL 없이 통관 절차를 진행하는 선하증권이다.
㉥ Surrender B/L은 OBL의 사본(Copy)이다.

정답 ②

ⓩ Switch B/L

- 중계무역에 사용되는 선하증권으로 Shipper란에 중계업자의 상호를 기입하여 발급한다.
- B국의 중계무역상이 A국에서 C국으로 운송되는 물품을 중계하는 경우 A국에서 발급한 B/L을 회수하고 B국에서 다시 C국의 수입상에게 B/L을 발급하게 되는데, C국의 수입상이 A국의 수출상에 의해 수출되는 것을 알지 못하도록 하기 위해 사용된다.

(6) 신용장과 선하증권

① 선하증권에 표기하는 통상적인 신용장 조건(선하증권 수리요건)

> "Full set of clean on board ocean bills of lading made out to the order of shipper(or opening bank) and endorsed in blank marked "Freight Prepaid(or Collect)"and notify(buyer : accountee)"

합격자 Tip ────◉

Full set은 발행은행의 담보권행사와 가장 밀접한 관계를 가지는 신용장상의 B/L 조건

ⓐ Full set

- 선사가 각각 서명하여 발행한 B/L 전체(전통)를 말하며 일반적으로 B/L은 원본 3통/부(Original, Duplicate, Triplicate)를 1조로 하여 발행한다.
- 3통 모두 정식 선하증권으로 독립적 효력이 있어서 이 중 어느 1통(부)만 있어도 선사는 화물을 수하인에게 인도하므로, 1통이 사용되면 나머지 2통은 무효이다.
- 신용장 취급은행은 3통의 선하증권을 모두 제시받아야 담보권이 확보되었다고 볼 수 있다[대개 은행은 전통(부)을 요구하며 취급은행이 Original(원본) 한 통에 배서, 수하인에게 인도하면 나머지는 무효가 된다].

ⓑ Clean on Board Ocean B/L

- 화물이 외관상 완전한 형태로 적재되었음을 나타내는 것으로 화물이나 포장이 결함이 없는 상태의 clean B/L이다.
- Shipped B/L 또는 On Board Notation(선적적재 표시)이 있는 On Board B/L이다.
- 해상운송에서 발행하는 선하증권으로써 범선에 의한 국내항구 간 또는 내륙운송 시에 발행하는 B/L이 아닌 대양을 항해하는 선박이 발행하는 Ocean B/L이다.

ⓒ Made Out to the Order of

- 수하인(Consignee)란에 "To the Order of"로 작성된 Order B/L을 요구하는 것이다.

- 수하인의 표시 방법에는 기명식(Straight B/L)과 지시식(Order B/L)이 있다.

ⓔ Endorsed in Blank : 백지배서를 요구하는 문언이다.

ⓜ Marked Freight Prepaid(or Collect)

- Freight Prepaid : 운임을 지급했다는 뜻이다.
- Freight Collect : 운임미지급으로 본다.
- CIF, CFR은 Freight Prepaid, FOB는 Freight Collect로 B/L의 운임란에 표시한다.

ⓗ Notify Buyer(Notify Accountee)

- 화물이 목적지에 도착했을 때 선박회사가 화물도착통지(Arrival Notice)를 보낼 상대방을 Notify Party(착화통지처)라고 하는데 수입업자(대금지급인)를 표시한다.
- Order B/L은 Notify Party가 화물의 수하인(Consignee)과 일치하지 않는다.

⊕ Plus one

무고장 운송서류(UCP 600 제27조)

은행은 무고장 운송서류만을 수리한다. 무고장 운송서류는 물품 또는 그 포장의 결함 상태에 대해 명확하게 선언하는 조항이나 표기를 가지고 있지 않은 운송서류이다. 신용장이 운송서류가 '무고장 본선적재'이어야 한다는 요건을 가지고 있더라도 '무고장(clean)'이라는 단어가 운송서류에 나타날 필요는 없다.

고장부 선하증권으로 되지 않는 문언

- 무포장화물의 경우 물품이 포장되지 않았다는 문언 : "unprotected", "unboxed", "party protected" 등
- 외관상의 하자가 수선되었다는 문언 : "repaired", "mended", "renewed", "repacked", "coopered" 등
- 다음과 같은 문언
  - Second-hand packaging materials used(중고 포장 재료의 사용)
  - Old packaging materials used(낡은 포장 재료의 사용)
  - Reconditioned packaging materials used(수리된 포장 재료의 사용)
  - packing may not be sufficient for the sea journey(포장은 해상운송을 위해서 충분하지 않을수 있음)
- 물품 및/또는 포장의 하자상태를 명시적으로 표시하고 있지 않은 경우
  - "천장개방형 컨테이너(open top container)에 포장되었다"는 문언이 기재된 경우
  - "clean"이라는 단어가 서류의 발행인에 의하여 삭제된 경우
  - 컨테이너 화물임을 표시하는 "said to contain(신고내용에 따름)"이라는 문언이 기재된 경우

– 종이포대에 포장되었다는 것을 의미하는 "**paper bag clause**(종이포대조항)"가 기재된 경우

– 신용장에 명시된 대로의 물품의 명세에 추가하여 위험물 조항으로서 "**Corrosive liquid Nos.**(부식성 액체)"라는 문언이 기재된 경우

② 은행 수리 서류 요건

신용장통일규칙(UCP 600)은 신용장이 해상선하증권을 요구한 경우 은행은 그 명칭에 관계없이 다음과 같은 서류를 수리하도록 규정하고 있다.

㉠ 운송인의 명의와 함께 운송인, 선장 또는 그 대리인이 서명하거나 기타의 방법으로 인정한 서류

㉡ 물품이 본선적재 또는 선적되었음을 명시한 서류

㉢ 선적항과 수탁지 및/또는 양륙항과 최종목적지가 다르거나, 지정된 선적항과 양륙항을 명시하면서 '예정된' 선적항이나 양륙항을 명시한 경우에도, 신용장상에 지정된 선적항과 양륙항을 명시한 서류

㉣ 단일의 원본이나 여러 통의 원본으로 발행된 전통으로 구성된 서류

㉤ 운송에 관한 배면약관이 있거나 그 약관이 없는 약식의 서류

㉥ 용선계약 또는 범선 만에 의한 운송이라는 어떠한 명시도 없는 서류

㉦ 기타 신용장에 있는 모든 규정을 충족한 서류

⊕ Plus one

해상운송 관련 약관 `기출` (16년 1회, 18년 1회)

- Jason Clause(과실공동손해약관) : 항해상 과실로 발생한 공동해손인 손해를 운송인이 화물 소유자에게 분담시킨다는 취지를 명문화한 약관
- Himalaya Clause(히말라야약관) : 선하증권에 기재된 사용인 면책약관
- Demise Clause(디마이즈약관) : 운송계약 당사자인 운송인은 용선자가 아니라 선주 또는 선박임차인이고, 선하증권의 효력이 선하증권 소지인과 선주 간에만 미치므로 운송 중 화물 손해에 대해 용선자는 아무런 책임도 부담하지 않는다는 취지의 조항
- Indemnity Clause(보상약관) : 정기용선계약에서 용선자가 선주에게 보상할 내용을 규정한 약관

운송주선인(Freight Forwarder) 역할 `기출` 16년 3회, 18년 3회, 19년 1회

- 전문적인 조언
- 운송계약의 체결
- 항구로 반출
- 운임 및 기타 비용의 입체
- 화물의 관리 및 분배
- 시장조사
- 운송관계서류의 작성
- 선복의 예약
- 통관수속
- 포장 및 창고 보관
- 혼재서비스

- 선박이 적법한 이유 없이 보험증권상 정해진 항로에서 이로(Deviation)한 경우 보험자는 그 이로시점부터 책임이 면제된다.
- 손해 발생 전 본래 항로에 복귀했다는 사실은 중요하지 않다고 규정한다.
- 선장이 명백한 이로의 의사를 가졌더라도 선박이 실제로 이로를 하지 않았다면 보험자의 책임은 면제되지 않는다.

기출 Check

운송계약의 당사자인 운송인은 용선자가 아니라 선주 또는 선박임차인이고, 선하증권의 효력이 선하증권 소지인과 선주 간에만 미치므로 운송 중 화물의 손해에 대해 용선자는 아무런 책임도 부담하지 않는다는 취지의 조항은? `기출` 18년 1회

① Jason Clause
② Himalaya Clause
③ Demise Clause
④ Indemnity Clause

해설 ① Jason Clause : 공동해손 손해를 운송인이 화물 소유자에게 분담시킨다는 취지
② Himalaya Clause : 선하증권에 기재된 사용인 면책약관
④ Indemnity Clause : 정기용선계약에서 용선자가 선주에게 보상할 내용 규정

정답 ③

기출 Check

"Freight forwarder"가 하는 역할로 옳지 않은 것은? `기출` 18년 3회

① Customs Brokerage Provider
② Port Agent
③ Inspector
④ Multimodal Transport Operator

해설 ③ 운송주선인(Freight Forwarder)은 Inspector(검사관)의 역할은 하지 않는다.

정답 ③

영국해상보험법상 위험의 변경에 관한 내용으로 옳은 것은? 기출 15년 2회

> A : 선박이 적법한 이유 없이 보험증권상 정하여진 항로에서 이로(Deviation)한 경우에 보험자는 그 이로시점부터 책임이 면제된다.
> B : 선박이 잠시 이로를 하였다가 원래의 항로로 복귀한 후에 원래의 항로상에서 보험 사고가 발생하였다면 보험자의 책임은 면제되지 않는다.
> C : 선장이 명백한 이로의 의사를 가졌더라도 선박이 실제로 이로를 하지 않았다면 보험자의 책임은 면제되지 않는다.

① A, B   ② B, C
③ A, C   ④ A, B, C

해설 영국해상보험법은 선박이 이로한 시점부터 보험자의 책임이 면제되며, 손해 발생 전 본래의 항로에 복귀하였다는 사실은 중요하지 않다고 규정하므로 B는 잘못된 기술이다.

정답 ③

⊕ Plus one

해운동맹(Shipping Conference) 기출 20년 3회

해운동맹은 "운임협정(Rate Agreement), 운항협정(Sailing Agreement), 풀링협정(Pooling Agreement), 공동운항(Joint Service), 중립감시기구(Neutral Body), 투쟁선(Fighting Ship)"으로서의 기능이 있다.

• 개 념
 – 특정한 정기선 항로에 취항하는 선사들이 상호 부당과열 경쟁을 피하고 상호이익을 유지·증진하고자 운임, 적취량, 배선, 기타 운송조건 등에 대한 협정·계약 체결을 위해 결성한 일종의 국제해운카르텔(Cartel)
 – 해운동맹에 소속된 선사 간 협정 및 계약의 핵심사항이 운임에 관한 것이기 때문에 해운동맹을 운임동맹(Freight Conference)이라고도 함
 – 동맹 가입을 희망하는 선사를 무조건 가입시키는 개방식 동맹(Open Conference, 미국식)과 가입 시 일정한 조건을 구비하도록 하며 회원의 이익을 해한다고 판단되는 경우 가입을 인정하지 않는 폐쇄식 동맹(Closed Conference, 영국식)이 있음
• 해운동맹의 대 화주 구속수단
 – 계약운임제(Contract Rate System = Dual Rate System) : 화물 전부를 동맹선에만 선적하겠다는 계약은 선사와 체결한 화주에게는 저렴한 계약 운임률을 적용하고, 비계약 화주에게는 고율의 비계약 운임률을 적용하는 이중의 운임 제도 운영을 통해 동맹선에만 화물을 선적하도록 화주를 구속하는 제도
 – 성실할려제(Fidelity Rebate System) : 일정기간(약 6개월 정도) 동맹선에만 화물을 선적한 화주에 대하여 선사가 일정기간이 경과한 이후에 화주가 그동안 지급한 운임의 일부(보통 10%정도)를 화주에게 반환하는 제도(선사의 일방적 조치)

– 운임연환급제(Deferred Rebate System) : 일정기간(약 6개월 정도) 동맹선에만 화물을 선적한 화주에 대하여 선사가 추후 유보기간(Deferred Period, 약 6개월 정도)에도 동맹선사에만 선적한 경우에 한하여 그 전기 기간의 운임 일부를 화주에게 반환하는 제도

※ 성실할려제는 일정기간에 동맹선사에만 선적했다면 설사 추후에 비동맹선사를 이용하였다 할지라도 이미 동맹선사에 선적을 이행한 기간에 대해서는 운임 일부를 반환하는 데 반해, 운임연환급제는 성실할려제에 또 다른 유보기간까지 설정된 가장 강력한 해운동맹의 화주 구속수단

혼합화물요율(Mixed Consignment Rate) `기출` 16년 2회, 17년 1회, 20년 3회
- 혼합화물이란 수종의 서로 다른 화물이 1장의 항공운송장으로 운송되는 화물
- 수종의 화물이라도 운임률이 모두 같을 때에는 혼합화물로 보지 않음
- 혼합금지품목 : 귀중품, 생동물, 시체, 외교행낭, 별송수하물 등
- 화물의 중량(또는 용적)에 일반화물요율(GCR)을 곱하여 계산
- 각 화물의 중량 및 품명을 별도로 신고하면 각각 별도의 운임 적용
- 컨테이너 하나에 수종의 화물이 적입되는 경우 가장 높은 화물의 운임률 적용

02 항공운송

1. 항공운송의 개요

(1) 정 의

화물전세기를 이용하여 국제간 화물을 운송하는 최신식운송시스템을 의미한다.

(2) 특 징

① 대형화물 전세기(약 100톤 선적)의 출현과 고가화물의 증가로 비중이 커지고 있다.

② 해상운송이나 육상운송에 비해 늦게 도입된 운송시스템이다.

③ 항공운송의 경제적 특성 때문에 가장 체계화된 유통시스템과 정보체계를 기반으로 물적 유통체제가 완벽하게 운용되는 운송부문으로 각광 받는다.

2. 항공화물 취급업자

(1) 항공사 대리점(Cargo Agent)

① 항공운송계약의 당사자이자 운송인인 항공사의 대리인이다.

② 항공사의 운송약관, 운임률(Tariff), 항공사 운항 스케줄에 따라 화주와 항공
화물 운송계약 체결, 항공화물 운송장 발행, 그 외 부수업무를 수행하고 그
대가로 소정 수수료(Commission)를 받는 사업자를 말한다.

(2) 항공화물 운송중개인(Air Freight Forwarder/Consolidator : 화물혼재업자)

① 화주(송하인)를 위하여 유상으로 자기 명의 항공운송사업자(항공사)의 항
공기를 이용하여 화물을 혼재하여 운송하는 사업자를 말한다.

② 항공운송 주선업자는 운송사 대리인이 아니므로 자체 운송약관과 운임표
를 가지고 있다.

③ 혼재업자가 항공사와 계약을 체결하고 혼재화물을 항공사에 인도하면 항
공사는 혼재업자와의 운송계약의 증거로서 항공화물 운송중개인을 송하인
으로 하는 Master Air Way Bill을 발행한다.

④ 항공운송 주선업자는 화주(송하인)에게 항공화물 인수의 증거로 Master
Air Way Bill(항공사 발행 화물운송장)에 의거 House Air Way Bill(혼재
업자 발행 화물운송장)을 발행한다.

(3) 특송사(Courier)

DHL, UPS, Fedex, EMS 등과 같이 주요 선적서류 및 계약서, 샘플, 서적
잡지 등의 소화물을 Door to Door 서비스로 신속 배달하는 항공 특송 전문업
체를 의미한다.

3. 항공운송 절차

(1) 항공운송 절차의 특징

① 해상화물운송과 달리(해상운송의 FCL 화물의 경우, 화주가 선사와 직접
접촉) 화주가 항공사와 직접 접촉·거래하지 않는다.

② 항공화물 대리점을 이용하여 적하를 화물기에 적재하고, 항공운송계약 체결
의 증빙으로 항공사는 항공화물운송장(Air Way-Bill)을 발급한다.

(2) 구체적인 항공화물 선적/운송절차

① 송하인(화주)이 해당 화물의 명세(품목, 수량, 포장개수, 총용적, 총중량),
출하예정일, 출하지, 비행 편 등을 통보하면 항공화물 대리점은 항공사와
Space Booking을 한다.

② 운송대리인은 지정 일시에 송하인으로부터 화물을 Pick-up(인수)하여 세관으로 운송한 후 통관절차를 거쳐 수출신고가 수리되면 일단 보세창고에 일시 반입(장치) 후 기내에 싣는다.

③ 항공운송 대리인은 화물을 인수함과 동시에 송하인에게 항공화물운송장(Air Way Bill ; AWB)을 발행한다.

④ 도착지에 도착한 화물은 해당 공항이나 항공사의 지정 창고에 반입되어 항공사나 항공운송 대리인의 양화지 대리인이 화물도착 사실을 수하인에게 통보한다.

⑤ 수하인은 화물과 함께 도착한 Air Way Bill 원본을 인수하여 수입통관 후 화물을 인수한다.

 ## 4. 항공화물운송장(Air Waybill ; AWB)

(1) 개 요

① 항공화물운송장(AWB)은 항공사가 화물을 항공으로 운송하는 경우 송하인과의 운송계약 체결을 증명하기 위해 항공사가 발행하는 기본적인 운송/선적서류이다.

② 항공화물운송장은 IATA가 정한 규정에 의거하여 발행한다.

③ 항공운송의 법률적 근거는 국제항공운송 통일규칙에 관한 조약인 항공운송 관련 Warsaw 조약에 있다.

(2) 특 성

① 요식증권(상법이 규정한 법적 필수사항 기재 필요)
② 요인증권(운송계약을 원인으로 발행)
③ 비유통성/비유가/기명식 증권

 ### (3) B/L vs AWB vs SWB 비교 기출 16년 2회, 17년 2회, 19년 1회(2급), 19년 3회(2급)

항공화물운송장의 기본적인 성격은 선하증권과 같으나 아래와 같은 차이점이 있다.

구 분	선하증권(B/L)	항공화물운송장(AWB)	해상화물운송장(Sea Waybill)
권리증권 여부	• 유가증권 • (물권적) 권리증권	• 비 유가증권 • 단순 화물수취증	• 비 유가증권 • 단순 화물수취증
유통 여부	유통성(Negotiable) 증권	비유통성(Non-negotiable) 증권	-

매매양도 가능성	배서, 교부에 의해 양도 가능	매매, 양도 불능	매매, 양도 불능
발행 방식	• 기명식, 지시식, 무 기명식 중 하나 • 대개 지시식	항상 기명식	항상 기명식
발행 시기	• 선적식(본선적재 이 후 발행) • 수취식도 있음	수취식 (창고입고 상태에서 발행)	선적식 (수취식도 있음)
발행 주체	운송사가 작성, 송하 인에게 교부 원칙	송하인이 작성, 항공 사에 제출 원칙	–
제시원본 수량	Full set	송하인용 1통	Full set

● 기출 Check ●

항공화물운송장(AWB)과 선하증권(B/L)의 비교로 옳지 않은 것은?

기출 16년 2회, 17년 2회

① AWB : 비유통성, B/L : 유통성
② AWB : 기명식, B/L : 지시식
③ AWB : 수취식, B/L : 선적식
④ AWB : 운송인이 작성, B/L : 송하인 작성이 원칙

해설 항공화물운송장은 항공운송인의 청구에 따라 송하인이 작성, 제출하는 것이 원칙이며, 선하
증권(B/L)은 운송인이 화물을 수령했음을 증명하는 증권이므로 운송인이 작성한다.

정답 ④

(4) 기 능 기출 16년 1회

화물운송계약의 체결, 송하인으로부터 화물의 인수와 운송을 보장하는 기본
증거 서류로 그 기능은 다음과 같다.
① 송하인으로부터 화물의 수취를 증명하는 화물수취증
② 송하인과 항공사 간의 항공운송계약 성립을 증명하는 증거서류
③ 항공운임, 제반 수수료에 대한 계산서 및 청구서
④ 송하인이 화주보험에 가입을 한 경우 보험가입증명서
⑤ 수입통관 시 항공운임, 보험료의 증명자료로서 세관신고서
⑥ 항공화물의 취급, 중계, 배달 등에 대한 송하인의 운송인에 대한 취급지침서
⑦ 수하인에 대한 화물인도증서

합격자 Tip

항공운임은 Weight와
Volume 중에서 그 절대
값이 큰 값을 운임적용중
량으로 적용

● 기출 Check ●

다음 내용 중 옳지 않은 것은?　기출 16년 1회

① 신용장에서 "Invoice"를 요구하는 경우 Proforma Invoice는 수리되지 않는다.
② 신용장에서 "Commercial Invoice"라고만 표기된 경우 송장상에 서명이나 발행일자의 표시가 없어도 된다.
③ 신용장에서 MTD를 요구하는 경우 B/L 명칭도 사용 가능하다.
④ AWB의 운임은 Weight와 Volume 중에서 더 싼 요금이 적용된다.

해설　④ 절댓값이 큰 값을 운임적용중량으로 적용한다.
정답　④

(5) 항공화물운송장의 발행과 구성　기출 15년 2회

① Air Waybill은 원본(Original AWB) 3통/부, 부본(Copy) 6부/통 이상이 1 Set로 구성이 되는 것이 원칙이며 항공사의 필요에 따라 부본을 5부까지 추가할 수 있다.
② 원본 3통 가운데 1통은 항공사가 보관하고, 다른 1통은 송하인에게 교부하며, 나머지 1통은 화물과 함께 보내져 수하인용으로 사용한다.
③ 부본은 항공사 운임정산 및 대리점용으로 사용한다.
④ 항공운송사는 Master AWB을 운송주선인에게 발행하고, 운송주선인은 이를 근거로 House AWB을 발행한다.

합격자 Tip

항공화물운송장은 항공사마다 사용하는 양식이 동일하다.

● 기출 Check ●

UCP 600이 적용되는 경우에, 다음 중 수익자가 은행에 제시하는 항공운송서류에 관한 내용으로 옳지 않은 것은?　기출 15년 2회

① 항공운송서류는 운송인이나 그의 기명대리인에 의하여 서명되어야 한다.
② 항공운송서류에는 물품이 운송을 위하여 수취되었다고 표시되면 족하고, 항공기에 적재되었다고 표시될 필요는 없다.
③ 항공운송서류에는 신용장에 명시된 출발공항과 도착공항이 표시되어야 한다.
④ 신용장에서 원본 전통(full set)을 규정한 경우에, 항공운송서류는 그 원본 전통이 제시되어야 한다.

해설　항공화물운송장은 제1원본(운송인용), 제2원본(수하인용), 제3원본(송하인용)의 3통으로 작성되며, UCP 600에 따르면 신용장이 원본의 전통을 명시하는 경우라도 탁송인 또는 송하인용 원본인 것을 제시하는 것으로 규정한다.
정답　④

항공화물운송에서 품목분류요율(CCR) 관련 할인요금 적용대상 품목으로 옳지 않은 것은?　　　기출 20년 3회

① 서 적
② 카탈로그
③ 정기간행물
④ 점자책 및 Talking books(calendar, price tag, poster도 적용 가능)

해설 품목분류요율(CLASS RATE, Commodity Classification Rate)은 몇 가지 특정품목에만 적용되며, 특정구간 또는 지역 내에서만 적용되는 경우도 있다.
- 할인요금 적용품목 : 신문, 잡지, 정기간행물, 서적, 카탈로그, 점자책 및 Talking Books(Calendar, Price Tag, Poster 등은 적용 불가), 화물로 운송되는 개인의류 및 개인용품(Baggage Shipped as Cargo)
- 할증요금 적용품목 : 금괴, 화폐, 유가증권, 다이아몬드 등 귀중화물, 시체(Human Remains), 생동물

정답 ④

항공화물운임 중 혼합화물요율에 대한 설명으로 올바르게 나열한 것은?　　　기출 16년 2회

(a) 수종의 화물이라 하더라도 운임률이 모두 같을 때에는 혼합화물로 보지 않음
(b) 귀중품, 생동물, 시체, 외교행낭, 별송수하물 등은 혼합금지품목임
(c) 각 화물의 중량 및 품명을 별도로 신고하면 그 중 가장 높은 화물의 운임이 통합
(d) 적용화물의 중량(또는 용적)에 일반화물요율(GCR)을 곱하여 계산
(e) 컨테이너 하나에 수종의 화물이 적입되는 경우에는 가장 낮은 화물의 운임률이 적용

① (a), (c), (d)　　　　② (a), (b), (d)
③ (b), (d), (e)　　　　④ (b), (c), (d)

해설 (c) 각 화물의 중량 및 품명을 별도로 신고하면 각각 별도의 운임 적용
(e) 컨테이너 하나에 수종의 화물이 적입되는 경우 가장 높은 화물의 운임률 적용

정답 ②

03 복합운송

1. 개 요

(1) 개 념

① 복합운송(Multimodal/Combined/International Transport)

㉠ 복합운송인(Combined Transport Operator)이 육·해·공 중 두 가지 이상의 다른 운송수단[(more than) Two Different Kinds of Transportation Means]으로 출발지에서 최종 목적지까지 운송 중 화물을 옮겨 싣지 않고 전 구간에 대해 단일 운임을 대가로 화물을 일관운송(Through Transport)하는 것을 말한다.

㉡ 각각의 운송구간별 운송인이 자신의 운송구간에 대해 개별적 책임을 부담하는 것이 아니라 최초 운송인이 (복합)운송 전 구간에 대해 책임을 부담하는 것이다.

② 복합운송증권(Combined Transport Document) : 일관운송의 전 구간에 대해 책임을 지는 주체인 복합운송인이 발행하는 복합운송계약의 증거서류이다.

> ⊕ **Plus one**
>
> **UNCTAD/ICC 복합운송증권 규칙** `기출` 16년 1회, 20년 1회
>
> - UNCTAD/ICC 합동위원회가 헤이그 규칙, 헤이그–비스비규칙, 복합운송증권통일규칙 등을 기초로 1991년 11월 파리의 ICC이사회에서 제정한 '복합운송증권에 관한 통일규칙(UNCTAD/ICC Rules for Multimodal Transport Documents)'을 말한다.
> - 복합운송 계약의 관습적인 일부분만을 다룬다.
> - 복합운송인은 복합운송증권을 발행하고 전운송구간에 대해 책임지며 이종책임체계(Network System)를 채택하여 손해발행구간이 판명된 경우와 판명되지 않은 경우를 구분하여 규제한다.
> - 책임의 근거(UN 국제복합운송협약 제16조)
>   - 복합운송인은 화물이 자신의 책임하에 있는 동안 멸실, 훼손 또는 인도지연 사고가 발생하였을 경우 그로 인한 손실에 책임을 져야한다. 다만, 복합운송인이 당해 사고와 그에 따른 결과를 방지하기 위해 합리적인 모든 조치를 취하였다는 것이 증명된 경우에는 그러하지 아니하다.
>   - 화물의 인도예정일로부터 연속하여 90일 이내에 인도되지 아니한 경우, 화물이 멸실된 것으로 간주할 수 있다.
> - 기소의 제한(UN 국제복합운송협약 제25조)
>   손해배상 청구소송은 화물이 인도된 날 또는 인도되었어야 할 날로부터 2년 이내에 제기되어야 한다. 다만, 복합운송인에게 클레임의 종류 및 상세사항을 서면으로 통지하지 않은 경우 인도 후 6개월이 경과하면 제소시효가 소멸된다.

(2) 특징

① 운송의 출발점과 도착점이 Port To Port에서 Door-To-Door, Depot-To-Depot으로 변경되었다.

② 위의 운송목적 달성을 위해 아래와 같은 특징을 가진다.

    ㉠ 환적이 불가피하다.

    ㉡ 단일한 운송주체(복합운송인)가 상이한 운송형태로 진행되는 전 구간에 대해 단일 운송증권(Through B/L)을 발행한다.

    ㉢ 환적 시 편의를 위해 화물의 형태가 단위화(Unitized Cargo)되었다.

2. 기본 요건과 경로

(1) 기본 요건   기출 15년 2회, 17년 3회, 19년 2회

① 운송책임의 단일성(Through Liability)

    복합운송인은 송하인(화주)과 복합운송계약을 체결한 계약 당사자로서 전체 운송을 계획하고 여러 운송구간의 원활한 운송을 조정·감독할 지위에 있으므로 전 구간에 걸쳐 화주에 대해 단일책임을 져야 한다.

② 복합운송증권(Combined Transport B/L) 발행

    복합운송이 되기 위해서는 복합운송인이 화주에 대하여 전 운송구간에 대한 유가증권으로서의 복합운송증권을 발행해야 한다.

③ 일관운임(Through Rate) 설정

    복합운송인은 그 서비스의 대가로 각 운송구간마다 분할된 것이 아닌 전 구간에 대한 단일화된 운임을 설정, 화주에게 제시해야 한다.

④ 운송수단의 다양성

    ㉠ 복합운송은 서로 다른 여러 운송수단에 의해 이행되어야 한다.

    ㉡ 운송인의 수가 문제가 아니라 운송수단의 종류가 문제가 되며, 이러한 운송수단은 각각 다른 법적인 규제를 받는 것이어야 한다.

> ### ⊕ Plus one
>
> **NVOCC(무선박운송인)형 복합운송인**   기출 20년 3회
>
> 포워더형 복합운송주선업자를 법적으로 실제화시킨 개념으로 미국의 신해운법 (Shipping Act, 1984)상 특별히 인정되는 복합운송인이다. 운송수단을 지니지 않은 채 화주에 대해서 자기의 요율로 운송계약을 체결하고, 선박 회사에게 하청하여 운송하는 해상운송인을 말한다. 즉, 무선박운송인은 선박을 직접 운항하지 않지만 선박운송인(VOCC)에 대하여는 화주의 역할을 하고, 화주에게는 운송인의 역할을 한다.

복합운송에 대한 설명으로 옳은 것을 모두 고르면? **기출** 17년 3회

> ㉠ 운송계약은 각각의 운송수단별로 체결된다.
> ㉡ 육상. 해상. 항공운송 등이 서로 연결된다.
> ㉢ 해상운송이 여러 번 연결된다.
> ㉣ 전 구간에 대하여 1개의 운송증권이 발행된다.

① ㉠, ㉢   ② ㉠, ㉣
③ ㉡, ㉢   ④ ㉡, ㉣

해설 **복합운송의 기본 요건**

- 운송책임의 단일성(Through Liability) : 복합운송인은 송하인(화주)과 복합운송계약을 체결한 계약 당사자로서 전체운송을 계획하고 여러 운송구간의 원활한 운송을 조정 · 감독할 지위에 있으므로 전 구간에 걸쳐 화주에 대해 단일책임을 져야 한다.
- 복합운송증권(Combined Transport B/L) 발행 : 복합운송인이 화주에 대하여 전 운송구간에 대한 유가증권으로 복합운송증권을 발행해야 한다.
- 일관운임(Through Rate) 설정 : 복합운송인은 그 서비스의 대가로서 각 운송구간마다 분할된 것이 아닌 전 구간에 대한 단일화된 운임을 설정. 화주에게 제시해야 한다.
- 운송수단의 다양성 : 복합운송은 서로 다른 여러 운송수단에 의해 이행되어야 한다. 여기에서는 운송인의 수가 문제가 아니라 운송수단의 종류가 문제가 되며. 이러한 운송수단은 각각 다른 법적인 규제를 받는 것이어야 한다.

정답 ④

복합운송인에 관한 설명으로 옳지 않은 것은? **기출** 15년 2회

① NVOCC는 운송수단을 직접 보유하지 않은 계약운송인형 복합운송인을 말한다.
② 자신의 명의로 운송계약을 체결하는 경우 운송주선인도 복합운송인이 될 수 있다.
③ NVOCC는 실제운송인에 대해서는 송하인, 운송을 위탁한 화주에 대해서는 운송인이 된다.
④ 우리나라의 물류정책기본법상 운송주선인은 복합운송인이 될 수 없다.

해설 우리나라 상법 제116조에서 운송주선인은 다른 약정이 없으면 직접 운송할 수 있으며. 이 경우 운송주선인은 운송인과 동일한 권리의무가 있다고 규정한다.

정답 ④

(2) 경로　기출 15년 2회, 19년 3회, 20년 3회

① 시베리아 랜드 브리지(SLB) : 한국 · 일본 → 시베리아 횡단철도 → 유럽, 중동

② 차이나 랜드 브리지(CLB) : 극동 → 중국 대륙철도, 실크로드 → 유럽

③ 아메리카 랜드 브리지(ALB) : 극동 → 미국 대륙횡단철도 → 유럽

④ 미니 랜드 브리지(MLB) : 극동 → 미국 태평양 연안 → 횡단철도 → 미국 동부

⑤ 마이크로 브리지(MB) : 동아시아 → 미국 태평양 연안 → 철도, 트럭 → 미국 내륙

● 기출 Check ●

우리나라에서 유럽대륙, 스칸디나비아 반도 및 중동 간을 연결하는 시베리아 횡단철도 복합운송 경로로 옳은 것은?　기출 19년 3회

> 아시아 극동에서 미국의 서해안 항구까지는 선박으로 해상운송하고, 거기에서 철도로 미국 동해안 항만이나 걸프해안 항만까지 운송하는 국제복합운송

① SLB
② ALB
③ Mini Land Bridge
④ Interior Point Intermodal

해설

① SLB(Siberian Land Bridge) : 시베리아를 교각처럼 활용하여 운송하는 복합운송 방식을 말한다. 대륙횡단철도를 이용하여 바다와 바다를 연결, 운송비를 절감하고 운송시간을 단축시키는 랜드브리지의 일종이다. 시베리아 철도를 이용하여 동아시아, 동남아시아, 오세아니아 등과 유럽, 스칸디나비아 반도를 복합운송 형태로 연결한다. 동아시아에서 유럽이나 서아시아를 잇는 최단 수송거리이며, 수송일수도 최대한 줄일 수 있다는 장점이 있다.

② ALB(American Land Bridge) : 해상과 육로를 이용하여 화물을 운송하는 복합운송 경로이다. 화물을 동아시아에서 미국 태평양 연안의 항구까지는 해상으로 운송하고, 대륙횡단철도로 미국 동해안의 항구까지 운송한 뒤, 이를 다시 해상으로 유럽의 목적지까지 운송하는 방식이다.

③ MLB(Mini Land Bridge) : 극동지역에서 출발하여 태평양 연안을 거쳐 내륙지역을 통과한 후 북미 대서양 연안 항구까지 일관운송하는 서비스를 말한다.

④ IPI(Interor Point Intermodal) : 대륙간선항로로, MBS(Micro Bridge Service)라고도 부른다. 서비스 운송인이 아시아 지역 수출화물을 북미 내륙지역까지를 연결하여 일관적으로 수송해 주는 서비스(반대방향 서비스 포함)를 말한다.

정답　①

복합운송 운송형태 기출 15년 1회, 15년 3회

- **Land Bridge** : 대륙을 횡단하는 철도를 Bridge로 삼는 **sea-land-sea** 방식의 운송 형태
- **Piggy Back** : 컨테이너를 실은 트레이너를 화차에 적재하여 운송하는 방법
- **Fishy Back** : 컨테이너 화물을 선박에 적재하여 운송하는 방법
- **Birdy Back** : 컨테이너를 비행기에 적재하여 운송하는 방법

● 기출 Check ●

국제복합운송의 여러 형태를 옳게 연결한 것은? 기출 15년 3회

(a) 해륙 복합운송에서 해상-육상-해상으로 이어지는 운송구간 중 중간구간인 육상운송구간을 의미
(b) 화물차량을 철도차량에 적재하고 운행하는 방식
(c) 해상운송과 공로운송(트럭운송)을 연계하여 일관시스템으로 운송하는 방식
(d) 항공운송과 공로운송을 연계하여 일관시스템으로 운송하는 방식

① (a) Piggy Back System (b) Fishy Back System
   (c) Land Bridge System (d) Birdy Back System
② (a) Piggy Back System (b) Land Bridge System
   (c) Birdy Back System (d) Fishy Back System
③ (a) Land Bridge System (b) Birdy Back System
   (c) Fishy Back System (d) Piggy Back System
④ (a) Land Bridge System (b) Piggy Back System
   (c) Fishy Back System (d) Birdy Back System

해설
- Land Bridge : Sea-land-sea 방식 운송 형태
- Piggy Back : 컨테이너를 실은 트레이너를 화차에 적재
- Fishy Back : 컨테이너 화물을 선박에 적재
- Birdy Back : 컨테이너를 비행기에 적재

정답 ④

3. 복합운송과 컨테이너 운송

(1) 개 념

① 복합운송의 실현을 위해서는 적화를 일정단위로 표준화할 필요가 있는데 이를 Unit Load라고 한다.

② 현재(운송 효율성 제고 · 안전성 확보 · 원가절감을 위해) 이러한 Unit Load로 Container라는 표준규격의 운송용구를 이용하는 컨테이너화(Containerization)가 상당 수준 이루어져 있다.

③ 컨테이너 운송을 국제운송에 이용함으로써 해륙 일관운송인 복합운송체계가 완성되었다.

④ 복합운송은 국제표준화기구(ISO)에서 정한 표준규격의 컨테이너를 운송용구로 이용하고 있어서 실무적으로는 복합운송을 컨테이너 운송과 동일한 의미로 이해한다.

(2) 컨테이너화된 단위화물(Unit Load)의 장점

① 효율성 제고
- ㉠ 기후와 상관없이 작업 가능
- ㉡ 조작 최소화로 하역시간 단축
- ㉢ 선박의 항구정박시간 단축
- ㉣ 선박의 효율적 이용

② 경제성 확보(물류비 절감)
- ㉠ 타 포장 대비 적화 파손 감소로 적화 안전성 확보
- ㉡ 작업이 용이하여 운송시간 단축
- ㉢ 포장비 · 하역비 · 창고료 등 절감

③ 규격화 효과
- ㉠ 타 운송수단으로의 재적재 및 환적 용이
- ㉡ 신속한 인도가 가능하여 수입업자의 창고 보관료 및 내륙 운송비 대폭 절감

4. 컨테이너 화물

(1) 컨테이너의 종류(길이 기준) : TEU vs FEU

① 길이 기준으로 20ft, 40ft, 35ft, 45ft 등의 규격

② 무역운송에서 주로 사용하는 컨테이너는 20피트와 40피트
- ㉠ 20피트 컨테이너 : TEU(Twenty-foot Equivalent Units)
- ㉡ 40피트 컨테이너 : FEU(Forty-foot Equivalent Units)

합격자 Tip

Q. 20ft 컨테이너란 높이와 폭의 합계가 20피트인 컨테이너를 말한다. (O, X)

A X - 길이가 20피트인 컨테이너이다.

③ 컨테이너의 최대 적재량과 용적(부피)

   ⊙ TEU : 17톤과 33CBM(Cubic Meter)

   ⓛ FEU : 27톤과 67CBM(Cubic Meter)

(2) 컨테이너 화물의 종류(FCL vs LCL) `기출` 16년 2회, 16년 3회, 19년 2회

① 컨테이너 화물 운송에서 작업이 이루어지는 곳

   ⊙ LCL(화물) : CFS(Container Freight Station : 컨테이너 화물 집화소)와 Pier

   ⓛ FCL(화물) : CY(Container Yard : 컨테이너 장치장)와 Door

② FCL vs LCL

   ⊙ FCL(Full Container Load)

     • FCL 화물 : 1인 화주의 화물이 컨테이너 한 개에 만재되는 경우

     • 화주가 직접 운송사(선사)와 접촉한다.

     • 선적절차

합격자 Tip

경인권의 경우 의왕 컨테이너 기지(Inland Container Depot ; ICD)로 반입되어 부산항까지 회차 운송 후 부산항에서 지정선박에 선적

> FCL 화물 화주가 선사에 연락하면 → 선사는 화주 지정 공장창고 앞에 컨테이너 반입 → 화주가 직접 컨테이너에 화물 적입(**Stuffing/Vanning**) → 적입 완료 후 컨테이너 도어 작업 및 실링(**Sealing**) 완료 → 컨테이너를 **CY**(Container Yard : 컨테이너 야적장)로 운송 → 컨테이너 전용선에 선적

   ⓛ LCL(Less Than Container Load : 소량 컨테이너 화물)

합격자 Tip

각 LCL 화물의 정확한 확인을 위해 화인에 화(물)번(호)과 최종도착지를 필히 표시해야 한다.

     • LCL 화물 : 다수 화주의 소화물을 모아서 하나의 컨테이너 화물로 작업하는 경우

     • 화주가 직접 운송사(선사)와 접촉하지 않고 대개 운송중개인(Forwarder)의 도움을 받는다.

     • 선적절차

> 선적항구 또는 **ICD**의 **LCL** 화물을 수집 **FCL** 화물로 작업할 공간인 **CFS**(Container Freight Station : 컨테이너 화물 조작장)까지 화주가 직접 또는 운송중개인(**Forwarder**)을 통해 운송 → **LCL** 화물의 **FCL** 작업 완료 → **CFS**에서 반출 후 **CY**에서 본선에 선적

     • 혼재작업(Consolidation) `기출` 18년 1회

       – 다수 소량화주의 LCL 화물을 모아 FCL 화물로 작업하는 것

       – 혼재작업을 하는 운송중개인을 혼재업자(Consolidator)라고도 한다.

       – FCL 화물의 적입 작업인 Stuffing/Vanning을 LCL 화물에서는 Consolidating이라 한다(즉, 다수 화주의 LCL 화물을 하나의 FCL 화물로 작업하는 Stuffing을 Consolidating이라 함).

- Master B/L[Groupage B/L(집단선하증권)]

  운송인인 선사가 다수 화물을 집화하여 혼재(Consolidation)작업을 한 운송주선인(Freight Forwarder)에게 발행한 한 장의 선하증권
- House B/L

  - 운송주선인이 선사로부터 받은 Master B/L을 근거로 각각의 LCL(Less Container Loading) 화주에게 개별적으로 발행한 선하증권
  - UCP에 따르면 운송인인 선사가 발행한 선하증권이 아니므로 은행에서 수리되지 않는 서류(단, L/C상 특약으로 수리 명시한 경우는 수리 가능)
  - House B/L의 예가 FIATA Combined Transport B/L

기출 Check

혼재서비스(Consolidation Service)에 대한 설명으로 옳지 않은 것은?

기출 18년 1회

① 공동혼재(Joint Consolidation)는 운송주선인이 자체적으로 집화한 소량 화물을 FCL로 단위화하기에 부족한 경우 동일 목적지의 LCL을 확보하고 있는 타 운송주선인과 FCL 화물을 만들기 위해 업무를 협조하는 것이다.
② Buyer's Consolidation은 운송주선인이 한 사람의 수입상으로부터 위탁을 받아 다수의 수출상으로부터 화물을 집화하여 컨테이너에 혼재한 후 그대로 수입상에게 운송하는 형태이다. CFS-CY 형태로 운송된다.
③ Forwarder's Consolidation은 운송주선인이 여러 화주의 소량 컨테이너 화물을 CFS에서 혼재한다. 혼재된 화물은 목적항의 CFS에서 화주별로 분류되어 해당 수입상에게 인도된다. CY-CY 형태로 운송된다.
④ Shipper's Consolidation은 수출상이 여러 수입상에게 송부될 화물을 혼재하는 것이다. CY-CFS 형태로 운송된다.

해설 포워더 혼재(Forwarder's Consolidation)는 운송주선인이 동일한 목적지로 보내지는 소량화물을 집화하여 FCL화물로 혼재하는 작업을 말한다.

정답 ③

LCL 화물이 포워더를 통해 운송되는 경우 B/L의 형태에 대한 설명으로 옳지 않은 것은? **기출** 16년 2회, 16년 3회

① 선사가 발행하는 Master B/L은 송하인에게 교부되지 않는다.
② 송하인은 운송주선업자로부터 House B/L을 발급받는다.
③ FIATA 복합운송증권(FIATA Combined Transport B/L)은 House B/L 의 일종이다.
④ 수입지에서 수입업자는 House B/L로는 화물인수가 되지 않기 때문에 Master B/L과 교환한 후 화물을 인수한다.

해설 ④ 수입업자는 House B/L로도 수입지에서 LCL 화물을 인수할 수 있다.
정답 ④

5. 컨테이너 터미널의 구조와 컨테이너 내륙기지

(1) 컨테이너 터미널 **기출** 17년 2회, 17년 3회, 19년 1회

바다에서 내륙으로 순서대로 "안벽(Berth/Pier/Quay)−Apron− Marshaling Field−CFS"가 있으며 이 공간들을 모두 포함하는 공간을 CY라 한다.
① 안 벽
　컨테이너 전용선이 직접 접안하는 곳
② Apron
　㉠ 안벽에 인접한 부분
　㉡ 컨테이너 수직하역 작업용 겐트리크레인(Gantry Crane)을 레일에 설 치하여 직접 하역작업이 이루어지는 공간

③ Marshaling Field
　㉠ 에이프론 바로 뒤의 장소
　㉡ 본선 입항 전에 선내 적입 계획에 따라 선적할 컨테이너를 적재해 두는 곳
④ CFS
　㉠ 선적할 컨테이너 화물이 LCL인 경우 FCL로 작업을 하는 공간
　㉡ FCL 화물은 컨테이너 터미널 도착 후(LCL의 경우는 우선 CFS에서 FCL로 작업이 이루어진 이후) CY 내의 Marshaling Yard로 이동, Apron의 겐트리크레인에 의해 본선에 선적

(2) 컨테이너 내륙기지(Inland Container/Clearance Depot ; ICD)

① 컨테이너 화물을 능률적으로 수송하기 위해 해안 부두 이외의 지역에 설치(ODCY)한다.

② 국내는 의왕과 양산에 총 2곳에 있다.

③ ICD에 입고함으로써 부산항까지 철도 운송이 가능하다.

④ 입고 즉시 수입신고필증을 받아서 바로 환급금 수령할 수 있다.

⑤ 세관 이외에 각종 기관이 모두 입주하여 효율적 물류 운송이 가능한 복합시설이다.

⑥ 내륙 통관기지의 주요한 기능

    ㉠ LCL 화물의 FCL 화물로의 혼재 · 배분

    ㉡ 수입통관 및 관세 환급

    ㉢ 화물의 일관 철도운송 및 육로운송

    ㉣ 보관 및 화물 유통기지로서의 역할 등

● 기출 Check ●

컨테이너와 관련된 설명으로 옳지 않은 것은?　　기출 19년 1회

① 컨테이너선의 대형화는 항구에서의 하역작업에 많은 시간을 요하는 한계성이 있다.

② 컨테이너의 한계성은 컨테이너에 적입하는데 한계상품이나 부적합상품이 있다는 것이다.

③ LCL 화물들은 CFS에 반입되어 FCL 화물로 혼재되어 목적지별로 분류된다.

④ 컨테이너의 사용으로 포장비용을 줄일 수 있고 선박의 정박일수도 단축할 수 있다.

해설 컨테이너선(Container Ship)은 컨테이너 화물의 운송에 적합하도록 설계된 구조를 갖춘 고속대형화물선을 말한다. 컨테이너선은 다음과 같이 분류된다.

- 적재형태에 의한 분류
  - 혼재형(Mixed Type Containership)
  - 분재형(Semi Containership)
  - 겸용형(Convertible Containership)
  - 전용형(Full Containership)
- 하역방식에 의한 분류
  - Lift on/Lift off(Lo-Lo) 방식 : 본선이나 육상에 설치되어 있는 겐트리크레인으로 컨테이너를 수직으로 선박에 적재 또는 양륙하는 방식이다.
  - Roll-on/Roll-off(Ro-Ro) 방식 : 선박의 선적 및 양륙 방식과 관련한 구분으로 자동차전용선 또는 근거리 운송 시에 하역 시간을 단축할 수 있어 주로 피더서비스에 사용되는 방식이다.
  - LASH 방식 : 부선에 컨테이너나 일반화물을 적재하고 부선에 설치된 겐트리크레인에 의해서 하역하는 방식이다.

정답 ①

기출 Check

컨테이너 터미널 부두의 구조물에 관한 설명으로 옳지 않은 것은?

`기출` 17년 3회

① Berth : 선박을 항만 내에 계선시키는 시설로 접안장소
② Apron : 선박의 동요를 막기 위한 계선주(bit)가 설치되어 있는 곳
③ Marshalling Yard : 방금 하역했거나 적재할 컨테이너를 정돈해두는 넓은 장소
④ CY Gate : 컨테이너 및 컨테이너 화물을 인수, 인도하는 장소로 화주와 운송인 간 책임의 분기점

`해설` Apron(Wharf Surface, Quay Surface)은 부두 여러 부분 중에서 바다와 가장 가까이 접해있고 암벽(Quay Line)에 따라 포장된 부분으로, 컨테이너 전용 겐트리크레인이 암벽 전체에 걸쳐서 활용할 수 있도록 컨테이너용 레일이 설치되는 경우가 많다. ②에서 선박의 동요를 막기 위한 계선주(Bit)가 설치되어 있는 곳은 Berth다.

`정답` ②

---

6. 컨테이너 화물의 운송형태

(1) 개 요

① FCL 화물 : 화주의 공장이나 창고 또는 영업소 등에서 화물을 컨테이너에 적재하여 내륙데포로 운반
② LCL 화물 : 내륙데포에 화물을 집결한 후 다른 화물과 혼재하여 FCL 화물처럼 컨테이너 전용열차로 컨테이너 터미널로 운송

(2) 운송형태 `기출` 19년 1회, 19년 3회(2급)

① CY/CY(FCL/FCL) = DOOR TO DOOR SERVICE
　㉠ 컨테이너의 장점을 최대한 이용한 방법
　㉡ 수출업자(송하인)의 공장·창고에서부터 수입업자(수하인)의 공장·창고까지 컨테이너에 의해 일관운송하는 방식
　㉢ 단일 송하인으로부터 단일 수하인에게 운송되는 형태의 DOOR TO DOOR SERVICE로 가장 이상적인 형태
② CFS/CFS(LCL/LCL) = PIER TO PIER SERVICE
　㉠ 다수 송하인의 화물을 집화하여 다수 수하인에게 운송하는 방식
　㉡ 한 개 컨테이너에 다수 송하인의 화물을 혼적하여 목적지에 도착 후 수하인 각자가 선사 터미널에서 화물을 인수하는 방식

ⓒ 재래식 운송과 가장 유사한 방식으로 단위화된 운송도구인 컨테이너의 장점을 거의 활용 불가하다.

ⓔ 선사 : 선적지 CFS에 반입된 이후부터 목적지 CFS에서 반출될 때까지 운송책임을 진다.

③ CFS/CY(LCL/FCL) = PIER TO DOOR SERVICE

ⓐ 수입자가 다수 송하인(수출자)의 LCL 화물을 집화하여 자신의 창고로 운송 시 이용하는 방식

ⓑ 운송인이 지정한 선적항의 CFS로부터 목적지의 CY까지 컨테이너로 운송하는 형태

ⓒ 운송인이 여러 송하인(수출업자)들로부터 소량의 화물을 CFS에서 집화하여 목적지의 수입업자 창고 또는 공장까지 운송 → 수입업자(BUYER)로부터 위탁받은 포워더가 다수의 송하인 화물을 혼적하여 단일의 수하인에게 운송하는 형태

④ CY/CFS(FCL/LCL) = DOOR TO PIER SERVICE

ⓐ 수출지의 단일 송하인이 수입지의 다수 수하인에게 적화운송 시 이용하는 방식

ⓑ 수출업자는 한 사람, 수입업자는 다수일 때 운송하는 방법

ⓒ 수출업자의 공장 또는 창고에서부터 FCL 화물로 목적지 항만까지 운송한 후 목적지의 CFS에서 화물을 분류하여 다수의 수입업자에게 운송하는 형태

합격자 Tip

Ⓠ 컨테이너 운송의 장점을 최대로 활용할 수 있는 운송방식은?
① CY–CY 운송
② CY–CFS 운송
③ CFS–CY 운송
④ CFS/CFS 운송
Ⓐ ①

⊕ Plus one

컨테이너선의 운항 형태 `기출` 16년 1회

- 컨소시엄 운항(Consortium) : 여러 정기선사가 별도의 회사를 설립하여 선박의 공동 스케줄 작성, 운송장비 및 터미널의 공동사용, 운임수입과 화물 수송량의 공동배분 등의 성격으로 운항하는 방식
- 전략적 제휴(Strategic Alliance) : 경쟁심화 및 운항비 증가에 대처하고 품질서비스에 대한 화주들의 수요충족 및 항로안정을 위해 둘 이상의 선사가 선박을 공동으로 투입하여 합작기업 형태로 운영하는 방식
- 공동운항 · 배선(Joint Service) : 특정 항로에 두 개 이상 선사가 합작회사 형태로 선박 수척을 공동으로 투입하되, 각 선사별로 독자적인 운임, 서비스 조건 등을 정하여 운항하는 방식
- 선복임차(Slot Charter) : 다른 선사의 선복 일부를 이용할 수 있게 하는 방식으로 자사의 선박을 운항하지 않고도 자사가 인수한 화물을 수송하는 방식

7. 운송/선적서류

(1) 개 념

① 국제무역거래에서 사용하는 일련의 무역관련 서류를 말한다.

② 수출화물대금의 지급청구를 위해 발행하는 화환어음(Bill of Exchange)의 지급거절에 대한 물적 담보로써 국제화환취결의 핵심이 되고 있다.

③ 종 류

　㉠ 3가지 주요 서류
- 화물의 소유권을 의미하는 '선하증권'
- 화물의 운송 중에 발생하는 위험의 담보를 입증하는 '보험증권'
- 물품의 내용명세나 대금청구내역을 기재한 '상업송장'

　㉡ 기타 여러 서류

④ 신용장통일규칙(UCP 600)에서 인정하는 운송서류

<table>
<tr><td colspan="2"></td><td>서류 명칭</td><td>세부 서류 명칭</td></tr>
<tr><td rowspan="3">주(요)서류</td><td>운송서류
(UCP상
운송서류)</td><td>
• 해상 · 해양 선하증권(Marine/Ocean B/L)
• 비유통 해상화물운송장(Non-negotiable SWB)
• 용선계약부 선하증권(Charter Party B/L)
• 복합운송서류(Multimodal Transport Document)
• 항공운송서류(Air Transport Document)
• 도로 · 철도 · 내수로 운송서류(Road, Rail or Inland Transport Document)
• 특사수령증 및 우편수령증(Courier and Post Receipts)
• 운송주선인 발행 운송서류(Transport Documents Freight Forwarders)
</td></tr>
<tr><td>보험서류</td><td>• 해상보험증권(Marine Insurance Policy)
• 보험증명서(Certificate of Insurance)</td></tr>
<tr><td>대금청구서류</td><td>• 상업송장(Commercial Invoice)</td></tr>
<tr><td colspan="2">부속서류</td><td>
• 품질 · 수량증명서(Certificate of Quality / Quantity)
• 부속품질 · 수량증명서(Specification of Quality / Quantity)
• 포장명세서(Packing List)
• 영사송장(Consular Invoice)
• 세관송장(Customs Invoice)
• 원산지증명서(Certificate of Origin)
• 대변표(Credit Note)
• 차변표(Debit Note)
• 계산서(Statement of Account)
• 용적 · 중량증명서(Certificate of Measurement and/or Weight)
</td></tr>
</table>

복합운송서류 `기출` 15년 3회

- 육 · 해 · 공 전 운송구간을 포괄하기 위한 운송서류
- 복합운송인에 의해 물품이 인도되었음을 증명하는 증권, 복합운송계약을 증명하는 증권
- 화물의 멸실이나 손상에 대해 책임을 지는 복합운송인이 발행
- 선하증권과는 달리 운송인뿐 아니라 운송주선인에 의해서도 발행

복합운송서류의 유통성 조건 `기출` 20년 1회

- 지시식 또는 소지인(지참인)식으로 되어 있어야 함
- 지시식으로 발행된 경우 배서에 의해 양도가능
- 무기명식으로 발행된 경우 배서 없이 양도가능
- 복본으로 발행된 경우 원본의 통수를 기재

• 기출 Check •

신용장거래에서 복합운송서류(MTD)의 수리요건에 관한 설명으로 옳지 않은 것은? `기출` 15년 3회

① 선장의 대리인인 경우 선장의 명의를 기재하지 않고 서명할 수 있다.
② 목적지는 실제의 지명이 아닌 지리적인 구역으로 명시해서는 아니 된다.
③ 수통으로 발행된 경우 발행된 전통의 원본을 제시하여야 한다.
④ 운송인, 선장, 선주 또는 이들 대리인이 서명하고 발행할 수 있다.

해설 운송주선인에 의해서도 발행될 수 있다.

정답 ④

(2) 주요서류

① 선하증권(선하증권, Bill of Lading ; B/L)

ⓐ 화주(송하인)의 요청으로 화주(송하인)와 운송계약을 체결한 운송인(선사)이 발행한다.

ⓑ 정기선 운송계약의 증거이다.

ⓒ 운송인이 화물을 수령 · 선적하여 해상운송을 통해 선하증권의 정당한 소지인(Bona-fide Holder)에게 증권과 상환하여 화물 인도를 약정하는 유가증권이다.

ⓓ 증권상에 기재된 화물의 권리를 구현하기 때문에 일반적으로 배서에 의해 유통한다.

합격자 Tip

화환어음의 중심서류이기 때문에 화환취결로서 대금이 회수되는 오늘날에는 상업송장, 보험증권과 더불어 3대 필수서류

② **보험서류** : 보험계약자와 보험자 간에 보험계약 체결의 증거로 발급받는 서류이다.

　㉠ 보험증권(Insurance Policy)

　　• CIF나 CIP 계약에서 B/L 및 송장과 함께 기본적으로 제공해야 하는 주요 서류이다.

　　• 개별보험증권과 예정보험증권이 있다.

　　• 예정보험증권은 예정보험계약 시 발급받고 매 선적 시 보험증명서를 발급받는다.

　　• UCP 600 제28조 규정에 따라 은행은 부보각서(보험승낙서)를 제외한 나머지 보험서류는 수리한다.

　㉡ 보험증명서

　　• 예정보험 계약체결 시 발행하는 예정보험증권에 의거, 선적 시마다 발행하는 서류이다.

　　• 보험계약의 존재 및 보험목적물에 관한 구체적인 내용을 명시한다.

　　• 법적효력은 보험증권과 동일하므로 은행에서 수리된다.

　㉢ 보험승낙서(부보각서)

　　• 특정 화물에 대해 보험을 부보하고 보험료를 수취하였음을 보험 중개업자가 증명하는 일종의 각서이다.

　　• 보험책임의 괴리로 인해 은행은 수리를 거절하며, 우리나라는 보험 중개업이 활성화되어 있지 않아서 거의 발급되지 않는다.

⊕ **Plus one**

보험서류 수리요건

• 신용장을 개설할 때 보험서류에 관한 조건을 명확하게 규정해야 하며, 은행은 수익자가 제시한 보험서류의 종류, 부보금액, 담보위험 등이 신용장 조건에 일치하는가를 심사하여야 한다.

• 보험서류는 문면상 반드시 보험회사, 보험업자 또는 그 대리인이 발행하고 서명한 것으로 표시되어 있어야 하며, 그 자격이 없는 자가 발행·서명한 것으로 표시된 경우 신용장 거래에서 정당한 보험서류로 볼 수 없으므로 은행은 이러한 보험서류의 수리를 거절해야 한다.

• 은행은 보험자 자격이 없는 보험중개인이 발급한 보험인수증은 수리해서는 안 되지만, 보험자가 담보확약을 명확히 기재한 서류, 즉 보험증권 또는 보험증명서는 수리하여야 한다. 보험서류가 2통 이상의 원본으로 발행된 경우 그 원본의 전통을 제시할 것을 추가로 규정하였다.

• 은행은 포괄적 보험에서 보험증권 대신 보험자가 선서명하여 발행한 보험증명서나 확정통지서를 수리할 것을 새로 규정하였다. 신용장이 보험증명서나 확정통지서를 요구한 경우라도, 보험증권이 대신 제시되면 은행은 이를 신용장 조건에 일치한 것으로 수리해야 한다.

- 보험서류의 발행일은 반드시 운송서류상의 본선적재, 발송 또는 수취일보다 늦어서는 안 된다. 화물의 운송이 이미 시작되었음에도 보험담보가 개시되지 아니한 보험서류는 신용장의 조건에 불일치한 것으로서 이는 수리되지 않기 때문이다. 다만 선적일보다 늦은 기일을 명시한 보험서류상에서 보험담보가 선적일로부터 소급하여 개시된다는 단서를 내포하는 경우에는, 은행은 이러한 보험서류를 수리하여야 한다.
- 보험서류상에서의 통화는 신용장에 표시된 통화와 일치해야 한다.

③ (상업)송장(Invoice) 기출 19년 3회

ⓐ 개 념
- 매매 또는 위탁계약으로 물품의 인도가 이루어질 때, 그 물품의 송하인이 수하인에게 화물 특성, 내용 명세, 계산 관계 등을 상세하게 알리기 위해 작성하는 서류이다.
- 수출업자가 작성하여 수입업자에게 보내는 선적안내서, 내용증명서 및 선적화물 계산서, 대금청구서 역할을 하는 서류이다.

ⓑ 기 능
- 단순 화물안내서에 불과한 국내거래에 사용하는 송장과 달리 외국무역에 사용되는 송장은 '매매관계 증명서, 물품대금청구서, 물품가격안내서, 선적안내서'의 기능이 있다.
- 무역송장은 '거래상품에 관한 중요사항을 기입한 화물의 명세서', '그 상품의 대금 및 제 비용 등 주요 가격 구성요소를 표시한 계산서 겸 대금청구서', '수하인의 입장에서 보면 수입화물에 대한 매입서'이기도 하다.
- 경우에 따라서는 그 계약거래의 존재와 계약이행의 사실을 입증하는 유력한 자료가 되며 또한 세관신고의 증명자료도 된다.
- 송장은 선하증권과는 달리 그 자체는 아무런 청구권이 없는 것이지만 오랜 상거래 관습상 중요서류이다.

ⓒ 종 류
- 크게 상업송장과 공용송장으로 나눌 수 있다.
  - 상업송장 : 선적송장과 견적송장
  - 공용송장 : 영사송장과 세관송장
- 선적서류에 사용하는 송장은 물론 선적송장을 말한다.
  - 매매계약에 의하여 매도인이 작성하는 수출송장(매매송장)
  - 위탁판매의 경우 발행하는 위탁판매송장(Consignment Invoice)
  - 매입위탁을 받고 수출상이 매입대리인으로서 작성하는 매입위탁송장(Indent Invoice)

　　　　　　　　　－ 견본 송부 시 발송하는 견본송장(Sample Invoice)
- 선적 전에 수입자가 수입품의 가격(Price Idea)을 견적하거나 수입허가 또는 외화 배정을 받기 위해 요청할 때 수출자가 작성하여 발송하는 견적송장(Proforma Invoice)도 있다.
- 일반적으로 송장은 상업송장, 즉 선적 후 작성된 매매송장의 상업송장을 말한다.

ⓔ 상업송장의 은행수리 요건
- 은행은 상업송장의 당사자, 물품 명세, 금액 등이 신용장의 조건에 일치하는지를 엄격히 심사해야 한다.
　－ 상업송장은 신용장의 개설의뢰인 앞으로 작성해야 하며 반드시 신용장의 수익자가 발행한 것이어야 한다.
　－ 양도가능 신용장의 경우 신용장상의 제1수익자와 송장 작성인인 제2수익자의 명의가 불일치할 수 있으며, 또 제1수익자가 신용장을 양도할 때 자신의 명의로 개설의뢰인의 명의를 대체할 수 있기 때문에 예외로 한다.
　－ 상업송장은 서명이 필요 없다.
　－ 상업송장은 신용장 금액을 초과 작성해서는 안 되며 은행은 이러한 서류의 수리를 거절할 수 있다.
　－ 매도인이 계약상으로 FOB 조건을 택하고 매수인의 지시에 따라 운임 등을 추가 지급한 경우, 매도인이 대금과 운임을 일괄 청구하기 위해서는 신용장의 금액을 초과한 송장을 작성하게 된다.
　－ 은행이 이러한 금액초과의 상업송장을 수리한다면, 그 수리 은행의 결정은 이후 모든 당사자를 구속한다.
- 상업송장은 계약물품이 신용장조건에 일치하게 인도되었는가를 입증할 수 있는 서류에 해당한다.
　－ 실제로 인도된 물품이 매매계약에 일치하더라도 상업송장상에 표기된 물품의 명세가 신용장의 명세와 불일치하거나 불명확한 경우, 은행은 수리를 거절해야 한다.
　－ 상업송장의 명세가 동일하지 않아도, 은행은 국제적 은행표준관습에 따라 신용장 조건에 일치한다고 결정한 경우, 이를 수리할 수 있다.

상업송장 작성 시 주의사항

- 송장에 기재한 상품명세는 신용장상의 상품명세와 동일해야 한다.
- 단가, 가격조건, 금액 등이 정확하고 신용장조건과 일치해야 한다.
- 신용장번호, 수익자, 수하인, 선명, 목적지, 작성자의 서명 등이 정확해야 한다.
- 선하증권, 보험증권, 기타 선적서류와 그 기재 내용이 상치되지 않아야 한다.
- 상업송장은 원칙적으로 신용장의 수익자에 의하여 개설의뢰인에게 발행되어야 한다.
- 상업송장의 작성일은 어음의 발행일 이후의 날짜가 되지 않도록 해야 한다.
- 작성자는 어음의 발행인이 되며 그가 서명을 한다.
- 발행통수는 신용장상에 특별한 지시가 없을 때는 2통, 필요에 따라 그 이상을 작성한다.

(3) 부속서류(기타서류) : 수입자가 요구하는 기타 선적서류

기출 15년 1회, 16년 1회, 17년 2회

① 원산지증명서(Certificate of Origin) 기출 18년 1회

   ⊙ C/O는 수입통관 시 관세양허용뿐만 아니라 특정국으로부터의 수입제한 또는 금지, 국별 통계를 위해 수입국이 요구하는 경우 발행된다.

   ⓒ 우리나라
- 양국의 통상협정에 의한 관세양허를 위한 일반원산지증명서는 상공회의소가 발행한다.
- 선진국의 개도국에 대한 GSP(Generalized System of Preferences : 일반특혜관세)의 적용을 받기 위한 GSP용 C/O는 각 시 · 도청에서 발급한다.

   ⓒ 발급방식
- '기관발급'과 '자율발급'이 있다.
- FTA마다 채택하는 발급방식이 다르므로 반드시 지정된 방식으로 원산지증명서를 발급받아 원산지 증명을 해야 한다.
- 칠레, 유럽자유무역연합(EFTA), 유럽연합(EU), 미국, 페루 등과의 FTA에서는 '자율발급방식'을 채택한다.
- 싱가포르, 동남아시아국가연합(ASEAN), 인도 등과의 FTA에서는 '기관발급방식'을 채택한다.
- 페루와의 FTA에서는 협정 발효(2011년) 5년 경과 후에 자율발급으로 전환되었다.

● 기출 Check ●

원산지증명서에 대한 설명으로 옳지 않은 것은?　기출　18년 1회

① 원산지증명서는 양허세율의 적용 시 기준으로 이용되기도 한다.
② 일반적인 원산지증명서는 대한상공회의소에서 발급하고 있다.
③ 관세양허 원산지증명서는 세관에서도 발급하고 있다.
④ 원산지증명서에서 수화인의 정보는 운송서류상의 수화인의 정보와 다르게 표시할 수 있다.

해설　원산지증명서의 수화인 정보가 만일 표시되었다면, 운송서류의 수화인 정보와 상충되지 않아야 한다.

정답　④

② **포장명세서(Packing List)**　기출　19년 2회(2급)

　㉠ 수입업자가 각 화물의 내용을 쉽게 파악하기 위해 요구되는 포장된 내장품의 명세서로 상업송장의 부속서류로 작성되는 서류이다.

　㉡ 계약서나 신용장상에 요구가 없으면 화환어음 취결 시 선적서류로서 은행에 제출할 필요가 없다. 그러나 포장명세서는 상업송장의 보충서류로 관례적으로 선적서류에 포함한다.

　㉢ 포장명세서에는 상품의 외장(Outer Packing), 내장(Inner Packing)의 명세, 주문번호, 화인, 상자번호, 내용명세, 순중량, 용적 등이 기입된다.

③ **검사증명서(Certificate of Inspection)**

　㉠ 매매계약서의 품질조건에 권위 있는 검사기관의 검사에 합격한 상품만을 선적하기 위해 약정한 것이다.

　㉡ 특정검사기관을 합의하지 않았을 때는 수입상의 대리인이 발행한 합격증 또는 지정 검사기관의 검사합격증을 인정할 수 있다.

　㉢ 품질증명서(Quality Certificate)나 분석증명서(Certificate of Analysis) 등도 검사증명서의 일종이다.

　㉣ 당해 거래의 물품이 중량 또는 용적이 기준이 되는 경우 공인검정인(Swom Measurer/Surveyor)이 발행한 중량/용적증명서(Certificate of Measurement/Weight)로도 대체할 수 있다.

④ **위생증명서**

　㉠ 식료품·육류·의약품 등을 수출하는 경우 무균·무해임을 증명하는 서류이다.

　㉡ 동·식물 수출의 경우 위생증명서의 일종인 검역증명서(Certificate of Quarantine)가 필요한 경우도 있다.

⑤ 훈증증명서(Certificate of Fumigation)

물품을 목재 팔레트 위에 적재하고 이를 컨테이너에 반입한 경우, 수입통관 시 국제식물보호협약(IPPC)에 따라 병충해를 방지하기 위해 해당 목재 팔레트에 대한 사전 처리(훈증)를 증명하는 서류이다.

⊕ **Plus one**

해상화물 운송장(Sea Waybill ; SWB) **기출** 16년 2회, 19년 1회, 19년 2회(2급), 19년 3회

• 선하증권과 달리 운송중인 화물에 대한 전매 필요성이 없는 경우 발행되는 선적서류로 유통성 있는 권리증권이 아니라는 점을 제외하면 선하증권과 성질 및 기능이 동일하다.

• SWB 또한 운송계약의 증거서류이자 운송화물에 대한 수령증(화물 수취증)이며 기명식으로만 발행된다.

• 해상화물운송장은 선하증권과 마찬가지로 운송계약의 증거, 즉 화물 수취 증거로서 발행되지만 유가증권이 아니다.

• 선하증권과 해상화물운송장은 양자택일이다. 선하증권이 발행되면 해상화물운송장은 발행되지 않는다.

• 해상화물운송장은 화물의 수취증일 뿐이므로 양륙지에서 화물과 상환으로 제출되는 것을 조건으로 하지 않는다.

• 권리증권이 아닌 기명식이고 비유통증권이므로 결국 선하증권과 다르다.

• 해상화물운송장은 비유통성, 운송중인 화물 전매 불가, 분실 시 위험성이 적다는 점, 기명식으로만 발행된다는 점에서 항공화물운송장(AWB)과 유사하다.

운송주선인은 해상운송주선인(Ocean Freight Forwarder)과 항공운송주선인(Air Freight Forwarder)으로 구분할 수 있지만, 우리나라의 경우 두 가지 기능이 통합된 복합운송주선업자로 일원화되어 있다(물류정책기본법에서는 "국제물류주선업"으로 규정되어 있음).

⦿ 기출 Check ⦿

해상화물운송장(SWB)에 관한 설명으로 옳지 않은 것은? 　기출　 16년 2회

① 목적지에서 화물인도청구를 위해 제시할 필요가 없다.
② 해상화물운송장에 관한 CMI 규칙상 송하인은 수하인이 화물인도를 청구할 때까지 화물처분권을 유보할 수 있다.
③ 유가증권이다.
④ 물품이 운송서류보다 먼저 도착지에 도달할 때 유용하다.

해설 해상화물운송장은 비유통성이므로 양도성이 인정되지 않으며 유가증권의 성격이 없는 단순한 화물의 수취증에 불가하다.

정답 ③

⦿ 기출 Check ⦿

우리나라의 운송주선인에 관한 설명으로 옳은 것은? 　기출　 15년 3회

① 현재 우리나라의 운송주선업은 해운법상 해상운송 주선업과 항공법상 항공운송주선업 및 화물유통 촉진법상 복합운송주선업으로 삼분되어 있다.
② 우리나라의 운송주선업은 물류정책기본법상 국제물류주선업으로 일원화되었다.
③ 국제물류주선업을 영위하기 위해서는 해양수산부 장관의 허가를 받아야 한다.
④ 운송주선업자는 선사나 항공사의 Tariff를 사용한다.

해설 우리나라는 '해상운송주선인'과 '항공운송주선인' 기능이 통합된 국제물류주선업자로 일원화되어 있다.

정답 ②

04 수출입통관

 중요 >> 1. 수출통관

(1) 개 념

① 수출물품에 대해 세관에 수출신고를 하고 필요한 검사 및 심사를 거쳐 수출신고 수리를 받아 우리나라와 외국 간을 왕래하는 운송수단에 적재할 때까지의 절차이다.

② 세관은 관세법 규정에 의한 이 같은 일련의 절차를 통해 관세법은 물론 대외무역법, 외국환관리법 등 각종 수출규제에 관한 법규의 이행사항을 최종적으로 확인한다.

(2) 절 차

① 수출자는 수출물품 선(기)적 전까지 해당물품 소재(예정)지 관할 세관장에게 수출신고를 하고 수리를 받아야 한다.

② 세관장은 서류상의 물품과 실제품목의 일치여부를 심사한 후 수출신고필증을 교부한다. 현재 EDI(Electronic Data Interchange) 방식의 수출통관절차를 도입·시행하고 있다.

③ 수출신고 수리 후 수출상은 수출물품을 수출 신고일로부터 30일 이내에 선적지 보세구역에 반입시켜 선박 또는 항공기에 적재해야 한다.

　㉠ 선적 스케줄 변경 등 부득이한 사유가 있는 경우 통관지 세관장에게 선적기간 연장 승인을 받을 수 있다.

　㉡ 선적기간 내에 선적하지 않은 경우 수출신고 수리가 취소될 수 있으며 관세 환급도 불가능하다.

④ 수출신고는 화주, 관세사, 관세사법인, 통관법인 등을 통해야 하는데, 일반적으로 화주는 관세사, 통관법인, 관세사법인 등을 통하여 수출신고를 한다.

⑤ 수출물품검사는 생략이 원칙이나, 전산에 의한 발췌검사 또는 필요 시 예외적으로 검사할 수도 있다. 이때 부정수출, 원산지표시위반, 지적재산권 위반 등이 적발되면 관세법 등 관계법규에 의거 처벌된다.

〈수입통관절차 흐름도〉

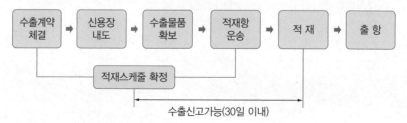

(3) 수출신고

① 개 념

    ㉠ 수출물품의 소유자(화주 또는 완제품 공급자)나 수출입통관을 전문으로 하는 국가공인자격인(관세사, 통관취급법인 또는 관세사법인)이 전자자료교환 방식에 의한 수출통관 EDI 시스템을 사용하여 전자문서로 수출신고서를 작성하여 관세청 통관시스템에 전송하면 된다.

    ㉡ 전송한 수출신고내용에 대하여 전산으로 오류사항을 통보받거나 신고내용을 정정하고자 할 경우 신고번호부여 전까지는 수정내용을 포함한 신고자료를 당초 제출번호에 의하여 재전송하고 신고번호 부여 후 정정사항 발생 시에는 수출신고정정승인 신청서를 작성하여 신고한 세관장에게 제출한다.

    ㉢ 수출신고 효력발생 시점은 관세청 통관시스템에서 신고번호가 부여된 시점이며, 통관시스템 기록내용과 서면 신고서 기록내용이 상이할 경우 통관시스템 기록을 기준으로 한다.

    ㉣ 수출자는 수출물품을 선박 또는 항공기에 적재하기 전까지 수출하고자 하는 물품의 소재지를 관할하는 세관장에게 수출신고를 하고 수리를 받아야 한다.

② 수출신고서류 및 관세사의 통관수수료

    ㉠ 수출신고서류(관세법 제245조, 관세법 시행령 제250조 및 수출통관 사무처리에 관한 고시 제7조)

        • 수출신고서
        • 과세가격결정자료
        • 선하증권 사본 또는 항공화물운송장 사본
        • 원산지증명서(해당되는 경우에 한함)
        • 수출승인서(수출 시 해당 관청의 승인 또는 허가가 필요한 경우 관련 증명서류)
        • 그 밖에 참고서류

    ㉡ 관세사의 통관수수료

    관세사가 화주로부터 위임을 받아 통관 업무를 수행한 대가로 1999년부터 자율화되었고 자율화 전의 요율은 다음과 같다.

        • 수출 : [FOB 금액 × 관세 환율] × 0.15%(최소 1만 2천 원/최대 40만 원)
        • 수입 : [CIF 금액 × 관세 환율] × 0.2%(최소 2만 7천 원/최대 95만 원)

(4) 수출신고 수리 (방법)

① 자동수리

㉠ 개 념
- 전산에 의하여 자동으로 수리되는 것
- 검사대상 또는 서류제출대상이 아닌 물품은 수출통관시스템에서 자동수리

㉡ 대 상
- 검사대상 또는 서류제출 대상이 아닌 물품으로서 수출신고금액이 미화 10,000불 이내에서 세관장이 따로 정하는 금액 이내
- 통관시스템에 의해 우범물품으로 선별되지 아니한 품목

㉢ 수출신고 시 수출신고서를 세관에 제출해야 하는 물품(서류제출 대상물품)
- 세관장 확인대상물품 및 확인방법 지정 고시 중 수출신고 수리 전에 요건구비의 증명이 필요한 물품(다만, 수출승인기관과 전산망이 연계된 품목은 제외)
- 제약내용과 상이한 재수출물품 또는 재수출조건부로 수입통관된 물품의 수출
- 수출자가 재수입 시 관세 등의 감면·환급 또는 사후관리를 위해 서류제출로 신고하거나 세관검사를 요청하는 물품(다만, 단순반복 사용을 위한 포장용기는 제외)
- 수출통관시스템에서 서류제출대상으로 통보된 물품

② 즉시수리

㉠ 자동수리대상이 아닌 물품 중 검사생략 물품을 대상으로 한다.

㉡ 세관 직원이 신고 내용을 심사·수리한다.

㉢ 수출신고는 대부분 이 방법을 사용한다.

③ 검사 후 수리

㉠ 수출물품검사는 생략이 원칙이다.

㉡ 그러나 수출 시 현품 확인이 필요한 경우와 우범물품으로 선별된 물품 중 세관장이 검사가 필요하다고 판단한 물품에 대해 수출물품을 실제로 검사하고 수출신고를 수리하는 방법이다.

(5) 신고필증교부

① 문서를 제출하는 경우 : 수출신고서에 수출신고 수리인과 신고서 처리 담당자의 인장을 날인한 후 수출신고필증을 신고인에게 교부한다.

② 관세사가 EDI 방식에 의해 수출신고를 한 경우 : 수출신고서 세관기재란에 "본 신고필증은 수출통관 사무처리에 관한 고시 규정에 의거 본 관세사가 세관장의 신고수리사실을 확인하여 화주에게 교부한 것임"이라는 인장과 함께 당해 관세사가 날인하여 신고인에게 교부한다.

③ 화주가 직접 EDI 방식에 의해 수출신고를 한 경우 : "본 신고필증은 화주 직접신고에 의거 세관장으로부터 신고수리된 것임"이라는 기록과 함께 화주 등의 인장을 날인한다.

(6) 적하목록 제출 및 승인

① 적하목록의 개념

ㄱ 선박 또는 항공기에 적재된 화물의 총괄목록

ㄴ 수출화물 적하목록 작성의무자

- Master B/L : 선사 또는 항공사
- House B/L : 포워더(화물운송 주선업자)

ㄷ 선사 또는 항공사가 Master B/L과 House B/L을 취합, 출항익일까지 세관에 전자 문서로 제출해야 한다.

② 수출화물 적하목록 작성 및 제출 방법

ㄱ 선사나 항공사는 자신이 발행한 선하증권(Master B/L) 자료를 입력, 포워더는 선사, 항공사로부터 발급받은 Master B/L을 기초로 자신이 발행한 House B/L 자료를 입력한다.

ㄴ Master B/L(M-B/L)이란 선사나 항공사가 자신이 운송하기로 한 화물에 대하여 포워더 화주에게 발행한 유가증권으로서 포워더는 선사, 항공사에 화물운송주선을 하고 M-B/L을 발급받는다. 포워더는 일반인을 상대로 화물운송계약을 체결하고 각각의 화주에게 House B/L(H-B/L)을 발행한다.

ㄷ 선사, 항공사가 입력한 M-B/L 자료와 포워더가 입력한 H-B/L 자료는 컴퓨터에서 취합되며, 취합이 완료된 자료(적하목록)는 세관에 전송된다.

ㄹ 적하목록은 선사, 항공사, 포워더가 각각 작성하지만 제출책임자는 선사와 항공사다.

합격자 Tip

M-B/L과 H-B/L을 취합하는 컴퓨터 시스템을 적하목록취합시스템(Manifest Consolidation System ; MFCS)이라 한다.

③ 적하목록 제출 기한

　　㉠ 해상화물은 당해 물품을 적재 전까지(미국행 화물 및 미국 경유 화물은 적재 24시간 전까지) 제출해야 한다.

　　㉡ 중국 · 일본 · 대만 · 홍콩 · 러시아 극동지역 등 근거리 지역의 경우에는 적재항에서 선박이 출항하기 전까지 제출해야 한다(선박이 출항하기 30분 전까지 최종 마감하여 제출하여야 함).

　　㉢ 다음 어느 하나에 해당하는 경우에는 출항하기 전까지 제출할 수 있다.
　　　　• 벌크화물(선박이 입항하기 4시간 전까지 제출하여야 함)
　　　　• 환적화물, 공컨테이너
　　　　• 그 밖에 적재 24시간 전까지 제출하기 곤란하다고 세관장이 인정하는 물품

　　㉣ 다음의 선상 수출신고에 해당하는 물품의 경우에는 출항 익일 24시까지 제출할 수 있다.
　　　　• 선적한 후 공인검정기관의 검정서(SURVEY REPORT)에 의하여 수출물품의 수량을 확인하는 물품(예 산물 및 광산물)
　　　　• 물품의 신선도 유지 등의 사유로 선상 수출신고가 불가피하다고 인정되는 물품(예 내항선에 적재된 수산물을 다른 선박으로 이적하지 아니한 상태로 외국무역선으로 자격변경하여 출항하고자 하는 경우)
　　　　• 자동차운반전용선박에 적재하여 수출하는 신품자동차

⊕ **Plus one**

CSI (Container Security Initiative) 　기출　15년 1회
• 9.11테러 이후 대량살상무기(WMD) 등이 밀반입되는 것을 차단하고 자국영토를 보호하기 위해 미국관세국경 보호국(CBP)에서 도입한 제도
• 외국 항구에 CBP 대표부를 설치하여 미국으로 수입되는 컨테이너 화물을 사전에 검사하기 위한 제도

④ 적하목록 수정 및 정정
　　㉠ 세관에서 적하목록을 접수하기 전에 선사에서 작성한 적하목록에 오류가 발생하였을 경우, 전산에 의하여 수정 가능하다.
　　㉡ 세관에서 적하목록을 접수한 후에는 수정(정정) 신청서를 작성하여 B/L과 정정사유를 증명할 수 있는 증빙서류와 함께 제출하여야 수정 가능하다.

2. 수입통관

(1) 개 요

① 수입통관
　　외국물품을 우리나라에 반입하는 것을 허용하는 세관장의 처분이다.
② 수입통관절차
　　수입하고자 하는 물품을 세관에 수입신고한 후 필요한 경우 서류심사와 물품검사를 거쳐 수입신고수리를 받고, 수입물품을 인수하고나서 신고수리 후 15일 이내에 관세 등을 납부한다.

(2) 수입통관 절차 흐름도

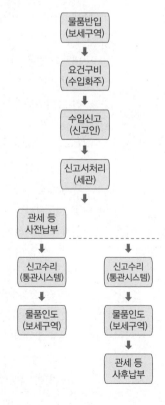

(3) 수입통관절차 기출 15년 2회, 15년 3회, 16년 1회, 16년 2회

| 수입승인 품목 여부 확인 | 수입신고 | 서류 및 물품 검사 | 수입신고 수리 및 관세납부 |

① **수입승인 품목여부 확인**
  ㉠ 모든 수입물품은 세관에 수입신고를 해야 한다.
  ㉡ HS Code 확인 결과 수입승인 품목인 경우, 승인 없이는 수입신고가 불가하다.

② **수입신고**
  ㉠ 수입신고
   • 보세구역에 반입되어 장치된 물품을 수입하겠다고 세관장에게 의사를 표시하는 것이다.
   • 수입신고를 함으로써 적용법령, 과세물건, 납세의무자를 확정한다.
  ㉡ 적용법령
   • 신고 당시 법령이 적용된다.
   • 과세물건 역시 수입신고 시 물품의 성질과 수량에 따라 확정된다.
   • 따라서 보세구역 장치 중 손상·변질된 경우 손상·변질된 상태대로 관세가 부과된다.
  ㉢ 납세의무자
   • 일반적으로 송장상의 수하인이다.
   • 대행의 경우 실화주이다.
   • 수입신고 수리에 보세구역 장치한 채 양도한 경우 양수인이 화주로서 납세의무자가 된다.
  ㉣ 수입신고인
   • 화주, 관세사, 통관법인 또는 관세사법인의 명의로만 가능하다.
   • 화주가 직접 신고하는 경우 법에 의하여 등록된 관세사 채용, 관세사 명의로 신고한다.
  ㉤ 수입신고 시기
   • 원칙적으로 선박 또는 비행기가 입항한 후부터 가능하다.
   • 예외적으로 입항 전에도 수입신고 및 수입신고 수리 가능하다.
   • 출항 전 신고
    – 항공기로 수입되는 물품나 일본, 중국, 대만, 홍콩으로부터 선박으로 수입되는 물품을 선(기)적한 선박과 항공기가 해당물품을 적재한 항구나 공항에서 출항하기 전에 수입신고하는 것
    – 우리나라 입항 5일전(항공기는 1일전)으로 물품을 적재한 선박(항공기)이 적재항 출항전에 신고

- 입항 전 신고
  - 우리나라 입항 5일전(항공기의 경우 1일전)으로 선박(항공기) 출항후 입항(하선[기]신고) 전
  - 선적항 출항 후 하선신고 시점 기준 입항 전 신고(FCL 화물)
- 보세구역 도착 전
  - 물품이 항구나 공항에 도착한 후 보세창고에 입고하기 전 수입신고하는 것
  - 보세구역이란 보세창고는 물론 부두 밖 콘테이너 보세창고 및 콘테이너 내륙통관기지, 선상도 포함하는 개념
- 보세구역 장치 후 신고 : 보세장치장에 반입 후 신고(30일 이내)

⊕ **Plus one**

수입신고 대상물품

출항 전 신고 또는 입항 전 신고 물품으로서 다음에 해당하는 물품은 당해 선박 또는 항공기가 우리나라에 도착한 후 신고해야 한다.

- 법령 개정에 따라 새로운 수입요건의 구비를 요구하거나 당해물품이 우리나라에 도착하는 날부터 높은 세율을 적용하므로 입법예고 된 물품
- 농·수·축산물 또는 그 가공품으로서 수입신고하는 때와 입항하는 때의 물품의 관세율표 번호 10단위가 변경되는 물품
- 농·수·축산물 또는 그 가공품으로서 수입신고하는 때와 입항하는 때의 과세단위(수량 또는 중량)가 변경되는 물품

• 기출 Check •

관세법상 입항 전 수입신고에 관한 설명으로 옳은 것은? [기출] 16년 1회

① 입항 전 수입신고가 된 물품은 우리나라에 도착한 것으로 보지 않는다.
② 입항 전 수입신고는 당해 물품을 적재한 선박 또는 항공기가 우리나라에 입항하기 7일 전(항공기의 경우 1일전)부터 할 수 있다.
③ 검사대상으로 결정된 물품은 수입신고지 관할 세관장이 적재상태에서 검사가 가능하다고 인정하는 경우, 해당 물품을 적재한 선박이나 항공기에서 검사할 수 있다.
④ 입항 전 수입신고된 물품의 통관절차 등에 관하여 필요한 사항은 세관장이 정한다.

해설 ① 입항 전 수입신고가 된 물품은 내국물품으로 본다.
② 우리나라에 입항하기 5일 전(항공기의 경우 1일 전)부터 할 수 있다.
④ 세관장이 아닌 관세청장이 정한다.

정답 ③

● 기출 Check ●

우리나라 관세법상 수입신고의 시기로 허용되는 것을 모두 나열한 것은?

기출 15년 2회

A : 보세구역 장치 후 신고
B : 보세구역 도착 전 신고
C : 입항 전 신고
D : 출항 전 신고

① A   ② A, B
③ A, B, C   ④ A, B, C, D

해설 수입신고 시기는 수입절차에 따라 그 시기를 구분한다.
- 출항 전 신고 : 항공기, 선박 출항 전
- 입항 전 신고 : 선적항 출항 후 입항 전 신고
- 보세구역 도착 전 : 보세구역에 반입하기 전이나 반입하지 않고 수입신고
- 보세구역 장치 후 신고 : 보세구역에 반입한 뒤 수입신고

정답 ④

● 기출 Check ●

우리나라 관세법상 수입신고에 관한 내용으로 옳지 않은 것은? **기출** 15년 3회

① 우리 관세법은 수입신고 후에 관세를 납부하도록 하는 점에서 통관절차와 과세절차를 구분하고 있다고 할 수 있다.
② 우리 관세법은 수입신고물품에 대하여 우범성이 높은 물품만 선별하여 집중적으로 검사하는 선별검사제도를 시행하고 있다.
③ 수입신고가 수리되면 외국물품이 내국물품으로 되어 보세구역으로부터 반출이 허용된다.
④ 관세납부 대상이 되는 물품은 관세가 납부되기 전에는 어떠한 경우라도 수입신고가 수리되지 않는다.

해설 ④ 우리나라에 도착한 과세물품은 보세구역 반입 후 30일 이내에 수입신고를 하여야 하며, 수입신고가 되면 수리 후 15일 이내에 관세가 납부되어야 한다.

정답 ④

ⓑ 수입신고 효력발생시점 : 전송한 신고 자료가 통관시스템에 접수되어 접수 결과를 신고인에게 통보한 시점

ⓐ 수입신고 요건
- 신고세관
  - 출항 전이나 입항 전 신고 : 수입물품 적재선박 등의 입항예정지 관할 세관장
  - 보세구역 도착 전 신고 : 수입물품이 도착할 보세구역 관할 세관장
  - 보세구역 장치신고 : 수입물품이 장치된 보세구역 관할 세관장
  - 신고 자료의 전송 및 결과통보
  - 수입신고를 하고자 하는 자는 신고 자료를 통관시스템에서 인정한 관세청사서함으로 전송한 후 아래의 수입신고서류 제출 → 세관장은 이상 없이 전송된 신고 자료에 대하여 신고일에 신고인에게 접수 여부, 통관시스템에 의한 검사대상 여부(C/S결과), 신고납부 대상물품인 경우 납부여부, 자동배부의 경우 신고서 처리담당 직원의 부호를 통보한다.
- 출항 전 및 입항 전 신고 요건
  - FCL 화물
  - 담보면제 및 포괄담보 운영에 관한 고시에 의거 담보면제한도액 또는 담보 사용 한도액이 있거나, 신고수리 전에 담보를 제공하거나, 관세를 미리 납부해야 한다.

ⓞ 수입신고서류
- 수입신고서
- 수입승인서 또는 수입인정서(수입승인 대상물품일 경우)
- 송품장(Commercial Invoice)
- 가격신고서(세관 또는 관세사 사무실에 비치)
- 선하증권(B/L)부본 또는 항공화물운송장(AWB) 부본
- 포장명세서(세관장이 필요 없다고 인정하는 경우 불필요)
- 원산지증명서(관세율의 특혜를 받을 수 있는 해당국에서 생산된 물품인지 확인할 경우 등에만 제출)
- 세관장이 확인하는 수입요건 대상물품 및 수입요건 확인서류(적용대상물품인 경우에 한함) 등 법 제226조(허가 · 승인 등의 증명 및 확인) 규정에 의한 세관장 확인물품 및 확인방법 지정고시 중 신고수리 전 구비서류
- 보세운송신고(승인)서 사본(신고된 물품에 한함)

B/L 분할신고·통합신고

- 원칙적으로 B/L 1건에 대하여 수입신고 1건으로 하나, 현품확인 및 과세가격 산출에 어려움이 없는 경우는 세관장의 승인을 받아 B/L을 분할하여 수입신고할 수 있다.
- 보세창고에 입고된 물품으로서 세관장이 화물관리방법을 따로 정한 경우에는 여러 건의 B/L에 관련되는 물품을 1건으로 수입신고할 수 있다.

③ 서류심사 및 물품검사
  ㉠ 서류심사
    • 심사사항
      – 수입신고 시 제출서류 구비여부
      – 세 번의 정확여부(세액, 세율은 면허 후 심사)
      – 분석의뢰의 필요성 여부
      – 사전세액심사 대상물품인지 여부
      – 기타 수입물품 통관을 위하여 필요한 사항
    • 보완요구
      – 신고서 항목의 기재사항이 미비된 경우(정정보완 요구)
      – 신고서 심사결과 첨부서류가 누락되었거나 증빙자료의 보완이 필요한 경우(서류보완 요구)
      – P/L 신고를 서류제출신고로 변경하려는 경우(서류제출 변경 요구)
  ㉡ 수입물품검사
    • 수입물품의 규격과 수량을 확인하고 그 물품의 HS 번호를 확인하여 세율을 결정하고 밀수품이 수입되는 것을 막는 것이 그 목적이다.
    • 검사 장소
      – 지정 장치장이나 세관검사장이 원칙이다.
      – 세관장 허가를 받아 지정보세구역 이외의 장소, 즉 타소장치장이나 선상도 가능하다.
    • 검사 대상 : 검사대상물품은 관세청장이 별도로 정하는 바로 결정되며 필수 검사대상물품은 HS 4단위 기준으로 약 241개 품목이 해당된다. 단, 검사대상물품으로 선정되더라도 다음 물품은 검사대상에서 제외한다.
      – 성실업체에서 동종동일물품을 반복적으로 수입신고하는 물품
      – 수출용 원재료로서 검사를 하지 않아도 검사목적의 달성이 가능하다고 판단되는 물품
      – 기타 소액물품, 무세품 및 업체의 성실도를 감안하여 검사할 필요가 없다고 세관장이 인정하는 물품

- 검사 시기
  - 수입신고 후가 원칙이다.
  - 긴급을 요하는 경우 사전검사 신청서(수입신고서양식)를 제출하여 검사를 받고 정식 수입신고 시에는 서면검사로 대체 가능하다.
  - 수입예정신고서 검사대상으로 선정된 경우 장치장소 등 검사에 필요한 사항을 검사담당공무원 등에게 구두 등으로 통보해야 한다.
- 검사 범위
  - 발췌검사가 원칙이다.
  - 우범성 정보가 있거나 불성실업체에서 수입신고한 물품, 변질 또는 손상된 물품, 종량세 물품, 기타 발췌검사로는 물품의 수량, 성질 등을 확인하기 어렵다고 세관장이 인정하는 물품 등은 전량검사를 실시한다.
- 검사 방법
  - 견본검사 : 수입자의 신용 등을 감안하여 수량 확인이 중요시되지 않는 물품으로서 견본검사만으로도 검사목적의 달성이 가능하다고 인정되는 경우
  - 세관검사장검사 : 일부 수량검사만으로 검사목적의 달성이 가능하다고 판단하여 세관장이 정하는 물품이나 전량 세관검사장에 반입하여 검사할 수 있는 물품
  - 파출검사 : 견본검사나 세관검사장검사를 실시하기 곤란한 물품

④ 수입신고 수리 (방법)
  - ㉠ 수입자가 신고한 내역에 대하여 세관에서 이를 적법하고 정당하게 이루어졌다고 인정하여 통관을 허용하는 행위이다.
  - ㉡ 실제로 신고인이 신고필증을 교부받는 것으로 신고수리가 이루어진다.
  - ㉢ 수입신고 수리가 된 물품은 내국물품이 되므로 보세구역(창고)에서 즉시 반출 가능하다.
  - ㉣ 수입신고 수리의 경우

합격자 Tip

어느 경우나 신고수리는 적하목록이 제출된 이후여야 한다.

  - 즉시수리물품 : 형식요건 확인 후 즉시 수리
  - 심사대상물품 : 심사 후 수리
  - 검사대상물품 : 검사 후 수리
  - ㉤ 관세사도 신고수리 여부를 전산조회한 후 수입신고필증을 발급할 수 있으며 이 경우 관세사는 1개월 범위 내에서 정하는 기간(예 매일, 매주) 내에 신고 시 제출서류를 통관지 세관장에게 제출해야 한다.

⑤ 관세 등 제세납부
  - ㉠ 원칙적으로 신고납부제이며 납세신고일로부터 15일 이내에 납부한다.
  - ㉡ 다만, 수입신고 수리 허용여부의 결정이 7일 이상 소요되는 경우 허용여부 결정일로부터 15일 이내에 납부한다.

ⓒ 수입물품에는 관세, 특별소비세, 주세, 교육세, 농어촌특별세, 부가가
치세 등 제세가 부과된다.

• 기출 Check •

관세법상 관세통관에 관한 설명으로 옳지 않은 것은? `기출` 16년 2회

① 수입신고의 시기는 출항 전 신고 – 입항 전 신고 – 보세구역 도착 전 신고
– 보세구역장치 후 신고의 순으로 빠르다.
② 보세공장에서 제조한 물품을 우리나라로 반입하려는 경우 원료과세 또는
제품과세 등의 방법으로 수입신고를 할 수 있다.
③ 수입신고 시 관세의 과세표준은 실제로 지급했거나 지급해야 할 가격에서 가
산요소 및 공제 요소를 조정한 가격을 기초로 확정하는 것이 일반적이다.
④ 수입신고 후 납세의무자가 신고납부한 세액이 부족한 것을 알았을 경우에
는 보정신고를 할 수 있으며, 신고납부한 세액이 과다한 것을 안 경우 수정
신고를 할 수 있다.

해설 ④ 납세의무자는 신고납부한 세액이 부족한 경우 수정신고(보정기간이 지난날부터 규정에
따른 기간이 끝나기 전까지로 한정)를 할 수 있다. 납세의무자가 신고 납부한 세액이 과
다한 것을 알게 되면 최초로 납세신고를 한 날부터 5년 이내에 대통령령으로 정하는 바
에 따라 신고 세액 경정을 세관장에게 청구할 수 있다.

정답 ④

• 기출 Check •

세관장이 원산지표시 대상물품을 제한할 수 있는 경우로 옳지 않은 것은?

`기출` 15년 2회

① 환적되는 외국물품 중 원산지를 우리나라로 허위 표시한 경우
② 원산지표시가 법령에서 정하는 기준과 방법에 부합되지 아니하게 표시된
경우
③ 정정지시를 수행한 경미한 원산지표시 위반의 경우
④ 원산지표시가 되어 있지 아니한 경우

해설 원산지표시 대상물품이 다음 셋 중 하나에 해당하는 경우 수입통관이 허용되지 않는다.
• 원산지표시가 법령에서 정하는 기준과 방법에 부합하지 않게 표시
• 부정한 표시가 사실과 다르게 표시된 경우
• 원산지표시가 되어 있지 아니한 경우
단, 경미한 위반은 세관장이 보완·정정하도록 한 후 통관을 허용할 수 있으므로 정답은 ③
이다.

정답 ③

기출 Check

수입신고의 취하 사유로 옳지 않은 것은? **기출** 15년 3회

① 수입계약 내용과 상이한 물품, 오송물품, 변질·손상물품 등을 해외공급자 등에게 반송하기로 한 경우
② 출항 전 신고나 입항 전 신고한 화물이 도착하지 아니한 경우
③ 통관보류, 통관요건 불합격, 수입금지물품 등의 사유로 반송하거나 폐기하려는 경우
④ 재해 등 기타 부득이한 사유로 수입물품이 멸실되거나 세관의 승인을 얻어 폐기하려는 경우

해설 수입신고취하신청서를 접수한 세관장이 수입신고를 취하하는 사유는 다음과 같다.
- 수입계약 내용과 상이한 물품, 오송물품, 변질·손상물품 등을 해외공급자 등에게 반송하기로 한 경우
- 재해 기타 부득이한 사유로 수입물품이 멸실되거나 세관의 승인을 얻어 폐기하려는 경우
- 통관보류, 통관요건 불합격, 수입금지물품 등 사유로 반송하거나 폐기하려는 경우
- 그밖에 위에 준하는 정당한 사유가 있다고 인정되는 경우

정답 ②

05 관세

중요 ▶ **1. 품목분류와 관세**

(1) 품목분류 **기출** 19년 3회

① 개요

㉠ 전 세계에서 거래되는 각종 물품을 세계관세기구(WCO)가 정한 국제통일상품분류체계(HS)에 의거하여 하나의 품목번호(Heading)로 분류하는 것이다.

㉡ 국제통상상품분류체계에 관한 국제협약(The International Convention on the Harmonized Commodity Description and Coding System ; HS 협약)에 의해 체약국은 HS 체계에서 정한 원칙에 따라 품목분류업무를 수행한다.

㉢ 국제통일상품분류체계(HS)는 관세, 무역통계, 운송, 보험 등과 같은 다양한 목적에 사용될 수 있도록 만든 다목적 상품분류제도이다.

합격자 Tip

HS 제정은 상품분류 체계의 통일을 기하여 국제무역을 원활히 하고 관세율 적용의 일관성을 유지하기 위한 것이 목적이다.

② 관세와 품목분류의 관계
- ㉠ 수입물품에 대한 관세는 해당 품목번호마다 적용되는 관세율이 미리 정해져 있으므로, 정확한 품목분류가 선행되어야 납부할 관세액이 결정된다.
- ㉡ 품목번호는 기능은 유사하지만 형태가 다르거나, 형태는 유사하나 기능이 다른 경우 또는 범용성 부분품인지 아니면 전용부분품인지 여부에 따라 달라진다.
- ㉢ 정확한 관세를 납부하기 위해서는 수입신고 시 올바른 품목분류가 중요하다.

2. 관세평가와 과세가격

(1) 관세평가

- ① 관세평가란 물품에 대해 이미 제도화된 과세절차를 통해 객관적이고 공정한 방법으로 관세 부가액을 산정해 내는 것을 말한다.
- ② 우리나라의 관세평가는 관세법 제30조(과세가격 결정의 원칙) 내지 제35조(합리적 기준에 따른 과세가격 결정)에서 규정하고 있는데 이는 WTO 관세평가 협정을 수용한 것이며 국제적인 관세평가 원칙과 동일하다.

(2) 과세가격(과세표준) 기출 20년 1회(2급)

- ① 개 념
  - ㉠ 관세의 과세표준을 가격으로 하는 경우를 종가세라 하며 수량을 과세표준으로 하는 경우를 종량세라고 하는데, 특히 종가세의 과세표준인 가격을 과세가격이라 한다.
  - ㉡ 흔히 과세가격을 '제2의 관세율'이라고 하는데 이는 일차적으로 관세액이 관세율에 따라 달라지는 것처럼 과세가격의 크기에도 좌우된다는 것을 의미한다.
- ② 과세가격 결정 원리/방법
  - ㉠ 현재 우리나라의 과세가격은 실거래가격을 기초로 결정된다.
  - ㉡ 과세가격의 결정방법으로 6가지 평가방법을 규정하고 이를 순차적으로 적용한다.
    - 6가지 방법 중 실제로 지급해야 할 금액에 몇 가지 조정요소를 가감하고 해당 물품을 우리나라에 반입시키는 데 소요된 운임과 보험료를 가산하는 제1방법이 그 적용범위가 가장 넓고 중요한 비중을 차지한다.
    - 과세가격 결정의 6가지 평가방법

- 제1방법 : 해당 물품의 거래가격을 기초로 한 과세가격 결정방법
- 제2방법 : 동종 · 동질물품의 거래가격을 기초로 한 과세가격 결정방법
- 제3방법 : 유사물품의 거래가격을 기초로 한 과세가격 결정방법
- 제4방법 : 수입 후 국내 판매가격을 기초로 한 과세가격 결정방법으로서 국내 판매가격에서 수입국의 이윤 및 일반경비, 수입원가 관련 비용 및 관세 등 제세를 공제한 금액을 과세가격으로 함
- 제5방법 : 산정가격(생산비용을 산정한 가격)을 기초로 한 과세가격 결정방법으로서 수출자의 제조원가에 수출국의 이윤 및 일반경비와 수입항까지 운임 및 보험료를 더한 금액을 과세가격으로 함
- 제6방법 : 합리적 기준에 의한 과세가격 결정방법으로서 제1방법에서 제5방법의 엄격한 기준을 완화하여 적용하는 방법

👍 중요 》 3. 관세 산출방식과 관세율

(1) 관세 산출방식

$$관세 = 관세의\ 과세표준 \times 관세율$$

① 관세의 과세표준 : 수입물품의 가격 또는 수량(종가세의 과세표준인 가격이 과세가격)
② 관세율 : 관세법 별표 관세율표에 정해진 물품별 세율에 의한다.
③ 종가세 적용 물품 산출방식

$$감정가격[실거래가격(일반적으로\ CIF\ 가격) \times 과세환율] \times 관세율$$

④ 종량세 적용 물품 산출방식

$$수입물품의\ 수량 \times 일정액(관세율표상)$$

(2) 관세율 　기출　15년 3회, 18년 2회(2급), 20년 1회(2급)

① 개 념
　㉠ 수입물품에 적용되는 세율이다.
　㉡ 종가세인 경우 과세표준은 물품의 과세가격, 관세율은 백분율(%)이 되고, 종량세인 경우 과세표준은 물품의 과세수량, 관세율은 1단위 수량당 금액으로 나타낸다.

② 관세율의 종류

　ⓐ 기본관세율

　　• 우리나라 국회에서 법률 형식으로 제정한 세율이다.

　　• 관세법 별표 관세율표에 품목별 세율을 기재한다.

　ⓑ 탄력관세율

　　• 개념 : 탄력관세제도(Flexible Tariff System)란 법률에 의해 일정한 범위 안에서 관세율의 변경권을 행정부에 위임하여 관세율을 탄력적으로 변경할 수 있도록 함으로써 급격하게 변동하는 국내외적 경제여건 변화에 신축성 있게 대응하여 관세 정책을 보다 효과적으로 수행하는 제도

합격자 Tip

덤핑방지관세·상계관세·보복관세·긴급관세 및 특별긴급관세의 세율은 협정관세율보다 우선 적용한다.

〈탄력관세율의 종류〉

덤핑방지관세	외국물품의 덤핑(부당하게 싼 가격으로 수입)을 방지하는 수단으로 부과하는 관세로 WTO 제6조에 의하면 덤핑방지관세는 국내산업에 중대한 위협을 주는 경우에 한하여 부과하도록 하고 있다.
보복관세	교역상대국이 우리나라의 수출품 또는 선박, 항공기에 대하여 불리한 대우를 하는 경우에 자국의 이익을 보호하기 위하여 그 나라의 수입물품에 대하여 보복적으로 할증 부과하는 관세이다.
긴급관세	특정물품의 수입증가로 동종물품 또는 직접적인 경쟁관계에 있는 물품을 생산하는 국내산업에 심각한 피해를 주거나 줄 우려가 있는 경우에 부과하는 관세이다.
조정관세	일시적으로 일정한 기간 동안 세율을 조정하여 부과하는 관세이다. 산업구조의 변동으로 물품 간의 세율이 현저히 불균형하여 이를 시정할 필요가 있는 경우, 국민건강·환경보전·소비자보호 등을 위하여 필요한 경우, 농림축수산물 등 국제경쟁력이 취약한 물품의 수입증가로 국내시장이 교란되거나 산업기반을 붕괴시킬 우려가 있어 이를 시정 또는 방지할 필요가 있는 경우에 부과할 수 있다.
특정국물품 긴급관세	특정국가 물품의 수입증가가 국내시장의 교란 또는 교란우려의 중대한 원인이 되거나 다른 세계무역기구 회원국이 특정국가 물품에 대하여 자국의 피해를 구제하거나 방지하기 위하여 취한 조치로 인하여 우리나라에 대한 수입증대가 발생할 경우 필요한 범위 내에서 기본세율에 추가하여 부과하는 관세이다.
농림축산물에 대한 특별긴급 관세	특정물품이 UR협상에서 정한 기준발동물량을 초과하거나 일정수준 이하의 가격으로 수입되는 경우, 관세를 추가로 부과하여 국내산업을 보호하는 제도이다.
상계관세	수출국에서 제조, 생산 또는 수출에 관하여 보조금을 지급받은 물품이 수입되어 국내산업을 저해하는 경우에 기본세율 이외에 해당 보조금만큼의 금액을 추가부과하는 관세이다.

편익관세	조약에 의한 관세상의 편익을 받지 않는 특정국가에서 생산된 특정물품이 수입될 때 기존 외국과의 조약에 의하여 부과하고 있는 관세상 혜택의 범위 한도 내에서 관세에 관한 편익을 부여하는 것이다.
계절관세	가격이 계절에 따라 현저하게 차이가 있는 물품으로서 동종물품 · 유사물품 또는 대체물품의 수입으로 국내시장이 교란되거나 생산기반이 붕괴될 우려가 있는 경우에 계절구분에 따라 당해 물품의 국내외 가격차에 상당하는 율의 범위 안에서 기본관세보다 높거나 또는 낮게 부과하는 관세이다.
할당관세	관세율을 조작하여 수입수량을 규제할 목적으로 특정물품의 수입에 대하여 일정 수량의 한도를 설정하고 그 수량 또는 금액만큼 수입되는 분에 대하여 무세 내지 저세율을 적용하고 한도 이상 수입되는 분에 대해서는 고세율을 적용하는 일종의 이중관세이다.

ⓒ 양허관세율
- 개념 : 우리나라의 통상과 대외무역증진을 위하여 특정국가 또는 국제기구와 조약 또는 행정협정 등으로 정한 세율
- 편익관세(관세법 제74조 및 제75조)
  - 협정주체별 : 양국 간 협정에 의한 세율/다국 간 협정에 의한 세율
  - 협정종류별 : WTO 협정 일반 양허관세율/WTO 협정 개도국간 양허관세율/방콕 협정양허관세율/개발도상국 간 무역특혜제도(GSTP) 양허관세율/특정국가와의 관세협상에 따른 국제협력관세율
- 협정세율
  - 협정세율은 협정 종류에 따라 당해 협정에 가입한 국가에서 생산한 물품에 한하여 적용이 가능하므로 원산지증명서에 의거 원산지를 확인하고 양허세율을 적용한다.
  - 협정종류별 양허관세
    ⓐ 세계무역기구협정 일반양허관세 : 「1994년도 관세 및 무역에 관한 일반협정에 대한 마라케쉬 의정서」에 따라 세계무역기구 회원국에 대하여 적용한다.
    ⓑ 세계무역기구협정 개발도상국 간의 양허관세 : 「세계무역기구 협정 개발도상국 간의 무역협상에 관한 의정서」에 따라 같은 의정서에 서명 · 가입한 국가에 대하여 적용한다.
    ⓒ 아시아 · 태평양 무역협정에 따른 양허관세 : 「아시아 · 태평양 무역협정」에 따라 같은 협정에 서명 · 가입한 국가에 대하여 적용한다.
    ⓓ 개발도상국 간 특혜무역제도의 양허관세 : 「유엔무역개발회의 개발도상국 간 특혜무역제도에 관한 협정」에 서명 · 가입한 국가에 대하여 적용한다.

- 양허세율의 적용

  기본세율 · 잠정세율 · 조정관세율 · 계절관세율 · 할당관세율에 우선
  하여 적용(양허세율이 낮은 경우에만 우선적용). 단, WTO 양허관세
  규정 별표1의 나 및 별표3의 다 세율(농림축산물 양허관세)은 기본세
  율 및 잠정세율에 우선하여 적용한다.

● 기출 Check ●

자유무역협정관세의 적용 시 적용세율에 관한 설명으로 옳지 않은 것은?

기출 15년 3회

① 덤핑방지관세는 일반적으로 적용되는 세율에 더하여 적용된다.
② 한 · 미 FTA 적용대상 품목과 세율은 자유무역협정 관세특례법 시행령 별
표에 규정되어 있다.
③ 농림축산물에 대한 특별긴급관세는 관세율 높낮이에 관계없이 최우선으로
적용한다.
④ 자유무역협정관세율이 상계관세율보다 높은 경우에 한하여 자유무역협정
세율을 적용한다.

해설 자유무역협정관세율이 관세법 제50조가 정하는 적용세율보다 높은 경우에는 협정관세율을
우선 적용한다. 단, 덤핑방지관세 · 상계관세 · 보복관세 · 긴급관세 및 특별긴급관세의 세율
은 협정관세율보다 우선 적용한다.

정답 ④

③ 관세율 적용의 우선순위

순위	관세율 구분	우선적용 규정
1	• 덤핑방지관세 • 상계관세 • 보복관세 • 긴급관세 • 특정국물품 긴급관세 • 농림축산물에 대한 특별긴급관세 • 조정관세*	• 관세율의 높낮이에 관계없이 최우선 적용
2	• 편익관세 • 국제협력관세	• 후순위의 세율보다 낮은 경우에만 우선하여 적용 • 국내외의 가격차에 상당하는 율로 양허하거나 기본세율보다 높은 세율로 양허한 농림축산물 중 대통령령으로 정하는 물품에 대하여 양허한 세율은 기본세율 및 잠정세율에 우선하여 적용
3	• 조정관세(* 제외) • 할당관세 • 계절관세	• 할당관세의 세율은 일반특혜관세의 세율보다 낮은 경우에만 우선하여 적용

4	• 일반특혜관세	–
5	• 잠정세율	• 기본세율과 잠정세율은 별표 관세율표에 따르
6	• 기본세율	되, 잠정세율은 기본세율에 우선하여 적용

* 공중도덕 보호, 인간·동물·식물의 생명 및 건강 보호, 환경보전, 유한 (有限) 천연자원 보존 및 국제평화와 안전보장 등을 위하여 필요한 경우 의 세율

4. 관세환급

(1) 개 념

① 원재료를 수입하여 제조·가공 후(원상태 수출도 포함) 수출 등에 제공했을 경우 원재료 수입 시 납부한 모든 세금을 수출자 또는 수출물품의 생산자에게 환급해주는 것이다.

② 환급대상이 되는 관세 등은 부가가치세를 제외하고 수입 시 납부한 모든 세금을 말한다.

③ 관세 등의 환급을 받으려면 관세환급을 신청할 수 있는 자가 환급대상 수입물품(원자재)으로 제조·가공한 생산품을 환급대상수출에 제공하고 수출에 제공된 날부터 2년 이내에 환급을 신청해야 한다.

(2) 환급대상 수출입 `기출` 16년 1회

① 수 출
  ㉠ 대외무역법상의 정상수출(세법 규정에 의거 수출신고가 수리된 수출)
  ㉡ 기획재정부령으로 정한 무상수출
  ㉢ 기획재정부령으로 정한 외화판매, 외화공사
  ㉣ 보세구역/공장 등에 물품 공급
  ㉤ 기타 수출행위로 인정되어 기획재정부령으로 정한 경우
  ㉥ 타 법령에서 정한 경우

② 수 입
  ㉠ 수출용 원재료에 해당되는 것
  ㉡ 수입 시 관세 등을 납부한 것
  ㉢ 환급제한 원재료
    • 환특세율이 적용된 것
    • 간이세율이 적용된 것
    • 덤핑·보복·상계관세가 적용된 것
    • 내수조건 용도세율이 적용된 것 등

합격자 Tip

일반 유상수출물품을 환급 받기 위해서는 당해 수출 물품이 선적된 것이 관세 청의 전산시스템에 입력되 어 있어야 한다.

(3) 관세환급 요건

① 관세 등을 납부하고 수입한 원재료가 수출용 원재료에 해당하여야 한다(법 제3조).
② 수출이행기간(2년) 이내여야 한다(법 제9조).
③ 환급대상수출(법 제4조)에 제공된다.
④ 수출신고 수리일로부터 2년 이내에 환급신청해야 환급이 가능하다.

(4) 관세환급 방법

① 환급신청인
　㉠ 수출자 또는 제조자 중 수출신고서에 환급신청인으로 기재된 자
　㉡ 환급신청인을 변경하고자 할 경우(제조자 → 수출자) 상대방(제조자)의 동의서 첨부, 수출신고필증 정정 신청을 하여 승인을 받아야 한다.
② 환급신청기관
　㉠ 제조장 관할세관
　㉡ 제조장이 2인 이상인 경우 제조장 별로 각 제조장 관할세관에 따로 환급신청하거나 본사에서 각 제조장 수출물품에 대하여 일괄환급신청이 가능하다.
③ 환급금 지급
　㉠ 환급금이 결정되면 신청인이 신고한 계좌에 입금한다.
　㉡ 환급신청 전에 계좌를 신고하여 전산 시스템에 등록해야 한다.

④ 관세환급 절차

　⊙ 환급신청 준비 : 환급신청은 환급신청인의 제조장 또는 본사(법령에 의하여 사업장으로 등록된 사무소 포함)를 관할하는 세관장에게 신청하여야 한다. 이때 환급신청인은 환급신청 전에 관할세관에 전용계좌번호를 서류로 통보하여야 한다.

　⊙ 환급의 신청
- 신청서 작성
- 접수번호 부여 및 전산심사
- 접수통보 후 3일 이내 서류 제출
- 환급결정 및 지급

합격자 Tip

간이정액환급은 간이정액
율표 고시단위(매년단위로
고시함)별로 수출월 구분
없이 동일한 HS 품목이면
동시에 환급신청이 가능하
다. 이때 신청서의 오류를
검증한다.

(5) 환급금 산출 방법 `기출` 17년 2회

① 정액환급방법과 개별환급방법의 개요

　⊙ 정액환급방법 : 정부가 정하는 일정한 금액(정액환급률표상의 금액)을 소요원재료의 수입 시 납부세액으로 보고 환급금을 산출하도록 하는 방법

　⊙ 개별환급방법 : 수출물품 제조에 소요된 원재료의 품명·규격·수량과 동 원재료 수입 시 납부세액을 원재료 개별적으로 확인하여 환급금을 산출하는 방법

② 간이정액환급

합격자 Tip

관세환급이란 수출물품 제
조에 소요된 원재료의 수입
시 납부세액을 수출한 때
되돌려주는 것이므로 환급
액을 정확하게 산출하기 위
해서는 개별환급방법에 의
하는 것이 합리적이다.

　⊙ 간이정액환급제도는 개별환급을 받을 능력이 없는 중소기업의 수출을 지원하고 환급 절차를 간소화하기 위하여 도입된 제도로서 수출물품에 대한 환급액 산출 시(내국신용장 등에 의한 국내거래물품에 대한 기초원재료 납세증명서 발급시 포함)에 정부가 정하는 일정금액(간이정액환급률표 상의 금액)을 수출물품 제조에 소요된 원재료의 수입 시 납부세액으로 보고 환급액등을 산출하도록 한 제도이다.

　⊙ 간이정액환급률표를 적용할 수 있는 수출업체는 중소기업기본법 제2조의 규정에 의한 중소기업체로서 환급신청년도가 속하는 년도의 직전 2년간 매년도 총 환급실적(기초원재료 납세증명서 발급실적 포함)이 6억원 이하인 업체에 한정된다.

합격자 Tip

간이정액환급률
수출물품의 세번부호(HS 10단위)별로 전년도 평균 환급액(개별환급액)을 기준으로 금년도 수출물품에 대한 원재료 납부세액 산출에 영향을 미치는 요소, 즉 관세율 및 환율의 변동 등을 고려하여 수출금액 (FOB 10,000원)당 환급액을 책정한다.

ⓒ 환급액 산출방법

- 환급신청의 경우는 수출신고필증상의 FOB₩(원), 기초원재료 납세증명서 발급신청의 경우는 내국신용장, 구매확인서 또는 특수신용장상의 물품금액 10,000원당 책정한 간이정액환급률을 곱하여 산출한다.

$$\frac{수출신고필증상의\ FOB₩(원)}{10,000} \times 간이정액환급률$$

- 단, 기초원재료 납세증명서를 발급 신청할 때 물품대금과 양도세액이 구분 표시되지 않은 경우 아래 공식에 의거 물품대금을 산출한 뒤 간이정액환급금 산출 공식에 의거 산출한다.

$$물품대금 = \frac{원화로\ 표시된\ 내국신용장\ 등의\ 거래금액}{1+(적용할\ 간이정액)/10,000}$$

ⓓ 간이정액률 적용제외 물품

- 간이정액 대상품목에 대해 그 요건에 해당되는 수출업체는 간이정액환급률 표에 의한 환급을 우선 적용해야 할 의무가 있기 때문에 임의로 개별환급방법 등을 적용할 수 없다.
- 그러나 수출업체의 입장에서는 간이정액환급률표를 적용한 환급액이 개별환급방법에 의한 환급액보다 적은 경우가 발생할 수 있다. 이 경우 관할지 세관장에게 간이정액환급 비적용 신청을 하여 승인 받아 개별환급방법으로 환급받을 수 있다.
- 비적용 승인을 받은 수출업체는 정액율표상의 모든 품목에 대하여 적용이 배제되고 품목별 선별 비적용은 인정되지 않는다.
- 간이정액 비적용 승인을 받은 업체가 다시 간이정액환급을 적용하려면 비적용 승인일로부터 2년이 경과한 후에 환급기관장에게 적용 신청하여 승인을 받아야 한다.
- 적용 승인을 받은 자가 다시 비적용 승인을 신청할 경우에도 2년이 경과한 경우에 가능하다.
- 다만, 생산공정 변경 등으로 소요량 계산서의 작성이 곤란하게 된 때 또는 정액환급율표에 의한 환급액이 개별환급액의 70%에 미달하게 된 때는 그렇지 않다.
- 수입물품을 수입한 상태 그대로 수출한 경우에는 간이정액으로 환급 신청 시 개별 환급액으로 신청할 때보다 환급액이 너무 과소 계상되기 때문에 간이정액율표의 적용을 배제한다.

③ 개별환급방법

㉠ 개별환급제도란 수출품을 제조하는 데 소요된 원재료의 수입 시 납부한 관세 등의 세액을 소요원재료별로 확인·합계하여 환급금을 산출하는 방법으로 개별환급방법은 우선 정액환급률표가 적용될 수 없는 수출물품에 적용된다. 일반적으로 개별환급이 전체 환급실적의 대부분을 차지한다.

㉡ 개별환급방법은 정액환급에 비하여 납부세액을 정확하게 환급할 수 있는 장점은 있으나 구비서류가 복잡하고 환급금 산출에 많은 시일이 소요된다는 단점이 있다.

㉢ 개별환급으로 환급을 신청할 경우에는 국내산업보호 등 정책목적상 환급금의 지급을 일부 제한하는 지급제한물품여부를 확인하여야 하고 수출물품의 제조과정에서 경제적 가치가 있는 부산물이 발생하는 경우에는 부산물공제비율만큼 부산물의 가치에 해당하는 금액을 공제해야 한다.

㉣ 개별환급제도에는 수출품 생산자가 수출용 원재료를 수입하여 생산한 중간원재료를 국내에서 구입하여 수출하는 경우 수출품 생산자가 환급을 받을 수 있도록 중간제품에 대한 납부세액을 증명하는 기초원재료 납세증명제도와 수입한 물품이나 중간원재료를 수입(구입)한 상태 그대로 수출품 생산자에게 공급한 경우 공급한 물품에 대한 납부세액을 증명하는 분할증명제도가 있다.

㉤ 환급금의 산출

개별환급에 의한 환급금 산출을 위해서는 수출물품 제조에 소요된 원재료의 품명·규격·수량을 확인해야 하는데, 환급특례법 제10조 제1항 및 동법 시행령 제11조의 규정에 의해서 업체에서 소요량을 자율 산정하여 소요량계산서를 작성하여 환급금 산출에 이용한다.

㉥ 개별환급의 제한

• 개별환급제도는 수출품 제조에 소요된 원재료별로 수입 시 납부세액을 산출·환급하는 것이므로, 원재료 수입 시 납부세액 전액을 돌려주는 것이 원칙이나 정책상 환급금 지급을 제한하는 경우가 있다.

• 국내산업보호 등의 목적으로 기획재정부장관이 정하는 물품(원재료)에 대해서는 기획재정부장관이 정하는 비율만큼 공제 후 환급액을 지급하는 것이 개별환급금 지급제한제도이다.

• 환급제한을 받는 물품은 덤핑방지관세(관세법 제51조), 보복관세(제63조), 상계관세(제57조)의 규정 적용을 받는 물품 등이다.

• 정액환급 시에는 지급제한을 하지 않고 있다.

• 제한비율 = 탄력관세율에 의한 관세액 − 기본세율에 의한 관세액

⊕ Plus one

부산물공제제도

- 수출물품 제조과정에서 경제적 가치가 있는 부산물이 발생하는 경우 손모율로 인정된 부분에서 부산물이 발생함에도 소요된 수입원료의 납부세액 전부를 환급함은 형평의 원칙에 맞지 않을 뿐만 아니라 사실상 수출되지 않은 동 부산물 제조용 원재료에 대하여도 관세 등을 환급함은 부당하므로 원재료 수입 시 납부한 관세 등의 금액에서 부산물의 가치에 해당하는 금액을 공제한 후 잔액을 환급해주는 제도
- 수출물품의 제조과정에서 발생된 부산물 중 환급금에서 공제대상이 되는 부산물은 경제적인 가치가 있어서 판매되거나 자가 사용된 것
- 공제비율 공식

$$부산물\ 공제비율 = \frac{D}{A \times C/B + D}$$

  * A : 부산물이 발생하는 당해 공정에서 생산된 제품의 가격
  * B : 부산물이 발생하는 당해 공정에서 소요된 총 원재료의 가격
  * C : 부산물을 발생시킨 당해 원재료의 가격
  * D : 부산물의 가격

  (단, A, B의 가격을 산정하기 곤란한 경우에는 D/C로, 위의 A, B, C, D의 가격을 산정하기 곤란한 경우에는 부산물 발생비율로 부산물 공제비율을 대신할 수 있음)

  다만, 기초원재료 납세증명서를 발급 신청할 때 물품대금과 양도세액이 구분 표시되지 않은 경우 다음 공식에 의거 물품대금 산출 뒤 간이정액환급금 산출 공식에 의거 산출

자율소요량제도 `기출` 17년 2회

- 소요량 : 수출물품 제조, 가공에 필요한 원자재의 단위당 실량에 생산과정에서 발생하는 단위당 평균손모율을 더하여 산출하는 기준량
- 손모량 : 수출물품을 정상적으로 생산하는 과정에서 발생하는 원재료의 손실량(불량품 생산에 소요된 원재료의 양은 제외)
- 단위실량 : 수출물품 1단위를 형성하고 있는 원재료의 종류별 양
- 단위소요량 : 수출물품 1단위를 생산하는 데 소요된 원재료별 양으로서 단위실량과 손모량을 합한 양

자율소요량제도에서 수출물품 1단위를 생산하는 데 소요된 원재료별 양으로서 단위실량과 손모량을 합한 양을 나타내는 용어로 옳은 것은? 기출 17년 2회

① 소요량   ② 손모량

③ 단위실량   ④ 단위소요량

해설 ① 수출물품 제조, 가공에 필요한 원자재의 단위당 실량에 생산과정에서 발생하는 단위당 평균손모율을 더하여 산출하는 기준량
② 수출물품을 정상적으로 생산하는 과정에서 발생하는 원재료의 손실량(불량품 생산에 소요된 원재료의 양은 제외)
③ 수출물품 1단위를 형성하고 있는 원재료의 종류별 양

정답 ④

실전 예상문제

01

해운동맹에 관한 다음 설명으로서 틀린 것은?

① 특정 항로에 취항하는 정기선사 상호 간에 과당 경쟁을 피하고 독점력을 강화하기 위한 일종의 카르텔이다.

② 해운동맹의 대표적인 기능으로는 독자행동권, Service Contract 등이 있다.

③ 미국의 OSRA 제정 이후 미주항로에서 해운동맹이 쇠퇴하였다.

④ EU에서는 2008년 해운동맹의 독점금지법 적용 예외를 인정하는 법률을 폐지하였다.

✎ 해설

해운동맹은 "운임협정, 운항협정, 풀링협정, 공동운항, 중립감시기구, 투쟁선"으로서의 기능이 있다.

정답 ②

02

미국관세국경보호국(CBP)에서 도입한 제도로 자국으로 수입되는 컨테이너 화물을 선적지에서 사전 검사하기 위한 제도는?

① CSI(Container Security Initiative)

② C-TPAT(Customs-Trade Partnership Against Terrorism)

③ AEO (Authorised Economic Operator)

④ ISPS Code (International Code for the Security of Ships and of Port Facilities)

✎ 해설

미국관세국경보호국(CBP)에서 도입한 CSI(Container Security Initiative)는 미국 세관 직원이 주요 항만에 주재하며 미국행 컨테이너에 대한 보안 검색을 하도록 합의한 협정이다. 검사 대상인 컨테이너 선별은 우리나라 선사가 미국 관세청으로 선적 24시간 전에 전자적으로 제출하는 선적 정보를 토대로 미국 적하목록선별 시스템인 ATS(Automated Targeting System)를 이용한 분석을 통해 우범 컨테이너를 선별하여 검사를 실시한다.

② AEO를 미국에서는 C-TPAT(Customs-Trade Partnership Against Terrorism)라고 한다.

③ AEO(Authorised Economic Operator)는 세관에서 수출기업이 일정 수준 이상의 기준을 충족할 경우 통관절차 등을 간소화시켜 주는 제도이다. 9 · 11 테러 이후 미국 세관에서 안전을 강조하면서 통관이 지연되자 세계관세기구에서 관련 규정을 강화하기 위해 도입한 것이다. AEO 적용대상에는 제조자, 수입자, 관세사, 운송인, 중계인, 항구 및 공항, 배송업자 등이 모두 포함된다.

④ ISPS Code(International Code for the Security of Ships and of Port Facilities)는 9 · 11 테러 이후, 해상화물 운송선박 및 항만시설에 대한 테러 가능성이 제기됨에 따라 해상분야 보안강화를 위하여 IMO에서 ISPS Code 즉, 국제선박 및 항만시설 보안에 관한 규칙을 제정하여 2004년부터 발효하였다. 적용대상은 국제항해에 종사하는 선박이 이용하는 항만시설이다.

정답 ①

03

종합보세구역 지정대상에 관한 설명으로 틀린 것은?

① 자유무역지역의 지정 및 운영에 관한 법률에 따른 관세자유지역
② 물류시설의 개발 및 운영에 관한 법률에 따른 물류단지
③ 유통산업발전법에 의한 공동집배송센터
④ 외국인투자촉진법에 의한 외국인투자지역

✎ 해설

종합보세구역은 외국인투자지역, 산업단지, 공동집배송센터, 물류단지, 기타 종합보세구역으로 지정됨으로써 외국인투자촉진 · 수출증대 및 물류촉진 등의 효과가 있을 것으로 예상되는 지역을 지정대상으로 한다(관세법 시행령 제214조 제1항).

정답 ①

04

정기용선계약에서 일반적으로 선주가 부담하는 비용에 포함되지 않는 것은?

① 선원의 급료
② 연료비
③ 선박의 수리비
④ 선박보험료

✎ 해설

선주는 선용품, 수리비 등 직접비와 보험료, 금리 등 간접비를 부담하고, 용선자는 용선료 외에 연료비, 항구세 등 운항비를 부담한다.

정답 ②

05

정기선 운송과 부정기선 운송에 관련된 내용을 나열한 보기의 내용 중 정기선 운송과 관련된 사항만을 고른 것은?

㉠ Shipping Schedule	㉡ Open Rate
㉢ Tariff	㉣ Private Carrier
㉤ Charterparty	㉥ Bulk Cargo
㉦ Shipping Conference	㉧ FIO Term

① ㉠, ㉢, ㉦
② ㉡, ㉣, ㉦
③ ㉤, ㉥, ㉧
④ ㉠, ㉣, ㉦

✎ 해설

Open Rate 각 선박회사가 자유로이 결정할 수 있는 운임, **Tariff** 항공화물요율/관세, **Private Carrier** 자가 운송인, **Charterparty** 용선계약(서), **Bulk Cargo** 산화물, **Shipping Conference** 해운동맹, **FIO Term**(Free In and Out) 적하 · 양하비용 선주무부담조건

정답 ①

06

수출가격 구성요소 중 하나인 수출부대비용 중 가장 큰 비중을 차지하는 항목은?

① 운송비용
② 보험료
③ 통관비용
④ 환가료

✎ 해설

수출가격은 수출물품 조달(제조)가격과 수출자의 이익 및 수출부대비용으로 구성된다.

정답 ①

07

다음 중 선박임대차 계약과 유사한 형태의 용선에 해당한 것은?

① 선복용선(Lump-sum Charter)
② 나용선(Bareboat Charter)
③ 일대용선(Daily Charter)
④ 정기용선(Time Charter)

✎ 해설

용선계약은 크게 선박전체를 빌리는 전부용선계약 (Whole Charter)과 선박의 일부를 빌리는 일부용선계약 (Partial Charter)으로 구분되고, 전부용선계약은 다시 정 기용선계약, 항해용선계약, 나용선계약으로 나누어진다. 특히 나용선계약은 일반 전부용선계약과 구별되는 것으 로 의장을 제외하고 오직 배만 빌리는 것을 의미한다.

정답 ②

08

운송주선인이 운송서류를 발행하기 위해서는 다음 의 어떤 자격을 갖추어야 하는가?

① Master
② Owner
③ Consignor
④ Multimodal Transport Operator

✎ 해설

UCP 규정에 따르면 운송주선인이 발행한 운송서류는 수 리가 거절되는 운송서류인데, 단지 운송주선인이 운송인 의 자격(운송인인 Carrier, 복합운송인인 Multimodal Transport Operator)이나 운송인의 대리인 자격으로 발 행한 운송서류는 수리가 가능하다.

정답 ④

09

물품의 선적 및 양륙비를 화주(매도인/매수인)가 부 담하지 않고 운송인(선박회사 또는 선주)이 부담하 는 조건은?

① F.O.
② F.I.O.
③ Net Terms
④ Berth Terms

✎ 해설

정기선 하역비 부담조건을 Berth/Liner Term(적양비 모 두 선주 부담)이라고 한다.

정답 ④

10

남북한교역물품에 대한 원산지 확인에 관한 내용으 로서 옳은 것은?

① 남한의 원산지증명서 발급기관은 세관에만 한한다.
② 북한의 원산지증명서 발급기관은 조선민족경제 협력연합회이다.
③ 반입된 물품의 원산지가 북한인 경우에는 Made in NOK(North of Korea)로 표시한다.
④ 개성공단에서 반입된 물품의 전체 직접재료비 중 국내공급분이 40% 이상인 경우는 국내산으로 본다.

✎ 해설

①·② 남북한 간 거래 물품에 대한 원산지증명서 발급기 관은 남한의 경우 세관과 대한상공회의소, 북한은 조 선민족경제협력연합회이다.
③ 반입물품의 원산지가 북한인 경우에는 Made in DPRK(Democratic People's Republic of Korea) 또는 북한산으로 표시
④ 개성공단 생산품이라도 국내 투자지분과 국내산 직접 재료비 비중이 각각 60% 이상이어야만 'Made in Korea(Gaeseong)' 또는 '한국산(개성)' 등으로 표시 할 수 있다.

정답 ②

11

국제신용장거래관습에서 원산지증명서(C/O)의 요건에 관한 설명 중 틀린 것은?

① 제조업자의 C/O가 요구된 경우 제조업자의 표기 없이 상공회의소가 이를 발행하고 서명한 증명서도 유효하다.

② C/O 수하인은 운송서류의 수하인과 모순되지 않아야 하지만, 개설의뢰인 등을 지정하여 기명할 수 있다.

③ C/O는 물품의 원산지, 발행인의 서명과 일자를 필수로 하지만, 선적일자 이후의 일자도 무방하다.

④ C/O 송화인은 수익자나 운송서류의 화주와 달라도 되지만, 자료내용은 기타서류와 모순이 없어야 한다.

✎ 해설

제조업자(수출자) 원산지증명서(C/O)란 수입자 요청에 의해 수출자 또는 제조업자 양식으로 작성한 원산지증명서로 수출자(제조업자)가 반드시 서명해야 한다.

정답 ①

12

다음 중 소량화물(LCL)의 경우 화인에 반드시 표시해야 하는 사항은?

① 원산지와 최종도착지
② 주화인과 최종도착지
③ 주화인과 화번
④ 화번과 최종도착지

✎ 해설

다수 소량화주의 소화물들을 LCL 화물이라 하며 선적 시 LCL 화물을 모아 FCL 화물로 작업[혼재작업(Consolidation)]하게 되는데 이때 각 LCL 화물의 정확한 확인을 위해 화인에 화(물)번(호)과 최종도착지를 필히 표시해야 한다.

정답 ④

13

Terminal Operator가 컨테이너 화물을 인수하고 발행해 주는 서류는?

① Dock Receipt
② Equipment Receipt
③ Booking List
④ Mate's Receipt

✎ 해설

- 재래선의 경우 : M/R(Mate's Receipt : 본선수취증)
- 컨테이너선의 경우 : D/R(Dock Receipt : 부두수취증)

정답 ①

14

다음 중 컨테이너운송의 장점을 최대로 활용할 수 있는 운송방식은?

① CY-CY(Door to Door) 운송
② CY-CFS 운송
③ CFS-CY 운송
④ CFS-CFS 운송

✎ 해설

CY-CY(FCL/FCL)는 컨테이너의 장점을 최대한 이용한 방법으로 수출업자(송화인)의 공장 · 창고에서부터 수입업자(수하인)의 공장 · 창고까지 컨테이너에 의해 일관운송하는 방식을 말한다.

정답 ①

15

신용장통일규칙(UCP 600)상 복합운송서류(MTD)의 인수요건에 관한 설명 중 옳은 것은?

① 신용장에서 환적이 금지된 경우에는, "환적될 것임(Transhipment will take place)"을 명시해서는 아니 된다.

② 선장의 대리인이 서명한 경우, 운송인과 선장의 명의, 대리인의 자격표시와 서명이 있어야 한다.

③ 착지의 기재는 신용장에 요구된 실제의 지명이 아닌 지리적인 지역이나 구역으로 표시할 수 있다.

④ 운송조건은 모든 약관이 포함되어 있거나 또는 별도의 자료를 참조하도록 명시하고 있어야 한다.

✎ 해설

신용장통일규칙(UCP 600) 제19조에서는 복합운송서류(MTD)에 대해 설명하고 있다. c의 i에서는 '운송서류에는 물품이 환적될 것 또는 될 수 있다고 표시될 수 있다. 다만, 전 운송은 동일한 운송서류에 의하여 이루어져야 한다.'라고 쓰여 있고, ii에서는 '신용장이 환적을 금지하고 있는 경우에도, 환적이 행해질 것이라거나 또는 행해질 수 있다고 표시하고 있는 운송서류는 수리될 수 있다.'라고 쓰여 있다.

a의 i에는 다음과 같이 나와 있다.

> i. 운송인의 명칭을 표시하고 다음의 자에 의하여 서명되어야 한다.
> • 운송인 또는 운송인을 대리하는 지정대리인
> • 선장 또는 선장을 대리하는 지정대리인
> 운송인, 선장 또는 대리인의 서명은 운송인. 선장 또는 대리인의 것이라는 것을 확인하고 있어야 한다.
> 대리인의 서명은 그 대리인이 운송인을 대리하여 서명했는지, 또는 선장을 대리하여 서명했는지를 표시해야 한다.

또한 도착지와 관련하여서는 a의 iii에서 다음과 같이 나와 있다.

> iii. 신용장에 명기된 발송, 수탁 또는 선적지 및 최종목적지를 표시하고 있는 것

정답 ④

16

Marshalling Yard에 관한 설명으로 옳은 것은?

① 소량화물을 보관하거나 컨테이너를 적입하는 장소

② 컨테이너의 하역장비가 설치된 장소

③ 적치계획에 따라 선적 직전 컨테이너를 정렬하는 장소

④ 선박을 계선시키는 시설

✎ 해설

Marshalling Yard란 본선 입항 전에 선내적입 계획에 따라 선적할 컨테이너를 적재해 두는 장소를 말한다.

정답 ③

17

선하증권의 작성요령 중 틀린 것은?

① Consignee – 대개 신용장에 Issuing Bank라 기재되며 신용장 개설의뢰인 중 수입자 또는 수입자가 지정하는 대리인이 된다.

② Pre-Carriage by – 운송도중 환적이 이루어지는 경우 선적항에서부터 환적항까지의 선명을 기재한다.

③ Final Destination – 화물의 최종목적지를 표시하나 선하증권에 운임이 포함되어 있지 않은 경우는 단지 참고사항에 불과하다.

④ No. of Original B/L – B/L 원본의 발행통수를 기재한다. 통상 3통을 한 세트로 발행하는데 B/L 원본 한 장이라도 회수되면 나머지는 유가증권으로서의 효력을 상실한다.

✎ 해설

Consignee란 수화(하)인을 의미한다. L/C 거래일 경우 선하증권은 유가증권으로 은행에서 배서에 의하여 양도가 가능하기 때문에 신용장을 개설할 때 물품대금을 결제할 때까지 물품에 대한 소유권은 은행에 있으므로 선적서류상의 수하인은 수입자가 아닌 은행이 된다. 지시식의 경우 통상 to order 다음에 신용장 개설은행의 이름이 명기되고 notify 부분에 착화통지처인 수입자의 이름을 명기한다.

정답 ①

18

다음 중 항해용선계약과 관련이 없는 것은?

① 정박기간(Laytime)
② 체선료(Demurrage)
③ 정기운임조건(Liner Term)
④ 공적운임(Dead Freight)

✎ 해설

정기운임조건(Liner Term)은 용선계약이 아닌 정기선계약과 관련이 있다.

정답 ③

19

다음 중 컨테이너화물의 운송서류가 아닌 것은?

① 선하증권(B/L)
② 본선수취증(M/R)
③ 부두수취증(D/R)
④ 컨테이너내 적치도(CLP)

✎ 해설

MR(본선수취증)은 컨테이너선이 아니라 재래선의 경우 발행되는 것이다.

정답 ②

20

다음 중 컨테이너 전용선에 상품을 선적하여 선하증권이 발급되는 과정을 옳게 나열한 것은?

① FCL Cargo → CY 입고 → M/R → B/L 발급
② LCL Cargo → S/R → CFS → CY → D/R → B/L 발급
③ FCL Cargo → S/R → CFS → D/R → B/L 발급
④ FCS Cargo → S/R → CY → M/R → B/L 발급

✎ 해설

선적항구 또는 ICD의 LCL 화물을 수집 → FCL 화물로 작업할 공간인 CFS(Container Freight Station : 컨테이너 화물 조작장)까지 화주가 직접 또는 운송중개인(Forwarder)을 통해 운송 → LCL 화물의 FCL 작업 완료 → CFS에서 반출 후 CY에서 본선상에 선적한다.

정답 ②

21

항공화물의 집하방식에 관한 설명으로 틀린 것은?

① 항공운송의 경우 항공사가 직접 화주를 상대로 화물을 집하하는 경우는 없다.
② 대리점은 계약항공사를 대리하여 항공서비스의 판매 및 판촉역할을 수행하고 항공사로부터 수수료를 받는다.
③ 혼재업자는 독자적인 운송약관과 운송요율을 가지고 화주나 대리점과 계약을 체결한다.
④ 항공사는 타항공사를 통해 자사의 노선이나 목적지까지의 운송화물을 판매할 수 있다.

✎ 해설

항공화물운송의 경우 항공사가 직접 화주를 상대로 화물을 집하할 수 있다.

정답 ①

22

항공운임요율에 관한 설명으로 옳은 것을 모두 고른 것은?

> ⊙ Class Rate는 모든 품목에 적용되는 할인 및 할증 요율이다.
> ⓛ Normal Rate는 화물 1건당 45kg 미만의 화물운송에 적용되는 요율이다.
> ⓒ 중량단계별 할인요율은 중량이 낮아짐에 따라 요율을 낮게 적용하는 요율이다.
> ② 특별품목할인요율(SCR)은 항공운송을 이용할 가능성이 높은 품목에 대하여 낮은 요율을 적용하는 요율이다.

① ⊙, ⓛ
② ⊙, ⓒ
③ ⓛ, ⓒ
④ ⓛ, ②

23

항공화물 혼재업자(Consolidator)가 발행하는 운송장을 무엇이라고 하는가?

① House Air Waybill
② Air Consignment Note
③ Groupage Air Waybill
④ Master Air Waybill

24

발행은행의 담보권행사와 가장 밀접한 관계를 가지는 신용장상의 B/L 조건은?

① Full Set
② Clean
③ On board
④ Order

25

신용장상의 B/L 조건 중 화물의 수량부족 또는 포장상태의 결함여부와 가장 밀접한 관련이 있는 조건은?

① Full Set
② Clean
③ On board
④ Order

26

신용장통일규칙(UCP 600)에서 선하증권의 서명요건(Signature)에 관한 설명 중 맞지 않는 것은?

① 운송인, 선장(함장) 또는 이들 대리인의 서명과 함께 운송인의 명의가 있어야 한다.
② 선장의 대리인이 서명하는 경우 대리인이란 자격, 운송인과 선장의 명의가 있어야 한다.
③ 운송인의 대리인이 서명하는 경우 대리인이란 자격과 운송인의 명의가 있어야 한다.
④ 선장이 서명하는 경우 선장이란 자격과 운송인의 명의 외에 선장의 명의는 없어도 된다.

✏ 해설

선하증권의 서명요건
- 운송인이나 운송인을 대리하는 지정 대리인 또는 선장이나 선장을 대리하는 지정 대리인에 의해 서명되고 운송인의 명칭이 표시되어야 한다.
- 운송인, 선장 또는 대리인에 의한 모든 서명은 운송인, 선장 또는 대리인의 것이라는 것을 확인하고 있어야 하며, 대리인에 의한 모든 서명은 그 대리인이 운송인을 대리하여 서명하였는지, 또는 선장을 대리하여 서명하였는지를 표시하여야 한다.

정답 ②

27

운송인이 화물을 인수하고 본선에 적재하기 전에 발행하는 선하증권은?

① Through B/L   ② House B/L
③ Received B/L   ④ Shipped B/L

✏ 해설

컨테이너 화물의 경우에는 부두의 창고(CY)에 입고된 상태에서 D/R이 발행되며, 이 D/R을 근거로 Received B/L(수취선하증권)이 발행된다.

정답 ③

28

다음의 선하증권(B/L) 유형 분류에 관한 설명 중 틀린 것은?

① 화물의 인수시점에 따라 Shipped B/L과 Received B/L이 있다.
② 화물의 상태를 기준으로 Clean B/L과 Stale B/L이 있다.
③ 수하인을 지명하는 방식에 따라 Straight B/L과 Order B/L이 있다.
④ 이면약관이 전부 인쇄되어 있는 Long Form B/L과 그렇지 않은 Short Form B/L이 있다.

✏ 해설

Clean B/L(무고장 선하증권)과 Foul B/L(고장부 선하증권)이 있다.

정답 ②

29

해상선하증권(Ocean Bill of Lading)에 대한 설명으로 적합하지 않은 것은?

① 선장이 발행할 수도 있다.
② 운송인의 기명대리인도 발행할 수 있다.
③ 선장의 기명대리인도 발행할 수 있다.
④ 오직 운송인만이 발행할 수 있다.

✏ 해설

운송인은 물론 운송인의 기명대리인, 선장, 선장의 기명대리인도 발행할 수 있다.

정답 ④

30

최초 운송인이 전 구간에 대해 책임을 지고 발행하는 선하증권은?

① Transshipment B/L
② Through B/L
③ Optional B/L
④ Straight B/L

✎ 해설

Through B/L(통(과)선하증권)
목적지까지 복수의 운송수단에 의해 운송될 경우 최초 운송인이 전구간의 운송을 인수하고 발행하는 운송증권이다.

정답 ②

31

관세와 관련하여 품목분류가 중요한 이유는 무엇인가?

① 관세납부액 결정기준
② 관세납부 장소 결정기준
③ 관세납부 한도 결정기준
④ 관세납부 시기 결정기준

✎ 해설

수입물품에 대한 관세는 해당 품목번호마다 적용되는 관세율이 미리 정해져 있으므로, 정확한 품목분류가 선행되어야 납부할 관세액이 결정된다.

정답 ①

32

관세법상 납세의무자가 아닌 것은?

① 보세구역 밖에서 보수작업을 승인받은 자
② 수입자가 대행수입한 경우 상업서류상의 수입을 대행한 업체
③ 우편으로 수입되는 물품의 수취인
④ 보세운송 중 분실한 물품은 보세운송 신고인

✎ 해설

관세법 제19조(납세의무자)
• 수입신고를 한 물품인 경우에는 그 물품을 수입신고하는 때의 화주
 – 수입을 위탁받아 수입업체가 대행수입한 물품인 경우 : 그 물품의 수입을 위탁한 자
 – 수입을 위탁받아 수입업체가 대행수입한 물품이 아닌 경우 : 대통령령으로 정하는 상업서류에 적힌 물품수신인
 – 수입물품을 수입신고 전에 양도한 경우 : 그 양수인
• 우편에 의하여 수입되는 물품 : 그 수취인
• 도난물품이나 분실물품의 경우
 – 보세구역의 장치물품 : 그 운영인 또는 화물관리인
 – 보세운송물품 : 보세운송의 신고를 하거나 승인을 얻은 자
 – 기타 물품 : 그 보관인 또는 취급인
• 선(기)용품을 허가받은 대로 적재하지 않아 관세를 징수하는 경우 : 적재허가를 받은 자
• 선용품 및 기용품의 하역 등에 따라 관세를 징수하는 물품인 경우 : 하역허가를 받은 자
• 보세운송신고(승인)를 받은 물품이 지정기간을 경과하여 관세가 추징되는 경우 : 보세운송 신고인 또는 승인을 받은 자
• 보세공장 외 작업 허가에 따라 관세를 징수하는 물품인 경우 : 보세공장 외 작업, 보세건설장 외 작업 또는 종합보세구역 외 작업을 허가받거나 신고한 자
• 수입신고 전의 물품 반출에 따라 관세를 징수하는 물품인 경우 : 해당 물품을 즉시 반출한 자
• 보수작업에 따라 관세를 징수하는 물품인 경우 : 보세구역 밖에서 하는 보수작업을 승인받은 자
• 장치물품의 폐기에 따라 관세를 징수하는 물품인 경우 : 운영인 또는 보관인 등

정답 ②

CHAPTER 04

무역보험

장거리 운송을 전제하는 무역거래는 전쟁·테러, 거래처 도산·채무불이행 등 사보험으로 구제할 수 없는 위험을 최소화하기 위한 무역보험을 적용할 필요가 있다. 이 단원에서는 상품 특성에 맞는 보험 종류와 내용, 보상범위, 비용 등 화물 훼손에 따른 무역보험에 대한 전체적인 감각을 키우는 데 주안점을 두기 바란다.

01 해상보험　기출 15년 1회, 15년 3회

1. 해상보험의 개념

(1) 해상보험의 정의

① 무역에서 적용되는 보험은 일반적으로 해상보험 중 적하보험을 의미한다.

② 해상(적하)보험(계약)이란 선박의 침몰(Sinking)·좌초(Stranding)·충돌(Collision)·화재(Fire)·투하(Jettison)·갑판유실(Washing Overboard), 전쟁위험(War Perils), 해적, 강도 등과 같은 해상위험(Maritime Perils)에 의해 발생하는 해상손해(Marine Losses)에 대한 보상을 보험자(보험회사)가 피보험자(화주·선주 등)에게 약속하고 그 대가로 보험료(Insurance Premium)를 징수하는 보험계약이다.

(2) 해상보험과 해상보험계약

① 제도와 운영 측면에서 볼 때 동일한 것으로 보아도 무방하다.

② 해상적하보험은 Incoterms 중 어느 조건으로 거래를 하느냐에 따라 의무일 수도 있고 아닐 수도 있다. 예를 들어 CIF, CIP 조건에서는 의무이다.

> ⊕ **Plus one**
>
> **영국해상보험법 (Marine Insurance Act 1906 ; MIA) 제1조**
> "해상보험계약은 보험자가 피보험자에 대하여 그 계약에 의해 합의된 방법과 범위 내에서 해상손해, 즉 해상사업에 수반되는 손해를 보상할 것을 확약하는 계약"
> The Marine Insurance Act, 1906, Marine insurance Article 1.
> "A contract of marine insurance is a contract whereby the insurer undertakes to indemnify the assured, in manner and to the extent thereby agreed, against marine losses, that is to say, the losses incident to marine adventure."

2. 해상보험(계약)의 당사자 및 기본 용어

(1) 해상보험(계약)의 당사자

① 보험자(Insurer/Assurer/Underwriter)

    ㉠ 보험계약자에게서 보험료를 대가로 보험계약을 인수한 자

    ㉡ 보험기간 중 보험사고 발생 시 그 담보위험으로 인한 손해를 보상하기 위해 보험금 지급 의무를 지는 자

    ㉢ 실무 보험약관에서는 당(보험)회사(this company)라는 단어를 사용한다.

② 보험계약자(Policy Holder)

    ㉠ 보험자와 보험계약을 체결한 보험계약 청약자

    ㉡ 보험료 지급의무, 중요사항의 고지의무 및 위험변경 증가 등의 통지의무 등을 부담하는 자

    ㉢ 보험계약자는 통상 피보험자와 동일한 사람이 되나 그렇지 않은 경우도 있다.

    ㉣ 즉, FOB 계약에서는 매수인이 자신을 위해 보험계약을 체결하고 손해 발생 시 보험금을 수취하므로 보험계약자인 동시에 피보험자가 되지만, 타인을 피보험자로 하여 보험을 부보하는 CIF 계약의 경우에는 매도인이 보험계약자가 되며, 매수인은 피보험자 혹은 보험금수취인(Beneficiary)이 된다.

③ 피보험자(Insured/Assured)

    ㉠ 피보험이익의 주체로서 담보위험으로 인하여 손해가 발생한 경우(직접 손해보상을 청구) 보험금을 받는 자

    ㉡ 피보험자는 보험계약 체결에 직접 관여하는 계약당사자는 아니므로 보험자에 대해 손해보상청구권 외에는 하등의 권리·의무를 갖지 않는 것이 원칙이다. 피보험자는 보험계약자와 동일인인 것이 보통이나 그렇지 않은 경우도 있다(CIF, CIP).

    ㉢ 즉, CIF 매매계약에서 항해 중 화물손해가 발생한 경우 매도인은 보험계약자가 되고 매수인이 피보험자가 된다.

④ 보험대리인(Insurance Agent/Agent for the Insurer)

    특정 보험자로부터 위촉을 받아 그를 위해서만 지속적으로 보험계약을 대리·중개하는 자로서, 이 점에서 보험중개인과 다르다.

⑤ 보험중개인(Insurance Broker)

    ㉠ 불특정 보험자를 위하여 보험자와 보험계약자 사이의 보험계약 체결을 중개하는 것을 업으로 하는 자

    ㉡ 보험중개인이 (보험)중개대리인과 다른 점은 특정 보험자에 종속되지 않는다는 점이다.

(2) 해상보험 관련 기본용어 `기출` 15년 1회, 20년 2회

① 피보험목적물(Subject-matter Insured)

ⓐ 위험발생의 대상, 즉 해상보험의 보험부보 대상이 되는 객체로서 해상보험에서는 화물 · 선박 · 운임을 의미한다.

ⓑ 이에 따라 해상보험을 적하보험(Cargo Insurance), 선박보험(Hull Insurance), 운임보험으로 분류한다.

② 피보험이익(Insurable Interest) `기출` 19년 2회(2급)

ⓐ 보험목적물과 피보험자 사이의 이해관계, 즉 보험목적물에 보험사고가 발생함으로써 피보험자가 경제상의 손해를 입을 가능성이 있는 경우 이 보험목적물과 피보험자와의 경제적 이해관계를 피보험이익이라고 하며 이를 보험계약의 목적이라고도 한다.

ⓑ 해상보험에서 피보험목적물에 해상위험이 발생하지 않음으로써 이익을 얻고 또 해상위험이 발생함으로써 손해를 입는 이해관계자가 피보험목적물에 대해 피보험이익을 가진다고 말할 수 있다.

③ 보험가액(Insurable Value)

ⓐ 피보험이익의 평가액으로 특정 피보험자에게 발생할 수 있는 경제적 손해의 최고 한도액을 말한다.

ⓑ 실무에서 운송화물의 보험가액은 피보험이익 원가에 선적관련 운송비용과 보험비용을 가산한 CIF 가액을 말한다.

> ### ⊕ Plus one
>
> **보험가액 불변의 원칙**
> 보험가액은 물가변동 · 시간경과 · 공간이동 등에 따라 계속 변화하므로 위험 개시 시 가액과 사고발생 시 가액이 차이가 난다. 따라서 보험계약 체결 시 당사자가 일정금액으로 확정하고 이를 불변으로 하는 것을 '보험가액 불변의 원칙'이라 한다.

④ 보험금액(Insured Amount)

ⓐ 보험자가 보험계약상 부담하는 손해보상 책임의 최고 한도액으로, 보험가액의 범위 내에서 보험자가 지급하게 되는 손해보상액인 지급보험금의 최고 한도액(당사자 간 사전 책정 금액)을 의미한다.

ⓑ 해상적하보험에서 보험금액은 일반적으로 보험가액인 CIF 가액에 희망이익 10%를 더한 금액으로 한다.

⑤ (지급)보험금(Claim Amount)

ⓐ 담보위험으로 피보험자가 입은 재산상의 손해에 대해 보험자가 피보험자에게 실제 지급하는 보상금액이다.

ⓛ 보험금은 보험가액과 보험금액과의 관계에 따라 전부(보험금액 = 보험가액) 또는 일부(보험금액 < 보험가액)가 보상되는데 우리나라는 보험계약 체결 시 보험가액을 협정하지 않으므로 CIF 가격을 기초로 하여 보험금액을 정하는 것이 좋다.

⊕ **Plus one**

보험가액 vs 보험금액   기출 19년 2회
- 전부보험(Full Insurance) : 보험금액과 보험가액이 동일
- 일부보험(Partial Insurance) : 보험금액이 보험가액보다 적음
- 초과보험(Over Insurance) : 보험금액이 보험가액보다 큼

⑥ 보험료(Insurance Premium)
　ⓐ 보험자의 위험부담에 대해 보험계약자가 지급하는 대가이다.
　ⓛ 보험료 = 보험금액(CIF Value × 110%) × 보험료율(Premium Rate)
　※ 보험료율은 보험(가입)금액에 대하여 백분율(%)로 표시
⑦ 보험증권(Insurance Policy)
　ⓐ 보험을 가입하였다는 증거서류이다.
　ⓛ 계약 성립과 그 내용을 기재, 보험자가 기명날인하여 보험계약자에게 교부하는 증서를 말한다.
⑧ 보험약관(Clauses)
　ⓐ 보험계약의 내용을 구성하는 조항들이다.
　ⓛ 일반적이고 표준적인 것이 보통약관이다.
　ⓒ 보통약관의 약정사항을 제한하거나 확대하는 약관이 특별약관이다.
⑨ 보험계약기간(Duration of Policy) : 보험계약자가 담보 받고자 하는 기간으로서 보험계약 시 당사자 간 합의에 의하여 정한다.
⑩ 보험기간(Duration of Risk)
　ⓐ 보험자의 위험부담 책임이 존속하는 기간으로서 보험계약기간과 일치하는 것이 가장 바람직하지만 적하보험의 경우 보험약관에 의하여 보험기간이 보험계약 기간보다 짧아지는 경우도 있고 또 길어지는 경우도 있다.
　ⓛ 보험자가 보상의 책임을 지기 위해서는 이 기간 중에 보험사고가 발생해야 한다.

보험기간과 보험계약기간에 대한 설명으로 옳지 않은 것은? **기출** 15년 1회

① 보험기간은 피보험목적물에 대한 보험자의 책임이 존속하는 기간으로 피보험자가 보험으로부터 보호받는 기간으로 위험을 담보하는 기간이다.
② 보험계약기간은 보험계약이 유효하게 존속하는 기간으로 일반적으로 보험기간과 일치한다.
③ 소급보험은 보험기간보다 보험계약기간이 더 길다.
④ 예정보험은 보험기간과 보험계약기간이 일치하지 않는다.

해설
• 보험기간 : 보험자가 보험계약자에게 보험금을 지급할 책임을 지는 기간이다.
• 보험계약기간 : 보험계약의 성립에서 소멸할 때까지의 기간으로 보험기간과 같을 수도 있고 다를 수도 있다. 다를 경우에는 소급보상의 원칙이 적용된다.
• 소급보험 : 보험계약이 체결되기 전 일정기간 내에 발생한 손해를 부담하는 보험이다. 따라서 소급보험에서는 보험기간이 보험계약보다 길어진다.

정답 ③

3. 해상적하보험의 보험기간 – 해상적하보험 운송약관 **기출** 20년 1회

(1) 개 념

① 적하보험은 구간보험의 성격을 띠기 때문에 기간보험이 아닌 일정한 항해를 기준으로 보험기간을 정한다.
② 해상보험의 효력 발생 시기와 종료 시기를 정한 보험계약서의 조항을 보험증권의 운송약관이라 한다.

(2) 보험개시

① 해상적하보험의 구약관에서는 화물이 보험증권상에 기재된 지역의 창고나 보관 장소를 떠나는 순간부터 개시되었으나 신약관에서는 운송수단에 적재를 위하여 보험증권상에 기대된 지역의 창고나 보관 장소에서 화물이 최초로 움직인 때 개시된다.
② 화물이 통상의 운송과정(Ordinary Course of Transit)에 있는 동안 계속 효력이 발생한다.

(3) 보험종료

협회적하보험 약관에서는 해상적하보험의 종료 시점을 다음 세 가지 중 한 가지가 가장 먼저 일어난 때로 규정한다.

합격자 Tip

Q 보험기간이 개시되면 피보험화물이 통상의 운송과정을 벗어나더라도 보험자의 책임은 계속된다. (O, X)

A X – 운송과정에 있는 동안만 효력이 발생한다.

합격자 Tip ●───◎

우리나라에서 수입하는
화물은 최종 양륙항에서
하역 후 30일이며, 이를
"Transit Termination Clause
-30days(운송종료 특별
약관-30일)"라고 한다.

① 보험증권에 기재된 목적지의 수하인 또는 기타 최종 창고나 보관 장소에 화물이 인도된 때
② 통상의 운송과정이 아닌 화물의 보관 · 할당 · 분배를 위해 임의의 창고 또는 보관 장소에 인도된 때
③ 최종 양륙항에서 화물을 하역한 후 60일(항공인 경우 30일)이 경과된 때

4. 해상(적하)보험(계약) 형태

(1) 개별보험 vs 포괄보험

① 개별보험계약(Specific Policy) : 피보험목적물을 개별적으로 정한 보험계약
② 포괄보험계약(General Policy) : 피보험목적물을 포괄적으로 정한 보험계약

(2) 예정보험 vs 확정보험 `기출` 20년 1회

① 예정보험계약(Provisional Policy)

㉠ 피보험목적물과 그 수량, 보험금액, 적재선박, 기타 보험계약의 내용이 미확정 상태이기 때문에 이들을 개괄적으로 정한 보험계약

㉡ 개별예정보험계약(Facultative Policy) : 1회의 선적 혹은 하나의 매매계약에 의한 수회의 선적에 대하여 화물의 수량, 보험금액을 개산액으로 정한 보험

㉢ 포괄예정보험계약(Open Policy) : 계약자가 수출 또는 수입하는 화물 전부 또는 특정한 일부 화물에 대하여 무기한의 예정보험으로 계약을 체결하는 보험

㉣ MIA에서는 예정보험계약을 전부 Floating Policy라고 부르고 있으나 실무적으로는 개별예정보험계약을 Provisional Policy, 포괄예정보험계약을 Open Cover/Policy/Contract라고 부른다.

② 확정보험계약(Definite Policy)

㉠ 피보험목적물과 그 수량, 보험금액, 적재선박, 기타 보험계약의 내용이 확정된 보험계약

합격자 Tip ●───◎

현재 우리나라 해상적하보
험의 포괄부보증권의 종류
에는 Floating Policy, Open
Cover, Open Slip/Policy,
Block Policy가 있다.

㉡ 보험계약에 필요한 사항들이 확정된 상태에서는 은행에서 대금결제 시 보험서류를 요구하는데, 수출화물 및 적재선박 등이 확정된 상태인 확정보험계약에서는 개별보험계약이 체결되지만, 미확정상태인 예정보험계약에서는 개별예정보험계약과 포괄예정보험계약이 체결된다.

5. 해상보험(계약)의 기본원칙

(1) 실손(손해)보상의 원칙(The Principle of Indemnity)

해상보험계약에서 피보험자에 대한 손해보상은 이득금지 원칙에 따라 손해 발생 시의 손해 금액을 한도로 지급되어야 한다는 원칙이다.

(2) 최대선의의 원칙(The Principle of Utmost Good Faith)

① 해상보험계약 체결 시 보험자와 보험계약자는 반드시 계약의 내용을 사실 그대로 고지(Disclosure)·교시(Representation)하여야 한다는 원칙이다.

② 따라서 보험계약 체결 시 보험계약자는 보험자에게 최대선의의 원칙에 의거하여 피보험목적물에 대한 위험의 수준이나 성질에 영향을 미치는 중요 사실(Material Facts)에 대해 거짓 없이 고지해야 한다.

> **⊕ Plus one**
>
> **고지의무(Duty of Disclosure)**
> - 보험계약자는 보험자에게 보험목적물에 대한 구체적 사항을 최대선의의 원칙에 의거 고지할 의무(운송선박명, 화물의 종류, 포장상태, 적재방법, 항로 및 환적 여부)를 진다.
> - 이 고지의무(Disclosure)는 보험계약 체결 시 보험목적물의 위험 정도나 성질에 영향을 미치는 중요 사실(Material Facts)에 대하여 보험계약자 또는 피보험자가 보험자에게 최대선의에 의거하여 계약이 체결될 수 있도록 구두 또는 서면으로 진술할 의무다.
> - 영국 해상보험법(MIA)에서는 해상보험계약은 최대선의(Utmost Good Faith)에 의한 계약이며, 당사자의 일방이 최대선의를 준수하지 않을 경우에 상대방은 그 계약을 취소할 수 있다고 규정한다.

(3) 근인주의(The Doctrine of Proximate Cause)

① 해상보험에서 보험자가 보상하는 손해는 담보 위험(Insured Perils)에 근인 하여 발생한 손해여야만 한다는 원칙이다.

② 복수의 원인에 의해 발생한 손해의 경우 결과적으로 담보 위험(Insured Perils)에 가장 가까운 원인(Causa Proxima), 즉 근인에 의해서 발생한 손해에 대해서만 보험자가 보상할 책임이 있다는 원칙이다.

③ 가장 가까운 원인(Causa Proxima), 즉 근인이란 사고발생과 시간적으로 근접한 것만을 의미하는 것이 아니라 해당 사고를 야기한 가장 직접적이고 지배적인 원인을 말한다. 특히 오늘날은 손해 발생의 근접 원인 중에서 효과 면에서 지배적이고 유력한 위험을 근인으로 본다.

(4) 담보(Warranties) 기출 19년 3회

① 피보험자가 보험자에 대해 반드시 준수 · 이행해야 할 약속사항, 즉 피보험자가 특정한 일을 하거나 하지 않을 것, 또는 특정한 조건을 구비하거나 특정한 사실 상태의 존재를 긍정 · 부정하는 약속사항을 말하며 보험인수의 조건을 의미한다.

② 담보에서 보험계약자나 피보험자의 진술사항은 절대적인 것이어야 하며, 담보된 사항은 문자 그대로 위험 측정 상 중요한지 아닌지, 또는 보험계약자의 진술이 선의의 것인지 아닌지를 불문하고 충족되어야 한다.

③ 담보는 문자 그대로 해석해야 한다.

④ 피보험자가 담보를 위반할 경우 보험자는 보상책임을 면하고 보험계약을 취소 · 해지할 권리를 갖는다.

⊕ Plus one

영국해상보험법[Marine Insurance Act ; MIA(제33조 1항)]의 담보 규정

• 상호 확약적 담보 조건을 의미한다.

• "피보험자가 특정한 일을 하거나 하지 않을 것을 약속하는 사항이며, 특정한 조건을 구비해야 하거나 또는 특정한 사실상태의 존재를 긍정하거나 부정하는 약속"을 말한다. 또한 "담보는 명시담보일 수도 있고 묵시담보일 수도 있다"라고 규정했다.

⑤ **담보의 종류** : 보험증권상의 명시 여부에 따라 명시담보와 묵시담보로 구분한다.

　㉠ 명시담보(Express Warranties)

　　• 담보 내용이 보험증권에 명시되거나 또는 별도로 인쇄된 서류를 증권에 첨부하는 경우를 말한다.

　　• 특히 해상적하보험의 경우는 일정기간 피보험 목적물의 안전에 관한 담보를 주로 한다.

　㉡ 묵시담보(Implied Warranties) : 보험증권에 명시되지는 않으나 피보험자가 묵시적으로 제약을 받아야 하는(반드시 지켜야 하는) 담보로서, '감항(성/능력)담보'와 '적법성담보'가 있다.

　　• 감항능력담보(Warranty of Seaworthiness : 내항능력담보)

　　　- 선박이 발항 시(항해 개시 시) 특정 항해를 완수할 수 있을 정도로 능력을 갖춘 상태여야 한다는 것을 말한다.

　　　- 보험계약자나 피보험자가 출항 시 화물 적재 선박의 감항능력이 없다는 것을 알면서도 보험자에게 고지하지 않은 경우를 제외하고는 보험자에게 감항능력 담보를 준수한 것으로 간주한다.

- 적법성담보(Warranty of Legality) : 피보험자가 지배할 수 없는 경우를 제외하고는 모든 해상/항해 사업이 합법적이어야 한다는 것, 즉 해상/항해 사업을 적법한 목적에 사용해야 한다는 것이다.

⑥ 담보위반의 효과

ㄱ 담보는 중요성 불문의 원칙(Principle of Non-materiality)에 따라 위험과 관련하여 중요하든 아니든 정확히 충족되어야 하며 이것이 정확히 충족되지 않으면 보험증권에 별도의 규정이 없는 한 보험자는 담보위반의 시점으로부터 보상책임을 면하게 된다. 이는 담보위반시점부터 보험자의 위험부담책임이 면제되는 것, 즉 그 이후 모든 책임을 부담하지 않는다는 의미로서 이후면책을 의미한다.

ㄴ 담보위반 효과는 보험자의 이후면책이므로 다음과 같은 두 가지 원칙이 도출된다.
- 담보위반과 손해 사이에 인과관계가 전혀 없어도 보험자는 면책이 되며, 담보위반이 있을 경우 피보험자가 손해발생 이전에 담보위반을 시정하여 담보를 충족하더라도 보험자는 담보위반을 이유로 이후 면책된다.
- 담보위반은 위반시점 이후의 책임에 대한 보험자의 면책을 의미하기 때문에, 담보위반 이전에 발생한 손해에 대해서는 보험자가 보상해야 한다.

⊕ Plus one

영국해상보험법 기출 16년 2회, 19년 1회
- 근인주의 채택 : 피보험자는 항상 보험으로 보호되는 것이 아니고 당해 보험에서 담보하는 위험이 손해의 가장 우세하고 유력한 원인이 되는 경우에만 보호받는다.
- 실손 보상의 원칙 : 피보험자로서는 자신이 부보한 보험금액 전액을 항상 보상받는 것은 아니다.
- 희망이익보험 : 화물이 목적지에 무사히 도착할 경우 이를 판매하여 얻을 수 있는 기대이익에 대해서도 피보험이익을 가질 수 있다. 화물의 도착지에서 화주가 얻게 될 기대예상이익을 보험가입 대상으로 하는 것을 희망이익보험이라 한다.
- 비례보상의 원칙 : 보험금액이 피보험목적물의 보험가액보다 적은 일부보험에 가입한 경우에 피보험자는 전손이 발생하더라도 보험금액 전액을 보상받을 수 없고 단지 보험가액에 대한 보험금액의 비율에 따라 일부만을 보상받을 수 있다.

안심Touch

해상보험에 관한 설명으로 옳지 않은 것은?　기출　16년 2회

① 영국해상보험법은 근인주의를 채택하고 있으므로, 피보험자는 항상 보험으로 보호되는 것은 아니고 단지 당해 보험에서 담보되는 위험이 손해의 가장 우세하고 유력한 원인이 되는 경우에만 보호를 받는다.

② 영국해상보험법은 실손 보상의 원칙을 채택하고 있으므로, 피보험자로서는 자신이 부보한 보험금액 전액을 항상 보상받는 것은 아니다.

③ 영국해상보험법은 실손 보상의 원칙을 채택하고 있으므로, 피보험목적물이 목적지에 무사히 도착하여 얻게 될 피보험자의 기대예상이익은 부보의 대상이 되지 못한다.

④ 영국해상보험법은 비례보상의 원칙을 채택하고 있으므로, 보험금액이 피보험목적물의 보험가액보다 적은 일부보험에 가입한 경우에 피보험자는 전손이 발생하더라도 보험금액 전액을 보상받을 수 없고 단지 보험가액에 대한 보험금액의 비율에 따라 보험금액의 일부만을 보상 받을 수 있다.

해설　③ 화물이 목적지에 무사히 도착할 경우 이를 판매하여 얻을 수 있는 기대이익에 대해서도 피보험이익을 가질 수 있다. 화물의 도착지에서 하주가 얻게 될 기대예상이익을 보험가입 대상으로 하는 것을 희망이익보험이라 한다.

정답　③

 중요 ▶ **6. 피보험이익(Insurable Interest) 및 효력 요건**

기출　16년 3회, 17년 1회, 17년 2회

(1) 피보험이익

① 별도의 규정이 없는 한 해상운송사의 적법한 항해 사업은 모두 피보험이익이 될 수 있다. "선박(Marine Hull), 운임(Freight), 적하(Marine Cargo), 선비(Disbursement) 및 기대이익(Expected Profit), 희망보수(Expected Commission), 모험대차 채권(Bottomry)" 등이 이에 해당한다.

② MIA에서는 "항해사업에 이해관계가 있는 자는 모두 피보험이익을 가진다"라고 규정하고 또 이해관계를 가지는 자의 범위는 "항해사업 또는 피보험재산에 대하여 법률상의 관계를 가지고 피보험재산의 안전이나 도착으로 인하여 이익을 취하는 경우와 피보험재산의 멸실, 손상 또는 지연으로 손해를 입는 경우 또는 피보험재산에 대한 책임을 지게 되는 경우에 이러한 사람은 항해사업에 이해관계를 가진다"고 규정한다.

(2) 해상보험계약상 유효성 확보를 위한 피보험이익의 요건

① 적법성(합법성)

　㉠ 피보험이익이 보험계약상의 보호를 받기 위해서는 법률상 인정되는 적법성을 갖추어야 한다.

　㉡ 강행법 규정에 위배되거나 공서양속에 위배되어서는 안 된다. 예를 들면 밀수품, 마약, 도박, 탈세, 공서양속에 위배되는 서적, 불법 총기류 등은 적법성을 갖추고 있지 않기 때문에 피보험이익이 될 수 없다.

② 경제성

　㉠ 보험사고가 발생한 때 보험자가 보상하는 보험금은 경제적 가치를 지닌 급부이므로 피보험이익도 경제적인 가치가 있는 것이다. 즉, 금전으로 환산할 수 있는 것이어야 한다.

　㉡ 따라서 경제적 가치가 없어 손해 사정이 불가능한 감정적 · 도덕적 이익은 피보험이익이 될 수 없다.

③ 확정성

　㉠ 피보험이익은 보험계약 체결 시 반드시 현존 · 확정되어 있어야 하는 것은 아니나 늦어도 보험사고 발생 시까지는 보험계약의 요소로서 이익의 존재 및 귀속이 확정될 수 있어야 한다.

　㉡ 즉, 피보험이익이 계약 체결 시에는 확정되어 있지 않더라도 향후(손해 발생 시까지) 확정될 것이 확실한 것(예 기대이익 또는 보수 수수료 등)은 피보험이익으로 인정되어 피보험목적물로 보험대상이 될 수 있다.

· 기출 Check ·

피보험이익에 대한 설명으로 옳지 않은 것은? 　**기출** 16년 3회

① 실무상의 피보험이익이란 피보험목적물에 대해서 피보험자가 가지는 경제적 이해관계이다.

② 피보험이익이 없으면 보험금청구권을 행사할 수 없다.

③ 피보험이익이 해상보험계약에서 보호하고자 하는 대상이 됨으로 이를 보험계약의 목적이라고도 한다.

④ 실무에서 CIF 계약의 경우 해상운송구간에서 손해가 발생하면 그 구간에서 피보험이익을 매도인이 가짐으로써 보험금을 청구할 수 있다.

해설 CIF 계약에서 수출의 경우에는 매수인에게 위험이 전가되는 시점인 선적 전까지는 수출업자(보험계약자)가 피보험자가 되며, 선적 후부터 수입업자나 이해당사자(피보험이익 소유자)가 피보험자가 된다.

정답 ④

해상보험에 대한 설명으로 옳지 않은 것은? 　기출　15년 1회

① 해상보험은 보험사고 발생 시 정해진 액수를 보상받는 것이 아니라 실제 발생한 손해만큼을 보상받는 실손 보상을 원칙으로 한다.

② 보험계약상 보험자가 지급하기로 약정한 최고한도액으로 보험가액 내에서 자유롭게 정할 수 있는 것을 보험금이라고 한다.

③ 보험자는 보험계약자보다 위험의 정도에 대해 잘 알지 못하므로 보험계약이 체결될 때까지 보험계약자는 위험 사정을 보험자에게 알릴 것을 의무로 규정하고 있는데 이를 고지의무라 한다.

④ 보험계약 체결 시에는 피보험이익이 없다 하더라도 계약을 체결할 수 있지만 손해 발생 시에는 피보험이익을 가지고 있어야 보험자로부터 보상을 받을 수 있다.

해설 보험의 계약당사자 간 합의에 의거하여 (보험가액 범위 내에서) 피보험자가 실제 보험에 가입한 금액(실제 부보금액)으로 손해 발생 시 보험자가 지급하게 되는 손해보상액(지급보험금)의 최고한도액은 보험금액(Insured Amount)라고 한다. 피보험자 입장에서는 보험사고(손해) 발생 시 실제 보상받을 수 있는 최고한도액이자, 보험자 입장에서는 (1회 사고에 대해) 보험계약상 실제 부담해야 하는 손해보상 책임의 최고한도액으로 당사자 간 약정에 의해 산정된다.

정답 ②

해상보험에 대한 설명으로 옳지 않은 것은? 　기출　15년 3회

① 해상보험계약은 보험자의 보험약관을 보험계약자가 수용하는 부합계약의 성격을 지닌다.

② 해상보험계약은 원칙적으로 보험증권의 발행을 전제로 성립하는 요식계약으로서의 성격을 갖는다.

③ 해상보험에서 보험사고의 객체가 되는 대상을 보험의 목적(Subject-matter Insured)이라 하며, 피보험이익과 구분되는 개념이다.

④ 소급약관이 적용되는 보험은 보험기간과 보험계약 기간이 반드시 일치하지는 않는다.

해설 보험계약은 당사자 간의 합의 외에 별도의 방식을 필요로 하지 않는 불요식계약(Informal Contract)의 성격을 갖는다. 보험증권의 교부는 계약성립에 따른 보험자의 의무이행이지 그 자체로 요식계약이 되지는 않는다.

정답 ②

해상보험에서 중복보험(Double Insurance) `기출` 15년 3회, 19년 1회

- 동일한 피보험이익에 대하여 보험계약 또는 보험자가 복수로 존재하며 그 보험금액 합계액이 보험가액을 초과하는 경우를 중복보험이라고 한다.
- 보험금액 합계가 보험가액을 초과하지 않으면 각 보험자가 피보험이익 일부를 부담하는 '공동보험'이 된다.
- 중복보험의 경우 피보험자는 보험사고가 발생하여 보험금을 청구할 때 자기가 적당하다고 생각하는 순서에 따라 각 보험자에게 보험금을 청구할 수 있다.
- 각 보험자는 보험계약상 자기가 부담하는 금액의 비율에 따라 비례적으로 손해를 보상할 의무를 진다.
- 각 보험자가 부담하는 보험금의 합계가 보험가액을 초과할 수 없다.

02 해상위험과 해상손해

1. 해상위험

(1) 의의 : 해상보험의 대상이 되는 위험

① 우리 상법 : "해상보험계약의 보험자는 항해사업에 관한 사고로 인하여 생길 손해를 보상할 책임이 있다"라고 규정(상법 제693조)한다.

② MIA : "해상위험(Maritime Perils)은 항해에 기인 또는 부수하는 위험(Perils Consequent on, or Incidental to the Navigation of the Sea)이다"로 정의(제3조)한다.

③ 따라서 우리는 해상위험을 MIA에서 정의한 대로 항해사업에 기인 또는 부수하는 위험이라고 본다.

(2) 해상위험의 요건 `기출` 19년 1회

① 해상보험에서 보험자는 담보위험에 의한 손해를 보상하기 때문에 위험은 손해의 원인이어야 한다.

② 위험은 우연한 것이어야 한다. 즉, 그 발생은 가능하지만 불확실한 것이어야 한다.

③ 위험은 장래의 사고뿐만 아니라 과거의 사고라 하더라도 보험계약 체결 시 보험계약자가 발생한 사실을 모르고 있을 경우에는 소급보험에 있어서 위험이 될 수 있다.

④ 불가항력도 위험의 일종이기 때문에 위험이 반드시 불가항력(Force Majeure)적인 사고여야 할 필요는 없다.

합격자 Tip ●

- 기인하는 위험 : 항해에서 직접적으로 발생하는 위험인 해상 고유의 위험
- 부수하는 위험 : 해상에서 발생하는 위험인 화재, 투하 등의 해상위험, 전쟁위험 및 기타 모든 위험

합격자 Tip ●

소급보험 : 보험계약이 체결되기 전 일정기간 내에 발생한 손해를 부담하는 보험. 따라서 소급보험에서는 보험기간이 보험계약보다 길어진다.

안심Touch

(3) 해상위험의 분류

① 위험의 표시방식에 의한 분류

　㉠ 원인형태 표시위험 : 폭풍우, 짙은 안개, 유빙, 전쟁, 해적, 강도, 사람의 고의·과실, 선박의 불내항, 보험목적의 하자·결함, 포장의 불완전 등을 원인형태 표시위험이라고 한다.

　㉡ 사고형태 표시위험 : 침몰, 좌초, 화재, 충돌, 폭발, 낙뢰, 나포, 포획 등 사고 그 자체인 위험을 사고형태 표시위험이라고 한다.

　㉢ 손상형태 표시위험 : 멸실, 파손, 누손, 유손, 소손, 갈고리손, 땀과 열에 의한 손해, 오손, 오염, 마찰손 등은 사고에 의한 손상의 구체적인 형태며 이들에 의해 위험이 표시될 때를 손상형태 표시위험이라고 한다.

　㉣ 조건적 표시위험

　　• 위험이 그 원인형태 내지 사고, 손상 등의 형태가 사고발생의 시간, 장소, 환경 등으로 표시될 때를 조건적 표시위험이라고 한다.

　　• 상법 제693조에서는 해상보험 계약의 보험자는 '항해에 관한 사고'로 인하여 생긴 손해를 보상할 책임이 있다고 규정한다.

② 담보책임에 의한 분류

　㉠ 담보위험(Perils Covered, Perils Insured Against, Risks Covered)

　　• 보험자가 그 위험에 의하여 발생한 손해를 보상할 것을 약속한 위험이다. 따라서 보험자가 보상책임을 부담하기 위해서는 손해가 담보위험에 의하여 발생될 것이 필요하다.

　　• 손해가 그 담보위험에 기인하여 발생하고, 담보위험과 일정한 인과관계를 가지는 한 보험자의 보상책임은 일단 성립한다. 그 담보위험이 어떠한 사정하에서 어떠한 원인에 의하여 발생되었는지의 여부 등은 별개의 문제로 된다.

　㉡ 면책위험(Excepted or Excluded Perils, Risks Excluded)

　　• 위험에 의하여 발생된 손해에 대하여 보험자가 보상책임을 면하는 특정한 위험으로서, 보험자의 보상책임을 적극적으로 제한하는 효과를 가지는 위험이다.

　　• 손해가 담보위험에 의해 발생했다면 보험자의 보상책임은 일단 성립하나, 만일 그 담보위험의 원인 또는 결과로서 면책위험이 일정의 인과관계로 연결된 경우에는 당해 위험에 대한 면책조항이 담보위험 조항에 우선하는 한 보험자의 보상책임이 면제된다.

　㉢ 비담보위험(Perils Not Covered, Neutral Risks)

　　• 담보위험 및 면책위험 이외의 모든 위험을 의미한다.

합격자 Tip

'항해에 관한 사고'란 항해를 원인으로 하는 것이 아니고 항해와 관련된 장소를 의미하며, 이러한 경우 사고란 조건적으로 표시된 위험을 말하는 것이다.

- 비담보위험은 담보위험도 면책위험도 아니기 때문에 보험자의 보상 책임에 대하여 적극적 효과를 갖지 못한다. 어떤 손해에 대하여 보험 자가 보상책임을 부담하기 위해서는 반드시 담보위험이 원인으로 되 어야 한다. 따라서 비담보위험이 단독으로 발생한 경우에는 그것을 원인으로 해서 발생한 담보위험을 적극적으로 면책하는 정도의 효과 를 갖지 않고 또 그것을 원인으로 하여 발생된 면책위험의 효과에 영 향을 미치지 못한다.
- 담보위험을 발생시킨 비담보위험도, 담보위험에 기인하여 발생된 비 담보위험도 담보위험의 효과를 저지하지 못한다. 보험자는 담보위험 에 기인하여 발생된 손해를 보상할 책임이 있고 또 면책위험에 기인 하여 발생한 손해의 보상책임을 부담하지 않을 것을 약정하고 있으 나 비담보위험에 관하여는 하등의 보상여부에 관한 의사를 표시하지 않기 때문이다.

(4) 위험부담에 관한 원칙 기출 19년 1회

① 포괄책임주의

합격자 Tip

책임주의의 특징 : 담보위 험을 포괄적으로 규정하 기 때문에 보험사고로 인 하여 손해가 발생했을 경 우 피보험자는 위험이 개 시될 당시 수출입화물이 정상상태였음을 증명만 하면 되나 보험자는 발생 한 손해의 원인이 무엇인 가를 증명할 책임이 있다.

　㉠ 해상보험계약에서 보험자가 일체의 해상위험 또는 항해에 관한 위험을 부담하는 것을 포괄책임주의 또는 위험포괄부담의 원칙이라고 한다.

　㉡ 포괄적으로 위험을 담보하고 있으므로 보험금을 청구하기 위해서 손해 의 원인이 무엇인지를 피보험자가 증명할 의무가 없다.

　㉢ 포괄책임주의는 해상보험 초창기부터 전통적으로 계승되었고, 1681년 프랑스 해사칙령을 통해서 현재 대륙법계의 법률약관에 계승되었다.

　㉣ 그러나 시대의 변천에 따라 위험의 포괄적 담보의 불합리성이 인식되 어 보험자는 일정한 위험에 대해 면책조항을 약관에 삽입하여 위험을 담보하지 않게 되었다. 따라서 구 약관의 전위험담보조건(All Risks) 조건이나 신 약관의 ICC(A) Clause로 보험계약이 체결되었다 하더라 도 포괄책임주의에 의한 면책위험, 즉 MIA 제55조의 면책규정이 적용 되며 피보험자의 고의, 보험목적 고유의 하자 또는 성질에 의한 위험, 전쟁위험 및 스트라이크 위험 등은 보험자가 부담하지 않는다. 그러나 이 조건하에서도 보험자가 보험증권상으로 면책위험임을 거증하지 못 하는 한 보험금을 지급해야 한다.

　㉤ 그러나 절대적 면책에 해당하는 위험은 어떤 경우에도 보험자는 책임 을 지지 않으나 일정한 면책위험, 즉 상대적 면책위험에 대해 보험자의 책임으로 하고자 할 경우(예 전쟁위험과 같은 위험은 '전쟁위험담보'라 고 하는 특별약관에 의해 특약이 될 경우) 보험자가 책임을 진다. 물론 이때 피보험자는 추가보험료를 납부해야 한다.

② 열거책임주의

　　㉠ 해상보험계약에서 보험자가 부담하는 위험을 구체적으로 열거하고, 열거되지 않은 위험은 보험자의 면책으로 하는 것을 열거책임주의 또는 제한책임주의라고 한다.

　　㉡ 그러나 열거되지 않은 위험이라도 특별약관에 의해 위험을 담보할 경우가 있으며 구 약관의 단독해손부담보약관(FPA), 분손담보약관(WA) 및 신 약관의 ICC(B) Clause와 ICC(C) Clause가 열거책임주의를 취한다.

　　㉢ 19세기 초부터 위험약관에 관한 해석이 점차로 복잡하게 되고 면책약관의 일반적 사용, 근인주의 등을 도입함으로써 해상 고유의 위험(Perils of the Seas)을 비롯한 각종의 예시위험에 대한 엄격한 개념규정이 이루어지게 되어 마침내 총괄적 문언의 해석에 동종 제한의 원칙이 도입되어 포괄책임주의는 열거책임주의로 변하게 되었다. 그러나 제1차 세계대전 경부터 위험의 추가담보가 이루어지게 되고 전위험담보조건이 채용되기 시작하여, 제2차 대전을 거쳐 제2차 대전 후에는 전위험담보조건에 대한 수요가 급증했다.

　　㉣ 열거책임주의의 특징

　　　• 발생한 손해가 보험자의 담보위험에 기인했음을 증명해야 할 의무가 피보험자에게 있다. 즉, 열거책임주의하에서는 피보험자가 보험금을 청구할 경우 피보험이익에 손해가 발생했다는 사실과 손해가 열거위험에 의해 생겼다는 사실을 입증해야 한다.

　　　• 보험자는 책임을 면하기 위해서는 손해가 면책위험에 의해 생겼다는 것을 입증해야 한다.

③ 포괄책임주의와 열거책임주의의 비교

　　㉠ 포괄책임주의

　　　• 보험자의 보상책임을 결정할 때 위험조항에 예시된 각 위험의 의의를 밝히는 것보다는 해상위험에 대한 개념규정을 명백히 하는 것이 더욱 중요하다.

　　　• 법정 및 약정 면책위험을 제외한 일체의 해상위험(All Risks Minus Exception Risks)을 담보하기 때문에 피보험자로서는 예상외의 위험이 발생해도 그것이 면책 사유에 해당하지 않는 한 보호를 받을 수 있을 뿐만 아니라 보험금 청구 시에도 단순히 해상위험으로부터 손해가 발생했음을 입증하면 된다.

　　㉡ 열거책임주의

　　　• 위험조항에 열거된 개개위험의 개념 규정을 명확히 하는 것이 중요하다. 원칙적으로 포괄책임주의는 모든 해상위험을 담보하는 데 비하여 열거책임주의는 위험약관에 열거된 각각의 위험에 대하여만 담보하는 데 지나지 않기 때문이다.

- 열거책임주의 하에서는 보험자의 위험부담 책임범위가 좁고 개개위험의 의의가 대체로 확정되어 있으므로 피보험자 측에서 보면 예상 외의 위험이 발생하면 그 보호를 받을 수가 없으며 또한 손해발생 시 보험금을 청구하기 위해서는 그것이 담보위험(Covered Risk)에 의한 결과임을 입증해야 한다.

ⓒ 포괄책임주의와 열거책임주의의 비교
- 열거책임주의는 피보험자에게 불리하고 보험자에게 유리하며 포괄책임주의는 그 반대인 것처럼 보이나 실제의 해상보험거래에서는 양 주의 간에 중요한 차이점은 없다.
- 즉, 포괄책임주의 하에서도 많은 면책조항을 부가하여 담보위험을 제한함으로써 사실상 열거책임주의와 별 차이가 없는 계약내용을 합의하기도 하고, 열거책임주의 하에서도 추가위험(Extraneous Risks)을 특약으로 담보하여 담보범위를 확대하거나 모든 위험을 담보하는 뜻의 전위험담보조항(All Risks Clause)을 이용하여 사실상의 포괄책임주의를 적용하기도 한다.

2. 해상손해

(1) 개 요

① 항해사업(Marine Adventure)과 관련된 화물·선박 및 기타 보험목적물이 해상위험으로 인해 피보험이익의 전부 또는 일부가 멸실·손상되어 피보험자가 입는 재산상·경제상의 불이익을 해상손해라 한다.

② 해상손해는 크게 물적손해와 비용손해로 분류된다.

③ 물적손해는 다시 손해(보험목적의 멸실·손상)정도에 따라 전손(전부손해)과 분손(일부 손해)으로 나뉜다.

해상손해	물적손해	전 손	현실전손
			추정전손
		분 손	단독해손
			공동해손
	비용손해	구조료	–
		특별비용	
		손해방지비용	
		손해조사비용	
		공동해손비용	
	책임손해	선박충돌 손해배상 책임	
		공동해손분담금	

(2) 물적손해 기출 15년 3회, 16년 2회, 17년 2회, 17년 3회, 20년 2회

담보위험으로 인한 피보험목적물 자체의 직접적 · 실질적 멸실 · 손상에 따른 손해를 말하며 실체적 손해라고도 한다. 물적손해는 전손과 분손으로 구분된다.

① 전손(Total Loss)

피보험목적물/피보험이익의 전부가 실질적으로 멸실하거나 손상정도가 심하여 구조 · 수리보다 전손 보험금을 지급하는 것이 경제적으로 유익한 경우를 말한다. 전손은 '현실전손(Actual Total Loss)'과 '추정전손(Constructive Total Loss)'으로 구분된다.

㉠ 현실전손(Actual Total Loss)
  • 현실전손의 요건
    - 피보험목적물이 실체적으로 멸실된 경우
    - 동 피보험목적물이 심한 손상으로 본래 성질을 상실한 경우(잔존가치가 있어도 상관없음)
    - 포획의 경우와 같이 피보험목적물에 대한 물적손해는 전혀 발생하지 않았으나 피보험자의 지배력이 상실되었을 경우
    - 화물을 적재한 선박이 상당기간 행방불명인 경우 등
  • 현실전손은 해상 고유의 위험으로 인한 손해로서 보험자는 보상책임을 진다.

㉡ 추정전손(Constructive Total Loss)

기출 19년 1회, 19년 1회(2급), 19년 2회, 19년 3회

  • 피보험목적물이 사실상 전손이 아니지만 그 수선 또는 회복의 비현실성 또는 비용 때문에 전손으로 처리하는 것이 바람직한 경우
  • 추정전손의 경우 피보험자가 전손 보험금을 청구하기 위해서는 보험자에게 보험목적물에 대한 일체 권리를 위부(Abandonment : 권리이전)해야 하며 위부하지 않을 경우 추정전손이 아니라 분손으로 처리한다.
  • 요 건
    - 피보험목적물이 현실전손이 될 것이 확실하다고 인정될 경우
    - 피보험목적물에 대한 피보험자의 지배력 상실로 회복에 상당기간이 필요한 경우
    - 회복비용이 회복 후 화물가액을 초과할 것으로 예상될 경우
    - 화물 훼손으로 인한 수리비(목적지까지 수송함에 소요될 비용이 있는 경우 이를 포함)가 도착 후의 화물가액을 초과할 경우 등
    ※ 보험목적물이 담보위험으로 전손된 경우 초과보험(CIF 가액보다 더 많은 금액을 기초로 하여 보험에 가입한 경우)이 아닌 한 보험금액을 보험금으로 보상받는다.

합격자 Tip ⊙

현실전손은 위부 통지(권리이전 의사표시)가 불필요하지만, 추정전손은 위부함으로써 피보험자가 보험자에게 보험금 청구 의사를 표시한다.

합격자 Tip ⊙

Q. 화물의 손상 수리비가 도착한 뒤의 화물가액을 초과할 경우는 추정전손의 요건에 해당한다. (O, X)

A. O

포기(유보)약관(Waiver Clause) 기출 17년 1회

• 보험증권 본문에 있는 약관
• 피보험위험 발생 후의 손해회피 행위 및 비용에 대해 규정
• 피보험자가 피보험화물의 보전을 위해 지출한 비용은 보험자가 특별비용으로 부담한다는 것과 그것이 위부 통지의 철회 또는 승낙과 관계가 없다는 것을 규정

• 기출 Check •

일정사고가 발생하였을 경우에 현실전손이 발생한 것은 아니지만 피보험자로 하여금 보험의 목적물에 관하여 그가 가지는 일체의 권리를 보험자에게 양도하고 보험금액의 전액을 청구할 수 있게 한 제도는? 기출 17년 2회

① 대위제도   ② 위부제도
③ 담보제도   ④ 공동해손제도

해설 ① 변제자의 구성권을 확보하기 위한 제도
③ 채무자가 채권자에게 담보를 제공하도록 하는 제도
④ 항해단체에 공동위험이 발생한 경우 공동 안전을 위해 인위적으로 취한 행위로 인한 손해를 이해관계자들이 공동 분담하는 제도

정답 ②

• 기출 Check •

위부와 대위에 관한 설명으로 옳은 것은? 기출 15년 3회

① 대위는 전손이 성립하는 경우에만 적용된다.
② 현실전손의 경우에도 보험금액 전액을 보상받기 위해서는 위부하여야 한다.
③ 대위권은 보험금을 지급한 때에 발생한다.
④ 위부제도는 모든 손해보험에 존재한다.

해설 대위(Subrogation)는 보험목적물 전부의 멸실을 요건으로 하고, 전손의 경우 잔존이익의 가액을 공제하지 않고 보험금 전액을 지급한 경우에만 보험자는 보험목적물에 대한 잔존이익을 가진다. 따라서 ③이 옳은 기술이다.
① 전손이라도 잔존이익을 공제하지 않은 보험금 전액을 지급한 경우에만 보험자는 잔존이익에 대한 대위권을 취득한다.
② 위부는 피보험자가 보험목적물의 손해를 추정전손으로 처리하기 위한 것이므로 실제 전손에 해당하는 피해를 입었을 때는 위부를 할 필요가 없다.
④ 위부제도는 해상보험에만 존재하는 특별한 제도다.

정답 ③

② 분손(Partial Loss)

　　㉠ 전손의 상대적 개념으로 피보험목적물/피보험이익의 일부가 멸실 또는 손상된 상태이다.

　　㉡ 전손이 아닌 손해는 전부 분손으로 간주한다.

　　㉢ 분손은 다시 이해관계자의 분담 여부에 따라 '단독해손(Particular Average Loss)'과 '공동해손(General Average Loss)'으로 구분된다.

　　㉣ 비용손해인 구조비, 손해방지비용, 특별비용 등은 그 비용 발생상황에 따라 단독해손 또는 공동해손으로 처리한다.

　　　• 단독해손(Particular Average Loss)　기출 19년 3회
　　　 − 담보위험으로 인해 피보험이익의 일부가 멸실되거나 훼손되어 발생한 손해
　　　 − 손해를 입은 자가 단독으로 부담하는 손해, 즉 동일 운반선의 다른 화주와 선주 등에게 그 손해의 분담을 청구할 수 없는 손해
　　　 − 예를 들어, 선상화재로 인한 화물소실과 화물의 해수침손 등은 단독해손의 일종

　　　• 공동해손(General Average Loss)
　　　 항해단체(선박, 화물 및 운임 중 둘 이상)에 공동위험이 발생한 경우 그러한 위험을 제거·경감시키기 위해 (선장 책임 하에) 선체나 그 장비 및 화물의 일부를 희생(공동해손 희생손해)시키거나 필요한 경비(공동해손 비용손해)를 지출했을 때 이러한 손해와 경비(물적손해 및 비용손해)를 항해단체를 구성하는 이해관계자들이 공동분담(공동해손분담금)해야 하는데, 이같은 손해를 공동해손이라고 한다.

(3) 비용손해　기출 20년 3회

① 개 념

　　㉠ 담보위험으로 인한 손해에 대해 피보험자 또는 제3자가 지출하는 경비이다.

　　㉡ 사고로 발생하는 경비손해는 여러 가지가 있지만 이 중 보험자의 보상대상이 되는 비용손해는 구조비(계약 구조료), 손해방지비용, 특별비용, 손해조사비용 등이다.

② 구조비(Salvage Charge)

　　㉠ 구조계약에 의하지 않고 임의로 구조한 자가 해상법상 회수할 수 있는 비용을 말한다.

　　㉡ 구조는 순수구조(Pure Salvage) 즉, 구조계약을 체결하지 않은 상태에서 구조자가 자발적으로 위험에 직면한 재산을 구조하는 행위를 말하며, 해상보험에서 구조비가 성립되기 위해서는 순수구조이어야 한다.

ⓒ 반면, 선주와 구조자간에 구조계약을 체결하고 구조활동을 하는 경우를 계약구조(Contract Salvage)라 하며, 이에 소요된 비용은 특별비용 또는 공동해손손해로 보상된다.

⊕ Plus one

영국해상보험법(MIA)의 구조비 정의(MIA, 1906. 제65조)

• "구조비(Salvage Charges)는 구조자가 구조계약과는 관계없이 해상법상으로 회수할 수 있는 비용을 의미한다. 이 구조비는 피보험자, 그 대리인 또는 보수를 받고 고용된 자가 담보위험을 피하기 위해 행한 구조의 성질을 띤 노무비용을 포함하지 않는다."

• 그러나 적절하게 발생한 비용이라면, 비용이 발생한 사정이 어떠한가에 따라서 특별비용(Particular Charges)이나 혹은 공동해손 비용손해(General Average Loss)로서 보험자로부터 보상받을 수 있다.

③ 손해방지비용(Sue and Labour Charges ; S/L)

ⓖ 약관(보험계약)상의 담보위험으로 인한 손해를 방지하거나 경감시키기 위하여 피보험자 또는 그의 사용인 및 대리인이 지출한 비용으로 보험자가 추가 부담하는 비용손해다. 그러나 보험계약자나 피보험자가 아닌 제3자가 지출한 비용은 손해방지비용이 아니다.

ⓛ 피보험목적물의 손해 이외에 추가로 보상되는 비용이므로 보험자는 피보험목적물의 손해액과 손해방지비용의 합계액이 보험금액을 초과해도 손해방지비용을 보상한다.

④ 특별비용(Particular Charges ; P/C)

ⓖ 피보험목적물의 안전과 보존을 위하여 피보험자 또는 그의 대리인에 의해서 지출된 비용으로서 공동해손비용과 구조비 이외의 비용을 특별비용이라고 한다(MIA, 1906, 제64조).

ⓛ 특별비용은 적하의 경우 창고보관료, 건조비용, 포장비용 등과 같이 화물 손해를 확대되지 않도록 하기 위해 소요되는 비용이다.

ⓒ 성격이 거의 유사한 손해방지비용과 구분한 이유는 특별비용 중에는 검사비용(Survey Fee) · 화물판매비용 등과 같이 손해방지비용에 포함될 수 없는 순수 특별비용도 포함되어 있기 때문이다.

합격자 Tip

특별비용은 단독해손도 공동해손도 아니다.

⊕ Plus one

특별비용 vs 손해방지비용

- 손해방지비용은 특별비용의 한 형태이므로 특별비용이 더 포괄적이라고 볼 수 있다.
- 일반적으로 손해방지비용은 화물이 목적지에 도착하기 전에 어떤 손해를 피하거나 경감하기 위해 지출하며 특별비용은 손해 평가와 관련하여 중간항이나 목적지에서 발생한다.
- 특별비용은 다른 손해액과 합하여 보험금액을 한도로 하여 보상하고 손해방지비용은 보험금액을 초과한 경우에도 보상되는 점이 다르다고 볼 수 있다.

⑤ 손해조사비용(Survey Fee)

　　㉠ 손해 발생 시 손해액사정인(Surveyor)에 의해 손해 원인 · 정도를 조사하는 데 소요되는 비용이다.

　　㉡ 당해 손해가 보험자에 의해 부담될 성질의 손해인 경우에 한해 보험자가 보상한다.

(4) (배상)책임손해

① 사고로 인해 제3자에게 배상할 책임을 부담함으로써 입는 손해로 '공동해손분담금'과 '선박충돌 손해배상 책임(부담에 따른 손해)'이 이에 해당한다.

② 항해단체의 공동위험을 피하기 위해 다른 화주의 화물 · 선체 · 선용품을 희생시키거나 비용을 지출함으로써 피보험자의 화물이 목적지에 안전하게 도달한 경우 그 공동해손희생이나 비용손해에 대한 분담책임을 피보험자가 진다.

③ 이러한 책임손해를 공동해손분담금이라 하며 이 분담금은 적하보험자가 보상하는 책임손해이다.

⊕ Plus one

공동해손(York Antwerp Rules ; YAR) 　기출　16년 3회, 17년 2회, 17년 3회, 18년 1회

- 공동해손의 정의
  - 선박 및 적하 등의 사고로 공동 위험에 직면한 경우, 이를 벗어나기 위해 선장의 책임하에 선박이나 적하품의 일부를 희생시킨 물적손해 및 비용손해이다.
  - 공동해손제도에서는 공동의 안전을 위해 취한 행위를 공동해손행위(General Average Act)라 하며 공동해손행위로 발생한 손해를 공동해손(General Average Loss)이라 한다.

- 공동해손은 선체 · 장비 · 화물 등의 일부가 희생되는 공동해손 희생손해 (General Average Sacrifice)와 경비가 발생하는 공동해손 비용손해(General Average Expenditure)로 구분한다.
- 공동해손행위의 결과가 아니라 선박 · 화물 등에 우연히 발생하는 손해는 선주나 화주가 단독으로 부담하기 때문에 이러한 손해를 공동해손과 구분하여 단독해손(Particular Average Loss)이라 한다.

• 공동해손의 성립요건
  공동해손에 관한 요크-앤트워프 규칙(제A조)은 공동해손 성립요건을 다음과 같이 규정한다.
  - 공동의 희생손해나 비용손해는 이례적이어야 한다.
  - 공동해손행위는 임의적이어야 한다.
  - 공동해손행위와 공동해손은 합리적이어야 한다.
  - 위험은 현실적이어야 한다.
  - 위험은 항해단체 모두를 위협하는 것이어야 한다.

• 공동해손에 관한 국제규칙 : 요크-앤트워프 규칙(York-Antwerp Rules, 1994 ; YAR)
  - 법령이 아니므로 강제성이 없다.
  - 계약서에 "공동해손과 관련되는 사항은 요크-앤트워프 규칙에 따른다"라는 별도 조항이 삽입되어야만 효력이 발생한다.
  - 이에 따라 세계 각국에서 사용하는 해상보험증권과 선하증권에는 대부분 공동해손은 요크-앤트워프 규칙에 따른다는 약관이 삽입되어 있다.

• 공동해손의 적격범위

공동해손 희생손해 (General Average Sacrifice)	공동해손 비용손해 (General Average)
• 적하의 투하(Jettison of Cargo) • 투하로 인한 손상 • 선박의 소화 작업 • 기계 및 기관손해 • 임의 좌초 • 하역작업 중 발생하는 손해 • 운임의 희생손해	• 구조비 • 피난항비용 • 임시 수리비 • 자금조달비용

공동해손의 구성요건으로 옳은 것은? 기출 17년 2회

① 공동해손이 성립하기 위해서는 통상적인 희생이나 비용이 아닌 이례적인 희생이나 비용이 있어야 한다.
② 희생이나 비용이 타발적으로 발생된 것이어야 한다.
③ 고의로 발생시킨 비용이나 희생이 피보험자 자신의 위험을 회피하기 위한 것이어야 한다.
④ 공동해손손해는 공동해손행위에 의한 간접적 손해이어야 한다.

해설 **공동해손의 구성요건**
• 이례적인 희생이나 비용이 있어야 한다.
• 희생이나 비용이 자발적으로 발생한 것이어야 한다.
• 합리적인 수준 이내에서 발생한 것이어야 한다.
• 전체 공동이 위험에 직면한 경우에 이러한 위험으로부터 회피하거나 벗어나기 위한 비용이나 희생이어야 한다.
• 현실적인 손해로서 공동해손행위에 의한 직접적인 손해여야 한다.
• 장래 발생할 가상의 손해는 안 된다.

정답 ①

해상손해의 보상에 대한 설명으로 옳지 않은 것은? 기출 20년 3회

① 공동의 해상항해와 관련된 재산을 보존할 목적으로 공동의 안전을 위하여 이례적인 희생이나 비용이 의도적으로 지출된 때에 한하여 공동해손행위가 있다.
② 구조비(salvage charge)는 구조계약과 관계없이 해법상으로 회수할 수 있는 비용이라고 정의하고 있어 구조계약과 관계없이 임의로 구조한 경우에 해당한다.
③ 손해방지비용(sue and labor expense)은 근본적으로 보험자를 위한 활동이라고 할 수 있기 때문에 손해방지비용이 보험금액을 초과하는 경우에도 보험자가 보상한다.
④ 특별비용(particular charge)은 피보험목적물의 안전이나 보존을 위하여 피보험자에 의하여 지출된 비용으로서 공동해손비용과 손해방지비용은 제외된다.

해설 특별비용(Particular Charge)은 보험의 목적의 안전이나 보존을 위하여 피보험자에 의하여 또는 피보험자를 위하여 지출된 비용으로서 공동해손비용 및 구조료 이외의 비용을 말한다.

정답 ④

03 해상보험증권과 적하보험약관

1. 해상보험증권

(1) 의 의

① 해상보험증권(Insurance Policy ; I/P) : 보험계약 성립과 그 내용을 명확히 하기 위해 보험자가 작성하여 보험계약자에게 교부하는 증서이다.

② 해상보험증권의 기능
  ⊙ 보험계약성립의 증거
  ⓛ 선적서류의 구성요소
  ⓒ 보험금청구 시의 제출서류 등

③ 보험증권에는 보험약관을 비롯하여 계약의 내용이 되는 특정사항이 기재되어 있다.

④ 우리 상법은 "보험자는 보험계약이 성립한 때 지체 없이 보험증권을 작성하여 보험계약자에게 교부해야 한다"라고 규정한다(상법 제640조).

⑤ 보험계약은 낙성계약, 불요식계약이므로 보험증권의 발행은 계약당사자의 편의를 위한 것이지 계약의 성립요건이 아니며 보험자만이 기명날인하는 것이므로 계약서도 아니다.

(2) 법적 성질

합격자 Tip

해상보험증권의 요식증권 성은 어음·수표 등의 경우처럼 엄격하지 않으므로 법정기재사항이 미비한 경우에도 보험증권의 효력에는 영향이 없다.

① 요식증권

해상보험증권은 그 기재사항이 법정되어 있는 요식증권으로 그 내용은 상법 제666조(보험의 목적, 보험사고의 성질, 보험금액, 보험료와 그 지급방법, 보험기간을 정한 때에는 그 시기와 종기, 무효와 실권의 사유, 보험계약자·피보험자의 주소와 성명 또는 상호, 보험계약의 연월일, 보험증권의 작성지와 그 작성 연월일)와 상법 제695조(선박을 보험에 붙인 경우에는 그 선박의 명칭·국적과 종류 및 항해의 범위, 적하를 보험에 붙인 경우에는 선박의 명칭·국적과 종류·선적항·양륙항 및 출하지와 도착지를 정한 때에는 그 지명, 보험가액을 정한 때에는 그 가액)에 나타나 있다.

② 증거증권

해상보험증권은 보험계약 성립·내용을 증명하기 위해 보험자가 발행하는 증거증권(조사 의무는 존재하지 않는 면책증권)이다. 보험계약은 당사자 간 의사합치에 의해 성립하는 불요식 낙성계약이므로 보험증권의 작성·교부는 보험계약의 성립요건이나, 계약서가 되는 것이 아니므로 보험계약 성립 및 내용에 관한 입증은 보험증권 이외의 자료(예 보험청약서 혹은 보험인수증 등)로도 가능하며, 보험증권에 기재하지 않은 사실을 증명함으로써 그 증권에 기재된 사실을 배제시킬 수도 있다.

③ 유가증권

해상보험증권을 지시식 또는 무기명식으로 발행할 수 있는가에 대하여 적하보험증권 등이 선하증권 등에 부수하여 유통되는 경우 그것의 양도에 의하여 피보험자의 지위가 양수인에게 이전되므로 창고증권이나 선하증권 등의 유통증권과 부수하여 유통성이 인정되는 지시식 또는 무기명식 보험증권에 대하여는 유가증권으로서의 효력을 인정하는 것이 바람직하다.

다만, 지시식이나 무기명식의 발행이 허용된다 하여도 보험증권의 유인성에 의해 고지의무 위반, 보험료 미지급, 위험의 현저한 변경·증가 등의 경우에 보험계약이 해지되면 그 영향이 증권소지인에게도 미치며 더욱 이 보험증권상의 권리의 발생은 우연한 사고로 정해지므로 보험증권은 가장 불완전한 의미의 유가증권이라 할 수 있다.

(3) 기재사항

합격자 Tip

보험증권 기재사항에 대한 상법 규정은 강행규정이 아니다. 상법은 선명이 불확정된 보험증권을 인정한다(상법 제704조).

① 일정한 계약 내용 표시에 충분한 사항(보험계약 당사자, 보험계약의 목적, 보험가액, 보험금액, 보험료, 보험기간, 보험계약체결지 및 시기 등)을 기재해야 하고 보험자 서명이 있어야 한다(상법 제666조, 제695조).

② MIA 제23조는 다음 사항을 법정기재사항으로 정한다.

　㉠ 피보험자명 또는 피보험자를 위하여 보험계약을 체결한 자의 성명

　㉡ 피보험목적물 및 담보위험

　㉢ 피보험항해 또는 항해기간, 경우에 따라서는 이들 양자

　㉣ 보험금액

　㉤ 보험자명

※ MIA 제24조 1항 규정에 의해 보험자에 의한 또는 보험자를 대신한 서명 요구 → 해상보험증권은 보험자 또는 보험자를 대리하여 서명되어야 한다. 법인은 인장으로 충분하지만, 서명을 장으로 날인하는 것을 요구하는 것은 아니다.

(4) 양 식

합격자 Tip

일반적으로 보험증권에 기재하면 안 되는 사항에 관한 별도 규정이 없으므로 실무에서는 전기의 기재사항 이외에도 많은 사항이 보통약관, 특별약관, 부가약관 또는 면책률약관 등의 형식으로 기재되는 것이 일반적이다.

① 로이즈 보험증권(Lloyd's S.G. Policy Form)

　㉠ 1779년 Lloyd's 총회에서 채택, 200년 동안 수정·보완을 거듭하여 최근까지 사용했다.

　㉡ 실무적 측면에서 적절치 않음이 판명되자 특약이 첨부되어 사용되는데, 대표적인 것이 1963년 FPA 약관이나 WA 약관 등의 협회화물약관이다.

　㉢ 1982년 Lloyd's S.G. Policy의 약인약관(Consideration Clause)과 재판관할권약관(Jurisdiction Clause) 등만을 남기고 나머지는 삭제하거나 협회화물약관(Institute Cargo Clause)에 포함시켰다.

② 따라서 Lloyd's S.G. Policy에서는 협회화물약관인 A/R, W/A 또는 FPA가 특별약관이었지만, 1982년의 신해상보험증권 양식에서는 반드시 ICC(A), (B) 또는 (C) 등의 협회화물약관을 첨부해야 한다.

② ILU의 회사용 보험증권

㉠ 1795년 영국의회법(Act of Parliament)은 개인보험업자에게는 반드시 Lloyd's S.G. Policy를 사용하도록 규정하면서도 회사 형태 보험업자에게는 그것을 강요하지 않았다. 대신 보험회사들은 런던보험업자협회(Institute of London Underwriters ; ILU)의 "Companies Combined Policy, Hull"과 "Companies Combined Policy, Cargo" 등의 회사용 증권을 사용하게 됐다.

㉡ ILU의 Companies Combined Policy는 선박과 화물을 구별하므로 적하보험증권은 청색, 선박보험증권은 백색으로 구분하여 사용한다.

③ 신해상보험증권

㉠ 1982년 이후 사용된 신해상보험증권 양식 : 두 양식은 내용면에서 큰 차이가 없다.

• New Lloyd's Marine Policy Form : Lloyd's 보험 시장에서 사용
• New ILU Marine Policy Form : Company 보험 시장에서 사용

㉡ Lloyd's S.G. Policy와의 차이

• S.G. Policy 본문약관 중 위험약관(Perils Clause)을 삭제했다.
• S.G. Policy의 본문약관 중 양도약관, 보험증권의 효력에 관한 약관, 면책률약관 등과 난외약관의 교사약관, 타보험약관 등을 삭제했다.
• S.G. Policy 본문약관 중 소급약관(Lost or not Lost Clause), 보험기간약관, 기항·정박약관(Touch and Stay Clause), 손해방지약관(Sue and Labour Clause), 포기약관(Waiver Clause), 준거법약관 등은 신해상보험증권에 첨부하여 사용하는 신 협회화물약관의 피보험이익약관(Insurable Interest Clause), 운송약관(Transit Clause), 항해변경약관(Change of Voyage Clause), 피보험자의 의무약관(Duty of Assured Clause), 포기약관(Waiver Clause), 영국의 법과 관습(English Law and Practice) 등으로 각각 대체했다.
• S.G. Policy 난외약관의 포획·나포면책약관(F.C.&S. Clause)과 스트라이크·폭동·소요면책약관(F.S.R&C.C. Clause)도 신해상보험증권의 협회화물약관상의 전쟁위험면책약관(War Exclusion Clause)과 동맹파업면책약관(Strikes Exclusion Clause)으로 바뀌었다.
• 신해상보험증권 표면에는 보험계약서로서 필수적인 준거법약관, 타보험약관, 약인 약관 및 선서약관만 남았다.

- 신해상보험증권에 보험계약 내용을 별도 기재하는 스케줄(명세표)을 도입했다.
  - 본문약관 : 준거법약관, 타보험약관, 약인약관, 선서약관으로만 구성
  - 스케줄에 명기 : 기타 계약내용인 선박명(Name of The Vessel), 증권번호(Policy Number), 피보험자 성명(Name of The Assured), 항해 또는 보험기간(Voyage or Period of Insurance), 피보험목적물(Subject-matter Insured), 보험금액(Amount Insured) 등의 중요사항
- 신해상보험증권은 협회화물약관이 19조나 되어 이면에 여백이 없으므로 종래 이면에 적색으로 인쇄된 클레임 절차에 관한 약관인 "Important Clause"가 전면의 여백에 인쇄됐다.

[신 · 구증권 및 약관 대조표]

로이즈 보험증권 본문약관	신해상보험증권, ICC 및 MIA
1. 모두약관	• 삭 제
2. 양도약관	• 삭제 : 참고 MIA, 제15, 50, 51조
3. 소급약관	• 삭제 : ICC 제11조 '피보험이익약관'이 됨
4. 위험개시약관	• 삭 제
5. 보험목적물의 표시약관	• 삭 제
6. 적재선박명의 표시약관	• 삭 제
7. 선장명 및 선명의 표시약관	• 삭 제
8. 보험기간약관	• 삭제 : ICC 제8조 '운송약관'이 됨
9. 기항 · 정박약관	• 삭제 : ICC 제10조 '항해변경약관'이 됨
10. 보험가액평가약관	• 삭제 : 증권표면에 "Valued at the same as amount insured"로 표현됨
11. 위험약관	• ICC 제1조 '담보위험약관'이 됨
12. 손해방지약관	• ICC 제16조 '피보험자 의무약관'이 됨
13. 포기약관	• ICC 제17조 '포기약관'이 됨
14. 보험증권의 효력에 관한 약관	• 삭 제
15. 구속약관	• 삭 제
16. 약인약관	• 신증권표면에 그대로 표시됨
17. 면책률약관	• 삭 제
18. 준거법약관	• 신증권표면 및 ICC 제19조에 표시됨
19. 선서약관	• 신증권표면에 그대로 표시됨
난외약관	신증권, ICC
1. 포획 · 나포면책약관(FC&S Clause)	• ICC 제6조 '전쟁위험면책약관'이 됨
2. 스트라이크 · 폭동 · 소요면책약관(FSR&CC Clause)	• ICC 제7조 '동맹파업면책약관'이 됨

3. 교사약관(Grounding Clause)	• 삭제 : ICC(B), (C)의 제1조에 명시됨
4. 타보험약관	• 신증권표면에 그대로 표시됨
5. 손해통지약관	• 삭 제

특약(A/R), W/A 및 FPA약관	ICC(A), (B), (C)약관
1. 운송약관(제1조)	• 운송약관(제8조)
2. 운송종료약관(제2조)	• 운송종료약관(제9조)
3. 부선약관(제3조)	• 삭 제
4. 항해변경약관(제4조)	• 항해변경약관(제10조)
5. 단독해손 부담보조건(FPA 제5조)	• ICC(C) 제1조
분손담보조건(W/A 제5조)	• ICC(B) 제1조
전위험담보조건(A/R 제5조)	• ICC(A) 제1조
6. 추정전손약관(제6조)	• 추정전손약관(제13조)
7. 공동해손약관(제7조)	• 공동해손약관(제2조)
8. 내항승인약관(제8조)	• 불내항 및 부적격면책약관(제5조)
9. 수탁자약관(제9조)	• 피보험자의 의무약관(제16조)
10. 보험이익불공여약관(제10조)	• 보험이익불공여약관(제15조)
11. 쌍방과실충돌약관(제11조)	• 쌍방과실충돌약관(제3조)
12. 포획 · 나포면책약관(제12조)	• 전쟁위험면책약관(제6조)
13. 스트라이크 · 폭동 · 소요면책약관(제13조)	• 동맹파업위험면책약관(제7조)
14. 신속조치약관(제14조)	• 신속조치약관(제18조)
15. 중요사항약관	• 중요사항약관
_	※ 신설약관
	• 일반면책약관(제4조)
	• 계속운송비용약관(제12조)
	• 증가가치약관(제14조)

합격자 Tip

• 나중에 삽입된 약관은 먼저 있던 약관에 우선

• 구 약관의 경우 수기약관 → 타자약관 → 스탬프 약관 → 기타 특별약관 → ICC약관 → 난외약관 → 이탤릭 서체 약관 → 본문약관의 순서로 효력을 가짐

(5) 해석원칙과 적용순위 기출 15년 2회, 16년 2회

① 해석원칙

1779년부터 사용해온 Lloyd's S.G. Policy상의 약관 문언은 그간 많은 판례에 의하여 그 의미가 확정되어 그 내용이 MIA의 제1부칙(First Schedule)인 보험증권해석규칙(Rules for Construction of Policy ; RCP)에 나타나 있으나, 이와는 별도로 해상보험증권 해석을 위해서는 다음과 같은 원칙이 적용된다.

㉠ 수기문언의 우선원칙

• 해상보험증권에는 여러 가지 유형의 약관이 본문약관, 난외약관, 이탤릭 서체 약관, 협회특별약관, 스탬프 약관 및 수기문언 등 여러 가지 유형의 약관이 있으나, 이들 약관 내용이 상충될 경우 어느 것이 우선할 것인지에 관하여 문제가 생길 수 있다.

- 이들 가운데 수기문언은 보험계약당사자의 특별한 의사표시로 인쇄약관에 우선되는데, 이를 수기문언의 우선원칙이라고 한다.

ⓛ 판례 및 당사자의사의 존중원칙
- 해상보험제도가 시행된 이후 많은 판례가 확정되어 있기 때문에 사건이 발생하면 판례에 따라 해석하고 또한, 보험증권상에 나타난 계약당사자의 의사에 따라 해석하는 것이 원칙이다.
- 필요한 경우 주위 사정을 고려하여 보험증권상 계약당사자의 의사를 유추할 수도 있다.

ⓒ POP의 원칙
보험증권의 각 약관이나 문언은 학문적·이론적 의미가 아니라 평이한 (Plain)·통상적(Ordinary)·통속적(Popular) 의미로 해석해야 한다는 원칙이다.

ⓔ 동종제한의 원칙(Principle of Ejusdem Generis)
- Lloyd's S.G. Policy의 위험약관(Perils Clause)에는 본 증권으로 담보되는 위험을 열거한 후 "…and all other perils…(…기타 일체의 위험…)"와 같은 문언이 기재되어 있다.
- 이 경우 "all other peril"은 앞에서 열거한 위험과 다른 기타 모든 위험을 말하는 것이 아니라 앞에서 열거한 위험과 동종의 모든 위험 가운데 문언으로 표시하기 곤란하거나 열거에서 생략된 모든 위험을 가리키는 것으로 해석해야 한다.
- S.G. Policy의 본문약관상 동종 위험의 기재 예는 다음과 같다.
  - Tackle, Apparel, Ordinance
  - Goods and Merchandises
  - Arrests, Restraints and Detainments
  - Kings, Princes, and [People]

ⓜ 문서작성자 불이익의 원칙(Contra Proferentem)
- 보험계약은 보험자가 보험증권을 일방적으로 작성하여 서명·교부함으로써 성립하는 계약이기 때문에 보험증권상의 약관이나 문언이 모호한 경우에는 작성자에게 불리하게 해석해야 한다는 원칙을 문서작성자 불이익의 원칙이라고 한다.
- 그러나 보험계약자가 작성한 청약서(Slip)상에 모호한 문언이 있다면 부실고지(Misrepresentation)에 따른 책임을 보험계약자가 부담해야 한다.

ⓗ 합리적 해석의 원칙
- 보험증권의 해석은 계약당사자 일방에게 부당하고 부담이 될 만큼 불합리한 결과를 가져와서는 안 된다.

- 또한 보험증권 전체를 기준으로 합리적인 해석을 하여야 하며 특정 용어나 그 용어의 기술적 해석에 국한해서는 안 된다.

② 해상보험증권상 약관 적용순위
　㉠ 보험계약에 관한 법규는 그 대부분이 임의규정이기 때문에 이와 보험 약관이 상충하는 경우 보험약관이 법규에 우선한다.
　㉡ 보통약관과 특별약관이 상충하는 경우에는 특별약관이 보통약관에 우선한다.
　㉢ 종래부터 있던 약관의 내용과 이후에 삽입된 약관의 내용이 서로 상충하는 경우에는 이후에 삽입한 약관의 내용이 우선하며, 이를 최근문언의 우선효과(The Latest Added, The Most Effect)라고 한다.
　㉣ 선후의 차이가 없는 것은 정형화의 정도가 약한 것이 우선한다.
　㉤ 보험증권의 본문약관에는 개개의 계약에 따라 각종 특별약관이 증권의 표면여백에 추가인쇄, 타이프 또는 압인되거나 혹은 약관기재의 Slip이 첨부되기도 한다. 이때 각종 약관이 상충하는 경우 그 적용 우선순위는 다음과 같다.
　　- 제1순위 : 수기문언
　　- 제2순위 : 타이프 기입 또는 고무인의 압인에 의한 약관
　　- 제3순위 : 증권작성 시의 추가인쇄 또는 Slip의 첨부에 의한 약관
　　- 제4순위 : 증권에 미리 서식으로 활자 인쇄되어 있는 약관
　㉥ 본문약관 내에 이탤릭 서체 약관이 인쇄체 약관에 우선하고, 난외약관이 본문약관에 우선한다.
　㉦ 증권에 첨부된 특별약관은 본문약관이나 난외약관에 우선한다.
　㉧ 인쇄의 색, 고무인의 색에 대해서는 어떠한 우선순위도 없다.

합격자 Tip

수기문언 → 타자문언 → 스탬프문언 → 특별약관 → 협회적하약관 → 난외약관 → 이탤릭 서체 약관 → 본문약관

• 기출 Check •

해상보험증권의 해석원칙으로 옳지 않은 것은?　**기출** 15년 2회

① 난외약관은 본문약관에 우선하는 것이 원칙이다.
② 증권에 첨부되는 특별약관은 본문약관과 난외약관에 우선하는 것이 원칙이다.
③ 타자로 기입된 문언은 본문약관과 난외약관에 우선하는 것이 원칙이다.
④ 이탤릭 서체로 된 약관은 수기문언에 우선하는 것이 원칙이다.

해설 보험증권의 해석에 있어 "수기문언 → 타자문언 → 스탬프 약관 → 특별약관 → 협회적하약관 → 난외약관 → 이탤릭 서체 약관 → 본문약관" 순으로 해석원칙의 우선순위가 있다.

정답 ④

(6) 해상보험증권의 양도

① 개요

    ㉠ 피보험자는 보험계약상의 권리를 보험증권의 양도(Assignment of Policy)에 의해서 제3자에게 양도할 수 있다.

    ㉡ 피보험이익을 단순히 제3자에게 양도한 것만으로는 보험계약상의 권리는 자동적으로는 양도되지 않고 미리 피보험이익의 양도인과 양수인의 사이에서 보험계약상의 권리까지도 양도한다는 뜻의 명시 또는 묵시의 합의가 있었던 경우에만 피보험이익의 양도와 함께 그 보험계약상의 권리도 양도된다.

    ㉢ 수입업자를 위하여 수출업자가 보험계약을 체결하고 보험증권을 수출업자로부터 수입업자에게 양도하는 것이 상관습 또는 국제규칙으로 확립된 CIF 계약의 경우에는 당사자의 의사가 명확하고 화물의 수출본선 선적 시에 그 위험이 수출업자로부터 수입업자에게 이전함으로써 피보험이익도 이전된다.

    ㉣ 그것과 동시에 보험계약상의 권리도 자동적으로 수출업자로부터 수입업자에게 이전한다.

    ㉤ 그러나 이 같이 당사자 간 보험계약상의 권리양도 의사가 명확하지 않는 경우 피보험이익의 양도와 보험계약상의 권리는 반드시 동시에 이전 또는 양도되지 않는다.

② MIA 제50조의 규정

    ㉠ 보험증권은 증권 면에 양도를 금지하는 명시 문언이 없는 한, 또 손해발생 전후를 불문하고 양도가 가능하다.

    ㉡ 보험증권상의 권리의 이전을 목적으로 보험증권이 양도된다면, 그 양수인은 자기의 이름으로 증권에 관한 소송을 제기할 수 있다.

    ㉢ 보험증권은 배서 또는 기타 관습적 방법에 의해서 양도할 수 있다.

③ MIA 제51조의 규정(이익을 갖지 않는 피보험자는 양도 불가)

피보험자가 피보험목적물에 대한 자기의 이익을 상실한 경우, 그보다 이전 또는 상실한 때에 증권을 양도하는 명시 또는 묵시의 합의를 하고 있지 않았다면 그 후의 보험증권의 양도는 효력을 잃게 된다. 다만 본 규정은 손해발생 후의 증권의 양도에는 영향을 미치지 않는다.

중요 **2. 해상적하보험약관[Institute Cargo Clause(ICC) : 협회적하약관]**

기출 15년 2회, 16년 2회

(1) 개 요

① 해상적하보험 약관이란 해상보험에 일률적으로 적용하는 국제규약이다.

② 운송 중인 적하의 해상위험에 대한 보험조건과 담보범위 등을 규정했다.

③ 우리는 런던 보험자협회(ILU)가 제정한 협회적하보험약관(Institute Cargo Clause ; ICC)을 사용한다.

④ 이 협회적하약관에는 신 약관과 구 약관이 있다.

⑤ 현재 국제적으로 신·구 약관 모두 사용하고 있는데 그 이유는 구 약관에서 신 약관으로 개정했음에도 화주 입장에서는 담보범위가 구 약관이 유리하기 때문이다.

⑥ 구 약관과 신 약관은 서로 약관 내용과 보상범위의 차이가 있으나, 우리나라 보험요율은 구 약관의 ICC(WA)와 신 약관의 ICC(B)조건을 제외하면 거의 동일하게 사용한다.

(2) 구 협회적하약관상 보험조건

① ICC(FPA)(Free from Particular Average : 단독해손부담보조건)

ⓘ ICC 약관에서 담보범위가 가장 좁은 조건이다.

ⓛ 원칙적으로 단독해손은 보상하지 않지만 화물을 적재한 선박이나 부선이 침몰·좌초·대화재·충돌했을 경우의 단독해손에 대해서는 인과관계를 묻지 않고 보상한다.

② ICC(WA)(With Average : 분손담보조건)

ⓘ 분손담보조건은 분손부담보조건(FPA)에서 보상대상이 아닌 단독해손(화물적재 선박이나 부선이 침몰·좌초·대화재·충돌로 인한 손해 이외의 증권본문의 담보위험에 따른 분손) 가운데 증권기재의 면책률(일정비율 미만의 사고액 공제)을 초과하는 손해를 보상한다.

ⓛ 침몰·좌초·대화재·충돌 이외의 단독해손으로는 현실적으로 악천우(Heavy Weather)에 의한 적하의 풍랑손해가 해당한다. 즉, WA와 FPA의 차이는 풍랑에 의한 단독해손 보상여부다.

ⓒ ICC(WA)에서는 원칙적으로 (단독해손보상의 조건인) 소손해(Petty Claim) 면책 비율을 적용한다.

③ WA 조건의 소손해 면책 비율 적용 유형

ⓘ WA X%(Franchise) : Franchise 개념으로서 ×% 미만 손해는 보상하지 않고 손해액이 전체금액(보험가입 금액)의 ×% 이상인 경우에만 손해액 전부를 보상한다는 의미이다.

ⓛ Excess of ×%(Deductible) : ×% 미만의 손해는 보상하지 않는다는 점은 Franchise 개념과 동일하나 ×% 이상의 손해가 발생한 경우 기준인 ×%를 공제하고 초과 부분만 보상한다는 차이가 있다(Excess of 1%, 3%, 5%, 7%가 있음).

ⓒ WAIOP(With Average Irrespective Of Percentage) : 면책률 없이 발생한 부분손해에 대해 모두 보상하여 주는 보험조건이다.

〈소손해 면책률 비교〉

구 분		Franchise Clause	Deductible Clause
보험증권상의 표시		ICC(WA) 5% = ICC(WA) 5% franchise	ICC(WA) in excess of 5% = ICC(WA) 5% deductible
신용장상의 표시		• Subject to average payable if amounting to 5% • To pay average if amounting to 5%	• Subject to average payable in excess of 5% • To pay average in excess of 5%
실 례	−3% 분손 시	보상되지 않음	보상되지 않음
	−5% 분손 시	5% 보상	5% − 5% = 0 (보상되지 않음)
	−7% 분손 시	7% 보상	7% − 5% = 2%만 보장

④ ICC(AR)(All Risks : 전위험담보조건)

㉠ 면책위험 및 보험료율서상에서 제외된 위험으로 인한 손해 이외의 모든 손해가 면책률 없이 보상된다.

㉡ 보험금 청구를 위해 피보험자는 손해가 구체적으로 어느 위험으로 발생했는지 입증하면 된다.

㉢ 모든 위험을 담보하는 조건이나 모든 손해 · 멸실을 담보하는 것은 아니고, 약관상 규정된 면책사항은 담보하지 않는다.

㉣ 약관상 면책위험

• 보험계약자, 피보험자의 고의 또는 불법적인 행위

• 화물의 통상적인 누손이나 마모

• 보험목적물 고유의 하자, 자연소모

• 운송지연에 의한 손해

• 전쟁 및 동맹파업에 의한 손해(추가로 특별약관을 첨부하여 보험료를 납입하면 보상 가능)

⊕ Plus one

TLO(Total Loss Only : 전손담보조건)

- 보험자가 담보한 위험으로 인해 보험목적물이 전부 멸실(전손)한 경우에만 그 보험금액 전액을 지급하기로 약정한 보험조건이다.
- 그 전부가 구조될 가망이 없을 정도의 손해이거나, 전부의 구조나 복구에 소요되는 비용이 구조나 복구 후의 현존가액을 넘는 경우, 또는 목적지로의 수송비용이 목적지에서의 시가보다 더 비싼 경우 등도 전손으로 추정되어 이를 준전손이라 하고 전손에 준하는 취급을 받는다.
- 적하보험조건 중 가장 담보범위가 좁은 조건으로 ICC(FPA)나 ICC(C)보다 담보범위가 더 좁은 조건(약관)이다.
- 보험목적물의 일부 손해인 분손의 경우에는 손해가 보상되지 않는다.

(3) 신 협회적하약관상 보험조건 　기출　 19년 1회, 19년 3회, 20년 1회

① ICC(C)
- ㉠ 구 협회약관 FPA 조건과 거의 동일한 조건으로 신 약관에서 가장 담보범위가 작은 보험조건이다.
- ㉡ FPA 조건과 다른 점은 FPA에서는 선적, 환적 또는 하역 작업 중 화물의 포장당 전손은 보상되나, ICC(C)에서는 보상되지 않는다는 점이다.
- ㉢ ICC(B)와 같이 열거위험에 의해 발생한 손해를 분손, 전손의 구분 및 면책률(Franchise) 없이 보상한다. 그러나 ICC(B) 약관에서 보상되는 위험 가운데 '지진, 분화, 낙뢰, 해수, 호수 등의 침입, 갑판유실, 추락한 매포장 당의 전손' 등을 ICC(C) 약관에서는 보상하지 않는다. 면책위험을 열거하는 점은 ICC(A), (B) 약관과 같다.

② ICC(B)
- ㉠ 구 협회약관 WA 조건과 거의 동일한 조건이나, 구 WA 약관에 대응하는 약관으로 '화재, 폭발, 좌초, 지진, 분화, 낙뢰, 해수·호수·강물의 침입' 등 열거된 주요위험에 의해 생긴 손해를 보상하는 열거책임주의를 취한다.
- ㉡ 면책위험도 열거하여 명기하며, 클레임은 분손·전손 구분 없이 보상하며 면책률(Franchise) 적용도 없다.

③ ICC(A) 　기출　 19년 1회(2급), 20년 1회
- ㉠ 구 협회약관 AR조건과 거의 동일한 조건으로 "전위험(ALL Risks of Loss or Damage)"을 담보하는 조건이다. 다만, AR 조건에서는 해적위험(Piracy)이 전쟁위험의 일종으로 면책위험이나, ICC(A)에서는 해적위험을 보상한다.

ⓒ 구 AR 약관과 달리 면책위험을 열거하여 명기한다.

- 피보험자의 고의적인 악행
- 통상의 누손, 통상의 중량·용적의 부족, 자연소모
- 포장의 불완전, 부적합
- 보험목적물 고유의 하자 및 성질상의 손해
- 지연으로 인한 손해
- 원자력·방사성 물질로 인한 손해
- 본선의 소유자, 관리자, 용선자, 운항자의 지불불능 또는 재정상의 채무불이행으로 인한 손해
- 전쟁 및 동맹파업위험(추가로 특별약관을 첨부하여 보험료를 납입하면 보상 가능)

⊕ Plus one

해상위험 부담의 원칙 `기출` 17년 3회

- 구 ICC(AR) 및 신 ICC(A) : 포괄책임주의 채택
- 구 ICC(FPA), ICC(WA)와 신 ICC(B), ICC(C) : 열거책임주의 채택

합격자 Tip

Ⓠ 해상위험 담보방식으로 옳지 않은 것은?
① ICC(A)-포괄담보
② ICC(B)-열거담보
③ ICC(AR)-열거담보
④ ICC(FPA)-열거담보

Ⓐ ③

기출 Check

해상운송 과정 중에 발생한 해상사고로 화물손해가 발생하였고, surveyor의 조사결과 general average에 해당하지 않는 사고로 판명되었다. 이 경우 화주가 손해를 보상받을 수 있는 해상적하보험조건으로 구성된 것은? `기출` 18년 2회

① ICC(A), ICC(B)
② ICC(A), ICC(C)
③ ICC(B), ICC(C)
④ ICC(A), ICC(B), ICC(C)

해설
- ICC(A) : 구 약관 AR 조건과 거의 동일한 조건으로 '전위험(ALL Risks of Loss or Damage)'을 담보하는 조건이다. 다만, AR 조건에서는 해적위험(Piracy)이 전쟁위험의 일종으로 면책위험이나, ICC(A)에서는 해적위험을 보상한다.
- ICC(B) : 구 약관 WA 조건과 거의 동일한 조건이나, WA 조건에 대응하는 약관으로 '화재, 폭발, 좌초, 지진, 분화, 낙뢰, 해수·호수·강물의 침입' 등 열거된 주요위험에 의해 생긴 손해를 보상하는 열거책임주의를 취한다.

정답 ①

구 약관	ICC(AR)	ICC(WA)	ICC(FPA)	① 전손(현실전손, 추정전손) ② 공동해손희생 및 비용손해 ③ 구조비, 특별비용 ④ 손해방지비용(보험가입금액과 별도로 지급) ⑤ 침몰, 좌초, 대화재로 인한 분손(인과관계 불문) ⑥ 선박 등 운송용구의 침몰, 좌초, 충돌, 대화재를 당한 경우의 단독해손 ⑦ 본선, 부선 또는 기타 운송용구와 물 이외 타 물체와의 충돌·접촉과 상당한 인과관계가 있는 경우의 화물의 멸실이나 손상 ⑧ 공동해손(GENERAL AVERAGE)손해(공동해손희생손해, 공동해손분담금) ⑨ 적재, 환적, 양하 작업 중의 포장 단위당 전손 ⑩ 화재, 폭발, 충돌, 접촉, 피난항에서의 양하에 기인한 손해
			⑪ FPA의 보상범위에 추가하여 항해 중 악천후(풍랑)에 의한 손해(불특정분손)를 담보 • WA 3% : 단독해손이 화물가액의 3%를 초과한 경우에 한해 손해액 전부를 보상 • Excess of 3% : 단독해손이 화물가액의 3%를 초과한 경우 기준인 3%를 공제하고 초과 부분만 보상 • WAIOP : 면책률 적용 없이(면책한도 없이) 단독 해손 전액 보상	
		⑫ 상기 이외의 분손(소손해 포함)		
신 약관	ICC(A)	ICC(B)	ICC(C)	① 화재, 폭발 ② (본선/부선의) 좌초, 교사, 침몰, 전복 ③ 육상운송용구의 전복, 탈선 ④ 충돌, 접촉 ⑤ 피난항에서 양하 중 발생한 손해 ⑥ 공동해손희생(손해) ⑦ 투 하
			⑧ 지진, 화산분화, 낙뢰 ⑨ 파도에 의한 갑판상의 유실 ⑩ 본선, 부선, 운송용구, 컨테이너 및 보관 장소에 유입한 해수, 호수, 하천수(강물)로 인한 손해 ⑪ 선적, 하역 중 해수면에 낙하하여 멸실되거나 추락에 의한 포장당 전손	
		⑫ 특정면책사항 이외의 모든 우발적 원인에 의한 손해		

(4) 면책위험

아래 위험으로 인한 손해는 전위험담보조건인 ICC(AR)이나 ICC(A) 조건으로 보험에 가입했다 하더라도 보험에서는 보상받을 수 없는 위험이다.

① 피보험자의 고의적 비행 또는 불법행위로 인한 일체의 손해(절대적 면책사유 해당)

② 보험목적물의 통상의 누손(Leakage), 중량·용적상의 통상의 손실, 자연소모(Ordinary Tear & Wear)

③ 불완전 또는 부적합한 포장으로 인한 손해

④ 보험목적물 고유의 하자(Inherent Defect) 또는 성질에 기인한 멸실·손상

⑤ 운송인의 운송지연을 근인으로 하여 발생한 손해

⑥ 본선 소유자 등의 지불불능 또는 재정상의 채무불이행

⑦ 어떤 사람의 불법행위에 의한 고의적 손해(A Clause의 면책위험에서는 제외됨)

⑧ 원자력, 핵 또는 방사능무기 사용으로 인한 손해

⑨ 선박 등의 불내항 또는 부적합

⑩ 전쟁위험(별도 약관으로 부보가능)

⑪ 동맹파업위험(별도 약관으로 부보가능)

※ 전쟁, 파업 등은 ICC(AR)이나 ICC(A) 조건으로도 부보되지 않으므로, 구약관에서는 별도로 W/SRCC 약관을 두며, 신 약관에서는 협회 전쟁약관(Institute War Clause ; IWC)과 협회 동맹파업약관(Institute Strike Clause ; ISC)을 별도로 둔다.

(5) 부가(담보특약)조건

① 원칙적으로 전위험담보조건[ICC(AR)/ICC(A)]은 부가위험도 모두 보상하는 조건이다. 그러므로 부가위험을 추가로 보험에 가입할 필요가 없다. 그러나 ICC(WA)/ICC(B)나 ICC(FPA)/ICC(C) 등의 제한적 조건인 경우 화물의 특성상 아래의 부가위험에 대한 보험가입 필요 시 이를 추가로 보험에 가입할 필요가 있다.

② ICC(B), ICC(C) 및 ICC(WA), ICC(FPA)는 열거한 위험만 담보하는 열거주의를 채택하므로 아래 위험에 대해서는 추가 보험료를 지불하고 특약으로 부가조건에 부보함으로써 ICC(AR), ICC(A)보다 적은 비용으로 필요한 위험만을 선택적으로 담보할 수 있다.

부가위험 담보조건	특 성	주 품목
TPND(Theft, Pilferage and Non-Delivery : 도난, 발하, 불착손 위험)	• 도난, 발하 및 타항에서의 양하 또는 분실로 인한 불착위험 • ICC(A), AR 이외의 조건에서는 TPND를 추가해야 보상 가능 • Theft(도난), Pilferage(좀도둑에 의한 화물 일부 소실), Non-delivery(포장단위의 화물이 전부 목적지에 도착하지 않은 것)	모든 화물
RFWD(Rain and/or Fresh Water Damage : 우담수 누손)	• 해수침손(Sea Water Damage)의 대응 개념으로 비·눈·하천 등 기타 해수 이외 물에 젖는 손해(담수, 빗물에 의한 손해) • 단, ICC(B) 조건에서는 "본선, 부선, 선창 등의 보관 장소에 해수·호수·강물의 침입으로 인한 손해"만 담보, 우천으로 인한 손해 담보를 원할 경우 추가 가입해야 함	모든 화물
Breakage (파손위험)	• 도자기, 유리, 기계류 등 쉽게 파손되는 화물에 추가 담보되는 위험 • 깨지는 화물의 경우 반드시 담보 여부를 밝혀야 함	유리, 이사화물
S & H (Sweating & Heating : 가습손(땀손), 열손위험)	• 선창 내와 선박 외부 간 기온차로 생기는 선창 천장 및 내벽의 응결수분에 의해 화물이 젖거나 화물 표면에 땀처럼 수분이 배어 생기는 손해(Sweating) 또는 통풍불량으로 인한 자체적인 발열(Heating) 등으로 발생하는 손해	곡물류
Leakage/Shortage (누손/중량부족 위험)	• 분장화물 및 액장(액체)화물의 경우 용기나 포장의 파손으로 내용물이 새거나 중량이 부족하여 생기는 손해 • 누손 : 액체 또는 기체화물이 용기에서 새어나간 손해 • 부족손 : 중량 감소나 수량 부족 개념 • 곡물 및 액체화물의 경우 통상적 감량이 많으므로 실무적으로는 Excess 적용	유류, 곡물류
JWOB(Jettison and/ or Washing Over Board : 투하/갑판유실 위험)	• 갑판에 적재된 화물 투하 및 풍랑에 의한 화물의 유실위험 • 해상운송화물은 선창 내 운송이 원칙이나 일부 품목은 갑판 적화물 허용. 이 경우 ICC(C), FPA 조건 및 FPA + JWOB로 인수	갑판적재 화물
Denting and/or Bending(곡손위험)	• 운송 중 심한 접촉이나 충격으로 화물표면이나 내부가 구부러지는 손해	기계류, 금속류
Spontaneous Combustion (자연발화)	• 인화점이 낮은 적화 운송 시 자연발화로 인한 손해 • MIA의 법정면책위험 • 우연성이 있을 경우 부가위험으로 담보	곡물류

합격자 Tip •━━━━━━━○

❓ 다음 중 관련이 적은
것은?
① 도자기제품
 – Breakage
② 갑판적재화물
 – Jettison and/or
  Washing
  Overboard
③ 곡물류
 – Sweating &
  Heating
④ 직물류
 – Mould & Mildew

🅐 ④ 직물류의 경우 부보
조건은 H/H(Hook
& Hole)이다.

Mould & Mildew (곰팡이 손해)	• 습도가 올라감에 따라 곰팡이로 인한 손해를 입을 경우에 대비해 담보하는 부가위험	곡물류
Rust (녹손위험)	• 기계류, 금속류 등의 화물이 포장 재료의 건조 불충분으로 내부가 습해져서 녹이 슬거나 해수, 담수, 빗물 등으로 녹이 스는 손해	기계류, 금속류
H/H(Hook & Hole : 구손)	• (하역 작업 중) 화물이 갈고리에 찍혀 생기는 손해(갈고리에 의한 손해)	직물류
Contamination (혼합위험)	• 타물 또는 잡물 등의 혼입으로 인한 손해	–
COOC(Contact with Oil and/or Other Cargo : 유류/타 화물과의 접촉위험)	• 기름, 사토, 산 등 주로 선내의 청소 불량으로 인한 오손 및 오염물질과의 접촉으로 인한 손해	–
W/SRCC(War, Strike, Riot, Civil Commotion : 전쟁, 파업, 폭동, 소요위험 담보조건)	• ICC(A)나 ICC(AR)를 부보했다 하더라도 담보되지 않는 조건으로, 이의 담보를 위해서는 추가 특약을 맺어야 함 • 한편, 영국보험업자협회는 우리나라를 준 전쟁국으로 분류, 외국 수입상이 우리나라에서 CIF 조건으로 수입 시 이 조건을 추가로 부보(담보)한다는 점에 특히 유의	–

━● 기출 Check ●━

해상보험에서 위험에 대한 설명으로 옳지 않은 것은? `기출` 19년 1회

① Perils of the Seas는 해상 고유의 위험으로 stranding, sinking, collision, heavy wheather를 포함한다.
② Perils on the Seas는 해상위험으로 fire, jettison, barratry, pirates, rovers, thieves를 포함한다.
③ 포괄담보 방식에서는 보험자가 면책위험을 제외한 모든 손해를 담보하는데, ICC(A) 또는 WA가 여기에 속한다.
④ 갑판적, 환적, 강제하역, 포장불충분 등 위험이 변경되는 경우 보험자는 원칙적으로 변경 후 사고에 대해 면책된다.

`해설` **해상위험 부담의 원칙**
• 구 ICC(AR) 및 신 ICC(A) : 포괄책임주의 채택
• 구 ICC(FPA), ICC(WA)와 신 ICC(B), ICC(C) : 열거책임주의 채택
`정답` ③

04 수출입보험제도

1. 수출보험제도

(1) 개 념 기출 15년 3회

① 수출보험(Export Insurance)제도는 수출거래에 수반되는 여러 위험 가운데서 해상적하보험과 같은 통상의 보험으로는 구제하기 곤란한 위험, 즉 신용위험과 비상위험으로 인하여 수출자, 생산자 또는 수출자금을 대출해준 금융기관이 입게 되는 불의의 손실을 보상함으로써 궁극적으로 수출 진흥을 도모하기 위한 비영리 정책보험 제도이다.

② 신용위험과 비상위험

합격자 Tip

무역진흥을 도모하기 위한 무역보험제도에서 담보하는 위험

㉠ 신용위험(Commercial Risk) : 수입자의 신용악화, 계약파기, 파산, 대금지급 지연 · 거절 등으로 인한 수출불능 또는 수출대금 미회수 위험

㉡ 비상(국가)위험(Political Risk) : 수입국에서의 전쟁 · 혁명 · 내란, 수입국 정부의 수입거래/외환거래 제한, 수입국 모라토리움 선언 등

기출 Check

수출자, 생산자 또는 수출자금을 대출해준 금융기관이 입게 되는 불의의 손실을 보상함으로써 궁극적으로 수출 진흥을 도모하기 위한 수출보험에서 담보하는 위험으로 옳은 것은? 기출 15년 3회

① 운송위험과 신용위험   ② 운송위험과 환위험

③ 신용위험과 비상위험   ④ 환위험과 제조물배상책임위험

해설 수출보험이란 신용위험과 비상위험 등으로 수출자 또는 수출금융을 제공한 금융기관이 입게 되는 손실을 보상하고, 나아가 우리나라의 수출을 촉진하고 진흥하기 위한 제도이다.
- 신용위험(Commercial Risk) : L/C 개설은행의 파산, 지급불능, 지급거절, 지급지체 등으로 인한 수출대금 미회수 위험
- 비상위험(Political Risk) : 대상국의 정치 · 경제 · 사회 환경 변화 등으로 수출불능 또는 수출대금 회수불능 위험

정답 ③

---

(2) 수출보험의 기능 및 특성

① 수출보험의 기능

㉠ 수출거래상의 불안제거 기능

㉡ 신용공여 및 금융보완적 기능

㉢ 무역관리와 수출 진흥 정책수단으로서의 기능

㉣ 해외수입자에 대한 신용조사 기능

② 수출보험의 특성

    ㉠ 위험의 동시다발성 : 전쟁, 내란 및 환거래의 제한 또는 금지 등의 비상
위험으로 인한 보험사고는 위험을 예측하기가 매우 어렵고 또한 다수
의 수출거래에 대하여 동시에 발생하기 때문에 보험사고 발생의 확률
산정이 곤란하여 적정보험료율을 산정하기 어렵다.

    ㉡ 거액의 보험사고 발생가능성 : 대형보험 인수 건에서 사고가 발생할 경
우 보험자가 지불해야 할 보험금은 천문학적 숫자에 이를 정도로 엄청
나며, 또한 비상위험에 의한 사고는 그 다발성으로 인해 일시에 보험금
청구가 집중되어 역시 대규모의 보험금지급이 불가피하다.

    ㉢ 비영리 정책보험 : 수출거래에 수반되는 무역위험 중 해상적하보험으
로서 구제하기 어려운 위험으로부터 수출상 또는 수출금융 제공 금융
기관을 보호하고 국내 수출산업의 수출 진흥을 위해 정책적으로 운영
하는 비영리 정책보험이다.

(3) 수출보험(신용보증) 운영종목

보험(보증)종목		주요 내용	보험계약자
단기성 보험	단기수출보험	수출대금 결제 기간이 2년 이내인 단기수출계약체결 후 그 수출이 불가능하게 되거나 수출대금을 받을 수 없게 되어 입는 손실(당해 물품에 발생한 손실 제외)을 보상하는 보험	수출자
	농수산물 수출보험	농수산물수출계약 후 수출이 불가능하게 되거나, 수출대금을 받지 못할 경우 또는 해당 농수산물의 국내가격 변동으로 수출계약 이행 시 입게 되는 손실 보상	수출자
	문화수출보험	수출이 계획된 문화상품(영화, 드라마, 게임, 공연 등) 제작 관련 투자 또는 융자에 대한 손실이나 수출(또는 매출)실적 부진에 따른 손실 보상	-
	해외마케팅 보험	기업이 해외시장 개척 활동을 위해 필요한 비용을 지출하였으나 이에 상응하는 수출 증가 등의 효과를 얻지 못함으로써 입게 되는 손실 보상	-
	부품·소재 신뢰성보험	국산 부품·소재를 사용하는 기업에 제품의 신뢰성 관련(제조물의 결함으로 인한) 재산 피해를 담보하는 손해보험	수출자

중장기 보험	중장기 수출보험	수출대금 결제 기간이 2년을 초과하는 중장기 수출계약을 체결한 후 수출이 불가능하게 되거나 수출대금을 받을 수 없게 된 경우 또는 수출대금 금융계약을 체결한 후 대출 원리금을 받을 수 없게 됨으로써 입게 되는 손실을 보상하는 보험	수출자 또는 외국환 은행
	수출보증보험	금융기관이 해외공사계약 또는 수출계약과 관련하여 수입자에게 보증서(Bond)를 발급 후, 수입자로부터 보증채무 이행청구를 받아 보증 채무를 이행함으로써 입게 되는 금융기관의 손실 보상. 즉, 금융기관이 해외공사계약 또는 수출계약 등과 관련하여 수출보증을 한 경우에 보증 상대방으로부터 이행청구를 받아 이를 이행함으로써 입게 되는 금융기관의 손실을 보상하는 보험	외국환 은행
	해외공사보험	해외건설공사 등 기성고방식 또는 연불수출방식 수출에서 해외공사계약 체결 후 그 공사에 필요한 물품 수출이 불가능해지거나 수출대금의 미회수 또는 투입장비의 권리상실 등으로 입게 되는 손실을 보상하는 보험	해외 건설업체 또는 외국환 은행
	해외투자보험	주식취득 등 해외투자 후 투자대상국에서의 전쟁, 송금위험으로 인해 그 해외투자의 원리금, 배당금 등을 회수할 수 없게 되거나 해외현지법인에 대한 보증채무 이행으로 입게 되는 손실을 보상하는 보험	해외 투자가
	해외사업 금융보험	국내외 금융기관이 수출증진, 외화획득 효과가 있을 것으로 예상되는 해외사업에 자금을 대출하고 회수하지 못하는 경우의 손실을 보상	–
	서비스 종합보험	국내 서비스사업자가 서비스를 의뢰한 해외수입자에게 서비스를 제공하고 수입국 또는 수입자 책임으로 서비스대금을 받지 못하는 경우의 손실 보상	–
	이자율 변동보험	금융기관의 조달금리(변동금리)와 수출자금 제공금리(고정금리) 간 차이로 인해 발생하는 손실을 보상(이익은 환수). 즉, (수출보험공사의 중장기수출보험에 부보한) 금융기관이 상환기간 2년을 초과하는 수출금융을 고정금리(CIRR)로 제공하고 (대출 후) 채무자로부터 받은 이자금액과 변동금리(LIBOR) 대출로 받았을 이자금액을 비교하여 그 차액을 보상 또는 환수하는 보험	외국환 은행
	수출기반보험	금융기관이 국적외항선사 또는 국적외항선사의 해외현지법인(SPC 포함)에게 상환기간 2년 초과의 선박 구매자금을 대출하고 대출 원리금을 회수할 수 없게 된 경우에 발생하는 손실 보상	–

환변동보험등	환변동보험	결제기간이 대체로 1년 이상의 중장기수출입거래에 수반하여 초래되는 환차손을 보상하기 위한 보험제도로서 수출입거래 시 환율과 실제 결제시점의 환율을 비교하여 환차손 발생 시 그 차액을 보상하고 환차익 발생 시 환수하는 보험	해당업체(수출자 또는 수입자)
	원자재가격변동보험	수출기업이 원자재가격 변동위험으로 입게 되는 손실을 보상하고 이익 환수	–
기타보험	탄소종합보험	교토의정서에서 정하고 있는 탄소배출권 획득사업을 위한 투자, 금융, 보증 과정에서 발생할 수 있는 손실을 종합적으로 담보하는 보험	–
	녹색산업종합보험	지원 가능 특약항목을 "녹색산업종합보험" 형태로 제정하고, 녹색산업에 해당하는 경우 기존 이용 보험약관에 수출기업이 선택한 특약을 추가하여 우대하는 제도	–
	해외자원개발펀드보험	해외자원개발 사업에 투자하여 발생할 수 있는 손실을 보상하는 보험(수출보험기금과 별도로 투자위험보증계정 운영)	–
수출신용보증	선적 전 보증, 선적 후 보증	수출입자가 수출입계약과 관련하여 금융기관 등으로부터 대출을 받거나 환어음 매각에 따른 금융기관 앞 수출금융 채무를 공사가 연대보증, 즉 외국환은행 또는 수출유관기관 등이 수출신용보증서를 담보로 수출기업에 대출 또는 지급보증을 실행함에 따라 기업이 은행에 대해 부담하게 되는 상환채무를 한국수출보험공사가 연대 보증하는 제도	중소기업가(수출자)

(4) 수출보험 인수방식

① 수출보험의 인수 : 보험자인 한국수출보험공사에 의해 수출거래와 관련한 대금결제상의 위험을 담보하는 것

② 수출보험의 인수 형태 : 개별보험 인수와 포괄보험 인수방식의 두 가지 형태

   ㉠ 개별보험인수 방식 : 보험계약자가 보험청약을 할 때마다 보험자가 개개의 건마다 내용을 심사하여 인수 여부를 결정하는 방식

   ㉡ 포괄보험인수 방식 : 보험계약자가 보험자와 특약을 맺고 특약이 체결된 수출 전량을 자동으로 보험에 부보하고 보험자는 의무적으로 보험 인수를 하는 방식

합격자 Tip

현재 수출보험종목 중 단기수출보험, 중장기수출보험, 환변동보험, 수출보증보험은 개별보험방식과 더불어 포괄방식도 병행하여 운영

2. 수입보험제도

(1) 수입자용 수입보험

① 개요

국내 수입업자의 자금조달을 지원하는 것은 물론 해외수출자의 계약불이행으로 적기에 화물을 인도받지 못하거나 선급금 지급조건 수입거래에서 비상위험 또는 신용위험으로 인해 선불금을 회수하지 못하는 경우의 손실을 보상하는 제도

② 거래 기본구조(한도책정 방식)

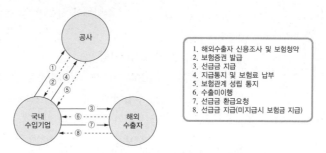

1. 해외수출자 신용조사 및 보험청약
2. 보험증권 발급
3. 선급금 지급
4. 지급통지 및 보험료 납부
5. 보험관계 성립 통지
6. 수출미이행
7. 선급금 환급요청
8. 선급금 지급(미지급시 보험금 지급)

③ **대상거래** : 아래 물품을 선급금 지급 후 2년 이내에 선적하여야 하는 수입거래

ㄱ 주요자원 : 철, 동, 아연, 석탄, 원유 등

ㄴ 시설재

- 관세법 제95조 제1항 제1호의 오염물질 배출방지 · 처리 물품 및 제2호의 폐기물 처리 물품
- 관세법 제95조 제1항 제3호의 공장자동화 물품
- 관세법 제90조 제1항 제4호의 산업기술연구 · 개발용 물품

ㄷ 첨단제품 : 산업발전법 제5조의 첨단제품(기술은 제외)

ㄹ 외화획득용 원료 : 대외무역관리규정의 외화획득용 원료

④ **운용형태/방식**

ㄱ 한도책정방식

수입기업이 거래하고자하는 수입계약 상대방별로 보상한도(보험사고 발생 시 공사가 지급하는 보험금액의 최대 누적액)가 기재된 보험증권을 발급받는 방식(선급금 지급 시 지급내역을 공사에 통지함으로써 보험관계 성립)

ⓛ Pooling 방식

- 국내수입기업이 선택하는 책임금액(US$20만부터 US$5만 단위로 US$50만까지 선택 시 공사가 지급하는 보험금액) 범위 내에서 수 개의 수입계약 상대방에 대해 하나의 보험증권을 발급받는 방식(별도의 지급내역 통지 없이 보험관계 성립)
- 수 개의 수입계약 상대방을 하나의 보험증권으로 담보한다(1개 Pooling당 가입가능, 수입계약상대방 수를 10개로 제한).
- 선급금 지급내역 통지 없이 보험관계가 성립된다.
- 1년 단위로 보험계약을 체결한다.
- 1개 수입계약 상대방 앞 보험금 지급금액이 제한되어 있다(US$20만 이내).

⑤ 주요계약사항

ⓐ 보험계약자 : 공사신용등급이 F급 이상인 국내기업

ⓛ 수입계약상대방 : 공사신용등급 E급 이상인 외국기업

ⓒ 보험가액 : 선급금 지급액

ⓔ 부보율 : 중소기업 100%, 대기업 95%

ⓜ 선급금비율 : 보험증권에 명기(단, 수입계약금액의 30% 이내로 제한)

ⓗ 보험금지급액

(손실액 − 면책대상 손실) × 95/100(다만, 중소기업은 100%) − 다른 보험계약 등에서 지급받았거나 지급받게 될 것이 확실한 금액

ⓢ 보험증권 유효기간 : 1년(보험증권에 명시)이며 만료일 10영업일 이전에 재청약해야 한다.

합격자 Tip

보험증권에 명기된 선급금비율을 초과하는 경우 보험증권에 명기된 선급금비율 범위 내에서 보상

(2) 금융기관용 수입보험

① 개 요

금융기관이 주요자원 등의 수입에 필요한 자금을 수입기업에 대출(지급보증)한 후 대출금을 회수할 수 없게 된 경우에 발생하는 손실을 보상하는 제도

② 거래 기본구조(한도책정 방식)

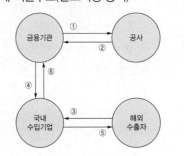

1. 보험청약
2. 보험증권 발급
3. 물품 선적
4. 자금대출
5. 대금결제
6. 자금상환(미상환 시 보험금 지급)

③ 대상거래 : 아래 물품에 대한 대출기간 1년 이내 수입거래

 ⊙ 주요자원 : 철, 동, 아연, 석탄, 원유 등

 ⓒ 시설재

  • 관세법 제95조 제1항 제1호의 오염물질 배출방지 · 처리 물품 및 제2호의 폐기물 처리 물품

  • 관세법 제95조 제1항 제3호의 공장자동화 물품

  • 관세법 제90조 제1항 제4호의 산업기술연구 · 개발용 물품

 ⓒ 첨단제품 : 산업발전법 제5조의 첨단제품(첨단기술은 제외)

④ 주요계약 사항

 ⊙ 보험계약자 : 수입자금을 대출한 금융기관

 ⓒ 채무자 : 공사신용등급이 F급 이상인 국내기업

 ⓒ 인수한도 : 수입실적과 채무자등급을 감안하여 책정(건별승낙과 회전방식으로 운용하며 회전방식의 유효기간은 한도책정일로부터 1년 원칙)

⊕ Plus one

보험사고의 역선택과 방지 대책 `기출` 16년 1회

• 역선택 : 보험사고 발생 가능성이 높은 위험보유자가 자신에게 유리한 보험에 가입하려는 경향

• 방지 대책
 – 보험기간 제한
 – 보험책임 시기(始期) 제한
 – 포괄보험 실시
 – 보험계약자의 고지의무

우리나라의 수입보험제도 `기출` 15년 1회

• 수입자용 및 금융기관용 수입보험 두 가지 종류가 있다.

• 수입자용 수입보험은 국내기업이 선급금 지급조건 수입거래에서 비상위험 또는 신용위험으로 인해 선급금을 회수할 수 없게 되는 경우에 발생하는 손실을 보상한다.

• 금융기관용 수입보험은 금융기관이 주요 자원 등의 수입에 필요한 자금을 수입기업에 대출한 후 대출금을 회수할 수 없게 되는 경우에 발생하는 손실을 보상한다.

• 수입자의 자금조달을 지원하는 것은 물론 해외 수출자의 계약불이행으로 적기에 물품을 인도받지 못하거나 선급금을 회수하지 못하는 경우의 손실을 보상하는 제도이다.

실전 예상문제

01

무역진흥을 도모하기 위한 무역보험제도에서 담보하는 위험으로 옳은 것은?

① 운송위험과 신용위험
② 운송위험과 환위험
③ 신용위험과 비상위험
④ 환위험과 제조물배상책임위험

🖊 해설

무역보험제도에서 담보하는 위험의 유형은 "신용위험과 비상위험"이다.

정답 ③

02

피보험이익(Insurable Interest)에 대한 설명으로 맞는 것은?

① 피보험이익은 반드시 계약체결 시에 확정되어 있어야 한다.
② 피보험이익의 대상은 반드시 유체물이어야 한다.
③ 피보험이익이 없는 보험계약은 피보험자가 특정 할증료를 물고 체결해야 한다.
④ 피보험이익은 반드시 금전으로 산정할 수 있어야 한다.

🖊 해설

④ 피보험이익의 요건 중 경제성에 해당한다.
① 계약체결 시 확정되지 않더라도 향후 확정될 것이 확실한 것은 피보험이익으로 인정된다.
② 피보험이익의 대상은 유체물 · 무체물 모두 해당한다.
③ 피보험이익이 없으면 보험계약을 체결할 수 없으며 체결되었다 해도 효력을 가질 수 없다.

정답 ④

03

다음 중 보험기간의 종료 시점으로 적절치 않은 것은?

① 최종 양륙항에서 화물을 하역한 날로부터 60일이 경과한 때
② 분배를 위하여 임의의 창고에 인도된 때
③ 통관을 위하여 임의의 창고에 인도된 때
④ 수화주의 창고에 인도된 때

🖊 해설

해상적하보험의 종료 시점

• 보험증권에 기재된 목적지의 수하인 또는 기타 최종 창고나 보관 장소에 화물이 인도된 때
• 통상의 운송과정이 아닌 화물의 보관 · 할당 · 분배를 위해 임의의 창고 또는 보관 장소에 인도될 때
• 최종 양륙항에서 화물을 하역한 후 60일(항공인 경우 30일)이 경과된 때 세 가지 중 한 가지가 가장 먼저 일어난 때로 규정

정답 ③

04

다음 인코텀즈 조건에 대한 설명 중 틀린 것은?

① CIF 조건의 경우 매도인이 적하보험에 부보할 경우 보험회사, 보험중개인 또는 보험업자(Underwriter)에게 부보하도록 규정하고 있다.

② CIF 조건의 경우 해상운송 중의 보험사고로 인한 피보험이익은 매수인에게 귀속된다.

③ CIF 조건의 경우 매도인이 보험료를 지불한다.

④ FOB, CFR, CIF는 위험이전의 분기점이 모두 본선상에 적재된 때이다.

✐ 해설

CIF 세부 규정에 따르면 '매도인은 명성 있는 보험회사'와 보험계약을 체결해야 하므로 보험중개인이나 개인 보험업자와의 계약은 효력이 없다. 특히 **CIF**에서 매도인이 보험자(**Insurer**)에게 보험계약을 체결하지만(매도인이 보험계약자) 보험사고 발생 시 보험자로부터 보상을 받을 수 있는 피보험자는 매수인이다. 즉, 매도인이 매수인의 위험에 대하여 보험에 부보하는 것이다.

정답 ①

05

해상적하보험의 보험기간과 관련된 설명 중 틀린 것은?

① 해상적하보험은 일반적으로 항해보험의 형태를 취한다.

② 보험기간이 개시된 후 피보험화물이 통상의 운송과정을 벗어나더라도 보험자의 책임은 계속된다.

③ 2009년 협회적하약관(ICC)에서의 보험기간은 1982년 ICC보다 확장되었다.

④ 보험기간과 보험계약기간은 일치하지 않을 수도 있다.

✐ 해설

해상적하보험은 화물이 보험증권상에 기재된 지역의 창고나 보관 장소를 떠나는 순간부터 개시된다. 그리고 화물이 통상의 운송과정(Ordinary Course of Transit)에 있는 동안 계속 효력이 발생한다. 따라서 '보험기간이 개시된 후 피보험화물이 통상의 운송과정을 벗어나더라도 보험자의 책임은 계속된다'는 ②가 틀린 설명이다.

정답 ②

06

해상보험에 관한 설명 중 틀린 것은?

① 보험사고 발생 시 보험자가 보상하는 최고한도를 보험금액이라 한다.

② 우리나라에서는 사기에 의한 초과보험은 무효이다.

③ 보험사고 발생 시 보험자로부터 손해보상을 받는 자를 피보험자라 한다.

④ 선박이 위험개시 시에 항해위험을 견딜 수 있어야 한다는 감항성담보는 명시담보이다.

✐ 해설

감항성은 선박이 항해를 시작할 때 항해 사업을 수행하기 위하여 인적, 물적으로 준비한 것을 의미하며, 이러한 감항성은 묵시담보 중 하나이다. 따라서 감항성담보를 명시담보라고 한 ④가 틀린 설명이다.

정답 ④

07

해상보험에서 현실전손(Actual Total Loss)에 해당하지 않는 경우는?

① 물품이 화재로 인해 완전 소실된 경우
② 얕은 바다에 침몰하여 구조가 가능한 선박의 구조비가 피보험가액을 초과하는 경우
③ 항해도중 충돌로 인해 심해에 침몰하여 구조가 불가능한 경우
④ 식용유에 폐기름이 섞여 판매할 수 없게 된 경우

✏ 해설

현실전손의 요건은 '피보험목적물이 실체적으로 멸실된 경우', '동 피보험목적물이 심한 손상으로 본래 성질을 상실한 경우(잔존가치가 있어도 상관없음)', 또는 '포획의 경우와 같이 피보험목적물에 대한 물적손해는 전혀 발생하지 않았으나 피보험자의 지배력이 상실되었을 경우', 그리고 '화물을 적재한 선박이 상당기간 행방불명인 경우' 등이다. 따라서 ②의 경우 얕은 바다에 침몰하여 선박의 구조가 가능한 상태이므로 현실전손의 요건을 갖추지 못했다.

정답 ②

08

해상보험에서 피보험이익에 관한 설명으로 틀린 것은?

① 보험에 의해 보호되는 대상으로 적하보험에서는 화물 그 자체를 말한다.
② 피보험이익이 없는 보험계약은 무효이다.
③ 피보험자는 보험계약 체결 시에 반드시 보험의 목적에 대하여 이해관계를 가질 필요는 없다.
④ 보험자는 보험금 지급청구를 받았을 때 피보험자에게 보험의 목적에 대하여 피보험이익이 존재한다는 증명을 요구할 수 있다.

✏ 해설

①에서 설명하는 것은 피보험목적물(Subject-matter Insured)이다. 이것은 위험 발생의 대상, 즉 해상보험의 보험부보 대상이 되는 객체로서 해상보험에서는 화물, 선박, 운임을 의미한다.

정답 ①

09

해상보험에서 위부에 관한 설명 중 옳은 것은?

① 위부가 성립하면 보험자는 지급한 보험금의 범위 내에서 피보험목적물에 대한 권리를 가진다.
② 위부는 해상보험을 포함한 모든 손해보험에서 적용되는 원칙이다.
③ 보험자는 위부를 거절하고 전손보험금을 지급할 수도 있다.
④ 피보험자가 위부를 하면 보험자는 반드시 보험목적물에 대한 권리를 승계해야만 한다.

✏ 해설

위부(Abandonment)란 해상보험 특유의 제도로, 해상보험의 피보험자가 보험목적물의 전손(Total Loss) 여부가 분명하지 않은 경우에, 보험금 전액을 지급받기 위하여 그 목적물을 포기하고 보험자에게 이전하는 것이다.
① 위부가 성립하면 보험자는 (지급한 보험금의 범위 내가 아니라) 피보험목적물에 대한 일체의 권리를 가진다.
② 위부는 해상보험 특유의 제도이다.
④ 보험자는 피보험자의 위부를 거절하고 전손 보험금을 지급할 수도 있다.

정답 ③

10

다음 중 위부가 필요한 손해는?

① 추정전손
② 현실전손
③ 공동해손
④ 단독해손

✎ 해설

현실전손은 위부 통지(권리이전 의사표시)가 불필요하지만, 추정전손의 경우 피보험자가 전손보험금 청구를 위해서는 보험자에게 보험목적물에 대한 권리일체를 위부(권리이전)해야 한다.

정답 ①

11

신 협회적하약관에서 규정하고 있는 면책위험에 속하지 않는 것은?

① 지연으로 인한 손해
② 통상의 자연소모
③ 피보험목적물 고유의 하자
④ 육상운송용구의 전복

✎ 해설

신 협회적하약관 면책위험
신 협회적하약관에서는 면책위험을 열거하여 명기하고 있다.
• 피보험자의 고의적인 악행
• 통상의 누손, 통상의 중량, 용적의 부족, 자연소모
• 포장의 불완전, 부적합
• 보험목적물의 고유의 하자 및 성질상의 손해
• 지연으로 인한 손해
• 원자력, 방사성 물질로 인한 손해
• 본선의 소유자, 관리자, 용선자, 운항자의 지불불능 또는 재정상의 채무불이행으로 인한 손해
• 전쟁 및 동맹파업위험 → 추가로 특별약관을 첨부하여 보험료를 납입하면 보상 가능함

정답 ④

12

해상적하보험에서 전쟁위험 및 동맹파업위험에 관한 설명으로 옳은 것은?

① 포괄책임주의를 취하는 ICC(A) 조건은 전쟁위험도 담보한다.
② 전쟁위험을 담보하는 경우 육상전쟁위험도 담보하는 것이 원칙이다.
③ 동맹파업위험에 대한 보험기간은 ICC상의 보험기간과 동일하다.
④ 전쟁위험을 담보하는 신 협회전쟁약관(IWC)에서는 핵무기로 인한 손해도 보험자가 보상한다.

✎ 해설

① ICC(A) 조건으로 보험계약이 체결되었다 하더라도 포괄책임주의에 의한 면책위험 즉, 성질에 의한 위험, 전쟁위험 및 동맹파업위험 등은 보험자가 부담하지 않는다.
② 전쟁위험을 담보하는 경우 육상전쟁위험은 담보하지 않는다.
④ 전쟁위험을 담보하는 신 협회전쟁약관(IWC)에서는 핵무기로 인한 손해를 보험자가 보상하지 않는다.

정답 ③

13

해상적하보험의 용어에 관한 설명으로 가장 올바른 것은?

① 보험기간은 보험계약이 유효하게 존속하는 시간적 한계만을 말한다.
② 공동보험은 동일 피보험이익에 대하여 복수의 보험계약이 존재하고, 각 계약의 보험금액을 합한 액수가 보험가액을 초과하는 경우를 말한다.
③ 보험금액은 보험계약상 보험자의 최대 보상한도를 말한다.
④ 피보험이익은 해상위험발생의 객체가 되는 선박이나 적하를 말한다.

① 보험기간은 보험자의 위험부담 책임이 존속하는 기간 이며, 보험계약기간은 보험계약자가 담보받고자 하는 기간으로 보험계약이 유효하게 존속하는 시간적 한계를 말한다.

② 공동보험이 아니라 중복보험(Double Insurance)에 대한 설명이며, 공동보험이란 피보험이익에 대해 2인 이상의 보험자가 공동으로 계약을 체결하는 것을 말한다.

④ 해상위험발생의 객체가 되는 화물ㆍ선박ㆍ운임 등은 피보험이익이 아니라 피보험목적물이라 한다. 피보험 이익이란 보험목적물과 피보험자 사이의 이해관계, 즉 보험목적물에 보험사고가 발생함으로써 피보험자가 경제상의 손해를 입을 가능성이 있는 경우 이 보험목 적물과 피보험자와의 경제적 이해관계를 말한다.

정답 ③

해수침손(Sea Water Damage)에 대한 대응 개념으로 비, 눈, 하천 등 기타 해수 이외의 물에 젖는 손해(담수, 빗물에 의한 손해)는 RFWD(Rain and/or Fresh Water Damage : 우담수 누손)로 부가위험 담보조건이다. 따라서 ICC(B)와 ICC(C) 모두 RFWD를 선택적으로 담보하지 않는 이상 이로 인한 손해는 보상 받지 못한다.

정답 ③

14

협회적하약관 중 ICC(B)와 ICC(C)에 관한 설명으로 틀린 것은?

① 보험자의 위험부담원칙이 열거책임주의이기 때 문에 위험약관에 보험자가 담보하는 위험이 구 체적으로 열거되어 있다.

② 열거책임주의임에도 불구하고 일반면책, 불감 항/부적합 면책, 전쟁면책, 동맹파업면책 등의 면책조항이 있다.

③ 파도에 의한 갑판상 유실, 선박 내에 빗물 유입 및 지연에 의한 손실 등은 ICC(B)에서는 담보되 나 ICC(C)에서는 보상하지 않는다.

④ 보험의 목적 또는 그 일부에 대해 발생된 여하한 자의 불법행위에 의한 고의적인 손상이나 파괴 는 ICC(B)와 ICC(C) 모두 면책위험이다.

15

다음의 보험조건 중 담보위험을 열거하는 방법을 채 택하지 않는 것은?

① ICC(FPA)
② ICC(B)
③ ICC(WA)
④ ICC(AR)

열거위험담보방식(Named Perils Cover)은 보험약관에 서 담보하기로 명시한 위험에 대해서만 보험자가 담보하는 방식이다. 포괄위험담보방식(All Risk Cover)은 보험약 관에서 면책위험으로 인한 사고를 제외하고는 모든 위험 을 담보하는 방식을 말한다. 구 ICC(AR) 및 신 ICC(A)는 포괄책임주의를 채택하고, 구 ICC(FPA), ICC(WA)와 신 ICC(B), ICC(C)는 열거책임주의를 채택한다.

정답 ④

16

ICC(A) 조건에서 보상되지 않는 위험은?

① 운송업자의 악의
② 충 돌
③ 전쟁위험
④ 낙 뢰

✎ 해설

전쟁위험에 대해서는 별도의 약관이 있어서 보상되지 않는다.

정답 ③

17

ICC(C) 조건에서 보상이 되지 않는 사고는?

① 화 재
② 폭 발
③ 좌 초
④ 지 진

✎ 해설

ICC(A)나 ICC(AR)로 부보할 경우 지진도 보상이 된다.

정답 ④

18

다음 중 ICC(FPA) 조건에서 단독해손이 발생한 경우 보험보상이 되지 않는 위험은?

① 악천후
② 충 돌
③ 좌 초
④ 침 몰

✎ 해설

ICC(FPA) 조건에서 (원칙적으로 단독해손은 보상하지 않지만) 보상되는 단독해손은 침몰·좌초·대화재·충돌의 경우이다.

정답 ①

19

수출보험 인수방식의 유형으로 맞게 짝지어진 것은?

① 개별보험 인수방식 – 전액보험 인수방식
② 사전보험 인수방식 – 사후보험 인수방식
③ 전액보험 인수방식 – 포괄보험 인수방식
④ 개별보험 인수방식 – 포괄보험 인수방식

✎ 해설

수출보험의 인수는 보험자인 한국수출보험공사에 의해 수출거래와 관련한 대금결제상의 위험을 담보하는 것으로서, 수출보험의 인수형태로는 개별보험 인수와 포괄보험인수방식의 두 가지 형태가 있다.

정답 ④

무역클레임

계약불이행과 계약위반으로 피해를 입은 당사자 한 측이 다른 한 측에 손해배상을 청구하는 것을 무역클레임이라고 한다. 무역클레임이 발생했을 때 당사자 간 합의로 문제를 해결하지 못했을 경우의 알선, 조정, 중재, 소송의 해결방안을 알아보고 각각의 구속력 정도를 알아본다.

01 무역계약의 불이행

1. 개념 및 유형

(1) 무역계약의 개념

① 무역계약이 체결되면 쌍무계약으로서의 특성상 양 당사자는 각각 일정한 채무를 진다.

② 무역계약의 불이행(Non-Performance of Contract)이란 무역계약상의 채무불이행, 즉 무역계약위반(Breach of Contract)을 의미한다.

③ 일정 의무를 부담하는 당사자가 자신의 의무를 지연, 해태, 거절, 미이행 혹은 불완전하게 이행하는 것과 이행불능의 경우에 일방의 귀책사유가 있는 것을 무역계약위반이라 한다.

(2) 무역계약의 불이행(Non-Performance of Contract)/무역계약위반 (Breach of Contract)의 유형

① 이행지체(Delay in Performance = Failure to Perform)
당사자가 계약 이행기에 이행이 가능함에도 정당한 이행을 하지 않고 지연시키는 것

② 이행거절(Renunciation = Refusal to performance)
이행시기 전후 불문, 의무를 이행하지 않겠다는 계약 당사자의 명시적 · 묵시적 의사 표시

③ 불완전이행(Incomplete Performance)
채무를 이행했으나 그 이행 수준이 완전하지 못한 것

④ 이행불능(Impossibility of Performance)
무역계약 당사자가 자신의 채무를 이행할 수 없는 것

〈기준 법률별 계약위반 유형 인정 범위〉

구 분	내 용
비엔나협약	• 이행지체(Delay in Performance = Failure to Perform) • 이행거절(Renunciation = Refusal to performance) • 불완전이행(Incomplete Performance) • 이행불능(Impossibility of Performance) • 채권자지체
한국 · 일본민법	• 이행지체 • 불완전이행 • 이행불능
영미법	• 이행지체 • 이행거절 • 이행불능

2. 무역계약위반에 대한 구제

(1) 매도인의 의무와 매수인의 권리구제 [기출] 15년 2회 , 19년 2회, 20년 1회, 20년 2회

① 매도인의 의무

  ㉠ 물품인도의 의무

  ㉡ 물품서류 교부의 의무

  ㉢ 일치된 물품인도의 의무

② 매수인의 권리구제(Buyer's Remedies)

  ㉠ 대금감액(Reduction of the Price) 청구권

  ㉡ 추가기간 설정권

  ㉢ 계약 해제권

  ㉣ 손해배상 청구권

  ㉤ 특정이행 청구권(매수인은 매도인에게 그 의무이행 청구 가능)

  ㉥ 대체품인도 청구권

  ㉦ 하자보완 청구권/수리 요구권

⊕ Plus one

CISG 제64조(매도인의 계약 해제권) [기출] 16년 1회

매도인은 계약 또는 협약에 따른 매수인의 의무 불이행이 계약의 본질적인 위반에 상당하는 경우 또는 매수인이 매도인이 지정한 추가기간 내에 대금 지급 또는 물품 인도 수용의 의무를 이행하지 아니하거나 매수인이 지정된 기간 내에 이행하지 않 겠다는 뜻을 선언한 경우에 계약을 해제할 수 있다.

CISG 제81조(계약 해제의 효과) `기출` 15년 1회

- 계약이 해제되는 경우 양 당사자는 계약의 의무로부터는 면제되나 손해를 입은 당사자는 상대방에게 손해배상을 청구할 권리를 보유하는 것으로 규정
- 이는 분쟁해결조항의 독립성 원칙으로서 계약의 해제와는 별도로 법적 분쟁해결의 실효를 얻고자 하는 것

● 기출 Check ●

무역거래 당사자 일방이 계약의 이행의무를 회피할 경우 대처방법에 관한 설명으로 옳지 않은 것은? `기출` 15년 2회

① 계약의 내용을 면밀히 검토하여 불이행 여부를 객관적으로 판단한다.
② 계약의 불이행 당사자가 계약이행을 위하여 자구노력을 하였는지 확인한다.
③ 계약 당사자의 사정에 따라 의무를 이행할 수 있는 방안을 협의한다.
④ 채무지체 시 분할변제방법을 제안하는 것은 채권자에게 불리한 방법이다.

해설   계약에 약속한 급부를 그대로 실현하는 것이 채권자에게 유리하다는 점에서 분할변제의 제안이 채권자에게 불리하다는 기술이 잘못되었다. 대륙법계에서는 채무 불이행에 대한 구제방법으로 '강제이행'을 원칙으로 하고, 예외적으로 '손해배상'을 인정한다.

정답   ④

● 기출 Check ●

국제물품매매계약에 관한 UN협약(CISG, 1980)상 계약 위반에 따른 손해배상 책임과 면책에 대한 내용으로 옳지 않은 것은? `기출` 20년 1회

① 매도인이 매수인으로부터 공급받은 원자재를 이용하여 물품을 제조하여 공급하기로 한 계약에서 원자재의 하자로 인하여 물품이 계약에 불일치하는 경우에는 매도인은 면책된다.
② 계약당사자가 계약체결 시 예견하지 못한 장해가 발생하여 계약의 이행이 불가능해지는 경우에 의무위반 당사자는 면책된다.
③ 면책은 양 당사자가 모두 주장할 수 있으며 모든 의무에 적용이 된다.
④ 계약불이행 당사자는 계약체결 시 예견하지 못한 장해가 존속하는 기간 동안 손해배상책임으로부터 면제되며 그 장해가 제거된다 하더라도 그 당사자의 의무가 부활되는 것은 아니다.

해설   CISG 제79조 불가항력적인 장애 등에 기인한 면책조항에 따라, 계약불이행 당사자는 계약체결 시 예견하지 못한 장해가 존재하는 기간 동안에 면책의 효력을 가진다. 또한 이를 알고 있었거나 알고 있었어야 했던 때로부터 합당한 기간 내에 계약상대가 불이행 당사자로부터 통지를 수령하지 못한 경우, 불이행 당사자는 이로 인해 발생한 손해에 책임이 있다.

정답   ④

합격자 Tip

매수인은 매도인의 의무이행을 위하여 합리적인 부가기간을 지정할 수 있다.

합격자 Tip

손해배상 청구권은 다른 수단과 병용할 수 있다.

(2) 매수인의 의무와 매도인의 권리구제 기출 15년 2회, 16년 1회, 16년 3회

① 매수인의 의무
　　㉠ 물품대금의 지급 의무
　　㉡ 인도물품의 수령 의무
② 매도인의 권리구제(Seller's Remedies)
　　㉠ 추가기간 설정권
　　㉡ 물품명세 확정권
　　㉢ 특정이행 청구권
　　㉣ 손해배상 청구권
　　㉤ 계약 해제권

기출 Check

『국제물품매매계약에 관한 UN협약』(CISG)이 적용되는 경우에, 다음 사례에서 매수인이 행사할 수 있는 구제권으로 옳은 것을 모두 나열한 것은?

기출 16년 1회

> 한국의 A사(매수인)는 중국의 B사(매도인)로부터 1,000박스의 유아용 장난감을 수입하기로 계약을 체결하였다. 그러나 계약과 달리 저급한 품질이어서 한국에서는 50% 낮은 가격에 판매될 수 있을 것으로 판명되었다. 이에 A사는 즉시 그 사실을 B사에게 통지하였다.

> A : A사는 B사에 대하여 손해배상을 청구할 수 있다.
> B : A사는 B사에 대하여 대금감액을 청구할 수 있다.
> C : A사는 B사에 대하여 대체물의 인도를 청구할 수 있다.
> D : A사는 B사에 대하여 계약을 해제하면서 아울러 손해배상도 청구할 수 있다.

① A
② A, B
③ A, B, C
④ A, B, C, D

해설 **매도인의 계약위반에 대한 매수인의 구제(매수인의 구제권)**
- 제46조 : 물품이 계약과 일치하지 않는 경우 매수인은 대체품의 인도를 청구할 수 있다.
- 제50조 : 물품이 계약과 일치하지 않는 경우에 대금의 지급여부에 관계없이 매수인은 인도 시에 실제로 인도된 물품의 가액과 계약에 일치하는 물품이 그 당시보유하고 있을 가액에 대한 동일비율로 대금을 감액할 수 있다.
- 제45조 : 매수인은 제74조 내지 제77조에 규정된 바에 따라 손해배상을 청구할 수 있다.
- 제45조 : 매수인은 손해배상 이외의 다른 구제를 위한 권리 행사로 인해 손해배상 청구권을 박탈당하지 않는다.

정답 ④

안심Touch

매도인 계약위반과 매수인 권리구제에 대한 설명으로 옳지 않은 것은?

① 매도인이 계약을 이행하지 않는 경우에 매수인은 원칙적으로 계약대로의 이행을 청구할 수 있다.
② 매수인은 매도인의 의무이행을 위하여 추가기간을 지정할 수 없다.
③ 매수인은 수령당시와 동등한 상태로 반환할 수 없는 경우에 대체물품인도 청구권을 상실한다.
④ 계약의 해제는 정당한 손해배상의무를 제외하고는 당사자 쌍방을 모든 계약상의 의무로부터 해방시킨다.

해설 ② 『국제물품매매계약에 관한 UN협약』(CISG)에서 규정한 추가기간 지정권 제47조 제1항에 따라 매수인은 매도인의 의무이행을 위하여 위반 기간을 추가 지정할 수 있다. 추가기간의 지정은 물품의 일부 인도불이행에도 적용할 수 있다.

정답 ②

02 무역클레임의 처리방안

1. 무역클레임의 개념

(1) 무역거래 당사자 중 일방(주로 수입상)이 상대방(주로 수출상)의 계약불이행 및 위반으로 인해 손해를 입었을 경우 그 손해를 야기한 상대방에게 손해배상을 청구하는 일련의 절차이다.

(2) 클레임과 관련하여 과다한 클레임 청구 방지를 위해 무역계약서상에 클레임 제기 가능 기간(화물 최종분 도착 후 7일 이내 등)과 클레임 제기 시 사실관계 입증서류[공인검정기관 보고서(Certified Surveyor's Report) 등]를 지정하는 동시에 손해를 야기한 당사자가 면책되는 불가항력(Force Majeure) 조항의 내용을 명확히 특정해야 한다.

2. 무역클레임의 원인 및 내용

(1) 주요 원인 기출 19년 2회

① 계약불이행   ② 계약위반

③ 품질불량   ④ 대금미지급

⑤ 선적지연   ⑥ 도착지연 등

⊕ **Plus one**

무역클레임의 직접적 원인
- 상담에 원인이 있는 경우
- 계약내용에 원인이 있는 경우
- 계약의 이행에 원인이 있는 경우

무역클레임의 간접적 원인
- 언어의 상위에 따른 의사소통의 어려움에 의한 경우
- 상관습과 법률의 상이
- 기술적인 문제(전신에 의해) 정확한 의사소통이 되지 않는 경우
- 운송 중 위험

무역클레임의 종류
품질, 수량, 인도, 포장, 가격/결제, 서류, 계약

---

(2) 주요 내용

① 금전청구를 내용으로 하는 클레임
  - ㉠ 손해배상 청구
  - ㉡ 대금지급 거절
  - ㉢ 대금감액 요청(가격인하)

② 금전이외의 청구를 내용으로 하는 무역클레임
  - ㉠ 화물의 인수거절(반송 · 교체)
  - ㉡ 계약이행 청구
  - ㉢ 잔여계약분의 해제요청

⊕ **Plus one**

CISG 제77조 기출 16년 2회
- 계약위반을 주장하는 당사자는 이익의 상실을 포함하여 그 위반으로 인한 손실을 경감하기 위하여 그 상황에서 합리적인 조치를 취하여야 한다.
- 계약위반을 주장하는 당사자가 그 조치를 취하지 아니한 경우에는 위반 당사자는 경감되었어야 했던 손실액만큼 손해배상액의 감액을 청구할 수 있다.

『국제물품매매계약에 관한 UN협약』(CISG)상 손해경감 의무에 관한 내용으로 옳지 않은 것은? 기출 16년 2회

① 상대방의 계약위반이 있는 경우에, 피해당사자는 그 손해를 경감하기 위하여 합리적인 조치를 취하여야 하며, 여기의 합리적인 조치는 이미 발생하고 있는 손해의 확대를 막는 것을 포함한다.

② 피해당사자가 손해의 경감을 위한 합리적인 조치를 취하지 아니한 경우에, 본래의 계약위반 당사자는 그러한 조치에 의하여 경감되었어야 했던 손해액만큼 피해당사자에게 손해배상을 청구할 수 있다.

③ 피해당사자가 손해의 경감을 위한 조치를 취하지 않은 사실과 그로 인하여 손해가 방지되지 못한 사실의 입증책임은 본래의 계약위반당사자가 부담한다.

④ 손해경감조치비용은 손해의 일종이기 때문에 피해당사자는 합리적인 손해경감조치를 취함에 따라 지출한 비용을 본래의 계약위반당사자로부터 상환받을 수 있다.

해설 ② 계약위반을 주장하는 당사자가 그 조치를 취하지 아니한 경우에는 위반 당사자는 경감되었어야 했던 손실액만큼 손해배상액의 감액을 청구할 수 있다.

정답 ②

⊕ Plus one

마켓클레임(Market Claim) 기출 15년 1회, 20년 1회

- 매수인이 상품시가 하락 등에 의한 경제적 손실을 메우려고 제기하는 부당한 클레임이다.
- 매수인이 매도인의 물품 및 다른 계약이행상의 문제를 부당하게 트집 잡아 상품 인수거절, 계약해지 또는 가격할인을 강요하는 것이다.
- 상품의 시황이 좋지 못한 경우에 자주 발생한다.
- 매도인의 부주의나 잘못으로 발생한 상품의 품질불량이나 수량부족 등에 대해 매수인이 제기하는 정당한 이유가 아닌 클레임을 총칭한다.

극히 경미한 손상으로 클레임을 제기하기에 무리가 있는 경우나 무역계약 성립 후 시세가 하락하여 수입업자가 손해를 입을 것으로 예상되는 경우에 감가의 구실로 제기하는 클레임의 종류는? 기출 20년 1회

① 일반적인 클레임   ② 계획적 클레임
③ 마켓클레임   ④ 손해배상 클레임

해설   계약을 체결한 후 상품의 가격이 하락하는 등 시장상황에 변화가 있을 때 자신의 손해를 줄이고자 통상이라면 문제 삼지 않을 경미한 사안을 들어 가격인하를 요구하는 것을 마켓클레임이라고 한다.

정답   ③

3. 무역클레임 제기 요건

(1) 물품의 검사와 통지의무

① 매수인은 물품을 인도받은 후 그 물품이 계약목적에 합치하는지 외견상으로 검사한다.
② 하자를 발견하거나 수량이 부족하면 매도인에게 통지해야 한다.
③ 검사와 통지는 매수인의 필수적인 권리이자 의무이다.
④ 이를 해태하면 법률적 청구권을 상실한다.

(2) 무역클레임의 제기기간

① 클레임의 제기기간에 관한 약정은 클레임의 포기조항을 수반하는 일종의 면책조항이다.
② 그 기간을 설정하는 데 주의해야 한다.

(3) 클레임 제기기간 설정

① 당사자 간에 제기기간에 대해 약정이 있으면 그 기간 내에 제기하면 된다.
② 약정이 없는 경우는 국가마다 그 기간을 달리 보고 있다.
  ㉠ 한국 : 즉시 통지, 즉시 발견할 수 없는 하자에 대해서는 6개월의 기간 인정
  ㉡ 일본 : 즉시 검사하고 곧 통지
  ㉢ 미국 : Within Reasonable Time
  ㉣ Warsaw Oxford Rules for CIF Contract(1932)
    • 합리적 검사
    • 검사 완료 후 3일 이내 통보

ⓜ 국제물품매매계약에 관한 UN협약
- 단기간 내 검사
- 합리적 기간 내 통지
- 어떠한 경우도 제척기간은 2년

⊕ Plus one

클레임 조항의 예(클레임 제기기한 설정)

Any claim or complaint by Buyer of whatever arising under this contract, shall be made in cable within one week after arrival of cargo in destination port. Full particulars of such claim shall be made in writing and forward by airmail to seller within 15 days after cabling. Buyer must submit with such particulars as (Sworn Public Surveyor's)Report, when the quality and/or quantity of merchandise is in dispute.

본 계약 하에서 발생한 수입상(구매자)의 클레임이나 불평은 화물이 목적항에 도착한 후 1주 이내에 전신(전화 · 메일 · 팩스 등)으로 알려야 한다. 해당 클레임의 상세 내용은 문서로 작성하여 전신통보 후 15일 이내에 수출상(판매자)에게 항공우편으로 발송해야 한다. 상품의 수량 과/또는 품질로 분쟁이 있을 경우 수입상(구매자)은 (공인검사기관의) 보고서와 같은 상세자료를 함께 제출해야 한다.

무역클레임 조항 `기출` 16년 3회, 18년 3회
- **Arbitration Clause** : 분쟁해결방법을 중재로 선택하는 경우
- **Entire Agreement Clause** : 계약서가 유일한 합의서이고, 다른 것의 내용은 인정하지 않는다는 완전 합의 조항
- **Non Waiver Clause** : 클레임이나 권리의 포기는 서면으로 승인 · 확인한 경우에만 포기한 것으로 간주
- **Warranty Clause** : 물품의 품질보증 또는 하자담보 규정 위반 시 구제조치 등을 규정
- **Warranty Disclaimer Clause** : 담보책임 부정

『국제물품매매계약에 관한 UN협약』(CISG) 제39조 및 제44조 `기출` 15년 1회
- 제39조
  - 제1항은 합리적인 기간 내에 매도인에게 하자통지를 할 의무 규정
  - 제2항은 인도된 날로부터 2년 이내라는 제척기간 규정
- 제44조
  매수인이 통지의무를 이행하지 않았더라도 그에 대한 정당한 이유가 있는 경우에는 대금감액 청구권이나 이익 손실을 제외한 손해배상 청구권을 행사할 수 있다고 규정

합격자 Tip

클레임조항에 포함되어야 하는 사항은 제기기간, 제기방법, 입증방법이다.

무역클레임에 대비하여 계약서에 삽입하는 조항에 관한 설명으로 옳지 않은 것은? **기출** 18년 3회

① Arbitration Clause는 분쟁해결방법을 중재로 선택하는 경우에 사용하는 조항이다.
② Entire Agreement Clause는 계약서가 유일한 합의서이고, 다른 것의 내용은 인정하지 않는다는 완전합의 조항이다.
③ Non Waiver Clause는 클레임이나 권리의 포기는 서면으로 승인하거나 확인한 경우에만 포기한 것으로 간주한다는 조항이다.
④ Warranty Disclaimer Clause는 통상적으로 요구되는 정도의 안정성 또는 기능 등에 대해 묵시적으로 보장하는 조항이다.

해설 Warranty Disclaimer Clause는 담보책임을 부정하기 위한 조항이다.

정답 ④

『국제물품매매계약에 관한 UN협약』(CISG) 제39조와 제44조에 대한 내용이다. 공란에 들어갈 단어로 올바르게 나열된 것은? **기출** 15년 1회

> 매수인은 계약부적합물품 수령의 경우 합리적인 기간 이내에 이에 대한 (a)가 부과되며, 동 의무를 이행하지 않는 경우 부적합에 대한 모든 권리를 상실하게 된다. 여기서 합리적인 기간은 계약상 매도인의 품질 보증기간과 불일치하지 않는 한 (b)의 제척기간을 초과할 수 없다. 다만 매수인의 (a) 불이행에 대한 합리적인 이유가 있는 경우에는 (c) 또는 이익의 상실을 제외한 손해배상을 청구할 수 있다.

	a	b	c
①	통지의무	2년	대금감액
②	검사의무	1년	대금감액
③	검사의무	1년	하자보완
④	통지의무	2년	하자보완

해설 제39조 제1항은 합리적인 기간 내에 매도인에게 하자통지를 할 의무를 규정하며, 제2항은 인도된 날로부터 2년 이내라는 제척기간을 규정하고 있다. 제44조는 매수인이 통지의무를 이행하지 않았더라도 그에 대한 정당한 이유가 있는 경우에는 대금감액 청구권이나 이익의 손실을 제외한 손해배상 청구권을 행사할 수 있다고 규정한다.

정답 ①

4. 무역클레임 해결방안 기출 17년 2회

(1) 당사자 간 해결

① 당사자 간 직접교섭을 통해 우의적으로 무역클레임을 해결하는 방법이다.

② 우호적인 거래관계를 지속시켜 나갈 수 있다는 장점이 있어 가장 바람직하다.

③ 해결방법

ⓐ 청구권 포기(Waiver of Claim)

- 피해자가 상대방에게 청구권을 행사하지 않는 것
- 일반적으로 상대방이 사전 또는 즉각적으로 손해배상 제의를 통해 해결할 경우에 이루어지는 것
- 분쟁해결을 위한 가장 바람직한 방법

ⓑ 화해(Amicable Settlement)

- 상호평등의 원칙하에 당사자가 직접적 협의를 통해 자주적으로 타협점을 찾는 것
- 이 경우 보통 화해계약을 체결한다.
- '당사자가 서로 양보할 것', '분쟁을 종결할 것', '그 뜻을 약정할 것' 등 3가지 요건이 필요하다.

(2) 제3자 개입에 의한 해결

① 당사자 간에 원만하게 해결할 수 없을 때 제3자를 개입시켜 분쟁을 해결하는 방법이다.

② 해결방법 기출 19년 1회(2급), 19년 2회(2급), 19년 3회, 20년 3회

ⓐ 알선(Intercession/Recommendation) 기출 20년 1회

- 계약 일방 또는 쌍방의 요청에 따라 공정한 제3자(상사 중재원 등)가 사건에 개입한다.
- 원만한 타협을 권유하여 자발적인 클레임 해결에 이르도록 하는 방법
- 당사자 간 비밀이 보장되고 지속적 거래관계를 유지할 수 있다는 장점
- 양 당사자 간 자발적 합의가 없으면 실패하는 법적 강제력 없는 분쟁 해결 방법

ⓑ 조정(Conciliation/Mediation)

- 계약 일방 또는 쌍방의 요청에 따라 제3자를 조정인으로 선임한다.
- 조정인이 제시하는 해결안(조정안)에 양 당사자의 합의로 분쟁 해결 방법
- 조정안에 대해 양 당사자가 합의할 경우 조정결정은 중재판정(중재 다음 단계)과 동일한 효력이 발생한다.

- 일방이 거부할 경우 강제력이 없어(강제력 있는 중재판정과 구별) 30일 내에 조정절차는 폐기된다.
- 이후 중재규칙에 의한 중재인을 선정, 중재절차가 진행된다.
- 위의 30일 기간은 당사자의 약정에 의해 기간을 연장할 수 있다.

ⓒ 중재(Arbitration)　기출 19년 1회, 20년 1회
- 법원의 소송절차로 분쟁을 해결하지 않고 분쟁당사자 간 합의(중재합의)에 의거 제3의 중재기관의 중재인(Arbitrator)에 의한 중재판정(Award)을 통해 분쟁을 해결하는 방법
- 중재판정은 양 당사자가 절대 복종해야하는 강제력 있는 판정이며 당사자 합의수용여부와 상관없이 무조건 대법원 확정판결과 동일한 효력이 발생한다.

〈조정 vs 중재(판정) 비교〉

구 분	조 정	중재(판정)
수용/실행 요건	계약 일방 또는 쌍방의 요청에 의해 수용 가능	당사자 간 중재합의가 있어야 함
강제력	• 조정인의 조정결정(조정안)을 일방이 거부 시 강제 불가 • 양 당사자의 자유의사에 따른 해결	• 중재판정 불복 불가 • 절대 복종해야하는 강제력 보유
확정판결 효력여부	조정안에 대해 양 당사자가 합의할 경우에만 중재판정, 즉 법원 확정판결과 동일한 효력 보유	• 당사자 합의수용 여부와 상관없이 무조건 대법원 확정판결과 동일한 효력 • 일방의 불복으로 법원에 다시 제소할 수 없고, 사건 종결 의미

ⓔ 소송(Litigation)
- 국가기관인 법원의 판결에 의한 분쟁해결 방법으로 국제무역 거래에서는 일국의 법 효력 및 법원 재판관할권이 상대국까지 미치지 않아(외국과의 사법협정 미체결) 외국에서는 그 판결의 승인·집행이 보장되지 않는다.
- 따라서 이의 해결을 위해 분쟁해결 기준이 되는 국가의 법을 특정하여 계약서에 명시해야 하는데 이를 준거법 조항이라 한다.

〈소송 vs 중재(판정) 비교〉

구 분	소 송	중재(판정)
소요기간 및 경제성	• 3심제 • 상대적으로 오래 걸리고 비용이 비쌈	• 단심제로 대개 3개월 이내(우리나라 30일 이내) 모든 절차 종료 • 소송에 비해 신속하고 비용이 저렴
법률적 집행력	법적 구속력이 강함	대법원 확정판결과 동일한 효력
판정의 국외효력	• 법원 판결은 국내에서만 효력 발생	• "New York Convention"에 의거 외국에서도 집행력 보장 • 한국 "New York Convention" 체약국
공개여부	• 공개주의 원칙 (심리 및 판결 공개) • 기업기밀 유지 불가능	• 비공개 진행 원칙 • 기업기밀 유지 가능

• 기출 Check •

제3자 개입에 의한 무역클레임 해결방법에 대한 설명으로 옳지 않은 것은?

기출 19년 3회

① 조정안에 대하여 당사자가 수락할 의무는 없으며 어느 일방이 조정안에 불만이 있는 경우에는 조정으로는 분쟁이 해결되지 못한다.
② 알선은 형식적 절차를 거치며, 성공하는 경우 당사자 간에 비밀이 보장되고 거래관계를 계속 유지할 수 있다.
③ 중재는 양 당사자가 계약체결 시나 클레임이 제기된 후에 이 클레임을 중재로 해결할 것을 합의하는 것이 필요하다.
④ 소송은 사법협정이 체결되어 있지 않는 한, 소송에 의한 판결은 외국에서의 승인 및 집행이 보장되지 않는다.

해설 알선(Intermediation)은 공정한 제3자적 기관이 당사자 일방 또는 쌍방의 의뢰에 의하여 사건에 개입, 원만한 타협이 이루어지도록 협조하는 방법으로 당사자 간에 비밀이 보장되고 거래관계의 지속을 유지할 수 있다는 장점이 있지만, 쌍방의 협력이 없으면 실패로 돌아가고 강제력은 없다. 알선수임기관의 역량에 따라 그 실효성이 나타나 대한상사중재원에 의뢰된 건 중 90% 이상이 알선단계에서 처리된다.

정답 ②

(3) 보험 클레임의 처리

① 보험사고 발생 시 피보험자나 그 대리인은 이 사실을 즉시 보험자에 통지하는 동시에 손해 방지 및 경감을 위해 적절한 조치를 취해야 한다.

② 손해를 야기한 운송인, 수탁인 혹은 기타 제3자를 상대로 한 모든 권리를 보존·행사할 수 있도록 확보해야 한다.

③ 손해발생 시의 유의사항

   ㉠ 운송인, 항만당국 혹은 기타 수탁자에게 유실물에 대해 즉시 보상청구를 해야 한다.

   ㉡ 화물이 손상된 상태에 있으면 해난 보고서가 발급된 경우를 제외하고 어떤 경우에도 "무사고수령증(Clean Receipt)"을 교부해서는 안 된다.

   ㉢ 컨테이너로 화물이 인도된 경우, 피보험자 또는 그 대리인 등이 즉시 컨테이너 및 봉인을 검사해야 한다.

   ㉣ 컨테이너 자체 손상, 봉인 파손·멸실 또는 운송서류에 기재한 내용과 다른 봉인으로 컨테이너가 인도된 경우, 그 사실을 화물수령증에 기재하고 하자가 있거나 규격이 틀린 봉인은 확인을 위해 보관해야 한다.

   ㉤ 명백한 과실·손상의 경우 운송인이나 기타 수탁자의 대리인들에게 검정을 의뢰하고 검정 결과 밝혀진 실질적인 과실·손상에 대해 운송인이나 기타 수탁자에게 보상청구해야 한다.

   ㉥ 화물 인수 시 과실이나 손상이 명확히 나타나지 않았으면, 인수 후 3일 이내에 운송인이나 기타 수탁자에게 서면으로 통지해야 한다.

② 보험금 청구절차

사고발생 시 클레임의 신속 처리 위해 아래 서류를 구비, 보험회사에 제출해야 한다.

   ㉠ 보험금 청구 서한(Claim Note)

   ㉡ 보험증권 원본 또는 부본

   ㉢ 상업송장(서명된 사본)

   ㉣ 선하증권 사본(단, 전송인 경우에는 원본)

   ㉤ 선박회사 또는 기타 수탁자에 대한 구상장 및 이에 대한 회신

   ㉥ 검정보고서나 기타 손해입증서류[화물인도협정서, 입고확인서, 해난보고서, 사고조사 보고서(Survey Report) 등]

   ㉦ 기타 제비용을 증빙하는 서류 : 포장명세서(Packing List), 중량증명서(Weight Certificate), 귀책자와의 교신문, 화물인도관계서류

(4) 해상적하보험과 신용장통일규칙

① 신용장 작성 시 기재사항의 해석을 둘러싼 분쟁을 피하기 위해 1993년 국제상업회의소에 의해 세계적인 통일규칙으로 제정된 것이 신용장통일규칙 (Uniform Customs and Practice for Documentary Credits)이다. 이 규칙은 현재에 이르기까지 4차례 개정된 바 있다.

② 신용장통일규칙

　㉠ 보험서류는 신용장에 명시된 것이어야 하고, 보험회사 혹은 그 대리점에 의해 발행 서명되지 않으면 안 된다(제5조).

　㉡ 보험서류에서 보험이 늦어도 화물의 본선적재 또는 수탁일자로부터 유효하다고 표시되지 않는 한, 보험서류 일자는 운송서류상 선적일, 발송 또는 수탁일자보다 늦어서는 안 된다(제3조).

　㉢ 신용장에 별도로 다른 명시가 없는 한, 보험서류는 신용장과 같은 화폐로 표시되어야 한다. 또 최저부보금액은 CIF 가액 또는 CIP 가격에 10%를 가산한 금액이어야 한다(제37조).

　㉣ 신용장에는 필요로 하는 보험의 담보조건과 그 밖에 추가로 부보해야 할 위험을 명기하지 않으면 안 된다. [USUAL RISKS], [CUSTOMARY RISKS]와 같은 부정확한 용어를 사용해서는 안 된다(제38조).

　㉤ 신용장이 [INSURANCE AGAINST ALL RISK]의 조건을 정하고 있는 경우는 어느 특정위험이 제외된다는 표시가 있을지라도 [ALL RISK]라는 표시 또는 약관이 있는 보험서류면 유효하다(제39조).

　㉥ 신용장에 면책률 부적용[IRRESPECTIVE OF PERCENTAGE] 조건이 특히 명시되어 있지 않는 한 Franchise나 Excess가 적용되는 보험서류라도 유효하다(제40조).

⊕ Plus one

해상적하보험과 신용장

- 오늘날 무역거래상의 대금결제는 일반적으로 환어음 방식이다.
- 이 경우 화환어음을 할인하는 환은행에서 무조건 할인에 응하는 것이 아니며, 신용장(Letter of Credit)이 있는 경우에 한해서 할인에 응한다.
- 신용장이란, 수입업자의 의뢰로 수입자의 주거래은행이 발행하는 일종의 지급보증서로서 일정조건에 따라 수입업자에게 발행될 화환어음에 대한 지불을 보증하는 것이다.
- 신용장에 의해 화환어음을 할인할 때 필수적으로 첨부되는 것이 해상적하보험이다. 이는 운송 중에 예측불허의 보험사고로 손해가 발생할 경우, 수입업자가 어음결제를 할 수 없어서 환은행이 입게 될지도 모르는 금전 손해를 보험회사로부터 보상받을 수 있게 하기 위함이다.

03 상사중재(Commercial Arbitration)

1. 개요 기출 15년 1회, 15년 3회

(1) 개념

합격자 Tip ●────◎

상사중재 : 상행위에 의해 발생하는 법률관계에 관한 중재

① 소송이 아닌 당사자 간 합의(중재합의)에 의거 제3의 중재기관의 중재인(Arbitrator)에 의한 중재판정(Award)을 통해 해결하는 자주적인 분쟁해결 제도

② 중재인의 판정에 따르는 것에 합의하고(중재합의), 중재인의 판정(중재판정)에 따르지 않는 당사자에 대해 중재판정을 강제할 수 있는 해결 방법

③ 당사자 합의수용 여부와 상관없이 무조건 대법원 확정판결과 동일한 효력이 발생한다.

④ 조정은 당사자 일방의 요청이 있을 때도 가능하지만 중재는 양 당사자 간 합의가 필요하다.

⑤ 중재판정 기준은 법의 지배보다는 선과 형평을 중시한다.

⑥ 인격에 의한 판단이고 당사자 간 합의가 필요하다는 점에서 소송과는 차이가 있다.

(2) 특징

① 중재인은 당사자가 선정

합격자 Tip ●────◎

소송의 경우 당사자가 재판관을 선정하는 것은 불가하다.

ㄱ 원칙적으로 당사자가 중재인을 자유롭게 선정 가능하다.

ㄴ 특수 분야 분쟁은 전문가를 중재인으로 선정하여 문제점을 정확·신속하게 해결할 수 있으므로 중재절차에 소요되는 시간 및 비용 경감이 가능하다.

② 중재절차는 비공개

ㄱ 재판은 일반적으로 공개하는 것이 원칙이나 중재절차는 일반적으로 비공개이다.

ㄴ 재판 판결에 해당하는 중재판정도 당사자의 동의 없으면 공표 불가하다.

ㄷ 외부에 알려져서는 안 될 영업상 비밀 등이 노출되지 않으므로 거래처에 끼칠 영향을 걱정할 필요는 없다.

③ 분쟁의 신속한 해결

ㄱ 중재절차는 단심제이다.

ㄴ 재판은 일반적으로 삼심제이지만 중재에는 상소가 없다.

ㄷ 중재합의에 기초한 분쟁해결절차를 위해 중재절차에 사용하는 언어·절차 기간은 당사자가 자유롭게 결정할 수 있으므로 재판에 비해 분쟁해결까지 시간이 단축되며, 그만큼 비용도 줄어든다.

④ 비용 경감
　　㉠ 신속한 분쟁의 해결은 그만큼 비용을 절약할 수 있다.
　　㉡ 법원의 소송에 의할 경우 변호사의 보수를 비롯해 매 심급마다 인지대
　　　가 배가되기 때문에 중재보다 비용이 많이 든다.
　　㉢ 상사에 관한 전문 지식과 경험이 있는 중재인에 의한 심문은 새로운 설
　　　명, 지식의 보완이 필요치 않으므로 분쟁해결을 위한 중인심문들의 진
　　　술서 작성 등 시간이나 경비가 저렴하다.

(3) 소송과 비교
① 소송은 당사자 간 합의가 없어도 절차 진행이 가능하나 중재는 반드시 성문
　화된 합의(계약)가 있는 경우에만 절차가 유효하며 법적 보호가 가능하다.
② 기본 분쟁의 해결방식은 소송으로, 중재는 이를 대체한 새로운 해결수단
　이다.
③ 중재는 법에 구속되고 판례의 영향을 받는 소송과는 달리 판정기준이 애매
　하고 중재인의 자의나 주관이 개입할 수 있다.
④ 선례에 구속되지 않으므로 결과를 예측하기가 소송보다 불리하다.

(4) 장점과 단점
① 장 점
　　㉠ 중재계약에서부터 중재판정에 이르는 모든 절차를 당사자의 합의로
　　　결정한다.
　　㉡ 법원의 소송보다 신속히 해결되고, 단심제로 해결이 가능하다.
　　㉢ 비용이 저렴하다.
　　㉣ 중재인들이 전문성을 가지고 있어서 거래내용에 맞는 분쟁해결이 가능
　　　하다.
　　㉤ 중재판정은 국제적으로도 그 효력이 보장되고 있다.
　　㉥ 비공식적인 절차로 진행된다.
　　㉦ 거래의 기밀보장을 위해 비공개로 진행된다.
② 단 점
　　㉠ 단 한 번의 판정으로 최종 확정되어 상소수단이 없는 것이 클레임 당사
　　　자에게 불만을 준다.
　　㉡ 중재인 관련
　　　• 법률에 구속됨 없이 양식에 따라 판정한다.
　　　　– 판정기준이 애매하고, 주관이 개입될 위험이 높다.
　　　　– 자기를 선임한 당사자의 대리인의 이익을 보호하려는 경향이
　　　　　있다.

- 중재인은 강제처분권이 없고 또한 판정기간이 짧기 때문에 흔히 양 당사자의 주장을 형식적으로 절충하여 판정을 내리는 경우가 있다.
- 중재인은 중재법정에서 지휘권의 법적 보장이 없어 중재절차 장기화 가능성이 있다.

● 기출 Check ●

중재제도의 특징으로 옳지 않은 것은? 기출 17년 3회

① 단심제에 의한 신속한 분쟁해결
② 전문가에 의한 판정
③ 자율성의 존중과 민주적인 절차 진행
④ 심리의 공개진행

해설 중재(판정) 공개여부는 비공개 진행을 원칙으로 한다. 이와 반대로 소송은 공개주의 원칙에 따라 진행된다.

정답 ④

---

02 중재합의(중재계약, Arbitration Agreement) 기출 16년 2회, 20년 2회

(1) 개 념

① 상사중재는 소송과 달라서 거래당사자나 분쟁당사자 간에 무역클레임을 중재로 해결한다는 의사의 서면합의, 즉 상사중재계약이 있어야만 가능하다.
② 편의상 분쟁 발생시점을 중심으로 사전에 미리 약정하는 '사전중재합의'와 사후에 약정하는 형식의 '중재의뢰합의'로 구분한다.
　㉠ 사전 결정 중재조항(사전중재합의)에 의한 방식 : 당사자 간 매매계약서에 분쟁 발생 시 중재로 해결하겠다는 중재조항(Arbitration Clause)을 계약조문으로 삽입하거나 교환 서신 또는 전보에 분쟁발생 시 중재로 해결하겠다는 의사표시를 한 서면상의 합의를 하는 방식
　㉡ 중재부탁계약(Submission to Arbitration, 중재의뢰합의) : 실제로 분쟁이 발생한 이후 양 당사자 간 합의 하에 중재로 분쟁을 해결하기로 하는 방식

(2) 의 의

① 보통 분쟁이 이미 발생한 경우 불리한 측에서 중재부탁계약 체결을 거부하는 것이 일반적이므로 사전에 중재조항을 설정하는 것이 바람직하다.
② 중재계약을 체결할 때는 중재계약의 유효 요건으로서 중재지, 중재기관, 준거법 또는 적용 중재규칙 등을 모두 포함시켜야 유효한 중재계약이 된다.
③ 이러한 중재계약이 있으면 양 당사자는 법원의 재판을 받을 권리를 상실한다.

(3) 중재조항과 중재부탁계약

① 클레임 발생 시 중재에 의해 해결한다는 것을 약정하는 것이 일반적이다.

② 일어날 분쟁을 중재에 부탁한다는 취지를 매매계약에 약정할 때 "중재조항"이라 한다.

③ 분쟁이 발생한 뒤부터 중재에 부탁하는 경우의 약정을 "중재부탁계약"이라 한다.

④ 중재조항 분리의 원칙

　㉠ 중재조항은 본 계약 효력과 상관없이 독립적으로 강제할 수 있어야 한다는 법리

　㉡ 중재합의 관련 주된 계약이 무효가 되어도 중재조항은 별도로 분리 · 독립된다는 원칙

(4) 중재(계약)의 3요소

① 중재지(중재 장소)

② 중재기관

③ 준거법(중재는 당사자 자치에 의한 분쟁해결이므로 당사자가 준거법 지정에 관해 합의한 경우 그 합의된 선정법칙에 따라 중재판정을 함)

합격자 Tip

Q 중재계약의 3요소가 아닌 것은?
① 중재지
② 중재기관
③ 준거법
④ 중재인수

A ④

⊕ Plus one

표준 중재조항(대한상사중재원 권장)

All disputes, controversies or differences which may arise between the parties, out of or in relation to or in connection with this contract, or for the breach there of, shall be finally settled by arbitration in Seoul, Korea in accordance with the Commercial Arbitration Rules of the Korean Commercial Arbitration Board and under the Laws of Korea. The Award rendered by the arbitrator(s) shall be final and binding upon both parties concerned.

이 계약으로부터, 이 계약과 관련하여 또는 이 계약의 불이행으로 당사자 간 발생하는 모든 분쟁, 논쟁 또는 의견차이는 대한민국 법에 의거 대한상사중재원의 상사중재규칙에 따라 대한민국 서울에서 중재로 최종 해결한다. 중재인의 판정은 최종으로 계약 당사자 쌍방에 대해 구속력을 갖는다.

국제상사중재기관 [기출] 15년 1회

• 국제상공회의소(International Chamber of Commerce ; ICC)
• 미국중재협회(American Arbitration Association ; AAA)
• 런던 국제중재재판소(London Court of International Arbitration ; LCIA)
• 대한상사중재원(Korean Commercial Arbitration Board ; KCAB)
• 홍콩 국제중재센터(Hong Kong International Arbitration Centre ; HKIAC)
• 싱가포르 국제중재센터(Singapore International Arbitration Centre ; SIAC)
• 국제투자분쟁해결센터(International Centre for Settlement of Investment Disputes ; ICSIA)

중재합의에 대한 설명으로 옳지 않은 것은? 기출 16년 2회

① 유효한 중재합의가 존재하는 경우에는 직소금지의 원칙에 따라 소송으로 분쟁을 해결할 수가 없다.
② 분쟁 발생 후에도 중재합의는 별도의 중재계약에 의해 이루어질 수 있다.
③ 우리나라 중재법에 따르면 중재합의는 서면으로 하여야 한다.
④ 중재합의의 한 형태로서 매매계약서상에 삽입되어 있는 중재조항은 동 계약서가 무효가 되면 동 중재조항에도 그 효력을 자동적으로 상실하게 된다.

해설 **중재조항 분리의 원칙**
계약에 포함된 중재조항은 본 계약의 효력 여부와는 상관없이 독립적으로 강제될 수 있어야 한다는 법리로 중재합의와 관련된 주된 계약이 무효가 되는 경우에도 중재조항은 주된 계약과는 별도로 분리, 독립한다.

정답 ④

3. 중재절차

(1) 절 차

① 중재신청
  ㉠ 중재신청자는 기명날인 또는 서명한 신청서를 사무국에 제출하고 중재비용을 납입한다.
  ㉡ 사무국은 중재신청서를 제출받음과 동시에 당해 신청이 규정에 적합한 것인지 확인하고 접수한다.
  ㉢ 중재절차는 사무국이 신청서를 접수한 날부터 시작된다.
  ㉣ 사무국은 중재신청서를 접수한 때에는 피신청인에게 신청서 1부를 첨부하여 통지한다.
② **답변** : 피신청인은 신청인의 중재신청서를 검토한 후 중재신청 접수통지의 수령일(기준일)로부터 30일 이내에 답변서를 사무국에 제출하여 답변이 가능하다.
③ **반대신청** : 피신청인은 심리가 종결될 때까지 반대신청이 가능하다.
④ **신청의 변경** : 신청인은 중재합의의 범위를 벗어나지 않는 범위 내에서 신청의 취지 또는 원인을 서면으로 변경이 가능하다.
⑤ **중재인 선정**
  ㉠ 중재인 선정방법
    • 당사자가 직접 중재인을 선정하는 방법과 중재기관이 중재인을 선정하는 방법

안심Touch

- 당사자가 중재인을 직접 선정하는 경우 : 선정통지 수령일로부터 15일, 국제중재는 30일 이내에 중재인취임수락서를 첨부하여 사무국에 제출해야 한다.
- 사무국에 의한 선정의 경우 : 당사자가 중재신청을 하면 사무국은 지체 없이 중재인 명부 중에서 중재인 후보자를 선정, 그 명단을 당사자 쌍방에 송부해야 하며, 각 당사자는 후보자명단 수령일로부터 국내중재는 10일, 국제중재는 30일 이내에 중재인 선정의 희망순위를 표시하여 사무국에 반송해야 한다.

ⓛ 중재인의 수
- 중재인의 수는 일반적으로 홀수의 중재인을 정하는 것이 통례이다.
- 우리나라 상사중재규칙에는 당사자 간 결정이 없으면 3인 또는 1인의 중재인으로 구성된다.

⑥ 중재심리
ⓞ 사무국은 양 당사자의 희망순위에 따라 선정한 중재인에게 수락서를 받아 "중재판정부"를 구성하고 심리 순서, 일시, 장소는 중재판정부가 결정하는데, 사무국은 당사자에게 지체없이 그 결정을 통지해야 한다.
ⓛ 심리절차
- 심리는 사건번호와 당사자의 호명으로 개시한다.
- 심리절차는 비공개 원칙이고, 판정부가 당사자를 직접 심리한다.
- 당사자의 일방이 증거물을 제출하는 경우 판정부는 이를 증거로 접수할 수 있다.
- 판정부는 필요하다고 인정할 경우 절차를 변경할 수 있다.
- 중재판정부는 상당한 이유가 있으면 직권이나 당사자의 요구에 의하여 심리를 연기하거나 속행할 수 있다.

(2) 신속절차제도의 도입

① 개 요
ⓞ 대한상사중재원이 도입하였다.
ⓛ 국내 · 외 상사분쟁을 더욱 신속 · 저렴하게 해결함으로써 중재제도의 이용자들에게 편익을 제공하고자 상사중재규칙을 개정하여 도입하였다.

② 내 용
ⓞ 적용범위 : 당사자 간 신속절차에 따르기로 하는 별도 합의 있는 국내 · 외 중재사건 또는 신청금액이 1억 원 이하인 국내중재사건
ⓛ 중재인 선정 : 당사자 간 별도 합의 없으면 중재인은 1명이다.
ⓒ 심리절차의 간소화
- 중재판정부는 심리일시와 장소를 결정하며, 사무국은 이를 심리개시 전까지 구술, 인편, 전화 또는 서면 등의 방법으로 당사자에게 통지한다.

- 심리는 1회로 종결함을 원칙으로 하나 중재판정부는 상당한 이유가 있다고 인정하는 경우에는 심리가 재개될 수 있다.
- 피신청인은 심리 종결전까지 반대신청 가능하다 단, 1억 원을 초과하는 반대신청은 답변서 제출기간이 경과하기 전까지만 가능하다.
  ㄹ 판 정
- 중재판정부는 중재판정부 구성의 통지를 받은 날부터 100일 이내에 판정한다.
- 다른 합의가 없으면 중재판정부는 판정이유의 요지를 기재하여 판정한다.

⊕ Plus one

임시적 처분(Interim Measure) 기출 16년 2회, 17년 1회, 18년 3회, 20년 2회
- 중재절차에서 중재판정부는 당사자들의 지위를 보호하고 중재판정 결과를 기다리는 동안 중재대상 목적물의 처분이나 재산 도피 등을 제한, 그 상태를 유지하도록 한다.
- 일반적으로 당해 분쟁이 종국적인 해결에 이르기까지 당사자의 권리를 보호하는 것이다.

기출 Check

다음 내용은 중재제도의 무엇에 대한 설명인가? 기출 16년 2회, 17년 1회, 18년 3회

> 중재절차에서 중재판정부는 당사자들의 지위를 보호하고 중재판정의 결과를 기다리는 동안 중재대상의 목적물의 처분이나 재산 도피 등을 제한하고 그 상태를 유지하도록 한다.

① 임시적 처분(Interim Measure)
② 최종판정(Final Award)
③ 자기심사권한(Competence-competence)
④ 보수청구(Remuneration)

해설 ① 임시적 처분(Interim Measure)이란 일반적으로 당해 분쟁이 종국적인 해결에 이르기까지 당사자의 권리를 보호하는 것이다.

정답 ①

우리나라 중재법상 임시적 처분의 주요 내용으로 옳지 않은 것은?

기출 20년 2회

① 분쟁의 해결에 관련성과 중요성이 있는 증거의 보전
② 본안(本案)에 대한 중재판정이 있을 때까지 현상의 유지 또는 복원
③ 중재판정의 집행 대상이 되는 부채에 대한 보전 방법의 제공
④ 중재절차 자체에 대한 현존하거나 급박한 위험이나 영향을 방지하는 조치 또는 그러한 위험이나 영향을 줄 수 있는 조치의 금지

해설 ③ 중재판정의 집행 대상이 되는 자산에 대한 보전 방법의 제공

임시적 처분(중재법 제18조)
• 당사자 간에 다른 합의가 없는 경우에 중재판정부는 어느 한쪽 당사자의 신청에 따라 필요하다고 인정하는 임시적 처분을 내릴 수 있다.
• 임시적 처분은 중재판정부가 중재판정이 내려지기 전에 어느 한쪽 당사자에게 다음의 내용을 이행하도록 명하는 잠정적 처분으로 한다.
  – 본안에 대한 중재판정이 있을 때까지 현상의 유지 또는 복원
  – 중재절차 자체에 대한 현존하거나 급박한 위험이나 영향을 방지하는 조치 또는 그러한 위험이나 영향을 줄 수 있는 조치의 금지

정답 ③

중요 **4. 중재판정(Award)** 기출 15년 2회, 15년 3회, 16년 2회, 20년 3회

(1) 개 념

① 중재계약 당사자가 부탁한 분쟁 해결을 위해 중재인이 내리는 최종적 결정이다.
② "재판소의 확정판결과 동일한 효력"을 인정받는다.
③ 중재판정은 서면으로 작성, 중재인이 서명 날인, 중재판정에 대한 주문 및 이유 요지와 작성 연월일을 기재해야 한다.
④ 중재합의 약정이 있는데 소송을 제기할 때 제소당한 측이 중재합의가 있음을 주장하면 재판소는 소송 신청을 각하한다.
⑤ 거래상대가 중재판정을 이행하지 않으면 재판소 강제집행절차로 실행하게 할 수 있다.

(2) 중재인과 중재판정부

① 중재인은 중립적인 제3자로서 재판의 판사는 아니다.
② 중재인은 판정의 정본을 당사자에게 송달하고 그 원본은 송달의 증서를 첨부하여 관할 법원에 이송 보관하게 함으로써 비로소 중재절차는 종결된다.

합격자 Tip

재판과 동일한 강제력이 있는 분쟁해결 방법

③ 중재판정부는 별도 규정이 없는 한 심문 종결일로부터 30일 이내에 판정해야 한다.

(3) 효력 기출 15년 1회

① 국내 효력
  - ㉠ 법원의 최고심 확정판결과 동일한 효력이 있으며 강제집행도 가능하다.
  - ㉡ 단심제 : 항소나 상고 불가, 당사자의 불복, 중재인의 판정 철회 또는 변경도 불가하다.
  - ㉢ 중재판정은 개인의 재산권보호가 목적, 법원의 적법판결로 집행 가능하다.
  - ㉣ 집행판결 요건으로는 중재판정이 존재해야 하고, 중재판정 취소사유가 없어야 한다.
  - ㉤ 집행판결에는 담보제공 없이 가집행할 수 있음을 선고해야 한다.

② 국제 효력 : New York 협약에 가입한 국가에 한해 국제적으로 효력 보장
  - ㉠ 외국 중재판정의 승인 및 집행을 보장하는 국제연합 협약(United Nations Convention on the Recognition and Enforcement of Foreign Arbitral Awards : 뉴욕협약)이 UN 경제사회이사회의 주도 아래 1958년 6월 10일 미국 New York에서 채택되었다. 각 체약국 내에서는 외국 중재판정의 승인 및 집행을 보장한다.
  - ㉡ 우리나라도 1973년 2월 8일 가입, 동년 5월 9일부터 효력 발효, 국내 유일의 상설 중재기관인 대한상사중재원에서 내린 중재판정도 본 협약 체약국 간에서는 그 승인 및 집행을 보장한다.
  - ㉢ "외국 중재판정의 승인 및 집행에 관한 조약"(Convention on the Recognition and Enforcement of Foreign Arbitral Awards)이란 외국(중재지국)에서 내린 중재판정을 중재지국 이외 국가가 승인·집행하기 위한 협정이다. 이 조약은 1958년 뉴욕에서 작성된 것으로 일반적으로 "뉴욕 조약"이라 하며, 일본을 포함한 120개국 이상의 국가가 체결했다.
  - ㉣ 외국 중재판정의 승인 및 집행거부 사유
    - 피고가 주장·입증해야 하는 사유
      - 당사자의 무능력 또는 중재합의의 무효 : 중재합의 당사자가 관련 준거법에 따라 무능력자였거나, 중재합의가 당사자들이 준거법으로 정한 법령에 의하여 또는 지정이 없는 경우 중재판정을 내린 국가의 법령에 의해 무효인 것
      - 피신청인의 방어권 침해 : 중재판정에서 진 당사자가 중재인의 선정이나 중재절차에 관한 적절한 통고를 받지 않았거나 기타 이유로 방어할 수 없는 것

– 중재인의 권한유월 : 중재판정이 중재조항에 규정되어 있지 않
거나 그 조항의 범위 안에 있지 않은 분쟁에 관한 것일 경우 또
는 중재부탁의 범위를 넘는 사항에 관한 판정을 포함하는 것

– 중재기관 구성 또는 중재절차의 하자 : 중재판정부의 구성이
나 중재절차가 당사자 간 합의와 합치하지 않거나 또는 합의
가 없는 경우 중재지의 법령에 합치하지 않는 것

– 중재판정에 구속력이 결여 또는 취소·정지 : 중재판정이 아
직 당사자에 대해 구속력을 갖지 않거나 중재판정기구 또는
중재판정의 기초가 된 국가의 권한 있는 기관에 의해 취소 또
는 정지된 것

• 요청 받은 국가의 법원이 직권으로 판단할 사유

– 중재가능성 결여 : 분쟁 대상 사항이 집행국 법에 따른 중재로
해결 불가한 것

– 공서위반 : 중재판정의 승인 또는 집행이 집행국의 공서에 반
할 것

(4) 외국 중재판정 강제집행

① 외국 중재판정을 강제집행하기 위해 집행국 법원에 중재판정문 및 중재계
약서를 제출하여야 한다.

② 필요한 경우 이 서류들의 번역문만 제출 가능하다.

• 기출 Check •

국제상사중재에 대한 설명으로 옳지 않은 것은?　**기출** 15년 3회

① 중재판정은 국제적으로 단심제에 의하므로 판정내용에 불복하는 경우에는
다른 나라로 가서 다시 중재를 신청하여야 한다.

② 중재판정의 효력은 법원의 확정판결의 효력과 동일하여 기판력(구속력)과
확정력(불가변력) 및 집행력을 지닌다.

③ 중재판정절차에 오류 내지 하자가 있는 경우에는 법원에 "중재판정 취소의
소"를 제기할 수 있다.

④ 유효한 중재합의가 있는 경우에는 법원에 소송을 제기할 수 없고 소송을 제
기하더라도 기각되는 것이 일반적이다.

해설 중재는 단심제이므로 불복할 수 없는 것이 원칙이나 일정한 사유에 부합하는 경우 중재판
정 정본을 받은 날로부터 3개월 이내에 '중재취소의 소'를 제기할 수 있다.

정답 ①

뉴욕협약(외국 중재판정의 승인 및 집행에 관한 협약 : United Nations Convention on the Recognition and Enforcement of Foreign Arbitral Award) 제5조에 따라 중재판정의 승인과 집행의 거절 사유가 될 수 있는 경우가 아닌 것은?　　　　　　　　　　　　　　　　　　　　　기출 16년 1회

① 중재합의의 당사자가 그 준거법에 의하여 무능력자이었을 경우
② 당사자가 중재인의 선정 또는 중재절차에 관한 적절한 통지를 받지 못하였을 경우
③ 중재판정이 중재합의 대상의 범위에 벗어난 사항을 다룬 경우
④ 중재판정의 내용이 그 준거법을 잘못 적용하여 내려진 경우

해설 **중재판정의 승인과 집행의 거절 사유**

- 중재합의의 당사자가 그 준거법에 의하여 무능력자이었을 경우
- 당사자가 준거법으로서 지정한 법에 따라 또는 그러한 지정이 없는 경우에는 판정을 내린 국가의 법에 따라 전기 합의가 유효하지 않은 경우
- 판정이 중재회부조항에 규정되어 있지 아니하거나 그 조항의 범위에 속하지 아니하는 분쟁에 관한 것이거나, 또는 그 판정이 중재회부의 범위를 벗어나는 사항에 관한 결정을 포함하는 경우. 다만, 중재에 회부한 사항에 관한 결정이 중재에 회부하지 아니한 사항과 분리될 수 있는 경우에는 중재에 회부한 사항에 관한 결정을 포함하는 판정의 부분은 승인 및 집행될 수 있음
- 중재판정부의 구성이나 중재절차가 당사자 간의 합의와 합치하지 아니하거나 또는 이러한 합의가 없는 경우에는 중재가 행해진 국가의 법과 합치하지 아니하는 경우
- 당사자에 대하여 판정의 구속력이 아직 발생하지 아니하였거나 또는 판정이 내려진 국가의 권한 있는 당국에 의하여 또는 그 국가의 법에 따라 판정이 취소 또는 정지된 경우

정답 ④

안심Touch

04 국제소송(International Litigation/Suit)

1. 정의와 특징

(1) 소송의 정의

① 매매당사자 간에 자력으로 클레임을 해결할 수 없을 경우 국가공권력이나 사법재판에 의해 강제하여 클레임을 해결하는 방법이다.

② 무역클레임이 상호 대화로 도저히 해결할 수 없는 경우 이용한다.

③ 외국과의 사법협정이 체결되지 않아서 그 판결은 외국에서 승인 및 집행이 보장되지 않으므로, 소송으로 클레임을 해결하는 경우 피제기자의 국가에서 현지 변호사를 법정 대리인으로 선임하여 소송절차를 진행시켜야 한다.

(2) 국제소송의 특징

① 소송의 경우 거래상대방의 동의는 필요 없다.

② 재판에서 승소했더라도 상대방이 판결대로 실행하지 않으면 클레임은 해결되지 않는다.

③ 우리나라 법률은 국내에서 밖에 적용되지 않는다. 거래상대국에서 소송을 제기하는 방법도 있지만, 그러려면 국내 소송 제기에 비해 상당한 시간과 비용을 감수해야 한다.

④ 어느 경우에도 공소, 상고 등 상급재판소로 올라가면 최종 해결까지 상당한 시간이 걸릴 것이다. 승소했더라도 거래상대와의 관계는 나빠질 수밖에 없으므로, 향후 거래를 지속하기는 어려울 것이다.

⑤ 국제소송에서 가장 중요한 문제는 국제사법과 국제적 재판관할의 문제로써 법정지 선택과 준거법 선택의 문제이다(어느 나라에서 어느 나라 법에 의해 어떠한 방법으로 분쟁을 해결할 것인가 하는 문제).

⑥ 자국법원에서의 소송이 불가능한 경우 소송 상대방인 외국회사의 관할법원에서 소송해야 한다. 국내법원에서 소송이 가능하더라도 상대방이 국내에 재산이 없으면 판결을 받아도 다시 외국법원에서 집행판결을 받아 집행할 수밖에 없다.

2. 국제소송 시 주요 고려사항   기출 15년 1회, 16년 3회

(1) 정 의

① 국제계약 관련 분쟁 해결방법으로 소송을 택하는 경우 "어느 나라(Jurisdiction)의 어느 법원(Venue)이 관할권을 갖는가 하는 일반적인 문제"뿐만 아니라 "당사자 간의 관할에 관한 합의가 있는 경우 그 효력이 어떠한지, 즉 관할합의의 유효성을 어떻게 확보하느냐"가 가장 중요한 문제이다.

② 당사자가 합의한 법원이 당사자나 해당 거래와 관련 없는 제3국 법원일 경우 그 법원이 반드시 재판을 맡는다는 보장이 없으며 당사자가 속한 국가가 당사자에 대해 국가권력 하나의 작용으로서 갖는 재판권을 당사자 간 합의로 배제시킬 수 있는지도 문제이다.

(2) 관할법원의 결정(국제 재판관할권의 결정) 문제

① 국제계약 관련 분쟁을 소송으로 해결하려 할 때 소송을 제기할 법원을 먼저 결정해야 한다.

② 우선 당사자 간 관할법원에 관한 합의의 유무에 상관없이 해당 사건에 대해 어느 나라의 법원이 관할권을 갖는지와, 당사자 간 관할합의가 있는 경우 그 합의의 효력이 어떠한가라는 두 개의 문제로 구분할 수 있다.

③ 어느 사건에 대한 재판관할권 결정 시 대륙법계 국가와 영미법계 국가가 서로 다른 원칙을 적용했다.

    ㉠ 대륙법계 : 전통적으로 토지관할 일종인 피고의 주소지법 주의를 기본으로 하여 피고가 있는 나라의 법원에 소송을 제기하여야 한다고 보았다.

    ㉡ 영미의 Common Law : 실효성 원칙(Principle of Effectiveness) 및 복종 원칙(Principle of Submission)에 입각하여 당사자와 가장 합리적인 관련(Reasonable Relation)이 있는 나라의 법원이 재판관할권을 갖는 것으로 하였다.

④ 현재 우리나라를 포함한 대륙법계 대다수 국가는 토지관할 원칙에 입각하여 국제거래에 대한 관할권을 정하고 있는 것으로 해석된다. 따라서 관할지역, 즉 그 나라에 피고의 주소가 있거나 주된 영업소가 있거나 의무의 이행지로 그 나라를 정하는 경우 관할권을 갖는 것으로 해석한다.

⑤ 영미, 특히 미국에서는 현재 Common Law 상의 합리적 관련성 개념을 좀 더 확장하여 최소한의 관련(Minimum Contact)이 있으면 관할을 인정하며, 대륙법계와는 달리 관할법원이 당해사건을 처리하는 데 정당한 이익(Legitimate Interest)을 갖는지가 중요한 판단 기준이 된다.

⑥ 최소한의 관련은 피고가 관할구역 내에 주소를 두었거나 영업활동을 하는 경우(Doing Business)에 인정되며, 미국 여러 주에서는 최소한의 관련성을 더 넓게 인정하는 관할 확장법(Long Arm Statutes)을 제정했다.

(3) 관할합의에 관한 문제

① 국제계약 관련 관할의 효력과 관련하여 우선 당사자의 소속국가나 계약 체결지 소재국 등 당해거래에 대해 국내법상 관할권이 있는 국가와의 관계가 문제된다.

② 관할합의는 전적으로 어느 한 법원에만 소송을 제기하기로 하는 전속적 관할합의(Exclusive Jurisdiction Agreement)와 새로운 관할의 창설이라 할 수 있는 비전속적 관할합의(Non Exclusive Jurisdiction Agreement)로 구분할 수 있다.

    ㉠ 전속적 관할 합의 : 국가주권인 어느 나라의 재판권을 당사자가 임의로 배제하려는 것이므로 그 효력을 인정할 수 있는지가 문제된다.

    ㉡ 비전속적 관할 합의 : 특별히 문제될 사항이 아니다.

③ 관할합의가 전속적인지 비전속적인지 불분명할 때는 비전속적 관할합의로 해석하며, 전속적 관할합의는 그 해석 및 적용상 여러 가지 논란의 여지가 있어 당사자의 의도와는 달리 불확정한 결과를 초래하므로 국제계약에서의 관할합의는 비전속적인 것으로 합의함이 일반적이다.

④ 관할합의와 관련한 또 하나의 문제는 당사자가 합의하여 정한 법원이 당사자의 합의를 존중하여 재판을 맡을지에 관한 것이다.

⑤ 법원이 어떤 경우에 재판권을 행사하지 않는지는 각 나라의 국내법적 문제이므로 관할합의를 할 때는 관할로 정한 법원이 요구하는 관할 요건을 충족시킬 수 있어야 한다.

(4) 국제무역거래의 준거법(Governing Law)

① 국제무역거래에서 수입자 또는 수출자에게 손해가 발생하면 손해배상청구를 한다.

② 손해배상청구의 법률적 근거는 당해 무역거래에 적용하는 준거법(국제무역거래에 적용하는 법으로서 소송이 제기된 법원이 소재하는 국가의 법 또는 국제협약에 따라 지정)에 따른다.

③ 우리나라는 국제사법에서 준거법 지정 원칙을 정했다.

④ 국제사법에 따르면 원칙적으로 당사자는 합의로 자유롭게 준거법을 지정할 수 있다.

    ㉠ 당사자가 준거법을 지정하지 않았다면 우리 국제사법에서 지정한 국가의 법이 준거법이 된다.

    ㉡ 국제사법 제26조에서는 그 계약과 가장 밀접한 관련이 있는 국가의 법을 준거법으로 지정하고, 양도계약의 경우 계약 체결 당시 양도인의 주된 사무소가 있는 국가의 법이 가장 밀접한 관련이 있는 것으로 추정한다.

⑤ 국제무역거래의 준거법에 관해 주의할 점

    ㉠ 국제무역거래에 관하여는 국제물품매매계약에 관한 UN협약(CISG)이 있기 때문에 이 협약 가입국 간에는 각국의 국내법보다 위 협약이 우선하여 적용된다.

    ㉡ 물론 당사자가 명시적으로 위 협약의 적용을 배제하는 것도 가능하다.

(5) 외국판결의 승인과 집행

① 어느 나라의 법원에서 국제계약 관련 분쟁을 마무리 짓는 판결을 확정한 경우 그 판결 집행도 그 나라에서 이루어지면 별 문제가 없다.

② 그 판결을 다른 나라에서 집행해야 할 때는 국가주권과 관련하여 집행할 국가의 법원이 그 판결의 효력을 그대로 인정할 것인지, 즉 외국판결의 승인과 집행이라는 또 하나의 문제가 발생한다.

③ 현재 다음과 같은 국가 간 협정으로 이 문제를 해결하고자 한다.

　　㉠ 민사 및 상사에 관한 외국판결의 승인 및 집행에 관한 조약(Convention on the Recognition and Enforcement of Foreign Judgments in Civil and Commercial Matters)

　　㉡ 유럽공동체의 재판관할권과 판결집행에 관한 조약(Common Market Convention on Jurisdiction and the Enforcement of Judgments)

　　㉢ 외국판결과 중재판정의 역외적 효력에 관한 미주조약(Inter American Convention on Extraterritorial Validity of Foreign Judgments and Arbitral Awards) 등

④ 하지만 아직 뉴욕협약과 같이 많은 국가가 동시에 가입한 국제조약은 없다.

⑤ 따라서 각 나라는 자국법의 요건에 따라 외국에서 내린 판결을 승인하고 집행한다.

⑥ 우리나라는 이러한 외국판결의 관할이 인정되는 법원에 의한 최종 판결로서 피고에게 적정한 방어 기회를 주고, 통상적 방법으로는 더 다툴 수 없는 확정판결이면 그 판결 내용이 우리나라의 선량한 풍속 기타 사회질서를 위반하지 않는 한 판결의 당부에 관한 실질적인 검토를 하지 않고, 그 효력을 인정하여 승인하는 것으로 규정했다.

⑦ 다만, 그 판결을 한 나라도 실질심사 없이 우리나라 법원이 한 판결을 인정하는 경우, 즉 상호보증(Reciprocity)이 있는 국가의 판결에 한한다.

국제물품매매거래의 계약내용에 대한 당사자 간 분쟁 시 이를 해결하기 위해 법원 또는 중재원이 우선시하여 적용하는 순으로 올바르게 나열한 것은?

기출 16년 3회

> (a) 특정 거래에서의 일반적인 관행 및 관습
> (b) 묵시적 계약조항
> (c) 당사자들 사이에 확립된 관행 및 관습
> (d) 명시적 계약조항
> (e) CISG 규정

① (d) → (b) → (c) → (a) → (e) 　② (b) → (d) → (c) → (a) → (e)
③ (e) → (d) → (b) → (a) → (c) 　④ (a) → (c) → (d) → (e) → (b)

해설　명시적 계약조항 → 묵시적 계약조항 → 당사자 사이에 확립된 관행 및 관습 → 특정 거래 에서의 일반적인 관행 및 관습 → CISG(비엔나 협약) 규정

정답　①

국제물품매매계약에 관한 UN협약(CISG) 제7조에 대한 내용이다. 공란에 들어 갈 단어로 올바르게 나열된 것은?　**기출** 15년 1회

> 명시적으로 규율하지 않는 사항이 있는 경우 우선적으로 협약이 기초하고 있는 (a) 에 따라 해결하여야 하며, 이러한 원칙을 찾을 수 없는 경우에 한하여 법정지의 국 제사법에 따라 결정되는 (b)에 따라 해결하는 것을 원칙으로 한다.

	<u>a</u>	<u>b</u>
①	신의성실원칙	국내법
②	일반원칙	특별법
③	신의성실원칙	국제법
④	일반원칙	국내법

해설　제시된 CISG 제7조는 CISG에 의해 명시적으로 해결되지 못하는 경우 CISG가 근거를 둔 일 반원칙에 따라 문제를 해결해야 하며, 그러한 일반원칙이 없을 경우에는 국제사법에 따라 준거법으로 지정된 법정지 국가의 법률에 따라 해결한다는 원칙을 나타낸다. 이는 결국 각 국의 국내법 적용을 억제하고 CISG의 적용을 확대하려는 방향성을 담은 것이다.

정답　④

실전 예상문제

01

다음 중 무역클레임의 설명으로 가장 부적절한 것은?

① 수출자가 일방적으로 계약내용을 불이행하여 해당화물의 선적을 거부하는 경우에 수입자는 계약이행을 요구할 수 있다. 이 경우에 수입자는 해당하는 손해에 대한 손해배상청구를 할 수 없다.

② 수입자가 시중에서 입수한 유명제품의 상표를 도용하여 제품을 주문하고 대량으로 수입하여 판매를 하였다. 제3자인 상표권자는 클레임을 제기할 수 있다.

③ 국제매매계약을 체결한 후에 갑작스럽게 국제시세가 하락하여 수입자 측이 가격인하를 요구하면서, 물품 인수를 거절하고 있는 악덕 클레임을 마켓클레임(Market claim)이라고 할 수 있다.

④ 클레임(Claim)과 불평(Complaint)을 구별하기는 힘들지만 꼭 구별한다면 클레임이 객관적인 측면을 지닌 청구권이라면 불평은 주관적인 색채가 짙다.

✏ 해설

매도인이 계약 또는 협약상의 의무를 이행하지 않을 경우, 매수인은 손해배상 이외의 다른 구제를 위한 권리 행사로 인해 손해배상 청구권을 박탈당하지 않는다.

정답 ①

02

실무상 클레임조항에 반드시 포함되어야 하는 사항은?

① 제기기간, 제기장소, 입증방법
② 제기방법, 제기장소, 입증방법
③ 제기기간, 제기방법, 입증방법
④ 제기기간, 제기장소, 제기방법

✏ 해설

클레임조항에 포함되어야 하는 사항은 제기기간, 제기방법, 입증방법이다.

정답 ③

03

수입자가 물품하자의 클레임을 제기하는 경우에 관계 당사자가 될 수 없는 자는?

① 수출자
② 신용장 개설은행
③ 수출대리인의 제조업자
④ 운송회사

✏ 해설

신용장 개설은행은 수입자의 거래은행으로서 물품의 제조, 선적/운송 및 인도와는 무관하므로 물품하자와 관련하여 수입자가 제기한 클레임의 관계 당사자가 될 수 없다.

정답 ②

04

국제물품매매계약에 있어서 매도인이 중대한 계약위반을 범한 경우, 매수인이 행사할 수 있는 구제권리가 아닌 것은?

① 매도인에게 대체품을 인도하도록 청구할 수 있다.
② 하자보완권을 행사할 수 있다.
③ 계약의 해제를 선언할 수 있다.
④ 손해배상을 청구할 수 있다.

✏️ 해설

"하자보완권(seller's right to cure)"은 CISG상 "매수인이 행사할 수 있는 구제권리"가 아니다. 하자보완권은 물건의 하자를 보완할 수 있는 매도인의 권리이다.

정답 ②

05

매수인의 계약불이행 시 도매인에게 손해가 발생되는 경우, 매도인은 손해배상청구를 통하여 보상받을 수 있다. 국제물품매매계약에 관한 UN협약(CISG)상 아래 열거한 내용 중에 매도인의 구제조치에 포함할 수 없는 것은?

① 매도인은 물품을 전매한 경우에 발생되는 각종 경비 및 가격차이 등으로 인한 손해배상을 청구할 수 있다.
② 매도인이 판매시점을 놓치게 된 경우 가격하락이 발생하면 그 손실만큼 손해배상을 청구할 수 있다.
③ 매도인이 생산을 개시한 경우라면 해당하는 손실을 청구할 수 있다.
④ 매도인은 차기 계약분의 대금에서 감액을 요청할 수 있다.

✏️ 해설

"차기 계약분 대금에서의 감액"은 CISG상 "매도인의 구제조치"가 아니다.

정답 ④

06

중재계약의 성립에 따라 당사자에게 발생하는 효과에 관한 설명으로 틀린 것은?

① 당사자 간에 중재계약이 있는 경우는 법원에 직접 소송을 제기할 수 없다.
② 중재판정은 법원의 확정판결과 동일한 효력을 가지고 있다.
③ 중재판정은 ICC 협약에 따라 국제적인 효력이 인정된다.
④ 중재조항이 기초한 주계약이 무효가 된 경우에도 중재조항은 독립적인 효력을 계속 유지한다.

✏️ 해설

중재판정은 ICC 협약이 아니라 뉴욕협약에 따라 국제적인 효력이 인정된다.

정답 ③

07

중재(Arbitration)에 관한 설명으로 맞는 것은?

① 중재는 이심제이다.
② 중재절차는 공개를 원칙으로 한다.
③ 우리나라 중재법에 의하면 중재합의(계약)는 서면으로 해야 한다.
④ 중재합의(계약)가 있는 경우에도 당해 분쟁사건을 바로 법원에 재소할 수 있다.

✏️ 해설

중재판정이 대법원의 확정판결과 동일한 효력을 갖는 점 등을 고려하여 우리의 중재법에서는 계약서상의 중재조항이나 중재계약은 반드시 서면으로 하도록 하고 있다.

정답 ③

08

중재계약에 관한 설명 중 틀린 것은?

① 직소금지의 효력이 있다.
② 중재계약은 주된 계약에 대하여 독립성을 갖는다.
③ 중재계약에는 계약자유의 원칙이 적용되지 않는다.
④ 중재는 단심제이다.

✏ **해설**

중재 역시 일종의 계약이므로 계약자유의 원칙이 적용된다.

정답 ③

09

국제물품매매계약에 관한 UN협약(CISG)상 손해배상에 관한 설명으로 옳은 것은?

① 원칙적으로 이익의 상실은 손해배상액에 포함되지 않는다.
② 손해배상액을 산정할 때 예견가능의 기준시점은 손해가 발생한 때이다.
③ 당사자 일방의 계약위반 시 상대방은 언제나 계약을 해제할 수 있다.
④ 계약위반을 주장하는 당사자는 손실의 경감을 위하여 합리적 조치를 취하여야 한다.

✏ **해설**

① 당사자 일방의 계약위반에 대한 손해배상액은 이익의 손실을 포함한다.
② 손해배상액 산정 시 예견가능의 기준시점은 계약을 체결한 때이다.

정답 ④

10

뉴욕협약상에서 외국중재판정의 승인과 집행의 거부사유에 해당하지 않는 것은?

① 집행국의 국내 절차법을 따르지 않은 중재판정이다.
② 중재합의가 무효이다.
③ 당사자가 중재에 응할 기회를 갖지 못했다.
④ 중재판정이 중재인의 판정권한 범위를 벗어났다.

✏ **해설**

뉴욕협약은 서면에 의한 중재합의를 방소항변으로 인정하는 것(뉴욕협약 제2조) 외에 외국중재판단의 승인, 집행 거부사유로서 재계약이 유효하게 이루어지지 않은 것, 당사자에 대한 방어권의 보장이 결여되어 있는 것, 중재의 회부사항을 일탈하고 있는 것, 중재의뢰 적격성이 결여되어 있는 것, 공서(公序)에 반하는 것 등을 규정하고 있다(뉴욕협약 제5조). 또한 일본은 상호주의의 유보를 선언하고 있다(뉴욕협약 제1조 3항).

정답 ①

11

국제물품매매계약에 관한 UN협약(CISG) 하에서 매수인의 물품검사 및 부적합 통지의무에 관한 설명으로 옳은 것은?

① 매수인은 당해 상황에서 실행 가능한 단기간 내에 물품의 부적합을 직접 검사하여야 하며, 제3자에 의한 검사는 허용되지 않는다.
② 물품의 운송을 포함하는 매매계약의 경우에, 검사는 물품이 목적지에 도착하기 전에 완료되어야 한다.
③ 매수인은 물품의 부적합을 발견하였거나 발견할 수 있었을 때로부터 늦어도 6개월 내에 매도인에게 그 부적합의 내용을 통지하여야 한다.
④ 매수인이 부적합한 성질을 특정하여 매도인에게 통지하지 아니한 경우, 그 부적합을 주장할 권리를 상실한다.

CISG 제39조 제1항에는 '매수인이 물품 불일치를 발견했거나 발견했어야 할 시점부터 합리적 기간 내에 매도인에게 불일치의 성격을 세부 기술한 통지를 하지 아니한 경우에는, 매수인은 물품의 불일치의 의거한 권리를 상실한다.'라고 나와 있으며, 제2항에는 '어떠한 경우에도, 물품이 매수인에게 현실적으로 인도된 날로부터 늦어도 2년 이내에 매수인이 매도인에게 불일치의 통지를 하지 않은 경우, 매수인은 물품의 불일치에 의거한 권리를 상실한다'라고 나와 있다.

정답 ④

12

당사자 간의 분쟁을 중재로 해결하고자 하는 경우 중재합의의 정당한 방식이 아닌 것은?

① 당사자 간 체결한 서면계약에 중재조항이 포함된 문서를 인용하고 있는 경우
② 상대 당사자가 이의를 제기하더라도 일방 당사자가 서로 교환된 문서의 내용에 중재합의가 있는 것을 주장하는 경우
③ 편지, 전보, 전신, 팩스에 의하여 교환된 문서에 중재합의가 포함된 경우
④ 중재합의는 독립된 합의 또는 계약에 중재조항을 포함하는 서면의 형식으로 가능

✎ 해설

중재합의 존재에 대한 단순한 주장만으로는 중재합의가 이루어졌다고 볼 수 없다. 중재제도를 이용하기 위해서는 당사자들이 분쟁을 중재로 해결하겠다는 서면 약정, 즉 중재합의가 있어야 하는데, 이 중재합의는 당사자 간에 교환된 계약서, 서신, 전보, 팩시밀리 등에 중재에 의하여 분쟁을 해결하겠다는 내용이 나타나 있어야 한다.

정답 ②

13

중재판정의 승인과 집행에 관한 설명 중 틀린 것은?

① 외국의 중재판정에 대한 승인 또는 집행은 법원의 승인 또는 집행판결에 따른다.
② 중재판정, 중재합의가 외국어로 작성되어 있는 경우에는 인증된 한국어 번역문을 첨부하여 신청하여야 한다.
③ 뉴욕협약의 적용대상이 아닌 외국의 중재판정에 대한 승인 또는 집행도 뉴욕협약에 준용한다.
④ 뉴욕협약의 적용대상인 외국의 중재판정에 대한 승인 또는 집행은 뉴욕협약에 따른다.

✎ 해설

New York 협약에 가입한 국가에 한해서만 중재판정의 국제적 효력이 보장되고 있다. 따라서 뉴욕협약의 적용대상이 아닌 외국의 중재판정에 대한 승인 또는 집행은 뉴욕협약에 따르지 않는다.

정답 ③

14

무역계약체결 시 계약목적의 이행불능 또는 달성불능에 따른 매매당사자의 면책을 인정받기 위해서는 불가항력조항을 삽입하여야 하는데 다음 중 이러한 내용과 가장 밀접한 것은?

① Frustration
② Injunction
③ Applicable Law
④ Implied Term

✎ 해설

'Frustration'은 계약체결 당시 예상할 수 없었던 사정변경으로 인해 계약 목적의 달성이 불가능함을 의미한다.

정답 ①

15

다음 조항 중에서 불가항력조항(Force Majeure)과 그 역할이 본질적으로 동일하고 상호보완적인 관계에 있는 것은?

① Entire Agreement Clause
② Arbitration Clause
③ Frustration Clause
④ Waiver Clause

✏ 해설

'Frustration Clause'에서 'Frustration'은 계약체결 당시 예상할 수 없었던 사정변경으로 인해 계약 목적의 달성이 불가능함을 의미한다.

정답 ③

16

국제소송에서 고려해야 할 가장 중요한 문제로 맞게 짝지어진 것은?

① 법정지 선택 – 외국판결의 승인과 집행의 문제
② 법정지 선택 – 준거법 선택의 문제
③ 우호판결지 선택 – 준거법 선택의 문제
④ 공정판결 보장 – 준거법 선택의 문제

✏ 해설

준거법이란 국제무역거래에 적용되는 법으로서 소송이 제기된 법원이 소재하는 국가의 법 또는 국제협약에 따라서 지정된다.

정답 ②

17

중재에 관한 국제협약은?

① 뉴욕협약(United Convention on the Recognition and Enforcement of Foreign Arbitral Awards)
② 국제물품매매에 관한 UN협약(UN Convention on contract for the International Sale of Goods)
③ 도하개발아젠다(Doha Development Agenda)
④ 로테르담규칙(UN Convention on Contract for the International Carriage of Goods Wholly or Partly by Sea)

✏ 해설

New York Convention(외국중재판정의 승인·집행에 관한 뉴욕협약)이란 외국(중재지국)에서 내려진 중재판정을 중재지국 이외의 국가가 승인하고 집행하기 위한 협정이다.

정답 ①

18

다음은 상사중재에 관한 설명이다. 옳지 않은 것은?

① 체결된 중재계약이 무효하거나 이행이 불가능한 경우에는 직소금지의 효력이 부정된다.
② 대한상사중재원은 대한상공회의소 산하기관으로서 국제중재업무가 주요업무이다.
③ 중재인은 당사가 일방의 요청에 따라 타방 당사자에게 재산보전조치를 지시할 수 있다.
④ 서면으로 된 중재합의는 뉴욕협약에 따라 승인 및 집행이 인정되지만, 그 자체로서는 집행력이 없으므로 강제집행을 하기 위해서는 별도의 법원의 집행판결을 선고받아야 한다.

✏ 해설

대한상사중재원과 대한상공회의소는 성격이 완전히 다른 별도의 기관이다.

정답 ②

06

서비스 무역

전자제품과 자동차와 같은 유형의 재화뿐 아니라 각국의 서비스 산업 거래 역시 무역에 포함되며 이를 서비스 무역이라고 한다. 우리가 일상적으로 이용하는 운송, 통신, 금융, 유통 등의 분야에서 서비스 무역이 어떻게 이루어지는지 살펴본다.

01 서비스 무역의 개요

1. 개 념

(1) 서비스

① 무형성, 동시성, 소멸성 등의 특징을 가진 무형의 상품을 의미한다.

② 건설수출과 같이 단독으로도 무역거래의 대상이 되지만 상품수출에 수반하여 발생하는, 즉 상품 수송에 따른 운송서비스, 운송중인 상품의 손상위험을 커버하기 위한 보험서비스, 금융서비스, 계약을 포함한 법무서비스, 기술서비스 등을 포함하는 개념이다.

합격자 Tip

Q 서비스는 단독으로는 무역거래의 대상이 될 수 없다. (O, X)

A X

(2) 서비스 무역

① 유통, 금융, 운송, 건설, 정보통신 등과 같은 무형의 상품인 서비스에 대한 국제거래를 서비스 무역이라 한다.

② 또한, 외화 지급이나 영수 등을 조건으로 행해지는 국내 거주자와 해외 거주자 간 용역 수출입을 서비스 무역으로 지칭하기도 한다.

③ 서비스 무역은 서비스 제공에 따른 대가(Service Fee)로서 운임(Freight), 보험료(Insurance Premium) 및 기타 수수료(Commission) 등의 수취를 통하여 상품무역과 함께 일국의 국제수지에서 한 축을 담당한다.

④ 서비스 무역은 WTO 체제 출범으로 교역범위가 종래 GATT하에서의 상품, 특히 공산품 위주의 교역 패턴에서 벗어나 서비스 시장 개방은 물론 농산물, 지적재산권 등 산업 분야 전반에 걸쳐 확대되고 있다.

⑤ 서비스 무역 증대에 따라 금융, 운수, 건설, 유통 등 광범위한 서비스 분야를 대상으로 최혜국대우, 내국민대우, 시장접근 등을 규정한 "서비스 무역에 관한 일반협정[General Agreement on Trade in Services(GATS)]"에 개발도상국을 포함한 모든 국가가 UR 교섭 시에 합의했다.

2. 특징과 유형

(1) 특 징

① 실제 서비스 무역은 제조업에 비해 제품의 특성, 수출형태 등이 더 복잡하다.
② 서비스는 제조업 제품과 서비스 기능의 중간에 속하는 것으로 디자인, 엔지니어링 등과 같이 도면, 서적, 파일 등의 형태로 수요자에게 제공된다.
③ 특정한 계량단위에 의해 가격이 결정되지 않는 특징이 있다.
④ 모든 서비스가 서비스 기능과 서비스 제품으로만 거래되는 것은 아니며 서적, 음반, DVD 타이틀 등과 같은 제품의 경우 서비스 제품이면서도 제조업 제품과 거의 유사한 형태와 거래 방식을 보인다.
⑤ 서비스의 이 같은 유형적 차이는 수출에서도 서로 다른 형태로 전개된다.
    ㉠ 제조업은 제품의 통관, 선적, 환어음 결제 등 세관, 은행 등 공적 창구를 통해 수출 과정이 모니터링 되지만, 서비스는 시장 형태에 따라 제공되는 지역이 결정된다.
    ㉡ 서비스 형태에 따라 제품이나 무형의 기능으로 수출이 이루어지는 등 수출 형태가 매우 다양하다.

(2) 유 형   `기출` 15년 1회

① Cross-Border Supply(국경 간 공급)
    ㉠ 수요자(소비자)와 공급자(생산자)의 이동 없이 서비스만 이동하는 형태
    ㉡ 국제전화와 같이 한 국가에서 다른 국가로 공급되는 서비스
② Consumption Abroad(해외소비)
    ㉠ 수요자의 공급자로의 이동 형태
    ㉡ 관광과 같이 소비자나 기업이 다른 국가에서 이용하는 서비스
③ Commercial Presence(상업적 주재)
    ㉠ 공급자의 수요자로의 이동 형태
    ㉡ 외국은행 영업과 같은 외국회사가 다른 국가에 자회사나 지사를 설립하여 공급하는 서비스
④ Presence of Natural Persons(자연인의 이동)
    ㉠ 공급자의 수요자로의 이동 형태
    ㉡ 상업적 주재와의 구분은 공급 주체가 법인인지 자연인인지의 차이
    ㉢ 패션모델, 컨설턴트와 같이 개인이 다른 국가로 이동하여 공급하는 서비스 형태

합격자 Tip

Q. Commercial Presence는 수요자와 공급자의 이동 없이 서비스만 이동한다. (O, X)

A. X - Cross-Border Supply에 해당하는 설명이다.

서비스 무역의 형태로 옳지 않은 것은?　기출　15년 1회

① 외국인의 간접투자(주식 등)를 통한 기존 국내기업의 인수 형태
② 환자가 외국의 병원에서 진료를 받는 의료서비스
③ 경제적 교환에 의하여 양도가능한 물품의 소유권을 이전하는 형태
④ 케이블이나 위성에 의한 국가 간 방송프로그램의 전송

해설　서비스 무역이란 상품 같은 유체물이 아닌 노무의 제공인 서비스(여행, 보험, 금융, 특허사용료, 통신, 건설 등)로 금전적 이익이 발생하는 거래를 말하므로 ③은 서비스 무역의 형태로 적합하지 않다.

서비스 무역의 네 가지 유형
• 국내의 업자가 외국에 있는 소비자에게 서비스를 제공하는 경우(국경 간 공급)
• 외국에 가서 현지의 서비스 업자에게 서비스를 제공받는 경우(해외소비)
• 국내의 서비스 업자가 외국에 지점·현지법인 등의 거점을 설치하여 서비스를 제공하는 경우(상업적 주재)
• 국내의 서비스 업자가 사원이나 전문가를 외국으로 파견하여 외국에 있는 소비자에게 서비스를 제공하는 경우(자연인의 이동)

정답　③

3. 서비스 무역에 대한 일반협정(GATS)

(1) 성립 배경

① 서비스 산업과 교역의 경제적 비중이 상품무역 못지않게 증가하면서 1986년 시작된 우루과이라운드 다자 간 무역협상(이하 UR)에서 서비스 교역을 대상으로 규범화 논의가 시작되었다.

② 서비스 교역의 특수성을 감안하여, 세계무역기구(이하 WTO)체제의 발족과 함께 GATT와는 별개의 서비스 무역에 대한 일반협정(GATS ; General Agreement on Trade in Services)을 체결하였다. 동 협정은 WTO 설립협정 부속서1 나에 규정되어 있으며, 총 6부 29개조의 본문과 부속서 및 각료 결정·양해각서 등 세 부분으로 되어 있다.

③ GATS는 GATT 및 무역 관련 지적재산권에 관한 협정(TRIPs ; Agreement on Trade-Related Aspects of Intellectual Property Right)과 함께 WTO 체제 3대 협약 중 하나로 평가받는다.

(2) 주요 특징

① 최혜국대우 예외의 광범위한 인정
최혜국대우를 원칙으로 하면서도 기존 관행과의 조화를 위해 예외조치를 광범위하게 인정한다.

합격자 Tip

TRIPs 보호대상 지식재산권 : 특허권, 의장권, 상표권, 반도체 집적회로 배치설계권, 영업비밀권, 저작권 및 저작인접권, 지리적 표시권

GATS 제2조 최혜국대우
- 이 협정의 대상이 되는 모든 조치에 관하여, 각 회원국은 그 밖의 회원국의 서비스와 서비스 공급자에게 그 밖의 국가의 동종 서비스와 서비스 공급자에 대하여 부여하는 대우보다 불리하지 아니한 대우를 즉시 그리고 무조건적으로 부여한다.
- 제2조의 면제에 관한 부속서에 열거되어 있으며 또한 그 부속서상의 조건을 충족시키는 경우에는 회원국은 제1항에 일치하지 아니하는 조치를 유지할 수 있다.

② 자유화조치 확장
  ㉠ 서비스 무역에서는 상대국 시장에서의 영업활동이 중요한 비중을 차지하므로 그것만으로도 내국민대우의 중요성이 클 뿐만 아니라 일반적 의무사항이 아닌 자유화 교섭을 통한 구체적 양허에 의하여 의무사항으로 되는 점이 GATT와 다르다(GATT 제17조).
  ㉡ 서비스 무역 자유화 추진과정
    - 서비스협정 발효 당시 양허표에 무역장벽을 전부 기재토록 하고 기재하지 않은 경우에는 장벽이 없는 것으로 간주하며 새로운 무역장벽도 추가할 수 없도록 한 후 이를 토대로 장벽제거를 목적으로 하는 자유화 협상을 진행해 나가는 방식(소위 Negative)이다.
    - 각국별 자유화 협상 결과 구체적으로 양허한 조치를 양허표에 기재하고 기재한 것에 대하여만 의무를 부담하도록 하는 방식(소위 Positive)이다.
    - 소위 Negative 방식이 Positive 방식보다 자유화 정도가 강하므로 서비스분야의 자유화를 주장하는 선진국은 전자의 방식을, 개발도상국들은 후자의 방식을 주장한다.
    - 협상과정에서는 각 분야별로 자유화에 대한 양허가 가능한 분야를 양허표에 기재하고(Positive 방식), 기재한 분야에 대해 제한조치를 양허표에 기재하지 않는 한 제한이 없는 것으로 간주하는(Negative 방식) 절충안이 채택되었다.

GATS 제17조 내국민대우
- 자기나라 양허표에 기재된 분야에서 양허표에 명시된 조건 및 제한을 조건으로, 각 회원국은 그 밖의 회원국의 서비스 및 서비스 공급자에게 서비스 공급에 영향을 미치는 모든 조치와 관련하여 자기나라의 동종 서비스와 서비스 공급자들에게 부여하는 대우보다 불리하지 아니한 대우를 부여한다.

> • 회원국은 자기나라의 동종 서비스와 서비스 공급자에게 부여하는 대우와 형식적으로 동일한 대우 또는 형식적으로 상이한 대우를 그 밖의 회원국의 서비스와 서비스 공급자에게 부여함으로써 제1항의 요건을 충족시킬 수 있다.
> • 형식적으로 동일하거나 상이한 대우라도 그것이 그 밖의 회원국의 동종 서비스 또는 서비스 공급자와 비교하여 회원국의 서비스 또는 서비스 공급자에게 유리하도록 경쟁조건을 변경하는 경우에는 불리한 대우로 간주된다.

(3) 구 성

① 협정 본문 : 모든 회원국에게 동일하게 적용, 최혜국대우나 투명성 같은 일반적 의무와 원칙 외에 구체적 약속 및 조건 등이 포괄적으로 열거되어 있다.

ⓐ 제1부 : 범위 및 정의
- 서비스협정의 대상은 서비스 무역에 영향을 미치는 제반조치이며, 이러한 조치에는 중앙 또는 지방정부뿐 아니라 이들의 권한을 위임받은 비정부기관에 의해 취해진 것도 포함한다.
- 서비스 무역은 국제적으로 무역이 이루어지는 모든 서비스로, 공급되는 형태를 Cross-Border Supply(국경 간 공급), Consumption Abroad(해외소비), Commercial Presence(상업적 주재), Presence of Natural Persons(자연인의 이동)의 네 가지로 정의한다.

ⓑ 제2부 : 일반적 의무 및 규율
- 최혜국대우(MFN) : 제2조 제1항 최혜국대우 규정, 제2조 제2항 최혜국대우의 포괄적 예외 인정
- 투명성 보장원칙 : 각 회원국은 GATS의 운영과 관련된 법률, 규정 및 행정지침 등의 제반조치를 의무적으로 공개해야 한다.
- 개발도상국들의 참여 증진 : 개도국의 적극 참여는 국제서비스 무역의 자유화와 GATS의 성공에 꼭 필요하다(제4조 제1항 및 제4조 제3항).
- 경제통합 : 회원국에게 서비스 분야에서도 GATT 제24조에서 규정하는 경제통합을 허용하며, 통합 협정에 가입한 영역 내 국가에 특별한 혜택을 배타적으로 제공 가능하다.

⊕ **Plus one**

경제통합의 구성요건
- 상당한 범위의 서비스분야를 포괄하고 있어야 한다.
- 당사국들 간의 기존 차별조치의 철폐와 신규 차별조치의 금지 등을 실시하여야 한다.
- 경제통합협정은 가입국의 무역을 촉진하기 위한 것이어야 한다.

- 개발도상국이 경제통합협정 당사국일 경우에는 해당 국가의 서비스분야에서의 발전정도에 따라 융통성이 주어지도록 배려하고 있다(제15조 제1항).

※ 경제통합협정의 체결, 확대나 중대한 수정에 의하여 회원국이 양허표에 규정된 조건을 이탈하면서 구체적인 약속을 철회 또는 수정한다면, 해당 회원국은 최소한 90일 이전에 이 사실을 서비스무역이사회에 통보해야 한다.

- 국내규제 : 회원국은 양허 업종의 서비스 무역에 대한 모든 조치가 합리적, 객관적, 공평하게 집행되도록 해야 한다.
- 인정제도 : 회원국은 인가기준과 서비스 공급자의 자격요건 등 관련 특정 국가에서 취득한 학력, 경력, 면허 및 자격 등을 상호 인정 및 조화가 권장되고 있다(제7조).
- 독점 및 배타적 서비스 공급자 : 서비스분야에서 많은 나라가 독과점 체제를 유지하므로 독점기업 등의 남용 등을 방지하기 위한 조치를 두고 있다(제8조 제1항).
- 영업 관행 : GATS는 기타 다른 서비스 공급자의 영업 관행도 자유 경쟁을 제약하여 서비스 무역을 제한할 수 있다고 인정한다.
- 국제수지관련 긴급수입제한 : 심각한 국제수지문제와 외환상의 곤란함 및 이에 대한 위협이 있는 경우 각 회원국은 양허한 분야의 서비스 교역에 대해 긴급수입 제한조치를 도입·유지할 수 있다.
- 정부조달 : 정부구매에 대한 법률, 규칙 및 지침 등에는 제2조(최혜국대우), 제16조(시장접근), 제17조(내국민대우)가 적용되지 아니하나, 세계무역기구협정 발효 후 2년 이내에 이 협정에 따른 정부조달에 대한 다자 간 협상이 개시되어야 한다.
- 일반적 예외 : 공중도덕 보호, 공중질서의 유지, 인간, 동물, 혹은 식물의 생명 및 건강보호, 범죄 사기의 방지, 개인 프라이버시의 안전 관련 보호 및 국가안보 등을 위해 취하는 조치들은 시장접근, 내국민 대우 및 최혜국대우 등 서비스 일반협정이 규정하는 모든 사항에 대해 예외를 인정받을 수 있다.
- 보조금 : 회원국은 보조금이 서비스 교역을 왜곡하는 효과가 있다는 것을 인정하고 이를 피하기 위한 다자간 규율을 만들기 위해 협상을 진행해야 한다.

ⓒ 제3부 : 구체적 약속

서비스 무역의 자유화 추진방식과 직결된 구체적 약속을 규정하며 제16조(시장접근), 제17조(내국민대우) 및 제18조(추가적 약속) 등 3개 조문으로 구성된다. 시장접근 및 내국민대우 원칙은 양허표에 기재된 분야에서 명시된 조건과 제한 하에 적용된다.

- 시장접근 : 서비스 제공자들의 최종 목표는 바로 각 회원국의 시장자
  유화이므로 서비스 공급을 통한 시장접근에 대해 회원국은 다른 회
  원국의 서비스 및 서비스 공급자에게 양허표에 명시한 사항보다 불
  리하게 대우하면 안 된다.
- 내국민대우 : GATT와 달리 내국민대우원칙을 회원국의 일반 의무사
  항으로 정해서 포괄적인 규제 방법으로 보장하지 않는 대신 양허표
  의 구체적인 약속의 형태로 적용한다.
- 추가적 약속 : 제16조(시장접근)와 제17조(내국민대우)에 대한 사항
  이외에 자격, 표준, 면허 관련 문제를 포함한 서비스 무역에 영향을
  미치는 제반 조치에 대한 양허협상을 할 수 있다.

ⓔ 제4부 : 점진적 자유화

제3부의 구체적 약속에 따라 회원국이 자국 서비스시장 개방을 약속하
는 양허협상 방식, 양허협상의 일반원칙 및 양허표의 기재사항 등에 대
하여 규정한다.

ⓜ 제5부 : 제도규정

협정의 운영 및 기구에 관한 규정으로, 회원국 간의 각종 분쟁이 발생
하는 경우 이에 대한 협의 등 분쟁해결 절차(제23조), 서비스무역이사
회(제24조), 개발도상국의 참여 증진을 위한 개발도상국에 대한 기술
협력(제25조), 다른 국제기구와의 관계(제26조) 등에 관해 규정한다.

ⓗ 제6부 : 최종조항

서비스 일반협정의 비회원국이나 이 협정이 적용되지 않는 회원국에서
제공한 서비스 또는 이러한 국가를 선적국으로 하는 선박에 의해 제공
된 서비스 등에 대한 협정혜택 부여의 배제(제27조) 및 용어의 정의(제
28조) 등에 대하여 규정한다.

② 부속서

㉠ 협정 본문 제1부에서 제6부를 해석하거나 효율적으로 적용하기 위한
규정이다.

㉡ 협정 본문의 각 규정을 서비스분야별로 적용하는 데 필요한 해석, 명료
화, 보완발전, 수정, 적용배제 및 특정 규정의 추가 등을 규정한다.

㉢ 서비스협정에 첨부되어 협정의 불가분의 일부를 규정하므로 모든 회원
국에 대해 부속서 규정이 적용되며 국가별로 특정 부속서의 전부 또는
일부의 적용을 유보하는 것이 불가하다.

㉣ 크게 8개 분야[제2조(최혜국대우) 면제에 관한 부속서, 자연인의 이동
에 관한 부속서, 항공운송 서비스에 관한 부속서, 금융서비스에 관한
부속서, 금융서비스에 관한 제2부속서, 해상운송서비스협상에 관한 부
속서, 통신부속서, 기본통신협상에 관한 부속서 등]로 구성된다.

③ 결정 및 양해각서

    ㉠ 서비스협정에는 결정 및 양해각서가 첨부되어 있으며, 결정 및 양해각서는 부속서나 양허표와는 달리 서비스협정의 불가분의 일부를 구성하는 것은 아니다.

    ㉡ 구성 내용

- 서비스 무역에 관한 일반협정상의 제도적 장치에 관한 결정
- 서비스 교역에 관한 일반협정상의 분쟁해결절차에 대한 결정
- 서비스 교역에 관한 일반협정 제14조 나항(인류, 동물, 식물의 생명과 건강을 보호하기 위한 예외)에 관한 결정
- 기본통신협상에 관한 결정
- 금융서비스에 관한 결정
- 전문직서비스에 관한 결정
- 자연인의 이동에 관한 결정 등
- 금융서비스 자유화 약속에 관한 양해각서

02 판매점·대리점 계약 기출 16년 3회

1. 개 념

(1) 판매점 계약(Distributorship Agreement)

① 계약 당사자인 매도인 대 매수인 간 특정상품에 관해 지속적 거래관계를 정한 계약으로서 개개의 매매계약의 기본조건을 규정한다.

② 판매인에게 대리권이 부여되지 않으므로 판매점은 자신의 이름과 비용으로 매도인으로부터 물품을 직접 매수하여 제3자(고객)에게 전매한다.

③ 매도인과 판매점은 매매계약 당사자이기 때문에 매도인과 실수요자는 직접적인 당사자관계가 아니다.

(2) 대리점 계약(Agency Agreement) 기출 20년 3회

① 계약 당사자인 본인(매도인) 대 대리인이라는 관계에서 본인(매도인)이 대리점에 본인(매도인)의 대리인으로서 행위를 할 권한을 부여하고 그 수권행위에 의해 매도인과 매수인 간의 권리와 의무관계를 규정한다.

② 대리점에게 법률상의 대리권을 부여하는 것이므로 본인(매도인)과 대리점 간에 상품의 매매가 직접 이루어지는 것이 아니라 매수인이 별도로 존재한다.

③ 대리점은 매도인을 대신하여 상품을 팔고 그에 대한 보수를 받는 것이기 때문에 대리점 계약의 경우 매매계약의 당사자는 매도인과 실수요자이므로 매도인과 대리점 간에는 매매가 이루어지는 것이 아니다.

④ 본인(매도인)의 대리점에 대한 수권행위에 기하여 본인과 대리점 간의 내부관계를 규정한 것이다.

2. 일반 사항

구 분	Agency	Distributor or Dealer
계약 당사자	• 상호 주소 회사형태 설립 준거법	동 일
유일계약	• 당해계약의 이전 합의에 우선	−
계약기간	• 계약기간의 확정 • 3~6개월간 시범이행 • 계약의 갱신조건 및 계약 갱신권	동 일
지역설정	• 독점권 유무 • 일반적 또는 특정 정부기관이나 업체에 대한 본인의 직접판매권 유무 • 장비나 제품의 구성부분으로 판매할 수 있는지 여부	동 일
제 품	• 제조업체 명칭과 주소 • 제품스펙 첨부 혹은 상품명 Model No.를 기재하여 제품을 특정 • 후발제품 및 개발제품의 포함 여부 • 특정모델의 제외 여부 • 제품스펙의 변경권 여부 • Spare Parts나 주변기기에 관한 사항	동 일
관련법령의 준수	• 관련법령의 준수 확약 • 수출이나 판매규제 법령의 존부	동 일
불가항력	명 시	동 일
통지방법	명 시	동 일
사용언어	명 시	동 일

3. 본점(Principal)이 결정할 수 있는 사항

구 분	Agency	Distributor or Dealer
중재조항	• 중재장소의 선정 • 중재규칙의 지정 • 중재판정의 효력이나 구속력	동 일

재판관할	• 관할법원의 명시(가능한 한 본인법원)	–
계약해제	• 계약 불이행, 파산 등 계약해제 사유 • 최소 구매량 미이행 시 계약 해제 • 계약만료 및 해지 시의 정산 및 해지 만료 전에 발주된 계약물량에 대한 처리 • 계약종료, 해지 시 본인 대리점 또는 판매점 판매품의 부품 대체품 공급의무	–
세 금	원칙적으로 불규정	• 내국세 또는 관세의 부담 주체 명시
가 격	• Agent에게 수시 통보하는지, 일정 기간 정해져 있는지 • 사정변경에 따른 가격 변경권 • 결제통화의 지정 • 인도조건(EXW, FCA, FOB, CIF)	동 일
대금결제 조건 및 할인조건	원칙적으로 불규정	• L/C의 경우 At Sight L/C 또는 Usance L/C, Irrevocable, Confirmed 여부 및 선적서류 종류 규정 • D/A, D/P, T/T 등 • 외상 판매인 경우 결제일 연체 시 선적중지, 지급수단 방법 및 지급장소, 연체이자 부담 주체 등
수수료 (Commission)	• 수수료율 결정 • 비독점인 경우 타지역 대리점, 판매점이 당해지역에서 판매했을 때 수수료 지급 여부와 비율 • 수수료 산정 시 공제항목(판매 할인, 기대이익, 판매세금, 운송비, 특수포장 또는 특별할인 등 본인이 임의로 공제하는 항목 등) • 누적판매실적에 대비한 장래 수수료의 조정 • 수수료의 지급방법 및 시기, 수수료 산정 계약서 등	원칙적으로 불규정
판매수량	• 특히 독점은 최저 판매량 규정 ※ 미이행 시 계약해제	동 일
제품인도	• 대리점에 인도할 것인지, 고객에게 직접 인도할 것인지 여부	• 판매점의 인수지연으로 인한 모든 책임 판매점 부담 • 본인 귀책사유 없는 인도지연은 면책

안심Touch

본인의 정보 제공	• 판촉자료, 기술정보 등은 본인 임의로 제공 • 제공받은 Agent는 계약해지 종료 시 반환의무	동 일
본인의 제품 생산유지 의무 및 브랜드 유지 의무	의무 없음, 명시하지 않음	동 일
본인의 장부 열람권	• 본인 또는 본인의 지정 대리인이 현장 방문 시 대리점 장부 열람권 삽입	동 일
미판매 제고 품의 인수	명 시	동 일
Agent 직원의 교육	• 교육비 Agent 부담 • 본국 교육 여부 및 본국 출입 시 절차와 비용 Agent 책임	동 일

4. 대리점 또는 판매점의 의무사항 `기출` 16년 3회, 20년 2회

구 분	Agency	Distributor or Dealer
비밀유지	명 시	동 일
계약양도 담보금지	명 시	동 일
당사자 관계 및 지위	• 본인과 대리인의 관계 • 본인의 사전 서면동의 없는 의무 또는 채무부담 행위 불가(무권대리 방지)	• Seller와 Buyer 의 관계
경쟁제품의 판매금지	명 시	동 일
수입지의 통관책임	원칙적으로 불규정	명 시
대리점 또는 판매점임을 표시	• 명 시 • 해약, 해지, 종료 시 브랜드 상호 사용 금지 등	동 일
지적재산권 (상표권 등)의 귀속	• 본인에게 귀속 • 동일 또는 유사상표 취득을 시도하거나 유사상표 사용 금지	동 일
정보제공	• 판매실적 • 유망한 거래 상대방의 명칭 • 수입국 정부의 수입 규제(관세/비관세 장벽의 유무) • 수입국 내 경쟁제품 및 경쟁사의 영업활동 • 구매자에 관한 정보 • 대고객 판매가격	동 일

적정재고 및 Spare Parts의 유지	명 시	동 일
제품의 전시	명 시	동 일
제품의 광고 및 판촉	명 시	동 일
품질보증	원칙적으로 규정하지 않음	• 보증기간 • 클레임 제기 방법 및 시기
수선의무	• 비용부담 주체 결정	• 판매점 책임으로 명시
판촉자료 제작	• 사전승인	동 일
제품생산 및 변경금지	명 시	동 일

● 기출 Check ●

대리점 계약에서 대리인과 본인 즉, 당사자 관계에 대한 설명 중 옳지 않은 것은? 기출 20년 3회

① 대리점 계약은 계약에 합의된 수수료를 본점이 대리점에게 지급하지만, 본점이 직접 주문을 받았다면 수수료를 지급할 의무가 없다.
② 대리점 계약상에 명시규정이 없는 한, 대리인은 본점을 위해 주문을 수취하였더라도 그 지출한 거래비용을 본점으로부터 청구할 수 없다.
③ 본점이 계약만료 전에 정당한 사유 없이 계약을 종료하였을 때, 자신이 이미 제공한 서비스 수수료는 배상청구할 수 있지만 이후 취득할 수수료 등 직접적인 손해발생액은 배상청구할 수 없다.
④ 대리점은 본점에게 회계보고의 의무를 지고, 대리점의 회계보고는 계약조건이나 본점의 요구에 따라 행하여야 한다.

해설 본점은 계약만료 전에 정당한 사유 없이 계약이행의 의무를 위반하였을 경우에는 그 손해배상의 책임을 져야 한다.

정답 ③

合격자 Tip ●

대리인이 권한 외의 법률행위를 한 경우 제3자가 해당 권한이 대리인에게 있다고 믿을 합리적 이유가 있을 경우, 본인은 그 행위에 대한 책임이 있다 (민법 제126조).

⊕ **Plus one**

표현대리(apparent authority)
무권대리(無權代理), 즉 대리권이 없는 자가 대리인이라 칭하고 행하는 행위 가운데 그 대리인이라 칭하는 자(무권대리인)와 본인과의 사이에 특수한 관계가 있기 때문에 본인에 관하여 대리권이 진실로 존재한 것과 같은 효과를 생기게 하는 제도이다.

5. 판매점 계약과 대리점 계약의 본질적 차이

구 분	Agency	Distributor or Dealer
지위획득의 근거계약	Agency Agreement	Distributorship Agreement
명의 및 위험부담	본인(매도인)	딜러 자신
활동 등의 기준	본인의 지시나 수권	자기의 계산과 판단 및 위험부담
활동 등에 대한 보상	Commission	Margin
용도 및 범위의 광협성	물품매매계약 및 서비스계약	주로 물품매매계약

기출 Check

거래형태의 성립에 있어 당사자 간 계약내용의 일부이다. 어떠한 종류의 계약을 말하는가? **기출** 16년 3회

> "Supplier hereby appoints as the exclusive distributor of the Products in the Territory. The parties agree that the distributor will act at all times as a principal and independent contractor in its own name and for his own account...., and that the distributor is not authorized to obligate or bind Supplier in any way. The distributor shall guarantee to purchase the Product from Supplier as specified below during the term of this Agreement. 600 Units in year 2015, 700 Units in year 2016"

① 대리점 계약   ② 판매점 계약
③ 합작투자 계약   ④ 프랜차이즈 계약

해설 "여기 공급자에게 이 지역에서 제품의 독점 판매권을 부여한다. 양 당사자는 판매자가 고유의 이름으로 자신의 계정에 대해 본점이자 독립 계약자로서 항상 행동할 것이라는 점에 동의하며, 판매자는 어떠한 방식으로든 공급자를 속박할 권리가 없다는 것에 동의한다. 판매자는 본계약 기간 동안 아래 명시된 대로 제품을 공급자로부터 구매해야 한다. 즉, 2015년에 600개, 2016년에 700개이다."

판매점 계약(Distributorship Agreement)
- 계약 당사자인 매도인 대 매수인 간 특정상품에 관해 지속적 거래관계를 정한 계약으로서 개개의 매매계약의 기본조건을 규정한 것이다.
- 판매인에게 대리권이 부여되지 않으므로 판매점은 자신의 이름과 비용으로 매도인으로부터 물품을 직접 매수하여 제3자(고객)에게 전매하는 것이다.

정답 ②

실전 예상문제

01

서비스 무역을 목적으로 하는 계약서가 아닌 것은?

① 국제자원개발계약서(International Contract for the Exploitation of Energy)
② 국제고용계약서(Employment Agreement)
③ 국제건설공사계약서(International Contract for the Construction)
④ 국제물품매매계약서(Contract for the International Sale of Goods)

해설

국제물품매매계약서(**Contract for the International Sale of Goods**)는 매도인과 매수인 간 물품 소유권 양도(물품 인도) 및 대금 지급을 약정하는 것이 주 내용이다.

정답 ④

02

서비스 무역의 형태가 아닌 것은?

① 외국인의 간접투자(주식 등)를 통한 기존 국내기업의 인수 형태
② 환자가 외국의 병원에서 진료를 받는 의료서비스
③ 경제적 교환에 의하여 양도가능한 물품의 소유권을 이전하는 형태
④ 케이블이나 위성에 의한 국가 간 방송프로그램의 전송

해설

서비스 무역에는 네 가지 유형이 있다. **Cross-Border Supply**(국경 간 공급), **Consumption Abroad**(해외소비), **Commercial Presence**(상업적 주재), **Presence of Natural Persons**(자연인의 이동)이다. ③은 이 네 가지 유형 어디에도 속하지 않는다.

정답 ③

03

서비스 무역의 유형 중 Cross-Border Supply에 대한 설명으로 맞는 것은?

① 서비스수요자의 서비스공급자로의 이동 형태로 관광과 같은 서비스를 말한다.
② 서비스수요자(소비자)와 서비스공급자(생산자)의 이동 없이 서비스만 이동되는 형태로 국제전화와 같은 서비스를 말한다.
③ 서비스공급자의 서비스수요자로의 이동 형태로 외국회사가 다른 국가에 자회사나 지사를 설립하여 공급하는 서비스를 말한다.
④ 서비스공급자의 서비스수요자로의 이동 형태로 패션모델, 컨설턴트와 같이 개인이 다른 국가로 이동하여 공급하는 서비스 형태를 말한다.

해설

Cross-Border Supply(국경 간 공급)란 서비스수요자(소비자)와 서비스공급자(생산자)의 이동 없이 서비스만 이동되는 형태로 국제전화와 같이 한 국가에서 다른 국가로 공급되는 서비스를 말한다.

정답 ②

04

판매점 계약과 대리점 계약에 있어 활동에 대한 보상으로 바르게 짝지어진 것은?

① Margin – Wage
② Margin – Commission
③ Bonus – Commission
④ Commission – Margin

해설

판매점 – **Margin**, 대리점 – **Commission**

정답 ②

기술무역

지적재산권 및 노하우의 성과는 한 기업이나 국가에 머무르지 않고 기술이전과 기술도입
이라는 형태로 거래되며 이를 기술무역이라고 한다. 타국의 기술 수준과 자국의 그것을 객
관적으로 파악할 수 있는 기술무역의 종류와 형태 그리고 내용을 자세히 알아보자.

01 기술무역의 개요

1. 기술무역의 의의와 종류 `기출` 16년 1회

(1) 의 의

① 특정 기업이 소유하고 있는 기술을 상대국에 제공하고 그 대가를 지불받
는 것이다.

② 지적재산권, 노하우 사용을 위한 기술도입, 기술수출, 공동개발, 양도, 이
전 등 기술 협력의 전반적인 형태를 모두 포함하는 개념이다.

③ 기술거래는 크게 '기술이전'과 '기술도입'으로 나뉜다.

(2) 종 류

① **기술이전** : 선진국에서 개발도상국에 기술을 넘겨주는 기술의 수출

② **기술도입** : 외국에서 개발된 기술을 받아들이는 기술의 수입

(3) 특 징

① 기술무역계약은 대부분 정부기관의 승인을 받아야 효력이 발생한다.

② 현재 기술무역계약 관련 확정된 국제 협정이 없어서 개별, 국가별로 규제
하고 있다.

③ 우리나라의 경우 기술무역 규제법으로 독점규제법, 특허법, 실용신안법,
외국환거래법, 불공정경쟁방지법, 외국인투자촉진법 등이 있다.

합격자 Tip

Q 기술이전이란 외국에
서 개발된 기술을 수
입하는 것을 의미한다.
(O, X)

A X

기출 Check

( ) 안에 들어갈 기술무역계약으로 옳은 것은? **기출** 16년 1회

> ( )은 지식재산권의 소유자가 타인에게 그 권리의 사용을 허락하고 사용허락을
> 받은 자가 대가로서 로열티를 지급할 것을 약속하는 모든 종류의 계약을 말한다.

① 플랜트수출계약　　　　　　　② 컨소시엄계약
③ 프랜차이즈계약　　　　　　　④ 라이센스계약

해설 ① 플랜트수출계약 : 플랜트수출계약은 공장의 전부 또는 일부를 건설하고 관련 기계를 시설, 가동할 수 있을 때까지 모든 것을 떠맡는 수출계약 방식이다.
② 컨소시엄계약 : 공통의 목적을 위한 협회나 조합설립을 위한 계약으로 일반적으로 규모가 큰 사업과 관련된 계약이다.
③ 프랜차이즈계약 : 프랜차이즈계약자 또는 가맹계약자가 프랜차이즈 사업자 또는 가맹사업자의 상표, 상호, 영업비 등을 사용하여 일정한 종류의 상품이나 서비스를 배포 또는 공급하기로 하는 계속적 상시 계약이다.

정답 ④

2. 기술이전

(1) 개 념

① 플랜트수출과 같이 고도의 축적된 기술을 설비의 설치에서부터 가동에 이르기까지의 관련 기술 일부 또는 전부를 국제적으로 이전하는 것이다.
② 선진국의 공업플랜트수출은 개발도상국의 공업화 및 기술이전을 촉진시키므로 개발도상국에서 환영하고 있다.

합격자 Tip •───◉
Q 기술이전에 인간의 이동이 반드시 수반될 필요는 없다. (O, X)

A X

(2) 대 상

기술이전의 대상에는 기본설계도면, 상세설계도면의 공여, 플랜트 설비의 건설, 운전, Turn-key Project를 포함한 각종의 공업적 및 기술적 협력, 플랜트수출계약 및 기술이전계약 등이 포함된다. 이러한 기술이전에는 반드시 인간의 이동이 수반된다.

(3) 유 형

① 기술이전의 유형에는 기술매매, 라이센스, 노하우 이전, 기술자문 및 지도 등이 있다.
② 기본적 형태는 기술매매와 라이센스 방식이지만, 기술자문 및 기술지도 기타의 방법을 적절히 활용하면 더욱 효과적일 수 있다.

(4) 목표 및 문제점

구 분	목 표	문제점
라이센싱	• 시장 확대에 필요한 자금 확보 가능 • 가장 안전한 해외시장 진출 방안 • 모방제품 출현 위험 예방가능 • 현행 생산기술 수준의 신속개선 효과 기대	• 향후 경영활동 제약요인 가능성 • 품질 및 마케팅전략의 일관성 유지 곤란 • 잠재적 경쟁자에게 귀중한 무형자산을 빌려주는 결과 초래
프랜차이즈	• 해외시장 진출 기업의 비용과 위험 경감 • 신속한 전 세계시장 사업 확대 방안 • 다양한 국가의 문화적 특성 이해	• 제품원자재 공급원 확보 어려움과 경비지출 가중 • 관리의 어려움(품질과 통일성 유지에 장애요인) • 프랜차이즈계약으로 조직 운영 유연성 유지 어려움

3. 기술도입

(1) 의 의

① 국가경쟁력을 결정하는 과학기술 획득 방법에는 자체연구개발과 기술도입이 있다.

② 기술도입은 기술경쟁력 확보를 위해 외국에서 개발된 기술을 받아들이는 것이다.

③ 대상기술에 대한 필요성이 크고, 기술도입이 자체개발이나 모방에 비해 시장접근, 개발시기의 단축, 특허이용 등의 측면에서 유리할 때 이루어진다.

(2) 기술도입의 종류와 형태

합격자 Tip
• 직접도입방식 : 저렴한 가격에 왜곡 없이 기술도입에 효과적

• 간접도입방식 : 기술이 복합적이고 제공자가 각각 독립적이어서 통제가 힘들 경우에 효과적

① 직접도입과 간접도입

㉠ 기술제공자와 기술도입자 간 중개자 존재 여부가 기준이다.

㉡ 싼 가격에 왜곡 없이 기술을 도입하기 위해서는 직접도입방식이 효과적이지만, 복합적인 기술과 제공자가 각각 독립적인 경우에는 간접도입방식이 유리할 수도 있다.

② 공식적 기술도입과 비공식적 기술도입

㉠ 공식적 기술도입 : 기술 자체를 대상으로 매매나 계약의 방식에 의하여 기술도입하는 경우이며 외국인 직접투자, 기술지원, 기술제공 등

㉡ 비공식적 기술도입 : 기술 자체보다 교육·훈련이나 기계, 원료구입 과정에서 순차적으로 기술이 이전되는 경우이며 기계나 원료구입, 제품설명서 제공, 설계·부품 규격서 제공, 해외훈련, 전문가 초청 활용 등

③ 현시적 기술이전과 묵시적 기술이전

    ⊙ 현시적 기술이전에는 공장 설계 · 건설, 특허판매, 건설, 생산 및 제품 판매에 대한 기술협력, 합작투자 Turn Key 공장의 판매, 생산설비 제공 등이 있다.

    ⓒ 묵시적 기술이전 방법에는 설비의 계속관리, 반제품 제공, 생산제품에 대한 판매계약 등이 있다.

(3) 기술도입 장 · 단점

① 장점 : 제품개량을 통한 경쟁적 우위확보와 신제품을 개발하거나 특허권 사용권 획득 등

② 단점 : 도입기술의 높은 단가로 인해 미래에 어떠한 현금흐름을 가져올 것인가의 문제와 기술제공을 한 기업으로부터 높은 임금의 컨설턴트와 부품, 원자재, 기타 각종 제약조항으로 인한 기업 활동의 제한 등

(4) 효율적 기술도입 방안

① 기술자체에 대한 정확한 인식을 보유한다.

② 철저한 기술평가를 실시한다.

③ 자체기술개발 및 소화 · 개량 · 흡수 능력을 제고한다.

④ 국내 연구개발능력의 한계 극복을 위한 적극적 대책이 필요하다.

⊕ **Plus one**

3단계 기술평가 방법

- **1단계** : 기술과 사회에 대한 미래예측과 함께 관련 기술에 대한 내용을 명확히 한 후 과학기술이 경제, 사회, 환경에 미칠 수 있는 순기능과 역기능을 모두 검토
- **2단계** : 대상기술이 가져올 직접적인 영향을 분석하고 바람직한 영향은 더욱 확장하고, 바람직하지 않은 영향은 이를 제거하는 대안까지 분석
- **3단계** : 그동안 평가결과로 나타난 악영향 제거를 위한 대안의 우선순위 설정 및 관련 제도적 · 행정적 방안 강구

(5) 기술도입계약 `기출` 15년 2회

① 국제기술계약이란 국제적인 실시권 허용의 계약으로서 특허권, 실용실안권, 의장권 및 상표권 등의 산업재산권과 그 밖의 Know-how 등을 포함한 산업기술의 실시 내지 사용을 허락하고 이에 대하여 대가가 지급되는 계약을 말한다.

② 국제기술계약의 대상은 특허 · 상표 · Know-how 등 광의의 지적재산권(Intellectual Property Rights)이다.

③ 국제라이센스계약(International License Agreement) 내지 국제기술원조계약이라고도 부른다.

④ 기술도입계약의 유형은 라이센스계약(License Agreement), 기술자파견계약(Technical Guidance Agreement), 기술지도계약, 비밀유지계약(Confidentially Agreement, Non-Disclosure Agreement)이 있다.

유 형	내 용
라이센스계약	권리나 기술을 가진 사람으로부터 권리의 이용이나 기술의 원조를 받는 사람에 대해 권리의 사용을 허가하는 계약
기술자파견계약	기술자 파견이나 종업원 훈련을 내용으로 하는 계약
기술지도계약	권리의 사용허락을 수반하지 않는 단순한 기술지도를 위한 계약
비밀유지계약	기술상의 비밀 유지를 위한 계약

⑤ 기술도입 신고대상은 국내산업의 경쟁력 강화에 긴요한 고도의 기술에 해당하여 조세면제를 신청하는 계약, 항공기 및 우주비행체와 그 부분품에 관한 기술을 도입하는 계약, 방산물자에 관한 기술을 도입하는 계약의 경우이다.

02 라이센스계약과 플랜트수출계약

1. 라이센스계약 기출 20년 2회

(1) 라이센스의 개요

① 특정기업(licensor)이 가지고 있는 특허, 노하우, 상표 같은 무형의 산업재산권을 일정 기간 다른 기업(licensee)에게 그 사용권을 부여하고 대가(로열티, 다른 형태의 보상)를 받도록 체결하는 계약이다.

② 무형자산(재산권)이 적절히 사용될 수 있도록 기술적 지원이 수반되긴 하지만 프랜차이징에 비해 그 후속적인 지원의 범위가 좁은 편이다.

　　㉠ 라이센서(Licensor) : 상표 등록된 재산권을 가지고 있는 자

　　㉡ 라이센시(Licensee) : 상표 등록된 재산권을 사용할 수 있도록 상업적 권리를 부여받은 자

합격자 Tip

지적재산권의 보호책 : 특허권, 상표, 비밀유지

(2) 라이센스계약의 장단점

장 점	• 시장국의 수입장벽 우회 : 무역장벽 피할 수 있음 • 현지적응비용을 상대 기업에 전가 가능 • 경영자원의 직접투입이 적음 • 정치적 위험에 대한 노출 적음 • 현지정보의 입수 용이 • 완제품 대신 반제품 수출 가능
단 점	• 자사 경영 노하우 기밀유지 어려움 • 자사의 브랜드/기술 보호, 통제의 어려움 • Licensee가 시장 경쟁상대가 될 수 있음 • 계약종료 시 트러블 발생 위험 • 현지 직접 투자에 비해 이익이 적음(로열티가 대체로 5%를 넘지 않음)

⊕ Plus one

판매거래와 라이센싱의 차이점

판매거래는 판매자(**Seller**)에 의해 구매자(**Buyer**)에게 판매된 유 · 무형재화에 대해 소유권이 이전됨에 따라 구매자는 제조권, 서브–라이센싱권, 재판매권, 전시권 등에 대한 재산권을 갖는다. 반면에 라이센싱은 도입자에게 일정 기간 동안 제한된 재산권을 사용할 수 있는 실시권을 제공하는 거래이다. 즉, 어느 한 가지 재화에 대한 판매거래는 단 한 번 발생되지만, 라이센싱은 여러 사업파트너와 동시에 진행할 수 있다.

(3) 라이센스계약의 범위

특허권자는 실시권의 설정계약에 의해서 실시를 허락할 경우에 특허발명의 실시범위에 관하여 제한할 수 있다.

① **장소적 범위** : 특허권자는 실시계약에 의해 특허발명을 실시할 수 있는 장소적 범위로 한정하여 실시를 허락할 수 있다.

② **실시기간의 범위** : 특허권자는 실시계약에 의해서 실시권자가 특허발명을 실시할 수 있는 기간을 제한할 수 있다.

③ **실시내용의 범위** : 특허권자는 실시계약에 의해서 실시내용에 관하여 그 범위를 제한할 수 있다. 실시계약에 실시내용에 관하여 구체적으로 열거한 경우에는 물론 특허권자가 적극적으로 허락한 실시행위만을 할 수 있는 것으로 해석되나 반드시 그렇게 한정적으로 해석하면 곤란할 경우가 있다.

합격자 Tip

판매거래와 라이센싱의 가장 두드러진 차이점 : 거래 대상물에 대한 도입자(구매자)의 재산권 확보 범위 및 기한 제한 여부

특허권 침해금지 가처분

특허자산의 관리와 라이센싱 정책은 이윤을 둘러싸고 선회하고 있다. 라이센싱에는 정보교환과 특정제품에 관한 시장점유율의 증가와 같은 여러 가지 부수적인 이익도 있겠지만, 기술이전의 근본적인 이유는 이윤추구로 귀결된다. 이러한 관점에서, 라이센싱의 수익성은 관련된 특허자산의 강도와 진행 중인 연구, 기술개발과 기술 실시의 범위에 크게 의존한다. 강력한 특허와 상업적으로 성공적인 기술은 어느 특정 기술의 라이센싱에 관한 전략적인 계획수립을 위한 기본적인 초석이 되는 것이지만, 특허가 얼마나 강력하고 기술이 얼마나 상업적으로 성공적인 것인가의 문제와는 관계없이, 라이센싱 프로그램을 수행해야만 하는 문제는 여전히 존재한다.

(4) 기술료의 종류 [기출] 15년 2회

① **고정(정액)기술료** : 계약제품의 제조량, 판매량에 상관없이 라이센스에 대한 대가를 1회에 전부 지불하는 방식

② **선급기술료** : 계약 기간 중 예상되는 기술료를 정해진 지불기간의 초기에 일부 또는 전부를 지불하는 방식

③ **경상기술료** : 계약제품의 제조량 또는 판매량에 따라 일정한 비율을 정기적으로 지불하는 방식

④ **최대기술료** : 기술료의 지불총액이 정해진 상한액을 초과할 때 초과분의 지불이 면제되는 방식

⑤ **최저기술료** : 기술제공자에게 지불할 기술료의 최저금액을 정해서 발생한 기술료가 최저금액에 도달하지 않는 경우에는 기술사용자가 그 차액을 지불하는 방식

(5) 라이센스계약의 유형 [기출] 15년 3회, 20년 1회

① **특허라이센스계약** : 특허권을 가진 자가 타인에게 특허권을 실시하도록 허락하는 계약으로 독점적 실시허락, 비독점적 실시허락, 단독실시허락, 재실시허락이 있다.

② **노하우라이센스계약** : 산업기술에 대한 노하우를 제공하고 제공받은 자가 사용료를 지급할 것을 약속하는 계약이다. 여기서 '노하우'는 영업비밀과 유사하나 주로 기술적 노하우를 가리키는 개념으로 사용되며 기술정보만을 대상으로 하므로 상대적으로 범위가 좁다.

국제특허계약에 대한 내용으로 옳지 않은 것은? **기출** 15년 3회

① 소극적 실시허락(Negative License)의 경우에, 원칙적으로 기술제공자인 특허권자는 기술도입자에게 특허권의 실시만을 허락할 뿐이고 제3자의 권리침해에 대한 책임을 지지 않는다.

② 적극적 실시허락(Positive License)의 경우에, 기술제공자인 특허권자는 기술도입자에게 특허기술을 제공할 적극적 의무를 부담한다.

③ 특허교환계약(Cross License)의 경우에, 특허권자는 타인의 특허권에 대한 라이센스를 받는 대가로 자신의 특허권을 상대방에게 교차하여 라이센스를 부여한다.

④ 특허양도(Patent Assignment)의 경우에, 기술제공자인 특허권자는 기술도입자에게 특허권 자체를 양도하며, 기술도입자인 특허양수인은 보통 특허의 존속기간이 만료되면 그 양도계약을 해제할 권리를 갖는다.

해설 특허양도란 유·무형 재화가 양도인에 의해 양수인으로 소유권이 이전된다는 것을 의미한다. 따라서 양수인에게 있어 만료될 존속기간이 있다는 기술은 잘못되었다. 존속기간의 만료로 재산권의 실시권이 종료되는 것은 특허권의 이전 방식 중 사용허락(Licensing)에 대한 설명이다.

정답 ④

2. 플랜트수출계약

(1) 플랜트수출

① 개념 : 플랜트란 통상적으로 산업설비를 의미하는데, 각종 공장 건설을 위한 중요 설비, 기계 부품 등을 수출하는 것을 플랜트수출이라 한다.

② 대외무역법 제4절에서는 플랜트수출을 다음과 같이 명시적으로 규정하고 있다.

> 농업·임업·어업·광업·제조업, 전기·가스·수도사업, 운송·창고업 및 방송·통신업을 경영하기 위하여 설치하는 기재·장치 및 대통령령으로 정하는 설비 중 산업통상자원부 장관이 정하는 일정 규모 이상의 산업설비의 수출

(2) 플랜트수출의 특징

① 큰 거래금액

발주자로서는 적절한 자금조달이 중요하고, 수주자로서는 플랜트수출대금을 회수하는 데 문제가 없는지 검토할 필요가 있다.

안심Touch

② 통상 장기간의 과정

장기간에 걸쳐 진행되기 때문에 그 동안에 환율변동, 원자재 가격의 변동, 신기술의 등장, 플랜트가 설치될 국가의 정치적 변동 등 많은 위험이 산재되어 있다.

③ 플랜트 제작 및 조립 능력 요구

이러한 능력에는 특허 또는 노하우 등의 기술적 능력, 생산 및 조립 후 기술지도를 할 수 있는 인적 능력이 포함된다.

합격자 Tip

Q 플랜트수출은 거래금액이 (크며/작으며), 통상 (장기간/단기간)의 과정을 겪는다.

A 크며, 장기간

(2) 플랜트수출계약

① 플랜트수출계약의 유형 분류

분 류	계 약
발주형식	• 플랜트만 수출하는 계약 • 플랜트수출계약과 별도로 별도의 플랜트 설치용역계약을 체결하는 경우 • 플랜트 제작과 설치를 모두 포함하는 계약
수주형식	• 단독으로 프로젝트를 수주하는 계약 • 여러 기업이 공동컨소시엄을 구성하여 프로젝트를 수주하는 계약 • 여러 기업이 전체 프로젝트의 일부씩 수주하는 계약
수출대금	• 계약 시 계약대금의 총액을 정하는 계약 • 계약 시 계약대금의 총액을 결정하지 않고 플랜트 제작 설치비용과 수수료를 수출대금으로 정하는 계약
컨소시엄 계약	• Join & Several Contract : 참여 기업이 각자 참여 부분에 대하여 개별계약 체결하고 책임은 참여기업이 연대하여 부담하는 경우 • Main Subcontract : 한 기업 수주 후 발주자 동의하에 하도급을 주는 경우 • Joint Venture : 여러 기업이 합작투자회사를 설립하여 계약을 체결하는 방식(이때 발주자는 합작투자회사의 주주인 참여회사의 이행보증을 받아야 함)

② 플랜트수출의 법적 성격

플랜트수출계약은 일반적으로 플랜트에 대한 매매계약과 플랜트 완성에 대한 도급계약의 혼합적 성격을 갖고 있다. 따라서 발주자나 수주자는 계약을 체결하기 전 계약의 전체적인 밑그림을 그려 놓고, 이에 따라 통일적으로 계약을 체결해야 한다. 그렇지 않으면 법적 형식에 대한 혼란이나 계약 내에서의 모순이 발생할 가능성이 높고, 결국 분쟁의 원인으로 작용하게 된다.

(3) 턴키계약

① 개념 : 턴키계약이란 플랜트 판매에 더하여 현지에서의 플랜트 시공까지 인수하는 계약이다. 플랜트 시공에는 통상적으로 플랜트의 설치, 시운전, 운전교육, 하자보수 등이 포함된다. 플랜트수출은 통상 턴키계약을 의미하고, 실제로 플랜트수출계약에서 가장 많이 사용되고 있다. 턴키계약에도 여러 종류의 계약이 존재할 수 있다.

⊕ Plus one

턴키계약의 종류

- BOT(Build-Own-Transfer) : 사회기반시설의 준공 후 일정 기간 동안 사업시행자에게 그 시설의 소유권이 인정되며 기간 만료 시 소유권이 국가 또는 지방자치단체에 귀속되는 방식
- Lump sum contract : 규정된 공사 또는 서비스에 대한 대가가 정해진 계약. 정액계약이라고도 함
- Consortium Contract : 단기간에 여러 당사자가 한정된 사업목표 달성을 위하여 역할분담계약에 의한 공동수주와 계약 이행을 위한 공동사업계약

② 턴키계약의 기본 구조

구 분	내 용
공급될 플랜트 결정	• 시방서(Specification)와 설계도면(Drawing)에 의하여 결정 • 시방서와 설계도면은 발주자가 공급하거나, 수주자가 작성하여 발주자의 동의를 받거나, 아니면 제3의 전문가로부터 받게 됨 • 기술보호를 위하여 도면제공자(Process 제공자)에게 비밀유지의무

플랜트의
운송
	• 플랜트 공급 관련 가장 중요한 사항
	  – 플랜트의 위험이 이전되는 시기 : 운송과정 중 플랜트가 손상 또는 멸실되었을 때에 누가 손해를 부담할 것인가에 관한 문제
	  – 플랜트의 소유권이 이전되는 시기 : 플랜트 소유권의 발주자 귀속 시기
	  ※ 특히 수주자가 파산한 경우 문제가 됨. 만일 수주자가 플랜트의 소유권을 갖고 있는 중에 파산한다면 수주자의 채권자들은 플랜트를 압류하여 처분할 수 있으므로 소유권의 이전시기를 정하는 것은 매우 중요함
	• 플랜트의 포장방법, 운송수단, 적하보험에 관한 사항도 계약에 포함

플랜트의 시공	• 수주자는 시방서와 설계도면에 따라 시공 • 완성시기와 완성시기를 초과한 경우 지체상금, 수주자의 인력 파견, 감리자의 선임, 시공 후 설계도면을 변경하는 경우, 제3자에게 하도급을 줄 수 있는지 여부, 시운전 및 운전지도 등 플랜트 시공과 관련된 많은 사항이 결정되어야 함

대금의 지급방법	• 수주자의 입장에서 가장 중요한 것은 수출대금을 확보하는 것 • 수출대금의 지급방법은 현금, 신용장, 금융기관으로부터 대출 등 • 1회에 전액을 지급하는 경우는 매우 드물며 분할 지급이 일반적
선수금 반환보증 및 이행보증	• 턴키계약 체결 시 통상 발주자는 수주자에게 선수금을 지급 • 수주자의 파산 또는 계약 취소(해제) 시 선수금은 발주자에게 반환되어야 함 • 발주자는 선수금 반환 확보를 위하여 수주자로부터 은행 발행 선수금반환보증서(Advance Payment Bond)를 수취함 • 수주자가 계약을 이행하지 못할 시 발주자는 손해배상청구를 할 수 있는데, 이 손해배상을 확보하기 위하여 발주자는 선수보증금과 별도로 수주자로부터 공신력 있는 은행이 발급한 이행보증서(Performance Bond)를 수취함
성능보증과 하자담보	• 성능보증이란 완성된 설비가 정상 작동에 관한 사항 • 하자담보란 완성된 설비에 대하여 가동되는 중에 발생한 하자의 보수에 관한 사항 • 성능보증은 Process 제공자가 발주자, 수주자 또는 제3자 중 누구인지에 따라서 달라짐 • 하자담보는 하자담보 기간과 범위로 구성
기 타	• 이 외에도 턴키계약에는 국제계약의 일반적 사항인 준거법, 재판관할 또는 중재에 관한 사항이 포함

실전 예상문제

01

기술무역의 설명으로 틀린 것은?

① 기술무역의 목적은 기술의 이전이다.
② 기술무역계약의 형태는 라이센스계약을 통해서만 이루어지고 있다.
③ 기술무역계약은 물품의 수출계약보다 다양한 당사자자치에 대한 제약조건이 포함된다.
④ 기술무역은 물품을 포함한 하이브리드계약을 통해서도 이루어질 수 있다.

✎ 해설

기술무역계약의 유형은 라이센스계약 외에 기술자파견계약, 기술지도계약, 비밀유지계약 및 플랜트수출계약 등 다양하다.

정답 ②

02

외국인과의 기술무역거래를 규제하는 우리나라의 법제도가 아닌 것은?

① 독점규제 및 공정거래에 관한 법률
② 외국환거래법
③ 관세법
④ 부정경쟁방지 및 영업비밀보호에 관한 법률

✎ 해설

독점규제 및 공정거래에 관한 법률, 외국환거래법, 부정경쟁방지 및 영업비밀보호에 관한 법률 등은 우리의 기술무역거래 규제관련 법률이며, 관세법은 관세 부과 · 징수 및 수출입물품의 통관관리를 위한 법률이다.

정답 ③

03

다음 중 기술이전 방식 유형에 해당되지 않는 것은?

① 기술매매/양도 · 양수
② 라이센스
③ 기술력 보유기업 또는 자산의 M&A 방식
④ Cross-border Supply(국경 간 공급)

✎ 해설

Cross-border Supply(국경 간 공급)는 서비스 공급 유형 중 하나이다.

정답 ④

04

기술 자체를 대상으로 매매나 계약 방식에 의하여 기술을 도입하는 방식은 무엇인가?

① 비공식적 기술도입
② 공식적 기술도입
③ 현시적 기술이전
④ 묵시적 기술이전

✎ 해설

• 공식적 기술도입 : 기술 자체를 대상으로 매매나 계약의 방식에 의하여 기술도입
• 비공식적 기술도입 : 기술 자체보다 교육 · 훈련이나 기계, 원료 구입 과정에서 순차적으로 기술이전

정답 ②

05

다음 중 기술도입 계약의 유형에 해당되지 않는 것은?

① 라이센스계약
② 기술자파견계약
③ 기술지도계약
④ 플랜트수출계약

✏️ 해설

기술도입계약의 유형

라이센스계약, 기술자파견계약, 기술지도계약, 비밀유지
계약

정답 ④

07

라이센싱계약의 실시에 관하여 그 범위를 제한할 수
있는 라이센싱계약의 범위에 해당되지 않는 것은?

① 장 소   ② 실시기간
③ 실시주체   ④ 실시내용

✏️ 해설

라이센싱계약의 범위

특허권자는 실시권의 설정계약에 의해서 실시를 허락할
경우에 특허발명의 실시범위에 관하여 제한할 수 있으며
실시장소·실시기간·실시내용의 범위에 대하여 정할 수
있다.

정답 ③

06

판매거래와 라이센싱의 가장 두드러진 차이점은 무
엇인가?

① 거래 대상물에 대한 도입자(구매자)의 재산권 확
    보 범위 및 기한 제한 여부
② 기술 및 권리의 보유 주체
③ 기술 및 권리의 도입 주체
④ 거래 대상물 판매 가능성

✏️ 해설

판매거래는 판매자(Seller)에 의해 구매자(Buyer)에게 판
매된 유·무형 재화에 대해 소유권이 이전됨에 따라 구매
자는 제조권, 서브–라이센싱권, 재판매권, 전시권 등에 대
한 재산권을 갖는 반면, 라이센싱은 도입자에게 일정한
기간 동안 제한된 재산권을 사용할 수 있는 실시권을 제
공하는 거래이다.

정답 ①

08

기술도입계약에서 계약제품의 제조량, 판매량에 상
관없이 라이센스에 대한 대가를 1회에 전부 지불하
도록 정하는 기술료 금액의 결정방식을 무엇이라 하
는가?

① 선급개량료
② 고정기술료
③ 분할기술료
④ 경상기술료

✏️ 해설

기술료는 크게 정액기술료(고정기술료)와 경상기술료로
나뉜다.
• 고정(정액)기술료 : 계약제품의 판매액과 상관없이 기술
   의 대가를 정액으로 지급한다.
• 경상기술료 : 계약기술이 판매와 직결된 경우 산정 기
   준에 따라 산출된 금액을 정기적으로 지급한다.

정답 ②

09

다음의 설명에 해당하는 기술무역계약은?

> 해외에서 각종 제품의 생산이나 개발계획을 구체화하는 데 필요한 기계, 장비 등의 관련 자재와 그 설치에 필요한 엔지니어링, 노하우, 건설시공 등의 산업기술 등을 수출하는 계약

① 플랜트수출계약
② 라이센스계약
③ 국제프랜차이즈계약
④ 국제자본거래계약

✎ 해설

> 플랜트란 통상적으로 산업설비를 의미하는데, 각종 공장 건설을 위한 중요 설비, 기계 부품 등의 수출뿐만 아니라 산업설비, 기술용역 및 시공을 포괄적으로 행하는 수출을 플랜트수출이라 한다.

정답 ①

10

아래 기술된 계약은 무엇을 말하는가?

> 플랜트 판매에 더하여 현지에서의 플랜트 시공까지 인수하는 계약

① Plant Sales Contract
② Plant Building Contract
③ Main Subcontract
④ Turnkey Contract

✎ 해설

> 턴키계약은 플랜트 판매에 더하여 현지에서의 플랜트 시공까지 인수하는 계약을 말하며 플랜트수출이라고 하면 통상 턴키계약을 의미한다.

정답 ④

11

턴키계약의 종류 중 Semi Turnkey 계약이란 무엇인가?

① 발주자가 플랜트를 공급하고 수주자는 시공만을 하게 되는 계약
② 플랜트의 수출과 플랜트의 시공 모두를 인수하는 계약
③ 발주자가 플랜트의 전체가 아니라 일부만 공급하고 나머지는 수주자가 공급하는 계약
④ 플랜트를 발주자가 시공하되 기술부족으로 인하여 수출자의 지도 및 감독을 받는 계약

✎ 해설

> **Semi Turnkey** 계약은 턴키제도의 변형으로 주로 대형 공사가 그 대상이 된다.

정답 ①

해외투자

장래 수익을 목적으로 국내의 자본·기술·인력 등을 해외로 이전하는 해외투자의 개념과 직·간접 투자의 형태 그리고 계약에 대하여 알아본다.

01 해외투자의 개요

1. 해외투자의 개념 및 유형

(1) 개 념

합격자 Tip ●

관련법규 : 외국환거래법, 동법시행령, 외국환거래 규정, 외국환거래업무 취급지침(전국은행연합회 제정)

해외투자는 국제 간 장기자본이동의 한 형태로서 장래의 수익을 목적으로 외국에 자본을 투하하는 것이다. 투자자의 경영참가 여부에 따라 자본이동과 함께 생산·경영기술의 이전 또는 인력의 진출 등이 수반되는 '해외직접투자'와 경영참가 없이 단순히 이자, 배당 또는 시세차익 등 투자 과실의 획득만을 목적으로 하는 '해외간접투자'로 구분된다.

(2) 유 형

① 해외직접투자(Foreign Direct Investment ; FDI)

㉠ 제반 생산요소와 경영자원을 하나의 패키지 형태로 이전하여 현지에서 직접 경영활동에 참여해서 제품을 생산, 판매하는 방식이다. 기술, 특허권, 경영 노하우 등을 복합적으로 이전한 후 노동 중심의 현지 생산요소를 결합하여 현지에서 제품을 직접 생산하는 방법이다.

㉡ 경영활동이 수행되고 상대적으로 많은 기업자원이 투입되므로 위험 부담이 높은 반면, 통제권과 높은 투자수익의 기회를 가질 수 있고 기업이 보유한 경쟁적 우위를 보다 효율적으로 활용가능하다는 점이 장점이다.

② 해외간접투자(Portfolio Investment)

합격자 Tip ●

해외직접투자는 주된 투자 목적을 경영권 획득에 두며, 해외간접투자는 경영 참여 의사 없이 이자와 배당금, 그리고 자본이득 취득을 목적으로 한다.

경영 참가 목적이 아니라 이익, 배당금, 자본이득 수취를 목적으로 외국의 증권에 투자하는 국제증권투자(International Portfolio Investment)라고 할 수 있다.

2. 해외직접투자(Foreign Direct Investment ; FDI)

(1) 개 념

① 목표시장 내의 제조 및 생산시설에 대한 지분 참여와 함께 직접 경영활동을 담당하는 형태의 시장진입방법이다.

② 이러한 제조 및 생산시설은 모든 부품을 본국(Home Country)에서 수입하여 단순한 조립과정만을 거치는 조립공장으로부터 모든 생산과정을 전부 해결하는 업체에 이르기까지 다양한 형태를 가질 수 있다.

(2) 해외직접투자의 장 · 단점

① 장 점

㉠ 해당 기업의 경쟁우위를 가장 잘 실현할 수 있는 시장진입방법이다.

㉡ 관리, 기술, 생산 및 마케팅, 자본 및 기타 자산을 하나의 기업 형태로 결합하여 목표시장에 이전하고 자신의 통제 하에 두기 때문에 통제력이 강화된다.

㉢ 현지 시장국의 입지우위 활용 기회를 극대화할 수 있다(저렴한 노동력, 풍부한 자원).

㉣ 수입장벽을 우회하는 수단이다.

㉤ 현지 소비자 요구 · 반응을 신속하게 반영할 수 있다.

㉥ 원가절감을 통해 공급가격을 하락시킨다.

㉦ 수익증대의 효과(라이센싱, 자본첨가)가 있다.

② 단 점

㉠ 기업자원의 투입이 많아 투자 위험도가 높다.

㉡ 특히 초기 투자비가 많이 소요되고 투자회수기간이 길다.

㉢ 미진한 성과나 전략 수정으로 인한 투자 철수가 용이하지 않다.

㉣ 현지국의 정치적 위험에 노출될 수 있다.

(3) 해외직접투자 방법 및 요건

주식 · 외화증권 취득	내 용	경영참여를 위해 외국현지법인을 설립, 이미 설립된 외국법인의 인수(일부인수포함) 및 당해법인의 주식 또는 출자지분의 취득
	요 건	취득 주식 또는 출자지분이 당해 외국법인의 발행주식 총수 또는 출자총액 중 비율(투자비율)이 10% 이상인 경우 또는 투자비율이 10% 미만이라도 다음 관계를 수립하는 경우(임원파견, 계약기간이 1년 이상인 원자재 또는 제품의 매매계약 체결, 기술의 제공 · 도입 또는 공동 연구개발계약의 체결, 해외건설 및 산업설비공사를 수주하는 계약의 체결 등)

(외화)대부채권 취득	내용	외국법인의 경영에 영향력을 행사하기 위하여 당해법인에 사업수행에 필요한 자금을 상환기간 1년 이상 장기 대부(현지법인 운영자금 대부, 합작사업의 공동출자자에 대한 대부 등)
	요건	투자자가 투자비율 10% 이상 출자한 현지법인이나 실질적인 경제관계를 수립하는 외국법인에 대한 1년 이상의 금전 대여로서 당해채권의 회수가 확실하다고 인정되어야 함
공동사업 참여	내용	거주자가 현지법인을 설립하지 않고 외국에서 비거주자 명의 또는 비거주자와 공동 명의로 영위하는 사업에 투자하는 경우로서 석유, 유연탄개발투자와 같이 비교적 투자규모가 크고 위험도가 높은 투자 시 이용됨
	요건	해외자원개발사업(조사단계는 제외) 또는 기술개발사업에 참여하는 경우에 한함
개인기업 영위	내용	증권취득에 의한 현지법인의 설립이나 인수 없이 개인사업을 외국에서 경영하는 경우의 투자
	요건	외국에서 법인 형태가 아닌 기업을 투자자가 단독으로 소유하여 경영하는 경우에 한함(예 주유소, 슈퍼마켓 등)
영업소 설치 등		외국에서 영업활동을 하기 위한 영업소(해외지사 등)의 설치 또는 확장을 위한 자금의 지급

(4) 해외직접투자의 형태 · 유형

지분율 기준	단독 투자	• 모기업이 100%의 지분을 보유하고 전적인 경영권을 행사 • 경영권을 장악하고 투자 이익도 독점 • 위험부담이 크고, 제품/산업 분야와 투자 대상국(Host Country)에 따라 단독투자를 허용하지 않거나 합작투자에 비해 불이익을 주는 경우도 있음
	합작 투자	• 다른 기업과 지분 및 경영권을 공유하는 형태. 파트너가 성공의 주요한 변수로 서로 보완관계를 유지할 수 있는 형태가 바람직함 • 투자비 부담 경감과 적절한 합작선(Partner)을 선정, 부족한 부분 보완(자본과 경영자원의 상대적 부족, 투자 대상국의 현지사정에 대한 경험과 이해 부족 등) • 파트너 간 이해관계가 상충될 수 있음 • 경영권 분담으로 효율적인 의사결정이 어려울 수 있고 기술과 노하우가 외부로 유출될 위험이 있음 • 투자이익을 나누어야 한다는 단점 ※ 투자지분의 비율에 따라 50% 이상의 다수지분(Majority Ownership), 50 : 50의 동등지분, 50% 미만의 소수지분(Minority Ownership)으로 구분

설립형태 기준	신 설	• 기업을 처음부터 새로 세우고 경영활동을 전개 • 장점 : 기업설립과 경영활동 계획/계약에 따라 진행할 수 있음 • 단점 : 시간적으로 오래 걸리고 자금 부담도 커질 수 있음

	인 수	• 기존 기업의 인수 및 합병. 현지 시장국 내의 기존 기업 경영권을 확보하는 형태의 해외직접투자
		• 장 점
		   − 비교적 짧은 시간 안에 사업전개 가능
		   − 인수조건 협상에 따라 자금부담 경감 가능
		   − 기존 기업이 가지고 있는 기술, 인력, 유통망, 거래관계, 마케팅 능력 등의 제반자원 활용 가능
		• 단점 : 기존기업의 문제점이나 결점 등의 부채 측면도 그대로 인수(세심한 사전 조사 필요)

(5) 기타 진입방법과의 차이점

① **해외직접투자의 요체** : 복합적 기업자원을 패키지 형태로 이전하고, 경영활동에 직접 참여하여 통제권을 행사한다.

② **수출과의 차이점** : 제품의 판매를 목적으로 이전한다.

③ **라이센싱과의 차이점** : 제품생산에 필요한 무형자산 자체를 이전한다.

④ **해외간접투자** : 경영 참가 목적이 아니며, 이익, 배당금, 자본이득 수취를 목적으로 외국의 증권에 투자하는 국제증권투자이다.

02 국제프랜차이즈계약

1. 프랜차이즈 시스템의 개요

(1) 개 념

① 가맹본부(Franchisor)가 가맹점(Franchisee)에 상품공급, 조직, 교육, 영업, 관리, 점포개설 등의 노하우를 브랜드와 함께 제공하며 사업을 영위해 나가는 형태이다.

② 상품을 제조하거나 판매하는 업체가 가맹본부가 되고 독립 소매점이 가맹점이 되어 소매영업을 프랜차이즈(Franchise)화하는 사업 형태이다.

합격자 Tip ●────◎

❓ 프랜차이즈 시스템하
에서 가맹점은 가맹본
부에 예속된 사업체이
다. (O, X)

Ⓐ X – 독립적 사업을 영
위한다.

(2) 프랜차이즈 시스템

가맹본부	• 가맹점에 해당 지역 내 독점적 영업권 부여 • 취급하는 상품의 종류, 점포인테리어, 광고, 서비스 등을 직접 조직, 관리 • 가맹점에 교육지원, 경영지원, 판촉지원 등 각종 경영 노하우도 제공
가맹점	• 가맹본부에 가맹비, 로열티 등 일정한 대가를 지불 • 가맹점 사업에 필요 자금 직접 투자 • 가맹본부의 지도와 협조아래 독립된 사업을 영위
프랜차이즈 시스템	• 가맹본부와 가맹점 간의 협력사업 시스템 • 넓은 의미의 라이센싱의 한 형태

2. 프랜차이즈 시스템의 특성

(1) 가맹본부와 가맹점 간에 명확한 기능분화와 상호협력

① 프랜차이즈 시스템은 자본을 달리하는 독립 사업자가 상호 협력함으로써 동일 자본 아래 있는 체인과 유사한 효과를 발휘한다.

② 가맹본부와 가맹점 운영주가 상호 신뢰를 바탕으로 분업의 협력계약을 맺고 가맹본부와 가맹점 간에 명확한 기능분화와 상호협력을 통해 동일 자본의 경영효과를 발휘할 수 있다.

(2) 가맹본부와 가맹점의 기능

① 가맹본부는 상품, 노하우 등의 개발과 그 원활한 유통과 운영에 전력을 다하고 가맹점은 그것을 기초로 하여 대고객 판매에 전력을 다한다.

② 가맹본부와 가맹점의 관계는 레귤러 체인(동일자본의 직영점 체인)에 있어서 가맹본부와 점포의 기능 분담관계와 같으며, 그 효과도 동일한 것을 기대할 수 있다.

(3) 부합계약

가맹본부와 가맹점 간의 계약관계는 전형적인 부합계약으로 양자가 상호 협력하여 계약을 체결한 것이 아니라 가맹본부가 사업에 대한 계약 내용을 미리 정한 상태에서 일률적으로 다수의 가맹희망자에게 사업에 대한 전반적인 설명을 한 다음 이에 동의하는 가맹희망자와 계약을 맺는 형태이다.

(4) 권리와 의무수행의 전제로서 양자에 기본적 조건 부과

가맹계약의 기본적인 내용에는 취급상품 및 판매, 사업진행에 관한 권리부여와 이에 따른 그 대가의 지급에 관한 조항들을 의무 규정으로 명시하고 있다. 따라서 이러한 권리와 의무수행의 전제로서 양자에는 기본적 조건이 부과된다.

(5) 소비자에게 강력한 이미지 형성

가맹본부와 가맹점은 입장을 달리하는 사업자이지만 계약에 의해 마치 하나의 자본이 운영하고 있는 것 같은 이미지를 소비자에게 주며, 경영효율도 동일자본 기업체와 동일 레벨로 가맹본부 및 가맹점에 주어진다. 프랜차이즈 시스템의 기본적인 특질인 이러한 메리트 때문에 프랜차이즈 시스템은 사람들에게 급속히 보급되고 있다.

3. 프랜차이즈 시스템의 장·단점

(1) 프렌차이즈 시스템의 체인 형태

① 가맹본부는 가맹점과 프랜차이즈계약을 체결해서 비교적 소액 투자와 최소 인력으로 단기간에 새로운 시장을 개척하고 가맹비, 로열티로 확실한 수익을 기대할 수 있다.

② 가맹점은 가맹본부의 개발상품과 사업을 가맹본부 지도아래 상대적으로 낮은 리스크로 수행할 수 있다.

③ 양자의 메리트가 보다 큰 효과를 가져오기 위해서는 프랜차이즈 시스템에 의해 체인 전개가 필요하다. 즉, 단일 가맹본부가 다수의 가맹점과 계약함으로써 프랜차이즈 체인이 되면, 프랜차이즈 시스템은 이익 획득과 동시에 강력한 이미지 구축도 가능하게 된다. 프랜차이즈 시스템의 성공은 체인 시스템을 그 조건으로 한다고 규정해도 좋을 것이다.

(2) 프랜차이즈 시스템의 장 · 단점

구 분	프랜차이즈 가맹자 입장	프랜차이즈 가맹본부 입장
장 점	• 소자본으로 사업개시, 독립기업주 가능 • 가맹본부의 업무지도로 사업 성공률이 높음 • 전반적 영업 운영상 원조 · 조언 습득 가능 • 가맹본부의 대량구매력이나 교섭력의 이익 향유 • 가맹본부가 실시하는 전국광고 · 판촉활동의 이익 • 가맹본부로부터 시장정보나 경험을 얻을 수 있고 새로운 기법이나 개발계획을 이용 가능 • 적절한 지역적 안배를 누릴 수 있음 • 유리한 조건으로 자금을 융자받을 수 있음	• 중앙조직만으로 위험부담 없이 이윤획득 가능 • 직접투자 않고 상호, 상표 등 이용하는 사업장을 마련하여 사업 확장 가능 • 최소의 자금으로 전국적 · 국제적 사업 확장 가능 • 기존판매망 밖 지역도 이용 가능 • 판매점포의 사원관리문제가 적어짐 • 지역사정에 밝은 자가 판매점을 관리

단 점	• 가맹본부에 정기적으로 프랜차이즈 사용료 지급 • 사업운영에 대한 가맹본부의 통제 • 가맹본부에 대한 평가가 어려워 손해를 입을 수 있음 • 가맹본부에 높은 의존률 → 가맹본부의 영업실적에 영향을 받음 • 프랜차이즈 영업 자체의 양도나 판매가 제한됨 • 타 가맹점의 실패로 인하여 프랜차이즈시스템 전체에 영향이 미칠 수 있음	• 가맹자가 장래 경쟁자가 될 가능성 있음 • 시설이나 장비의 개성에 관하여 프랜차이즈 가맹자와 의견대립이 있을 수 있음 • 가맹본부직원과 가맹자 간 불신 발생 우려 • 품질 · 서비스 기준 준수 여부 감시 필요성 • 당사자 간 의사소통상의 문제 발생 가능 • 프랜차이즈 가맹자가 다른 영업도 수행할 경우에는 충성도가 미약할 수 있음 • 수입에 따른 프랜차이즈 사용료 책정 시 프랜차이즈 가맹자의 수입액 조작의 우려 • 프랜차이즈 가맹자는 어느 정도 경험을 축적한 후 독립하려고 함

4. 프랜차이즈 시스템의 종류

(1) 가맹점주의 권한 범위에 따른 분류

① 단일지역 프랜차이즈(Direct Unit Franchise)

㉠ 계약 가맹점에 한하여 일정한 지역 내에 가맹기간 동안 가맹본부가 가지고 있는 권리 및 영업권의 일체를 부여하는 가장 보편적이고 전형적인 프랜차이즈 시스템이다.

㉡ 소지역 단위 가맹점에 일정한 지역범위의 독점 영업권(Exclusive Right)을 확보해 주는 것이 장점이며 우리나라 대부분의 가맹본부들이 채택하고 있는 가맹점 모집 방식이기도 하다.

② 지역개발 프랜차이즈(Area Franchise)

㉠ 가맹본부와 가맹점주가 지역개발계약을 체결하고 개발수수료를 지급한 후 일정지역에 대한 개발권을 매입하는 것으로, 일정기간, 일정지역 내에서 특정의 가맹점을 축으로 하여 여러 개의 가맹점 개설권을 부여하는 시스템이다.

㉡ 만일 가맹점주가 계약서의 약정대로 해당지역을 개발하지 못할 경우 계약을 취소하고 가맹점주의 권리를 박탈할 수 있다.

③ 지역분할 프랜차이즈(Master Franchise)
　　㉠ 일정지역 내에서 일정기간 동안 어떤 개인 또는 집단에게 가맹본부로
　　　서의 권리를 부여하고 이러한 권리를 부여받은 분할 지역 가맹본부
　　　(Master Franchisee)가 다시 프랜차이즈 권리를 최종 가맹점(Sub
　　　Franchise)에게 하나 또는 수 개의 점포에 대하여 가맹점 영업을 하도
　　　록 하는 형태이다.
　　㉡ 최상위 가맹본부는 최하위 가맹점에 교육을 포함한 가맹본부로서의 모
　　　든 노하우를 제공하고 그에 따른 대가를 취하는 방식이다.
　　㉢ 분할지역 가맹본부 자신이 가맹점주가 될 수도 있다.

(2) 결합관계에 따른 분류

① 수평적 결합 : 제공자 및 이용자가 동일한 유통단계에서의 결합이다.
② 수직적 결합 : 상이한 유통단계에서의 경합 관계로 제조업자와 도매상 간
　프랜차이즈, 제조업자와 소매상 간 프랜차이즈, 도매상과 소매상 간 프랜
　차이즈, 제조업자와 도매상 및 소매상 간 프랜차이즈가 있다.

(3) 제공 내용에 따른 분류

① 상품 · 상호유통 프랜차이즈(Product & Name Franchise)
　　㉠ 가맹점주에게 상품, 상호 등 영업을 상징하는 표지의 사용을 허락함과
　　　동시에 그 영업에 관한 노하우를 제공하지 않는 프랜차이즈 시스템을
　　　말한다.
　　㉡ 자동차 딜러, 주유소, 음료대리점 등이 이에 대표적이다.
② 사업형 프랜차이즈(Business Format Franchise)
　　㉠ 특정 상품에 대한 유통 대가로 생긴 이익이 아닌 프랜차이즈 비즈니스
　　　가 목적이다.
　　㉡ 상표와 상호, 상품 및 자재의 판매, 각종 교육 및 조직 관리의 지도와
　　　지원 등을 포괄적으로 규정한 프랜차이즈 패키지 프로그램을 개발하여
　　　가맹점을 모집하고 패키지 제공의 대가로 받는 가맹비 및 로열티 등 이
　　　익을 취하는 프랜차이즈 시스템이다.
　　㉢ 상품을 팔 때보다는 오히려 프랜차이즈 패키지를 가맹점에 팔 때 이익
　　　이 생기는 시스템으로 때로 가맹본부는 프랜차이즈 패키지를 개발, 가
　　　맹점에 대한 교육, 지도만 하고 원재료 상품 등은 다른 업자를 통하여
　　　매입하는 방법을 택하는 경우도 있다.
　　㉣ 주로 음식점이나 레스토랑 등 서비스 업종에 많으며, 처음부터 프랜차
　　　이즈 시스템 판매를 위해 가맹본부가 설립된 경우이다.

5. 프랜차이즈계약 기출 16년 3회

(1) 개념 및 계약서 작성 시 고려사항

① 프랜차이즈계약은 가맹본부와 가맹점의 권리와 의무를 명시하고 향후 발생가능한 문제점과 처리방법을 문서로 기록해서 남기는 것이다.

② 가맹본부가 계약내용을 미리 정한 상태에서 진행되는 전형적인 부합계약으로 기본조항이 가맹본부에 의해 일방적으로 만들어진다. 따라서 가맹점은 계약 내용에 동의하는 경우만 해당 가맹본부의 프랜차이즈 시스템에 참가하는 것이다.

③ 가맹본부와 가맹점 간 협의에 의해 일부 변경과 수정도 있을 수 있지만 프랜차이즈 시스템의 통일성을 유지하기 위해서는 기본적인 조항을 대폭 변경할 수 없으므로 수정 가능성은 거의 없다.

④ 계약내용의 수정 및 변화에 앞서 가맹본부 자체가 계약서 조항을 만들 때 프랜차이즈 시스템 전체의 운영이 적절하고도 효율적으로 운영될 수 있도록 가맹점에게 충분히 배려한 후 프랜차이즈계약서 작성에 임해야 한다.

(2) 계약서 작성 시 핵심 고려요소

프랜차이즈계약은 저마다 가맹본부의 이념, 방침, 경영방법, 능력 등을 반영하는 것이어서 각각 그 양태를 달리하고 있다. 따라서 전형적이거나 표준적인 것을 제시하기 어렵지만 다음과 같은 몇 가지 핵심요소 조항이 있다.

① 계약 당사자
  - 계약 당사자의 표시
  - 계약 당사자의 관계(대리관계의 부존재(不存在))
② 전 문
  - 계약의 이념, 취지, 목적
  - 계약해석의 기준
  - 계약의 적용범위
③ 상표, 상호 등 영업 심벌의 사용
④ 프랜차이즈 지역구분과 점포의 장소 선정
⑤ 점포 내 · 외장의 통일
⑥ 가맹점의 설비투자, 가맹본부의 자재공급 등
⑦ 가입비, 로열티, 수수료 기타
⑧ 자금조달과 가맹본부 원조 : 가맹본부가 가맹점이 필요로 하는 자금조달에 관하여 융자하거나 거래선의 알선보증, 기타 여러 가지 원조를 한다는 것을 필요 시에 규정해야 함
⑨ 가맹점의 교육훈련
⑩ 판매촉진 선전광고

⑪ 경리 등의 지도

⑫ 매뉴얼의 제공

⑬ 영업시간 : 가맹점의 영업시간 등에 관하여 규정하는 경우도 있음

⑭ 가맹본부가 지시하는 정책규정 등의 준수사항

⑮ 가맹점의 회계보고

⑯ 상품 공급조건, 대금결제

⑰ 타 체인에의 참가, 타 업종 영업 등의 가부

⑱ 프랜차이즈권의 양도 환매 등의 가부

⑲ 계약기간, 계약갱신 및 해제

⑳ 영업비밀의 준수 : 계약기간 동안 물론 계약 종료 후도 체인의 영업비밀을 엄수할 것을 규정함

03 국제자본거래 계약

국제자본거래는 국제금융거래와 대외직접투자를 비롯한 금전 관련 거래이다. 국제자본거래 관련 계약에는 국제정기대출계약, 신디케이트론계약, 국제증권관련계약, 국제금융리스계약, 팩터링계약, 프로젝트파이낸스 관련 계약, 선물거래계약, 옵션계약, 스왑계약, 투자계약, 합작투자계약, 기업매수 · 합병계약(M&A Agreement) 등이 있다.

1. 신디케이트론계약(Syndicated Loan Agreement)

(1) 신디케이트론(Syndicated Loan)의 개념

두 개 이상의 금융기관이 대규모 중장기자금을 융자하는 대출방식을 말하며 일반적으로 국제간 협조융자를 신디케이트론(Syndicated Loan)이라고 일컫는다.

(2) 신디케이트론계약의 장점

① 차입자는 대규모 소요자금을 단일조건으로 보다 효율적으로 조달할 수 있다. 개별은행들과 차입조건이나 융자절차, 대출한도 등에 대해 별도의 협의를 해야 하는 번거로움을 겪지 않고도 대규모자금을 일시에 조달할 수 있다.

② 은행의 입장에선 특정기업에 대한 과다융자를 피함으로써 차입자의 채무불이행에 따른 위험을 분산시킬 수 있는 이점이 있다. 일본 · 유럽 · 미국

의 금융기관들이 외환위기를 겪고 있는 아시아 국가들에 대해 제공하는 대출이 전형적인 신디케이트론이다.

(3) 신디케이트론의 특징

① 거액의 자금을 차입할 수 있고 차관단의 규모도 5개 이상의 금융기관으로 구성된다.
② 융자기간이 7~10년 정도의 중장기 대출로서 3~6개월 단위의 변동금리를 적용한다.
③ 차주는 국가기관이나 국제금융시장에서 높은 신용도를 유지하는 경우가 대부분이며 따라서 물적 담보 없이 무담보신용대출이 관례이다.

2. 국제금융리스계약(International Financial Leasing Agreement)

(1) 리스계약 [기출] 15년 2회

리스제공자가 자신의 사용권을 합의된 기간 동안 리스이용자에게 이전하고 리스이용자는 그 대가로 리스제공자에게 사용료를 지급하는 계약이다.

(2) 리스계약의 종류

운용리스	• 사용자가 필요기간만 기계나 설비를 이용할 수 있도록 하는 방식 • 물건의 사용에 중점을 둔 본래 의미의 리스 • 계약기간 중 중도해약이 가능하고 리스물건의 보수관리도 임대인(Lessor)에게 부담시킬 수 있음
금융리스	• 리스방식을 취하는 금융거래 • 레서(Lessor)는 리스물건의 구입가격에 이자와 비용을 합한 금액을 차주인 레시(Lessee)에게 융자하고, 차주는 리스계약기간에 분할하여 상환하는 거래 • 보통 리스대상설비의 가용연수와 리스계약기간이 일치하며, 중도해약은 인정되지 않고 설비 하자 보수 등의 책임도 전적으로 레시(차주)에게 있음
레버리지드리스 (알선리스)	• 리스회사가 리스 물건가액의 약 20~40%만 자기자금으로 조달하고 나머지는 차입하는 형태의 리스거래 • 소액의 자기자금을 지렛대(Leverage)로 하여 3~4배에 달하는 자금조달을 할 수 있음 • 국제적으로는 항공기·선박 등 거액의 자금에 소요되는 대형리스 물건의 도입에 주로 이용
판매재취리스	• 어떤 기계나 설비를 소유하고 있는 기업이 이를 리스회사에 판매하고 그 판매가격을 취득원가를 하여 다시 리스받는 방식으로 물건을 실제 이동하지 않고 형식상 소유권만 이전되는 형태의 리스 • 리스이용자는 리스물건을 계속 사용·수익하면서 필요한 운전자금의 조달이 용이하며 주로 중고품 리스에 활용

(3) 국제금융리스거래의 특징

① 국제금융리스거래는 서로 다른 국가에 영업소를 두고 있는 대주(Lessor), 차주(Lessee), 공급자(Supplier)라는 세 당사자 간의 거래로 일방당사자(대주)가 다른 당사자(차주)가 제시한 사양과 조건에 기하여 플랜트, 자본재 또는 기타설비(Equipment)를 취득할 계약(공급계약)을 제3자(공급자)와 체결하고 리스료(Rental) 지급과 상환으로 리스물건을 이용할 권리를 차주에게 부여하는 계약이다.

② 국제리스계약에서 차주와 대주 간의 법률관계를 보면 대주는 차주에 대하여 리스료 지급청구권, 리스물건 반환청구권(기간만료 시), 입회청구권, 재정보고징수권 등을 갖는 대신 의무로서 리스물건 인도의무, 리스물건 인도지체에 따른 책임, 평온한 점유의 보장의무 등을 부담한다. 반면 차주는 대주에 대하여 리스물건의 사용수익권, 계약갱신권 등의 권리를 갖는 대신, 의무로서 리스물건의 수취·수검의무, 리스료 지급의무, 리스물건의 보관의무, 통지·보고의무, 표지부착의무, 리스물건의 반환의무 등을 부담한다.

● 기출 Check ●

다수의 금융기관이 차관단을 구성하여 단일의 계약서에 따라 공통의 조건으로 차주에게 일정한 금액을 융자하는 내용에 해당하는 계약은? **기출** 15년 2회

① 금융리스계약   ② 신디케이트론계약
③ 팩터링계약   ④ 차주선물계약

해설 ① 금융리스계약은 리스이용자가 리스할 물건을 취득하여 일정 기간 정기적인 대가를 지불하고 리스한 물건을 이용하는 거래에 한 계약으로 원칙적으로 리스 기간 도중 중도해지가 금지된다.
③ 팩터링계약은 단기 금융 계약의 한 방식으로 거래기업이 외상매출채권을 팩터링 회사에 양도하고 팩터링 회사는 거래기업을 대신하여 채무자로부터 매출채권을 추심하는 동시에 이에 관련된 채권의 관리 및 장부작성 등의 행위를 인수하는 것이다.
④ '차주'는 대차 계약에서 빌리는 쪽의 사람을 의미하며, 선물계약은 미래의 시점을 인수/인도일로 하여 일정한 품질과 수량의 물품 혹은 금융상품을 약정한 가격에 사고팔기로 약속하는 계약이다.

정답 ②

3. 국제팩터링계약(Factoring Agreement) 기출 15년 1회

(1) 개 념

① 국제팩터링 결제방식은 수출입업체 간에 서로의 신용을 바탕으로 신용장 발행 없이 팩터링 금융기관이 대금지급을 보증하는 일종의 외상무역 결제 방식이다.

② 국제상거래 부문에서 전 세계의 팩터링회사가 국제적인 회원망을 형성하여 상호업무협약에 따라 국제 간 금융 서비스업무를 제공하는 무신용장방식의 무역거래방식이다.

③ 수출국 팩터링회사는 수출업자와 수출팩터링 거래약정을 체결한 후 수출업자에게 선적 전 또는 선적 후 운전자금을 제공하며, 수입국 팩터링회사는 수입업자에 대한 신용조사 및 신용승인, 팩터링회사의 지급보증과 수출채권의 관리 및 수입업자로부터의 대금회수서비스를 제공하는 거래이다.

(2) 국제팩터링계약의 주요 메커니즘

① 수입업자에 대한 신용승인 의뢰
　㉠ 수출팩터링 거래약정을 체결 후 수출업자는 수출팩터에 수입업자 신용조사 및 신용승인을 의뢰한다.
　㉡ 수입업자에 대한 수입팩터의 신용승인은 수입업자의 파산, 지급불능 등 신용위험 발생 시 수입팩터가 수입대금을 대신 지급할 것을 확정하는 일종의 지급보증으로 간접적인 신용조사에 의거하여 이루어진다.

② 수출승인
　㉠ 신용승인내용을 통보 받은 수출팩터는 수출업자에게 신용승인통지서를 발행하며 수출업자는 동 통지서에 기재된 신용승인 금액, 거래통화 및 대금결제조건 등의 범위 내에서 수입업자와 팩터링 방식에 의한 수출계약을 체결한다.
　㉡ 수출계약서에는 국제팩터링방법에 의한 거래임이 명시되어야 하며 동 방식의 거래 시 통상 운송서류 일체가 수입업자에게 간접 발송되므로 대금결제기간은 선적일 또는 선하증권 발행일로부터 기산하는 것이 원칙이다.
　㉢ 수출계약 체결 후, 수출업자는 수출승인신청서, 국제팩터링 방식임이 명시된 수출계약서 원본 및 사본과 수출팩터가 발행하는 신용승인통지서(Answer to CAR) 등을 수출업자가 거래하는 외국환은행 또는 수출팩터 주거래 외국환은행에 제출하여 수출승인을 받는다.

③ 선적 및 수출채권의 매입
　㉠ 수출계약서상의 선적기간 내에 선적을 완료한 후 수출업자는 수출팩터에 수출채권의 매입을 의뢰하게 된다.

ⓛ 국제팩터링 거래에서 수출채권이라 함은 일반적으로 수출업자가 수입
업자 앞으로 발행하는 상업송장을 말하며 수출채권의 매입이란 엄격한
의미에서 수출업자가 상업송장의 대금회수권리를 팩터링 회사에 양도
하는 것을 말한다.
ⓒ 수출채권매입 시 수출팩터는 수출업자로부터 수출채권매입의뢰서, 수
출승인서(E/L), 수출면장, 선하증권, 보험증권, 원산지증명 및 포장명
세서 등을 제공받아 약정서 등의 조건에 따라 심사 후, 수출채권금액의
100% 이내의 범위에서 매입대금을 수출업자에게 지급한다.
ⓡ 수출팩터는 매입 시 수출업자로부터 양도받은 수출채권(송장)상에 채
권양도문구를 날인한 후, 양도장(Transfer Letter)을 첨부하여 수입팩
터에 송부, 대금회수를 요청한다.

4. 국제조세회피의 수단

(1) 조세협약의 편승(Treaty Shopping)

조세협약의 당사자가 아닌 제3자가 조세협약국에 실질적으로 존재하지 않는
회사를 설립하여 조세협약상의 혜택을 부당한 방법으로 이용하는 행위

(2) 조세피난처(Tax-heaven)

법인의 실소득의 전부 또는 일부에 대한 조세 부과가 발생되지 않는 국가 혹
은 지역

(3) 이전가격의 조작(Manipulation of Transfer Price)

다국적 기업이 세금 부담을 경감하기 위해 본·지점간 국제거래에서 가격을
조작하는 행위

(4) 과소자본(Thin-capitalization)

다국적 기업은 해외에 자회사를 설립할 때 자본금을 적게 하고 차입금을 늘려
해당 국가에서의 발생되는 과세소득을 최소화하여 조세를 회피하는 행위

08

실전 예상문제

01

해외직접투자 방법에 해당되지 않는 것은?

① 주식(출자지분의 취득)/외화증권 취득
② (외화)대부채권 취득
③ 국제증권투자
④ 해외자원개발사업 또는 기술개발사업 참여

🖊 해설

국제증권투자는 이익, 배당금, 자본이득 수취를 목적으로 외국증권에 투자하는 해외간접투자라 할 수 있다.

정답 ③

02

합작투자계약에 관한 설명으로 틀린 것은?

① 비계약적 합작투자는 주로 엔지니어링, 건설 등의 분야에 이용하며, 로열티를 받고 기술, 인력 등을 투자한다.
② 비계약적 합작투자 중 무한책임조합의 형태에는 법인격이 존재하지 않는다.
③ 비계약적 합작투자 중 유한책임조합의 형태에는 법인격이 존재하지 않는다.
④ 비계약적 합작투자 중 주식회사의 형태에는 법인격이 존재한다.

🖊 해설

①의 '로열티를 받고 기술, 인력 등을 투자'하는 것은 비계약적 합작투자의 내용이 아니라 국제라이센싱계약의 내용이다.

정답 ①

03

다음 내용 중 단독투자(Sole Venture)에 대한 설명으로 적합하지 않은 것은?

① 모기업이 100%의 지분을 보유하고 전적인 경영권 행사
② 과도한 투자비 부담 경감
③ 투자이익 독점
④ 상대적으로 위험부담이 큼

🖊 해설

과도한 투자비 부담 경감은 합작투자의 장점이다. 단독투자는 모기업이 100%의 지분을 보유하며, 투자비 부담이 높고 위험부담이 크다.

정답 ②

04

단독투자의 특징이 아닌 것은?

① 투자이익 독점
② 모기업이 100% 지분 보유
③ 전적인 경영권 행사
④ 서로 부족한 부분을 공유하는 보완관계

🖊 해설

④ 합작투자의 특징이다.
①·②·③ 외 큰 위험부담 등은 단독투자의 특징이다.

정답 ④

05

아래 기술된 내용 중 프랜차이즈 시스템의 특성으로 맞지 않는 것은?

① 프랜차이즈계약에서는 가맹본부와 가맹점이 상호 협력하여 계약내용을 결정한다.
② 동일자본 아래 있는 체인 형태의 경우와 유사한 효과를 발휘한다.
③ 가맹본부와 가맹점의 기능분화가 명확히 행해진다.
④ 자본을 달리하는 독립 사업자들이 상호 협력하는 시스템이다.

✎ **해설**

> 가맹본부와 가맹점 간의 계약관계는 전형적인 부합계약으로 양자가 상호 협력하여 계약을 체결한 것이 아니라 가맹본부가 사업에 대한 계약내용을 미리 정한 상태에서 이에 동의하는 가맹희망자와 계약을 맺는 형태다.

정답 ①

06

가맹점주의 권한 범위에 따른 프랜차이즈 시스템 분류 유형에 속하지 않는 것은?

① 단일지역 프랜차이즈(Direct Unit Franchise)
② 지역개발 프랜차이즈(Area Franchise)
③ 사업형 프랜차이즈(Business Format Franchise)
④ 지역분할 프랜차이즈(Master Franchise)

✎ **해설**

> 사업형 프랜차이즈는 상품 · 상호유통 프랜차이즈와 같이 제공유형에 따른 분류로서 주로 음식점이나 레스토랑 등 서비스를 제공하는 업종에 많다.

정답 ③

07

지역분할 프랜차이즈란 무엇인가?

① 가맹점에 한하여 일정한 지역 내에 가맹기간 동안 가맹본부의 권리 및 영업권 일체를 부여하는 시스템
② 일정기간, 일정지역 내에서 특정의 가맹점을 축으로 여러 개의 가맹점 개설권을 부여하는 시스템
③ 소지역 단위 가맹점에 일정한 지역범위의 독점 영업권을 확보해 주는 시스템
④ 일정지역 내에서 일정기간 동안 어떤 개인 또는 집단에게 가맹본부로서의 권리를 부여하고 이러한 권리를 부여받은 가맹본부가 다시 프랜차이즈 권리를 최종 가맹점에게 하나 또는 수 개의 점포에 대하여 가맹점 영업을 하도록 하는 형태

✎ **해설**

> ① · ③은 단일지역 프랜차이즈, ②는 지역개발 프랜차이즈에 대한 설명이다.

정답 ④

08

사업형 프랜차이즈란 무엇인가?

① 상품, 상호 유통을 목적으로 하는 프랜차이즈 시스템
② 프랜차이즈 패키지라는 프로그램을 개발하여 가맹점을 모집하고 패키지 제공 대가로 가맹비 및 로열티 등의 이익을 취하는 시스템
③ 특정 상품을 유통시킴으로써 생기는 이익을 목적으로 하는 시스템
④ 일정기간, 일정지역 내에서 특정의 가맹점을 축으로 여러 개의 가맹점 개설권을 부여하는 시스템

✎ **해설**

> ①은 상품 · 상호유통 프랜차이즈, ③은 사업형은 유통대가로 생긴 이익이 아닌 프랜차이즈 비즈니스가 목적, ④는 지역개발 프랜차이즈(Area Franchise)에 대한 설명이다.

정답 ②

안심Touch

09

국제프랜차이즈 계약서 작성 시 포함해야 할 조항이 아닌 것은?

① 영업표지(Service Marks) 설정
② 영업지역과 독점권
③ 종업원의 기술훈련
④ 물품의 위험이전 조항

✏️ 해설

국제프랜차이즈 계약서에 물품의 위험이전 조항은 포함되지 않는다. 국제프랜차이즈 계약서 작성 시 핵심고려요소는 계약 당사자, 상표·상호 등 영업심벌 사용, 프랜차이즈 지역구분과 점포장소 선정, 점포 내·외장 통일, 가맹점 설비투자, 가맹본부 자재공급, 가입비·로열티·수수료 등, 가맹점 교육훈련, 판매촉진 선전광고, 경리 등의 지도, 매뉴얼 제공, 가맹점 영업시간, 상품 공급조건, 대금결제, 타 체인에의 참가, 타 종업영업 등의 가부, 프랜차이즈권 양도 환매 등의 가부, 영업비밀 준수 등이다.

정답 ④

10

국제자본거래 관련 계약 중 두 개 이상의 복수 금융기관이 같은 조건으로 기업에 대규모의 중장기자금을 융자하는 대출방식을 무엇이라 하는가?

① 국제정기대출계약
② 투자계약
③ 옵션계약
④ 신디케이트론계약

✏️ 해설

신디케이트론계약이란 두 개 이상의 복수 금융기관이 같은 조건으로 기업에 대규모의 중장기자금을 융자하는 대출방식으로 국제간 협조융자를 신디케이트론(Syndicated Loan)이라고 일컫는 것이 일반적이다.

정답 ④

11

다수의 금융기관이 차관단을 구성하여 단일의 계약서에 따라 공통의 조건으로 차주에게 일정한 금액을 융자하는 내용에 해당하는 국제계약은?

① 국제금융리스계약
② 국제신디케이트론계약
③ 국제팩터링계약
④ 국제차주선물계약

✏️ 해설

① 국제금융리스거래는 서로 다른 국가에 영업소를 두고 있는 대주(Lessor)와 차주(Lessee) 그리고 공급자(Supplier)라는 세 당사자 간의 거래로 일방당사자(대주)가 다른 당사자(차주)가 제시한 사양과 조건에 기하여 플랜트, 자본재 또는 기타설비(Equipment)를 취득할 계약(공급계약)을 제3자(공급자)와 체결하고 리스료 지급과 상환으로 리스물건을 이용할 권리를 차주에게 부여하는 계약이다.
③ 팩터링이란 제조업자(Supplier)가 구매업자(Debtor)에게 상품 등을 외상으로 판매한 후 발생되는 외상매출채권을 팩터링회사(factor)에게 일괄 양도함으로써 팩터링회사로부터 구매업자에 관한 신용조사 및 신용위험인수(지급보증), 채권의 관리 및 대금회수, 양도한 채권 금액 범위 내에서의 금융지원과 기타 사무처리대행 등의 서비스를 제공받는 금융기법이다.
④ '차주'는 대차 계약에서 빌리는 쪽의 사람을 의미하며, '선물계약'은 미래의 시점을 인수/인도일로 하여 일정한 품질과 수량의 물품 혹은 금융상품을 약정한 가격에 사고팔기로 약속하는 계약이다.

정답 ②

12

타인의 상호상표 등의 영업표지를 사용하여 그의 지도와 통제하에 특정사업을 영위하기 위한 목적으로 체결되는 계약은?

① 차관계약
② 리스계약
③ 팩터링계약
④ 프랜차이즈계약

✎ **해설**

프랜차이즈(Franchise)란 가맹본부(Franchisor)가 가맹점(Franchisee)에 상품공급, 조직, 교육, 영업, 관리, 점포개설 등의 노하우를 브랜드와 함께 제공하며 사업을 영위해 나가는 형태를 말한다. 즉 상품을 제조하거나 판매하는 업체가 가맹본부가 되고 독립 소매점이 가맹점이 되어 소매영업을 프랜차이즈(Franchise)화하는 사업 형태이다.

정답 ④

13

다음 중 국제팩터링계약 관련 내용으로 맞지 않는 것은?

① 제조업자가 구매업자에게 상품 등의 외상판매 후 발생되는 외상매출채권을 팩터링회사에게 일괄 양도한다.
② 팩터링회사로부터 구매업자에 관한 신용위험인수(지급보증), 채권관리 및 대금회수 등의 서비스를 제공받는다.
③ 국제팩터링은 세계 각국의 팩터링회사가 독립적으로 수출입자에게 제공하는 새로운 금융서비스이다.
④ 수출국 팩터링회사를 수출팩터(Export Factor), 수입국 팩터링회사를 수입팩터(Import Factor)라 한다.

✎ **해설**

국제팩터링은 세계 각국의 팩터링회사가 그룹을 결성하여 수출업자 및 수입업자에 대하여 제공하는 새로운 금융서비스이다.

정답 ③

14

국제금융프로젝트에서 현지 정부가 도로, 항만 등의 인프라 건설 프로젝트에 민간자본을 유치하기 위해 프로젝트회사에게 시설을 완공한 후 일정기간 동안 관리운영권을 부여한 다음 기부 채납하도록 하는 방법은?

① 신디케이트론(Syndicated Loan)
② 금융리스(Financial Lease)
③ 국제팩터링(International Factoring)
④ BOT(Build-Operate-Transfer)

✎ **해설**

BOT(Build-Operate-Transfer)란 민간투자사업 방식의 일종으로 "건설 · 운영 후 양도방식"이라고도 한다.

정답 ④

15

다음 중 해외투자 시 M&A 계약의 장점이 아닌 것은?

① 기존 기업의 부채를 인수하지 않을 수 있다.
② 사업 착수까지 시간을 단축할 수 있다.
③ 선진기술의 도입이 가능할 수 있다.
④ 기존판매망과 고객기반을 인수할 수 있다.

✎ **해설**

M&A의 장 · 단점
• 장 점
  – 비교적 짧은 시간 안에 사업전개 가능, 인수조건 협상에 따라 자금부담 경감 가능
  – 선진기술의 도입 가능
  – 기존 기업이 가지고 있는 기술, 인력, 유통망, 거래관계, 마케팅 능력 등의 제반 자원 활용 가능
• 단 점
  – 기존 기업의 문제점이나 결점 등의 부채 측면도 그대로 인수(세심한 사전 조사 필요)
  – 기존 기업이 보유하고 있던 유능한 기술 및 경영인력에 대한 적절한 동기부여 필요

정답 ①

전자무역

정보통신기술의 발달로 계약에서 결제까지의 무역거래에서 발생하는 방대한 정보를 신속하게 처리하는 전자무역의 시대를 맞이하였다. 이 단원은 전자무역 금융시스템인 EDI를 비롯한 무역 업무의 전자화에 대한 이해를 돕는 데 초점을 둔다.

01 전자무역(Electronic Trade)의 개요

1. 전자무역의 개념과 특징 기출 20년 2회

(1) 전자무역의 뜻

인터넷과 무역정보처리 시스템 등을 이용하여 국내외 시장정보수집 · 해외바이어 발굴 · 정보검색 · 수출입계약 체결 등의 제반 무역거래를 전자방식으로 처리하는 무역거래 방식이다.

(2) 전자무역의 특징

전 세계 시장의 통합	• 인터넷은 공간의 한계를 초월 → 하나의 시장으로 통합 • 최소 비용으로 전 세계를 대상으로 광고활동 • 전 세계 누구와도 언제든지 무역거래 가능
시장정보 획득 용이	• 인터넷을 통해 특정 상품의 공급 정보를 쉽게 찾아 볼 수 있음 • 실시간 시장 정보로 거래당사자들 간 철저한 시장원리가 적용 → 합리적인 기준의 거래 가능해짐
정보흐름/ 분류 편의성	• 상품의 물리적인 운송과 통관절차(서류)가 편리해짐
시공간 초월	• 시간적, 공간적인 제약이 없음
신속한 쌍방향 통신	• 쌍방 통신 및 멀티미디어 이용 → 신속한 업무, 쌍방향 의사전달 가능
거래제품 · 서비스가격 절감	• 인터넷으로 수출자와 수입자 연결 → 유통구조가 간단, 유통비용 절감 • 생산과정 정보 공개 → 가격구조의 평준화로 제품 · 서비스의 가격 하락
무역거래비용 절감(경제성)	• 인터넷을 통한 정보와 서류 주고받음 → 통신비용 절감 • 전자무역 결제시스템 개발 → 대금결제 보장, 금융 수수료 절감

구 분	전통적 무역	전자무역
기록보존과 피드백	• 효과측정 및 피드백이 용이함	
중소기업 활동영역 확장	• 중소기업들도 인터넷 이용한 네트워크 구축 → 대기업이 독점했던 전 세계 대상 광고나 시장개척활동 가능	

(3) 전통적 무역과 전자무역의 비교

구 분	전통적 무역	전자무역
정보수집	직접 방문, 무역전시회 참가, 관련 단체를 통한 거래알선 의뢰	거래알선 사이트, 검색엔진 등 이용
거래시간	거래상대방의 영업시간	제약 없음
거래지역	지역에 제한 있음	전 세계에서 거래 가능
거래수단	서신, 팩스, 전화 등	이메일, 인터넷 팩스
대금결제	신용장, 추심, 송금결제	전자신용장, 전자무역 결제시스템
운 송	해상운송, 항공운송 등 제한적 전자화	RFID를 통한 포괄적 전자화
무역서류	종이서류를 거래은행에 제시	전자서류를 전송
통 관	세관에 통관 관련 신고서류 제출	관세청 전자통관시스템을 통해 전자통관 신고

2. 전자무역의 수단

(1) 인터넷(Internet)

① 전 세계의 모든 컴퓨터와 통신망이 연결되어 있는 통신네트워크로서 시간과 공간의 제약을 받지 않고 자료를 검색하거나 전자우편(e-mail)을 보낼 수 있으며, 문서 외에도 그림, 이미지, 음성, 동영상 등 멀티미디어까지 전송한다.

② 거대한 사이버마켓(Cyber Market)을 창출, 상거래 등의 많은 활동을 가상세계로 옮기는 플랫폼이 되었다. 1990년대 중반부터 본격적으로 상용화가 시작되었으며, 저렴한 비용으로 전 세계와 연결될 수 있다는 장점 때문에 폭발적으로 성장하면서 점점 실물경제와의 연결이 추진되었다.

③ 최근 인터넷은 의료 및 법무 그리고 교육서비스를 비롯하여 온라인선거, 화상회의, 전자출판, 웹 기반의 기업활동 등 사회 전 분야에 광범위하게 활용되고 있다. 특히 가상시장(Cyber Market)을 통해 무역에서도 전통적 무역방식대신 소위 전자무역(e-Trade)이 본격적으로 열리고 있다.

(2) 전자문서교환(EDI)

① EDI의 개요

전자무역은 무역거래 시 종이서류를 전자파일 형태로 데이터 통신망을 통해 전달되는 전자문서교환(EDI ; Electronic Data Interchange) 방식으로 이루어진다.

② EDI의 장점 및 효과

㉠ EDI는 업무관련 정보처리의 생산성을 증대시킨다. 정보처리에 소요되는 비용을 절감하고 처리시간을 단축할 수 있으며, 업무처리과정에서 발생하는 오류의 감소로 신속하고 효율적이다.

㉡ EDI는 정보처리에 필요한 인력을 절감시키고 최소한의 인력배치를 가능하게 하여 관리의 효율성을 증대시킨다. 이 밖에 EDI는 재고 감소, 고객 서비스 강화, 효율적 자금관리 등 부수적 효과를 제공한다.

㉢ EDI의 직·간접효과로 인해 거래상대방과의 관계를 개선하고 다른 기업과의 경쟁에서 유리한 위치에 설 수 있으며, 정보시스템을 구축하여 신규사업을 창출하는 전략적 효과를 누릴 수 있다.

㉣ EDI를 통한 자료 송·수신을 위해서는 EDI 표준, 사용자시스템, 네트워크 및 교환약정이 필요하다.

③ EDI의 구성요소

전자문서	• 전자수단에 의해서 생성되고 전자무역에 취급되는 정보 • 전자문서의 문서로서의 효력 인정 • 전자무역기반사업자가 보관하는 전자무역문서의 효력 인정. 무역업자가 전자무역문서를 별도로 보관하지 않아도 되도록 함 • 전자문서의 증거력을 인정
전자서명	• 전자문서가 원본임을 입증할 수 있는 기술적 수단 • 작성자 신원과 당해 그 작성자에 의해 작성됨을 나타내는 전자적 형태의 서명 • 관계 법률이 정하는 서명 또는 기명날인으로 인정. 전자서명이 있는 전자문서는 서명 후 내용이 변경되지 않은 것을 추정 • 전자서명 검정키가 해당인의 것임을 제3자 기관이 증명하는 것을 전자인증이라고 하며 이를 통해 전자문서의 진정성을 확보할 수 있음
EDI 표준 (EDI Standard)	• 무역거래 당사자 간에 전자방식으로 교환되는 전자문서의 구조, 내용, 통신방법 등에 관한 표준양식 및 구문(Syntax)을 정한 규칙 • 서로 다른 거래당사자들이 전자문서를 자유롭게 교환하는 데 필요한 공통 언어 • 전자문서와 통신의 표준, 전용표준과 공통표준에 대한 규약이 정립되어 있음

EDI 사용자 시스템	• 무역정보통신망을 이용, 전자문서를 송수신하기 위해 필요한 컴퓨터 하드웨어, 소프트웨어 및 통신장비 • 다양한 사용자 서류들을 EDI 표준으로 전환시키는 변환소프트웨어는 거래당사자 간의 데이터베이스의 구조형태나 서식의 작성방식을 표준화해줌 • EDI 변환소프트웨어는 기업의 내부문서나 자료를 EDI 표준포맷으로 만들어 상대방에게 전송하기 위해 통신시스템으로 이동시키거나, 상대방으로부터 수신하여 통신시스템에 대기 중인 EDI 표준자료를 기업고유의 내부자료로 바꾸어줌
EDI 네트워크	• EDI 네트워크는 직접 네트워크, 제3자 네트워크 및 인터넷 네트워크로 구분 　－ 직접 네트워크(Direct Network) : 모뎀을 통해 거래상대방의 컴퓨터와 직접 연결하는 방식으로서, EDI 초기단계에 주로 사용. 그러나 거래상대방이 증가함에 따라 처리속도가 떨어지고 통신회선의 유지나 비밀유지 등의 곤란으로 인하여 이후 제3자 네트워크 방식을 주로 활용 　－ 제3자 네트워크(Third Party Network) : 거래당사자 간의 전자메시지 교환을 부가가치통신망(VAN)을 통해 간접적으로 전달하는 방식. 즉, 데이터 전송 외에 정보의 축적, 가공, 변환처리 등을 통해 부가가치 서비스를 제공하는 정보통신망으로서, 부가가치통신망(Value Added Network ; VAN)이라고도 함 　－ 인터넷 네트워크(Internet Network) : 저렴한 비용으로 전자문서를 주고받을 수 있는 인터넷을 EDI의 네트워크로서 활용하는 것으로 설치비가 없고 사용이 자유로우며 사용료가 VAN EDI보다 훨씬 저렴
교환약정	• 거래약정(I/A)과 네트워크약정(N/A)으로 구분 　－ 거래약정(Interchange Agreement ; I/A) : 전자거래 당사자 간 EDI거래조건에 관한 제반 사항을 약정하고 있는 표준거래약정. 전자거래계약이라고도 함. 전자문서 및 표준에 대한 합의, 해당 업무별 사용자의 명시, 수신인·발신인 확정, EDI 서비스 제공업자 및 데이터통신망 합의, 계약조건의 해석기준, 중재 및 준거법 등을 규정 　－ 네트워크 약정(Network Agreement ; N/A) : 전자거래가 통신사업자를 매개하는 경우, 사용자와 VAN사업자 간의 EDI 서비스 이용에 따른 제반 사항을 약정하는 것으로 사용자가 한국무역정보통신회사에서 제공하는 종합무역자동화 서비스의 이용조건과 절차에 관하여 약정하는 것. 이 약정은 사용자 및 요금부담자, 비밀번호, 전자교환메시지의 표준 및 시스템 운용, 전자교환메시지의 보안 및 증거적 가치, 분쟁해결에 관한 준거법 지정 등을 내용으로 함

EDI 표준의 유형분류

구 분		EDI 표준의 유형분류
용도기준	전자문서 표준	• 전자적으로 전달되는 문서, 정보, 순서와 형태, 정보 각 부분의 의미 등에 대한 지침. 일반적 의미의 EDI 표준은 이 전자문서표준을 말한다.
	통신표준	• 전자문서의 송수신 규약으로 어떤 정보를 어떤 방식으로 전송할 것인가에 관한 사용자 간의 합의이다.
적용범위 기준	전용표준	• 특정 개별기업만이 활용할 수 있는 표준으로 사설표준이라고도 한다.
	공통표준	• 전용표준의 정보교환 한계 때문에 기업과 산업, 국가단위가 사용할 수 있게 개발되었다. • 기업표준, 산업표준, 국가표준 및 국제표준으로 나눌 수 있다.

유트레이드허브(uTradeHub) 서비스

한국무역정보통신에서는 유트레이드허브(uTradeHub)를 통해 무역업무 서비스를 제공하고 있다. 유트레이드허브는 모든 무역업무 프로세스를 신속하고 편리하게 원스톱으로 처리할 수 있는 신개념 국가 전자무역 허브이다.

유트레이드허브(uTradeHub)의 특징

단일창구 구축	사용자의 업무 처리 간소화 및 효율성 극대화
절차적 서비스 구축	무역업무의 흐름대로 처리 가능
기관 간 협업 강화	양질의 서비스 제공 가능
전자문서 유통체계 개선	전자문서 중복 제출 방지
유통의 간소화	비용 및 인력의 절감 가능

(3) 인터넷 EDI

① 무역 EDI는 전자문서 전송 위주로 운영되기 때문에 멀티미디어자료 전송에 한계가 있고, 해외에서는 접속이 어렵다는 문제점이 있었다. 이에 인터넷상에서 전자문서를 비롯한 멀티미디어자료를 저렴한 비용으로 거래상대방과 실시간으로 교환할 수 있는 인터넷 EDI가 개발되었다.

② 인터넷 EDI의 장점
　㉠ 사용이 편리하고 사용자와 장소에 제한이 없다.
　㉡ 비용이 저렴하다.
　㉢ 처리업무 간의 연계가 용이하다(다른 프로그램과의 호환성이 뛰어남).

합격자 Tip

인터넷 EDI 사용 증가 및 대외무역관리정책의 일환으로 EDI로 처리되는 수출입통관절차에 2004년부터 인터넷 EDI가 도입되어 기존의 방식과 함께 이용되고 있다.

02 전자물류·통관시스템

1. 개요

(1) 전자물류시스템

① 전자물류(E-Logistics)란 정보통신기술과 물류의 결합을 통해 보관·재고관리·운송 등의 물류 서비스를 온라인상에서 구현하여 공급체인상의 물류흐름을 효율적으로 구현한 것이다. 전자물류 실현의 주요기술은 전자문서교환(EDI)·데이터베이스(DB)·첨단화물운송정보(CVO) 등이다.

② 전자문서교환(EDI)은 입출하 지시·화물추적관리·운임청구·수발주 관리·재고조회 등의 물류 데이터를 전산화하여 타기업·타업종 간의 컴퓨터로 교환하는 시스템이다.

③ 동시에 무선통신기술·무선인터넷기술이 발달하면서 웹기반의 전자물류가 모바일 물류(M-Logistics)로 변화하고 있다. 즉, 무선 네트워크를 통해 화물분류·위치추적·배차정보 등을 실시간으로 관리하고 특히 창고관리 등에 일대 혁신을 가져오고 있다.

합격자 Tip

창고관리나 화물분류 작업은 블루투스·와이파이 등의 무선통신기술과 접목되면서 생산성이 증가하고 있다.

(2) 전자통관시스템

① 전자통관시스템이란 기업이 물품을 수출입하기 위하여 반드시 거치는 물품신고, 세관검사, 세금납부 등의 통관절차를 온라인, 인터넷 등 전자방식으로 자동화하여 세관을 방문하지 않고 종이서류 없이 처리하는 시스템이다.

② 전자통관을 위해 세관에 신청하는 민원서류는 전자문서로 제출하도록 운용되고 있는데, 제출 방법에는 EDI 전송방식과 인터넷 전송방식이 있다.

③ EDI 전송방식이란 '통관 EDI 시스템'을 활용하는 방법(EDI 시스템을 사무실 PC에 설치)을 말하며, 인터넷 전송방식이란 '인터넷 기반의 관세청 통관 포털사이트'를 활용하는 방법(관세청 홈페이지 가입)을 말한다.

2. 전자무역의 물류 및 통관 프로세스

물류 프로세스	화물유통정보 서비스	적하목록 취합서비스
		수출입 물동량 및 통계정보 서비스
	수출물류 프로세스	선적요청 업무
		해상수출 업무
		항공수출 업무
		출항(입항)보고

물류 프로세스	수입물류 프로세스	해상수입 업무
		항공수입 업무
		하선신고
통관 프로세스	수출신고 및 통관 프로세스	수출신고의 개념
		수출신고 프로세스(EDI에 의한 수출신고, 인터넷에 의한 수출신고 및 통관)
	수입신고 및 통관 프로세스	수입신고의 개념
		수입신고 프로세스
	인터넷 통관지원 시스템	–
	화물인도 및 보세운송 프로세스	화물도착 및 인도 업무
		수입화물관리 및 보세운송(신고 · 수리) 업무
	관세환급 프로세스	–

⊕ **Plus one**

MFCS(Manifest Consolidation System)
우리나라에 입출항하는 모든 화물의 총량 관리를 위하여 선박이나 항공기에 적재된 화물의 총괄 목록인 적하목록을 세관에 제출해야 하는 선사 및 항공사를 대신하여 용선사와 포워더들의 화물 목록을 취합하여 제출할 수 있도록 지원하는 시스템이다.

3. UNI-PASS – 관세청 전자물류 · 통관시스템

유니패스(UNI-PASS)란 세관 처리 업무를 관리하는 관세청의 전자통관시스템으로 모든 전자통관시스템을 아우르는 통관포탈서비스의 개념이다. 수 · 출입신고 등 유니패스를 통하여 세관에 신청하는 민원서류는 전자문서로 제출토록 운용되고 있다. 제출방법에는 인터넷 전송방식과 EDI 전송방식이 있다. 1992년도부터 관세행정 정보화를 추진함에 있어 처음에는 EDI 방식으로 시작했으나 2004년부터 인터넷 방식을 병행하고 있다.

(1) UNI-PASS의 특징

① 세계 최초 100% 전자통관시스템
② WCO 171개국 회원국 중 가장 빠른 통관시스템 : 신속 정확한 선진관세행정 구현 가능하다. 수입통관의 경우 2일 이상 걸리던 것이 1.5시간으로, 수출통관의 경우 1일 이상 소요되던 것이 1.5분 이내로 단축되었다.

③ 언제, 어디서나, 어느 장치를 통해서든 One-stop 서비스 제공

    ㉠ 세관방문이 필요 없는 수출입 환경 조성

    ㉡ 언제, 어디서든 전자 신고 후 결과 및 처리과정 즉시 확인

④ 세관이나 은행 방문하지 않고 사무실에서 요건확인 신청 및 승인, 세금납부, 환급금수령, 세금계산서 발급 등 쉽게 접근 가능한 One-stop 통관 서비스 제공

⑤ 우수한 과학적 위험관리로 신속 정확한 통관시스템

(2) UNI-PASS SYSTEM의 구성

수출통관 시스템	• 관세청 통관망과 관련기관이 연계되어 있어 신고인은 세관에 "서류 제출 없이(Paperless)" 수출신고하고 수리결과를 확인해 볼 수 있는 시스템 • 수출신고 첨부서류 작성 시 추가항목만 입력 → 동일내용 입력 시간과 비용을 절약할 수 있음 • 수출업무 시스템, 수출통관 정보제공 시스템, 통계정보 시스템으로 구성 • 수출업무 시스템 : 신고서 접수 및 심사, 심사 및 검사기준 관리, 통관현황 조회로 구성, 수입통관 시스템, 화물관리 시스템 및 관세환급 시스템과 연계 운영
수입통관 시스템	• 관세청 통관망과 관련기관이 연계되어 있어 신고인은 세관에 "서류 제출 없이" 수입신고하고 수리결과를 확인해 볼 수 있는 시스템 • 수입신고서 접수 및 심사, 수입 C/S, 상표권관리, 카르네관리, 정보관리 등으로 구성되어 있으며 100% 전자문서에 의한 신고가 이루어짐 • 은행과 연계되어 인터넷 뱅킹에 의한 전자수납 가능, 요건확인 기관과 연계되어 전자문서에 의한 확인 및 처리 가능
화물관리 시스템	• 통관시스템과 연계하여 각각 수출화물 시스템과 수입화물 시스템으로 구축되어 있으며 입항·하역·운송·반입·통관·반출 등 일련의 화물 흐름의 모든 과정을 전자문서에 의하여 신속하게 처리할 수 있도록 구축한 시스템 • MFCS(Manifest Consolidation System)를 통해 항공사·선사·포워더의 적하목록 자동 취합하여 관세청에 제출함으로써 모선이나 항공기 단위로 적재된 화물의 총량관리가 가능 • 세관의 효율적인 화물관리와 물류업체의 업무능률 향상을 동시에 충족

화물추적정보 시스템	• 화물(B/L)별 유일의 화물관리번호를 부여 후 이를 통해 입항에서 통관까지 화물 흐름의 모든 과정에 걸쳐 이동단계별 화물 진행상태 파악 가능 • 화물처리상태 및 이동현황을 B/L 번호, 컨테이너 번호 등 다양한 조건으로 실시간 조회가 가능하도록 인터넷이나 모바일 서비스 제공 → 인력·시간·비용 절감 및 업무 효율성 향상 • 세계관세기구(WCO)의 화물처리시간 측정 가이드라인과 주요 선진국의 세관 현대화 기준을 참고하여 개발한 물류정보제공 시스템 • 고객은 수입화물의 처리상황, 통관소요 시간의 평균과 표준편차 등 정보를 파악하여 물류관리 효율화는 물론 화물처리시간의 사전예측, 물류목표관리 등도 가능
관세환급 시스템	• 수입 시 납부한 관세를 환급요건에 해당할 경우 전부 또는 일부를 되돌려 주는 것 • 무역업체, 관세사, 금융기관 등과 연계 → 복잡한 관세환급 절차를 편리하게 처리할 수 있도록 구축된 시스템 • 신고인이 "서류 제출 없이" 시스템을 이용하여 세관에 환급신청하면 세관에서는 수출입 신고 및 관세납부 내역 등을 컴퓨터 화면으로 확인하고 심사를 완료하면 신청인이 자기계좌로 환급금을 지급받을 수 있는 편리한 절차

⊕ **Plus one**

인터넷 통관포털 시스템

• 인터넷 통관포털 시스템은 인터넷 이용의 보편화, 인터넷 방식의 연계 필요성 등 민간 및 공공 부문(물류망, 금융망 등)과 인터넷 기반의 업무연계에 대응하기 위하여 종전 EDI 시스템을 한 단계 발전시킨 보다 편리한 저비용 구조의 통관시스템인 인터넷 통관포탈 시스템을 구축했다.

• 전용 네트워크망 구축이 필요한 종전의 EDI 시스템의 한계를 극복하여 인터넷 이용이 가능한 곳이라면 어디에서나 수출입 업무처리가 가능하며 관세 행정 수요자들에게 수입화물 진행정보 등 유익한 정보를 맞춤형으로 제공할 수 있게 되었다.

03 전자무역 결제시스템

전자무역의 급격한 발전으로 새롭고 다양한 대금결제방식이 개발되어 사용되고 있다. 정보통신망을 이용한 전자신용장, 인터넷 환경을 이용한 TradeCard 시스템, Bolero(Bill of Lading for Europe) 시스템 등이 대표적이다.

1. TradeCard

(1) TradeCard의 개요

① TradeCard는 인터넷과 TradeCard 시스템을 이용하여 수출상과 수입상의 무역대금을 결제해주는 것이다.

② TradeCard 시스템은 인터넷상에서 완벽한 온라인 거래가 가능한 솔루션을 제공하고 있으며, 인터넷으로 발행되고 전송된 전자문서가 일치하는지 자동으로 검색할 수 있는 자동검색엔진의 특허를 갖고 있다.

③ 물류업체, 검사회사, 적하보험회사, 신용자금조달 및 외환서비스와 연계하여 TradeCard 시스템이 온라인상에서 수출상과 수입상이 TradeCard사가 승인한 서류를 제시하고, 전체 무역거래업무의 진행상황을 점검할 수 있다. 또한, 무역거래에 필요한 각종 무역서류와 자료를 정확하게 적기에 제시하게 함으로써 무역거래의 효율성을 극대화시킬 수 있다.

(2) TradeCard의 종류

자동 승인지급 방식(APP ; Auto Approved Payment)	개념	• TradeCard사가 업무관계인 Coface사에게 수입상의 신용조사를 의뢰하고 Coface사가 수출대금의 지급을 보증하는 것
	거래 절차	• 수출상과 수입상 수출입매매계약 체결 약정 • 수입상이 합의내용에 따라 수입계약서 작성, TradeCard사에게 전송 • 수출상이 TradeCard사의 시스템을 통하여 수입상이 전송한 수입계약서 내용을 검토, 계약내용 승인하면 수출입매매계약이 체결 • 수출상은 수출거래에 필요한 모든 서류를 작성하여 TradeCard 시스템을 이용하여 TradeCard사에게 전송 • 수출거래 종료 시까지 모든 수출거래업무와 서류는 TradeCard 시스템을 통하여 이루어짐

수입상 승인지급방식	개념	• 신용보증기관의 수출대금지급 확약 없이 수출상이 수입상의 신용을 근거로 수출대금을 지급받는 것 • 수출상은 수출상품 선적 후 필요한 선적서류를 Trade Card사로 전송하고 TradeCard사는 전송된 서류를 검사 후 수입상의 대금지급 승인 • 수입상으로부터 대금이 결제되면 수출대금 결제은행을 통하여 수출상에게 수출대금을 지급
	거래 절차	• 수입상은 TradeCard사에게 TradeCard 시스템의 사용신청을 하여 승인을 받은 후에 구매주문계약서를 작성하여 TradeCard 시스템으로 전송 • TradeCard사는 전송된 구매주문계약서를 검토한 후에 수출상에게 구매주문계약서를 받은 사실과 함께 동 구매주문계약서를 수출상에게 전송
송장 제시방식		• 신용기관의 수출대금지급 확약이 없고 TradeCard사가 전송된 선적서류를 검사하지 않는 거래방식 • 수출상은 상업송장을 TradeCard 시스템을 이용하여 수입상에게 전송하고 수입상은 전송된 상업송장을 근거로 수입대금 결제시점을 결정하여 지급하는 결제방식

(3) TradeCard의 이용 절차

구매주문계약서의 입력 및 승인 → 선적관련사항 입력 및 승인 → 대금지급사항 확인 → 수입계약서 승인 및 전자 선적서류의 작성 → 상업송장 입력 및 승인 → 포장명세서 작성 → 검사증명서와 선적증명서 작성 → 지급보증문서의 확인 → 인도증명서 작성 → 무역금융요청서 작성 및 승인 → 전송된 서류의 검토 및 하자통보 → 대금지급지시서의 확인 → 인출 및 입금 → 물품의 수령

2. BoleroSurf

(1) BoleroSurf의 개요

① 볼레로 시스템은 볼레로인터내셔널이 판매하는 웹상에서 구현되는 개방적이고 중립적인 시스템이다.

② 기능적인 표준을 확립하고 전 세계에 무역체인의 솔루션을 제한하는 보안과 전자무역서류의 법적 문제를 해결하는 완전한 전자적 네트워크이다.

③ SURF는 볼레로 시스템상에서 전자무역 대금결제를 완벽하게 실행하기 위하여 세계 주요은행들과 함께 개발된 것으로 전자무역서류의 결제과정을 완전 자동화했다.

④ SURF는 볼레로 시스템 서비스를 이용하여 수출상과 수입상이 합의한 내용과 제시된 서류내용을 점검하는 시스템이다. 수출상이 제시한 모든 전

자서류를 자동적으로 점검하며 전자서류의 신속한 확인과 전송을 위해서 볼레로회사가 이를 대행한다.

(2) SURF의 대금결제방식과 이용절차

SURF 신용장 결제방식	• 수입상을 대신하여 신용장개설은행이 수출상에게 수출상이 제시한 모든 서류가 신용장의 제 조건을 충족시키면 수출대금을 지급하겠다는 약정서이다. • 신용장에서 요구한 모든 서류가 볼레로 시스템을 통하여 전송되고 전자서류 제시를 위한 신용장통일규칙의 보칙이 적용된다. • 볼레로인터내셔널은 은행이 발행한 지급확약서를 수출상에게 전송하고 수출상은 은행의 수출대금 지급확약서를 근거로 수출상품을 생산하여 선적한다.
SURF 추심 결제방식	• 수출상이 수입상의 여신을 믿고 거래하는 것으로 수출대금지급에 대한 은행의 약정이 없는 것을 말한다. • 수출상과 수입상 간에 필요한 모든 선적서류와 자료는 볼레로 시스템을 통하여 전송된다.
서류인도 결제방식	• 수출상이 수출거래에 필요한 모든 선적서류를 볼레로 시스템을 이용하여 수입상에게 인도하고 수입상에게 수출대금의 지급을 요청하는 결제방식이다. • 수출상에게 발생할 수 있는 수출대금 미회수 위험과 수입상에게 발생할 수 있는 수입상품의 품질문제에 관하여 거래당사자인 수출상과 수입상이 부담해야 한다.

3. 전자신용장 　기출 20년 2회

(1) 전자신용장의 정의

① 전자무역거래의 대금지불과 상품수입을 원활하게 하기 위하여 신용장 업무를 종이신용장 없이 전자적으로 처리할 수 있도록 구현된 신용장을 말한다. 우리나라는 2005년부터 세계 최초로 전자신용장을 도입하였다.

② eUCP Credit은 eUCP를 준수하고 그 적용대상이 되는 신용장이며, 신용장상에 eUCP의 준수를 명시하고 아울러 전자기록만으로 혹은 종이 문서와 함께 제시(Presentation)되는 경우에만 적용된다. 종이 문서만으로 제시되거나 신용장에 eUCP의 적용이 명시되지 않은 경우는 eUCP Credit이 아니다.

(2) 전자신용장의 거래절차

수출상과 수입상은 무역거래를 위하여 상거래조건과 무역정보통신회사가 제공하는 시스템 이용에 합의하여야 한다.

① 수입상 : 무역정보통신회사 시스템에서 전자구매계약서에 필요 사항 기재, 전송

안심Touch

② **수출상** : 수입상의 전자구매계약서 검토 후 승인서를 무역정보통신회사에 전송

③ **무역정보통신회사** : 수입상의 거래은행에게 지급확약을 요청

④ **은행** : 수입상에 대한 신용조사와 수입담보금의 예치를 통해 조건부 지급확약서 발급

⑤ **무역정보통신회사** : 은행의 지급확약서를 수출상에게 전송

⑥ **수출상** : 이것을 근거로 수출상품을 생산, 선적 후 요청받은 전자서류를 무역정보통신 시스템으로 개설은행에 전송

⑦ **개설은행** : 전송된 전자서류와 시스템 검사 후 수출대금 지급

(3) 전자신용장과 전자무역계약, 무역정보통신 시스템 사용계약과의 법률관계

전자신용장과 전자무역계약과의 관계	• 전자신용장은 수출상과 수입상의 합의 하에 만들어진다. • 전자신용장 개설 후 전자무역계약과 전자신용장거래 당사자는 독립적이다. • 전자신용장거래는 그 자체로 독립적으로 유효, 전자신용장내용을 수정하거나 변경할 수 없다.
전자신용장과 무역정보통신 시스템 사용계약과의 법률관계	• 전자신용장거래에서 개설은행은 수익자가 합의한 무역정보통신 시스템으로 전송한 전자서류와 개설은행에게 제시되지 않은 전자서류가 전송된 하이퍼링크, 전자서류의 전송 경로, 전자서류의 발송과 수신의 확인을 검사하도록 요구한다. • 개설은행은 수익자가 전송한 전자서류만을 검사하는 것이 아니라 전자서류가 전송된 무역정보통신 시스템까지 검사하도록 요구하고 있어 UCP에서 강조한 신용장의 독립성과 추상성을 전자신용장에 그대로 적용하기는 어렵다. • 전자신용장과 무역정보통신 시스템 사용계약은 전자무역계약에 의해서 생성되므로 밀접한 법적관계가 있다. • 전자신용장 거래당사자는 수익자와 개설의뢰인, 개설은행, 확인은행으로 이들은 무역 정보통신시스템 사용계약을 통하여 전자신용장이 어떻게 무역정보통신 시스템으로 개설되고 전자신용장업무가 이뤄지는지 사전에 알고 있으므로 밀접한 관계를 갖는다.

(4) 전자신용장 거래당사자 간의 법률관계

합격자 Tip ●────○

Q 개설은행이 전자신용
장을 전송하고 수익자
가 내용 검토 후 인수
한다는 의사표시를 개
설은행에게 전송한 다
음날부터 전자신용장
거래에 따른 법률관계
가 성립한다. (O, X)

A X – 전송한 시점부터
성립한다.

개설의뢰인과 수익자의 관계	• 개설의뢰인의 의무 : 전자신용장을 개설하여 수익자에게 전자신용장에 명시된 무역정보통신 시스템으로 전송한다. • 수익자의 의무 : 전자신용장에 명시된 전자서류를 개설은행에게 제시해야 할 의무와 제시된 전자서류가 전자신용장의 내용과 일치하면 개설은행으로부터 수출대금을 받을 권리가 발생한다. • 수익자의 권리와 의무는 개설은행이 전자신용장을 전송하고 수익자가 전송된 전자신용장의 내용을 검토한 후 전자신용장을 인수한다는 의사표시를 합의한 무역정보통신 시스템으로 개설은행에게 전송하면 그 시점에서 발행한다.
개설의뢰인과 개설은행	• 개설의뢰인의 의무 : 전자신용장의 개설지시, 전자서류 인수와 상환의무이다. • 개설은행의 의무 : 개설의뢰인에 대한 지시 준수의무, 개설된 전자신용장에 대한 전송의무, 수익자로부터 전송된 전자서류에 대한 심사의무이다. • 개설은행의 연지급약정은 만기에 수출대금을 수익자에게 지급하도록 권한을 개설의뢰인이 개설은행에게 부여한 것뿐만 아니라 개설은행이 만기 전에 수출대금을 미리 수익자에게 지급하거나 할인하는 것도 개설은행의 연지급 약정에 포함된다.
수익자와 개설은행	• 수익자와 개설은행 간의 법적관계는 개설은행의 전자신용장에 의해 성립한다. • 개설은행은 전자무역계약의 내용이나 수입상의 파산 등과 같은 이유를 들어 수익자에게 수출대금의 지급을 거절할 수 없다. • 수익자는 전자신용장과 일치하는 전자서류를 개설은행에게 전자방식으로 유효기일 이내에 제시해야 한다. • 개설은행이 연지급은행인 경우 만기일이 도래하기 전에 외상기간 동안의 이자를 공제한 수출대금을 수익자에게 지급하고, 만기일에 개설의뢰인에게 수출대금의 지급을 요청할 수 있다. • 개설은행의 상환청구권 : 개설의뢰인이 발행된 전자환어음을 전자선적서류의 하자를 이유로 인수하지 않거나 어음만기일에 지급하지 않으면 개설은행은 전자환어음 발행인에게 상환청구를 할 수 없다. • 개설은행이 전자신용장의 양도요청을 받을 경우 : 양도가능 전자신용장 거래에서 수익자가 합의한 무역정보통신 시스템으로 전자신용장의 양도를 개설은행에게 요청하면 개설은행은 수익자의 양도요청을 이행할 의무가 있다.

(5) 전자서류의 검사기준

합격자 Tip

- 정규성의 판단기준 : 서류의 발행자 또는 작성자의 서명 혹은 날인이 누락되어 있는지 여부

- 상태성의 판단기준 : 서류가 통상적으로 사용되고 있는 것과 동일한 형식을 갖추고 있는지 여부

엄격 이행의 원칙	• 제시된 서류는 신용장에 명시된 내용과 자구 하나 틀리지 않게 일치하여야 한다(통일규칙 제37조 c항에 근거). • 서류의 엄격일치의 구성요건 : 서류의 정규성과 상태성, 유효 · 합법성, 일반적으로 동 업계에 통용되는 유형, 신용장이 요구하는 서류의 제시, 서로 불일치나 모순되지 않는 한 통의 서류들 • 문면상 일치성 : 서류의 상품명세서는 신용장에 명시된 상품명세서와 일치해야 한다. 즉, 신용장에 명시된 선하증권, 상업송장, 보험증권의 상품명세는 신용장과 꼭 일치해야 한다. • 서류제시일의 준수 : 모든 신용장은 지급, 인수 또는 매입은행에 서류를 제시해야 할 유효기일과 장소를 반드시 기재해야 하며 이런 기재가 없는 신용장은 신용장통일규칙 제12조에 따라 불완전 신용장으로 간주된다.
상당 일치의 원칙	• 수익자가 제시한 서류가 신용장에 명시된 내용과 서로 상반되지 않는 한 자구 하나 틀리지 않고 엄격하게 일치하지 않아도 은행은 이러한 서류를 수리할 수 있다는 것으로 수익자가 제시한 모든 서류가 상호 간에 모순이 없다. 또 특정서류에 기재사항이 빠졌다 하더라도 제시된 모든 서류 내용이 신용장 내용에 따르면 신용장의 조건을 충족시키고 있다고 보고 은행은 대금결제를 해준다는 원칙이다. • 상당일치의 원칙은 서류심사에 있어서 은행의 재량권을 상당히 인정하고 있으며 은행이 자유재량권을 신의성실에 입각하여 얼마나 합리적으로 행사하였는지가 서류심사의 판단 기준이 된다.
은행의 전자 서류 검사	• 엄격이행의 원칙에 따른 전자서류 검사의무 : 전자신용장거래의 당사자들은 엄격일치주의에 따라 제시된 서류를 심사해야 하며 심사은행에게 서류심사의 재량권을 인정해서는 안 된다. 허위 전자서류의 사용이 쉽기 때문이다. • 은행의 전자서류 검사기준 : 전자서류의 정규성과 상태성, 전자서류의 일치성 • 전자서류는 신용장에 명시된 전자주소로 제시하여야만 정당한 전자서류로 인정하며, 전자서류가 제시되었다고 해도 제시된 전자서류를 확인할 수 없으면 수령하지 않은 것으로 간주한다. • 은행의 전자서류 검사의 범위 : 서류검사의무는 전자서류와 연관된 외부의 하이퍼링크의 내용까지 검사하는 것으로 확대되었다. • 전자서류 검사기간 : 전자서류의 검사기간은 서류를 접수한 다음날을 기산일로 하여 7은행영업일 이내에 서류 인수여부를 결정해야 한다.

4. eUCP(electronic Uniform Customs and Practice for documentary credits : 전자신용장통일규칙) _{기출} 20년 1회

(1) eUCP의 적용범위와 UCP와의 관계

① eUCP 신용장은 신용장에 UCP가 적용된다고 기재를 하지 않아도 UCP가 적용되며 eUCP와 UCP가 적용된 결과가 다른 경우에 eUCP가 우선적으로 적용된다고 규정하였다.

② eUCP 신용장이 수익자가 종이서류와 전자서류를 선택하여 제시하도록 허용하고 수익자가 종이서류만을 제시하기로 결정한 경우 그 제시에 대하여 UCP만 적용된다.

(2) 주요 용어 정의

'문면상으로 보이는'(Appears on its Face)	• 전자서류에 기재될 내용을 심사할 때 적용된다고 규정 • 전자서류에 기재되어 있는 문언을 읽어보고 전자신용장의 조건과 일치하는지 여부를 판단하는 것으로 해석
서류(Documents)	• 전자서류를 포함하는 정의 • 전자서류를 제시하기 위한 장소는 전자주소를 의미한다고 정의 • 서명은 전자서명을 포함하는 것으로 규정
'부기된'(Super Imposed), '표기'(Notation), '소인이 찍힌'(Stamped)	• 보완적인 특성이 전자서류에서 명백한 자료내용을 의미한다고 규정
전자서류(Electronic Record)	• 전자수단에 의해서 생성되고, 발송, 전송, 수취되거나 지정된 자료를 의미 • 발송자의 정확한 신원확인, 전자서류에 포함된 자료의 분명한 출처, 전자서류가 완전하고 변경되지 않은 상태로 있는지 등 여부에 관하여 확인될 수 있어야 하고 eUCP 신용장의 제 조건과 일치하는지 심사할 수 있어야만 유효한 전자서류로 간주한다고 규정
전자서명(Electronic Signature)	• 전자서류에 첨부되거나 전자서류에 어떤 사람의 확인을 나타내기 위하여 어떠한 사람에 의하여 실행되거나 채택된 자료처리를 의미한다고 정의
서식(Format)	• 전자서류가 표시되거나 언급된 자료의 구성을 의미한다고 정의
종이서류(Paper Document)	• 기존의 종이서식으로 된 서류를 의미
수취된(Received)	• 전자서류가 정보시스템에 의해서 받을 수 있는 서식으로 적용 가능한 수취인의 정보시스템에 입력되는 시점을 의미하며 어떤 수신확인도 eUCP 신용장에 의거하여 전자서류의 수리나 거절을 의미하지 않는다고 정의

(3) 전자서류의 제시와 심사

① eUCP 신용장은 전자서류가 제시되는 전자서식을 명시해야 하며 전자서식이 명시되지 않는 경우 전자서류는 어떤 전자서식으로든 제시될 수 있다고 규정하고 있다.

② eUCP에서는 종이서류와 전자서류로 제시하는 경우 모두 인정하고 있으며 두 경우 모두 제시장소를 명시하도록 규정하고 있다. 종이서류의 경우 물리적인 장소를 명시하면 되고, 전자서류의 경우는 전자주소를 표기하면 된다.

③ 전자서류는 한꺼번에 제시될 필요는 없고 여러 번에 걸쳐 나누어 제시될 수 있도록 규정하고 있다. UCP하에서는 수익자가 신용장에서 요구하는 서류를 한꺼번에 제시해야지 그렇지 않은 경우에는 무조건 하자 사항이 되는 것이다.

④ eUCP에서는 전자서류가 제시되었다 하더라도 제시된 전자서류를 확인할 수 없으면 비록 제시되었다고 하더라도 수령하지 않은 것으로 간주한다.

⑤ 전자서류가 제시될 때 은행이 영업을 하고 있지만, 은행의 시스템이 작동되지 않아 전자서류를 수령할 수 없는 경우에는 은행이 영업을 하지 않는 것으로 간주하고 은행이 전자서류를 수령할 수 있는 날의 첫 영업일까지 유효기간일이나 서류제시기일이 자동적으로 연장된다.

⑥ 제시된 전자서류의 진위확인이 안된 경우 전자서류가 제시되지 않은 것으로 간주한다. 전자서류의 진위를 판명할 수 없는 경우에는 서류의 제시가 완료되지 않은 것으로 간주하여 UCP 제15조에서 규정하고 있는 은행의 면책과 상반되는 규정으로 볼 수 있다.

(4) 서류의 검토

① UCP에서 서류검사는 연관된 외부의 Hyperlink까지 검사하는 것으로 확대되었다. UCP에서는 은행은 수익자가 제시해야 하는 서류만을 가지고 신용장의 제 조건과 일치하는가를 검사하는 것과는 달리 전자서류의 경우 전자서류에 포함되어 있는 외부의 Hyperlink의 내용까지도 신용장의 제 조건과 일치하는지를 검사해야 하는 의무가 추가되었다.

② 은행은 제시되어야 하는 전자서류의 서식을 명시해야 한다. 개설은행 또는 확인은행은 전자신용장에서 명시된 전자서식에 따라 발행된 전자서류를 검사해야 할 의무가 있으며, 만약 이 전자서식이 명시되지 않은 경우에 제시된 전자서류의 서식대로 서류를 검사해야 한다.

③ 서류검토기간은 수익자로부터 서류제시 완료통지를 받은 날로부터 다음 은행영업일에 시작되고, 서류제시 또는 완료통지를 위한 기간이 연장되는 경우 서류검토기간은 제시가 이루어져야 하는 은행이 서류제시 완료통지를 받을 수 있는 첫 번째 은행영업일에 시작된다.

④ eUCP에서는 전자신용장에 원본과 사본을 모두 복본으로 제시하도록 명시되어 있더라도 하나의 전자서류 원본만을 제시하면 된다고 규정하고 있다.

⑤ 서류발행일과 선적일 전자서류에 있어서 전자서류에 당해 서류의 발행일이 명시되어 있지 않은 경우에는 전자서류의 발송일을 전자서류의 발행일로 간주하며, 수취일자는 다른 일자가 명시되지 않은 경우 서류의 발송일로 한다고 규정하고 있다. 운송을 입증하는 전자운송서류에 선적 또는 적송일자가 명시되지 않은 경우 전자서류의 발행일을 선적 또는 적송일로 간주한다고 규정하고 있다.

⑥ eUCP에 따라 전자서류 제시를 위한 책임의 추가적인 면책사항에서는 은행은 전자서류의 외견상 진정성을 검사함으로써 전자서류의 수취, 진정성 그리고 확인을 위해 상업적으로 수용할 수 있는 자료처리를 사용하며, 수취한 전자서류에 명확히 명시된 경우를 제외하고 발송자의 신원, 정보의 출처, 그 완전성과 무변조성에 대한 책임을 부담하지 않는다고 규정하고 있다.

(5) 전자서류의 훼손

① **전자서류 재 제시의 요구** : 개설은행이나 확인은행 또는 다른 지정된 은행이 제시된 전자서류가 훼손된 경우에는 해당 은행은 서류제시자에게 당해 전자서류의 재 제시를 요구할 수 있다고 규정하고 있다.

② eUCP 제12조 a항에 의해 은행이 재 제시를 요구한 경우에는 서류검사기일의 시작일이 서류가 다시 제시된 일자가 된다. 이 경우 확인은행이 아닌 지정은행인 경우에는 반드시 이러한 사실을 개설은행과 확인은행에 통지해야 한다. 어떠한 경우에도 재 제시 마감일 등은 연장되지 않는다.

③ UCP 제13조 b항에서는 은행의 서류검사기일은 7영업일로 제한하고 있으며, 동 기일 내에는 은행은 서류검사를 완료해야 하며 7영업일 이내에 서류인수 혹은 서류인수 거절의 통지를 완료해야 한다.

(6) eUCP의 보완사항

① eUCP는 UCP를 보충하는 규정으로써 신용장거래에 있어 서류제시 등에 관해 전자서류를 사용하는 경우, 이에 대한 내용을 규정하고 있는 것으로 신용장거래에서 전자서류를 이용하여 전자서류를 제시하는 경우에 적용되며 동 규칙은 주로 전자서류의 제시와 검토, 전자서류 인수의 거절사유에 관련된 내용을 규정하고 있다.

② eUCP 제4조 : 전자신용장은 전자서류가 제시된 전자서식을 명시해야 한다고 규정하였다. 여기서 "must specify"는 강제규정으로서 반드시 이행해야 된다고 보아야 한다. 그러나 전자서류의 전자서식이 명시되지 않으면 어떠한 전자서식으로도 제시될 수 있다고 규정되어 eUCP 제4조에서는 상호모순되는 규정이 포함되어 있는 것처럼 보인다.

③ eUCP 제11조 a항 : 개설은행, 확인은행 또는 다른 지정은행이 접수한 전자서류가 훼손된 것으로 나타났을 경우 해당 은행은 서류제시자에게 전자서류의 훼손을 알릴 수 있고 전자서류의 재 제시를 요구할 수 있다고 규정하고 있다.

④ eUCP 제11조 b항 : 전자서류가 훼손된 경우 동 서류가 30일 이내에 동일한 전자서류가 다시 제시되지 않을 경우 은행은 전자서류가 제시되지 않은 것으로 처리하고 어떠한 최종기일도 연장되지 않는다고 규정하였다.

04 전자무역 보험·클레임

1. 전자무역 보험

합격자 Tip ●————◉

주요요소 : 전자무역 사이트, 지불중개회사, 수출보험공사 자동인수시스템

(1) 개 념

① 전자무역 보험은 전자무역 사이트를 통해서 성사된 수출거래를 대상으로 하며, 선적 후 수출대금을 회수하지 못해 발생한 손실을 보상하는 신용보상제도로 보험 업무를 수행하는 과정에서 정보의 송 · 수신은 물론 업무 처리절차가 전자적 수단을 통해 이루어진다.

② 수출보험공사와 해당 전자무역 사이트 간에 전산시스템 연동이 가능한 상태로 수입자 신용조사 및 보험 부보 등의 절차가 온라인상으로 이뤄지는 것이다. 수출보험공사와 전산시스템 연동이 돼 있지 않은 사이트에서는 수출계약이 체결되어도 전자무역 보험을 이용할 수 없다.

(2) 전자무역 보험 대상 및 담보손실

① **전자무역 보험 대상** : 수출보험공사가 인증한 전자무역 사이트에 가입된 사람이면 누구나 가능하다.

② **전자무역 보험 담보손실** : 공사가 인정한 전자무역 사이트를 통해 체결된 결제기간 1년 이내의 일반 및 위탁가공 수출계약의 대금회수 불능에 따라 입게 되는 손실만을 담보해준다.

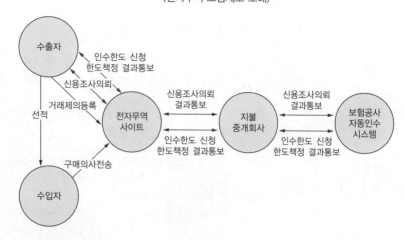

〈전자무역 보험제도 도해〉

(3) 전자무역 보험 절차

합격자 Tip

주요 전자무역 사이트 현황
• EC Plaza(무역정보통신
 사 자회사)
• EC 21(무역협회 자회사)
• Buy Korea(KOTRA가
 운영)

온라인	수출계약체결	• 전자무역 사이트상에서 수출업자 간 계약체결
	신용조사	• 수출자가 전자무역 사이트상에서 수입자 신용조사를 의뢰 • 지불중개사가 수출자와 공사 간의 신용조사 의뢰 내역 및 결과 전송 • 지불중개회사는 수출자의 신용조사 의뢰 시 신용조사 수수료를 수출자 계좌로부터 공사 앞 이체
	청약 및 인수 한도책정	• 수출자가 전자무역 사이트상에서 인수한도 신청하고 지불중개회사는 한도 신청내역을 공사 앞 전송 • 수출보험공사는 자동인수 시스템을 이용해 인수한도를 책정하고 지불중개 회사 앞으로 결과 통보 • 지불중개회사는 전자무역 사이트를 통해 수출자 앞으로 인수한도책정 결과통보
	수출통지 및 보험료수납	• 수출자가 물품선적 후 전자무역 사이트상에서 수출통지를 입력하면 지불중개회사는 통지내역을 공사 앞 전송 • 수출보험공사는 납부해야 할 보험료를 실시간으로 지불중개사 앞 통보하고 지불중개회사는 전자무역 사이트를 통해 수출자 앞 통보 • 수출자가 보험료 금액 확인 후 전자무역 사이트상에서 최종 부보 확정할 경우 지불중개사는 보험료를 수출자 계좌로부터 공사 앞 이체하고 공사는 선적일로 소급하여 보험관계 성립
오프라인	내용변경	• 사유발생 시 공사에 서면으로 신청서 제출 • 내용변경 요건에 부합할 경우 내용변경 보험료를 수납 후 내용변경 승인
	사고발생 통지 및 보험금 청구	• 사고발생 통지 및 보험금 청구는 Off-line으로 처리 • 다만 전자무역 보험의 대상거래 여부에 대한 증빙 자료는 공사가 전자무역 사이트를 통해 직접 입수

2. 전자무역 클레임

(1) 전자무역 클레임의 정의

수출입매매계약의 한 당사자가 그 계약을 위반함으로써 다른 거래당사자가 그것으로 인하여 발생한 손실을 배상해줄 것을 요구하는 손해배상청구를 말한다.

(2) 전자무역 클레임의 분류

상품에 대한 클레임	• 수입상이 수출상에게 수입 상품의 하자에 대해서 제기하는 것 • 클레임의 주된 원인 : 품질불량, 품질상이, 규격상이, 등급저하, 손상, 변색 • 수출상품의 결함이 사용자 또는 제3자의 생명, 인체, 물품에 대하여 위해나 손해를 입힌 경우도 클레임의 원인 • 품질하자로 인한 클레임을 예방 → 전 생산과정에서 철저한 품질관리, 개별 제조기업 간 생산정보 공유 필요
포장에 대한 클레임	• 불량포장, 부정포장, 포장결함 : 생산공장에서 한차례 포장되고 컨테이너에 적재되기 전에 포장조건을 제조기업이 모르거나 잘못 알고 있는 경우, 운송인이 요구하는 포장조건을 알지 못하는 경우에 발생 • 포장에 대한 클레임을 방지 → 수출상과 수입상이 합의한 포장조건과 운송인이 요구한 포장조건을 수출상과 수입상, 제조기업, 운송인이 공유하고 있을 때 가능
선적관련 무역클레임	• 선적지연 : 수출상과 수입상이 합의한 선적기일이 경과된 경우의 클레임 • 선적불이행 : 수출상이 수출상품의 선적을 불이행하는 것 • 선적관련 클레임은 제조기업 또는 생산부서, 수출상, 운송회사 간에 수출상품이 운송되는 과정에 발생하므로 선적에 관한 정보를 공유하고 있어야 예방이 가능
대금결제 클레임	• 수출상이 수입상에게 제기 : 수출대금지급지연, 수출대금미회수 등 • 수출대금결제에 관한 클레임은 해외시장조사를 철저히 실시하여 믿을만한 수입상을 선정할 때 예방 가능

(3) 전자무역 클레임 처리의 기본원칙과 절차

① 무역클레임 처리의 기본원칙

㉠ 무역분쟁이 발생하면 누구에게 손해배상을 청구할 것인지 상대방을 결정해야 한다.

㉡ 수출상은 권리와 의무에 따른 조취를 취해야 한다. 상품관련 무역클레임이 발생하면 수출상은 전자무역매매계약에 명시한 무역클레임 제기기간 내 무역클레임이 제기되었는지 확인하고, 무역클레임의 유형을 파악하여 운송과정에서 발생한 사고는 보험회사를 통해서 해결하고 생산과정에서 발생된 무역클레임은 제조업체와 협의하여 해결한다.

ⓒ 관할 확인, 전자서류증거의 유무확인, 거래지속여부 결단, 합의내용의 신속한 이행, 처리기준의 제시, 담보의 효력과 실익의 이해와 같은 것들이 있다.

ⓔ 국제적으로 가격이 연동하는 제품들의 경우는 급격한 가격하락이 자주 발생한다.

ⓜ 무역클레임을 방지하기 위해서는 선적서류의 철저한 검토 및 작성이 요구된다. 서류하자 발생 시 신용장 유효기일의 보완, 자신이 취급하는 상품의 국제적인 수급현황 및 가격변동 원부자재 가격추이 등의 종합적인 정보를 항상 가장 새로운 것으로 유지·분석하는 능력을 길러야 한다.

② 무역클레임의 처리절차

> 클레임을 제기한 당사자의 접수 → 기본사항의 검토 → 정당성 검토 → 전가 가능성 검토 → 거절, 수락, 화해, 알선, 조정, 소송, 중재의 결정 → 해결내용 및 방법의 확정 → 구상조치 → 이행

(4) 전자무역 관련 분쟁의 개요 및 유형

① 개 요

ⓐ 전자무역은 불특정 다수를 상대로 한 비대면 거래 및 국경 없는 거래이다.

ⓑ 전자무역에 종사하는 기업은 거래상대방의 무역관습이나 상대방 국가의 법률지식을 일일이 습득할 수 없으므로 법적 불확실성 또는 국제분쟁의 가능성이 높다.

ⓒ 법률적 요소 외에 기술적인 요소를 포함한 새로운 유형의 분쟁이 급증하므로 분쟁해결에 많은 비용과 시간이 요구된다.

ⓓ 분쟁해결은 법원을 통한 소송보다는 소송 외적인 분쟁해결(Alternative Dispute Resolution ; ADR)제도에 의존하는 것이 효율성 및 합리성의 측면에서 적절하다.

② 유 형

ⓐ 지적재산권 관련 분쟁 : 비즈니스 모델 관련 분쟁, 도메인네임 및 프라이버시 침해 분쟁, 불법적이고 악의적인 콘텐츠 공격으로 인한 분쟁이다.

ⓑ 무역계약체결 및 전자인증단계에서 컴퓨터 조작실수로 인한 계약의 유효성 관련 분쟁 : 전자계약체결 시 거래당사자의 확인과 관련된 분쟁 및 전자문서의 인증과 관련된 분쟁이다.

ⓒ 전자결제 관련 분쟁 : 해킹으로 인한 신용카드사기, 결제절차 상의 장애문제, 계약의 취소나 철회 시의 대금환불 문제이다.

ⓔ 계약이행 관련 분쟁 : 계약과 다른 상품 및 서비스 제공 관련 분쟁, 상품 및 서비스의 하자 관련 분쟁, 상품 및 서비스의 불수령 및 배달지연으로 인한 분쟁이다.

(5) 전자무역/온라인 분쟁해결 시스템의 개요 및 유형

① 개요

ⓣ 최근 인터넷 및 웹기반 정보기술의 발달로 인하여 온라인 시스템에 의한 분쟁해결이 가능해지고 있다. 즉, 분쟁당사자의 물리적 위치에 상관없이 분쟁해결을 위한 원격접근이 가능하게 됨으로써 보다 신속하고 간편한 분쟁해결 시스템이 도입되었다.

ⓛ 미국에서는 경직된 법원의 분쟁해결제도와는 달리 ADR에 의한 분쟁해결제도가 전자상거래의 확산과 더불어 온라인을 통한 사이버분쟁해결에 대한 가장 적합한 제도로 인식되기 시작하였다.

② 온라인 분쟁해결 시스템의 유형

이메일을 통한 분쟁제기 시스템	• 온라인을 통한 분쟁해결의 초보적인 단계 • 분쟁제기만 이메일로 하고, 분쟁해결 절차는 대부분 오프라인으로 이루어짐 • 주로 쇼핑몰이나 전자상거래기업 내에서 소비자나 구매기업의 불만사항을 처리하기 위한 것으로, 공정한 분쟁해결을 기대하기 어려운 시스템
사이버조정 시스템	• 조정(Mediation)절차를 온라인을 통하여 진행하는 시스템 • 이메일과 병행하여 채팅룸을 만들어 그 속에서 분쟁당사자들이 중립적인 제3자의 조정을 받는 제도 • 현재 전자거래진흥원 내의 전자거래분쟁조정위원회에서 조정서비스를 제공 • 전자거래분쟁조정위원회에서는 인터넷을 통한 화상, 음성, 문자채팅 등의 기법을 이용한 온라인 회의방식을 통하여 분쟁을 해결
사이버중재 시스템	• 기존의 중재절차를 온라인에서 진행시키는 시스템 • 분쟁당사자가 온라인을 통하여 구속력 있는 판정을 내릴 수 있는 중재인의 중재를 받는 시스템 • 다만 중재심리절차가 온라인으로 진행됨에 있어서 증인출석 및 증거제출 문제, 참고인 진술 문제, 당사자 확인 문제 등 여러 가지 기술적인 문제의 해결이 선행되어야 비로소 효율적인 분쟁해결 시스템으로 정착 • 현재 세계지적재산권기구에서는 도메인네임 관련 분쟁에 대하여 온라인을 통한 사이버중재 서비스를 실시하고 있으며, 월 평균 180여 건 접수 및 처리

실전 예상문제

01

전자무역에 관한 설명으로 틀린 것은?

① 전자무역에 대한 법적 정의는 무역절차의 일부를 정보통신망으로 처리하는 것도 포함하고 있다.

② 인터넷 등 정보통신기술을 활용하여 거래상대방과 직접 만나지 않고도 무역거래를 할 수 있다.

③ 전자무역의 기반을 조성하고 그 활동을 촉진하기 위해 전자무역 촉진에 관한 법률을 시행하고 있다.

④ 전자적 형태의 무체물과 서비스도 전자무역의 범위에 포함되나, 수출실적으로는 인정되지 않는다.

✎ 해설

전자적 형태의 무체물과 서비스도 전자무역의 수출실적으로 인정된다.

정답 ④

02

전자무역의 특징으로 맞지 않는 것은?

① 전세계 시장의 통합
② 시장정보 획득 용이
③ 거래 제품·서비스 가격 증가
④ 무역거래비용 절감

✎ 해설

수출자와 수입자가 바로 연결되기 때문에 유통구조가 간소화되어 비용이 절감된다.

정답 ③

03

uTrade-Hub의 전자무역 솔루션에 관한 설명으로 틀린 것은?

① 무역 서비스뿐만 아니라 마케팅 정보까지 원스톱(One-stop)으로 제공된다.

② 물류포털은 관세사를 위한 수출입통관 업무 전자서비스이다.

③ 전자문서의 효율적 유통과 절차적 간소화로 인하여 인력과 비용의 절감에 기여한다.

④ 전자선하증권(e-B/L)의 운용으로 선하증권의 전자적 유통이 가능하게 되었다.

✎ 해설

uTrade-Hub는 서류 없는 무역을 실현하기 위해 한국무역협회가 국가무역허브, 무역, 물류, 은행, 통관, 마케팅 등 수출입 유관기관이 수출입 전체 과정을 한 곳에서 접근할 수 있도록 한 관문이라고 할 수 있다. 따라서 관세사를 위한 수출입통관 업무 전자서비스라는 내용으로 너무 한정된 내용으로 uTrade-Hub를 설명하는 데 문제가 있다.

정답 ②

04

'전자무역 촉진에 관한 법률'에 의해 전자무역기반 시설 이용이 의무화된 업무가 아닌 것은?

① 신용장 통지업무
② 해상적하보험증권 발급업무
③ 구매확인서 발급업무
④ 수출입신고필증 발급업무

✎ 해설

전자무역기반시설 업무
- 외국환업무 취급기관의 신용장 통지업무
- 외국환업무 취급기관의 수입화물선취보증서 발급업무
- 외국환업무 취급기관의 내국신용장 개설업무
- 통합 공고상의 수출입요건확인기관의 요건확인서 발급 업무(세관장이 확인하는 경우 제외)
- 구매확인서 발급업무
- 원산지증명서 발급업무(세관장이 발급한 원산지증명서 는 제외)
- 해상적하보험증권 발급업무
- 외항화물운송사업자와 국내지사 설치신고를 한 자의 수하인(受荷人)에 대한 화물인도지시서 발급업무

정답 ④

05

전자무역 알선사이트에 관한 설명으로 틀린 것은?

① 단순한 무역알선·중개기능에서 해외시장의 개척, 업무대행 등 전자무역 포털 솔루션으로 변화되고 있다.
② 주요 기능으로는 오퍼정보 열람, 제품 카탈로그 검색 및 등록, 오퍼 등록 등이 있다.
③ 전자무역 알선사이트는 무역 업무를 위해 가상 공간에서 무역거래 당사자를 연결하는 역할을 한다.
④ 전자무역 알선사이트에서는 필요 시 업무의 효율성 향상을 위해 무역금융도 지원한다.

✎ 해설

전자무역 알선사이트는 무역금융 지원과는 무관하다.

정답 ④

06

전자무역의 주요 수단 중 표준화된 전자문서를 상호 송수신하는 것으로서 구조화된 형태의 데이터, 즉 표준전자문서를 컴퓨터 간에 교환하는 정보전달 방식은?

① 인터넷(Internet)
② EDI
③ 인터넷 EDI
④ 무선정보통신

✎ 해설

EDI의 특징
- 정보처리의 생산성 증대
- 인력 절감, 재고 감소, 고객서비스 강화, 효율적 자금관리

정답 ②

07

EDI의 구성요소 중 무역정보통신망을 이용하여 전자문서를 송수신하기 위해 필요한 컴퓨터 하드웨어, 소프트웨어 및 통신장비를 무엇이라 하는가?

① 전자문서
② 전자서명
③ EDI 사용자시스템
④ EDI 표준

✏ 해설

EDI 사용자시스템은 무역정보통신망을 이용한 전자문서 송수신을 위해 필요한 컴퓨터 하드웨어, 다양한 형태의 사용자 서류들을 EDI 표준으로 전환시키기 위한 변환소프트웨어 및 모뎀 등의 통신장비를 말한다.

정답 ③

08

전자통관시스템에 대한 내용으로 맞지 않는 것은?

① 통관절차를 세관을 방문하지 않고 종이서류 없이 처리하는 시스템
② 보관 · 재고관리 · 운송 등의 서비스를 온라인상에서 구현한 것
③ 전자통관시스템 구현 방법에는 "통관 EDI 시스템"과 "인터넷 기반 관세청 통관 포털 사이트"가 있음
④ 물품신고, 세관검사, 세금납부 등의 절차를 온라인, 인터넷 등 전자방식으로 자동화하여 처리하는 시스템

✏ 해설

②는 전자물류시스템에 관한 내용이다.

정답 ②

09

유니패스(UNI-PASS)에 대한 내용으로 적합하지 않은 것은?

① 수출입신고 등 유니패스를 통하여 세관에 신청하는 민원서류는 전자문서로 제출
② 세관 통관절차 면제 시스템
③ 관세청의 통관 포탈 서비스를 나타내는 브랜드
④ 세관에서 처리하는 업무를 관리하는 관세청의 전자통관시스템

✏ 해설

UNI-PASS란 관세청 전자물류 · 통관시스템을 말한다.

정답 ②

10

UNI-PASS SYSTEM의 구성 내용에 해당되지 않는 것은?

① 수출통관 시스템
② 수입통관 시스템
③ 화물관리 시스템
④ 물류운송 시스템

✏ 해설

① · ② · ③ 외에 화물추적정보 시스템, 관세환급 시스템이 있다.

정답 ④

11

TradeCard 결제방식 중 자동승인 지급방식에 대한 내용으로 맞는 것은?

① 신용보증기관의 수출대금지급확약이 없이 수출상이 수입상의 신용을 근거로 수출대금을 지급받는 것
② 신용기관의 수출대금지급확약 없이 수출상이 수입상의 신용을 근거로 수출대금을 지급받는 방식
③ TradeCard사가 업무관계를 갖고 있는 Coface사에게 수입상의 신용조사를 의뢰하고 Coface사가 수출대금의 지급을 보증하는 것
④ 수출상은 상업송장을 Trade Card 시스템을 이용하여 수입상에게 전송하고 수입상은 전송된 상업송장을 근거로 수입대금 결제시점을 결정하여 지급하는 결제방식

🖊 **해설**

② · ④는 송장제시방식이다.
③ 수입상 승인지급방식이다.

정답 ③

12

Bolero 시스템에 대한 내용으로 맞지 않는 것은?

① 볼레로 시스템은 웹상에서 구현되는 개방적 · 중립적 시스템으로 볼레로인터내셔널에 의해서 판매되고 있다.
② 전세계 무역체인의 보안과 전자무역서류의 법적 문제를 해결하는 완전한 전자적 네트워크이다.
③ BoleroSurf는 볼레로 시스템상에서 전자무역 대금결제를 완벽하게 실행하기 위하여 개발된 것이다.
④ 전자환어음과 전자선적서류를 전자방식으로 제시하면 서류를 검토하여 요건 충족 시 수출대금을 지급 결제하는 방식이다.

🖊 **해설**

④ 전자신용장에 대한 내용이다.

정답 ④

13

Bolero SURF의 대금결제방식에 해당되지 않는 것은?

① CAD(Cash Against Document)
② SURF 신용장결제방식
③ SURF 추심결제방식
④ 서류인도결제방식

🖊 **해설**

① CAD(Cash Against Document)란 서류 인도/상환 방식을 말한다.

정답 ①

14

다음 중 전자무역 보험관련 내용으로 적합하지 않은 것은?

① 수출보험공사와 전산시스템 연동이 돼 있지 않은 전자무역 사이트에서도 전자무역 보험을 이용할 수 있다.
② 보험 업무 처리절차가 전자적 수단을 통해 이뤄진다는 측면을 강조하는 용어이다.
③ 수입자 신용조사 및 보험 부보 등의 절차가 온라인상으로 이뤄지는 것이다.
④ 전자무역 보험은 전자무역 사이트를 통해서 성사된 수출거래를 대상으로 한다.

🖊 **해설**

수출보험공사와 전산시스템 연동되어 있지 않은 전자무역사이트상에서는 수출계약이 체결된다 하더라도 전자무역보험을 이용할 수 없다.

정답 ①

15

다음 중 전자무역 클레임 관련 내용으로 적합하지 않은 것은?

① 수출입매매계약의 한 당사자가 그 계약을 위반한 상대방에게 그로 인해 발생한 손실을 배상해 줄 것을 요구하는 손해배상청구를 말한다.
② 상품에 대한 클레임은 수입한 상품의 하자에 대해서 수출상이 수입상에게 제기하는 것이다.
③ 포장에 대한 클레임에는 불량포장, 부정포장, 포장결함 등이 있다.
④ 선적관련 무역클레임의 원인에는 선적지연과 선적불이행이 있다.

16

관세청의 전자통관서비스(UNI-PASS)에 관한 설명으로 틀린 것은?

① 수출입통관을 위한 세관신고 업무를 원스톱(One-stop)으로 처리할 수 있다.
② 해외에서도 접속할 수 있는 통관 포털 시스템이다.
③ 화물 추적관리와 수출입에 필요한 요건확인까지도 가능하다.
④ 육로통관이 아닌 공항과 항만에서의 수출입통관 처리만을 위한 시스템이다.

17

수출입물품의 통관 절차에 관한 설명으로 틀린 것은?

① 현재 수출입신고는 VAN/EDI 방식의 KTNET 무역자동화 시스템이나 인터넷 기반의 관세청 UNI-PASS 시스템을 통해 이루어지고 있다.
② 세관에서는 수출입신고 전자문서에 오류가 없다면 자동으로 수리통보를 신고인에게 전송한다.
③ 인터넷 기반의 관세청 UNI-PASS 시스템을 이용한 수출입신고의 경우 전자인증은 불필요하다.
④ 관세청 UNI-PASS 시스템을 통해 수출입신고를 하려면 UNI-PASS 가입 후 세관에 이용승인을 받아야 한다.

무역규범

이 단원에서는 무역법규와 각국의 법률과 거래습관의 차이에서 발생하는 문제를 최소화하기 위한 통일된 국제협약을 우리나라의 무역관련 기본 법규와 함께 알아본다. 대외무역법, 관세법, 외국환거래법부터 물품매매법과 UCP 600 등의 기본적인 정의를 살펴본다.

01 국내무역관계 법규

1. 무역기본법규 기출 16년 3회

합격자 Tip

우리나라 대외무역의 기본법규는 대외무역법이며, 여기에 관세법과 외국환거래법을 포함하여 3대무역 기본법이라고 한다.

(1) 대외무역법

① 1986년 12월 31일 제정된 무역관리 기본법이다.
② 대외무역을 진흥하고 공정한 거래질서를 확립, 국제수지의 균형과 통상의 확대를 도모함으로써 국민 경제를 발전시키는 데 이바지함을 목적으로 한다(대외무역법 제1조).

(2) 관세법

① 관세의 부과·징수 및 수출입물품의 통관을 적정하게 하고 관세수입을 확보함으로써 국민 경제의 발전에 이바지함을 목적으로 한다(관세법 제1조).
② 관세법은 1967년 12월 29일 법률 제1976호로 제정·공표되었으며, 관세행정의 기본법으로서 관세도 국세의 하나이지만 국세에 관한 국세기본법이나 국세징수법은 관세행정에 관하여는 특별히 준용하는 경우를 제외하고는 적용되지 않는다.

(3) 외국환거래법

① 외국환거래 그 밖의 대외거래의 자유를 보장하고 시장기능을 활성화하여 대외거래의 원활화 및 국제수지의 균형과 통화가치의 안정을 도모함으로써 국민 경제의 건전한 발전에 이바지함을 목적으로 한다(외국환거래법 제1조).
② 외국환거래법의 내용을 보면 거주자와 비거주자의 구분, 환율 및 지정통화, 외국환은행, 외국환수급계획, 외국환의 집중, 결제방법의 제한, 무역외거래 및 자본거래에 대한 제한 등에 관하여 규정하고 있다.

2. 수출입지원 법규

무역보험법	무역이나 그 밖의 대외거래와 관련하여 발생하는 위험을 담보하기 위한 무역보험제도를 효율적으로 운영함으로써 무역과 해외투자를 촉진하여 국가경쟁력을 강화하고 국민경제의 발전에 이바지함을 목적으로 한다(무역보험법 제1조).
자유무역지역법	자유로운 제조·물류·유통 및 무역활동 등이 보장되는 자유무역지역을 지정·운영함으로써 외국인투자의 유치, 무역의 진흥, 국제물류의 원활화 및 지역개발 등을 촉진하여 국민경제의 발전에 이바지함을 목적으로 한다(자유무역지역법 제1조).
중재법	중재에 의하여 사법(私法)상의 분쟁을 적정·공평·신속하게 해결함을 목적으로 한다(중재법 제1조).
기 타	이외에 산업집적활성화 및 공장설립에 관한 법률, 산업디자인진흥법 등과 함께 무역금융규정 등의 수출지원을 위한 규정들이 있으며, 또한 법을 집행하는 과정에서 무역과 간접적으로 관련된 갖는 개별 행정법들이 있는데 예로써 약사법, 자연환경보전법, 식물방역법 등이 있다.

02 대외무역법

1. 개 요

(1) 제정 목적

대외무역법은 대외무역을 진흥하고 공정한 거래질서를 확립하여 국제수지의 균형과 통상의 확대를 도모함으로써 국민 경제를 발전시키는 데 이바지함을 목적으로 한다.

(2) 관련 용어 　기출　19년 2회(2급)

무 역	• 물품, 용역, 전자적 형태의 무체물의 수출과 수입
물 품	• 외국환거래법에서 정하는 지급수단, 증권, 채권을 화체한 서류 외의 동산
무역거래자	• 수출 또는 수입을 하는 자 • 외국의 수입자 또는 수출자로부터 위임 받은 자 및 수출과 수입을 위임하는 자 • 물품 등의 수출행위와 수입행위의 전부 또는 일부를 위임하거나 행하는 자
정부 간 수출계약	• 정부 간 수출계약 전담기관이 외국 정부에 물품 등(방산물자 등은 제외)을 유상으로 수출하기 위하여 외국 정부와 체결하는 수출계약

2. 수출입 거래

(1) 수출입의 의미와 범위

구 분	수 출	수 입
의 미	매매의 목적물인 물품이 국내에서 외국으로 이동하고 그에 상응하는 경제적 대가를 수취하는 것	매매의 목적물인 물품이 외국에서 국내로 이동하고 그에 상응하는 경제적 대가를 지급하는 것
범 위	• 매매, 교환, 임대차, 사용대차, 증여 등을 위해 국내에서 외국으로 물품이 이동하는 것 • 유상으로 외국에서 외국으로 물품을 인수하는 것 • 거주자가 비거주자에게 용역을 제공하는 것 • 거주자가 비거주자에게 정보통신망을 통한 전송과 그 밖에 산업통장자원부장관이 정하여 고시하는 방법으로 전자적 형태의 무체물을 인도하는 것	• 매매, 교환, 임대차, 사용대차, 증여 등을 위해 외국에서 국내로 물품이 이동하는 것 • 유상으로 외국에서 외국으로 물품을 인수하는 것 • 비거주자가 거주자에게 용역을 제공하는 것 • 비거주자가 거주자에게 정보통신망을 통한 전송과 그 밖에 산업통산자원부장관이 정하여 고시하는 방법으로 전자적 형태의 무체물을 인도하는 것

(2) 수출입의 원칙과 제한

① 수출입의 원칙 : 물품 등의 수출입과 이를 통해 대금을 받거나 지급하는 것은 대외무역법의 목적 범위에서 자유롭게 이루어져야 한다. 무역거래자는 대외신용도 확보 등 자유무역질서를 유지하기 위하여 자신의 책임하에 해당 거래를 성실히 이행해야 한다.

② 수출입의 제한 : 산업통상자원부장관은 다음의 경우 해당 물품의 수출입을 제한하거나 금지할 수 있다.

    ㉠ 헌법에 따라 체결, 공포된 조약과 일반적으로 승인된 국제법규에 따른 의무의 이행

    ㉡ 생물자원의 보호

    ㉢ 교역상대국과의 경제협력 증진

    ㉣ 국방상 원활한 물자 수급

    ㉤ 과학 기술의 발전

(3) 수출입 승인 `기출` `15년 2회`

헌법에 따라 체결, 공포된 조약과 일반적으로 승인된 국제법규에 따른 의무의 이행, 생물자원의 보호 등을 위하여 지정하는 물품 등을 수출하거나 수입하려는 자는 산업통상자원부장관의 승인을 받아야 한다.

① 수출입 승인의 유효기간

  ㉠ 수출입 승인의 유효기간은 1년으로 한다.

  ㉡ 다음의 경우에는 예외로 1년 미만 또는 20년 이내로 할 수 있다.

    • 국내의 물가안정 · 수급조정을 위하여 수출입 승인의 유효기간을 1년
보다 단축할 필요가 있는 경우

    • 수출입 계약 체결 후 물품 등의 제조, 가공기간이 1년을 초과하는 경우

    • 수출입 계약 체결 후 물품 등이 1년 이내에 선적되거나 도착하기 어
려운 경우

② 수출입 승인의 변경 신청

수출입 승인을 받은 자가 승인을 받은 사항 중 다음의 사항을 변경하려면
산업통상자원부장관에게 변경승인을 받아야 한다.

  ㉠ 물품 등의 수량 또는 가격

  ㉡ 수출 또는 수입의 당사자에 관한 사항

3. 외화획득용 원료·기재

(1) 개 요

① 산업통상자원부장관은 원료, 기재 등 외화획득을 위해 사용되는 물품 등의
수입에 대해서는 대외무역법 제11조(수출입금지, 승인대상물품 등의 품목
별 수량, 금액, 규격 및 수출입지역 등의 제한)를 적용하지 않을 수 있다.

② 외화획득용 원료, 기재의 수입과 구매 절차상 제한을 완화하고 외화획득행
위를 지원하기 위해 시행된 제도이다.

(2) 외화획득의 범위 및 이행기간   `기출` 19년 1회(2급)

① 범위 : 수출입의 제한 또는 금지 규정을 적용하지 않는 물품 등은 다음과
같은 방법으로 외화를 획득할 수 있다.

  ㉠ 수 출

  ㉡ 주한 연합군이나 그 밖의 외국군 기관에 대한 물품 등의 매도

  ㉢ 관 광

  ㉣ 용역 및 건설의 해외 진출

  ㉤ 국내에서 물품 등을 매도하는 것 중 산업통상자원부장관이 정하여 고
시하는 기준에 해당하는 것

② 외화획득의 이행기간

  ㉠ 외화획득용 원료 · 기재를 수입한 자가 직접 외화획득의 이행을 하는
경우 : 수입통관일 또는 공급일로부터 2년

  ㉡ 다른 사람으로부터 외회획득용 원료 · 기재 또는 그 원료 · 기재로 제조
된 물품 등을 양수한 자가 외화획득의 이행을 하는 경우 : 양수일로부
터 1년

ⓒ 외화획득 이행의무자가 이행기간 내에 외화획득의 이행을 할 수 없다고 인정하는 경우 : 산업통상자원부장관이 정하는 서류를 갖추어 산업통상자원부장관에게 그 기간의 연장을 신청한다. 그 신청이 타당한 경우 1년의 범위 내에서 연장할 수 있다.

- 생산에 장기간이 소요되는 경우
- 제품생산을 위탁한 경우 그 공장의 도산 등으로 인하여 제품 생산이 지연되는 경우
- 외화획득 이행의무자의 책임 있는 사유가 없음에도 신용장 또는 수출계약이 취소된 경우
- 외화획득이 완료된 물품의 하자보수용 원료 등으로서 장기간 보관이 불가피한 경우
- 그 밖에 부득이한 사유로 외화획득 이행기간 내에 외화획득 이행이 불가능하다고 인정되는 경우

4. 원산지 제도

(1) 원산지 표시의 개요

① 원산지의 의미와 표시

ⓐ 원산지란 어떤 물품이 성장, 생산, 제조 또는 가공된 지역 혹은 국가를 말한다. 단순조립국, 경유국, 자본투자국, 브랜드 소유국과 구별된다. 홍콩 등과 같이 국가는 아니지만 독립관세 영역이거나 자치권을 보유한 지역도 원산지가 될 수 있다.

ⓑ 원산지 표시 대상은 대외무역관리규정 별표8에 게시된 수입물품이며 원산지 표시 대상물품은 해당 물품에 원산지를 표시해야 한다.

② 원산지 표시 원칙

원칙	예시
한글, 한자 또는 영문으로 표시	• 원산지 : 국명 또는 국명 산(産) • Made in 국명 또는 Product of 국명 • Made by 물품제조자의 회사명, 주소, 국명 • Country of Origin : 국명
최종 구매자가 쉽게 판독할 수 있는 활자체로 표시	–
식별하기 쉬운 위치에 표시	–
원산지가 쉽게 지워지지 않고 떨어지지 않도록 표시	–

통상적으로 널리 사용되고 있는 국가명이나 지역명을 사용하여 표시	• United States of America → USA • Switzerland → Swiss • Netherlands → Holland • United Kingdom of Great Britain and Northern Ireland → UK 또는 GB • UK의 행정구역 → England, Scotland, Wales, Northern Ireland로 각각 표시 가능

③ 원산지 표시 예외

수입물품이 다음의 경우에 해당하면 원산지를 표시하지 않을 수 있다.

㉠ 외화획득용 원료 및 시설기재로 수입되는 물품

㉡ 개인에게 무상 송부된 탁송품, 별송품 또는 여행자 휴대품

㉢ 수입 후 실질적 변형을 일으키는 제조공정에 투입되는 부품 및 원재료로서 실수요자가 직접 수입하는 경우(실수요자를 위하여 수입을 대행하는 경우 포함)

㉣ 판매 또는 임대목적에 제공되지 않는 물품으로서 실수요자가 직접 수입하는 경우(제조용 시설 및 기자재의 수입을 대행하는 경우까지도 인정함)

㉤ 연구개발용품으로서 실수요자가 수입하는 경우(실수요자를 위하여 수입을 대행하는 경우 포함)

㉥ 견본품(진열, 판매용이 아닌 것에 한함) 및 수입품의 하자보수용 물품

㉦ 보세운송, 환적 등으로 우리나라를 단순히 경유하는 통과 화물

㉧ 재수출 조건부 면세 대상물품 등 일시 수입물품

㉨ 우리나라에서 수출된 후 재수입되는 물품

㉩ 외교관 면세 대상물품

㉪ 개인이 자가소비용으로 수입하는 물품으로서 세관장이 타당하다고 인정하는 물품

(2) 수출입물품의 원산지 판정 `기출` 15년 2회

수입물품의 원산지 판정	• 수입물품의 전부가 한 국가에서 채취되거나 생산된 경우에 그 국가를 물품의 원산지로 결정 • 수입물품의 생산·제조·가공 과정에서 둘 이상의 국가가 관련된 경우에는 최종적으로 실질적 변형을 가하여 그 물품에 본질적 특성을 부여한 활동을 한 국가를 그 물품의 원산지로 결정
수출물품의 원산지 판정	• 위 수입물품의 원산지 판정기준에 준용하여 판정하되, 그 물품에 대한 원산지 판정기준이 수입국의 원산지 판정기준과 다른 경우에는 수입국의 원산지 판정기준에 따라 원산지를 판정할 수 있음

(3) 원산지 판정 제도

① **원산지 판정의 요청** : 수출입물품의 원산지 판정을 받으려는 자는 대상 물품의 관세통계통합품목분류표상의 품목번호, 품목명, 요청사유, 요청자가 주장하는 원산지 등을 명시한 요청서 및 필요서류를 첨부하여 산업통상자원부장관에게 제출해야 한다.

② **원산지 판정 결과 통보** : 산업통상자원부장관은 원산지 판정 요청을 받은 날로부터 60일 이내에 원산지 판정을 하여 그 결과를 요청한 사람에게 문서로 알려야 한다.

③ **원산지 판정에 대한 이의제기**
ⓖ 통보를 받은 자가 원산지 판정에 불복하는 경우에는 통보를 받은 날부터 30일 이내에 산업통상자원부장관에게 이의를 제기할 수 있다.
ⓛ 산업통상자원부장관은 이의제기를 받은 날부터 150일 이내에 이의제기에 대한 결과를 알려야 한다.

④ **권한의 위탁** : 산업통상자원부장관은 원산지 판정, 원산지 표시 세부사항, 원산지 표시방법에 대한 확인을 관세청장에게 위탁한다.

중요 〉 03 관세법

1. 개 요 기출 20년 1회

(1) 정 의

① 관세란 관세선을 통과하는 상품에 대하여 국가에서 부과하는 세금을 의미한다.
② 최종적으로 소비될 것을 대상으로 부과하는 소비세이다.
③ 관세법 제14조에서는 "수입물품에 관세를 부과한다."고 규정하여 수출물품에 대해서는 관세가 부과되지 않는다.

(2) 관세법의 목적

① 관세법은 관세의 부과, 징수 및 수출입물품의 통관을 적정하게 하고 관세수입을 확보함으로써 국민경제의 발전에 이바지함을 목적으로 한다.
② 수출입물품의 통관과정에서 관세 자체가 국내산업 보호, 소비억제, 국제수지개선의 역할을 하고 관세율과 과세제도를 통해 국내물가안정, 수출지원을 도모하여 국민경제 발전에 이바지하기 위함이다.

합격자 Tip

관세선 : 관세에 대한 법률규제가 이루어지는 경계선. 통상 국경선과 일치하나 보세구역, 자유무역지역 등으로 인해 항상 일치하지는 않는다.

③ 관세의 부과 징수를 통해 관세 수입을 확보하여 재정 수입을 조달하기 위함이다.

④ **용어의 정의** `기출` 20년 2회

수 입	• 외국물품을 우리나라에 반입하거나 우리나라에서 소비 또는 사용하는 것
수 출	• 내국물품을 외국으로 반출하는 것
반 송	• 국내에 도착한 물품이 수입통관절차를 거치지 않고 다시 외국으로 반출되는 것
외국물품	• 외국에서 우리나라에서 도착한 물품(외국의 선박 등이 공해에서 채집하거나 포획한 수산물 등을 포함)으로서 수입신고가 수리되기 전의 것 • 수출신고가 수리된 물품 • 보수작업 결과 외국물품에 부가된 내국물품 • 보세공장에서 외국물품과 내국물품을 원자재로 혼용하여 제조한 물품 • 관세환급특례법상 관세환급을 목적으로 일정한 보세구역 또는 자유무역지역에 반입한 물품
내국물품	• 우리나라에 있는 물품으로서 외국물품이 아닌 것 • 우리나라의 선박 등이 공해에서 채집하거나 포획한 수산물 • 입항 전 수입신고가 수리된 물품 • 수입신고 수리 전 반출승인을 받아 반출된 물품 • 수입신고 전 즉시 반출신고를 하고 반출된 물품
통 관	• 관세법에 따른 절차를 이행하여 물품을 수출·수입 또는 반송하는 것

(3) 관세의 납부기한

① **납세신고를 한 경우** : 납세신고 수리일부터 15일 이내에 해야 한다.

② **납부고지를 한 경우** : 납부고지를 받은 날부터 15일 이내에 해야 한다.

③ **수입신고 전 즉시 반출신고를 한 경우** : 수입신고일부터 15일 이내에 해야 한다.

④ **성실납부자가 월별납부를 신청하는 경우** : 관세청장이 정하는 요건을 갖춘 성실납세자가 대통령령으로 정하는 바에 따라 월별 납부를 신청한다면 세관장은 납세실적 등을 고려하여 납부기한이 동일한 달에 속하는 세액에 대하여는 그 기한이 속하는 달의 말일까지 한꺼번에 납부하게 할 수 있다.

⑤ **천재지변 등으로 인해 기한이 연장되는 경우** : 세관장은 천재지변, 전쟁, 화재 등 재해나 도난으로 인하여 재산에 심한 손실을 입은 경우, 사업에 현저한 손실을 입은 경우, 사업이 중대한 위기에 처한 경우에는 1년을 초과하지 않는 기간을 정하여 연장할 수 있다.

2. 과세 요건

과세요건이란 납세의무의 성립에 필요한 법률상의 요건을 말하며, 과세물건, 납세의무자, 과세표준, 세율이 있다.

(1) 과세물건

과세물건은 과세의 객체 또는 과세의 대상을 의미한다. 수입물품은 관세법 제14조에 의해 과세 대상임을 분명히 하고 있다.

(2) 납세의무자

원칙적 납세의무자	• 수입신고를 한 물품인 경우에는 그 물품을 수입한 화주
화주가 불분명한 경우의 납세의무자	• 수입을 위탁받아 수입업체가 대행수입한 물품인 경우 : 그 물품의 수입을 위탁한 자 • 수입을 위탁받아 수입업체가 대행수입한 물품이 아닌 경우 : 상업서류(상업송장, 선하증권)에 적힌 수하인 • 수입물품을 수입신고 전에 양도한 경우 : 물품을 넘겨받은 자 • 조달물품인 경우 : 실수요 부처의 장 또는 실수요자 • 송장상 수하인의 부도 등으로 직접 통관하기 곤란한 경우 : 적법한 절차를 거쳐 수입물품의 양수인이 된 은행 • 법원의 임의 경매절차에 의해 경락받은 물품의 경우 : 물품의 경락자

(3) 과세표준

합격자 Tip
국제거래 관련 소득에 대한 조세문제
• 국제적 이중과세 방지
• 국가 간 과세권 배분
• 국제거래를 이용한 조세회피 방지

① 세법에 의하여 세액계산의 기준이 되는 과세물건의 수량(종량세) 또는 가격(종가세). 수입의 경우 CIF 금액을 기준으로 한다.

② 과세가격의 결정방법

제1방법	해당 수입물품의 거래가격을 기초한 과세가격 결정방법
제2방법	동종·동질물품의 거래가격을 기초로 한 과세가격 결정방법
제3방법	유사물품의 거래가격을 기초로 한 과세가격 결정방법
제4방법	국내 판매가격을 기초로 한 과세가격 결정방법
제5방법	산정가격을 기초로 한 과세가격 결정방법
제6방법	합리적 기준에 따른 과세가격의 결정

(4) 세 율

① 세액을 결정할 때 과세표준에 적용되는 비율이다.

② 세율의 종류

기본세율	관세법 별표 관세율표상의 기본세율로 국회에서 제정되며 통상적으로 수입물품에 적용되는 세율
잠정세율	관세법 별표 관세율표에 기본세율과 함께 표기되어 있는 것으로 일시적으로 기본세율을 적용할 수 없을 때 잠정적으로 적용하기 위한 세율
탄력관세율	법률이 정하는 범위 안에서 관세율의 변경권을 행정부에 위임하여 급변하는 국내외 경제 및 무역환경에 대한 탄력적 대응이 가능하도록 하는 세율

③ 세율적용의 우선순위

한 물품에 대하여 둘 이상의 세율이 적용되는 경우가 발생할 수 있으므로 관세법에서는 다음과 같이 세율의 우선순위를 정해 놓고 있다.

1순위	덤핑방지관세, 상계관세, 긴급관세, 특정국물품 긴급관세, 보복관세, 농림축산물에 대한 특별긴급관세
2순위	국제협력관세(WTO 일반양허관세 등), 편익관세
3순위	조정관세, 할당관세, 계절관세
4순위	일반특혜관세
5순위	잠정관세
6순위	기본관세

중요

합격자 Tip

조정관세 부과 대상 중 공중도덕 보호, 인간·동물·식물의 생명 및 건강 보호, 환경 보전, 유한 천연자원 보존 및 국제평화 안전보장 등을 위하여 필요한 경우에는 1순위 세율을 적용

3. FTA 특례법

(1) 목적(법 제1조)

『자유무역협정의 이행을 위한 관세법의 특례에 관한 법률』(약칭 FTA 특례법)은 우리나라가 체약상대국과 체결한 자유무역협정의 이행을 위하여 필요한 관세의 부과·징수 및 감면, 수출입물품의 통관 등 『관세법』의 특례에 관한 사항과 자유무역협정에 규정된 체약상대국과의 관세행정 협조에 필요한 사항을 규정함으로써 자유무역협정의 원활한 이행과 국민경제의 발전에 이바지함을 목적으로 한다.

(2) 정의(법 제2조)

① 자유무역협정

우리나라가 체약상대국과 관세의 철폐, 세율의 연차적인 인하 등 무역의 자유화를 내용으로 하여 체결한 『1994년도 관세 및 무역에 관한 일반협정』에 따른 국제협정과 이에 준하는 관세의 철폐 또는 인하에 관한 조약·협정을 말한다.

② 체약상대국 및 체약상대국의 관세당국

체약상대국	체약상대국 우리나라와 자유무역협정을 체결한 국가(국가연합 · 경제공동체 또는 독립된 관세영역을 포함)
체약상대국의 관세당국	체약상대국의 관세 관련 법령이나 협정(관세분야만 해당한다)의 이행을 관장하는 당국

③ 원산지 및 원산지증빙서류

원산지	관세의 부과 · 징수 및 감면, 수출입물품의 통관 등을 할 때 협정에서 정하는 기준에 따라 물품의 생산 · 가공 · 제조 등이 이루어진 것으로 보는 국가
원산지증빙서류	우리나라와 체약상대국 간의 수출입물품의 원산지를 증명하는 서류(원산지증명서)와 그 밖에 원산지 확인을 위하여 필요한 서류 · 정보 등

④ 협정관세

협정에 따라 체약상대국을 원산지로 하는 수입물품에 대하여 관세를 철폐하거나 세율을 연차적으로 인하하여 부과하여야 할 관세이다.

4. 보세구역

(1) 개 요

① 보세구역은 경제적 국경선이라 부를 수 있는 것으로, 수입통관절차가 완료되지 않은 상태의 외국물품(보세화물)을 장치하거나 검사, 전시, 제조 및 가공, 건설, 판매할 수 있는 장소이다.
② 보세구역의 종류는 지정보세구역, 특허보세구역, 종합보세구역이 있다.
③ 보세사는 운영인의 결격사유의 어느 하나에 해당하지 않는 사람으로서 5년 이상 관세행정에 종사한 경력이 있는 일반직 공무원 또는 보세화물의 관리업무에 관한 전형에 합격한 사람이어야 한다.
④ 보세사의 업무
　㉠ 보세화물 및 내국화물의 반입 또는 반출에 대한 입회 및 확인
　㉡ 보세구역 안에 장치된 물품의 관리 및 취급에 대한 입회 및 확인
　㉢ 보세구역 출입문의 개폐 및 열쇠관리의 감독
　㉣ 보세구역 출입자 관리에 대한 감독
　㉤ 견본품의 반출 및 회수
　㉥ 그 밖에 보세화물의 관리를 위하여 필요한 업무로서 관세청장이 정하는 업무

(2) 지정보세구역

① 지정보세구역은 통관하려는 물품을 일시장치하거나 검사하기 위한 장소이며, 지정장치장과 세관검사장으로 분류된다.

② 지정보세구역의 분류

지정장치장	• 통관물품을 일시장치하기 위한 장소로서 세관장이 지정하는 구역 • 지정장치장에 물품을 장치하는 기간은 6개월의 범위에서 관세청장이 정하되, 관세청장이 정하는 기준에 따라 세관장은 3개월의 범위에서 기간을 연장 가능 • 지정장치장에 반입한 물품은 화주 또는 반입자가 그 보관의 책임자
세관검사장	• 통관물품을 검사하기 위한 장소로서 세관장이 지정하는 구역 • 세관검사장에 반입된 물품의 채취·운반 등에 필요한 비용은 화주가 부담

(3) 특허보세구역

① 특허보세구역은 세관장의 특허를 받아 설치 또는 운영하는 장소이며, 이용 목적에 따라 보세창고, 보세공장, 보세전시장, 보세건설장 및 보세판매장으로 분류된다.

② 특허보세구역의 분류

보세창고	• 외국물품이나 통관물품을 장치하는 장소 • 운영인은 미리 세관장에게 신고를 하고 보세창고에 내국물품을 장치할 수 있음 • 운영인은 보세창고에 통관물품의 장치에 방해가 되지 않는 범위 내에서 내국물품을 장치하려면 세관의 승인을 받아야 함
보세공장	• 외국물품을 원료 또는 재료로 하거나 외국물품과 내국물품을 원료 또는 재료로 하여 제조·가공하거나 그 밖에 이와 비슷한 작업을 하기 위해 세관장으로부터 특허받은 장소 • 보세공장 물품의 과세 - 제품과세 : 외국물품이나 내국물품을 원료로 하거나 재료로 하여 작업을 하는 경우 그 결과 생긴 제품은 외국으로부터 우리나라에 도착한 물품으로 보기 때문에 관세를 부과 - 원료과세 : 보세공장에서 제조된 물품을 수입하여 사용신고 전에 미리 세관장에게 해당 물품의 원료인 외국물품에 대한 과세적용을 신청한 경우 사용신고를 할 때의 그 원료의 성질 및 수량에 따라 관세를 부과 • 운영인은 보세공장에 반입된 물품을 그 사용 전에 세관장에게 사용 신고해야 함
보세전시장	• 박람회, 전시회, 견본품 전시의 운영을 위하여 외국물품을 장치, 전시 또는 사용하는 구역으로서 세관장의 특허를 받은 구역
보세건설장	• 산업시설의 건설에 소요될 외국물품인 기계류, 설비품, 공사용 장비를 장치, 사용하여 당해 건설공사를 하는 구역으로서 세관장의 특허를 받은 장소
보세판매장	• 외국으로 반출하거나 관세의 면제를 받을 수 있는 자가 사용하는 것을 조건으로 외국물품을 판매할 수 있는 장소

(4) 종합보세구역

① **종합보세구역** : 보세창고, 보세공장, 보세전시장, 보세건설장 또는 보세판매장의 기능 중 둘 이상의 기능을 수행할 수 있는 장소

② **종합보세구역의 지정** : 관세청장은 다음 지역으로서 종합보세구역으로 지정할 필요가 있다고 인정되는 구역

   ㉠ 외국인 투자지역

   ㉡ 산업단지

   ㉢ 공동집배송센터

   ㉣ 물류단지

   ㉤ 종합보세구역으로 지정됨으로써 외국인투자촉진 수출증대 등의 효과가 예상되는 지역

 5. 통 관 기출 15년 2회, 15년 3회, 16년 1회, 16년 2회, 20년 3회

(1) 개 요

① 통관은 관세법에 따른 절차를 이행하여 물품을 수출·수입 또는 반송하는 것이다.

② 관세법 제1조에서는 "이 법은 관세의 부과, 징수 및 수출입물품의 통관을 적정하게 하고 관세수입을 확보함으로써 국민경제의 발전에 이바지함을 목적으로 한다."고 규정하여 통관은 징세업무와 더불어 관세법상 중요한 기능을 하고 있음을 알 수 있다.

(2) 통관의 요건

① **허가·승인 등의 증명** : 수출입 시 법령에서 정한 바에 따라 허가·승인 표시 조건을 갖출 필요가 있는 물품은 세관장에게 그 허가·승인 등의 조건을 갖춘 것임을 증명해야 한다.

② **의무이행의 요구** : 세관장은 법령에 따라 수입 후 특정한 용도로 사용하여야 하는 의무가 부가되어 있는 물품에 대하여는 문서로 해당 의무이행을 요구할 수 있다.

③ **통관표지의 첨부** : 세관장은 관세 보전을 위하여 필요 시 다음 물품에 통관표지 첨부를 명할 수 있다.

   ㉠ 관세의 감면 또는 용도세율의 적용을 받은 물품

   ㉡ 관세의 분할납부승인을 얻은 물품

   ㉢ 부정수입물품과 구별하기 위하여 관세청장이 지정하는 물품

(3) 원산지 확인

① 관세의 부과·징수, 수출입물품의 통관, 원산지증명서의 확인요청에 따른 조사를 위하여 원산지를 확인할 때에는 다음 중 어느 하나에 해당하는 나라를 원산지로 한다.

ⓐ 해당 물품의 전부를 생산·가공·제조한 나라

ⓑ 해당 물품이 2개국 이상에 걸쳐 생산·가공 또는 제조된 경우에는 그 물품의 본질적 특성을 부여하기에 충분한 정도의 실질적인 생산·가공·제조과정이 최종적으로 수행된 나라

② 원산지 확인이 필요한 물품의 수입자는 해당 물품의 원산지증명서를 제출하여야 한다.

③ 세관장은 허위 원산지 표시물품의 통관을 허용해서는 안 된다.

④ 세관장은 일시적으로 육지에 내려지거나 다른 운송수단으로 환적 또는 복합환적되는 외국물품 중 원산지를 우리나라로 허위표시한 물품은 유치할 수 있다.

합격자 Tip

• 환적 : 동일 세관의 관할구역에서 입국 또는 입항하는 운송수단에서 출국 또는 출항하는 운송수단으로 물품을 옮겨 싣는 것

• 복합환적 : 입국 또는 입항하는 운송수단의 물품을 다른 세관의 관할구역으로 운송하여 출국 또는 출항하는 운송수단으로 옮겨 싣는 것

(4) 통관제한

수출입의 금지	다음 해당 물품은 수출하거나 수입할 수 없다. • 헌법질서를 문란하게 하거나 공공의 안녕질서 또는 풍속을 해치는 서적·간행물·도화·영화·음반·비디오물·조각물 또는 그 밖에 이에 준하는 물품 • 정부의 기밀을 누설하거나 첩보활동에 사용되는 물품 • 화폐 채권이나 그 밖의 유가증권의 위조품·변조품 또는 모조품
지식재산권의 보호	다음에 해당하는 지식재산권을 침해하는 물품은 수출하거나 수입할 수 없다. • 상표권　　　　　• 저작권과 저작인접권 • 품종보호권　　　• 지리적 표시권 또는 지리적 표시 • 특허권　　　　　• 디자인권

04 외국환거래법

1. 개 요 기출 17년 1회

① 외국환거래법은 국민인 거주자와 외국인인 비거주자 간에 외국환을 영수하거나 지급하는 방법을 규정한 법률이다.

② 외국환거래법의 목적은 외국환거래 그 밖의 대외거래의 자유를 보장하고 시장기능을 활성화하여 대외거래의 원활화 및 국제수지의 균형과 통화가치의 안정을 도모함으로써 국민경제의 건전한 발전에 이바지함을 목적으로 한다(외국환거래법 제1조).

③ 현행 외국환거래법은 기본법으로 외국환거래법, 외국환거래법 시행령, 외국환거래규정의 체계로 구성되어 있다.

2. 외국환거래법 적용 대상

(1) 행위대상

외국환거래법은 다음에 해당하는 경우에 적용한다.

① 대한민국에서의 외국환과 대한민국에서 하는 외국환거래 및 그 밖에 이와 관련되는 행위

② 대한민국과 외국 간의 거래 또는 지급 수령, 그 밖에 이와 관련되는 행위

③ 외국에 주소 또는 거소를 둔 개인과 외국에 주된 사무소를 둔 법인이 하는 거래로서 대한민국 통화로 표시되거나 지급받을 수 있는 거래와 그 밖에 이와 관련되는 행위

④ 대한민국에 주소 또는 거소를 둔 개인 또는 그 대리인, 사용인, 그 밖의 종업원이 외국에서 그 개인의 재산 또는 업무에 관하여 한 행위

⑤ 대한민국에 주된 사무소를 둔 법인의 대표자, 대리인, 사용인, 그 밖의 종업원이 외국에서 그 법인의 재산 또는 업무에 관하여 한 행위

(2) 인적대상(거주자와 비거주자)

① 거주자 : 대한민국에 주소 또는 거소를 둔 개인과 대한민국에 주된 사무소를 둔 법인을 말하며, 다음의 자를 거주자로 간주한다.

㉠ 대한민국 재외공관

㉡ 국내에 주된 사무소가 있는 단체 기관, 그 밖에 이에 준하는 조직체

㉢ 다음의 어느 하나에 해당하는 대한민국 국민

• 대한민국 재외공관에서 근무할 목적으로 외국에 파견되어 체재하고 있는 자

- 비거주자이었던 자로서 입국하여 국내에 3개월 이상 체재하고 있는 자
- 그 밖에 영업 양태, 주요 체재지 등을 고려하여 거주자로 판단할 필요성이 인정되는 자로서 기획재정부장관이 정하는 자

ⓐ 다음의 어느 하나에 해당하는 외국인
- 국내에서 영업활동에 종사하고 있는 자
- 6개월 이상 국내에서 체재하고 있는 자

② 비거주자 : 거주자 외의 개인 및 법인을 말하며, 다음의 자는 비거주자로 간주한다.

ㄱ 국내에 있는 외국정부의 공관과 국제기구

ㄴ 미합중국군대 및 이에 준하는 국제연합군, 미합중국군대등의 구성원 · 군속 · 초청계약자와 미합중국군대등의 비세출자금기관 · 군사우편국 및 군용은행시설

ㄷ 외국에 있는 국내법인 등의 영업소 및 그 밖의 사무소

ㄹ 외국에 있는 주된 사무소가 있는 단체 기관, 그 밖에 이에 준하는 조직체

ㅁ 다음의 어느 하나에 해당하는 대한민국 국민
- 외국에서 영업활동에 종사하고 있는 자
- 외국에 있는 국제기구에서 근무하고 있는 자
- 2년 이상 외국에 체재하고 있는 자. 이 경우 일시 귀국의 목적으로 귀국하여 3개월 이내의 기간 동안 체재한 경우 그 체재기간은 2년에 포함
- 그 밖에 영업 양태, 주요 체재지 등을 고려하여 비거주자로 판단할 필요성이 인정되는 자로서 기획재정부장관이 정하는 자

ㅂ 다음의 어느 하나에 해당하는 외국인
- 국내에 있는 외국정부의 공관 또는 국제기구에서 근무하는 외교관 · 영사 또는 그 수행원이나 사용인
- 외국정부 또는 국제기구의 공무로 입국하는 자
- 거주자였던 외국인으로서 출국하여 외국에서 3개월 이상 체재 중인 자

(3) 물적대상(외국환, 귀금속, 내국지급수단)

① 외국환 : 대외지급수단, 외화증권, 외화파생상품 및 외화채권
ㄱ 대외지급수단 : 외국통화, 외국통화로 표시된 지급수단, 그 밖에 표시통화에 관계없이 외국에서 사용할 수 있는 지급수단
ㄴ 외화증권 : 외국통화로 표시된 증권 또는 외국에서 지급받을 수 있는 증권

합격자 Tip

거주자와 비거주자 과세 소득범위의 차이
- 거주자 : 전세계소득에 대해 과세(무제한납세의무). 대신 외국납부세액은 공제(일부국가는 국외원천소득을 공제)
- 비거주자 : 국내원천소득만 과세(제한납세의무)

     ⓒ 외화파생상품 : 외국통화로 표시된 파생상품 또는 외국에서 지급받을 수 있는 파생상품

     ⓔ 외화채권 : 외국통화로 표시된 채권 또는 외국에서 지급받을 수 있는 채권

  ② **귀금속** : 금, 금 합금의 지금(地金, 세공되지 않은 금), 유통되지 않는 금화, 그 밖에 금을 주재료로 하는 제품 및 가공품

  ③ **내국지급수단** : 대외지급수단 외의 지급수단

3. 외국환거래법 관련 용어

내국통화	• 대한민국의 법정통화인 원화
외국통화	• 내국통화 외의 통화
지급수단	다음 중 어느 하나에 해당하는 것 • 정부지폐, 은행권, 주화, 수표, 우편환, 신용장 • 환어음, 약속어음, 그 밖의 지급 지시 • 증표, 플라스틱카드 또는 그 밖의 물건에 전자 또는 자기적 방법으로 재산적 가치가 입력되어 불특정 다수인 간에 지급을 위하여 통화를 갈음하여 사용할 수 있는 것
증 권	• 지급수단에 해당하지 않는 것으로서 자본시장과 금융투자업에 관한 법률 제4조에 다른 증권과 그 밖에 대통령령으로 정하는 것
파생상품	• 자본시장과 금융투자업에 관한 법률 제5조에 따른 파생상품과 그 밖에 대통령령으로 정하는 것
채 권	• 모든 종류의 예금, 신탁, 보증, 대차 등으로 생기는 금전 등의 지급을 청구할 수 있는 권리로서 내국통화, 외국통화, 지급수단, 대외지급수단, 내국지급수단, 귀금속, 증권, 외화증권, 파생상품, 외화파생상품에 해당하지 않는 것
외국환업무	다음 중 어느 하나에 해당하는 것 • 외국환의 발행 또는 매매 • 대한민국과 외국 간의 지급, 추심 및 수령 • 외국통화로 표시되거나 지급되는 거주자와의 예금, 금전의 대차 또는 보증 • 비거주자와의 예금, 금전의 대차 또는 보증 • 그 밖에 유사한 업무로서 대통령령으로 정하는 업무
자본거래	다음 중 어느 하나에 해당하는 거래 또는 행위 • 예금계약, 신탁계약, 금전대차계약, 채무보증계약, 대외지급수단, 채권 등의 매매계약에 따른 채권의 발생 · 변경 또는 소멸에 관한 거래 • 증권의 발행 · 모집, 증권 또는 이에 관한 권리의 취득 • 파생상품거래 • 거주자에 의한 외국에 있는 부동산이나 이에 관한 권리의 취득 또는 비거주자에 의한 국내에 있는 부동산이나 이에 관한 권리의 취득 • 그 밖에 유사한 형태로서 대통령령으로 정하는 거래 또는 행위

05 국제무역관련 법규

1. 국제무역계약 법규

(1) 물품매매법(Sales of Goods Act ; SGA)

무역계약관련 법규에는 영국의 국내법인 물품매매법이 있는데, 1894년 1월 1일부터 시행되어 오다가 1979년 12월 6일에 귀족원의 동의를 얻어 전면 적으로 개정된 후 1980년 1월 1일부터 발효되어 오늘에 이르고 있다.

(2) 국제적 통일협약 **기출** 17년 1회, 17년 2회, 17년 3회

Incoterms 2020	• 무역거래조건에 대한 표준화된 거래규칙으로 각각의 정형거래조 건에 따라 매도인과 매수인의 의무와 책임에 관하여 규정한다. • 1936년 국제상업회의소(ICC)가 채택한 후 수차의 개정을 통하여 현재 'Incoterms 2020'을 사용하고 있다.
CISG	• 1980년 오스트리아 비엔나에서 외교회의(Diplomatic Conference) 를 개최하였으며, 4월 10일 ULIS와 ULF를 기초로 하여 『국제물품 매매계약에 관한 UN협약』(United Nations Convention on Contracts for the International Sale of Goods)을 채택, 1988년 1월 1일 발효했다.

안심Touch

CISG	• 국제물품매매계약에 관하여 국제적으로 통일되어 있는 법리 또는 상관습을 성문화한 협약으로 UN통일매매법[CISG·비엔나 협약·국제물품매매에 관한 UN협약]으로 불린다. • 양 당사자가 모두 체약국이거나 국제 사법의 규칙에 의한 체약국의 법이 적용하기로 합의한 경우 : CISG가 자동적으로 적용된다. • 양 당사자가 합의하고 CISG의 적용을 배제하는 경우 : 당해 물품매매계약에 관하여 CISG를 적용하지 않는다.
UNIDROIT 원칙	• 계약의 성립, 계약의 효력발생 근거, 계약의 해석, 계약의 내용에 관한 규정, 계약의 이행과 불이행 등에 대하여 규정하고 있는 원칙이다.

⊕ **Plus one**

비엔나협약(CISG)의 특징 기출 16년 2회, 17년 1회, 17년 2회, 17년 3회

• 영미법과 대륙법의 조화 : 국제거래의 특성을 고려하여 영미법계의 절충을 통해 제정
• 포괄적 법체계 : 국제적 상거래 관습을 반영하여 포괄적인 법체계를 구성
• 국제매매의 적용 : 통일법의 적용대상을 국제매매에 한정(제1조)
• 당사자 자치의 원칙 : 매매당사자의 합의에 따라 비엔나협약의 전부 또는 일부의 적용 배제 허용
• 소유권이전에 관한 규정은 없음 : 소유권이전의 방법 및 시기에 대해서는 각국의 법률에 맡김
• 계약유지의 원칙 : 계약의 소멸방지와 계약이행을 위해 매도인의 하자보완권을 인정
• 고의·과실 여부 무관 : 손해배상과 관련하여 계약불이행 시 당사자의 고의·과실 여부를 불문

무역계약의 준거법

준거법이란 국제사법 또는 당사자 간 합의에 의하여 계약의 성립, 효력, 해석 등 법률문제에 적용하기로 정한 법을 말한다. 무역거래 당사자들은 계약서 또는 거래 협정서에 준거법을 명시함으로써 양 당사자가 체결한 계약내용의 해석에 대한 견해 차이와 분쟁을 최소화한다.

국제물품매매계약에 관한 유엔협약(CISG)에 따라 수입상이 계약의무를 위반한 수출상에게 원래 물품을 대체할 대체물의 인도를 청구하려고 한다. 이에 대한 내용으로 옳지 않은 것은? **기출** 19년 3회

① 매수인이 매도인의 계약위반에 대해서 대체물을 청구한다면 발생한 손해에 대해서는 배상을 청구할 권리가 없다.
② 매도인의 계약위반이 본질적인 계약위반에 해당할 때에만 매수인이 대체물의 인도를 청구할 수 있다.
③ 매수인이 물품을 수령했으나 계약에 부적합한 인도가 있었고 수령한 상태와 동등한 상태로 물품을 반환할 수 있어야만 매도인은 대체물을 청구할 수 있다.
④ 매수인은 물품이 계약에 부적합하다는 사실에 대해 매도인에게 통지해야 하며 이 통지와 동시에 또는 그 후 합리적인 기간 안에 대체물을 청구해야 한다.

해설 매수인이 손해배상을 청구할 수 있는 권리는 다른 구제를 구하는 권리를 행사함으로써 상실되지 않는다(CISG 제45조 (2)항).

정답 ①

⊕ Plus one

준거법의 법원

국제사법이란 외국적 요소를 포함한 법률관계에 적용될 준거법을 지정하는 법을 말한다. 우리나라의 국제사법에서는 준거법의 지정과 관련하여 다음과 같이 정하고 있다.

• 당사자가 둘 이상의 국적을 가지는 경우에는 가장 밀접한 관련이 있는 국가의 법을 준거법으로 한다. 다만, 국적 중 하나가 대한민국일 때는 대한민국 법을 준거법으로 한다.
• 준거법에 관계없이 해당 법률관계에 적용되어야 하는 대한민국의 강행규정은 외국법이 준거법으로 지정된 경우에도 이를 적용한다.
• 국제사법에 의하여 외국법이 준거법으로 지정되고, 그 A국의 법에 의하여 대한민국 법이 적용되어야 하는 때는 대한민국의 법에 의한다. 다만, 당사자가 합의에 의하여 준거법을 선택하거나 국제사법에 의하여 계약의 준거법이 지정되는 경우에는 그 준거법에 의한다.

2. 국제무역결제 법규

(1) 화환신용장통일규칙 및 관례(Uniform Customs and Practice for Documentary Credits ; UCP) 기출 15년 2회(2급), 17년 3회(2급), 19년 2회

무역결제관련 법규로는 국제상업회의소(ICC)가 1933년 6월 3일 화환신용장 통일규칙 및 관례(UCP)를 채택하고 이후 수차의 개정에 이어 2007년 7월 개 정된 것을 'UCP 600'으로 부르고 있다.

기출 Check

UCP 600에서 개설은행의 신용장 서류심사기준에 관한 내용으로 옳지 않은 것은? 기출 17년 3회(2급)

① 개설은행은 오직 서류가 문면상 일치하는 제시인지를 심사하여야 하며, 그 서류에 기재된 내용이 실체적 진실인지를 조사할 필요가 없다.
② 개설은행은 제시일의 다음날로부터 최장 5은행영업일 내에 심사할 수 있으나, 신용장 유효 기간의 만료일에 서류가 제시된 경우에는 그 제시일 당일에 심사를 완료하여야 한다.
③ 운송서류의 경우에, 물품명세는 신용장상의 명세와 저촉되지 않는 일반적인 용어로 기재될 수 있다.
④ 운송서류에 표시된 송하인은 반드시 신용장의 수익자일 필요가 없다.

해설 개설은행은 제시일의 다음날로부터 최장 5은행영업일 내에 심사할 수 있다. 이 기간은 유효 기간 내의 제시일이나 최종 제시일에 의해 단축되거나 영향을 받지 않는다.

정답 ②

기출 Check

신용장 통일규칙(UCP 600)상 보험서류의 발행요건에 관한 설명 중 옳지 않은 것은? 기출 19년 2회

① 보험서류는 문면상 필요하거나 요구가 있는 경우에는, 원본은 모두 정당하게 서명되어 있어야 한다.
② 보험서류는 필요한 경우 보험금을 지급하도록 지시하는 당사자의 배서가 나타나 있어야 한다.
③ 보험서류의 피보험자가 지정되지 않은 경우, 화주나 수익자 지시식으로 발행하되 배서가 있어야 한다.
④ 신용장에서 보험증권이 요구된 경우, 보험증명서나 포괄예정보험 확정통지서를 제시하여도 충분하다.

해설 신용장에서 보험증권은 포괄예정보험 하의 보험증명서 또는 보험확인서 대신에 수리될 수 있다.

정답 ④

(2) e-UCP

① 최근 전자적 자료처리를 위한 국제적 통일규칙의 필요성에 따라 국제상업회의소는 2001년 11월 7일 e-UCP, 즉 전자적 제시를 위한 화환신용장통일규칙 및 관행의 보칙 1.0판(Supplement to the Uniform and Practice for Documentary Credits for Electronic Presentation-Version 1.0)을 제정하여 2002년 4월 1일부터 시행되었다. 이것은 e-UCP 1.0판이며, 제1차 개정으로서 2007년 7월 1일부터 e-UCP 1.1판을 시행하고 있다.

② e-UCP는 UCP 600과 함께 신용장거래에서 무역서류로서의 전자적 기록 단독 또는 종이서류와 함께 이루어지는 제시를 수용하기 위하여 UCP 600을 보충하는 보칙이다.

(3) 그 외 주요법규

① 미국 통일상법전 제5편 신용장(Uniform Commercial Code-Article 5 Letters of Credit) : 신용장거래의 준거법으로 적용 가능한 유일한 국내법이자 성문법이다.

② 상업어음에 관한 통일규칙(Uniform Rules for the Collection of Commercial Paper) : 무역거래에서의 추심방식 이용에 따른 혼란을 방지하고 각국의 상이한 해석으로 인한 불확실성을 제거함으로써 무역을 활성화하는 것을 목적으로 제정되었다.

③ 추심에 관한 통일규칙(Uniform Rules for Collection ; URC 522) : 1996년 1월 1일부터 시행되었다.

④ 영국 환어음법(Bills of Exchange Act) : 1882년 8월 18일 제정되었다.

3. 국제무역운송 법규　기출　17년 1회

(1) 헤이그규칙 & 헤이그-비스비규칙 & 함부르크규칙　기출　15년 3회, 20년 1회

① 헤이그규칙(Hague Rules) : 국제무역의 해상운송에 관한 국제적 통일규범이다. → 선하증권에 관한 규칙의 통일을 위한 국제협약(International Convention for the Unification of Certain Rules relating to Bills of Lading)

② 헤이그-비스비규칙(Hague-Visby Rules) : 컨테이너 운송의 출현 등에 따른 헤이그규칙의 일부 내용을 개정하여 1968년 2월 23일 채택되었다. → 선하증권의 국제통일협약에 관한 개정 의정서(Protocol to Amend the International Convention for the Unification of Certain Rules of Law relating to Bills of Lading)

③ **함부르크규칙(Hamburg Rules)** : 헤이그규칙이 선진국 및 운송인에 유리한 규정이 많아 개발도상국의 주도 하에 1978년 제정되었다. → 해상화물운송에 관한 UN협약(United Nations Convention on the Carriage of Goods by Sea)

(2) 로테르담규칙(The United Nations Conventions on Contracts for the International Carriage of Goods wholly or partly by sea)

헤이그규칙, 헤이그-비스비규칙, 함부르크규칙이라는 3개의 국제조약 중 어느 것이 적용되느냐에 따라 운송인의 책임범위가 크게 변동하는 상황 속에서 해상 물품운송의 국제적 통일을 이루기 위해 2009년 9월 탄생한 것이 로테르담규칙이다. 본 규칙은 화주와 운송인 간의 권리의무에 대한 조정과 확대되는 전자상거래에 대응하는 새로운 규정이 포함되었다는 점을 특징으로 들 수 있다.

(3) 그 외 주요법규 `기출` 17년 1회

① 국제화물복합운송에 관한 UN협약(United Nations Convention on International Multimodal Transport of Goods) : 복합운송의 발달에 따른 국제복합운송조약으로 UN에서 1980년 채택되었다.

② 국제항공운송에 관한 일부 규칙의 통일을 위한 협약(Convention for the Unification of Certain Rules Relating to International Transport by Air) : 국제항공운송에 관한 통일조약이다.

③ 해상화물운송장에 관한 통일규칙(Uniform Rules for Sea Waybills), 전자식 선하증권에 관한 규칙(Rules for Electronic Bills of Lading) : 전자적 거래에 대비하고자 국제해사위원회(CMI)에서 1990년 6월 채택되었다.

④ 복합운송서류에 관한 UNCTAD/ICC 규칙(UNCTAD/ICC Rules for Multimodal Transport Document) : 복합운송서류에 관한 UNCTAD/ICC 규칙으로 1988년 제정되었다.

⊕ **Plus one**

UNCTAD/ICC 복합운송증권규칙 `기출` 16년 1회

• UNCTAD/ICC 합동위원회가 헤이그 규칙, 헤이그-비스비규칙, 복합운송증권통일 규칙 등을 기초로 1991년 11월 파리의 ICC이사회에서 제정한 '복합운송증권에 관한 통일규칙(UNCTAD/ICC Rules for Multimodal Transport Documents)'을 말한다.

• 복합운송계약의 관습적인 일부분만을 다룬다.

• 복합운송인은 복합운송증권을 발행하고 전운송구간에 대해 책임지며 이종책임체계(Network System)를 채택하여 손해발행구간이 판명된 경우와 판명되지 않은 경우를 구분하여 규제한다.

국제운송협약 및 규칙의 적용범위상 한국에서 로테르담까지 해공복합운송계약
에 대해 적용되지 않는 것은? `기출` 17년 1회

① CMR 협약
② 로테르담규칙
③ UN국제물품복합운송조약
④ UNCTAD/ICC 복합운송증권규칙

`해설` ① CMR 협약은 개정 국제철도화물운송조약이다.

국제무역운송협약 및 규칙
• 헤이그규칙 & 헤이그-비스비규칙 & 함부르크규칙
• 로테르담규칙
• 그 외 주요법규 : 국제화물복합운송에 관한 UN협약, 국제항공운송에 관한 일부 규칙의
  통일을 위한 협약, 해상화물운송장에 관한 통일규칙, 전자식 선하증권에 관한 규칙, 복합
  운송서류에 관한 UNCTAD/ICC 규칙

`정답` ①

4. 국제해상보험 법규 `기출` 15년 2회

(1) 해상보험법(Marine Insurance Act ; MIA)

해상위험에서 야기되는 해상손해를 보상하기 위해 1906년 제정되었다. 2015
년 고지 의무 및 담보와 관련 사항을 위주로 개정하였다.

(2) 공동해손에 관한 요크-앤트워프규칙(Yorkand Antwerp Rules ; YAR)

공동해손(General Average)을 구성하는 손해 및 비용에 관한 국제통일규칙
으로 국제법 협회(ILA)가 1877년 제정하였다. 그 후 수차의 개정을 본 이래
1994년 10월 CMI 시드니 회의에서 새로운 공동해손규칙을 채택하였다.

(3) 그 외 주요법규

이외에 협회적화약관(Institute Cargo Clause ; ICC)과 협회기간약관
(Institute Time Clauses-Hulls)이 있다.

06 무역클레임·기타법규/상사중재 법규

1. 뉴욕협약 기출 15년 2회, 16년 1회, 19년 2회

국제거래와 관련한 상사분쟁에 있어서 중재제도의 이용을 촉진하고 단일화된 상사중재제도의 제정의 필요성에 따라 1958년 뉴욕의 UN본부에서 유엔경제사회이사회와 국제상업회의소(ICC)를 중심으로 "외국중재판정의 승인과 집행에 관한 UN협약(United Nations Convention on the Recognition and Enforcement of Foreign Arbitral Awards ; 뉴욕협약)"이 체결되었다.

기출 Check

외국중재판정의 승인과 집행을 위한 뉴욕협약(1958)상의 요건으로 옳게 설명하고 있는 것은? 기출 19년 2회

① 중재판정의 승인과 집행국 이외에 영토에서 내려진 중재판정은 제외한다.
② 중재판정이 이루어진 후에는 중재합의가 무효라 해도 승인 및 집행이 가능하다.
③ 중재판정이 공서양속에 반하는 때에는 중재판정의 승인과 집행이 거부될 수 있다.
④ 중재판정이 구속력을 가지지 않아야 한다.

해설 뉴욕협약은 서면에 의한 중재합의를 방소항변으로 인정하는 것(뉴욕협약 제2조) 외에 외국중재판단의 승인·집행 거부사유로서 재계약이 유효하게 이루어지지 않은 것, 당사자에 대한 방어권의 보장이 결여되어 있는 것, 중재 의뢰사항을 일탈하고 있는 것, 중재의뢰 적격성이 결여되어 있는 것, 공서(公序)에 반하는 것 등을 규정하고 있다(뉴욕협약 제5조). 또한 일본은 상호주의의 유보를 선언하고 있다(뉴욕협약 제1조 제3항).

정답 ③

---

2. UN국제무역법위원회의 국제상사중재모델법

UN국제무역법위원회(UNCITRAL)는 각국 중재법의 표준이 되는 모델법으로 1985년 제18차 UNCITRAL 회의에서 "UN국제무역법위원회의 국제상사중재모델법(UNCITRAL Model Law on International Commercial Arbitration)"을 공식적으로 채택하였다.

안심Touch

3. 국제상업회의소(ICC)

국제상업회의소(ICC)는 1923년에 산하기관으로 중재재판소를 설치하고, 1975년에는 국제상사 분쟁의 우호적인 조정과 중재에 적용할 "국제상업회의소의 임의적 조정규칙(ICC Rules of Optional Conciliation)" 및 "국제상업회의소의 중재규칙(ICC Arbitration Rules)"을 처음 제정하였다. 그 후 1986년 조정규칙을 전면적으로 개정·시행하였으며, 1988년 1월 1일부터는 그 중재규칙만을 개정·시행하여 오늘에 이르고 있다.

〈국제무역관련 법규〉

분 야	무역법규	제정주체
무역 계약	영국물품매매법(SGA)	영국귀족원의 특별위원회 (Select Committee)
	국제물품매매계약에 관한 국제협약(UNCCISG) = 비엔나협약	UN국제무역법회의 (UNCITRAL)
	CIF 계약에 대한 바르샤바 옥스퍼드 규칙	국제법협회(ILA)
	개정미국외국무역정의(RAFTD)	미국외국무역협회
	전자상거래 모델법	UN국제무역법회의 (UNCITRAL)
	정형거래조건의 해석에 관한 국제규칙 (INCOTERMS)	국제상업회의소(ICC)
국제 운송	헤이그규칙 = 선하증권에 관한 법규의 통일을 위한 국제협약	국제법협회(ILA)의 국제해사 위원회(CMI)
	헤이그–비스비규칙	국제법협회(ILA)의 국제해사 위원회(CMI)
	해상화물운송에 관한 UN협약 = 함부르크규칙	UN해상운송회의
	국제화물복합운송에 관한 UN협약	UN경제이사회의
	국제항공운송에 관한 일부 규칙의 통일을 위한 협약 = 개정된 바르샤바협약	국제항공법전문가위원회 바 르샤바 국제회의
	해상화물운송장·전자식 선하증권에 관한 CMI 규칙 • 해상화물운송장에 관한 통일규칙 • 전자식 선하증권에 관한 규칙	국제해법회(CMI)
	복합운송서류에 관한 UNCTAD/ICC 규칙	UN무역개발위원회 (UNCTAD)
해상 보험	영국 해상보험법(MIA)	영국 상원회의
	협회적하약관(ICC)	런던보험자협회(ILU)
	공동해손에 관한 요크–앤트워프 규칙(YAR)	국제해법회(CMI)

	화환신용장통일규칙 및 관례(UCP 600)	국제상업회의소(ICC)
무역 결제	e-UCP = 전자적 제시를 위한 화환신용장통일 규칙 및 관행의 보칙 1.1판	국제상업회의소(ICC)
	미국 통일상법전 제5편 신용장	통일주법전국위원회와 미국 법률연구소
	추심에 관한 통일규칙(URC)	국제상업회의소(ICC)
	영국 환어음법	영국 상원회의
상사 중재	외국중재판정의 승인과 집행에 관한 UN협약 = 뉴욕협약	UN경제사회이사회의 48개 국 대표와 국제상업회의소 (ICC)
	국제상사중재모델법	UN국제무역법위원회 (UNCITRAL)
	• 국제상업회의소의 조정 · 중재규칙 • ICC의 임의적 조정규칙 • ICC의 중재규칙	국제상업회의소(ICC)

실전 예상문제

01

대외무역 진흥과 공정한 거래질서 확립을 통한 국제 수지 균형과 통상 확대를 도모할 목적으로 하고 있는 무역관련 법규는?

① 관세법
② 외국환거래법
③ 수출보험법
④ 대외무역법

✎ **해설**

대외무역법은 대외 무역을 진흥하고 공정한 거래 질서를 확립하여 국제 수지의 균형과 통상의 확대를 도모함으로써 국민 경제를 발전시키는 데 이바지함을 목적으로 한다 (대외무역법 제1조).

정답 ④

02

대외무역법에 따라 산업통상자원부장관의 권한이 소속기관장에게 위임된 것으로 틀린 것은?

① 국제원산지정보원 – 원산지표시의 사전판정
② 한국무역협회 – 무역업고유번호의 부여 및 관리
③ 대한상사중재원 – 무역분쟁에 관한 조정, 알선
④ 외국환은행의 장 – 구매확인서 발급 및 사후관리

✎ **해설**

원산지표시의 사전판정은 관세청장에게 위임되어 있다.

정답 ①

03

대외무역법령의 수출입승인에 관한 설명으로 틀린 것은?

① 원칙적 유효기간은 1년, 경우에 따라 20년 내에서 조정가능하다.
② 수출입승인기관은 수출입공고상 대통령이 지정 고시한다.
③ 미화 5만불 이하의 유상반출입 견품은 수출입승인이 면제된다.
④ 유골(유체)은 수출입승인이 면제된다.

✎ **해설**

산업통상자원부장관이 수출입승인에 대한 모든 권한을 갖는다. 다만, 보다 효율적인 관리를 위하여 일정한 범위 내에서 그 권한의 일부를 다른 기관에 위임 · 위탁하고 있다.

정답 ②

04

WTO와 FTA에 관한 설명 중 틀린 것은?

① WTO는 다자 간, FTA는 양자 간 협상을 원칙으로 한다.
② WTO는 항공기, 정부조달, 쇠고기도 다자 간 무역협정으로 체결하였다.
③ WTO는 협정이행의 유효기간에 대하여 저개발국에게 혜택을 부여하고 있다.
④ WTO는 상품, 서비스, 투자, 지식재산권 등에 대하여 대상을 확대하고 있다.

✏️ **해설**

> 항공기, 정부조달, 낙농 및 쇠고기 협정 등은 아직 다자 간 무역협정으로 체결되지 못하고 일부 회원국 간에만 적용되는 복수국 간 무역협정(Plurilateral Trade Agreement)으로 남아 있다.

정답 ②

05

WTO와 FTA에 관한 설명 중 옳은 것은?

① WTO와 FTA는 모두 국제기구이다.
② WTO 회원국은 내국인 대우 원칙을 준수해야 한다.
③ FTA는 일품목–일세율 구조이다.
④ WTO의 무역구제 수단은 세관의 원산지검증이다.

✏️ **해설**

> WTO 협정의 기본원칙에는 "최혜국 대우 원칙(MFN), 내국민 대우 원칙(NT), 수량제한 폐지 원칙" 등이 있다.

정답 ②

06

WTO와 FTA 규범체계에 관한 설명으로 옳은 것은?

① WTO는 종전의 GATT 규범체계를 해체하고 새로 출범한 국제기구이다.
② FTA는 대상국간의 쌍무협상에서 출발한 다자 간 자유무역협정이다.
③ WTO는 종전에 없던 서비스, 지식재산권 등 교역분야를 포괄하고 있다.
④ FTA는 WTO 감독하에 진행하여야 하고 전회원국에게 적용하여야 한다.

✏️ **해설**

> WTO는 종전의 GATT 규범체계의 연속선상에서 출범하였고, FTA는 양자 간 협상을 원칙으로 하며, FTA는 WTO의 개입 없이 양당사국 간에만 적용된다.

정답 ③

07

WTO 부속협정 중에 전체 회원국들에게 무차별적으로 적용되는 것은?

① 민간항공기협정 ② 쇠고기협정
③ 정부조달협정 ④ 원산지규정협정

✏️ **해설**

> ① · ② · ③ 모두 WTO의 복수국 간 무역협정에 해당하는 내용이다. WTO의 복수국 간 무역협정은 민간항공기 무역에 관한 협정, 정부조달협정, 국제낙농협정, 우육협정의 4개의 개별협정으로 구성되어 있다. 복수국 간 무역협정은 그에 속한 각 협정에 별도로 가입한 국가에 대해서만 효력이 발생한다.

정답 ④

08

WTO 지식재산권협정(TRIPS)에 관한 설명으로 틀린 것은?

① 저작권은 최소한 저작자의 생존기간과 사후 50년까지 보호한다.

② 방송사업의 경우 보호기간은 방송일로부터 최소한 20년까지이다.

③ 의장권은 독창적인 디자인을 대상으로 하고, 보호기간은 최소한 10년이다.

④ 컴퓨터 프로그램은 출원일로부터 10년, 창작일로부터 15년까지 보호한다.

✎ 해설

컴퓨터 프로그램의 보호기간은 저작물의 일종이므로 발행 또는 작품 제작 후 50년까지 보장된다.

정답 ④

09

WTO의 TRIPS(지식재산권) 협정에 포함되지 않는 것은?

① 저작권과 저작인접권

② 지리적 표시권, 특허권

③ 집적회로 배치설계권, 의장권

④ 상표권, 실용신안권

✎ 해설

TRIPS(지식재산권)이 규정하는 지식재산권으로는 저작권 및 저작인접권, 상표권, 지리적 표시, 의장, 특허, 집적 회로 배치설계가 있다.

정답 ④

10

FTA에 관한 설명 중 옳은 것은?

① WTO 최혜국 대우 원칙의 예외이다.

② 서비스, 지적재산권, 환경, 노동 분야만을 협상 대상으로 하고 있다.

③ WTO 분쟁해결규칙 및 절차에 관한 협정(DSU)을 반드시 포함하여야 한다.

④ FTA는 당사국의 협정이므로 이전보다 높은 관세를 부과할 수 있다.

✎ 해설

FTA는 WTO의 최혜국 대우 및 다자주의 원칙에 대한 예외에 해당한다.

정답 ①

11

관세법상 유통이력 신고제도에 관한 설명으로 틀린 것은?

① 유통이력 신고물품의 유통업자는 유통단계별 거래명세를 신고하여야 한다.

② 유통이력 신고물품의 유통업자는 유통이력 기록장부를 거래일로부터 5년간 보관하여야 한다.

③ 유통이력 신고물품의 유통업자는 외국물품을 수입하는 자와 수입물품을 거래하는 자이다.

④ 유통이력 신고물품의 소매업자는 적용대상에서 제외된다.

✎ 해설

유통이력 신고물품의 업자는 유통이력 기록장부를 거래일로부터 5년이 아니라 1년간 보관하여야 한다.

정답 ②

12

다음 중 원칙적으로 국제물품매매계약에 관한 UN협약(CISG)이 적용될 수 있는 매매는?

① 선박의 매매
② 농산물의 매매
③ 소비자매매
④ 원화를 달러화로 바꾸는 통화의 매매

✎ 해설

국제물품매매계약에 관한 UN협약(CISG)의 적용 제외
본 협약은 다음의 매매에는 적용되지 않는다.
- 개인용, 가족용 또는 가정용으로 구매된 물품의 매매. 다만, 매도인이 계약체결 전이나 계약체결 시 물품이 그러한 용도로 구매된 사실을 알지 못하였고 알았어야 했던 것도 아닌 경우에는 그러하지 않음
- 경매에 의한 매매
- 강제집행 또는 그 밖의 법률상 수권에 의한 매매
- 주식, 지분, 투자증권, 유통증권 또는 통화의 매매
- 선박, 부선, 수상익선 또는 항공기의 매매
- 전기의 매매

정답 ②

13

국제물품매매계약에 관한 UN협약(CISG)의 적용범위에 관한 설명으로 틀린 것은?

① 협약은 영업소가 서로 다른 국가에 있는 당사자 간의 물품매매계약에 적용된다.
② 협약은 해당 국가가 모두 체약국인 경우에 적용되는 것을 원칙으로 한다.
③ 국제사법의 규칙에 의해 체약국법이 준거법이 되는 경우에도 해당 국가가 모두 체약국인 경우에만 협약이 적용된다.
④ 협약의 적용여부를 결정하는 데에 있어 계약의 민사적 성격 또는 상사적 성격은 고려되지 않는다.

✎ 해설

국제물품매매계약에 관한 UN협약(CISG)의 제1조
- 본 협약은 영업소가 서로 다른 국가에 있는 당사자들 간의 물품 매매계약에 적용된다.
  - 해당 국가가 모두 체약국인 경우
  - 국제사법의 규칙에 의해 체약국의 법이 적용되는 경우
- 당사자들의 영업소가 서로 다른 국가에 있다는 사실은 계약으로부터 또는 계약 체결 전이나 계약 체결 시에 당사자들 간의 어떠한 거래나 당사자에 의해 밝혀진 정보로부터 드러나지 않는 경우에는 고려되지 않는다.
- 당사자의 국적이나 당사자 또는 계약의 민사적, 상사적 성격은 본 협약의 적용 여부를 결정하는 데 고려되지 않는다.

정답 ③

PART 02

영문해석/영작문

무역영어 1급 한권으로 끝내기

시험에 나오는 핵심 유형 분석

이번 Chapter에서는 시험에 자주 나오는 유형별 기출문제와 예상문제를 풀어보면서 실전 감각을 다지도록 한다.

유형 ❶ 밑줄 친 부분이 가리키는 것 추론하기

추론하기 문제는 지문을 읽고 밑줄 친 부분이 가리키는 것을 추론하기, 정보의 내용 추론하기 등의 유형이 있다. 최근 무역실무 이론에 관한 지문을 읽고 추론할 수 있는 내용을 고르는 문제가 출제되고 있다. 영문해석과 영작문 과목에서 공통적으로 출제되며 출제 빈도가 늘어나고 있다.

유형별 지시문 익히기

- 밑줄 친 부분이 가리키는 것 추론하기
  What does the underlined THIS refer to? → 밑줄 친 이것이 가리키는 것은 무엇인가?
- 정보의 내용 추론하기
  - Who is Mr. Kim? → Mr. Kim은 누구인가?
  - Which can be inferred from the passage? → 지문에서 추론할 수 있는 것은 무엇인가?
  - Which of the following CANNOT be inferred from the passage below? → 다음 중 아래 지문에서 추론할 수 없는 것은 무엇인가?

01 What is THIS? 기출 17년 1회

> THIS is a contract provision allowing for supplier to pass an increase in costs to project owner or buyer. THIS is usually related to influences beyond both parties control, such as inflation.

① Escalation Clause   ② Entire Agreement Clause

③ Hardship Clause   ④ Amendment Clause

contract provision 계약
조항
project 계획하다, 추진하다
be usually related to ~
와 관계가 있다
Hardship Clause 이행
가혹 조항. 불가항력적인
사태가 발생하였을 때 계
약 당사자가 가격조정이
나 기한의 연장 등의 계
약 내용을 조정하기 위하
여 상호 간에 성실하게
교섭한다는 것을 약속하
는 약관

정답 ①

해석 밑줄 친 THIS는 무엇인가?

> 이것은 사업주 또는 매수인이 공급자에게 비용의 인상을 허용하는 계약 조항이다. 이것은 보통
> 인플레이션과 같이 양 당사자가 통제할 수 없는 영향과 연관되어 있다.

① 가격증감 약관 　　　　　　　　　② 완전합의 조항
③ 이행가혹 조항 　　　　　　　　　④ 변경 조항

해설 가격증감 약관에 대한 설명이다. 이 조항은 계약 체결 후 급작스러운 시장 상황의 변동으로 가격의
인상이 불가피한 경우 이를 허용하는 조항이다.

02 What does the below refer to? 기출 17년 1회

> The party instructing the bank to open a letter of credit and on whose
> behalf the bank agrees to make payment. In most cases, the party is the
> importer/buyer, and is also known as the applicant.

① Account Party 　　　　　　　　② Charter Party
③ Claiming Party 　　　　　　　　④ Opening Party

정답 ①

해석 다음 지문이 언급하고 있는 것은 무엇인가?

> 신용장을 개설하고 은행이 자신을 대신하여 지급하도록 지시하는 당사자. 대부분의 경우, 이 당
> 사자는 수입상/매수인 그리고 개설의뢰인으로 알려져 있다.

① 대금 결제인 　　　　　　　　　② 용선계약(서)
③ 청구인 　　　　　　　　　　　④ 개설인

해설 위 지문은 대금 결제인에 대한 설명이다.

03 Who is mostly likely to be Hans International? 기출 19년 3회

> We would like to place an order on behalf of Tokyo Jewelers Inc.
> Please (reserve) 5,000 uncut diamonds and once it is available, Tokyo
> Jewelers will surely buy it to be forwarded at the Quanstock Diamond
> Mine. We really would appreciate if you could accommodate this order.
> Hans International

① buying agent
② selling agent
③ importer
④ exporter

정답 ①

Vocabulary

on behalf of ~을 대신
[대표]하여
uncut diamonds 원석
다이아몬드
accommodate 수용하다

해석 Hans International은 누구인가?

> 당사는 도쿄 쥬얼러스 회사를 대표하여 주문하고 싶습니다.
> 5,000개의 원석 다이아몬드를 (확보해 주셔서) 일단 그것이 입수되면, 도쿄 쥬얼러스 회사는
> 반드시 콴스톡 다이아몬드 광산에서 배송될 수 있도록 그것을 살 것입니다. 이 주문서를 받아
> 주시면 정말 감사하겠습니다.
> 한스 인터내셔널

해설 서신의 첫 문장 '당사는 도쿄 쥬얼러스 회사를 대표하여 주문하고 싶습니다.'로 미루어 한스 인터내셔널은 ① '구매 대리점'임을 알 수 있다.

주어진 서신을 읽고 앞(뒤)에 올 내용 또는 이전 서신(답신)을 유추하는 유형으로 주어진 서신의 내용을 먼저 파악해야 한다. 예를 들어 클레임 관련 내용이 나오면 이전 서신에서 는 클레임 제기와 관련된 내용이 나올 것이다. 최근 무역실무 이론에 관한 지문을 읽고 추론할 수 있는 내용을 고르는 문제가 출제되고 있다. 영문해석과 영작문 과목에서 공통 적으로 출제되며 출제 빈도가 늘어나고 있다.

유형별 지시문 익히기

- 서신의 앞/뒤에 올 내용 추론하기
  - Which of the following is MOST likely to come after the passage below?
    → 아래 지문 뒤에 나올 것은 무엇인가?
  - Which of the following is MOST LIKELY/UNLIKELY to appear right BEFORE the passage below? → 아래 지문 바로 앞에 들어갈 가장 적절한/ 부적절한 것은 무엇인가?
- 이전 서신/답신 추론하기
  - Which of the following is LEAST likely to be mentioned in the previous letter? → 다음 중 이전 서신에서 찾을 수 없는 것은 무엇인가?
  - Below is reply to letter. Which of the following is LEAST likely found in the previous letter? → 다음은 서신에 대한 답신이다. 이전 서신에 올 가능성이 가장 낮은 것은 어느 것인가?
  - Which of the following is NOT appropriate as a reply to the letter? → 다음 중 서신에 대한 답장으로 적절하지 않은 것은 무엇인가?

01 This is a reply to a letter. Which of the following is NOT likely to be found in the previous letter? **기출** 17년 1회

> We have completed your enquiries relating to Griffiths & Co and are pleased to report as follows.
>
> (a) On a quarterly account you could safely allow at least £1,000.
>
> (b) They do an excellent trade and are regarded as one of the safest accounts in Cardiff.
>
> (c) There are four partners and their capital is estimated to be at least £10,000.
>
> (d) This is a well-founded and highly reputable firm.
>
> (e) From the information we have obtained we believe that you need not hesitate to allow the initial credit of £20,000 requested.

① We should like to meet the present order on the terms requested if it is safe to do so.

② Please let us have a report on the reputation and financial standing of the company and in particular your advice on whether it would be advisable to grant credit for this first order.

③ Your advice on the maximum amount for which it would be safe to grant credit on a quarterly account would also be appreciated.

④ This letter is strictly confidential and is given without any responsibility on our part.

정답 ④

해석 다음은 서신에 대한 답신이다. 이전 서신에 나올 내용일 가능성이 가장 낮은 것은 어느 것인가?

> 당사는 Griffiths사와 관련된 귀사의 조회를 완료하고 다음과 같이 알려드립니다.
> (a) 분기별로 최소 £5,000를 허용해도 무방합니다.
> (b) 사업을 잘하는 회사이며 카디프에서 재정이 탄탄한 회사로 알려져 있습니다.
> (c) 4개의 협력업체가 있으며 자본금은 최소 £10,000로 추산됩니다.
> (d) 기초가 튼튼하고 명성 있는 회사입니다.
> (e) 입수한 정보에 의하면 첫 신용거래로 요청한 £2,000는 허용하셔도 좋습니다.

① 당사는 안전하다면, 요구된 조건에 의한 현 주문을 받고 싶습니다.
② 이 회사의 평판과 재정 상태를 알려주시고 특히 첫 거래에 신용거래를 허용해도 좋은지 귀사의 조언도 부탁합니다.
③ 분기별 결제 신용거래를 허용할 때 안전한 최대 금액이 얼마인지 조언해 주시면 감사하겠습니다.
④ 이 서신은 절대적으로 기밀이며 당사는 아무 책임이 없습니다.

해설 제시된 지문은 신용거래를 해도 되냐고 묻는 신용조회에 대하여 신용조회처가 보낸 답신이다. ④는 신용조회처의 답신에서 나올 수 있는 표현이다.

02 Which of the following is the LEAST appropriate one as part of the reply to the letter? 기출 19년 2회

> For a number of years we have imported electric shavers from the United States, but now learn that these shavers can be obtained from British manufacturers. We wish to extend our present range of models and should be glad if you could supply us with a list of British manufacturers likely to be able to help us.
>
> If you cannot supply the information from your records, could you please refer our enquiry to the appropriate suppliers in London.

① They are the product of the finest materials and workmanship and we offer a worldwide after-sales service.

② We hope you will send us a trial order so that you can test it.

③ We are pleased to inform you that your order was shipped today.

④ We learn that you are interested in electric shavers of British manufacture and enclose our illustrated catalogue and price list.

정답 ③

해석 다음 중 주어진 서신에 대한 답장의 일부로 적절하지 않은 것은 무엇인가?

> 수년 동안 당사는 미국에서 전기면도기를 수입해 왔는데, 이제 이 제품들이 영국 제조업자들로부터 얻은 것이라는 사실을 알게 되었습니다. 당사는 현재 우리의 모델 범위를 늘리기를 원하며, 당사에 도움이 될 만한 영국의 제조업자 리스트를 보내주신다면 감사하겠습니다.
> 귀사의 기록에서 구할 수 없다면 당사의 요청에 적절한 런던의 공급업자들을 추천해 주셨으면 합니다.

① 그것들은 최상의 재료와 기술의 제품이며 당사는 전세계적인 애프터서비스를 제공하고 있습니다.
② 제품을 테스트해볼 수 있도록 당사에 시험주문을 넣어주시기를 바랍니다.
③ 귀사의 주문이 오늘 선적되었음을 통지하게 되어 기쁩니다.
④ 귀사가 영국의 전기면도기 제조업체들에 관심이 있다는 것을 알게 되어 당사의 도해 카탈로그와 가격리스트를 동봉합니다.

해설 서신의 내용은 영국산 전기면도기 제조업체를 찾아달라는 요청이므로, 주문품이 선적되었다는 ③은 답신으로 적절하지 않다.

03 Which is NOT appropriate as a part of a reply to the letter given?

기출 17년 2회

> We have received a request for credit privileges from the Computer Store, Wichita. You were listed as a credit reference.

① We assure you that the information supplied will be treated as confidential.

② It has been numbered among our valued clients since 1930 and maintains very substantial transactions with us.

③ We might say that the said concern is qualified enough to be your agent for the merchandise you mentioned.

④ Please, note that this information is given to you without any responsibility on our part.

정답 ①

해석 다음 중 주어진 서신에 대한 답장의 일부로 적절하지 않은 것은 무엇인가?

> 당사는 Wichita 컴퓨터로부터 신용 특혜 요청을 받았습니다. 귀사를 신용조회처로 알려왔습니다.

① 제공하신 정보를 기밀로 취급할 것임을 약속합니다.
② 이 회사는 1930년부터 거래해 온 소중한 고객 중의 하나이며 당사와 거래 관계를 아주 잘 유지하고 있습니다.
③ 언급하신 회사는 귀사가 말씀하신 물품의 대리점으로서 자격이 충분하다고 말씀드릴 수 있습니다.
④ 본 정보는 당사의 아무런 책임 없이 제공된다는 점에 유의하시기 바랍니다.

해설 ①은 신용조회를 요청하는 당사자가 사용할 수 있는 표현이다.

빈칸 채우기 문제는 주어진 지문이나 서신을 읽고 빈칸에 들어갈 적절한 내용 또는 적절하지 않은 내용을 묻는 유형이다. 보기의 유사한 단어들 중 적절한 단어를 고르는 유형으로 주로 결제나 무역용어를 묻는 문제가 출제된다.

유형별 지시문 익히기

- Which of the following BEST/LEAST fits the blank in the letter below? → 아래 서신의 빈칸에 가장 알맞은/알맞지 않은 것은 무엇인가?
- Read the letter and complete its summary in the box using appropriate words. → 서신을 읽고 박스 안에 적절한 단어를 넣어 완성하세요.
- Fill in the blank with the suitable words. → 적절한 단어로 빈칸을 채우세요.
- Which of the following fits in the blanks? → 다음 중 빈칸에 들어갈 말로 알맞은 것은 무엇인가?
- Choose the most appropriate word for the blank. → 빈칸에 들어갈 가장 적절한 말을 고르세요.

---

01 Which of the following LEAST fits each blank? 기출 17년 2회

> Thank you for your order last week. We're delighted to be doing business with you. To give you a better feel for (1) _____, I've enclosed our corporate capabilities brochure, catalogue, (2) _____. On page 2 of the catalog, you'll find (3) _____, shipping, and return policies. Our sales representative serving your region, Joe Young, (4) _____. He can explain our product line more to your preference and answer any questions you may have. In the meantime, if there's anything I can serve you better, please call me directly at 123-455-7890.

① (1) who we are and what we do
② (2) credit reference and invoice
③ (3) our terms, conditions
④ (4) will contact you to set up an appointment

정답 ②

해석 다음 중 빈칸에 들어갈 말로 알맞지 않은 것은 무엇인가?

> 귀사의 지난주 주문에 감사합니다. 당사는 귀사와 거래를 하게 되어 기쁘게 생각합니다. (1) 당사가 누구이며 어떤 일을 하는지에 대해 더 잘 알 수 있도록 회사 역량 브로셔와 카탈로그, (2) 신용조회와 송장을 동봉했습니다. 카탈로그 2페이지에는 (3) 당사의 계약조건, 배송 및 환불정책이 있습니다. 당사의 영업담당자 Joe Young씨가 귀사의 지역을 담당할 것이며, (4) 약속을 정하기 위해 연락할 것입니다. 그가 귀사의 의향에 따라 당사의 생산라인을 좀 더 설명하고 모든 질문에 답할 것입니다. 만약 도움이 필요하시면 123-455-7890로 직접 전화하세요.

① (1) 당사가 누구이며 어떤 일을 하는지
② (2) 신용조회 및 송장
③ (3) 계약조건
④ (4) 약속을 정하기 위해 연락할 것이다

해설 (2)는 회사소개로 첨부하는 서류에 맞지 않는다.

02 What is the most appropriate word(s) for the blank ⓐ? 기출 19년 3회

> We were pleased to receive your fax order of 29 June and have arranged to ship the electric shavers by SS Tyrania leaving London on 6 July and due to arrive at Sidon on the 24th.
>
> As the urgency of your order left no time to make the usual enquiries, we are compelled to place this transaction this way and have drawn on you through Midminster Bank Ltd for the amount of the enclosed invoice. The bank will instruct their correspondent in Sidon to pass (ⓐ) to you against payment of the draft.
>
> Special care has been taken to select items suited to your local conditions. We hope you will find them satisfactory and that your present order will be the first of many.

① the bill of lading
② invoice
③ credit reference
④ letter of credit

정답 ①

해석 빈칸 ⓐ에 들어갈 가장 알맞은 것은 무엇인가?

> 당사는 귀사의 6월 29일자 팩스 주문을 받아서 기쁘며 7월 6일 런던을 출발하여 24일에 시돈에 도착할 예정인 SS Tyrania에 의해 전기면도기를 선적하기 위해 주선했습니다.
> 귀사의 주문의 긴급성으로 인해 통상적인 조사가 이루어지지 않은 상태로 당사는 이번 거래를 이 방식으로 할 수 밖에 없었으며, 동봉한 송장금액에 대하여 미드민스터 은행을 통해 귀사를 지급인으로 하여 어음을 발행하였습니다. 은행은 시돈에 있는 제휴은행에게 어음 금액을 지급받고 ⓐ (선하증권)을 귀사에 전달하라고 지시할 것입니다.
> 귀사의 지역 조건에 맞는 품목을 선택하기 위해 특별히 주의를 기울였습니다. 당사는 귀사가 그것들에 만족하고 귀사의 현재 주문이 앞으로 많은 주문들 중 첫 번째가 되기를 바랍니다.

해설 D/P조건은 화환어음을 송부 받은 수입지의 은행이 어음의 지급인인 수입자에게 어음을 제시하고 화물인수에 필요한 선적서류를 어음대금의 지급(payment)과 상환으로 인도하는 방법을 말하므로, 빈칸에 적절한 것은 ① '선하증권'이다.

03 Fill out the blank with suitable words. 기출 17년 3회

> (　　) terms allows the importer to make payments at some specific date in the future and without the buyer issuing any negotiable instrument evidencing his legal commitment to pay at the appointed time. These terms are most common when the importer/buyer has a strong credit history and is well-known to the seller.

① Open account　　　　② Letter of credit
③ Documentary Collection　④ Cash on Delivery

정답 ①

해석 적절한 단어로 빈칸을 채우시오.

> (청산계정) 조건은 수입업자에게 미래의 특정한 날짜에 지불을 허락하는 것으로, 구매자가 지정한 기간에 지불한다는 법적 약속의 증거가 되는 어떤 양도가능한 도구를 발행할 필요가 없다. 이러한 조건의 거래는 수입업자/구매자가 신용도가 강한 경우와 판매자에게 잘 알려진 경우에 흔하게 이루어지는 조건의 거래이다.

① 청산계정
② 신용장
③ 추심어음
④ 물품인도 결제방식

해설 '청산계정'은 매매 양 당사자가 상호 간에 수출입거래를 빈번하게 하는 경우에 각 거래마다 대금을 지급하지 않고 일정 기간의 거래에서 발생하는 채권·채무의 총액에 대하여 상계하고 그 잔액을 현금 결제하는 방법을 말한다.

문장 삽입하기 문제는 서신이나 지문의 흐름상 자연스러운 곳에 주어진 문장이 들어갈 위치를 찾는 유형이다. 주어진 문장은 주로 서신의 내용에 반전을 이끌거나 추가 설명을 하는 내용이다. 따라서 내용의 반전이 있거나 앞의 내용을 설명하는 곳에 주어진 문장을 삽입하면 된다.

유형별 지시문 익히기

- Which of the following is the best place for the sentence below to be placed? → 아래 문장이 들어갈 가장 적절한 곳은 어디인가?
- According to the flow of the letter below, where is the MOST appropriate place for the sentence below? → 아래 서신의 흐름에서 다음 문장이 들어갈 가장 적절한 곳은 어디인가?
- Where does the following sentence best fit in the letter? → 서신에서 다음 문장이 들어갈 가장 적절한 곳은 어디인가?

01 Read the following letter and answer the questions. **기출** 16년 3회

We have received the manufacturer's price list and samples you sent us last month. (가) Now enclose our indent number 342 for goods to be shipped by the TJ Prince due to leave Dover for Alexandria, Egypt on 31 May. (나) The indent contains full instructions as to packing, insurance and shipping documents. It is important for the goods to be shipped either by the vessel named, or by an earlier vessel. (다) When we receive the goods we shall pay you the agreed agency commission of 5%. The account for the goods will be settled direct with the manufacturers. (라)

Where does the following sentence best fit in the above letter?

If there are any items which cannot be supplied in time for this shipment they should be cancelled.

① (가)　　　　　　　　② (나)

③ (다)　　　　　　　　④ (라)

정답 ③

해석 읽고 물음에 답하여라.

> 당사는 귀사에서 지난 달 보내 주신 제조사 정가표 목록 및 샘플을 받았습니다. (가) 여기에 도버 항에서 5월 31일 이집트 알렉산드리아로 출발하는 TJ 프린스호에 선적될 상품 주문서 342를 동봉합니다. (나) 주문서는 포장, 보험 및 선적서류에 관한 전체적인 지침을 포함하고 있습니다. 중요한 것은 상품이 지정된 선박에 선적되거나 더 일찍 출발하는 선박에 선적되어야 하는 것입니다. (다) 당사에서 상품을 받게 되면 귀사에 약정된 에이전시 수수료 5%를 지불하게 될 것입니다. 상품에 대한 계산은 제조사에 직접 지불하도록 하겠습니다. (라)

위 서신에서 아래 문장이 들어갈 가장 적절한 곳은 어디인가?
만약 이번 선적에서 공급할 수 없는 품목이 있을 경우 그것은 취소해야만 합니다(선적 시간에 맞출 수 없을 경우 해당 품목을 취소해 주세요).

해설 문맥상 선적 시간의 중요성을 강조한 문장의 바로 뒤인 ③의 (다) 부분이 가장 적합하다.

02 Read the following and answer the questions.

> We are happy to send you, in confidence, the credit information you requested concerning Mr. Bruce Kretchmer, owner of Kretchmer's Appliance Store. (a) Mr. Kretchmer, who was appliance department supervisor at Lillian's Department Store until last fall, has had personal checking and savings accounts with us for the past ten years. (b) His accounts were always in order, with adequate balances to cover all checks drawn. His appliance store, at 1135 State Street, was newly opened last December. (c) We are unaware of any further outstanding debts he may have. (d)

Where does the following sentence best fit in the letter?
For this undertaking, he borrowed US$8,000 from this bank and has begun making regular payments against the loan.

① (a)　　　　　② (b)　　　　　③ (c)　　　　　④ (d)

Vocabulary

in confidence 극비로
checking accounts 당좌
예금(계좌)
savings accounts 저축계
좌, 보통예금계좌
in order 적법한, 유효한
cover 감당하다, 부담하다
outstanding debts 미불
채무
undertaking 사업
loan 대출, 융자

정답 ③

해석 다음 글을 읽고 물음에 답하시오.

> 귀하가 요청하신 바 있는 Kretchmer 가전제품점의 소유주인 Mr. Bruce Kretchmer에 관한 신용 정보를 극비로 전달하여 드립니다. (a) 작년 가을까지 릴리언 백화점에서 가전제품부의 감독관 이었던 Mr. Kretchmer는 지난 10년 동안 당 은행과 당좌예금계좌 및 보통예금계좌를 거래하 고 있습니다. (b) 그분의 계좌는 늘 유효하고 발급된 모든 수표를 감당할 충분한 잔고가 있었습니다. 그의 가전제품점은 스테이트 거리 1135번지에 있으며 지난 12월 새롭게 오픈하였습니다. (c) 당사는 그 분이 가지고 있을 만한 추가 미불 채무에 대하여서는 알지 못합니다. (d)

위 서신에서 아래 문장이 들어갈 가장 적절한 곳은 어디인가?
이 사업을 위하여 그는 당 은행으로부터 미화 8,000달러를 빌렸으며 그 대출에 대하여 정기 납부를 하고 있습니다.

해설 주어진 문장의 For this undertaking이 (b)에서 언급된 새로 오픈한 점포에 대한 내용을 받으므로, 주어진 문장이 들어갈 위치는 ③ (c)이다.

03 Where does the following sentence best fit in the letter?

> Dispatch can be made from our works by rail to be forwarded from Brisbane harbour.

> The 10,000 cycles you ordered will be ready for dispatch by 17th August. Since you require them for onward shipment to SriLanka, India, Pakistan and Nepal, we are arranging for them to be packed in seaworthy containers. (a) Each bicycle is enclosed in a corrugated cardboard pack, and 20 are banded together and wrapped in sheet plastic. (b) A container holds 240 cycles; the whole cargo would therefore comprise 42 containers, each weighing 8 tons. (c) The freight charges from our works to Brisbane are US$60 per container, totalling US$2,520, excluding container hire, which will be charged to your account. (d)

① (a)　　　　② (b)
③ (c)　　　　④ (d)

Vocabulary

dispatch 발송
by rail 철도편으로, 기차로
onward 앞으로 나아가는
seaworthy 항해에 적합한, 내항의
freight charge 화물운송비
charge 요금

정답 ③

해석 서신에서 다음 문장이 들어갈 가장 적절한 곳은 어디인가?

> 브리즈번 항에서 후송되는 철도편으로 당사 작업장에서 발송할 수 있습니다.

> 귀사에서 주문하신 자전거 10,000대가 8월 17일까지 발송이 준비될 예정입니다. 귀사가 스리랑카와 인도, 파키스탄, 네팔로 연속 배송을 요구하고 있기 때문에, 자전거를 항해용 컨테이너에 포장하여 준비하려고 합니다. (a) 각 자전거를 골판지로 싸고, 20개씩 묶어서 플라스틱 시트로 감쌀 것입니다. (b) 한 컨테이너에는 자전거 240대를 담게 되므로 전체 화물은 각 8톤 무게의 컨테이너 42개로 구성됩니다. (c) 당사 작업장에서 브리즈번까지의 화물운송비는 컨테이너당 미화 60달러로 귀사 계정에서 지불될 컨테이너 비용을 제외하고 총 2,520 달러가 됩니다. (d)

해설 서신은 호주 브리즈번 항에서 또 다른 곳으로 배송하기 위하여 작업장에서 배송을 시작하는 것에 대한 내용이다. 앞부분에는 자전거를 항해용 컨테이너에 포장하는 내용이 주를 이루고 있다. 글의 흐름상 주어진 문장은 (c)에 들어가는 것이 자연스럽다.

유형 5 문장 순서 배열하기

문장 순서 배열하기 문제는 주어진 문장을 내용의 흐름에 맞게 순서대로 배열하는 유형이다. 영문해석이나 영작문 과목에서 공통적으로 출제되며, 주어진 내용의 순서를 파악하는 것이 중요하다. 서신의 경우 특히 대금 지급 지연이나 클레임을 언급하고 이에 대한 시정을 요구하는 내용이 주로 출제된다.

유형별 지시문 익히기

- Please put the following sentences in order. → 다음 문장들을 순서대로 배열하세요.
- Put the sentences in the most appropriate order. → 다음 문장들을 가장 적절한 순서대로 배열하세요.
- Please read and number the paragraphs in the correct order. → 다음을 읽고 올바른 순서대로 배열하세요.
- Read the following letter. Put the sentences in the most appropriate order. → 다음 서신을 읽고, 문장을 가장 적절한 순서대로 배열하세요.

Put the following sentences in order. 기출 17년 3회

> Please send us your current catalogue and price list for bicycles. We are interested in importing models for both men and women.
>
> a. This would enable us to maintain the low selling prices which are important for the growth of our business.
> b. In return we would be prepared to place orders for a guaranteed annual minimum number of bicycles, the figure to be mutually agreed.
> c. If the quality of your products is satisfactory and the prices are reasonable, we would place large orders.
> d. We are the leading bicycle dealers in this city where cycling is popular, and have branches in five neighbouring towns.
> e. Please indicate whether you will allow us a quantity discount.

① d-e-c-b-a
② d-e-c-a-b
③ d-c-e-a-b
④ d-e-b-a-c

정답 ③

해석 다음 문장들을 순서대로 배열하시오.

> 귀사의 최신 자전거에 대한 카탈로그와 가격표를 보내주세요. 당사는 남성과 여성 모두를 위한 모델 수입에 관심 있습니다.
>
> d. 당사는 사이클링이 유행하는 도시의 대표적인 자전거 딜러이며 주변 5개 도시에 분점이 있습니다.
> c. 귀사 제품의 품질이 만족스럽고 가격이 합당하다면, 당사는 대량주문할 것입니다.
> e. 당사에게 수량 할인 가능 여부를 알려주십시오.
> a. 이것은 우리 비즈니스의 성장을 위해 중요한 저렴한 판매가 유지를 가능하게 할 것입니다.
> b. 대신 당사는 연간 보장된 최소 대수의 자전거 주문이 가능하며 수량은 상호 협의하에 정할 것입니다.

해설 내용상 대량주문 시 수량 할인 가능 여부를 물어보고 있으므로, 문장을 순서로 배열하면 d-c-e-a-b이다.

02 Put the following sentences in order.

> a. Your order for twenty sets of Easy Way Kitchen Rubber Mats is being processed and will be ready for shipment on January 21.
>
> b. If you have any questions concerning this order, please do not hesitate to contact John Sanders, our sales representative in your area.
>
> c. Your goods will be delivered directly to your office by U-Pickup service in New York City.
>
> d. We are pleased to acknowledge your order of January 9.

① d-c-a-b   ② d-a-c-b

③ c-a-b-d   ④ a-c-b-d

정답 ②

Vocabulary

concerning ~에 관한
hesitate 망설이다[주저하다]
sales representative 영업담당자
acknowledge 받았음을 알리다, 감사를 표하다

해석 다음 문장들을 순서대로 배열하시오.

> d. 귀사의 1월 9일 주문 승인을 확인하게 되어 기쁩니다.
> a. 이지웨이 주방 고무매트 20세트에 대한 귀사의 주문이 현재 처리 중으로 1월 21일 선적 예정입니다.
> c. 귀사의 물건은 뉴욕시 U-Pickup 서비스에서 사무실로 직접 배송할 예정입니다.
> b. 본 주문에 대한 문의가 있으면 지역 영업담당자인 존 샌더스에게 망설이지 마시고 연락하세요.

해설 문맥상 주문 승인 확인(d)과 처리/배송과 관련된 내용(a, c)이 나오고, 인사로 마무리하는(b) 순서 (d-a-c-b)가 적합하다.

03 Please put the following sentences in order.

> a. It is therefore with regret that we have to announce that one third of the work force will be made redundant over the next month as production will be cut by 40 percent.
>
> b. We express our sympathies to those affected and would like to thank them for their help in the past and their co-operation in these unfortunate circumstances.
>
> c. The company has been running at a loss for the past three years, due to rising costs of production and a fall in demand for our products because of the economic situation.
>
> d. Those employees affected will be advised within the next fortnight and will receive full severance pay, plus holiday pay, which, we hope, will help them until they find new jobs.

① b-d-a-c   ② b-c-d-a

③ c-a-d-b   ④ c-d-b-a

정답 ③

해석 다음 문장들을 순서대로 배열하시오.

> c. 지난 3년 동안 당사는 경제상황으로 인한 생산비용의 증가와 자사 제품의 수요하락으로 손해를 보면서 운영되어 왔습니다.
>
> a. 생산량을 40%까지 줄이게 됨으로써 모든 근로자 중 3분의 1이 다음 달 동안 정리해고 당하게 될 것이라는 것을 알려 드리게 되어 유감스럽습니다.
>
> d. 해당 직원들은 다음 2주일 안에 통지받을 것이며 휴일 임금을 포함한 퇴직 수당 전액을 지급받게 될 것이오니, 바라옵건대 이것으로 새로운 일자리를 얻기까지 도움이 되었으면 합니다.
>
> b. 당사자들에게 유감을 표하며 지난날에 있어 이 분들의 도움과 이와 같은 불운한 환경에서 협력하여 주심에 감사드립니다.

해설 문맥상 배경의 설명 및 이유(c)를 설명하면서 본론이 나오고(a), 처우에 대한 설명(d)이 기술된 뒤에 사과를 표시(b)하는 순서로 된 ③의 c-a-d-b가 가장 적당하다.

Vocabulary

it is therefore with regret that ~ 그러니까 ~은 유감스러운 일이다
announce 발표하다, 알리다
work force 모든 근로자, 전 종업원
redundant 정리해고 당한
cut by ~까지 줄이다[삭감하다]
sympathy 동정, 연민
at a loss 손해(를) 보고
a fall in demand 수요의 하락
advise (정식으로) 알리다
fortnight 2주일
severance pay 퇴직[해직] 수당, 퇴직금

일치/불일치 문제는 지문을 읽고 일치하는 내용 또는 일치하지 않는 내용을 찾는 유형이다. 서신이나 대화의 내용을 정확히 파악하는 것이 중요하다. 영문해석과 영작문 과목에서 공통적으로 출제되고 있다.

유형별 지시문 익히기

- What (which one) is CORRECT according to the letter? → 서신에 따르면 맞는 것은 무엇인가?
- Which of the following is TRUE according to the letter? → 서신에 따르면 맞는 것은 무엇인가?
- Which of the following is TRUE according to the discourse? → 다음 대화에 따라 사실인 것은 어느 것인가?
- Which of the following is NOT true? → 다음 중 맞지 않는 것은 무엇인가?
- Choose one that is NOT correct according to the letter below. → 아래 서신에 맞지 않는 것을 고르세요.

01 Which is NOT correct according to the letter? 기출 19년 1회

Dear Mr. Richardson

We were pleased to receive your order of 15 April for a further supply of CD players. However, owing to current difficult conditions, we have to ensure that our many customers keep their accounts within reasonable limits. Only in this way we can meet our own commitments.

At present the balance of your account stands at over US $1,800.00 We hope that you will be able to reduce it before we grant credit for further supplies.

In the circumstances we should be grateful if you would send us your check for half the amount owed. We could then arrange to supply the goods now requested and charge them to your account.

① The writer is a seller.
② This is not the first time that the writer has business with Mr. Richardson.
③ The writer asks the receiver to send the check for current order.
④ This is a reply to the order.

해석 서신에 따르면 맞지 않는 것은 무엇인가?

> 친애하는 리처드슨 씨께
>
> CD 플레이어 공급을 좀 더 늘려달라는 4월 15일자 귀사의 주문을 인수했습니다. 하지만 최근 어려워진 상황으로 인해, 당사는 많은 고객들에게 합리적인 범위 내에서 그들의 계정을 유지할 것을 요청해야 합니다. 이 방법으로만 당사는 약속을 이행할 수 있습니다.
>
> 현재 귀사의 미지불 잔액은 1,800 US 달러를 넘었습니다. 당사가 귀사의 추가 공급에 대한 신용장을 승인하기 전에 그 금액을 줄여주시기를 희망합니다.
>
> 사정이 이러하므로 귀사가 미지불 잔액 절반 금액의 수표를 보내주신다면 감사하겠습니다. 그러면 당사는 지금 귀사가 요청하신 추가 물품 공급을 처리하고 귀사의 계정에 고지할 수 있습니다.

① 글쓴이는 매도인이다.
② 이번이 글쓴이가 리처드슨 씨와의 첫 번째 거래가 아니다.
③ 글쓴이는 수령인에게 최근 거래에 대한 수표를 보내달라고 요청한다.
④ 이것은 주문에 대한 답신이다.

해설 서신은 지금까지의 미불 잔액 절반 금액을 지불해주면 추가 공급 주문을 처리하고 금액을 고지하겠다는 내용이므로 정답은 ③이다.

02 Which of the following is NOT true about this letter?

> Dear Ms. Sawyer,
>
> Kretchmer's Appliance Store, 1135 State Street, Chicago, has placed an order with us for $120 worth of merchandise and listed you as a credit reference. We would appreciate your sending us information regarding Kretchmer's credit rating. We would especially like to know how long the owner, Bruce Kretchmer, has had an account with you and whether or not any of his debts are past due. We will, of course, keep any information we receive in the strictest confidence.
>
> Sincerely yours,
>
> Milton Smedley

① This is the letter about credit inquiry.
② It assures the reference that all information will remain confidential.
③ The reference in this letter is Milton Smedley.
④ Kretchmer is a new buyer to Smedley.

Vocabulary

ensure 보장하다
within reasonable limits
합리적인 범위 내에서
balance 지불 잔액, 잔금
in the circumstances 사정이 이러하므로
arrange 마련하다, 처리하다

정답 ③

해석 서신에 따르면 맞지 않는 것은 무엇인가?

> 친애하는 Ms. Sawyer
> Kretchmer's 전기상(1135 State Street, Chicago에 위치)은 당사에 $120의 물품을 주문했고 귀사를 신용조회처 리스트에 포함했습니다. 당사는 귀사가 Kretchmer의 신용평가 정보를 보내주신 것에 대해서 감사하게 생각합니다. 당사는 특별히 소유주인 Bruce Kretchmer가 얼마나 오랫동안 귀사와 거래를 해왔는지와 만기일이 지난 부채가 있지 않은지에 대해서 알고 싶습니다. 당사는 물론 알게 된 어떤 정보에 대해서도 비밀을 유지할 것입니다.
> 안녕히 계십시오.
> Milton Smedley

① 이것은 신용조회하는 서신이다.
② 이것은 모든 정보의 비밀이 유지될 조회임을 보장한다.
③ 이 서신에서 조회 대상은 Milton Smedley이다.
④ Kretchmer는 Smedley사의 새로운 구매자이다.

해설 Milton Smedley사가 새로운 구매자인 Kretchmer에 대한 신용조회를 의뢰하는 내용이다.

03 Choose one that is NOT correct according to the letter below.

> We accept your counter offer of March 15 in order to establish the first business transaction with you. To confirm this business, we are enclosing our revised Offer Sheet No. 112. Please note that your suggested price barely covers the cost of production, so we shall be unable to maintain our quality without any increase in price for your future orders. We assure you that we will make every effort to meet your satisfaction.

① This letter is an acceptance.
② The writer wants to raise the price for the next transaction.
③ The writer is sending this letter to request a counter offer for confirmation.
④ The writer was asked to reduce the price.

정답 ③

해석 아래 서신에 맞지 않는 것을 고르시오.

> 당사는 귀사와 첫 번째 거래를 수립하기 위해서 3월 15일자 귀사의 반대오퍼를 승인합니다. 이 거래 조건을 확인하기 위해서 당사는 개정된 물품 매도확약서 No. 112를 동봉합니다. 귀사가 제안한 가격은 생산비를 거의 포함할 수 없어서, 당사는 앞으로 가격 인상 없이는 제품의 품질을 유지할 수 없다는 사실에 유의해주세요. 당사는 귀사가 만족할 만한 결과를 위해서 모든 노력을 기울일 것입니다.

① 이 서신은 승인이다.
② 글쓴이는 다음 거래에는 가격을 인상하기 원한다.
③ 글쓴이는 반대오퍼에 대한 확인 요청을 위해서 이 서신을 보낸다.
④ 글쓴이는 가격 인하를 요청받았다.

해설 반대오퍼 승인을 위한 것이므로, ③은 내용과 맞지 않다.

유형 7 옳은/틀린 것 찾기

지문을 읽고, 주어진 보기에서 옳은 설명 또는 틀린 설명을 찾는 유형이다. 무역실무 이론이 필요한 유형으로 UCP 600, Incoterms 2020 등 국제무역규범 내용을 제시하고 옳은 내용, 틀린 내용을 구분하는 문제가 많이 출제된다.

유형별 지시문 익히기

- Which of the following is the MOST/LEAST appropriate one? → 다음 중 가장 적절한/적절하지 않은 것은 무엇인가?
- What is WRONG in explaining money laundering? → 자금세탁에 대한 설명 중 틀린 것은 무엇인가?
- Below explains international bank guarantee under URDG 758. Which is NOT a correct statement? → 다음은 URDG 758에 따른 국제은행 지불보증에 대한 설명이다. 설명이 맞지 않는 것은 무엇인가?
- Which is NOT correct in explanation of CIF under INCOTERMS 2010? → 다음 중 Incoterms 2010에서 운임 및 보험료 포함 인도조건(CIF)에 대한 설명으로 맞지 않는 것은 무엇인가?
- Choose one that is NOT correct about the remedies regulated in the CISG. → CISG에 규제된 구제 권리에 대해 맞지 않는 것을 고르세요.
- Choose a wrong definition under UCP 600. → UCP 600에 따르면 틀린 정의를 고르세요.

01 What is WRONG in explaining money laundering? 기출 17년 3회

A. Money laundering is the process of concealing the source of money obtained by illicit means.

B. The methods by which money may be laundered are varied and can range in sophistication.

C. Many regulatory and governmental authorities quote estimates each year for the amount of money laundered.

D. For example, a buyer must verify a customer's identity and monitor transactions for suspicious activities. This is often termed as 'know your customer (KYC)'

① A   ② B

③ C   ④ D

정답 ④

Vocabulary

Money laundering 돈
[자금]세탁
concealing 은폐
illicit 불법의
regulatory 규제[단속]
기관
KYC(Know Your Customer) 고객파악제도, 금융회사가 자신의 서비스가 자금세탁 등 불법행위에 이용되지 않도록 고객의 신원, 당사자 여부, 거래 목적 등을 확인하는 업무 프로세스

해석 자금세탁에 대한 설명 중 틀린 것은 무엇인가?

A. 돈세탁은 불법적인 수단으로 획득한 자금의 출처를 은폐하는 절차이다.
B. 돈 세탁되는 방법은 다양하며 치밀하게 이루어진다.
C. 여러 단속 기관과 정부 당국은 매년 세탁되는 돈의 액수에 대한 견적을 낸다.
D. 예를 들어, 매수인은 고객의 신분을 확인하고 의심스러운 활동에 대한 거래를 감시해야 한다. 이것은 종종 '고객파악제도(KYC)'라는 용어로 쓰인다.

해설 D는 금융기관으로 하여금 자신들의 서비스가 고객의 자금세탁 등 불법행위에 이용되지 않도록 주의해야 하는 의무사항에 대한 설명이다.

02 What is the correct Incoterms 2020 under the following scenario?

기출 17년 2회

> A container is loaded in the town of Daejon and trucked to Busan Port where it is loaded on board an ocean vessel to Hamburg. Then the container is reloaded onto a feeder vessel and discharged in Copenhagen Port. After arriving Copenhagen Port, the container is trucked to consignee's warehouse. Finally goods are costumes cleared and ready to use or sell.

① FOB Busan   ② FOB Hamburg

③ FOB Daejon   ④ FOB Copenhagen

정답 ①

해석 다음 상황에 따라 올바른 Incoterms 2020의 조건은 무엇인가?

> 어떤 컨테이너가 대전 시내에서 적재되어 부산항으로 트럭으로 운반하여 함부르크로 가는 선박의 갑판에 적재된다. 그러고 나서 이 컨테이너는 피더선으로 재선적된 후 코펜하겐항에서 양하된다. 코펜하겐항에 도착한 후, 컨테이너는 트럭으로 수하인의 창고로 운송된다. 최종적으로 물품은 수입통관을 거쳐 사용하거나 판매될 준비가 된다.

해설 본선적재되는 선적항은 부산항이므로 FOB Busan(부산항 본선적재 인도조건)으로 표시되어야 한다.

03 Which is NOT correct in accordance with CISG? 기출 19년 1회

① An offer becomes effective when it reaches the offeree.

② An offer, even if it is irrevocable, may be withdrawn if the withdrawal reaches the offeree before or at the same time as the offer.

③ A statement made by or other conduct of the offeree indicating assent to an offer is an acceptance.

④ Silence or inactivity in itself amounts to acceptance.

정답 ④

해석 CISG와 일치하지 않는 것은 무엇인가?

① 청약은 피청약자에게 도달할 때 효력을 발생한다.

② 청약은 취소 불가능하더라도, 철회의 의사표시가 청약의 도달 전 또는 그와 동시에 피청약자에게 도달하는 경우에는 철회할 수 있다.

③ 청약에 대한 동의를 표시하는 피청약자의 진술 또는 기타의 행위는 승낙이 된다.

④ 침묵 또는 부작위 그 자체로 승낙이 된다.

해설 ④ CISG 제18조 침묵 또는 부작위 그 자체로는 승낙이 되지 않는다.
① CISG 제15조 (1) ② CISG 제15조 (2) ③ CISG 제18조

주제 찾기 문제는 지문이나 서신을 읽고, 글을 쓴 목적이나 주제 또는 제목을 찾는 유형으로 주로 영문 해석에서 출제된다. 서신의 경우, 견적서의 발송, 클레임의 제기, 계약 이행의 촉구, 대금지급의 요청, 대금지급 기간연장 요청, 자료 요청 등 다양한 내용이 출제되므로 자주 나오는 표현을 익히고 해당 내용을 숙지하고 있어야 한다.

유형별 지시문 익히기

- Which of the following is the BEST title for the passage? → 다음 중 이 지문에 가장 잘 맞는 제목은 무엇인가?
- What is the subject/main theme/main purpose of the letter? → 서신의 주제/주요 주제/주요 목적은 무엇인가?
- What is the most suitable subject of the letter? → 이 서신의 주제로 가장 적합한 것은 무엇인가?

---

01 What is the subject of the letter? [기출] 17년 3회

> We have recently concluded a contract for the supply of raw cotton from New Orleans to Manchester over the next twelve months and should be glad if you would find us a suitable ship, about five thousand tons. The question of speed is important as the ship we need must be able to make six return voyages in the time, allowing for six days at each turn-round.

① Enquiry for a time charter
② Request for information on container service
③ Request for freight rebate
④ Advice of shipment

[정답] ①

Vocabulary

raw cotton 원면
return voyages 귀향
turn-round 반환점
advice of shipment 출하
통지

[해석] 서신의 주제는 무엇인가?

> 당사는 최근 다음 12개월에 걸쳐서 원면을 맨체스터에서 뉴올리언스로 공급하는 계약을 확정했고 귀사가 우리에게 적합한 약 5,000톤 정도 되는 배를 구해줄 수 있다면 감사하겠습니다. 중요한 것은 속도인데, 우리는 기간 안에 6번 왕복해야 하며 각각 6일 안에 돌아와야 합니다.

① 정기용선계약의 문의
② 컨테이너 서비스에 대한 정보 요청
③ 운임 환불에 대한 요청
④ 출하 통지

[해설] 12개월 동안 원면을 운송할 정기용선계약에 대한 문의 내용이다.

What is the main purpose of this letter? **기출** 17년 1회

> Dear Mr. Carter,
>
> As mentioned in my letter of 9 August, I am planning to spend a few days in London next month, on my way to the United States. The dates are now settled. I shall arrive at Heathrow on Wednesday, 3 September (Flight BA 602 15 30) and leave on Friday night. I shall be staying at the Cumberland Hotel, Marble Arch, London W1. On 3 September I already have some appointments, but could come to your office any time on Thursday, 4 September. Would you kindly leave a message at my hotel letting me know what time would suit you. One of the most important matters to be discussed is the percentage of commission you could give us for distributing your SELECT copier in Korea. As we have already indicated, 10% is unacceptable to us : we require at least 12% if we are to do a good job of selling this equipment in Korea.
>
> Sincerely yours,
>
> Amier Han

① to offer some importing business

② to introduce the writer's business trip route

③ to make an appointment for negotiation

④ to ask for booking a hotel when staying in England

정답 ③

해석 서신의 주요 목적은 무엇인가?

> 친애하는 카터 씨,
> 8월 9일자 서신에서 언급했듯이, 저는 미국으로 돌아오는 길에 다음 달에 런던에서 며칠 동안 머물 예정입니다. 확정된 일정은 다음과 같습니다. 9월 3일 수요일 (BA 602편 오후 3시 30분) Heathrow 공항에 도착해서 금요일 밤 출발 예정입니다. 런던 컴벌랜드 호텔(Cumberland Hotel, Marble Arch, London W1)에 머물 것입니다. 9월 3일에는 이미 선약이 있지만, 9월 4일 목요일에는 언제든지 사무실로 방문할 수 있습니다. 방문 가능한 시간을 호텔에 알려주시면 감사하겠습니다. 의논할 안건들 중 가장 중요한 것 중 한 가지는 한국 내 귀사의 SELECT 복사기 위탁 판매 수수료율에 대한 것입니다. 이미 말씀드렸지만, 우리는 10%는 받아들일 수 없습니다. 만약 한국 내 판매 실적이 좋다면 적어도 12%는 받기를 요청합니다.
> 안녕히 계십시오.
> Amier Han

① 수입 비즈니스를 제안하기 위해
② 글쓴이의 비즈니스 출장 경로를 소개하기 위해
③ 협상 약속일을 잡기 위해
④ 영국에서 머무를 호텔 예약을 문의하기 위해

해설 서신을 쓴 목적은 복사기 위탁 판매 수수료율의 협상 약속일을 잡기 위해서이다.

03 What is the purpose of the following correspondence? 기출 20년 2회

Dear Mr. Mike,

We have organized a series of online coaching clinic for middle schools' table tennis coaches this winter. For the virtual training, we would like to provide all registered participants with a tablet PC for interactive real-time communication.

I saw a catalogue with my colleague showing your company's ranges of tablets. We are planning to make an order for more than 1,000 sets at a time. Is there a discount package available for a bulk purchase? I will also like to know the minimum price if we order for 15 or more desktop PCs with webcam.

① Request for Proposal(RFP)
② Request for Quotation(RFQ)
③ Purchase Order
④ Firm Offer

정답 ②

Vocabulary

interactive 상호적인
real-time 실시간의
make an order 주문하다
bulk purchase 대량구입

해석 다음 서신의 목적은 무엇인가?

친애하는 Mike씨께,
당사는 이번 겨울 중학교 탁구 코치들을 위한 일련의 온라인 코칭클리닉을 마련했습니다. 가상교육을 위해, 당사는 등록된 모든 참가자에게 실시간 상호 의사소통을 위한 태블릿 PC를 제공하고 싶습니다. 저는 동료와 함께 귀사의 태블릿을 보여주는 카탈로그를 봤습니다. 당사는 한 번에 1,000세트 이상 주문할 계획입니다. 대량구매에 이용 가능한 할인 패키지가 있습니까? 웹캠이 장착된 데스크톱 PC를 15대 이상 주문할 경우 최저가도 알고 싶습니다.

① 제안요청서   ② 견적요청서
③ 구입주문서   ④ 확정청약

해설 서신에서 한 번에 1,000세트 이상 주문 예정으로, 대량주문에 따른 할인 여부와 웹캠이 딸린 데스크톱을 15대 이상 주문할 경우 최소가격에 대해 문의하고 있으므로, 서신의 목적은 ② '견적요청(Request for Quotation, RFQ)'임을 알 수 있다.

흐름에 맞지 않는 문장 찾기 문제는 주어진 지문이나 서신의 내용 중 흐름에 맞지 않는 문장을 찾는 유형이다. 대부분 영문해석 과목에서 출제된다.

유형별 지시문 익히기

- Which of the following does NOT fit in the letter below? → 아래 서신에서 흐름에 맞지 않는 것은 무엇인가?
- Which of the following fits LEAST in the letter below? → 아래 서신에서 흐름에 가장 맞지 않는 것은 무엇인가?
- Which of the following is AGAINST the logic from the passage? → 다음 중 지문의 논리에 반대되는 것은 무엇인가?

---

01 Which of the following fits LEAST in the letter below? 기출 16년 1회

> I have just returned from my trip to Europe today. (a) As a matter of first priority I want to write to thank you, not only for the time and excellent lunch in Paris last week, but also for the very positive attitude you showed toward the joint project. I am sure you played (b) a very important role in laying the groundwork for the decision you indicated. As I told you, our Executive Committee will be meeting in Seoul on June 21 especially to review the progress of our project. (c) We believe that your acquisition of our company will increase market acceptance for the best technology. (d) I would very much like to be able to announce your firm commitment to the Committee at that time.

① (a) ② (b)
③ (c) ④ (d)

정답 ③

해석 아래 서신에서 흐름에 가장 맞지 않는 것은 무엇인가?

> 저는 유럽 출장에서 오늘 막 돌아왔습니다. (a) 사실 제일 먼저 감사를 전하는 것은, 지난주 파리에서 시간을 내주신 것과 훌륭한 점심뿐만 아니라, 합작 프로젝트에 대해 귀하가 보여주신 아주 긍정적인 태도입니다. 저는 (b) 말씀하신 결정 부분에 대한 준비 작업에서 귀사가 아주 훌륭한 역할을 할 것으로 생각합니다. 제가 말씀드렸다시피, 당사의 이사회가 특히 우리 프로젝트의 진행을 검토하기 위해 6월 21일 서울에서 열립니다. (c) 저희는 귀사가 당사를 인수하면 최고의 기술로 판매시장을 확대할 것을 믿습니다. (d) 저는 귀사의 확약을 저희 이사회에서 발표하고자 합니다.

Vocabulary

as a matter of ~ ~의 사안(문제)으로 봤을 때
joint project 공동 프로젝트
as a matter of ~ ~의 사안(문제)으로 봤을 때
play a role 역할을 수행하다
lay the groundwork 성공의 기틀을 마련하다
executive committee 집행 위원회
progress 진척, 진행
acquisition 인수, 매입
commitment 약속, 책무, 헌신

해설 전체 서신은 합작사업에 대한 내용인데, (c)는 인수합병에 대한 내용이므로 흐름에 맞지 않다.

02 Which of the following fits LEAST in the letter? 기출 17년 2회

I am sorry to inform you that, due to an unexpected price increase from our manufacturers in Europe, we have no option but to raise the prices of all our imported shoes by 4% from 6 October 2017.
(a) Orders received before this date will be invoiced at the present price levels.
(b) We sincerely regret the need for these increased prices. (c) However we know you will understand that this increase is beyond our control.
(d) Can you send me a quote as soon as possible?
We look forward to a continuing association with you, and can assure you of our continued commitment to good-quality products and service.

정답 ④

해석 다음 중 서신에서 내용과 가장 어울리지 않는 것은 무엇인가?

유럽에 있는 제조업체의 예상치 못한 가격인상으로 인해 2017년 10월 6일부터 모든 수입 신발 가격을 4% 인상할 수밖에 없음을 알려드립니다.
(a) 이 날짜 이전에 접수된 주문은 현재 가격 수준으로 송장을 발행합니다.
(b) 우리는 이러한 가격인상이 필요하다는 것에 진심으로 유감스럽습니다. (c) 그러나 우리는 이러한 인상이 어쩔 수 없는 상황임을 이해하시리라 믿습니다.
(d) 가능한 한 빨리 견적을 보내주시겠습니까?
우리는 귀하와 지속적인 관계를 맺기를 기대하며, 양질의 제품과 서비스에 대한 지속적인 약속을 확신할 수 있습니다.

해설 가격인상을 통보하는 제시문에 견적을 보내달라는 (d)는 어울리지 않는다.

03 Which of the following sentences is Not correct? `기출` 20년 1회

Dear Mr. Kim,

Thank you for your inquiry on April 13, (a) <u>expressing interest in our software products.</u> In reply to your letter, we are enclosing a detailed catalog and price lists (b) <u>for our design software you required.</u>

(c) <u>Beside those advertising in the Business Monthly,</u> the attached illustrated brochure shows various softwares available for you. If you have any questions or concerns (d) <u>that are not covered in the materials</u> we sent you, please do not hesitate to contact us at any time.

---

① (a)   ② (b)

③ (c)   ④ (d)

정답 ③

해석 다음 문장 중 옳지 않은 것은 무엇인가?

친애하는 김 선생님께,

(a) 당사의 소프트웨어 제품에 관심을 표명한 귀사의 4월 13일자 문의에 감사드립니다. 귀사의 문의에 대한 답신으로, (b) 요청하신 당사의 디자인 소프트웨어 제품에 대한 자세한 카탈로그와 가격 리스트를 동봉합니다.

(c) 월간 비즈니스 광고 이외에, 첨부된 삽화 브로슈어는 귀사가 이용할 수 있는 다양한 소프트웨어들을 보여줍니다. 당사가 보내준 (d) 자료에서 다루지 않은 질문이나 관심사가 있으시면 언제든지 연락하시기 바랍니다.

해설 어법상 (c) Beside(옆에) → Besides(~뿐만 아니라)가 되어야 한다.

주어진 문장에서 같은(다른) 문장 찾기 문제는 주어진 문장과 같은(다른) 문장을 찾는 유형이다. 주어진 단어와 다르게 사용된 단어를 고르는 문제, 한글 문장이 영어로 바르게 또는 다르게 번역된 것을 찾는 문제가 출제되기도 한다.

유형별 지시문 익히기

- Which of the following most INCORRECTLY paraphrase the underlined? → 다음 중 밑줄 친 부분을 가장 잘못 바꾸어 쓴 것은 무엇인가?
- Which of the following has a DIFFERENT meaning from others? → 다음 중 다른 것과 의미가 다른 것은 무엇인가?
- Which of the following is NOT appropriately rewritten to have the same meaning? → 다음 중 같은 의미가 되도록 적절하게 바꾸어 쓰지 않은 것은 무엇인가?
- Which of the following MOST appropriately rewritten to have similar meaning? → 다음 중 비슷한 의미로 가장 적절하게 바꾸어 쓴 것은 무엇인가?
- Which could be replaced with the underlined? → 밑줄 친 것을 대체할 수 있는 것은 무엇인가?

01 Which of the followings would have a DIFFERENT meaning for the word underlined? [기출] 17년 1회

> We are instructed by our customer to make a marine insurance contract with you on 10 cases of our computer monitors. The details of the goods and shipment are as follows.

① conclude   ② effect   ③ draw up   ④ avoid

정답 ④

Vocabulary

marine insurance contract 해상보험계약

해석 다음 중 밑줄 친 말과 의미가 다른 것은 무엇인가?

> 당사는 당사의 고객으로부터 당사의 컴퓨터 모니터의 10가지 경우에 대해서 귀사와 해상 보험 계약을 체결하라고 전해 받았습니다. 물품과 선적에 대한 세부 사항들은 다음과 같습니다.

① (협정·조약을) 맺다[체결하다]
② (법 등이) 실시된다[시행되다]
③ (세심한 생각·계획이 필요한 것을) 만들다[작성하다]
④ 방지하다, 회피하다

해설 ①~③은 모두 계약을 체결한다는 뜻인데, ④는 '피하다'라는 뜻이므로 다른 뜻이다.

02 Which of the following is the LEAST appropriate Korean translation?

기출 17년 3회

① Your order has been placed on rush delivery and should reach you by next week. → 주문하신 물건은 속달로 발송되었으니 다음 주에는 도착할 것입니다.

② Our legal department has notified me of its intention to take the appropriate legal action to collect the payment of US$300,000. → 당사의 법무 팀에서 3십만 달러의 대금을 회수하기 위해 적법한 절차를 밟겠다는 뜻을 저에게 통보했습니다.

③ We have secured a new freight forwarder, and you should receive your container by February 22. → 우리는 새로운 복합운송업자를 보증 받았고, 2월 22일까지 귀사는 컨테이너를 수령하실 수 있습니다.

④ Due to a recent surge in demand, the product is on back order until mid-October. → 최근 수요 급증으로 인해 해당 물품은 10월 중순까지 주문이 밀려있습니다.

정답 ③

해설 ③에서 '우리는 새로운 복합운송업자를 보증 받았고'를 '우리는 새로운 화물 운송업자를 확보했고'로 해석해야 한다.

03 Which of the following has similar meaning for the sentence underlined? 기출 19년 2회

> We are a large music store in Korea and would like to know more about the mobile phones you advertised in this month's edition of "Smart World".
>
> Could you tell us if <u>the mobile phones are out of intellectual property issue</u> and are playable in Korean language? Also please let us know if there are volume discount. We may place a substantial order if the above matters are answered to our satisfaction.

① whether the mobile phones are free from intellectual property issue.

② if the mobile phones are abided by intellectual property problems.

③ provided that the mobile phones are free from intellectual property issue.

④ should the mobile phones are out of intellectual property issue.

정답 ②

해석 밑줄 친 문장과 의미가 비슷한 것은 무엇인가?

> 당사는 한국의 대형 음반가게이며 귀사가 이번 호 '스마트 월드'에서 광고한 휴대폰에 대해 좀 더 알고 싶습니다.
> 휴대폰이 지적재산권 문제에서 벗어나는지와 한국어로 작동할 수 있는지 알려줄 수 있나요? 또한 수량할인이 있는지 알려주세요. 상기 문제에 대한 답변이 만족스러울 경우 당사는 상당한 주문을 할 것입니다.

① 휴대폰이 지적재산권 문제의 염려가 없는지
② 휴대폰이 지적재산권 문제들에 의해 따라야 하는지
③ 휴대폰이 지적재산권 문제에서 벗어났다면
④ 휴대폰이 지적재산권 문제에서 벗어났다면

해설 간접의문문에서 if/whether는 '~인지 아닌지'의 뜻이고, out of(~에서 벗어난)는 free from(~의 염려가 없는)과 같은 뜻으로 쓰였다.

시험에 나오는 핵심 기출 표현

이번 Chapter에서는 무역영어 시험에서 나오는 표현들을 상황별로 살펴보도록 한다. 핵심
기출 표현 – 관련기출 – 확인학습을 통해 거래별 절차에 따라 상투적으로 사용되는 상황
별 핵심 구문을 반복 학습할 수 있다.

상황 1 거래선 발굴 및 거래관계 개설 관련

1. 자사의 소개

- 당사는 설립된 지 오래된 스포츠용품 수출사입니다.
  → We are long – established exporters of sporting goods.
- 당사는 각종 신발류 수출에 종사하여 왔습니다.
  → We have been engaged in exporting all kinds of shoes.
- 당사는 최고 품질의 세탁기만을 취급하고 있습니다.
  → We are handling only top quality washing machine.
- 당사는 40년 이상의 업력을 보유한 주요 LCD 패널 제조업체이자 수출업체입
  니다.
  → We have been doing business for over 40 years as one of the leading
    manufacturers and exporters of LCD panels.
- 당사의 주요사업은 정보처리입니다.
  → Our company's main focus is information processing.
- 당사는 해외의 여러 기업들과 거래를 하고 있습니다.
  → We have been dealing with a lot of foreign companies.
- 당사는 전자제품의 수출을 전문으로 합니다.
  → We have been specializing in exporting electric appliances.
- 당사는 40년 넘게 의료기기 제조를 해오고 있습니다.
  → We have been engaged in manufacturing medical equipment for over 40
    years.
- 동봉해드린 팸플릿을 보시면 저희 회사와 업무에 대해 잘 아실 수 있을 것입니다.
  → The enclosed brochure will tell you more about our company and
    services.

2. 거래선 발굴

- 당사는 귀국의 무역업자와 거래관계를 맺고 싶습니다.

  → We would like to open an account with traders in your country.

  → We wish to enter into business relations with traders in your country.

  → We hope to build up business relations with traders in your country.

- 가전제품 수입업자 몇 곳을 소개해 주시면 감사하겠습니다.

  → We would appreciate it if you would introduce us some importers of home appliance.

- 귀사가 동 상사를 당사에 소개해 주셨으면 합니다.

  → We would appreciate your introducing the firm to us.

- 당사는 귀국의 시장으로 사업영역을 확장하기 위해 노력하고 있으니, 상기 품목의 수입에 관심을 가지고 있는 상사들을 소개해 주시면 감사하겠습니다.

  → As we are trying to extend our business to your market, we shall appreciate it if you introduce to us some firms who are interested in importing the above items.

- 당사는 귀사의 시장으로 당사의 사업을 넓히고 싶어서 귀사에게 당사와 거래할 것을 제안합니다.

  → As we have now desire to extend our business to your market, we are sending a business proposal to you.

- 귀국에서 당사에 관심을 가질만한 기업이 있다면 소개해주시면 감사하겠습니다.

  → We would appreciate it if you would introduce us to any interested companies in your country.

- 귀사와 거래관계를 이룰 수 있기를 기대합니다.

  → I look forward to establishing a business relationship with you.

- 당사는 귀사와의 거래관계 구축을 간절히 원하고 있습니다.

  → We are writing to you with a keen desire to open an account with you.

3. 상대방 회사를 알게 된 경위 소개

- 당사는 상공회의소를 통하여 귀사명과 주소를 알게 되었습니다.

  → Through the Chamber of Commerce, we have learned your name and address.

  → We owed your name and address to the Chamber of Commerce.

  → We are indebted to the Chamber of Commerce for your name and address.

  → Your name and address have been given to us by the Chamber of Commerce.

- 당사는 한국무역협회를 통해 귀사가 한국의 유력한 전자제품 수입업자 중 하나임을 알게 됐습니다.

  → We learn from the KITA that you are one of the leading importers of electronic goods in Korea.

- 귀사의 홈페이지를 방문하여 AA를 보게 되었습니다. 한국에서 AA를 판매하는 데 관심이 있으신지요?

  → I visited your web site and found AA. I would like to know if you are interested in selling AA in Korea.

Which is the best English composition for the given Korean sentences? [기출] 17년 3회

① 귀사가 신뢰할 만한 회사를 소개해 주시면 감사하겠습니다.

→ We will be much obligatory if you introduce some reliable companies.

② 당사의 현존 시장을 다양화하기 위하여 당사는 당사의 제품을 귀사에게 수출하는데 관심이 많습니다.

→ In order to diverse our existing market, we are interested in exporting our products to you.

③ 당사는 귀사의 시장으로 당사의 사업을 넓히고 싶어서 귀사에게 당사와 거래할 것을 제안합니다.

→ As we are now desire to extend our business to your market, we are sending a business propose to you.

④ 귀사의 견본을 받는 즉시 당사는 견본을 검사하고 당사의 결정에 대해서 알려드리겠습니다.

→ Upon receipt of your samples, we will examine them and let you know our decision.

정답 ④

해설

① obligatory → obliged
② In order to diverse → In order to diversify
③ As we are now desire to extend → As we have now desire to extend
a business propose → a business proposal

Vocabulary
obligatory 의무적인
obliged 고마운, 감사한
in order to [동사] ~하기 위하여
diverse 다양한
diversify 다양해지다, 다양하게 만들다
desire 욕구, 욕망
propose 제안하다
proposal 제안

확인학습

※ 다음 빈칸에 알맞은 단어를 쓰시오.

01 당사는 각종 신발류 수출에 종사하여 왔습니다.

→ We have been _____ exporting all kinds of shoes.

02 당사는 최고 품질의 세탁기만을 취급하고 있습니다.

→ We _____ only top quality washing mashine.

03 당사는 귀국의 무역업자와 거래관계를 맺고 싶습니다.

→ We would like to _____ traders in your country.

04 당사는 해외의 여러 기업들과 거래를 하고 있습니다.

→ We have been _____ a lot of foreign companies.

05 당사는 전자제품의 수출을 전문으로 합니다.

→ We have been _____ exporting electric appliances.

06 동봉해드린 팸플릿을 보시면 저희 회사와 업무에 대해 잘 아실 수 있을 것입니다.

→ The _____ brochure will tell you more about our company and services.

07 당사는 한국무역협회를 통해 귀사가 한국의 유력한 전자제품 수입업자 중 하나임을 알게 됐습니다.

→ We _____ the KITA that you are one of the leading importers of electronic goods in Korea.

08 귀국에서 당사에 관심을 가질만한 기업이 있다면 소개해주시면 감사하겠습니다.

→ We would appreciate it if you would _____ us _____ any interested companies in your country.

09 당사는 상공회의소를 통하여 귀사명과 주소를 알게 되었습니다.

→ We _____ your name and address _____ the Chamber of Commerce.

10 귀사의 홈페이지를 방문하여 AA를 보게 되었습니다. 한국에서 AA를 판매하는 데 관심이 있으신지요.

→ I visited your web site and found AA. I would like to know if you _____ selling AA in Korea.

01 engaged in 02 are handling 03 open an account with 04 dealing with 05 specializing in 06 enclosed
07 learn from 08 introduce, to 09 owed, to 10 are interested in

1. 신용조회처의 제시

- 동 상사에 신용을 공여해도 되는지에 대해 귀사의 조언을 듣고 싶습니다.
  → We would like to get your advice on whether it is safe to grant credit to the firm.
- 신용조사를 할 수 있는 회사 또는 은행을 가르쳐주시겠습니까?
  → Will you kindly send us the names of firms or a bank to whom reference can be made?
- 당사 신용상태에 대해서는 서울의 하나은행에 조회해 보시기 바랍니다.
  → Regarding our credit status, we wish to refer you to the HANA Bank in Seoul.
- 다음의 상사가 귀 은행을 당사에 신용조회처로 알려 주었습니다.
  → The following firm has given your name as a reference.
- 당사의 신용상태에 대해서는 서울에 있는 한국외환은행이 필요한 정보를 제공할 것입니다.
  → The Korea Exchange Bank in Seoul will advise you of our credit standing.

2. 신용정보의 요청

- 동 상사는 항상 제때에/제날짜에 결제를 했습니까?
  → Have the firm settled its account on time/on the due date without fail?
- 동 상사의 평판에 대해 알려 주시기 바랍니다.
  → Would you please advise/inform us of the reputation of the company?
- 그 회사에 관한 모든 정보가 필요합니다.
  → We need any information regarding their credit standing.
- 동 상사의 신용/재정상태에 대한 정보를 제공해 주시기 바랍니다.
  → Please provide us with information on their credit/financial standing.
  → Please inform us of their credit/financial status.
- 동 상사의 신용상태에 관한 귀사의 정보는 극비로 취급할 것입니다.
  → We will treat/hold/keep your information on their credit standing in strict/absolute confidence.
  → Your information on their credit standing would be treated/held/kept as strictly/absolutely confidential.

• 귀사가 제공하는 어떤 정보도 극비로 다루어질 것입니다.

→ Any information you may give us will be treated as strictly confidential.

• 귀사가 제공해 주신 모든 정보에 대해 미리 사의를 표합니다.

→ Thank you in advance for any information you can give us.

3. 신용조회에 대한 회신

• 이 상사 관련 정보에 대해서는 당사가 하등의 책임을 지지 않는다는 점을 유념
해 주시고, 또한 이 정보는 극비에 부쳐 주시길 당부하는 바입니다.

→ Please note that we do not take any responsibility for the information
on it and we ask you to treat it in strict/absolute confidence

• 당연히 이 정보는 당사의 책임이 없다는 전제 하에 보내드립니다.

→ Needlessly to say, we give you this information without any
responsibility on our part.

• 동 상사는 성실한 사업경영으로 호평을 받고 있습니다.

→ Thanks to their reliable way of conducting business, they enjoy a good
reputation.

→ They owe their reputable position to their sincere way of doing business.

• 동 상사는 모든 면에서 믿을 만합니다.

→ The company is reliable/trustworthy in all aspects/in every respect.

• 동 상사는 필요한 충분한 자본금을 보유하고 있습니다.

→ The company has sufficient capital for their requirements.

• 귀사가 조회 문의한 회사에 대해 좋지 못한 보고를 드리게 되어 유감입니다.

→ We regret to give you an unfavorable report on the firm you inquired
about.

• 귀사가 문의한 회사가 재정난에 처해 있음을 알려 드리게 되어 유감스럽습니다.

→ We are sorry to inform you that the company you referred to is in poor
financial condition.

• 당사는 동 상사로부터 수금하는 데 많은 애를 먹었습니다.

→ We had much trouble (in) collecting from them.

• 동 상사와 거래하게 되면 상당한 위험이 따를 것입니다.

→ You will run a high risk if you deal with them.

• 동 상사는 결제가 늦는 것으로 정평이 나 있습니다.

→ They say they are slow in settling their bills.

• 이 정보는 극비로 다루어져야 한다는 점을 유의하여 주시기 바랍니다.

→ Please note that this information should be held in absolute confidence.

Which of the following statements has a different purpose? **기출** 19년 1회

① We would advise you to proceed with caution in your dealings with the firm in question.

② We regret that we have to give you unfavorable information about that firm.

③ According to our records, they have never failed to meet our bills since they opened an account with us.

④ You would run some risk entering into a credit transaction with that company.

정답 ③

해석 다음 문장들 중 목적이 다른 하나는 무엇인가?
① 당사는 문제의 회사와의 거래를 신중하게 진행할 것을 귀사에 조언합니다.
② 당사는 귀사에 그 회사에 대한 비우호적인 정보를 제공하게 되어 유감입니다.
③ 당사의 기록에 따르면, 그들은 당사와 거래를 시작한 이후 청구서 지불을 못한 적이 없습니다.
④ 귀사는 그 회사와 신용 거래에서 위험을 감수해야 할 것입니다.

해설 ③은 신용조회 문의에 대한 긍정적인 답변인데, ①·②·④는 모두 부정적인 의견이다.

※ 다음 빈칸에 알맞은 단어를 쓰시오.

01 다음의 상사가 귀 은행을 당사에 신용조회처로 알려주었습니다.

→ The following firm has given your name as a _____ .

02 당사의 신용상태에 대해서는 서울의 한국외환은행이 필요한 정보를 제공할 것입니다.

→ The Korea Exchange Bank in Seoul will _____ you _____ .

03 동 상사는 항상 제때에/제날짜에 결제를 했습니까?

→ Have the firm settled its account _____ without fail?

04 동 상사의 평판에 대해 알려 주시기 바랍니다.

→ Would you please advise us of the _____ ?

05 동 상사의 신용/재정상태에 대한 정보를 제공해 주시기 바랍니다.

→ Please provide us _____ their credit/financial standing.

06 귀사가 제공하는 어떤 정보도 극비로 다루어질 것입니다.

→ Any information you may give us will be _____ .

07 귀사가 제공해 주신 모든 정보에 대해 미리 사의를 표합니다.

→ Thank you in advance for _____ you can give us.

08 동 상사는 성실한 사업경영으로 호평을 받고 있습니다.

→ Thanks to their reliable way of conducting business, they enjoy a _____ .

09 동 상사와 거래하게 되면 상당한 위험이 따를 것입니다.

→ You will _____ if you deal with them.

10 동 상사는 결제가 늦는 것으로 정평이 나 있습니다.

→ They say they are slow _____ .

---

01 reference 02 advise, of our credit standing 03 on time/on the due date 04 reputation of the company
05 with information on 06 treated as strictly confidential 07 any information 08 good reputation 09 run a high risk
10 in settling their bills

1. 청약(Offer)

- 귀사의 3월 20일자 서한에서 요청하신 대로, 아래와 같이 확정청약합니다.
  → As requested in your letter of March 20, we offer you firm as follows.
- 당사의 최종 승인을 조건으로 확정청약합니다.
  → We offer you firm subject to our final confirmation.
- 달리 명시적으로 기재되어 있는 경우를 제외하고는 모든 확정청약은 발송한 이후 48시간 동안 유효하며, 일요일과 국경일은 (기산일에) 포함되지 않습니다.
  → Unless otherwise expressively stipulated/stated all firm offers are valid/ available/good/effective/in effect for 48 hours from the time dispatched, excluding Sundays and national holidays.
- 본 청약은 사전 통지 없이 변경 가능합니다.
  → This offer is subject to change without prior notice.
- 당사는 다음과 같이 반대청약을 하고자 합니다.
  → We would like to make a counter offer as follows.
- 요청하신 대로 수출가격표와 당사의 최신 카탈로그를 동봉하였습니다.
  → As you requested, export price list and our latest catalog have been enclosed.
- 현재로서는 이것이 당사가 할 수 있는 최선의 오퍼입니다. 귀사가 시험 주문하시기를 바라며, 귀사의 주문이 있을 시 주문 이행을 위해 최선을 다할 것입니다.
  → This is the best offer we can make at present. We hope you would place a trial order with us, which we will do our utmost to carry out.
- 상세 지시서와 함께 주문서를 동봉합니다.
  → We are enclosing an order sheet together with detailed instruction.

2. 승낙(Acceptance)

- 귀사의 상품이 동 시장에 적합하기 때문에 3월 10일 자 귀사의 제안을 기꺼이 수락합니다.
  - → We are pleased to accept your proposal dated March 10 as your goods suit our market.
- 선적을 더 빨리 한다는 것을 전제로 귀사의 청약을 승낙합니다.
  - → We can accept your offer on the condition that you can expedite your shipment.
- 귀사의 청약을 최종 승낙하는 바이며, 이미 당사 거래은행에 귀사를 수익자로 하는 취소불능신용장을 개설하도록 지시하였습니다.
  - → We accept your offer completely and have already instructed our bankers to open(establish) an irrevocable L/C in your favor.
- 귀사 상품의 가격이 우리 시장상황에 적정하다고 판단되면, 귀사의 제안을 기꺼이 받아들일 것입니다.
  - → If your goods turns out to be suitable to our market in price, we are ready to accept your proposal.
- 귀사의 2% 가격인하 요청을 받아들일 수 없습니다.
  - → It is not possible to accept your request for a 2% reduction in price.
- 이곳 시장은 경쟁이 너무 심하여 귀사의 가격은 경쟁력이 없습니다. 유감스럽게도 귀사의 가격을 승낙할 수 없습니다.
  - → The market here is so much keen that your price is not competitive. We regret that it is impossible to accept your price.

3. 주문(Order)

- 제시한 금액으로 주문하겠습니다.
  - → I will place an order at the price that you suggested.
- 재고에서 물품을 보내 드리겠습니다.
  - → Delivery will be made from stock.
- 아래와 같이 주문하고자 합니다.
  - → I would like to make the following order.
- 당사는 품질과 가격 모두 만족스러우며, 다음 품목을 주문하고자 합니다.
  - → We find both quality and prices satisfactory to place an order for the following items.

- 귀사의 견적에 대하여 즉시 인도를 위해 주문서를 동봉하는 바입니다.
  - → In reference to your quotation, we are sending herewith our order sheet for immediate delivery.
- 귀사가 요청한 것과 동일한 품질의 물품은 생산되지 않습니다.
  - → The same quality as you requested is out of production.
- 그 제품은 재고가 바닥났습니다.
  - → The goods are out of stock.
  - → The stocks are exhausted.
- 재고가 거의 바닥나고 있습니다.
  - → Our stocks are running nearly short.
- 주문하신 상품은 일시품절입니다.
  - → The items you ordered are temporarily out of stock.
- 귀사로부터 가능한 한 빨리 재주문을 받을 수 있도록 당사는 최선을 다해 이 주문을 이행할 것을 다짐하는 바입니다.
  - → We assure you that we will do our best to execute this order so that we may have repeat order from you as soon as possible.
- 귀사의 주문은 이미 수행 중에 있으며 물품의 인도는 귀사 요청대로 이루어질 것입니다.
  - → Your order is already being carried out and delivery will be made in accordance with your instructions.
- 지난번 주문과 같은 가격과 조건으로 주문을 처리하겠습니다.
  - → We will process your order with the same price and conditions as your previous order.

Which is LEAST appropriate for the blank?   기출 17년 3회

Thank you for your order, NO. 1449 which we received today. Unfortunately, we cannot offer the 35% trade discount you asked for. 25% is our maximum discount, even on larger orders, as our prices are extremely competitive. Therefore, in this instance, I regret that we have to (   ) your order.

① turn down

② decline

③ repeal

④ refuse

정답 ③

해석 다음 중 빈칸에 가장 적절하지 않은 것은 무엇인가?

오늘 귀사의 주문 NO. 1449를 잘 받았습니다. 유감스럽게도, 당사는 귀사가 요청한 35% 도매 할인을 해드릴 수 없습니다. 당사의 가격이 충분히 경쟁력 있는 가격이기 때문에 대량 주문이어도 25% 할인이 최대 할인율입니다. 그러므로 이번 경우에는 유감스럽지만 귀사의 주문을 (   ) 할 수밖에 없습니다.

① 거절하다   ② 거절하다/사양하다
③ 폐지하다   ④ 거절하다

해설 문맥상 주문을 거절할 수밖에 없는 상황이므로, repeal 은 어울리지 않는다.

Vocabulary
trade discount 도매 할인
competitive 경쟁력 있는
in this instance 이번 경우에는

※ 다음 빈칸에 알맞은 단어를 쓰시오.

01 귀사가 당사의 취급품목에 관심을 갖고 계신다면, 샘플과 오퍼를 보내겠습니다.

→ We shall be pleased to _____ to you, if you have any interest in the items we have been handling.

02 현재로서는 이것이 당사가 할 수 있는 최선의 오퍼입니다.

→ This is the _____ we can make at present.

03 당사는 귀사의 시험주문을 간절히 원하고 있습니다.

→ We are looking forward to receiving your _____ .

04 귀사가 문의하신 상품의 최근 가격표를 동봉합니다.

→ We are pleased to _____ for the goods you required.

05 귀사 상품의 가격이 우리 시장상황에 적정하다고 판단되면, 귀사의 제안을 기꺼이 받아들일 것입니다.

→ If your goods turns out to be suitable to our market in price, we are ready to _____ .

06 귀사의 2% 가격인하 요청을 받아들일 수 없습니다.

→ It is not possible to _____ for a 2% reduction in price.

07 제시한 금액으로 주문하겠습니다.

→ I will _____ at the price that you suggested.

08 재고에서 물품을 보내 드리겠습니다.

→ Delivery will be made _____ .

09 주문하신 상품은 일시품절입니다.

→ The items you ordered are _____ .

10 지난번 주문과 같은 가격과 조건으로 주문을 처리하겠습니다.

→ We will process your order with the same price and conditions _____ .

---

01 send the sample and offer 02 best offer 03 trial order 04 enclose our recent price list 05 accept your proposal
06 accept your request 07 place an order 08 from stock 09 temporarily out of stock 10 as your previous order

1. 계약 관련 용어 및 표현

- 계약서 : a contract; an agreement; an indenture contract
- 계약의 이행 : contract performance
- 계약의 종료 : contract termination
- 쌍무계약 : bilateral contract
- 운송계약 : carrier contract
- 용선계약 : charter contract
- 낙성계약 : consensual contract
- 매매계약의 승낙 : acceptance of a sales contract
- ~와 계약을 맺다 : make/enter into/sign/agree on a contract
- ~와의 계약을 이행하다 : fulfill/carry out a contract with …
- 일반계약조건 : general terms and conditions of contract
- 계약상의 의무 : contractual obligation
- 계약관계를 맺다 : establish a contractual relationship
- 계약조건에 동의/충족하다 : approve/meet the terms of the contract
- 매매계약을 체결하다 : conclude a sales contract
- 아래의 계약조건에 따라 : on the following terms and conditions
- 계약을 파기하다 : break a contract
- (계약 등이) 만료되다 : expire; run out
- (계약을) 연장하다 : renew; extend
- 만기일/유효기일 : expiry/expiration date

2. 계약 관련 기출 핵심 문장

- 귀사가 제시한 계약조건에 합의하기로 했습니다.
  - → We have decided to accept the terms and conditions you offered.
- 기타 조건 및 조항들은 전과 동일합니다.
  - → Other terms and conditions are the same as before.
- 본 판매 확인서를 확인하신 후 서명하고 나서 부본을 매도인인 당사에 보내 주십시오.
  - → Please sign and return this duplicate to seller after confirming this sales note.
- 납기일은 반드시 준수해 주시기 바랍니다.
  - → The delivery date must be kept strictly.

- 귀사가 계약서를 작성해 주시기 바랍니다.

  → We hope that you would make our contract sheet on your part.

- 본 계약은 1월 1일자로 작성 및 체결되었으며 6월 말까지 유효합니다.

  → This agreement has been made and entered into on the lst of January and shall be available till the end of June.

- 본 계약의 조건은 변경될 수 있습니다.

  → The terms of contract are subject to change.

- 계약은 이번 달 말에 만료됩니다.

  → The contract will expire at the end of this month.

- 모든 거래는 다음 조건에 입각하여 당사자 간 거래로 행해져야 함을 합의합니다.

  → It is hereby agreed on that all businesses shall be conducted on the following terms and conditions on principal to principal basis.

- 대리인은 본인의 사전 동의 없이는 다른 어떤 한국기업도 대리할 수 없습니다.

  → The agent shall not represent any other Korean firms without prior consent from the principal.

- 달리 합의가 없는 한 본인은 대리인에게 모든 주문에 대하여 5%의 수수료를 지급합니다.

  → Unless otherwise agreed upon, the principal shall pay the agent with 5% of commission for all orders.

- 세관에 제출할 견적 송장을 보내 주시기 바랍니다.

  → Please send us a pro-forma invoice for customs purposes.

- 제품 품질은 샘플 품질과 정확히 일치/동일해야만 합니다.

  → The quality of the goods should be equal to/come up to/match/be the same as/be up to that of the samples.

- 유감스럽게도 전에 주문한 물품 품질은 견본에 미치지 못합니다.

  → We regret to point out that the goods of our last order are too poor in quality compared with the sample.

- 선적하신 상품이 견본과 일치하지 않음을 알려드리게 되어 매우 유감입니다.

  → We regret very much to inform you that the goods you shipped are not in accordance with the samples.

- 달리 별도의 명시가 없는 한 가격은 미 달러화로 합니다.

  → Unless otherwise specified in letters/correspondences, all prices shall be understood in US dollars.

01 The followings are some parts of quality terms from various contracts. Choose one which is different from others. 기출 17년 2회

① The quality of the goods to be shipped should be fully equal to the sample.

② The seller guarantees the fully equal quality of the goods to the sample at the time of shipment.

③ The seller guarantees the quality of the goods to be shipped to be fully equal to the sample.

④ Goods shall be guaranteed by the seller to be fully equal to the sample upon arrival at destination.

02 Which is the LEAST appropriate English-Korean sentence? 기출 19년 2회

① What we're looking for is a year-long contract for the supply of three key components.
→ 오늘 당사가 이루고자 하는 것은 세 가지 주요 부품의 공급에 관한 1년간의 계약을 체결하는 것입니다.

② When do you think we'll get the results of the market analysis? When could we see a return on our investment?
→ 시장 분석결과는 언제쯤 받을 수 있다고 생각합니까? 언제쯤 당사가 돌아와서 다시 투자할 수 있을까요?

③ Most other agencies don't have the expertise to handle our request.
→ 대부분의 다른 대리점은 당사의 요구를 들어줄만한 전문기술이 없습니다.

④ If the contract is carried out successfully, it will be renewed annually.
→ 계약이 성공적으로 이행되면 1년마다 연장이 될 겁니다.

정답 01 ④ 02 ②

해석

01 다음은 다양한 계약의 품질 조건의 일부이다. 이들 중 조건이 다른 하나를 고르시오.
① 선적되는 물품의 품질은 샘플과 완전히 동일해야 한다.
② 매도인은 선적 시 물품의 품질이 샘플과 완전히 동일함을 보증해야 한다.
③ 매도인은 선적되는 물품의 품질이 샘플과 완전히 동일함을 보증해야 한다.

④ 물품은 목적지에 도착할 때 샘플과 완전히 동일함이 매도인에 의해 보증될 것이다.

해설

01 ①~③ 모두 선적 시 품질조건을 충족해야 함을 명시하고 있다.

02 ② see a return on our investment는 '돌아와서 다시 투자하다'가 아니라 '투자 수익률을 보다'의 뜻이므로 '언제쯤 당사의 투자 수익률을 볼 수 있을까요?'이다.

※ 다음 빈칸에 알맞은 단어를 쓰시오.

01 계약의 이행 : contract _____

02 계약의 종료 : contract _____

03 매매계약을 체결하다 : _____ a sales contract

04 아래의 계약조건에 따라 : on the following _____

05 귀사가 제시한 계약조건에 합의하기로 했습니다.
→ We have decided to _____ the terms and conditions you offered.

06 기타 조건 및 조항들은 전과 동일합니다.
→ Other terms and conditions are _____ .

07 본 계약의 조건은 변경될 수 있습니다.
→ The terms of contract are _____ change.

08 계약은 이번 달 말에 만료됩니다.
→ The contract will _____ at the end of this month.

09 제품 품질은 샘플 품질과 정확히 동일해야만 합니다.
→ The quality of the goods should be _____ that of the samples.
→ The quality of the goods should be _____ that of the samples.

10 본 계약은 1월 1일자로 작성 및 체결되었으며 6월 말까지 유효합니다.
→ This agreement has been _____ on the lst of January and shall be _____ till the end of June.

01 performance 02 termination 03 conclude 04 terms and conditions 05 accept 06 the same as before
07 subject to 08 expire 09 equal to, the same as 10 made and entered into, available

1. 가격 관련 중요 문구

- 가격표에서 X%의 할인을 해주다 : give allowance a discount of X% off the price list
- 소매가격 : retail price
- 도매가격 : wholesale price
- 현물가격 : spot price
- 선물가격 : future price
- 최저가격 : rock-bottom/the lowest/floor price
- 합리적인/저렴한 가격 : reasonable/inexpensive/attractive/moderate/cheap/low price
- 최고한도가/상한가 : ceiling price
- 가격을 매기다 : quote a price
- 합당한 가격을 제시하다 : offer a reasonable price
- 무료로 : free of charge/without payment
- 할인 없이 : at full prices
- ~%의 특별할인을 허용하다 : allow a special discount of ~%

2. 가격조건 관련(Incoterms 관련 내용 포함) 기출 핵심 문장

- 가격은 현금 거래 시 5% 할인 조건입니다.
  - → Our prices are subject to 5% discount for cash.
- FOB 가격이 아니라 CIF 부산 가격으로 해 주시기 바랍니다.
  - → We'd like CIF Busan terms instead of FOB terms.
- 가격은 FOB 뉴욕을 기준으로 견적되어야 한다.
  - → Prices should be quoted on the basis of FOB New York.
- 가격은 뉴욕 항까지 운임 및 보험료 포함 조건에 의거하여 미화로 견적합니다.
  - → Prices are to be quoted in US dollars on CIF New York.
- 당사는 CIF 뉴욕 항 도착 조건으로 귀사 제품을 수입하고자 합니다.
  - → We'd like to import your goods on the basis of CIF New York.

- "공장 인도"란 매도인이 물품을 수출통관하지 않고 집화차량(collecting vehicle)에 적재하지 않은 상태로 자신의 구내(premises) 또는 기타 지정된 장소(즉, 작업장, 창고 등)에서 매수인의 임의처분 상태로 두고 인도하는 것을 의미한다.
  → "Ex Works" means that the seller delivers when he places the goods at the disposal of the buyer at the seller's premises or another named places (i.e. works, factory, warehouse, etc.) not cleared for export and not loaded on any collecting vehicle.
- "운송인 인도"란 매도인이 물품을 수출통관한 상태로, 매수인에 의하여 지정된 장소에서 지정된 운송인에게 인도하는 것을 말한다.
  → "Free Carrier(FCA)" means that the seller delivers the goods, cleared for export, to the carrier nominated by the buyer at the named place.
- "본선 인도"란 매도인이 지정된 선적항에 매수인에 의해 지정된 본선에 물품을 적재하여 인도하거나 이미 그렇게 인도된 물품을 조달하는 것을 의미한다.
  → "Free on Board" means that the seller delivers the goods on board the vessel nominated by the buyer at the named port of shipment or procures the goods already so delivered.
- "운임 포함 인도"란 매도인이 물품을 본선에 적재하여 인도하거나 이미 그렇게 인도된 물품을 조달하는 것을 의미한다. 매도인은 지정 목적항까지 물품을 운반하는 데 필요한 비용 및 운임을 지급하여야 한다.
  → "Cost and Freight(CFR)" means that the seller delivers the goods on board the vessel or procures the goods already so delivered. The seller must pay the costs and freight necessary to bring the goods to the named port of destination.
- "운임 · 보험료 포함 인도" 조건에서는 매도인이 물품을 본선에 적재하여 인도하거나 이미 그렇게 인도된 물품을 조달하는 것을 의미한다. 매도인은 지정 목적항까지 물품을 운반하는 데 필요한 비용 및 운임을 지급하여야 한다. 또한 매도인은 운송 중 매수인의 물품의 멸실 · 손상에 대한 위험에 대비하여 보험계약을 체결한다.
  → In "Cost, Insurance and Freight(CIF)," the seller delivers the goods on board the vessel or procures the goods already so delivered. The seller must pay the costs and freight necessary to bring the goods to the named port of destination. The seller also contracts for insurance cover against the buyer's risk of loss of or damage to the goods during the carriage.

- "관세 지급 인도"란 수입통관된 물품이 지정목적지에서 도착운송수단에 실린 채 양하준비된 상태로 매수인의 처분 하에 놓일 때에 매도인이 인도한 것으로 보는 것을 의미한다. 매도인은 목적지까지 물품을 운송하는 데 수반되는 모든 위험을 부담하고 물품의 수출통관뿐만 아니라 수입통관을 하여야 하고 수출관세와 수입관세를 모두 부담하여야 하며 모든 통관절차를 수행하여야 하는 의무를 부담한다.
  → "Delivered duty paid(DDP)" means that the seller delivers the goods when the goods are placed at the disposal of the buyer, cleared for import on the arriving means of transport ready for unloading at the named place of destination. The seller bears all the costs and risks involved in bringing the goods to the place of destination and has an obligation to clear the goods not only for export but also for import, to pay any duty for both export and import and to carry out all customs formalities.
- "공장 인도"를 제외한 모든 인코텀즈는 매도인이 물품의 수출통관을 이행할 것을 요구하고 있다.
  → All the terms of Incoterms except EXW require the seller to clear the goods for export.
- 전송관련 비용은 발신자 부담으로 한다.
  → Expenses relating to/regarding cabling shall be borne by respective senders.

Choose one that is correctly matched for the blanks ⓐ, ⓑ and ⓒ. 기출 17년 2회

Your prices are not (ⓐ), so we are unable to (ⓑ) an order with you at this time, even though we are favorably impressed with your samples. Your rival firms are making endeavors to get our business by offering much (ⓒ) prices.

	ⓐ	ⓑ	ⓒ
①	reasonable	accept	higher
②	competitive	make	lower
③	expensive	place	less
④	favorable	take	fewer

정답 ②

해석 빈칸 ⓐ, ⓑ, ⓒ에 알맞게 연결된 것을 고르시오.

귀사의 가격이 (ⓐ 경쟁력 있는) 것이 아니어서 당사가 귀사의 샘플에 좋은 인상을 받았지만, 이 번에는 (ⓑ 주문을 할) 수 없습니다. 귀사의 경쟁 회사들은 훨씬 (ⓒ 더 낮은) 가격을 제시함으로 써 당사와 거래하려고 애쓰고 있습니다.

Vocabulary
reasonable 합리적인
competitive 경쟁력 있는
favorable 우호적인
make/place an order 주문을 하다
take/accept an order 주문을 받다

확인학습

※ 다음 빈칸에 알맞은 단어를 쓰시오.

01 소매가격 : _____ price

02 도매가격 : _____ price

03 저렴한 가격 : _____ price

04 가격은 현금 거래 시 5% 할인 조건입니다.

→ Our prices are subject to 5%_____.

05 FOB 가격이 아니라 CIF 부산 가격으로 해 주시기 바랍니다.

→ We'd like CIF Busan terms _____.

06 가격은 FOB 뉴욕을 기준으로 견적되어야 합니다.

→ Prices should be _____ the basis of FOB New York.

07 "_____" means that the seller delivers when he places the goods at the disposal of the buyer at the seller's premises or another named places (i.e. works, factory, warehouse, etc.) not cleared for export and not loaded on any collecting vehicle.

08 "_____" means that the seller delivers the goods on board the vessel nominated by the buyer at the named port of shipment or procures the goods already so delivered.

09 In "_____" the seller delivers the goods on board the vessel or procures the goods already so delivered. The seller must pay the costs and freight necessary to bring the goods to the named port of destination. The seller also contracts for insurance cover against the buyer's risk of loss of or damage to the goods during the carriage.

---

01 retail 02 wholesale 03 reasonable 04 discount for cash 05 instead of FOB terms 06 quoted on
07 Ex Works(EXW) 08 Free on Board(FOB) 09 Cost, Insurance and Freight(CIF)

1. 선적/운송 관련 용어

- 지연선적 : delay shipment, shipment in delay
- 분할선적 : partial shipment
- 할부선적 : installment shipment
- 선적통지 : shipment advice
- 대량선적 : bulk shipment
- 선적예정일 : estimated shipment date
- 환적 : transshipment/transhipment
- 수송/운송 중에 : in transit
- __월 __일까지 선적하다 : make shipment not later than
- 선적서류를 검토하다 : examine shipping documents

2. 선적(운송) 조건 및 선하증권 관련 기출 핵심 문장

- 선하증권에 선적일을 표시하는 본선적재표기가 되어 있는 경우를 제외하고는, 선하증권의 발행일을 선적일로 본다. 다만 본선적재표기가 되어 있는 경우에는, 본선적재표기상에 명기된 일자는 선적일로 본다.
  - → The date of issuance of the bill of lading will be deemed to be the date of shipment unless the bill of lading contains an on board notation indicating the date of shipment, in which case the date stated in the on board notation will be deemed to be the date of shipment.
- 신용장에는 환적이 금지되어 있어도, 환적이 행해지거나 행해질 수 있다고 표시되어 있는 운송서류는 수리될 수 있다.
  - → A transport document indicating that transshipment will or may take place is acceptable, even if the credit prohibits transshipment.
- 항공운송서류에 실제 선적일에 관한 특정 표기가 되어 있는 경우를 제외하고는, 항공운송서류의 발행일을 선적일로 본다. 다만 특정 표기가 되어 있는 경우에는, 그 특정표기에 명기된 일자를 선적일로 본다.
  - → The date of issuance of the air transport document will be deemed to be the date of shipment unless the air transport document contains a specific notation of the actual date of shipment, in which case the date stated in the notation will be deemed to be the date of shipment.

- 선하증권의 일자는 선적일의 결정적인 증거로 간주되어져야 한다.
  - → The date of bill of lading shall be taken as conclusive proof of the day of shipment.
- 달리 별도의 명시적인 합의가 없는 한 선적항은 매도인이 선택한다.
  - → Unless otherwise expressly agreed upon, the port of shipment shall be at the seller's option.
- 철도 또는 내륙수로운송서류는 원본이라는 표시의 유무에 관계없이 원본으로 수리된다.
  - → A rail or inland waterway transport document will be accepted as an original whether marked as an original or not.
- 운송서류는 물품이 갑판에 적재되었거나 될 것이라고 표시해서는 아니 된다. 물품이 갑판에 적재될 수 있다고 명기하고 있는 운송서류상의 조항은 수리될 수 있다.
  - → A transport document must not indicate that the goods are or will be loaded on deck. A clause on a transport document stating that the goods may be loaded on deck is acceptable.
- 은행은 무고장 운송서류만을 수리한다. 무고장 운송서류는 물품 또는 그 포장에 하자 있는 상태를 명시적으로 표시하는 조항 또는 표기를 기재하고 있지 아니한 것을 말한다.
  - → A bank will only accept a clean transport document. A clean transport document is one bearing no clause or notation expressly declaring a defective condition of the goods or their packaging.
- 선적 최종일은 연장되지 아니한다.
  - → The latest date for shipment will not be extended.
- 당사는 금일 귀사의 주문대로 인천에 있는 창고로부터 컨테이너 3대 분량의 기계류를 발송했습니다.
  - → We have today dispatched 3 containers of machinery from our Incheon warehouse against your order.
- 당사는 귀사의 주문품을 제때 선적하기 위해 최선을 다할 것입니다.
  - → We will do our best to ship your order in time.
  - → We will endeavor to ship the goods you ordered in time.

- 신속한 선적통지를 기다립니다.
  → We are waiting for/awaiting your prompt advice of shipment.
- 당사는 10월 1일 뉴욕으로 출항 예정인 아리랑 호에 물품을 선적할 것입니다.
  → We will ship the goods on the m/s Arirang sailing for New York on October 1.
- 귀사의 주문 물품이 5월 5일경 목적지에 도착할 예정인 아리랑 호에 선적되었음을 통보합니다.
  → We are pleased to advise/inform/notify you that your order has been shipped on the m/s Arirang which is due to arrive at your destination on or around May 5.
- 선적서류는 당사의 운송중개인이 귀사로 발송할 것입니다. 그러면 귀사는 선적서류 수령 후 60일 이내에 상업송장을 보내야만 합니다.
  → Our forwarders will send you the shipping documents. Then you must remit the invoice within 60 days on receipt of shipping document.
- 동 상사에 대한 선적은 현금조건으로만 하고 있습니다.
  → We are making shipment to them only on a cash basis.
- 당사는 하루 지연에 대하여 월 15%의 금리를 부과합니다.
  → We will charge 15% of monthly interest for a day delayed.

관련기출

Choose one which is NOT correctly composed into English. 기출 18년 1회

① 계약이 체결되기 전까지 청약은 취소될 수 있습니다. 다만 이 경우에 취소의 통지는 피청약자가 승낙을 발송하기 전에 피청약자에게 도달하여야 합니다. → Until a contract is concluded, an offer may be revoked if the revocation reaches the offeree before an acceptance is dispatched by offeree.

② 매매계약은 서면에 의하여 체결되거나 또는 입증되어야 할 필요가 없으며, 또 형식에 관하여도 어떠한 다른 요건에 구속받지 아니합니다. → A contract of sales needs not be concluded in or evidenced by writing and is not subject to any other requirement as to form.

③ 보험서류에서 담보가 선적일보다 늦지 않은 일자로부터 유효하다고 보이지 않는 한 보험서류의 일자는 선적일보다 늦어서는 안됩니다. → The date of the insurance document must be no later than the date of shipment if it appears from the insurance document that the cover is effective until a date not later than the date of shipment.

④ 송하인의 지시식으로 작성되고 운임선지급 및 착하통지처가 발행의뢰인으로 표시된 무고장 선적해상선하증권의 전통을 제시하십시오. → Please submit full set of clean on board bill of lading made out to the order of shipper marked freight prepaid and notify applicant.

정답 ③

해설

③ 보험서류에서 담보가 선적일보다 늦지 않은 일자로부터 유효하다고 보이지 않는 한 보험서류의 일자는 선적일보다 늦어서는 안 됩니다.

→ The date of the insurance document must be no later than the date of shipment if it appears(→ does not appear) from the insurance document that the cover is effective until a date not later than the date of shipment.

Vocabulary
revocation 취소
the date of shipment 선적일
clean on board bill of lading 무고장 선적 해상선하증권

확인학습

※ 다음 빈 칸에 알맞은 단어를 쓰시오.

01 선적통지 : _____

02 대량선적 : _____ shipment

03 선적예정일 : _____ shipment date

04 수송/운송 중에 : _____

05 신용장에는 환적이 금지되어 있어도, 환적이 행해지거나 행해질 수 있다고 표시되어 있는 운송서류는 수리될 수 있다.
→ A transport document indicating that _____ will or may take place is acceptable, even if the credit prohibits _____.

06 선적 최종일은 연장되지 아니한다.
→ The latest date for shipment will not _____.

07 선하증권의 일자는 선적일의 결정적인 증거로 간주되어야 한다.
→ The date of _____ shall be taken as conclusive proof of the day of shipment.

08 당사는 금일 귀사의 주문대로 인천에 있는 창고로부터 컨테이너 3대 분량의 기계류를 발송했습니다.
→ We have today _____ 3 containers of machinery from our Incheon warehouse against your order.

09 신속한 선적통지를 기다립니다.
→ We are waiting for your prompt _____.

10 당사는 10월 1일 뉴욕으로 출항 예정인 아리랑 호에 물품을 선적할 것입니다.
→ We will _____ the goods on the m/s Arirang sailing for New York on October 1.

---

01 shipment advice 02 bulk 03 estimated 04 in transit 05 (두 칸 공통으로) transshipment 06 be extended
07 bill of lading 08 dispatched 09 advice of shipment 10 ship

1. 신용장 관련 표현어구 및 용어

- 신용장 : A Letter of Credit (L/C)
- 귀사를 수익자로 하여 신용장을 개설하다 : open an L/C in your favor
- 신용장을 통지하다 : advise/notify an L/C
- 신용장을 확인하다 : confirm an L/C
- 신용장을 취소하다 : cancel an L/C
- 신용장을 양도하다 : transfer an L/C
- 유효기간을 연장하다 : extend an L/C
- 유효기일 : expiry date
- 신용장 당사자
  - (신용장)개설의뢰인 : applicant/opener(for L/C)
  - 수익자(신용장 수취인) : Beneficiary = Exporter, Seller, Shipper, Drawer, Payee(대금영수인), Accreditee(신용수령인), Addressee User(수신사용인)
  - 개설은행 : issuing/opening/establishing bank
  - 통지은행 : advising/notifying bank
  - 매입은행 : negotiation/negotiating bank
  - 확인은행 : confirming bank
- 신용장 종류
  - 화환신용장 : Documentary L/C
  - 무화환신용장 : Non-Documentary L/C
  - 보증신용장 : Standby L/C
  - 취소가능 신용장 : Revocable L/C
  - 취소불능 신용장 : Irrevocable L/C
  - 일람지급 신용장 : Sight Payment L/C
  - 연지급 신용장 : Deferred L/C
  - 인수신용장 : Acceptance L/C
  - 확인신용장 : Confirmed L/C
  - 미확인 신용장 : Unconfirmed L/C
  - 상환청구 가능 신용장 : With Recourse L/C
  - 상환청구 불능 신용장 : Without Recourse L/C
  - 양도가능 신용장 : Transferable L/C

2. 결제조건 및 신용장 관련 기출 핵심문장

- 귀사의 결제조건에 대해 알려 주시기 바랍니다.
  → Would you please tell us about your terms of payment?
- 당사는 전액 현금결제를 원칙으로 하고 있음에 유념하시기 바랍니다.
  → Please note that we make it a strict rule to require our full payment only on the basis of cash.
- 결제는 수표 또는 은행 계좌이체 방식으로 이루어질 것입니다.
  → Payment will be made by check or bank transfer.
- 귀사에 대한 결제를 연기해 주실 수 있습니까?
  → Would you allow us to postpone settlement of your account?
- 이러한 지급 조건이라면 귀사의 제안을 수락하는 데 아무런 문제도 없습니다.
  → Under these terms of payment, we have no problems in accepting your proposal.
- 대금결제에 관해서는 당사는 통상 3개월 후 지불 신용장 방식으로 거래하고 있습니다.
  → As far as payment is concerned, we usually do business on 3 months' credit basis.
- 귀사 거래은행과 협의하여 7월 7일자 귀사 주문(서)에 대해 신용장을 개설하여 주십시오.
  → Please arrange with your bankers to open/establish a letter of credit for your order of/dated July 7.
- 귀사 은행이 제공할 수 있는 신용공여의 한도는 얼마입니까?
  → What is the line of credit that you can extend?
- 다음 신용장의 유효기간을 2주 연장하여 주십시오.
  → We ask you to extend the following credit for 2 weeks.
- 신용장을 다음과 같이 변경해 주시기 바랍니다. 금액을 십만 불로 증액하고, 선적기일은 7월 15일까지 연장하며, 수출상의 검사가 최종적이라는 조항을 삽입하여 주시기 바랍니다.
  → We would like to ask you to amend the L/C as follows/Please amend the L/C as follows : amount to be increased up to US$100,000, shipping date to be extended to July 15, insert the clause that the shipper's inspection is to be(shall be) final.
- 동 계정을 결제하기 위해 당사를 지급인으로 하는 일람 후 30일 출급 환어음을 발행하시기 바랍니다.
  → To settle these accounts, please draw a draft on us at 30 d/s.

- 환어음은 취소불능 신용장에 의거하여 일람 후 90일 출급 조건으로 발행될 것입니다.
  - → Drafts are to be drawn at 90 d/s under irrevocable L/C.
- 당사는 귀사의 환어음이 제시되면 즉시 인수할 것입니다. 그리고 환어음이 지급인에게 제시되면 정히 지급되어질 것입니다.
  - → We will accept your draft upon presentation. And the drafts shall be duly paid on presentation to the drawee.
- 선적서류를 첨부한 환어음을 한국외환은행에서 매입하였습니다.
  - → We have negotiated the draft through Korea Exchange Bank with shipping documents attached.
- 취소불능 신용장에 의거 거래하는 것이 당사의 관례이며 이에 의거 당사는 일람 후 30일 출급 환어음을 발행합니다.
  - → It is our custom to trade on an irrevocable credit, under which we draw a draft at 30 d/s.
- 이러한 상황에서 신용장의 유효기일을 12월 말까지 연장하도록 요청하지 않을 수 없습니다.
  - → Under these circumstances, we will ask you to extend the expiry date on the L/C to the end of December.

Which of the following statements about Stand-by L/C is NOT correct? 기출 20년 1회

(a) A Stand-by Letter of Credit ('SBLC') can be used as a safety mechanism in a contract for service. (b) A reason for this will be to hedge out risk. In simple terms, (c) it is a guarantee of payment which will be issued by a bank on the behalf of a client and which is perceived as the "payment of last resort". (d) This will usually be avoided upon when there is a failure to fulfill a contractual obligation.

① (a)　　　　　　　　　　② (b)
③ (c)　　　　　　　　　　④ (d)

정답 ④

해석 보증신용장에 대한 설명으로 옳지 않은 것은?

(a) 보증신용장('SBLC')은 서비스 계약에서 안전 메커니즘으로 사용될 수 있다. (b) 그 이유는 위험을 회피하기 위해서일 것이다. 간단히 말해서, (c) 그것은 은행이 고객을 대신하여 발행할 지불보증이며, "마지막 수단 지불"으로 인식된다. (d) 이것은 일반적으로 계약상 의무를 이행하지 못할 때 회피될 것이다.

해설
④ 보증신용장은 계약상 의무를 이행하지 못할 경우에 <u>회피될</u> → 사용될 것이다.

※ 다음 빈 칸에 알맞은 단어를 쓰시오.

01 귀사를 수익자로 하여 신용장을 개설하다 : _____ an L/C in your favor

02 신용장을 통지하다 : _____ an L/C

03 신용장을 확인하다 : _____ an L/C

04 귀사의 결제조건에 대해 알려 주시기 바랍니다.

→ Would you please tell us about your _____?

05 당사는 전액 현금결제를 원칙으로 하고 있음에 유념하시기 바랍니다.

→ Please note that we make it a strict rule to require our full payment only

_____.

06 귀사에 대한 결제를 연기해 주실 수 있습니까?

→ Would you allow us to _____ settlement of your account?

07 대금결제에 관해서는 당사는 통상 3개월 후 지불 신용장 방식으로 거래하고 있습니다.

→ As far as payment is concerned, we usually do business _____.

08 다음 신용장의 유효기간을 2주 연장하여 주십시오.

→ We ask you to _____ the following credit for 2 weeks.

09 환어음은 취소불능 신용장에 의거하여 일람 후 90일 출급 조건으로 발행될 것입니다.

→ Drafts are to be drawn at 90 d/s _____.

10 선적서류를 첨부한 환어음을 한국외환은행에서 매입하였습니다.

→ We have _____ the draft through Korea Exchange Bank with shipping documents attached.

---

01 open   02 advise/notify   03 confirm   04 terms of payment   05 on the basis of cash   06 postpone
07 on 3 months' credit basis   08 extend   09 under irrevocable L/C   10 negotiated

1. 보험 관련 표현어구

- ~에 대해 보험에 들다/보험을 부보하다 : insure ; open insurance on ~
- 보험목적물의 멸실/손상 : loss of/damage to the subject—matter insured
- ~에 의해 면책된 경우를 제외하고 : except as excluded by ~
- 육상운송용구의 전복/탈선 : overturning/derailment of land conveyance
- 조난항 : a port of distress
- 공동해손희생 : general average sacrifice
- 구조료를 보상하다 : cover salvage charges
- 쌍방과실충돌조항 : both to blame collision clause
- 피보험자 고의의 불법행위 : wilful misconduct of the assured
- 통상의 누손 : ordinary leakage
- 지급불능 또는 금전상의 채무불이행 : insolvency or financial default
- 정상적인 항해의 이행 : the normal prosecution of the voyage
- 포획, 나포 또는 억류 : capture seizure or detainment
- 보험목적물에 대한 피보험이익 : insurable interest in the subject—matter insured
- 보험증권을 발행하다 : issue an insurance policy
- 불가항력에 의한 사고 : accident due to force majeure
- ~달러의 보험에 들어있다 : insured for $~

2. 운송과 보험관련 기출 핵심문장

- 7월 중에 파나마 운하를 경유하여 광양에서 뉴욕으로 선적될 화장품 120박스에 대한 귀사의 최저운임요율을 알려주시기 바랍니다.
    - → Please let us know your lowest rate of freight for 120 cartons of cosmetics to be shipped during July from Gwangyang to New York via Panama Canal.
- 10월 30일경에 뉴욕을 출항하는 Evergreen 11호에 귀사의 5월 1일자 주문품이 선적될 것임을 알려드립니다.
    - → We inform you that your order of May 1 will be shipped on Evergreen 11 leaving New York on or about October 30.
- 모든 박스는 반드시 전과 동일한 방법으로 화인을 해주시되, 1번부터 시작해서 연속적으로 번호를 넣어주시기 바랍니다.
    - → All boxes must be marked in the same manner as before, but please number them consecutively starting from No 1.

- 태풍시즌이 급박하게 다가오고 있으므로 선적이 예정된 날짜를 조정해 주실 것을 요청드리며 당사의 주문품이 손상을 입는 위험을 피하고자 합니다.
  → We would like to request that an adjustment be made in the shipping dates as typhoon season is rapidly approaching and we do not wish to risk damage to our order of merchandise.
- 이 상품들이 빨리 필요하므로, 귀사가 다음 달 초까지 이 물건들을 선적하여 발송할 수 없다면 항공으로 보내주시면 감사하겠습니다.
  → As we need these goods as soon as possible, if you are not able to dispatch them by ship by the beginning of next month, we would appreciated it if you could air freight them.
- 요구된 보험담보에 관하여 신용장에 아무런 표시가 없는 경우에는, 보험담보의 금액은 적어도 물품의 CIF 또는 CIP 가격의 110%이어야 합니다.
  → If there is no indication in the credit of the insurance coverage required, the amount of insurance coverage must be at least 110% of the CIF or CIP value of the goods.
- 4월 중 부산에서 시애틀로 가는 잡화물 18,000달러에 대하여 전위험담보조건으로 보험요율을 견적해 주시기 바랍니다.
  → Please quote us the insurance rate against All Risks on general merchandise for US$18,000 from Busan to Seattle during April.
- 귀사가 0.22%의 요율로 보험계약을 체결할 것이라는 통지를 받았습니다. 당사는 견적요율에 만족하므로, 보험계약을 체결하시고 당사에 보험증권을 즉시 보내주시기 바랍니다.
  → We have received your notice that you will effect the insurance at 0.22%. As we are satisfied with the rate quoted, please open insurance and send us the insurance policy at once.
- 전쟁/파업, 폭동, 소요를 포함한 협회적하약관 (B)로 하여 내비게이션 1,500대의 송장금액에 대하여 110%로 부보해 주십시오.
  → Please cover 110% of the invoice value for 1,500 pieces of Navigation on Institute Cargo Clauses (B) including W/SRCC.
- 당 보험은 보험계약에 기재된 목적지의 최종 창고나 보관 장소에서 혹은 그 안에서 운송차량이나 기타 운송용구로부터 양하 완료된 때에 종료합니다.
  → This insurance terminates on completion of unloading from the carrying vehicle or other conveyance in or at the final warehouse or place of storage at the destination named in the contract of insurance.

Vocabulary
W/SRCC(War/Strikes Riots and Civil Commotions) 전쟁/파업 폭동 소요 위험

Which of the following BEST fits the blank? 기출 19년 1회

In the event of (　), the assured may claim from any underwriters concerned, but he is not entitled to recover more than the statutory indemnity.

① reinsurance

② double insurance

③ coinsurance

④ full insurance

정답 ②

해석 빈칸에 들어갈 말로 알맞은 것은?

> (중복보험)의 경우, 피보험자는 보험사로부터 보험금을 청구할 수 있지만, 그는 법적 보상보다 더 보상받지 않는다.

해설

해상보험에서 중복보험(Double Insurance)

• 동일한 피보험이익에 대하여 보험계약 또는 보험자가 복수로 존재하며 그 보험금액 합계액이 보험가액을 초과하는 경우를 중복보험이라고 한다.

• 보험금액 합계가 보험가액을 초과하지 않으면 각 보험자가 피보험이익 일부를 부담하는 '공동보험'이 된다.

• 중복보험의 경우 피보험자는 보험사고가 발생하여 보험금을 청구할 때 자기가 적당하다고 생각하는 순서에 따라 각 보험자에게 보험금을 청구할 수 있다.

• 각 보험자는 보험계약상 자기가 부담하는 금액의 비율에 따라 비례적으로 손해를 보상할 의무를 진다.

• 각 보험자가 부담하는 보험금의 합계가 보험가액을 초과할 수 없다.

※ 다음 빈 칸에 알맞은 단어를 쓰시오.

01 구조료를 보상하다 : _____ salvage charges

02 보험 목적물의 멸실 또는 손상 : _____ of or _____ to the subject-matter insured

03 ~에 의해 면책된 경우를 제외하고 : except as _____ _____ ~

04 보험증권을 발행하다 : _____ an insurance policy

05 불가항력에 의한 사고 : accident due to _____ _____

06 ~달러의 보험에 들어있다 : _____ _____ $ ~

07 요구된 보험담보에 관하여 신용장에 아무런 표시가 없는 경우에는, 보험담보의 금액은 적어도 물품의 CIF 또는 CIP 가격의 110%이어야 합니다.

→ If there is no indication in the credit of the insurance coverage required, the amount of _____ _____ must be at least 110% of the CIF or CIP value of the goods.

08 귀사가 0.22%의 요율로 보험계약을 체결할 것이라는 통지를 받았습니다. 당사는 견적요율에 만족하므로, 보험계약을 체결하시고 당사에 보험증권을 즉시 보내주시기 바랍니다.

→ We have received your notice that you will _____ the insurance at 0.22%. As we are satisfied with the rate quoted, please open insurance and send us the _____ _____ at once.

09 당 보험은 보험계약에 기재된 목적지의 최종 창고나 보관 장소에서 혹은 그 안에서 운송차량이나 기타 운송용구로부터 양하가 완료된 때에 종료합니다.

→ This insurance _____ on completion of unloading from the carrying vehicle or other conveyance in or at the final warehouse or place of storage at the destination named in the contract of insurance.

10 4월 중 부산에서 시애틀로 가는 잡화물 18,000 달러에 대하여 전위험담보조건으로 보험요율을 견적해 주시기 바랍니다.

→ Please _____ us the insurance rate against All Risks on general merchandise for US$18,000 from Busan to Seattle during April.

---

01 cover 02 loss, damage 03 excluded, by 04 issue 05 force, majeure 06 insured, for 07 insurance, coverage
08 effect, insurance, policy 09 terminates 10 quote

1. 클레임 관련 표현어구

- B에게 A에 대해 클레임을 제기하다 : file/raise/lodge/enter/make/place/ submit a claim for A[damages/loss] against/with B
- 중재계약 : arbitration agreement
- 중재조항 : arbitration clause
- 중재의 3요소
  - 중재지 : place of arbitration
  - 중재기관 : arbitration body/organization
  - 준거법 : governing law
- 제3자의 개입 : intermediation of a third party
- 중재로 해결되다 : settled by arbitration
- 최종적이고 구속력 있는 중재 : final and binding arbitration
- 불이행 당사자 : non-performing party
- 계약상대에 의한 계약불이행 : nonperformance by a counter party
- 인도불이행 : fail to deliver

2. 포장조건 및 클레임 관련 기출 핵심문장

- 기계류가 양호한 상태로 도착할 수 있도록 아래 자세히 기술된 당사의 세부 포장지시 사항을 준수하여 주시기 바랍니다.
  - → To ensure arrival of machine in good condition, please observe our packing instructions detailed below.
- 이번에는 파손되지 않도록 제대로 포장해서 보내주시기 바랍니다. 지난번에 주문했을 때에는 배송 중에 파손된 물품이 있었습니다.
  - → Please make sure to pack properly so that things won't get broken this time. Last time I ordered, some of the items were broken during shipment.
- 귀사가 선적한 물품 품질은 샘플보다 훨씬 더 떨어집니다.
  - → The quality of the goods you shipped is inferior to that of your sample.
  - → The goods you dispatched/sent/forwarded are much worse in quality than your sample.

- 납기일이 2월 28일이었지만 아직 물품을 받지 못했습니다.
  - → Although the promised delivery date was February 28th, we have not received this shipment yet.
- 귀사가 신속하게 확인해 주시면 감사하겠습니다.
  - → We would appreciate your prompt acknowledgement.
- 이 문제에 대해 귀사가 신속한 조치를 취해 주신다면 대단히 감사하겠습니다.
  - → Your prompt attention to this matter would be highly appreciated.
- 손상된 물품을 가능한 한 빨리 교체해 주시기 바랍니다.
  - → We ask you to replace the damaged goods with/by the new ones a.s.a.p.
  - → We request you to substitute the new ones for the damaged goods a.s.a.p.
- $5,000의 손해를 보상받기 위하여 귀사를 상대로 손해배상 청구를 하지 않을 수 없습니다. 이에 당사는 동 상사에 미화 $5,000에 대하여 클레임을 제기하였습니다.
  - → We are forced to claim on you to (be made) up for the loss amounting to $5,000. We hereby have filed a claim with the company for US$5,000.
- 미화 만 달러에 달하는 파손된 물품에 대하여 클레임을 제기할 것입니다. 미화 만 달러에 대하여 손해액을 보상해 주시기를 요청합니다.
  - → We shall raise/lodge a claim with/on you for the loss amounting to US$10,000. We ask you to compensate for the damage amounting to US$10,000.
- 법적조치는 피하고자 합니다.
  - → We would like to avoid taking legal action.
- 본 건에 대하여 확인하신 후 신속한 교환을 부탁하는 바입니다.
  - → I would appreciate it if you could look into this matter and make a replacement at your earliest convenience.
- 7일의 영업일 이내에 연락을 주시지 않는다면 법적조치를 강구할 수밖에 없습니다.
  - → Unless I hear from you within 7 working days, I will be forced to proceed with legal action.
- 손상된 목록의 샘플과 목록을 알려주시기 바랍니다.
  - → Please inform us of the list of damaged goods together with their samples.

Vocabulary

a.s.a.p ; as soon as possible
가급적 빨리

- 당사 실수로 인해 귀사에 피해를 드려 죄송합니다. 이 클레임을 원만하게 해결하기 위해 기꺼이 가격을 10% 할인해 드리겠습니다.
  → We apologize for any inconveniences our mistake may have caused you. In order to settle/adjust this claim amicably, we are ready to reduce our price by 10%.
- 포장 불량으로 손해가 발생한 데 대해 대단히 죄송하게 생각합니다.
  → We feel sorry that this damage was attributable to the improper packing.
- 본 건을 해결하기 위하여 당사는 귀사가 불량하다고 한 모든 품목에 대해 대체품을 선적하였습니다.
  → To settle this claim we have today shipped replacements/substitutes for all the items you found unsatisfactory.
- 이 경우 당사는 모든 책임이 면제됩니다. 이를 뒷받침하기 위해서 당사는 무사고 선하증권을 갖고 있음을 밝혀둡니다.
  → We must disclaim all liabilities in this case. In support of this statement we point out that we hold clean B/L.
- 더 지연되면 상호 간 손실을 초래할 뿐이라는 결론을 내렸기 때문에 당사는 당사의 제의를 철회함으로써 귀사와 타협할 것을 결정했습니다.
  → Concluding that further delay would only lead to our mutual loss, we decided to meet you halfway by withdrawing our proposal.
- 귀사의 클레임이 당사의 보험회사에 전달되었으니, 곧 연락이 있을 것입니다.
  → Your claim has been passed on to our insurance company, who will get in touch with you soon.
- 당사보다는 보험회사에 클레임을 제기하는 편이 더 나을 것입니다.
  → We feel that you should file a claim the insurance company rather than us.

01 Which of the following is the most appropriate English composition? 기출 17년 2회

① 상자의 내용물을 조사했더니, 상단의 컵은 모두 파손되어 있었습니다. → Upon examining the contents of the crates, we found that the entire top layer of cups had crushed.

② 너무 심하게 부패되었으므로 공항 검역에서 억류되었습니다. → The high level of impurities has resulted from the shipment being held up by quarantine at the airport.

③ 귀사 카탈로그에 게재된 과일 바구니들과 어제 당사가 수령한 실물과의 사이에는 상당한 차이가 있음을 알리고자 합니다. → We would like to call your attention to the big discrepancy in the fruit baskets shown in your catalogue and the actual baskets we received yesterday.

④ 귀사의 털베개에 대해 손님들로부터 환불해 달라는 요청을 받았습니다. → We have had the number of customers asking about refunds for your feather pillows.

02 Choose a different intention from others. 기출 19년 2회

① We shall have to cancel the order, and take all necessary actions for the claim for delayed shipment.

② As you have shipped a machine damaged packaging, all costs of the repairs should be borne by your company.

③ You're requested to substitute any damaged products by brand-new products packed properly at your expense. Otherwise, we have no choice but to raise a claim for a bad packing.

④ It's our regret to inform you that some boxes are terribly broken due to a bad packing. We found that several products seemed to be replaced promptly as they were damaged, bended, and even broken.

정답 01 ③ 02 ①

해석

02 ① 당사는 주문을 취소하고 선적 지연에 대한 클레임에 필요한 모든 조치를 취해야만 할 것입니다.
② 귀사가 포장이 훼손된 상태로 기계를 선적했으므로 일체의 수리비용은 귀사가 부담해야 합니다.
③ 귀사는 손상된 제품을 귀사의 비용으로 적절하게 포장된 새 제품으로 교체해줄 것을 요청받았습니다. 그렇지 않으면 당사는 포장불량으로 클레임을 제기할 수밖에 없습니다.
④ 포장불량으로 인해서 일부 상자들이 심하게 깨진 것을 알려드리게 되어 유감입니다. 당사는 일부 제품들은 손상되고 구부러지고 심지어 깨진 상태이므로 즉시 교체되어야 할 것으로 여겨집니다.

해설

01 ① cups had crushed → cups had been crushed
② resulted from → resulted in
④ asking about refunds for → asking refunds for

02 ②, ③, ④는 클레임을 제기하는 회사의 입장인데, ①은 클레임을 받은 회사의 입장이다.

확인학습

※ 다음 빈 칸에 알맞은 단어를 쓰시오.

01 B에게 A에 대해 클레임을 제기하다 : _____ a claim for A _____ B

02 중재계약 : _____ agreement

03 제3자의 개입 : _____ of a third party

04 불이행 당사자 : _____ party

05 이번에는 파손되지 않도록 제대로 포장해서 보내주시기 바랍니다. 지난번에 주문했을 때에는 배송 중에 파손된 물품이 있었습니다.

→ Please make sure to _____ properly so that things won't get broken this time. Last time I ordered, some of the items were broken during shipment.

06 귀사가 선적한 물품 품질은 샘플보다 훨씬 더 떨어집니다.

→ The quality of the goods you shipped _____ _____ _____ that of your sample.

07 포장 불량으로 손해가 발생한 데 대해 대단히 죄송하게 생각합니다.

→ We feel sorry that this damage was attributable to the _____ _____.

08 당사보다는 보험회사에 클레임을 제기하는 편이 더 나을 것입니다.

→ We feel that you should _____ a _____ the insurance company rather than us.

09 당사 실수로 인해 귀사에 피해를 드려 죄송합니다. 이 클레임을 원만하게 해결하기 위해 기꺼이 가격을 10% 할인해 드리겠습니다.

→ We apologize for any inconveniences our mistake may have caused you. In order to _____ this claim amicably, we are ready to reduce our price by 10%.

10 이 경우 당사는 모든 책임이 면제됩니다. 이를 뒷받침하기 위해서 당사는 무사고 선하증권을 갖고 있음을 밝혀 둡니다.

→ We must _____ all liabilities in this case. In support of this statement we point out that we hold clean B/L.

---

01 file, against 02 arbitration 03 intermediation 04 non-performing 05 pack 06 is, inferior, to
07 improper, packing 08 file, claim 09 settle 10 disclaim

PART 03

무역영어 1·2급 기출문제

무역영어 1급 한권으로 끝내기

1급

2020년 제1회 기출문제

1 과목 영문해석

[01~02] Read the following and answer the questions.

Dear Sirs,

We received your letter on April 5, in which you asked us to issue immediately a letter of credit (ⓐ) your order No.146.
We have asked today the Korean Exchange Bank in Seoul to issue an irrevocable and confirmed letter of credit in your favor for USD250,000 only, and this credit will be valid until May 20.
This credit will be advised and confirmed by Ⓐ the New York City Bank, N.Y. They will accept your (ⓑ) drawn at 60 days after (ⓒ) under the irrevocable and confirmed L/C.
Please inform us by telex or fax immediately of the (ⓓ) as soon as the goods have been shipped.

Faithfully yours,

01

Choose the wrong role which the underlined Ⓐ does not play.

① confirming bank
② advising bank
③ issuing bank
④ accepting bank

02

Select the wrong word in the blanks ⓐ ~ ⓓ.

① ⓐ covering
② ⓑ draft
③ ⓒ sight
④ ⓓ maturity

03

Which of the following has a different purpose of replying from the others?

We would appreciate it if you would inform us of their financial standing and reputation. Any information provided by you will be treated as strictly confidential, and expenses will be paid by us upon receipt of your bill. Your prompt reply will be much appreciated.

① The company is respected through the industry.
② Their accounts were not always settled on time.
③ As far as our information goes, they are punctually meeting their commitments.
④ They always meet their obligations to our satisfaction and their latest financial statements show a healthy condition.

04

Which of the following is NOT true about the CPT rule under Incoterms 2020?

① The seller delivers the goods to the carrier or delivers the goods by procuring the goods so delivered.

② The seller contracts for and pay the costs of carriage necessary to bring the goods to the named place of destination.

③ The seller fulfills its obligation to deliver when the goods reach the place of destination.

④ The seller must pay the costs of checking quality, measuring, weighing and counting necessary for delivering the goods.

05

Which of the followings is CORRECT according to the letter received by Mr. Beals below?

Dear Mr. Beals,

Our Order No. 14478.

We are writing to you to complain about the shipment of blue jeans we received on June 20, 2019 against the above order.

The boxes in which the blue jeans were packed were damaged, and looked as if they had been broken in transit. From your invoice No. 18871, we estimated that twenty-five blue jeans have been stolen, to the value of $550. Because of the damages in the boxes, some goods were also crushed or stained and cannot be sold as new articles in our shops.

As the sale was on a CFR basis and the forwarding company was your agents, we suggest you contact them with regard to compensation.

You will find a list of the damaged and missing articles enclosed, and the consignment will be put to one side until we receive your instructions.

Your sincerely,
Peter Jang

Encl. a list of the damaged and missing articles

① Mr. Beals will communicate with their forwarding company for compensation.

② Mr. Jang intends to send back the damaged consignment to Mr. Beals.

③ Mr. Beals would receive the damaged consignment.

④ Mr. Jang believes that Mr. Beals sent the damaged article.

06

Which of the following is LEAST likely to be included in a reply?

Dear Mr. Song,

Thank you for your letter of December 21, making a firm offer for your Ace A/V System. All terms and conditions mentioned in your letter, including proposed quantity discount scheme, are quite acceptable, and we would like to place an initial order for 200 units of the Ace System. The enclosed Order Form No. KEPP-2345 gives the particulars concerning this order. For further communication and invoicing, please refer to the above order number.

① Provided you can offer a favorable quotation and guarantee delivery within 6 weeks from receipt of order, we will order on a regular basis.

② Once we have received your L/C, we will process your order and will ship the units as instructed.

③ We are afraid that the product listed in your order has been discontinued since last January this year.

④ As we do not foresee any problem in production and shipment of your order, we expect that this order will reach you on time.

07

Select the right words in the blanks under negotiation letter of credit operation.

We hereby engage with (   ) that draft(s) drawn under and negotiated in (   ) with terms and conditions of this credit will be duly (   ) presentation.

① drawers and/or drawee − accordance − paid on

② drawers and/or bona fide holders − conformity − honoured on

③ drawers and/or payee − conformity − accepted on

④ drawers and/or bone fide holders − accordance − accepted on

08

Which is right under the following passage under Letter of Credit transaction?

Where a credit calls for insurance certificate, insurance policy is presented.

① Insurance policy shall accompany a copy of insurance certificate.

② Insurance certificate shall only be presented.

③ Insurance policy can be accepted.

④ Insurance certificate shall accompany a copy of insurance policy.

[09~10] Read the following letter and answer the questions.

Dear Mr. Simpson,

Could you please ⓐ pick up a consignment of 20 C2000 computers and make the necessary arrangements for them to be ⓑ shipped to Mr. M. Tanner, NZ Business Machines Pty, 100 South Street, Wellington, New Zealand? Please ⓒ handle all the shipping formalities and insurance, and send us five copies of the bill of lading, three copies of the commercial invoice, and the insurance certificate. We will ⓓ advise our customers of shipment ourselves.

Could you handle this as soon as possible? Your charges may be invoiced to us in the usual way.

Neil Smith

09

Which can Not be inferred?

① Mr. Simpson is a staff of freight forwarder.
② Neil Smith is a shipping clerk of computer company.
③ Mr. M. Tanner is a consignee.
④ This email is from a shipper to a buyer.

10

Which could not be replaced with the underlined?

① ⓐ collect
② ⓑ transported
③ ⓒ incur
④ ⓓ inform

11

Select the right words in the blanks (A) ~ (D) under transferable L/C operation.

((A)) means a nominated bank that transfers the credit or, in a credit available with any bank, a bank that is specifically authorized by ((B)) to transfer and that transfers the credit. ((C)) may be ((D)).

---

① (A) Transferring bank − (B) the issuing bank − (C) An issuing bank − (D) a transferring bank
② (A) Transferring bank − (B) the negotiating bank − (C) A negotiating bank − (D) a transferring bank
③ (A) Issuing bank − (B) the transferring bank − (C) A negotiating bank − (D) an Issuing bank
④ (A) Advising bank − (B) the issuing bank − (C) A negotiating bank − (D) a transferring bank

[12~13] Read the following and answer the questions.

Dear Mrs. Reed,

Thank you for choosing Madam Furnishing. Further to our telephone discussion on your delivery preference for the Melissa table and modification to the table design, kindly review and confirm the terms below as discussed.

Your order, which was scheduled for shipping today, has been put on ((A)) to ensure your requirements are incorporated and that you receive your desired furniture. Your desire to change the colour of the table and delivery schedule has been documented and your order ((B)).

Please be informed that :
The Melissa table is commercially available in Black, Brown, and Red. The production of the table in a different colour is considered as a custom order and attracts an additional fee of $20.
Delivery of the Melissa table on Sunday between 12 noon and 3 pm is possible but will attract an additional fee of $10 which is our standard weekend/public holiday delivery fee.

12

Which of the following statements is TRUE about the message above?

① The message is written to confirm customer's requirements.
② The production of the Melissa table in a different colour other than Black, Brown, and Red is not available.
③ Delivery of the table will attract an additional fee of $10.
④ The customer is not desiring to change color of the table and delivery schedule.

13

Select the right words in the blanks (A), (B).

① hold − modified
② document − modified
③ document − cancelled
④ hold − cancelled

14

Which documentary credit enables a beneficiary to obtain pre−shipment financing without impacting his banking facility?

① Transferable
② Red Clause
③ Irrevocable
④ Confirmed irrevocable

> Your order was shipped on 17 April 2018 on the America, will arrive at Liverpool on 27 April. We have informed your agents, Eddis Jones, who will make ((A)) for the consignment to be sent on to you as soon as they receive the shipping documents for ((B)).
>
> Our bank's agents, Westmorland Bank Ltd, High Street, Nottingham, will ((C)) the documents : shipped clean bill of lading, invoice, and insurance certificate, once you have accepted our bill.

15

Which can NOT be inferred?

① This letter is an advice of shipment to the importer.
② Eddis Jones is a selling agent for the importer.
③ Westmorland Bank Ltd is a collecting bank in importing country.
④ In documentary collection, financial documents are accompanied by commercial documents.

16

Select the right words in the blank (A), (B), (C).

① (A) arrangements – (B) clearance – (C) hand over
② (A) arrangements – (B) transit – (C) hand over
③ (A) promise – (B) clearance – (C) take up
④ (A) promise – (B) transit – (C) take up

17

Select the best translation.

> By virtue of B/L clauses, the carrier and its agents are not liable for this incident. Therefore, we regret to repudiate your claim and suggest that you redirect your relevant documents to your underwriters accordingly.

① B/L약관에 따라서 운송인과 그 대리인은 본 사고에 대해 책임이 없으므로 당사는 귀사의 클레임을 거부하게 되어 유감이고 따라서 귀사의 보험업자에게 귀사의 관련서류를 다시 보내도록 제안합니다.
② B/L조항에 따라서 운송인과 그 대리인은 본 사고에 대해 책임이 없으므로 당사는 귀사의 요구를 부인하게 되어 유감이고 따라서 귀사의 보험업자에게 귀사의 관련 서류를 재지시하도록 제안합니다.
③ B/L조항에 따라서 운송인과 그 대리인은 본 사고에 대해 책임이 없으므로 당사는 귀사의 클레임을 거부하게 되어 유감이고 따라서 귀사의 보험중개업자에게 귀사의 관련서류를 재지시하도록 제안합니다.
④ B/L약관에 따라서 운송인과 그 대리인은 본 사고에 대해 책임이 없으므로 당사는 귀사의 클레임을 부인하게 되어 유감이고 따라서 귀사의 보험중개업자에게 귀사의 관련서류를 다시 보내도록 제안합니다.

18

Select the right words in the blanks (A) ~ (D).

> We have been very satisfied with your handling of our orders, and as our business is growing we expect to place even larger orders with you in the future. As you know we have been working together for more than 2 years now and we will be glad if you can grant us ((A)) facilities with quarterly settlements. This arrangement will save us the inconvenience of making separate payments on ((B)). Banker's and trader's ((C)) can be provided upon your ((D)). We hope to receive your favorable reply soon.

① (A) open-account – (B) invoice – (C) references – (D) request

② (A) open-account – (B) invoice – (C) referees – (D) settlement

③ (A) deferred payment – (B) check – (C) references – (D) settlement

④ (A) deferred payment – (B) check – (C) referees – (D) request

19

Which of the following clauses is NOT appropriate for describing the obligations of the seller and the buyer as for the Dispute Resolution?

① The parties hereto will use their reasonable best efforts to resolve any dispute hereunder through good faith negotiations.

② A party hereto must submit a written notice to any other party to whom such dispute pertains, and any such dispute that cannot be resolved within thirty (30) calendar days of receipt of such notice (or such other period to which the parties may agree) will be submitted to an arbitrator selected by mutual agreement of the parties.

③ The decision of the arbitrator or arbitrators, or of a majority thereof, as the case may be, made in writing will be final and binding upon the parties hereto as to the questions submitted, and the parties will abide by and comply with such decision.

④ If any term or other provision of this Agreement is invalid, illegal or incapable of being enforced by any law or public policy, all other terms and provisions of this Agreement shall nevertheless remain in full force and effect so long as the economic or legal substance of the transactions contemplated hereby is not affected in any manner materially adverse to any party.

We were sorry to learn from your letter of 10 January that some of the DVDs supplied to this order were damaged when they reached you.

(1) Replacements for the damaged goods have been sent by parcel post this morning.

(2) It will not be necessary for you to return the damaged goods; they may be destroyed.

(3) Despite the care we take in packing goods, there have recently been several reports of damage.

(4) To avoid further inconvenience and (   ) to customers, as well as expense to ourselves, we are now seeking the advice of a packaging consultant in the hope of improving our methods of handling.

20

Which is suitable for the blank?

① annoyance
② discussions
③ negotiation
④ solution

21

This is a reply to a letter. Which of the following is NOT likely to be found in the previous letter?

① We can only assume that this was due to careless handling at some stage prior to packing.

② We are enclosing a list of the damaged goods and shall be glad if you will replace them.

③ We realize the need to reduce your selling price for the damaged one and readily agree to the special allowance of 10% which you suggest.

④ They have been kept aside in case you need them to support a claim on your suppliers for compensation.

22

Which of the following is the best title for the passage?

A system used within some conference systems, whereby a shipper is granted a rebate of freight paid over a specified period subject to his having used Conference line vessels exclusively during that period.

① Contract rate system
② Dual rate system
③ Fidelity rebate system
④ Fighting ship

[23~24] Read the followings and answer the questions.

Thank you for your recent order, No. 234-234-001.

We have received your letter about the $10,000 handling charge that was applied to this shipment. This was indeed an error on our ((A)). We do apply a special handling charge to all orders for ((B)) items such as porcelain birdbaths but somehow that notice was deleted temporarily in the page that described the product. We have ((C)) that error on our Web site.

In the meantime, though, we have placed $10,000 to your credit. We apologize for any inconvenience and hope that we will have the opportunity to serve you again in the near future.

23

Which is LEAST correct about the letter?

① The buyer have ordered brittle items.
② There was a miscommunication about the quality of products.
③ The buyer got the information about the product in the web homepage.
④ For the orders which deal with brittle items, there must be an additional handling charge.

24

Select the right words in the blanks (A), (B), (C).

① part - fragile - corrected
② side - fragile - contemplated
③ part - solid - corrected
④ side - solid - contemplated

25

Which is NOT properly translated into Korean?

(a) We regret having to remind you that we have not received payment of the balance of £105.67 due on our statement for December. (b) This was sent to you on 2 January and a copy is enclosed. (c) We must remind you that unusually low prices were quoted to you on the understanding of an early settlement. (d) It may well be that non-payment is due to an oversight, and so we ask you to be good enough to send us your cheque within the next few days.

① (a) 12월 계산서에 지급되어야 하는 105.67파운드가 아직 정산되지 않아 독촉장을 보내게 되어 유감입니다.
② (b) 계산서는 1월 2일에 발송하였으며 여기 사본을 동봉합니다.
③ (c) 귀하에게 상기시켜 드리기는 이번 건은 유독 낮은 가격을 빨리 견적해 드린 것임을 이해해 주시기 바랍니다.
④ (d) 혹시 실수로 금액 지불이 늦어진 것이라면 2~3일 내로 수표를 보내 주셨으면 감사하겠습니다.

26

Which of the following BEST fits the blank (a) ~ (c)?

---

1. The negotiating bank pays the seller or ((a)) B/E drawn by the seller, and sends the shipping documents to the issuing bank in the buyer's country.

2. The issuing bank releases the shipping documents to the buyer in importing country against ((b)).

3. The accounter gets the consignment by presenting the ((c)) to the shipping company.

---

① (a) discounts - (b) payment - (c) shipping documents

② (a) honours - (b) negotiation - (c) bill of lading

③ (a) honours - (b) negotiation - (c) shipping documents

④ (a) discounts - (b) payment - (c) bill of lading

27

Select the one which fits the blanks under the UCP 600.

A nominated bank acting on its nomination, a confirming bank, if any, or the issuing bank may accept a commercial invoice issued for an amount (　), and its decision will be binding question has not honoured or negotiated for an amount (　).

---

① in excess of the amount permitted by the credit - less than that permitted by the credit

② less than the amount permitted by the credit - less than that permitted by the credit

③ less than the amount permitted by the credit - in excess of that permitted by the credit

④ in excess of the amount permitted by the credit - in excess of that permitted by the credit

28

Select the wrong word in the blank.

① (　) means a bank, other than the issuing bank, that has discounted or purchased a draft drawn under a letter of credit. (A negotiating bank)

② (　) issued by a bank in Korea in favour of the domestic supplier is to undertake the bank's payment to the supplier of raw materials or finished goods for exports on behalf of the exporter. (Local L/C)

③ (　) has a condition that the amount is renewed or automatically reinstated without specific amendments to the credit. (Revolving L/C)

④ Banking charges in relation to L/C are borne by the parties concerned. All banking charges outside importer's country are usually for the account of (　). (applicant)

29

What is NOT true about the Institute Cargo Clauses?

① Only difference between ICC(B) and ICC(C) is the additional risks covered under ICC(B) cargo insurance policies.

② ICC(B) covers loss of or damage to the subject-matter insured caused by entry of sea lake or river water into vessel craft hold conveyance container or place of storage but ICC(C) does not.

③ ICC(B) covers loss of or damage to the subject-matter insured caused by general average sacrifice but ICC(C) does not.

④ ICC(C) is the minimum cover for cargo insurance available in the market.

30

Which of the following words is NOT suitable for the blanks (a) ~ (d) below?

In all break-bulk and bulk vessels, there is a document called ((a)). This document is like a delivery note and has all the information pertaining to the shipment like cargo description, number of bundles, weight, measurement, etc and this document is handed over to the ship at the time of loading. If any discrepancies are found between the actual cargo delivered and the ((a)), the Chief Mate will check the cargo and document such discrepancies to confirm that the cargo was received in that condition. This was possible in the era of pre-containerization because the ship/agents were able to physically check and verify the cargo.

However, in the case of containerized cargoes and especially ((b)) cargoes, the carrier/agents are not privy to the packing of the containers and the nature of the cargo. The carrier relies on the information provided by the shipper in terms of the cargo, number of packages, weight and measurement. Hence the clauses ((c)) is put on the ((d)) to protect the carrier from any claims that the shipper might levy on them at a later stage.

① (a) Mate's Receipt
② (b) LCL
③ (c) SHIPPER'S LOAD, STOW, AND COUNT
④ (d) Bill of Lading

31

Which of the following statement on General Average in the marine insurance is NOT correct?

① Defined by York Antwerp Rules 1994 of General Average, these rules lay guidelines for the distribution of loss in an event when cargo has to be jettisoned in order to save the ship, crew, or the remaining cargo.

② A loss is deemed to be considered under general average if and only if the reason of sacrifice is extraordinary or the sacrifice is reasonably made for the purpose of common safety for preserving the property involved.

③ General average shall be applied only for those losses which are linked directly with the material value of the cargo carried or the vessel.

④ Any claims arising due to the delay, a loss or expense caused due to loss of market or any indirect loss must be accounted into general average.

32

Choose the most appropriate term to complete the sentence under UCP 600.

> The description of the goods in the (　) must correspond with the description in the credit, and the (　) must be made out in the name of the Applicant.

① bill of lading
② commercial invoice
③ sea waybill
④ bill of exchange

33

Choose one which can NOT replace each underline.

> You have been with us for over 20 years. Such loyalty cannot be overlooked. We have looked into your credit account with us and have decided to help. As you are aware, (a) you have four overdue invoices, the latest is about six months overdue. This is unlike you; therefore we have assumed that these (b) delays are connected to the current economic situation your company (c) is going through.
>
> We like to offer you a 20% discount on all the overdue invoices if (d) payment is made within the next 30 days from today. We have attached the new invoices to this email. We believe you place a great value on the credit relationship you have with us. Therefore, we hope to receive the payments at the stipulated date.

① (a) four invoices are still outstanding
② (b) timely payment
③ (c) is encountering
④ (d) the settlement of the invoice is organized

34

Which word fits best for the blank?

> We have already explained that it is essential for medical equipment to arrive (　) due dates as late delivery could create a very serious problem.

① on
② for
③ at
④ from

35

Which of the following has different intention from the others?

① Your patience and understanding would be greatly appreciated.
② A short extension would be very helpful to us, as it would give us an extra month to clear the checks.
③ We ask that you grant the extension this one time. We assure you that this will not happen again.
④ We are sorry to hear that the bankruptcies of two of your clients have been causing you difficulties.

36

Select the wrong word in view of document examination.

> When the address and contact details of (ⓐ) appear as part of (ⓑ) or (ⓒ) details, they are not to (ⓓ) with those stated in the credit.

① ⓐ the applicant
② ⓑ the consignee
③ ⓒ notify party
④ ⓓ agree

37

Select the wrong word in the blank.

> Documents for which the UCP 600 transport articles do not apply are ( ).

① Delivery Note
② Delivery Order
③ Cargo Receipt
④ Multimodal Transport Document

38

Fill in the blanks (a) ~ (b) with the best word(s).

> To date, no payments have been received from you, and we are assuming that this is merely (a)_____ on your side. Please remit the full (b)_____ due amount immediately.

① (a) an oversight (b) past
② (a) an oversight (b) intended
③ (a) a fortnight (b) intended
④ (a) a fortnight (b) past

39

Which of the following sentences is Not correct?

> Dear Mr. Kim,
> Thank you for your inquiry on April 13, (a) expressing interest in our software products. In reply to your letter, we are enclosing a detailed catalog and price lists (b) for our design software you required.
> (c) Beside those advertising in the Business Monthly, the attached illustrated brochure shows various softwares available for you. If you have any questions or concerns (d) that are not covered in the materials we sent you, please do not hesitate to contact us at any time.

① (a)   ② (b)
③ (c)   ④ (d)

Dear Mr. MacFee,

We are writing to you on the recommendation of Mr. David Han, Chief Accountant at Hannam Trading. He advised us to contact you as a referee concerning the credit facilities which his company has asked us for.

Could you confirm that the company is sound enough to meet credits of USD3,000,000?

We would be most grateful for a reply ((A)).

Yours sincerely,

40

What does the underlined credit facilities imply?

① The potential buyer wants to settle some days later.
② The seller wants to have some loans from bank.
③ The seller wants to have credit from the potential buyer.
④ The potential buyer may ask his bank to open credit.

41

Fill in the blank (A) with suitable word.

① at your earliest convenience
② by the time we arranged
③ at their early convenience
④ to my company's satisfaction

42

Which of the following best fits the blank?

(   ) are used for taking goods from a port out to a ship, or vice versa. They can also do the same work as a barge.

① Car ferry
② Oil-tanker
③ Lighters
④ Trailors

[43~44] Read the following and answer the questions.

We were surprised to receive your letter of 20 November in which you said you had not received payment for invoice No.1555.

We instructed our bank, Seoul Bank to ((A)) your account in HSBC London, with USD2,000,000 on 2nd November.

As our bank statement showed the money had been debited from our account, ((B)) as well. It is possible that your bank has not advised you yet.

Yours sincerely,

43

Fill in the blank (A).

① credit
② debit
③ sort out
④ draw

44

What is best for blank (B)?

① We thought that it was double paid to your account
② We assumed that it had been credited to your account
③ We are certain that payment was in order
④ You may debit our account if you want

45

Which sentence is MOST proper for the blank?

Thank you for submitting your proposal. (　),
as it is still too early to judge whether or not
we will be needing to hire an outside house to
take care of the website redesign.

① I accept your proposal
② Perhaps we could work together to make this project happen
③ Please let us know the final result of this bid
④ I'm afraid my response will be delayed

46

Which of the following statements about Stand-by L/C is NOT correct?

(a) A Stand-by Letter of Credit ('SBLC') can be used as a safety mechanism in a contract for service. (b) A reason for this will be to hedge out risk. In simple terms, (c) it is a guarantee of payment which will be issued by a bank on the behalf of a client and which is perceived as the "payment of last resort". (d) This will usually be avoided upon when there is a failure to fulfill a contractual obligation.

① (a)
② (b)
③ (c)
④ (d)

47

Which is NOT correct when the underlined ones (ⓐ ~ ⓓ) are replaced with the word(s) given.

당사는 귀사 앞으로 12월 10일까지 유효한 총액 10,000달러에 대한 취소불능 신용장을 발행하도록 지시했습니다.
→ We have ⓐ instructed our bank to open an irrevocable letter of credit ⓑ in your favor ⓒ for the sum of USD10,000 ⓓ valid until December 10.

① ⓐ instructed → arranged with
② ⓑ in your favor → in favor of you
③ ⓒ for the sum of → amounting to
④ ⓓ valid → expired

48

Which is best for the blank?

> Under UCP 600, terms such as "first class", "well known", "qualified", "independent", "official", "competent" or "local" used to describe the issuer of a document allow (   ).

① any issuer including the beneficiary to issue that document.

② any issuer except the beneficiary to issue that document.

③ certain issuer in the L/C to issue that document.

④ issuer who is not known to the beneficiary to issue that document.

49

Chose what is NOT correct 1) ~ 3).

> According to CISG provision, the seller may declare the contract avoided;
>
> 1) _____
>
> 2) _____
>
> 3) _____

① If the failure by the buyer to perform any of his obligations under the contract or this Convention amounts to a fundamental breach of contract.

② If the buyer does not, within the additional period of time fixed by the seller, perform his obligation to pay the price.

③ If the buyer does not, within the additional period of time fixed by the buyer, perform his obligation to deliver the goods.

④ If the buyer declares that the buyer will not perform his obligation to pay the price or take delivery of the goods within the period within the additional period of time fixed by the seller.

50

Which of the following words is NOT appropriate for the blanks below?

> Demurrage and detention is mostly associated with imports although it may happen in the case of exports as well. ((a)) is a charge levied by the shipping line to the importer in cases where they have not taken delivery of the full container and move it out of the port/terminal area for unpacking within the allowed free days. ((b)), on the other hand, is a charge levied by the shipping line to the importer in cases where they have taken the full container for unpacking (let's say within the free days) but have not returned the empty container to the nominated empty depot before the expiry of the free days allowed.
>
> If a customer took the full box out of the port/terminal on the 7th of July which is within the free days (expiring on the 8th of July), but returned the empty container to the line's nominated depot only on the 19th of July. So, the shipping line will be eligible to charge the consignee ((c)) for 11 days from the 9th July (after expiry of free days) till the 19th July at the ((d)) fixed by the line.

① (a) Demurrage

② (b) Detention

③ (c) demurrage

④ (d) commission

51

대금이 물품의 중량에 의하여 지정되는 경우, 의혹이 있을 때 대금은 무엇에 의해 결정되는가?

① 총중량
② 순중량
③ 순순중량
④ 정미중량

52

Incoterms 2020의 FOB 조건에 관한 설명 중 옳지 않은 것은?

① 선적항에서 매수인이 지정한 본선에 계약상품을 인도하면 매도인의 인도 의무가 완료된다.
② FOB 조건은 매도인이 물품을 본선 갑판이 아닌 CY에서 인도하는 경우에도 사용한다.
③ FOB 조건은 FAS 조건에 매도인의 본선적재 의무가 추가된 조건이다.
④ 매수인은 자기의 책임과 비용부담으로 운송계약을 체결하고 선박명, 선적기일 등을 매도인에게 통지하여야 한다.

53

국제물품매매계약에 관한 UN협약(CISG, 1980)상 계약 위반에 따른 손해배상책임과 면책에 대한 내용으로 옳지 않은 것은?

① 매도인이 매수인으로 부터 공급받은 원자재를 이용하여 물품을 제조하여 공급하기로 한 계약에서 원자재의 하자로 인하여 물품이 계약에 불일치하는 경우에는 매도인은 면책된다.
② 계약당사자가 계약체결 시 예견하지 못한 장해가 발생하여 계약의 이행이 불가능해지는 경우에 의무위반 당사자는 면책된다.
③ 면책은 양당사자가 모두 주장할 수 있으며 모든 의무에 적용이 된다.
④ 계약불이행 당사자는 계약체결 시 예견하지 못한 장해가 존속하는 기간 동안 손해배상책임으로부터 면제되며 그 장해가 제거된다 하더라도 그 당사자의 의무가 부활되는 것은 아니다.

54

내국신용장의 설명으로 옳지 않은 것은?

① 원신용장을 견질로 하여 발행되는 신용장이다.
② local credit이라고 한다.
③ 사용면에서 양도가능 신용장과 유사하다.
④ 수입국의 개설은행이 지급확약을 한다.

55

포페이팅(Forfaiting) 거래방식의 설명으로 옳은 것은?

① 포페이터(forfaiter)의 무소구조건부 어음의 할인매입
② 포페이터(forfaiter)의 조건부 지급확약
③ 포페이터(forfaiter)의 무조건부 지급확약
④ 포페이터(forfaiter)의 소구권부 어음의 할인매입

56

다음 내용은 해상운임 관련 부대운임 중 무엇에 대한 설명인가?

> 대부분의 원양항로에서 수출화물이 특정기간에 집중되어 화주들의 선복수요를 충족시키기 위해 선박용선료, 기기확보 비용 등 성수기 비용상승을 보전받기 위해 적용되고 있는 할증료

① Port Congestion Charge
② Peak Season Surcharge
③ Detention Charge
④ Demurrage Charge

57

해상적하보험의 보험기간과 관련된 설명으로 옳지 않은 것은?

① 해상적하보험은 일반적으로 항해보험형태를 취한다.
② 운송약관(transit clause)에 따라 보험기간이 개시된 후 피보험화물이 통상의 운송과정을 벗어나더라도 보험자의 책임은 계속된다.
③ 2009년 협회적하약관(ICC)에서의 보험기간은 1982년 ICC상의 보험기간보다 확장되었다.
④ 보험기간과 보험계약기간은 일치하지 않을 수도 있다.

58

내국신용장과 구매확인서의 비교 설명으로 옳지 않은 것은?

구 분		내국신용장	구매확인서
㉠	관련법규	무역금융관련규정	대외무역법
㉡	개설기관	외국환은행	외국환은행, 전자무역기반사업자
㉢	개설조건	원자재 금융한도	제한 없이 발급
㉣	발행제한	2차까지 개설 가능 (단, 1차 내국신용장이 완제품 내국신용장인 경우에는 차수 제한 없음)	차수 제한 없이 순차적으로 발급가능

① ㉠
② ㉡
③ ㉢
④ ㉣

59

UN국제물품복합운송조약상 복합운송서류의 유통성 조건에 해당되지 않는 것은?

① 지시식 또는 지참인식으로 발행
② 지시식의 경우 배서에 의해 양도
③ 지참인식의 경우 배서에 의해 양도
④ 복본으로 발행되는 경우 원본의 통수를 기재

60

함부르크규칙(Hamburg rules)상 화물인도의 지연에 따른 운송인의 책임으로 옳은 것은?

① 화물운임의 2배반에 상당하는 금액
② 화물운임의 2배에 상당하는 금액
③ 화물운임의 3배반에 상당하는 금액
④ 화물운임의 3배에 상당하는 금액

61

협회적하약관(2009) ICC(A), (B), (C) 조건 모두에서 보상하는 손해로 옳지 않은 것은?

① 지진 · 화산의 분화 · 낙뢰
② 피난항에서의 화물의 양륙
③ 육상운송용구의 전복 · 탈선
④ 본선 · 부선 · 운송용구의 타물과의 충돌 · 접촉

62

협회적하약관(2009) ICC(A) 조건에서 보험자의 면책위험으로 옳지 않은 것은?

① 피보험자의 고의적인 위법행위
② 운항자의 지급불능
③ 동맹파업위험
④ 해적행위

63

포괄보험제도를 활용한 해상보험 방법이 아닌 것은?

① Floating Policy
② Open Cover
③ Open Account
④ Open Slip

64

클레임 해결방법 중 하나인 알선(intercession)에 대한 설명으로 옳지 않은 것은?

① 공정한 제3자 기관이 당사자의 일방 또는 쌍방의 의뢰에 의하여 클레임을 해결하는 방법이다.
② 알선은 강제력이 있다.
③ 알선은 중재와는 달리 형식적 절차를 요하지 않는다.
④ ADR에서 타협 다음으로 비용과 시간차원에서 바람직한 해결방법이다.

65

극히 경미한 손상으로 클레임을 제기하기에 무리가 있는 경우나 무역계약 성립 후 시세가 하락하여 수입업자가 손해를 입을 것으로 예상되는 경우에 감가의 구실로 제기하는 클레임의 종류는?

① 일반적인 클레임
② 계획적 클레임
③ 마켓 클레임
④ 손해배상 클레임

66

중재에 의하여 사법상의 분쟁을 적정, 공평, 신속하게 해결함을 목적으로 하는 중재법에 관한 설명으로 옳지 않은 것은?

① 법원은 중재법에서 정한 경우를 제외하고는 이 법에 관한 사항에 관여할 수 없다.
② 중재합의는 독립된 합의 또는 계약에 중재조항을 포함하는 형식으로 할 수 있다.
③ 중재인의 수는 당사자 간의 합의로 정하나, 합의가 없으면 중재인의 수는 5명으로 한다.
④ 중재판정은 양쪽 당사자 간에 법원의 확정판결과 동일한 효력을 가진다.

67

매도인의 계약위반에 따른 매수인의 권리구제수단으로 옳지 않은 것은?

① 물품명세의 확정
② 추가기간의 지정
③ 대체품 인도청구
④ 대금감액청구

68

송금방식의 특징으로 옳지 않은 것은?

① 은행수수료가 저렴하다.
② 어음법의 적용을 받지 않는다.
③ 결제상의 위험을 은행에 전가할 수 있다.
④ 적용되는 국제 규칙이 없다.

69

Incoterms 2020 가격조건 중 그 뒤에 지정목적지(named place of destination)가 표시되는 조건으로 옳은 것은?

① FOB
② CFR
③ CIF
④ CIP

70

곡물류거래에서 선적품질조건에 해당되는 것으로 옳은 것은?

① T.Q.
② S.D.
③ R.T.
④ G.M.Q.

71

기술도입계약에 있어 당사자 의무에 대한 설명으로 옳지 않은 것은?

① 기술제공자는 기술도입자에게 계약의 존속기간 동안 기술제공의무가 부담된다.
② 기술제공자는 제공하는 기술에 대한 유효성을 보장해야 한다.
③ 기술도입을 위해 독점적 라이센스계약을 체결한 경우, 기술제공자는 제3자의 권리침해를 배제할 의무가 있다.
④ 기술도입자는 계약을 통해 정해진 시기와 방법에 따라서 기술제공자에게 기술료를 제공해야 한다.

72

복합운송인의 책임에 관한 법제도와 책임한도에 대한 설명으로 옳지 않은 것은?

① 이종책임체계(network liability system)는 손해 발생 구간이 확인된 경우와 확인되지 않은 경우로 나누어 각각 다른 책임법제를 적용하는 방법이다.

② 복합운송인은 화물의 손해가 복합운송인의 관리 하에 있는 경우에 책임을 져야 하지만 그 결과를 방지하기 위해 모든 조치를 취한 경우는 예외이다.

③ 수화인은 화물의 인도예정일로부터 연속하여 90일 이내에 인도지연의 통지를 하지 않으면 인도지연으로 인한 손해배상청구권이 상실된다.

④ 화물의 인도일로부터 2년이 경과한 법적 절차나 중재 절차의 개시는 무효이다.

73

관세법의 법적 성격에 대한 설명으로 옳지 않은 것은?

① 관세법은 행정법의 일종으로 관세의 부과 · 징수와 통관 절차에 대한 규율을 중심으로 하고 있기 때문에 권력행위로서 부담적 행정행위가 대부분을 차지한다.

② 관세는 수입되는 물품에 대해 부과된다는 점에서 보통세, 소비행위를 전제로 한다는 점에서 소비세, 다른 조세와 상관없이 과세한다는 점에서 독립세이다.

③ 관세법은 다수의 WTO협정, 세계관세기구(WCO)협약, 특정국과의 협정, 일반적으로 승인된 국제법규가 관세 제도나 관세율로서 반영되어 있다.

④ 관세법은 상품이 국경을 통과하여 이동하는 수출, 수입, 또는 경유하는 과정에서 폭발물 차단, 마약단속 등의 불법적인 차단이라는 점에서 통관절차법적 성격이 있다.

74

eUCP에 대한 설명으로 옳지 않은 것은?

① 준거문언에 따라 UCP의 부칙으로 적용한다.

② eUCP 신용장에 UCP 600이 적용된다.

③ eUCP와 UCP 600이 상충하는 경우 eUCP가 적용된다.

④ eUCP는 종이서류상 신용장 개설과 통지에 있어서도 적용된다.

75

Incoterms 2020에 대한 설명으로 옳지 않은 것은?

① 이전 버전과 같이 운송수단에 따라 2개 그룹으로 나뉜다.

② DAT 규칙은 DPU 규칙으로 변경되었으나 매도인의 위험과 비용은 DPU 규칙에서도 동일하게 적용된다.

③ CPT 규칙과 CIP 규칙에서 매도인은 목적지에서 양하 의무가 없다.

④ CIF 규칙과 CIP 규칙에서 매도인의 부보의무는 ICC(C)에 해당하는 최소부보 의무로 이전 버전과 같이 유지되었다.

과목 영문해석

01

Followings are the clauses frequently used for a sales contract. Which of the following clauses LEAST represent 'Entire Agreement' between the seller and the buyer?

① This Agreement together with the Plan supersedes any and all other prior understandings and agreements, either oral or in writing, between the parties with respect to the subject matter hereof and constitutes the sole and only agreement between the parties with respect to the said subject matter.

② This Agreement alone fully and completely expresses the agreement of the parties relating to the subject matter hereof. There are no other courses of dealing, understanding, agreements, representations or warranties, written or oral, except as set forth herein.

③ The failure of any party to require the performance of any term or obligation of this Agreement, or the waiver by any party of any breach of this Agreement, shall not prevent any subsequent enforcement of such term or obligation or be deemed a waiver of any subsequent breach.

④ This Agreement is intended by the parties as a final expression of their agreement and intended to be a complete and exclusive statement of the agreement and understanding of the parties hereto in respect of the subject matter contained herein.

02

What is the purpose of the following correspondence?

Dear Mr. Mike,

We have organized a series of online coaching clinic for middle schools'table tennis coaches this winter. For the virtual training, we would like to provide all registered participants with a tablet PC for interactive real-time communication.

I saw a catalogue with my colleague showing your company's ranges of tablets. We are planning to make an order for more than 1,000 sets at a time. Is there a discount package available for a bulk purchase? I will also like to know the minimum price if we order for 15 or more desktop PCs with webcam.

---

① Request for Proposal(RFP)
② Request for Quotation(RFQ)
③ Purchase Order
④ Firm Offer

03

Select the wrong explanation of definitions under the UCP 600.

① Advising bank means the bank that advises the credit at the request of the issuing bank.

② Applicant means the party on whose request the credit is issued.

③ Beneficiary means the party in whose favour a credit is issued.

④ Honour means to incur a deferred payment undertaking and pay at maturity if the credit is available by sight payment.

04

Which documentary credit enables a beneficiary to obtain pre-shipment financing without impacting his banking facility?

① Standby L/C

② Red clause L/C

③ Revolving L/C

④ Back-to-back L/C

05

Under the UCP 600, which of the below shipments will be honoured on presentation?

A documentary credit for USD160,000 calls for instalment ships of fertilizer in February, March, April and May. Each shipment is to be for about 500 tonnes. Shipments were effected as follows :

a. 450 tonnes sent 24 February for value USD36,000.

b. 550 tonnes sent 12 April for value USD44,000.

c. 460 tonnes sent 30 April for value USD36,800.

d. 550 tonnes sent 04 June for value USD44,000.

① a only

② a and b only

③ a, b, and c only

④ none

06

Which of the following statement about a B/L is LEAST correct?

① A straight B/L is a NEGOTIABLE DOCUMENT.

② An order B/L is one of the most popular and common form of bill of lading issued.

③ When a straight bill of lading is issued, the cargo may be released ONLY to the named consignee and upon surrender of at least 1 of the original bills issued.

④ A straight B/L could be used in international transaction between headquarter and branch.

07

Select the best answer suitable for the blank.

Premium means the (A) or sum of money, paid by the (B) to the (C) in return for which the insurer agrees to indemnify the assured in the event of loss from an insured peril. The insurer is not bound to issue a (D) until the premium is paid.

① consideration – assured – insurer – policy
② consideration – insurer – assured – policy
③ fees – insurer – assured – certificate
④ fees – assured – insured – certificate

08

Select the best answer suitable for the following passage.

Chartering term whereby the charterer of a vessel under voyage charter agrees to pay the costs of loading and discharging the cargo.

① FI
② FO
③ FIO
④ FIOST

09

Select the best answer suitable for the blank under letter of credit operation.

The beneficiary usually (   ) after loading the goods on board to tender documentary drafts to the negotiating bank within expiry date.

① looks for business connection abroad
② dispatches to the importer Trade Circulars including catalogue
③ applies for the issuance of a Letter of Credit
④ prepares shipping documents and draws a draft for negotiation

10

Select the best one which explains well the following passage.

The shipping documents are surrendered to the consignee by the presenting bank upon acceptance of the time draft. The consignee obtaining possession of the goods is thereby enabled to dispose of them before the actual payment falls due.

① D/A
② D/P
③ Collection
④ Open Account

11

Which of the followings is APPROPRIATE for (A)?

(A) transaction is a sale where the goods are shipped and delivered before payment is due. This option is the most advantageous for the importer in terms of cash flow and cost, but it is consequently the highest risky option for an exporter. However, the exporter can offer competitive (A) terms while substantially mitigating the risk of non-payment by using one or more of the appropriate trade finance techniques, such as export credit insurance.

① Telegraphic transfer
② Cash with order
③ Open account
④ Letter of credit

12

Followings are the replies to customer complaints. Which of the following is NOT appropriate?

A. Thank you for taking time out of your busy schedule to write us and express your grievances on how our products and services do not meet up with your expectations.
B. This is to confirm that I have seen your email. I look forward to receiving my consignment next week as you promised.

C. However, we can neither receive the return nor refund you as you demanded. This is because of our company's policy. We make refunds only for orders whose complaints are received within two weeks of purchase.
D. Despite our effort to deliver your order on time using Skynet Express Delivery Service, it's quite unfortunate that we didn't meet up with the time allotted for the delivery of those products.

① A
② B
③ C
④ D

13

Select the best answer suitable for the blank.

We are (A) of being able to send you the (B) by the end of this week. We shall do (C) in our power to see that such an irregularity is not (D).

① convinced − substitute − all − replace
② convinced − substitution − all − replace
③ confident − substitution − everything − replaced
④ confident − substitute − everything − repeated

14

Which of the following is LEAST correct according to the discourse?

> Lee : Hello, Mr. Jung. Jack Lee speaking.
>
> Jung: Hello, Mr. Lee. I'm with SRG Electronics. And I was hoping to talk to you about our line of electronic parts.
>
> Lee : Oh, yes, I've heard of SRG. How are things going in Korea?
>
> Jung: Good, thanks. In fact, recently there's been a lot of demand for our parts, so we've been very busy.
>
> Lee : Glad to hear that. I'd certainly be interested in your prices.
>
> Jung: Well, I'm going to be in San Francisco next week and wondering if you have time to get together.
>
> Lee : When will you be here?
>
> Jung: Next Wednesday and Thursday. What does your schedule look like?
>
> Lee : Um... Let me check my calendar. Let's see, I have a meeting on Wednesday morning. How about Wednesday afternoon at about two o'clock?
>
> Jung: That is fine.

① Jung works for SRG Electronics.

② Jung and Lee will meet in San Francisco.

③ Jung and Lee already know each other before this phone call.

④ There are few customers in SRG Electronics.

15

Who is doing export credit insurance agencies in Korea?

> In international trade, export credit insurance agencies sometimes act as bridges between the banks and exporters. In emerging economies where the financial sector is yet to be developed, governments often take over the role of the export credit insurance agencies.

① Korea International Trade Association

② K-Sure

③ Kotra

④ Korcham

16

Select the best answer suitable for the blank.

> (　) letter of credit states : "Credit available with any bank, by negotiation for payment of beneficiary's draft at sight. The L/C is subject to UCP 600".

① Irrevocable Open

② Revocable Open

③ Irrevocable Special

④ Revocable Special

17

Which of the followings is NOT appropriate for the reply to a claim letter?

① Upon investigation, we have discovered that defective goods sometimes filter despite rigorous inspection before shipment.

② Ten cases of T.V. Set for our order No. 10 per m/s "Chosun" have reached here, but we immensely regret to have to inform you that six units in C/N 10 are different in quality from the specifications of our Order.

③ As a settlement, we have arranged to reship the whole goods by the first ship available, with a special discount of 3% off the invoice amount.

④ After careful investigation, we could not find any errors on our part, because we took every effort to fill your order as evident from the enclosed certificate of packing inspection.

18

Select the right one in regard to the situation.

> Documents presented under an L/C issued by Roori Bank are fully complied. The applicant has already made payment to his bank and then the issuing bank pays the negotiating bank. Some days after, the applicant finds that the goods are not in good quality. He goes to the issuing bank and requests the bank to refund such payment for him.

① Roori Bank has to refund payment to the applicant.

② Roori Bank has to ask for the opinion of the beneficiary.

③ Roori Bank shall ask refund of money to the beneficiary.

④ Roori Bank has no obligation to refund payment.

19

A credit requires an 'invoice' without further definition. Which of the following MUST be considered to be a discrepancy under UCP 600?

> A commercial invoice :
>
> A. that appears to have been issued by the beneficiary.
> B. that is made out in the name of the applicant.
> C. that is made out in the different currency as the credit.
> D. for which the beneficiary did not sign.

① A only
② A+B only
③ C only
④ D only

[20~21] Read the following and answer.

> Thank you for your letter regarding opening an account with our company for trading our goods. Please fill in the enclosed <u>financial information</u> form for 3 years and provide us with two or more trade references as well as one bank reference.
>
> Of course, all information will be kept in strict confidence.
>
> Thank you very much for your cooperation.
>
> Your sincerely,

20

Who is likely to be the writer?

① banker
② seller
③ buyer
④ collector

21

What would NOT be included in the <u>financial information</u>?

① cash flow
② profit and loss account
③ balance sheet
④ draft

[22~23] Read the following and answer.

> Dear Peter Park,
>
> I intend to place a substantial order with you in the next few months.
> As you know, over the past two years I have placed a number of orders with you and <u>settled promptly</u>, so I hope this has established my reputation with your company. Nevertheless, if necessary, I am willing to supply references.
> I would like, if possible, to settle future accounts every three months with payments against quarterly statements.

22

Which is LEAST similar to <u>settled promptly</u>?

① debited per schedule
② paid punctually
③ cleared punctually
④ paid on schedule

23

What can be inferred from the above?

① Peter Park is a buyer.
② The writer wants to place an initial order with the seller.
③ References are to be provided if the buyer is afraid of seller's credit.
④ The seller may send invoices for settlement on a quarterly basis provided that the request is accepted.

24

Choose the awkward one from the following underlined parts.

I am sorry to inform you that, due to an (A) expected price increase from our manufacturers in USA, (B) we have no option but to raise the prices of all our imported shoes by 4% from 6 May, 2020. However (C) orders received before this date will be invoiced at the present price levels. (D) We sincerely regret the need for the increase.

However, we know you will understand that this increase is beyond our control.

① (A)
② (B)
③ (C)
④ (D)

25

Choose the right one for the next underlined part.

Protection and Indemnity (P&I) insurance contained in an ocean marine policy covers
: _____

① Ordinary loss or damage in the voyage
② Loss of the shipper fees
③ Marine legal liability for third party damages caused by the ship
④ Damage to another vessel caused by collision

26

Which of the following words is not suitable for the blank below?

The more geographic reach your company has, the more important this clause will become. For example, if you're a small local business dealing 100% exclusively with locals, you may not really need a clause telling your customers which law applies. Everyone will expect it to be the law of whatever state that little local business is in.

Now, take a big corporation with customers and offices in numerous countries around the world. If a customer in Korea wants to sue over an issue with the product, would Korean law apply or would the law from any of the other countries take over? Or, what if you're an American business that has customers from Europe.

In both cases, a/an (   ) clause will declare which laws will apply and can keep both companies from having to hire international lawyers.

① controlling law
② governing law
③ applicable law
④ proper law

[27~28] Read the following and answer.

The most common negotiable document is the bill of lading. The bill of lading is a receipt given by the shipping company to the shipper. A bill of lading serves as a document of title and specifies who is to receive the merchandise at the designated port. In a straight bill of lading, the seller consigns the goods directly to the buyer. This type of bill is usually not desirable in a letter of credit transaction, because ( ).

With an order bill of lading the shipper can consign the goods to the bank. This method is preferred in letter of credit transactions. The bank maintains control of the merchandise until the buyer pays the documents.

27

What is nature of straight bill of lading?

① non-negotiable bill of lading
② negotiable bill of lading
③ foul bill of lading
④ order bill of lading

28

What is best for the blank?

① it allows the buyer to obtain possession of the goods directly.
② the shipper can consign the goods to the bank.
③ the bank maintains control of goods until the buyer pays the documents.
④ the bank can releases the bill of lading to the buyer.

29

Which of the followings has a different meaning with others?

① We will give you a special discount if you order by May 12.
② You will be given a special discount if you take order until May 12.
③ If you order on or before May 12, you will get a special discount.
④ A special discount is available for your order being received on or before May 12.

30

Which of the following is appropriate for the blank?

In comparison with lawsuit case in a court, arbitration has advantages of the speedy decision, lower costs, nomination of specialized arbitrators, and ( ).

① international effect of judgement
② mandatory publication of arbitral award
③ legal approach by government
④ higher legal stability

31

Which of the following is NOT appropriate for the blank below?

Types of marine insurance can be differentiated as follows :

(A) caters specifically to the marine cargo carried by ship and also pertains to the belongings of a ship's voyagers.

(B) is mostly taken out by the owner of the ship to avoid any loss to the vessel in case of any mishaps occurring.

(C) is that type of marine insurance where compensation is sought to be provided to any liability occurring on account of a ship crashing or colliding and on account of any other induced attacks.

(D) offers and provides protection to merchant vessels'corporations which stand a chance of losing money in the form of freight in case the cargo is lost due to the ship meeting with an accident.

---

① (A) : voyage insurance

② (B) : hull insurance

③ (C) : liability insurance

④ (D) : freight insurance

32

Which is NOT grammatically correct?

Thank you for your order of February 23, 2020. We are pleased to inform you that (A) your order No. 3634 has been loaded on the M/S Ventura, (B) leaving for Busan on March 10, 2020, and (C) arriving at Genoa around April 3, 2020. (D) The packing was carefully carried out according to your instructions, and we are sure that all goods will reach you in good condition.

---

① (A)

② (B)

③ (C)

④ (D)

33

Select the wrong part in the following passage.

(A) Average adjuster is an expert in loss adjustment in marine insurance, particular with regard to hulls and hull interest. (B) He is more particularly concerned with all partial loss adjustments. (C) He is usually appointed to carry out general average adjustments for the shipowner on whom falls the onus to have the adjustment drawn up. (D) His charges and expenses form part of the adjustment.

---

① (A)

② (B)

③ (C)

④ (D)

34

Select the wrong part in the following passage.

(A) Sea Waybill is a transport document for maritime shipment, which serves as prima-facie evidence of the contract of carriage (B) and as a receipt of the goods being transported, and a document of title. (C) To take delivery of the goods, presentation of the sea waybill is not required; (D) generally, the receiver is only required to identify himself, doing so can speed up processing at the port of destination.

① (A)
② (B)
③ (C)
④ (D)

35

Which is NOT grammatically correct?

(A) All disputes, controversies or differences which may raise (B) between the parties out of or in relation to or (C) in connection with contract, for the breach thereof (D) shall be finally settled by arbitration in Seoul.

① (A)
② (B)
③ (C)
④ (D)

36

Which of the following is LEAST correctly written in English?

① 당사는 귀사에게 당사의 늦은 답장에 대해 사과드리고 싶습니다.
   - We would like to apologize you to our late reply.
② 귀사의 담당자는 당사의 어떤 이메일에도 답을 하지 않았습니다.
   - The person in charge at your company did not respond to any of our emails.
③ 귀사의 제안은 다음 회의에서 다루어질 것입니다.
   - Your suggestion will be dealt with at the next meeting.
④ 신상품 라인에 대하여 설명해 주시겠습니까?
   - Would you account for the new product line?

37

Which of the following is LEAST correctly written in English?

① 이 계약서의 조건을 몇 가지 수정하고 싶습니다.
   - I'd like to amend some of the terms of this contract.
② 가격을 원래보다 20달러 더 낮출 수 있을 것 같네요.
   - I think I can lower the price of $20.
③ 계약 기간은 2년입니다.
   - The contract is valid for two years.
④ 3년간 이 소프트웨어 독점 사용권을 제공해 드릴 수 있습니다.
   - We can offer you an exclusive license to this software for three years.

38

Which of the following is LEAST correctly written in English?

① 제품 No.105와 106호의 즉시 선적이 불가능하다면, 제품 No.107과 108호를 대신 보내주십시오.
 - If Nos.105 and 106 are not available for immediate shipment, please send Nos.107 and 108 instead.

② 이 가격이 귀사에게 괜찮다면 우리는 주문양식을 보내드리고자 합니다.
 - If this price is acceptable to you, we would like to send you an order form.

③ 귀사가 제품을 공급해줄 수 없다면, 이유를 알려주시기 바랍니다.
 - If you cannot supply us with the products, please let us have your explanation.

④ 당사의 송장은 주문한 안락의자들을 7월 12일 오후 5시까지 설치해줄 것을 구체적으로 명시하고 있습니다.
 - Our invoice specifically is stated that the armchairs ordering should be furnished until 5:00 p.m. on July 12.

39

Select the best answer suitable for the blank.

( ) are taxes assessed for countering the effect of subsidies provided by exporting governments on goods that are exported to other countries.

① Retaliatory duties
② Countervailing duties
③ Dumping duties
④ Anti-dumping duties

[40~41] Read the following and answer.

As we wrote you previously about the delays in the delivery of your order, the situation is still the same, the trade union strike is on-going. We apologize for this occurrence, but there is not much that we can do to ( ) this, as it is out of our hands.

We again apologize and regret the delay in delivery of your order.

Yours faithfully,

40

What situation is excused in the above letter?

① late payment
② force majeure
③ non payment
④ early delivery

41

Fill in the blank with suitable word.

① rectify
② examine
③ arrange
④ file

[42~43] Below is part of shipping letter of guarantee. Answer to each question.

Whereas (A) <u>you</u> have issued a bill of lading covering the above shipment and the above cargo has been arrived at the above port of discharge, we hereby request you to give delivery of the said cargo to the above mentioned party without presentation of the original bill of lading.

In consideration of your complying with our above request, we hereby agree to <u>indemnify</u> you as follows:

Expenses which you may sustain by reason of delivering the cargo in accordance with our request, provided that the undersigned Bank shall be exempt from liability for freight, demurrage or expenses in respect of the contract of carriage.

As soon as the original bill of lading corresponding to the above cargo comes into our possession, we shall surrender the (B) <u>same</u> to you, whereupon our liability hereunder shall cease.

42

Which is the right match for A and B?

① (A) carrier − (B) Letter of Guarantee
② (A) carrier − (B) Bill of Lading
③ (A) buyer − (B) Bill of Lading
④ (A) seller − (B) Letter of Guarantee

43

Which is similar to the word <u>indemnify</u>?

① register
② reimburse
③ recourse
④ surrender

[44~45] Read the following and answer.

Blank endorsement is an act that the (A) <u>endorser</u> signs on the back of Bill of Lading (B) <u>with</u> bearing a specific person when a bill of lading is made out (C) <u>to order or shipper's order</u>. The bill of lading then becomes a bearer instrument and the (D) <u>holder</u> can present it to the shipping company to take delivery of the goods.

44

Which is WRONG in the explanation of blank endorsement?

① (A)   ② (B)
③ (C)   ④ (D)

45

What is correct about the bearer?

① Bearer is someone who owns or possesses a B/L.
② Bearer is not able to assign the B/L to others.
③ Bearer is normally bank in negotiable B/L operation.
④ Bearer can not hold the B/L but endorse it to third party for assignment.

All risks is an`insurance term to denote the conditions covered by the insurance.
(A) It is to be construed that the insurance covers each and every loss all the times. In cargo insurance, the term embraces all fortuitous losses such as (   ) occurring during transit and (B) the term incorporates a number of excluded perils.

In other words, all risks insurance is a type of property or casualty insurance policy that (C) covers any peril, as long as the contract does not specifically exclude it from coverage. This means that, (D) as long as a peril is not listed as an exclusion, it is covered.

46
Which is NOT suitable in the explanation of all risks insurance?

① (A)
② (B)
③ (C)
④ (D)

47
Which is NOT appropriate for the blank?

① inherent vice
② fire
③ earthquake
④ jettison

Compared to other payment type, the role of banks is substantial in documentary Letter of Credit (L/C) transactions.
The banks provide additional security for both parties in a trade transaction by playing the role of intermediaries. The banks assure the seller that he would be paid if he provides the necessary documents to the issuing bank through the nominated bank.
The banks also assure the buyer that their money would not be released unless the shipping documents such as (   ) are presented.

48
What expression is normally stated for nominated bank in L/C?

① available with
② available for
③ available by
④ claims at

49
Which is NOT suitable for the blank?

① packing list
② bill of exchange
③ invoice
④ inspection certificate

50

Fill in the blanks with right words.

> It must be remembered that the Letter of Credit is a contract between the issuing bank and the (A), regardless of any intermediary facilitating banks. Therefore, regardless of a place of presentation different from that of the issuing bank as stated on the Letter of Credit, the beneficiary is at liberty to make a (B) presentation to the issuing bank and the issuing bank is obliged to honour if the presentation is compliant.

① (A) beneficiary － (B) direct
② (A) applicant － (B) direct
③ (A) beneficiary － (B) indirect
④ (A) applicant － (B) indirect

③과목 무역실무

51

UN 국제물품매매에 관한 협약(CISG)의 적용 대상인 것은?

① sales of goods bought for personal, family and household use
② sales by auction
③ sales of ships, vessels, hovercraft or aircraft
④ contracts for the supply of goods to be produced

52

계약형태의 진출방식인 국제라이센스(international license)에 대한 설명으로 옳지 않은 것은?

① 해외시장에서 특허나 상표를 보호하는 동시에 크로스 라이센스를 통해 상호교환을 기대할 수 있다.
② 노하우가 라이센스의 대상이 되기 위해서는 공공연히 알려진 유용한 경영상의 정보이어야 한다.
③ 현지국에서 외환통제를 실시할 경우, 해외자회사에서 라이센스를 통해서 본국으로 과실송금이 어느 정도 가능하다.
④ 비독점적 라이센스는 기술제공자가 특정인에게 허락한 것과 동일한 내용의 권리를 제3자에게 허락할 수 있는 조건이다.

53

인코텀즈(Incoterms) 2020의 CIF 조건에 대한 설명으로 옳지 않은 것은?

① 매도인이 부담하는 물품의 멸실 또는 손상의 위험은 물품이 선박에 적재된 때 이전된다.
② 물품이 컨테이너터미널에서 운송인에게 교부되는 경우에 사용하기 적절한 규칙은 CIF가 아니라 CIP이다.
③ 매도인은 물품이 제3국을 통과할 때에는 수입관세를 납부하거나 수입통관절차를 수행할 의무가 있다.
④ 매도인은 목적항에 물품이 도착할 때까지 운송 및 보험 비용을 부담하여야 한다.

54

관세법상 외국물품으로 보기 어려운 것은?

① 수출신고 수리된 물품
② 우리나라 선박이 공해에서 채집한 수산물
③ 외국에서 우리나라에 반입된 물품으로서 수입신고 수리되기 전의 물품
④ 보세구역으로부터 우리나라에 반입된 물품으로서 수입신고 수리되기 전의 물품

55

한국의 ㈜Haiyang은 베트남의 Hochimin Co., Ltd.로 Chemical 제품 15톤을 수출하기로 하였다. 거래조건은 CIP, 결제조건은 sight L/C이다. Hochimin Co., Ltd.가 거래은행을 통하여 발행한 신용장 상에 다음과 같은 문구가 있다. 이에 대한 설명으로 옳지 않은 것은?

> + Insurance Policy in duplicate issued to Beneficiary's order and blank endorsed for the invoice value plus 10 pct.

① 보험증권의 피보험자란에 ㈜Haiyang이 기재된다.
② 보험증권상에 Hochimin Co., Ltd.의 백지배서가 필요하다.
③ 보험부보금액은 송장금액의 110%이다.
④ 보험증권은 총 2부가 발행된다.

56

신용장 양도 시 확인사항으로 옳지 않은 것은?

① 당해 신용장이 양도가능(Transferable)신용장인지의 여부
② 개설은행이 신용장상에 지급, 인수 또는 매입을 하도록 수권받은 은행인지의 여부
③ 분할양도의 경우 원수출신용장상에 분할선적을 허용하고 있는지의 여부
④ 제시된 원수출신용장에 의하여 기 취급한 금융이 없는지의 여부

57

신용장의 기능에 대한 설명으로 옳지 않은 것은?

① 개설은행의 지급 확약을 임의로 취소 또는 변경할 수 없으므로 대금회수의 확실성을 높일 수 있다.
② 수출업자는 대금지급에 대한 은행의 약속에 따라 안심하고 상품을 선적할 수 있다.
③ 수출업자는 신용장을 담보로 하여 대도(T/R)에 의해 수출금융의 혜택을 누릴 수 있다.
④ 수입업자는 선적서류를 통해 계약 물품이 선적기간 및 신용장 유효기간 내에 선적되었는지를 알 수 있다.

58

화물의 형태나 성질에 관계없이 컨테이너 1개당 얼마라는 식으로 운송거리를 기준으로 일률적으로 책정된 운임은?

① ad valorem freight
② minimum all kinds rate
③ freight all kinds rate
④ revenue ton

59

다음 계약서의 조항 중 조건의 성격이 다른 것은?

① 품질조건
② 수량조건
③ 결제조건
④ 중재조건

60

추심결제방식에 대한 설명으로 옳지 않은 것은?

① 환어음의 지급인이 선적서류를 영수함과 동시에 대금을 결제하는 것은 지급도(D/P)방식이다.
② 추심결제는 수출상이 환어음을 발행하여 선적서류를 첨부하여 은행을 통해 송부하는 방식이다.
③ 은행에 추심업무를 위탁하는 자는 지급인(drawee)이다.
④ 'URC'라는 국제규칙이 적용되며 신용장거래와 비교하면 은행수수료 부담이 적다.

61

전자선하증권이 사용될 경우 사용이 감소될 문서는?

① Letter of Indemnity
② Manifest
③ Letter of Guarantee
④ Delivery Order

62

선하증권의 기능에 대한 설명으로 옳지 않은 것은?

① 선하증권은 권리증권의 기능이 있기 때문에 정당한 소지인이 화물인도를 청구할 수 있다.
② 선하증권은 수취증 기능을 하므로 목적지에서 동일한 물품이 인도되어야 한다.
③ 선하증권이 일단 양도되면 그 기재내용은 양수인에 대해 확정적 증거력을 가진다.
④ 선하증권은 운송계약의 추정적 증거가 되며 운송계약서라고 할 수 있다.

63

항해용선계약에 대한 설명으로 옳지 않은 것은?

① GENCON 1994 서식이 이용되고 있다.
② 선복에 대하여 일괄하여 운임을 결정하는 용선계약을 lumpsum charter라고 한다.
③ 약정된 정박기간 내에 하역을 완료하지 못한 경우에 demurrage가 발생한다.
④ 용선자는 약정된 정박기간을 전부 사용할 수 있도록 하역작업을 수행하는 것이 바람직하다.

64

보험에 대한 설명으로 옳지 않은 것은?

① 일부 보험의 경우 보험금액의 보험가액에 대한 비율로 비례보상한다.
② 초과보험은 초과된 부분에 대해서는 무효이다.
③ 피보험이익은 보험계약 체결 시에 존재하여야 한다.
④ 해상적하보험의 보험가액은 보험기간 중 불변인 것이 원칙이다.

65

청약의 효력이 소멸되는 경우가 아닌 것은?

① 피청약자의 청약거절
② 유효기간 경과
③ 당사자의 사망
④ 청약조건의 조회

66

청약의 유인에 대한 설명으로 옳지 않은 것은?

① 피청약자가 승낙하여도 청약자의 확인이 있어야 계약이 성립한다.
② 청약자는 피청약자의 승낙만으로는 구속되지 않으려는 의도를 가진다.
③ 불특정인, 불특정집단을 대상으로 이루어진다.
④ Sub-con Offer와는 전혀 다른 성격을 지닌다.

67

해상보험에 대한 설명으로 옳지 않은 것은?

① 해상보험은 가입대상에 따라 선박보험과 적하보험으로 나눌 수 있다.
② 해상적하보험은 우리나라 상법 상 손해보험에 해당된다.
③ 추정전손은 현실전손이 아니지만 현실적, 경제적으로 구조가 어려운 상태이다.
④ 현실전손인 경우에는 반드시 위부통지를 해야 한다.

68

매도인이 계약을 위반했을 때 매수인의 권리구제 방법으로 볼 수 없는 것은?

① 매도인이 계약을 이행하지 않는 경우에 매수인은 원칙적으로 계약대로의 이행을 청구할 수 있다.
② 매수인은 매도인의 의무이행을 위하여 합리적인 추가기간을 지정할 수 있다.
③ 계약상 매도인이 합의된 기일 내에 물품의 명세를 확정하지 아니한 때에는 매수인이 물품 명세를 확정할 수 있다.
④ 물품이 계약에 부적합한 경우에 모든 상황에 비추어 불합리하지 않는 한, 매수인은 매도인에 대하여 하자보완을 청구할 수 있다.

69

우리나라 중재법상 임시적 처분의 주요 내용으로 옳지 않은 것은?

① 분쟁의 해결에 관련성과 중요성이 있는 증거의 보전
② 본안(本案)에 대한 중재판정이 있을 때까지 현상의 유지 또는 복원
③ 중재판정의 집행 대상이 되는 부채에 대한 보전 방법의 제공
④ 중재절차 자체에 대한 현존하거나 급박한 위험이나 영향을 방지하는 조치 또는 그러한 위험이나 영향을 줄 수 있는 조치의 금지

70

비용의 분기가 선적지에서 이뤄지는 Incoterms 2020 조건으로 옳은 것은?

① FOB   ② DAP
③ DDP   ④ CIF

71

중재계약에 대한 설명으로 옳지 않은 것은?

① 중재조항은 직소금지의 효력이 있다.
② 중재계약은 주된 계약에 대하여 독립성을 갖는다.
③ 중재계약에는 계약자유의 원칙이 적용되지 않는다.
④ 중재는 단심제이다.

72

대리점의 권한과 관련 본인으로부터 권한을 부여받지는 못하였으나 법률의 규정에 의하여 본인의 동의 여부를 불문하고 대리점이 권한을 소유하는 것을 무슨 권한이라고 하는가?

① actual authority
② apparent authority
③ presumed authority
④ doctrine of ratification

73

신용장 조건 점검 시 성격이 다른 하나는?

① 검사증명서에 공식검사기관이 아닌 자의 서명을 요구 하는 경우
② 화주의 책임과 계량이 표시된 운송서류는 수리되지 않는다는 조건
③ 개설의뢰인의 수입승인을 신용장 유효조건으로 하는 경우
④ 매매계약의 내용과 불일치한 조건이 있는지의 여부

74

전자무역에 대한 설명으로 옳지 않은 것은?

① 무역의 일부 또는 전부가 전자무역문서로 처리되는 거래를 말한다.
② 전자무역은 글로벌B2C이다.
③ 신용장에서 전자서류가 이용될 때 eUCP가 적용될 수 있다.
④ 선하증권의 위기를 해결하기 위해 CMI에서 해상운송장과 전자선하증권에 관한 규칙을 각각 제정하였다.

75

다음 내용은 일반거래조건협정서의 어느 조건에 해당하는가?

> All the goods sold shall be shipped within the time stipulated in each contract. The date of bills of lading shall be taken as a conclusive proof of the date of shipment. Unless specially arranged, the port of shipment shall be at Seller's option.

① 품질조건
② 선적조건
③ 정형거래조건
④ 수량조건

01

What can you infer from the sentence below?

> Trade finance generally refers to export financing which is normally self-liquidating.

① All export amounts are to be paid, and then applied to extend the loan. The remainder is credited to the importer's account.

② Pre-shipment finance is paid off by general working capital loans.

③ Export financing is a bit difficult to use over general working capital loans.

④ All export amounts are to be collected, and then applied to payoff the loan. The remainder is credited to the exporter's account.

02

Below is about del credere agent. Which is NOT in line with others?

> (A) An agreement by which a factor, when he sells goods on consignment, for an additional commission (called a del credere commission), (B) guaranties the solvency of the purchaser and his performance of the contract. Such a factor is called a del credere agent. (C) He is a mere surety, liable to his principal only in case the purchaser makes default. (D) Agent who is obligated to indemnify his principal in event of loss to principal as result of credit extended by agent to third party.

① (A)
② (B)
③ (C)
④ (D)

[03~04] Read the following and answer.

> We are pleased to state that KAsia in your letter of 25th May is a small but well-known and highly respectable firm, (A) who has established in this town for more than five years.
> We ourselves have now been doing business with them (B) for more than five years on quarterly open account terms and although (C) they have not taken advantage of cash discounts, they have always paid promptly on the net dates. The credit we have allowed the firm (D) has been well above USD100,000 you mentioned.

03

Who might be the writer?

① Bank
② Referee
③ Seller
④ Buyer

04

Which is grammatically WRONG?

① (A)
② (B)
③ (C)
④ (D)

05

Which of the following CANNOT be inferred from the passage below?

> Dear Mr. Cooper,
>
> Thank you for your letter in reply to our advertisement in EduCare.
>
> Although we are interested in your proposition, the 5% commission you quoted on the invoice values is higher than we are willing to pay. However, the other terms quoted in your quotation would suit us.
>
> Again we do not envisage paying more than 3% commission on net invoice values, and if you are willing to accept this rate, we would sign a one-year contract with effect from 1 August.
>
> One more thing we would like to add is that the volume of business would make it worth accepting our offer.
>
> Yours sincerely,
>
> Peter

① Peter is an agent.
② Cooper is engaged in a commission based business.
③ 3% commission is a maximum to the Principal to go with.
④ Low commission might be compensated by large volume of business.

06

Select the wrong explanation of negotiation under UCP 600.

(A) Negotiation means the purchase by the nominated bank of drafts (drawn on a bank other than the nominated bank) (B) and/or documents under a complying presentation, (C) by advancing or agreeing to advance funds to the beneficiary (D) on or before the banking day on which reimbursement is due to the issuing bank.

① (A)
② (B)
③ (C)
④ (D)

07

What is correct about the bearer in bill of lading operation?

① Bearer is someone who owns or possesses a B/L.
② Bearer is not able to assign the B/L to other.
③ Bearer is normally second consignor in negotiable B/L operation.
④ Bearer can not hold the B/L but endorse it to third party for assignment.

08

Select the wrong explanation of credit under UCP 600.

(A) Credit means any arrangement, (B) however named or described, (C) that is irrevocable or revocable and thereby constitutes a definite undertaking of (D) the issuing bank to honour a complying presentation.

① (A)
② (B)
③ (C)
④ (D)

09

Select the best answer suitable for the blanks.

Excepted perils mean the perils exempting the insurer from liability where the loss of or damage to the subject-matter insured arises from certain causes such as (A) of the assured, delay, (B), inherent vice and vermin or where loss is not (C) by perils insured against.

① (A) wilful misconduct (B) ordinary wear and tear (C) proximately caused
② (A) wilful misconduct (B) wear and tear (C) proximately caused
③ (A) misconduct (B) wear and tear (C) caused
④ (A) misconduct (B) ordinary wear and tear (C) caused

10

What is the subject of the passage below?

> A written statement usually issued by the issuing bank at the request of an importer so as to take delivery of goods from a shipping company before the importer obtains B/L.

① Letter of Guarantee
② Letter of Surrender
③ Bill of Exchange
④ Trust Receipt

11

Which of the followings is NOT suitable for the blanks below?

> A factor is a bank or specialized financial firm that performs financing through the purchase of (A). In export factoring, the factor purchases the exporter's (B) foreign accounts receivable for cash at a discount from the face value, generally (C). It sometimes offers up to 100% protection against the foreign buyer's inability to pay – with (D).

① (A) account receivables
② (B) long-term
③ (C) without recourse
④ (D) no deductible scheme or risk-sharing

[12~13] Read the following letter and answer the questions.

> Thank you for your advice of 15 May. We have now effected (A) to our customers in New Zealand and enclose the (B) you asked for and our draft for £23,100 which includes your (C).
> Will you please honour the (D) and remit the (E) to our account at the Mainland Bank, Oxford Street, London W1A 1AA.

12

Select the wrong one in the blank (C)?

① discount
② commission
③ charges
④ proceeds

13

Which of the following BEST completes the blanks (A), (B), (D) and (E)?

① (A) dispatch (B) transport documents (D) documentary draft (E) proceed
② (A) shipment (B) transport documents (D) clean draft (E) proceed
③ (A) shipment (B) shipping documents (D) documentary draft (E) proceeds
④ (A) dispatch (B) shipping documents (D) clean draft (E) proceeds

14

Please put the following sentences in order.

> (A) After having dealt with you for many years, I deserve better treatment.
>
> (B) Your competitors will be happy to honor my credit, and I will transfer my future business elsewhere.
>
> (C) I did not appreciate the curt letter I received from your Credit Department yesterday regarding the above invoice, a copy of which is attached.
>
> (D) I've been disputing these charges for two months.

① (C)–(D)–(A)–(B)
② (A)–(B)–(D)–(C)
③ (B)–(D)–(C)–(A)
④ (D)–(A)–(B)–(C)

15

Select the different purpose among the following things.

① The finish is not good and the gilt comes off partly.
② By some mistake the goods have been wrongly delivered.
③ When comparing the goods received with the sample, we find that the color is not the same.
④ All marks must be same as those of invoice in accordance with our direction.

[16~19] Read the following passage and answer.

> The UCP 600 definition of complying presentation means a presentation that is in accordance with the terms and conditions of the documentary credit, the applicable provisions of these rules and international standard banking practice.
>
> This definition includes three concepts. First, (A) Second, the presentation of documents must comply with the rules contained in UCP 600 that are applicable to the transaction, i.e., (B). Third, the presentation of documents must comply with international standard banking practice. The first two conditions are determined by looking at the specific terms and conditions of the documentary credit and the rules themselves. ⓐ The third, international standard banking practice, reflects the fact that the documentary credit and ⓑ the rules only imply some of the processes that banks undertake in the examination of documents and in the determination of compliance. ⓒ International standard banking practice includes practices that banks regularly undertake in determining the compliance of documents. ⓓ Many of these practices are contained in the ICC's publication International Standard Banking Practice for the Examination of Documents under Documentary Credits ("ISBP") (ICC Publication No. 681); however, the practices are broader than what is stated in this publication. Whilst the ISBP publication includes many banking practices, there are others that are also commonly used in documentary credit transaction beyond those

related to the examination of documents. For this reason, (C).

16

Select the suitable one in the blank (A).

① the presentation of documents must comply with the terms and conditions of the documentary credit.

② the presentation of documents must represent the goods.

③ the passing of the documents by the beneficiary to the issuing bank must be punctual.

④ the presentation of complying documents must made to the nominated banks under the documentary credit.

17

Select the wrong one for the underlined parts.

① ⓐ   ② ⓑ

③ ⓒ   ④ ⓓ

18

Select the best one in the blank (B).

① those that have been modified or excluded by the terms and conditions of the documentary credit

② those that can not be applied by way of special conditions that exclude the rules

③ those that can not be applied by way of special conditions that modify or exclude the rules

④ those that have not been modified or excluded by the terms and conditions of the documentary credit

19

Select the best one in the blank (C).

① the definition of complying presentation specifically refers to the International Standard Banking Practice publication

② the definition of complying presentation does not specifically refer to the International Standard Banking Practice and UCP publications

③ the definition of complying presentation does not specifically refer to the International Standard Banking Practice publication

④ the definition of complying presentation specifically refers to the International Standard Banking Practice and UCP publications

20

Which is right pair of words for the blanks?

A sight draft is used when the exporter wishes to retain title to the shipment until it reaches its destination and payment is made.

In actual practice, the ocean bill of lading is endorsed by the (A) and sent via the exporter's bank to the buyer's bank. It is accompanied by the draft, shipping documents, and other documents that are specified by the (B). The foreign bank notifies the buyer when it has received these documents. As soon as the draft is paid, the foreign bank hands over the bill of lading with other documents thereby enabling the (C) to take delivery of the goods.

	(A)	(B)	(C)
①	exporter	buyer	buyer
②	exporter	xporter	buyer
③	buyer	exporter	buyer
④	buyer	buyer	buyer

21

Which is NOT suitable in the blank?

> The Incoterms®2020 rules do NOT deal with ( ).

① whether there is a contract of sale at all
② the specifications of the goods sold
③ the effect of sanctions
④ export/import clearance and assistance

22

Which of the following is the LEAST appropriate Korean translation?

① We are very sorry to have to inform you that your latest delivery is not up to your usual standard.
  → 귀사의 최근 발송품은 평소의 수준에 미치지 못하는 것이었음을 알려드리게 되어 유감입니다.

② We must apologize once again for the last minute problems caused by a clerical error on our side.
  → 당사 측의 사소한 실수로 인해 발생한 문제에 대해 마지막으로 다시 사과드려야 하겠습니다.

③ In consequence we are compelled to ask our agents to bear a part of the loss.
  → 따라서 당사는 당사 대리점들이 이번 손실의 일부를 부담해줄 것을 요청하지 않을 수 없습니다.

④ Thank you for your quotation for the supply of ABC but we have been obliged to place our order elsewhere in this instance.
  → ABC의 공급에 대한 견적을 보내주셔서 감사합니다. 하지만 이번에 한해서는 타사에 주문할 수밖에 없게 되었습니다.

23

The following is on Incoterms® 2020. Select the right ones in the blanks.

> The Incoterms® rules explain a set of (A) of the most commonly-used three-letter trade terms, e.g. CIF, DAP, etc., reflecting (B) practice in contracts for the (C) of goods.

① (A) twelve (B) business-to-consumer (C) sale and purchase
② (A) eleven (B) business-to-business (C) sale and purchase
③ (A) eleven (B) business-to-consumer (C) sales
④ (A) twelve (B) business-to-business (C) sales

24

Select the wrong explanation of changes in Incoterms® 2020.

① Bills of lading with an on-board notation could be required under the FCA Incoterms rule.

② Obligations which are listed in one clause.

③ Different levels of insurance cover in CIF and CIP.

④ Arranging for carriage with seller's or buyer's own means of transport in FCA, DAP, DPU and DDP.

25

Select the term or terms which the following passage does not apply to.

> The named place indicates where the goods are "delivered", i.e. where risk transfers from seller to buyer.

① E-term   ② F-terms

③ C-terms   ④ D-terms

[26~28] Please read the following letter and answer each question.

> (A) We have instructed our bank, Korea Exchange Bank, Seoul to open an irrevocable letter of credit for USD 22,000.00 (twenty two thousand US dollars) to cover the shipment (CIF London). The credit is (a) until 10 June 2020.
>
> (B) Bill of Lading (3 copies) Invoice CIF London (2 copies) AR Insurance Policy for USD24,000.00 (twenty four thousand US dollars)
>
> (C) We are placing the attached order for 12 (twelve) C3001 computers in your proforma invoice No. 548.
>
> (D) You will receive confirmation from our bank's agents, HSBC London, and you can draw on them at 60 (sixty) days after sight for the full amount of invoice. When submitting our draft, please enclose the following documents.
>
> Please fax or email us as soon as you have arranged (b).

26

Put the sentences (A) ~ (D) in the correct order.

① (D)−(B)−(A)−(C)

② (C)−(A)−(D)−(B)

③ (D)−(C)−(B)−(A)

④ (B)−(A)−(C)−(D)

27

Which word is Not suitable for (a)?

① invalid
② in force
③ effective
④ available

28

Which word is most suitable for (b)?

① shipment
② insurance
③ negotiation
④ invoice

29

Select the right term for the following passage.

The freight is calculated on the ship's space or voyage rather than on the weight or measurement.

① Lumpsum Freight
② Dead Freight
③ Bulky Freight
④ FAK

30

Choose the one which has same meaning for the underlined part under UCP 600.

We intend to ship a consignment of (A) dinghies and their equipment to London at (B) the beginning of next month under the letter of credit.

① (A) boats − (B) the 1st to the 10th
② (A) yachts − (B) the 1st to the 15th
③ (A) machines − (B) the 1st to the 10th
④ (A) hull − (B) the 1st to the 15th

31

What kind of draft is required and fill in the blank with suitable word?

This credit is available by draft at sight drawn on us for (   )

① usance − invoice value plus 10%
② demand − the full invoice value
③ demand − invoice value plus 10%
④ usance − the full invoice value

32

Select the wrong part in the following passage.

(A) Authority to Pay is not a letter of credit, (B) but merely an advice of the place of payment and also specifies documents needed to obtain payment. (C) It obliges any bank to pay. (D) It is much less expensive than a letter of credit and has been largely superseded by documents against payment.

① (A)
② (B)
③ (C)
④ (D)

33

Which of the following is MOST appropriate in the blanks ?

If a credit prohibits partial shipments and more than one air transport document is presented covering dispatch from one or more airports of departure, such documents are (A), provided that they cover the dispatch of goods on the same aircraft and same flight and are destined for the same airport of destination. In the event that more than one air transport document is presented incorporating different dates of shipment, (B) of these dates of shipment will be taken for the calculation of any presentation period.

① (A) unacceptable − (B) the latest
② (A) unacceptable − (B) the earliest
③ (A) acceptable − (B) the latest
④ (A) acceptable − (B) the earliest

34

Select the best one in the blank.

If a nominated bank determines that a presentation is complying and forwards the documents to the issuing bank or confirming bank, whether or not the nominated bank has honoured or negotiated, and issuing bank or confirming bank must ( ) that nominated bank, even when the documents have been lost in transit between the nominated bank and the issuing bank or confirming bank, or between the confirming bank and the issuing bank.

① reimburse
② honour or reimburse
③ negotiate or reimburse
④ honour or negotiate, or reimburse

35

A letter of credit requires to present bill of lading and insurance certificate. If the shipment date of bill of lading is 20 May, 2020, which of following document can be matched with such bill of lading?

A. An insurance certificate showing date of issue as 20 May, 2020
B. An insurance certificate showing date of issue as 21 May, 2020
C. An insurance policy showing date of issue as 20 May, 2020
D. A cover note showing date of issue as 20 May, 2020

① A only
② C only
③ A and C only
④ all of the above

36

Which of the followings is NOT correctly explaining the Charter Party Bill of Lading under UCP 600?

① The charter party B/L must appear to be signed by the master, the owner, or the charterer or their agent.
② The charter party B/L must indicate that the goods have been shipped on board at the port of loading stated in the credit by pre-printed wording, or an on board notation.
③ The date of issuance of the charter party bill of lading will be deemed to be the date of shipment unless the charter party bill of lading contains an on board notation indicating the date of shipment.
④ A bank will examine charter party contracts if they are required to be presented by the terms of the credit.

37

Select the right terms in the blanks?

> Payments under (A) are made direct between seller and buyer whereas those under (B) are made against presentation of documentary bills without bank's obligation to pay.

① (A) Documentary Collection − (B) Letter of Credit
② (A) Remittance − (B) Documentary Collection
③ (A) Letter of Credit − (B) Documentary Collection
④ (A) Remittance − (B) Letter of Credit

38

Which of the following is LEAST correct about the difference between Bank Guarantee and Letter of Credit?

① The critical difference between LC and guarantees lie in the way financial instruments are used.
② Merchants involved in exports and imports of goods on a regular basis choose LC to ensure delivery and payments.
③ Contractors bidding for infrastructure projects prove their financial credibility through guarantees.
④ In LC, the payment obligation is dependent of the underlying contract of sale.

39

Which of the followings is NOT APPROPRIATE as part of the reply to the letter below?

Thank you for your fax of July 5, requesting an offer on our mattress. We offer you firm subject to your acceptance reaching us by July 20.

Our terms and conditions are as follows :

Items : mattress (queen size)

Quantity : 300 units

Price : USD1,100.00 per unit, CIF New York

Shipment : During May

Payment : Draft at sight under an Irrevocable L/C

① We need the goods in early June, so we want to change only shipment term.

② Thank you for your firm offer, and we are pleased to accept your offer as specified in our Purchase Note enclosed.

③ Thank you for your letter requesting us to make an offer, and we would like to make an offer.

④ We regret to say that we are not able to accept your offer because of high price comparing with that of your competitor.

40

Put the sentences A ~ D in the correct order?

(A) Finally, in accordance with the instructions of our buyer, we have opened an insurance account with the AAA Insurance Company on W.A. including War Risk.

(B) We enclose a check for $50.00 from Citibank in payment of the premium.

(C) As you know, our buyer directed us to make a marine insurance contract on W.A. including War Risk with you on 300 boxes of our Glasses Frames, which we are shipping to New York by the S.S. "Ahra"scheduled to leave Busan on the 15th February.

(D) We want you to cover us on W.A. including War Risk, for the amount of $2,050.00 at the rate you suggested to us on the phone yesterday, and one copy of our invoice is enclosed herein.

① (A)−(B)−(C)−(D)
② (C)−(D)−(B)−(A)
③ (D)−(B)−(C)−(A)
④ (B)−(C)−(D)−(A)

41

Where a bill of lading is tendered under a letter of credit, which is LEAST appropriate?

> The bill of lading is usually (A) drawn in sets of three negotiable copies, and goods are deliverable against (B) any one of the copies surrendered to the shipping company. The number of negotiable copies prepared would be mentioned on the bill which would also provide that "(C) one of the copies of the bill being accomplished, the others to stand valid". It is, therefore, essential that (D) the bank obtains all the copies of the bill of lading.

① (A)
② (B)
③ (C)
④ (D)

42

What does the following refer to under marine insurance operation?

> After the insured gets the claim money, the insurer steps into the shoes of insured. After making the payment of insurance claim, the insurer becomes the owner of subject matter.

① Principle of Subrogation
② Principle of Contribution
③ Principle of Abandonment
④ Principle of Insurable Interest

43

Which of the followings is NOT correctly explaining the arbitration?

① With arbitration clause in their contract, the parties opt for a private dispute resolution procedure instead of going to court.
② The arbitration can only take place if both parties have agreed to it.
③ In contrast to mediation, a party can unilaterally withdraw from arbitration.
④ In choosing arbitration, parties are able to choose such important elements as the applicable law, language and venue of the arbitration. This allows them to ensure that no party may enjoy a home court advantage.

44

Select the right term for the following passage.

> A principle whereby all parties to an adventure, who benefit from the sacrifice or expenditure, must contribute to make good the amount sacrificed or the expenditure incurred.

① General average
② Jettison
③ Particular charges
④ Particular average

45

Select the wrong term in view of the following passage.

> A negotiation credit under which negotiation is not restricted to one nominated bank or which is available through any bank.

① general L/C
② unrestricted L/C
③ open L/C
④ freely acceptable L/C

46

The following are on CIF under Incoterms® 2020. Select the wrong one.

① The insurance shall cover, at a minimum, the price provided in the contract plus 10% (ie 110%) and shall be in the currency of the carriage contract.
② The insurance shall cover the goods from the point of delivery set out in this rule to at least the named port of destination.
③ The seller must provide the buyer with the insurance policy or certificate or any other evidence of insurance cover.
④ Moreover, the seller must provide the buyer, at the buyer's request, risk and cost, with information that the buyer needs to procure any additional insurance.

47

Select the wrong part in the following passage under UCP 600.

> (A) Letter of Credit means an engagement by a bank or other person made at the request of a customer (B) that the issuer will honor drafts or other demands for payment upon compliance with the conditions specified in the credit. (C) A credit must be irrevocable. (D) The engagement may be either an agreement to honor or a statement that the applicant or other person is authorized to honor.

① (A)　　　　　② (B)
③ (C)　　　　　④ (D)

48

Select the wrong one in the blank under Incoterms® 2020.

> The seller must pay (　) under FCA.

① all costs relating to the goods until they have been delivered in accordance with this rule other than those payable by the buyer under this rule
② the costs of providing the transport document to the buyer under this rule that the goods have been delivered
③ where applicable, duties, taxes and any other costs related to export clearance under this rule
④ the buyer for all costs and charges related to providing assistance in obtaining documents and information in accordance with this rule

49

The following are the purpose of the text of the introduction of Incoterms® 2020. Select the wrong one.

① to explain what the Incoterms® 2020 rules do and do NOT do and how they are best incorporated
② to set out the important fundamentals of the Incoterms rules such as the basic roles and responsibilities of seller and buyer, delivery, risk etc.
③ to explain how best to choose the right Incoterms rules for the general sale contract
④ to set out the central changes between Incoterms® 2010 and Incoterms® 2020

50

Which of the following is logically INCORRECT?

① A person authorized by another to act for him is called as principal.
② Co-agent means one who shares authority to act for the principal with another agent and who is so authorized by the principal.
③ Agents employed for the sale of goods or merchandise are called mercantile agents.
④ Del credere agent is an agent who sell on behalf of a commission and undertakes that orders passed to the principal will be paid.

51

DPU 조건에 대한 설명으로 옳지 않은 것은?

① 매도인은 지정목적지까지 또는 있는 경우 지정목적지에서의 합의된 지점까지 물품의 운송을 위해 자신의 비용으로 계약을 체결하거나 준비하여야 한다.
② 매도인은 목적지까지 운송을 위해 어떠한 운송 관련 보안요건을 준수하여야 한다.
③ 매도인은 자신의 비용으로 매수인이 물품을 인수할 수 있도록 하기 위해 요구되는 서류를 제공하여야 한다.
④ 매도인은 수출통관절차, 수출허가, 수출을 위한 보안통관, 선적전 검사, 제3국 통과 및 수입을 위한 통관절차를 수행하여야 한다.

52

권리침해조항에 대한 설명으로 옳지 않은 것은?

① 특허권, 실용신안권, 디자인권, 상표권 등의 지적재산권의 침해와 관련된 조항이다.
② 매도인의 면책내용을 규정하고 있고 매수인의 주문내용에 따른 이행에 한정된다.
③ 매수인은 제3자로부터 지적재산권 침해를 받았다는 이유로 매도인에게 클레임을 제기할 수 있다.
④ 선진국으로 수출되는 물품을 주문받았을 경우 특히 이 조항을 삽입해야 한다.

53

인코텀즈(Incoterms) 2020에 대한 설명으로 옳지 않은 것은?

① CIF 조건에서는 협회적하약관 C 약관의 원칙을 계속 유지하였다.
② 물품이 FCA 조건으로 매매되고 해상운송되는 경우에 매수인은 본선적재표기가 있는 선하증권을 요청할 수 없다.
③ 인코텀즈 2020 규칙에서는 물품이 매도인으로부터 매수인에게 운송될 때 상황에 따라 운송인이 개입되지 않을 수도 있다.
④ 매도인이 컨테이너화물을 선적 전에 운송인에게 교부함으로써 매수인에게 인도하는 경우에 매도인은 FOB 조건 대신에 FCA 조건으로 매매하는 것이 좋다.

54

매입은행과 개설은행의 서류심사와 관련된 내용으로 옳지 않은 것은?

① 은행의 서류심사와 수리여부 결정은 선적서류를 영수한 익일로부터 제7영업일이내에 이루어져야 한다.
② 신용장 조건과 불일치한 서류가 제시된 경우 개설은행은 개설의뢰인과 하자 서류의 수리여부를 교섭할 수 있다.
③ 신용장에 서류의 지정 없이 조건만을 명시한 경우 그러한 조건은 없는 것으로 간주된다.
④ 은행이 선적서류가 신용장 조건과 일치하는지 여부를 심사할 때 신용장통일규칙과 국제표준은행관행(ISBP)에 따라야 한다.

55

해운동맹의 운영수단으로 성격이 다른 하나는?

① Sailing Agreement
② Pooling Agreement
③ Fidelity Rebate System
④ Fighting Ship

56

관세법상 입국 또는 입항하는 운송수단의 물품을 다른 세관의 관할구역으로 운송하여 출국 또는 출항하는 운송수단으로 옮겨 싣는 것을 의미하는 용어로 옳은 것은?

① 통관(通關)
② 환적(換積)
③ 복합환적(複合換積)
④ 복합운송(複合運送)

57

수출입을 총괄하는 대외무역법의 성격에 대한 설명으로 옳지 않은 것은?

① 수출입공고상 상품분류방식은 HS방식을 따르고 있다.
② 통합공고는 대외무역법에 물품의 수출입요령을 정하고 있는 경우 이들 수출입요령을 통합한 공고이다.
③ 수출입공고는 우리나라 수출입품목을 관리하기 위한 기본공고체계이다.
④ 수출입공고, 통합공고, 전략물자수출입공고 등의 품목 관리는 대외무역법에서 규정하고 있다.

58

해상운송에서 사용되는 할증운임으로 그 성격이 다른 하나는?

① Heavy Cargo Surcharge
② Length Cargo Surcharge
③ Bulky Cargo Surcharge
④ Optional Surcharge

59

다음 내국신용장과 구매확인서의 비교설명표에서 옳지 않은 것을 모두 고른 것은?

구 분	내국신용장	구매확인서
㉠ 관련법규	대외무역법 시행령	무역금융 규정
㉡ 개설기관	외국환은행	외국환은행
㉢ 개설조건	제한 없이 발급	무역금융 융자한도 내에서 개설
㉣ 수출실적	공급업체의 수출실적 인정	공급업체의 수출실적 인정
㉤ 부가가치세	영세율 적용	영세율 미적용
㉥ 지급보증	개설은행이 지급보증	지급보증 없음

① ㉠, ㉡, ㉤
② ㉠, ㉢, ㉤
③ ㉡, ㉢, ㉤
④ ㉡, ㉣, ㉤

60

다음 서류상환인도(CAD) 방식에 대한 설명으로 옳게 짝지어진 것을 모두 고른 것은?

㉠ 수입상이 자신 앞에 도착된 상품의 품질검사를 완료한 후에 구매여부를 결정할 수 있는 결제방식이다.
㉡ 선하증권 상 수하인은 수입국 소재의 수출상의 지사나 대리인이며, 대금의 결제와 동시에 선하증권을 배서 양도하여 물품을 인도하게 된다.
㉢ 수출업자가 선적을 완료한 상태에서 수입업자가 수출국에 소재하는 자신의 해외지사 또는 대리인에게 지시하여 서류의 인수를 거절하게 되는 경우에는 수출업자는 곤란한 상황에 처하게 된다.
㉣ 수입자의 대리인을 수입국 소재 수입자의 거래은행으로 지정하는 경우 European D/P 라고도 한다.

① ㉠, ㉡
② ㉡, ㉢
③ ㉡, ㉣
④ ㉢, ㉣

61

선하증권의 법적 성질에 대한 설명으로 옳지 않은 것은?

① 요인증권성 – 화물의 수령 또는 선적되었음을 전제로 발행한다.
② 요식증권성 – 상법 등에서 정한 기재사항을 증권에 기재하여야 한다.
③ 문언증권성 – 선의의 B/L 소지인에게 운송인은 B/L 문언에 대하여 반증할 수 없다.
④ 지시증권성 – 화물에 대하여 B/L이 발행된 경우, 그 화물을 처분할 때에는 반드시 B/L로써 한다.

62

항공화물운송에서 품목분류요율(CCR) 관련 할인요금 적용대상 품목으로 옳지 않은 것은?

① 서 적
② 카탈로그
③ 정기간행물
④ 점자책 및 Talking books(calendar, price tag, poster도 적용 가능)

63

선하증권(B/L)에 대한 설명으로 옳지 않은 것은?

① FOB 조건이나 CIF 조건처럼 본선 상에 물품의 인도를 의무화하고 있는 거래에서는 선적 선하증권을 제시해야 한다.
② 적색 선하증권(Red B/L)은 선하증권과 보험증권을 결합한 증권으로 선사가 보험회사에 일괄보험으로 가입하게 된다.
③ FIATA 복합운송선하증권은 운송주선인이 운송인이나 운송인의 대리인으로 행동한다는 것이 운송서류에 나타나 있지 않아도 수리된다.
④ 최초의 운송인이 전구간에 대하여 책임을 지고 화주에게 발행해 주는 선하증권을 통선하증권(Through B/L)이라 한다.

64

하역비부담 및 할증운임 조건에 대한 설명으로 옳지 않은 것은?

① Berth term은 정기선조건에 사용되어 liner term이라고도 하고 선적과 양륙비용을 선주가 부담한다.
② FIO는 선적과 양륙이 화주의 책임과 비용으로 이루어지는 조건이다.
③ Bulky cargo surcharge는 벌크화물에 대하여 할증되는 운임이다.
④ Optional surcharge는 양륙지가 정해지지 않은 화물에 부가되는 할증운임이다.

65

해상손해의 보상에 대한 설명으로 옳지 않은 것은?

① 공동의 해상항해와 관련된 재산을 보존할 목적으로 공동의 안전을 위하여 이례적인 희생이나 비용이 의도적으로 지출된 때에 한하여 공동해손행위가 있다.
② 구조비(salvage charge)는 구조계약과 관계없이 해법상으로 회수할 수 있는 비용이라고 정의하고 있어 구조계약과 관계없이 임의로 구조한 경우에 해당한다.
③ 손해방지비용(sue and labor expense)은 근본적으로 보험자를 위한 활동이라고 할 수 있기 때문에 손해방지비용이 보험금액을 초과하는 경우에도 보험자가 보상한다.
④ 특별비용(particular charge)은 피보험목적물의 안전이나 보존을 위하여 피보험자에 의하여 지출된 비용으로서 공동해손비용과 손해방지비용은 제외된다.

66

미국의 신해운법(Shipping Act, 1984)상 특별히 인정되는 복합운송인은?

① Carrier형 복합운송인
② CTO형 복합운송인
③ NVOCC형 복합운송인
④ 운송주선업자

67

다음 보기에서 설명하는 분쟁해결조항상 사용할 수 없는 분쟁해결방법은?

Dispute Resolution. The Parties agree to attempt initially to solve all claims, disputes or controversies arising under, out of or in connection with this Agreement by conducting good faith negotiations. If the Parties are unable to settle the matter between themselves, the matter shall thereafter be resolved by alternative dispute resolution.

① Amicable Settlement
② Conciliation
③ Arbitration
④ Litigation

68

국제복합운송 경로에 대한 설명으로 옳은 것은?

① ALB(American Land Bridge)는 극동아시아의 주요 항만에서부터 북미서안의 주요항만까지 해상운송하여 철도로 내륙운송 후 북미 동남부에서 다시 해상운송으로 유럽의 항만 또는 내륙까지 연결하는 복합운송 경로이다.
② MLB(Mini Land Bridge)는 극동아시아에서 캐나다 서안에 있는 항만까지 해상운송 후 캐나다 철도를 이용하여 몬트리올 또는 캐나다 동안까지 운송한 다음 다시 캐나다 동안의 항만에서 유럽의 각 항만으로 해상운송하는 복합운송경로이다.
③ MB(Micro Bridge)는 미국 서안에서 철도 등의 내륙운송을 거쳐 동안 또는 멕시코만 항만까지 운송하는 해륙복합운송시스템이다.
④ SLB(Siberian Land Bridge)는 중국과 몽골을 거쳐 시베리아 철도를 이용하여 극동, 유럽 및 북미 간의 수출입화물을 운송하는 복합운송경로이다.

69

해상손해의 형태 중 성격이 다른 하나는?

① 구조료　　　　　② 손해방지비용
③ 충돌손해배상책임　④ 특별비용

70

중재제도에 관한 설명으로 옳지 않은 것은?

① 중재계약은 계약자유의 원칙이 적용되는 사법상의 계약이라고 할 수 있다.
② 중재법정은 자치법정이라고 볼 수 있다.
③ 구제제도로서 중재판정취소의 소를 인정하고 있다.
④ 중재심문에는 증인을 출석시킬 수 있으며 선서도 시킬 수 있다.

71

제3자가 개입되지만 제3자는 당사자로 하여금 일치된 해결안에 도달하도록 도와주는 대체적 분쟁해결방법(ADR)의 한 유형은?

① 화 해
② 알 선
③ 조 정
④ 중 재

72

조건부 청약(Conditional Offer) 중 성격이 다른 것은?

① 예약불능청약(Offer without engagement)
② 통지 없이 가격변동 조건부청약(Offer subject to change without notice)
③ 시황변동 조건부청약(Offer subject to market fluctuation)
④ 승인부청약(Offer on approval)

73

분쟁의 해결방법에 대한 설명 중 옳지 않은 것은?

① Amicable Settlement는 당사자간 클레임을 해결하는 방법이다.
② 중재과정에서 Amicable Settlement에 이르는 경우도 있다.
③ 당사자 간 분쟁해결방법으로 Mediation 또는 Conciliation도 고려해 볼 수 있다.
④ 중재는 서면에 의한 합의가 있어야 활용이 가능하다.

74

대리점계약에서 대리인과 본인 즉, 당사자 관계에 대한 설명 중 옳지 않은 것은?

① 대리점계약은 계약에 합의된 수수료를 본점이 대리점에게 지급하지만, 본점이 직접 주문을 받았다면 수수료를 지급할 의무가 없다.
② 대리점계약 상에 명시규정이 없는 한, 대리인은 본점을 위해 주문을 수취하였더라도 그 지출한 거래비용을 본점으로부터 청구할 수 없다.
③ 본점이 계약만료 전에 정당한 사유 없이 계약을 종료하였을 때, 자신이 이미 제공한 서비스 수수료는 배상청구할 수 있지만 이후 취득할 수수료 등 직접적인 손해발생액은 배상청구할 수 없다.
④ 대리점은 본점에게 회계보고의 의무를 지고, 대리점의 회계보고는 계약조건이나 본점의 요구에 따라 행하여야 한다.

75

다음 설명 중 옳지 않은 것은?

① 한국 등 대륙법 국가에서 확정청약은 유효기간 내에 철회가 불가능하다.
② 영미법상 청약이 날인증서로 되어 있는 경우 철회가 불가능하다.
③ 영미법상 피청약자가 약인을 제공한 경우 철회가 불가능하다.
④ UCC상 청약의 유효기간이 3개월이 초과하는 경우에도 청약의 철회가 불가능할 수 있다.

1과목 영문해석

01

Select all the statements that are TRUE about the characteristics of Incoterms 2020?

> a. Incoterms 2020 has been released by the International Chamber of Commerce maintaining the number of terms, 11.
>
> b. One new Incoterm, DPU has replaced the Incoterms 2010 rule DAT.
>
> c. Incoterms 2020 rules are available for application to both international and domestic sale contracts.
>
> d. Incoterms 2020 rules have specified shipping documents that could be replaced by electronic means of communication.

① a, b, c
② b, c, d
③ a, c, d
④ a, b, d

02

Select the wrong interpretation in view of the following sentences.

> Any claim by buyer of whatever nature arising under this contract shall be made by cable within 14 days after arrival of the goods at the destination specified in the bill of lading. Full particulars of such claim shall be made in writing, and forwarded by registered mail to seller within 7 days after cabling. Buyer must submit seller with particular sworn surveyor's reports explaining the quality or quantity of the goods delivered is in dispute.

① 매수인의 클레임은 선화증권에 명시된 목적지에 물품이 도착한 후 14일 이내에 전신으로 제기되어야 한다.
② 클레임의 명세는 전신 후 7일 이내에 서면으로 작성되어야 한다.
③ 클레임의 명세는 전신으로 매도인에게 송부되어야 한다.
④ 인도된 물품의 품질이나 수량에 문제가 있는 경우 매수인은 상세한 감정보고서를 제시하여야 한다.

03

What is the best in the blank?

> After seeking overseas connections through the foreign market research, we are supposed to send the ( ) which suggests the business proposal.

① catalog
② circular letter
③ distribution list
④ directory

04

Select the right order in a business proposal below.

> Ⓐ We are desire of extending our business to your country and shall be much obliged if you will introduce us to some reliable firms in your country who are interested in this line of business.
> Ⓑ For the thirty years, we have been supplying all kinds of fishing equipment to our domestic market and also to various markets abroad enjoying a good reputation.
> Ⓒ As to our credit standing, the Korea Chamber of Commerce and Industry will supply necessary information.
> Ⓓ We thank you for your cooperation in advance and wait for your early reply.

① Ⓓ − Ⓑ − Ⓒ − Ⓐ
② Ⓑ − Ⓒ − Ⓓ − Ⓐ
③ Ⓓ − Ⓒ − Ⓐ − Ⓑ
④ Ⓑ − Ⓐ − Ⓒ − Ⓓ

[05~06] Read the following letter and answer the questions.

> We have been testing the market with a new line of furniture assembly kits, and have found that demand for these kits, both here and overseas, has exceeded my expectations. In the past six months alone, we have had over USD120,000 worth of orders, half of which we have been unable to fulfil because of our limited resources.
>
> For this, we will make a loan for about USD40,000 to buy additional equipment and raw materials. As a part of ( ), we can offer USD10,000 in ordinary shares, and USD5,000 in local government bonds. We estimate it would take us about six months to repay a loan of this size.

05

Select the best word in the blank?

① security
② credit
③ asset
④ property

06

Which can NOT be inferred?

A : 위 서신의 작성자는 국내 및 국외에서 예 상외로 많은 주문을 받았다.

B : 위 서신의 작성자는 지난 1년간 모두 USD120,000의 주문을 받았다.

C : 위 서신의 작성자는 모든 주문에 응할 수 없는 점에 대하여 사과한다.

D : 위 서신의 작성자가 모든 주문에 응할 수 없는 이유는 생산설비와 원료부족 때문이다.

① A, B
② B, C
③ C, D
④ A, D

[07~09] Read the following letter and answer the questions.

(A) We are suppliers to Mackenzie Bros Ltd, 1-5 Whale Drive, Dawson, Ontario, who have asked us to give them facilities to settle their statements on ㉮(분기별 조건으로). (B) While we have little doubt about their ability to clear their accounts, we would like to confirm that their credit rating warrants quarterly settlements of up to £8,000. (C) We would be very grateful for an early reply, and can assure you that it will be treated ㉯(극비로). (D)

07

Where does the following sentence best fit the above letter?

They told us that you would be prepared to act as their referee.

① (A)
② (B)
③ (C)
④ (D)

08

Which is the appropriate Korean – English translation for the blank ㉮?

① a quarterly basis
② a quarter base
③ quarterly basis
④ quarter basis

09

Which is the appropriate Korean – English translation for the blank ㉯?

① in the strictest confidence
② in confidence
③ as confidential
④ as strict confidence

10

Which of the following is the payment method involved?

We were very surprised to hear that the bill of exchange No. 211 dated March 12 was not met when presented.

As you have never failed to meet your obligations on the bills we have drawn so far, we are surprised to know that the payment has not been made. Also we did not receive any reply from you on this matter and we would appreciate it if you could explain the reason why the draft was not honored.

We instructed our bank today to present the draft again and we believe you will honor it immediately.

① Red clause credit
② Standby credit
③ Documentary collection
④ Documentary credit

[11~12] Read the following and answer the questions.

I wish to say at once how pleased we were to receive your request of 12th March for waterproof garments on approval.

As we have not previously done business together, perhaps you will kindly supply either the usual (ⓐ), or the name of a (ⓑ) to which we may refer. Then as soon as these inquiries are satisfactorily settled, we shall be happy to send you a good selection of the items you mentioned in your letter.

We sincerely hope this will be the beginning of a long and pleasant business association. We shall certainly do our best to make it so.

Yours faithfully,
David Choi

11

Fill in the blanks with the best word(s).

① ⓐ L/C － ⓑ marketing manager
② ⓐ quotation － ⓑ company
③ ⓐ trade reference － ⓑ bank
④ ⓐ receipt － ⓑ stock company

12

Who is David Choi?

① supplier
② buyer
③ bank manager
④ importer

13

What is the following called?

A company of Korea has excess products that it does not want to sell into the Korean market because it will bring down the domestic price and instead the company decides to sell them in another country below the cost of production or home market price.

① Countervailing
② Quota
③ Dumping
④ None of the above

14

Which of the following is NOT replaceable for the underlined phrase?

In reply to your fax of 13 May, the earliest vessel due out of London for New Zealand is the Northern Cross, which is at present loading at No.3 Dock, Tilbury, and will accept cargo until 18 May, when she sails.

① now
② currently
③ recently
④ at the moment

[15~16] Read the following paragraph and answer the questions.

We have received your letter of August 20, 2019, informing us that you have not yet received the letter of credit covering our order dated August 10, 2019, and requesting us to open it at once.

The credit in question was already airmailed to you on August 20, 2019 by our bankers and it is expected that the L/C covering this order will reach you in time.

We are sorry for not informing you upon (a) an L/C, and please accept our apologies for the inconveniences we have caused you.

15

What is the main purpose of the letter?

① request for opening L/C
② confirmation of L/C issuance
③ receipt of L/C
④ amendment of L/C

16

What is NOT suitable for blank (a)?

① notifying
② establishing
③ opening
④ issuing

17

Select the right expression in the blank.

A consular invoice is normally signed by (   ).

① a chamber of commerce in the exporting country.
② a chamber of commerce in the importing country.
③ an embassy official in the exporting country.
④ an embassy official in the importing country.

18

Which of the following does NOT fit in the blanks?

We are pleased to inform you that we have shipped the ((A)) by M/S "COSMOS"of Hyundai Line due to ((B)) Busan on May 10 ((C)) New York.

① (A) goods － (B) leave － (C) for
② (A) goods － (B) separate from － (C) at
③ (A) cargoes － (B) depart from － (C) to
④ (A) cargoes － (B) clear from － (C) to

[19~20] Read the following paragraph and answer the questions.

THIS is a bill of lading term that the carrier acknowledges the receipt of stated number of packages but is unaware of the exact nature, quantity, and/or value of their contents. This is an important issue because, in case of an insurance claim, the carrier's liability depending on the ruling convention, such as (   ) may be limited only to the number of packages (for which a standard compensation is paid) and not to the total value of the claim.

19

What is NOT true about THIS?

① THIS indicates the Unknown Clause.
② THIS is also called as the Said to Contain(STC) or the Shipper's Load and Count.
③ THIS is mostly included in a bill of lading for an LCL shipment.
④ THIS may not be shown in a bill of lading in case of bulk cargo.

20

What is APPROPRIATE for the blank?

① Hague-Visby Rule or Hamburg Rule
② New York Convention
③ Warsaw-Oxford Rules
④ Warsaw Convention

21

What is the main purpose of the letter below?

Gentlemen:

We are sorry to trouble you again by reminding you of our repeated letters asking to clear the payments which are already two months overdue.

After sending the third letter on April 25, we waited for two weeks. Now, we couldn't help concluding that you are facing serious problems in meeting your obligations. We ask you to settle your all the accounts by the end of May.

If we don't receive your remittance by that time, we would be left with no choice but to take legal actions even though we are reluctant to do so.

Yours very truly,

① Information of drawing a draft
② Request of payment receipt
③ Request of credit note
④ Request of payment

22

Select the wrong translation in the following sentences.

Confirming our telephone conversation yesterday, ① please ship twenty units of item No. TY-002 ② for account of, and to be consigned to, Peterson Corporation, Denver, Colorado, USA by Prince, sailing from Busan on August 16. ③ Cases must be marked as shown below :
Denver, Via San Francisco
C/# 1-20, Made in Korea
And ④ please take out insurance on them as far as Denver. We look forward to receiving your shipping advice soon.

① TY-002 20대를 선적해 주십시오.
② 덴버 시의 피터슨 주식회사의 계정으로, 그리고 동사를 수취인으로
③ 상자들은 아래 주소로 보내주십시오.
④ 덴버까지 화물보험을 들어주십시오.

23

Put the following sentences in order.

(a) Unfortunately, the item No. P4344 is not in stock.
(b) We will backorder this item and ship it within three weeks.
(c) We received your purchase order 02-3450-6 on April 22, 2020.
(d) The rest of your order is being processed and will be shipped by Monday, April 25.

① (c)-(a)-(b)-(d)   ② (b)-(a)-(c)-(d)
③ (d)-(b)-(c)-(a)   ④ (a)-(d)-(c)-(b)

24

Select the LEAST correct in translation.

① Thank you for the letter of 10th November, pointing out that we sent you two reminders for $1,500 mistakenly due to the recent confusion in our accounting department. It is only through letters like yours that ② we can learn about our occasional slip-ups in courtesy and service. ③ I apologize for the errors which were due to a fault in computer system, which has now been fixed. ④ We have corrected the errors concerning your account, which is now all cleared.

① 11월 10일자 서신에서 귀사에 독촉장을 2통 보냈다는 지적을 해 주셔서 대단히 감사합니다.
② 당사에서 고객에 대한 배려와 서비스에 가끔 허점이 생긴다는 것을 귀사도 알 수 있어야 합니다.
③ 그것은 당사 컴퓨터 시스템이 고장을 일으켰기 때문에 일어난 것인데, 이제 수리를 끝마쳤습니다.
④ 귀사의 계정에 관한 실수도 정정되어 귀사의 계정은 완납으로 되었습니다.

25

Select the wrong term in the blank.

( ) contract − Contract which is regarded as a shipment contract and not as an arrival contract. The point of delivery is fixed to on board the ship and the risk of loss of or damage to the goods is transferred from the seller to the buyer at that very point.

① CIF   ② CFR
③ FOB   ④ DDP

26

Select the wrong one which translates the following.

당사의 제품은 전 세계에서 잘 팔리고 있습니다.

① Our goods are selling like wildfire throughout the world.
② Our goods show a excellent sales throughout the world.
③ Our goods are enjoying a ready sale all over the world.
④ Our goods are made to sell all over the world.

27

Select sentence which has most same meaning.

Our products are most competitive in the market.

① Some other product in the market is as cheap as theirs.
② Any other product in the market is as expensive as ours.
③ Other product in the market is as cheap as ours.
④ No other products in the market is as cheap as ours.

28

Select one which has LEAST same meaning.

> The great deal of increase in volume of our trade with the USA made us decide to start a branch in Boston with Mr. Smith in charge.

① Owing to the great amount of increase in volume of our trade with the USA, we have elected to open a branch in Boston with Mr. Smith in charge.

② Since there was the largest increase in volume of our trade with the USA, we considered to open a branch in Boston with Mr. Smith in charge.

③ On account of the great increase in volume of our trade with the USA, we have resolved to open a branch in Boston with Mr. Smith in charge.

④ The large increase in volume of our trade with the USA helped us decide to open a branch in Boston with Mr. Smith in charge.

29

In case of bulk cargo transaction without clear stipulation of number, weight or amount, how much cargo surplus or shortage could be acceptable under UCP 600?

① 3%
② 5%
③ 7%
④ 10%

30

Select the right order of following words for the correct meaning.

> 1. your letter of credit
> 2. we receive
> 3. we are ready
> 4. as soon as
> 5. your order
> 6. to make
> 7. the arrangement for

① 2-5-4-3-6-7-1
② 3-6-7-1-4-2-5
③ 2-1-4-3-6-7-5
④ 3-6-7-5-4-2-1

31

Put right words into the blank in case of demand draft.

> (   ) OF THIS FIRST BILL OF EXCHANGE (SECOND OF THE SAME TENOR AND DATE BEING UNPAID) PAY TO THE ABC BANK OR ORDER THE SUM OF US DOLLARS FORTY FIVE THOUSAND ONLY.

① AT SIGHT
② AFTER 60 DAYS SIGHT
③ AFTER 60 DAYS AT SIGHT
④ AT 60 DAYS AFTER SIGHT

32

Select the right order of following words in the blank for the correct meaning.

> We thank you for your email informing us that [negotiated / sight / 90 days / draft / after / at / have / you] under the credit No. 86523.

① you negotiated draft at 90 days after sight have
② you negotiated draft after 90 days at sight have
③ you have negotiated draft at 90 days after sight
④ you have negotiated draft after sight at 90 days

33

Which would be MOST suitable for the blank?

> For shipments being made to specific areas on a long term basis where letter of credit is involved, the consignor may need to have an insurance document included in the set of shipping documents. Under an open policy, this is accomplished by the use of (   ), which is issued by the insurer at the instruction of the seller.

① insurance certificate
② insurance note
③ insurance policy
④ insurance cover

34

Select wrong one to be the same meaning of the first sentence.

> In order to cover this order, we have arranged with our bankers for an irrevocable letter of credit to be opened in your favor.
> → For ⓐ settlement of this order, we have ⓑ instructed our bankers to ⓒ issue an irrevocable L/C ⓓ on behalf of you.

① ⓐ
② ⓑ
③ ⓒ
④ ⓓ

[35~36] Read the following and answer the questions.

> With a documentary credit, the ((A)) arranges a letter of credit from their bank. The bank agrees to pay the exporter once all the shipping documents -such as transport documents showing the right goods have been despatched− are received. The exporter must provide the required paperwork within the (B) agreed time limit and with no discrepancies. Issuing banks usually mark documents when they issue letters of credit, with a phrase of 'subject to UCP 600.'

35

Which is MOST suitable for the blank (A)?

① importer ② exporter
③ carrier ④ agent

36

What does the (B) <u>agreed time limit</u> imply?

① expiry date ② last shipment date
③ working 5 days ④ working 7 days

37

Where does the following sentence BEST fit the letter?

> In this way you can preserve your excellent credit record with us.

Our records indicate that your account with us is now more than 60 days past due. (1) We are very concerned that we have not yet heard from you, even though we have already sent you a reminder about this matter. (2) We are requesting that you send your payment to us immediately. (3) You have always been one of our best clients, and we value your business very much. If some special circumstances are preventing you from making payment, please call us now so that we can discuss the situation with you. (4)

① (1) ② (2)
③ (3) ④ (4)

38

What is the MOST appropriate order?

(A) Since you have always paid so promptly, we are wondering if perhaps there is some error in your statement.

(B) Or, place your check for USD50,000 in the enclosed envelope.

(C) After three months, we still have not received your check in the amount of USD50,000 or any explanation as to why your payment has not been sent.

(D) If either is the case, please contact us so that we can work together to retain your good credit standing.

① (A)-(B)-(C)-(D) ② (A)-(C)-(B)-(D)
③ (C)-(A)-(D)-(B) ④ (C)-(B)-(D)-(A)

39

What is NOT true about the shipping surcharges?

① Heavy Weight Charge is a surcharge for exceeding certain weight. For example, 20ft containers exceeding the weight of 14,000kg tare (container) are subject to a heavy weight surcharge(HWT).

② Bunker Adjustment Factor(BAF) is an adjustment to shipping companies'freight rates to take into account the effect of fluctuations in currency exchange rates.

③ THC(Terminal handling charge) is levied by CY and CFS operators for goods passing through their operations.

④ Port Congestion Surcharge is applied by shipping lines to cover losses caused by congestion and idle time for vessels serving that port.

40

Which of the following BEST fits the blank in the box?

> (   ) vessels have storage space for the large steel boxes that they transport with/without special lifting gear.

① Bulk
② Tanker
③ Container
④ LASH

41

Which is normally used in term chartering by sea?

① affreightment in a general ship
② voyage charter party
③ time charter party
④ demise charter party

42

What is the right terminology of insurance containing the following meaning.

> The voluntary surrender of all rights, title, or claim to property without attempting to reclaim it in case of constructive total loss.

① abandonment
② subrogation
③ average loss
④ partial loss

43

Select the one which rephrases the underlined part best.

> The shipping company rejected our claim by notifying us that they are not responsive for this matter.

① do not bear the responsibility for
② do not liable for
③ do not responsible for
④ are not responsive to

44

Select right one for the blank.

> Container Freight Station(CFS) means that (   ) at ports of shipment.

① delegated area for delivery of less than container loaded cargo.
② delegated area for receiving, storing and delivering loaded containers.
③ specific area for empty container pick up.
④ an area to secure locations for container unloading and cargo delivery.

45

Make the sentences below in right order.

> (A) They are quite useless for the purpose
>   intended.
> (B) Ten cases of TV Set for our order No. 22
>   per M/S "Arirang" has arrived here, but
>   we regret to find that six units in C/N 10
>   have been considerably damaged.
> (C) We hope you will immediately inform us.
> (D) You will recognize that we are not in a
>   position to accept these goods, and are
>   returning the goods to you.

① (A)-(B)-(C)-(D)
② (A)-(B)-(D)-(C)
③ (B)-(A)-(D)-(C)
④ (B)-(A)-(C)-(D)

46

Which of the following LEAST fits the blanks
(A), (B)?

> Three weeks ago we reminded you of the ((A))
> balance in our favour of $3,750. According to
> our records, you have not yet ((B)) the
> account.

① (A) outstanding − (B) settled
② (A) unsettled − (B) paid off
③ (A) unpaid − (B) cleared
④ (A) accrued − (B) carried forward

47

Select the right match of words in the blanks.

> We are sorry to say that the delay in shipment
> was ((A)) a late arrival of some important
> parts at our factory. It was impossible for us
> to recover the delay ((B)) our best effort.

① (A) because of − (B) for
② (A) thanks to − (B) although
③ (A) based on − (B) even though
④ (A) due to − (B) in spite of

48

Which is LEAST appropriate in the blank?

> We will (   ) the cause of the problem and
> will inform you of the results soon.

① inspect
② look into
③ examine
④ comply

49

Which of the following sentences is NOT correct?

① Would you furnish to negotiating bank to the necessary information.
② Please let us know whether you can deliver by next Monday.
③ We deal with our usual transaction on an L/C basis.
④ Your soonest answer will make us deeply grateful.

50

Select the right one in the blank.

> We are pleased to advise you that the bracelets and necklace you ordered with Order no. 23 and Order no. 24, ( ), were put on flight TG 531 leaving Thailand at 12:15AM, 10 June and will be arriving at Seoul at 06:20AM.

① same
② different
③ respectively
④ like

51

물품 등을 무환으로 수출하여 해당 물품이 판매된 범위 안에서 대금을 결제하는 수출로 옳은 것은?

① 외국인도수출
② 임대수출
③ 위탁판매수출
④ 수탁판매수출

52

무역계약 관련 내용 설명으로 옳지 않은 것은?

① 무역계약의 내용은 합의로 계약에 포함된 명시조항과 법이나 관습에 의해 당사자가 당연히 따를 것으로 간주되는 묵시조항이 있다.
② 명시조항은 계약의 필수적인 내용을 구성하는 조건과 부수적이고 종속적인 담보책임으로 구분된다.
③ 해제조건은 법률행위의 효력발생에 관한 조건이다.
④ 물품의 인도에는 현실적 인도와 추정적 인도가 있다.

53

구상무역에 대한 설명으로 옳지 않은 것은?

① 구상무역은 환거래가 발생한다.
② 대응수입의무가 제3국으로 이전가능하다.
③ Counter trade에 해당되고 완전구상무역, 부분구상무역, 삼각구상무역으로 구분된다.
④ 2개의 계약서가 이용된다.

54

대외무역법상 전략물자관리제도에 관한 설명으로 옳지 않은 것은?

① 전략물자란 대량살상무기 및 그 운반수단의 개발과 제조에 직·간접적으로 사용될 수 있는 일반산업용 물품 및 기술을 의미한다.

② 대외무역법에서는 전략물자를 이중용도 품목 및 군용 물자 품목으로 나눠 구분하고 있다.

③ 대외무역법에서는 전략물자에 대해서는 수출허가기관의 장에게 수출신청을 통한 허가를 받아 수출하여야 한다.

④ 대량살상무기의 제조, 개발 등에 전용될 우려가 있으나 대외무역법에서 전략물자로 정하고 있지 않은 물품에 대해서는 허가나 승인 없이 수출할 수 있다.

55

탄력관세제도(Flexible tariff system)의 설명으로 옳지 않은 것은?

① 탄력관세는 반드시 대외무역법에서 정해진 범위 내에서 탄력관세를 발동하고 세율을 변경시켜야 한다.

② 산업구조의 급격한 변동으로 품목 간의 세율을 조정할 필요가 있을 경우 발동한다.

③ 국내공급이 부족하여 국내가격이 폭등하는 경우 이를 안정시키기 위해 물품의 수입을 긴급히 증가시킬 필요가 있을 경우 발동한다.

④ 국내산업을 보호하기 위해서 또는 국제수지의 악화를 방지하기 위해서 특정 물품의 수입을 긴급히 억제할 필요가 있을 경우 발동한다.

56

다음 내용은 신용장의 종류 중 무엇에 대한 설명인가?

> 신용장 조건 중에 이 신용장 수령 후 며칠 이내에 Beneficiary가 Applicant 앞으로 동액의 신용장을 개설하는 경우에 한하여 이 신용장이 유효하다는 조건을 부가한 신용장으로 구상무역에서 주로 사용된다.

① Irrevocable L/C
② Restricted L/C
③ Packing L/C
④ Back to Back L/C

57

거래의 지급방법이 USANCE RESTRICTED NEGOTIATION CREDIT인 경우 ㉠~㉡의 표현이 옳은 것은?

> 수입업자 거래은행 : KOOKMIN BANK
> 수출업자 거래은행 : JAKARTA BANK
> 수입업자 : HAEYANG CO., LTD. KOREA
> 수출업자 : JAVA CO., LTD. INDONESIA
> "available with (㉠) by negotiation of your draft at (㉡) sight for 100 percent of invoice value."

① ㉠ KOOKMIN BANK, ㉡ blank
② ㉠ KOOKMIN BANK, ㉡ 180 DAYS AFTER
③ ㉠ JAKARTA BANK, ㉡ blank
④ ㉠ JAKARTA BANK, ㉡ 180 DAYS AFTER

58

지급인이 지급을 거절하는 경우, 매입은행이 환어음의 발행인 및 자신에게 어음을 배서한 자에게 다시 어음 금액을 돌려달라고 요청할 수 있는 권리를 무엇이라 하는가?

① Recourse   ② Negotiation
③ Protest   ④ Lien

59

수출상이 Usance 기간이 경과한 후 어음의 만기일에 대금지급을 받게 되는 경우를 무엇이라 하는가?

① seller's usance   ② shipper's usance
③ buyer's usance   ④ banker's usance

60

신용장거래에서 사용되는 환어음에 대한 설명으로 옳지 않은 것은?

① 환어음의 발행인은 수익자가 된다.
② 신용장 상에 지급인은 'drawn on'이나 'valued on'다음에 표시되며 개설의뢰인이 어음의 지급인이다.
③ 지급인에게 어음을 제시하는 즉시 지급되는 경우에는 'At Sight'로 표시한다.
④ 환어음의 발행금액은 송장금액과 일치하게 발행해야 한다.

61

신용장 상에 "available with any bank by negotiation of your draft at sight for 100 percent of invoice value"라는 표현이 있는 경우에는?

① 일람불 일반신용장이다.
② 기한부 일반신용장이다.
③ 일람불 특정신용장이다.
④ 기한부 특정신용장이다.

62

환어음의 종류가 다른 하나는?

① Usance draft
② Time draft
③ Term draft
④ Demand draft

63

항공화물운송장(AWB)에 대한 설명으로 옳지 않은 것은?

① Air Waybill은 유가증권이 아니고 유통성을 가지고 있지 않다.
② Air Waybill은 기명식으로 발행된다.
③ 송하인이 은행에 제시할 때 사용하는 AWB만 지시식으로 발행된다.
④ Air Waybill 원본 3부의 경우, 항공사용(Original 1), 수하인용(Original 2), 송하인용(Original 3)으로 발행된다.

64

수입물품의 과세가격산정 시 과세물건의 확정시기에 관한 설명으로 옳은 것은?

① 수출신고 시 물품의 성질과 수량을 기준으로 부과
② 수입신고 수리 전 해당물품을 소비하거나 사용한 때
③ 수입신고 전 즉시반출신고를 하고 반출한 물품이 선적된 때
④ 우편으로 수입되는 물품이 수취인에게 도착한 때

65

일정한 기간에 화물이 연속적으로 운송되는 경우 이에 대한 보험증권이 발급된 이후 선적 때마다 보험목적물과 송장가액 등이 확정되면 이를 보험계약자가 보험자에게 통지함으로써 계약 내용이 구체적으로 확정되는 보험을 무엇이라 하는가?

① 개별보험계약
② 중복보험
③ 공동보험
④ 포괄예정보험

66

부지약관(Unknown clause)에 관한 설명으로 옳은 것은?

① 선하증권상 화물의 이상 유무를 기재한 것이다.
② 송하인이 적입한 FCL 화물의 수량이나 상태에 대해 운송인이 책임지지 않는다는 취지이다.
③ 컨테이너 화물의 갑판적에 대한 선사의 재량권을 규정한 것이다.
④ 수취식으로 발행된 선하증권상 선적일자를 기재한 것이다.

67

국제물품매매계약 상 보험조건에 대한 설명으로 옳지 않은 것은?

① 보험조건에서 보험계약의 당사자를 약정할 수 있다.
② 매도인은 운송 중인 물품에 대하여 항상 보험을 부보하여야 한다.
③ 보험조건에 대하여 별도의 약정이 없는 경우에는 계약 당사자가 합의한 정형거래조건에 따라 결정된다.
④ CIF 조건에서는 매도인이 매수인을 위하여 운송 중인 물품에 대하여 보험을 부보하여야 한다.

68

피보험이익에 관한 설명으로 옳지 않은 것은?

① 수출입이 금지된 물품에 대한 경제적 이해관계도 유효한 피보험이익이 된다.
② 용기에 저장하여 판매하는 공기도 보험계약의 대상이 될 수 있다.
③ 피보험이익은 적어도 보험사고 발생 시까지는 확정될 수 있어야 한다.
④ 희망이익은 피보험이익이 될 수 있다.

69

Incoterms 2020에서 새로 추가된 조건과 대체되는 기존 조건이 옳게 나열된 것은?

① DPU – DAP
② DPU – DAT
③ DDU – DAP
④ DDU – DAT

70

비엔나협약상 매수인이 클레임을 제기할 수 있는 최장기간 설명으로 옳은 것은?

① 현실적 인도일로부터 2년
② 계약일자로부터 2년
③ 상당한 기간이 경과한 후 2년
④ 불일치를 발견하였어야 할 일자로부터 2년

71

무역클레임의 해결에 중재가 널리 채택되는 이유로 옳지 않은 것은?

① 단심제이므로 분쟁을 신속히 종결시킬 수 있다.
② 무역전문가의 판정이므로 보다 현실적이며 합리적인 해결이 기대된다.
③ 중재심리가 비공개로 진행되므로 당사자의 비밀이 보장된다.
④ 중재판정의 결과는 비엔나협약에 따라 국제적으로 집행이 보장된다.

72

국제건설공사계약에서 수주자의 능력, 경험, 명성 등을 검토하여 적절한 수주자를 임의로 선정하는 계약의 형태로 옳은 것은?

① 수의계약(negotiated contract)
② 경쟁입찰계약(competitive bid contract)
③ 원도급계약(prime contract)
④ 공동도급계약(joint venture contract)

73

플랜트수출계약 관련 플랜트수출의 주요 특성 설명으로 옳지 않은 것은?

① 플랜트수출은 계약이행과 대금지급이 장기간에 걸쳐 이루어진다.
② 플랜트수출은 국가정책적으로도 중요성이 날로 부각되고 있다.
③ 플랜트수출에는 다수의 관계 당사자들이 관여하는 경우가 일반적이다.
④ 플랜트수출에서 계약 당사자들은 별도의 위험관리대책을 마련할 필요는 없다.

74

인터넷상에서 무역거래를 활성화하기 위해서 구매자와 판매자를 연결시켜주는 무역거래알선사이트로 바르게 묶인 것은?

① EC21, BuyKorea, Keidanren
② Kmall24, ECPlaza, Thomas Register
③ Buykorea, GoBIZkorea, Alibaba
④ Kmall24, EC21, Kompass

75

단독해손을 보상하지 않는 해상보험약관으로 옳은 것은?

① ICC(A)
② ICC(C)
③ ICC(B)
④ ICC(A/R)

01

Which of the following has the most different intention from the others?

① We enclose a trial order for the equipment. We will send further orders in the near future in case of good quality.

② Referring to your offer of the October 20, we are pleased to give you an order for 1,000 M/T of Raw Rubber.

③ We place an order with you for 1,000 pieces of leather handbags.

④ We are pleased to acknowledge your order of October 20.

02

Choose the one which has different meaning from the others?

① If your price is competitive and the quality matches the sample, we will give you a big order.

② If your price has an edge over others and the quality is consistant with the sample, we will give you substantial orders.

③ If your price is attractive and the quality corresponds to the sample, we will order large quantities.

④ If your price is satisfactory and the quality meets with the sample, we will take large orders.

03

Which of the following is LEAST appropriate for the blank?

① We are convinced that there is an enormous potential market in Korea and you can be sure of increasing your ( ) considerably if you allow us to promote sales of your products. (turnover)

② You would not ( ) in opening a connection with the firm and would be satisfied with their mode of doing business. (run the least risk)

③ Though this information is given to the best of our belief, we must ask you to treat it ( ) and without any responsibility on our part. (in strict confidence)

④ Our own opinion is that any firm which undertakes business relations with them would require much patience and would eventually be ( ). (satisfied)

04

Which parties need to agree to amend or cancel an irrevocable confirmed documentary credit?

① Beneficiary and applicant

② Beneficiary, applicant and issuing bank

③ Applicant, issuing bank and confirming bank.

④ Beneficiary, issuing bank and confirming bank.

05

Which of the following parties can never add their confirmation to a letter of credit?

① advising bank
② negotiating bank
③ issuing bank
④ nominated bank

06

Select the best word in the blank.

> Documents which are presented under a letter of credit but do not conform to the terms are known as ( ).

① discrepant
② invalid
③ unconfirmed
④ unacceptable

07

Who is mostly likely Alex Han?

> We have received your letter requesting for a claim of loss for two missing boxes amounting to USD30,000.
> We would be glad to be of assistance to you in providing the claim you have mentioned, however, until we investigate the incident further and come out with a clear report regarding the loss, we cannot release the amount to you.
>
> Alex Han

① banker
② insurer
③ carrier
④ seller

08

Select the right term that explains following sentence well.

> To throw goods or tackle overboard to lighten a ship in distress.

① Washing overboard
② Jettison
③ Contamination
④ Pilferage

09

Which is the right term for the following?

> A system for carrying loaded barges or lighters on ocean voyages.

① Lighter aboard ship
② Intermodality
③ Oil-tanker
④ Deadweight tonnage

10

Which of the followings is CORRECT about seller's obligation under the Incoterms 2020?

① FCA rule means that the seller delivers the goods to the buyer when the named place is the seller's premises, the goods are delivered when they are loaded on the means of transport arranged by the seller.

② CIP rule means that the seller delivers the goods to the buyer by handing them over to the carrier contracted by the buyer.

③ DAP rule means that the seller delivers the goods to the buyer when the goods are placed at the disposal of the buyer on the arriving means of transport ready for unloading at the named place of destination.

④ DPU rule means that the seller delivers the goods to the buyer when the goods are loaded on the arriving means of transport, at the disposal of the buyer at the named place of destination.

11

Select the best translation for the following sentence.

> We were very disappointed to learn of the defective goods you shipped.

① 당사는 귀사가 불량품을 선적하였다는 것을 알고 상당히 실망을 하였습니다.

② 귀사가 선적한 제품은 당사의 기대를 못 미치므로 큰 실망을 안겨주었습니다.

③ 당사는 귀사가 큰 실망을 주지 않도록 양호한 제품의 선적을 바랍니다.

④ 귀사가 선적한 제품은 불량품이며 이는 당사를 다소 난처하게 하였습니다.

12

Select the right risk that explains the passage.

> Country A imposes economic sanctions against Country B when the latter carries out unauthorised nuclear testing. Your company, which is based in Country A, trades regularly with Country B.

① Environmental risk
② Social risk
③ Political risk
④ Technological risk

13

Which is similar word to the affirmation underlined?

> There are instances where a reply is needed and valuable when an initial order is given to a seller. Giving seller's affirmation of receipt will allow the buyer to understand that their orders are already in process.

① acknowledgement
② offer
③ refusal
④ avoidance

[14~15] Read the following and answer.

14

Which is MOST awkward?

Thanks for your letter of 26 May.
If you place an order more than 1,000 sets, we can offer you 10% of (A)quality discount (B) off the net prices. As to our terms of payment, we always deal (C)on D/P base. However, we would be prepared to review this condition next time once (D)we have established a sound trade records with you.

① (A)
② (B)
③ (C)
④ (D)

[16~17] Read the following and answer.

Dear David,

We are pleased to place this order on the clear understanding that the goods are despatched in time to reach us by the 31st of May. Please note that we reserve the right to cancel it and to refuse the delivery after this date. Upon shipment, you may draw a draft on us at 30 days after sight.

Yours sincerely,

Paul Lee

16

Which can NOT be inferred from the above?

① David is supposed to ship the goods by 31 May.
② Paul is entitled to cancel the order if the goods are not arrived on time.
③ Payment will be made on a collection basis.
④ David will give a credit to Paul for the shipment.

15

Which can replace the word once?

① when
② a while
③ unless
④ afterwards

17

Which is similar to the reserve underlined?

① retain
② repair
③ refresh
④ replace

18

Select the right one in the blank.

> The bank with which credit is available to seller called (   ).

① Approved Bank
② Issuing Bank
③ Delegated Bank
④ Nominated Bank

19

Select the right ones in the blank.

> (A) means the party in whose favour a credit is issued.
> Issuing Bank means the bank that issues a credit at the request of an (B) or on its own behalf.

① A : Beneficiary − B : applicant
② A : Beneficiary − B : exporter
③ A : Applicant − B : importer
④ A : Applicant − B : exporter

20

When a drawee accepts a bill of exchange, (   ).

① the drawee becomes liable to pay the bill at the date fixed for payment
② the drawee bears all risks of loss
③ the drawee shall pay the bill upon presentation
④ the drawee is paid at maturity

21

Which type of L/C generally gives the seller greatest protection?

① Transferable L/C
② Confirmed L/C
③ Standby L/C
④ Irrevocable L/C

[22~23] Read the following and answer.

> The insurer will be liable for loss due to perils and shall have to make good the losses to the insured. (A) This also means that on the happening of a loss, the insured shall be put back into the same financial position as he used to occupy immediately before the loss. If the peril is insured, the insurer will *insure* the assured, otherwise not. This means that a policy may cover certain perils mentioned specifically therein (known as insured perils), whilst some perils may be specifically excluded (known as excepted perils) and some may still be neither included nor excluded (known as uninsured perils).

22

What does the above (A) refer to?

① Duty of disclosure
② Principle of utmost good faith
③ Doctrine of peril in sea
④ Principle of indemnity

23

Which is NOT similar to *insure*?

① indemnify
② protect
③ abandon
④ secure

24

Which of the following is LEAST correct about ocean bill of lading?

① It covers port-to-port shipment of goods by sea.
② It is a receipt by the carrier of goods.
③ If it is order bill of lading, it is a non-negotiable document.
④ It is transferred by endorsement.

25

According to UCP 600, a credit may be made available with a nominated bank in 4 different ways. Which of the following options is NOT correct?

① Negotiation
② Usance
③ Sight payment
④ Deferred payment

[26~27] Read the following and answer.

Dear Mr. Wang,

Thank you for your order No. 1555 for our second hand buses, which are ready for shipment. However, we would like to call your attention that we have not received the letter of credit ( ) the order. The L/C should have reached us by yesterday.

Your prompt expedition of L/C in our favor valid until April 30 will be greatly appreciated. Upon receipt of your L/C, we will immediately complete shipping arrangement.

Sincerely yours,

Jennifer Lopez, Sales Rep.

26

Put the right word into the blank.

① promising
② covering
③ excluding
④ cancelling

27

Which is best rewording for Upon receipt of your L/C?

① As much as you receive the L/C
② As much as your L/C is received
③ In the moment that receives your L/C
④ As soon as we receive your L/C

28

What is the purpose of the letter below?

We are pleased to report on the firm referred to in your letter of May 20 as follows:
Abico, Ltd. (258 Dockside Drive, Suite 700, Toronto, Canada) was established in 2007 as a supplier of energy efficiency solution that could conserve energy without compromising comfort.
They have maintained a current account with us for more than 13 years, always to our satisfaction and their latest financial statement shows a healthy condition.

① Business proposal
② Credit inquiry
③ Reply to a credit inquiry
④ Firm offer

29

Select the best terminology in the blank.

(   ) is a document, similar in nature to a commercial invoice on which certain specific facts regarding shipment of goods between foreign nations must be declared to diplomatic official of the country to which the merchandise is consigned.

① Consular Invoice
② Customs Invoice
③ Packing List
④ Certificate of Origin

30

Select the right party in the blank.

Collections terms offer an important bank channel mechanism that can satisfy the needs of both the exporter and importer. Under this arrangement, the sales transaction is settled by the (   ) which deliver the shipping documents and the money.

① banks
② carriers
③ buyers
④ sellers

31

Select the best answer suitable for the blank.

Freight is the reward payable to a (A) for the carriage and (B) of goods in a recognized condition.

① A : shipper － B : departure
② A : carrier － B : arrival
③ A : shipper － B : arrival
④ A : seller － B : departure

[32~33] Read the following and answer.

We are hoping that you can supply those goods. Would you please provide the rate of discount as well as the (   ) to qualify a trade discount.

We would be very grateful if you could provide the details <u>at the earliest possible time.</u>

32

Fill in the blank with suitable word.

① delivery
② quantity
③ acceptance
④ capacity

33

Rewrite the underlined part.

① in a most speed way
② in your earlier response
③ with latest response
④ as soon as possible

34

Which is LEAST correct about consignee field in the bill of lading?

① The consignee is defined as a person entitled to take delivery of the goods under a contract of carriage.
② If a bill of lading is made out "to order", "to the order of a named party"or "to bearer", then it is negotiable.
③ Especially under L/C transactions, it is important to complete the consignee field in a negotiable form.
④ Bill of lading shall be made out "to order"in case of in-house transactions.

35

Select the right agency for the blank.

Should you insist on a discount of 30% for the damaged goods, we shall have to put the matter before (   ) for arbitration.

① Korean Commercial Agency Center
② Korean Commercial Agency Board
③ Korean Commercial Arbitration Board
④ Korean Commercial Arbitration Center

36

Select the right one for the blank.

> We would give you formal notice that we reserve the right to claim on you for (　　　) should the missing case not be found.

① the shortage
② the breakage
③ the leakage
④ the defective goods

37

Which is suitable for the blank in case of insurance claims?

> We regret to inform you that we cannot pay you the compensation in this case as the damage was caused by factors (　　　).

① within definition of policy
② affecting premium
③ influencing the voyage
④ outside the terms of the policy

38

Which of the following is LEAST correctly written in English?

① 회의는 3월 10일 임페리얼 호텔에서 열리게 됩니다.
  The meeting will be held at the Imperial Hotel on 10 March.
② 3년 후에 연장이 가능할까요?
  Could it be renewed after three years?
③ 그전까지 전화를 못 한다면 토요일에 내가 전화 드리겠습니다.
  I will call you on Saturday unless we don't talk before then.
④ 우리는 서울에 정시에 도착하나요?
  Will we reach Seoul on time?

39

Which is most similar to the commitments?

> Open account terms allow the importer to make payments at some specific date in the future and without issuing any negotiable instrument evidencing his legal *commitments* to pay at the appointed time.

① liabilities
② offers
③ acceptances
④ drafts

40

Select the best ones in the blank.

Agents are often an early step into international marketing. Agents are individuals or organizations that market on seller's behalf in a particular country. They rarely take (A) of products, and more commonly take a (B) on goods sold.

① A : ownership － B : margin
② A : ownership － B : commission
③ A : after service － B : profit
④ A : after service － B : margin

41

Which is best replacement for the underlined?

We are writing to inform you that the quality of your sheepskins is not up to standards in the contract.

① does not meet
② is dependent of
③ is as far as
④ goes beyond well

42

What does the following refer to?

The process of giving or getting official permission for the use of technology, brand and/or expertise.

① Loan
② Licensing
③ Loyalty
④ Leasing

43

Select the right L/C that explains the passage.

It is normally accepted in the market that the seller trusts the bank which issues a letter of credit is trustworthy, and that the bank will pay as agreed. If there is any doubts on the issuing bank, the seller may request a letter of credit to which payment undertaking is added by another (presumably more trustworthy) bank.

① confirmed L/C
② negotiation L/C
③ red clause L/C
④ open L/C

[44~45] Read the following and answer.

A contract of marine insurance is a contract whereby the insurer undertakes to indemnify the <u>assured</u>, in manner and to the extent thereby agreed, against marine losses, that is to say, the *losses* incident to marine adventure.

44

Which can best replace the <u>assured</u> underlined?

① underwriter
② proxy
③ insured
④ buyer

45

Which does NOT belong to the *losses*?

① Default of buyer
② Cargo losses
③ Damages to a vessel
④ Cargo damages

[46~47] Read the following and answer.

A bill of lading is a document issued by the shipping company or its agent acknowledging receipt of goods for carriage which are deliverable to the <u>consignee</u> in the same condition as they were received.

It contains full details of the goods and distinct markings on the packages, the terms and conditions under which the goods are accepted for shipment, the ports of shipment and arrival, freight and other charges, etc. (   )

46

Which is the party LEAST suitable as the <u>consignee</u> underlined?

① seller
② buyer
③ holder
④ bearer

47

Which is MOST appropriate for the blank?

① A bill of lading therefore shall express full description of the goods.
② Therefore, it has the features of a negotiable instrument.
③ A bill of lading, however, can be accepted by endorsement.
④ The carrier is, however, not responsible for the actual contents of the goods.

We still haven't heard from you regarding the outstanding balance owed on your account.
To avoid having your account (A), please remit payment immediately.
Failure to respond could result in damage to your (B) and additional legal action. We urge you to send us a check before March 15.
If you wish to discuss special arrangements for payment, please contact us at credit@kasia.com.

48

Which is suitable for the blank A?

① closed
② open
③ renewed
④ established

49

Which are right words for the blank B?

① credit rating
② trust ranking
③ turnover
④ credit inquiry

50

Select the right one in the blank.

If the goods are received in good condition, the carrier will issue ( ) to the shipper.

① a clean bill of lading
② a claused bill of lading
③ a straight bill of lading
④ a foul bill of lading

③과목 무역실무

51

인코텀즈 2020 규칙의 특징 조건의 내용 일부이다. ( )에 들어갈 조건으로 옳은 것은?

( ) is the only Incoterms 2020 rule that requires the seller to unload goods at destination. The seller should therefore ensure that it is in a position to organise unloading at the named place. Should the parties intend the seller not to bear the risk and cost of unloading, the ( ) rule should be avoided and DAP should be used instead.

① DDU
② DPU
③ DDP
④ DAT

52

청약자에게 반품하는 것을 허용하고 있어 청약자에게 불리한 청약이라고 할 수 있는 것은?

① Offer subject to being unsold
② Offer on sale or return
③ Offer on approval
④ Offer without engagement

53

품질조건에 대한 설명으로 옳지 않은 것은?

① 매도인이 보관하는 견본은 duplicate sample이다.
② 점검매매는 BWT이나 COD 방식에 주로 사용된다.
③ 표준품매매에는 FAQ, GMQ, USQ 조건이 있다.
④ 양륙품질조건에는 TQ, GMQ 조건 등이 있다.

54

청약의 유효기간에 대한 설명으로 옳지 않은 것은?

① 유효기간이 정해져 있는 경우 그 기간이내에 피청약자가 승낙하여야 한다.
② 유효기간이 정해져 있지 않는 경우 상당한 기간이 유효기간이다.
③ 상당한 기간은 주변의 상황이나 관행에 따라 결정되는 사실상의 문제이므로 모든 경우 동일하게 적용된다.
④ 유효기간은 물품의 성질, 거래관습, 시가의 변동을 고려하여 정해질 수 있다.

55

인코텀즈 2020 규칙 개정의 특징으로 옳지 않은 것은?

① DAT 조건을 DPU 조건으로 명칭변경 및 배열순서 조정
② 각 규칙의 조항순서 조정
③ CIP 조건의 부보조건을 ICC(A)로 변경
④ FCA 조건과 "D"조건에서 매수인과 매도인의 자가 운송 불허

56

신용장 매입 시 주의할 사항으로 옳지 않은 것은?

① 제한매입 신용장은 지정은행에서 매입하여야 한다.
② Open credit은 어느 은행에서도 매입가능하다.
③ Restricted credit의 경우 지정은행이 아닌 은행에서 매입하는 경우 재매입은 필요 없다.
④ 매입은 서류의 제시기간 이내에 그리고 신용장 유효기간 이내에 이루어져야 한다.

57

외국환거래에서 원화의 매매가 수반되지 않고 동종 외국 통화로 대체되는 경우에 은행의 기대 외환매매 이익 상실의 보전 명목으로 징구하는 신용장 수수료로 옳은 것은?

① issuing commission
② exchange commission
③ commission in lieu of exchange
④ delay charge

58

UCP 600상 양도가능 신용장에 대한 설명으로 옳지 않은 것은?

① 양도가능 신용장에서는 신용장 개설의뢰인의 이름을 제1 수익자의 이름으로 대체할 수 있다.
② 양도와 관련하여 발생한 모든 수수료(요금, 보수, 경비 또는 비용 등)는 제1 수익자가 지급해야 한다.
③ 양도된 신용장은 제2 수익자의 요청에 의하여 그 다음 수익자에게 양도될 수 없다.
④ 신용장의 금액, 단가, 유효기일, 제시기간 또는 부보비율은 감액되거나 단축될 수 있다.

59

성격이 다른 신용장 하나를 고르면?

① Clean Credit
② Standby Credit
③ Traveller's Credit
④ Commercial Credit

60

국제표준은행관행(ISBP)과 UCP 600에 따른 송장에 대한 설명이 옳지 않은 것은?

① 신용장에서 송장(invoice)을 요구한 경우 "provisional", "pro-forma"라고 기재된 송장은 거절된다.

② 송장은 문면상 수익자가 개설의뢰인 앞으로 발행한 것이어야 한다.

③ 송장의 물품 명세는 신용장과 일치해야 하지만 경상의 법칙이 적용되는 것은 아니고 상응하면 된다.

④ 송장에는 신용장에서 요구하지 않은 물품(예: 견본품 등)이 나타나서는 안되지만, 무상이라고 기재된 경우에는 수리된다.

61

관세율 적용순서가 다른 하나는?

① 덤핑관세   ② 보복관세
③ 긴급관세   ④ 할당관세

62

다음 내용에 해당되는 신용장은?

> ㈜해양은 중국 ㈜Shanghai와 20만 달러 수입계약을 체결하고 국내 거래은행인 외환은행(KOEXKRSE)을 통하여 usance 6개월짜리 자유매입 신용장을 발행하였다. 통지은행은 ㈜Shanghai의 거래은행인 중국공상은행(ICBKCNBJ)이며, presentation period는 운송서류 발행일로부터 21일 이내, 발행은행의 매입은행에 대한 상환(reimbursing)은 서류제시 이후 5일 이내에 즉시 지급하는 조건이다.

① shipper's usance
② domestic banker's usance
③ overseas banker's usance
④ seller's usance

63

신용장 확인과 관련된 내용으로 옳은 것은?

① 신용장의 확인이 이루어진 경우 해당 신용장의 지급 또는 인수의 책임은 확인은행에게 이전된다.

② 발행은행의 확인 요청을 받은 은행은 해당 확인 요청에 응하여야 한다.

③ 확인신용장의 경우 확인은행의 동의가 없더라도, 신용장의 취소나 조건변경은 이루어질 수 있다.

④ 확인신용장의 경우 수익자는 확인은행과 개설은행으로부터 지급확약을 받으므로 안전하다.

64

항공화물운송장(AWB)의 설명으로 옳은 것을 모두 고르면?

> ㉠ AWB는 항공운송인이 운송을 위하여 송하인으로부터 AWB에 기재된 화물을 수령하였다는 증서기능을 한다.
>
> ㉡ AWB는 화물과 함께 목적지에 보내져서 수하인이 화물의 명세, 운임, 요금 등을 대조하고 검증할 수 있는 역할을 한다.
>
> ㉢ AWB에 의한 수출입신고가 가능한 화물에 대하여는 AWB가 수출입신고서로서 사용될 수 있다.
>
> ㉣ 도착지에서 운송인이 수하인에게 화물을 인도하고 수하인으로부터 AWB상에 수하인의 서명(또는 날인)을 받아 인도의 증거서류로 한다.

① ㉠
② ㉠, ㉡
③ ㉠, ㉡, ㉢
④ ㉠, ㉡, ㉢, ㉣

65

운송인과 운송주선인에 대한 설명으로 옳지 않은 것은?

① 운송주선인은 송하인의 요청을 받아 적합한 운송인을 찾아 운송계약을 체결하는 자이다.
② 운송주선인이 자신의 명의로 발행하는 선하증권을 통상 Master B/L이라고 부른다.
③ 운송주선인은 선하증권을 발행하게 되면 운송인으로서 책임을 지게 된다.
④ 운송주선인은 주로 LCL화물을 취급하여 동일 목적지로 화물을 혼재한다.

66

선하증권약관의 유효 요건에 대한 설명으로 옳지 않은 것은?

① 선하증권약관의 유효성은 사법상 일반원칙의 위반과는 관계가 없다.
② 선하증권약관은 강행법규에 위반되지 않아야 한다.
③ 운송인은 화주에게 약관내용을 일반적으로 예상되는 방법으로 명시하고, 화주가 요구할 때는 당해 약관 사본을 교부하여야 한다.
④ 운송인의 책임을 경감하는 약관이거나 법으로 보장된 화주의 권한을 이유 없이 박탈 또는 제한하는 약관이 아니어야 한다.

67

항공화물운송장(AWB)에 대한 설명으로 옳지 않은 것은?

① 항공사가 혼재화물주선업자에게 발행하는 운송장을 Mast Air Waybill이라고 한다.
② Air Waybill은 단순한 물품의 수취증이라는 점에서 선하증권과 다르다.
③ Air Waybill은 연계운송의 효율을 위해 통일되고 표준화된 양식을 사용한다.
④ 항공화물운송장은 원본 개념이 없다.

68

해상보험의 특징에 관한 설명으로 볼 수 없는 것은?

① 해상보험 준거법으로 주로 영국의 법과 관습이 적용된다.
② 해상보험계약은 담보위험과 손해와의 인과관계 여부에 관계없이 보상하는 것을 원칙으로 한다.
③ 해상보험은 기업보험의 성격을 지니고 있다.
④ 해상보험계약은 사행계약성을 가지고 있다.

69

협회적하약관의 담보위험에 대한 설명으로 옳지 않은 것은?

① ICC(A)에서 불내항 및 부적합위험에 대해 보험자는 면책된다.
② ICC(B)에서는 지진, 화산의 분화, 낙뢰에 의한 손해에 대해 담보된다.
③ ICC(C)의 담보위험에는 물적 손해만 포함된다.
④ ICC(C)에서는 하역작업 중 갑판에 추락한 포장 1개당 전손이 담보된다.

70

해상보험은 최대선의의 원칙이 적용되는데 그 이유로 적합하지 않은 것은?

① 보험계약의 도덕적 위험
② 보험계약의 사행계약성
③ 위험상태의 보험계약자 또는 피보험자 의존
④ 실손해보상

71

피보험이익과 무관한 것을 고르면?

① 적법성
② 경제성
③ 확정성
④ 처분성

72

UCP 600이 적용된 신용장 거래에서 보험에 대한 설명이 옳지 않은 것은?

① 신용장이 "전위험(all risks)"에 대한 부보를 요구하는 경우, "전위험(all risks)"이라고 기재되어 있는 한 어떠한 위험이 제외된다고 기재하는가에 관계없이 수리된다.
② 보험승낙서(cover notes)는 수리되지 않는다.
③ 보험증권은 보험증명서나 포괄예정보험의 확정서를 대신하여 수리 가능하다.
④ 보험서류는 일정한도 본인부담이라는 조건(a franchise or excess)의 적용을 받고 있음을 표시하는 경우 수리되지 않는다.

73

CISG가 적용된 무역계약에서 매수인이 계약한 물품과 일치하지 않는 물품을 받았을 경우 구제방법에 대한 설명으로 옳지 않은 것은?

① 부적합이 본질적 위반에 해당하는 경우 매수인은 대체물의 인도를 청구할 수 있다.
② 매도인에게 수리에 의한 부적합의 치유를 청구할 수 있다.
③ 대체물의 청구나 부적합에 대한 보완 청구는 부적합에 대한 통지가 매도인에게 합리적인 기간 내에 이뤄진 경우에만 할 수 있다.
④ 매수인은 대체물 청구나 부적합 보완청구를 한 경우 손해배상 청구를 할 수 없다.

74

다음 구제방법 중 성격이 다른 하나는?

① 계약이행청구권
② 추가기간지정권
③ 계약해제권
④ 물품명세확정권

75

팩토링(Factoring)에 대한 설명으로 옳지 않은 것은?

① 팩토링은 무신용장 방식 결제방법이다.
② 팩토링은 수입팩터(factor)의 지급확약(Aval)이 일종의 보증서로 사용된다.
③ 수입상이 자금부족, 파산 등으로 수입팩터링의 채무를 이행하지 못하는 경우 수입팩터가 그 대금을 대신 지급할 것을 약속한다.
④ 수출팩터가 O/A나 D/A 등 외상매출채권에 대한 대외 양도, 추심, 전도금융제공 등의 서비스를 제공한다.

① 과목 영문해석

[01~02] Read the following and answer.

> The payment for your order No. 1178 was due on May 5. We are sure that this is an oversight on your part but must ask you to give the matter your prompt attention. (　　), kindly disregard this notice. If you have any questions about your account, please contact us.

01

What is the best purpose of the letter above?

① complaining about payment terms
② pressing payment
③ late payment
④ warning of due time of payment

02

Which of the following is most appropriate for the blank?

① Should you have something to pay
② If the payment has already been made
③ If you have drawn a draft
④ Regarding your earlier payment

03

Which is NOT suitable as a reply for the following.

> Your name and address were given through the Greater New York Chamber of Commerce as one of the well-known importers handling various travel bags and we are writing you with a keen desire to open an account with you.

① We are particularly interested in this type of product, and would like to have more detailed information on the items you are dealing with.
② We would like to receive the samples of your goods and their prices quoted in US dollars CFR New York.
③ If your prices are competitive and your goods suit our market, we shall be able to give large orders.
④ If you are interested in importing our bags, please write us conditions upon which you are able to transact with us.

04

Which is right pair of words?

A(n) (A) policy is a policy which describes the insurance in (B) terms, and leaves the name of the ship or ships and other particulars to be defined by subsequent declaration.

① (A) floating － (B) general
② (A) floating － (B) specific
③ (A) valued － (B) general
④ (A) unvalued － (B) specific

05

Select the one that is not suitable in the blank.

① As you are aware, competition in this line is very keen, while the market become (　　). (prosperous)
② Please (　　) our letter of April 5 and, instead, refer to our FAX of April 10. (disregard)
③ (　　) the courtesy of the U.S. Embassy in Korea, we have learned that you are makers of stainless flatware in Korea. (Through)
④ The goods must comply with our (　　) in every respect. (descriptions)

06

Select the wrong one in the blank.

We are manufacturer of machine parts having been in this (　) of business since 1990.

① matter　　　　② line
③ field　　　　④ area

[07] Read the following and answer.

Documents are the key issue in a letter of credit transaction. (A) They decide on the basis of documents alone whether payment, negotiation, or acceptance is to be effected. (B) A single transaction can require many different kinds of documents. (C) Most letter of credit transactions involve a draft, an invoice, an insurance certificate, and a bill of lading. (D) Because letter of credit transactions can be so complicated and can involve so many parties, banks must ensure that their letters are accompanied by the proper documents.

07

Where does the following sentence best fit in the above?

Banks deal with documents, not with goods.

① (A)　　　　② (B)
③ (C)　　　　④ (D)

08

Select the one that is not suitable in the blank.

① (　　) is also known as the correspondent bank which is requested by the issuing bank to notify the exporter of the opening of a documentary credit. (Advising bank)
② (　　) adds its obligation (paying, negotiating, accepting) to that of the issuing bank. (Confirming bank)

③ In freely negotiable Credit, (   ) is a Nominated Bank. (Negotiating bank)

④ Negotiation under this credit is restricted to (   ) Bank only. (Negotiating)

09

Select the best one in the blank.

> A(n) (   ) letter of credit allows the beneficiary to receive partial payment before shipping the products or performing the services. Originally these terms were written in red ink, hence the name. In practical use, issuing banks will rarely offer these terms unless the beneficiary is very creditworthy or any advising bank agrees to refund the money if the shipment is not made.

① Escrow
② Red clause
③ Back to Back
④ Standby

10

Which terms of payment are the least risky to the importer?

① Open Account
② Advance Payment
③ Documentary Collection
④ Documentary Credit

11

What does this refer to?

> This is an indication on a bill of lading that the goods have in fact been shipped on a named vessel. This indication may be made by the carrier, his agent, the master of the ship or his agent.

① On deck indication   ② On board notation
③ Unknown indication   ④ Shipment notice

12

Select the wrong one in the blank.

① In the event of (   ), the assured may claim from any underwriters concerned, but he is not entitled to recover more than the statutory indemnity. (co-insurance)

② We request you to cover ICC(B) (   ) your account. (on)

③ Insurance policy or certificate in duplicate shall be endorsed in blank for 110% of (   ). (invoice value)

④ Marine perils are the perils relating to, incidental, or consequent to (   ) at sea. (navigation)

13

Which of the following is a document of title?

① Air waybill
② Bill of lading
③ Non-negotiable sea waybill
④ Rail consignment note

14

What is the main purpose of the letter?

> Will you please arrange to take out an all-risks insurance for us on the following consignment of cameras from our warehouse at the above address to Korea :
> 6 c/s Cameras, by s.s. Endeavour, due to leave Liverpool on 18th August.
> The invoice value of the consignment, including freight and insurance, is USD10,460.

① request the carrier to ship
② request brokers to arrange insurance
③ request insurance company to increase the risks
④ request for reduction in premium

15

Put suitable one in the blank as a summary of the following sentence.

> Bearing in mind the difficulties you are having with obtaining components, we were wondering whether we might expect delivery of the goods during the next two weeks or whether there is likely to be still further delay.

> We want you let us know (   ).

① what difficulties we are having
② what components we are obtaining
③ when the goods will be delivered
④ when the goods comes to make

[16~17] Read the following and answer.

> We have now received our assessor's report (A)with reference to your claim CF 37568 in which you asked for compensation for damage to two turbine engines which were (B)shipped ex-Liverpool on the S.S. Freemont on October 11.
>
> The report states that the B/L No.1555, was (C)claused by the captain of the vessel, with a comment on cracks in the casing of the machinery.
> Our assessor believes that these cracks were (D)insurable for the damages.
> Therefore, we cannot accept liability for the goods unless they are shipped (   ) according to the Policy.

16

Which part is LEAST correct?

① (A)   ② (B)
③ (C)   ④ (D)

17

Put right word into the blank.

① clean   ② unpacked
③ packaged   ④ claused

18

What is the MOST appropriate Korean translation for the given sentence?

> As you have not executed the order within the validity of L/C, we will make cancellation of the L/C.

① 귀사가 신용장을 유효기간 내에 발행하지 않았으므로 우리는 신용장을 취소하게 만들 것입니다.

② 귀사가 신용장의 범위 내에서 주문을 하지 않았으므로, 우리는 신용장을 취소해야 할 것입니다.

③ 귀사가 주문을 신용장과 부합하여 하지 않았으므로, 우리는 이번 주문을 취소할 것입니다.

④ 귀사가 신용장의 유효기간 내에 주문을 이행하지 않았으므로 당사는 신용장을 취소하겠습니다.

19

Which one is excluded from ICC War Clause?

① civil war

② terrorism

③ hostile act by or against a belligerent power

④ capture, seizure, arrest, restraint or detainment

20

Which is suitable for the blank.

> Delivery occurs when the goods are placed on board the vessel at the port of loading in (　　).

① CFR, CIF and FOB

② CFR, CIP and FOB

③ CFR, CIF and FAS

④ CFR, CIP and FAS

21

Select the term or terms which the following passage applies to.

> The named place indicates the destination to which the seller must organise and pay for the carriage of the goods, which is not, however, the place or port of delivery.

① E-term

② F-terms

③ C-terms

④ D-terms

22

Select wrong one regarding the caution with variants of Incoterms rules.

> (A) Sometimes the parties want to alter an incoterms rule. (B) The Incoterms®2020 rules do not prohibit such alteration, but there are dangers in so doing. (C) In order to avoid any unwelcome surprises, (D) the parties would need to make the intended effect of such alterations roughly clear in their contract.

① A

② B

③ C

④ D

[23~25] Read the passage regarding UCP600 and answer.

---

a. When an issuing bank determines that a presentation is complying, it must (A).

b. When a confirming bank determines that a presentation is complying, it must (B) the documents to the issuing bank.

c. When a nominated bank determines that a presentation is complying and (C), it must forward the documents to the confirming bank or issuing bank.

23

Select best one in the blank (A).

① pay   ② accept

③ pay and accept   ④ honour

24

Select best one in the blank (B).

① pay and forward

② accept and forward

③ pay or accept and forward

④ honour or negotiate and forward

25

Select best one in the blank (C).

① honours

② negotiates

③ honours or negotiates

④ pays or honours

[26~27] Read the following letter and answer.

In some cases, such as those involving payment under a letter of credit, the shipper may need to have an insurance document included in the set of shipping documents. Under an open policy, this is accomplished by the use of (   ), which are issued by the insurer at the instruction of the insured party. Traders should take care, because a letter of credit that explicitly requires submission of an insurance policy will not allow an insurance certificate <u>as a substitute</u>.

26

Which would be most suitable for the blank?

① insurance certificate

② cover note

③ insurance policy

④ insurance cover

27

Which could replace the underlined best?

① as a subject matter

② as a replacement

③ as a same thing

④ as an option

(A) Please send us your <u>Sales Contract</u> so that we can sign them before we instruct our bankers to issue a letter of credit.

(B) We want this initial order to be the first step to a long and pleasant business relationship between us and we hope you will arrange for immediate shipment.

(C) Thank you for your e-mail dated March 24 and we are pleased to inform you that we accepted your request to extend the delivery date.

(D) As we contracted with our local distributors according to your previous delivery schedule, we had a hard time persuading them to accept your revised delivery date. Further delay in delivery, therefore, will cause a serious problem as they will refuse to accept the products.

28

Select the same meaning of underlined <u>Sales Contract</u>.

① Sales Letter
② Sales Note
③ Circular Letter
④ Offer sheet

29

Please arrange the sentences in the good order.

① (A)−(B)−(C)−(D)
② (C)−(B)−(A)−(D)
③ (C)−(D)−(B)−(A)
④ (C)−(D)−(A)−(B)

30

Which is NOT suitable for the blank?

They are enjoying a good reputation in the business circles for their punctuality in meeting their (　　).

① obligations
② commitments
③ liabilities
④ discretions

31

Which is best for writing the below in English?

빠른 인도를 유지하고 보장하는 것이 최우선임을 명심해주시기 바랍니다.
→ Please make sure that maintaining and guaranteeing a prompt (A) is a top (B).

① (A) distribution − (B) presence
② (A) delivery − (B) presence
③ (A) distribution − (B) priority
④ (A) delivery − (B) priority

32

Rephrase the sentence below.

As requested, we have sent you our samples by airmail.
= (A) your request, we have (B) our samples.

① (A) Complying − (B) shipped
② (A) From − (B) shipped
③ (A) According to − (B) airmailed
④ (A) For − (B) airmailed

33

Select the wrong one in the blank.

Open account transaction is a sale where the goods are shipped and delivered before payment is due, which is typically in 30, 60 or 90 days. Obviously, this option is (A) to the (B) in terms of cash flow and cost, but it is consequently a (C) option for an (D).

① (A) advantageous
② (B) importer
③ (C) risk
④ (D) exporter

34

Below explains installment shipments under Letter of Credit. Choose which is NOT correct.

(A) The installment shipments mean shipping an order in different batches and on different periods stipulated in the letter of credit. (B) Installment shipments have to be made within the stipulated period mentioned in the letter of credit. (C) In such cases, failure to ship any installment within the period allowed will render the letter of credit operative for that installment and any subsequent installments. (D) This is different from partial shipments under L/C operation.

① (A)
② (B)
③ (C)
④ (D)

35

Select the best one for the blank.

Constructive total loss : A marine insurance term for situations where (   ).

① the cost of repairing damaged insured goods exceeds their value
② the cost of repairing damaged insured goods is below their value
③ the cost of fixing damaged insured ship is below their value
④ the cost of fixing average goods exceeds their value

During the transit and voyage period, the bill of lading is recognised by the law merchant as the symbol of the goods described and delivery of the bill of lading constitutes the symbolic delivery of the goods. Property in the goods passes by such endorsement whenever and to the extent that this is the parties' intention, just as, in similar circumstances, the property would pass by actual delivery of the goods. *The holder* of the bill of lading is entitled against the carrier to have the goods delivered to it, to the exclusion of other persons.

36

Which is MOST similar to the delivery underlined?

① transfer
② procurement
③ payment
④ issuance

37

Who can NOT be *the holder*?

① seller
② buyer
③ bank
④ carrier

38

Which of the following is most likely to come AFTER the passage below?

We are pleased to inform you that your order No.1555 has been shipped today on SS Arirang which is due in Amsterdam from Busan Port in eight weeks.

The shipping documents, including bill of lading, invoice, and insurance policy have been passed to Citibank, Amsterdam who will advise you.

As agreed, we have drawn on you at 60 days after sight for USD120,000 please advise upon your acceptance.

① Shipment will be effected during July, of course. We have enclosed our Sales Note and also copies of cables exchanged between us.
② We are sure that you will be pleased with the goods, and look forward to hearing from you soon.
③ Would you please send us a few samples for our further consideration? Then we may put a purchase order in due course.
④ Immediately upon receipt of your letter of credit for the above, we will make every arrangement necessary to clear the goods.

39

Which one is best referred to?

> The person, usually the importer, to whom the shipping company or its agent gives notice of arrival of the goods in case of order bill of lading.

① Consigno   ② Consignee

③ Shipper   ④ Notify party

40

Which is LEAST correct matching?

> We are sorry to (A) advise you that the shipment during September covering your order No. 412 seems impossible to be (B) executed within the date (C) stipulated (D) because of manufacturers' labor shortage.

① (A) — warn   ② (B) — performed

③ (C) — stated   ④ (D) — on account of

41

Select the different purpose from others.

① The stuffing inside the case was so loose that some cups and plates have been broken.

② As the polyethylene bags were not thick enough, the solution was wholly spilled out.

③ As soon as our present stock has run out, we shall have to revise our prices.

④ The adhesive tapes seem to have dried in some cases, so the lids become loose.

42

Which is NOT suitable for the blank?

> We filed our claim for the broken cargoes with the ( ).

① shipping company   ② insurance company

③ the exporter   ④ nego bank

43

Select the best one for the business letter in explaining the example.

> We suggest you to place an order with us soon.
> → We suggest that you should place an order with us soon.

① Conciseness   ② Clearness

③ Correctness   ④ Confidence

44

Select the wrong part in the passage of Incoterms®2020.

> (A) Under CIF term, if the seller incurs costs under its contract of carriage (B) related to unloading at the specified point at the port of destination, (C) the seller is entitled to recover such costs separately from the buyer (D) unless otherwise agreed between the parties.

① (A)
② (B)
③ (C)
④ (D)

45

Select the wrong part in explaining EXW under Incoterms 2020.

> "Ex Works"means that (A) the seller delivers the goods to the buyer (B) when it places the goods at the disposal of the buyer (C) at a named place (like a factory or warehouse), and (D) that named place may or may not be the carrier's premises.

① (A)
② (B)
③ (C)
④ (D)

46

Select the wrong explanation of changes in Incoterms®2020.

① Change in the three-letter initials for DAT to DPU
② Inclusion of security-related requirements within carriage obligations and costs
③ Explanatory Notes for Users
④ Bills of lading with an on-board notation under the CPT Incoterms rule·

47

Which is NOT correct about amendment under UCP 600?

① A confirming bank may choose to advise an amendment without extending its confirmation.
② A bank that advises an amendment should inform the bank from which it received the amendment of any notification of acceptance or rejection.
③ Partial acceptance of an amendment is allowed and will be deemed to be notification of partial acceptance of the amendment.
④ A provision in an amendment to the effect that the amendment shall enter into force unless rejected by the beneficiary within a certain time shall be disregarded.

48

Which of the following best fits the blank?

> (   ) transports liquid bulk consignments, usually crude oil.

① Bulk
② Tanker
③ Container
④ LASH

49

Select the best answer suitable for the blanks under UCP 600.

> Consequently, the undertaking of a bank to honour, to negotiate or to fulfil any other obligation under the credit is not subject to (A) or (B) by the applicant resulting from its relationships with the (C) or the (D).

① (A) claims − (B) defences − (C) issuing bank − (D) beneficiary
② (A) claims − (B) remedies − (C) issuing bank − (D) nominated bank
③ (A) claim − (B) remedies − (C) confirming bank − (D) beneficiary
④ (A) claim − (B) defences − (C) confirming bank − (D) nominated bank

50

Which of the following BEST completes the blanks in the box?

> Constructive total loss arises when the vessel or cargo is in such a situation that the cost of ( ) and repairing her would exceed her value when ( ).

① salvaging − repaired
② recovering − repaired
③ salvaging − repairing
④ recovering − repairing

51

다음 중 무역계약의 성질에 대한 설명으로 적절하지 않은 것은?

① 유상계약은 매도인의 물품인도라는 급부에 대하여 매수인이 금전적 반대급부의 채무를 부담하는 계약을 말한다.
② 쌍무계약은 매도인이 물품인도의무를, 매수인이 대금 지급의무를 각각 부담하며 편무계약과 구별된다.
③ 낙성계약은 당사자 간의 합의만 있으면 그 자체로 계약이 성립하기 때문에 일명 합의계약이라고 하며 요물계약과 유사하다.
④ 불요식계약은 계약의 성립이 구두, 전화, 서면 등 어떠한 형식의 내용으로도 가능하다.

52

다음 중 복합운송의 요건에 해당되지 않는 것은?

① 단일의 운송책임
② 단일의 운임책정
③ 복합운송서류의 발행
④ 운송주선업자에 의한 서로 다른 운송수단의 채용

53

다음 상업송장과 선하증권의 내용을 바탕으로 틀리게 설명된 것은?

> − Commercial Invoice 기재사항
> SELLER : KCCI CO., LTD. SEOUL KOREA
> BUYER : MEIYER CO., FRANKFURT GERMANY

```
COUNTRY OF ORIGIN OF GOODS :
CHINA
COUNTRY OF FINAL DESTINATION :
GERMANY


- Bill of Lading 기재사항
SHIPPER : TANGSHAN CO., LTD. CHINA
CONSIGNEE : MEIYER CO., FRANKFURT
GERMANY
VESSEL : CSC SAHNGHAI W802
PORT OF LOADING : SHANGHAI PORT,
CHINA
PORT OF DISCHARGE : HAMBURG
PORT, GERMANY
```

① 대금결제는 무신용장 방식을 이용하였다.
② 거래에서 사용된 선하증권은 Third Party B/L이다.
③ 신용장을 활용하여 대금결제가 이뤄질 것이다.
④ 수출거래물품은 제3국에서 선적될 것이다.

54

다음 중 무역계약의 기본조건에 대한 설명으로 올바르게 기술한 것은?

① 무역당사자가 제시한 견본과 동일한 품질의 물품을 인도하도록 약정하는 방법은 '표준품에 의한 매매(Sales by Standard)'이다.
② 곡물거래에 사용되는 거래조건 중 TQ(Tale Quale), RT(Rye Terms), SD(Sea Damaged)는 수량조건에 해당한다.
③ 신용장거래에서 Bulk화물의 수량조건은 통상 10%의 과부족을 허용한다.
④ 수출입에 따른 각종 비용 및 위험을 누가, 어느 정도 부담하는가를 결정하기 위해 정형거래조건을 활용한다.

55

다음 중 수입신용장 개설과 관련, 수입업자가 개설은행과 외국환거래약정 체결 시 주의해야 할 사항으로 옳지 않은 것은?

① 개설은행은 개설된 신용장을 임의로 취소 또는 변경할 수 없다.
② 수입업자는 신용장개설에 따른 수수료, 이자, 할인료, 지연배당금, 손해배상금 등을 부담한다.
③ 수입업자는 개설은행의 요청으로 개설은행에 지급해야 하는 모든 채무, 수수료 등을 위한 담보를 제공하여야 한다.
④ 개설은행은 채권보전을 위해 필요한 경우 신용장 조건과 불일치하는 어음에 대해서는 수입업자의 동의 하에 지급 또는 인수를 거절할 수 있다.

56

다음 중 관세법의 특성과 내용에 대한 설명으로 적절하지 않은 것은?

① 관세법령의 체계는 관세법, 관세법시행령, 관세법시행규칙 순으로 이어진다.
② 수입물품에는 관세를 부과하는 것이 원칙이나, 특정한 정책목적을 수행하기 위하여 수입자나 수입물품이 일정한 요건을 갖춘 경우 관세의 일부 또는 전부를 면제해 준다.
③ 관세환급의 개별환급은 원자재의 수입 시 납부한 각각의 세액에 따라 별도로 산출한 금액을 환급하는 것이다.
④ 관세평가제도는 WCO의 정상도착가격주의를 도입하여 FOB가격을 과세가격으로 하고 있다.

57

다음 중 국내·국제거래조건의 사용에 관한 ICC규칙인 Incoterms®2020의 개정내용에 대한 설명으로 옳지 않은 것은?

① 매매계약과 부수계약의 구분과 그 연결을 더 명확하게 설명하였다.
② 각 인코텀즈규칙에 대한 기존의 설명문(EXPLANATORY NOTE)을 개선하여 현재의 사용지침(GUIDANCE NOTE)을 제시하였다.
③ 개별 인코텀즈규칙 내에서 10개 조항의 순서를 변경하여 인도와 위험을 더욱 강조하였다.
④ 소개문(INTRODUCTION)에서 올바른 인코텀즈규칙의 선택을 더욱 강조하였다.

58

다음 중 추심결제방식의 특징으로 옳지 않은 것은?

① 수출상은 선적서류를 은행을 통해 송부한다.
② 수입상은 수입대금을 은행을 통해 지급한다.
③ 추심에 관한 통일규칙(Uniform Rules for Collection, URC 522)이라는 국제규칙이 존재한다.
④ 환어음을 사용하지 않으므로 어음법의 적용을 받지 않는다.

59

다음 중 SWIFT 신용장 상의 내용으로 올바른 것은?

46A : Documents Required
+ Signed Commercial Invoice in quintuplicate
+ Insurance to be effected by Buyer
+ Full set of clean on board ocean Bills of Lading made out to order of ABC Bank marked "freight collect"and "notify applicant"

① 상업송장은 사본 5부를 제시하면 된다.
② 가격조건은 FOB 조건일 수 있다.
③ B/L상의 consignee란과 notify party란에는 ABC Bank가 기재된다.
④ 해상운임은 Seller가 부담하여야 한다.

60

다음 중 양도신용장과 관련된 설명으로 맞는 것은?

① 분할양도 신용장의 조건변경은 제2수익자 모두 조건 변경에 합의하여야 가능하다.
② 신용장을 재양도하는 경우, 반드시 양도은행의 승인을 받아야 한다.
③ 신용장의 분할선적이 금지된 경우에는 분할양도가 가능하다.
④ 제2수익자가 제1수익자에게 재양도하는 것은 가능하다.

61

다음은 UCP 600 Article 3. Interpretations의 내용 중 일부이다. (   ) 안에 들어갈 단어가 옳게 나열된 것은?

The words "(㉠)" and "(㉡)" when used to determine a maturity date exclude the date mentioned.

① ㉠ from ㉡ after
② ㉠ to ㉡ before
③ ㉠ until ㉡ after
④ ㉠ till ㉡ before

62

다음 중 UCP 600을 적용한 신용장 거래에 대한 설명으로 적절하지 않은 것은?

① 통지은행은 신용장의 외관상 진정성을 확인할 수 없는 경우에는 반드시 통지하지 않아야 한다.
② 신용장은 취소불능이라는 표시가 없더라도 취소불능이다.
③ 통지은행은 수익자에게 신용장 및 그 조건변경을 통지하기 위하여 다른 은행(제2 통지은행)을 이용할 수 있다.
④ 신용장을 통지하기 위하여 통지은행 또는 제2의 통지은행을 이용하는 은행은 그 신용장의 조건변경을 통지하기 위하여 동일한 은행을 이용하여야만 한다.

63

다음 중 불일치서류의 매입방식으로 틀린 것은?

① 신용장을 서류에 맞추어 조건변경한 후 매입하는 방법
② 수입업자 앞으로 하자내용을 통보하고 매입여부를 전신으로 조회한 후 매입하는 방법
③ 화환어음을 추심한 후 대금이 입금되었을 때 지급하는 방법
④ 개설은행이 서류의 하자로 인해 대금지급 거절 시 수출업자가 책임진다는 각서를 징구한 후 매입하는 방법

64

다음 중 UCP 600이 적용된 신용장 거래에서 분할선적에 대한 설명으로 적절하지 않은 것은?

① 금지하지 않는 한, 분할선적은 허용된다.
② 동일 운송수단과 동일 운송구간에 선적되었음을 나타내는 운송서류를 제시한 경우 분할선적으로 보지 않는다.
③ 분할선적된 물품의 운송서류가 두 세트 이상 제시된 경우 그 중 가장 빠른 선적일을 선적일로 본다.
④ 동일 운송방법이더라도 둘 이상의 운송수단 상에 선적된 것을 나타내는 운송서류의 제시는 동일 날짜에 동일 목적지로 향하더라도 분할선적으로 본다.

65

다음 중 항공운송총대리점과 항공운송주선업자의 비교 설명으로 옳지 않은 것은?

구 분	항공운송 총대리점	항공운송 주선업자
(가) 업무영역	모든 화물취급 (LCL 화물은 운송주선업자에게 혼재의뢰)	국내외 LCL 화물취급
(나) 운임률	항공사의 운임률표 사용	자체의 운임률표 사용
(다) 화주에 대한 책임	항공사 책임	운송주선업자 책임
(라) 운송약관	자체의 약관 사용	항공사의 약관 사용

① (가)
② (나)
③ (다)
④ (라)

66

( ) 안에 들어갈 용어로 옳은 것은?

> 통상 수출통관은 수출물품을 세관이 지정한 보
> 세창고에 장치하여야 하나, 수출업자가 자가창
> 고를 보세창고로 지정받은 경우, 세관의 담당
> 공무원이 해당창고에 출장하여 (   )업무를
> 진행한다.

① 임시개청
② 출장검사
③ 출무검사
④ 파출검사

67

다음 중 보험계약 체결 당시의 위험사정은 완전히
소멸하고 새로운 위험사정으로 전개되는 위험의 변
동 사례로 구성된 것은?

① 항해의 변경, 선박의 변경
② 항해의 변경, 이로
③ 선박의 변경, 지연
④ 이로, 지연

68

다음 중 해상고유의 위험으로 구성되어 있는 것은?

① 좌초, 침몰, 투하, 화재
② 화재, 선원의 악행, 군함, 외적
③ 충돌, 악천후, 좌초, 침몰
④ 좌초, 투하, 외적, 군함

69

영국해상보험법(MIA1960) 상 공동해손(GENERAL
AVERAGE)의 구성요건으로 옳지 않은 것은?

① 통상적인 희생이나 비용이 아닌 이례적인 희생
  이나 비용이어야 한다.
② 희생이나 비용이 자발적으로 발생된 것이어야
  한다.
③ 고의로 발생시킨 비용이나 희생이 합리적인 수
  준 이내에서 발생되어야 한다.
④ 공동해손손해는 공동해손행위에 의한 간접적 손
  해이어야 한다.

70

다음 중 중재제도의 한계점으로 옳지 않은 것은?

① 당사자 간의 중재합의의 효력에 관한 분쟁은 법
  원에 의해 해결되어야 한다.
② 중재인의 선임이 원만하게 이루어지지 않을 때
  에는 법원이 이를 선정·보충·대체할 수 없다.
③ 당사자가 중재판정에 따르지 않는 경우에는 법원
  의 집행판결을 받아서 강제집행을 하여야 한다.
④ 내국중재판정에 하자가 있을 때에는 법원에 소
  를 제기하여 이를 취소할 수 있다.

71

다음 중 중재(ARBITRATION)에 대한 설명으로 틀린
것은?

① 중재합의는 원칙적으로 서면으로 하여야 한다.
② 중재합의의 내용이 기록된 경우 서면에 의한 합
  의로 간주되고, 분쟁이 발생하기 전에 이뤄져야
  만 한다.
③ 중재합의는 '직소금지' 즉, 중재합의의 대상에 대
  한 소를 제기하는 경우 법원이 소를 각하하게 할
  수 있는 효력을 갖는다.
④ 중재합의는 국제적으로는 '뉴욕협약'에 따라 외
  국에서의 승인과 집행이 보장되도록 하는 효력
  을 갖는다.

72

다음 중 국제물품매매계약에 관한 UN협약(UNCISG)의 적용에 대한 설명으로 옳지 않은 것은?

① 영업소가 서로 다른 국가에 있는 당사자간의 물품매매계약에 적용된다.
② 해당 국가가 모두 체약국인 경우, 또는 국제사법 규칙에 의하여 체약국법이 적용되는 경우에 적용된다.
③ 개인용·가족용 또는 가정용으로 구입된 물품의 매매에도 적용된다.
④ 물품을 공급하는 당사자 의무의 주된 부분이 노무 그 밖의 서비스의 공급에 있는 계약에는 적용되지 아니한다.

73

다음 중 복합운송인의 책임체계에 대한 설명으로 적절하지 않은 것은?

① 단일책임체계는 화물의 멸실, 훼손, 자연손해가 복합운송도중 어느 구간에서 발생하였느냐를 구분하지 않고 복합운송인이 동일한 책임을 지도록 하는 책임체계이다.
② 이종책임체계는 손해발생구간이 확인된 경우와 그렇지 않은 경우로 나눠 각각 다른 책임을 적용하는 체계이다.
③ 이종책임체계는 해상운송구간이 포함된 복합운송에서 손해발생구간이 밝혀지지 않은 경우라면 해상구간에서 발생한 것으로 추정하여 헤이그규칙 등을 적용한다.
④ 단일책임체계는 화주에 대하여는 운송인이 인수한 전 운송구간에 걸쳐서 동일책임을 지는 것을 원칙으로 하되, 책임한도액은 각 구간에 적용되는 강행법률 등이 정한 바에 따르도록 하는 체계이다.

74

다음 중 eUCP에 대한 설명으로 틀린 것은?

① eUCP에 따른 신용장 거래에서 전자기록의 제시는 동시에 이뤄질 필요는 없다.
② eUCP 신용장이 여러 개의 전자기록의 제시를 요구하는 경우 수익자는 제시가 완료된 경우 이를 은행에 통지하여야 할 책임이 있다.
③ eUCP 신용장에서 은행은 수익자의 완료통지가 없는 경우 제시가 이뤄지지 않았다고 간주한다.
④ eUCP에서 은행의 심사기간이 최장 3영업일이라고 규정하고 있다.

75

다음 중 항공화물운송장(AIR WAYBILL)에 대한 설명으로 틀린 것은?

① AWB의 원본은 발행항공사용, 수화인용, 송화인용, 화물인도항공회사용, 도착지 공항용의 5부가 발행된다.
② 송화인이 화주보험에 가입을 한 경우 보험가입증명서로서 기능을 수행한다.
③ 운임, 요금의 청구를 나타내는 요금계산서로서의 역할을 수행한다.
④ 송화인과 항공운송인 간의 항공운송계약에 대한 추정적 증거기능을 수행한다.

1급 2020년 제1회

1	2	3	4	5	6	7	8	9	10	11	12	13	14	15
③	④	②	③	①	①	②	③	④	③	①	①	①	②	②

16	17	18	19	20	21	22	23	24	25	26	27	28	29	30
①	①	①	④	①	③	③	②	①	③	④	④	④	③	②

31	32	33	34	35	36	37	38	39	40	41	42	43	44	45
④	②	②	①	④	④	④	①	③	①	①	③	①	②	④

46	47	48	49	50	51	52	53	54	55	56	57	58	59	60
④	④	②	③	③,④	②	②	④	④	①	②	②	④	③	①

61	62	63	64	65	66	67	68	69	70	71	72	73	74	75
①	④	③	②	③	③	①	④	④	③	③	③	②	④	④

[01~02]

담당자께,

귀사의 4월 5일자 서신에서, 당사는 귀사의 주문 No.146(ⓐ 에 대한) 신용장을 즉시 개설할 것을 요청받았습니다.

당사는 오늘 서울의 한국외환은행에 미화 250,000달러에 대하여 귀사를 수익자로 하여, 취소불능확인신용장 개설을 요청했으며, 이 신용장은 5월 20일까지 유효할 것입니다.

상기 신용장은 ⓐ N.Y. 뉴욕시티은행에 의해 통지되며 확인될 것입니다. 그 은행은 취소불능확인신용장 하에서 귀사의 (ⓒ 일람) 후 60일에 출급 (ⓑ 환어음)을 인수할 것입니다.

물품 선적 즉시 당사에 텔렉스나 팩스로 (ⓓ 선적일)을 알려주십시오.

그럼 안녕히 계십시오.

01

밑줄 친 ⓐ의 역할이 아닌 것은?

① 확인은행
② 통지은행
③ 개설은행
④ 인수은행

서신의 두 번째 문단에서 '… will be advised and confirmed by ⓐ the New York City Bank, N.Y. They will accept …'라고 했으므로, 밑줄 친 ⓐ '뉴욕시티은행'은 개설은행(서울 외환은행)의 신용장에 대한 인수·확인·통지은행이다. 신용장거래에서 인수은행은 신용장의 조건과 일치되는 서류가 첨부된 기한부환어음(time bill or usance bill)을 발행하여 은행에 제시하면, 이 기한부환어음을 인수하도록 수권된 은행이다. 자행 앞으로 발행된 기한부환어음을 인수한 경우에는 그 어음의 만기일에 반드시 지급할 의무를 지게 되므로 인수은행은 어음의 만기일에 가서는 지급은행이 된다.

02

수입자가 수출자에게 물품 선적 즉시 알려달라는 것이므로, ⓓ maturity(만기일) → shipment(선적일)이 되어야 한다.

03

> 이 신용장은 송장금액 전액으로 (발행은행 / 확인은행 / 상환은행) 앞으로 발행한 어음을 매입하여 어느 은행에서나 이용할 수 있다.
> *negotiation : 매입
> *for full invoice value : 전액 송장금액으로

① 그 회사는 업계에서 존경받고 있습니다.
② 그들의 계좌가 항상 제때에 정산된 것은 아닙니다.
③ 당사의 정보에 따르면, 그들은 약속을 정확히 지키고 있습니다.
④ 그들은 항상 만족스럽게도 지불기한을 지켰으며, 최근 재무제표는 건전한 상태입니다.

주어진 지문은 어떤 회사의 신용평가서를 요청하는 내용으로, ① · ③ · ④는 긍정적인 평가, ②는 부정적인 평가이다.

*settle : (주어야 할 돈을) 지불[계산]하다, 정산하다
*as far as : ~하는 한
*punctually : 정각에; 엄수하여
*commitments : 약속(한 일); 책무
*to one's satisfaction : 만족스럽게도
*financial statements : 재무제표

04

다음 중 인코텀즈 2020 하에서 CPT 규칙에 대하여 사실이 아닌 것은?

① 매도인은 물품을 운송업자에게 인도하거나, 그렇게 인도된 물품을 조달함으로써 인도한다.
② 매도인은 지정목적지까지 상품을 운송하기 위하여 필요한 경우 운송계약을 체결하고 비용을 지불한다.
③ 매도인은 물품이 지정목적지에 도착하면 인도의 의무를 이행한다.
④ 매도인은 물품 인도를 위해 필요한 경우 물품의 품질 · 용적 · 중량 · 수량 검사비용을 지불한다.

인코텀즈 2020의 CPT 규칙 중 B2의 내용으로, (매도인→)매수인은 A2에 따라 인도된 때에 물품의 인도를 수령하여야 하고, 지정목적지에서 또는 합의된 경우 지정목적지 내의 지점에서 운송인으로부터 물품을 수령하여야 한다.

*deliver : (물건 · 편지 등을) 배달하다
*procure : (특히 어렵게) 구하다[입수하다]
*the named place of destination : 지정목적지
*fulfill its obligation : 의무를 이행하다
*reach : ~에 이르다[닿다/도달하다]

05

> 친애하는 Beals씨께,
>
> 당사의 주문 No. 14478.
>
> 2019년 6월 20일에 인수한 상기 주문 청바지 선적에 대한 클레임을 제기합니다.
> 청바지 포장박스가 운송 중 훼손된 것으로 보입니다. 귀사의 상업송장 No. 18871에 따르면, 청바지 25개가 도난당했으며, 550달러에 상당하는 것으로 추정됩니다. 포장박스가 훼손되어서 일부 상품은 밟히고, 오염이 심해 점포에서 새 상품으로 판매하기에 무리가 있습니다.
> 판매는 CFR 기준으로 이루어졌고 운송회사가 귀사의 대리점이었기 때문에, 당사는 보상과 관련하여 그 회사와 연락할 것을 제안합니다.
> 파손되고 없어진 물품 리스트를 동봉했으며, 탁송물은 귀사의 지시를 받을 때까지 한쪽에 따로 두겠습니다.
>
> 그럼 안녕히 계십시오.
>
> Peter Jang
>
> 손상 및 분실 물품 리스트 동봉
> *in transit : 운송 중에
> *crushed : 밟힌
> *stained : 얼룩이 묻은
> *forwarding company : 운송주선업자
> *with regard to : ~에 관해서는

① Beals씨는 보상을 위해 그들의 운송회사와 연락할 것이다.

② Jang씨는 손상된 화물을 Beals씨에게 돌려보낼 작정이다.

③ Beals씨는 손상된 화물을 인수할 것이다.

④ Jang씨는 Beals씨가 손상된 물품을 보냈다고 믿고 있다.

위 서신은 포장박스가 훼손된 채 배달된 주문품에 대한 보상을 요구하는 서신으로, 세 번째 문단에서 '… we suggest you contact them with regard to compensation.'라고 했으므로, 정답은 ①이다.

*communicate with : ~와 연락하다

*compensation : 보상

*intend to : ~할 작정이다

*consignment : 탁송물[배송물]

06

다음 중 답신에 포함될 가능성이 가장 적은 것은?

친애하는 송 선생님께,

12월 21일자 서신의 귀사의 에이스 A/V 시스템 확정청약에 대하여 감사드립니다. 수량할인 제안을 포함한, 귀사의 서신에서 언급된 모든 조건이 수용 가능합니다. 당사는 에이스 시스템 200대를 초도주문하려고 합니다. 본 주문 관련 상세는 동봉한 주문서 No. KEPP-2345에 있습니다. 추가 통신과 송장 발행에 대해서는 상기 주문번호를 참조하시기 바랍니다.

*firm offer : 확정청약

*terms and conditions : (계약이나 지불 등의) 조건

*quantity discount : 수량할인

*acceptable : 받아들일 수 있는[허용할 수 있는]

*place an initial order : 초도주문하다

① 만약 귀사가 주문 접수 후 6주 이내에 유리한 견적을 제공하고 인도를 보증할 수 있다면, 당사는 정기적으로 주문할 것입니다.

② 귀사의 신용장을 받으면, 당사는 귀사의 주문을 처리해서, 지시대로 물품을 선적할 것입니다.

③ 귀사의 주문서에 기재된 제품이 유감스럽게도 올 1월 이후 생산 중단되었습니다.

④ 귀사의 주문에 대한 생산과 선적에 문제가 없을 것으로 예상되므로, 당사는 이 주문이 제때에 도착할 것으로 예상합니다.

위 서신은 수출자의 청약조건을 승낙하여 수입자가 초도주문을 하는 내용이므로, ②·③·④는 수출자의 답신에 포함될 수 있다. ①은 수입자가 주문하는 경우에 쓰는 표현이다.

* Provided : (만약) ~라면

* favorable quotation : 유리한 견적

* on a regular basis : 정기적으로

* process order : 주문을 처리하다

07

당행은 여기에서 본 신용장의 조건과 조항에 (일치하여) 환어음이 발행되고 매입되었다면 (환어음의 발행인 그리고/또는 선의의 소지인)에게 서류제출 시 정히 (지급될) 것임을 약속한다.

신용장 방식에서는 신용장 발행은행이 수입자(발행 의뢰인)를 대신하여 수출자에게 일정기간 내(신용장 유효기간)·일정조건(신용장 기재조건) 아래 선적서류 등을 담보로 '수입자·신용장 개설은행·개설은행 지정 환거래 취결은행'을 지급인으로 하는 화환 어음을 발행할 권한을 부여(지급신용장 제외)한다. 이 선적서류와 어음이 제시될 경우 발행은행이나 발행은행의 지정은행이 일정금액의 어음을 매입(Negotiation), 인수(Acceptance) 또는 지급(Payment)할 것을 어음발행인(수출상) 및 어음수취인(어음매입은행)에게 보증한다.

* drawer : 어음발행인

* bona fide holders : 어음의 선의의 소지인

* in (conformity) with : ~에 따라서[일치하여]

* on presentation : 제시하는 대로

* duly : 적절한 절차에 따라

* honour : (은행 등에서 수표에 적힌 액수를) 지급하다

08

신용장이 보험증명서를 요청하는 경우, 보험증서가 제시된다.

① 보험증서는 보험증명서 사본과 함께 제출해야 한다.
② 보험증명서만 제시되어야 한다.
③ 보험증서도 승인될 수 있다.
④ 보험증명서는 보험증서 사본과 함께 제출해야 한다.

UCP 600 제28조 보험서류와 부보범위에 따르면, 보험증서는 포괄예정보험에 의한 보험증명서나 통지서를 대신하여 수리될 수 있다.

* insurance certificate : 보험증명서
* transaction : 거래
* insurance policy : 보험증서
* accompany : 동반되다

[09~10] 다음을 읽고 물음에 답하세요.

친애하는 Simpson씨께,

C2000 컴퓨터 20대 탁송물을 ⓐ 픽업해서 다음 주소지(NZ Business Machines Pty, 100 South Street, Wellington, New Zealand)의 M. Tanner씨에게 ⓑ 선적하는 데 필요한 준비를 해주시겠습니까?
모든 선적수속과 보험을 ⓒ 처리해 주시고, 당사에 선하증권 사본 5통, 상업송장 사본 3통, 보험증서를 보내주십시오. 당사가 고객들에게 직접 선적 건에 대해 ⓓ 통보하겠습니다.
본건을 되도록 빨리 처리해 주시겠습니까? 귀사의 청구서는 통상적인 방법으로 당사에 청구될 것입니다.

Neil Smith
*pick up : 픽업하다. 맡긴 물건을 찾다
*make arrangement for : ~을 준비하다
*ship : 수송[운송]하다
*shipping formalities : 선적수속
*advise : (정식으로) 알리다(= inform)
*invoice : (물품 대금작업비 등의) 청구서[송장]를 보내다
*in the usual way : 통상적인 방식으로

09

다음 중 추론할 수 없는 것은?
① Simpson씨는 화물운송회사의 직원이다.
② Neil Smith는 컴퓨터 회사의 운송 담당 직원이다.
③ M. Tanner씨는 수하인이다.
④ 이 이메일은 선적처리회사로부터 매수인에게 간 메일이다.

위 이메일은 수출자인 컴퓨터 회사의 선적사무원(Neil Smith)이 운송회사(Mr. Simpson)에게 수출화물을 픽업해서 매수인(Mr. M. Tanner)에게 선적할 것을 요청하는 메일이다.

*staff : 직원
*freight forwarder : 화물운송업자
*shipping clerk : 선적사무원
*consignee : 수하인
*shipper : 선적처리업자, 해운회사

10

다음 중 밑줄 친 단어와 바꿔 쓸 수 없는 것은?
① ⓐ ~을 데리러[가지러] 가다
② ⓑ 수송하다
③ ⓒ (비용을) 발생시키다
④ ⓓ (특히 공식적으로) 알리다[통지하다]

밑줄 친 ⓒ handle은 '처리하다'의 뜻인데, ③ incur는 '(비용을) 발생시키다'의 뜻이므로, 바꿔 쓸 수 없다.

11

(A) 양도은행은 신용장을 양도하는 지정은행, 또는 어느 은행에서나 이용 가능한 신용장의 경우에는 (B) 개설은행으로부터 양도할 수 있는 권한을 특정하여 받아 신용장을 양도하는 은행을 의미한다. (C) 개설은행은 (D) 양도은행이 될 수 있다.

UCP 600 제38조 양도가능신용장의 내용으로, 양도은행은 제1수익자의 의뢰를 받아서 제2수익자에 대해서 신용장의 양도통지를 행하는 은행을 말한다. 개설은행으로부터 지급, 인수 또는 매입을 이행하도

록 수권받은 은행만이 이행할 수 있는데 통상적으로 통지은행이 그 역할을 한다.

*transferring bank : 양도은행

*issuing bank : 개설은행

[12~13]

친애하는 Reed씨께,

Madam Furnishing을 선택해 주셔서 감사합니다. 멜리사 테이블에 대한 귀하의 배송 선호도 및 테이블 디자인 변경에 대한 전화상담 관련하여 아래 조건을 검토 · 확인하시기 바랍니다.

오늘 발송 예정이었던 주문은 귀하의 요구사항을 포함하여 원하는 가구를 받을 수 있도록 하기 위해 (A) 보류되었습니다. 테이블 색상변경과 배송일정에 대한 요구가 문서화되어 주문서가 (B) 수정되었습니다.

다음 사항에 유의하시기 바랍니다. :
멜리사 테이블은 블랙, 브라운, 레드 색상으로 판매됩니다. 다른 색상의 테이블 생산은 주문 제작으로 간주되어 20달러의 추가 수수료를 받습니다.
멜리사 테이블 배송은 일요일 낮 12시부터 오후 3시 사이에 가능하지만, 주말/공휴일 기본 배송비인 10달러의 추가요금이 발생할 것입니다.

*Further to : ~에 덧붙여[~와 관련하여]

*ensure : 보장하다

*incorporated : (일부로) 포함하다

*custom order : 주문제작

*additional fee : 추가요금

12

① 메시지는 고객 요구사항을 확인하기 위해 쓰였다.
② 블랙, 브라운, 레드 이외의 다른 색상의 멜리사 테이블은 생산이 불가능하다.
③ 테이블 배송에는 추가요금 10달러가 부과될 것이다.
④ 고객은 테이블 색상과 배송일정 변경을 원하지 않는다.

위 서신의 두 번째 문단에서 'Your desire to change the colour of the table and delivery schedule has been documented and your order modified(테이블

색상변경과 배송일정에 대한 요구가 문서화되어 주문서가 수정되었습니다).'라고 했으므로, ①이 정답이다.
② '다른 색상의 테이블 생산은 주문 제작으로 간주되어 20달러의 추가 수수료를 받습니다'라고 했으므로, 사실이 아니다.
③ 추가요금 10달러는 주말배송의 추가요금이므로, 사실이 아니다.
④ 서신의 두 번째 문단에서 'Your desire to change the colour of the table and delivery schedule ...' 라고 했으므로, 사실이 아니다.

13

빈칸 (A) 다음에서 '...to ensure your requirements are incorporated and that you receive your desired furniture.'라고 했으므로, 문맥상에 빈칸 (A)에는 '~을 보류, 연기하다'라는 뜻의 put on hold가 적절하다. 빈칸 (B) 앞에서 'Your desire to change the colour of the table and delivery schedule has been documented and your order ...'라고 했으므로, 문맥상 '수정되다'의 뜻인 modified가 적절하다.

14

다음 중 수익자가 자신의 은행 시설에 영향을 미치지 않고 선적 전 금융을 받을 수 있는 화환신용장은?
① 양도가능신용장
② 선대지급신용장
③ 취소불능신용장
④ 취소불능확인신용장

선대지급신용장은 거래상대방인 수입업자로부터 수출대금 중 일부를 미리 받아 물품을 구입 또는 생산하여 수출한 후 나머지 대금을 회수하는 거래방식을 말하며, 이러한 선수금 허용순번이 적색으로 기재되어 있어 Red-Clause L/C라고 한다.

*pre-shipment financing : 선적 전 금융

[15~16]

> 귀사의 주문이 2018년 4월 17일에 미국에서 선적되었으며, 4월 27일에 리버풀에 도착 예정입니다. 당사는 귀사의 대리인 Eddis Jones에게 통보하였고, 그들이 (B) 통관을 위한 선적서류를 받는 즉시 탁송물을 귀사에 인도할 (A) 준비를 할 것입니다.
> 당사의 은행 대리점인 Westmorland Bank Ltd(노팅엄 하이 스트리트 소재)는 귀사가 당사의 청구서를 인수할 경우, 다음 서류를 (C) 넘겨줄 것입니다. : 무사고 선적선하증권, 송장, 보험증명서
> *shipping documents : 선적서류
> *clearance : 통관
> *hand over : 넘겨주다
> *shipped clean bill of lading : 무사고 선적선하증권
> *invoice : 송장

15

① 이 서신은 수입자에게 보내는 선적통지이다.
② Eddis Jones는 수입자를 위한 판매대리인이다.
③ Westmorland Bank Ltd는 수입국에 있는 추심은행이다.
④ 추심결제방식에서는, 금융서류가 상업서류를 동반한다.

서신 내용으로 미루어 Eddis Jones는 수입자를 위한 판매대리인(selling agent)이 아니라, 운송주선인(freight forwarder)이 되어야 한다.

금융서류와 상업서류의 종류

- 금융서류(Financial Document) : 환어음(Bill of Exchange), 약속어음(Promissory Note), 수표(Check) 등
- 상업서류(Commercial Documents) : 선하증권(Bill of Lading), 상업송장(Commercial Invoice), 포장명세서(Packing List), 검사증명서(Inspection Certificate), 원산지증명서(Certificate of Origin) 등

*advice of shipment : 선적통지
*collecting bank : 추심은행

16

(A) make arrangements for는 '~의 정리[준비, 계획]을 하다'를 의미한다.

(B) 운송주선인(freight forwarder)의 업무는 운송 및 물류 관련한 컨설팅 및 의뢰, 국가 및 대륙 간의 최적화된 이동수단 확인, 비용·기간 확인, 수·출입 관련한 전체적인 서류 및 통관 대행 업무 진행, 선사로부터 받은 Master B/L을 근거로 화주에게 House B/L을 발행(항공의 경우 AWB-Airway Bill 발행) 등이다.

(C) Westmorland Bank Ltd는 추심은행으로, 환어음과 선적서류를 접수하는 즉시 수입자에게 선적서류가 도착하였다는 통지서(arrival notice)를 발송하고 환어음 대금을 지급 또는 인수할 것을 요구한다. 은행으로부터 추심을 받은 수입자(지급인)는 추심환어음이 D/P방식인 경우에는 어음인수와 동시에 대금을 지급하고, D/A방식인 경우에는 제시된 환어음을 인수한다. 동시에 수입자로부터 환어음의 지급 또는 인수의 서명을 받은 추심은행은 선적서류를 수입자에게 인도한다.

17

다음 보기의 번역으로 가장 적절한 것은?

②·④ 'we regret to repudiate your claim(당사는 귀사의 클레임을 거부하게 되어 유감이고)'를 '귀사의 요구[클레임]를 부인하게 되어 유감이고'라고 했으므로, 적절한 번역이 아니다.

③ 'to your underwriters(귀사의 보험업자)'를 '귀사의 보험중개업자(insurance broker)'라고 했으므로, 적절한 번역이 아니다.

*By virtue of : ~의 힘으로
*be liable for : 지불 의무가 있다
*repudiate : (공식적으로) 부인하다
*redirect : (다른 주소·방향으로) 다시 보내다
*relevant : 관련 있는, 적절한
*underwriter : 보험업자

18

당사는 우리 주문에 대한 귀사의 처리 방식에 대단히 만족하고 있으며, 거래 관계가 성장해서 앞으로 귀사에 좀 더 대량주문하기를 기대하고 있습니다. 알고 있는 바로, 현재 귀사와 당사는 2년 이상 함께 거래를 해오고 있으므로, 당사에 분기별로 결제하는 (A) 청산계정을 승인해주시면 감사하겠습니다. 이 협정으로 당사는 (B) 송장마다 따로 지불하는 불편함을 덜게 될 것입니다. 은행과 거래업자의 (C) 추천서는 귀사의 (D) 요청대로 제공될 수 있습니다. 빠른 시일 내 귀사의 긍정적인 답신을 기대합니다.

*handling : (기계·장치 등의) 조작[처리]
*place even larger orders with : 훨씬 더 많은 주문을 하다
*open-account : 청산계정
*facility : (기계·서비스 등의 특수) 기능
*quarterly : 분기별의
*settlement : (갚을 돈의) 지불[계산]
*arrangement : 합의, 협의
*invoice : 송장
*reference : 추천서
*favorable : 찬성[승인]하는

위 지문은 수입자가 수출자에게 '분기별로 결제하는 청산계정을 요청'하는 내용으로, 빈칸 (A)에는 open-account(청산계정), (B)에는 invoice(송장), (C)에는 references(추천서), (D)에는 request(요청)이 적절하다.

청산계정(Open Account)
매매 양당사자가 상호 간에 수출입거래를 빈번하게 하는 경우에 각 거래마다 대금을 지급하지 않고 일정 기간의 거래에서 발생하는 채권·채무의 총액에 대하여 상계하고 그 잔액을 현금 결제하는 방법을 말한다.

19

다음 조항 중 분쟁해결(Dispute Resolution)에 대한 매도인과 매수인의 의무 기술로 적절하지 않은 것은?
① 당사자들은 선의의 협상을 통해 이에 의거하여 모든 분쟁을 해결하기 위해 합리적인 최선의 노력을 다할 것이다.

② 당사자는 이러한 분쟁에 관련된 다른 당사자에게 서면 통지서를 제출해야 하며, 통지서를 수령한 날로부터 30일 이내에 (또는 당사자들이 동의할 수 있는 다른 기간에) 해결될 수 없는 분쟁은 당사자들의 상호 합의에 의해 선택된 중재자에게 제출될 것이다.
③ 중재자나 중재자의 결정 또는 그 과반수의 서면 결정은 서면으로 제출되는 질문에 대해 당사자들에게 최종적이고 구속력이 있으며, 당사자들은 그러한 결정을 준수하고 순응할 것이다.
④ 본 계약의 어떤 조건 또는 다른 조항이 무효하거나, 불법적이거나, 어떤 법률이나 공공 정책에 의해 집행될 수 없는 경우, 그럼에도 불구하고, 본 계약의 다른 모든 약관은 완전한 효력을 유지하며, 여기에 의해 고려된 거래의 경제적 또는 법적 실체가 어떤 당사자에게 구체적으로 불리한 방식으로 영향을 받지 않는 한, 효력을 유지한다.

주어진 다른 지문들이 분쟁해결에 대한 내용인 것과 달리 ④는 분리가능조항의 내용이다.

분리가능조항(Severability Clause)
계약내용의 일부가 어떠한 사유로 실효 또는 무효화 하더라도 그 계약 전체가 실효 또는 무효로 되는 것은 아니라는 조항으로, 법원의 판결이나 법규의 강행규정에 의하여 계약내용의 일부가 실효 또는 무효로 되는 경우에 계약 전체가 실효 또는 무효화 하는 것을 미연에 방지하기 위하여 설정되고 있다. 다만 계약조항의 중요한 부분이 실효가 되는 때에는 계약 전부가 실효되는 경우가 있음을 유의하여야 한다.

*hereto : 이것에, 여기에
*hereunder : 이 기록[조건]에 따라, 이에 의거하여
*pertain : (특정한 상황·때에) 존재하다[적용되다]
*arbitrator : 중재자
*abide by : 준수하다, 지키다
*comply with : 순응하다, 지키다
*provision : (법률 관련 문서의) 조항[규정/단서]
*remain in full force : 전권을 유지하다
*adverse : 부정적인, 불리한

안심Touch

[20~21]

귀사의 1월 10일자 서신에서 금번 주문의 DVD 일부가 파손 상태로 배송되었음을 알게 되었으며, 대단히 죄송합니다.

(1) 파손 물품의 대체품이 오늘 아침 소포로 발송되었습니다.

(2) 파손 물품을 돌려줄 필요는 없습니다. 폐기될 수 있기 때문입니다.

(3) 물품 포장에 신경을 썼지만, 최근 몇 차례 파손되었다는 보고가 있었습니다.

(4) 당사의 비용뿐만 아니라, 더 이상 고객들에게 불편을 끼치고 (성가시게) 하지 않기 위해. 현재 당사는 처리 방법을 개선하고자 포장 컨설턴트의 조언을 구하고 있습니다.

*replacement : 교체[대체]물
*parcel post : 우편소포
*annoyance : 골칫거리
*in the hope of : ~을 바라고

20

위 서신은 운송 중 파손된 물품의 클레임 제기에 대한 답신으로, 빈칸 앞의 'To avoid further inconvenience(불편을 끼치지 않기 위해)'로 미루어 빈칸에는 ① 'annoyance(성가심)'이 적절하다.

21

이것은 서신에 대한 답신이다. 다음 중 이전 서신에 있을 것 같지 않은 것은?

① 당사는 단지 이것이 포장 전 어느 단계에서 부주의한 취급 때문이라고 추측할 뿐입니다.

② 파손된 물품 목록을 동봉하니, 귀사가 그것들을 교체해 주면 감사하겠습니다.

③ 당사는 파손 물품에 대한 판매가를 낮출 필요성을 깨닫고 귀사가 제안하는 10%의 특별 수당에 흔쾌히 동의합니다.

④ 그것들은 귀사가 공급업체에 대한 보상 청구를 지원하기 위해 필요한 경우 따로 보관되어 있습니다.

위 서신으로 미루어보아 ①·②·④는 파손된 물품에 대한 매수인의 클레임으로, 이전 서신에 있을 만한 내용이다. ③은 매도인이 파손 물품의 판매가를 인하한다는 내용이므로, 이전 서신의 내용으로 적절하지 않다.

*assume : 추정[상정]하다
*due to : ~에 기인하는, ~ 때문에
*prior to : ~에 앞서, 먼저
*enclose : 동봉하다
*replace : (낡은 것·손상된 것 등을) 바꾸다[교체하다]
*readily : 선뜻, 기꺼이
*special allowance : 특별수당
*support a claim : 클레임을 지지하다

22

일부 연맹 체재 내에서 사용되는 체재로, 화주에게 특정 기간 동안 독점적으로 동맹선을 이용할 것을 조건으로 기지불한 화물운임 중 리베이트를 승인한다.

① 계약운임제
② 이중운임제
③ 운임할려제
④ 경쟁억압선

운임할려제(Fidelity rebate system)

일정 기간 동안 자기 화물을 모두 동맹선에만 선적한 화주에 대해 운임이 선불이든 후불이든 관계 없이 그 기간 내에 선박회사가 받은 운임의 일정 비율을 기간 경과 후에 환불하는 제도이다.

*whereby : (그것에 의하여) ~하는
*rebate : 할인, 리베이트
*subject to : ~을 조건으로
*Conference line vessels : 동맹선
*exclusively : 독점적으로

[23~24]

> 귀사의 최근 주문 No. 234-234-001에 감사드립니다. 당사는 이 선적물에 적용된 10,000의 취급수수료에 대한 귀사의 서신을 받았습니다. 이것은 전적으로 우리 (A) 측의 실수였습니다. 당사는 도자기로 된 새 물대야 같은 (B) 깨지기 쉬운 모든 제품에 대해 특별 취급수수료를 적용하고 있지만, 그 통지가 당사 웹사이트의 제품 설명 페이지에서 일시적으로 삭제되었습니다. 당사는 웹사이트에서 실수를 (C) 수정했습니다.
> 하지만, 그 동안에 당사는 귀사의 대변에 1만 달러를 기입했습니다. 불편을 끼쳐 죄송하며, 가까운 미래에 다시 귀사에게 서비스를 제공할 기회를 갖기를 희망합니다.
> *handling charge : 취급수수료
> *fragile : 깨지기 쉬운
> *porcelain birdbaths : 도자기로 만든 새 물대야
> *place + 금액 + to your credit : 금액을 대변에 기입하다

23

다음 중 위 서신에 대하여 옳지 않은 것은?
① 매수인은 깨지기 쉬운 물품을 주문했다.
② 제품 품질에 대하여 의사소통 오류가 있었다.
③ 매수인은 제품 정보를 웹사이트에서 얻었다.
④ 부서지기 쉬운 품목을 취급하는 주문의 경우, 취급수수료가 추가되어야 한다.

위 지문은 제품 품질에 대한 의사소통 오류가 아니라, 부서지기 쉬운 물품에 대한 추가 취급수수료에 대한 내용이므로, 정답은 ②다.
*brittle : 부서지기 쉬운
*miscommunication : 의사소통 오류
*additional handling charge : 추가 취급수수료

24

문맥상 (A)에는 part(편, 측)가, (B)에는 fragile(부서지기 쉬운)이, (C)에는 corrected(수정된)가 적절하다.

25

> (a) 12월 계산서에 지급되어야 하는 105.67파운드가 아직 정산되지 않아 독촉장을 보내게 되어 유감입니다. (b) 계산서는 1월 2일에 발송하였으며 여기 사본을 동봉합니다. (c) 조기 결제하는 조건으로 귀사에 이례적으로 낮은 가격으로 견적해드렸다는 것을 다시 한 번 알려드립니다.
> (d) 혹시 실수로 금액 지불이 늦어진 것이라면 2~3일 내로 수표를 보내 주셨으면 감사하겠습니다.

(c)는 '조기 결제하는 조건으로 귀사에 대단히 낮은 가격으로 견적해드렸다는 것을 다시 한 번 알려드립니다.'가 되어야 한다.
*balance : 잔고, 잔액
*be due on : ~까지 마감이다
*remind : 다시 한 번 알려[말해] 주다
*on the understanding of : ~을 조건으로
*oversight : 실수, 간과

26

> 1. 매입은행은 매도인에게 지불하거나 또는 매도인에 의해 발행된 환어음(B/E)을 (a) 할인해서 선적서류를 매수인 국가에 위치한 개설은행에 보낸다.
> 2. 개설은행은 수입국의 (b) 대금지불에 대하여 매수인에게 선적서류를 제출한다.
> 3. 대금결제인(수입자)은 (c) 선하증권을 운송회사에 제시하고 수하물을 찾는다

지문은 매입(Negotiation) 절차에 대한 설명이다.
매입(Negotiation)
수출자가 제시한 서류가 신용장 조건을 충족하고 있는지 심사한 후 매입은행(negotiating bank)이 자신의 자금으로 어음대금을 수출자에게 지급하는 것이다. 신용장통일규칙(UCP 600) 제2조에서는 매입(Negotiation)이란 '일치하는 제시에 대하여 지정은행이, 지정은행에 상환하여야 하는 은행영업일 또는 그 전에 대금을 지급함으로써 또는 대금지급에 동의함으로써 환어음 및/또는 서류를 매수하는 것을 의미한다.'고 규정하고 있다.

*discount : 할인하다

*shipping document : 선적서류

*release : 풀어 주다

*payment : 지불

*accountee : 대금결제인

*consignment : 탁송물[배송물]

*bill of lading : 선하증권

※ 문제에서는 'The accounter(대금수령인, 수출자)'라고 되어있으나, 매입 절차 내용상 'The accountee(대금결제인, 수입자)'가 적절하다.

신용장 개설의뢰인(applicant)은 화물의 실질적 수하인(consignee)이며, 환어음의 최종 결제인이 되므로 수입업자를 'Accountee'라고도 부른다.

27

> 지정에 따라 행동하는 지정은행, 확인은행(있는 경우) 또는 개설은행은 (신용장에서 허용된 금액을 초과하여) 발행된 상업송장을 승인할 수 있고, 그러한 판단은, 문제의 은행이 (신용장에서 허용되는 것보다 초과하여) 결제 또는 매입하지 않았다면 모든 당사자를 구속한다.

UCP 600 제18조 b항 상업송장에 대한 내용이다.

*act on : ~에 따라서 행동하다, 따르다

*nomination : 지명, 추천, 임명

*confirming bank : 확인은행

*issue : 발행하다

*in excess of : ~을 초과하여, ~이상의

*permit : 허용[허락]하다

*bind upon : 의무를 지우다[구속하다]

*honour : (은행 등에서) 수표를 받다[수표에 적힌 액수를 지급하다]

28

① (매입은행)이란 개설은행 이외의 은행으로서 신용장에 따라 발행한 어음을 할인하거나 매입한 은행을 말한다.

② 국내 은행이 국내 공급자를 위해 발행하는 (내국신용장)은 수출자를 대신하여 수출용 원자재 또는 완제품의 공급자에게 은행의 대금지불을 약속하는 것이다.

③ (회전신용장)은 신용장에 대한 구체적인 개정 없이 금액이 갱신되거나 자동적으로 상환되는 조건을 가지고 있다.

④ 신용장과 관련된 은행 수수료는 당사자들이 부담한다. 수입국 밖에서의 모든 은행 수수료는 보통 (개설의뢰인) 부담으로 한다.

빈칸 앞 문장에서 '신용장과 관련한 은행비용은 관계 당사자가 부담해야 한다.'라고 했으므로, 수입국 밖에서의 모든 은행비용은 보통 수익자(수출자) 부담이 되어야 한다. 따라서 ④ applicant(개설의뢰인) → beneficiary(수익자)가 되어야 한다.

① 매입은행(Negotiating Bank) : 매입은행은 제3자가 지급인인 어음ㆍ수표에 대해 권리를 취득한 은행으로 환어음 매입으로 선의의 소지자(Bona Fide Holder)가 되어 개설은행에 어음대금 청구권을 행사할 수 있다. 통상 수익자의 거래은행이 매입은행이 되나, 개설은행이 지정한 은행 또는 어떤 은행(Any bank)도 매입은행이 될 수 있다.

② 내국신용장(Local L/C) : 수출업자(제1수익자)가 자신 앞으로 내도한 원신용장(Master L/C)을 담보로 자신의 거래은행에 요청하여 '국내 원료공급자, 하청업자 또는 생산업자'를 수익자(제2수익자)로 하여 개설한 신용장을 말한다.

③ 회전신용장(Revolving L/C) : 수출ㆍ수입자 사이에 동종의 상품거래가 상당기간 계속하여 이루어질 것으로 예상되는 경우 거래 시마다 신용장을 개설하는 불편을 덜기 위하여 일정기간 동안 일정금액의 범위 내에서 신용장 금액이 자동 갱신(Automatically reinstated/restored)되어 재사용할 수 있도록 하는 조건으로 개설된 신용장을 말한다.

*negotiating bank : 매입은행

*Local L/C : 내국신용장

*in favour of : ~을 위하여

*undertake : 동의하다

*on behalf of : ~을 대신하여

*Revolving L/C : 회전신용장

*reinstate : (직장·직책 등으로) 복귀시키다

29

① ICC(B)와 ICC(C)의 차이점은 ICC(B) 하에서 담보되는 추가적인 위험이다.

② ICC(B)는 선박 운송 컨테이너나 보관 장소에 유입한 해수, 호수, 하천수로 인한 피보험자의 보험목적물에 대한 상실 또는 손상을 담보하지만, ICC(C)는 그렇지 않다.

③ ICC(B)는 공동해손희생에 의한 보험목적물의 멸실 또는 훼손을 담보하지만, ICC(C)는 그렇지 않다.

④ ICC(C)는 이용 가능한 적하보험의 최소 담보조건이다.

③ 공동해손희생(general average sacrifice)에 대해서는 ICC(B), ICC(C) 약관 모두 담보한다.

신협회적하약관 위험담보 범위

ICC(A)	ICC(B)	ICC(C)	• 화재, 폭발 • (본선/부선의) 좌초, 교사, 침몰, 전복 • 육상운송용구의 전복, 탈선 • 충돌, 접촉 • 피난항에서 양하 중 발생한 손해 • 공동해손희생(손해) • 투하
		• 지진, 화산분화, 낙뢰 • 파도에 의한 갑판상의 유실 • 본선, 부선, 운송용구, 컨테이너 및 보관 장소에 유입한 해수, 호수, 하천수(강물)로 인한 손해 • 선적, 하역 중 해수면에 낙하하여 멸실되거나 추락에 의한 포장당 전손	
	• 특정면책사항 이외의 모든 우발적 원인에 의한 손해	

*subject-matter insured : 피보험목적물

*insured : 피보험자, 보험계약자

*conveyance : 수송, 운송

*general average sacrifice : 공동해손희생

*cargo insurance : 적하보험

*minimum cover : 최소한의 담보조건

30

모든 혼재화물과 벌크선에는, (a) 본선수취증이라고 불리는 서류가 있다. 이 서류는 배달인수증과 같으며, 이 서류는 화물 설명, 묶음 수, 중량, 측정 등 선적화물에 관련된 모든 정보를 담고 있으며, 적재 시 선박에 인도된다.

실제 인도된 화물과 (a) 본선수취증 사이에 불일치가 발견될 시, 1등 항해사가 화물을 검사하고 이러한 불일치를 문서화하여 화물이 그 상태로 수령되었는지 확인할 것이다. 이것은 선박/대리점이 화물을 물리적으로 확인하고 확인할 수 있었기 때문에 컨테이너 이전 시대에는 가능했다.

하지만, 컨테이너 화물과 특히 (b) FCL 화물의 경우, 운송업자/대리점은 컨테이너의 포장 및 화물의 특성에 대해 알고 있지 않다. 운송업자는 화물의 수, 포장물의 수, 무게, 측정의 측면에서 화주가 제공하는 정보에 의존한다. 따라서 해운회사가 나중에 운송업자에게 부과할지도 모르는 클레임으로부터 그들을 보호하기 위해 (d) 선하증권 표면에 (c) 부지약관 문언을 기재한다.

① (a) 본선수취증

② (b) 소량컨테이너 화물

③ (c) 부지약관

④ (d) 선하증권

문맥상 (b)는 1인 화주의 화물이 컨테이너 한 개에 만재되는 경우이므로, LCL(Less Than Container Load) → FCL(Full Container Load)가 되어야 한다.

LCL(Less than Container Load)

하나의 표준 컨테이너를 만재할 수 없는 소량화물로, 다른 하주의 화물과 혼재하므로 혼재화물(Con-solidated Cargo)이 된다. 운송인이 지정한 CFS

Operator에 의해서 컨테이너에 적입(Vanning)되거나 컨테이너에서 끄집어낸다(Devanning).

*break-bulk : 혼재화물
*delivery note : 배달인수증
*discrepancy : 차이[불일치]
*Chief Mate : 1등 항해사
*document : (상세한 내용을) 기록하다
*privy : (비밀을) 공유하는 것이 허용된
*rely on : 의존하다
*verify : (진실인지 · 정확한지) 확인하다
*levy : (세금 등을) 부과[징수]하다
*SHIPPER'S LOAD, STOW, AND COUNT : 부지약관(송하인의 적재 및 수량 확인, 화기엄금)

31

다음 중 해상보험의 공동해손약관에 대한 설명이 정확하지 않은 것은?

① 요크 앤트워프 공동해손 규칙(1994)에서 정의된 이 규칙들은 선박, 승무원 또는 나머지 화물을 구하기 위해 화물을 분사해야 하는 경우에 손실 분배에 대한 지침을 제공한다.
② 공동해손 하에서 관련 재산의 보존을 위하여 희생 사유가 비상하거나 공동의 안전을 목적으로 합리적으로 희생하는 경우에 한하여 상실로 간주된다.
③ 공동해손은 운송 화물 또는 선박의 물질적 가치와 직접 관련된 손실에만 적용되어야 한다.
④ 지연, 시장 손실 또는 간접 손실로 인해 발생하는 모든 클레임은 공동해손으로 회계처리해야 한다.

공동해손의 구성요건
• 이례적인 희생이나 비용이 있어야 한다.
• 희생이나 비용이 자발적으로 발생한 것이어야 한다.
• 합리적인 수준 이내에서 발생한 것이어야 한다.
• 전체 공동이 위험에 직면한 경우에 이러한 위험으로부터 회피하거나 벗어나기 위한 비용이나 희생이어야 한다.
• 현실적인 손해로서 공동해손행위에 의한 직접적인 손해여야 한다.

• 장래 발생할 가상의 손해는 안 된다.
*lay guidelines : 지침을 마련하다
*jettison : (이동 중인 항공기 · 선박이 무게를 줄이기 위해 무엇을) 버리다
*be accounted into : ~로 간주하다, 여기다

32

(상업송장) 상의 물품의 명세는 신용장에 보이는 것과 일치하여야 하며, (상업송장)은 개설의뢰인 앞으로 발행되어야 한다.

① 선하증권
② 상업송장
③ 해상화물운송장
④ 환어음

제시문은 UCP 600 제18조 상업송장에 관한 내용이다.
*correspond with : ~과 부합하다
*make out : 작성하다
*in the name of : ~의 이름[명의]으로

33

다음 서신에서 밑줄 친 부분과 바꿔 쓸 수 없는 것은?

귀사는 20년 넘게 당사와 거래해 왔습니다. 그러한 충성도는 간과될 수 없습니다. 당사는 귀사의 신용 계좌를 조사했고 도와주기로 결정했습니다. 아시다시피, (a) 미지불된 송장은 4개인데, 가장 최근의 송장은 6개월 정도 연체된 겁니다. 이것은 이전의 귀사와 다릅니다. 그러므로 당사는 이러한 (b) 지연이 귀사가 (c) 겪고 있는 최근의 경제적인 상황과 연관되어 있다고 추측했습니다.

오늘부터 30일 이내에 (d) 대금이 지불될 경우, 당사는 귀사의 모든 연체 송장에 대해 20%의 할인을 제공하고 싶습니다. 본 이메일에 새로운 송장을 첨부했습니다. 귀사가 당사와의 신용 관계에 큰 가치를 두고 있다고 믿고 있습니다. 따라서 당사는 정해진 날짜에 결제받기를 바랍니다.

① (a) 귀사의 송장 4개가 아직 미결제 상태입니다.

② (b) 적시 지불

③ (c) 봉착하고 있는

④ (d) 송장의 결제가 정리되다

(b) delays는 '지연'이라는 뜻이므로, ② 'timely payment(적시 지불)'와 바꿔 쓸 수 없다.

*overdue : (지불·반납 등의) 기한이 지난

*invoice : 송장

*assume : (사실일 것으로) 추정[상정]하다

*delay : 지연, 지체

*go through : 겪다

*stipulated date : 규정된 날짜

*outstanding : 미지불된, 미해결된

*settlement : (갚을 돈의) 지불[계산]

*place a great value : ~을 가치 있게 보다, ~에 가치를 부여하다

34

당사는 인도 지연이 매우 심각한 문제를 초래할 수 있기 때문에 의료기기가 납기일(에) 도착하는 게 필수적이라고 이미 설명했습니다.

① 날짜, 요일 등의 시간을 나타내는 말 앞에는 전치사 'on'을 쓴다.

*due date : 만기일

*delivery : (물품·편지 등의) 배달[인도/전달]

35

① 귀사가 인내심을 갖고 이해해주신다면 대단히 감사하겠습니다.

② 수표 결제에 한 달이 더 걸리기 때문에, 단기 연장은 당사에 큰 도움이 될 것입니다.

③ 귀사가 이번에 한 번 연장을 허가해 줄 것을 요청합니다. 당사는 다시는 이런 일이 일어나지 않을 것을 보장합니다.

④ 귀사의 고객 중 두 곳의 파산으로 어려움을 겪고 있다니 유감입니다.

①~③은 모두 결제기간 연장에 대한 내용인데, ④는 고객사의 파산으로 인해 어려움을 겪는 데 대한 유감 표명이다.

*patience : 인내력, 인내심

*clear : (수표가[를]) 결제를 받다[결제하다]

*assure : 보장하다

*bankruptcy : 파산 (상태), 파탄

36

서류심사의 관점에서 빈칸에 들어갈 단어가 아닌 것은?

ⓐ 개설의뢰인의 주소와 세부 연락처가 ⓑ 수하인 또는 ⓒ 통지처의 일부로서 나타날 때에는 신용장에 명시된 대로 ⓓ 일치하지 않으면 안 된다.

UCP 600 제14조 서류심사 기준에 대한 내용의 일부로, 간단하게 말하면 서류상의 주소가 신용장에 언급된 주소와 완벽하게 일치하지 않더라도 같은 국가이면 되지만, 만약 그 주소와 연락처가 운송서류의 수하인이나 통지처일 경우 명시된 대로 작성되어야 한다는 의미이므로, ④ agree(일치하다) → disagree(불일치하다)가 되어야 한다.

*document examination : 서류심사

37

UCP 600 운송조항에서 적용되지 않는 서류는 (배달인수증, 화물인도지시서, 화물수령증)이다.

① (물품) 배달인수증

② 화물인도지시서

③ 화물수령증

④ 복합운송서류

UCP 600에서 인정하는 운송서류는 다음과 같다.

신용장통일규칙(UCP 600)에서 인정하는 운송서류

구 분	서류 명칭	세부 서류 명칭
주(요) 서류	운송서류 (UCP상 운송서류)	• 해상 · 해양 선하증권(Marine/ Ocean B/L) • 비유통 해상화물 운송장(Non- negotiable SWB) • 용선계약부 선하증권(Charter Party B/L) • 복합운송서류(Multimodal Transport Document) • 항공운송서류(Air Transport Document) • 도로 · 철도 · 내수로 운송서류 (Road, Rail or Inland Transport Document) • 특사수령증 및 우편수령증 (Courier and Post Receipts) • 운송 주선인 발행 운송서류 (Transport Documents Freight Forwarders)
	보험서류	• 해상보험증권(Marine Insurance Policy) • 보험증명서(Certificate of Insur- ance)
	대금청구 서류	• 상업송장(Commercial Invoice)
부속 서류		• 품질 · 수량증명서(Certificate of Quality or Quantity) • 부속품질 · 수량증명서(Specification of Quality / Quantity) • 포장명세서(Packing List) • 영사송장(Consular Invoice) • 세관송장(Customs Invoice) • 원산지증명서(Certificate of Origin) • 대변표(Credit Note) • 차변표(Debit Note) • 계산서(Statement of Account) • 용적중량증명서(Certificate of Measurement and/or Weight)

*apply : (규칙을) 적용하다

38

현재까지, 귀사로부터 어떤 지불도 받지 못했고, 당사
는 이것이 귀사 측의 (a) 실수일 뿐이라고 가정하고 있
습니다. (b) 지난 연체 금액을 즉시 전부 송금해주시기
바랍니다.

문맥상 빈칸 (a)에는 an oversight(실수)가, 빈칸 (b)
에는 past(지난)가 적절하다.

*to date : 지금까지
*merely : 한낱, 그저, 단지
*oversight : 실수, 간과
*remit : 송금하다
*past due : 기일을 넘긴, 만기가 지난
*fortnight : 2주일

39

친애하는 김 선생님께,
(a) 당사의 소프트웨어 제품에 관심을 표명한 귀사
의 4월 13일자 문의에 감사드립니다. 귀사의 문의
에 대한 답신으로, (b) 요청하신 당사의 디자인 소프
트웨어 제품에 대한 자세한 카탈로그와 가격 리스
트를 동봉합니다.
(c) 월간 비즈니스 광고 이외에, 첨부된 삽화 브로슈
어는 귀사가 이용할 수 있는 다양한 소프트웨어들
을 보여줍니다. 당사가 보내준 (d) 자료에서 다루지
않은 질문이나 관심사가 있으시면 언제든지 연락하
시기 바랍니다.

어법상 (c) Beside(옆에) → Besides(~뿐만 아니라)
가 되어야 한다.

*inquiry : 문의[질의/조회]
*attached : 첨부된
*available : 이용할 수 있는
*concerns : 걱정, 염려, 관심사
*hesitate : 망설이다[주저하다]

친애하는 MacFee씨께.

당사는 한남무역의 회계책임자인 David Han의 추천으로 귀사에 서신을 보냅니다. 그는 당사에 조언하기를 자신의 회사가 당사에 요청한 신용[외상]판매제와 관련하여 신용조회를 귀사에 연락하라고 알려왔습니다..

그 회사가 미화 300만 달러의 신용거래 금액을 지불할 만큼 건실한지 확인해 주시겠습니까?

(A) 가능한 한 빨리 회답해 주셨으면 감사하겠습니다.

그럼 안녕히 계십시오.
*recommendation : 추천
*advise : (정식으로) 알리다
*referee : 추천인, 신원 보증인
*confirm : 사실임을 보여주다[확인해 주다]
*credit facilities : (금융기관의) 융자[금융 지원] 제도
*meet : 지불하다
*at your earliest convenience : 가급적 빨리

40

밑줄 친 credit facilities가 암시하는 것은?
① 잠재적인 매수인이 며칠 더 늦게 정산하기를 원한다.
② 매도인은 은행에서 대출을 받고 싶어 한다.
③ 매도인은 잠재적 구매자로부터 신용을 얻고 싶어한다.
④ 잠재적 매수인은 자신의 은행에 신용장 개설을 요청할 수도 있다.
밑줄 친 credit facilities는 '신용[외상]판매제'의 뜻이므로, ① '잠재적 매수인은 며칠 더 늦게 정산하기를 원한다.'가 정답이다.
*potential : 가능성이 있는, 잠재적인
*settle : 지불[계산]하다, 정산하다
*loan : 대출[융자](금)

41

빈칸 (A)에 들어갈 단어로 알맞은 것은?
① 가급적 빨리
② 우리가 주선할 때쯤에는
③ 그들이 일찍 편리할 때
④ 우리 회사가 만족할 수 있도록
문맥상 빈칸 (A)에는 ① '가급적 빨리'가 적절하다.

42

(라이터)는 항구에서 선박으로 물건을 반출할 때, 또는 그 반대의 경우에 사용된다. 그들은 또한 바지선과 같은 작업을 할 수 있다.

① 카 페리
② 유조선
③ 라이터
④ 트레일러
예인선에 의해서 예인되는 부선을 'Barge'라고 하고, 기관을 설치하여 스스로 운항하는 부선을 'Lighter'라고 한다.
*lighters : 라이터
*vice versa : 거꾸로, 반대로
*barge : 바지선

[43~44]

11월 20일자 귀사의 서신에서 송장 1555번의 대금 결제를 받지 못했다고 하여 놀랐습니다.

당사는 11월 2일에 당사의 은행인 서울은행에 HSBC 런던 지점의 귀사의 계좌에 200만 달러를 (A) 입금하라고 지시했습니다.

당사의 은행 입출금내역서에 따르면, 당사의 계좌에서 그 금액이 빠져나갔기 때문에, (B) 당사는 그 금액이 귀사의 계좌에도 입금된 것으로 추정했습니다. 귀사의 은행이 아직 귀사에 통보하지 않았을 가능성이 있습니다.

그럼 안녕히 계십시오.

*instruct : 지시하다

*bank statement : (은행 계좌의) 입출금내역서

*debit : (돈을) 인출하다

*credit A with B : A에 B를 입금하다

43

① 입금하다

② 인출하다

③ 선별하다

④ (돈을) 인출하다

문맥상 빈칸 (A)에는 'A에 B를 입금하다'를 뜻하는 ① 'credit'이 적절하다.

44

① 당사는 귀사의 계좌에 두 배로 지불되었다고 생각했습니다.

② 당사는 그 금액이 귀사의 계좌에도 입금된 것으로 추정했습니다.

③ 우리는 순서대로 지불되었다고 확신합니다.

④ 원하면 당사의 계좌에서 차변할 수 있습니다.

문맥상 빈칸 (B) 앞에서 'As our bank statement showed the money had been debited from our account'라고 했으므로, (B)에는 ② '당사는 그 금액이 귀사의 계좌에 입금된 것으로 추정했습니다'가 적절하다.

*double paid : 두 배로 지불된

*certain : 확실한, 틀림없는

*be in order : 순서대로 되어 있다

45

귀사의 제안서 제출에 감사드립니다. 홈페이지 재설계를 위해 외부주택을 세내야 할지 말지 판단하기에는 너무 이르기 때문에 유감스럽지만 당사의 답신이 늦어질 것 같습니다.

① 나는 귀사의 제안을 승인합니다.

② 아마 이 프로젝트를 성사시키기 위해 함께 일할 수 있을 겁니다.

③ 이번 입찰의 최종 결과를 알려주세요.

④ 유감스럽지만, 당사의 답신이 늦어질 것 같습니다.

빈칸 다음에서 'as it is still too early to judge whether or not …'라고 했으므로, ④가 정답이다.

*submit : 제출하다

*proposal : 제안

*judge : 판단하다

*hire : 빌리다[세내다]

*bid : 입찰

46

(a) 보증신용장('SBLC')은 서비스 계약에서 안전 메커니즘으로 사용될 수 있다. (b) 그 이유는 위험을 회피하기 위해서일 것이다. 간단히 말해서, (c) 그것은 은행이 고객을 대신하여 발행할 지불 보증이며, "마지막 수단 지불"으로 인식된다. (d) 이것은 일반적으로 계약상 의무를 이행하지 못할 때 회피될 것이다.

④ 보증신용장은 계약상 의무를 이행하지 못할 경우에 회피될 → 사용될 것이다.

보증신용장(Stand-by Credit)

담보력이 부족한 국내 상사의 해외지사의 현지 운영자금 또는 국제입찰 참가에 수반되는 입찰보증(Bid Bond)·계약이행보증(Performance Bond) 등에 필요한 자금을 해외현지은행에서 대출받고자 할 때, 이들 채무보증을 목적으로 국내 외국환은행이 해외은행 앞으로 발행하는 무담보신용장(Clean L/C)이다.

*Stand-by Letter : 보증신용장

*hedge out : 울타리로 막다, 제외하다

*guarantee : 보장[약속]하다

*perceive : 감지[인지]하다

*resort : 최후의 수단

*avoid : (회)피하다

*fulfill : 이행하다, 수행하다

*contractual obligation : 계약의무

47

다음 영작문의 밑줄 친 부분과 바꿔 쓸 수 없는 것은?

밑줄 친 ⓓ valid는 '(법적·공식적으로) 유효한[정당한]'의 뜻이므로, expire(만료되다, 만기가 되다)와 바꿔 쓸 수 없다.

*instruct : 지시하다(= arrange with)

*in your favor : 귀사를 수익자로 하여(= in favor of you)

*for the sum of : 합계가 ~에 이르는(= amounting to)

*valid : 유효한[정당한]

*expire : 만료되다, 만기가 되다

48

UCP 600 하에서, "First Class(일류)", "Well Known(저명한)", "Qualified(자격을 갖춘)", "Independent(독립적인)", "Official(공식적인)", "Competent(능숙한)" 또는 "Local(현지의)"과 같이 서류발행자를 기술하는 용어들은 그 서류를 발행한 수익자를 제외한 모든 서류발행자가 사용할 수 있다.

① 그 서류를 발행한 수익자를 포함한 모든 서류발행자

② 그 서류를 발행한 수익자를 제외한 모든 서류발행자

③ 신용장에서 그 서류를 발행한 특정 발행자

④ 그 문서를 발행할 수익자에게 알려지지 않은 발행자

제시문은 UCP 600 제3조 해석에 대한 내용으로, '수익자를 제외한 서류발행인을 기술하는 일류의, 저명한, 자격을 갖춘 등의 수식어는 어떤 서류발행자에게 허용된다'라고 했다. 이것은 수익자가 발행한 서류에 대해서는 수익자에 대한 어떤 수식어도 인정하지 않겠다는 뜻이 된다. 수익자는 마음만 먹으면 언제든지 서류를 위조할 수 있는 당사자에 해당하기 때문에 이러한 권위 있는 수식어가 애초에 필요하지 않다.

*describe : 말하다[서술하다], 묘사하다

---

*issuer : 발행자, (어음 따위의) 발행인

*beneficiary : 수익자

49

다음 보기의 1) ~ 3)에 적절하지 않은 것은?

> CISG 협약에 따라, 매도인은 다음의 경우에 계약을 해제할 수 있다.:
>
> 1) _____
>
> 2) _____
>
> 3) _____

① 계약 또는 본 협약에 따라 매수인의 의무 불이행이 본질적 계약위반에 해당하는 경우

② 매수인이 매도인이 정한 추가 기간 내에 대금지급 의무를 이행하지 않는 경우

③ 매수인이 자신이 정한 추가 기간 내에 물품수령의 의무를 이행하지 않는 경우

④ 매수인이 매도인이 정한 추가 기간 내에 대금지급 의무 또는 물품수령 의무를 이행하지 않는 경우

CISG 제64조 매도인의 계약해제권의 내용으로, ③ '… within the additional period of time fixed by the buyer, …'에서 buyer → seller가 되어야 한다.

CISG 제64조

매도인은 다음의 경우에 계약을 해제할 수 있다.

(a) 계약 또는 이 협약상 매수인의 의무 불이행이 본질적 계약위반으로 되는 경우

(b) 매수인이 제63조 제1항에 따라 매도인이 정한 추가 기간 내에 대금지급 또는 물품수령 의무를 이행하지 아니하거나 그 기간 내에 그러한 의무를 이행하지 아니하겠다고 선언한 경우

*fundamental : 근본[본질]적인

*breach of contract : 계약 위반

*perform : 행하다[수행하다/실시하다]

*obligation : (법적·도의적) 의무(가 있음)

*declare : 선언[선포/공표]하다

50

> 체선료와 지체료는 수출의 경우에도 발생하지만, 대부분 수입과 관련 있다. (a) 체선료는 수입업자가 전체 컨테이너를 인도하지 않고 항만/터미널 구역 밖으로 이동시켜 허용된 기간 내에 짐을 풀지 않은 경우 해운회사가 수입자에게 부과하는 요금이다. 이와 반대로, (b) 지체료는 수입자가 포장을 풀기 위해 전체 컨테이너를 가져갔지만 (허용된 기간 이내라고 하자) 허용된 기간이 만료되기 전에 지정된 빈 창고에 빈 컨테이너를 반환하지 않은 경우에 해운회사가 수입자에게 부과하는 요금이다.
>
> 만약 고객이 7월 7일(만기일 7월 8일)에 항만/터미널에서 짐이 꽉 찬 박스를 꺼냈지만, 7월 19일에야 빈 컨테이너를 해운회사가 지정한 창고에 반납했다고 하자. 그러면, 해운회사는, 수하인에게 7월 9일(허용된 기간 만료 후)부터 7월 19일까지 11일 동안에 대하여, 해운회사에서 정한 (d) 비율로 (c) 지체료를 부과할 자격을 가진다.

지문은 체선료(Demmurage)와 지체료(Detention)에 대한 내용으로, ③ (c) demurrage → detention, ④ (d) commission → rate으로 바뀌어야 한다.

체선료(Demmurage)

- 초과 정박일(계약 정박기간 초과일)에 대해 화주(용선자)가 선주에게 지급하는 위약금(Penalty) 또는 지체상금으로 보통 조출료의 2배이다.
- 1일 24시간을 기준하여 계산하지만, WWD (Weather Working Day)는 주간하역, 즉 1일 24시간으로 계산하기도 한다.
- 체선료는 선적 및 양륙을 분리하여 따로 계산(Laydays not Reversible)하는 것을 원칙으로 하나, 용선자의 선택 하에 선적 및 양륙기간을 합산하여 계산(Laydays Reversible)하는 경우도 적지 않다.

지체료(Detention)

화주가 허용된 시간(free time) 이내에 반출해 간 컨테이너를 지정된 선사의 CY로 반환하지 않을 경우 지불하는 비용으로, Free Time은 동맹 또는 선사에 따라 각기 다르다.

*be associated with : ~와 관련되다
*levy : 부과[징수]하다
*shipping line : 해운회사
*unpack : (짐을) 풀다
*nominate : 지명[추천]하다
*empty : 비어 있는, 빈
*depot : 창고
*be eligible to : ~할 자격이 있다
*consignee : 수하인, 하물 인수자
*at the rate : ~의 비율로

51

순중량에 의한 결정

대금이 물품의 중량에 따라 지정되는 경우에 이에 의혹이 있을 때에는, 그 대금은 순중량에 의하여 결정되어야 한다(UN CISG 제56조).

52

② 매도인이 물품을 갑판이 아닌 CY 등 다른 장소에 인도하는 경우에는 FOB 대신 FCA 조건을 사용해야 한다.

FOB(Free On Board, 지정선적항 본선 인도조건)

- 계약물품을 지정선적항의 본선상에 인도하는 조건
- FOB 다음에 지정선적항을 표시한다(매도인 수출통관).
- 물품의 인도장소 : 선적항에 수배된 선박의 본선을 통과
- 물품에 대한 매매당사자의 위험부담 분기점(위험이전) : 물품이 지정선적항 본선 배 갑판에 안착됐을 때
- 물품에 대한 매매당사자의 비용부담의 분기점(경비이전) : 물품이 지정선적항 본선의 배 갑판에 안착되었을 때(매도인은 인도할 때까지 모든 비용부담, 매도인은 매수인이 지명한 본선에 수출통관된 물품을 적재해야 한다)

53

CISG 제79조 불가항력적인 장애 등에 기인한 면책 조항에 따라, 계약불이행 당사자는 계약체결 시 예견하지 못한 장해가 존재하는 기간 동안에 면책의 효력을 가진다. 또한 이를 알고 있었거나 알고 있었어야 했던 때로부터 합당한 기간 내에 계약상대가 불이행 당사자로부터 통지를 수령하지 못한 경우, 불이행 당사자는 이로 인해 발생한 손해에 책임이 있다.

54

④ 수출국의 내국신용장 개설은행이 지급확약을 한다.

내국신용장(Local L/C)

수출업자(제1수익자)가 자신 앞으로 내도한 원신용장(Master L/C)을 담보로 자신의 거래은행에 요청하여 "국내 원료공급자, 하청업자 또는 생산업자"를 수익자(제2수익자)로 하여 개설한 신용장을 말한다.

55

포페이팅(Forfaiting)

- 신용장거래에서 수출자가 발행한 환어음 및 선적서류를 수출입은행(Forfaiter)이 수출자로부터 무소구(Without Recourse)조건(수입국은행 또는 수입자가 환어음 만기일에 수출대금을 상환하지 못해도 수출자에게 대금을 청구하지 않는 조건)으로 채권을 매입하는 수출금융이다.
- 수출자는 수출이행 즉시 수출입은행으로부터 수출대금을 지급받고 환어음의 만기일에 수출입은행이 수입국은행으로부터 대금을 회수한다.

56

② Peak Season Surcharge : 성수기할증료
① Port Congestion Charge : 체화할증료(항구혼잡할증료). 도착항이 선박으로 혼잡할 때 하역시간이 지체될 경우 선박 가동률이 떨어져 선박회사가 손해의 책임을 하주에 전가하는 할증료

③ Detention Charge : 지체료. 정해진 시간 내에 반환하지 못했을 때의 벌과금으로써, 운송업체에게 지불해야 하는 요금
④ Demurrage Charge : 체선료. 계약 정박기간 이내에 화물을 CY에서 반출하지 않을 때 부과하는 요금

57

② 운송약관(transit clause)에 따라 보험기간이 개시된 후 피보험화물이 통상의 운송과정을 벗어난 경우 보험자의 책임은 종료된다.

보험종료

협회적하보험 약관에서는 해상적하보험의 종료 시점을 다음 세 가지 중 한 가지가 가장 먼저 일어난 때로 규정한다.

- 보험증권에 기재된 목적지의 수하인 또는 기타 최종 창고나 보관 장소에 화물이 인도된 때
- 통상의 운송과정이 아닌 화물의 보관 · 할당 · 분배를 위해 임의의 창고 또는 보관 장소에 인도된 때
- 최종 양륙항에서 화물을 하역한 후 60일(항공인 경우 30일)이 경과된 때

58

내국신용장과 구매확인서의 발행제한

- 내국신용장 : 제한 없음(완제품 내국신용장은 3차까지 가능)
- 구매확인서 : 제한 없음(단, 1차 구매확인서의 수혜자가 유통업자인 경우 추가로 1차에 한해 발급 가능)

59

복합운송서류의 유통성 조건

- 지시식 또는 소지인(지참인)식으로 되어 있어야 함
- 지시식으로 발행된 경우 배서에 의해 양도 가능
- 무기명식/소지인(지참인)식으로 발행된 경우 배서 없이 양도 가능
- 복본으로 발행된 경우 원본의 통수를 기재

60

함부르크규칙에서는 인도지연이란 운송계약에서 명시적으로 합의된 기간 내에 또는 그러한 합의가 없는 경우 당해 정황을 고려하여 성실한 운송인에게 요구되는 합리적 기한 내에 화물이 인도되지 않은 경우를 말한다(제5조 2항). 인도지연 손해에 대해서는 지연된 물건에 대하여 지급되는 운임의 2.5배에 상당하는 금액이며 다만, 그 운송계약상 지급되는 운임의 총액을 넘지 않는 금액이어야 한다(제6조 1항 (b)호).

61

ICC(A), (B), (C) 조건 모두에서 보상하는 손해

- 화재, 폭발
- (본선/부선의) 좌초, 교사, 침몰, 전복
- 육상운송용구의 전복, 탈선
- 충돌, 접촉
- 피난항에서 양하 중 발생한 손해
- 공동해손 희생(손해)
- 투 하

62

④ ICC(A)에서는 면책위험을 제외하고는 담보한다. 해적행위는 면책위험에 해당하지 않으므로 담보위험이다.

협회적하약관(2009) ICC(A) 조건에서 보험자 면책위험

- 피보험자의 고의적인 악행
- 통상의 누손, 통상의 중량·용적의 부족, 자연소모
- 포장의 불완전, 부적합
- 보험목적물 고유의 하자 및 성질상의 손해
- 지연으로 인한 손해
- 원자력·방사성 물질로 인한 손해
- 본선의 소유자, 관리자, 용선자, 운항자의 지불불능 또는 재정상의 채무불이행으로 인한 손해
- 전쟁 및 동맹파업위험(추가로 특별약관을 첨부하여 보험료를 납입하면 보상 가능)

63

포괄보험제도를 활용한 해상보험 방법에는 Floating Policy, Open Cover, Open Policy(Open Slip), Block Policy가 있다.

64

알선(Intercession/Recommendation)

- 계약 일방 또는 쌍방의 요청에 따라 공정한 제3자(상사 중재원 등)가 사건에 개입
- 형식적 절차를 요하지 않고 원만한 타협을 권유하여 자발적인 클레임 해결에 이르도록 하는 방법
- 당사자 간 비밀이 보장되고 지속적 거래 관계를 유지할 수 있다는 장점
- 양 당사자 간 자발적 합의가 없으면 실패하는 법적 강제력 없는 분쟁 해결방법
- ADR에서 타협 다음으로 비용과 시간차원에서 바람직한 해결방법

65

마켓 클레임(Market Claim)

- 매수인이 상품시가 하락 등에 의한 경제적 손실을 메우려고 제기하는 부당한 클레임이다.
- 매수인이 매도인의 물품 및 다른 계약이행상의 문제를 부당하게 트집 잡아 상품 인수거절, 계약해지 또는 가격할인을 강요하는 것이다.
- 상품의 시황이 좋지 못한 경우에 자주 발생한다.
- 매도인의 부주의나 잘못으로 발생한 상품의 품질 불량이나 수량부족 등에 대해 매수인이 제기하는 정당한 이유가 아닌 클레임을 총칭한다.

66

③ 중재인의 수는 당사자 간의 합의로 정하되, 합의가 없으면 중재인의 수는 3명으로 한다(중재법 제11조).

67

매수인의 권리구제(Buyer's Remedies)

- 대금감액(Reduction of the Price) 청구권
- 추가기간 설정권
- 계약 해제권
- 손해배상 청구권
- 특정이행 청구권(매수인은 매도인에게 그 의무이행 청구 가능)
- 대체품 인도 청구권
- 하자보완 청구권/수리 요구권

68

송금방식의 특징

- 은행수수료가 저렴하다.
- 환어음을 사용하지 않아 어음법 적용을 받지 않는다.
- 위험의 경우 사전송금방식은 수입자가, 사후송금방식은 수출자가 부담한다.
- 적용되는 국제 규칙이 없다.

69

④ CIP[Carriage and Insurance Paid to, (지정목적지) 운임·보험료지급 인도조건]
① FOB(Free On Board, 지정선적항 본선 인도조건)
② CFR[Cost and FReight, (지정목적항) 운임포함 인도조건]
③ CIF[Cost, Insurance and Freight, (지정목적항) 운임·보험료 포함 인도조건]

70

곡물류 매매 시 품질결정시기에 관한 조건

- T.Q.(Tale Quale) : 곡물류 거래에서 이용되는 선적품질조건을 말한다. 이 경우 수출업자가 품질의 물품을 선적한 후에는 품질에 관한한 면책된다.
- R.T.(Rye Terms) : 양륙품질조건에 해당하므로 국제운송 중 곡물류의 변질에 대해서는 매도인이 모든 책임을 져야 한다.

- S.D.(Sea Damaged Terms) : 곡물류 거래에서 이용되는 특약부 선적품질조건으로 해상운송 중 발생한 품질손상에 대해서만 수출업자가 특약에 의해 책임을 부담하는 조건이므로 선적품질조건과 양륙품질조건을 절충한 조건으로 볼 수 있다.

71

기술도입계약의 의미 및 형태

전용실시권을 체결한 경우, 독점배타성을 가지므로 기술제공자는 제3자의 권리불침해에 대한 보증을 해야 한다.

- 특허라이선스계약 : 특허권을 가진 자가 타인에게 특허권을 실시하도록 허락하는 계약으로 독점적 실시허락, 비독점적 실시허락, 단독실시허락, 재실시허락이 있다.
- 국제특허계약
  - 소극적 실시허락(Negative License) : 원칙적으로 기술제공자인 특허권자는 기술도입자에게 특허권의 실시만을 허락할 뿐이고 제3자의 권리침해에 대한 책임을 지지 않는다.
  - 적극적 실시허락(Positive License) : 기술제공자인 특허권자는 기술도입자에게 특허기술을 제공할 적극적 의무를 부담한다.

72

③ 화물의 인도예정일로부터 연속하여 90일 이내에 인도되지 아니한 경우, 화물이 멸실된 것으로 간주할 수 있다(UN 국제복합운송협약 제16조 제3항).

책임의 근거(UN 국제복합운송협약 제16조)

- 복합운송인은 화물이 자신의 책임하에 있는 동안 멸실, 훼손 또는 인도지연 사고가 발생하였을 경우 그로 인한 손실에 책임을 져야한다. 다만, 복합운송인이 당해 사고와 그에 따른 결과를 방지하기 위해 합리적인 모든 조치를 취하였다는 것이 증명된 경우에는 그러하지 아니하다.
- 화물의 인도예정일로부터 연속하여 90일 이내에 인도되지 아니한 경우, 화물이 멸실된 것으로 간주할 수 있다.

기소의 제한(UN 국제복합운송협약 제25조)

손해배상 청구소송은 화물이 인도된 날 또는 인도되었어야 할 날로부터 2년 이내에 제기되어야 한다. 다만, 복합운송인에게 클레임의 종류 및 상세사항을 서면으로 통지하지 않은 경우 인도 후 6개월이 경과하면 제소시효가 소멸된다.

73

② 관세는 외국으로부터 국경을 통과하여 우리나라의 영토 안으로 수입되는 물품에 과세되는 조세이다. 관세는 수입물품에만 부과되는 국세, 소비세(간접세), 다른 조세와 상관없이 과세한다는 점에서 독립세적 성격이 있다.

74

eUCP Credit은 eUCP를 준수하고 그 적용대상이 되는 신용장이며, 신용장상에 eUCP의 준수를 명시하고 아울러 전자기록만으로 혹은 종이문서와 함께 제시(presentation)되는 경우에만 적용된다. 종이문서만으로 제시되거나 신용장에 eUCP의 적용이 명시되지 않은 경우는 eUCP Credit이 아니다.

75

④ Incoterms 2020에서는 CIP 규칙과 CIF 규칙의 부보조건을 차별화하였다. CIF 규칙에서는 ICC(C)의 부보조건을 유지하였으나, CIP 규칙에서는 ICC(A)의 부보조건으로 부보의무를 강화하였다.

1	2	3	4	5	6	7	8	9	10	11	12	13	14	15
③	②	④	②	①	①	①	③	④	①	③	②	④	④	②
16	17	18	19	20	21	22	23	24	25	26	27	28	29	30
①	②	③	③	②	④	②	④	①	②	①	①	②	①	①
31	32	33	34	35	36	37	38	39	40	41	42	43	44	45
①	②	②	④	①	②	①	②	②	④	①	②	②	②	①
46	47	48	49	50	51	52	53	54	55	56	57	58	59	60
①	①	①	②	①	③	③	②	②	①	②	③	③	④	③
61	62	63	64	65	66	67	68	69	70	71	72	73	74	75
③	④	④	③	④	④	④	③	③	①	③	②	④	②	②

01

다음은 판매계약서에 자주 사용되는 조항들이다. 매도인과 매수인 사이의 '완전합의조항(Entire Agreement)'을 대표하는 것이 아닌 것은?

① 그 계획과 함께 본 계약은, 본 문서의 주제와 관련하여 당사자 간에 구두 또는 서면으로 사전 이해와 합의를 모두 대체하며, 상기 주제와 관련하여 당사자들 사이의 유일한 합의를 구성한다.

② 본 계약서만으로 본 문서의 주제와 관련된 당사자들의 합의를 충분히 완전하게 표현한다. 여기에 명시된 경우를 제외하고 서면 또는 구두로 처리 · 이해 · 합의 · 진술 또는 보증의 다른 과정은 없다.

③ 당사자가 본 계약의 어떤 기간이나 의무의 이행이나 또는 어떤 당사자의 본 계약 위반에 대한 포기를 요구하지 않는 것이, 해당 기간이나 의무의 후속적인 집행을 막거나, 후속 위반의 포기로 간주되지 않는다.

④ 본 계약은 당사자들에 의해 계약에 대한 최종적인 표현으로 의도하며, 본 계약에 포함된 주제와 관련하여 본 계약 당사자들에 대한 완전하고 배타적인 합의와 이해의 진술로 의도된다.

③은 '권리불포기조항(Non-Waiver Clause)'의 내용으로, 권리불포기조항은 일시적으로 어느 계약조건의 이행 청구를 하지 않더라도 이로 인하여 그 후의 동 조항 또는 조건의 이행 청구권의 포기로 간주하는 것을 의미하지 않는다. 따라서 어느 일방이 타방 당사자의 계약조건 위반에 대해 이의를 제기하지 않았다는 것이 곧 이의제기를 포기하는 것 등으로 해석되어 그 위반과 관련되어 갖게 되는 권리가 박탈되지 않는다.

완전합의조항(Entire Agreement Clause)

당사자 사이의 합의사항은 모두 계약서에 기재된다는 것을 전제로 "이 계약서 작성 이전에 있었던 당사자 간의 구술 및 서면합의는 기속력을 상실한다"는 내용을 규정하는 조항으로 그 내용은 "이 계약은 양 당사자 간의 합의내용을 완결 짓는 것이며, 이 계약의 목적과 관련된 이전의 양 당사자 간의 모든 협상 및 의사표명, 양해, 약정 등을 대체하고, 양 당사자의 서면합의에 의하지 아니하고는 수정될 수 없다"는 취지를 규정하는 것이 일반적이다.

*Entire Agreement : 완전합의조항
*supersede : 대체하다
*prior : 사전의
*with respect to : ~에 대하여

*hereof : 이것의, 이 문서의

*constitute : ~이 되는 것으로 여겨지다, ~이 되다

*sole : 유일한

*warranty : 보증(서)

*set forth herein : 여기에 명시되다

*enforcement : 시행, 집행

*deem : (~로) 여기다[생각하다]

02

> 친애하는 Mike씨께,
> 당사는 이번 겨울 중학교 탁구 코치들을 위한 일련의 온라인 코칭클리닉을 마련했습니다. 가상교육을 위해, 당사는 등록된 모든 참가자에게 실시간 상호 의사소통을 위한 태블릿 PC를 제공하고 싶습니다. 저는 동료와 함께 귀사의 태블릿을 보여주는 카탈로그를 봤습니다. 당사는 한 번에 1,000세트 이상 주문할 계획입니다. 대량구매에 이용 가능한 할인 패키지가 있습니까? 웹캠이 장착된 데스크톱 PC를 15대 이상 주문할 경우 최저가도 알고 싶습니다.

① 제안요청서

② 견적요청

③ 구입주문

④ 확정청약

서신에서 한 번에 1,000세트 이상 주문 예정으로, 대량주문에 따른 할인 여부와 웹캠이 딸린 데스크톱을 15대 이상 주문할 경우 최소가격에 대해 문의하고 있으므로, 서신의 목적은 ② '견적요청(Request for Quotation, RFQ)'임을 알 수 있다.

*interactive : 상호적인

*make an order : 주문하다

*bulk purchase : 대량구입

03

① 통지은행(Advising Bank)은 개설은행의 요청에 따라 신용장을 통지하는 은행을 의미한다.

② 개설의뢰인(Applicant)은 신용장 개설을 신청한 당사자를 의미한다.

③ 수익자(Beneficiary)는 신용장 개설을 통하여 이익을 받는 당사자를 의미한다.

④ 결제(Honour)는 신용장이 일람출급(→ 연지급)으로 이용 가능한 경우 연지급을 확약하고 만기일에 지급하는 것을 의미한다.

UCP 600 제2조 정의 중에서 ④는 결제(honour)에 대한 내용으로, '... if the credit is available by sight payment(일람출급) → deferred payment(연지급)'가 되어야 한다.

결제(Honour)(UCP 600 제2조)

• 신용장이 일람지급에 의하여 이용가능하다면 일람출급으로 지급하는 것

• 신용장이 연지급에 의하여 이용가능하다면 연지급을 확약하고 만기에 지급하는 것

• 신용장이 인수에 의하여 이용가능하다면 수익자가 발행한 환어음을 인수하고 만기에 지급하는 것

*advising bank : 통지은행

*advise : 통지하다

*issuing bank : 개설은행

*applicant : 개설의뢰인

*beneficiary : 수익자

*honour : 결제

*incur : (비용을) 발생시키다

*undertaking : (책임을 맡아서) 착수하다[하다]

*sight payment : 일람출급

04

수익자가 자신의 은행시설에 영향을 미치지 않고 선적 전 금융을 받을 수 있는 화환신용장은?

① 보증신용장

② 선대지급신용장

③ 회전신용장

④ 견질신용장

선대지급신용장(Red Clause Credit)은 거래상대방인 수입자로부터 수출대금 중 일부를 미리 받아 물품을 구입 또는 생산하여 수출한 후 나머지 대금을 회수하는 거래방식을 말하며, 이러한 선수금 허용순

번이 적색으로 기재되어 있어 Red Clause L/C라고
한다.

*pre-shipment financing : 선적 전 금융

05

UCP 600 하에서, 아래 선적물 중 제시 즉시 결제되
는 것은?

> 미화 160,000달러에 대한 화환신용장이 비료를 2
> 월, 3월, 4월, 5월로 할부선적할 것을 요청한다. 각
> 각의 선적물은 약 500톤에 해당된다. 선적은 다음
> 과 같이 실시되었다. :
> a. 2월 24일 미화 36,000달러의 비료 450톤을 선적
>   했다.
> b. 4월 12일에 미화 44,000달러의 비료 550톤을 선
>   적했다.
> c. 4월 30일에 미화 36,800달러의 비료 460톤을 선
>   적했다.
> d. 6월 4일에 미화 44,000달러의 비료 550톤을 선
>   적했다.

UCP 600 제32조 할부청구 또는 할부선적 관련 내
용이다. 신용장에 일정기간과 일정수량을 지정한 할
부선적 또는 어음의 할부발행을 규정하고 있는 경우
에는, 각 할부분을 일괄하여 선적하거나 몇 회분씩
한꺼번에 선적하는 등 그 기간과 수량을 위반하여서
는 안 된다. 만약 신용장의 수익자가 할부분마다 지
정된 기간과 수량을 위반하여 선적하거나 어음을 발
행한 경우에는, 신용장은 그 위반된 할부분과 이후
모든 할부분에 대하여 효력을 상실한다.

할부선적(Instalment Shipment)
수출업자가 정해진 분할선적 기간 내에 약정된 수량
의 선적의무를 이행하지 못하면 수입업자 및 개설은
행이 당해 선적분을 포함하여 그 이후 분까지 모두
취소되는 선적조건

*on presentation : 제시하는 대로
*call for : ∼을 요구하다
*instalment ship : 할부선적
*fertilizer : 비료

06

① 기명식 선하증권은 유통가능 서류이다.
② 지시식 선하증권은 가장 대중적이고 일반적인 선
   하증권의 형태 중 하나이다.
③ 기명식 선하증권이 발행되었을 때, 최소 1개 이
   상의 선하증권 원본을 양도하자마자 화물은 지정
   된 수하인에게만 양도될 수 있다.
④ 기명식 선하증권은 본사와 지점 간의 국제적인
   거래에 사용할 수 있다.

기명식 선하증권(Straight B/L)은 선하증권의
Consignee(수하인)란에 특정한 수하인명이 명기된
B/L로, 특정 수하인 이외에는 수입항에서 화물의 인
수를 선사에 요청할 수 없는 유통불능 선하증권
(Non-negotiable B/L)이다.

*straight B/L : 기명식 선하증권
*NEGOTIABLE : 유통가능한
*order B/L : 지시식 선하증권
*surrender : (권리 등을) 포기하다[내주다/넘겨주다]

07

> 보험료는, 보험자가 피보험자의 위험으로 인한 손
> 실을 보상하기로 합의하는 대가로, (B) 피보험자가
> (C) 보험자에게 지불하는 (A) 대가 또는 금액을 말한
> 다. 보험자는 보험료가 지불되기 전까지는 (D) 보험
> 증권을 발행할 의무가 없다.

보험료의 개념 및 보험자의 의무에 대한 내용이므로
(A)에는 consideration(대가), (B)에는 assured(피보
험자), (C)에는 insurer(보험자), (D)에는 policy(보
험증권)이 적절하다.

*Premium : 보험료
*consideration : 보답[보수]
*insurer[assurer] : 보험자
*in return for : 대가로
*indemnify : 배상[보상]하다
*in the event of : 만약 ∼하면[∼할 경우에는]
*insured[assured] : 피보험자

*peril : (심각한) 위험
*be bound to : 의무가 있다
*certificate : 보험증명서

08

> 항해용선계약 하에서 선박용선자가 화물적재 및 양하비용의 지불에 동의하는 용선 조건

③ FIO는 'Free In and Out'의 약칭으로, 화물의 본선적재비용(In) 및 본선으로부터의 양화물양하비용(Out) 모두를 용선자(하주)가 부담하고 선주측은 부담하지 않는 조건이다. 부정기선에 의한 용선계약에 채용된다.
① FI(Free In) : 선내하역 비부담조건의 하나로 선사가 양육비만 운임에 부가한다.
② FO(Free Out) : 목적항에서 본선으로부터의 양하 하역은 용선자(하주)가 수배하고 비용을 부담하는 조건이다. 화물의 선적하역은 운송인(선주)이 수배하고 비용을 부담한다.
④ FIOST(Free In and Out, Stowing and Trimming) : 용선자가 적·양하의 하역비를 부담할 뿐 아니라 선적준비 완료 시점부터 양륙 종료 시까지의 적부(Stowing), 트리밍(Trimming) 등 일체의 비용을 부담하는 방식이다.
*Chartering : 용선
*whereby : (그것에 의하여) ~하는
*charterer : 용선계약자, 용선주
*voyage charter : 항해용선(계약)
*loading : 적재
*discharging : 양하

09

> 수익자는 보통 만기일 내에 매입은행에 화환어음을 제출하기 위해 물품을 본선적재 후 (선적서류를 준비하고 매입을 위한 어음을 발행한다).

① 해외에서의 사업 관계를 찾다

② 수입자에게 카탈로그를 포함한 무역 회람을 발송하다
③ 신용장 발행을 신청하다
④ 선적서류를 준비하고 매입을 위한 어음을 발행하다
신용장 방식에서 수익자(Beneficiary)는 '수출자'를 말하며, 신용장 조건과 일치하는 서류(선적서류, 상업송장, 보험서류 등)들을 갖춘 후 통상 환어음을 발행하여 지급·인수·매입을 의뢰하므로 Drawee(환어음 발행인)으로 불리기도 하고, '물품을 발송하는 자'라는 의미에서 Consignor(하주)가 된다.
*beneficiary : 수익자
*shipping document : 선적서류
*draw a draft : 어음을 발행하다
*negotiation : 매입
*on board : 본선적재
*tender : 제출하다
*documentary draft : 화환어음
*negotiating bank : 매입은행
*expiry date : 만기일
*dispatch : 보내다[파견하다]
*issuance : 발행, 간행

10

> 제시은행이 기한부어음을 인수하면 선적서류가 수하인에게 양도된다. 물품의 소유권을 획득한 수하인은 실제 지불기한이 도래하기 전에 물품을 처분할 수 있다.

① 인수인도조건(Document against Acceptance)
② 지급인도조건(Document against Payment)
③ 추 심
④ 청산결제
D/A(Document against Acceptance, 인수인도조건)
수출상(의뢰인)이 물품을 선적한 후 구비 서류에 '기한부환어음'을 발행·첨부하여 자기거래은행(추심의뢰은행)을 통해 수입상 거래은행(추심은행)에 어

음대금의 추심을 의뢰하면, 추심은행은 이를 수입상(Drawee, 지급인)에게 제시하여 그 제시된 환어음을 일람지급받지 않고 인수만 받음으로써(against Acceptance, 환어음 인수와 상환) 선적서류를 수입상에게 인도한 후 약정된 만기일에 지급받는 방식이다.

*presenting bank : 제시은행
*acceptance : 승낙
*time draft : 기한부어음(Usance Bill · After Sight Draft)
*consignee : 수하인
*thereby : 그렇게 함으로써
*dispose of : ~을 처리하다
*fall due : (어음이) 만기가 되다

11

> (청산계정) 거래는 결제 마감 전에 물품을 선적하고 인도하는 판매이다. 이 옵션은 수입자에게 현금 유동성과 비용 면에서 가장 유리하지만, 결과적으로 수출자에게 가장 위험한 옵션이다. 그러나 수출자는 수출신용보험 같은 하나 이상의 적절한 무역금융 기법을 사용하여 미지불 위험을 상당히 경감시키면서 경쟁력 있는 (청산계정) 조건을 제공할 수 있다.

① 전신환
② 주문불 방식
③ 청산계정
④ 신용장

청산계정(Open Account)은 후지급 방식으로, 수출자가 물품을 선적한 후 운송관련 서류를 직접 수입자에게 발송하고 수출채권을 은행에 매각하여 현금화하므로, '외상수출 채권방식', '선적통지 결제방식', '무서류 매입방식'이라고 불린다.

*Open account : 청산계정
*transaction : 거래, 매매(= deal)
*due : (돈을) 지불해야 하는
*advantageous : 이로운, 유리한

*in terms of : ~면에서[~에 관하여]
*cash flow : 현금유동성
*substantially : 상당히, 많이
*mitigate : 완화[경감]시키다
*export credit insurance : 수출신용보험

12

다음 고객 불만사항에 대한 답변 중에서 적절하지 않은 것은?

> A. 바쁜 일정 중 시간을 내서 저희 제품과 서비스가 귀하의 기대에 미치지 못하는 점에 대한 불만사항을 편지로 보내주셔서 감사합니다.
> B. 이것은 제가 귀사의 이메일을 봤다는 것에 대한 확인입니다. 약속하신 대로 다음 주에 제 탁송물을 받기를 고대합니다.
> C. 그러나, 당사는 귀하의 요구대로 반품도, 환불도 해드릴 수 없습니다. 이것은 당사의 방침 때문입니다. 당사는 구매 후 2주 이내에 불편사항이 접수되는 주문에 대해서만 환불해 드립니다.
> D. Skynet Express Delivery Service를 사용하여 귀하의 주문을 제시간에 배송하기 위한 당사의 노력에도 불구하고, 당사가 그 상품들의 인도에 할당된 시간을 맞추지 못해 매우 유감스럽습니다.

A, C, D는 고객의 불만사항에 대한 매도인의 답신인데, B는 매수인이 매도인의 메일에 대한 수신확인으로, 다음 주에 물품을 인도받기를 기대한다는 내용이므로 불만사항에 대한 답신이라고 볼 수 없다.

*grievances : 불만사항
*meet : (필요요구 등을) 충족시키다; (기한 등을) 지키다
*confirm : 확인해주다
*consignment : 탁송물[배송물]
*make a refund : 환불하다
*allotted for : ~에 할당된

13

> 이번 주말까지는 (B) 대체품을 보내드릴 수 있을 것으로 (A) 확신합니다. 당사는 그러한 이상이 (D) 되풀이되지 않도록 (C) 전력을 다할 것입니다.

(A) 문맥상 '확신하다'는 뜻이 되어야 하므로, 빈칸 (A)에는 confident가 적절하다.

(B) 'substitute'가 '대체품'의 뜻이므로, 빈칸 (B)에는 substitute가 적절하다.

(C) 'do everything in one's power'가 '전력을 다하다'의 뜻이므로, (C)에는 everything이 적절하다.

(D) 문맥상 빈칸 앞의 '부정이 되풀이되지 않다'가 되어야 하므로, (D)에는 repeated가 적절하다.

*be confident of : 확신하다, 의심하지 않다
*substitute : 대체물
*do everything in one's power : 전력을 다하다
*irregularity : 부정, 이상

14

> Lee : 안녕하세요, 정 선생님. Jack Lee입니다.
> Jung : 안녕하세요. 이 선생님. 저는 SRG Electronics에 있습니다. 저희 전자부품 제품군에 대해 말씀드리고 싶어요.
> Lee : 오, 네. 저는 SRG에 대해서 들어봤어요. 한국에서는 요즘 어떠세요?
> Jung : 좋아요. 감사합니다. 사실, 최근 부품 수요가 많아져서, 매우 바빴어요.
> Lee : 그 소리를 들으니 기쁘네요. 저는 귀사의 가격에 관심이 있어요.
> Jung : 네, 다음 주에 샌프란시스코에 가서 함께 만날 시간이 있는지 궁금해요.
> Lee : 여기에 언제 오실 예정인가요?
> Jung : 다음 주 수요일과 목요일이요. 일정이 어떻게 되세요?
> Lee : 음... 제 일정을 확인해 보겠습니다. 어디 보자, 수요일 아침에 회의가 있어요. 수요일 오후 두 시쯤 어떠세요?
> Jung : 좋아요.

① Jung은 SRG Electronics에서 일한다.
② Jung과 Lee는 샌프란시스코에서 만날 것이다.
③ Jung과 Lee는 이 전화 통화 전부터 이미 서로 알고 있다.
④ SRG Electronics에는 고객이 거의 없다.

대화에서 Jung이 '… recently there's been a lot of demand for our parts, so we've been very busy.'라고 했으므로, ④ 'SRG Electronics에는 고객이 거의 없다'가 정답이다.

*discourse : 담론
*demand : 요구(사항)
*wondering if : ~여부를 궁금해 하다

15

다음 중 한국에서 수출신용보험 대행기관은?

> 국제무역에서, 수출신용보험 대행기관들은 때때로 은행과 수출업자들 사이에서 가교 역할을 한다. 금융 부문이 아직 개발되지 않은 신흥 경제국에서, 정부가 종종 수출신용보험 대행기관의 역할을 떠맡는다.

② 한국무역보험공사(K-sure)는 우리나라 '수출·수입보험제도'를 전담·운영하는 정부출연기관으로, 수입자의 계약 파기, 파산, 대금지급지연 또는 거절 등의 신용위험과 수입국에서의 전쟁, 내란 또는 환거래 제한 등의 비상위험 등으로 입게 되는 손실을 보상하는 수출보험제도와 국민경제에 중요한 자원이나 물품을 수입하는 경우, 국내기업이 부담하는 선급금 미회수 위험을 담보하거나 국내기업에 대한 수입자금 대출지원이 원활하도록 지원하는 수입보험제도를 시행하고 있다.

*export credit insurance : 수출신용보험
*act as : ~으로서의 역할을 하다[맡다]
*take over : 인계받다

16

(취소불능 보통) 신용장에는 다음과 같이 기록되어
있다. : "수익자의 일람출급환어음에 대한 지급을
매입에 의하여 어느 은행에서나 이용 가능한 신용
장. 신용장은 UCP 600의 적용을 받는다."

① 취소불능 보통
② 취소가능 보통
③ 취소불능 특정
④ 취소가능 특정

매입은행 제한여부 기준에 따른 신용장

보통신용장 (General[Open] L/C)	• 어음매입을 특정은행으로 제한하지 않고 아무 은행에서나 매입할 수 있 도록 되어 있는 신용장이다. • 매입은행 지정표시가 없으면 자유매 입신용장(Freely Negotiable Credit)으 로 본다.
특정신용장 (Special [Restricted] L/C)	• 수익자가 발행하는 환어음의 매입은 행이 특정은행으로 지정되어 있는 신 용장이다.

*Irrevocable : 취소불가능한
*Revocable : 취소가능한
*draft at sight : 일람출급환어음
*be subject to : ~의 대상이다

17

클레임 서신에 대한 답신이 아닌 것은?
① 조사 결과, 당사는 선적 전 엄격한 검사에도 불
구하고 불량품이 걸러지는 경우가 있다는 것을
발견했습니다.
② 당사의 주문 No. 10(TV 세트 10건)이 m/s
Chosun호를 통하여 이곳에 도착했으나, 유감스
럽게도, C/N 10개 중 6개가 당사 주문서 사양과
품질이 상이함을 알립니다.
③ 합의한 바대로, 당사는 송장금액의 3% 특별할인
으로, 이용 가능한 첫 번째 선박에 전체 상품에
대한 재선적을 준비했습니다.

④ 면밀한 조사를 거쳐, 귀사의 주문에 응하려고 만
반의 노력을 했으므로, 당사는 어떠한 오류도 발
견할 수 없었음을 밝히는 포장검사증명서를 동봉
합니다.

②는 인수물품 품질에 대한 클레임을 제기하는 매수
인의 서신이고, ①·③·④는 클레임 서신에 대한
매도인의 답신이다.

*claim letter : (손해 등에 대한) 항의의 편지
*defective : 결함이 있는
*filter : 여과하다, 거르다
*rigorous : 철저한, 엄격한
*specifications : 설계명세서
*settlement : 합의
*reship : 재승선하다
*fill your order : 주문에 응하다
*certificate of packing inspection : 포장 검사증명서

18

루리은행에 의해 개설된 신용장 하에 완전히 일치
하는 서류들이 제시되었다. 개설의뢰인이 이미 그
의 은행에 지불하고 난 후, 개설은행이 매입은행에
게 지불한다. 며칠 후, 개설의뢰인은 그 물품들이
품질이 좋지 않다는 것을 발견한다. 그는 개설은행
에 가서 은행에 환불을 요청한다.

① 루리은행은 개설의뢰인에게 환불해주어야 한다.
② 루리은행은 수익자의 의견을 물어봐야 한다.
③ 루리은행은 수익자에게 환불을 요청할 것이다.
④ 루리은행은 지불을 환불할 의무가 없다.

신용장 거래는 상품거래가 아닌 서류상의 거래이므
로, 루리은행은 물품 품질로 인해 개설의뢰인에게
환불 의무가 없다.

신용장 거래의 독립성 원칙

신용장은 수출·수입자 간 체결된 매매계약 등을 근
거로 개설되지만, 신용장 개설 후에는 그 근거가 되
었던 매매계약과 완전히 독립되어 그 자체로 별도의
법률관계가 형성됨으로써 신용장 당사자(개설은행
과 수익자)가 신용장 조건에 따라서만 행동하는 것

(즉, 매매계약으로부터의 단절)을 신용장의 독립성이라 한다.

*comply : (법·명령 등에) 따르다
*make payment : 지불하다
*request : 요청하다
*refund : 환불하다

19

신용장은 추가 정의 없이 '송장'을 요구한다. UCP 600 하에서 불일치로 간주되어야 하는 것은?

> 상업송장 :
> A. 수익자에 의해서 발행된 것으로 보이는 상업송장
> B. 개설의뢰인 앞으로 발행된 상업송장
> C. 신용장과 다른 통화로 발행된 상업송장
> D. 수익자가 서명하지 않은 상업송장

UCP 600 제18조 상업송장의 내용으로, 'C. that is made out in the different → same currency as the credit(신용장과 동일한 통화로 발행되어야 한다)'가 되어야 한다.

*discrepancy : 불일치
*in the name of : ~이름으로

[20~21]

> 당사와 상품거래를 위해 거래 개설에 관한 귀사의 서신에 감사드립니다. 동봉한 재무정보 양식에 3년 간 기록을 작성하시고, 신용조회처 2곳 이상, 은행 신용조회처 1곳을 제공해 주십시오.
>
> 물론, 모든 정보는 엄격히 비밀에 부쳐질 것입니다.
>
> 협조해 주셔서 대단히 감사합니다.
>
> 그럼 안녕히 계십시오.
> *regarding : ~에 관하여
> *open an account with : ~와 거래를 시작하다
> *trade reference : 신용조회처
> *bank reference : 은행 신용조회처

20

위 서신의 저자는 누구인가?
① 은행가
② 매도인
③ 매수인
④ 추심인

위 서신은 매수인(buyer)의 거래 제의에 대한 매도인(seller)의 답신으로, 신용조회처와 은행 신용조회처를 요청하고 있다.

21

밑줄 친 '재무정보'에 포함되지 않는 것은?
① 현금유동성
② 손익계정
③ 대차대조표
④ 어 음

무역거래에서 거래 업체의 신용상태를 확인하는 것은 향후 거래가능성을 진단하고 위험요소를 사전에 예방한다는 면에서 매우 중요하다. 신용조회 시 상대기업의 재무상태를 볼 수 있는 현금유동성, 손익계정, 대차대조표 등의 재무정보가 요청된다.

[22~23]

> 친애하는 Peter Park께,
>
> 앞으로 몇 달 안에 귀사에 상당량의 주문을 할 예정입니다.
> 아시다시피, 지난 2년 동안 저는 귀사에 주문을 많이 하고 즉시 결제했으므로, 이것이 귀사에 제 평판이 확립되었기를 바랍니다. 그럼에도 불구하고 필요하다면, 저는 기꺼이 신용조회처를 제공하겠습니다. 앞으로 가능하다면, 매 3개월마다 분기별로 대금을 결제하고 싶습니다.

22

다음 중 settled promptly와 가장 비슷하지 않은 표
현은?

① 일정대로 인출했다
② 제때에 지불했다
③ 기일대로 결제했다
④ 예정대로 지불했다

① debited per schedule는 '일정대로 (돈을) 인출하
다'의 뜻이다.

*punctually : 시간[기일]대로
*clear : (수표가[를]) 결제를 받다[결제하다]
*on schedule : 예정대로

23

① Peter Park은 매수인이다.
② 글쓴이는 매도인에게 초도주문 하기를 원한다.
③ 매수인이 매도인의 신용을 염려할 경우 신용조회
처를 제공해야 한다.
④ 요청이 수락될 경우 매도인은 결제를 위해 분기
별로 송장을 보내도 된다.

분기별 결제를 요청하는 매수인의 서신이므로, ④가
정답이다.

① Peter Park은 서신의 수신인으로, 매도인(seller)
이다.
② 글쓴이는 분기별로 결제하기를 원한다.
③ 매도인이 매수인의 신용을 염려할 경우, 신용조
회처가 제공되어야 한다.

*place an initial order with : ～에 초도주문을 하다
*on a quarterly basis : 분기별로
*provided that : ～을 조건으로

24

유감스럽게도, (A) 미국 내 당사 제조업체들의 예상
가격(→ 생산가격) 인상으로 인해, (B) 당사는 2020
년 5월 6일부터 당사의 모든 수입 신발 가격을 4%
인상할 수밖에 없습니다. 그러나 (C) 이 날짜 이전에
받은 주문은 현재 가격 수준에서 청구될 것입니다.
(D) 당사는 가격 인상 필요성을 진심으로 유감스럽
게 생각합니다.
그러나. 이번 인상은 당사가 어쩔 수 없다는 것을
이해해주시리라 알고 있겠습니다.

서신의 문맥상 '(A) expected price(예상가) → pro-
duction cost(생산가) increase from our manufac-
turers in USA,'가 되어야 한다.

*due to : ～에 기인하는, ～때문에
*expected price : 예상가격
*have no option but to : ～하는 수밖에 없다
*beyond our control : 어쩔 수 없는

25

해상보험증권이 포함되어 있는 선주상호보험(P&I
insurance)은 선박에 의한 제3자 손실에 대한 해상
법률책임을 보장한다.

① 여정 도중 통상의 상실 또는 손상
② 해운업자의 수수료 상실
③ 선박에 의한 제3자 손실에 대한 해상법률책임
④ 충돌로 인한 다른 선박의 손상

선박의 소유 및 운항에 따라 선주 또는 용선자에게
발생하는 손해 및 배상책임은 일반 선박보험만으로
모두 커버할 수 없다. 예를 들면, 선박 이외의 화물
에 대한 충돌손해배상책임·난파선 제거비용·선원
의 사상에 대한 배상책임 및 비용·선하증권의 면책
조항에 해당되지 않는 배상책임 등은 모두 선박보험
의 대상이 되지 못한다. 이처럼 선박의 소유와 운항
에 관련, 제3자에 대한 법적 배상책임을 보전하는
선주 상호 간의 보험을 P&I 보험이라 한다.

*Protection and Indemnity(P&I) insurance : 선주
상호보험
*cover : (보험으로) 보장하다
*shipper : 선적처리업자, 해운회사
*fee : 수수료, 요금
*collision : 충돌

26

> 회사가 지리적 범위를 더 많이 갖고 있을수록 이 조
> 항은 더 많이 중요해질 것이다. 예를 들어, 100% 현
> 지인만을 대상으로 하는 소규모 현지 사업체라면
> 어떤 법이 적용되는지 고객에게 알리는 조항이 실
> 제로 필요하지 않을 수 있다. 모든 사람들은 그것이
> 지역 상거래가 거의 없는 주의 법이기를 기대할 것
> 이다.
>
> 이제, 전 세계 각국에 고객과 사무실들을 소유한 거
> 대 회사의 경우를 살펴보자. 만약 한국의 고객이 제
> 품 문제로 소송을 제기하기를 원한다면, 한국법을
> 적용할 것인가, 아니면 다른 나라의 법을 적용할 것
> 인가? 또는, 당신의 회사가 유럽 출신 고객들이 있
> 는 미국의 기업이라면 어떻게 할 것인가?
>
> 두 경우 모두에서, (준거법) 조항은 어떤 법률이 적
> 용될 것인지를 선언할 것이고 양쪽 회사들이 국제
> 변호사를 고용하는 것을 막아줄 것이다.

빈칸에는 '준거법'에 해당하는 ②, ③, ④가 적절하다.
준거법 조항(Governing Law[Proper law/Applicable
Law] Clause)
• 계약을 해석할 때 어느 국가의 법률을 적용하느냐
  하는 문제를 약정한 조항이다.
• 국제적으로 통일된 물품매매법이 존재하지 않기 때
  문에 계약의 성립·이행·해석 등에서 어느 법을
  준거법으로 할 것인지를 계약서에 명시해야 한다.
• 준거법으로 가장 널리 이용되고 있는 비엔나협약
  은 원칙적으로 협약에 준한 체약국의 매매 당사
  자 간에 적용된다. 비엔나협약에도 물품매매에 관
  한 매도인과 매수인의 의무가 규정되어 있으나 그

내용이 포괄적이므로, 일반적 국제관습인 INCO-
TERMS와 충돌이 생길 경우 INCOTERMS가 우
선 적용된다.
*geographic reach : 지리적 거리[범위]
*clause : 조항, 조목
*exclusively : 배타적으로
*apply : 적용하다
*corporation : (큰 규모의) 기업[회사]
*sue : 소송을 제기하다
*declare : 선언[선포/공표]하다

[27~28]

> 가장 보편적인 유통가능한 문서는 선하증권이다.
> 선하증권은 운송회사가 송하인에게 주는 영수증이
> 다. 선하증권은 권리증권 역할을 하며 지정된 항구
> 에서 상품을 수령할 사람을 명시한다. 기명식 선하
> 증권에서 매도인은 상품을 매수인에게 직접 보낸
> 다. 이러한 유형의 선하증권은, (매수인이 물품 소유
> 권을 직접 획득하도록 하기 때문에), 일반적으로 신
> 용장 거래에는 바람직하지 않다.
>
> 지시식 선하증권의 경우 송하인은 물품을 은행에
> 위탁할 수 있다. 이 방식은 신용장 거래에서 선호
> 된다. 은행은 매수인이 서류를 지불할 때까지 물품
> 에 대한 통제를 유지한다.

*negotiable document : 유통가능 서류
*bill of lading : 선하증권
*shipping company : 운송회사
*shipper : 송하인
*document of title : 권리증권
*specify : 명시하다
*merchandise : 물품, 상품
*designated port : 지정된 항구
*straight bill of lading : 기명식 선하증권
*consign : ~에게 ~을 보내다
*desirable : 바람직한
*order bill of lading : 지시식 선하증권
*refer : 선호하다
*maintain : 유지하다[지키다]

27

기명식 선하증권의 특성은 무엇인가?

① 유통불능 선하증권
② 유통가능 선하증권
③ 사고선하증권
④ 지시식 선하증권

기명식 선하증권(Straight B/L)은 선하증권의 Consignee(수하인)란에 특정한 수하인명이 명기되며, 특정 수하인 이외에는 수입항에서 화물의 인수를 선사에 요청할 수 없는 유통불능 선하증권(Non-negotiable B/L)이다.

28

① 그것은 매수인이 물품 소유권을 직접 획득하도록 한다.
② 송하인은 물품을 은행에 위탁할 수 있다.
③ 은행은 매수인이 서류를 지불할 때까지 물품에 대한 통제를 유지한다.
④ 은행은 선하증권을 매수인에게 공개할 수 있다.

기명식 선하증권은 선하증권 수하인(consignee)란에 화물의 수취인, 즉 수입업자의 주소와 상호가 기재된 것이다. 기명식 선하증권은 수하인이 명확하게 당해 화물에 대한 소유권을 유보하고 있기 때문에 무역거래에서는 선불결제(payment in advance)방식 등을 제외하고는 이러한 형식의 선하증권은 보통의 경우 발행되지 아니한다.

29

① 5월 12일까지 주문하시면 특별할인을 적용해 드리겠습니다.
② 5월 12일까지 주문을 받으시면, 특별할인을 받을 수 있습니다.
③ 5월 12일 이전에 주문하시면 특별할인을 받을 수 있습니다.
④ 5월 12일 이전에 주문하신 것에 대해 특별할인을 받을 수 있습니다.

①·③·④는 '주문을 하면 특별할인을 받는다'고 했고, ②는 '주문을 받으면(take order)'이라고 했으므로, 나머지와 의미가 다르다.

*special discount : 특별할인
*take order : 주문을 받다

30

법정 소송사건에 비해서, 중재는 신속한 결정, 더 저렴한 비용, 전문적인 중재자의 지명, 그리고 (판정에 대한 국제적인 효력)이라는 이점이 있다.

① 판정에 대한 국제적인 효력
② 중재판정에 대한 의무적인 발표
③ 정부에 의한 법적인 접근
④ 더 높은 법적 안정성

중재판정은 국제적으로도 그 효력이 보장되고 있다. 뉴욕협약(New York Convention)에 따라 각 체약국의 중재판정은 해외 체약국에서 그 승인 및 집행을 보장받게 되어 있다.

중재(Arbitration)의 장점

• 중재계약에서부터 중재판정에 이르는 모든 절차를 당사자의 합의로 결정
• 법원의 소송보다 신속히 해결되고, 단심제로 해결 가능
• 저렴한 비용
• 전문적인 중재인들이 거래내용에 맞는 분쟁해결 가능
• 중재판정은 국제적으로도 그 효력이 보장되고 있음
• 비공식적인 절차로 진행
• 거래의 기밀보장을 위해 비공개로 진행

*In comparison with : ~에 비해서
*lawsuit case : 소송사건
*arbitration : 중재
*advantage : 이점, 장점
*speedy decision : 신속한 결정
*nomination : 지명, 추천, 임명
*specialized : 전문화된

*mandatory : 법에 정해진, 의무적인
*arbitral award : 중재판정
*stability : 안정, 안정성[감]

31

해상보험의 종류는 다음과 같이 구분할 수 있다. :
(A) 항해보험(→ 적하보험)은 선박으로 운송되는 해상화물에 특별히 적용되며, 선박 항해자들의 소지품에도 관련되어 있다.
(B) 선박보험은 사고가 발생할 경우 선박에 대한 손실을 피하기 위해 대부분 선박 소유주에 의해 보험에 가입되어 있다.
(C) 책임보험은 선박의 충돌 또는 그 밖의 다른 유발된 공격으로 인해 발생한 책임에 대해 보상을 요구하는 해상보험의 유형이다.
(D) 운임보험은 선박사고로 화물이 유실될 경우 운임손해를 볼 가능성이 있는 상선회사를 보호하기 위해 제공하는 보험이다.

① 해상보험 중에서 보험의 목적물이 적하물(cargo)에 해당하는 보험이므로, voyage insurance(항해보험) → cargo insurance(적하보험)가 되어야 한다.
*marine insurance : 해상보험
*differentiate : 구별하다
*pertain to : ~와 관계가 있다
*in case of : 만일 ~한다면
*mishap : 작은 사고[불행]
*compensation : 보상(금)
*on account of : ~때문에
*stand a chance : (~을 할) 가능성이 있다

32

2020년 2월 23일자 귀사의 주문에 감사드립니다. (A) 귀사의 주문 No.3634이 M/S Ventura 호에 적재되었으며, (B) 2020년 3월 10일 부산에서 출발하여 (C) 2020년 4월 3일경에 제노바에 도착 예정임을 알려드리게 되어 기쁩니다. (D) 포장은 귀사의 지시에 따라 신중하게 수행되었으며, 당사는 모든 물품이 양호한 상태로 귀사에 도착할 것을 확신합니다.

② 지문의 문맥상 부산을 출발해서 제노바에 도착 예정임을 알 수 있으므로, (B) leaving for Busan(부산으로 향해서) → leaving Busan(부산을 출발해서)이 되어야 한다.
*carry out : 수행하다
*instructions : 지시, 명령
*in good condition : 양호한 상태로

33

(A) 공동해손정산인은 특히 선박과 선박의 이익과 관련한 해상보험의 손실조정 전문가이다. (B) 공동해손정산인은 특히 모든 분손(→ 공동해손)에 대한 조정에 좀 더 관심을 가지고 있다. (C) 공동해손정산인은 보통 조정안 작성의 책임이 있는 선주를 위해 공동해손의 조정을 수행하도록 임명된다. (D) 공동해손정산인 요금과 비용은 조정의 일부를 구성한다.

② (B) He is more particularly concerned with all partial loss(분손) → general average loss(공동해손) adjustments.
공동해손정산인(Average Adjuster)
공동해손(general average)의 정산업무 처리를 전문으로 하고 있는 개인 또는 회사를 말한다. 공동해손정산서의 작성이 주요 업무이지만 이밖에 공동해손 분담금의 징수, 공동해손 공탁금의 반환 등의 사무도 처리한다.
*Average adjuster : 공동해손정산인
*loss adjustment : 손실 조정
*regard to : ~와 관련하여[~에 대하여]
*be concerned with : ~에 관계가 있다
*interest : 이익
*general average adjustments : 공동해손정산
*onus : 책임
*draw up : 만들다[작성하다]

34

(A) 해상화물운송장은 해상운송의 운송서류로, 운송계약의 추정적 증거와 (B) 운송 중인 물품에 대한 영수증과 권리증권의 역할을 한다. (C) 물품 인수를 위해, 해상화물운송장의 제시가 필요하지 않다. (D) 일반적으로, 수취인은 오직 신원확인을 위해서만 요구되며, 그렇게 함으로써 목적항에서 처리과정이 빨라질 수 있다.

② 해상화물운송장(Sea Waybill)은 화물수령증의 일종으로, 권리증권(document of title)은 아니므로, (B)가 정답이다.

해상화물운송장(Sea Waybill)

해상운송수단의 발달로 운송기간이 단축됨에 따라 발행과 제도가 번거로운 해상선화증권 대신에 이용되는 비유통성 화물운송장을 말한다. 이는 주로 기명식으로 특정인을 수하인으로 발행하는 화물수령증의 일종이며, 해상선하증권과 같은 권리증권(document of title)은 아니다. 따라서 본·지사 간의 거래, 신용이 두터운 거래선 또는 이사화물 등에 주로 이용된다.

추정적 증거(Prima Facie Evidence)

특정 사실의 증명에 있어서 일단 충분하다고 하는 증거이며, 상대방의 반증에 의해 뒤집히지 않는 한 진실이라고 추정되는 증거

*Sea Waybill : 해상화물운송장
*prima-facie evidence : 추정적 증거
*serve as : ~의 역할을 하다
*document of title : 권리증권
*take the delivery of : [물건 따위]를 인수하다
*presentation : 제출, 제시
*receiver : 수령인, 수취인
*identify : (신원 등을) 확인하다[알아보다]
*speed up : 속도를 더 내다[높이다]

35

(C) 계약 위반으로 인해 (B) 계약 당사자들 간에 (A) 발생할지도 모르는 모든 분쟁, 논란 또는 이견은 (D) 최종적으로 서울에서 중재에 의해 해결되어야 한다.

① (A) 'All disputes, controversies or differences which may raise → rise'가 되어야 한다.

raise(타동사)는 '~을 들어 올리다'의 뜻으로 목적어가 필요하고, rise(자동사)는 '발생하다[시작되다]'의 뜻으로 목적어가 필요 없다.

*dispute : 분쟁, 분규
*controversy : 논란
*in connection with : ~와 관련되어
*breach : 위반

36

① We would like to apologize you to → for our late reply.

*apologize for : ~에 대해 사과하다
*in charge : ~을 맡은, 담당인
*respond to : ~에 대응하다
*account for : 설명하다, 처리하다

37

② I think we can lower the price of 20. → by 20 more than we used to.

*amend : 개정[수정]하다
*lower : 낮추다, 내리다
*be valid : 효력이 있다
*exclusive license : 독점사용권

38

④ Our invoice specifically is stated → states that the armchairs ordering → ordered should be furnished until 5 p.m. on July 12.

*immediate shipment : 즉시 선적
*supply with : ~을 공급하다
*specifically : 분명히, 명확하게
*furnish : (가구를) 비치하다

39

(상계관세)는 다른 나라로 수출되는 물품에 대하여 수출국 정부에서 제공하는 보조금 효과에 대응하기 위해 부과된 세금이다.

② 상계관세(Countervailing Duty) : 수출국에서 제조, 생산 또는 수출에 관하여 보조금을 지급받은 물품이 수입되어 국내산업을 저해하는 경우에 기본세율 이외에 해당 보조금만큼의 금액을 추가 부과하는 관세이다.
① 보복관세(Retaliatory duties) : 교역상대국이 우리나라의 수출품 또는 선박, 항공기에 대하여 불리한 대우를 하는 경우에 자국의 이익을 보호하기 위하여 그 나라의 수입물품에 대하여 보복적으로 할증 부과하는 관세이다.
④ 덤핑방지관세(Anti-dumping duties) : 외국물품의 덤핑(부당하게 싼 가격으로 수입)을 방지하는 수단으로 부과하는 관세로 WTO 제6조에 의하면 덤핑방지관세는 국내산업에 중대한 위협을 주는 경우에 한하여 부과하도록 하고 있다.
*be assessed for : ~에 대한 평가를 받다
*counter : 반박[논박]하다
*subsidies : 보조금

[40~41]

당사의 이전 서신에서 주문품 인도지연에 대해 알려드린 것처럼, 상황은 여전히 똑같습니다. 노동조합의 파업이 계속되고 있습니다. 이번 일에 대해 사과드립니다만, 이번 사태는 어쩔 수 없기 때문에, 이것을 (바로잡기) 위해 당사가 할 수 있는 일이 많지 않습니다.

귀사의 주문품 배송지연에 대해 다시 한 번 사과드립니다.

그럼 안녕히 계십시오.
*trade union : 노동조합
*strike : 파업
*on-going : 계속 진행 중인
*occurrence : 발생, 존재, 나타남
*out of hands : 손을 쓸[통제할] 수 없는

40

위 서신에서 사과하고 있는 상황은 무엇인가?
① 지불지연
② 불가항력
③ 미지급
④ 조속한 인도
불가항력(Force Majeure)
당사자들이 통제할 수 없고, 예견 불가능하며, 회피할 수 없는 사안으로 천재지변(Act of God)이나 화재, 전쟁, 파업, 폭동, 전염병과 기타 자연 재앙 같은 특정한 사정이나 사건을 의미한다. 불가항력에 의해 선적지연 및 계약 불이행이 발생할 경우를 대비하여 무역거래 당사자는 무역계약 체결 시 불가항력으로 인정할 수 있는 구체적인 사항들과 선적지연 시 언제까지 지연을 인정할지 여부를 명시하는 것이 좋다.

41

빈칸에 알맞은 것은?
① 바로잡다
② 조사[검토]하다
③ 처리하다
④ 보관하다
서신의 문맥상 빈칸에는 ① rectify(바로잡다 = correct)가 적절하다.
*arrange : 마련하다, (일을) 처리[주선]하다
*file : (문서 등을 정리하여) 보관하다[철하다]

[42~43] 아래는 선적화물선취보증서의 일부이다. 물음에 답하시오.

> (A) 귀사가 상기 선적물에 대하여 선하증권을 발행하여 상기 화물이 상기 양륙항에 도착했으므로, 당사는 이로써 원본 선하증권을 제시하지 않고 상기 언급한 당사자에게 이 화물을 배달할 것을 귀사에 요청합니다.
> 당사의 위와 같은 요청을 귀사가 준수하는 것을 고려하여, 당사는 다음과 같이 귀사에 배상하기로 동의합니다. :
> 아래 서명하는 당행은 운송계약과 관련된 운임, 체화료, 또는 기타 경비와는 무관하다는 것을 전제로, 귀사가 당사의 요청에 따라 화물 인도를 이유로 발생하게 될 경비.
> 상기 화물에 일치하는 원본 선하증권이 당행의 수중에 들어오는 즉시 당사는 귀사에 (B) 동일한 것을 양도할 것이며 그 결과 당사의 법적 책임은 이에 의거하여 종료될 것입니다.
>
> *whereas : ~한 사실이 있으므로
> *port of discharge : 양륙항
> *hereby : 이에 의하여, 이로써
> *original : 원본
> *bill of lading : 선하증권
> *comply with : 지키다
> *indemnify : 배상[보상]을 약속하다
> *sustain : (피해 등을) 입다[당하다]
> *in accordance with : ~에 따라서
> *undersigned : (특정 문서의) 서명인
> *exempt from : ~을 면제하다
> *liability : (~에 대한) 법적 책임
> *demurrage : 체선료
> *in respect of : ~에 관해서는
> *come into : ~의 상태가 되다[들어가다]
> *surrender : 포기하다[내주다/넘겨주다]
> *whereupon : 그래서, 그 때문에, 그 결과
> *hereunder : 이에 의거하여

42

밑줄 친 (A)와 (B)가 뜻하는 것끼리 짝지어진 것은?
① (A) 운송인 − (B) 화물선취 보증서
② (A) 운송인 − (B) 선하증권
③ (A) 매도인 − (B) 선하증권
④ (A) 매수인 − (B) 화물선취 보증서

화물선취보증서(Shipping Letter of Guarantee)
수입지에 선적서류 원본보다 화물이 먼저 도착한 경우 수입자가 서류도착 시까지 기다리지 않고 수입화물을 통관하려고 할 때 신용장 개설은행이 선박회사 앞으로 발행하는 보증서를 말한다. L/G의 발급은 운송서류의 원본을 인도하는 것과 동일한 효과를 가지며 신용장 조건과 일치하지 않는 서류가 내도하여도 화물이 수입자에게 인도된 후이므로 수입자는 매입은행에 대하여 수입어음의 인수 또는 지급을 거절할 수 없다.

43

다음 중 indemnify와 비슷한 단어는?
① 등록하다
② 배상하다
③ 상환청구권
④ 포기하다

indemnify는 '배상[보상]을 약속하다'의 뜻으로, 의미가 비슷한 것은 ② reimburse(배상[변제]하다)이다.

[44~45]

> 백지식 배서는 선하증권이 (C) 지시식으로 발행될 경우, 특정인을 (B) 지정하고(→ 지정하지 않고) (A) 배서인이 선하증권의 뒷면에 서명하는 행위이다. 그러면 해당 선하증권은 무기명증권이 되어, 그 (D) 소지인은 물품 운송을 위해 그것을 운송회사에 제시할 수 있다.
>
> *blank endorsement : 백지식 배서
> *endorser : 배서인
> *bearer instrument : 무기명증권
> *holder : 소지인

44

(B) 'with → without bearing a specific person(특정인을 지정하지 않고)'가 되어야 한다.

백지식 배서(Blank Endorsement)

- 백지식은 인도문언 및 피배서인에 대하여는 아무 것도 기재하지 않고 배서인만이 서명한다.
- 백지식에 의하면 이후 선하증권의 인도에 의하여 물품의 권리가 이전하게 되며, 실질적으로는 무기명식으로 발행되는 것과 차이가 없으나 배서연속의 문제가 생기지 않는다.
- 특히 백지배서를 의미하는 'Blank Endorsement', 'Endorsed in Blank'라는 표현은 Order, Order of Shipper 같은 지시식 선하증권에서 전형적으로 등장하는 방식이다.

45

① 소지인은 선하증권을 소유하거나 소지한 자이다.
② 소지인은 선하증권을 다른 사람들에게 양도할 수 없다.
③ 소지인은 유통가능 선하증권의 경우 보통은 은행이다.
④ 소지인은 선하증권을 보유할 수 없지만 제3자에게 양도할 수 있도록 배서할 수 있다.

선하증권은 운송인이 선적자에게 발행하는 선적서류로, 합법적인 선하증권 소지인에게 지정된 목적항까지 화물을 운송하는 약속을 증명하는 서류이다. 따라서 선하증권은 물품수령증인 동시에 화물운송계약서이다. 선하증권은 선적자 혹은 화물소유자에게 다른 제3자에게 양도가능한 권리증이며, 운송중인 화물을 매매할 수도 있고, 화환신용장 하에서 다른 서류와 함께 은행으로부터 대금을 지급받을 수도 있다.

*assign : 맡기다
*normally : 보통
*negotiable B/L : 유통가능 선하증권
*assignment : 과제, 임무

[46~47]

전위험담보(All risks)는 보험이 적용되는 조건을 나타내는 보험 용어이다. (A) 보험이 항상 모든 손실을 보상하는 것으로 해석되어야 한다. 적하보험에서, 이 용어는 운송 중에 발생하는 (화재, 지진, 투하) 같은 모든 우연한 손실을 수용하며, (B) 이 용어는 다수의 배제된 위험을 포함한다.

다시 말해서, 전위험담보 보험은 (C) 계약서에서 명시적으로 보험 적용대상에서 제외되지 않는 한, 어떤 위험도 보상하는 물질보험 또는 상해보험의 일종이다. 이것은, (D) 배제된 위험으로 나열되지 않는 한, 그것이 보장된다는 것을 의미한다.

*denote : 조짐을 보여주다
*construe : ~을 이해하다
*embrace : (열렬히) 받아들이다
*fortuitous : 우연한
*incorporate : 포함하다
*excluded perils : 배제된 위험
*property insurance : 물질보험
*casualty insurance : 상해보험

46

① 전위험담보는 면책위험 및 보험료율서 상에서 제외된 위험으로 인한 손해 이외의 모든 손해가 면책률 없이 보상된다.

ICC(AR)(All Risks : 전위험담보조건)

- 면책위험 및 보험료율서상에서 제외된 위험으로 인한 손해 이외의 모든 손해가 면책률 없이 보상된다.
- 보험금 청구를 위해 피보험자는 손해가 구체적으로 어느 위험으로 발생했는지 입증하면 된다.
- 모든 위험을 담보하는 조건이나 모든 손해·멸실을 담보하는 것은 아니고, 약관상 규정된 면책사항은 담보하지 않는다.
- 약관상 면책위험
  - 보험계약자, 피보험자의 고의 또는 불법적인 행위

- 화물의 통상적인 누손이나 마모
- 보험목적물 고유의 하자, 자연소모
- 운송지연에 의한 손해
- 전쟁 및 동맹파업에 의한 손해(특별약관을 첨부하여 보험료를 납입하면 보상 가능)

47

다음 중 빈칸에 적절하지 않은 것은?

① 고유의 하자
② 화 재
③ 지 진
④ 투 하

고유의 하자 또는 성질(Inherent Vice or Nature)

고유의 하자 또는 성질은 보험의 대상화물에 존재하는 일반적 또는 특수적 결함, 즉 하자를 말한다. 예를 들어 과일이나 육류가 시간이 경과함에 따라 부패하는 것, 수분을 포함한 석탄이 자연 발화하기 쉬운 것 또는 도자기가 깨지기 쉬운 것 등이 있다. 영국해상보험법(MIA) 제55조에서는 보험자는 보험의 목적의 '고유의 하자 또는 성질'에 대하여 책임을 지지 않는다는 취지를 규정하고 있다. 현재 사용하고 있는 모든 협회적하약관(ICC)은 화물의 고유의 하자 또는 성질에 기인하는 손해를 면책한다고 규정하고 있다.

[48~49]

다른 지불 유형에 비해, 신용장 거래에서 은행의 역할은 상당히 크다.

은행은 중개인의 역할을 함으로써 무역거래에서 양 당사자에게 추가적인 보안을 제공한다. 은행은 매도인이 <u>지정은행</u>을 통해 필요한 서류를 제공하면 대금을 지불받을 것을 보증한다.

은행들은 또한 매수인에게 선적서류(포장명세서, 송장, 검사증명서)가 제시되지 않으면 그들의 대금이 양도되지 않을 것을 보증한다.

*Compared to : ~와 비교해서
*substantial : (양·가치·중요성이) 상당한
*intermediary : 중재자, 중개인

*nominated bank : 지정은행
*inspection certificate : 검사증명(서)

48

신용장에서 지정은행에는 보통 어떤 표현이 기재되어 있는가?

지정은행의 표시방법 및 역할

- 'available with ABC Bank by ~'에서 'by ~'이하에 기재되는 것이 지정은행의 역할이다.
- 지정은행은 신용장을 사용할 수 있는(available) 은행 또는 모든 은행에서 사용가능한(available) 신용장의 경우에는 모든 은행을 의미한다(UCP 600 제2조).
- 지정은행(nominated bank)은 개설은행으로부터 지급, 연지급, 인수, 매입을 할 수 있도록 권한을 부여받은 은행을 말한다. 지정은행의 구체적인 역할은 신용장에서 정해진다.
- 지정은행의 지급, 매입 등은 지정은행의 권한일 뿐이며, 지정은행에게 지급, 매입 등의 의무가 있는 것은 아니다.

49

② 환어음(bill of exchange) : 채권자인 수출자가 발행인(Drawer)이 되고 채무자인 수입자 또는 은행을 어음의 지급인(Drawee, Payer)으로 발행되는 무역결제에 사용되는 어음을 말한다. 신용장 결제의 경우에도 D/P 또는 D/A 어음결제의 경우와 마찬가지로 이 환어음에 선적서류(Shipping documents)를 첨부한 화환어음(Documentary bill)으로서 수출지의 은행에 제시하여 수출대금을 지급 받는다. 이것을 화환어음의 매입(Negotiation)이라 한다.

① 포장명세서(packing list) : 수입자가 각 화물의 내용을 쉽게 파악하기 위해 요구되는 포장된 내장품의 명세서로 상업송장의 부속서류로 작성되는 서류

③ 송장(invoice) : 수출자가 무역계약을 정당하게 이행할 것을 해외의 수입자 앞으로 증명하는 화물의 명세서

④ 검사증명서(inspection certificate) : 계약한 상품의 품질, 포장, 재료, 성분 등에 대해 계약한 상품의 동질성 또는 동일성 및 진정성을 확보하기 위해 주로 수입자가 수출상에게 요구하는 증명서

선적서류(Shipping Documents)

무역거래에서 매도인이 물품을 적출한 다음 매수인으로부터 대금을 지급받기 위하여 제공되는 서류를 말하며, 상업송장(Invoice), 선화증권(B/L), 포장명세서(P/L), 검사증명서, 원산지증명서, 보험서류 등이다.

50

> 신용장은 개설은행과 (A) 수익자 사이의 계약이며, 중개인 역할의 은행과는 무관함을 기억해야 한다. 그러므로, 신용장에 명시된 것처럼 개설은행의 장소와 다른 장소에서 제시되어도 관계없이, 수익자는 자유롭게 개설은행에 (B) 직접 제시할 수 있으며, 개설은행은 일치하는 제시에 대하여 지불할 의무가 있다.
>
> *beneficiary : 수익자
> *regardless of : ～에 상관없이[구애받지 않고]
> *facilitate : 가능하게[용이하게] 하다
> *be at liberty to do : 자유롭게 ～할 수 있는
> *be obliged to : 하는 수 없이 ～하다
> *honour : (은행 등에서) 수표를 받다[수표에 적힌 액수를 지급하다]
> *compliant : (일정한 규칙에) 부응하는

① (A) 수익자 - (B) 직접적인
② (A) 개설의뢰인 - (B) 직접적인
③ (A) 수익자 - (B) 간접적인
④ (A) 개설의뢰인 - (B) 간접적인

신용장 거래의 원칙

• 독립성의 원칙(The Principle of Independence, UCP 제4조) : 신용장은 수출·입자 간 체결된 매매계약 등을 근거로 개설되지만, 신용장 개설 후에는 그 근거가 되었던 매매계약과 완전히 독립되어 그 자체로 별도의 법률관계가 형성됨으로써 신용장 당사자(개설은행과 수익자)가 신용장 조건에 따라서만 행동하는 것(즉, 매매계약으로부터의 단절)을 신용장의 독립성이라 한다.

• 추상성의 원칙(The Principle of Abstraction, UCP 제5조) : 신용장 거래는 상품, 용역, 계약이행 등의 거래가 아니라 서류로서 거래가 이루어지는데 이를 신용장의 추상성이라 한다. 즉, 서류만으로 매매계약의 이행여부를 결정하게 되므로 실제 물품·용역·계약의 불일치 또는 불이행에 따른 분쟁은 신용장과 전혀 별개의 문제이다.

51

UN 국제물품매매에 관한 협약(CISG)의 적용대상 제외

• 개인용·가족용 또는 가정용으로 구입된 물품의 매매. 다만, 매도인이 계약체결 전이나 그 체결 시에 물품이 그와 같은 용도로 구입된 사실을 알지 못하였고, 알았어야 했던 것도 아닌 경우에는 그러하지 아니하다.

• 경매에 의한 매매

• 강제집행 그 밖의 법령에 의한 매매

• 주식, 지분, 투자증권, 유통증권 또는 통화의 매매

• 선박, 소선(小船), 부선(浮船) 또는 항공기의 매매

• 전기의 매매

52

② 노하우는 영업비밀과 유사한 산업재산권이므로 라이센스의 대상이 되기 위해서는 비밀유지의무가 매우 중요하다.

53

③ 인코텀즈(Incoterms) 2020의 CIF 조건에서는 수출자(매도인)는 물품의 수입을 위한 또는 제3국을 통과하기 위한 통관을 하거나 수입관세를 지불하거나 수입통관 절차를 수행할 의무가 없다.

54

외국물품(관세법 제2조 제4호)

- 외국으로부터 우리나라에 도착한 물품[외국의 선박 등이 공해(公海, 외국의 영해가 아닌 경제수역을 포함한다. 이하 같다)에서 채집하거나 포획한 수산물 등을 포함한다]으로서 제241조 제1항에 따른 수입의 신고(수입신고)가 수리(受理)되기 전의 것
- 제241조 제1항에 따른 수출의 신고(수출신고)가 수리된 물품

55

신용장의 문구내용은 보험증서 2부를 발행하고 보험부보금액은 송장금액의 110%로 백지배서한다는 것이다.

② CIP는 매도인의 비용으로 지정목적지까지 가는데 필요한 운송료와 추가로 보험료를 지불하는 조건이므로, 보험증권의 피보험자란에 수익자명이 기재되고, 백지식 배서(Blank Endorsement)는 인도문언 및 피배서인에 대하여는 아무것도 기재하지 않고 배서인만 서명하는 것이다.

56

신용장 양도 시 확인사항

- 당해 L/C가 양도가능(Transferable) 신용장인지 여부
- 양도은행이 신용장상에 지급, 인수 또는 매입을 하도록 수권받은 은행인지 여부
- 원수익자와 제2수익자 공동연서에 의한 양도신청인지 여부
- 1회에 한한 양도인지 여부

- 분할양도의 경우 원수출신용장상에 분할선적을 허용하고 있으며 분할양도금액이 원수출신용장상의 금액을 초과하지 않는지 여부
- 제시된 원수출신용장에 의하여 제공된 금융이 없으며 기타 국내의 여건에 비추어 행정상 필요에 의하여 양도를 금지하는 기재내용이 없는지 여부

57

③ 수출업자는 신용장을 담보로 하여 쉽게 제조대금에 필요한 금융의 혜택을 받을 수 있다. 수입업자는 발행은행의 수입담보화물대도(Trust Receipt ; T/R)에 의한 신용 공여로 금융상의 혜택을 확보할 수 있다.

58

③ 무차별운임(Freight All Kinds Rate)은 화물, 화주, 장소를 불문하고 운송거리를 기준으로 일률적으로 운임을 책정하는 방식, 즉 화물의 종류나 내용에는 관계없이 화차 1대 당, 트럭 1대 당 또는 컨테이너 1대 당 얼마로 정하는 운임을 말한다.

59

계약서의 조건

- 무역계약의 6대 거래조건 : 계약상품의 품질(quality), 수량(quantity), 가격(price), 포장(packing), 선적(shipment), 보험(insurance), 결제(payment)
- 계약의 불이행에 따른 분쟁구제조건 : 계약의 불이행에 따른 불가항력 조항, 클레임 조항, 중재 조항, 준거법 조항, 재판관할 조항 등

60

은행에 추심업무를 위탁하는 자는 추심의뢰인(Principal, 수출상)이며, 지급인(Drawee, 수입상)은 대금을 지급해야 하는 자이다.

추심결제방식(On Collection Basis ; D/P & D/A)

수출상(Principal/Drawer/Accounter, 의뢰인)이 계약 물품을 선적한 후 선적서류(B/L, Insurance Policy, Commercial Invoice)를 첨부한 '화환어음(환어음)'을 수출상거래은행(Remitting Bank, 추심의뢰은행)을 통해 수입상거래은행(Collecting Bank, 추심은행)에 제시하고 그 어음대금의 추심(Collection)을 의뢰하면, 추심은행은 수입상(Drawee, 지급인)에게 그 어음을 제시하여 어음금액을 지급 받고 선적서류를 인도하여 결제하는 방식이다.

61

③ Letter of Guarantee(수입화물선취보증장)는 선하증권 없이 수입화물을 먼저 수취할 때 선사에게 제출하는 보증서이므로, 전자선하증권(e-B/L)이 운용될 경우 사용이 감소될 것이다.

62

④ 선하증권은 그것에 기재된 화물의 수량, 중량 및 상태와 동일한 물품을 운송인이 송하인으로부터 수령하였다는 추정적 증거(Prima Facie Evidence)로 선하증권 자체는 계약서라 할 수 없다.

63

④ 정박기간은 선적 및 양륙을 위해 용선자에게 허용된 기간으로 용선자가 이 기간을 자유로이 사용할 수 있지만, 기간 내에 선적과 양륙을 끝내지 못하면 계약 정박기간 초과일에 대해 선주에게 위약금을 지불해야 하며, 허용된 정박기간 종료 전에 하역이 완료되었을 때 그 절약된 기간에 대하여 선주가 용선자에게 조출료(일종의 격려금)를 지급한다. 따라서 정박기간을 전부 사용할 수 있도록 하역작업을 수행하는 것은 바람직하지 않다.

64

③ 피보험이익은 보험계약 체결 시 반드시 현존·확정되어 있어야 하는 것은 아니나 늦어도 보험사고 발생 시까지는 보험계약의 요소로서 이익의 존재 및 귀속이 확정될 수 있어야 한다. 즉, 피보험이익이 계약 체결 시에는 확정되어 있지 않더라도 향후(손해 발생 시까지) 확정될 것이 확실한 것(기대이익 또는 보수 수수료 등)은 피보험이익으로 인정되어 피보험목적물로 보험대상이 될 수 있다.

65

청약의 효력 소멸
- 승낙의 경우
- 청약의 거절 또는 반대청약(Rejection of Offer or Counter Offer)
- 청약의 철회(Revocation of Offer)
- 당사자의 사망(Death of Parties)
- 시간의 경과(Lapse of Time)

66

④ Sub-con Offer(확인조건부청약)는 형식적으로는 청약이지만 그 본질은 청약이 아닌 청약의 유인(Invitation to Offer)에 해당한다.

청약의 유인(자유/조건부청약)

피청약자가 승낙하여도 계약이 성립되지 않고 청약자의 확인으로 계약이 성립되는 청약의 사전준비단계로 예비교섭단계라고 할 수 있다.

67

④ 현실전손은 위부통지(권리이전 의사표시)가 불필요하지만, 추정전손은 위부함으로써 피보험자가 보험자에게 보험금 청구 의사를 표시한다.

68

③ 매수인이 통지를 접수한 후 설정된 기간 내에 상이한 물품명세를 확정하지 아니하는 경우에 비로소 매도인이 지정한 물품 명세사항이 구속력을 갖는다.

권리구제 방법

매도인의 구제	매수인의 구제	매도인과 매수인 모두에게 적용되는 구제
• 하자보완권 • 물품명세확정권	• 대체품인도청구권 • 하자보완청구권 • 대금감액청구권	• 손해배상청구권 • 계약이행청구권 • 추가이행기간설정권 • 계약해제권

69

③ 중재판정의 집행 대상이 되는 자산에 대한 보전 방법의 제공

임시적 처분(중재법 제18조)

• 당사자 간에 다른 합의가 없는 경우에 중재판정부는 어느 한쪽 당사자의 신청에 따라 필요하다고 인정하는 임시적 처분을 내릴 수 있다.
• 임시적 처분은 중재판정부가 중재판정이 내려지기 전에 어느 한쪽 당사자에게 다음의 내용을 이행하도록 명하는 잠정적 처분으로 한다.
  – 본안에 대한 중재판정이 있을 때까지 현상의 유지 또는 복원
  – 중재절차 자체에 대한 현존하거나 급박한 위험이나 영향을 방지하는 조치 또는 그러한 위험이나 영향을 줄 수 있는 조치의 금지
  – 중재판정의 집행 대상이 되는 자산에 대한 보전 방법의 제공
  – 분쟁의 해결에 관련성과 중요성이 있는 증거의 보전

70

Incoterms 2020의 'F그룹'은 물품 및 위험과 비용의 인도가 모두 선적지에서 이루어지는 그룹으로서, FCA, FAS, FOB 총 3개 조건으로 구성되어 있다.

71

③ 중재 역시 일종의 계약이므로 계약자유의 원칙이 적용된다.

72

표현대리(apparent authority)

무권대리(無權代理), 즉 대리권이 없는 자가 대리인이라 칭하고 행하는 행위 가운데 그 대리인이라 칭하는 자(무권대리인)와 본인과의 사이에 특수한 관계가 있기 때문에 본인에 관하여 대리권이 진실로 존재한 것과 같은 효과를 생기게 하는 제도이다. 대리인이 권한 외의 법률행위를 한 경우 제3자가 해당 권한이 대리인에게 있다고 믿을 합리적 이유가 있을 경우, 본인은 그 행위에 대한 책임이 있다(민법 제126조).

73

①・②・③ 은행의 서류심사 시 제시서류와 신용장 조건이 일치하는지의 여부를 판단할 수 있다.
④ 신용장은 수출・수입자 간 체결된 매매계약 등을 근거로 개설되지만, 신용장 개설 후에는 그 근거가 되었던 매매계약과 완전히 독립되어 그 자체로 별도의 법률관계가 형성되므로 신용장 당사자(개설은행과 수익자)는 신용장 조건에 따라서만 행동한다(즉, 매매계약으로부터 단절된다). 그러므로 은행은 신용장 관습상 서류심사 시 매매계약 조건이 아닌 신용장 조건과 서류와의 일치여부를 확인해야 한다.

74

② 전자무역은 인터넷과 무역정보처리 시스템 등을 이용하여 국내외 시장정보수집 · 해외바이어발굴 · 정보검색 · 수출입계약 체결 등의 제반 무역거래를 전자방식으로 처리하는 무역거래 방식이다. 따라서 소비자(Consumer)를 대상으로 하는 B2C 영업방식이라고 볼 수 없다.

① 전자무역은 무역거래 시 종이서류를 전자파일 형태로 데이터 통신망을 통해 전달되는 전자문서교환(EDI ; Electronic Data Interchange)방식으로 이루어진다.

③ eUCP(전자신용장통일규칙) 신용장은 신용장에 UCP가 적용된다고 기재를 하지 않아도 UCP가 적용되며 eUCP와 UCP가 적용된 결과가 다른 경우에 eUCP가 우선적으로 적용된다고 규정하였다.

④ 전자적 거래에 대비하고자 국제해사위원회(CMI)에서 1990년 6월 "해상화물운송장에 관한 통일규칙(Uniform Rules for Sea Waybills)"과 함께 "전자식 선하증권에 관한 규칙(Rules for Electronic Bills of Lading)"을 채택하였다.

75

선적조건(Shipment Terms)

- 판매된 모든 물품은 각 계약에 명시된 기간 내에 선적되어야 한다.
- 선하증권의 날짜는 선적일의 결정적인 증거로 간주되어야 한다.
- 특별히 조정되지 않는 한, 선적항은 판매인의 선택에 따른다.

1	2	3	4	5	6	7	8	9	10	11	12	13	14	15
④	①	②	①	①	④	①	③	①	①	②	④	③	①	④
16	17	18	19	20	21	22	23	24	25	26	27	28	29	30
①	②	④	③	①	④	②	②	②	④	②	①	①	②	④
31	32	33	34	35	36	37	38	39	40	41	42	43	44	45
②	④	③	④	③	④	②	④	④	③	①	②	③	④	④
46	47	48	49	50	51	52	53	54	55	56	57	58	59	60
①	④	②	②	①	④	②	③	①	③	③	②	④	②	④
61	62	63	64	65	66	67	68	69	70	71	72	73	74	75
④	④	③	③	④	④	④	①	③	④	②	④	③	③	④

01

> 무역금융은 일반적으로 자기회수적인 수출금융을 말한다.

① 모든 수출금액을 지불한 다음, 대출금 연장에 적용한다. 나머지는 수입업자의 계좌로 입금된다.
② 선적 전 금융은 일반적인 근로자본대출로 상환된다.
③ 수출금융은 일반적인 근로자본대출보다 사용하기 조금 어렵다.
④ 모든 수출금액을 수금한 다음, 대출금 상환에 적용한다. 나머지는 수출업자의 계좌로 입금된다.

일반적으로 무역금융은 개인의 거래 혹은 일련의 거래의 회전을 일컫는다. 무역금융의 대출은 자기회수[변제]적인 경우가 많다. 즉, 자금을 빌려준 은행이 모든 판매 수익금을 징수하도록 명시하고 있어서 그 다음에 대출금을 지불하도록 적용된다는 뜻이다.

*Trade finance : 무역금융
*refer to : 언급[지칭]하다, ~와 관련 있다
*export financing : 수출금융
*self-liquidating : 자기회수적인
*extend the loan : 대출을 연장하다
*remainder : 나머지(= the rest)
*credit B to A : A에 B를 입금하다

*Pre-shipment finance : 선적 전 금융
*pay off : (돈을) 갚다
*collect : (빚 · 세금 등을) 수금하다[징수하다]
*apply to : ~에 적용되다

02

> (A) 팩터에 의한 계약은, 그가 (지급보증수수료라고 불리는) 할증수수료(→ 수수료)를 위한 위탁판매 시, (B) 구매자의 지불능력과 계약수행을 보증한다. 이러한 팩터를 지급보증대리인이라고 한다. (C) 그는 단지 보증인에 불과한데, 구매자의 채무불이행의 경우에만 원금을 변상해야 한다. (D) 대리인이 제3자에게 신용거래를 연장한 결과 원금이 손실된 경우, 원금을 배상해야 할 의무가 있는 대리인을 말한다.

① (A) '… for an additional commission → commission(called a del credere commission)' 이 되어야 한다.

지급보증대리인(del credere agent)은 지급보증수수료(del credere commission)를 받고 대리점의 거래선인 고객이 채무불이행으로 대금을 지급하지 않는 경우에도 본인(매도인)이 입은 손해를 배상할 책임이 있는 대리인을 말한다.

*be in line with : ~와 일치하다
*additional commission : 할증수수료
*del credere commission : 지급보증수수료
*guaranty : 보장하다
*solvency : 지불[상환] 능력
*purchaser : 구입한 사람
*surety : (채무 등의) 보증인
*liable to : ~에게 갚아야[변상해야] 하는
*principal : (꾸어 주거나 투자한) 원금
*default : 채무불이행
*obligated : (법적·도덕적으로 ~할) 의무가 있는
 (= obliged)
*indemnify : 배상[보상]하다

[03~04]

> 귀사의 5월 25일자 서한의 KAsia는 작지만 잘 알려져 있고 대단히 괜찮은 회사로, (A) 이 도시에 설립된 지 5년 이상 된 회사임을 알려드립니다.
> 당사는 현재 그 회사와 (B) 분기별 청산계정 조건으로 5년 이상 거래해오고 있으며, 비록 (C) 그들이 현금할인을 이용하지는 않았지만, 그들은 항상 제 날짜에 즉시 지불했습니다. 당사가 그 회사에 허락한 신용은 (D) 귀사가 언급했던 미화 10만 달러를 훨씬 상회하고 있습니다.
> *be pleased to : 흔쾌히 ~하다
> *highly respectable : 매우 괜찮은
> *cash discounts : 현금할인

03

글쓴이는 누구인가?
① 은 행
② 추천인
③ 매도인
④ 매수인
위 서신은 신용조회에 대한 답신이므로, 저자는 ② referee(추천인)이다.
신용조회 회신
• 신용조회를 의뢰하는 것이 아니라 신용조회를 의뢰받는 입장일 때는 해당 회사의 재정상태, 기업 운영능력, 평판 등에 관해 객관적으로 보고해야 한다.
• 신용정보를 보고하기 위한 신용조사 회신 서한 작성 순서는 다음과 같다.
 – 신용보고를 하게 된 경위
 – 상대방이 요구한 신용정보 및 기타 참조사항
 – 제공하는 정보에 대한 책임 여부
 – 극비로 취급해 달라는 요청 등
*referee : 추천인, 신원 보증인

04

밑줄 친 (A)에서 관계대명사 who의 선행사는 firm(회사)이므로, 사물을 받는 관계대명사 which로 바꾸어야 하며, establish(설립하다)는 타동사이므로, 'who has → which has been established …'가 되어야 한다.

05

> 친애하는 Cooper씨께,
>
> 에듀케어의 당사 광고에 대한 답신에 감사드립니다.
>
> 귀사의 제안에 관심이 있지만, 청구서에 제시한 5% 수수료는 당사가 지불하고자 하는 것보다 높습니다. 그러나 귀사의 견적서에 인용된 다른 조건은 적합할 것입니다.
>
> 다시 한 번 당사는 순송장 금액에 대해 3% 이상 수수료 지불을 예상하고 있지 않으며, 귀사가 이 요율을 받아들일 의향이 있다면, 당사는 8월 1일부터 유효한 1년 계약을 체결할 것입니다.
>
> 한 가지 더 사업규모가 당사 제안을 받아들일 만한 가치가 있음을 첨가하고 싶습니다.
>
> 그럼 안녕히 계십시오.
>
> Peter

① Peter는 대리인이다.

② Cooper는 수수료 기반 사업에 종사하고 있다.

③ 3% 수수료가 본인이 받아들일 수 있는 최대이다.

④ 낮은 수수료는 대규모 사업에 의해 보상될 수 있다.

서신은 Cooper의 청약(offer)에 대한 답신으로, Peter는 대리인(agent)이 아니라 피청약자(offeree)이다.

청약(Offer)

- 거래 조회/문의(Inquiry)과정을 통해 상대방에 대한 탐색이 끝난 후 일방이 상대방에게 법적 구속력을 갖는 계약 체결을 위한 제의를 하게 되는데 이를 '청약'이라 한다.
- 이러한 청약의 일정한 조건에 대해 수용하는 행위가 승낙(Acceptance)이다.
- 이와 같이 청약자(Offeror)가 제시한 거래조건에 대해서 피청약자(Offeree)가 승낙하면 계약이 성립되므로 Offer와 Acceptance는 계약 성립의 필수요건이 된다.

*proposition : 제의

*commission : 수수료

*quote : 견적을 내다[잡다]

*suit : 편리하다[맞다/괜찮다]

*envisage : 예상[상상]하다

*on net invoice values : 순송장 금액으로

*with effect from : ~부터 유효하여[한]

*principal : 본인

*go with : (계획 · 제의 등을) 받아들이다

*compensate : 보상하다

06

매입(Negotiation)은 개설은행(→ 지정은행)에 상환하여야 하는 은행영업일 또는 그 이전에 수익자에게 대금지불 또는 대금지불에 동의하여 일치하는 제시에 따라 지정은행이 환어음(지정은행이 아닌 다른 은행 앞으로 발행된) 및 서류를 매입하는 것을 의미한다.

UCP 600 제2조 매입에 대한 정의로, (D) 'issuing bank(개설은행) → nominated bank(지정은행)'가 되어야 한다.

*negotiation : 매입

*purchase : 구매, 매입

*nominated bank : 지정은행

*complying presentation : 일치하는 제시

*advance : 선불[선금]을 주다

*beneficiary : 수익자

*reimbursement : 갚음, 변제

*be due to : ~하기로 되어 있다

*issuing bank : 개설은행

07

선하증권의 소지인에 대한 설명이 옳은 것은?

① 소지인은 선하증권을 소유하거나 소지한 자이다.

② 소지인은 다른 사람에게 B/L을 양도할 수 없다.

③ 소지인은 통상적으로 유통가능 선하증권에서 두 번째 하주이다.

④ 소지인은 선하증권을 보유할 수 없지만, 배서해서 제3자에게 양도할 수 있다.

선하증권은 운송인이 선적자에게 발행하는 선적서류로, 합법적인 선하증권 소지인에게 지정된 목적항까지 화물을 운송하는 약속을 증명하는 서류이다. 따라서 선하증권은 물품수령증인 동시에 화물운송계약서이다. 선하증권은 선적자 혹은 화물소유자에게 다른 제3자에게 양도가능한 권리증이며, 운송 중인 화물을 매매할 수도 있고, 화환신용장 하에서 다른 서류와 함께 은행으로부터 대금을 지급받을 수도 있다.

선하증권의 법적 성질

채권증권	선하증권의 소지인은 선하증권과 상환으로 물건의 인도를 청구할 수 있다.
요식증권	기재사항이 법으로 정해진 유가증권이다.
문언증권	운송인은 선하증권의 선의의 소지인에 대하여 증권의 기재 문언에 관하여 책임을 진다.

안심Touch

요인 증권	운송인 또는 그 대리인이 물건을 선적 또는 선적을 위하여 수취하였다는 요인이 있어야 비로소 발행된다.
인도 증권	증권의 정당한 소지인에게 물건을 인도하며 인도는 증권기재의 물건 자체를 인도한 것과 동일한 효력을 갖게 한다.
제시 증권	수하인은 어떤 다른 방법으로 자기가 운송품의 정당한 증권상의 의무자라는 것을 증명하여도 선하증권을 제시하지 않으면 화물을 수취할 수 없다.
처분 증권	증권에 표시된 물건에 관한 처분(양도 등)을 하는 데는 그 증권으로 해야 한다.
지시 증권	증권에 지정된 자 또는 지정된 자가 다시 증권에 지정하는 자를 증권이 나타내는 권리의 정당한 행사 주체로 하는 유가증권이다.

*bearer : 소지인

*assign : 맡기다[배정하다/부과하다]

*consignor : 위탁자, 하주(shipper)

*negotiable B/L : 유통가능 선하증권

*assignment : 배정, 배치

08

> 신용장은 그 명칭과 상관없이 개설은행이 일치하는 제시에 대해 결제하겠다는 확약으로서 <u>취소불가능한 또는 취소가능한(→ 취소불가능한)</u> 모든 약정이다.

UCP 600 제2조 신용장의 정의로, (C) 'that is <u>irrevocable or revocable → irrevocable</u> …'로 바뀌어야 한다.

*arrangement : 약정

*irrevocable : 취소불가능한

*revocable : 취소가능한

*thereby : 그렇게 함으로써, 그것 때문에

*constitute : ~이 되는 것으로 여겨지다, ~이 되다

*definite undertaking : 확약

*honour : 〈어음을〉 인수하여 (기일에) 지불하다

09

> 면책위험은 피보험목적물에게 일어난 손실 또는 손상에 대하여 보험자에게 법적 책임을 면제해 주는 위험으로, 다음과 같은 원인에 의한 위험을 말한다. 그것은 피보험자의 (A) 고의적인 불법행위와 지연, (B) 통상적인 자연소모, 고유의 하자, 해충에 의한 손해 또는 보험 가입이 (C) 근접하게 원인이 된 위험에 의해 손실이 발생하지 않는 경우이다.

① (A) 고의적 불법행위 (B) 통상적인 자연소모 (C) 근접하게 원인이 된

② (A) 고의적 불법행위 (B) 자연소모 (C) 근접하게 원인이 된

③ (A) 불법행위 (B) 자연소모 (C) 원인이 된

④ (A) 불법행위 (B) 통상적인 자연소모 (C) 원인이 된

면책위험(Excepted perils)

그 위험에 의하여 발생된 손해에 대하여 보험자가 보상책임을 면하는 특정한 위험으로서, 보험자의 보상책임을 적극적으로 제한하는 효과를 가진다. 아래 면책위험은 어떠한 경우에도 보상되지 않는다. 단, 전쟁위험과 동맹파업위험은 특약으로 담보가 가능하다.

- 피보험자의 고의적인 불법행위
- 통상적인 누손, 중량 또는 용적의 통상적인 손해, 자연소모
- 포장 또는 준비의 불완전 혹은 부적합
- 보험목적물 고유의 하자 또는 성질에 기인한 멸실·손상
- 항해의 지연으로 인한 손해
- 선주, 관리자, 용선자, 운항자의 파산 혹은 재정상의 채무불이행
- 원자력, 핵분열, 핵융합 또는 이와 비슷한 전쟁무기 사용으로 인한 손해
- 불내항 및 부적합
- 전쟁위험(군함, 외적, 습격 등)
- 동맹파업위험

*excepted perils : 면책위험

*exempt : 면제하다[받다]

*insurer : 보험업자[회사]

*liability : (~에 대한) 법적 책임

*subject-matter insured : 피보험목적물

*assured : 피보험자

*inherent vice : 고유의 하자

*vermin : 해를 입히는 야생동물

10

수입업자가 선하증권을 입수하기 전에 운송회사로부터 물품을 인도받기 위해 수입업자의 요청으로 통상 개설은행에 의해 발행된 서면 진술서

① 수입화물선취보증서

② 권리포기증서

③ 환어음

④ 수입화물대도(T/R)

수입화물선취보증서(Letter of Guarantee ; L/G)

수입지에 선적서류 원본보다 화물이 먼저 도착한 경우 수입업자가 서류도착 시까지 기다리지 않고 수입화물을 통관하려고 할 때 신용장 개설은행이 선박회사 앞으로 발행하는 보증서를 말한다.

*written statement : 서면 진술서

*issuing bank : 개설은행

*at the request of : 요청에 의하여

*so as to : ~하기 위해서

*obtain : 얻다[구하다/입수하다]

11

팩터는 은행이나 전문 금융회사로, (A) 미수금 매입을 통해서 자금 조달을 수행한다. 수출 팩터링에서, 팩터는 통상적으로 (C) 상환청구불능 시 수출업자의 외국 (B) 단기 미수금 현금을 액면가로부터 할인된 금액으로 구입한다. 그것은 때때로, (D) 공제보험 제도나 위험분담 없이, 외국 구매자의 지불불능에 대해 최대 100%까지 보호를 제공한다.

① (A) 미수금

② (B) 장기적인

③ (C) 상환청구불능

④ (D) 공제보험 제도나 위험분담 없이

팩터링 계약은 단기 금융 계약의 한 방식으로 거래기업이 외상매출채권을 팩터링 회사에 양도하고 팩터링 회사는 거래기업을 대신하여 채무자로부터 매출채권을 추심하는 동시에 이에 관련된 채권의 관리 및 장부작성 등의 행위를 인수하는 것이다. 따라서 ② (B) 'long-term(장기의) → short-term(단기의)'으로 바뀌어야 한다.

*specialized : 전문적인, 전문화된

*at a discount : (액면 이하로) 할인하여

*offer : 제공하다

*deductible : 공제 조항(이 있는 보험 증권), 공제 금액

*risk-sharing : 위험분담

[12~13]

5월 15일자 귀사의 통지에 감사드립니다. 당사는 이제 뉴질랜드의 고객들에게 (A) 선적을 끝냈고, 귀사가 요청한 (B) 선적서류와 귀사의 (C) 할인/수수료/요금이 포함된 23,100파운드에 대한 환어음을 동봉합니다.

(D) 환어음을 지불해주시고, (E) 수익금은 메인랜드 은행(런던 W1A 1AA, 옥스퍼드 스트리트 소재)의 당사 계좌로 송금해 주십시오.

*effect shipment : 선적을 끝내다

*honour : 〈어음을〉 인수하여 (기일에) 지불하다, 받아들이다

*remit : 송금하다

*proceeds : (물건 판매·행사 등을 하여 받는) 돈 [수익금]

12

다음 중 빈칸 (C)에 알맞지 않은 것은?

① 할 인

② 수수료

③ 요 금

④ 수익금

위 서신은 선적통지문(shipping advice)으로, 수출자가 매매계약에 따라 물품을 선적하고 선적서류에 환어음을 발행, 첨부하여 지불 요청하는 내용이다. ④ '수익금(proceeds)'은 물품 판매 후 이익이므로, 환어음 금액에 포함되지 않는다.

13

빈칸 (A), (B), (D), (E)에 가장 알맞은 것은?
① (A) 발송 (B) 운송서류 (D) 환어음 (E) 진행하다
② (A) 선적 (B) 운송서류 (D) 클린어음 (E) 진행하다
③ (A) 선적 (B) 선적서류 (D) 환어음 (E) 수익금
④ (A) 발송 (B) 선적서류 (D) 클린어음 (E) 수익금
(A)에는 선적(shipment), (B)에는 선적서류(shipment documents), (D)에는 환어음(documentary draft), (E)에는 수익금(proceeds)이 적절하다.

클린어음(Clean Bill)

선적서류가 첨부되어 있지 않은 환어음으로, 이 어음에는 담보물이 붙어 있지 않으므로 충분한 담보가 제공되거나, 신용장이 발행되어 있거나 또는 어음매입 의뢰자의 신용도가 높은 경우가 아니면 은행은 원칙으로 매입에 응하지 않는다. 이 Clean Bill은 수수료, 보험료, 경비 등의 추심을 위해서 발행된다.

14

(C) 나는 어제 귀사의 신용부서로부터 상기 송장(사본 첨부)에 관하여 받은 퉁명스런 편지를 인정하지 않습니다.
(D) 나는 두 달 동안 이 요금에 대해 이의를 제기하고 있습니다.
(A) 여러 해 동안 귀사와 거래해 왔으니, 나는 더 나은 대우를 받을 자격이 있습니다.
(B) 귀사의 경쟁자들은 기꺼이 나와 신용거래를 할 것이고, 나는 미래의 사업을 다른 곳으로 이전할 것입니다.

위 서신은 불만을 제기하는 내용으로, 문맥상 (C)에서 서신을 보내게 된 이유(신용부서로부터의 퉁명스런 편지)를 말하고, (D)에서 불만의 내용(요금 관련)을, (A)에서 불만의 이유(여러 해 동안 거래해옴)를, (B)에서 앞으로의 결심(다른 회사와 거래 시작)으로 마무리하는 게 적절하다.

*appreciate : 진가를 알아보다[인정하다]
*curt : 퉁명스러운
*Credit Department : 신용부서
*regarding : ~에 관하여[대하여]
*dispute : 반박하다, 이의를 제기하다

15

다음 보기 중 다른 의도를 갖고 있는 것은?
① 마감이 좋지 않고, 금박은 부분적으로 벗겨진다.
② 어떤 착오로 물건이 잘못 배달되었다.
③ 받은 상품을 샘플과 비교해보니 색상이 같지 않다.
④ 모든 표시는 당사의 지시에 따라 송장과 동일해야 한다.
① ~ ③은 배송된 물품에 대한 불만을 제기하는 내용인데, ④는 물품 배송 전 지시사항이다.

*finish : (페인트광택제 등의) 마감 칠 (상태)
*gilt : 금박, 금가루
*come off : 떼어낼[제거할] 수 있다
*mark : (외관상 얼룩 같은) 표, 흔적, 자국, 흠집
*in accordance with : ~에 따라서

[16~19]

UCP 600의 일치하는 제시에 대한 정의는 신용장 조건과 적용 가능한 범위 내에서의 이 규칙의 규정, 그리고 국제표준은행관행에 따른 제시를 의미한다. 이 정의는 세 가지 개념을 포함한다. 첫째, (A) 서류의 제시는 신용장 조건에 일치해야 한다. 둘째, 서류의 제시는 거래에 적용되는 UCP 600에 포함된 규칙, 즉 (B) 신용장 조건에 의해 수정되거나 제외되지 않은 규칙들을 준수해야 한다. 셋째, 서류의 제시는 국제표준은행관행에 일치해야 한다. 처음 두 조건은 신용장의 특정 약관과 규칙 자체를 살펴봄으로써 결정된다. ⓐ 세 번째 조건에서 국제표준은행관행은 반영하기를 화환신용장과 ⓑ 그 규칙들이 은행의 서류심사와 준수 결정에 대한 수행과정에서

16

빈칸 (A)에 알맞은 것은?

① 서류의 제시는 신용장 조건에 일치해야 한다.

② 서류의 제시는 상품을 대표해야 한다.

③ 수익자가 개설은행에 서류를 전달하는 데 시간을 반드시 지켜야 한다.

④ 일치하는 서류의 제시는 신용장 하에서 지정은행에 이루어져야 한다.

UCP 600 제2조 정의 중 '일치하는 제시(complying presentation)'의 내용이다. 일치하는 제시는 신용장 조건, 적용 가능한 범위 내에서의 이 규칙의 규정, 그리고 국제표준은행관행에 따른 제시를 의미한다.

*represent : 대표[대신]하다
*beneficiary : 수익자
*punctual : 시간을 지키는[엄수하는]

17

② UCP 600 제14조 서류심사 기준 d 항목의 내용으로, '신용장과 서류 그 자체 및 국제표준은행관행의 문맥에 따라 읽을 때의 서류상의 데이터 혹은 정보는 해당 서류, 다른 규정된 서류 또는 신용장의 정보와 완벽하게 일치할 필요는 없지만, 상충되어서도 안 된다'고 설명하고 있다.

18

빈칸 (B)에 가장 알맞은 것은?

① 신용장 조건에 의해 수정되거나 제외된 것들

② 그 규칙을 배제한 특수한 조건에 의해 적용될 수 없는 것들

③ 그 규칙을 수정하거나 제외하는 특별한 조건에 의해 적용될 수 없는 것들

④ 신용장 조건에 의해 수정되거나 제외되지 않은 것들

일치하는 제시는 적용 가능한 범위 내에서의 UCP 600의 규정에 따른 제시를 의미하며, 빈칸 (B) 앞 문장에서 '... the presentation of documents must comply with the rules contained in UCP 600 that are applicable to the transaction, ...'라고 했으므로, (B)에는 ④가 적절하다.

*modified : 수정된
*excluded : 제외되는
*apply : 적용하다

19

빈칸 (C)에 가장 알맞은 것은?

① 일치하는 제시의 정의는 국제표준은행관행을 구체적으로 언급한다.

② 일치하는 제시의 정의는 국제표준은행관행과 UCP 규칙을 구체적으로 언급하지는 않는다.

③ 일치하는 제시의 정의는 국제표준은행관행을 구체적으로 언급하지는 않는다.

④ 일치하는 제시의 정의는 국제표준은행관행과 UCP 규칙을 구체적으로 언급한다.

빈칸 (C) 앞 문장에서 'Whilst the ISBP publication includes many banking practices, there are others that are also commonly used in documentary credit transaction beyond those related to the examination of documents.'라고 했으므로, (C)에는 ③이 적절하다.

20

> 일람불어음은 선적물이 목적지에 도착해서 지불이 이루어질 때까지 수출자가 선적물에 대한 권리를 유지하기 원할 때 사용된다.
> 실제로, 해양선하증권은 (A) 수출자에 의해서 이서되어 수출자의 은행을 경유하여 매수인의 은행으로 보내진다. 그것은 환어음, 선적서류, 그리고 (B) 매수인에 의해 명시된 다른 서류들과 함께 보내진다. 외국은행은 이 서류들을 인수하면 매수인에게 통지한다. 환어음이 지불되자마자, 외국은행은 (C) 매수인이 물품을 인수할 수 있도록 선하증권을 넘긴다.

① 수출자 – 매수인 – 매수인
② 수출자 – 수출자 – 매수인
③ 매수인 – 수출자 – 매수인
④ 매수인 – 매수인 – 매수인

지문은 지급인도조건(D/P ; Document against Payment)에 대한 내용이다. 지급인도조건은 수출자(의뢰인)가 계약물품을 선적 후 구비된 서류에 '일람불어음'을 발행 · 첨부하여 자기 거래은행(추심의뢰은행)을 통하여 수입자의 거래은행(추심은행) 앞으로 그 어음대금의 추심을 의뢰하면, 추심은행은 수입자(Drawee, 지급인)에게 그 어음을 제시하여 어음 금액을 지급받고(Against Payment, 대금결제와 상환) 서류를 인도하는 거래방식이다.

*retain : 유지[보유]하다
*title : 소유권[소유권 증서]
*ocean bill of lading : 해양선하증권
*endorse : 배서[이서]하다
*via : (특정한 사람 · 시스템 등을) 통하여
*accompany : (일 · 현상 등이) 동반되다[딸리다]
*shipping documents : 선적서류
*specified : 명시된
*notify : (공식적으로) 알리다[통고/통지하다]
*hand over : 이양하다, 인도하다

21

> Incoterms®2020 규칙은 ( )을 다루지 않는다.

① 매매계약의 존부
② 매매물품의 성상
③ 제재의 효력
④ 수출/수입 통관 및 지원

Incoterms 2020의 소개문에서 '인코텀즈 규칙이 하지 않는 역할은 무엇인가'의 내용으로, ④ 'export/import clearance and assistance → export or import prohibitions(수출 또는 수입의 금지)'가 되어야 한다.

Incoterms 규칙에서 다루지 않는 사항
• 매매계약의 존부
• 매매물품의 성상
• 대금지급의 시기, 장소, 방법 또는 통화
• 매매계약 위반에 대하여 구할 수 있는 구제수단
• 계약상 의무이행의 지체 및 그 밖의 위반의 효과
• 제재의 효력
• 관세부과
• 수출 또는 수입의 금지
• 불가항력 또는 곤란함
• 지식재산권 또는
• 의무위반의 경우 분쟁해결의 방법, 장소 또는 준거법

아마도 가장 중요한 것으로, Incoterms 규칙은 매매물품의 소유권/물권의 이전을 다루지 않는다는 점도 강조되어야 한다.

*specification : 설명서, 사양
*sanction : 제재

22

다음 영문에 대한 우리말 번역이 가장 적절하지 않은 것은?

②는 '당사 측의 사무착오로 발생한 마지막 문제에 대해 다시 사과드려야 하겠습니다'가 되어야 한다.

*apologize for : ~에 대해 사과하다

*clerical error : 사무착오

*in consequence : 그 결과(로서)

*be compelled to : 하는 수 없이 ~하다

23

> Incoterms 규칙은 예컨대 CIF, DAP 등과 같이 가장 일반적으로 사용되는 세 글자로 이루어지고 물품의 (C) 매매 계약상 (B) 기업 간 거래관행을 반영하는 (A) 11개의 거래조건을 설명한다.

지문은 Incoterms 2020 소개문으로, 빈칸 (A)에는 'eleven(11개)'이, 빈칸 (B)에는 'business-to-business(기업 간)', 빈칸 (C)에는 'sale and purchase(매매)'가 적절하다.

*commonly-used : 흔하게 쓰이는

*trade terms : 거래조건

*business-to-business practice : 기업 간 거래관행

24

Incoterms® 2020에서 바뀐 것에 대한 설명이 틀린 것은?

① 본선적재 표기가 있는 선하증권이 Incoterms 규칙 FCA 하에서 요구될 수 있다.

② 한 조항에 열거된 의무

③ CIF와 CIP 간 부보수준의 차별화

④ FCA, DAP, DPU 및 DDP에서 매도인 또는 매수인 자신의 운송수단에 의한 운송 허용

Incoterms 2020 규칙에서 변경한 사항

• 본선적재표기가 있는 선하증권과 Incoterms FCA 규칙

• 비용, 어디에 규정할 것인가

• CIF와 CIP 간 부보수준의 차별화

• FCA, DAP, DPU 및 DDP에서 매도인 또는 매수인 자신의 운송수단에 의한 운송 허용

• DAT에서 DPU로의 명칭 변경

• 운송의무 및 비용조항에 보안관련 요건 삽입

• 사용자를 위한 설명문

*on-board notation : 본선적재 표기

*clause : 조항, 조목

*arrange for : 준비하다, 계획을 짜다

*means of transport : 교통수단

25

> 지정된 장소는 물품이 '인도되는', 즉 위험이 매도인으로부터 매수인으로 이전되는 곳을 나타낸다.

③ C조건의 경우, E조건, F조건과 달리 물품의 위험이전과 비용이전의 분기점이 다르다. 물품의 위험은 지정운송인에게 인도 또는 선박에 적재될 때 이전되지만, 매도인은 지정목적항 또는 지정목적지까지 운송 또는 운임비를 부담하여야 한다. 매도인은 자신의 비용으로 운송계약을 체결해야 한다.

인코텀즈 2020 그룹별 위험 · 비용이전의 분기점

구 분	인도조건	위험이전	비용이전
E그룹	작업장	작업장	작업장
F그룹	선적지	선적지	선적지
C그룹	선적지	선적지	도착지
D그룹	도착지	도착지	도착지

[26~28]

> (C) 당사는 귀사의 견적송장 No.548에 C3001 컴퓨터 12대를 첨부하여 주문합니다.
>
> (A) 당사는 서울의 한국외환은행에 선적물(CIF 런던)에 대한 미화 22,000달러의 취소불능신용장 개설을 지시했습니다. 신용장은 2020년 6월 10일까지 (a) 유효합니다.
>
> (D) 당사 은행의 에이전트인 HSBC 런던으로부터 확인서를 인수할 것이며, 송장 총액에 대한 일람 후 60일 출급어음을 인출할 수 있습니다. 당사의 환어음 제출 시 다음 서류를 동봉해 주십시오.
>
> (B) 선하증권(3통), CIF 런던 송장(2통), 전위험담보조건 보험증서(미화 24,000달러 부보)

26

위 서신은 수입자가 수출자에게 추가주문을 통지하는 내용으로, 문맥상 (C)에서 컴퓨터 12대를 추가주문하고, (A)에서 신용장 개설을 알리고, (D)에서 확인은행(HSBC 런던)과 환어음(일람 후 60일 출급)을 공지하고, (B)에서 제출서류(선하증권, CIF 런던 송장, 전위험담보조건 보험증서)를 알리는 순서가 적절하다.

27

빈칸 (a)에는 '시행되는, 유효한'을 뜻하는 in force, effective, available이 적절하다. ① invalid는 '효력 없는'의 뜻이다.

28

다음 중 빈칸 (b)에 들어갈 단어로 옳은 것은?
① 선 적
② 보 험
③ 매 입
④ 송 장
위 서신은 수입자가 수출자에게 컴퓨터 12대를 추가주문 할 것을 통지하는 내용이므로, 문맥상 빈칸 (b)에는 ① '선적'이 적절하다.

29

화물운임이 무게나 용적보다 배의 공간이나 항해에 따라 계산된다.

① 선복운임(Lumpsum Freight) : 운송계약에서 운임은 운송품의 개수(個數), 중량 또는 용적을 기준으로 계산되는 경우와 선복(ship's space) 또는 항해를 단위로 하여 포괄적으로 지급되는 경우가 있다. 후자의 계약은 선복계약이라 하고 이 경우에 지급되는 운임을 뜻한다.
② 부적운임(Dead Freight) : 화물의 실제 선적수량이 선복 예약수량보다 부족할 때 그 부족분에 대해서도 지급해야 하는 운임으로 일종의 손해배상금이다. 그러나 화물을 예약수량대로 전부 선적하지 못한 것이 불가항력에 의한 경우에는 화주 측은 면책된다.
③ 장척화물운임(Bulky Freight) : 교량, 철도레일이나 목재처럼 길이가 30 feet 이상 되는 장척(長尺)의 화물을 말한다. 장척화물에 대해서는 중량화물과 마찬가지로 하역작업상 특별한 불편을 준다는 등의 이유로 일정률의 할증운임을 부과한다.
④ 품목무차별운임(FAK ; Freight All Kinds Rate) : 화물 종류나 내용과 관계없이 화차 1대당, 트럭 1대당 또는 컨테이너 1대당 얼마로 정하는 운임을 말한다.
*calculate : 계산하다, 산출하다
*weight : 무게
*measurement : 용적

30

당사는 다음 달 (B) 초에 신용장에 따라 (A) 소형보트와 그 장비들을 런던으로 운송할 계획이다.

① UCP 600 제3조 해석의 내용으로, 어느 월의 '초(beginning)', '중(middle)', '말(end)'이라는 단어는 각 해당 월의 1일부터 10일, 11일부터 20일, 21일부터 해당 월의 마지막 날까지로 해석되며, 그 기간 중의 모든 날짜가 포함된다.
*intend to : ~할 작정이다
*ship : 수송[운송]하다
*consignment : 탁송물[배송물]

*dinghy : 소형보트
*equipment : 장비
*hull : (배의) 선체

31

아래 지문에서 요구되는 환어음의 종류와 빈칸에 알맞은 것은?

> 이 신용장은 (송장 총액)에 대한 당사 발행 일람출급어음에 의해 이용가능하다.

① 기한부어음 – 송장액 + 10%
② 일람불어음 – 송장 총액
③ 일람불어음 – 송장액 + 10%
④ 기한부어음 – 송장 총액

일람불어음(Sight/Demand Draft)은 어음의 소지인이 어음을 제시하자마자 지급해야 되는 어음으로, 어음면에 pay at sight라고 표시한다. 일람불어음에서 수입자는 어음제시를 받자마자 대금을 지급하여야 한다.

신용장부화환어음(Documentary Bill of Exchange with L/C)

• 신용장에 의거 발행되는 화환어음이다.
• 은행이 지급·인수·매입을 확약한다.
• 신용장(L/C)은 화환어음에 은행의 조건부지급확약이 더 붙는 것이다.
• 종류 : 일람불어음(Sight/Demand Draft), 기한부어음(Usance Bill · Time Draft · After Sight Draft)

32

> (A) 어음지급수권서는 신용장이 아니라, (B) 지불장소에 대한 통지에 불과하며, 지불을 얻기 위해 필요한 문서도 명시한다. (C) 그것은 어떤 은행이라도 지불해야 한다. (D) 그것은 신용장보다 비용이 훨씬 저렴하고 대체로 지급인도조건으로 대체되었다.

③ 어음지급수권서(Authority to Pay)는 수입상의 요청에 따라 수입지의 은행이 수출지의 본·지점이나 환거래 은행에게 수출상이 발행하는 환어음에 대해 지급할 것을 요청하는 통지서이다. 어음은 수출지 은행을 지급인으로 하는 일람출급으로 발행된다.

*oblige : 의무적으로[부득이] ~하게 하다
*supersede : 대체[대신]하다

33

> 신용장이 분할선적을 금지하고 한 군데 이상의 출발공항으로부터 발송되는 항공운송서류가 두 개 이상 제시된다면, 그러한 서류는 (A) 승인될 수 있다. 단, 동일 항공기로 동일 물품을 발송, 동일한 구간을 운항하여 동일 목적지 공항으로 가기로 예정된 경우에 한한다. 서로 다른 선적일이 결합된 두 개 이상의 항공운송서류가 제시되는 경우, 이러한 선적일자의 (B) 가장 최근 날짜를 제시 기간으로 여길 것이다.

UCP 600 제31조(분할어음발행 또는 분할선적)

• 동일한 운송수단에서 개시되고 동일한 운송구간을 위한 선적을 증명하는 2세트 이상의 운송서류로 구성된 제시는, 운송서류가 동일한 목적지를 표시하고 있는 한 다른 선적일 또는 다른 적재항, 수탁지 또는 발송지를 표시하더라도 분할선적으로 보지 않는다. 제시가 2세트 이상의 운송서류로 이루어지는 경우 어느 운송서류에 의하여 증명되는 가장 늦은 선적일을 선적일로 본다.

• 동일한 운송방식에서 둘 이상의 운송수단상의 선적을 증명하는 하나 또는 2세트 이상의 운송서류를 구성하는 제시는, 비록 운송수단들이 같은 날짜에 같은 목적지로 향하더라도 분할선적으로 본다.

*prohibit : 금하다[금지하다]
*partial shipment : 분할선적
*air transport document : 항공운송서류
*dispatch : 발송
*provided that : ~을 조건으로

*be destined for : ~하게 될 운명이다

*In the event that : (만약에) ~할 경우에는

*incorporating : 결합시키는, 합체시키는

*take for : ~이라고 생각하다

*calculation : 추정, 추산

34

만일 지정은행이 제시가 일치한다고 판단하고 개설은행 또는 확인은행에 서류를 전달한다면, 지정은행의 결제 또는 매입 여부와 관계 없이, 서류가 지정은행과 개설은행 또는 확인은행 사이 혹은 확인은행과 개설은행 사이에서 송부 도중 분실되었더라도 개설은행 또는 확인은행이 그 지정은행에 (결제 또는 매입하거나, 상환)하여야 한다.

① 상환하다
② 결제하다 또는 상환하다
③ 매입하다 또는 상환하다
④ 결제 또는 매입하거나 상환하다

UCP 600 제35조(전송과 번역의 면책)

• 수익자가 제시한 서류가 대금을 받기에 합당하다는 것이 일단 밝혀지면(하자가 없음이 인정되면) 개설은행으로 서류가 오는 중에 없어지더라도 대금은 정상적으로 받을 수 있다는 것이다.

• 지정은행이 제시가 신용장 조건에 일치한다고 판단한 후 서류를 개설은행 또는 확인은행에 송부한 경우, 지정은행의 결제 또는 매입 여부와 관계 없이, 비록 서류가 전송 도중 분실된 경우에도 개설은행 또는 확인은행은 결제 또는 매입을 하거나, 그 지정은행에게 상환하여야 한다.

*nominated bank : 지정은행

*determine : 확정하다

*forward : 보내다[전달하다]

*confirming bank : 확인은행

*reimburse : 상환하다

*in transit : 수송 중

35

신용장은 선하증권과 보험증서를 제시해야 한다. 선하증권의 선적일이 2020년 5월 20일이라면, 다음 중 해당 선하증권과 짝이 될 수 있는 서류는?

A. 발행일자를 2020년 5월 20일로 표시한 보험증명서
B. 발행일자를 2020년 5월 21일로 표시한 보험증명서
C. 발행일자를 2020년 5월 20일로 표시한 보험증서
D. 발행일자를 2020년 5월 20일로 표시한 보험승낙서

선적일 증명

• 결정적 증거 : 선하증권 발행일(B/L Date)

• 선적일의 증명은 선하증권의 발행일을 기준으로 한다.

• 선적선하증권(Shipped Bill of Lading)의 경우 그 발행일이 선적일이며, B/L 발급일이 신용장상의 선적일보다 빠르면 된다.

• 수취선하증권(Received Bill of Lading / Received for Shipment B/L)의 경우 선하증권상의 본선적재일 표시(on Board Notation)가 선적일이며, B/L상의 본선적재일(On Board Notation)이 신용장의 선적일보다 빨라야 한다.

*match with : ~와 짝을 맞추다, 어울리는 것을 찾다

*cover note : 보험승낙서

36

다음 중 UCP 600 하에서 용선계약 선하증권에 대한 설명으로 적절하지 않은 것은?

① 용선계약 선하증권은 선장, 선주, 용선자 또는 그들의 대리인에 의해서 서명되어야 한다.

② 용선계약 선하증권은, 사전에 인쇄된 문구 또는 본선적재표기에 의해, 물품이 신용장에 명시된 적재항에서 지정된 선박에 본선적재되었음을 표시하여야 한다.

③ 용선계약 선하증권이 선적일자를 표시하는 본선적재표기를 하지 않은 경우에는 용선계약 선하증권의 발행일을 선적일로 본다.

④ 신용장의 조건이 용선계약서를 제시하도록 요구한다면, 은행은 용선계약을 심사할 것이다.

UCP 600 제22조 용선계약 선하증권의 내용으로, ④ '신용장의 조건이 용선계약서를 제시하도록 요구하더라도 은행은 용선계약을 심사하지 않는다(A bank will not examine charter party contracts, even if they are required to be presented by the terms of the credit)'가 되어야 한다.

*appear to : 나타나다, 보이기 시작하다
*master : 선장
*charterer : 용선자
*indicate : 나타내다
*on board : 본선적재
*port of loading : 선적항
*on board notation : 선적부기(본선적재 표기)
*issuance : 발행
*deem : (~로) 여기다[생각하다]
*charter party contract : 용선계약서

37

(A) 송금에 따른 지불은 매도인과 매수인 간에 직접 이루어지는 반면, (B) 추심어음에 따른 지불은 은행의 지불의무 없는 환어음 제시로 이루어진다.

① (A) 추심어음 – (B) 신용장
② (A) 송 금 – (B) 추심어음
③ (A) 신용장 – (B) 추심어음
④ (A) 송 금 – (B) 신용장

대금결제방식

송금방식 (Remittance Basis)	• 수입자가 수출자에게 물품대금을 송금하여 결제하는 방식이다. • 물품 인도시기에 따라 단순송금방식, 대금교환도방식, (물품인도방식, 서류인도방식), 상호계산방식, 신용카드방식 등으로 분류된다.
추심방식 (On Collection Basis)	• 수출자가 물품을 선적한 후 수입자를 지급인으로 하는 환어음을 발행하여 수출국에 소재하는 추심의뢰은행에 추심을 요청하고 추심의뢰은행은 수입국에 소재하는 추심은행에 다시 추심을 의뢰하면, 추심은행이 수입자에게 환어음을 제시하여 수출대금을 회수하는 대금결제방식이다. • 환어음의 지급인(수입자)이 선적서류를 받고 이와 동시에 대금을 결제하는 지급인도조건(D/P)과 환어음의 지급인(수입자)이 환어음을 인수하여 선적서류를 받고 환어음의 만기일에 대금을 결제하는 인수인도조건(D/A)이 있다.

*Remittance : 송금액
*whereas : ~한 사실이 있으므로
*Documentary Collection : 추심어음
*documentary bill : 화환어음

38

은행보증과 신용장 간의 차이점 중 옳지 않은 것은?

① 신용장과 보증의 중요한 차이는 금융상품의 사용방식에 있다.
② 물품의 수출과 수입에 정기적으로 관여하는 상인들은 인도와 지불을 보장하기 위해 신용장을 선택한다.
③ 사회기반시설 프로젝트 입찰 계약자들은 보증을 통해 자신들의 재정신뢰도를 증명한다.
④ 신용장에서, 지급 의무는 기본 판매계약에 의존한다.

신용장의 추상성(Principle of the independence)
신용장은 기본거래인 매매계약이나 기타의 거래와는 독립된 별개의 거래이다. 이에 따라 개설은행은 수익자의 기본계약 불이행(즉, 수출계약 불이행)을 사유로 신용장대금의 지급을 거절할 수 없다.

*critical : 대단히 중요한[중대한]
*financial instrument : 금융상품
*on a regular basis : 정기적으로
*ensure : 보장하다
*bidding for : ~에 대한 입찰

*infrastructure : 사회기반시설
*financial credibility : 재정신뢰도
*dependent of : ~에 의존하는
*underlying : 근본적인[근원적인]

*Purchase Note : 매입계약서
*enclosed : 동봉된

39

> 당사의 매트리스에 대한 청약을 요청하는 귀사의 7월 5일자 팩스에 감사합니다. 당사는 귀사의 승낙이 7월 20일까지 당사에 도착하는 것을 조건으로 청약을 확정합니다.
> 당사의 조건은 다음과 같습니다. :
> • 품목 : 매트리스(퀸사이즈)
> • 수량 : 300개
> • 가격 : 개당 USD1,100.00, CIF 뉴욕
> • 선적 : 5월 중
> • 지불 : 취소불능신용장 하에서 일람불환어음

① 당사는 6월 초에 물건이 필요하기 때문에, 선적 기간만 변경하고자 합니다.
② 귀사의 확정청약에 감사드리며, 동봉한 당사의 매입계약서에 명시된 대로 귀사의 청약을 기꺼이 승낙합니다.
③ 청약을 요청하는 귀사의 서신에 감사드리고, 당사는 청약을 하고 싶습니다.
④ 유감스럽게도 귀사의 청약은 경쟁사 제품에 비해 비싼 가격 때문에 수락할 수 없습니다.
수입자의 청약 제안에 대한 수출자의 답신인 위 서신에 대한 답신은 수입자의 서신이어야 한다. ③은 수입자의 청약을 승낙하는 수출자의 서신이므로, 적절하지 않다.
*request : 요청[요구/신청]하다
*offer : 청약
*subject to : ~을 조건으로
*acceptance : 승낙
*Draft at sight : 일람불환어음
*Irrevocable L/C : 취소불능신용장
*shipment term : 선적조건
*specified : 명시된

40

> (C) 아시다시피, 당사의 바이어가 당사의 안경테 300박스에 대해 전쟁위험(War Risk)을 포함한 단독해손(W.A.)에 대한 해상보험 계약 체결을 지시했으며, 당사는 2월 15일 부산을 출발해서 뉴욕으로 향하는 S.S. "Ahra"에 선적할 예정입니다.
>
> (D) 귀사가 어제 전화로 당사에 제안한 요금으로 전쟁위험을 포함한 단독해손(W.A.)을 2,050.00에 보장해 주시기 바라며, 송장 사본은 여기에 동봉되어 있습니다.
>
> (B) 당사는 보험료 지불을 위해 씨티은행으로부터 50 수표를 동봉합니다.
>
> (A) 마지막으로, 구매자의 지시에 따라, 당사는 전쟁위험(War Risk)을 포함한 단독해손(W.A.)에 대하여 AAA 보험회사에 보험계좌를 개설했습니다.

위 서신은 수출자가 보험회사에 보내는 보험계약과 물품 선적에 대한 내용으로, 문맥상 (C)에서 보험계약 체결과 물품(안경테 300박스) 선적 일정을 말하고, (D)에서 보험회사가 제시한 금액과 보장조건을 말하고, (B)에서 보험료 지불용 수표 동봉을 말하고, (A)에서 보험 조건과 계좌개설을 확인하고 있으므로, ②가 적절하다.
단독해손 또는 분손담보조건(WA ; With Average)
ICC(Institute Cargo Clause, 협회적하약관)의 구약관 중 기본약관의 하나로, 신약관인 ICC(B)에 해당된다. 이는 특정 해난 이외의 해난에 기인하는 손해 및 비용(전손, 단독해손, 공동해손, 구조비 등의 해난)에서 발생하는 일체의 손해를 보험자가 전보하는 조건을 말한다. 이는 원칙적으로 보험증권 본문의 면책비율약관의 소손해면책률이 적용되며, 일정 비율 미만의 작은 손해에 대해서는 전보하지 않는다.

전쟁위험(War Perils)

군함(men-of war), 외적(enemies), 습격 및 해상탈취(surprisable and taking at sea), 군왕 · 군주 · 인민의 강류, 억지, 억류(arrest, restraints and detainment of king, princes and people) 등으로 ICC(A)에서 뿐 아니라 ICC(B)나 ICC(C)에서도 담보되지 않기 때문에 이 위험을 보상받기 위해서는 협회전쟁약관(institute war clause)을 특약해야 한다.

*W.A. : 단독해손
*War Risk : 전쟁위험
*Glasses Frames : 안경테
*scheduled : 예정된
*herein : 여기에, 이 문서에
*premium : 보험료
*instructions : 지시, 명령

41

> 선하증권은 보통 (A) 유통가능한 3통이 세트로 발행되며, (B) 그 중 1통을 운송회사에 제출하면 물품을 인도할 수 있다. 선하증권상에 준비된 유통가능한 사본의 수가 언급될 것이며, 또한 "(C) 어느 한 통이 사용되면, 나머지는 유효하다(→ 무효하다)"라는 문구가 표시되어 있다. 그러므로 (D) 은행은 선하증권의 모든 사본을 입수하는 게 필수적이다.

(C) 'one of the copies of the bill being accomplished, the others to stand valid → void.'

선하증권은 일반적으로 원본 3통/부(Original, Duplicate, Triplicate)를 1조로 발행하며, 배서에 의한 권리양도가 가능한 성질이 있다. 3통 모두 정식 선하증권으로 독립적 효력이 있어서 이 중 어느 1통(부)만 있어도 선박회사는 화물을 수하인에게 인도하게 되며, 일단 1통이 사용되면 나머지 2통은 무효가 된다. 따라서 수출상이 수출물품의 현금화를 위해 자신의 거래은행에 선적서류를 제시하는 경우('매입'혹은 '네고'), 신용장 취급은행은 선하증권 전통(3통)을 제시받아야 매입에 응하게 된다(중복사용 방지). 이때 이중사용 방지를 위해 B/L 문면상에 표시하는 문구가 "One of which being accomplished, the others to be void(어느 한 통이 사용되면 나머지는 무효)"이다.

*tender : 지불하다, (채무 변제로서) 〈돈 · 물품을〉 제공하다
*negotiable : 양도[유통]가능한
*surrender : (권리 등을) 포기하다[내주다 / 넘겨주다]
*provide : 규정하다(= stipulate) (→ provision)
*accomplish : 완수하다, 성취하다
*stand : (특정한 조건상황에) 있다
*valid : (법적 · 공식적으로) 유효한[정당한]
*obtain : 얻다[구하다 / 입수하다]

42

> 피보험자가 보험금을 받은 후 보험자는 피보험자의 입장이 된다. 보험금 청구를 한 후, 보험자는 보험 목적물의 소유자가 된다.

① 보험대위(Subrogation) : 피보험자가 운송인, 기타의 제3자에 대한 구상권을 보험자에게 양도하는 것을 말한다. 피보험자가 보험자에게 대위권 양도서를 제공하면 보험금을 지급받으며, 보험자가 취득한 대위권은 보험자가 지급한 보험금 한도 내에서만 유효하다. 위부는 피보험자가 피보험목적물의 모든 권리를 보험자에게 이양하고 보험금액의 전액을 청구하는 권리를 가지는데 반하여, 대위(代位)는 보험자가 보험금을 지급한 경우 손상된 피보험목적물에 대해 피보험자가 가지고 있던 소유권과 손상을 발생하게 한 자에 대한 구상권을 보험자가 대신할 수 있다.

② 공동해손분담금(Contribution) : 항해단체에 공동위험이 발생한 경우 공동안전을 위해 인위적으로 취한 행위로 인한 손해를 이해관계자들이 공동분담(공동해손분담금)한다.

③ 위부(Abandonment) : 일정사고가 발생하였을 경우에 현실전손이 발생한 것은 아니지만 피보험자로 하여금 보험의 목적물에 관하여 그가 가지

는 일체의 권리를 보험자에게 양도하고 보험금액의 전액을 청구할 수 있게 한 제도를 말한다.

④ 피보험이익(Insurable Interest) : 보험 목적물과 피보험자 사이의 이해관계, 즉 보험 목적물에 보험 사고가 발생함으로써 피보험자가 경제상의 손해를 입을 가능성이 있는 경우, 이 보험 목적물과 피보험자와의 경제적 이해관계를 피보험이익이라고 하며, 이를 보험계약의 목적이라고도 한다.

*insured : 피보험자
*claim money : 보험금
*insurer : 보험자
*step into the shoes of : ∼의 입장이 되다
*insurance claim : 보험금 청구

43

다음 중재에 대한 설명이 옳지 않은 것은?

① 계약서에 중재조항이 있기 때문에 당사자들은 법정에 가지 않고 사적인 분쟁해결절차를 택하고 있다.

② 중재는 양측이 합의한 경우에만 할 수 있다.

③ 조정과는 달리 일방의 당사자는 일방적으로 중재에서 손을 뗄 수 있다.

④ 중재를 선택할 때 당사자들은 해당 법률, 언어 및 중재 장소와 같은 중요한 요소를 선택할 수 있다. 이것은 그들이 어떤 당사자도 홈코트 이점을 누릴 수 없도록 보장할 수 있게 해준다.

중재는 분쟁당사자 간 합의(중재합의)에 의거 제3의 중재기관의 중재인(Arbitrator)에 의한 중재판정(Award)을 통해 분쟁을 해결하는 방법으로, 중재판정은 양 당사자가 절대 복종해야 하는 강제력 있는 판정이며 당사자 합의수용여부와 상관없이 무조건 대법원 확정판결과 동일한 효력이 발생한다.

조정 vs 중재(판정) 비교

구 분	조 정	중 재
수용/실행요건	• 계약 일방 또는 쌍방의 요청에 의해 수용 가능	• 당사자 간 중재합의가 있어야 함

강제력	• 조정인의 조정결정(조정안)을 일방이 거부 시 강제 불가 • 양 당사자의 자유의사에 따른 해결	• 중재판정 불복 불가 • 절대 복종해야하는 강제력 보유
확정판결 효력여부	• 조정안에 대해 양 당사자가 합의할 경우에만 중재판정, 즉 법원 확정판결과 동일한 효력 보유	• 당사자 합의수용 여부와 상관없이 무조건 대법원 확정판결과 동일한 효력 • 일방의 불복으로 법원에 다시 제소할 수 없고, 사건 종결 의미

*arbitration : 중재
*opt for : ∼을 선택하다
*dispute resolution procedure : 분쟁해결절차
*take place : 개최되다[일어나다]
*In contrast to : ∼와 대조를 이루어
*mediation : 중재
*unilaterally : 일방적으로
*withdraw : 중단[취소/철회]하다
*venue : (콘서트 · 스포츠 경기 · 회담 등의) 장소
*ensure : 보장하다

44

모험의 모든 당사자들, 즉 손해나 경비의 혜택을 받는 사람들은, 손해금액 발생된 비용을 보상하는 데 기여해야 한다는 원칙

① 공동해손(General Average) : 항해단체(선박, 화물 및 운임 중 둘 이상)에 공동위험이 발생한 경우 그러한 위험을 제거 · 경감시키기 위해 (선장 책임 하에) 선체나 그 장비 및 화물의 일부를 희생(공동해손 희생손해)시키거나 필요한 경비(공동해손 비용손해)를 지출했을 때 이러한 손해와 경비(물적 손해 및 비용손해)를 항해단체를 구성하는 이해관계자들이 공동분담(공동해손분담금)해야 하는데, 이 같은 손해를 공동해손이라고 한다.

② 투하(Jettison) : 조난 중인 선박의 무게를 가볍게 해주기 위해 물건을 던지거나 배 밖으로 버리는 것을 말한다.

③ 특별비용(Particular charges) : 피보험목적물 및 선박의 안전유지를 위하여 피보험자에 의해 지출된 비용으로, 공동해손 비용이나 구조비용 이외의 비용을 말한다. 특별비용은 물적손해가 아니므로 공동해손에도 단독해손에도 포함되지 않는다.

④ 단독해손(Particular average) : 피보험목적물의 일부가 해난에 의하여 멸실되었거나 손상되어 발생된 비용에 대하여 피보험자가 단독으로 부담하는 손해를 말한다. 아래에서 설명할 공동해손을 제외한 분손을 의미한다.

*whereby : (그것에 의하여) ~하는
*sacrifice : 희생, 희생물
*expenditure : 지출, 비용
*contribute to : ~에 기여하다
*incur : (비용을) 발생시키다[물게 되다]

45

매입이 한 지정은행으로 제한되어 있지 않거나 어느 은행을 통해서라도 이용 가능한 매입신용장

④ freely acceptable L/C → freely negotiable L/C가 되어야 한다.

자유매입신용장(Freely Negotiable L/C)
• 수출지의 Nego 은행을 수출상이 마음대로 선택할 수 있도록 허용하는 신용장을 말한다.
• 가장 보편적인 형태의 신용장이라는 의미에서 이를 General L/C, Nego 은행이 개방되어 있다는 의미에서 Open L/C라고도 한다.

*negotiation credit : 매입신용장
*negotiation : 매입
*restricted : 제한된
*nominated bank : 지정은행

46

다음은 Incoterms® 2020 하에서 CIF이다. 잘못된 것은?

① 보험금액은 최소한 매매계약에 규정된 대금에 10%를 더한 금액(매매금액의 110%)이어야 하고, 보험의 통화는 운송계약의 통화와 같아야 한다.

② 보험은 물품에 관하여 이 규칙에 규정된 인도지점부터 적어도 지정목적항까지 부보되어야 한다.

③ 매도인은 매수인에게 보험증권이나 보험증명서, 그 밖의 부보의 증거를 제공하여야 한다.

④ 또한 매도인은 매수인에게, 매수인의 요청에 따라 매수인의 위험과 비용으로 매수인이 추가보험을 조달하는 데 필요한 정보를 제공하여야 한다.

Incoterms 2020에 따르면, ① '... shall be in the currency of the carriage contract(운송계약) → contract(매매계약).'가 되어야 한다.

보험금액은 최소한 매매계약에 규정된 대금에 10%를 더한 금액(매매금액의 110%)이어야 하고, 보험의 통화는 매매계약의 통화와 같아야 한다.

*at a minimum : 최소한도로
*set out in : ~에 (정리되어) 제시된
*the named port of destination : 지정목적항
*insurance policy : 보험증권
*insurance certificate : 보험증명서
*procure : 조달하다

47

(A) 신용장은 고객의 요청에 따라 은행 또는 다른 사람이 계약을 체결하는 것으로, (B) 발행인이 신용장에 명시된 조건에 따라 어음 또는 기타 지불을 결제할 것을 내용으로 한다. (C) 신용장은 취소불능이어야 한다. (D) 계약은 결제를 위한 계약이거나 개설의뢰인 또는 신청자 또는 다른 사람이 결제할 권한이 있는 명세서가 될 수도 있다.

④ UCP 600 제4조 신용장과 원인계약의 내용으로, 신용장은 그 본질상 그 기초가 되는 매매 또는 다른 계약과는 별개의 거래이다. 신용장에 그러

한 계약에 대한 언급이 있더라도 은행은 그 계약과 아무런 관련이 없고, 또한 그 계약 내용에 구속되지 않는다. 따라서 신용장에 의한 결제, 매입 또는 다른 의무이행의 확약은 개설의뢰인 또는 수익자와 개설의뢰인의 사이의 관계에서 비롯된 개설의뢰인의 주장이나 항변에 구속되지 않는다. 수익자는 어떠한 경우에도 은행들 사이 또는 개설의뢰인과 개설은행 사이의 계약관계를 원용할 수 없다.

*issuer : 발행인, (어음 등의) 발행인
*honor : 〈어음을〉 인수하여 (기일에) 지불하다
*compliance with : ~을 준수하여
*agreement : 협정, 합의
*statement : 명세서
*applicant : 개설의뢰인
*be authorized to : 권한이 있다

48

> 매도인은 FCA 하에서 (   )을 지불하여야 한다.

① 매도인은 물품이 이 규정에 따라 인도되는 때까지 물품에 관련되는 모든 비용을 부담하여야 한다. 단, 이 규정에 따라 매수인이 부담하는 비용은 제외한다.
② 물품이 인도되었다는 운송서류를 이 규정에 따라 매수인에게 제공하는 데 드는 비용
③ 해당되는 경우에 이 규정에 따른 수출통관에 관한 관세, 세금 및 기타 비용
④ 이 규정에 따라 서류와 정보를 취득하는 데 매수인이 협력을 제공하는 것과 관련한 모든 비용

Incoterms 2020 FCA 중 비용분담에 대한 내용으로, ② 'the costs of providing the transport document → usual proof to the buyer under this rule 6 that the goods have been delivered(물품이 인도되었다는 통상적인 증거를 이 규정에 따라 매수인에게 제공하는 데 드는 비용)'이 되어야 한다.

*relating to : ~에 관하여

*in accordance with : ~에 따라서
*usual proof : 통상의 증거
*applicable : 해당[적용]되는
*export clearance : 수출통관
*obtain : 얻다[구하다 / 입수하다]

49

① Incoterms® 2020 규칙의 적용사항과 미적용사항, 그리고 Incoterms 규칙에 대한 최상의 편입방법을 설명하기 위해
② 매도인과 매수인의 기본적 역할과 책임, 인도, 위험 같은 Incoterms® 2020 규칙의 중요한 기초사항을 제시하기 위해
③ 일반적인 매매계약에 적합한 Incoterms 규칙의 선택방법을 설명하기 위해
④ Incoterms® 2010과 Incoterms® 2020 간 주요 변경사항을 제시하기 위해

인코텀즈 2020의 소개문에 대한 설명으로, ③ 'to explain how best to choose the right Incoterms rules for the general → particular sale contract(특정 매매계약에 적합한 Incoterms 규칙의 선택방법 설명하기 위해)'가 되어야 한다.

Incoterms 2020 소개문(Introduction to Incoterms® 2020)의 목적

• Incoterms 2020 규칙(Incoterms® 2020 rules)의 적용사항과 미적용사항, 그리고 인코텀즈 규칙의 편입(계약에 편입)방법 설명
• 다음과 같은 Incoterms 규칙의 기초사항(important fundamentals) 제시 : 매도인과 매수인의 기본적 역할과 책임, 인도, 위험, 그리고 Incoterms 규칙과 계약의 관계
• 특정 매매계약에 적합한 Incoterms 규칙의 선택방법 설명
• Incoterms 2010과 Incoterms 2020 간 주요 변경사항 제시

*incorporate : (일부로) 포함하다
*fundamentals : 기초사항

50

① 다른 사람에 의해 그를 대신할 권한을 부여받은 사람을 본인이라고 부른다.

② 공동대리인은 타 대리인과 당사자의 대리권한을 공유한 자와 당사자에 의해 권한을 위임받은 자를 말한다.

③ 상품 또는 상품 판매를 위해 고용된 대리점을 상사(商事)대리인이라고 한다.

④ 지급보증대리인은 수수료를 위해서 판매하고 주문이 당사자에게 가도록 하는 대리인이다.

다른 사람에 의해 그를 대신할 권한을 부여받은 사람은 대리인이라고 부르므로, ① 'A person authorized by another to act for him is called as principal(본인) → agent(대리인).'가 되어야 한다.

*principal : (상업·법률에서 대리인에 대한) 본인

*merchandise : 물품

*mercantile agent : 상사대리인

*on behalf of : ~을 위해서

*commission : 수수료

*undertake : (책임을 맡아서) 착수하다[하다]

51

④ FCA 조건에 대한 설명이다. FCA(= Free Carrier)는 매도인이 매도인의 구내(Seller's Premises) 또는 그 밖의 지정장소에서 약정기간 내에 매수인이 지정한 운송인 또는 그 밖의 당사자에게 수출통관을 필한 계약물품을 인도해야 하는 조건(매도인 수출통관 의무)이다.

52

③ 권리침해조항은 발생할 수 있는 지적재산권의 침해와 관계 있는 모든 책임으로부터 매도인을 면책으로 하는 면책조항으로, 이 조항이 있는 경우 매수인은 제3자로부터 지적재산권 침해를 받았다는 이유로 매도인에게 클레임을 제기할 수 없다.

53

② 인코텀즈(Incoterms) 2020 FCA에서 당사자의 합의로 '본선적재표시(on-board notation)가 있는 선하증권'을 요구할 수 있도록 하였다.

54

① 은행의 서류심사와 수리여부 결정은 선적서류를 영수한 익일로부터 제5영업일 이내에 이루어져야 한다.

55

해운동맹의 운영수단

- 대내적 운영수단 : 운임협정(Rate Agreement), 운항협정(Sailing Agreement), 풀링협정(Pooling Agreement), 공동운항(Joint Service), 중립감시기구(Neutral Body), 투쟁선(Fighting Ship)

- 대외적 운영수단 : 충성환불제(Fidelity Rebate System), 거치환불제(Deferred Rebate System), 이중운임제(Dual Rate System) 혹은 계약운임제(Contract Rate System)

56

① 통관(通關) : 절차를 이행하여 물품을 수출·수입 또는 반송하는 것

② 환적(換積) : 동일한 세관의 관할구역에서 입국 또는 입항하는 운송수단에서 출국 또는 출항하는 운송수단으로 물품을 옮겨 싣는 것

④ 복합운송(複合運送) : 두 개 이상의 다른 운송수단을 이용하여 화물을 운송하는 것

57

② 통합공고는 산업통상자원부 장관이 대외무역법 이외의 다른 법령(약사법, 식품위생법, 검역법 등 개별법)에 물품의 수출입요령을 정하고 있는 경우, 이들 법령에서 정한 수출입요령을 통합한 공고를 말한다.

58

④ Optional Surcharge은 양륙항 선택 추가운임이다.

①·②·③ 할증운임이다.

59

내국신용장과 구매확인서의 비교

구 분	내국신용장	구매확인서
관련법규	무역금융관련규정	대외무역법
개설기관	외국환은행	외국환은행, 전자무역기반사업자
거래대상물품	수출용원자재 및 수출용완제품	외화획득용 물품
개설조건	원자재 금융한도	제한 없이 발급
수출실적	공급업체의 수출실적 인정	공급업체의 수출실적 인정
관세환급	환급 가능	환급 가능
부가가치세	영세율 적용	영세율 적용
지급보증	개설은행이 지급보증	지급보증 없음

60

㉠·㉡ 현물상환도방식(Cash On Delivery ; COD)에 대한 설명이다.

61

④ 화물에 대하여 B/L이 발행된 경우, 그 화물을 처분할 때에는 반드시 B/L로써 하는 것은 처분증권성이며, 지시증권성은 B/L 소지인이 배서에 의해 다른 사람을 B/L의 권리자로 되게 할 수 있는 법률상 당연한 지시증권이다.

62

품목분류요율(CCR) 할인요금 적용대상 품목

• 할인요금 적용품목 : 신문, 잡지, 정기간행물, 서적, 카탈로그, 점자책 및 Talking Books(Calendar, Price Tag, Poster 등은 적용 불가), 화물로 운송되는 개인의류 및 개인용품(Baggage Shipped as Cargo)

• 할증요금 적용품목 : 금괴, 화폐, 유가증권, 다이아몬드 등 귀중화물, 시체(Human Remains), 생동물

63

③ FIATA 복합운송선하증권은 운송주선인이 운송인이나 운송인의 대리인으로 행동한다는 것이 운송서류에 나타나 있지 않는 한 수리되지 않는다.

64

③ Bulky cargo 할증운임은 취급에 특별한 주의가 필요한 Bulky cargo에 부과되는 할증운임이다. Bulky cargo는 보일러, 발전기, 항공기, 교량부선 등 용적이 특별히 커서 배의 창구에서 선창 내로의 반입이 불가능하거나 곤란한 화물을 말한다.

65

④ 특별비용(Particular Charge)은 보험의 목적의 안전이나 보존을 위하여 피보험자에 의하여 또는 피보험자를 위하여 지출된 비용으로서 공동해손비용 및 구조료 이외의 비용을 말한다.

66

NVOCC형 복합운송인

포워더형 복합운송주선업자를 법적으로 실제화시킨 개념으로 미국의 신해운법(Shipping Act, 1984)상 특별히 인정되는 복합운송인이다. 선박을 직접 운항하지 않지만 해상운송인에 대해서는 화주의 입장을 취한다.

67

분쟁해결 : 당사자들은 선의의 협상(Good faith negotiation)을 하는 것으로 이 계약과 관련되어 발생되는 모든 클레임, 분쟁 또는 논쟁을 해결하는데 먼저 동의한다. 만약 당사자들 간에 문제를 해결하지 못한다면, 대체적 분쟁 해결방법(Alternative Dispute Resolution)에 따라 해결되어야 한다.

양 당사자 간에 선의의 협상(good faith negotiation)에 의해 분쟁해결을 시도한다고 했으므로, 국가기관인 법원의 판결에 의한 분쟁해결방법인 ④ 소송(Litigation)이 정답이다.

① Amicable Settlement : 화해
② Conciliation : 조정
③ Arbitration : 중재

68

② MLB(Mini Land Bridge) : 극동에서 미국, 캐나다의 서안(西岸)까지 해상운송 후 미국, 캐나다의 철도로 미국 동안(東岸) 또는 멕시코만 일대의 각 지점 항만까지 일관운송하는 서비스이다.
③ MB(Micro Bridge) : 동아시아에서 출발하여 미국 태평양 연안까지 해상운송하고 철도나 트럭으로 미국 내륙지역으로 운송하는 육상운송을 말한다.
④ SLB(Siberian Land Bridge) : 국제운송에서 시베리아를 교각처럼 활용하여 운송하는 복합운송 방식을 말한다. 시베리아 철도를 이용하여 한국, 일본, 극동, 동남아, 호주 등과 유럽대륙, 스칸디나비아반도를 복합운송 형태로 연결하고, 보스토치니까지 해상운송한 다음 시베리아 횡단철도로 각 유럽대륙, 중동, 스칸디나비아반도 등까지 운송한다.

69

③ 충돌손해배상책임은 책임손해이며, 구조료, 손해방지비용, 특별비용은 비용손해에 해당한다.

해상손해의 분류

해상손해	물적손해	전 손	현실전손
			추정전손
		분 손	단독해손
			공동해손
	비용손해	구조료	
		특별비용	–
		손해방지비용	

해상손해	비용손해	손해조사비용
		공동해손비용
	책임손해	충돌손해배상책임
		공동해손분담금

70

④ 법원과 달리 중재판정부는 증인의 출석을 강제할 수 있는 권한이 없다.

71

제3자 개입에 의한 해결방법

• 알선 : 제3자가 개입되지만 제3자는 당사자로 하여금 일치된 해결안에 도달하도록 도와주는 대체적 분쟁해결방법
• 조정 : 양 당사자가 공정한 제3자를 조정인으로 두어 조정인이 제시하는 해결안에 합의함으로써 해결하는 방법
• 중재 : 당사자의 합의에 따라 중재인을 선정하여 중재인이 시행하는 중재판정에 의해 해결하는 방법
• 소송 : 비용 당사자의 일방이 상대방에게 강제를 가하려 법원에 제소함으로써 공권력 발동을 요청하는 방법

72

④ 승인부청약(Offer on approval)은 청약과 함께 물품을 송부하여 피청약자가 물품을 점검해 보고 구매의사가 있으면 그 대금을 지급하고 그렇지 않으면 반품해도 좋다는 조건의 청약이다.
①・②・③ 예약불능청약(Offer without engagement)은 시황변동에 따라 사전통고 없이 제시가격이 변동될 수 있다는 조건의 청약으로 통지 없이 가격변동 조건부청약(Offer subject to change without notice), 시황변동 조건부청약(Offer subject to market fluctuation)이라고도 한다.

73

③ 조정(Mediation 또는 Conciliation)은 당사자 간 해결이 아닌 제3자(조정인)의 개입에 의한 해결 방법이다. 조정인이 제시하는 해결안(조정안)에 양 당사자의 합의로 분쟁을 해결한다.

① 화해(Amicable Settlement)는 청구권 포기 (Waiver of Claim)와 함께 당사자 간 클레임 해결방법이다. 당사자가 직접적 협의를 통해 자주적으로 타협점을 찾는다.

② 중재과정에서 당사자 간에 화해(Amicable Settlement)를 통해 원만하게 분쟁을 해결하는 경우도 있다.

④ 중재 합의[중재판정(Award)]는 강제력이 있으므로 서면에 의한 합의가 있어야 한다.

74

③ 본점은 계약만료 전에 정당한 사유 없이 계약이행의 의무를 위반하였을 경우에는 그 손해배상의 책임을 져야 한다.

① 대리점은 본점으로부터의 수수료를 수익으로 한다. 다만, 본점이 직접 계약하였다면 수수료가 지급되지 않는다.

② 대리점은 본점을 위해 영업활동을 하기 때문에 본점을 위한 활동에 대해서는 지출된 비용을 청구할 수 없다.

④ 대리점은 본점에 회계보고 등을 하여야 한다.

75

④ 미국통일상법전(UCC)상 철회가 불가능한 확정 청약은 청약의 유효기간이 3개월이 초과하지 않아야 한다고 규정되어 있다.

1	2	3	4	5	6	7	8	9	10	11	12	13	14	15
①	③	②	④	①	②	②	①	①	③	③	①	③	③	②

16	17	18	19	20	21	22	23	24	25	26	27	28	29	30
①	③	②	③	①	④	④	①	①	①	②	②	④	②	④

31	32	33	34	35	36	37	38	39	40	41	42	43	44	45
①	②	①	①	①	①	③	③	①	①	①	①	①	①	②

46	47	48	49	50	51	52	53	54	55	56	57	58	59	60
④	②	④	①	②	③	③	④	④	④	③	②	①	②	②

61	62	63	64	65	66	67	68	69	70	71	72	73	74	75
①	④	③	②	④	②	②	①	②	①	④	①	④	③	②

01

Incoterms 2020 특징을 서술한 아래 문장 중 사실인 것은?

> a. 인코텀즈 2020은 국제상공회의소에 의해 11개 조건을 유지하며 출시되었다.
> b. 새로운 인코텀즈 규칙인 DPU가 인코텀즈 2010 DAT를 대체했다.
> c. 인코텀즈 2020은 국제 및 국내 판매 계약에 모두 적용할 수 있다.
> d. 인코텀즈 2020은 전자통신수단으로 대체될 수 있는 선적서류를 명시했다.
> *release : (대중들에게) 공개[발표]하다
> *maintain : 유지하다[지키다]
> *replace : 대신[대체]하다
> *available for : ∼에 적용 가능한
> *specify : (구체적으로) 명시하다
> *shipping documents : 선적서류
> *electronic means of communication : 전자 통신 수단

Incoterms 2020 개정사항
- DAT 삭제 및 DPU 신설
- CIP 보험 부보범위 변경
- FCA 조건의 B/L 제공 의무 신설
- 매도인의 운송보안요건 의무화
- 조달규정 확대
- FCA와 D조건에서 매수인(매도인) 스스로 운송 가능

02

다음 문장의 관점에서 잘못된 해석을 고르시오.

> 본 계약에서 매수인에 의해 발생하는 어떠한 종류의 클레임도 선하증권에 명시된 목적지에 제품이 도착한 후 14일 이내에 전신으로 제기되어야 한다. 동 클레임의 명세는 전신 후 서면으로 작성되어 7일 이내에 등기우편으로 매도인에게 송부되어야 한다. 인도된 제품의 품질 또는 수량에 문제가 있는 경우 매수인은 상세한 감정보고서를 매도인에게 제시해야 한다.
> *whatever nature : 어떠한 종류라도
> *particulars : 상세, 명세
> *forward : (물건 · 정보를) 보내다[전달하다]
> *swear : ∼할 것을 맹세하다[보증하다]

지문의 세 번째 문장에서 'Full particulars of such claim shall be made in writing, …'이라고 했으므로, ③은 '동 클레임의 명세는 전신 후 서면으로 작성되어 7일 이내에 등기우편으로 매도인에게 송부되어야 한다.'가 되어야 한다.

03

당사는 해외 시장조사를 통해 해외 연계를 모색한 후 거래를 제안하는 (거래권유장)을 보내기로 되어 있다.
*overseas : 해외의
*connection : 관련성
*be supposed to : ~하기로 되어 있다

① 목 록
② 거래권유장
③ 배포 목록
④ 안내 책자

지문은 거래 가능업체에게 거래를 제안하는 거래권유장(Circular Letter)이다.

거래권유장(Circular Letter)

가볍게 돌리는 거래의향서로, 거래제안서(Business Proposal)와 의미는 비슷하지만 보다 무게가 실린 서신이라고 보면 된다. 작성 내용은 일반적으로 다음과 같다.

• 상대방을 알게 된 배경이나 경로
• 거래제의 상사의 업종, 취급상품, 거래국가 등
• 거래제의 상사의 자국 내에서의 지위, 경험, 생산 규모 등
• 거래조건(특히 결제 및 가격조건 등)
• 신용조회처(주로 거래은행명 및 주소)
• 정중한 결문

04

아래 거래제안서를 올바른 순서로 배열한 것은?

ⓑ 지난 30년 동안, 당사는 모든 종류의 낚시 장비를 국내시장과 해외의 다양한 시장에도 공급하여 좋은 명성을 얻고 있습니다.
ⓐ 당사는 사업을 귀사의 나라까지 확장하기 바라며 만약 귀사가 이 사업에 관심이 있는 믿을만한 회사들을 당사에 소개해 준다면 대단히 감사하겠습니다.
ⓒ 당사의 신용상태와 관련하여 대한상공회의소가 필요한 정보를 제공할 것입니다.

ⓓ 귀사의 협조에 대해 미리 감사드리며 조속한 회답을 기다리겠습니다.
*supply : 공급[제공]하다
*fishing equipment : 낚시 장비
*domestic : 국내의
*reputation : 평판, 명성
*desire for : ~을 갈망하다
*be obliged if : ~해주시면 감사하겠습니다
*reliable firms : 믿을 만한 회사들
*As to : ~에 관해서는[~은]
*credit standing : 신용상태
*in advance : 미리, 전부터

지문은 거래제안서로, 문맥상 ⓑ에서 회사와 제품을 소개하고, ⓐ에서 거래처를 소개해 줄 것을 요청하고, ⓒ에서 신용조회처를 소개하고, ⓓ에서 감사인사로 마무리하는 게 적절하다.

[05~06]

당사는 새로운 가구 조립 키트 라인으로 시장을 시험해 왔으며, 국내외적으로 이 키트들에 대한 수요가 나의 예상을 초과했다는 것을 알게 되었습니다. 지난 6개월 동안에만 당사는 120,000달러가 넘는 주문을 받았는데, 이 중 절반은 제한된 자원 때문에 주문량을 채울 수 없었습니다.

이 때문에, 당사는 추가 장비와 원자재 구입을 위해 약 미화 4만 달러를 대출할 것입니다. (담보)의 일환으로 당사는 회사의 보통주 10,000달러와 지방 국채 5,000달러를 제공할 수 있습니다. 이 정도 규모의 대출을 상환하는 데 약 6개월이 걸릴 것으로 추정합니다.
*assembly kits : 조립 키트
*demand : 수요
*exceed : 넘다[초과하다/초월하다]
*fulfill : 실현[성취]하다
*make a loan : 빚돈을 내다
*additional equipment : 추가 설비
*security : 담보
*ordinary shares : (회사의) 보통주

05

① 담 보

② 신 용

③ 자 산

④ 부동산

지문의 빈칸 앞 문장에서 'we will make a loan for about USD 40,000 to buy additional equipment and raw materials.'라고 했고 빈칸 다음에서 '… we can offer USD 10,000 in ordinary shares , and USD 5,000 in local government bonds.'라고 했으므로, 빈칸에는 ① security(담보)가 적절하다.

06

위 지문에서 추론할 수 없는 것은?

지문에서 'In the past six months alone, we have had over USD 120,000 worth of orders, …'라고 했으므로, 지난 1년간 USD 120,000의 주문을 받았다는 B의 내용과 다르다. 지문에서 '… half of which we have been unable to fulfill because of our limited resources.'라고 했으므로, 모든 주문에 응할 수 없다는 C의 내용과 다르다.

[07~09]

(A) 당사는 맥켄지 브라더스(1-5 Whale Drive, Dawson, Ontario 소재)의 공급업체로, 그들은 ㉮ (분기별 조건으로) 명세서를 결제할 수 있는 시설을 제공해 달라고 당사에 부탁했습니다. (B) 그들은 귀사가 그들의 추천인 역할을 할 준비가 되어 있을 것이라고 당사에 말했습니다. 당사는 그 회사의 결제 능력에 대해 거의 의심하지 않지만, 그들의 신용등급이 분기별로 최고 8,000파운드의 결제를 보증한다는 것을 확인하고 싶습니다. (C) 조속한 회답을 주시면 대단히 감사하겠습니다. 또한, 회신은 ㉯ (극비로) 취급될 것입니다.

07

위 서신에서 아래 문장이 들어가기에 가장 알맞은 곳은?

그들은 귀사가 그들의 추천인 역할을 할 준비가 되어 있을 것이라고 당사에 말했다.

지문의 (B) 다음 문장에서 '… we would like to confirm that their credit rating warrants quarterly settlements of up to £8,000.'라고 했으므로, 신용조회처를 선택하게 된 계기를 말하는 주어진 문장은 (B)에 들어가는 게 적절하다.

*prepare : 준비하다[시키다]
*act as : ~으로서의 역할을 하다[맡다]
*referee : 추천인

08

a quarterly는 '분기마다'의 뜻이고, basis는 '기준(단위)'의 뜻이므로, ㉮에 적절한 영어 표현은 ①이다.

*quarterly : 분기별의
*basis : 기준(단위)
*quarter : 4분의 1
*base : 기초[토대]

09

지문은 신용조회 의뢰 서신으로, 마지막 문장은 관용적으로 들어가는 문장이므로, ㉯에 적절한 영어 표현은 ① 'Please note that this information should be treated in strict confidence(이 정보는 극비로 취급되어야 함에 유의해 주십시오).'이다.

10

다음 중 지문에 포함된 지불방법은 무엇인가?

당사는 3월 12일자 환어음 211번이 제시되었을 때 결제되지 않았다는 것을 듣고 매우 놀랐습니다. 지금까지 당사가 발행한 어음에 귀사가 지불이행을 실패한 적이 없었으므로, 결제되지 않았다는 사실에 놀랐습니다. 또한 당사는 귀사로부터 이 사안과 관련해서 어떠한 회답도 받지 못했으며, 어음이 결제되지 않은 이유를 설명해 주시면 고맙겠습니다. 당사는 오늘 우리 은행에 환어음을 다시 제출하라고 지시했고, 귀사가 그것을 즉시 결제할 것으로 믿습니다.

*bill of exchange : 환어음

*meet : (필요요구 등을) 충족시키다; (기한 등을) 지키다

*obligation : 의무

*honor : 〈어음을〉 인수하여 (기일에) 지불하다. 받아들이다

*instruct : 지시하다

③ 추심어음(Documentary collection) : 수출업자가 선적 후 선적서류와 환어음을 발행하여 거래은행을 통해 수입지은행에 수출대금의 추심을 의뢰하게 되는데, 이때 발행되는 환어음으로, 관계 선적서류의 인도조건에 따라 '지급도환어음(D/P)'과 '인수도환어음(D/A)'으로 구별된다.

① 선대신용장(Red clause credit) : 수출물품의 생산·가공·집화·선적 등에 필요한 자금을 수출업자에게 융통해 주기 위하여 매입은행으로 하여금 일정한 조건에 따라 신용장 금액의 일부 또는 전부를 수출업자에게 선대(선불)해 줄 것을 허용하고 신용장 개설은행이 그 선대금액의 지급을 확약하는 신용장이다.

② 보증신용장(Standby credit) : 담보력이 부족한 국내 상사의 해외지사의 현지 운영자금 또는 국제입찰 참가에 수반되는 입찰보증(Bid Bond)·계약이행보증(Performance Bond) 등에 필요한 자금을 해외현지은행에서 대출받고자 할 때, 이들 채무보증을 목적으로 국내 외국환은행이 해외

은행 앞으로 발행하는 무담보신용장(Clean L/C)이다.

④ 화환신용장(Documentary credit) : 선하증권, 송장, 보험증권 등의 운송서류가 첨부되어야만 어음대금을 결제 받을 수 있는 신용장으로, 신용장 발행은행이 수출업자가 발행한 어음을 수송화물의 담보가 되는 선적서류 첨부를 조건으로 하여 인수 또는 지불할 것을 확약하는 신용장이다.

[11~12]

당사는 귀사의 3월 12일자 서신에서 점검매매 조건으로 방수복 구매요청을 받고 매우 기뻤습니다. 우리는 이전에 함께 거래한 적이 없으므로, 아마도 귀사는 당사가 참조할 수 있는 통상적인 (ⓐ) 신용조회처나 (ⓑ) 은행명 중 한 가지를 제공해 주실 수 있을 것입니다. 신용조회가 충분히 끝나는 대로, 당사는 기꺼이 귀사의 서신에서 언급한 품목 중 적절한 컬렉션을 보낼 것입니다. 당사는 이번이 장기간 좋은 비즈니스 유대관계를 형성하는 시초가 되기를 진심으로 바랍니다. 당사는 이를 위해서 최선을 다할 것입니다. 그럼 안녕히 계십시오.

David Choi

*request : 요청[신청]

*waterproof garment : 방수복

*on approval : 점검매매 조건/견본승인

*previously : 미리, 사전에

*refer : 조회하다

*inquiry : 문의, 조회

*satisfactorily : 충분히

*settle : 결정하다[정리하다]

11

① ⓐ 신용장 – ⓑ 마케팅 책임자

② ⓐ 견적서 – ⓑ 회 사

③ ⓐ 신용조회처 – ⓑ 은 행

④ ⓐ 영수증 – ⓑ 주식회사

처음 거래하는 회사의 신용도를 알아보기 위해서 신용조회처와 거래하는 은행에 신용조회를 할 수 있다.

12

① 공급자
② 구매자
③ 은행 지점장
④ 수입자

서신은 방수복 구매 요청에 대한 답신이므로, 서신을 쓴 David Choi는 공급자이다.

13

> 한국의 한 회사는 한국 시장에 팔고 싶지 않은 초과 생산된 제품이 있는데, 그것이 국내가격을 낮출 것이기 때문이다. 대신에 회사는 그 제품을 생산원가나 국내시장가격보다 낮은 다른 나라에서 팔기로 결정했다.
>
> *excess : 초과한
> *bring down : 내리다, 떨어뜨리다
> *domestic price : 국내물가

③ 덤핑(Dumping) : 국내시장가격 이하의 가격 또는 생산비 이하의 가격체계를 교란시키고, 그 시장에서 독점적 지위를 확보하려는 것을 말한다. 자국의 산업을 보호하기 위하여 덤핑방지관세(Anti-dumping Duty)를 부과한다.

① 상계관세(Countervailing Duty) : 수출국이 지급한 보조금의 효과를 상쇄하기 위하여 수입국이 보조금의 지원을 받은 수입품에 대해 부과하는 관세를 말한다.

② 할당제(Quota) : 수출입되는 상품의 일정 금액 또는 수량을 제한하는 제도를 말한다. 수출입을 제한하는 데 이용되는 비관세장벽(NTB)제도 중에서 가장 효율적인 수단으로 이용되고 있다.

14

다음 지문에서 밑줄 친 부분을 대체할 수 없는 것은?

> 귀사의 5월 13일자 팩스에 답하여, 런던을 출발해서 뉴질랜드로 향하는 가장 빠른 배는 Northern Cross이며, 그 선박은 현재 Tilbury 3번 도크에서 선적 중으로 5월 18일까지 화물을 받고 출항할 것입니다.
>
> *In reply to : ~에 답하여
> *vessel : 선박[배]
> *at present : 현재는
> *load : 싣다[태우다/적재하다]

① 지 금
② 현재, 지금
③ 최근에
④ 바로 지금(= now)

밑줄 친 at present는 '현재'라는 뜻으로, ①, ②, ④와 대체할 수 있다. ③ recently는 '최근에'의 뜻이다.

[15~16]

> 당사는 귀사의 2019년 8월 20일자 서신에서, 당사의 2019년 8월 10일자 주문서에 대한 신용장을 아직 받지 못했고 즉각 신용장 개설을 요청하는 내용을 통보받았습니다.
> 해당 신용장은 당사의 은행들이 이미 2019년 8월 20일에 항공우편으로 보냈으며, 본 주문서를 포함한 신용장이 제시간에 도착할 것으로 예상됩니다.
> 신용장을 (a) 개설/발행하자마자 통보하지 못해서 죄송하며, 불편을 끼쳐 드린 점 사과드립니다.
>
> *in question : 문제의[논의가 되고 있는]
> *airmail : 항공우편

15

① 신용장 개설 요청
② 신용장 발행에 대한 확인
③ 신용장 인수
④ 신용장 개정

위 서신은 신용장 발행을 확인하는 내용이다.

16

빈칸 (a)에는 신용장을 '개설하는'을 뜻하는 ②, ③, ④가 적절하다. ① notifying은 '통지하는'의 뜻이다.

17

> 영사송장은 통상 (수출국 주재 대사관 직원)에 의해 서명된다.

① 수출국의 상공회의소
② 수입국의 상공회의소
③ 수출국 주재 대사관 직원
④ 수입국 주재 대사관 직원

영사송장(Consular Invoice)은 수입상품가격을 높게 책정함에 따른 외화 도피나 낮게 책정함에 따른 관세포탈을 규제하기 위하여 수출국에 주재하고 있는 수입국 영사의 확인을 받아야 하는 송장이다.

*consular invoice : 영사송장
*chamber of commerce : 상공회의소
*embassy official : 대사관 직원

18

> 당사는 5월 10일 부산을 (B) 출발해 뉴욕으로 (C) 향하는 현대선의 M/S "코스모스"로 (A) 상품/화물을 발송했음을 알려드리게 되어 기쁩니다.
> *ship : 수송[운송]하다
> *be due to : ~할 예정이다
> *separate from : ~에서 분리하다
> *cargo : 화물
> *clear : (출발 · 도착 등을) 허가하다

지문의 빈칸 (A)에는 '물품, 화물'을 뜻하는 goods, cargoes가 적합하고, 빈칸 (B)에는 '출발하는, 떠나는'을 뜻하는 leave, depart from, clear from이 적합하고, 빈칸 (C)에는 '향하는'을 뜻하는 for, to가 적합하다.

[19~20]

> 이것은 운송인이 명시된 수의 패키지를 수령하였으나 내용물의 정확한 성질, 양, 가격을 알지 못하는 것을 나타내는 선하증권 조건이다. 보험 청구의 경우 (헤이그-비스비 규칙 또는 함부르크 규칙)과 같은 규약에 따라 운송인 책임은 청구총액이 아닌 (표준보상이 지급되는) 패키지의 수에만 제한될 수 있기 때문에, 이는 중요한 사안이다.
> *carrier : 수송[운송]회사
> *acknowledge : (편지 · 소포 등을) 받았음을 알리다
> *be unaware of : 모르다
> *in case of : 만일 ~한다면
> *carrier's liability : 운송인 책임
> *ruling : 지배[통치]하는

19

① 이것은 부지약관을 가리킨다.
② 이것은 Said to Contain(STC) 또는 the Shipper's Load and Count라고 불린다.
③ 이것은 대부분 LCL 선적에 대한 선하증권에 포함되어 있다.
④ 이것은 대량화물의 경우 선하증권에 표시되지 않을 수 있다.

소량컨테이너 화물(LCL ; Less Than Container Load)은 다수 화주의 소화물을 모아서 하나의 컨테이너 화물로 작업하는 경우로, 화주가 직접 운송사(선사)와 접촉하지 않고 대개 운송중개인(Forwarder)의 도움을 받는다.

부지약관/문언(Unknown Clause)

• 화주가 포장한 컨테이너(Shipper's Pack)의 경우, 운송인은 운송물의 수량, 중량 등의 명세를 확인할 수 없으므로 화주의 요구에 따라 선하증권에 운송물의 명세를 기재할 때 화주의 신고를 신뢰할 수밖에 없다.
• 이로 인해 화주가 포장한 컨테이너에 대해서는 운송물의 수량, 중량 등의 명세를 모른다는 취지의 약관을 선하증권 이면에 기재하게 된다. 이것을 부지약관 또는 부지문언이라 한다.

- 선하증권 표면에 "Shipper's Load and Count"
 (SLC, 화주의 계산으로 포장한 것이므로 운송인
 은 모른다는 의미) 또는 "Said to Contain"(STC,
 어떤 운송물이 포장되어 있지만 운송인은 모른다
 는 의미) 등의 문언을 기재하는 경우가 많다.

20

헤이그–비스비 규칙(Hague-Visby Rules)은 헤이그
규칙(Hague Rules)이 제정된 후, 상당 기간이 지난
뒤에 컨테이너 운송 출현 등으로 헤이그 규칙의 일
부 조항을 개정한 규칙이다. 함부르크 규칙(Hamburg
Rules)은 이전의 관련 규칙이 선박을 소유한 선진국
선주에게 유리하고, 개도국 하주에게 불리하다는 주
장에서 제정되었으며, 운송인의 책임이 강화되고 하
주의 권리가 신장되었다.

함부르크 규칙에서 변경된 사항

- 선박의 감항능력담보에 관한 주의의무 규정삭제
- 항해과실에 대한 면책사항 폐지
- 화재면책의 폐지 및 운송인 책임한도액 인상(화물
 운임의 2.5배로 책임한도액 제한)
- 지연손해에 관한 운송인 책임의 명문화
- 면책 카탈로그의 폐지

21

담당자께 :

이미 두 달이나 연체된 대금 결제에 대한 당사의 되
풀이된 서신을 상기시키게 되어 유감입니다.
4월 25일자 세 번째 서신을 보낸 후, 당사는 2주 동
안 기다렸습니다. 이제, 당사는 귀사가 지불의무 이
행에 있어서 심각한 문제에 직면하고 있다고 결론
내릴 수밖에 없습니다. 당사는 귀사가 5월 말까지
모든 계좌를 정산해 주시기 바랍니다.
만약 그때까지 귀사의 송금액을 받지 못한다면, 당
사는 부득이하게 법적 조치를 취할 수밖에 없을 것
입니다.

그럼 안녕히 계십시오.

---

*clear : (수표[를]) 결제를 받다[결제하다]
*overdue : 기한이 지난
*cannot help ~ing : ～하지 않을 수 없다
*face : 직면하다[닥쳐오다]
*settle : 지불[계산]하다, 정산하다
*remittance : 송금액
*no choice but to : ～하지 않을 수 없다
*take legal actions : 법적 조치를 취하다
*be reluctant to : ～을 주저하다, 망설이다

① 어음발행에 대한 정보
② 지급영수증 요청
③ 신용전표 요청
④ 지불 요청

서신의 첫 번째 문단의 마지막 문장에서 'We ask
you to settle your all the accounts by the end of
May.'라고 했으므로, 서신의 목적은 ④ '지불 요청'
이다.

*draw a draft (on) : 어음을 발행하다

22

어제 당사의 전화통화를 확인하며, ① TY-002 20대
를 선적해 주시고, 미국 콜로라도 ② 덴버시의 피터
슨 주식회사의 계정으로, 그리고 동사를 수취인으
로 8월 16일 부산을 출항하는 프린스호로 보내주세
요. ③ 케이스는 아래와 같이 표시해야 합니다. :
Denver, Via San Francisco
C/# 1-20, Made in Korea
④ 덴버까지 화물보험을 들어주십시오. 당사는 귀
사의 선적통지서를 곧 받기를 고대합니다.
*confirm : 확정하다[공식화하다]
*consign : ～에게 ～을 보내다
*take out insurance on : ～을 보험에 들다
*look forward to : ～을 기대하다
*shipping advice : 선적통지서

③ 'be marked as'는 '～로 표시되다'의 뜻이므로, '상
 자들은 아래와 같이 표시해야 합니다.'가 되어야
 한다.

23

지문은 수출자가 수입자의 주문을 확인하고, 선적일정을 안내하는 내용으로, (c)에서 주문 확인을 하고, (a)에서 품절품목을 안내하고, (b)에서 품절품목에 대한 이월주문과 선적일정을 안내하고, (d)에서 나머지 주문품목에 대한 발송일정을 안내하면서 마무리하고 있다.

24

② '당사에서 고객에 대한 배려와 서비스에 가끔 허점이 생긴다는 것을 귀사도 알 수 있어야 합니다 → 당사도 알 수 있습니다.'가 되어야 한다.

25

④ DDP(Delivered Duty Paid, 관세지급인도)는 모든 운송방식에 적용되는 규칙으로, 수출자가 물품의 인도지점까지 운임(수입국의 내륙운송까지 포함), 관세, 통관 등 모든 과정에 드는 비용과 임험 등을 일체 부담해야 한다.

①·②·③ CIF(Cost Insurance and Freight, 운임·보험료포함인도), CFR(Cost and Freight, 운임포함인도), FOB(Free On Board, 본선인도)는 해상운송과 내수로운송에 적용되는 규칙이다.

26

①∼③은 모두 지문과 유사한 뜻인데, ④는 '당사의 제품은 전 세계에 팔리기 위해 만들어졌다.'이다.

*like wildfire : 맹렬히

*show the excellent sales : 잘 팔리다

*ready sale : 금방 팔리다

27

① 시중의 어떤 다른 제품은 그들의 제품만큼 싸다.

② 시장에 나와 있는 다른 모든 제품은 당사의 제품만큼 비싸다.

③ 시중에 나와 있는 다른 제품은 당사의 제품만큼 싸다.

④ 시장에서 당사의 제품만큼 싼 제품은 없다.

보기의 'competitive'는 '(가격·상품·서비스의 가격이) 경쟁력 있는(저렴한)'의 뜻으로, '가장 저렴한'으로 최상급의 뜻이므로, ④ '시장에서 당사의 제품

만큼 싼 제품은 없다(당사 제품이 가장 싸다)'가 적절하다.

28

> 미국과의 교역량이 크게 늘어남에 따라 우리는 스미스 씨와 함께 보스턴에 지점을 설립하기로 결정했다.

① 미국과의 무역량이 크게 증가했기 때문에, 우리는 스미스 씨와 함께 보스턴에 지점을 개설하기로 결정했다.
② 미국과의 무역량이 가장 많이 증가했기 때문에, 우리는 스미스 씨와 함께 보스턴에 지점을 개설할 것을 고려했다.
③ 미국과의 교역량이 크게 늘었기 때문에, 우리는 스미스 씨와 함께 보스턴에 지점을 열기로 결정했다.
④ 미국과의 교역량이 크게 증가하면서 우리는 스미스 씨와 함께 보스턴에 지점을 열기로 결정하게 되었다.

지문에서는 '… made us decide(우리를 결정하게 했다)'라고 했는데, ②는 '… we considered(고려했다)…'라고 했으므로, 지문과 의미가 같지 않다.
*in charge : ~을 맡은, 담당인
*Owing to : ~때문에

29

수량, 중량 또는 금액에 대한 명확한 규정이 없는 산화물 거래의 경우, UCP 600하에서 물품에 대한 어느 정도 과부족이 허용될 수 있는가?
UCP 600 제30조 b항의 내용으로, ②가 적절하다.
신용장이 수량을 포장단위 또는 개별품목 수로 명기하지 않고, 청구되는 총액이 신용장의 금액을 초과하지 않는 경우에는, 물품수량이 5%를 초과하지 않는 범위 내의 과부족은 허용된다.
*bulk cargo : 묶거나 포장하지 않은 짐
*clear stipulation : 명확한 규정

*surplus : 과잉
*shortage : 부족

30

> 3. We are ready 6. to make 7. the arrangement for 5. your order 4. as soon as 2. we receive 1. your letter of credit
> 당사는 귀사의 신용장을 인수하자마자 귀사의 주문에 대한 준비가 되어 있다.

문맥상 주절은 '당사는 … 귀사의 주문에 대한 준비가 되어 있다'로, 부사구인 '당사가 귀사의 신용장을 인수하자마자'는 4 − 2 − 1의 순서가 적절하다.
*make the arrangement for : ~을 준비하다

31

> 이 첫 번째 환어음(미지급된 동일 기간과 날짜 중 두 번째)을 일람불(제시하자마자) ABC 은행에 지불하거나 총액 미화 45,000달러만 주문하십시오.

일람불어음(Demand Draft)은 'Sight Bill'이라고도 부르며, 어음 소지인이 어음을 제시하자마자 지급해야 되는 어음이다. 어음면에 'pay at sight'라고 표시한다. 일람불어음의 경우, 수입자는 어음제시를 받자마자 대금을 지급하여야 한다.

기한(Tenor)
금융상에서는 채무발생일로부터 만기일까지의 기한을 Tenor라고 부른다. 예컨대 약속어음의 발행일로부터 만기일까지의 기간, 즉 어음기한(usance)과 동일한 의미로 사용된다. 따라서 환어음의 경우에는 그 인수일로부터 만기일까지의 기한을 말한다.

• at 30 days after sight(일람 후 정기출급) : 어음이 buyer에게 제시되는 날에 결제일 확정
• at 30 days after date(일부 후 정기출급) : 어음의 발행일자로부터 결제일 확정
• at 30 days after B/L date(확정일자 정기출급)
*pay to : 지급위탁문구. 환어음에 인쇄되어 있는 어

음조건의 하나로서 뒤에 Pay to Korea Exchange Bank처럼 매입은행 또는 지시식으로 기입한다.

*demand draft : 일람불어음

32

지문의 괄호 속 단어를 정확한 의미가 되도록 올바른 순서로 배열하시오.

> 당사는 신용장 86523번 하에 일람 후 90일 지불 환어음 매입 통지에 대한 귀사의 이메일에 감사드립니다.

지문은 We(주어) + thank(동사) + you + for your email informing us that ~ (목적절)의 구조로 that 이하는 informing의 목적절이므로, 완전한 문장이 와야 한다. that 다음 괄호 안은 'you(주어) + have negotiated(동사) + draft at 90 days after sight(목적어)'가 되어야 한다. 'after sight'는 '일람 후'의 뜻으로 환어음 또는 약속어음에 기재되는 문언으로서 그 어음을 지급인(Drawee)이 인수한 일자 후 60일 또는 90일로 정해진 일에 지급하는 것을 말한다. '일람 후 90일 지급 환어음'은 draft at 90 days after sight 이다.

33

> 신용장과 관련된 특정 지역으로 장기간 배송되는 경우, 하주는 선적서류 세트에 보험서류를 포함해야 할 수도 있다. 포괄보험증권하에서 이는 매도인의 지시에 따라 보험회사가 발급한 (보험증명서)의 사용에 의해 이루어진다.
>
> *shipment : 선적
> *on a long term basis : 장기간에 걸쳐
> *consignor : 하주
> *shipping documents : 선적서류
> *open policy : 포괄보험증권
> *accomplish : 성취하다, 해내다
> *insurance certificate : 보험증명서
> *insurer : 보험회사

① 보험증명서
② 부보각서
③ 보험증권
④ 보험 부보

포괄보험증권(Open Policy)

예정보험(open cover) 중의 하나로, 화물을 선적할 때마다 매 건별로 개별적인 보험계약을 체결하지 않고 일정 화물에 대해서 포괄적으로 보험계약을 체결하는 데 발행되는 증권을 말하며, 'open contract'라고도 한다. 포괄보험증권에 의해 개개의 화물에 부보되어 있음을 증명하는 약식서류를 보험증명서(insurance certificate)라고 한다.

34

첫 문장과 동일한 의미가 되려면 밑줄 친 ⓐ ~ ⓓ 중에서 틀린 것은?

> 이 주문을 처리하기 위해, 당사는 귀사를 수익자로 하여 취소불능 신용장을 개설하도록 당사의 은행들에 주선해 놓았습니다.
> → 이 주문의 ⓐ 해결을 위해, 당사는 귀사를 ⓓ 대신하여 취소불능 신용장을 ⓒ 발행하라고 당사의 은행들에 ⓑ 지시했습니다.
>
> *cover : (무엇을 하기에 충분한 돈을) 대다
> *arrange with : 마련하다, 주선하다
> *irrevocable letter of credit : 취소불능 신용장
> *in your favor : 귀사를 수익자로
> *settlement : 해결

지문의 첫 번째 문장에서 in your favor는 '귀사를 수익자로 하여'의 뜻인데, 두 번째 문장의 ⓓ on behalf of you는 '귀사를 대신하여'의 의미이다.

(A) 수입자는 그들의 은행에게 화환신용장을 준비하게 한다. 은행은 해당 상품이 발송되었다는 것을 보여 주는 운송서류 같은 선적서류들을 모두 인수하면 수출자에게 지불하기로 동의한다. 수출자는 (B) 합의된 기한 내에 불일치가 없는 필수 서류를 제공해야 한다. 개설은행은 통상적으로 신용장 개설 시 'UCP 600을 조건으로 함'이라는 문구를 서류에 표시한다.

*arrange : 마련하다. 처리[주선]하다

*despatch : 보내다[발송하다]

*required paperwork : 요구되는 서류업무

*discrepancy : 차이[불일치]

*mark : 표시하다

*subject to : ~을 조건으로

35

① 수입자

② 수출자

③ 운송인

④ 대리인

신용장은 개설은행의 수익자(수출상)에 대한 조건부 대금지급 확약서로. 신용장 발행은행이 수입자(개설의뢰인)를 대신하여 수출자에게 일정기간 내(신용장 유효기간)·일정조건(신용장 기재조건) 아래 선적서류 등을 담보로 '수입자·신용장 개설은행·개설은행 지정 환거래 취결은행'을 지급인으로 하는 화환어음을 발행할 권한을 부여(지급신용장 제외)한다. 이 선적서류와 어음이 제시될 경우 발행은행이나 발행은행의 지정은행이 일정금액의 어음을 매입(Negotiation), 인수(Acceptance) 또는 지급(Payment)할 것을 어음 발행인(수출상) 및 어음 수취인(어음매입은행)에게 보증한다. 무역거래에 사용되는 신용장은 일반적으로 화환신용장(Documentary Credit)이다.

36

① 만기일

② 마지막 선적일

③ 5 영업일

④ 7 영업일

밑줄 친 (B) 'agreed time limit'는 '만기일(expiry date)'을 뜻한다. UCP 600 제6조 e항의 내용으로, 수익자에 의해서 혹은 수익자 대리인에 의한 제시는 유효기일 전 혹은 유효기일에 이루어져야 한다.

37

기록에 따르면 귀사의 당사에 대한 계좌는 현재 만기가 60일 이상 지난 것으로 되어 있습니다. 이미 귀사에 이 문제에 대한 독촉장을 보냈지만, 귀사로부터 아직 소식을 듣지 못해서 매우 유감입니다. 당사에 즉시 지불해 주시기를 요청합니다. (3) 이렇게 하면 귀하의 우수한 신용 기록을 보존할 수 있습니다. 귀사는 언제나 우수 고객 중 하나였고, 당사는 귀사와의 거래를 매우 소중하게 생각합니다. 만약 어떤 특별한 사정으로 인해 지불할 수 없다면, 이 상황에 대해 상의할 수 있도록 지금 당사에 연락주시기 바랍니다.

*indicate : 나타내다[보여 주다]

*past due : 기일 경과 후의

*reminder : 독촉장

*in this way : 이렇게 하여

*preserve : 보존[관리]하다

*prevent ~ from : ~할 수 없도록 만들다, ~을 막다

지문의 (3) 앞 문장에서 '즉시 지불해 달라고 요청'했으므로, 주어진 문장(이렇게 하면 귀하의 우수한 신용 기록을 보존할 수 있습니다.)은 (3)에 들어가는 게 적절하다.

38

지문은 지불기한이 연체된 지불금액에 대한 지불독촉 내용으로, (C)에서 미화 5만 달러에 대한 연체를 설명하고, (A)에서 혹시 명세서의 착오가 아닌지 확인하고, (D)에서 문제가 있으면 연락해 달라고 한 뒤, (B) 그렇지 않다면, 5만 달러 수표를 동봉해 달라고 요청하고 있다.

39

① 중량초과 할증료는 초과된 중량에 대한 추가요금이다. 예를 들어, 14,000kg 포대(포장용기의 중량)의 중량을 초과하는 20ft 컨테이너는 중량초과 할증료(HWT)의 대상이다.

② 유류할증료는 환율 변동의 영향을 감안한 해운회사의 운임 조정이다.

③ 터미널처리비용은 컨테이너 야적장(CY)과 컨테이너화물 집화소(CFS) 작업자에 의해 물품 통과 과정에 부과된다.

④ 체선할증료는 해당 항구를 운항하는 선박의 혼잡과 유휴 시간으로 인한 손실을 보상하기 위해 해운회사에 의해 적용된다.

유류할증료(Bunker Adjustment Factor ; BAF)는 선박의 연료인 벙커유의 가격변동에 따른 손실을 보전하기 위해 부과하는 할증요금이다.

할증료(Surcharge ; Additional Freight)

• 해운동맹의 어떤 항로에서는 기본운임을 개정하기 위해 일정의 예고기간을 설정하지 않으면 안 되는데, 운임인상에 시급을 요하는 사태가 발생할 때, 응급조치로 송하인에게 부과하는 할증료를 말한다. 또한 화물의 성질 및 항로의 특수사정에 따라 운송인이 하주에게 징수하는 할증운임도 이와 같이 부른다.

• Surcharge의 종류에는 전쟁상태의 발생에 대비하는 War Risk Surcharge, 체선에 대비하는 Port Congestion Surcharge, 연료가격의 변동에 대비하는 Bunker Surcharge, 외화로 표시된 운임의 환율변동에 대비하는 Currency Surcharge(CAF ; Currency Adjustment Factor), 화물의 길이나 중량 때문에 특별한 하역이 필요한 경우의 Long Length Surcharge(길이 할증), Heavy Lift Surcharge(중량 할증) 등이 있다.

*surcharge : 할증료
*heavy Weight Charge : 중량 요금
*exceed : (허용 한도를) 넘어서다[초과하다]
*be subject to : ~의 대상이다
*take into account : ~을 고려하다
*fluctuations : 변동, 오르내림 ; 파동
*THC(Terminal handling charge) : 터미널처리비용
*levy : (세금 등을) 부과[징수]하다
*CY(Container Yard) : 컨테이너 야적장
*CFS(Container Freight Station) : 컨테이너화물 집화소
*Port Congestion Surcharge : 체선할증료
*shipping line : 해운회사
*congestion : 혼잡
*idle time : 유휴 시간

40

> (컨테이너) 선박은 특수 인양장치를 포함하거나 /
> 포함하지 않고 운송하는 대형 강철상자를 위한 저
> 장공간을 가지고 있다.
> *Container vessel : 컨테이너선, 컨테이너 적재용
> 선박
> *storage space : 저장공간
> *lifting gear : 인양장치

③ 컨테이너선(Container vessel) : 풀컨테이너(full
   container)선과 세미컨테이너(semi container)선
   으로 구분되며 풀컨테이너선은 선박 내에 컨테이
   너를 하역할 수 있는 장비가 없는 반면, 세미컨
   테이너선은 선박 내에 크레인(20~30톤)이 설치
   되어 있다.
① 벌크선(Bulk Carrier) : 포장하지 않은 화물을 그
   대로 적재할 수 있는 화물전용선으로, 석탄전용
   선, 광석전용선, 시멘트전용선, 곡물전용선 등이
   있다.
② 탱커(Tanker) : 원유, 가스 등의 액체를 대량으로
   저렴하게 운송하기 위한 전용선(Specialized
   Ship)의 일종이다. 접안하역의 경우는 적고, 항
   구 가운데 있는 Sea Berth에서 하역한다.
④ 래시선(LASH) : Lighter Aboard Ship의 약칭으
   로, 화물을 적재한 부선을 본선에 설치된 기중기
   (Crane)로 선상에 올려놓을 수 있는 구조를 가진
   선박을 말한다.

41

다음 중 해상운송의 용선 조건에서 통상적으로 사용
되는 것은?

① 개품운송계약
② 항해용선계약
③ 정기용선계약
④ 나용선계약

용선계약(Charter Party Contract)은 해상운송인이
대량 산화물(Bulk Cargo) 등을 보유한 하주(용선주)
에게 선박 일부 또는 전부의 선복을 제공하여 적재

된 물품을 운송할 것을 약속하고, 용선자/하주
(Charterer)는 이에 대해 보수를 지급할 것을 약속
하는 선복운송계약으로, 부정기선에 주로 이용된다.
한 척의 선박에 만재할 수 있을 정도로 충분한 양의
대량 산화물을 보유한 화주(용선주)에게 적합하다.

용선계약의 종류

정기선
(Liner)
	• 개품운송계약 방식
	• 운송비가 부정기선보다 비싸다.
	• 공동의 운임율표(Tariff rate) 적용한다.
	• 소수의 컨테이너 화물과 소량화물의 선적
	  에 용이하다.
	• 정기선의 하역비 부담조건(Berth Term) :
	  적양비 모두 선주가 부담(운임에 포함되어
	  결국 하주에 전가)

부정기선
(Tramper)
	• 불규칙적 운항 : 스케줄, 운임, 노선 등이
	  정해져 있지 않다.
	• 저가의 화물을 벌크 상태(Bulk cargo)로 운
	  송한다.
	• 용선계약서(Charter party contract)를 작성
	  한다.
	• 불확정운임(Open rate)
	  – 통상적으로 하역비는 용선자가 부담한다.
	  – FI, FO, FIO, Gross Term, Net Term 등
	    으로 계약한다.
	• 정기선보다 저렴하다.
	• 계약 형태
	  – 전부용선 : 항해용선계약, 기간용선계
	    약, 총괄운임계약, 일대용선계약
	  – 일부용선 : 나용선계약(의장은 제외하고
	    오직 배만 빌리는 것으로 용선자가 선
	    박을 제외한 선장, 선원, 선체보험료, 항
	    해비, 수리비, 장비와 소요품 일체를 책
	    임지는 용선계약)

*charter : (항공기나 배를) 전세 내다

42

다음 지문의 의미를 포함하는 보험의 올바른 용어는
무엇인가?

> 추정전손이 발생할 경우 소유물(재산)에 대한 모든
> 권리, 소유권 또는 청구권과 그것을 되찾으려고 시
> 도하지 않는 자발적인 권리 양도
> *terminology : 전문 용어
> *voluntary : 자발적인, 임의적인
> *surrender : 양도

① 위부(abandonment) : 해상보험 특유의 제도로, 해상보험의 피보험자가 보험목적물의 전손(Total Loss) 여부가 분명하지 않은 경우에, 보험금 전액을 지급받기 위하여 그 목적물을 포기하고 보험자에게 이전하는 것이다.

② 대위(subrogation) : 제3자가 사고를 낸 상황에서 보험자가 피보험자에게 보험금을 지급하면 피보험자가 보험목적물에 대해 갖고 있던 소유권과 구상권을 보험자에게 이양해야 한다.

③ 해손(average loss) : 해상위험(Maritime Perils)에 의하여 발생하는 손해를 말하며, Average는 전손(Total Loss)에 대한 분손(Partial Loss)을 의미한다.

④ 분손(partial loss) : 피보험목적물의 일부가 멸실 또는 손상된 상태를 말하며, 전손이 아닌 손해는 전부 분손으로 간주한다. 분손은 다시 이해관계자의 분담 여부에 따라 단독해손과 공동해손으로 구분한다.

43

지문의 밑줄 친 부분을 가장 잘 바꾸어 쓴 것은?

> 운송회사는 이 문제에 대해 아무런 책임이 없음을 통지함으로써 당사의 청구를 거절했다.
> ※ responsive for → responsible for : 문제 철자 오류

① do not bear the responsibility for는 '~에 대해 책임을 지지 않다'의 뜻이다.

② liable(법적 책임이 있는)은 형용사이므로, do not liable for → are not liable for가 되어야 한다.

③ responsible(책임지고 있는)은 형용사이므로, do not responsible for → are not responsible for가 되어야 한다.

④ are not responsive to는 '적극적으로 대응하지 않는'의 뜻이므로, 지문의 문맥에 적절하지 않다.

44

> 컨테이너화물 집화소(CFS)는 선적항에서 LCL 화물(소량 컨테이너 화물)을 인도하기 위한 위임 구역을 의미한다.

① LCL 화물(소량 컨테이너 화물)을 인도하기 위한 위임 구역

② 적재된 컨테이너를 인수, 저장 및 배송하기 위한 위임 구역

③ 빈 컨테이너 픽업을 위한 특정 구역

④ 컨테이너 하역 및 화물 운송을 위한 입지를 확보하기 위한 구역

화물보관소(CFS ; Container Freight Station)

컨테이너 1개를 채울 수 없는 소량화물의 인수, 인도, 보관 또는 LCL 화물을 컨테이너 안에 적입(stuffing, vanning)하거나 끄집어내는(unstuffing, devanning) 작업을 하는 장소이다. 컨테이너 운송에서 가장 바람직한 것은 화물의 출하지에서 최종목적지까지 소위 문전에서 문전까지 직접 운송되는 것이나 소량의 LCL 화물의 경우에는 이 CFS에 우선적으로 집하하여 목적지나 수하인별로 분류한 다음 컨테이너에 적재하거나 또는 LCL 화물을 컨테이너에서 끄집어내어 수하인에게 인도하게 된다. 모든 LCL 화물은 CFS를 거치지 않고는 컨테이너선에 선적될 수 없다.

FCL(Full Container Load)과 LCL(Less than Container Load)의 선적절차

- FCL : S/R → Container Door → Stuffing → Sealing → C/Y → On Board→ B/L 발급
- LCL : S/R → CFS → Consolidation → On Board → B/L 발급

*delegated area : 위임된 구역
*ports of shipment : 선적항

45

(B) 당사의 주문 No. 22에 대한 TV 10세트가 M/S "아리랑"호로 이곳에 도착했는데, 유감스럽게도 C/N 10의 6개가 상당히 손상되었음을 발견했습니다.
(A) 그것들은 의도한 목적에 전혀 쓸모가 없습니다.
(D) 당사는 이 상품들을 받아들일 수 없으며, 반품하려고 합니다.
(C) 즉시 통보해 주시기를 바랍니다.
*C/N(Credit Note) : 대변표
*considerably : 많이, 상당히
*damaged : 손해[피해]를 입은, 하자가 생긴
*in a position to : ~할 수 있는 위치에

지문은 주문품의 손상에 대한 클레임을 제기하며 반품하겠다는 내용으로, (B)에서 주문품의 도착과 물품의 손상을 알리고, (A)에서 손상 정도를 말하고, (D)에서 반품 의사를 밝히며, (C)에서 즉시 통보해 달라는 말로 마무리하고 있다.

46

3주 전에 당사 앞으로 3,750달러 (A) 미지불된 잔액이 있음을 귀사에 통지했습니다. 기록에 의하면 아직 (B) 결제하지 않았습니다.
*balance : 잔고, 잔액
*in one's favour : ~앞으로, ~를 수익자로 하는

빈칸 (A)에는 '미지불된, 미해결된'의 뜻인 'outstanding, unsettled, unpaid'가 적합하며, 빈칸 (B)

에는 '지불[계산]하다, 정산하다'의 뜻인 'settled, paid off, cleared'가 적합하다. ④ (A) accrued는 '(부담했지만) 미불의'의 뜻이고, (B) carried forward는 '이월하다'의 뜻이므로, 적합하지 않다.

47

유감스럽지만 선적지연은 당사의 공장에 일부 중요 부품들이 늦게 도착했기 (A) 때문입니다. 최선을 (B) 다했음에도 불구하고 지연된 것을 회복하는 것은 불가능했습니다.
*delay in shipment : 선적 지연
*due to : ~에 기인하는, ~ 때문에
*part : 부품, 부분
*recover : 회복되다

빈칸 (A)에는 '~때문에'를 뜻하는 due to가 적합하고, 빈칸 (B)에는 '~에도 불구하고'를 뜻하는 in spite of가 적합하다.

48

당사는 문제의 원인을 (파악하여) 곧 결과를 알려드리겠습니다.

④ comply는 '따르다[준수하다]'의 뜻이므로, 빈칸에 적합하지 않다. 주어진 문장의 빈칸에는 '점검[검사]하다'의 뜻인 inspect, look into, examine가 적합하다.

49

① 매입은행에 필요한 정보를 제공해 주시겠어요?
② 다음 주 월요일까지 배달이 가능한지 알려주시기 바랍니다.
③ 우리는 통상적인 거래를 신용장으로 처리한다.
④ 조속히 회답해 주시면 대단히 감사하겠습니다.
'누구에게 무엇을 제공하다'는 'furnish someone with something'이므로, ① 'Would you furnish to negotiating bank to the necessary information. → Would you furnish negotiating bank with the

necessary information?'이 되어야 한다.

*furnish : 제공[공급]하다
*negotiating bank : 매입은행
*deliver : 배달하다
*deal with : 처리하다
*transaction : 거래, 매매
*on an L/C basis : 신용장 기준으로

50

> 귀사의 주문번호 23번과 주문번호 24번에서 주문한 팔찌와 목걸이는 (각각) 6월 10일 오전 12시 15분에 태국을 출발하는 TG 531편에 선적되어 당일 오전 6시 20분에 서울에 도착할 예정임을 알려드립니다.
> *advise : (정식으로) 알리다

문맥상 팔찌에 대한 주문(주문번호 23)과 목걸이에 대한 주문(주문번호 24)이 차례로 나왔으므로, 지문의 빈칸에는 '각각, 제각기'를 뜻하는 ③ respectively가 적합하다.

51

대외무역관리규정의 주요 용어

• 외국인도수출 : 수출대금은 국내에서 영수하지만 국내에서 통관되지 아니한 수출 물품등을 외국으로 인도하거나 제공하는 수출을 말한다.
• 임대수출 : 임대(사용대차를 포함) 계약에 의하여 물품 등을 수출하여 일정기간 후 다시 수입하거나 그 기간의 만료 전 또는 만료 후 해당 물품 등의 소유권을 이전하는 수출을 말한다.
• 위탁판매수출 : 물품 등을 무환으로 수출하여 해당 물품이 판매된 범위 안에서 대금을 결제하는 계약에 의한 수출을 말한다.
• 수탁판매수입 : 물품 등을 무환으로 수입하여 해당 물품이 판매된 범위 안에서 대금을 결제하는 계약에 의한 수입을 말한다.

52

③ 해제조건은 어떤 조건이 이루어짐에 따라 법률행위의 효력을 소멸시키는 조건이다.

53

④ 구상무역은 일반적으로 하나의 계약서에 의해 거래가 이루어진다.

54

④ 대량파괴무기 등의 제조·개발·사용 또는 보관 등의 용도로 전용되거나 전용될 가능성이 있다고 인정되는 전략물자나 상황허가 대상인 물품 등(전략물자)을 경유하거나 환적하려는 자는 산업통상자원부장관이나 관계 행정기관의 장의 허가를 받아야 한다(대외무역법 제23조 제3항, 동법 시행령 제40조의2 제1항 제1호).

55

① 탄력관세는 반드시 관세법에 정해진 범위 내에서 탄력관세를 발동하고 세율을 변경시켜야 한다.

탄력관세제도(Flexible Tariff System)
관세법에 의해 일정한 범위 안에서 관세율의 변경권을 행정부에 위임하여 관세율을 탄력적으로 변경할 수 있도록 함으로써 급격하게 변동하는 국내외적 경제여건 변화에 신축성 있게 대응하여 관세 정책을 보다 효과적으로 수행하는 제도

56

① Irrevocable L/C(취소불능 신용장) : 신용장 개설 이후 신용장이 수익자에게 통지된 후 유효기간 내에 관계 당사자 전원(개설은행/확인은행, 수익자, 통지은행)의 합의 없이는 취소·변경할 수 없는 신용장이다.
② Restricted L/C(특정신용장) : 수익자가 발행하는 환어음의 매입은행이 특정은행으로 지정되어있는 신용장이다.

③ Packing L/C(전대신용장) : 수출물품의 생산·가공·집화·선적 등에 필요한 자금을 수출업자에게 융통해 주기 위하여 매입은행으로 하여금 일정한 조건에 따라 신용장 금액의 일부 또는 전부를 수출업자에게 선대(선불)해 줄 것을 허용하고 신용장 개설은행이 그 선대금액의 지급을 확약하는 신용장이다.

57

개설은행인 국민은행이 매입은행인 자카르타 은행에 개설일로부터 일정기간 경과한 후(180일)에 Invoice 금액과 일치하는 매입조건으로 발행한 기한부 매입신용장(USANCE RESTRICTED NEGOTIATION CREDIT)에 대한 설명이다. 따라서 ㉠에는 매입은행인 JAKARTA BANK, ㉡에는 구체적인 기간인 180 DAYS AFTER가 와야 한다.

58

① Recourse는 상환청구권을 말한다. 매입은행은 지급 거절 시 상환청구권을 행사할 수 있다.

59

Shipper's Usance
• 수출상과 수입상의 상호계약에 의하여 수입대금을 만기일에 지급하는 형태
• 수출상이 수입상에게 Usance 기간 동안의 신용을 공여하는 것으로 수입상이 선적서류를 인수한 후 만기일에 수입대금을 결제한다.

60

② 환어음상의 지급인(drawee)은 'drawn on' 다음에 기재된 은행이 어음의 지급인으로서 보통 발행은행 또는 발행은행의 예치환 거래은행인 제3국의 은행(상환·결제은행)이 된다.

61

수익자(수출상)가 지정한 은행에 Invoice 금액과 일치하는 일람불방식 매입조건으로 발행한 신용장이므로, ① 일람불(at sight) 일반신용장이다.

62

④ Demand draft는 일람불어음이며 ①·②·③은 기한부어음이다.

63

항공화물운송장(AWB)의 특성
• 요식성 증권(상법이 규정한 법적 필수사항 기재 필요)
• 요인증권(운송계약을 원인으로 발행)
• 비유통성/비유가/기명식 증권
• 원본(Original AWB) 3통/부, 부본(Copy) 6통/부 이상을 1 Set로 구성
• 원본 3통 가운데 1통은 항공사 보관, 다른 1통은 송하인에게 교부, 나머지 1통은 화물과 함께 보내져 수하인용으로 사용

64

① 수입신고 시 물품의 성질과 그 수량에 따라 부과
③ 수입신고 전 즉시반출신고를 하고 반출한 물품은 수입신고 전 즉시반출신고를 한 때
④ 우편으로 수입되는 물품은 통관우체국에 도착한 때
관세법 제16조(과세물건 확정의 시기)
관세는 수입신고(입항 전 수입신고를 포함)를 하는 때의 물품의 성질과 그 수량에 따라 부과한다. 다만, 다음의 어느 하나에 해당하는 물품에 대하여는 각 해당 항목에 규정된 때의 물품의 성질과 그 수량에 따라 부과한다.
• 하역을 허가받은 때
• 보세구역 밖에서 하는 보수작업을 승인받은 때
• 해당 물품이 멸실되거나 폐기된 때
• 보세공장 외 작업, 보세건설장 외 작업 또는 종합 보세구역 외 작업을 허가받거나 신고한 때

- 보세운송을 신고하거나 승인받은 때
- 수입신고가 수리되기 전에 소비하거나 사용하는 물품을 소비하거나 사용한 때
- 수입신고 전 즉시반출신고를 하고 반출한 때
- 우편으로 수입되는 물품이 통관우체국에 도착한 때
- 도난물품 또는 분실물품이 도난되거나 분실된 때
- 해당 물품이 매각된 때
- 수입신고를 하지 아니하고 수입된 때

65

① 개별보험계약 : 피보험목적물을 개별적으로 정한 보험 계약
② 중복보험 : 동일 피보험이익에 대하여 복수의 보험계약이 존재하고, 각 계약의 보험금액을 합한 액수가 보험가액을 초과하는 경우
③ 공동보험 : 피보험이익에 대해 2인 이상의 보험자가 공동으로 계약을 체결하는 것

66

부지약관/문언(Unknown Clause)

- 화주가 포장한 컨테이너(Shipper's Pack)의 경우, 운송인은 운송물의 수량, 중량 등의 명세를 확인할 수 없으므로 화주의 요구에 따라 선하증권에 운송물의 명세를 기재할 때 화주의 신고를 신뢰할 수밖에 없다. 이로 인해 화주가 포장한 컨테이너에 대해서는 운송물의 수량, 중량 등의 명세를 모른다는 취지의 약관을 선하증권 이면에 기재하게 되는 것을 말한다.
- 선하증권 표면에 "Shipper's Load and Count(SLC)"(화주의 계산으로 포장한 것이므로 운송인은 모른다는 의미) 또는 "Said to Contain(STC)"(어떤 운송물이 포장되어 있지만 운송인은 모른다는 의미) 등의 문언을 기재하는 경우가 많다.

67

② 매도인은 물품의 운송에 관하여 부보(附保)할 의무는 없다. 그러나 매수인의 요구가 있으면 매수인이 부보하는 데 필요한 모든 가능한 정보를 매수인에게 제공하여야 한다.

68

① 수출입이 금지된 물품에 대한 경제적 이해관계는 피보험이익이 될 수 없다.

69

② Incoterms 2010에서는 물품의 인도장소를 터미널로 제한하였지만, Incoterms 2020에서는 터미널뿐만 아니라 모든 장소에서 인도할 수 있도록 DAT에서 DPU로의 명칭이 변경되었다.

70

비엔나협약(CISG)에 따라 손해배상 청구소송은 화물이 인도된 날 또는 인도되었어야 할 날로부터 2년 이내에 제기되어야 한다. 따라서 매수인이 클레임을 제기할 수 있는 최장기간은 ① '현실적 인도일로부터 2년' 이내이다.

71

④ 중재판정은 외국중재판정의 승인 및 집행에 관한 국제연합협약(뉴욕협약)에 의하여 그 승인 및 집행이 국제적으로 보장된다.

72

② 경쟁입찰계약(competitive bid contract) : 계약자를 선정할 때 공개입찰을 통한 입찰결과 사업주에게 가장 유리한 조건을 제시한 입찰자와 계약하는 방법이다.
③ 원도급계약(prime contract) : 주문자와 원도급 계약자인 건설회사와의 직접 계약을 말한다.

④ 공동도급계약(joint venture contract) : 대규모 건설공사에서 건설업체들이 상호 부족한 부분을 보완하기 위해 2개 이상의 사업자가 공동으로 수급 및 완공하기 위한 계약 방법이다.

73
플랜트수출계약은 공장의 전부 또는 일부를 건설하고 관련 기계를 시설, 가동할 수 있을 때까지 모든 것을 떠맡는 수출계약 방식으로 계약 당사자들은 별도의 위험관리대책을 마련할 필요가 있다.

74
무역거래 알선 사이트
• Buykorea : 우리나라 기업들이 해외바이어를 대상으로 상품을 홍보하고 온라인으로 연결될 수 있도록 하는 수출지원 플랫폼
• GoBIZkorea : 해외 구매자가 비즈니스 매칭 프로그램을 통해 신뢰할 수 있는 한국의 공급업체, 제조업체, 제품, 회사를 만나는 온라인 공간
• Alibaba : 세계 최대의 온라인 B2B 상거래 플랫폼으로 전세계 수백만 명의 구매자와 공급업체를 대상으로 서비스를 제공하는 곳

75
ICC(C)
• 구 협회약관 FPA 조건과 거의 동일한 조건으로 신약관에서 가장 담보 범위가 작은 보험조건이다.
• FPA 조건과 다른 점은 FPA에서는 선적, 환적 또는 하역 작업 중 화물의 포장당 전손은 보상되나, ICC(C)에서는 보상되지 않는다는 점이다.
• ICC(B)와 같이 열거위험에 의해 발생한 손해를 분손, 전손의 구분 및 면책률(Franchise) 없이 보상한다. 그러나 ICC(B) 약관에서 보상되는 위험 가운데 '지진, 분화, 낙뢰, 해수, 호수 등의 침입, 갑판 유실, 추락한 매포장당 전손' 등을 ICC(C) 약관에서는 보상하지 않는다.

2급 2020년 제2회

1	2	3	4	5	6	7	8	9	10	11	12	13	14	15
④	④	④	④	③	①	②	②	①	③	①	③	①	①	①

16	17	18	19	20	21	22	23	24	25	26	27	28	29	30
①	①	④	①	①	①	④	③	③	③	④	④	④	①	①

31	32	33	34	35	36	37	38	39	40	41	42	43	44	45
②	②	④	③	①	③	④	③	①	①	④	②	②	②	④

46	47	48	49	50	51	52	53	54	55	56	57	58	59	60
①	④	①	④	①	②	②	④	③	④	③	③	④	④	④

61	62	63	64	65	66	67	68	69	70	71	72	73	74	75
④	②	④	④	②	①	①,④	②	④	④	④	④	④	④	②

01

① 당사는 장비에 대한 시험주문서를 동봉합니다. 만약 품질이 좋을 경우 가까운 장래에 주문을 더 보내겠습니다.

② 귀사의 10월 20일 청약과 관련하여, 당사는 귀사에 1,000M/T의 생고무를 주문하게 되어 기쁩니다.

③ 당사는 귀사에게 가죽 핸드백 1,000개를 주문합니다.

④ 당사는 귀사의 10월 20일 주문서를 받았음을 알려드리게 되어 기쁘게 생각합니다.

① ~ ③은 주문을 하는 수입자 입장인데, ④는 수입자로부터 주문받은 수출자 입장이다.

*trial order : 시험주문
*Raw Rubber : 생고무
*place an order with : ~에 주문을 하다
*acknowledge : (편지·소포 등을) 받았음을 알리다

02

① 가격이 경쟁력 있고 샘플과 품질이 일치한다면, 당사는 귀사에 대량주문을 할 것이다.

② 귀사의 가격이 다른 것들보다 유리하고, 품질이 견본과 일치한다면, 당사는 귀사에 상당한 주문을 할 것이다.

③ 가격이 매력적이고 품질이 샘플과 일치한다면, 당사는 대량으로 주문할 것이다.

④ 귀사의 가격이 만족스럽고 샘플과 품질이 일치한다면, 당사는 대량주문을 받을 것이다.

① ~ ③은 주문을 하는 수입자 입장인데, ④는 수입자로부터 주문을 받는 수출자 입장이다.

*competitive : 경쟁력 있는, 뒤지지 않는
*have an edge over : ~보다 유리하다
*be consistant with : ~와 일치하다
*attractive : 마음을 끄는, 매력적인
*correspond to : ~에[와] 일치하다, 들어맞다
*meet : (필요요구 등을) 충족시키다; (기한 등을) 지키다
*take large orders : 대량주문을 받다

03

① 당사는 한국에 엄청난 잠재 시장이 있다고 확신하며 귀사 제품의 판매를 촉진할 수 있도록 당사에 허락한다면 귀사의 (총매출량)이 늘어날 것으로 확신합니다.

② 귀사는 그 회사와 거래를 개설하는 데 (최소한의 위험도 부담하지) 않을 것이며, 그들의 거래 방식에 만족할 것입니다.

③ 비록 이 정보가 당사에게 주어진 최선일지라도, 당사는 귀사가 이 정보를 (극비로) 취급해 줄 것과 우리 측에 어떠한 책임도 없다는 점을 요청합니다.

④ 당사의 의견은 그들과 거래를 수행하는 회사는 어떤 회사든 인내심이 많이 필요할 것이며, 결국엔 (만족할) 것이다.

빈칸 앞에서 '... any firm which undertakes business relations with them would require much patience ...'라고 했으므로, 문맥상 빈칸에는 'satisfied(만족스러운)'가 적절하지 않으며, 반대의 의미인 'dissatisfied(불만족스러운)'가 되어야 한다.

*be convinced that : ~라고 확신하다
*enormous : 막대한, 거대한
*turnover : 총매상고, 매출량
*run the least risk : 위험을 최소화하다
*in strict confidence : 극비로

04

다음 중 취소불능 확인신용장의 수정 또는 취소에 동의할 필요가 있는 당사자는 누구인가?

① 수익자, 개설의뢰인
② 수익자, 개설의뢰인, 개설은행
③ 개설의뢰인, 개설은행, 확인은행
④ 수익자, 개설은행, 확인은행

UCP 600 제10조(조건변경) a항의 내용으로, 신용장은 개설은행, 확인은행이 있는 경우에는 확인은행, 그리고 수익자의 동의 없이는 변경되거나 취소될 수 없다.

*beneficiary : 수익자
*applicant : 개설의뢰인
*issuing bank : 개설은행
*confirming bank : 확인은행

05

다음 중 신용장에 그들의 확인을 추가할 수 없는 당사자는?

① 통지은행
② 매입은행
③ 개설은행
④ 지정은행

확인(confirmation)이란 일치하는 제시에 대하여 결제(honour) 또는 매입하겠다는 개설은행의 확약에 추가하여 확인은행이 하는 확약을 의미하며, 확인은행(confirming bank)은 개설은행의 수권 또는 요청에 의하여 신용장에 확인을 한 은행을 의미한다.

확인은행은 신용장에 확인을 추가하는 시점으로부터 취소가 불가능한 결제 또는 매입의 의무를 부담하며, 개설은행이 지급불능상태에 빠지면 개설은행을 대신하여 지급하여야 하므로 수익자는 이중의 지급확약을 받게 된다.

06

신용장 하에 제시되는 서류는 (불일치한)이라고 알려진 조건은 따르지 않는다.
*conform to : ~에 따르다[합치하다]
*discrepant : 모순된, 앞뒤가 안 맞는

① 불일치한
② 무효한
③ 미확인의
④ 받아들일 수 없는

신용장 조건 불일치(Discrepancy)

선적서류가 신용장 조건과 불일치한 것을 말하며, 수출자(수익자)가 수출지의 은행(매입은행)에 화환어음의 매입을 의뢰한 경우 은행은 선적서류 또는 화환어음의 기재가 신용장과 일치하지 않는 것을 발견하면 Discrepancy로서 수출대금의 지급을 거부한다.

안심Touch

07

당사는 미화 30,000달러에 달하는 두 개의 분실된 상자에 대한 보상금을 요청하는 귀사의 서신을 받았습니다.

귀사가 언급한 클레임에 대해 기꺼이 도와드리겠지만, 당사가 이 사건을 더 조사하고 손실에 대한 명확한 보고서가 나오기 전에는, 귀사에 그 금액을 공개할 수 없습니다.

Alex Han

*likely : ~할 것 같은[것으로 예상되는]
*claim : (보상금 등에 대한) 청구[신청]
*amount to : (합계가) ~에 이르다[달하다]
*investigate : 조사[연구]하다
*come out : 알려지다[드러나다]
*release : (대중들에게) 공개[발표]하다

① 은행가
② 보험자
③ 운송인
④ 매도인

서신은 화물 분실의 보상금 청구에 대한 답신으로, 정확한 조사가 이루어지기 전까지는 보상금을 확정할 수 없다는 내용이므로, 서신 작성자(Alex Han)는 ② '보험자(insurer)'로 여겨진다.

08

조난 시 선박의 무게를 가볍게 하려고 적재된 화물을 바다로 던지는 것
*throw : 던지다
*tackle : (힘든 문제 상황과) 씨름하다
*overboard : 배 밖으로, (배 밖의) 물 속으로
*lighten : (무게를) 가볍게 하다[줄이다]
*in distress : 조난당한

① 갑판유실위험
② 투 하
③ 혼합위험
④ 절도행위 / 발하

주어진 문장은 해상보험의 부가위험담보 'JWOB(투하 · 갑판유실위험)' 중 '투하'에 대한 설명이다.

부가위험담보(Additional Coverage)

부가위험담보는 기본적으로 ICC(A)에서는 담보되지만 다른 보험조건에서는 추가로 보험료를 지불하고 담보해야 하는 위험이다. 부가특약은 다음과 같은 위험을 담보한다.

구분	내용
TPND (theft, pilferage and non-delivery)	• 도난, 발하, 불도착으로 인한 손해 • Theft : 포장째로 훔치는 것 • Pilferage : 포장 내용물의 일부를 빼내는 것 • Non-Delivery : 포장단위의 화물이 송두리째 목적지에 도착하지 않은 것
RFWD (Rain/Fresh Water Damage)	• 우 · 담수손 : 부적당한 화물적재, 불안전한 선창 폐쇄로 생긴 우수 · 담수로 인한 손해를 말한다. ICC(B) 조건에서는 해수, 호수, 강물, 즉 해수와 담수의 침입으로 인한 손해만 담보되며 우천으로 인한 손해는 추가 가입하여야 한다.
COOC (Contact with oil/other cargo)	• 유류 · 타화물접촉손 : 기름, 산화물질 등 주로 선내 오염물질과의 접촉으로 인해 발생하는 손해를 말한다.
Breakage (Bending/Denting)	• 곡손 · 요손 : 화물의 파손으로 인한 손해를 말한다. 일반적으로 택배물품을 보낼 때처럼 깨지는 화물의 경우 반드시 담보여부를 밝혀야 한다. 기계류의 경우 운송 중 충격으로 발생하는 곡손 및 요손(bending/denting) 담보가 있다.
Leakage/ shortage	• 누손 · 중량부족 : 화물의 누손 및 수량 또는 중량부족으로 인한 손해를 말한다. 곡물 및 액체류의 경우 통상적 감량이 많이 발생하므로 실무적으로는 과부족조항을 적용한다.
S & H (Sweat/ heating)	• 한습손 · 열손 : 선창의 천장, 내벽에 응결한 수분에 접촉함으로써 생기는 손해를 말한다.
JWOB (Jettison & washing over-board)	• 투하 · 갑판유실위험 : 갑판상에 적재된 화물을 투하하거나 풍랑으로 갑판상의 화물이 휩쓸려 유실되는 손해를 말한다. ICC(A)와 ICC(B)에서 담보되는 손해이다.
HH (Hook & Hole)	• 갈고리손 : 하역작업용 갈고리에 의한 손해를 말한다.

Mould and mildew/Rust/ Rats and vermin	• 곰팡이손 · 녹손 · 쥐손 · 벌레손 : 곰팡이, 쥐, 벌레에 의해 발생하는 손해를 말한다.
W/SRCC (War, strike, riot, civil commotion)	• 전쟁 · 파업 · 폭동 · 소요 : 전쟁, 파업, 폭동, 소요로 발생하는 손해를 말한다.
Contamination	• 혼합위험 : 다른 물질과의 혼합이나 접촉에 의한 손해를 말한다.

09

원양항해에서 화물이 적재된 바지선 또는 거룻배를 운반하는 시스템
*loaded : 화물이 적재된
*barge : 바지선
*lighter : 거룻배
*ocean voyage : 원양항해

① 래시선
② (각종 수송 기관을 통합한) 복합성
③ 유조선
④ 적재 중량 톤수(DW)

래시선(LASH)

Lighter Aboard Ship의 약칭으로, 화물을 적재한 부선을 본선에 설치된 기중기(Crane)로 선상에 올려놓을 수 있는 구조를 가진 선박을 말한다. 부선을 선박에 탑재하여 수송할 수 있는 Lash 방식의 경우는 수심이 낮은 하천이나 운하를 경유하여 내륙 오지까지 운송할 수 있다. 또한 암벽 등의 항만시설 또는 컨테이너 전용부두가 없는 개발도상국의 항에도 운송할 수 있다.

10

다음 Incoterms 2020하에서 매도인의 의무에 대한 설명 중 정확한 것은?
① FCA(운송인인도) 규칙은 지정장소가 매도인의 영업구내인 경우, 물품이 매도인(→ 매수인)이 마련한 운송수단에 적재된 때, 매도인이 매수인에게 물품을 인도하는 것을 의미한다.

② CIP(운송비, 보험료 지급인도) 규칙은 매수인(→ 매도인)과 계약을 체결한 운송인에게 물품을 인도함으로써, 매도인이 매수인에게 물품을 인도하는 것을 의미한다.
③ DAP(도착지인도) 규칙은 물품이 지정목적지에서 도착운송수단으로부터 양하된 상태로 매수인의 처분하에 놓인 때, 매도인이 매수인에게 물품을 인도하는 것을 의미한다.
④ DPU(도착지양하인도) 규칙은 물품이 지정목적지에서 도착운송수단으로부터 적재된(→ 양하된) 상태로 매수인의 처분하에 놓인 때, 매도인이 매수인에게 물품을 인도하는 것을 의미한다.

*seller's premises : 매도인의 영업소
*load : 싣다[태우다/적재하다]
*hand over : 이양하다, 인도하다
*disposal : 처분
*arriving means of transport : 도착운송수단
*unload : (짐을) 내리다
*named : 지명된, 지정의
*place of destination : 도착지

11

당사는 귀사가 불량품을 선적하였다는 것을 알고 상당히 실망을 하였습니다.
*be disappointed to : ~에 실망하다
*defective : 결함이 있는
*ship : 실어 나르다, 수송[운송]하다

① 당사는 귀사가 불량품을 선적하였다는 것을 알고 상당히 실망을 하였습니다.
② 귀사가 선적한 제품은 당사의 기대를 못 미치므로 큰 실망을 안겨주었습니다.
③ 당사는 귀사가 큰 실망을 주지 않도록 양호한 제품의 선적을 바랍니다.
④ 귀사가 선적한 제품은 불량품이며 이는 당사를 다소 난처하게 하였습니다.

지문의 'were very disappointed'는 '상당히 실망을 하였습니다'의 뜻이고, 'to learn of the defective

안심Touch

goods'는 '불량품이었다는 것을 알고'이며, goods 다음의 'you shipped'는 선행사(goods)를 꾸며 주는 형용사절로 '귀사가 선적했던 물품'의 뜻이므로, 가장 알맞은 번역은 ①이다.

12

A국은 B국이 승인되지 않은 핵실험을 실행하자 B국에 대한 경제 제재를 부과한다. 귀사는, A국에 본사를 두고 있으며, 정기적으로 B국과 거래한다.
*impose : 부과하다[지우다]
*economic sanctions : 경제적 제재[봉쇄]
*carry out : 수행하다
*unauthorised : 공인[승인]되지 않은

① 환경적인 위험
② 사회적인 위험
③ 정치적인 위험
④ 기술적인 위험
위 지문은 ③ 정치적인 위험을 설명하고 있다.

13

매도인에게 초도주문을 할 때 응답이 필요하고 가치 있는 경우가 있다. 매도인의 수령확인을 통해 매수인은 당사의 주문이 이미 처리되고 있음을 이해할 수 있을 것이다.
*affirmation : 확인; 확인된 것
*instance : 사례, 경우
*valuable : 소중한, 귀중한
*initial order : 초도주문
*receipt : 인수증
*process : 과정[절차]

① 답신, 접수 통지
② 청 약
③ 거 절
④ 회피, 방지
밑줄 친 affirmation은 '확인'의 뜻으로, 의미가 유사한 단어는 ① 'acknowledgement(답신, 접수 통지)'이다.

[14~15]

14

귀사의 5월 26일 서신에 감사드립니다.
귀사가 1,000세트 이상 주문하시면 (B) 정가에서 10%의 (A) 품질할인(→ 수량할인)을 해 드릴 수 있습니다. 지불조건에 관해서는, 당사는 항상 (C) D/P(지급인도조건) 방식으로 거래합니다. 하지만, (D) 당사는 귀사와 확실한 거래가 확립되면 추후에 이 조건을 검토할 준비가 되어 있습니다.
*place an order : 주문하다
*quality discount : 품질 할인
*net price : 정가
*as to : ~에 관해
*on D/P base : 지급인도조건 방식으로
*review : 재검토하다
*once : ~하자마자, ~할 때
*establish : (~로서의 지위 · 명성을) 확고히 하다

위 서신의 (A) 앞에서 'If you place an order more than 1,000 sets,'라고 했으므로, 문맥상 (A) quality discount(품질할인) → quantity discount(수량할인)이 되어야 한다.
*awkward : 어색한

15

다음 중 'once'와 바꿔 쓸 수 있는 것은?
위 지문의 'once'는 접속사로 '~할 때'의 뜻으로 쓰였으므로, ① 'when'과 바꿔 쓸 수 있다.
*replace : 대신[대체]하다
*a while : 잠시, 잠깐
*unless : ~하지 않는 한
*afterwards : 나중에, 그 뒤에

[16~17]

친애하는 David께.

당사는 이 주문이 5월 31일까지 제때에 물품이 당사에 도착할 수 있도록 발송되었다는 것을 확실히 알게 되어 기쁩니다. 당사는 이 날짜 이후로는 주문을 취소하고 인도를 거절할 수 있는 권리를 보유하고 있음을 유의해 주십시오. 선적 시, 일람 후 30일 출금 조건으로 환어음을 발행해 주십시오.

충심으로,

Paul Lee
*despatch : 파견하다. 발송하다
*note : ~에 주목[주의]하다
*reserve : (어떤 권한 등을) 갖다[보유하다]
*cancel : 취소하다
*delivery : 배달[인도/전달]
*Upon shipment : 선적 시
*draw a draft on : ~앞으로 어음을 발행하다
*at 30 days after sight : 일람 후 30일 출급어음

16

① David는 5월 31일까지 물품을 선적할 예정이다.
② Paul은 물품이 제시간에 도착하지 않으면 주문을 취소할 권리가 있다.
③ 지급은 추심방식으로 이루어질 것이다.
④ David는 Paul에게 그 선적물에 대한 신용장을 줄 것이다.

서신의 첫 문장인 '… that the goods are despatched in time to reach us by the 31st of May.'에서 서신의 수신인 David가 물품이 5월 31일까지 매수인에게 도착하도록 선적했다는 것을 유추할 수 있으므로, ①이 정답이다.

*be supposed to : ~하기로 되어 있다
*be entitled to : ~에 대한 권리가 주어지다
*on a collection basis : 추심방식으로

17

서신에서 밑줄 친 reserve는 '보유하다'의 뜻이므로, 뜻이 비슷한 단어는 ① 'retain(함유[간직]하다)'이다.
*repair : 수리[보수/수선]하다
*refresh : 생기를 되찾게[상쾌하게] 하다
*replace : 대신[대체]하다

18

매도인이 신용장을 사용할 수 있는 은행을 (지정은행)이라고 부른다.

① 승인은행
② 개설은행
③ 위임은행
④ 지정은행

UCP 600 제2조에 따르면, 지정은행(nominated bank)은 신용장을 사용할 수 있는 은행 또는 모든 은행에서 사용가능한 신용장의 경우에는 모든 은행을 의미한다. 개설의뢰인인 매수인이 개설은행을 통해 신용장을 발행하고, 수익자인 매도인이 지정은행에 신용장을 제시하여 매입의뢰를 하므로 정답은 ④ '지정은행'이다.

19

(A) 수익자는 신용장 개설을 통하여 이익을 받는 당사자를 의미한다.
개설은행은 (B) 개설의뢰인의 신청 또는 개설의뢰인의 대리인의 요청으로 신용장을 개설한 은행을 의미한다.

*Beneficiary : 수익자
*applicant : 개설의뢰인
*party : 당사자
*favour : 이익
*Issuing Bank : 개설은행
*at the request of : 요청에 의하여
*on its own behalf : 그것을 대신하여

UCP 600 제2조 '정의'의 내용으로, 빈칸 (A)에는 Beneficiary(수익자)가 적절하고, 빈칸 (B)에는 applicant(개설의뢰인)이 적절하다.

20

환어음지급인이 환어음을 인수하면, (환어음지급인은 정해진 지불일에 환어음을 결제할 법적 책임이 있게 된다).

① 환어음지급인은 정해진 지불일에 환어음을 결제할 법적 책임이 있게 된다.
② 환어음지급인은 모든 멸실위험을 감당한다.
③ 환어음지급인은 제출 즉시 환어음을 지불해야 한다.
④ 환어음지급인은 만기일에 지불된다.

환어음지급인(Drawee)은 환어음 대금을 일정 기일(만기)에 무조건 지급할 것을 위탁받은 자를 말하며, 추심방식에서는 수입상이 된다. 신용장방식에서는 원칙적으로 신용장 개설은행(수출상에 대한 주채무자)이 된다.

*drawee : 환어음지급인
*liable : 법적 책임이 있는
*bear : (책임 등을) 떠맡다[감당하다]
*risk of loss : 멸실위험
*upon presentation : 제시하는 대로
*at maturity : 만기일에

21

다음 중 일반적으로 매도인에게 가장 큰 보호를 제공하는 신용장 유형은?

② 확인신용장(Confirmed L/C) : 일반적으로 수익자가 발행한 어음의 인수, 지급 또는 매입에 대한 제3은행의 추가적 확약이 있는 신용장을 말한다. 발행은행이 지급불능상태에 빠지면 확인은행이 발행은행을 대신하여 지급하여야 하므로 수익자는 이중의 지급확약을 받게 된다. 발행은행이 통지은행에게 신용장 통지 시 확인을 추가하도록 요청하게 되며, 수익자 소재지 또는 제3국의 유력한 은행에게 확인을 요청하는 경우도 있다.

① 양도가능 신용장(Transferable L/C) : 신용장을 받은 최초의 수익자인 원(제1)수익자가 신용장 금액의 전부 또는 일부를 1회에 한하여 국내외 제3자(제2수익자)에게 양도할 수 있는 권한을 부여한 신용장을 말한다. 양도가능 신용장은 1회에 한해 양도 가능하므로 제2수익자가 다시 제3자에게 본 신용장을 양도할 수 없다.
③ 보증신용장(Standby L/C) : 담보력이 부족한 국내 상사의 해외지사의 현지 운영자금 또는 국제입찰 참가에 수반되는 입찰보증(Bid Bond)·계약이행보증(Performance Bond) 등에 필요한 자금을 해외현지은행에서 대출받고자 할 때, 이들 채무보증을 목적으로 국내 외국환은행이 해외은행 앞으로 발행하는 무담보신용장(Clean L/C)이다.
④ 취소불능 신용장(Irrevocable L/C) : 취소불능 신용장의 경우 신용장 개설 이후 신용장이 수익자에게 통지된 후 유효기간 내에 관계 당사자 전원(개설은행/확인은행, 수익자, 통지은행)의 합의 없이는 신용장을 취소·변경할 수 없다. UCP 600에서는 신용장은 원칙적으로 취소불능을 상정하고 있다.

[22~23]

보험자는 위험으로 인한 손실에 대해 책임을 져야 하며, 피보험자에게 손실을 보상해야 한다. (A) 이것은 또한 손실 발생 시 피보험자는 손실 직전 자신이 차지했던 것과 동일한 재무상태에 다시 위치해야 한다는 것을 의미한다. 만약 위험이 부보된다면, 보험자는 피보험자를 부보할 것이고, 그렇지 않다면 부보하지 않을 것이다. 이는 보험증권이 구체적으로 언급된 특정 위험(담보위험이라고 알려짐)을 부보할 수 있음을 의미하는 반면, 일부 위험은 특별히 제외될 수 있으며(예외적인 위험으로 알려짐), 일부는 여전히 포함되지 않고, 제외되지도 않을 수 있다(보험에 들지 않은 위험으로 알려짐).

*insurer : 보험자
*be liable for : 지불 의무가 있다
*due to : ~에 기인하는, ~ 때문에

*peril : (심각한) 위험

*make good : 보상하다

*the insured : 피보험자

*insure : 보험에 들다[가입하다]

*the assured : 피보험자

*therein : 그 안에

*insured perils : 담보위험

*excepted perils : 예외적인 위험

*uninsured perils : 보험에 들지 않은 위험

22

① 고지의무

② 최대선의 원칙

③ 해상위험의 원칙

④ 실손보상의 원칙

실손(손해)보상의 원칙(The Principle of Indemnity)
해상보험계약에서 피보험자에 대한 손해보상은 이
득금지 원칙에 따라 손해 발생 시의 손해 금액을 한
도로 지급되어야 한다는 원칙이다.

*refer to : 언급[지칭]하다

23

① 배상[보상]하다

② (보험으로) 보장하다

③ 버리다[떠나다/유기하다]

④ 안전하게 지키다[보호하다]

지문의 insure는 '보험에 들다[가입하다]'의 뜻이므
로, ① indemnify(배상[보상]하다), ② protect(보험
으로 보장하다), ④ secure(안전하게 지키다[보호하
다])는 의미가 비슷하다. ③ abandon은 '버리다[떠
나다/유기하다]'의 뜻이다.

24

① 그것은 해상운송으로 운반되는 선적물을 취급한다.

② 그것은 물품 운송업자에 의한 수령증이다.

③ 그것이 지시식 선하증권이라면, 유통불능의 서류
　이다.

④ 그것은 배서에 의해 양도된다.

지시식 선하증권(order of bill of lading)은 배서나 인
도로 양도할 수 있다. 선하증권의 지시는 보통 배서
를 의미하고, 배서의 방법은 백지배서가 보통이다.

*ocean bill of lading : 해양선하증권

*order bill of lading : 지시식 선하증권

*non-negotiable : 유통불능의

*endorsement : 배서

25

UCP 600에 따르면, 신용장은 4가지 다른 방법으로
지정은행에서 이용가능하다. 다음 중 정확하지 않은
선택은 무엇인가?

① 매 입

② 기한부

③ 일람지급

④ 연지급

UCP 600 제6조 b항에 따르면 모든 신용장은 일람
지급, 연지급, 인수 또는 매입 중 '어느 방식'으로 사
용될 것인지 명기해야 하고, 자유매입신용장 이외에
는 '어느 은행'에서 사용되어야 할지도 명시해야 한
다. 이때 지급·인수·매입을 수권받은 은행이나 개
설은행 자신이 지급·인수·매입은행이 된다.

[26~27]

친애하는 Mr. Wang께,

당사의 중고버스에 대한 주문 No.1555에 감사드리
며, 선적 준비가 되었습니다.

하지만, 주문에 (대한) 신용장을 아직 받지 못했음을
주지해 주시기 바랍니다. 어제까지는 신용장이 당
사에 도착했어야 했습니다.

당사를 수익자로 하는 4월 30일까지 유효한 신용장
을 조속히 처리해 주시면 대단히 감사하겠습니다.
귀사의 신용장을 받자마자, 즉시 선적 준비를 마치
겠습니다.

충심으로,

Jennifer Lopez, 판매대리인

26

① 약속하는
② ～을 대는
③ 제외하는
④ 취소하는

위 서신에서는 보험이 아니라 신용장을 말하고 있으므로 '(무엇을 하기에 충분한 돈을) 대는'이라는 뜻의 ② covering이 적절하다.

27

① 귀사가 신용장을 받는 만큼
② 귀사의 신용장이 인수되는 만큼
③ 귀사의 신용장을 인수하는 순간
④ 귀사의 신용장을 받자마자

밑줄 친 'Upon receipt of your L/C'는 '귀사의 신용장을 받자마자'의 뜻의 부사구로, 부사절인 ④ 'As soon as we receive your L/C'로 바꿔 쓸 수 있다.

*rewording : 어구를 바꾸다[바꿔 쓰다]
*as much as : ～만큼, ～정도, ～못지않게

28

당사는 5월 20일자 귀사의 서신에서 조회 요청한 회사에 대하여 다음과 같이 알려드립니다. :
Abico, Ltd. (258 Dockside Drive, Suite 700, Toronto, Canada)는 편안함을 손상시키지 않고 에너지를 절약할 수 있는 에너지 효율 솔루션의 공급자로 2007년에 설립되었습니다.
그들은 13년 이상 당사와 함께 당좌계정을 유지해 왔으며, 항상 만족스러웠고, 그들의 최근 재무제표는 건전한 상태입니다.

① 거래 제의
② 신용조회
③ 신용조회에 대한 회신
④ 확정 청약

첫 문장에서 'We are pleased to report on the firm referred to in your letter of May 20 as follows'라고 했으므로, 서신의 목적은 ③ '신용조회에 대한 회신'이다.

*as follows : 다음과 같이
*establish : 설립[설정]하다
*supplier : 공급자
*maintain : 유지하다[지키다]
*to one's satisfaction : 마음에 들도록
*financial statement : 재무제표
*healthy : 정상적인, 건전한

29

빈칸에 가장 알맞은 용어는?

(영사송장)은 상업송장과 유사한 서류로, 외국 국가 간 물품 선적에 관한 특정 사실은 해당 물품을 보내는 국가의 외교 관리에게 신고해야 한다.

① 영사송장
② 세관송장
③ 포장명세서
④ 원산지증명서

영사송장(Consular Invoice)은 수입상품가격을 높게 책정함에 따른 외화 도피나 낮게 책정함에 따른 관세포탈을 규제하기 위하여 수출국에 주재하고 있는 수입국 영사의 확인을 받아야 하는 송장이다.

*terminology : 전문용어
*commercial invoice : 상업송장
*regarding : ～에 관하여
*declare : 신고하다
*diplomatic official : 외교관리
*merchandise : 물품
*consign : ～에게 ～을 보내다

30

추심조건은 수출자와 수입자 모두의 요구를 충족시킬 수 있는 중요한 은행 유통체계의 메커니즘을 제공한다. 이 협약에 따라, 매매거래는 선적서류와 돈을 배달하는 (은행들)에 의해 정산된다.

① 은행들
② 운송인들
③ 매수인들
④ 매도인들

화환어음 추심방식
- 매도인이 선적 후 외국의 매수인 앞으로 발행한 환어음에 선하증권 등의 선적서류를 첨부해서 수출지 외국환은행에 추심을 의뢰한다.
- 추심을 의뢰받은 은행은 환어음과 선적서류를 수입지 자행 지점이나 거래은행에 송부한다.
- 수입지 은행은 환어음을 매수인에게 제시하여 어음대금을 지급받아서 그 대금을 수출지 은행에 송금한다.
- 수출지 은행은 이를 매도인에게 지급한다.

*collections : 추심
*terms : (합의 · 계약 등의) 조건
*arrangement : 합의, 협의
*settle : 지불하다, 정산하다

31

화물운임은 물품의 운반과 (B) 도착에 대하여 (A) 운송인에게 공인된 상태로 지불하는 보상이다.
*Freight : 화물, 화물 운송
*reward : 보상
*payable to : ∼에 지불해야 하는
*carriage : 운반[수송]
*recognized : 인정된, 알려진

① A : 송하인 − B : 출발
② A : 운송인 − B : 도착
③ A : 송하인 − B : 도착
④ A : 매도인 − B : 출발

운임(Freight)은 운송서비스의 대가로, 운송서비스가 완료될 때에 지불하는 것이 원칙이다. 그러나 특약에 의해 운송물품을 인수할 때에 운송인은 운임의 지불을 청구할 수도 있다. 정기선 운송의 경우에는 운임 선불이 일반적 관행이다. 정기선(Liner) 운송은 운임률(tariff rate)이 공표되어 있지만 부정기선(tramper)에 의한 운송은 수급조정에 의해서 운임률이 크게 좌우되므로 용선료(hire ; chartered freight ; charterage)라고 한다. 운임은 용적, 중량, 화물의 가치 등에 의해 결정된다.

[32~33]

당사는 귀사가 그 물품들을 공급할 수 있기를 바랍니다. 할인율과 동업자 할인을 받을 수 있는 (수량)을 제공해 주십시오.

가능한 한 빨리 상세한 내용을 제공해 주시면 감사하겠습니다.
*supply : 공급[제공]하다
*trade discount : 동업자간 할인, 영업 할인

32

① 인 도
② 수 량
③ 동의, 승인
④ 용 량

빈칸 앞에서 '할인율을 제공해 달'고 했고, 빈칸 뒤에서 '동업자할인을 받다'라고 했으므로, 빈칸에는 ② '수량'이 적절하다.

33

① 빠른 속도로
② 귀사의 초기 답신에서
③ 최근의 답신으로
④ 되도록 빨리

밑줄 친 'at the earliest possible time.'은 '가능한 한 빨리'의 뜻으로, ④ 'as soon as possible(되도록 빨리)'가 정답이다.

34

다음 선하증권의 수하인 필드에 대한 설명 중 정확하지 않은 것은?

① 수하인은 운송 계약에 따라 물품 인도 자격이 있는 사람으로 정의된다.

② 선하증권에 "to order", "to the order of a named party"또는 "to bearer"라고 기재되었을 경우, 유통가능 선하증권이다.

③ 특히 신용장 거래의 경우, 수하인 필드에 유통가능 양식으로 완료하는 것이 중요하다.

④ 사내 거래의 경우, 선하증권은 "to order"으로 기재되어야 한다.

일반적으로 전매가 필요 없는 화물, 즉 다국적 기업의 내부거래, 소량화물, 이사화물 등에는 기명식 선하증권(Straight B/L)이 이용된다.

*consignee : 수하인

*field : 필드(특정 데이터 저장 지정영역)

*entitle : 자격[권리]을 주다

*take delivery of : [물건 따위]를 인수하다

*contract of carriage : 운송계약

*make out : 작성하다

*negotiable : 유통가능한

*in case of : ~의 경우

*in-house transactions : 사내 거래

35

만약 귀사가 하자품에 대해 30%의 할인을 요구한다면, 당사는 중재를 위해 (대한상사중재원)에 그 문제를 상정해야 합니다.

*insist on : ~을 주장하다

*damaged goods : 하자품

*put : (어떤 상태·조건에) 처하게 하다

*arbitration : 중재

③ 대한상사중재원(Korean Commercial Arbitration Board)은 국내 유일의 상설 중재기관이다.

36

당사는 누락된 케이스가 발견되지 않는다면 귀사에 (그 부족분)에 대한 클레임을 제기할 권리가 있음을 공식적으로 통지할 것입니다.

*formal notice : 정식통지

*reserve : (어떤 권한 등을) 갖다[보유하다]

*claim : (정부나 회사에 보상금 등을) 청구[신청]하다

① 그 부족분

② 그 파손분

③ 그 누출분

④ 불량품

빈칸 다음에서 'should the missing case not be found'라고 했으므로, 빈칸에는 '그 부족한 분량'을 뜻하는 ① the shortage가 적절하다.

37

유감스럽지만, 본 건은 (보험약관 외의) 사유로 인해 발생한 손실이기 때문에 귀사에 보상금을 지급해 드릴 수 없음을 알려드립니다.

*compensation : 보상(금)

*damage : 손상, 피해

*factor : 요인, 인자

① 보험증권의 정의 내에서

② 보험료에 영향을 미치는

③ 항해에 영향을 미치는

④ 보험약관 외의

빈칸 앞에서 '본 건에 대해서는 보상금을 지급할 수 없다'고 했으므로, 빈칸에는 그 이유(보험약관 외의 사유로 인해 발생한 손실)를 뜻하는 어구가 와야 한다.

*insurance claims : 보험금 청구

*premium : 보험료

*voyage : 여행, 항해

*terms : (합의·계약 등의) 조건

38

③ unless는 '~하지 않는 한'의 뜻으로 이미 부정을 포함하고 있으므로, '… <u>unless → if we don't talk before then …</u>'이 되어야 한다.

*renew : 갱신하다

*unless : ~하지 않는 한, ~이 아닌 한

*reach : ~에 이르다

39

청산계정 조건은 수입자가 지정일 지불에 대한 법적 <u>책무</u>의 증거가 되는 유통증권을 발행하지 않고 미래의 특정 날짜에 지불할 수 있도록 한다.

① 부 채
② 청 약
③ 승 낙
④ 환어음

청산계정(Open Account)은 외상거래 형식으로, 매매계약 당사자끼리 거래가 빈번하게 이루어질 때 주로 사용하는 방식이다. 무역계약 한 건마다 대금 결제가 이루어지는 것이 아닌 청산계정에 기록만 했다가 일정 기간 후 서로가 미리 정한 날짜에 대금을 청산하는 방식이다. 따라서 지문의 'legal commitments'는 ① 'liabilities(부채)'를 뜻한다.

*Open account : 청산계정

*make payments : 지불하다, 납부하다

*negotiable instrument : 유통증권

*evidence : 증언[입증]하다, 증거가 되다

*appointed time : 정해진 시간

40

대리인(중개상)은 종종 국제 마케팅의 초기 단계이다. 대리인들은 특정 국가에서 매도인을 대신하여 물품을 시장에 내놓는 개인 또는 단체이다. 그들은 제품의 (A) 소유권을 갖는 경우는 드물고, 보통 판매된 물품의 (B) 수수료를 취하는 경우가 더 흔하다.

① A : 소유권 – B : 수익
② A : 소유권 – B : 수수료
③ A : 애프터 서비스 – B : 이익
④ A : 애프터 서비스 – B : 수익

빈칸 (A) 앞에 rarely가 있으므로, 문맥상 (A)에는 '상품의 소유권을 얻다'의 뜻이 되기 위해서는 'ownership(소유권)'이 적절하다. 빈칸 (B) 앞에 commonly가 있으므로, (B)에는 '판매된 물품의 수수료를 취하다'의 뜻이 되기 위해서는 'commission(수수료)'이 적절하다.

*Agent : 대리인, 중개상

*step : 단계

*market : (상품을) 내놓다[광고하다]

*on one's behalf : ~을 대신하여

*ownership : 소유(권)

*commission : (위탁 판매 대가로 받는) 수수료

41

당사는 귀사의 양가죽 품질이 계약 기준에 <u>미치지 못한다</u>는 것을 알려드리기 위해 서신을 보냅니다.

*sheepskin : 양가죽

*standards : 기준

① 미치지 못하다
② ~에 의존하다
③ ~에까지
④ ~을 초과하다

지문의 밑줄 친 'is not up to'는 '~에 미치지 못하다'의 뜻으로 쓰였으므로, ① 'does not meet'로 대체할 수 있다. 이때 meet는 '(필요요구 등을) 충족시키다'의 뜻이다.

42

기술, 브랜드와/또는 전문지식의 사용에 대한 공식적인 허가를 제공하거나 받는 과정
*process : 과정[절차]
*official permission : 관허(공식적인 허가)
*technology : 기술
*expertise : 전문 지식[기술]

① 대 출
② 라이센싱
③ 로열티
④ 리 싱

라이센싱은 사용권에 대한 권리임대를 기초로 하는 사업으로, 재산권을 제품화, 서비스 또는 홍보의 매개체로써 사용할 수 있도록, 제3자에게 허가 또는 권리의 위임을 하는 행위를 말한다. 통상 제조업자, 소매업자와 사업자 또는 개인(Licensee)과 계약 형태에 기초하며, 사용목적, 사용 지역적 정의, 사용 기간, 조건과 더불어 특정 조항에 따른 재산권에 대한 라이센싱 사용권 권한을 부여하게 된다. 이 사용 대가로 권리를 부여받은 사용권자는 재산권 소유주(Licensor)에게 재산권의 라이센스에 따른 사용비를 지급하는데, 최저 보증수수료 및 매출 또는 생산가에 따른 협의된 로열티 비율 형태를 따른다.
*lease : (특히 부동산 장비를) 임대[임차/대여]하다

43

시장에서는 매도인이 신용장 발행은행을 신뢰하고, 은행과 합의한 대로 지급하는 것이 일반적이다. 발행은행에 대해 의심스러운 경우, 매도인은 다른 (아마 더 신뢰할 수 있는) 은행에 지급 업무를 추가하는 신용장을 요청할 수 있다.
*trust : 신뢰하다[신임하다/믿다]
*issue : 발행하다
*trustworthy : 신뢰할[믿을] 수 있는
*request : 요청하다
*undertaking : 약속, 동의
*presumably : 아마, 짐작건대

① 확인신용장(confirmed L/C) : 개설은행의 요청에 따라 개설은행 외의 제3의 은행이 수익자가 발행한 환어음의 지급·인수·매입을 확약한 신용장으로, 수익자 입장에서 개설은행의 신용이 의심스러운 경우에 요구한다. 통상 개설은행의 요청으로 통지은행이 확인은행을 겸한다.
② 매입신용장(negotiation L/C) : 개설은행이 수익자 외에 수익자로부터 매입을 행한 은행에 대해서도 대금지급을 명시적으로 표시하고 있는 신용장이다. 자유매입신용장과 매입제한신용장이 있다.
③ 선대신용장(red clause L/C) : 수출물품의 생산·가공·집화·선적 등에 필요한 자금을 수출자에게 융통해 주기 위하여 매입은행으로 하여금 일정한 조건에 따라 신용장 금액의 일부 또는 전부를 수출업자에게 선대(선불)해 줄 것을 허용하고 신용장 개설은행이 그 선대금액의 지급을 확약하는 신용장이다.
④ 개방신용장(open L/C) : 보통신용장(general L/C)이라고도 하며, 어음매입을 특정은행으로 제한하지 않고 아무 은행에서나 매입할 수 있도록 되어 있는 신용장으로, 매입은행 지정표시가 없으면 자유매입 신용장(Freely Negotiable Credit)으로 본다.

[44~45]

해상보험(계약)은 보험자가 피보험자에 대하여 그 계약에 의해 합의한 방법과 범위 내에서 해상손해 즉, 해상사업에 수반되는 손해를 보상할 것을 목적으로 하는 손해보상계약이다.
*marine insurance : 해상보험
*whereby : (그것에 의하여) ~하는
*undertake : 약속[동의]하다
*indemnify : 배상[보상]을 약속하다
*manner : 방식
*to the extent : ~어느 정도로
*marine losses : 해상손해
*that is to say : 다시 말해서[즉]

44

① (특히 해상보험) 보험사
② 대리인
③ 피보험자
④ 매수인

지문은 MIA(영국해상보험법) 제1조의 내용으로, 밑줄 친 assured는 '피보험자'의 뜻으로, ③ 'insured'로 대체할 수 있다.

45

① 매수인의 채무불이행
② 화물손실
③ 선박손상
④ 화물손해

해상손해(Marine Loss)

해상위험(perils on the seas)으로 인해 사고가 발생하여 선박 · 적하 또는 운임 등에 멸실 · 손상되거나 점유를 상실함으로써 생기는 피보험자의 재산상의 불이익을 말한다. 해상손해는 담보위험과 해상손해의 인과관계에 따라 물적 손해, 비용손해 및 배상책임손해로 구분된다.

*default : 채무불이행

[46~47]

선하증권은 운송회사 또는 그 대리인에 의해 발행된 서류로서 운송화물을 수령해서 수하인에게 그들이 인수한 동일 상태로 인도할 것을 인정한다.

선하증권은 물품의 전체 세부사항과 포장의 독특한 표식, 용인된 선적 약관 · 조건, 선적항 · 도착항, 운임 · 기타 비용 등을 포함하고 있다. (그러나, 운송인은 물품의 실제 내용물에 대해서는 책임지지 않는다.)

*shipping company : 운송회사
*acknowledge : (편지 · 소포 등을) 받았음을 알리다
*receipt : 수령, 인수
*deliverable : 인도하는
*consignee : 수하인, 하물 인수자

46

① 밑줄 친 consignee(수하인)는 매수인 또는 선하증권 소지인이 될 수 있다. 무기명식[소지인식] 선하증권은 수하인란을 공란으로 하거나 'Bearer(소지인)'또는 'To Bearer'로 기재되어 선하증권의 소지인은 누구라도 수하인이 되어 물품을 인도받을 수 있도록 한다.

무역거래 관계에 따른 당사자의 명칭

구 분	수출자(Exporter)	수입자(Importer)
신용장관계	Beneficiary(수익자)	Applicant (개설의뢰인)
매매 계약관계	Seller(매도인)	Buyer(매수인)
화물관계	Shipper/ Consignor(송하인)	Consignee(수하인)
환어음관계	Drawer (환어음발행인)	Drawee (환어음지급인)
계정관계	Accounter (대금수령인)	Accountee (대금결제인)

47

① 따라서 선하증권은 물품에 대한 전체적인 설명을 표시해야 한다.
② 따라서 그것은 유통증권의 특성이 있다.
③ 그러나 선하증권은 배서에 의해 승인될 수 있다.
④ 그러나, 운송인은 물품의 실제 내용물에 대해서는 책임지지 않는다.

선하증권에서 운송인은 포장된 물품의 실제 내용물에 대해서는 책임지지 않는다.

*negotiable instrument : 유통증권
*endorsement : 배서
*be responsible for : ~에 책임이 있다
*contents : 내용물

당사는 아직 귀사 계정의 미지급 잔액에 대한 연락을 받지 못했습니다.
귀사의 계정이 (A) 폐쇄되는 것을 피하려면 즉시 대금을 송금해 주세요.
이에 대응하지 않을 경우 귀사의 (B) 신용등급에 악영향이 있을 수 있으며, 추가적인 법적 조치가 있을 수 있습니다. 당사에 3월 15일까지 수표를 보내 주실 것을 귀사에 강력히 촉구합니다.
대금결제에 대한 특별한 방식을 원하신다면, credit@kasia.com으로 연락주세요.
*regarding : ∼관하여[대하여]
*outstanding balance : 미결제 잔액
*owe on : ∼에 대한 빚을 지다
*avoid : 방지하다
*remit : 송금하다
*result in : 그 결과 ∼이 되다
*legal action : 법적인 조치
*urge : 강력히 권고[촉구]하다
*check : 수표

48
빈칸 (A) 앞 문장에서 '미지급 잔액이 있다'고 했으므로, 문맥상 (A)에는 '계정 폐쇄'를 뜻하는 account closed가 적절하다.
*renew : 갱신[연장]하다

49
① 신용등급
② 신탁 순위
③ 총매상고
④ 신용조회
빈칸 (B) 앞에서 'Failure to respond could result in damage …'라고 했으므로, 문맥상 (B)에는 ① 'credit rating(신용등급)'이 적절하다.

50

물품이 양호한 상태로 입고되면, 운송인은 선적처리업자(송하인)에게 (무사고 선하증권)을 발행할 것이다.

① 무사고 선하증권(clean B/L) : 화물의 손상 및 과부족이 없이 발행되는 증권과 손상 및 과부족이 있을지라도 그 내용이 M/R(Mate's Receipt : 본선수취증)의 Remarks(비고)란에 기재되지 않은 선하증권을 말한다. 증권 면에 "Shipped on board in apparent good order and condition"이라고 표시되기도 한다.
② · ④ 사고선하증권(claused bill of lading, foul bill of lading) : Dirty B/L이라고도 하며, 선적 시의 화물이 포장이나 수량 등 외관상 결함이 있을 경우 선하증권 비고란에 사고 문언표시가 기재된다.
③ 기명식 선하증권(straight bill of lading) : 선하증권의 Consignee(수하인)란에 특정한 수하인 명이 명기된 선하증권으로, 특정 수하인 이외에는 수입항에서 화물의 인수를 선사에 요청할 수 없는 유통불능 선하증권(Non-negotiable B/L)이다.
*carrier : 운송인
*shipper : 선적처리업자

51

(DPU)는 Incoterms 2020에서 유일하게 매도인이 목적지에서 물품을 양하된 상태로 인도하는 조건이다. 그러므로 매도인은 지정 장소에서 양하를 위한 위치에 있음을 보장해야 한다. 만약 당사자들이 매도인이 양하 비용과 위험을 부담하지 않게 하려면 (DPU)를 사용하지 않고, DAP를 사용해야 한다.

DPU(Delivery at Place Unloaded, 목적지 양하 인도 조건)
DPU는 지정목적항 또는 지정목적지에서 도착된 운송수단으로부터 일단 양하한 물품을 수입통관을 하지 않고 매수인의 임의처분 상태로 인도하는 조건

- PU 뒤에 목적항 또는 목적지를 표시
- 물품의 인도장소 : 목적지의 어느 장소이든지 물품 양하가 가능한 곳
- 물품에 대한 매매당사자의 위험부담의 분기점 : 지정목적항 또는 지정목적지에서의 특정지점
- 물품에 대한 매매당사자의 비용부담의 분기점 : 지정목적지

52
① 재고잔류 조건부청약
③ 점검매매 조건부청약
④ 무확약청약
Offer on Sale or Return(반품허용 조건부청약)

- 청약 시 물품을 대량으로 송부하여 피청약자가 이를 위탁판매하게 하고 미판매 잔여 물품은 다시 반납한다는 것을 조건으로 하는 청약
- 피청약자가 위탁판매를 개시하는 경우 위탁판매계약이 성립하므로 확정청약의 일종

53
④ GMQ(Good Merchantable Quality)는 판매적격 품질조건이며, TQ(Tale Quale)는 선적품질조건 이다. 양륙품질조건에는 RT(Rye Terms)가 있다.
양륙품질조건[Landed Quality Terms/Final = RT(Rye Terms)]

- 품질결정(검사)시기가 양륙시점이면 양륙품질조건(Landed Quality Terms/Final)이라 한다.
- 주로 운송도중에 품질이 변질될 수 있는 곡물·피혁·어류 등과 같은 농산물·광물(1차 상품)의 경우 활용되는 조건이다.
- 양륙 시에 (공인검사기관의 품질확인을 받고) 약정된 품질과 일치하면 수출상이 면책되고, 변질 시에는 수출상이 책임을 부담하는 조건이다.
- 품질결정시기가 별도로 명시되지 않은 경우 정형 거래조건이 D 그룹이면 양륙지가 품질기준 시점이 된다.

54
③ 상당한 기간은 청약이 상대방에게 도달하여 상대방이 그 내용을 받아들일지 여부를 결정하여 회신을 함에 필요한 기간을 가리키는 것으로, 이는 구체적인 경우에 청약과 승낙의 방법, 계약 내용의 중요도, 거래상의 관행 등의 여러 사정을 고려하여 객관적으로 정하여지는 것이다.

55
④ FCA 조건과 D 조건에서 매도인·매수인의 자가 운송을 허용하였다.

56
③ Restricted credit(매입제한 신용장)의 경우 수출업자로부터 1차 선적서류를 매입한 은행은 반드시 신용장에 지정되어 있는 특정 은행 앞으로 재매입을 의뢰하여야 한다.

57
① issuing commission(개설수수료) : 신용장 개설에 따라 개설은행이 부담하는 위험에 대하여 보상명목으로 개설 신청 때 개설은행이 수입상에게 받는 기간수수료(term charge)
② exchange commission(환가료) : 외국환은행이 수출환어음, 여행자수표 등의 외국환을 매입한 후 완전한 외화자산(Cash)으로 현금화할 때까지 또는 미리 지급한 자금을 추후 상환받을 때까지 은행 측에서 부담하는 자금에 대한 이자보전 명목으로 징수하는 기간수수료
④ delay charge(지연이자) : 수입상의 경우 개설은행에 서류가 도착한 후 5영업일이 지날 때까지 수입상이 그 대금을 지급하지 못하면, 6일째 되는 날 개설은행이 우선 대납처리하고 그 이후 대금 완납 시까지 기간에 대한 이자를 수입상에게 부과하는 수수료

58

④ 신용장 금액 및 단가는 감액되고, 신용장의 유효기일 · 선적기일과 서류제시 최종일은 단축되지만, 부보비율은 증가한다(UCP 600 제38조).

59

상업신용장 VS 클린신용장

- 상업신용장(Commercial Credit) : 무역거래에 따라 개설되는 신용장을 말하며, 화환신용장(Documentary Credit)과 무화환신용장(Clean Credit)이 여기에 해당한다.
- 클린신용장(Clean Credit) : 무역과 직접 관련이 없이 개설되는 신용장으로 여행자신용장(Traveller's Credit)과 보증신용장(Standby Credit)이 여기에 해당한다.

60

④ 송장에는 무료라고 기재되었더라도, 신용장에서 요구되지 않은 상품(견본, 광고용품 등을 포함)을 나타내서는 안 된다.

61

관세법에 따른 세율 적용의 우선순위(관세법 제50조)

- 기본세율과 잠정세율은 관세법에 따른 관세율표에 따르되, 잠정세율을 기본세율에 우선하여 적용한다.
- 다음의 순서에 따라 관세율표의 세율에 우선하여 적용한다.
  - 덤핑방지관세(제51조), 상계관세(제57조), 보복관세(제63조), 긴급관세(제65조), 특정국물품 긴급관세(제67조의2), 농림축산물에 대한 특별긴급관세(제68조) 및 조정관세 중 제69조 제2호에 따른 세율
  - 국제협력관세(제73조) 및 편익관세(제74조)에 따른 세율
  - 조정관세 중 제69조 제1호 · 제3호 · 제4호, 할당관세(제71조) 및 계절관세(제72조)에 따른 세율

- 일반특혜관세(제76조)에 따른 세율

62

지급 주체가 국내은행이나 국내은행의 해외지점이라면 Domestic Banker's Usance에 해당하고, 수출업자에게 대금을 지급하는 주체가 해외은행이면 Overseas Banker's Usance에 해당한다.

63

확인신용장(Confirmed L/C)

- 개설은행의 요청에 따라 개설은행 외의 제3의 은행이 수익자가 발행한 환어음의 지급 · 인수 · 매입을 확약한 신용장이다.
- 수익자 입장에서 개설은행의 신용이 의심스러운 경우에 요구한다.
- 통상 개설은행의 요청으로 통지은행이 확인은행을 겸한다.

64

항공화물운송장(AWB)

- 항공화물운송장(AWB)은 항공사가 화물을 항공으로 운송하는 경우 송하인과의 운송계약 체결을 증명하기 위해 항공사가 발행하는 기본적인 운송/선적서류다.
- 화물과 함께 목적지에 보내져서 수하인이 화물의 명세, 운임, 요금 등을 대조하고 검증할 수 있는 역할을 한다.
- 항공화물운송장은 IATA가 정한 규정에 의거하여 발행한다.
- 항공운송의 법률적 근거는 국제항공운송 통일규칙에 관한 조약인 항공운송 관련 Warsaw 조약에 있다.
- 도착지에서 운송인이 수하인에게 화물을 인도하고 수하인으로부터 AWB상에 수하인의 서명(또는 날인)을 받아 인도의 증거서류로 한다.

65

② Master B/L은 운송인인 선사가 다수 화물을 집화하여 혼재(Consolidation) 작업을 한 운송주선인(Freight Forwarder)에게 발행한 한 장의 선하증권을 말한다.

66

① 약관의 규제에 관한 법률 제6조(일반원칙)에 따라 신의성실의 원칙을 위반하여 공정성을 잃은 약관 조항은 무효이다.

약관의 규제에 관한 법률 제6조(일반원칙)

- 신의성실의 원칙을 위반하여 공정성을 잃은 약관 조항은 무효이다.
- 약관의 내용 중 다음 각 호의 어느 하나에 해당하는 내용을 정하고 있는 조항은 공정성을 잃은 것으로 추정된다.
  - 고객에게 부당하게 불리한 조항
  - 고객이 계약의 거래형태 등 관련된 모든 사정에 비추어 예상하기 어려운 조항
  - 계약의 목적을 달성할 수 없을 정도로 계약에 따르는 본질적 권리를 제한하는 조항

67

① 항공사가 혼재화물주선업자에게 발행하는 운송장을 Master Air Waybill이라고 한다.
④ 항공화물운송장은 원본 3부와 여러 부의 부본으로 구성되어 있다.

68

② 해상보험계약에서 피보험자는 담보위험으로부터 손해가 발생하였다는 인과관계를 증명하면 보험자에게 보상을 받을 수 있고, 보험자는 손해가 면책위험에 의해 생겼다는 사실을 입증해야 책임을 면할 수 있다.

69

④ ICC(B) 약관에서 보상되는 위험 가운데 '지진, 분화, 낙뢰, 해수, 호수 등의 침입, 갑판유실, 추락한 매포장당 전손' 등을 ICC(C) 약관에서는 보상하지 않는다.

70

최대선의의 원칙(The Principle of Utmost Good Faith)

- 해상보험계약 체결 시 보험자와 보험계약자는 반드시 계약의 내용을 사실 그대로 고지(Disclosure)·교시(Representation)하여야 한다는 원칙이다.
- 보험계약 체결 시 보험계약자는 보험자에게 최대선의의 원칙에 의거하여 피보험목적물에 대한 위험의 수준이나 성질에 영향을 미치는 중요 사실(Material Facts)에 대해 거짓 없이 고지해야 한다.

실손(손해)보상의 원칙(The Principle of Indemnity)
해상보험계약에서 피보험자에 대한 손해보상은 이득금지의 원칙에 따라 손해 발생 시의 손해 금액을 한도로 지급되어야 한다는 원칙이다.

71

①·②·③ 피보험이익이 보험계약상 효력을 가지기 위해서는 적법성, 경제성, 확정성의 일정한 요건이 충족되어야 한다.

72

④ 보험서류는 부보범위가 일정한도 본인부담이라는 조건 또는 일정한도 이상 보상 조건(a franchise or excess)(일정액 공제제도, deductible)의 적용을 받고 있음을 표시할 수 있는 경우도 수리 가능하다.

73

④ 매수인은 물품이 계약에 부적합한 경우 대체물의 인도를 청구할 수 있고, 모든 상황을 고려하여 불합리한 경우를 제외하고 매도인에게 수리를 통한 부적합의 보완을 청구할 수 있다.

74

④ 물품명세확정권 : 매수인이 계약 의무를 이행하지 못해 매도인에게 손해를 발생시킨 경우 매도인이 매수인에게 요청할 수 있는 권리를 말한다.

① · ② · ③ 매수인과 매도인 모두에게 해당되는 구제방법이다.

75

② 지급확약(Aval)은 일종의 어음보증을 말하는 것으로 포페이팅(Forfaiting)에 담보로 활용된다.

팩터링(Factoring)
사후송금방식(O/A 또는 D/A 방식)거래에서 발생된 외상수출채권을 수출기업으로부터 무소구 조건으로 수출입은행이 매입하는 수출금융을 말한다.

1	2	3	4	5	6	7	8	9	10	11	12	13	14	15
②	②	④	①	①	①	①	③	②	①	②	①	②	②	③

16	17	18	19	20	21	22	23	24	25	26	27	28	29	30
④	①	④	②	①	③	④	④	④	③	①	②	②	④	④

31	32	33	34	35	36	37	38	39	40	41	42	43	44	45
④	③	③	③	①	①	④	②	④	①	③	④	③	③	④

46	47	48	49	50	51	52	53	54	55	56	57	58	59	60
④	③	②	④	①	③	④	③	④	④	④	②	④	②	④

61	62	63	64	65	66	67	68	69	70	71	72	73	74	75
①	①	②	③	④	④	①	③	④	②	①	③	④	④	①

[01~02]

귀사의 주문 번호 1178번에 대한 대금은 5월 5일에 지불되어야 했습니다. 당사는 이것이 귀사의 실수라고 확신하지만, 그 문제에 대해 즉각 주의를 기울여 줄 것을 요청해야만 합니다. (이미 결제가 되었다면), 이 통지는 무시하십시오. 귀사의 계정에 대해 궁금한 점이 있으면 당사에 문의해 주세요.

*payment : 지불
*due : (돈을) 지불해야 하는
*oversight : 실수
*disregard : 무시[묵살]하다

01

① 지불조건에 대해 불평하기
② 대금결제를 압박하기
③ 체 납
④ 지불 기한에 대해 경고하기

서신의 첫 문장에서 'The payment for your order No. 1178 was due on May 5.'라고 하고, '... ask you to give the matter your prompt attention.'이라고 했으므로, 서신의 목적은 ② '대금결제를 압박하기'이다.

*press : (무엇을 하도록) 압력[압박]을 가하다

02

① 귀사가 지불할 것이 있다면
② 이미 결제가 되었다면
③ 귀사가 어음을 발행했다면
④ 귀사의 초기 지불에 관하여

빈칸 다음에서 '... kindly disregard this notice.'라고 했으므로, 문맥상 빈칸에는 ② '이미 결제가 되었다면'이 적절하다.

*draw a draft : (~앞으로) 어음을 발행하다

03

귀사의 이름과 주소는 대뉴욕상공회의소를 통해서 다양한 여행 가방을 취급하는 유명한 수입자들 중 한 곳으로 알게 되었으며, 당사는 귀사와 거래를 개설하려는 강한 열망으로 서신을 보냅니다.

*the Greater New York Chamber of Commerce : 대 뉴욕상공회의소
*well-known : 유명한
*keen : 간절히 ~하고 싶은
*desire : 욕구, 갈망; 바람
*open an account with : ~와 거래를 시작하다

① 당사는 특히 이런 종류의 제품에 관심이 있으며, 귀사가 취급하는 품목에 대해 좀 더 자세한 정보를 얻고자 합니다.
② 당사는 귀사 상품의 견본과 CFR 뉴욕 조건에 대한 견적을 US 달러로 받고 싶습니다.
③ 귀사의 가격이 경쟁력이 있고, 귀사의 제품이 우리 시장에 적합하다면, 당사는 대량주문을 할 수 있을 것입니다.
④ 귀사가 당사의 가방 수입에 관심이 있다면, 당사와 거래할 수 있는 조건을 서신으로 보내주십시오.

'we are writing you with a keen desire to open an account with you.'로 미루어 지문은 수출자가 수입자에게 거래 개설 제의 서신으로, 이에 대한 답신으로 알맞지 않은 것은 ④(수출자의 서신)이다.

*detailed information : 자세한 정보
*quote : 견적을 내다[잡다]
*CFR(Cost and Freight) : 운임포함 인도조건
*competitive : 경쟁력 있는, 뒤지지 않는
*give large order : 대량 주문하다
*transact : 거래하다

04

(A) 예정보험증서는 보험을 (B) 개괄적인 조건으로 설명하고, 선박명 또는 운송과 기타 세부 사항을 차후 신고에 의해 규정될 상태로 남겨두는 증서이다.
*describe : 말하다[서술하다], 묘사하다
*ship : 선박
*particulars : 상세, 명세
*define : 정의하다
*subsequent : 그[이] 다음의, 차후의
*declaration : 신고서

지문은 예정보험(Floating Policy)의 내용으로, (A) floating policy는 '예정보험증서'의 뜻이고, (B) in general terms는 '개괄적인 언어로'의 뜻이다.
예정보험(Floating Policy)
보험의 목적, 보험 금액, 적재 선박 등 보험 계약의 내용, 명세가 확정되지 않은 채로 개괄적으로 그 범위를 정하여 보험 계약을 체결하는 것을 미확정보험이라고 한다. Floating Policy는 '선명미확정보험증권'이라고도 한다.

05

① 여러분도 알다시피, 이 계열의 경쟁은 매우 치열하지만, 시장은 번창하고(→ 쇠퇴하고) 있습니다. (번창하는)
② 당사의 4월 5일자 서신은 무시하고 대신 4월 10일자 팩스를 참고하시기 바랍니다. (무시하다)
③ 주한 미국대사관의 호의를 통해 귀사가 한국의 스테인리스 납작한 식기류 제조업체라는 사실을 알게 되었습니다. (~을 통해)
④ 그 상품은 모든 면에서 당사의 서술을 따라야 한다. (서술)

빈칸 while은 '~인 데 반하여'로 둘 사이의 대조를 나타내고 있으므로, 문맥상 빈칸에는 prosperous(번창하는)과 반대되는 declined(쇠퇴하는, 하락하는) 등이 와야 한다.

*aware : (~을) 알고[의식/자각하고] 있는
*competition : 경쟁, 경쟁상태
*prosperous : 번영한, 번창한
*disregard : 무시[묵살]하다
*refer to : (정보를 알아내기 위해) ~을 보다
*courtesy of : ~의 호의[허가]로
*flatware : 납작한 식기류
*comply with : 준수하다, 규정을 따르다
*descriptions : 서술[기술/묘사/표현]
*in every respect : 모든 점에서

06

당사는 1990년부터 이 사업(분야)의 기계부품을 생산하고 있습니다.

② line, ③ field, ④ area는 모두 분야[부문]'의 뜻으로, 지문의 빈칸에 적절한데, ① matter는 '문제[일/사안]'의 뜻으로 빈칸에 적절하지 않다.

*manufacturer : 제조자[사], 생산회사

*machine parts : 기계부품

*line : (사업 · 활동 · 관심) 분야[유형]

*field : 분야

*area : (특정 주제 · 활동의) 분야[부문]

[07]

> 서류는 신용장 거래의 핵심 쟁점이다. (A) 은행은 물품이 아니라 서류로 거래한다. 그들은 지급, 매입, 승인의 유무를 서류만으로 결정한다. 하나의 거래에는 여러 종류의 문서가 필요할 수 있다. 대부분의 신용장 거래에는 어음, 송장, 보험증명서, 선하증권이 포함된다. 신용장 거래는 매우 복잡하고 많은 당사자들이 포함될 수 있기 때문에, 은행은 그들의 신용장이 적절한 서류를 동반하는지 확인해야 한다.
>
> *transaction : 거래, 매매
>
> *decide : 결정하다
>
> *on the basis of : ～을 기반으로
>
> *draft(은행이 발행한) : 어음
>
> *invoice : 송장
>
> *insurance certificate : 보험증명서
>
> *bill of lading : 선하증권
>
> *complicated : 복잡한
>
> *ensure : 반드시 ～하게[이게] 하다
>
> *accompany : 동반되다[딸리다]

07

> 은행은 물품이 아니라 서류로 거래한다.

UCP 600 제4조, 제5조의 내용으로, 첫 문장에서 '서류는 신용장 거래의 핵심 쟁점'이라고 했으므로, 주어진 문장(은행은 물품 아니라 서류로 거래한다)은 (A)에 들어가는 게 적절하다.

신용장통일규칙(UCP 600) 제4조와 제5조

• UCP 600 제4조 a : 신용장은 그 본질상 그 기초가 되는 매매 또는 다른 계약과는 별개의 거래이다.

• UCP 600 제5조 : 은행은 서류로 거래하는 것이며 그 서류가 관계된 물품, 용역 또는 이행은 취급하지 않는다.

08

① 통지은행은 또한 개설은행의 요청으로 수출자에게 신용장이 개설되었음을 통지하는 대리은행으로 알려져 있다.

② 확인은행은 개설은행의 의무에 (지급, 매입, 수락)의 의무를 추가한다.

③ 자유매입 신용장에서, 매입은행은 지정은행이다.

④ 이 신용장에 따른 매입은 매입은행으로만 제한된다.

자유매입 신용장(Freely Negotiable L/C)은 수익자가 매입은행을 자유롭게 선택, 수출지 어느 은행이라도 매입할 수 있는 신용장이다. 따라서 신용장상에서 매입은행을 지정하거나 제한하지 않는다.

*correspondent bank : 대리은행

*notify : (공식적으로) 알리다

09

> 선대신용장은 수익자가 물품 선적 또는 서비스를 수행하기 전에 일부 결제를 받을 수 있도록 한다. 원래, 이 조건들이 붉은 잉크로 쓰인 데서 붙여진 이름이다. 실제 사용에서, 개설은행은 수익자가 매우 신용할 만하거나, 선적이 이루어지지 않았다면 통지은행이 환불에 동의하지 않는 한, 이 조건을 거의 제공하지 않을 것이다.
>
> *Red clause letter of credit : 전대신용장
>
> *beneficiary : 수익자
>
> *partial payment : 일부결제
>
> *performing the services : 서비스 수행
>
> *creditworthy : 신용할 수 있는
>
> *advising bank : 통지은행
>
> *refund : 환불(금)

① 기탁신용장

② 선대신용장

③ 견질신용장

④ 보증신용장

전대신용장(선대신용장, Red Clause L/C)

수출품의 생산 · 가공 · 집화 · 선적 등에 필요한 자금을 수출자에게 융통해 주기 위하여 매입은행으로 하여금 일정한 조건에 따라 신용장 금액의 일부 또

는 전부를 수출업자에게 선대(선불)해 줄 것을 허용하고 신용장 개설은행이 그 선대금액의 지급을 확약하는 신용장이다. 선대자금 수령 시 수출업자는 선적서류 없이 현금으로 선대받은 부분에 대한 어음만 발행한다. 네고(Nego) 시에는 선수금과 이자를 공제한 잔액에 대해서만 환어음을 발행해서 매입은행에 제시한다.

10

수입자에게 가장 위험하지 않은 결제조건은?

① 청산계정
② 선 불
③ 추심어음
④ 화환신용장

청산계정(O/A)

O/A(Open Account)는 외상거래 형식으로, 매매계약 당사자끼리 거래가 빈번하게 이루어질 때 주로 사용하는 방식이다. 무역계약 한 건마다 대금결제가 이루어지는 것이 아닌 청산계정에 기록만 했다가 일정 기간 후 서로가 미리 정한 날짜에 대금을 청산하는 방식이다.

장점	• 거래가 단순하며 매 거래마다의 대금결제가 아니므로 은행 수수료나 다른 기타 비용을 절감할 수 있다. • 수출자는 nego를 통해 대금을 일찍 현금화할 수 있다.
단점	• O/A 방식은 오로지 수입자의 신용에 의지한다. 대금결제에 대한 위험은 매도인에게 있고, 모든 신용위험은 매도인에게 부담된다.

11

이것은 선하증권에 기재되어 있는 것으로, 물품이 사실상 지정된 선박에 선적되었다는 것을 나타낸다. 이 표기는 운송인, 대리인, 선장 또는 그 대리인에 의해 작성될 수 있다.
*indication : 표기, 명시
*named vessel : 지정된 선박
*carrier : 수송[운송]회사

① 갑판적재 표기
② 선적부기
③ 부지 표기
④ 선적 통지

지문은 선적부기(On board Notation)의 내용이다. 수취선하증권(Received B/L)은 특정의 선박에 적재되었다는 문언이 기재되어 있지 않은 B/L이다. 따라서 선박회사가 수취선하증권을 발행한 후 그 화물을 실제로 선적하였을 때에는 B/L 뒷면에 '화물이 몇 월 며칠 본선에 적재되었음을 증명함(We certify shipment has been loaded on board, date)'이라는 문언을 기재하고 책임자가 이에 서명한다. 이와 같이 수취 후 선적하였다는 취지를 기재한 선적부기(on board notation ; on board endorsement)가 있는 것을 선적(배서)선하증권[On Board Notation (Endorsement) B/L]이라고 하여 실질적으로 선적선하증권과 동일한 효력을 가진다.

12

① (공동보험 → 중복보험)의 경우, 피보험자는 관련된 어느 보험자에게 청구할 수 있지만, 법적 배상액 이상을 회수할 수 있는 자격이 없다.
② 당사는 귀사의 계정에 (대해) ICC(B) 약관으로 부보해 주시기 바랍니다.
③ 보험증서 또는 보험증명서 2통은 (송장가액)의 110%에 대해 백지 배서되어야 한다.
④ 해상위험은 해상에서의 (항해)와 관련된, 부수적인 또는 결과적인 위험이다.

영국해상보험법(MIA) 제32조에 따라 동일한 해상사업과 이익 또는 그 일부에 관하여 둘 이상의 보험계약이 피보험자에 의해서 또는 피보험자를 대리하여 체결되고, 보험금액이 본 법에서 허용된 손해보상액을 초과하는 경우, 피보험자는 중복보험(double insurance)에 의한 초과보험되었다고 말한다. 피보험자는 보험증권에 별도 규정이 있는 경우를 제외하고 자기가 적절하다고 생각하는 순서에 따라 보험자들에게 보험금을 청구할 수 있다. 단, 피보험자는 본 법에 의해 허용되는 손해보상액을 초과하는 일체의 금액을 수취할 수 있는 권리는 없다.

*In the event of : 만약 ~하면
*assured : 피보험자
*claim : 청구[신청]하다
*underwriter : 보험사
*concerned : 걱정[염려]하는
*be entitled to : ~에 대한 권리가/자격이 주어지다
*recover : 회복되다
*statutory : 법에 명시된
*indemnity : 배상[보상]금
*co-insurance : 공동보험
*in duplicate : 2통으로
*invoice value : 송장가격
*Marine perils : 해상위험
*relating to : ~에 관하여
*incidental : 부수적인
*navigation : 항해[운항/조종](술)

13

① 항공화물운송장
② 선하증권
③ 비유통성 해상화물운송장
④ 철도운송장

해상화물운송장은 선하증권과 마찬가지로 운송계약의 증거, 즉 화물수취증으로 발행되지만 유가증권이 아니다. 권리증권이 아닌 기명식이고 비유통증권이므로 결국 선하증권과 다르다. 해상화물운송장은 비유통성, 운송 중인 화물 전매 불가, 분실 시 위험성 적은 점, 기명식으로만 발행된다는 점에서 항공화물운송장(AWB)과 유사하다.

선하증권의 기능

• 권리증권 : 화물인도청구권, 물품처분권, 유통성
• 운송계약의 증거 : 송하인에 대하여 추정적 증거, 선의의 소지인에 대해 결정적 증거, 선의의 소지인은 운송계약상 권리행사 · 의무부담

• 화물수령(수취)증 : 선적된 화물의 수량 · 상태에 관한 증거, 추정적 · 결정적 증거, 선의의 소지인에 대하여는 선하증권의 기재내용에 대해 금반언
※ 금반언 : 이미 표명한 자신의 언행과 모순되는 언행을 해서는 안 된다.
*document of title : 권리증권

14

다음 카메라 화물을 당사 창고(상기 주소 소재)로부터 한국으로 발송 관련 전위험담보 조건으로 보험 가입해 주시겠습니까? :
카메라 6 c/s, s.s. Endeavour 호로 8월 18일 리버풀에서 출발 예정
화물 및 보험을 포함한 위탁물의 송장금액은 USD10,460입니다.
*arrange : 마련하다, (일을) 처리[주선]하다
*all-risks : 전위험담보조건(A/R)
*insurance : 보험
*s.s. : 증기선(steamship)
*due : ~하기로 되어 있는[예정된]

① 운송업자에게 선적을 요청하기
② 중개인에게 보험 가입을 의뢰하기
③ 보험회사에 위험 증가를 요청하기
④ 보험료 인하를 요청하기

지문의 첫 문장에서 'Will you please arrange to take out an all-risks insurance for us on the following consignment of cameras …'라고 했으므로, 서신의 목적은 ② '중개인에게 보험 가입을 의뢰하기'이다.

15

다음 지문을 주어진 문장으로 요약할 때 빈칸에 알맞은 것은?

귀사가 부품을 구하는 데 어려움이 있다는 점을 염두에 두고, 당사는 앞으로 2주 동안 제품을 인도할 수 있을지, 아니면 아직 더 지연될 가능성이 있는지 궁금합니다.

(물품이 언제 배달되는지) 알려주시기 바랍니다.

① 당사가 어떤 어려움을 겪고 있는지
② 당사가 얻고 있는 구성요소는 무엇인가
③ 물품이 언제 배달되는지
④ 언제 그 물품이 만들어지는지
지문에서 '… we were wondering whether … or …' 라고 했으므로, ③ '물품이 언제 인도되는지'가 적절하다.
*bear in mind : ~을 명심하다, 유념하다
*obtain : 얻다[구하다/입수하다]
*component : 요소, 부품
*delay : 지연, 지체

[16~17]

당사는 10월 11일에 옛 리버풀에서 S.S. Freemont 로 (B) 선적된 터빈 엔진 2개의 손상에 대한 보상을 요청한 귀사의 클레임 CF 37568과 (A) 관련하여 당사의 사정인 보고서를 받았습니다.

보고서에는 선하증권 No. 1555에는, 기계류 케이스의 균열과 관련된 선장의 조항이 (C) 붙어 있다고 명시되어 있습니다.
당사의 사정인은 이 균열들이 손상에 대한 (D) 보험에 들 수 있다고 믿습니다.
따라서, 당사는 보험증서에 따라 물품이 (깨끗한) 상태로 선적되지 않았다면, 물품에 대한 법적인 책임을 인정할 수 없습니다.
*assessor : 사정[감정]인
*with reference to : ~에 관(련)하여
*compensation : 보상(금)
*damage : 손상
*claused : 조항이 붙은
*comment : 논평, 언급
*crack : 금
*insurable : 보험에 넣을[들] 수 있는
*accept : (동의하여) 받아들이다[인정하다]
*liability : (~에 대한) 법적 책임

16
밑줄 친 (D) 다음 문장에서 '보험증서에 따라 물품에 대한 법적인 책임을 인정할 수 없다'고 했으므로, (D) insurable(보험에 들 수 있는) → uninsurable (너무 위험 부담이 커서 보험이 안 되는)이 되어야 한다.

17
① 깨끗한
② 포장되지 않은
③ 포장된
④ 조항이 붙은
빈칸 앞부분인 'we cannot accept liability for the goods unless they are shipped …'로 미루어 문맥상 빈칸에는 '깨끗한 상태로 선적되지 않았다면'이 와야 한다.

18
'As you have not executed the order within the validity of L/C'는 '귀사가 신용장의 유효기간 내에 주문을 이행하지 않았으므로'로, 'we will make cancellation of the L/C'는 '당사는 신용장을 취소하겠습니다'로 번역할 수 있다.
*execute : 실행[수행]하다
*within the validity of L/C : 신용장 유효기한 내에
*make cancellation : 취소시키다

19
다음 중 협회전쟁약관에서 제외되는 것은?
① 내 전
② 테러리즘
③ 교전국에 의한 또는 대항하는 적대 행위
④ 포획, 나포, 체포, 억지 또는 억류
전쟁 면책위험(War exclusion)
• Men-of-War(군함)
• Enemies(외적)
• 전쟁, 내란, 혁명, 반란으로 인한 국내 전투 또는 교전국에 가하는 적대 행위

- Surprisals(습격)
- 포획, 나포, 억지 또는 억류와 이러한 행위의 결과
- 유기된 지뢰, 어뢰, 폭탄, 기타 전쟁무기에 의한 손해

*belligerent : 교전국, 전쟁 중인

20

> (CFR, CIF, FOB) 규칙에서 물품이 선적항의 선박에 선적될 때 인도가 이루어진다.

① CFR(운임포함인도), CIF(운임·보험료 포함인도), FOB(본선인도) 규칙은 모두 매도인이 지정 선적항에서 매수인이 지정한 선박에 적재할 때 매도인이 물품을 매수인에게 인도하는 것을 의미한다. 물품의 멸실 또는 훼손의 위험은 물품이 선박에 적재된 때 이전하고, 매수인은 그 순간부터 향후의 모든 비용을 부담한다.

- CIP(운송비·보험료 지급인도)는 매도인과 계약을 체결한 운송인에게 물품을 교부함으로써 매도인이 매수인에게 물품을 인도하는 것을 의미한다.
- FAS(선측인도)는 지정선적항에서 매수인이 지정한 선박의 선측에 (예컨대 부두 또는 바지(barge)에) 물품이 놓인 때 매도인이 물품을 매수인에게 인도하는 것을 의미한다. 물품의 멸실 또는 훼손의 위험은 물품이 선측에 놓인 때 이전하고, 매수인은 그 순간부터 향후의 모든 비용을 부담한다.

21

> 지정된 장소는 매도인이 물품 운송을 조직하고 운송비를 지불해야 하는 목적지를 나타내지만, 물품 인도장소나 인도항은 아니다.
> *named place : 지정된 장소
> *indicate : 나타내다[보여 주다]
> *destination : 목적지, (물품의) 도착지
> *organise : 준비[조직]하다
> *carriage : 운반[수송], 운반비[수송비]
> *port of delivery : 물품 인도항

지문은 운송비 지급 인도조건의 내용으로, C-terms 에 해당한다. C 조건에서는 위험분기점(본선에 적재되었을 때)과 비용분기점(목적항까지의 운임을 매도인이 부담)이 다르다.

22

인코텀즈 규칙의 변형에 대한 주의와 관련하여 잘못된 규칙을 선택하시오.

> (A) 간혹 당사자들은 인코텀즈 규칙을 변경하여 사용하고자 한다. (B) 인코텀즈 2020은 그러한 변경 사용을 금지하지 않으나, 그렇게 하는 때에는 위험이 뒤따른다. (C) 원하지 않는 의외의 결과를 방지하기 위하여, (D) 당사자들은 계약 내에서 그러한 변경으로 의도한 효과를 대략(→ 매우) 명확하게 밝힐 필요가 있다.
> *party : 당사자
> *alter : 바꾸다, 고치다
> *prohibit : 금하다[금지하다]
> *avoid : 방지하다
> *unwelcome : 반갑지 않은
> *intended effect : 의도한 효과
> *alteration : 고침, 변경

지문은 인코텀즈 규칙의 응용에 대한 내용으로, (D) 'the parties would need to make the intended effect of such alterations roughly → extremely clear in their contract(당사자들은 계약 내에서 그러한 변경으로 의도하는 효과를 매우 명확하게 밝힐 필요가 있다)'가 되어야 한다.
*caution : 경고[주의]
*variant : 변형

[23~25]

> a. 개설은행은 제시가 일치한다고 판단하면 (A) 결제하여야 한다.
> b. 확인은행은 제시가 일치한다고 판단하면 (B) 결제 또는 매입하고 개설은행에 서류를 전달해야 한다.

c. 지정은행은 제시가 일치한다고 판단하고 (C) 결제 또는 매입하면, 확인은행 혹은 개설은행에 서류를 전달해야 한다.

*determine : 결정하다
*presentation : 제시
*comply : 따르다[준수하다]
*confirming bank : 확인은행
*forward : 보내다[전달하다]
*nominated bank : 지정은행

23

① 지불하다
② 승인하다
③ 지불하고 승인하다
④ 결제하다

UCP 600 제15조 일치하는 제시의 내용으로, 빈칸 (A)에는 ④ 'honour(결제하다)'가 적절하다.

24

① 지불하고 전달하다
② 승인하고 전달하다
③ 지불 또는 승인하고 전달하다
④ 결제 또는 매입하고 전달하다

UCP 600 제15조 일치하는 제시의 내용으로, 빈칸 (B)에는 ④ 'honour or negotiate and forward(결제 또는 매입하고 전달하다)'가 적절하다.

25

① 결제하다
② 매입하다
③ 결제 또는 매입하다
④ 지불 또는 결제하다

UCP 600 제15조 일치하는 제시의 내용으로, 빈칸 (C)에는 ③ 'honours or negotiates(결제 또는 매입하다)'가 적절하다.

[26~27]

신용장하에서 지불과 관련된 경우에, 송화인은 선적서류에 포함된 보험서류를 가질 필요가 있을 수 있다. 포괄예정보험하에서, 이는 피보험 당사자의 지시로 보험자에 의해 발행된 (보험증명서)의 사용에 의해 수행된다. 명시적으로 보험증권의 제출을 요구하는 신용장은 보험증명서를 보험증서의 대용품으로 허락하지 않기 때문에, 거래자들은 유의해야 한다.

*shipper : 송화인[수출자]
*shipping document : 선적서류
*open policy : 포괄예정보험
*issue : 발행하다
*insurer : 보험자
*at the instruction of : ～의 지시로
*insured party : 피보험자
*explicitly : 명쾌하게
*submission : (서류 · 제안서 등의) 제출
*substitute : 대용물[품], 대체물

26

① 보험증명서
② 보험승낙서
③ 보험증권
④ 부 보

보험증명서(Insurance Certificate)

수출업체가 매 수출 시마다 보험계약을 체결해야 하는 번거로움을 피하고 보험비용도 절감하기 위하여 그 업체의 일정 기간 동안(6개월, 1년)의 보험가입 예상물동량을 추출하여 보험회사와 포괄계약을 체결한 후, 실제로 보험가입의 필요가 발생할 때마다 보험회사로부터 그에 합당하는 보험서류를 받는다. 보험증권과 같이 유효한 보험서류로 인정된다.

27

① 주제로서
② 대체로서
③ 동일한 것으로
④ 선택 사항으로

밑줄 친 as a substitute는 '대신으로'의 뜻으로, ②
'as a replacement(대체로서)'로 바꿔 쓸 수 있다.

[28~29]

> (C) 귀사의 3월 24일자 이메일에 감사드리며, 당사는 귀사의 배송일 연장 요청을 수락했음을 알려드립니다.
>
> (D) 당사는 귀사의 이전 배송 일정에 따라 지역 유통업자들과 계약했기 때문에, 당사는 그들에게 변경된 배송일을 받아들이도록 설득하는 데 힘들었습니다. 따라서, 더 이상의 배송 지연은, 그들이 물품 수령을 거절할 것이기 때문에, 심각한 문제를 일으킬 것입니다.
>
> (A) 당사가 은행에 신용장 개설을 지시하기 전에 서명할 수 있도록 귀사의 <u>매매계약서</u>를 보내주십시오.
>
> (B) 당사는 이번 첫 주문이 앞으로 귀사와의 기분 좋은 비즈니스 관계 지속에 대한 첫 단계가 되기를 바라며, 귀사가 즉시 선적할 수 있도록 해주기를 바랍니다.
> *extend : 연장하다
> *delivery date : 납품일
> *local distributor : 지역 유통업자
> *persuade : 설득하다
> *revised : 변경한
> *cause : ~을 야기하다[초래하다]
> *instruct : 지시하다
> *initial order : 첫 주문
> *shipment : 선적

28
① 세일즈 레터
② 매약서
③ 회람장
④ 물품매도확약서
밑줄 친 'Sales Contract'는 '매매계약서'의 뜻으로,
② 'Sales Note(매약서)'와 동일한 뜻이다.

29
위 서신은 수출자의 배송일 연장 요청에 대한 수입자의 답신으로, (C)에서 배송일 연장 요청을 수락하고, (D)에서 더 이상의 배송 지연은 지역 유통업자들이 거절할 것임을 공지하고, (A)에서 매매계약서를 보내 달라고 요청하고, (B)에서 이번 주문으로 좋은 비즈니스 관계를 맺기 바라면서 즉각적인 선적을 부탁하는 말로 마무리하고 있다.

30

> 그들은 그들의 (지불의무/지불약속/지불책임)을 지키는 정확함으로 비즈니스 업계에서 좋은 평판을 누리고 있다.
> *reputation : 평판
> *circle : ~계[사회]
> *punctuality : 시간 엄수; 정확함

① 의 무
② 약속, 책무
③ 법적 책임
④ 결정권, 재량
지문은 신용조회에 대한 답신으로, 빈칸 앞의 meet는 '(기한 등을) 지키다'의 뜻이므로, 빈칸에는 ① obligations(의무), ② commitments(약속), ③ liabilities(책임)이 적절하다.

31

> 빠른 인도를 유지하고 보장하는 것이 최우선임을 명심해주시기 바랍니다.
> → Please make sure that maintaining and guaranteeing a prompt (A) <u>delivery</u> is a top (B) priority.
> *make sure : 확실하게 하다
> *maintain : 유지하다[지키다]
> *guarantee : 보장[약속]하다
> *prompt : 즉각적인, 지체 없는

① (A) 배포 - (B) 참석
② (A) 인도 - (B) 참석
③ (A) 배포 - (B) 우선
④ (A) 인도 - (B) 우선

빈칸 (A)에는 '인도'를 뜻하는 delivery가, 빈칸 (B)에는 '우선'을 뜻하는 priority가 적합하므로, ④가 적절하다. top priority는 '최우선'의 뜻이다.

32

> 요청하신 대로, 당사는 귀사에게 항공우편으로 샘플을 보내드렸습니다.
> = 귀사의 요청(A) 에 따라, 당사는 샘플을 (B) 항공우편으로 보냈습니다.

① (A) 준수하는 - (B) 선적했다
② (A) ~로부터 - (B) 선적했다
③ (A) ~에 따르면 - (B) 항공우편으로 보냈다
④ (A) ~을 위해서 - (B) 항공우편으로 보냈다

주어진 두 문장이 같은 뜻이 되기 위해서는 빈칸 (A)에는 '~에 따라'라는 뜻의 According to가, 빈칸 (B)에는 '항공우편으로 보냈다'라는 뜻의 airmailed가 적절하다.

33

> 청산계정 거래는 지불일 전에 물품을 선적하고 인도하는 판매로, 일반적으로 지불은 30일, 60일 또는 90일 후에 이루어진다. 분명한 것은, 이것은 현금흐름과 비용 면에서 (B) 수입자에게 (A) 유리하지만, 결과적으로 (D) 수출자에게는 (C) 위험한 선택이다.
> *Open account : 청산계정
> *ship : 수송[운송]하다
> *deliver : 배달하다
> *due : (돈을) 지불해야 하는
> *obviously : 확실히[분명히]
> *in terms of : ~면에서[~에 관하여]
> *cash flow : 현금 유동성

① (A) 이로운, 유리한
② (B) 수입자
③ (C) 위 험
④ (D) 수출자

청산계정(open account) 방식은 오직 수입자의 신용에만 의지하기 때문에 대금결제에 대한 위험은 매도인에게 있고 모든 신용위험은 매도인에게 부담된다. 따라서 빈칸 (C) 다음에 명사 'option(선택)'이 있으므로, 명사 risk(위험) → 형용사 risky(위험한)가 되어야 한다.

34

아래 지문은 신용장하에서 할부선적에 대한 설명이다. (A) ~ (D) 중에서 잘못된 것은?

> (A) 할부선적은 신용장에 명시된 대로 다른 묶음과 다른 기간으로 주문을 선적하는 것을 의미한다. (B) 할부선적은 신용장에 명시된 기간 내에 이루어져야 한다. (C) 이 경우, 허용된 기간 내에 할부선적분을 선적하지 못할 경우, 해당 할부분과 후속 할부분에 대해 신용장이 이용될(→ 이용되지) 못할 것이다. (D) 이것은 신용장하에서의 분할선적과는 다르다.
> *installment shipment : 할부선적
> *batch : 한 묶음, 한 회분
> *stipulated : 약정한
> *render : 만들다[하다]
> *operative : 가동[이용] 준비가 된, 가동[이용]되는
> *subsequent : 그[이] 다음의, 차후의
> *partial shipment : 분할선적

할부선적(Installment Shipment)은 엄밀한 의미에서 분할횟수, 수량, 각 분할분의 선적시기 등을 구체적으로 정한 경우를 의미한다. 수출자가 정해진 분할선적 기간 내에 약정된 수량의 선적의무를 이행하지 못하면 수입자 및 개설은행이 당해 선적분을 포함하여 그 이후 분까지 모두 취소하는 선적조건이다. 따라서 (C)는 '... failure to ship any installment within the period allowed will → won't render the letter of credit operative ...'가 되어야 한다.

35

추정전손 : (손상된 피보험물품을 수리하는 데 드는 비용이 그 물품 가치를 초과하는) 상황에 대한 해상보험 용어
*constructive total loss : 추정전손
*marine insurance : 해상보험

① 손상된 피보험물품을 수리하는 데 드는 비용이 그 가치를 초과한다.
② 손상된 피보험물품을 수리하는 데 드는 비용이 그 가치보다 낮다.
③ 손상된 피보험선박의 수리비가 그 가치보다 낮다.
④ 평균적인 상품을 고치는 데 드는 비용이 그 가치를 초과하다.

추정전손(Constructive Total Loss ; CTL)
해상손해 중 물적 손해에 해당되는 용어로, 보험목적물이 현실적으로 전손되지는 않았으나 그 손해 정도가 심하여 원래 그 목적물이 가진 용도에 사용할 수 없게 되었을 때와 그 수선 및 수리비가 수선 후에 그 목적물이 갖는 시가보다 클 때를 추정전손이라 한다. 한편, 추정전손으로 처리하기 위해서는 위부(abandonment)의 통지가 있어야 한다.
*repair : 수리[보수/수선]하다
*insured : 피보험자
*exceed : 넘다[초과하다/초월하다]
*value : (경제적인) 가치

[36~37]

운송 및 항해 기간 동안, 선하증권은 상관습법에 의해 기술된 물품의 상징으로 인식되며, 선하증권의 양도는 물품의 상징적인 양도로 여겨진다. 물품의 자산은 배서에 의해 전달되는데, 이것이 당사자의 의도대로 유사한 환경에서 어느 정도까지 그런 것처럼, 그 자산은 물품의 실제 인도에 의해 전달될 것이다. 선하증권의 <u>소지인</u>은 운송업자에게, 다른 사람을 배제하고, 물품을 인도하는 권리가 주어진다.
*transit : 수송

*the law merchant : 상(商)관습법
*constitute : ～이 되는 것으로 여겨지다
*endorsement : 이서
*to the extent : 어느 정도로
*exclusion : 제외, 배제

36

① 이 동
② 조달[입수]
③ 지 불
④ 발행, 간행
밑줄 친 delivery는 '양도'의 뜻으로, ① transfer(이동)와 유사한 뜻이다.

37

위 지문의 소지인(the holder)이 될 수 없는 것은?
① 매도인
② 매수인
③ 은 행
④ 운송인

선하증권의 배서(Endorsement)
물품을 선적하고 나면 선하증권을 발급받게 되는데 선하증권에 대한 권리는 일차적으로 수출자가 갖는다. 신용장 방식에서는 선하증권을 매입은행에 제시하여 수출대금을 회수하고, 선하증권은 매입은행과 개설은행, 통지은행을 경유하여 수입자에게 전달된다. 수입자는 선사에 선하증권을 제시하여 물품을 인도받는다. 이 각 단계에 개입하는 은행에 선하증권을 양도해야만 그 권리가 이전되고 이는 배서를 통해 이루어진다. 각 절차는 화물의 담보권을 갖고 있는 개설은행의 지시에 의해 이루어지므로 'To order …'문구를 사용한다. 최초의 배서인은 수출자(송하인)이며, 기명식 선하증권에서는 배서에 의해 권리가 양도되지 않는다.

38

아래 지문 다음에 나올 가능성이 가장 높은 것은?

> 귀사의 주문번호 1555가 오늘 SS 아리랑 호에 선적되었으며, 부산을 출발해서 8주 후에 암스테르담에 도착예정임을 알려드리게 되어 기쁩니다.
>
> 선하증권, 송장, 보험증서를 포함한 선적서류가 암스테르담 씨티은행에 전달되었으며, 귀사에 통보될 것입니다.
>
> 합의된 바와 같이, 당사는 귀사 앞으로 미화 120,000달러에 대한 일람 후 60일 지급 환어음을 발행했으며, 귀사가 어음을 인수하는 대로 통지해 주시기 바랍니다.
> *shipping documents : 선적서류
> *advise : (정식으로) 알리다
> *draw on : ~앞으로 어음을 발행하다
> *60 days after sight : 일람 후 60일 지급 환어음
> *acceptance : 승인

① 물론, 선적은 물론 7월 중에 이루어질 것입니다. 당사는 매약서와 우리 사이에 교환된 케이블 사본을 동봉했습니다.
② 당사는 귀사가 그 물품에 만족하실 것으로 확신하며, 조만간 귀사로부터 소식을 듣기 기대합니다.
③ 당사가 좀 더 검토할 수 있도록 샘플을 몇 개 보내주시겠습니까? 그러면 적절한 시기에 구매주문을 할 수 있습니다.
④ 상기 신용장을 수령하는 대로, 당사는 물품 통관을 위해 필요한 모든 준비를 할 것입니다

위 지문은 주문 물품에 대한 선적완료와 도착예정 기간, 선적서류의 은행 전달, 수출대금에 대한 결제 방식을 통지하고 있으므로, 지문의 다음에는 ② '마무리 인사'가 올 가능성이 높다.
*put a purchase order : 구매주문을 하다
*in due course : 적절한 때에
*make every arrangement : 모든 준비를 하다
*clear : 통관절차를 밟다

39

> 지시식 선하증권의 경우, 운송회사 또는 운송대리인이 물품 도착 통지를 하는 개인. 보통 수입자
> *shipping company : 선박회사
> *notice : 알림, 통지
> *in case of : ~의 경우

① 하 주
② 수하인
③ 송하인
④ 착하통지처

착하통지처(Notify Party)
지시식 선하증권(Order B/L)에서 선박회사가 착하 통지서(Arrival Notice)를 보내는 상대방을 말한다. 선하증권면의 수하인(Consignee) 기재란에 이를 위한 공란이 설정되어 있고 통상화물의 수입자명이 기재된다.

40

> 귀사의 주문번호 412에 해당하는 9월 중 선적분이, 제조사의 인력부족 (D) 으로 인해, (C) 지정된 날짜 내에 (B) 수행하기에 불가능해 보인다는 점을 (A) 알려드리게 되어 유감입니다.
> *advise : (정식으로) 알리다
> *execute : 실행[수행]하다
> *stipulated : 규정된
> *manufacturer : 제조자[사], 생산 회사
> *labor : 노동, 근로

① (A) – 경고하다
② (B) – 행하다[수행하다]
③ (C) – 규정된
④ (D) – ~때문에, ~으로

밑줄 친 (A) advise는 '(정식으로) 알리다'의 뜻이므로, ① warn(경고하다) → inform이 되어야 한다.

41

① 케이스 안 충전재가 너무 느슨해서 컵과 접시가 몇 개 깨졌습니다.

② 폴리에틸렌 가방이 두껍지 않아 용액이 고스란히 쏟아졌습니다.

③ 현재 재고가 바닥나는 대로 가격을 수정해야 할 것입니다.

④ 접착테이프가 말라붙는 경우가 있어서, 뚜껑이 헐거워졌습니다.

①, ②, ④는 모두 매수인이 주문물품에 대한 클레임 제기를 목적으로 작성한 것인데, ③은 매도인이 현재 재고 소진 시 가격 변경을 목적으로 작성한 것이다.

*stuffing : 속[충전재]

*polyethylene bag : 폴리에틸렌 가방

*solution : 용액

*spill out : 넘쳐흐르다

*stock : 재고품[재고]

*run out : (공급품이) 다 떨어지다[되다]

*revise : 변경[수정]하다

*adhesive tape : 접착테이프, 반창고

*lid : 뚜껑

42

당사는 파손된 화물에 대한 클레임을 (운송회사 / 보험회사 / 수출자)에 제기했다.
*file : 제기[제출]하다

① 선적회사

② 보험회사

③ 수출자

④ 네고은행

파손화물에 대한 클레임은 운송회사(선적회사), 보험회사, 수출자에게 제기할 수 있다. 네고은행은 어음을 매입하도록 지정받은 은행을 말한다.

43

다음 보기는 비즈니스 서신의 어떤 점을 설명한 것인가?

당사는 귀사가 곧 주문을 해야 한다고 제안합니다.
*suggest : 제안[제의]하다
*place an order with : ~에 주문을 하다

① 간단명료성

② 명확성

③ 정확성

④ 신 뢰

suggest가 '제안하다'의 뜻으로 쓰일 경우, '사람 + suggest + that절'로 표현하며 종속절(that절)에는 'should + 동사원형'을 쓰며, 이때 should는 생략할 수 있다.

비즈니스 서신 작성의 5가지 요소

• 명확성(Clearness) : 상대방에게 자신의 의도를 정확히 전달해야 한다.

• 완전성(Completeness) : 상대방이 필요한 모든 정보가 포함되어야 한다.

• 간단명료성(Conciseness) : 서신이 너무 장황하게 작성되지 않아야 한다.

• 예의(Courtesy) : 상대방에게 공손하게 표현해야 한다.

• 정확성(Correctness) : 서신에 문법, 철자법, 구두법 오류가 없도록 편집하고 교정해야 한다.

44

CIF 조건 하에서, 매도인은 자신의 운송계약상 목적항 내의 명시된 지점에서 양하에 관하여 비용이 발생한 경우에 당사자 간에 달리 합의되지 않은 한 그러한 비용을 매수인으로부터 별도로 상환받을 권리가 있다(→ 없다).
*related to : ~와 관련 있는
*unloading : 양하
*specified point : 명시된 지점
*port of destination : 목적항

안심Touch

Incoterms® 2020 CIF 중 양하비용에 관한 내용으로, (C) 'the seller is entitled → is not entitled to recover such costs separately from the buyer(매도인은 그러한 비용을 매수인으로부터 별도로 상환받을 권리가 없다)'가 되어야 한다.

45

Incoterms 2020 EXW(공장인도) 조건 중 인도와 위험의 내용으로, (D) 'that named place may or may not be the carrier's → seller's premises(그 지정장소는 매도인의 영업구내일 수도 있고 아닐 수도 있다)'가 되어야 한다.

46

① DAT에서 DPU로의 명칭변경
② 운송의무 및 비용 조항에 보안관련 요건 삽입
③ 사용자를 위한 설명문
④ 본선적재표기가 있는 선하증권과 Incoterms CPT 규칙

인코텀즈 2010과 2020의 차이점에 대한 내용으로, ④ '본선적재표기가 있는 선하증권과 Incoterms CPT → FCA 규칙'이 되어야 한다.

본선적재표기가 있는 선하증권과 Incoterms FCA 규칙

물품이 FCA 규칙으로 매매되고 해상운송되는 경우에 매도인 또는 매수인(또는 신용장이 개설된 경우에는 그들의 은행이 그럴 가능성이 더 크다)은 본선적재표기가 있는 선하증권을 원할 수 있다.

47

① 확인은행은 조건변경에 대한 확인을 연장하지 않고 조건변경을 통지하기로 선택할 수 있다.
② 조건변경을 통지하는 은행은 조건변경을 송부한 은행에게 수락 또는 거절의 뜻을 통지하여야 한다.
③ 조건변경에 대하여 일부만을 수락하는 것은 허용되며, 조건변경에 대한 거절의 통지로 간주한다.
④ 수익자가 일정기한 내에 조건변경을 거절하지 않으면, 조건변경이 유효하게 성립된다는 조건변경 규정은 무시된다.

UCP 600 제10조 조건변경 중 e의 내용으로, ③ 'Partial acceptance of an amendment is allowed → is not allowed and will be deemed to be notification of rejection of the amendment(조건변경에 대하여 일부만을 수락하는 것은 허용되지 않으며, 조건변경에 대한 거절의 통지로 간주한다).'가 되어야 한다.

48

> (탱커)는 액체 상태의 산화물, 보통 원유를 수송한다.
> *transport : 수송하다
> *liquid : 액체, 액체 형태의
> *bulk consignment : 산화물
> *crude oil : 원유

② 탱커(Tanker)는 액체화물을 운송하는 구조의 선박으로 LNG선, LPG선 및 석유제품운반선 등이 있다.

① 벌크선(Bulk Carrier)은 포장하지 않은 화물을 그대로 적재할 수 있는 화물전용선으로 석탄전용선, 광석전용선, 시멘트전용선, 곡물전용선 등이 있다.

③ 컨테이너(Container)는 화물운송 도중 화물의 이적, 해체와 분할 없이 일관수송하는 수송도구를 말한다.

④ 래시선(LASH)은 화물을 적재한 부선을 본선에 설치된 기중기로 선상에 올려놓을 수 있는 구조의 선박이다.

49

> 결과적으로 신용장하에 결제, 매입 또는 다른 의무를 이행하기 위해 은행이 확약하는 것은 (C) 개설은행 혹은 (D) 수익자와의 관계의 이유로 개설의뢰인이 하는 어떠한 (A) 요구나 (B) 항변에 속박당하지 않는다.
> *consequently : 그 결과, 따라서
> *undertaking : (중요한 · 힘든) 일[프로젝트], 약속, 확약
> *honour : 〈어음을〉 인수하여 (기일에) 지불하다, 받아들이다
> *negotiate : 매입하다
> *fulfill : 이행하다[충족시키다]
> *obligation : 의무
> *subject to : ~을 조건으로
> *applicant : 개설의뢰인
> *result from : ~이 원인이다

UCP 600 제4조 신용장과 원인계약의 내용으로, 신용장은 그 자체의 특성상 그것의 근간이 되는 매매 혹은 다른 계약과는 별개의 거래이며, 은행은 그러한 계약과 결코 관련이 없고, 해당 계약에 구속되지 않는다.
> *claim : 주장
> *defence : 방어, 옹호, 수비
> *issuing bank : 개설은행
> *beneficiary : 수익자
> *confirming bank : 확인은행
> *nominated bank : 지정은행
> *remedy : 처리 방안, 해결책

50

> 추정전손은 선박이나 화물이 (수리되었을) 때 (구조)비용과 수리비용이 선박의 가치를 초과하는 상황에 발생한다.
> *constructive total loss : 추정전손
> *arise : 생기다, 발생하다
> *vessel : (대형) 선박[배]
> *cargo : (선박 · 비행기의) 화물
> *repair : 수리[보수/수선]하다
> *exceed : 넘다[초과하다/초월하다]

① 추정전손(Constructive Total Loss ; CTL)에 대한 설명으로, 첫 번째 빈칸은 'the cost of ~ (~하는 비용)'에 걸리므로, 빈칸에는 'salvaging(구조) and repairing(수리)'가 되어야 한다. 두 번째 빈칸 앞에 '... her value when ...'에서 'her(선박)가 수리되었을 때'라는 수동의 의미이므로, 빈칸에는 'repaired(수리된)'가 적절하다.

51

③ 낙성계약은 당사자 간의 합의만 있으면 그 자체로 계약이 성립하는 계약으로 요물계약과 반대 개념이다. 요물계약은 당사자의 의사표시 이외에도 법이 정한 일정한 행위가 있을 때만 계약이 성립하는 것을 말한다.

52

복합운송인의 요건

- 운송책임의 단일성
- 단일화된 운임 설정
- 복합운송서류의 발행

53

③ 한국의 KCCI가 중국의 TANGSHAN에서 독일의 MEIYER으로 물품운송을 중계하는 중계무역(Intermediary Trade)이다. 중계무역은 제3국 업자를 거쳐 거래가 성립되는 간접무역으로 수입금액과 수출금액의 차이를 매매차익으로 얻는다. 보기의 제3자 선하증권은 은행의 지급보증이 없는 무신용장 방식의 대금결제가 이루어질 것을 예상할 수 있다.

54

① 견본매매(Sales by Samples)이다.
② 특수품질조건에 해당한다.
③ 신용장에서 특정화물의 수량이 과부족 되어서는 안된다고 규정하지 아니한 한 5%의 과부족을 허용한다. 즉, Bulk화물의 수량조건은 통상 5%의 과부족을 허용한다.

55

④ 개설은행은 채권보전을 위해 필요하다고 인정하는 경우 신용장 조건과 불일치하는 어음에 대해서는 수입업자의 동의 없이 지급 또는 인수를 거절할 수 있다.

지급거절 통지횟수 제한 추가명시 및 하자서류의 반송권한 조항

지정은행, 확인은행 또는 개설은행은 제시된 서류가 조건에 불일치(하자)한다고 판단되면 지급이나 매입을 거절할 수 있다. 이러한 거절통지와 관련하여 UCP 500에서는 거절통지의 대상을 "은행 또는 수익자"로 규정하였는데, UCP 600에서는 이를 "제시인"으로 변경하였다.

56

④ 우리나라의 관세평가는 관세법 제30조(과세가격 결정의 원칙) 내지 제35조(합리적 기준에 따른 과세가격 결정)에서 규정하고 있는데 이는 WTO 관세평가 협정을 수용한 것이며, 국제적인 관세평가 원칙과 동일하다.

또한 수입물품의 과세가격 산출 시에는 CIF 가격을 기준으로 한다.

57

② 각 Incoterms 규칙에 대한 기존의 사용 지침(Guidance Note)을 개선하여 훨씬 세밀한 설명문(Explanatory Note)을 제시하였다.

58

④ 추심결제방식은 환어음을 사용하므로 어음법의 적용을 받는다.

59

46A : 필요서류
+ 서명된 상업송장 5통
+ 매수인 부보
+ ABC은행의 지시식으로 작성된 "후불(착불)운임"과 "개설의뢰인에게 착화통지"로 표시된 무고장 본선적재 선하증권 전통

② 매수인이 보험을 부보하고, 후불운임을 하는 조건은 인코텀즈 기준 FOB이다.

60

④ 양도된 신용장은 제2수익자의 요청에 의하여 그 다음 수익자에게 양도될 수 없다. 제1수익자는 그 다음 수익자로 간주되지 않는다(UCP 600 제38조 d항). 따라서 제1수익자에게 재양도 하는 것은 양도 금지에 해당하지 않는다.

양도가능 신용장(Transferable L/C)
- 신용장을 받은 최초의 수익자인 원(제1)수익자가

신용장 금액의 전부 또는 일부를 1회에 한하여 국내외 제3자(제2수익자)에게 양도할 수 있는 권한을 부여한 신용장을 말한다. 양도가능 신용장은 1회에 한해 양도 가능하므로 제2수익자가 다시 제3자에게 본 신용장을 양도할 수 없다.

- 분할선적이 금지되지 않는 한 분할양도가 가능하다. 신용장의 양도조건은 원신용장의 조건과 동일해야 한다. 단, 신용장의 금액 및 단가의 감액, 신용장의 유효기일, 선적기일 및 서류 제시 기간의 단축, 부보비율을 원신용장 또는 신용장통일규칙이 규정하는 부보금액까지 요구하는 것이 가능하다.

61

The words "(㉠ from)" and "(㉡ after)" when used to determine a maturity date exclude the date mentioned.

만기(滿期)를 정하기 위하여 "from"과 "after"라는 단어가 사용된 경우에는 명시된 일자를 제외한다.

62

① 통지은행이 그러한 외관상 진정성을 검사할 수 없는 경우 지체 없이 그러한 지시를 한 은행에게 신용장의 진정성을 검사할 수 없음을 통보하여야 한다.

63

② 매입은행이 개설은행에 전신 조회 후 매입하므로, 개설은행 앞으로 하자내용을 통보하여 매입 여부를 전신으로 조회한 후 매입한다.

64

③ 제시가 두 세트 이상의 운송서류로 이루어지는 경우 어느 운송서류에 의하여 증명되는 가장 늦은 선적일을 선적일로 본다.

65

④ 항공운송총대리점의 운송약관은 항공사의 약관을 사용하며, 항공운송주선업자의 운송약관은 자체의 약관을 사용한다.

66

파출검사

견본검사나 세관검사장검사를 실시하기 곤란한 물품의 경우 검사의 효율성을 높이기 위해 세관의 담당공무원이 현장에서 실시하는 검사

67

위험의 변동

- 위험변경
  - 보험계약의 체결시점에서 보험자가 측정한 위험률이 단순히 변동하는 것(양적 변동)
  - 위험변경의 예 : 항해의 지연, 이로, 환적
- 위험변혁
  - 보험계약 체결 당시의 위험사정은 완전히 소멸하고 전혀 다른 별개의 위험사정으로 전개되는 것(질적 변동)
  - 위험변혁의 예 : 항해의 변경, 발항항의 변경, 상이한 도착항을 향한 출항, 선박의 변경

68

해상위험의 범위

- 기인하는 위험 : 항해에서 직접적으로 발생하는 위험인 해상 고유의 위험으로, 주로 자연에서 발생한 원인에 따라 생기며, 침몰 및 전복, 좌초, 충돌, 악천우 등이 있다.
- 부수하는 위험 : 해상에서 발생하는 위험인 화재, 투하 등의 해상위험, 전쟁위험 및 기타 모든 위험 등이 포함된다.

69

④ 공동해손손해는 공동해손행위에 의한 직접적 손해이어야 한다.

공동해손의 구성요건

- 이례적인 희생이나 비용이 있어야 한다.
- 희생이나 비용이 자발적으로 발생한 것이어야 한다.
- 합리적인 수준 이내에서 발생한 것이어야 한다.
- 전체 공동이 위험에 직면한 경우에 이러한 위험으로부터 회피하거나 벗어나기 위한 비용이나 희생이어야 한다.
- 현실적인 손해로서 공동해손행위에 의한 직접적인 손해이어야 한다.
- 장래 발생할 가상의 손해는 안 된다.

70

② 중재인의 선임이 원만하게 이루어지지 않을 때에는 법원이 이를 선정 · 보충 · 대체할 수 있다(중재법 제12조).

71

중재합의(Arbitration Agreement)

중재합의는 계약상의 분쟁인지 여부에 관계없이 일정한 법률관계에 관하여 당사자 간에 이미 발생하였거나 앞으로 발생할 수 있는 분쟁의 전부 또는 일부를 중재에 의하여 해결하도록 하는 당사자 간의 합의를 말한다.

72

국제물품매매계약에 관한 UN협약(CISG)의 적용 제외

본 협약은 다음의 매매에는 적용되지 않는다.

- 개인용, 가족용 또는 가정용으로 구매된 물품의 매매. 다만, 매도인이 계약체결 전이나 계약체결 시 물품이 그러한 용도로 구매된 사실을 알지 못하였고 알았어야 했던 것도 아닌 경우에는 그러하지 않음
- 경매에 의한 매매
- 강제집행 또는 그 밖의 법률상 수권에 의한 매매
- 주식, 지문, 투자증권, 유통증권 또는 통화의 매매
- 선박, 부선, 수상익선 또는 항공기의 매매
- 전기의 매매

73

④ 변형 단일책임형(Modified Uniform Liability System)은 화주에 대하여는 운송인이 인수한 전 운송구간에 걸쳐서 동일책임을 지는 것을 원칙으로 하되, 책임한도액은 각 구간에 적용되는 강행법률 등이 정한 바에 따르도록 하는 체계이다.

74

④ 개설은행, 확인은행(확인은행이 있을 경우)에 전자기록만으로 제시가 이루어진 경우 전자기록의 심사 · 적용이 가능하다면, 거절통지를 위한 합리적인 시간은 수익자의 제시완료 통지를 접수한 날 다음의 5영업일을 초과하지 않는다.

75

① 항공화물운송장은 원본 3부와 여러 부의 부본으로 구성되며, 원본은 발행 항공사용, 수화인용, 송화인용의 3부로 구성된다.

좋은 책을 만드는 길 독자님과 함께하겠습니다.

도서나 동영상에 궁금한 점, 아쉬운 점, 만족스러운 점이
있으시다면 어떤 의견이라도 말씀해 주세요.
시대고시기획은 독자님의 의견을 모아 더 좋은 책으로 보답하겠습니다.

www.sdedu.co.kr

2022 합격자 무역영어 1급 한권으로 끝내기 + 무료동영상(기출)

개정12판1쇄 발행	2022년 05월 04일 (인쇄 2022년 03월 16일)
초 판 발 행	2011년 04월 29일 (인쇄 2011년 04월 29일)
발 행 인	박영일
책 임 편 집	이해욱
편 저 자	무역시험연구소
편 집 진 행	김은영 · 이나래
표지디자인	박수영
편집디자인	이주연 · 곽은슬
발 행 처	(주)시대고시기획
출 판 등 록	제10-1521호
주 소	서울시 마포구 큰우물로 75[도화동 538 성지B/D] 9F
전 화	1600-3600
팩 스	02-701-8823
홈 페 이 지	www.sdedu.co.kr
I S B N	979-11-383-1853-2 (13320)
정 가	32,000원

합격의 공식
SD에듀

잠깐!

자격증·공무원·금융/보험·면허증·언어/외국어·검정고시/독학사·기업체/취업
이 시대의 모든 합격! SD에듀에서 합격하세요!
www.edusd.co.kr → 정오표 → 2022 합격자 무역영어 1급 한권으로 끝내기

나는 이렇게 합격했다

여러분의 힘든 노력이 기억될 수 있도록
당신의 합격 스토리를 들려주세요.

합격생 인터뷰
상품권 증정

추첨을 통해
선물 증정

베스트 리뷰자 1등
아이패드 증정

베스트 리뷰자 2등
에어팟 증정

SD에듀 합격생이 전하는 합격 노하우

**"기초 없는 저도 합격했어요
여러분도 가능해요."**
검정고시 합격생 이*주

**"불안하시다고요?
시대에듀와 나 자신을 믿으세요."**
소방직 합격생 이*화

**"강의를 듣다 보니
자연스럽게 합격했어요."**
사회복지직 합격생 곽*수

**"선생님 감사합니다.
제 인생의 최고의 선생님입니다."**
G-TELP 합격생 김*진

**"시험에 꼭 필요한 것만 딱딱!
시대에듀 인강 추천합니다."**
물류관리사 합격생 이*환

**"시작과 끝은 시대에듀와 함께!
시대에듀를 선택한 건 최고의 선택 "**
경비지도사 합격생 박*익

합격을 진심으로 축하드립니다!

합격수기 작성 / 인터뷰 신청

QR코드 스캔하고 ▷ ▷ ▷
이벤트 참여하여 푸짐한 경품받자!

합격의 공식 시대에듀
SD에듀